Luxdico

Luxdico

Myriam Welschbillig - François Schanen - Jérôme Lulling

Luxdico

Lëtzebuergesch > Däitsch
Deutsch > Luxemburgisch
52.800 Iwwersetzungen / 52.800 Übersetzungen

EDITIONS
SCHORTGEN

Lulling Jérôme
- *gebuer zu Esch/Uelzecht*
- *docteur-ès-lettres vun der Universitéit Montpellier III*
- *Lëtzebuergesch Enseignant fir d'Stad Lëtzebuerg an d'Universitéit Namouer*
- *wunnt zu Schëffleng*
- *Internetsäit www. jeromelulling.lu*

Schanen François
- *gebuer zu Lëtzebuerg an enger Famill vu Schengen*
- *baccalauréat de théologie, doctorat d'Etat an Agrégation d'allemand a Frankräich*
- *emeritéierte Linguistiksprofesser vun der Universitéit Montpellier III*
- *wunnt zu Clapiers bei Montpellier (Frankreich)*
- *Internetsäit www. schanenfr.com*

Welschbillig Myriam
- *gebuer zu Esch/Uelzecht*
- *huet zu Heidelberg Sprooch- an Iwwersetzungswëssenschafte studéiert*
- *schafft als vereedegt Iwwersetzerin, Enseignante fir Lëtzebuergesch a PC-Formatrice*
- *wunnt zu Tënten*
- *Internetsäit www.mwt.lu*

Luxdico Logo: Markus Kunkel

Internetsäit: www.luxdico.com

2. Auflage 2011
108, rue de l'Alzette
L-4010 Esch-sur-Alzette
Luxembourg
Tél : (00) 352 54 64 87
Fax : (00) 352 53 05 34
e-mail : editions@schortgen.lu
www.schortgen.lu

ISBN : 978-2-87953-058-1

Preface

De klengen Dictionnaire Luxdico.com gouf fir d'éischt 2003 um Internet a senger Versioun Lëtzebuergesch/ Franséisch a Franséisch/Lëtzebuergesch publizéiert. Hie sollt all deene ville franséischsproochegen Awunner a Frontaliere vum Grand-Duché hëllefen, sech besser an d'Lëtzebuergescht eranzeschaffen. Luxdico ass ganz bestëmmt kee vollstännege wëssenschaftlechen Dictionnaire, dofir awer e praktescht lexicographescht Instrument.

Ech war frou, am Ufank vun dësem evolutive Projet, d'Lëtzebuerger Sprooch vun de Virdeeler vum Internet profitéieren ze loossen an 2004-2005 hunn ech och déi zwou éischt Pabeieroploe vun der franséischer Luxdico Versioun ënnerstëtzt.

Déi spannend Entreprise geet elo also weider mam Luxdico Deutsch, deen nach méi Wierder an Ausdréck enthält, mä och nei linguistesch Informatiounen. D'Iwwersetzungshëllef ass dës Kéier fir déi däitschsproocheg Benotzer geduecht. Domatter wëlle mer selbstverständlech och eiser Nationalsprooch nach e bësselche weider hëllefen.

EVP-ED

Astrid Lulling
Europadeputéiert, 2004-2009
www.astridlulling.lu

Vorwort

Das kleine Wörterbuch Luxdico.com wurde zum ersten Mal 2003 in seiner Fassung Luxemburgisch/ Französisch und Französisch/Luxemburgisch online veröffentlicht. Es sollte den zahlreichen frankophonen Einwohnern und Grenzgängern des Großherzogtums helfen, sich die luxemburgische Sprache zu erschließen. Luxdico ist sicherlich kein vollständiges wissenschaftliches Wörterbuch, dafür aber ein praktisches lexikalisches Instrument.

Die luxemburgische Sprache konnte sich dank Luxdico.com die Vorteile des Internets zunutze machen; es war mir eine Freude, in den Jahren 2004-2005 die beiden ersten Luxdico Papierausgaben für Frankophone zu unterstützen.

Das spannende Unternehmen geht also jetzt weiter mit Luxdico Deutsch, einem Handbuch, das noch mehr Wörter und Ausdrücke, sowie neue linguistische Informationen enthält. Die Übersetzungshilfe ist diesmal für deutschsprachige Benutzer gedacht. Damit wollen wir aber selbstverständlich auch unserer Nationalsprache ein Stückchen weiter helfen.

EVP-ED

Astrid Lulling
Europadeputierte, 2004-2009
www.astridlulling.lu

Preface

Et ass mir eng grouss Freed an Éier, de Projet 'Luxdico Deutsch' däerfen ze ënnerstëtzen.
Well ech zu Osann un der Mousel gebuer sinn an och do nach ëmmer liewen (Landkreis Bernkastel-Wittlich / Rheinland-Pfalz), verstinn ech e bësse Lëtzebuergesch, mä kann et awer leider net schwätzen.
D'Lëtzebuerger léiere ganz fréi Däitsch an hire Schoulen, mä mir hunn ni Lëtzebuergesch an eise Schoule geléiert, obwuel et jo awer d'Sprooch vun eisem Nopeschland ass. Dat bréngt ënner anerem mat sech, datt déi vill däitschsproocheg Grenzgänger, déi haut zu Lëtzebuerg schaffen, meeschtens kee Wuert Lëtzebuergesch kënnen.
Fir eng Sprooch kënnen ze léieren, brauch een awer net nëmmen Enseignanten a Coursen, mä och didaktescht Material. A virun allem Wierderbicher, déi an déi zwou Richtunge ginn.
A genee dowéinst ass de Luxdico Deutsch esou e wichtegt Instrument fir déi däitschsproocheg Schüler, déi gären déi Lëtzebuerger Sprooch wëlle léieren.
Europa steet fir interkulturellen Dialog, an dat ass och gutt esou. Awer Interkulturellen Dialog soll awer net nëmmen tëscht den EU-Memberlänner praktizéiert ginn, mä och um Niveau vun de Groussregiounen.

Vorwort

Es ist mir eine große Freude und Ehre, das Projekt 'Luxdico Deutsch' unterstützen zu dürfen.
Weil ich in Osann an der Mosel geboren bin und auch immer noch dort lebe (Landkreis Bernkastel-Wittlich / Rheinland-Pfalz), verstehe ich ein bisschen Luxemburgisch, kann es aber leider nicht sprechen.

Die Luxemburger lernen sehr früh Deutsch in ihren Schulen, doch wir haben nie Luxemburgisch in unseren Schulen gelernt, obwohl es doch die Sprache unseres Nachbarlandes ist. Dies führt unter anderem dazu, dass die vielen deutschsprachigen Grenzgänger, die heute in Luxemburg arbeiten, meistens kein Wort Luxemburgisch können.
Um eine Sprache zu lernen, braucht man nicht nur Lehrpersonal und Kurse, sondern auch didaktisches Material. Vor allem bidirektionale Wörterbücher. Und genau deswegen ist Luxdico Deutsch ein so wichtiges Instrument für alle deutschsprachigen Schüler, die gerne Luxemburgisch lernen möchten.
Europa steht für interkulturellen Dialog, und das ist auch gut so. Aber interkultureller Dialog soll nicht nur zwischen den EU-Mitgliedsländern praktiziert werden, sondern auch innerhalb der Großregionen.

Dat gëllt och fir déi fréier Saar-Lor-Lux Regioun, an där elo Lëtzebuerg, d'Louthrengen, d'Saarland, Rheinland-Pfalz an d'Wallounie vertruede sinn.
An dësen interkulturellen Dialog soll net nëmmen op Däitsch oder Franséisch geschéien, mä och op Lëtzebuergesch.
Mat engem grousse Merci un all déi, déi gehollef hunn, de Projet 'Luxdico Deutsch' ze realiséieren.

EVP-ED

Christa Klaß
Europa-Deputéiert
CDU Rheinland-Pfalz
www.christa-klass.de

Dies gilt auch für die frühere Saar-Lor-Lux-Region, in der heute Luxemburg, Lothringen, Saarland, Rheinland-Pfalz und Wallonien vertreten sind.
Und dieser interkulturelle Dialog soll nicht nur auf Deutsch und Französisch stattfinden, sondern auch auf Luxemburgisch.
Mit einem großen Dankeschön an alle, die geholfen haben, das Luxdico Projekt zu verwirklichen.

EVP-ED

Christa Klaß
Europa-Abgeordnete
CDU Rheinland-Pfalz
www.christa-klass.de

  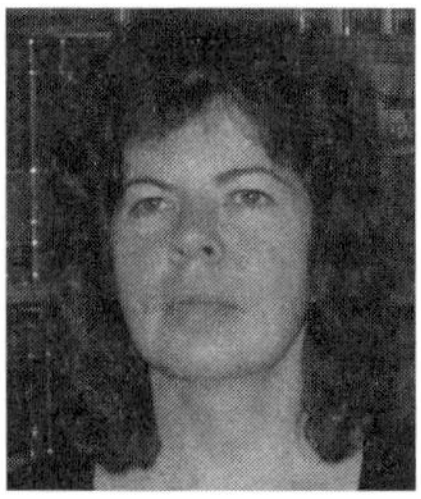

Aleedung

Dëst Buch ass kee mat Beispiller illustréierten Definitiounsdictionnaire. D' Lëscht vun de lëtzebuerger Wierder an Ausdréck, déi am Luxdico Lëtzebuergesch / Franséisch a français / luxembourgeois vun den zwéin Auteure Lulling Jérôme a Schanen François opgestallt an iwwersat ginn ass, ass an dësem Luxdico Deutsch vum Schanen François iwwerschafft an ausgebaut ginn a vum Welschbillig Myriam op däitsch iwwersat ginn. D'Informatioun iwwert déi lexikalesch Kategorien (cf. d'Lëscht vun de gebrauchten Ofkierzungen) ass mat de Plurielsendunge completéiert ginn, déi deelweis vum Lulling Jérôme agesammelt gi sinn. Och aner Ergänzungen, wéi zum Beispill bei den trennbaren / ontrennbare Verben oder d'Erklärungsklamere bei den Iwwersetzungen, sinn derbäi komm.

Fir eng detailléiert Beschreiwung vun der 1999 reforméierter Schreifweis recommandéiere mer den Text vum Schanen François a Lulling Jérôme: *Introduction à l'orthographe luxembourgeoise,* deen op lëtzebuergesch a franséisch um Internetsite vum Conseil Permanent de la Langue Luxembourgeoise (www. cpll.lu) gratis ze kréien ass. Och den drëtte Band vun der *1,2,3 Lëtzebuergesch Grammaire* vum Schanen François a Zimmer Jacqui (2006) presentéiert déi komplett Schreifweis op franséisch, vrun allem d' Regel vum «é», déi hei nei agefouert ginn ass.

Einleitung

Dieses Buch ist kein mit Beispielen illustriertes Definitionswörterbuch. Die Liste der luxemburgischen Wörter und Ausdrücke, die im Luxdico luxemburgisch / französisch und français / luxembourgeois von den beiden Autoren Lulling Jérôme und Schanen François aufgestellt und übersetzt worden ist, ist in diesem Luxdico Deutsch von Schanen François überarbeitet und ausgebaut, und von Welschbillig Myriam ins Deutsche übersetzt worden. Die Informationen zu den lexikalischen Kategorien (siehe Liste der gebrauchten Abkürzungen) wurden mit den Pluralmarkierungen vervollständigt, die teilweise von Jérôme Lulling gesammelt wurden. Auch weitere Ergänzungen wie die Angabe zur Trennbarkeit der Verben oder die Erklärungsklammern bei Übersetzungen kamen ebenfalls hinzu.

Als detaillierte Beschreibung der 1999 reformierten Schreibweise empfehlen wir den Text von Schanen François und Lulling Jérôme: *Introduction à l'orthographe luxembourgeoise,* der auf Luxemburgisch und Französisch auf der Internetseite vom Conseil Permanent de la Langue Luxembourgeoise (www.cpll.lu) gratis zur Verfügung steht. Auch der dritte Band der *1,2,3 Lëtzebuergesch Grammaire* von Schanen François und Zimmer Jacqui (2006) präsentiert die komplette Rechtschreibung auf Französisch, vor allem auch die Regel vom «é», die hier neu eingeführt worden ist.

Fir d'Grammatik – Morphologie a Syntax – verweise mer op d'Buch vum Schanen François: *Parlons luxembourgeois*, dat am Verlag l'Harmattan 2004 zu Paräis erauskomm ass, an och besonnesch op déi dräi Bänn vun der *1,2,3 Lëtzebuergesch Grammaire* bei Schortgen Editions: 1. Le groupe verbal. 2. Le groupe nominal (et les autres groupes). 3. L'orthographe (2005-2006 : www.schortgen.lu).

Nach e puer Wuert iwwer déi lëtzebuergesch Wierderlëscht, déi fir de Projet Luxdico ausgeschafft gouf. De gréissten Deel vun de benotzte Wierder staamt aus de Corpora vun eisen Doktoraarbechten :

Lulling, Jérôme (2002): *La créativité lexicale dans la langue luxembourgeoise*

Schanen, François (1980): *Recherches sur la syntaxe du luxembourgeois de Schengen: l'énoncé verbal.*

Allebéid sinn disponibel am Centre national de littérature zu Miersch (www.literaturarchiv.lu) an an der Nationalbibliothéik vu Lëtzebuerg (www.bnl.lu).

Donieft hu mer eis Lëschte mat enger ganzer Rei vun Dictionnairë verglach, fir se weider mat sproochlechen Elementer vun haut auszebauen. An der Bibliographie fënnt een déi néideg Referenze vun dëse Wierker. Hiren Auteuren allerguerte soll hei häerzlech Merci gesot ginn.

Fir den Ament besteet eis Datebank aus ronn 52.800 Iwwersetzungen, dat sinn also eng 26.400 Lëtzebuerger Wierder an Ausdréck, déi op däitsch iwwersat gi sinn an dono automatesch an d' Richtung Däitsch-Lëtzebuergesch ëmgedréint goufen.

Mat dësen Iwwersetzungselementer hoffe mer, all deenen, déi eis Sprooch wëlle léieren, e gudden Déngscht geleescht ze hunn, awer och all deenen, déi zum Beispill just séier d'Orthographie vun deem engen oder anere Wuert wëlle nokucken.

Mir hoffen, datt mir eis Datebank an Zukunft nach weider kënne vergréisseren an datt den evolutive Projet a Produit Luxdico no an no och mat méi Informatioune ka versi ginn.

Zum Schluss nach e ganz grousse Merci un d'Europadeputéiert Astrid Lulling, déi, vun Ufank un, un eise Projet Luxdico gegleeft huet an en och patronnéiert huet.

Jérôme Lulling a François Schanen

Was die Grammatik – Morphologie und Syntax – betrifft, verweisen wir auf das Buch von Schanen François: *Parlons luxembourgeois*, das 2004 im Verlag l' Harmattan in Paris erschienen ist, und besonders auch auf die drei Bände der *1,2,3 Lëtzebuergesch Grammaire* bei Schortgen Editions: 1) Le groupe verbal. 2) Le groupe nominal (und die anderen Gruppen). 3) L'orthographe (2005-2006 : www.schortgen.lu).

Noch einige Worte über die luxemburgische Wörterliste des Projekts Luxdico. Der größte Teil der Elemente stammt aus den Korpora unserer Doktorarbeiten:

Lulling, Jérôme (Montpellier, 2002): *La créativité lexicale dans la langue luxembourgeoise*

Schanen, François (Paris, 1980): *Recherches sur la syntaxe du luxembourgeois de Schengen: l'énoncé verbal.*

Beide stehen dem Leser im Centre National de Littérature in Mersch (www.literaturarchiv.lu) und in der Nationalbibliothek in Luxemburg (www.bnl.lu) zur Verfügung.

Unsere Listen haben wir dann mit einer ganzen Reihe von Wörterbüchern verglichen, um sie mit Sprachelementen des heutigen Lëtzebuergeschen auszubauen. Die nötigen Referenzen dieser Werke befinden sich in der Bibliographie. Allen Wörterbuchautoren sei hier ganz herzlich gedankt.

Vorläufig besteht unsere Datenbank aus rund 52.800 Übersetzungen. Das sind also circa 26.400 luxemburgische Wörter und Ausdrücke, die ins Deutsche übersetzt wurden und danach automatisch in die Richtung Deutsch-Luxemburgisch umgkehrt wurden.

Mit diesen Übersetzungselementen hoffen wir, nicht nur allen, die unsere Sprache erlernen wollen, gute Dienste geleistet zu haben, sondern auch allen, die zum Beispiel nur die Rechtschreibung des einen oder anderen Wortes prüfen möchten.

Wir hoffen, dass wir unsere Datenbank in Zukunft noch bereichern werden und das weiterentwickelte Projekt und Werk Luxdico nach und nach mit neuen Informationen versehen wird.

Zum Schluss bedanken wir uns noch bei der Europaabgeordneten Astrid Lulling, die, von Anfang an, an unser Projekt Luxdico geglaubt und es immer unterstützt hat

François Schanen und Jérôme Lulling

Ofkierzungen am Luxdico Deutsch / Abkürzungen im Luxdico Deutsch

adj	adjectif / Adjektiv (in der Nominalgruppe attributiv zwischen Determinans und Nomen)
adv	adverbe / Adverb (unflektierbar)
art	article / Artikel
cn	conjonction / Konjunktion (Unterordnung und/oder Nebenordnung)
dét	déterminatif / déterminant / Determinans am Anfang einer Nominalgruppe
exp	Expression / Ausdruck (besteht aus mindestens zwei Wörtern)
f	nom féminin / Nomen Feminin
m	nom masculin / Nomen Maskulin
n	nom neutre / Nomen Neutrum
npl	nom au pluriel / Nomen im Plural
p	nom propre / Eigenname (Orte)
pp	préposition / Präposition
pr	pronom / Pronomen (autonome Proform, weder Determinans noch Artikel)
v	verbe / Verb
etw	etwas
fig	figuré / übertragen
ggfs	gegebenenfalls
jd	jemand
jm	jemandem (Dativ)
jn	jemanden (Akkusativ)
pej	pejorativ, abwertend
scherzh	scherzhaft
tr	trennbare Partikel beim Verb: *Die Sonne geht unter. Die Sonne ist untergegangen*
ugs	umgangssprachlich
utr	untrennbare Partikel beim Verb: *Er unterbricht mich. Er hat mich unterbrochen*
vulg	vulgär
z.B.	zum Beispiel
~	kein Pural: *Gedold(f,~)|Geduld*
--	Plural mit unveränderlicher Stammform**:** *Been(n,--)|Been*
-er/-en	z. B. **Adjektiv** *(m,-er/-en)* : im Plural zwei Formen *Adjektiver* oder *Adjektiven*

Nominaliséiert oder substantivéiert Adjektiver ginn nëmmen eng Kéier am Nominativ Maskulin agedroen.
Zum Beispill: Alen(m,Al)lAlter (alter Mensch)
D'**Orthographiesregel vum «é»** ass hei nei agefouert ginn. Ausser an engem Zitat behält de franséischen «é» säin Accent nëmmen an enger Endsilb.

Nominalisierte oder substantivierte Adjektive werden nur einmal im Nominativ Maskulin eingetragen.
Zum Beispiel: Alen(m,Al)lAlter (alter Mensch)
Die **Rechtschreibungsregel** «é» ist hier neu eingeführt worden. Außer in einem Zitat wird das französische «é» nur in einer Endsilbe beibehalten.

Myriam Welschbillig

Benotzte Bibliographie / Benutzte Literatur

Actioun Lëtzebuergesch (1998), *Gréng a rout Lëschten.* Extra-Serie. Eis Sprooch n° 20. Sankt Paulus Dréckerei : Lëtzebuerg, 79 Säiten.

Actioun Lëtzebuergesch (2000), *Mosaik-Steng.* Extra-Serie. Eis Sprooch n° 21: nei Editioun vun der n° 11. Fonds M.-Th. Kroemmer. Imprimerie Saint-Paul : Luxembourg, 95 Säiten.

Arrêté ministériel du 10-10-1975 portant réforme du système d'orthographe luxembourgeoise, in: *Mémorial* (Journal officiel du Grand-Duché de Luxembourg) B n° 68, 16-11-1976, 1365-1390. (Text geschriwwe vum Alain Atten)

CALDOGNETTO, Maria Luisa, BOGGIANI, Jos (2003): *Lëtzebuergesch-italieneschen Dictionnaire = Vocabolario lussemburghese-italiano.* Convivium. Rapidpress : Lëtzebuerg, 269 Säiten.

CAUQUIL Gérard, SCHANEN François (2000): *La grammaire allemande.* Collection Bescherelle, Hatier : Paris, 383 Säiten. Zweet komplett iwwerschafften Editioun: 2008, 416 Säiten.

CHRISTOPHORY, Jul (Hrg.) (2003): *Portugisesch-Lëtzebuergeschen Dictionnaire = Dictionnaire portugais-luxembourgeois = Dicionário portugês-luxemburgês.* MENFPS, Service central des imprimés de l'Etat : Luxembourg.

CHRISTOPHORY, Jul, Lycée Michel Rodange (1995): *English-Luxembourgish dictionary = Englesch-Lëtzebuergeschen Dictionnaire.* Schortgen : Esch-sur-Alzette, 288 Säiten.

CORTINA (COrrection ORThographique INformatique Appliquée à la langue luxembourgeoise) (2000-2002). Banque de données réalisée par Lulling Jérôme: 125 000 formes morphologiques. http://cortina.lippmann.lu / www.spellcheck.lu (Test Spellchecker)

DERRMANN-LOUTSCH, Liette (2003): *Deutsch-luxemburgisches Wörterbuch.* Ed. Saint-Paul : Luxemburg, 502 Säiten.

DERRMANN-LOUTSCH, Liette (2006): *Dictionnaire français-luxembourgeois.* Ed. Saint-Paul : Luxembourg, 606 Säiten.

DUDEN *Deutsches Unversalwörterbuch A-Z* (2001). Mannheim / Leipzig / Wien / Zürich : Dudenverlag.

DUDEN *Die deutsche Rechtschreibung.* Dudenverlag Mannheim. 24. Auflage. 2006.

LOD.lu : *Lëtzebuerger Online Dictionnaire* (Dictionnaire du ministère de la Culture, de l'Enseignement supérieur et de la Recherche luxembourgeois. Langues : luxembourgeois, français, allemand et portugais. Publication en cours: lettres A – E disponibles).

LULLING Jérôme, SCHANEN François (2003, 2005) : *Luxdico Lëtzebuergesch – Franséisch / Français – Luxembourgeois.* Schortgen Editions / Presses universitaires de Namur : Esch-sur-Alzette / Namur, 302 Säiten

LULLING, Jérôme (2002): *La créativité lexicale dans la langue luxembourgeoise.* Thèse de doctorat-ès-lettres. Université Paul Valéry : Montpellier III (masch.)

Luxemburger Wörterbuch (LWB) (1950-1975). Im Auftrag der Luxemburgischen Regierung herausgegeben von der Wörterbuchkommission. 5 Bänn. Linden : Luxemburg. Neugedruckt 1995 in 2 Bänden *Lëtzebuerger Dixionär.* Luxembourg.

MEN (Ministère de l'Education nationale et de la formation professionnelle: Braun Josy, Johanns-Schlechter Marianne, Kaufmann-Frantz Josée, Losch Henri, Magnette-Barthel Geneviève en collaboration avec Projet Moien): *-Grammaire de la langue luxembourgeoise.*
° *Grammaire vun der Lëtzebuerger Sprooch* (2005). Binsfeld : Luxembourg, 156 Säiten
° *Les verbes luxembourgeois. D' Lëtzebuerger Verben* (2005). Binsfeld : Luxembourg, 234 Säiten.

PANTEA-KEINTZEL, Cornelia (2002): *Wierderbuch Lëtzebuergesch – Rumänesch = Rumänesch – Lëtzebuergesch = Dictionar Român – Luxemburghez = Luxemburghez – Român.* Bucuresti : Centre d'études et documentations Rumänien – Lëtzebuerg, 142 Säiten

Règlement grand-ducal du 30 juillet 1999 portant réforme du système officiel d'orthographe luxembourgeoise, in: *Mémorial* (Journal officiel du Grand-Duché de Luxembourg) A n° 112, 11-08-1999, 2039-2048.

RINNEN, Henri (1980): *Petit dictionnaire Français-Lusembourgeois.* Sankt-Paulus Druckerei : Luxembourg. (Avant-Propos de François Schanen)

RINNEN, Henri (1988, 1996): *Dictionnaire Français – Luxembourgeois.* Imprimerie Saint-Paul : Luxembourg, 1171 Säiten.

SCHANEN, François (1980): *Recherches sur la syntaxe du luxembourgeois de Schengen: l'énoncé verbal.* Thèse de doctorat d'Etat. 4 volumes. Sorbonne : Paris IV, 1160 Säiten; 13 Mikrofischen, Lille III, 1981.

SCHANEN François, CONFAIS Jean-Paul (1986): *Grammaire de l'allemand. Formes et fonctions.* Nathan-Université : Paris, 610 Säiten. Déi siwent Editioun ass 2005 am Verlag Armand Colin zu Paräis erauskomm.

SCHANEN François (1995): *Grammatik Deutsch als Fremdsprache.* Iudiciumverlag : München, 232 Säiten.

SCHANEN François, LULLING Jérôme (2003): *Introduction à l'orthographe luxembourgeoise.* Description systématisée provisoire de l'orthographe officielle luxembourgeoise. Disponible en langue luxembourgeoise et française sur le site du Conseil Permanent de la Langue Luxembourgeoise www.cpll.lu , 150 Säiten x 2.

SCHANEN François (2004): *Parlons luxembourgeois. Langue et culture linguistique d'un petit pays au cœur de l'Europe.* (Collection Parlons). L'Harmattan : Paris, 376 Säiten

SCHANEN François, ZIMMER Jacqui (2005-2006): *1, 2, 3 Lëtzebuergesch Grammaire;* Band 1: *Le groupe verbal,* 111 Säiten (2005); Band 2: *Le groupe nominal* (et les autres groupes), 151 Säiten (2006); Band 3: *L'orthographe* (avec index et bibliographie), 138 Säiten (2006). Schortgen : Esch-sur-Alzette (Mat Exercicen)

SONDAG Gilbert, KARTHEISER Josiane, WICKENS Henri (2002): *Parler luxembourgeois. Esou schwätze mir. Living Luxembourgish.* Le Phare : Esch-sur Alzette (Nei Editioun)

VAN DIJK Theo (1998): *Woordenboek Luxemburgs Nederlands = Dictionnaire Lëtzebuergesch Hollännesch.* CLAE : Lëtzebuerg.

ZIMMER Jacqui (2008: Nei Editioun): *6000 Wierder op Lëtzebuergesch.* Ed. Saint-Paul : Luxembourg (mat CD-Rom)

Luxdico
Lëtzebuergesch > Deutsch

A

a dach(*exp*)	gewiss
a jo(*exp*)	ganz sicher
à moins(*exp*)	es sei denn
a neen(*exp*)	sicher nicht
à propos(*adv*)	apropos
a sécher(*exp*)	aber natürlich
a sou(*exp*)	ach so
a wat ass?(*exp*)	was soll's!
a wat nach?(*exp*)	und was noch?
a(*adv*)	ah
A(*m,~*)	A (Buchstabe)
A(*n,-en*)	Auge
à(*pp*)	à
a/an(*cn*)	und
Aacher(*m,-en*)	Nachen
aacht(*adj*)	acht
Aacht(*f,-en*)	Acht (Ziffer)
aachtafofzeg(*adj*)	achtundfünfzig
aachtandrësseg(*adj*)	achtunddreißig
aachtannonzeg(*adj*)	achtundneunzig
aachtanzwanzeg(*adj*)	achtundzwanzig
aachtasiechzeg(*adj*)	achtundsechzig
aachtasiwwenzeg(*adj*)	achtundsiebzig
aachtavéierzeg(*adj*)	achtundvierzig
Aachtchen(*f,Aachtercher*)	Acht (Spielkarte)
Aachtchen(*f,Aachtercher*)	Achter (Rad)
Aachtchen(*f,Aachtercher*)	Gebäck in Form einer Acht
Aachteck(*m,-er*)	Achteck
aachteckeg(*adj*)	achteckig
Aachtel(*m,--*)	Achtel
Aachtelnout(*f,-en*)	Achtelnote
Aachtelsfinale(*f,-finallen*)	Achtelfinale
Aachtelsnout(*f,-en*)	Achtelnote
aachtens(*adv*)	achtens
Aachter(*m,-en*)	Acht
aachtfach(*adj*)	achtfach
aachtkanteg(*adj*)	oktogonal
Aachtstonnendag(*m,-deeg*)	Achtstundentag
Aachtzilindermotor(*m,-en*)	Achtzylindermotor
Aachtzylindermotor(*m,-en*)	Achtzylindermotor
Aalbes(*m,-sen*)	Weißfisch
aalglat(*adj*)	aalglatt
Aalmert(*p*)	Almeroth
Aalt Testament(*n,~*)	Altes Testament
Aangel(*f,-en*)	Angelrute
Aangel(*m,-en*)	Stachel (Biene)
Aangelsbass(*m,-bëss*)	Bieswurm
Aangelsbierg(*p*)	Angelsberg
Aansebuerg(*p*)	Ansembourg
Aarbecht(*f,-en*)	Arbeit
Aarbechter(*m,--*)	Arbeiter
Aarbechterbewegung(*f,-en*)	Arbeiterbewegung
Aarbechterklass(*f,-en*)	Arbeiterklasse
Aarbechterpartei(*f,-en*)	Arbeiterpartei
Aarbechtervéierel(*m,--*)	Arbeiterviertel
Aarbechtervéirel(*m,--*)	Arbeiterviertel
Aarbechtsakzident(*m,-er*)	Arbeitsunfall
Aarbechtsamt(*n,~*)	Arbeitsamt
Aarbechtsandeelung(*f,-en*)	Arbeitsaufteilung
Aarbechtsandeelung(*f,-en*)	Arbeitseinteilung
Aarbechtsausfall(*m,-ausfäll*)	Arbeitsausfall
Aarbechtsbedéngung(*f,-en*)	Arbeitsbedingung
Aarbechtsberäich(*m,-er*)	Arbeitsbereich
Aarbechtsberäich(*m,-er*)	Tätigkeitsbereich
Aarbechtsconditioun(*f,-en*)	Arbeitsbedingung
Aarbechtsdag(*m,-deeg*)	Arbeitstag
Aarbechtsënnerlag(*f,-en*)	Arbeitsunterlage
Aarbechtserlaabnes(*f,-ser*)	Arbeitserlaubnis
Aarbechtserlaabnis(*f,-ser*)	Arbeitserlaubnis
aarbechtsfäeg(*adj*)	arbeitsfähig
Aarbechtsgeriicht(*n,-er*)	Arbeitsgericht
Aarbechtsgeschir(*n,~*)	Werkzeug
Aarbechtsgezei(*n,~*)	Arbeitskleidung
Aarbechtsiessen(*m,--*)	Arbeitsessen
Aarbechtskampf(*m,-kämpf*)	Arbeitskampf
Aarbechtskleedung(*f,-en*)	Arbeitskleidung
Aarbechtsklima(*n,-en*)	Arbeitsklima
Aarbechtskolleg(*m,-en*)	Arbeitskollege
Aarbechtskonditioun(*f,-en*)	Arbeitsbedingung
Aarbechtskonflikt(*m,-er*)	Arbeitskampf
Aarbechtskontrakt(*m,-er*)	Arbeitsvertrag
Aarbechtskraaft(*f,-kräften*)	Arbeitskraft
Aarbechtskrees(*m,-ser*)	Arbeitskreis
Aarbechtsleeschtung(*f,-en*)	Arbeitsleistung
Aarbechtsleit(*npl*)	Arbeiter
aarbechtslos(*adj*)	arbeitslos
Aarbechtslosegkeet(*f,~*)	Arbeitslosigkeit
Aarbechtslosen(*m,Aarbechtslos*)	Arbeitsloser
Aarbechtsloun(*m,-léin*)	Arbeitslohn
Aarbechtsmaart(*m,-mäert*)	Arbeitsmarkt
Aarbechtsmaartexpansioun(*f,-en*)	Arbeitsmarkterweiterung
aarbechtsmaartpolitesch(*adj*)	arbeitsmarktpolitisch
Aarbechtsmethod(*f,-en*)	Arbeitsmethode
Aarbechtsministär(*m,-en*)	Ministerium für Arbeit
Aarbechtsminister(*m,-en*)	Minister für Arbeit
Aarbechtsministère(*m,-n*)	Ministerium für Arbeit
Aarbechtsmount(*m,-méint*)	Arbeitsmonat
Aarbechtsoflaf(*m,-ofleef*)	Arbeitsablauf
Aarbechtsoflaf(*m,-ofleef*)	Arbeitsplan
Aarbechtsorganisatioun(*f,-en*)	Arbeitsorganisation
Aarbechtspabeier(*m,-en*)	Arbeitspapier
Aarbechtsplaz(*f,-en*)	Arbeitsplatz
Aarbechtsplaz(*f,-en*)	Arbeitsstelle
aarbechtsrechtlech(*adj*)	arbeitsrechtlich
Aarbechtsrelatioun(*f,-en*)	Arbeitsbeziehung
Aarbechtsschong(*m,--*)	Arbeitsschuh
Aarbechtsschung(*m,--*)	Arbeitsschuh
Aarbechtsstonn(*f,-en*)	Arbeitsstunde
Aarbechtsufank(*m,-ufäng*)	Arbeitsanfang
Aarbechtszäit(*f,-en*)	Arbeitsdauer
Aarbechtszäit(*f,-en*)	Arbeitszeit
Aarbechtszäitorganisatioun(*f,-en*)	Arbeitszeitorganisation
Aarbechtszäitverkierzung(*f,-en*)	Arbeitszeitverkürzung
Aarbechtszëmmer(*n,-en*)	Arbeitszimmer
Aarbel(*f,Äerbel*)	Armvoll
aarm(*adj*)	arm
Aarm(*m,Äerm*)	Arm
Aarm(*m,Äerm*)	Ärmel
Aarmband(*m,-bänner*)	Armband
Aarmbandauer(*f,-en*)	Armbanduhr
Aarmebüro(*m,-en*)	Sozialamt
Aarmedill(*m/n,~*)	Blutwurz
Aarmeleitsgeschwätz(*n,~*)	Gerede, müßiges - armer Leute
Aarmeleitskascht(*f,~*)	Kost, magere -
Aarmen(*m,Aarm*)	Armer
Aarmesënner(*m,--*)	Verurteilter, zum Tode -
aarmlaang(*adj*)	armlang
Aarmlängt(*f,-en*)	Armlänge
aarmsdéck(*adj*)	armdick
Aarmsdéckt(*f,-en*)	Armdicke
aarmséileg(*adj*)	armselig
Aarmséilegkeet(*f,-en*)	Armseligkeit
Aarmutt(*f,~*)	Armut
Aarmvoll(*m,~*)	Armvoll
Aarsch(*m,Äersch*)	Arsch
Aarschbak(*m,-en*)	Pobacke
Aarschkrécherei(*f,-en*)	Arschkriecherei
Aarschlach(*n,-lächer*)	Arschloch
Aart a Weis(*exp*)	Art und Weise
Aart(*f,-en*)	Art
Aart(*f,-en*)	Besonderheit
aartelech(*adj*)	niedlich
aarteleg(*adj*)	sonderbar
aarten, sech -(*v*)	gedeihen
aartlech(*adj*)	niedlich
aartleg(*adj*)	sonderbar
Aasch(*m,Äesch*)	Arsch

Aaschbak(m,-en)	Pobacke
Aaschdaarm(m,-däerm)	Dickdarm
Aaschdaarm(m,-däerm)	Mastdarm
Aaschkläpper(m,-en)	Klapperkasten
Aaschkrécher(m,--)	Arschkriecher
Aaschkrippchen(f,-krippercher)	Steißbein
Aaschkrupp(f,-en)	Steißbein
Aaschlach(m,-lächer)	Arschloch
Aaschlecker(m,--)	Arschkriecher
Aascht(m,Äscht)	Ast
Aaschtiitchen(vulg)(f,-titercher)	Hintern
Aaschtut(vulg)(f,-en)	Hintern
Aassel(p)	Assel
Aasselbur(p)	Asselborn
Aasselscheier(p)	Asselscheuer
Aax(f,-en)	Axt
Aaxeneisen(m,--)	Axtblatt
Aaxestill(m,-er)	Axtstiel
Aaxt(f,-en)	Axt
ab sinn(exp)	weg sein
abäerden(v)	einsäumen
abalsaméieren(v)	einbalsamieren
Aband(m,Abänn)	Einband
abannen(v)	einbinden
Abat-jour(m,-en)	Lampenschirm
abauen(v)	einbauen
Abaukichen(f,--)	Einbauküche
abbee jo!(exp)	das fehlte noch
abbee jo!(exp)	schämt euch / schäm dich!
abbee merci!(exp)	na danke!
abbee(exp)	nun denn
abberdéngeg(adj)	dienstbeflissen
abberdéngeg(adj)	gefällig
abberdéngeg(adj)	untertänig
Abberdéngegkeet(f,-en))	Diensteifer
Abberzuel(f,-en)	Vielzahl
Abberzuel(f,-en)	Wortschwall
Abc(m,-en)	Alphabet
Abcès(m,Abcèsen)	Abszess
abdiquéieren(v)	abdanken
abdiquéiert(adj)	abgedankt
abee jo!(exp)	schämt euch / schäm dich!
abee jo(exp)	das fehlte noch
abee merci(exp)	na danke!
abee(exp)	nun denn
abeezen(v)	marinieren
abegräifen(v)	einbegreifen
abéien(v)	einbiegen
abéissen(v)	einbüßen
abenteuerlech(adj)	abenteuerlich
Abenteuerroman(m,-er)	Abenteuerroman
aberuffen(v)	einberufen
abestueden(v)	einheiraten
abetonéieren(v)	einbetonieren
abetonéiert(adj)	einbetoniert
abetten(v)	einbetten
abezéien(v)	einbeziehen
abezuelen(v)	einzahlen
Abgascht(m,~)	Missgunst
abgaschteg(adj)	missgünstig
abgëttesch(adj)	abgöttisch
Abgott(m,-gëtter)	Abgott
abiergeren(v)	einbürgern
abilden, sech eppes -(exp)	einbilden, sich etw -
Abildung(f,~)	Einbildung
Abildung(f,~)	Hochmut
abillen, sech -(v)	einbilden, sich -
abiméieren(v)	beschädigen
abiméiert(adj)	abgenutzt
abiméiert(adj)	beschädigt
abitzen(v)	einnähen
Ablack(m,~)	Augenblick
Ablass(m,Abläss)	Ablass
Abléck(m,-er)	Augenblick
ablécklech(adj)	augenblicklich
ablennen(v)	einblenden
abokelen(v)	einhüllen
abokelen(v)	vermummen
abominabel(adj)	verwerflich
Abondance(f,-n)	Überfluss
abonéieren(v)	abonnieren
abonnéieren(v)	abonnieren
Abonnement(n,-er)	Abonnement
Abonnementspräis(m,-ser)	Preis für ein Abonnement
Abonnent(m,-en)	Abonnent
Abonnentin(f,-nen)	Abonnentin
abordéieren(v)	angehen (etwas)
abordéieren(v)	herangehen (an etwas)
aboutisséieren(v)	enden (in)
abregéieren(v)	abkürzen
Abrëll(m,~)	April
Abrëllsliicht(n,-er)	Aprilmond
Abrëllswieder(n,~)	Aprilwetter
abrennen(v)	einbrennen
Abri(m,-en)	Unterstand
abricot(adj)	aprikosenfarbig
Abricot(m,-en)	Aprikose
abriechen(v)	einbrechen
Abriecher(m,--)	Einbrecher
Abrikos(m,-en)	Aprikose
Abrikosebam(m,-beem)	Aprikosenbaum
Abroch(m,Abréch)	Einbruch
abrocken(v)	einbrocken
abrütéiert(adj)	stumpfsinnig
ABS(m,~)	ABS (Antiblockiersystem)
abscheileg(adj)	abscheulich
Abscheilegkeet(f,-en)	Abscheulichkeit
Abschid(m,-er)	Abschied
Abschnitt(m,-er)	Abschnitt
Absebild(n,-biller)	Abziehbild
abseits(adv)	abseits
Abseits(m/n,~)	Abseits (Sport)
Absence(f,-n)	Abwesenheit
Absender(m,--)	Absender
absëns(adv)	besonders
absents(adv)	besonders
Absenz(f,-en)	Abwesenheit
Absicht(f,-en)	Absicht
Absiicht(f,-en)	Absicht
Absolutioun(f,-en)	Absolution
absolutt(adj)	absolut
absolutt(adv)	absolut
absolvéieren(v)	absolvieren
absolvéieren(v)	vollenden
absorbéieren(v)	absorbieren
Abstentioun(f,-en)	Enthaltung
abstraéieren(v)	abstrahieren
abstrakt(adj)	abstrakt
abstrus(adj)	abstrus
absurd(adj)	absurd
Absurditéit(f,-en)	Sinnwidrigkeit
Abt(m,Äbt)	Abt
Abtei(f,-en)	Abtei
Abteilung(f,-en)	Abteilung
abuddelen(v)	einbuddeln
Abus(n,-en)	Missbrauch
abuséieren(v)	ausnützen
abuséieren(v)	missbrauchen
abusiv(adj)	gesetzwidrig
abusiv(adj)	übermäßig
Abzebild(n,-biller)	Abziehbild
Abzéibild(n,-biller)	Abziehbild
Acajou(m,~)	Mahagoni
Acajou(m,~)	Mahagoniholz
acajous(adj)	Mahagoni-
acajous(adj)	Mahagoniholz, aus -
acalculéieren(v)	einkalkulieren
acalculéiert(adj)	einkalkuliert
accabléieren(v)	erdrücken
accabléiert(adj)	erdrückt
accaparéieren(v)	nehmen, in Beschlag -
Acceleratioun(f,-en)	Beschleunigung
acceleréieren(v)	beschleunigen
Accent(m,-en)	Akzent
acceptabel(adj)	annehmbar
acceptéieren(v)	akzeptieren
acceptéieren(v)	annehmen

Accèskonditioun *(f,-en)* Zugangsbedingung
accessibel *(adj)* zugänglich
Accessibilitéit *(f,-en)* Erreichbarkeit
Accessibilitéit *(f,-en)* Zugänglichkeit
Accessoire *(m,-n)* Sonderausstattung
Accessoire *(m,-n)* Zubehör
Accident *(m,-er)* Unfall
Accident, nukleaart - *(exp)* Unfall, nuklearer -
accidentéieren *(v)* verunglücken (Autounfall)
accidentéiert *(adj)* beschädigt
accidentéiert *(adj)* verunglückt
Acclamatioun *(f,-en)* Akklamation
Acclamatioun *(f,-en)* Beifallsruf
acclaméieren *(v)* applaudieren
acclaméieren *(v)* zujubeln
acclimatéieren *(v)* akklimatisieren
acclimatéiert *(adj)* akklimatisiert
accommodéieren *(v)* anpassen, sich
accommodéieren *(v)* verwerten
accommodéiert *(adj)* angepasst
accompagnéieren *(v)* begleiten
accompagnéiert *(adj)* Begleitung, in -
Accord *(m,-en)* Einverständnis
Accord *(m,-en)* Einwilligung
accordéieren *(v)* bewilligen
accordéiert *(adj)* bewilligt
Accordeon *(m,-en)* Akkordeon
Accordeon *(m,-en)* Ziehharmonika
accouchéieren *(v)* entbinden
Accouchement *(n,-er)* Entbindung
Accreditatioun *(f,-en)* Akkreditierung
accreditéieren *(v)* akkreditieren
accreditéieren *(v)* beglaubigen
Accroc *(m,~)* Streitigkeit
Accroc *(m,-en)* Hindernis
Accroc *(m,-en)* Komplikation
Accu *(m,-en)* Akkumulator
Accueil *(m,-en)* Empfang
accumuléieren *(v)* anhäufen
Accusatioun *(f,-en)* Anklage
Accusatioun *(f,-en)* Anschuldigung
Accusé de réception *(m)* Empfangsbestätigung
Accusé-de-réceptionen *(plu)* Empfangsbestätigungen
accuséieren *(v)* anklagen
accuséieren *(v)* beschuldigen
accuséiert *(adj)* angeklagt
accuséiert *(adj)* beschuldigt
Achat *(m,-en)* Einkauf
Achs *(f,-en)* Achse
Achterbunn *(f,-en)* Achterbahn
Achtung *(f,~)* Achtung
achtzeg *(adj)* achtzig
Achtzegjäregen *(m,Achtzegjäreg)* Achtzigjähriger
achzeg *(adj)* achtzig
ackeren *(v)* ackern
Ackerland *(n,~)* Ackerland
Acompte *(m,-n)* Anzahlung
Acompte *(m,-n)* Vorauszahlung
Acquisitioun *(f,-en)* Anschaffung
Acquisitioun *(f,-en)* Erwerb
acquittéieren *(v)* begleichen
acquittéieren *(v)* bezahlen
acrèmen *(v)* eincremen
Acryl *(m,~)* Acryl
Acrylfaarf *(f,-faarwen)* Acrylfarbe
Acteur *(m,-en)* Akteur
Actioun *(f,-en)* Aktion
Adaptatioun *(f,-en)* Adaptation
Adaptatioun *(f,-en)* Anpassung
adaptéieren *(v)* adaptieren
adaptéieren *(v)* anpassen
adaptéiert *(adj)* angepasst
Adapter *(m,-en)* Adapter
addéieren *(v)* addieren
addéiert *(adj)* addiert
Adder *(f,-en)* Natter
äddi *(exp)* tschüss
äddi *(exp)* Wiedersehen, auf -
Äddi *(m,-en)* Adieu
Additioun *(f,-en)* Addition
Adel *(m,~)* Adel
adeleg *(adj)* adlig
Adepte *(m,-n)* Anhänger
adequat *(adj)* adäquat
adheréieren *(v)* beitreten
Adhesioun *(f,-en)* Beitritt
Adjektiv *(n,-er/-en)* Adjektiv
adjektivéieren *(v)* adjektivisieren
adjugéieren *(v)* erteilen, Zuschlag -
adjugéieren *(v)* zuerkennen
Adjutant *(m,-en)* Adjutant
Adler *(m,--)* Adler
Administratioun *(f,-en)* Verwaltung
administrativ *(adj)* administrativ
administrativ *(adj)* Verwaltungs-
administrativ *(adj)* verwaltungsmäßig
administréieren *(v)* verabreichen
administréieren *(v)* verwalten
adoptéieren *(v)* adoptieren
adoptéiert *(adj)* adoptiert
Adoptioun *(f,-en)* Adoption
Adoptivelteren *(npl)* Adoptiveltern
Adoptivjong *(m,-en)* Adoptivsohn
Adoptivkand *(n,-kanner)* Adoptivkind
Adoptivmeedchen *(f,-meedercher)* Adoptivtochter
adosséieren *(v)* anbauen
adosséieren *(v)* anlehnen
Adress *(f,-en)* Adresse
Adresse *(f,-n)* Adresse
adresséieren *(v)* adressieren
adresséiert *(adj)* adressiert
adriatesch *(adj)* adriatisch
Adultère *(m,-n)* Ehebruch
Advent *(m,-er)* Advent
Adverb *(n,-en)* Adverb
Aeblatz *(m,~)* Augenbutter
Aekrankheet *(f,-en)* Augenkrankheit
Aemooss *(f,~)* Augenmaß
Aendeckel *(m,-en)* Augendeckel
Aendeckel *(m,-en)* Augenlid
Aendokter *(m,-en)* Augenarzt
Aenoperatioun *(f,-en)* Augenoperation
Aentrouscht *(m,~)* Trost
Aenzeien *(m,--)* Augenzeuge
Äerd *(f,~)* Erde
Äerd *(f,~)* Welt
Äerdbier *(f,~)* Erdbeeren
Äerdbier, e Kär - *(f,~)* Erdbeere, eine -
Äerdbiewen *(n,--)* Erdbeben
Äerdbuedem *(m,~)* Erdboden
Äerddeel *(m,-er)* Erdteil
äerdeg *(adj)* eifrig
äerdeg *(adj)* rührig
äerden *(v)* erden
Äerdgas *(m,-en)* Erdgas
Äerdkugel *(f,-en)* Erdkugel
Äerdrutsch *(m,~)* Erdrutsch
Aerodynamik *(f,~)* Aerodynamik
äert *(dét)* ihre
Äerz *(n,~)* Erz
Aesaleft *(f,-en)* Augensalbe
Aestar *(m,~)* Star (Augenkrankheit)
Af *(m,-en)* Affe
afaassen *(v)* einfassen
afachen *(v)* einschlagen
afädelen *(v)* einfädeln
afalen *(v)* einfallen (Idee)
afalen *(v)* einstürzen
afänken *(v)* einfangen
aféieren *(v)* einführen
Afeléift *(f,-en)* Affenliebe
afëllen *(v)* einfüllen
afen *(v)* gaffen
Afenhëtzt *(f,~)* Affenhitze
Afennoss *(m,-nëss)* Erdnuss
afetten *(v)* einfetten

Affär(f,-en) Affäre
Affekot(m,-en) Anwalt
Affekotekniff(f,-en) Hinterlist
Affekotentrick(m,-en) Hinterlist
Affekt(m,~) Affekt
Affektatioun(f,-en) Verwendung
affektéiert(adj) gekünstelt
affektéiert(adj) zweckbestimmt
Affer(m,-en) Opfergabe (Kirche)
Affer(n,--) Opfer
afferen(v) opfern
afferen(v) spenden
afferen(v) spenden (in der Kirche)
Afferstack(m,-stäck) Opferstock
Affiche(f,-n) Anschlagzettel
Affiche(f,-n) Aushang
Affiche(f,-n) Plakat
affichéieren(v) aushängen
affichéieren(v) bekannt machen
affiliéieren(v) angliedern
affiliéieren(v) anschließen
Affinitéit(f,-en) Affinität
Affinitéit(f,-en) Zusammengehörigkeit
Affirmatioun(f,-en) Behauptung
Affirmatioun(f,-en) Bestätigung
affirméieren(v) behaupten
affirméieren(v) bestätigen
Affisch(f,-en) Anschlagzettel
Affisch(f,-en) Aushang
Affisch(f,-en) Plakat
affischéieren(v) aushängen
affischéieren(v) bekannt machen
Affront(m,-en) Demütigung
Affront(m,-en) Erniedrigung
affrontéiert(adj) anmaßend
affrontéiert(adj) grob
affrontéiert(adj) übermäßig
afganistanesch(adj) afghanisch
afghanesch(adj) afghanisch
afierwen(v) einfärben
afléissen(v) einfließen
Afloss(m,Aflëss) Einfluss
afréieren(v) einfrieren
afréieren(v) tiefkühlen
Afrika(p) Afrika
Afrikaner(m,--) Afrikaner
afrikanesch(adj) afrikanisch
After-shave(m,~) Aftershave
afügen(v) einfügen
Agank(m,Agäng) Eingang
agebilt(adj) anmaßend
agebilt(adj) eingebildet
Agebuerenen(m,Agebueren) Eingeborener
Agebuerenen(m,Agebueren) Einheimischer
agefloss(adj) eingeflossen
agefriess(adj) eingefressen (Rost, Dreck)
agefruer(adj) eingefroren
agegoss(adj) eingegossen
ageheien(v) abschicken (Brief)
ageheien(v) einwerfen (Fenster)
agéieren(v) agieren
agéieren(v) handeln
agéissen(v) eingießen
Agemaachtes(n,~) Eingekochtes
Agence(f,-n) Bankfiliale
Agence(f,-n) Reisebüro
agencéieren(v) anordnen
Agenda(m,-en) Agenda
Agent(m,-en) Agent
Agent(m,-en) Versicherungsvertreter
Agententätegkeet(f,-en) Agententätigkeit
agerass(adj) abgerissen
agerass(adj) eingerissen
ageriicht(adj) ausgestattet
ageriicht(adj) eingerichtet
ageschloss(adj) eingeschlossen
ageschriwwen(adj) eingeschrieben
ageschriwwene Bréif(exp) Einschreiben
agesiess(adj) eingesessen
agesinn(v) einsehen
Agestännes(n,-ser) Eingeständnis
agestoen(v) eingestehen
agestoen(v) zugeben
agewëllegt(adj) eingewilligt
Agglomeratioun(f,-en) Ballungsraum
aggravéieren(v) verschlimmern
aggresséieren(v) angreifen (auch verbal)
aggresséieren(v) belästigen
aggresséieren(v) überfallen
aggresséiert(adj) angegriffen (auch verbal)
aggresséiert(adj) überfallen
Aggressioun(f,-en) Aggression
aggressiv(adj) aggressiv
Aggressivitéit(f,~) Aggressivität
aginn(v) eingeben
aglidderen(v) aufnehmen
aglidderen(v) eingliedern
agoen(v) eingehen (Tiere)
agoen(v) einlaufen (Kleidung)
agoen(v) eintreten
Agonie(f,-n) Agonie
Agonie(f,-n) Todeskampf
agoniséieren(v) niedergehen
agoniséieren(v) ringen, mit dem Tod -
Agrafe(f,Agraffen) Heftklammer
agraféieren(v) zusammenheften
Agrafeuse(f,-n) Hefter
Agraff(f,-en) Heftklammer
agräifen(v) eingreifen
agrarspezifesch(adj) Landwirtschaft, die - betreffend
agravéieren(v) eingravieren
agreabel(adj) angenehm
agreéieren(v) gutheißen
agreéieren(v) zulassen
agrenzen(v) begrenzen
agrenzen(v) eingrenzen
Agriculture(f,-n) Landwirtschaft
agruewen(v) eingraben
agruewen(v) vergraben
aha(exp) aha
ahnen(v) ahnen
ähnlech(adj) ähnlich
Ähnlechkeet(f,-en) Ähnlichkeit
Ahnung(f,~) Ahnung
Ahnung(f,-en) Vorahnung
Ahnung, keng - hunn(exp) Ahnung, keine - haben
Aids(m,~) Aids
Äifer(m,~) Eifer
äifreg(adj) eifrig
ailleurs(adv) anderswo
Airbag(m,-en) Airbag
Airbus(m,-sen) Airbus (Flugzeug)
Airhostess(f,-en) Flugbegleiterin
Äis(n,~) Eis
äis, eis, ons(dét) unser
äis, eis, ons(pr) uns
Äisbier(m,-en) Eisbär
Äischen(p) Eischen
Äischer(p) Enscherange
äiseg(adj) eisig
Äishellegen(m,-helleg) Eisheiliger
Äishockey(m,~) Eishockey
äiskal(adj) eiskalt
Äiskonschtlaf(m,~) Eiskunstlauf
Äispist(f,-en) Eisbahn
Äispist(f,-en) Schlittschuhbahn
Äisschaf(m,-schief) Kühlschrank
Äisschong(m,--) Schlittschuh
Äisschongfueren(n,~) Schlittschuhlaufen
Äisschung(m,--) Schlittschuh
Äisschungfueren(n,~) Schlittschuhlaufen
Äisstroll(f,-en) Eiszapfen
Äiszack(f,-en) Eiszapfen
Äiszapp(f,-en) Eiszapfen
ajoen(v) einflößen (Furcht)
ajournéieren(v) verschieben
ajournéieren(v) zurückstellen (Schule)

ajustéieren*(v)* ausrichten
ajustéieren*(v)* einstellen (Maschine)
ajustéieren*(v)* justieren
akachen*(v)* einkochen
akachen*(v)* einwecken
akademesch*(adj)* akademisch
Akademie*(f,-n)* Akademie
Akaf*(m,Akeef)* Einkauf
akafen*(v)* einkaufen
Akafskuerf*(m,-kierf)* Einkaufskorb
Akafsweenchen*(m,-weenercher)* Caddie
Akafsweenchen*(m,-weenercher)* Einkaufswagen
akalkuléieren*(v)* einkalkulieren
akapselen*(v)* einkapseln
Akasséieren*(n,~)* Einkassieren
akasséieren*(v)* einkassieren
Akaul*(f,-en)* Nacken
Akazia*(f,Akazien)* Akazie
Akazie*(f,-n)* Akazie
akéieren*(v)* einkehren
akelleren*(v)* einkellern
Aker*(m,--)* Acker
Akerbau*(m,~)* Landwirtschaft
akeren*(v)* ackern
akesselen*(v)* einkesseln
akklimatiséieren*(v)* akklimatisieren
Akkont*(m,-en)* Vorauszahlung
Akkont*(m,-en)* Vorschuss
Akkord*(m,~)* Akkord
Akkordloun*(m,-léin)* Akkordlohn
Akku*(m,-en)* Akku
Akkumulatioun*(f,-en)* Akkumulierung
Akkumulatioun*(f,-en)* Anhäufung
aklammen*(v)* einsteigen
aklasséieren*(v)* einklassieren
akleeden*(v)* einkleiden
aklemmen*(v)* einklemmen
akliewen*(v)* einkleben
aklimatiséieren*(v)* akklimatisieren
aklimatiséiert*(adj)* akklimatisiert
akloen*(v)* einklagen (Recht)
aknécken*(v)* einknicken
Akommes*(n,~)* Einkommen
Akommesdeklaratioun*(f,-en)* Einkommenserklärung
Akommesdeklaratioun*(f,-en)* Steuererklärung
Akommessituatioun*(f,-en)* Einkommenssituation
Akommessteier*(f,-en)* Einkommensteuer
akräichen*(v)* hineinkriechen
akrämpen*(v)* anhängen (Wohnwagen)
akrämpen*(v)* einhängen
akreesen*(v)* einkreisen
akribesch*(adj)* akribisch
Akrobat*(m,-en)* Akrobat
akrobatesch*(adj)* akrobatisch
Akrobatik*(f,-en)* Akrobatik
Akt*(m,-en)* Akt
Akt*(m,-en)* Dokument
Akt*(m,-en)* Urkunde
Akt, männlechen -*(exp)* Akt, männlicher -
Akt, weiblechen -*(exp)* Akt, weiblicher -
Aktbild*(n,-biller)* Aktbild
aktéieren*(v)* Aktennotiz, eine - machen
aktekundeg*(adj)* aktenkundig
Aktie*(f,-n)* Aktie
Aktiebesëtz*(m,~)* Aktienbesitz
Aktiecours*(m,-en)* Aktienkurs
Aktiegesellschaft*(f,-en)* Aktiengesellschaft
Aktiemaart*(m,-mäert)* Aktienmarkt
Aktionär*(m,-en)* Aktionär
Aktionärsversammlung*(f,-en)* Aktionärsversammlung
Aktioun*(f,-en)* Aktion
Aktiounsfräiheet*(f,~)* Aktionsfreiheit
aktiv*(adj)* aktiv
aktivéieren*(v)* aktivieren
Aktivitéit*(f,-en)* Aktivität
Aktivitéitsdeclaratioun*(f,-en)* Tätigkeitserklärung
aktualiséieren*(v)* aktualisieren
Aktualitéit*(f,-en)* Aktualität
aktuell*(adj)* aktuell
Akupunkteur*(m,-en)* Akupunkteur
Akupunktrice*(f,-n)* Akupunkteurin
Akupunktur*(f,-en)* Akupunktur
akustesch*(adj)* akustisch
Akustik*(f,-en)* Akustik
akut*(adj)* akut
Akzent*(m,-en)* Akzent
akzentfräi*(adj)* akzentfrei
akzeptabel*(adj)* akzeptabel
Akzeptatioun*(f,-en)* Akzeptierung
akzeptéieren*(v)* akzeptieren
akzeptéieren*(v)* annehmen
Akzident*(n,-er)* Unfall
al ginn*(exp)* alt werden
al ginn*(exp)* altern
al sinn*(exp)* alt sein
al*(adj)* alt
al*(adj)* altbacken
al*(adj)* ehemalig
Alabaster*(m,~)* Alabaster
alachen*(v)* einlochen
aläert*(adj)* aufgeweckt
aläert*(adj)* flink
alafen*(v)* einlaufen
alageren*(v)* einlagern
Alarm*(m,-en)* Alarm
Alarmanlag*(f,-en)* Alarmanlage
Alarmbereetschaft*(f,-en)* Alarmbereitschaft
alarméieren*(v)* alarmieren
alarméiert*(adj)* alarmiert
Alarmsignal*(n,-er)* Alarmsignal
alauden*(v)* einläuten
Albaner*(m,--)* Albaner
albanesch*(adj)* albanisch
Album*(m,-um[m]en)* Album
aleeden*(v)* einleiten
Aleedung*(f,-en)* Einleitung
aleeën*(v)* einkellern (Proviant)
aleeën, d'Hoer -*(exp)* einlegen, Lockenwickler -
aleeën, eppes -*(exp)* eindecken, sich - mit (Lebensmittel)
aleien*(v)* krank im Bett liegen
aléisen*(v)* einlösen (Scheck, Versprechen)
Alen*(m,Al)* Alter (alter Mensch)
alenken*(v)* einlenken
alertéieren*(v)* alarmieren
alertéiert*(adj)* alarmiert
alëtzebuergeschen*(v)* verluxemburgischen
Alg*(f,-en)* Alge
Algeber*(f,~)* Algebra
Algebra*(f,~)* Algebra
Algebrastonn*(f,-en)* Algebrastunde
algeresch*(adj)* algerisch
Algorithmus*(m,-rithmen)* Algorithmus
algriichesch*(adj)* altgriechisch
alias*(adv)* alias
Alibi*(m,-en)* Alibi
Alibifunktioun*(f,-en)* Alibifunktion
aliewen, sech -*(v)* einleben, sich -
alignéieren*(v)* aufreihen
alignéieren*(v)* ausrichten
alignéiert*(adj)* ausgerichtet
aliichten*(v)* einleuchten
Aliment*(n,-er)* Aliment
Alinea*(m,-en)* Absatz
Alinea*(m,-en)* Zeile, eingerückte -
aliteréieren*(v)* Alliterationen bilden
aliteréiert*(adj)* Stabreim, in Form von -en
aliwweren*(v)* einliefern
alkalesch*(adj)* alkalisch
Alkleedersammlung*(f,-en)* Altkleidersammlung
Alkohol*(m,-er)* Alkohol
alkoholesch*(adj)* alkoholisch
Alkoholgehalt*(m,~)* Alkoholgehalt
Alkoholiker*(m,--)* Alkoholiker

alkoholiséieren*(v)* alkoholisieren
alkoholiséiert*(adj)* alkoholisiert
Alkoholismus*(m,~)* Alkoholismus
Alkoholissem*(m,~)* Alkoholismus
alkoholofhängeg*(adj)* alkoholabhängig
Alkoholstest*(m,-er)* Alkoholtest
Alkoholvergëftung*(f,-en)* Alkoholvergiftung
all Kéier*(exp)* jedes Mal
all Mënsch*(exp)* jedermann
all*(art)* alle
all*(dét)* alle
Alldag*(m,~)* Alltag
alldeeglech*(adj)* alltäglich
Alldeeglechkeet*(f,~)* Alltäglichkeit
alle béid*(exp)* alle beide
Allee*(f,-ën)* Allee
allefalls*(adv)* allenfalls
allefalls*(adv)* eventuell
allefalls*(adv)* höchstens
alleg*(adj)* sehr viel
allegéieren*(v)* erleichtern
allegéieren*(v)* mildern
allegéiert*(adj)* kalorienarm
allegéiert*(adj)* leichter (als normal)
allegoresch*(adj)* allegorisch
Allegorie*(f,-n)* Allegorie
Allegretto*(n,-en)* Allegretto
alleguer*(pr)* alle
allemol*(adv)* gewiss
allemol*(adv)* jedenfalls
allenenn*(adv)* überall
allenennen*(adv)* überall
Allënster*(p)* Altlinster
allerbeschtens*(adv)* bestenfalls
allerbeschtens*(adv)* höchstens
Allerbur*(p)* Allerborn
allerdéngs*(adv)* allerdings
alleréischt*(adj)* erste
alleréischt, fir d'-*(exp)* zuerst
allergesch*(adj)* allergisch
Allergie*(f,-n)* Allergie
Allergiker*(m,--)* Allergiker
allerhand*(adj)* allerhand
allerhand*(adj)* unerhört
allerhéchstens*(adv)* höchstens
Allerhellgeblumm*(f,-en)* Chrysantheme
Allerhellgemount*(m,-méint)* November
Allerhellgen*(n,~)* Allerheiligen
Allerhellgendag*(m,~)* Allerheiligen
allerlee*(dét)* allerlei
allerléifts*(adv)* vorzugsweise
allermeescht*(adj)* allermeiste
allermeeschtens*(adv)* meistens
Allernéidegst*(n,~)* Allernötigste
Allerséilen*(n,~)* Allerseelen
Allerséilendag*(n,~)* Allerseelen
allerwéinegstens*(adv)* wenigsten
alles an allem*(exp)* alles in allem
alles*(pr)* alles
allgemeng*(adj)* allgemein
allgemeng*(adv)* gemeinhin
Allgemengbildung*(f,~)* Allgemeinbildung
Allgemenges*(n,~)* Allgemeines
allgemenggëlteg*(adj)* allgemeingültig
Allgemengheet*(f,~)* Allgemeinheit
Allgemengmedezin*(f,~)* Allgemeinmedizin
allgemengverständlech*(adj)* allgemeinverständlich
Allgemengwëssen*(n,--)* Allgemeinwissen
Allgemengwuel*(n,~)* Allgemeinwohl
Alliance*(f,-n)* Allianz
Allianz*(f,-en)* Allianz
allianzfäeg*(adj)* allianzfähig
alliéieren*(v)* alliieren
alliéieren*(v)* verbünden
alliéiert*(adj)* alliiert
alliéiert*(adj)* verbündet
Alliéiert*(npl)* Alliierte
Alliéierten*(m,Alliéiert)* Alliierter
Alligator*(m,-en)* Alligator
alljäerlech*(adj)* alljährlich
alljährlech*(adj)* alljährlich
allmächteg*(adj)* allmächtig
allmächteg*(adj)* omnipotent
Allmächtegen*(m,Allmächteg)* Allmächtiger
allméiglech*(adj)* alle möglichen
allmëttes*(adv)* jeden Mittag
allmueres*(adv)* allmorgendlich
allo*(exp)* hallo (Telefon)
Allocatioun*(f,-en)* Beihilfe (finanziell)
Allocatioun*(f,-en)* Zuschuss
allongéieren*(v)* ausstrecken
allongéieren*(v)* verlängern
allongéiert*(adj)* verlängert
allons*(exp)* hör mal!
allowendlech*(adj)* allabendlich
allowes*(adv)* allabendlich
allsäits*(adv)* allseits
Allüren*(npl)* Allüren
Allusioun*(f,-en)* Anspielung
Allwëssenheet*(f,~)* Allwissenheit
allzedacks*(adv)* allzu oft
allzegrouss*(adj)* allzu groß
Alm*(f,-en)* Alm
Almosen*(n,--)* Almosen
almoudesch*(adj)* altmodisch
aloggen*(v)* anmelden (Internet)
aloggen*(v)* einloggen
Alpdram*(m,-dreem)* Alptraum
Alpenveilchen*(n,-veilercher)* Alpenveilchen
Alpeveilchen*(n,-veilercher)* Alpenveilchen
Alphabet*(n,-en)* Alphabet
alphabetesch*(adj)* alphabetisch
Alphabetisatioun*(f,-en)* Alphabetisierung
alphabetiséieren*(v)* alphabetisieren
alrussesch*(adj)* altrussisch
als*(adv)* als
Alschent*(p)* Alscheid
also*(adv)* also
Alstad*(f,-stied)* Altstadt
alt*(adv)* schon (mal)
alt, et ass - esou*(exp)* halt, es ist - so
alt, komm -*(exp)* schon, komm -
Alter*(m,~)* Alter (das)
alternatif*(adj)* alternativ
alternativ*(adj)* alternativ
Alternativ*(f,-en)* Alternative
Alternativenergie*(f,-n)* Energie, alternative -
Alternativstroumproductioun*(f,-en)* Stromproduktion aus erneuerbaren Energien
alternéieren*(v)* alternieren
alternéieren*(v)* wechseln
Altersënnerscheed*(m,-er)* Altersunterschied
Altersgrenz*(f,-en)* Altersgrenze
Altersgrupp*(f,-en)* Altersgruppe
Altersheem*(n,-er)* Seniorenwohnheim
Altersheim*(n,-er)* Altersheim
Altersklass*(f,-en)* Altersklasse
Alterspensioun*(f,-en)* Altersrente
Altersrent*(f,-en)* Altersrente
Altertum*(m,~)* Altertum
Altertum*(m,~)* Antike
altestamentlech*(adj)* alttestamentarisch
Altor*(m,Altär)* Altar
Altorraum*(m,-raim)* Altarraum
Altréier *(op der Schanz)(p)* Altrier
Altwis*(p)* Altwies
alueden*(v)* aufladen
alueden*(v)* einladen
Alufolie*(f,-n)* Alufolie
Aluminium*(m,~)* Aluminium
Alzeng*(p)* Alzingen
am meeschten*(exp)* am meisten
am, an deem*(pp)* im, in dem
amaachen*(v)* einwecken
Amaachglas*(n,-glieser)* Einweckglas
Amant*(m,-en)* Liebhaber
amarschéieren*(v)* einmarschieren
amass*(adv)* massenweise

amasséieren(v) anhäufen
amasséieren(v) ansammeln
Amateur(m,-en) Amateur
amateurhaft(adj) laienhaft
Amateursportler(m,--) Amateursportler
amaueren(v) einmauern
Ambassadeur(m,-en) Botschafter
Amber(p) Imbringen
Ambiance(f,~) Atmosphäre
Ambiance(f,~) Stimmung
Ambiente(m, ~) Ambiente
Ambiguitéit(f,-en) Ambiguität
ambitiéis(adj) ehrgeizig
ambitionéiert(adj) ehrgeizig
ambitiös(adj) ehrgeizig
Ambitioun(f,-en) Ehrgeiz
Amboss(m,-en) Amboss
Ambulanz(f,-en) Krankenwagen
ameesselen(v) einmeißeln
amenagéieren(v) einrichten
amenagéieren(v) herrichten
amendéieren(v) abändern
Amendement(n,-en/-er) Änderungsantrag
Amendement(n,-en/-er) Zusatzartikel
Ament(m,-er) Augenblick
Ament(m,-er) Moment
Amerika(p) Amerika
Amerikaner(m,--) Amerikaner
amerikanesch(adj) amerikanisch
amëschen, sech -(v) einmischen, sich -
ameséieren(v) amüsieren
ameséieren(v) belustigen
ameséieren, sech -(v) amüsieren, sich -
Amethyst(m,~) Amethyst
amgaang sinn(exp) Begriff, im - sein
amgaang sinn(exp) dabei, gerade - sein (etw zu tun)
Aminosaier(f,-sairen) Aminosäure
Ammoniak(m,~) Ammoniak
amnestéieren(v) amnestieren
Amnestie(f,-n) Amnestie
Amok lafen(exp) Amok laufen
Amok(m,~) Amok
Amoklaf(m,-leef) Amoklauf
amortiséieren(v) abschreiben (Steuern)
amortiséieren(v) amortisieren (Steuern)
Amortiséierung(f,-en) Abschreibung
Amortiséierung(f,-en) Amortisierung
Amortissement(m,-er) Abschreibung
Amortissement(m,-er) Amortisierung
Amortisseur(m,-en) Stoßdämpfer
amphibesch(adj) amphibisch
amplaz(pp) anstelle
Ampull(f,-en) Ampulle
Amputatioun(f,-en) Amputation
amputéieren(v) amputieren
amstand sinn(exp) imstande sein
amtéieren(v) amtieren
Amulett(n,-er) Amulett
amummen, sech -(v) vermummen, sich - (Kälte)
amusant(adj) amüsant
Amusement(m,-er) Amüsement
Amüsement(m,-er) Vergnügung
an engems(exp) gleichzeitig
an(cn) und
an(pp) in
Anabolikum(n,-bolika) Anabolikum
Anachronismus(m,-nismen) Anachronismus
anachronistesch(adj) anachronistisch
Anäis(m,~) Anis
anal(adj) anal
analog(adj) analog
Analogie(f,-n) Analogie
Analphabet(m,-en) Analphabet
Analys(f,-en) Analyse
analyséieren(v) analysieren
analytesch(adj) analytisch
Ananas(f,-sen) Ananas
anarchesch(adj) anarchisch
Anarchie(f,-n) Anarchie
Anarchist(m,-en) Anarchist
anäscheren(v) verbrennen
anästheséieren(v) anästhesieren
Anästhesie(f,-n) Anästhesie
Anästhesie(f,-n) Narkose
Anästhesist(m,-en) Anästhesist
Anästhesist(m,-en) Narkosearzt
Anatom(m,-en) Anatom
Anatomie(f,-n) Anatomie
Anchois(f,-en) Anchovis
Anchois(f,-en) Sardelle
Andacht(f,~) Einkehr (religiös)
Andacht(f,-en) Abendsegen
Andacht(f,-en) Andacht
andauernd(adj) andauernd
andauernd(adv) stets
andecken(v) eindecken
andeelen(v) einteilen
andeems(cn) indem
Andéif(f,Andéiwen) Chicorée
andréchnen(v) eintrocknen
andrécken(v) eindrücken
andréien(v) eindrehen
andréinen(v) eindrehen
andreiwen(v) eintreiben
andréngen(v) eindringen
Androck(m,-dréck) Eindruck
androen(v) einschreiben
androen(v) eintragen
anduckelen(v) einmummen
Anekdot(f,-en) Anekdote
Anemie(f,-n) Anämie
Anemon(f,-en) Anemone
aneneen(adv) ineinander
anengems(adv) zugleich (gleichzeitig)
anengen(v) einengen
aner(dét) andere
anerefalls(adv) andernfalls
anerersäits(adv) andererseits
anerleits(adv) von anderen
anersäits(adv) andererseits
anert(adj) andere
anerwäerts(adv) anderswo
anescht ginn(exp) anders werden
anescht sinn(exp) anders sein
anescht sinn(exp) schwanger sein
anescht(adv) anders
anescht, sech - undinn(exp) umziehen, sich -
aneschters(adv) anders
aneschtes, eppes -(exp) anderes, etwas -
Anesthesie(f,-n) Anästhesie
Anesthesie(f,-n) Narkose
Angelduerf(p) Ingeldorf
Angine(f,Anginnen) Angina
Angorakaz(f,-en) Angorakatze
Angorawoll(f,-en) Angorawolle
Angscht(f,Ängscht) Angst
Angscht(f,Ängscht) Furcht
ängschterlech(adj) ängstlich
Angschtkreesch(m,--) Angstschrei
ängschtlech(adj) ängstlich
Angschtschweess(m,~) Angstschweiß
Angschtzoustänn(npl) Angstzustände
ängstlech(adj) ängstlich
anhaen(v) einschlagen
anhaken(v) einhaken
anhalen(v) einhalten
anhänken(v) aufhängen (Kleider, in Schrank)
anhänken(v) auflegen (Hörer)
anhauchen(v) einhauchen
anhuelen(v) einnehmen (Medikament)
aniichter(adj) nüchtern
animalesch(adj) animalisch
Animateur(m,-en) Animateur
Animatioun(f,-en) Animation
animéieren(v) animieren
animéieren(v) antreiben
animpfen(v) einimpfen

Anker(m,-en) Anker
ankeren(v) ankern
annäipen(v) einnicken
Annalen(npl) Annalen
annektéieren(v) annektieren
änneren(v) abändern
änneren(v) ändern
änneren(v) verändern
annerhallef(adj) eineinhalb
Ännerung(f,-en) Änderung
Ännerung(f,-en) Veränderung
Ännerungsantrag(m,-träg) Änderungsantrag
Annexe(f,-n) Anbau
annexéieren(v) annektieren
Annexioun(f,-en) Annexion
anniichter sinn(exp) nüchtern sein
anniichter(adj) nüchtern
anniwwelen(v) einnebeln
Annonce(f,-n) Anzeige
Annoncëblietchen(n,-iedercher) Anzeigenblatt
annoncéieren(v) ankündigen
Annoncen, kleng -(exp) Kleinanzeigen
Annulatioun(f,-en) Annullierung
Annulatioun(f,-en) Stornierung
annuléieren(v) annullieren
annulléieren(v) annullieren
Anomalie(f,-n) Anomalie
Anomalitéit(f,-en) Anomalie
anonym(adj) anonym
Anonymitéit(f,~) Anonymität
anootmen(v) einatmen
Anorak(m,-en) Anorak
Anorak(m,-en) Windjacke
anormal(adj) anormal
anscheinend(adv) anscheinend
Anstalt(f,-en) Anstalt
anstandslos(adj) anstandslos
anstänneg(adj) anständig
anstänneg(adj) ordentlich
anstatt(pp) anstatt
antarktesch(adj) antarktisch
Antarktis(f,~) Antarktis
antätowéieren(v) eintätowieren
Antenn(f,-en) Antenne
Anthologie(f,-n) Anthologie
Anthrazit(m,~) Anthrazit
Anthropologie(f,-n) Anthropologie
Antialkoholiker(m,--) Antialkoholiker
Antibabypëll(f,-en) Antibabypille
Antibiotika(npl) Antibiotika
Antibiotique(m,-n) Antibiotikum
antifaschistesch(adj) antifaschistisch
antik(adj) antik

Antikitéit(f,-en) Antiquität
Antilop(f,-en) Antilope
Antimilitarist(m,-en) antimilitaristisch
antipathesch(adj) unsympathisch
Antipathie(f,-n) Antipathie
antippen(v) abtippen
antippen(v) tippen (Maschineschreiben)
Antiquaire(m,-n) Antiquitätenhändler
antiquaresch(adj) antiquarisch
Antiquitéiten(npl) Antiquitäten
Antisemetissem(m,~) Antisemitismus
antisemitesch(adj) antisemitisch
Antisemitismus(m,~) Antisemitismus
Anti-Terror-Koalitioun(f,-en) Anti-Terror-Koalition
Antivol(m,~) diebstahlsicher
antompen(v) einnicken
antrainéieren(v) eintrainieren
antrainéieren(v) üben
antrëllen(v) einfallen (Gebäude)
antrieden(v) eintreten (Verein)
antriichteren(v) eintrichtern
äntweren(v) antworten
Äntwert(f,-en) Antwort
anüben(v) einüben
anuechthuelen(v) beachten
anuelegen(v) einölen
Anung(f,-en) Vorahnung
Anung, keng - hunn(exp) Ahnung, keine - haben
anungslos(adj) ahnungslos
Anungslosegkeet(f,~) Ahnungslosigkeit
anxiéis(adj) ängstlich
Anxiétéit(f,~) Ängstlichkeit
anzapen(v) füllen, in Flaschen -
anzeechnen(v) einzeichnen
anzéien(v) einziehen (aus dem Verkehr ziehen)
anzéien(v) einziehen (hineinziehen)
anzéien(v) einziehen (Soldaten)
anzementéieren(v) einzementieren
anzwousch anescht(adv) woanders
anzwousch(adv) woanders
apaart(adj) besondere
apaart(adv) besonders
Apaartegkeet(f,-en) Eigentümlichkeit
apaken(v) einpacken
apaken(v) verpacken
apapen(v) einkleben
apapen(v) einkleistern
Apartheid(f,~) Apartheid
apathesch(adj) apathisch
Apathie(f,-n) Apathie
apauken(v) einpauken

Apdikt(f,-en) Apotheke
Apdikter(m,--/-en) Apotheker
Apdiktesch(f,-en) Apothekerin
Apdiktsschaf(m,-schief) Apothekerschrank
apechen(v) einkleben
apéilen(v) einrammen
Apel(m,Äppel) Apfel
Aperhoer(n,--) Augenbraue
Aperhoer(n,--) Wimper
Aperhor(n,--) Augenbraue
Aperhor(n,--) Wimper
Aperitif(m,-fer) Aperitif
Aperitif(m,-fer) Frühschoppen
aphrodisesch(adj) aphrodisisch
apierchen(v) einpferchen
aplangen(v) einplanen
aplangen(v) vorhaben
aplaz(pp) anstelle
Apokalyps(f,-en) Apokalypse
apokalyptesch(adj) apokalyptisch
Apostel(m,-en) Apostel
apostolesch(adj) apostolisch
Apostroph(m,-en) Apostroph
Apparat(m,-en/-er) Apparat
Apparatschik(m,-en) Apparatschik
Apparatur(f,~) Apparatur
Apparitioun(f,-en) Erscheinen
Apparitioun(f,-en) Erscheinung
Appartement(n,-er) Wohnung
Appartementshaus(n,-haiser) Mehrfamilienhaus
Äppelbam(m,-beem) Apfelbaum
Äppelbléi(f,-en) Apfelblüte
Äppeldrëpp(f,-en) Apfelschnaps
appeléieren(v) appellieren
Äppeljelli(m,-en) Apfelgelee
Äppeljus(m,-en) Apfelsaft
Äppelklatz(f,-klätz) Apfeltasche
Äppelkompott(m,~) Apfelmus
Appell(m,-er) Appell
appelléieren(v) appellieren
Äppeltaart(f,-en) Apfeltorte
Äppeltäsch(f,-en) Apfeltasche
Äppelviz(m,~) Apfelmost
Äppelviz(m,~) Apfelsaft (frischer)
Appetit(m,~) Appetit
appetitlech(adj) appetitlich
Appetitlosegkeet(f,~) Appetitlosigkeit
applaudéieren(v) applaudieren
Applaus(m,~) Applaus
Applicatioun(f,-en) Anwendung
Applikatioun(f,-en) Anwendung
Applique(f,-n) Wandleuchte

applizéieren *(v)* anwenden
apportéieren *(v)* apportieren
apposéieren *(v)* anfügen
Appositioun *(f,-en)* Apposition
Appreciatioun *(f,-en)* Anerkennung
appreciéieren *(v)* anerkennen
appreciéieren *(v)* schätzen
Approbatioun *(f,-en)* Approbation
approuvéieren *(v)* gutheißen
approvisionéieren *(v)* eindecken
Après-Ski *(m,~)* Après-Ski
Aprikos *(m,-en)* Aprikose
Aprikosebam *(m,-beem)* Aprikosenbaum
Aprikosegebeess *(n, ~)* Aprikosenmarmelade
aprogramméieren *(v)* einprogrammieren
aprouwen *(v)* einstudieren
aprouwen *(v)* proben
Aquaplaning *(m,~)* Aquaplaning
Aquarell *(m,-en)* Aquarell
Aquarellfaarf *(f,-faarwen)* Aquarellfarbe
Aquarellmolerei *(f,-en)* Aquarellmalerei
Aquarium *(m,Aquarien)* Aquarium
aquartéieren *(v)* einquartieren
Äquator *(m,~)* Äquator
äquatorial *(adj)* Äquatorial-
är *(dét)* eure
Är *(dét)* Ihr(e)
Ar *(m,--)* Ar
Araber *(m,--)* Araber
arabesch *(adj)* arabisch
arabiséieren *(v)* arabisieren
aräissen *(v)* einreißen (Gewohnheit werden)
aräissen *(v)* niederreißen
araschten *(v)* einrosten
araumen *(v)* einräumen (wegpacken)
arbeitslos *(adj)* arbeitslos
arbitréieren *(v)* Schiedsrichter sein
Arbitter *(m,-en)* Schiedsrichter
arboréieren *(v)* Schau, zur - stellen
Archeolog *(m,-en)* Archäologe
Archeologie *(f,~)* Archäologie
Archetyp *(m,-en)* Archetyp
Archipel *(m,-en)* Archipel
Architekt *(m,-en)* Architekt
Architektebüro *(m,-en)* Architektenbüro
architektonesch *(adj)* architektonisch
Architektur *(f,-en)* Architektur
Archiv *(n,-en)* Archiv
archivéieren *(v)* archivieren
arechnen *(v)* einrechnen
arécken *(v)* einrücken
areechen *(v)* einreichen
areesen *(v)* einreisen
areiden *(v)* einreiten
areien *(v)* einfädeln
aréieren *(v)* einrühren
areiwen *(v)* einreiben
Arel *(p)* Arlon
arenken *(v)* einrenken
arennen *(v)* einrennen
arennen *(v)* Unfall, einen - haben (Auto)
Argument *(n,-er)* Argument
Argumentatioun *(f,-en)* Argumentation
argumentéieren *(v)* argumentieren
Arie *(f,-n)* Arie
arieden *(v)* einreden
ariichten *(v)* ausstatten
ariichten *(v)* einrichten
Ariichtung *(f,-en)* Einrichtung
Aristokrat *(m,-en)* Aristokrat
Aristokratie *(f,-n)* Aristokratie
Arithmetik *(f,-en)* Arithmetik
aritzen *(v)* einritzen
Armaturebriet *(n,-brieder)* Armaturenbrett
Armaturen *(npl)* Armaturen
Arméi *(f,-en)* Armee
arméieren *(v)* bewaffnen
Ärmelkanal *(m,~)* Ärmelkanal
arnaquéieren *(v)* betrügen
arodéieren *(v)* einfahren (Motor)
Aroma *(m,Aromen)* Aroma
aromatiséieren *(v)* aromatisieren
arrangéieren *(v)* arrangieren
arrangéieren *(v)* Ordnung, in - bringen
arrangéieren, sech - *(v)* einigen, sich -
Arrangement *(n,-er)* Einigung (gütlich)
Arrangement *(n,-er)* Gesteck (Blumen)
arrêtéieren *(v)* arretieren
arrêtéieren *(v)* festnehmen
Arrivée *(f,-ën)* Ankunft
Arrivée *(f,-ën)* Ziel (Sport)
arrogant *(adj)* arrogant
Arroganz *(f,~)* Arroganz
arroséieren *(v)* besprengen
Arterie *(f,-n)* Arterie
arteriell *(adj)* arteriell
Arterioskleros *(f,~)* Arteriosklerose
Arthrite *(f,-n)* Arthritis
Arthritis *(f,~)* Arthritis
Arthros *(f,-en)* Arthrose
Artichaut *(m,-en)* Artischocke
Artikel *(m,-en)* Artikel
Artikulatioun *(f,-en)* Artikulation
artikuléieren *(v)* artikulieren
Artillerie *(f,-n)* Artillerie
Artischock *(f,-en)* Artischocke
Artist *(m,-en)* Artist
artistesch *(adj)* artistisch
arummen *(v)* einrahmen
asäckelen *(v)* einstecken
asacken *(v)* einsacken (Boden)
asammelen *(v)* einsammeln
asangen, sech - *(v)* einsingen, sich -
Asaz *(m,-sätz)* Einsatz
Asbest *(m,~)* Asbest
Asbeststëbs *(m,~)* Asbeststaub
aschäerfen *(v)* einschärfen
aschalten *(v)* einschalten
aschären *(v)* unterbuddeln
aschätzen *(v)* einschätzen
Äschebächer *(m,-en)* Aschenbecher
aschécken *(v)* einsenden
aschëdden *(v)* einfüllen
aschëdden *(v)* einschenken
aschëffen *(v)* einschiffen
aschéissen, sech - *(v)* einschießen, sich -
Äschen *(npl)* Aschen
aschenken *(v)* einschenken
Äschenteller *(m,-en)* Aschenbecher
aschëppen *(v)* hineinschaufeln
Äschepuddel *(n,~)* Aschenputtel
Äschermëttwoch *(m,~)* Aschermittwoch
aschläichen, sech - *(v)* einschleichen, sich -
aschlécken *(v)* verschlucken
aschleefen *(v)* einschleppen
aschléiferen *(v)* einschläfern
aschleisen *(v)* einschleusen
aschléissen *(v)* einschließen
aschlëppen *(v)* ziehen, durch eine Schlaufe -
aschloen *(v)* einschlagen (Blitz)
aschlofen *(v)* einschlafen
aschmeechelen, sech - *(v)* einschmeicheln, sich -
aschmëlzen *(v)* einschmelzen
aschmieren *(v)* eincremen
aschmieren *(v)* einschmieren
aschmuggelen *(v)* einschmuggeln
aschneiden *(v)* einschneiden
Ascholtquot *(f,-en)* Einschaltquote
aschränken *(v)* einschränken
aschrauwen *(v)* einschrauben
aschreiwen *(v)* einschreiben
aschüchteren *(v)* einschüchtern
ASCII *(m,~)* ASCII (American Standard Code for Information Interchange)
aseeën *(v)* einsägen
aseefen *(v)* betrügen
aseefen *(v)* einreiben, mit Schnee -
aseefen *(v)* einseifen

aseenen(*v*) segnen
aséien(*v*) säen
aséinen(*v*) säen
aseptiséieren(*v*) desinfizieren
asetzen(*v*) stecken, ins Gefängnis -
asëtzen(*v*) einsitzen
asexuell(*adj*) asexuell
Asiat(*m,-en*) Asiate
asiatesch(*adj*) asiatisch
asickeren(*v*) einsickern
Asien(*p*) Asien
Asilant(*m,-en*) Asylbewerber
Asilrecht(*m,-er*) Asylrecht
Askeet(*m,-en*) Asket
askeetesch(*adj*) asketisch
asozial(*adj*) asozial
aspanen(*v*) einspannen
aspären(*v*) einsperren
Aspekt(*m,-er*) Aspekt
asphaltéieren(*v*) asphaltieren
Aspirant(*m,-en*) Anwärter
Aspiratioun(*f,-en*) Streben
Aspirin(*f,-nen*) Aspirintablette
Aspirin(*m,~*) Aspirin
asprangen, fir een -(*exp*) einspringen, für jn -
asprëtzen(*v*) injizieren
Aspro(*f,-en*) Aspirintablette
aspueren(*v*) einsparen
Ass(*m,-en*) Ass
assembléieren(*v*) zusammenbauen
assermentéieren(*v*) beeidigen
assermentéieren(*v*) vereidigen
Assimilatioun(*f,-en*) Assimilation
Assimilatioun(*f,-en*) Verinnerlichung
assimiléieren(*v*) aneignen
assimiléieren(*v*) assimilieren
assistéieren(*v*) assistieren
assistéieren(*v*) beistehen
Assistent(*m,-en*) Assistent
Assistentin(*f,-nen*) Assistentin
Associatioun(*f,-en*) Vereinigung
Associé(*m,-en*) Teilhaber
associéieren, eppes mat eppes -(*exp*) assoziieren, etw mit etw -
associéieren, eppes mat eppes -(*exp*) verbinden, etw mit etw -
assortéieren(*v*) sortieren
assujettéieren(*v*) unterwerfen (einer Sache)
assuméieren(*v*) annehmen (Verantwortung)
Assurance(*f,-n*) Versicherung
assuréieren(*v*) versichern
astanzen(*v*) einstanzen
astellen(*v*) einstellen (Betrieb, Personal, Maschine)

Astellung(*f,-en*) Einstellung
Astellung(*f,-en*) Haltung
Astellungsgespréich(*n,-er*) Einstellungsgespräch
Aster(*f,-en*) Aster
ästhetesch(*adj*) ästhetisch
Ästhetik(*f,-*) Ästhetik
Asthma(*m,~*) Asthma
astiechen(*v*) einstecken
astoussen(*v*) einstoßen
Astrolog(*m,-en*) Astrologe
Astrologie(*f,~*) Astrologie
Astronaut(*m,-en*) Astronaut
Astronomie(*f,~*) Astronomie
Astrophysik(*f,~*) Astrophysik
astudéieren(*v*) einstudieren
astufen(*v*) einstufen
Asyl(*m,-er*) Asyl
Asylant(*m,-en*) Asylbewerber
Asymmetrie(*f,-n*) Asymmetrie
Aszendent(*m,-en*) Aszendent
Atelier(*m,-en*) Atelier
Atelier(*m,-en*) Werkstatt
Atheismus(*m,~*) Atheismus
Atheist(*m,-en*) Atheist
atheistesch(*adj*) atheistisch
Athlet(*m,-en* Athlet
Athletissem(*m,~*) Athletik
Atlantik(*m,~*) Atlantik
Atmosphär(*f,-en*) Atmosphäre
Atom(*m,-er*) Atom
Atombomm(*f,-en*) Atombombe
Atomenergie(*f,~*) Atomenergie
Atomexplosioun(*f,-en*) Kernexplosion
Atomgéigner(*m,--*) Atomkraftgegner
Atomkraaft(*f,~*) Atomkraft
Atomkraaftwierk(*n,-er*) Atomkraftwerk
Atomkrich(*m,-er*) Atomkrieg
Atommuecht(*f,-en*) Atommacht
Atomrakéit(*f,-en*) Atomrakete
Atomschutzbunker(*m,-en*) Atomschutzbunker
Atomstroum(*m,~*) Atomstrom
Atomwaff(*f,-en*) Atomwaffe
Atomzentral(*f,-en*) Kernkraftwerk
attachéieren, sech -(*v*) hängen, an jm -
attachéiert(*adj*) zugetan
Attack(*f,-en*) Angriff
Attack(*f,-en*) Attacke
attackéieren(*v*) angreifen
attackéieren(*v*) attackieren
Attaque(*f,-n*) Angriff
Attaque(*f,-n*) Attacke
Attentat(*n,-er*) Attentat

Attest(*m,-er*) Attest
Attest(*m,-er*) Bescheinigung
attestéieren(*v*) bescheinigen
attitréieren(*v*) benennen
Attraktioun(*f,-en*) Attraktion
Attraktivitéit(*f,-en*) Attraktivität
attribuéieren(*v*) zuerkennen
Attributioun(*f,-en*) Zuteilung
Aubergine(*f,Auberginnen*) Aubergine
Auder(*m,-en*) Euter
Audienz(*f,-en*) Audienz
Auer(*f,~*) Uhrzeit
Auer(*f,-en*) Armbanduhr
Auer(*f,-en*) Uhr
Auer, wéi vill - ass et?(*exp*) spät, wie - ist es?
Auerenzär(*m,-en*) Uhrzeiger
Auerglas(*n,-glieser*) Uhrglas
Auermécher(*m,--*) Uhrmacher
Aufgab(*f,-en*) Aufgabe
Aufsatz(*m,-sätz*) Aufsatz
Augmentatioun(*f,-en*) Erhöhung
Augmentatioun(*f,-en*) Zunahme
August(*m,~*) August
August, dommen -(*exp*) August, dummer -
Augustiner(*m,-en*) Augustiner
Aulebäcker(*m,--*) Töpfer
Aulegeschir(*n,~*) Tongefäße
Aulegeschir(*n,~*) Töpferware
Au-pair-Meedchen(*n,-Meedercher*) Au-pair-Mädchen
Aurebuttek(*n,-en*) Uhrengeschäft
aus(*adv*) aus
aus(*adv*) vorbei
aus(*pp*) aus
ausaarten(*v*) ausarten
ausbäissen(*v*) ausbeißen
ausbäissen, eppes -(*exp*) büßen für etw
ausbalancéieren(*v*) ausbalancieren
ausbaschten(*v*) bersten
Ausbau(*m,~*) Ausbau
Ausbau(*m,~*) Erweiterungsbau
ausbauen(*v*) ausbauen
ausbedéngen(*v*) vorbehalten
ausbehalen(*v*) vorbehalten
ausbëlzen(*v*) ausbeulen
ausbesseren(*v*) ausbessern
ausbeuten(*v*) ausbeuten
ausbezuelen(*v*) ausbezahlen
ausbilden(*v*) ausbilden
Ausbilder(*m,--*) Ausbilder
Ausbildung(*f,-en*) Ausbildung
Ausbildungszäit(*f,-en*) Ausbildungsdauer
ausbleiwen(*v*) ausbleiben

ausblenden(v) ausblenden
ausblosen(v) ausblasen
ausbommen(v) ausbomben
ausbotzen(v) ausputzen
ausbreeden(v) ausbreiten
ausbréien(v) ausbrüten
ausbrennen(v) ausbrennen
ausbriechen(v) ausbrechen
Ausbriecher(m,--) Ausbrecher
Ausbroch(m,Ausbréch) Ausbruch
Ausbrochsversuch(m,-versich) Ausbruchsversuch
ausbuddelen(v) auftreiben
ausbuddelen(v) ausbuddeln
ausbueren(v) ausbohren
Auscultatioun(f,-en) Abhören (Untersuchung)
ausdäitschen(v) ausschließen (was deutsch ist)
Ausdauer(f,~) Ausdauer
ausdeelen(v) austeilen
ausdehnen(v) ausdehnen
ausdehnen(v) dehnen
ausdenkeg(adj) Erinnerung, aus der - entschwunden
ausdenken(v) ausdenken
ausdënsten(v) ausdünsten
ausdiskutéieren(v) ausdiskutieren
ausdoen(v) ausziehen (Kleidung)
ausdréchnen(v) austrocknen
ausdrécken(v) ausdrucken
ausdrécken(v) ausdrücken
ausdrécken(v) auspressen
ausdréien(v) abschalten (Radio, Gas)
ausdréien(v) auswringen
Ausdréier(m,~) Zeitungsausträger
ausdréinen(v) abschalten (Radio, Gas)
ausdréinen(v) auswringen
ausdreiwen(v) austreiben
ausdrénken(v) austrinken
Ausdrock(m,Ausdréck) Ausdruck
Ausdrocksmëttel(n,-en) Ausdrucksmittel
Ausdrocksweis(f,-en) Ausdrucksweise
ausdroen(v) austragen
ausenaner rennen(v) laufen, auseinander -
auserhéngeren(v) aushungern
auserhéngert(adj) ausgehungert
Ausernanersetzung(f,-en) Auseinandersetzung
ausernee sinn(exp) getrennt sein
auserneebriechen(v) auseinanderbrechen
auserneefueren(v) auseinanderbrechen
auserneegoen(v) trennen, sich -
auserneeleeën, engem eppes -(exp) auseinanderlegen, jm etw -
auserneen(adv) auseinander
auserneen(adv) getrennt
auserneenhuelen(v) auseinandernehmen
Ausfaart(f,-en) Ausfahrt
Ausfaartsstrooss(f,-en) Autobahnausfahrt
Ausfahrt(f,-en) Ausfahrt
Ausfahrtsstrooss(f,-en) Autobahnausfahrt
ausfalen(v) ausfallen
ausfechten(v) ausfechten
ausféieren(v) ausführen
ausféieren(v) exportieren
ausféieren(v) liefern
Ausféierung(f,-en) Ausführung
ausfëllen(v) ausfüllen
ausfléien(v) ausfliegen
ausflippen(v) ausflippen
Ausfluch maachen(exp) Ausflug machen
Ausfluch(m,Ausflich) Ausflug
ausformuléieren(v) ausformulieren
ausfouen(v) ausfugen
ausfriessen(v) ausfressen
ausfroen(v) ausfragen
ausfuerschen(v) ausforschen
Ausgab(f,-en) Ausgabe (Buch)
Ausgab(f,-en) Ausgabe (Geld)
Ausgank(m,Ausgäng) Ausgang
ausganks(adv) ausgangs
Ausgankslag(f,-en) Ausgangssituation
Ausganksituatioun(f,-en) Ausgangssituation
ausgebufft(adj) ausgebufft
ausgeglach(adj) ausgeglichen
ausgeheien(v) werfen
ausgéissen(v) ausschütten
ausgelaugt(adj) ausgelaugt
Ausgeloossenheet(f,~) Ausgelassenheit
ausgemooss(adj) ausgemessen
ausgemustert(adj) ausgemustert
ausgerechent(adv) ausgerechnet
ausgeschloss(adj) ausgeschlossen
Ausgesinn(n,~) Aussehen
ausgesinn(v) aussehen
ausgestouss(adj) ausgestoßen
ausgewuess(adj) ausgewachsen
ausgezeechent(adj) ausgezeichnet
ausginn(v) ausgeben
Ausgläich(m,-er) Ausgleich
ausgläichen(v) ausgleichen
ausglidderen(v) ausgliedern
ausgoen(v) ausfallen (Haare)
ausgoen(v) ausgehen
ausgoen(v) erlöschen (Flamme)
ausgreewen(v) aussieden
ausgruewen(v) ausgraben
Ausgruewung(f,-en) Ausgrabung
Ausgruewungsaarbecht(f,-en) Ausgrabungsarbeit
aushaen(v) ausforsten
aushalen(v) aushalten
aushänken(v) aushängen (Fahne, Wäsche)
aushauchen(v) aushauchen
ausheelen(v) ausheilen
Aushëllef(f,-en) Aushilfe
aushëllefen(v) aushelfen
aushéngeren(v) verhungern
aushidden, net -(exp) beruhigen, nicht - können (z.B. Kinder)
aushielegen(v) aushöhlen
aushiewen(v) ausheben
aushillegen(v) aushöhlen
auskachen(v) auskochen
auskämmen(v) auskämmen
auskennen, sech -(v) auskennen, sich -
auskieren(v) ausfegen
auskippen(v) auskippen
ausklameren(v) ausklammern
ausklappen(v) klopfen (Teppich)
ausklëngen(v) ausklingen
ausklénken(v) ausklingen
ausklügelen(v) ausklügeln
ausknipsen(v) ausknipsen
auskommen(v) auskommen
Auskommes(n,~) Auskommen
auskoppelen(v) auskoppeln
auskräischen, sech -(v) ausweinen, sich -
auskrämpen(v) abkoppeln (Anhänger)
auskrämpen(v) aushaken
auskrazen(v) auskratzen
auskromen(v) herauskramen
auskucken, sech d'An -(exp) ausschauen, sich die Augen -
auskuréieren(v) auskurieren
auslaachen(v) auslachen
auslaaschten(v) auslasten
auslafen(v) auslaufen (leer werden)
auslafen(v) auslaufen (Schiff)
ausläffelen(v) auslöffeln
Ausland(n,~) Ausland
Auslandsgespréich(n,-er) Auslandsgespräch
Auslandskorrespondent(m,-en) Auslandskorrespondent
Auslandsopenthalt(m,-er) Auslandsaufenthalt
Auslandsrees(f,-en) Auslandsreise
Auslänner(m,--) Ausländer
auslännerfeindlech(adj) ausländerfeindlich
Auslännerfeindlechkeet(f,~) Ausländerfeindlichkeit
Auslännerhaass(m,~) Ausländerhass

Auslännerin_(f,-nen)_ Ausländerin
auslännesch_(adj)_ ausländisch
auslännesch_(adj)_ fremd
ausläschen_(v)_ auslöschen
ausleeën_(v)_ auslegen (Ware)
Ausleefer_(m,--)_ Ausläufer
ausléieren_(v)_ auslernen
ausléinen_(v)_ ausleihen
ausléisen_(v)_ auslösen
Ausléiser_(m,--)_ Auslöser
ausliichten_(v)_ ausleuchten
ausliwweren_(v)_ ausliefern
ausliwweren_(v)_ liefern, ins Haus -
Ausliwwerung_(f,-en)_ Auslieferung
Ausliwwerung_(f,-en)_ Lieferung
ausloossen_(v)_ auslassen
auslousen_(v)_ auslosen
Auslousung_(f,-en)_ Auslosung
auslueden_(v)_ ausladen
auslueden_(v)_ entladen
ausmaachen_(v)_ ausmachen
ausmaachen_(v)_ ausschalten
ausmaachen_(v)_ wegwischen
ausmiessen_(v)_ vermessen
ausmolen_(v)_ ausmalen
Ausmooss_(f,-en)_ Ausmaß
ausmoossen_(v)_ vermessen
ausmusteren_(v)_ ausmustern
Ausnahm_(f,-en)_ Ausnahme
Ausnahmefall_(m,-fäll)_ Ausnahmefall
Ausnahmezoustand_(m,-zoustänn)_ Ausnahmezustand
ausnahmsweis_(adv)_ ausnahmsweise
Ausnam_(f,-en)_ Ausnahme
ausnëtzen_(v)_ ausnutzen
ausnotzen_(v)_ ausnutzen
ausootmen_(v)_ ausatmen
ausotemen_(v)_ ausatmen
auspäifen_(v)_ auspfeifen
auspaken_(v)_ auspacken
auspéilen_(v)_ abstecken (mit Pfählen)
ausplätschen_(v)_ aufschwemmen (durch Regen)
auspolsteren_(v)_ auspolstern
auspompelen_(v)_ auspumpen
ausposaunen_(v)_ ausposaunen
auspressen_(v)_ auspressen
ausprobéieren_(v)_ ausprobieren
ausprobéieren_(v)_ probieren
Auspuff_(m,-en)_ Auspuffrohr
Auspuffgas_(m,-en)_ Auspuffgase
Auspuffgas_(m,-en)_ Autoabgase
ausquartéieren_(v)_ ausquartieren
ausquetschen_(v)_ ausquetschen
ausquëtschen_(v)_ ausquetschen
ausradéieren_(v)_ ausradieren
ausraiberen_(v)_ ausrauben
ausräifen_(v)_ reifen
ausräissen_(v)_ ausreißen
ausrangéieren_(v)_ ausrangieren
ausrappen_(v)_ herausreißen
ausraumen_(v)_ ausräumen
ausrechnen_(v)_ ausrechnen
ausrécken_(v)_ ausrücken
ausreecheren_(v)_ ausräuchern
Ausrees_(f,-en)_ Ausreise
ausreesen_(v)_ ausreisen
ausreiden_(v)_ ausreiten
ausrenken_(v)_ ausrenken
ausrëselen_(v)_ ausschütteln
ausrëtschen_(v)_ ausrutschen
Ausried_(f,-en)_ Ausrede
ausrieden_(v)_ ausreden
ausriichten_(v)_ ausrichten (Auftrag)
ausriichten_(v)_ ausrichten (zustande bringen)
Ausrottung_(f,-en)_ Ausrottung
ausrouen, sech -_(v)_ ausruhen, sich -
Ausrufezeechen_(m,--)_ Ausrufezeichen
ausruffen_(v)_ ausrufen
ausrullen_(v)_ ausrollen
ausrüsten_(v)_ ausrüsten
Ausrüstung_(f,-en)_ Ausrüstung
ausrutschen_(v)_ ausrutschen
Ausrutscher_(m,--)_ Ausrutscher
aussaugen_(v)_ aussaugen
Aussaz_(m,~)_ Lepra
ausschachten_(v)_ ausschachten
ausschaffen_(v)_ ausarbeiten
ausschäffen_(v)_ ausschöpfen
ausschalten_(v)_ ausschalten
ausschëdden_(v)_ ausschütten
ausschëdden_(v)_ wegschütten
Ausscheedung_(f,-en)_ Ausscheidung
Ausscheedungsspill_(n,-er)_ Ausscheidungsspiel
ausschéissen_(v)_ ausschlagen (Pflanzen)
Ausschlag_(m,~)_ Ausschlag
ausschléissen_(v)_ ausschließen
ausschloen_(v)_ ausschlagen
ausschloen_(v)_ verwerfen
ausschlofen_(v)_ ausschlafen
ausschluechten_(v)_ ausschlachten
ausschluppen_(v)_ ausschlürfen
ausschluppen_(v)_ schlüpfen (Tier)
ausschmieren_(v)_ schmieren
ausschneiden_(v)_ ausschneiden
Ausschnëtt_(m,-er)_ Ausschnitt
ausschnoffelen_(v)_ auskundschaften
ausschöpfen_(v)_ ausschöpfen
ausschreiwen_(v)_ ausschreiben
Ausschreiwung_(f,-en)_ Ausschreibung
ausschwäifen_(v)_ ausschweifen
ausschwätzen_(v)_ ausreden
ausschwätzen_(v)_ aussprechen
ausséien_(v)_ säen
ausséinen_(v)_ säen
Ausseministär_(m,-en)_ Außenministerium
Ausseminister_(m,-en)_ Außenminister
Ausseministère_(m,-n)_ Außenministerium
Aussendéngscht_(m,-er)_ Außendienst
Aussenhandel_(m,~)_ Außenhandel
aussënneren_(v)_ aussortieren
Aussentemperatur_(f,-en)_ Außentemperatur
Aussepolitik_(f,-en)_ Außenpolitik
ausser_(pp)_ außer
Ausserelatioun_(f,-en)_ Außenbeziehung
aussergewéinlech_(adj)_ außergewöhnlich
Ausserierdeschen_(m,Ausserierdesch)_ Außerirdischer
Aussesäiter_(m,-en)_ Außenseiter
Aussespigel_(m,-en)_ Außenspiegel
aussetzen_(v)_ aussetzen (Kind, Tier)
aussichen_(v)_ aussuchen
aussichen_(v)_ auswählen
Aussiicht_(f,-en)_ Aussicht
Aussiichtslosegkeet_(f,-en)_ Aussichtslosigkeit
Aussiichtspunkt_(m,-en)_ Aussichtspunkt
aussinn, op eppes -_(exp)_ aus sein auf etw
aussinn, op eppes -_(exp)_ erpicht, auf etw - sein
Ausso_(f,-en)_ Aussage
aussoen_(v)_ aussagen
aussortéieren_(v)_ aussortieren
ausspachtelen_(v)_ ausspachteln
ausspanen_(v)_ ausspannen
ausspären_(v)_ aussperren
ausspillen_(v)_ ausspielen
ausspionéieren_(v)_ ausspionieren
ausspreeden_(v)_ ausbreiten
ausspriechen_(v)_ aussprechen
Ausprooch_(f,-en)_ Aussprache
ausspullen_(v)_ abspülen
ausspullen_(v)_ ausspülen
ausstafféieren_(v)_ ausstatten
ausstëbsen_(v)_ abstauben
Aussteier_(f,-en)_ Mitgift
ausstellen_(v)_ ausstellen
Aussteller_(m,~)_ Aussteller
Ausstellung_(f,-en)_ Ausstellung (auch: Messe)
Ausstellungshal_(f,-en)_ Ausstellungshalle
Ausstellungskatalog_(m,-en)_ Ausstellungskatalog

Ausstellungsstéck(*n,-er*)	Ausstellungsstück
ausstiechen(*v*)	ausstechen
ausstierwen(*v*)	aussterben
ausstoen(*v*)	ausstehen
ausstoussen(*v*)	ausstoßen
ausstrâichen(*v*)	ausstreichen
ausstrâichen(*v*)	durchstreichen
ausstralen(*v*)	ausstrahlen
Ausstralung(*f,-en*)	Ausstrahlung
ausstrecken(*v*)	ausstrecken
ausstreeën(*v*)	ausstreuen
aussuckelen(*v*)	leersaugen
aussuergen(*v*)	aussorgen
Austausch(*m,~*)	Austausch
austauschen(*v*)	austauschen
Austauschmotor(*m,-en*)	Austauschmotor
austéitschen(*v*)	ausbeulen
Auster(*f,-en*)	Auster
Austeremesser(*n,-en*)	Austernmesser
Austosch(*m,~*)	Austausch
Australien(*p*)	Australien
austrëppelen(*v*)	austreten
austrëppelen(*v*)	treten (Pfad)
Austrëtt(*m,-er*)	Austritt
austricksen(*v*)	austricksen
austrieden(*v*)	austreten (abnutzen)
austrieden(*v*)	austreten (aus Verein)
ausüben(*v*)	ausüben
ausufern(*v*)	ausufern
ausverkaaft(*adj*)	ausgebucht
ausverkaaft(*adj*)	ausverkauft
Ausverkaf(*m,~*)	Ausverkauf
Ausverkaf(*m,-keef*)	Ausverkauf
ausverkafen(*v*)	ausverkaufen
auswäerten(*v*)	auswerten
auswäerts(*adv*)	auswärts
Auswäertsspill(*n,-er*)	Auswärtsspiel
auswäichen(*v*)	ausweichen
auswanderen(*v*)	auswandern
Auswanderer(*m,--*)	Auswanderer
Auswanderung(*f,-en*)	Auswanderung
auswäschen(*v*)	auswaschen
Auswee(*m,-ër*)	Ausweg
ausweisen(*v*)	ausweisen
Ausweisung(*f,-en*)	Ausweisung
ausweiten(*v*)	ausweiten
auswenneg(*adv*)	auswendig
auswerfen(*v*)	ausspucken
auswëschen(*v*)	auswischen
auswëschen(*v*)	wegwischen
Auswiel(*f,~*)	Auswahl
auswielen(*v*)	auswählen
auswierken(*v*)	auswirken
Auswierkung(*f,-en*)	Auswirkung
auswiesselen(*v*)	auswechseln
auswuchten(*v*)	auswuchten
auswuessen(*v*)	auswachsen
auswuessen(*v*)	entarten
auswuessen(*v*)	entwachsen (den Kleidern)
auszeechnen(*v*)	abfärben (Stoff)
auszeechnen(*v*)	auszeichnen
Auszeechnung(*f,-en*)	Auszeichnung
auszielen(*v*)	auszählen
Auszielung(*f,-en*)	Auszählung
Auszoch(*m,Auszich*)	Auszug
Auszuch(*m,Auszich*)	Auszug
Auteur(*m,-en*)	Autor
Auteurin(*f,-nen*)	Autorin
authentesch(*adj*)	authentisch
autistesch(*adj*)	autistisch
Auto(*m,-en*)	Auto
Autobiografie(*f,-n*)	Autobiographie
autobiographesch(*adj*)	autobiographisch
Autobiographie(*f,-n*)	Autobiographie
Autobomm(*f,-en*)	Autobombe
Autobunn(*f,-en*)	Autobahn
Autobunnsausfaart(*f,-en*)	Autobahnausfahrt
Autobunnsausfahrt(*f,-en*)	Autobahnausfahrt
Autobunnskräiz(*n,-er*)	Autobahnkreuz
Autobunnsopfaart(*f,-en*)	Autobahnauffahrt
Autobunnsopfahrt(*f,-en*)	Autobahnauffahrt
Autobunnsreseau(*m,-en*)	Autobahnnetz
Autobunnssortie(*f,-n*)	Autobahnabfahrt
Autobunnstankstell(*f,-en*)	Autobahntankstelle
Autobus(*m,-sen*)	Autobus
Autobusgare(*f,-n*)	Busbahnhof
Autocollant(*m,-en*)	Aufkleber
Autodidakt(*m,-en*)	Autodidakt
Autofueren(*n,~*)	Autofahren
Autofuerer(*m,--*)	Autofahrer
autogen(*adj*)	autogen
Autogramm(*m,-en/-er*)	Autogramm
Autohändler(*m,--*)	Autohändler
Autoindustrie(*f,-n*)	Automobilindustrie
Automat(*m,-en*)	Automat
Automat(*m,-en*)	Warenautomat
automatesch(*adj*)	automatisch
Automatik(*f,-en*)	Automatik
automatiséieren(*v*)	automatisieren
Automatiséierung(*f,-en*)	Automatisierung
Automatismus(*m,-issem*)	Automatismus
Automobilist(*m,-en*)	Autofahrerin
Automobilistin(*f,-nen*)	Autofahrerin
autonom(*adj*)	autonom
Autonomie(*f,-n*)	Autonomie
Autoofgasen(*npl*)	Auspuffgase
Autopsie(*f,-n*)	Autopsie
Autor(*m,-en*)	Autor
Autoradio(*m,-en*)	Autoradio
Autorerecht(*n,-er*)	Autorenrechte
Autorisatioun(*f,-en*)	Autorisation
Autorisatioun(*f,-en*)	Genehmigung
autoriséieren(*v*)	autorisieren
autoriséieren(*v*)	genehmigen
autoritär(*adj*)	autoritär
Autoritéit(*f,-en*)	Autorität
Autoritéit(*f,-en*)	Behörde
Autoritéit(*f,-en*)	Obrigkeit
Autosaccessoiren(*npl*)	Autozubehör
Autosaccident(*n,-er*)	Autounfall
Autosassurance(*f,-n*)	Kfz-Versicherung
Autoscourse(*f,-courssen*)	Autorennen
Autosdier(*f,-en*)	Wagentür
Autosindustrie(*f,-n*)	Automobilindustrie
Autoskolonn(*f,-en*)	Autokolonne
Autosmark(*f,-en*)	Kfz-Markt
Autosnummer(*f,-en*)	Autokennzeichen
Autospabeieren(*npl*)	Kfz-Papiere
Autospneu(*m,-en*)	Autoreifen
Autosport(*m,~*)	Automobilsport
Autosradio(*m,-en*)	Autoradio
Autosschlaang(*f,-en*)	Autoschlange
Autosschlëssel(*m,-en*)	Autoschlüssel
Autostelefon(*m,-en*)	Autotelefon
Autostopp, mat -(*exp*)	Anhalter, per -
Autosuggestioun(*f,-en*)	Autosuggestion
Autosverkéier(*m,~*)	Autoverkehr
Autosversécherung(*f,-en*)	Kfz-Versicherung
Autoszivilisatioun(*f,-en*)	Autogesellschaft
Autoszuch(*m,-zich*)	Autozug
Avance(*f,-n*)	Vorschuss
Avance(*f,-n*)	Vorsprung
avancéieren(*v*)	befördert werden
avancéieren(*v*)	bevorschussen
avancéieren(*v*)	näher kommen
Avantage(*m,-n*)	Vorteil
avantagéieren(*v*)	begünstigen
Avantgarde(*f,-n*)	Avantgarde
Ave Maria(*m,~*)	Ave Maria
Aventure(*f,-n*)	Abenteuer
Aventurier(*m,-en*)	Abenteurer
Avenue(*f,-n*)	Allee
Aversioun(*f,-en*)	Abneigung
Aversioun(*f,-en*)	Aversion
averstanen(*adj*)	einverstanden
avertéieren(*v*)	benachrichtigen
avertéieren(*v*)	warnen
Aviatioun(*f,~*)	Fliegerei
Aviatioun(*f,~*)	Flugwesen

Avis *(m,-en)* Bescheid
Avis *(m,-en)* Meinung
aviséieren *(v)* ankündigen
aviséieren *(v)* verständigen
Avocado *(f,-en)* Avocado
Avortement *(n,-er)* Abtreibung
Awand *(m,Awänn)* Einwand
awanderen *(v)* einwandern
Awanderer *(m,--)* Einwanderer
Awanderer, illegalen - *(exp)* Einwanderer, illegaler -
Awanderung *(f,-en)* Einwanderung
awar soen *(exp)* verabschieden, sich -
Awar *(m,~)* Abschied
awar, äddi *(exp)* auf Wiedersehen
awéckelen *(v)* einwickeln
awéckelen *(v)* verpacken
awecken *(v)* einwecken
aweechen *(v)* einweichen
aweien *(v)* einweihen
Aweiung *(f,-en)* Einweihung
Aweiungsfeierlechkeet *(f,-en)* Einweihungsfeierlichkeit
awëllegen *(v)* einwilligen
Awëllegung *(f,-en)* Einwilligung
awennen *(v)* einwenden
awer/ower *(cn)* aber
aweren *(v)* widersprechen
awerfen *(v)* einwerfen (Brief, Fenster)
Awerglaf *(m,~)* Aberglauben
Awerglawen *(m,~)* Aberglauben
awergleeweg *(adj)* abergläubig
awierken *(v)* einwirken
awiesselen *(v)* einwechseln
awuessen *(v)* einwachsen
Awunner *(m,--)* Einwohner
Awunnerin *(f,-nen)* Einwohnerin
Awunnerzuel *(f,-en)* Einwohnerzahl
axéieren *(v)* ausrichten
Azalee *(f,-ën)* Azalee

B

Baach *(f,-en)* Bach
Baachfrell *(f,-en)* Bachforelle
baalgen, sech - *(v)* herumplagen, sich -
baang *(adj)* bange
baangen *(v)* bangen
Baants *(f,~)* Zwischenzeit
Baants, an der - *(exp)* Zwischenzeit, in der -
baarbes *(adv)* barfuß
Baarf *(n,Baarwen)* Barbe
baarfouss *(adv)* barfuß
baarmhäerzeg *(adj)* barmherzig
Baarmhäerzegkeet *(f,-en)* Barmherzigkeit
Baart *(m,Bäert)* Bart
Baart, de - maachen *(exp)* rasieren, sich -
Baartapparat *(m,-er)* Rasierapparat
Baartbiischt *(f,-en)* Rasierpinsel
Baarthoer *(n,--)* Barthaare
Baartmesser *(m,-en)* Rasiermesser
Baartseef *(f,-en)* Rasierseife
Baasch *(f,-en)* Peitsche
Baasch *(f,-en)* Plane
Baasch *(f,-en)* Plane (Zelt)
Baaschelt *(p)* Boulaide
Baaschtert *(m,-en)* Bastard
Baaschtert *(m,-en)* Mischling (Hund)
Baastenduerf *(p)* Bastendorf
Baatsch *(f,-en)* Peitsche
Baatsch *(f,-en)* Plane (Zelt)
baatschen *(v)* antreiben
baatschen *(v)* peitschen
Babbel *(f,-en)* Mundstück
Babbel *(f,-en)* Plappermäulchen
babbelen *(v)* plappern
Babysitter *(m,--)* Babysitter
Bächelchen *(f,Bächelcher)* Bächlein
Bächelchen, eng - maachen *(exp)* Bächlein, ein - machen
Bäcker *(m,-en)* Bäcker
Bäckerei *(f,-en)* Bäckerei
Bäckesch *(f,-en)* Bäckersfrau
Background *(m,~)* Background
bâcléieren *(v)* pfuschen
Bad *(n,Bieder)* Bad
Badetti *(m,-en)* Brocken, dicker - (auch fig)
Badge *(m,-n)* Badge
Badminton *(m,~)* Badminton
Bäerbuerg *(p)* Berbourg
Baërdref *(p)* Berdorf
baffen *(v)* verschlingen (Essen)
Bagage *(m,~)* Bagage
Bagage *(m,-n)* Gepäck
Bagatelle *(f,-n)* Bagatelle
bagatelliséieren *(v)* bagatellisieren
Bagger *(m,-en)* Bagger
baggeren *(v)* baggern
Baguette *(f,-n)* Baguette
bäi *(adj)* angelehnt (Tür, Fenster)
bäi *(adv)* dazu
bäi *(adv)* hinzu
bäi *(adv)* nahe
bäi *(pp)* bei
bäi, weder - nach no *(exp)* nirgends
bäibauen *(v)* anbauen
bäibehalen *(v)* beibehalten
bäibréngen *(v)* beibringen
bäibréngen *(v)* lehren
Bäichelchen *(m,Bäichelcher)* Bäuchlein
bäidréien *(v)* anziehen (Schraube)
bäidréinen *(v)* anziehen (Schraube)
bäidroen *(v)* beitragen
bäifalen *(v)* einfallen
Bäifall *(m,~)* Beifall
bäiflécken *(v)* hinzufügen
bäifügen *(v)* hinzufügen
Bäigeschmaach *(m,~)* Beigeschmack
bäiginn *(v)* beisteuern
bäiginn *(v)* zugeben
bäiginn, kleng - *(exp)* beigeben, klein -
bäigoen *(v)* verunglücken (mit Fahrzeug)
bäihalen *(v)* beibehalten (Tempo, Rhythmus)
bäihalen *(v)* halten, beieinander - (zum Vergleich)
bäihalen *(v)* sättigen
Bäihëllef *(f,-en)* Beihilfe
bäihuelen *(v)* zunehmen
bäikafen, sech - *(v)* einkaufen, sich - (in etw)
bäikéieren, en Auto - *(exp)* fahren, Wagen zu Schrott -
bäikommen *(v)* hinzukommen
bäikommen *(v)* kommen, an die Reihe -
bäikréien *(v)* hinzubekommen
Bail *(m,-en)* Mietvertrag (Geschäft)
bäilafen *(v)* betrogen werden
bäilafen *(v)* ziehen, den Kürzeren -
Bäilag *(f,-en)* Beilage
Bäileed *(n,~)* Beileid
Bäileedskaart *(f,-en)* Beileidskarte
bäileeën *(v)* beilegen
bäileeën *(v)* beteiligen, sich finanziell -
bäileefeg *(adv)* beiläufig
bäileien *(v)* beiliegen
bäiléieren *(v)* hinzulernen
Bäiluecht *(f,~)* Anlage (Brief)
Bäiluecht *(f,~)* Beilage
bäimaachen *(v)* anlehnen (Tür)
bäimaachen, sech - *(v)* sputen, sich -
bäimëschen *(v)* beimischen
bäimoossen *(v)* beimessen
bäipaken *(v)* hinzupacken
bäischmieren, sech - *(v)* einschmeicheln, sich -
bäisetzen *(v)* abstellen
bäisetzen *(v)* hinzugeben (Lohn)
bäisiichteg *(adj)* kurzsichtig
Bäisiichtigkeet *(f,~)* Kurzsichtigkeit
bäisprangen *(v)* helfen
Baisse *(f,-n)* Baisse (Börse)

Baisse(*f,-n*)	Rückgang
Bäissen(*n,~*)	Juckreiz
bäissen(*v*)	beißen
bäissen(*v*)	jucken
bäisteieren(*v*)	beisteuern
bäistoen(*v*)	beistehen
bäistoussen(*v*)	anlehnen (Tür)
Bäitrag(*m,Bäiträg*)	Beitrag
Bäitrëttserklärung(*f,-en*)	Beitrittserklärung
bäitrieden(*v*)	beitreten
bäiwunnen(*v*)	beiwohnen
Bäizchen(*m,Bäizercher*)	Kälbchen
bäizéien(*v*)	hinzurechnen
bäizéien(*v*)	zuziehen
Bak(*m,-en*)	Backe
Bak(*m,-en*)	Wange
Bakblech(*m,-er*)	Backblech
Bakecht(*f,-en*)	Backofenfüllung
Bakecht(*f,-en*)	Pfannenfüllung
baken(*v*)	backen
Bakenzant(*m,-zänn*)	Backenzahn
bakléieren(*v*)	abtun
Bakmull(*f,-en*)	Backtrog
Bakpolver(*n,~*)	Backpulver
Bakuewen(*m,--*)	Backofen
Bakzant(*m,-zänn*)	Backenzahn
bal(*adv*)	fast
Bal(*m,-er*)	Ball (Fest)
Balance(*f,-n*)	Gleichgewicht
balancéieren(*v*)	balancieren
balancéieren(*v*)	schwanken
Balcon(*m,-en*)	Balkon
Balkleed(*n,-er*)	Ballkleid
Balkon(*m,-en*)	Balkon
Ball(*f,-en*)	Ballen
Ball(*m,Bäll*)	Ball
Ballad(*f,-en*)	Ballade
Ballast(*m,~*)	Ballast
Balleg(*m,-en*)	Blasebalg
Ballerina(*f,-en*)	Ballerina
Ballet(*m,-en*)	Ballett
Balletsdänzer(*m,--*)	Balletttänzer
Balletsdänzerin(*f,-nen*)	Balletttänzerin
Balletsräckelchen(*m,-räckelcher*)	Balletttröckchen
Balletsschong(*m,--*)	Ballettschuh
Ballon(*m,-en*)	Ball
Ballon(*m,-en*)	Ballon
Ballotage(*m,-n*)	Wahlgang, zweiter -
balucken(*v*)	schielen
Balustrade(*f,-n*)	Brüstung
Balustrade(*f,-n*)	Geländer
Bam(*m,Beem*)	Baum

Bambus(*m,~*)	Bambus
Bamkuch(*m,-en*)	Baumkuchen
Bamleefer(*m,-en*)	Kleiber
bampelen(*v*)	baumeln
Bamschoul(*f,-en*)	Baumschule
Bamstamm(*m,-stämm*)	Baumstamm
Bamueleg(*m,~*)	Olivenöl
banal(*adj*)	banal
banaliséieren(*v*)	banalisieren
Banalitéit(*f,-en*)	Banalität
Banann(*f,-en*)	Banane
Banaus(*m,-en*)	Banause
Band(*m,Bänner*)	Band
Band(*n,Bänn*)	Band (Buch)
Band(*n,Bänn*)	Band (Streifen Stoff, Papier)
Band(*n,-en*)	Bande
Bandage(*m,-n*)	Binde
Bandage(*m,-n*)	Verband
bandagéieren(*v*)	verbinden
Bandbreet(*f,-en*)	Bandbreite
Bändchen(*m,Bännercher*)	Bändchen
bändegen(*v*)	bändigen
Banderole(*f,-n*)	Banderole
Bandmooss(*n,-en*)	Bandmaß
Bandscheif(*f,-scheiwen*)	Bandscheibe
Bandwuerm(*m,-wierm*)	Bandwurm
Banjo(*m,-en*)	Banjo
Bank(*f,-en*)	Bank (Geldinstitut)
Bänk(*f,-en*)	Bank (Sitz-)
Bänk(*f,-en*)	Terrasse in den Weinbergen
Bankdirectioun(*f,-en*)	Bankleitung
Bänkelchen(*f,Bänkelcher*)	Fußbank
Bankgeheimnis(*n,~*)	Bankgeheimnis
Bankkäschten(*npl*)	Bankkosten
Bankkonto(*n,-en*)	Bankkonto
Bankoperatioun(*f,-en*)	Bankgeschäft
Bankraiber(*m,--*)	Bankräuber
bankrott(*adj*)	bankrott
Bankrott(*m,-er*)	Bankrott
Bankspesen(*npl*)	Bankspesen
bännegen(*v*)	bändigen
Bannemaart(*m,-mäert*)	Binnenmarkt
bannen(*adv*)	drinnen
bannen(*adv*)	innerhalb
bannen(*v*)	binden
bannen, vu baussen a vu -(*exp*)	genau
Bannenhaff(*m,-häff*)	Innenhof
Bannenopnamen(*npl*)	Innenaufnahmen
Bannenst, dat -(*exp*)	Innere, das -
bannent(*pp*)	binnen
bannent(*pp*)	innerhalb
bannenzeg(*adj*)	innere
bannenzeg(*adj*)	inwendig

Bännerrass(*m,-rëss*)	Bänderriss
Bännerzerrung(*f,-en*)	Bänderzerrung
bannescht(*adj*)	inner
bannescht(*adj*)	inwendig
Bannhidder(*m,--*)	Bannhüter
Bannpréiter(*m,-en*)	Bannhüter
Banquet(*m,-en*)	Bankett
Banquette(*m,-n*)	Sitzbank
Banquier(*m,-en*)	Banker
Banquier(*m,-en*)	Bankkaufmann
Banzelt(*p*)	Banzelt
Bar(*m/f,-en*)	Bar (Nachtbar)
Barbar(*m,-en*)	Barbar
barbaresch(*adj*)	barbarisch
Bärel(*p*)	Berlé
Bäreldeng(*p*)	Bereldange
Barhocker(*m,-en*)	Barhocker
Barkeeper(*m,--*)	Barkeeper
barlucken(*v*)	schielen
Barman(*m,~*)	Barmann
barock(*adj*)	barock
Barpräis(*m,-ser*)	Barpreis
Barrage(*m,-n*)	Damm
Barrage(*m,-n*)	Sperre
Barrel(*m,--*)	Barrel
Barren(*m,--*)	Barren
Barrière(*f,-n*)	Barriere
Barrière(*f,-n*)	Schranke
Barrikad(*f,-en*)	Barrikade
Barscheck(*m,-en*)	Barscheck
Bartreng(*p*)	Bertrange
Basar(*m,-en*)	Basar
Baschelt(*p*)	Baschleiden
Bascht(*f,-en*)	Riss
Bascht(*f,-en*)	Spalte
Bascht, sech duerch d'- maachen(*exp*)	verschwinden
baschten(*v*)	bersten
baschten(*v*)	platzen
baschten, sech -(*v*)	überanstrengen, sich -
Baseball(*m,~*)	Baseball
baséieren(*v*)	basieren
Baseng(*m,-en*)	Schwimmbecken
Baseng(*m,-en*)	Wasserbecken
Basilika(*f,-en*)	Basilika
Basilikum(*m,~*)	Basilikum
Basis(*f,-sen*)	Basis
Basisdemokratie(*f,-n*)	Basisdemokratie
Basisformatioun(*f,-en*)	Grundausbildung
Basketball(*m,~*)	Basketball
Bass(*m,~*)	Juckreiz
Bass(*m,Bäss*)	Bass (Musik)
Bass(*m,Bëss*)	Biss

Bass, engem de - halen*(exp)* gewachsen, jm - sein
Bass, engem de - halen*(exp)* Widerstand gegen jn leisten
Bassstëmm*(f,-en)* Bassstimme
Bast*(m,~)* Bast
bastelen*(v)* basteln
Bastler*(m,--)* Bastler
Bastler*(m,--)* Tüftler
Bastlerei*(f,-en)* Bastlerei
Bataillon*(m,-en)* Bataillon
Bataillon*(scherzh)(m,-en)* Menge
Bataklang*(m,~)* Krempel
batschen*(v)* schlagen (Kindersprache)
batter*(adj)* bitter
Batterie*(f,-n)* Batterie
Batz*(m,Bätz)* Kerngehäuse (Obst)
Batz*(m,Bätz)* Klumpen
Batz*(m,Bëtz)* Rest
Batz, décke -*(exp)* Brocken, dicker -
batzeg*(adj)* wurmstichig
Bau*(m,~)* Bau
Bau*(m,~)* Gebäude
Baubranche*(f,-n)* Baubranche
Bauch*(m,Baich)* Bauch
Bauchbidden*(f,--)* Waschkübel
Bauchdanz*(m,~)* Bauchtanz
baucheg*(adj)* bauchig
Bauchlandung*(f,-en)* Bauchlandung
Bauchwéi*(m,~)* Bauchschmerzen
bauen*(v)* bauen
Bauentreprise*(f,-n)* Bauunternehmen
Bauer*(m,Baier)* Bube (Kartenspiel)
Bauer*(m,-en)* Bauer
Bauer*(m,-en)* Landwirt
Bauerenhaff*(m,-häff)* Bauernhof
Bauerewiesen*(n,--)* Landwirtschaftsbetrieb
baufällig*(adj)* baufällig
Baugenehmegung*(f,-en)* Baugenehmigung
Baukasten*(m,--)* Baukasten
Bauland*(n,~)* Bauland
Baulechkeet*(f,-en)* Baulichkeit
Baumaterial*(n,~)* Baumaterial
Bauopsiicht*(f,-en)* Bauaufsicht
Bauplang*(m,-pläng)* Bauplan
Bauplaz*(f,-en)* Grundstück
baupseg*(adj)* barsch
baupsen*(v)* anschreien
Baurefänkerei*(f,~)* Bauernfängerei
Baurefra*(f,-en)* Bäuerin
Baurejong*(m,-en)* Bauernjunge
Bauremiwwel*(m,-en)* Bauernmöbel
Baurenhaff*(m,-häff)* Bauernhof
Baurenham*(f,-en)* Bauernschinken
Baurenhaus*(n,-haiser)* Bauernhaus
bauscheg*(adj)* bauschig
bauscheg*(adj)* buschig
Bauschelt*(p)* Boulaide
Bauspueren*(n,~)* Bausparen
Bauspuerplang*(m,-pläng)* Bausparplan
baussecht*(adj)* Außen-
baussecht*(adj)* äußere
baussen*(adv)* außen
baussen*(adv)* auswärts
Baussenopnahmen*(npl)* Außenaufnahmen
baussent*(pp)* außerhalb
baussenzeg*(adj)* äußere
Baussespigel*(m,-en)* Außenspiegel
Baustil*(m,-er)* Baustil
Bautekommissioun*(f,-en)* Bautenkommission
Bauterrain*(m,-en)* Baugrundstück
Bauz*(m,-en)* Kalb
Bauz*(m,-en)* Rind
Bauz*(scherzh)(m,-en)* Dummkopf
bauzeg*(adj)* töricht
Bazill*(m/f,-en)* Bazille
beaarbechten*(v)* bearbeiten
beafen*(v)* anstarren
beaflossen*(v)* beeinflussen
Beamten*(m,--)* Beamter
Beamtendelegatioun*(f,-en)* Beamtenvertretung
Beamtin*(f,-nen)* Beamtin
beandrocken*(v)* beeindrucken
beäntweren*(v)* beantworten
beatifiéieren*(v)* seligsprechen
bebauen*(v)* bebauen
Bëbee*(m,-ën)* Baby
Bëbeesjoer*(n,-en)* Babyjahr
Bech*(p)* Bech
Becher*(m,-en)* Becher
becheren*(v)* zechen
Bech-Maacher*(p)* Bech-Kleinmacher
Béchs*(f,-en)* Dose
Béchs*(f,-en)* Flinte
Béchs*(f,-en)* Konservendose
Béchsefleesch*(n,~)* Dosenfleisch
béchsen*(v)* büffeln
Béchsenëffner*(m,--)* Dosenöffner
Béchsenöffner*(m,--)* Dosenöffner
Becken*(m,--)* Becken
bécken*(v)* bücken
Béckerlek*(m,-en)* Bückling
Bécklek*(m,-en)* Bückling
bécksen*(v)* büffeln
bedächteg*(adj)* bedächtig
bedäitend*(adj)* bedeutend
bedalen*(v)* bezahlen (ungern)
bedämpt*(adj)* berauscht
bedanken*(v)* bedanken
Bedaueren*(n,--)* Bedauern
bedaueren*(v)* bedauern
bedauerlech*(adj)* bedauerlich
bedecken*(v)* bedecken
bedeckt*(adj)* bedeckt
bedeelegen*(v)* beteiligen
bedeiten*(v)* bedeuten
bedeitend*(adj)* bedeutend
Bedeitung*(f,-en)* Bedeutung
bedeitungslos*(adj)* bedeutungslos
bedéngen*(v)* bedienen
bedéngen*(v)* bedingen
bedéngt*(adj)* geeignet
Bedéngung*(f,-en)* Bedingung
Bedenken*(n,--)* Bedenken
bedenken*(v)* bedenken
bedenken, sech -*(v)* bereuen
bedenken, sech -*(v)* überlegen, sich -
bedenklech*(adj)* bedenklich
Bedenkzäit*(f,-en)* Bedenkzeit
Bedierfnes*(m,-ser)* Bedürfnis
bedrängen*(v)* bedrängen
bedrécken*(v)* bedrücken
bedrecksen*(v)* beschmutzen
bedreeën*(v)* bedrohen
bedreelech*(adj)* bedrohlich
bedréien*(v)* betrügen
Bedréier*(m,--)* Betrüger
Bedréiesch*(f,-en)* Betrügerin
bedreiwen*(v)* betreiben
bedrénken*(v)* betrinken
Bedroch*(m,~)* Betrug
Bedruch*(m,~)* Betrug
beducksen*(v)* betrügen
beducksen*(v)* hintergehen
bedupsen*(v)* betrügen
bedupsen*(v)* hintergehen
beduselen, sech -*(v)* betrinken, sich -
beduxen*(v)* hintergehen
Beebroch*(m,-bréch)* Beinbruch
Beefort*(p)* Beaufort
beeinträchtegen*(v)* beeinträchtigen
Beel*(f,-en)* Bremse (Insekt)
Beeler*(p)* Beiler
beemen*(v)* schießen, in die Höhe -
beemen*(v)* schossen (Pflanzen)
Been*(n,--)* Bein
Been, op de - sinn*(exp)* Beine, auf den -n sein
Bees*(f,-en)* Kuss
Bees, eng - ginn*(exp)* küssen

Beesslek(*p*)	Hautbellain
Beetebuerg(*p*)	Bettembourg
beetschen(*v*)	schlagen
beetschen(*v*)	verprügeln
beezen(*v*)	beizen
befaassen(*v*)	befassen
befäegen(*v*)	befähigen
befähegen(*v*)	befähigen
befalen(*v*)	befallen
befannen(*v*)	befinden
befestegen(*v*)	befestigen
befielen(*v*)	befehlen
beflass(*adj*)	beflissen
befollegen(*v*)	befolgen
befreien(*v*)	befreien
Befreiung(*f,-en*)	Befreiung
befriddegen(*v*)	befriedigen
befriddegend(*adj*)	befriedigend
Befruchtung(*f,-en*)	Befruchtung
befueren(*v*)	befahren
begaabt(*adj*)	begabt
begaachelen(*v*)	verführen
Begabung(*f,-en*)	Begabung
begannen, sech -(*v*)	beeilen, sich -
begannen, sech -(*v*)	unternehmen, etw - (Initiative ergreifen)
begeeschteren(*v*)	begeistern
begeeschtert(*adj*)	begeistert
Begeeschterung(*f,-en*)	Begeisterung
begéinen(*v*)	begegnen
begéissen(*v*)	feiern
begënschtegen(*v*)	begünstigen
begënstegen(*v*)	begünstigen
Beggen(*p*)	Beggen
begieren(*v*)	begehren
Begiewenheet(*f,-en*)	Begebenheit
beginn, sech -(*v*)	ergeben, sich - (aufgeben)
begladderen(*v*)	bekleckern
beglaubegen(*v*)	beglaubigen
beglécken(*v*)	beglücken
begleeden(*v*)	begleiten
begleet(*adj*)	begleitet
Begleiterscheinung(*f,-en*)	Begleiterscheinung
begnadegen(*v*)	begnadigen
begnodegen(*v*)	begnadigen
begoen(*v*)	begehen
begräifen(*v*)	begreifen
begräifen(*v*)	verstehen
Begrëff(*m,~*)	Verständnis
Begrëff(*m,-er*)	Begriff
begréissen(*v*)	begrüßen
Begréissung(*f,-en*)	Begrüßung
begrënnen(*v*)	begründen
Begrenzung(*f,-en*)	Begrenzung
Begriefnes(*n,-ser*)	Beerdigung
begruewen(*v*)	beerdigen
begruewen(*v*)	begraben
begutachten(*v*)	begutachten
behaapten(*v*)	behaupten
Behaaptung(*f,-en*)	Behauptung
behaen(*v*)	behauen
behäerzegen(*v*)	beherzigen
behalen(*v*)	behalten
behalen(*v*)	merken, sich -
Behälter(*m,--*)	Behälter
behandelen(*v*)	behandeln
Behandelung(*f,-en*)	Behandlung
behänn(*adj*)	behände
behëllefen, sech-(*v*)	behelfen, sich -
behëlleflech(*adj*)	behilflich
behënneren(*v*)	behindern
Behënnertesport(*m,~*)	Behindertensport
beherrschen(*v*)	beherrschen
Beherrschung(*f,-en*)	Beherrschung
behidden(*v*)	behüten
behiewen(*v*)	beheben
Behuelen(*n,~*)	Benehmen
behuelen, sech -(*v*)	benehmen, sich -
Bei(*f,-en*)	Biene
bei(*pp*)	bei
Beicht(*f,-en*)	Beichte
beichten(*v*)	beichten
Beichtgeheimnis(*n,-ser*)	Beichtgeheimnis
Beichthär(*m,-en*)	Beichtvater
Beichtstull(*m,-still*)	Beichtstuhl
béid(*dét*)	beide
Beidel(*m,-en*)	Beutel
Beidel(*m,-en*)	Geldbeutel
beidelen(*v*)	abzocken
beidelen(*v*)	beuteln
béidersäits(*adv*)	beiderseits
béides(*pr*)	beides
Beidler(*p*)	Beidweiler
Beiebick(*m,-er*)	Bienenstand
Beiekinnigin(*f,-nen*)	Bienenkönigin
béien(*v*)	biegen
beieneen(*adv*)	beieinander
Beienhäip(*f,-en*)	Bienenkorb
Beienhunneg(*m,~*)	Bienenhonig
Beiennascht(*n,-näschter*)	Bienennest
Béier(*m,--*)	Bier
Béier(*m,--*)	Eber
Béierbauch(*m,-bäich*)	Bierbauch
Béierdeckel(*m,-en*)	Bierdeckel
Béierglas(*n,-glieser*)	Bierglas
Béierpanz(*pej*)(*n,-pänz*)	Bierbauch
Béierzelt(*n,-er*)	Bierzelt
Beiestach(*m,-stéch*)	Bienenstich
Beiestack(*m,-stäck*)	Bienenstock
Beifahrersëtz(*m,-er*)	Beifahrersitz
Béifchen(*m,Béiwercher*)	Bübchen
beige(*adj*)	beige
Béigen(*p*)	Boevange
Beil(*m,-en*)	Beil
Beilen(*n,--*)	Beil
Béimen(*p*)	Böhmen
béimesch Dierfer(*exp*)	böhmische Dörfer
béimesch(*adj*)	böhmisch
beinhalten(*v*)	beinhalten
béis ginn(*exp*)	wütend werden
béis(*adj*)	böse
béis(*adj*)	verärgert
béis(*adj*)	wütend
béis(*adv*)	sehr
béisaarteg(*adj*)	bösartig
Béisaartegkeet(*f,-en*)	Bösartigkeit
Béischt(*m,-en*)	Tier
Béischten(*npl*)	Vieh
Béisheet(*f,-en*)	Boshaftigkeit
Beispill(*n,-er*)	Beispiel
beispillhaft(*adj*)	beispielhaft
beispilllos(*adj*)	beispiellos
beispillsweis(*adv*)	beispielsweise
béissen(*v*)	büßen
Béist(*n,~*)	Böse
béiswëlleg(*adj*)	böswillig
Béiwen(*p*)	Boevange
Béiwen-Atert(*p*)	Boevange-sur-Atert
Béiweng(*p*)	Bivange
bejären, sech -(*v*)	jähren, sich -
bejozen(*v*)	bejahen
bekämpfen(*v*)	bekämpfen
bekannt(*adj*)	bekannt
Bekanntekrees(*m,-er*)	Bekanntenkreis
Bekannten(*f,--*)	Bekannte
Bekannten(*m,--*)	Bekannter
Bekanntheetsgrad(*m,-en*)	Bekanntheitsgrad
Bekanntschaft(*f,-en*)	Bekanntschaft
Bekanntschaft, eng - maachen(*exp*)	kennenlernen, jn -
bekäppen(*v*)	begreifen
bekäschtegen(*v*)	beköstigen
bekatzen, sech -(*ugs*)(*v*)	erbrechen, sich -
bekéieren(*v*)	bekehren
bekëmmeren(*v*)	bekümmern
bekëmmert, fir ee - sinn(*exp*)	besorgt sein um jn
bekëmmlech(*adj*)	bekömmlich
bekennen(*v*)	aufkommen (bezahlen)

bekennen*(v)*	bekennen
Bekenntnis*(m,-ser)*	Bekenntnis
beklaatschen*(v)*	herziehen über (jn)
beklaken*(v)*	beschmutzen
beklaken*(v)*	verleumden
Beklakerei*(f,-en)*	Nachrede, üble -
bekloen*(v)*	beklagen
bekloen, sech -*(v)*	beklagen, sich -
beknaschten*(v)*	beschmutzen
bekommen*(v)*	bekommen (vertragen)
bekräftegen*(v)*	bekräftigen
bekräizegen*(v)*	bekreuzigen
bekrichen*(v)*	bekriegen
bekucken*(v)*	anschauen
bekucken*(v)*	ansehen
belaaschten*(v)*	belasten
Belaaschtung*(f,-en)*	Belastung
belafen*(v)*	belaufen
Belag*(m,Beleeg)*	Belag
belageren*(v)*	belagern
Belair*(p)*	Belair
belästegen*(v)*	belästigen
belaueren*(v)*	belauern
beleedegen*(v)*	beleidigen
beleeën*(v)*	belegen
beleeëren*(v)*	belagern
beleeëren*(v)*	belegen (vollständig)
belëften*(v)*	belüften
Belëftung*(f,-en)*	Belüftung
beleidegen*(v)*	beleidigen
beleidegt*(adj)*	beleidigt
Beleidegung*(f,-en)*	Beleidigung
beléien*(v)*	belügen
beléieren*(v)*	belehren
Beléierung*(f,-en)*	Belehrung
beléift*(adj)*	beliebt
Beléiftheet*(f,~)*	Beliebtheit
belemmeren*(v)*	betrügen
belibeg*(adj)*	beliebig
beliewen*(v)*	beleben
beliichten*(v)*	beleuchten
beliichten*(v)*	belichten
Beliichtung*(f,-en)*	Beleuchtung
Beliichtung*(f,-en)*	Belichtung
Beliichtungszäit*(f,-en)*	Belichtungszeit
beliwweren*(v)*	beliefern
bëlleg*(adj)*	billig
bëlleg*(adj)*	günstig
Bëllegproduktioun*(f,-en)*	Billigproduktion
Bëlles*(m,-sen)*	Tollpatsch
Belletristik*(f,~)*	Belletristik
belounen*(v)*	belohnen
Belounung*(f,-en)*	Belohnung
belsch*(adj)*	belgisch
belsch*(adj)*	querköpfig
Belsch*(m,--)*	Belgier
Belsch, d'-*(p)*	Belgien
Belschen*(m,Belsch)*	Belgier
belueden*(v)*	beladen
beluewen*(v)*	äußern, sich lobend -
beluxen*(v)*	betrügen
Bëlz*(f,-en)*	Beule
Bëlz*(scherzh)(f,-en)*	Kopf
bëlzen*(v)*	hervorquellen
bemängelen*(v)*	bemängeln
beméien*(v)*	bemühen
Beméiung*(f,-en)*	Bemühung
bemengen, sech -*(v)*	einbilden, sich etw -
Bemierk*(m,-en)*	Bemerkung
Bemierk, mat dem -*(exp)*	Erklärung, mit der -
bemierkbar*(adj)*	bemerkbar
bemierken*(v)*	bemerken
bemierkenswäert*(adj)*	bemerkenswert
Bemierkung*(f,-en)*	Anmerkung
Bemierkung*(f,-en)*	Bemerkung
bemokelen*(v)*	besudeln
bemolen*(v)*	bemalen
Bemolung*(f,-en)*	Bemalung
bemomperen*(v)*	bevormunden
bemoossen*(v)*	bemessen
bemusteren*(v)*	bemustern
Bëndchen*(m,Bënnercher)*	Biskuitküchlein
Bëndelchen*(m,Bëndelcher)*	Bündelchen
Benediktiner*(m,--)*	Benediktiner
Benefice*(m,-r)*	Profit
Benefice*(m,-r)*	Vorteil
Benefizconcert*(m,-en)*	Benefizkonzert
beneiden*(v)*	beneiden
Benelux-Länner*(npl)*	Benelux-Länder
benennen*(v)*	benennen
Benennung*(f,-en)*	Benennung
Benevolat*(m,~)*	Ehrenamtlichkeit
Bengel*(m,-en)*	Bengel
Bengel*(m,-en)*	Stock
bengelen*(v)*	drängeln
beniwwelt*(adj)*	benebelt
beniwwelt*(adj)*	betrunken
benodeelegen*(v)*	benachteiligen
benoriichtegen*(v)*	benachrichtigen
benotzen*(v)*	benutzen
benotzerfrëndlech*(adj)*	benutzerfreundlich
Bensin*(m,~)*	Benzin
Bensin, bläifräie -*(exp)*	Benzin, bleifreies -
Bensinspanne*(f,-n)*	Benzinpanne
Bensinspompel*(f,-en)*	Kraftstoffpumpe
Bensinspompel*(f,-en)*	Zapfsäule
Bensinspräis*(m,-er)*	Benzinpreis
Bensinsstatioun*(f,-en)*	Tankstelle
Bensinstank*(m,-en)*	Benzintank
benzeg op eppes*(exp)*	verrückt nach etwas
benzeg*(adj)*	besessen
Bënzelt*(p)*	Binsfeld
Bënzert*(p)*	Binzrath
Benzin*(m,~)*	Benzin
Benzinspanne*(f,-n)*	Benzinpanne
Benzinspompel*(f,-en)*	Kraftstoffpumpe
Benzinspompel*(f,-en)*	Zapfsäule
Benzinspräis*(m,-er)*	Benzinpreis
beobachten*(v)*	beobachten
beonrouegen*(v)*	beunruhigen
beonrouegend*(adj)*	beunruhigend
beootmen*(v)*	beatmen
beoptragen*(v)*	beauftragen
bepissen, eppes -*(exp)*	pinkeln, auf etw -
beplanzen*(v)*	bepflanzen
bequeemen, sech -*(v)*	bequem, es sich - machen
bequem*(adj)*	bequem
Bequemlechkeet*(f,-en)*	Bequemlichkeit
beräicheren*(v)*	bereichern
berappen*(v)*	bezahlen
berechnen*(v)*	berechnen
Berechnung*(f,-en)*	Berechnung
berechtegen*(v)*	berechtigen
Berechtegong*(f,-en)*	Berechtigung
berechtegt*(adj)*	berechtigt
berécken*(v)*	bezahlen
berécksichtegen*(v)*	berücksichtigen
bereeden*(v)*	bereiten
bereesen*(v)*	bereisen
bereet*(adj)*	bereit
bereethalen*(v)*	bereithalten
bereetstellen*(v)*	bereitstellen
bereetwëlleg*(adj)*	bereitwillig
bereien*(v)*	bereuen
beréieren*(v)*	berühren
Beréierungspunkt*(m,-en)*	Berührungspunkt
berengegen*(v)*	bereinigen (klären)
beréngen*(v)*	beringen
Bericht*(m,-er)*	Bericht
berieden*(v)*	bereden
berieden*(v)*	überreden
beriichten*(v)*	richtigstellen
beroden*(v)*	beraten
Berodung*(f,-en)*	Beratung
berotschloen*(v)*	beratschlagen
berouegen*(v)*	beruhigen
Berouegungsmëttel*(n,-en)*	Beruhigungsmittel
berouen*(v)*	beruhen

Berri(m,-en) Tellermütze
berücksichtegen(v) berücksichtigen
Beruff(m,-er) Beruf
beruffen(v) berufen
Beruffsarméi(f,-en) Berufsarmee
Beruffskrankheet(f,-en) Berufskrankheit
Beruffsliewen(n,--) Berufsleben
Beruffsorganisatioun(f,-en) Berufsorganisation
Beruffspompjee(m,-ën) Berufsfeuerwehr
Beruffsrisiko(m,-risiken) Berufsrisiko
Beruffsschoul(f,-en) Berufsschule
Beruffstätegen(m,Beruffstäteg) Berufstätiger
Beruffsverkéier(m,~) Berufsverkehr
Beruffszaldot(m,-en) Berufssoldat
berühmt(adj) berühmt
besabbelen(v) besudeln
besangen(v) besingen
besat(adj) besetzt
Besatzung(f,-en) Besatzung
besaufen, sech -(v) besaufen, sich -
Bësch(m,-er) Wald
beschafen(v) beschaffen
Beschafenheet(f,-en) Beschaffenheit
beschäftegen(v) beschäftigen
beschäftegt sinn(exp) beschäftigt sein
Beschäftegung(f,-en) Beschäftigung
Beschäftegungsexpansioun(f,-en) Beschäftigungserweiterung
Beschäftegungsméiglechkeet(f,-en) Beschäftigungsmöglichkeit
Beschäftegungssituatioun(f,-en) Beschäftigungssituation
Beschäftegungstherapie(f,-n) Beschäftigungstherapie
beschäinegen(v) bescheinigen
beschäissen(v) bescheißen
beschäissen(ugs)(v) betrügen
beschäissen(ugs)(v) verunglimpfen
Beschass(m,~) Nachrede, üble -
Beschass(m,~) Verleumdung
Beschaulechkeet(f,-en) Beschaulichkeit
Bëschbrand(m,-bränn) Waldbrand
Bëschdref(p) Buschdorf
Bescheed ginn(exp) Bescheid geben
Bescheed soen(exp) Bescheid sagen
Bescheed wëssen(exp) Bescheid wissen
Bescheed(m,~) Bescheid
bescheeden(v) Bescheid geben
bescheiden(adj) bescheiden
Bescheidenheet(f,-en) Bescheidenheit
bescheinegen(v) bescheinigen
Bescheinegung(f,-en) Bescheinigung
beschéissen(v) beschießen
Bëschelchen(m,Bëschelcher) Wäldchen
beschëllegen(v) beschuldigen
beschenken(v) beschenken
beschichten(v) beschichten
beschiedegen(v) beschädigen
beschimmen(v) beschämen
beschlagnahmen(v) beschlagnahmen
beschléissen(v) beschließen
beschleunegen(v) beschleunigen
beschloen(adj) bewandert
beschloen(v) beschlagen
beschmieren(v) beschmieren
beschmotzen(v) beschmutzen
beschneiden(v) beschneiden
beschnëppelen(v) beschnippeln
beschnoffelen(v) beschnüffeln
beschnupperen(v) beschnuppern
Bëschof(m,Bëscheef) Bischof
Bëschofskonferenz(f,-en) Bischofskonferenz
Bëschofssëtz(m,-er) Bischofssitz
beschränken(v) beschränken
Beschränktheet(f,-en) Beschränktheit
Beschränkung(f,-en) Beschränkung
beschrëften(v) beschriften
beschrëften(v) beschriften
Beschrëftung(f,-en) Beschriftung
beschreiwen(v) beschreiben
Beschreiwung(f,-en) Beschreibung
Bëschrued(p) Buschrodt
Bëschschued(m,-schied) Waldschaden
Bëschstierwen(n,~) Waldsterben
beschtefalls(adv) bestenfalls
beschten, am -(exp) besten, am -
Beschtleeschtung(f,-en) Bestleistung
beschummelen(v) beschummeln
beschuppen(v) bestehlen
beschützen(v) beschützen
beschwätzen, sech -(v) absprechen, sich -
Bëschwee(m,-ër) Waldweg
beschwéieren(v) beschweren
beschwéierlech(adj) beschwerlich
Beschwéiernes(n,-ser) Mühsal
beschwieren(v) beschwören
beschwindelen(v) beschwindeln
Bëschzéck(f,-en) Holzbock
Bëschzéck(f,-en) Waldzecke
beseechen(vulg)(v) bepinkeln
bëseleg(adj) unruhig (in Bewegung)
bëselen(v) umherlaufen, unruhig -
besënnen(v) besinnen
besetzen(v) besetzen (auch: militärisch)
besëtzen(v) besitzen
Besëtzer(m,--) Besitzer
Besëtzer(m,--) Eigentümer
Besëtzerin(f,-nen) Besitzerin
Besëtzerin(f,-nen) Eigentümerin
Besetzung(f,-en) Besetzung
besichen(v) besuchen
besidelen(v) besiedeln
besiess(adj) besessen
besigelen(v) besiegeln
besiichtegen(v) besichtigen
besoff(adj) besoffen
Besoin(m,-en) Bedürfnis
Besonderheet(f,-en) Besonderheit
besonnesch(adv) besonders
bespriechen(v) besprechen
besprutzen(v) bespritzen
bësschen(adv) bisschen
bësseg(adj) bissig
Bëssegkeet(f,-en) Bissigkeit
bësselchen, e -(adv) bisschen, ein -
bëssen(adv) bisschen
bëssen, e -(adv) bisschen, ein -
besser(adj) besser
besseren, sech -(v) bessern, sich -
Besserung(f,~) Besserung
Bestanddeel(m,-er) Bestandteil
bestänneg(adj) beständig
Bestännegkeet(f,-en) Beständigkeit
bestätegen(v) bestätigen
Bestätegung(f,-en) Bestätigung
bestäuben(v) bestäuben
besteieren(v) besteuern
bestellen(v) bestellen
Bestellung(f,-en) Bestellung
Bestellziedel(m,-en) Bestellschein
bestëmmen(v) bestimmen
bestëmmt(adj) bestimmt
bestëmmt(adv) gewiss
Bestëmmtheet(f,~) Bestimmtheit
Bestëmmung(f,-en) Bestimmung
bestiechen(v) bestechen
bestiechlech(adj) bestechlich
Bestiechung(f,-en) Bestechung
bestielen(v) bestehlen
Bestierzung(f,~) Bestürzung
bestieterlech(adj) heiratslustig
Bestietnes(n,-ser) Heirat
bestoen(v) bestehen
bestralen(v) bestrahlen
bestreeën(v) bestreuen
bestreiden(v) bestreiten
bestrieft(adj) bestrebt
Bestriewen(n,~) Bestreben
bestriewen(v) bestreben

bestrofen(v) bestrafen
Bestsellerlëscht(f,-en) Bestsellerliste
bestueden(v) heiraten
bestueden(v) verheiraten
bestuet(adj) verheiratet
Besuch(m,~) Besuch
Besuch, bei een op - goen(exp) besuchen, jn -
besuddelen(v) besudeln
besuergen(v) besorgen
betaaschten(v) betasten
betätegen(v) betätigen
betitelen(v) betiteln
betonéieren(v) betonieren
Bëtong(m,~) Beton
Bëtongskonstruktioun(f,-en) Betonkonstruktion
Betonskonstruktioun(f,-en) Betonkonstruktion
betounen(v) betonen
Betounung(f,-en) Betonung
Betrag(m,Beträg) Betrag
betreffen(v) betreffen
betreien(v) betreuen
Betrib(m,-er) Betrieb
Betrib, a - sinn(exp) Betrieb, in - sein
Betribsklima(n,~) Betriebsklima
Betribsrot(m,-réit) Betriebsrat
betrieden(v) betreten
Bëtschel(n,-en) Zicklein (Tier)
Bëtschel(scherzh)(n,-en) Zicke (fig)
Bett(n,-er) Bett
Bettdecken(f,-en) Bettdecke
Bëttel(p) Bettel
Betten op der Mess(p) Bettange-sur-Mess
Bettenduerf(p) Bettendorf
Betterav(f,-en) Bete, Rote -
Bettfläsch(f,-en) Wärmeflasche
Bettgeschir(n,~) Bettzeug
Bettgestell(n,-er) Bettgestell
Bettgezei(n,~) Bettzeug
Bettpissert(m,-en) Bettnässer
Bettseechesch(f,-en) Löwenzahn
Bettseecheschzalot(f,-en) Löwenzahnsalat
Bettspree(f,-ën) Tagesdecke
Bettspreet(f,-en) Tagesdecke
Bettwäsch(f,-en) Bettwäsche
Bettzich(f,-en) Bettbezug
betuppen(v) betupfen
Bëtz maachen(exp) aufessen, nicht -
Betzder(p) Betzdorf
beuechten(v) beachten
beuerderen(v) beordern
beuerteelen(v) beurteilen
bevëlkeren(v) bevölkern
Bevëlkerung(f,-en) Bevölkerung
bevirdeelegen(v) bevorteilen
bevirstoen(v) bevorstehen
Bevollmächtegung(f,-en) Bevollmächtigung
bewaachen(v) bewachen
bewäerfen(v) bewerfen
bewäerten(v) bewerten
Bewäertung(f,-en) Bewertung
bewaffnen(v) bewaffnen
Bewäis(m,-er) Beweis
Bewäismaterial(n,-er) Beweismaterial
Bewäisstéck(m,-er) Beweisstück
bewältegen(v) bewältigen
bewären(v) bewähren
bewässeren(v) bewässern
Bewässerung(f,-en) Bewässerung
Beweeglechkeet(f,-en) Beweglichkeit
bewegen(v) bewegen
bewegen(v) bewegen
Bewegung(f,-en) Bewegung
Bewegungsfräiheet(f,-en) Bewegungsfreiheit
bewegungslos(adj) bewegungslos
Beweis(m,-er) Beweis
beweisen(v) beweisen
Beweismaterial(n,-er) Beweismaterial
bewëllegen(v) bewilligen
bewierfen(v) bewerfen
bewierken(v) bewirken
bewierten(v) bewirten
bewonneren(v) bewundern
Bewonnerer(m,--) Bewunderer
Bewonnerung(f,-en) Bewunderung
Beworf(m,Bewërf) Bewurf
bewosst(adj) bewusst
bewosst(adv) bewusst
Bewosstsinn(n,~) Bewusstsein
bewuess(adj) behaart, stark -
bewuess(adj) bewachsen
bewunnen(v) bewohnen
bewunnt(adj) bewohnt
Beyeren(p) Beyren
bezämen(v) bezähmen
bezauberen(v) bezaubern
bezeechnen(v) bezeichnen
Bezeechnung(f,-en) Bezeichnung
bezeien(v) bezeugen
bezéien(v) beziehen
Bezéiung(f,-en) Beziehung
Bezierk(m,-er) Bezirk
Bezuchspersoun(f,-en) Bezugsperson
Bezuelen(n,--) Bezahlen
bezuelen(v) bezahlen
Bezuelkaart(f,-en) Bezahlkarte
Bezuelung(f,-en) Bezahlung
bezwecken(v) bezwecken
bezweiwelen(v) anzweifeln
bezweiwelen(v) bezweifeln
bezwéngen(v) bezwingen
Bibel(f,-en) Bibel
Biber(m,-en) Biber
bibliographesch(adj) bibliographisch
Bibliographie(f,-n) Bibliographie
Bibliophile(m,--) Bücherliebhaber
Bibliothecaire(m,-n) Bibliothekar
Bibliothéik(f,-en) Bibliothek
Bibliothekar(m,-en) Bibliothekar
Bic(m,Bicken) Kugelschreiber
Bich(f,-en) Buche
Bichelchen(m,Bichelcher) Büchlein
bichen(adj) Buchenholz, aus -
Bicherbriet(n,-brieder) Bücherregal
Bicherbuttek(m,-er) Buchladen
Bicherfrënd(m,-frënn) Bücherfreund
Bichermaart(m,-mäert) Büchermarkt
Bicherschaf(m,-schief) Bücherschrank
Bicherstellage(n,-n) Bücherregal
Bidden(f,--) Badewanne
Bidden(f,--) Bottich
bidden(v) bieten
Biddi(m,-en) Bidet
Biddi(m,-en) Pferdchen
Biddi(m,-en) Sitzbecken
Biddi, ale -(exp) Klepper, alter -
Biddong(m,-en) Kanister
Biddong(m,-en) Trinkflasche
Bidet(m,-en) Bidet
Bieberech(p) Bettborn
biedelen(v) betteln
bieden(v) beten
Biekerech(p) Beckerich
Bieles(p) Belvaux
Bier(f,-en) Beere
Bier(f,-en) Tragbahre
Bier(m,-en) Bär
Bier, grousse -(exp) Wagen, großer - (Sternbild)
Bierchem(p) Berchem
Bierden(p) Burden
bierelen(v) brüllen
Biereng(p) Beringen
Bierg(m,--) Bürge
Bierg(m,-er) Berg
Bierg(p) Berg
Biergaarbechter(m,--) Bergarbeiter
Biergaarbechter(m,--) Grubenarbeiter
Biergbau(m,--) Bergbau
Biergem(p) Bergem

Bierger(m,--)	Bürger
Biergerinitiativ(f,-en)	Bürgerinitiative
Biergerkrich(m,-er)	Bürgerkrieg
Biergpad(m,-pied)	Bergpfad
Biergpriedegt(f,-en)	Bergpredigt
Biergspëtzt(f,-en)	Berggipfel
Biergsport(m,~)	Bergsport
Biergwierk(n,-er)	Bergwerk
Bierk(f,-en)	Birke
Bierkelt(p)	Birkelt
Biermereng(p)	Burmerange
Bierschbech(p)	Berschbach
Biertreng(p)	Birtrange
Biesem(m,-en)	Besen
Biesemsschaf(m,-schief)	Besenschrank
Bietklack(f,-en)	Betglocke
Bietstull(m,-still)	Betstuhl
Bifdeck(m,-er)	Rindersteak
Bigamie(f,-n)	Bigamie
Bigel(m,-en)	Bügel
Bigelbaach(p)	Bigelbach
bigott(adj)	scheinheilig
biichten(v)	zielen
Biischt(f,-en)	Bürste
biischten(v)	bürsten
biischten(v)	poppen
Biissen(p)	Bissen
Biitchen(f,Bitercher)	Bottich, kleiner -
Biitchen(f,Bitercher)	Plastikwanne
Bijou(m,-en)	Schmuck
Bijou(m,-en)	Schmuckstück
Bijouterie(f,-n)	Juwelierladen
Bijoutier(m,-en)	Juwelier
Bilan(m,-en)	Bilanz
Bilanz(f,-en)	Bilanz
bilateral(adj)	bilateral
Bild(n,Biller)	Bild
bilden(v)	bilden
Bildschäerft(f,-en)	Bildschärfe
Bildschierm(m,-er)	Bildschirm
Bildung(f,-en)	Bildung
Bildungspolitik(f,~)	Bildungspolitik
Bill(p)	Bill
Billard(m,~)	Billard
Billardskugel(f,-en)	Billardkugel
Billen(n,~)	Bellen
billen(v)	bellen
Biller(npl)	Bilder
Billerbuch(n,-bicher)	Bilderbuch
Billergeschicht(f,-en)	Bildergeschichte
Billioun(f,-en)	Billion
Billjee(m,-ën)	Billett
Billjee(m,-ën)	Eintrittskarte

Billjee(m,-ën)	Fahrschein
Bilschdref(p)	Bilsdorf
bimmelen(v)	läuten
Binärcode(m,-n)	Binärcode
Bindestréch(m,-er)	Bindestrich
Bing(m,--)	Knast
Binnett(f,-en)	Gesicht
Binnett, eng domm - maachen(exp)	Gesicht, ein dummes - machen
Biochemiker(m,--)	Biochemiker
Biogas(m,-en)	Biogas
Biographie(f,-n)	Biographie
Biolog(m,-en)	Biologe
Biologie(f,-n)	Biologie
Biophysik(f,-en)	Biophysik
Bioqualitéit(f,-en)	Bioqualität
Biorhythmus(m,~)	Biorhythmus
bipolar(adj)	bipolar
Bir(f,-en)	Birne
Bir(f,-en)	Glühbirne
Bir, elektresch -(exp)	Glühbirne
Birebam(m,-beem)	Birnbaum
birelen(v)	brüllen
bis geschwënn(exp)	bis bald
bis op(pp)	außer
bis op(pp)	bis auf
bis op(pp)	bis nach
bis(adv)	Mal, ein zweites -
bis(pp)	bis
bisexuell(adj)	bisexuell
Bison(m,-en)	Bison
Bistro(m,-en)	Bistro
Bistum(m,Bistümer)	Bistum
Bitscht(p)	Buederscheid
bitzen(v)	nähen
Bitzmaschinn(f,-en)	Nähmaschine
Bitznol(f,-en)	Nähnadel
Biwels(p)	Bivels
Biwer(p)	Biwer
Biwwesch(p)	Biwisch
Biz(m,-en)	Kanne
Bizeps(m,-en)	Bizeps
Blaaschent(p)	Blaschette
Blabla(n,~)	Blabla
Blackout(m,-en)	Black-out
Blähung(f,-en)	Blähung
Bläi(m,~)	Blei
Bläistëft(m,-en)	Bleistift
Bläistëftfaarwen(npl)	Buntstifte
Bläistëftspëtzer(m,-en)	Bleistiftspitzer
Bläizaldot(m,-en)	Zinnsoldat
Blamage(f,-n)	Blamage
blaméieren(v)	blamieren

blaméieren, sech -(v)	blamieren, sich -
blanchéieren(v)	blanchieren
blanchéieren(v)	brennen, weiß -
Blani(m,-en)	Depp
blank(adj)	blank
blank(adj)	glänzend
blann(adj)	blind
blannemännches(adv)	blindlings
blannemännerches(adv)	blindlings
Blannen(m,Blanner)	Blinder
Blanneschrëft(f,-en)	Blindenschrift
Blannheet(f,-en)	Blindheit
blären(v)	brüllen
blaséiert(adj)	abgestumpft
blaséiert(adj)	hochnäsig
Blasphemie(f,-n)	Blasphemie
Blat(n,Blieder)	Blatt
Blatlaus(f,-lais)	Blattlaus
Blatz(m,~)	Augenbutter
blatzeg(adj)	blass
blatzeg(adj)	bleich
blatzeg(adj)	glanzlos
Blatzkueder(scherzh)(m,-en)	Bleichgesicht
Blech(m,~)	Blech
Blechdous(f,-en)	Blechdose
blechen(adj)	Blech-
blechen(adj)	blechern
blechen(v)	bezahlen
blechen(v)	blechen
Blechmusek(f,-en)	Blechmusik
Blechschléier(m,-en)	Klempner
Blechschued(m,-schied)	Blechschaden
Bléck(m,-er)	Blick
Bléckpunkt(m,-en)	Blickpunkt
bleech(adj)	bleich
Bleech(f,-en)	Bleiche
bleechen(v)	bleichen
bleechen(v)	durchnässen
Bleesbréck(p)	Bleesbruck
Bléi(f,-en)	Blüte
bléid(adj)	schüchtern
bléien(v)	blühen
Bleil(m,-en)	Bleuel
Bléiser(m,--)	Bläser
Bléisst(f,-en)	Blöße
bleiwen(v)	bleiben
Blëll(m,--)	Schlagholz
Blend(f,-en)	Blende
blenden(v)	blenden
blénkeg(adj)	glänzend
blénken(v)	glänzen
Blénkert(m,-en)	Weißfisch
blennen(v)	blenden

blënzelen(v) blinzeln
blënzelen, mat den Ae -(exp) zwinkern, mit den Augen -
Bless(f,-en) Blesse
Bless(f,-en) Schramme (Haut)
Bless(f,-en) Wunde, kleine -
blesséieren(v) verletzen
Blesséiert(npl) Verletzte
Blëtz(m,-er) Blitz
Blëtzableiter(m,-en) Blitzableiter
blëtzen(v) blitzen
Blëtzkrich(m,-er) Blitzkrieg
Bliederdeeg(m,--) Blätterteig
Bliederdeegpaschtéit(f,-en) Blätterteigpastete
bliederen(v) blättern
Blietchen(n,Bliedercher) Blättchen
Blimmchen(f,Blimmercher) Blümchen
blimmelen(v) schmeicheln
blimmelen(v) schöntun
Blinddarm(m,-en) Blinddarm
Blinddarmentzündung(f,-en) Blinddarmentzündung
Blindgänger(m,--) Blindgänger
blinzelen(v) blinzeln
Blitzableiter(m,-en) Blitzableiter
blo(adj) betrunken
blo(adj) blau
Block(f,-en) Gürtelschnalle
Block(m,Bléck) Block (Stein, Häuser)
Block(m,Bléck) Schreibblock
Blockad(f,-en) Blockade
blockéieren(v) blockieren
blocken(v) blocken
Blockschrëft(f,-en) Blockschrift
blöd(adj) blöd
Bloder(f,-en) Blase
Blödheet(f,-en) Blödheit
Blödsinn(m,~) Blödsinn
bloelzeg(adj) bläulich
blogro(adj) blaugrau
Blohelm(m,-en) Blauhelm
Bloliicht(n,-er) Blaulicht
blomaachen(v) blaumachen
blond(adj) blond
blondéieren(v) blondieren
Blondine(f,-n) Blondine
Blos(f,-en) Blase (Luft)
Blos(f,-en) Harnblase
blosen(v) blasen
Blosinstrument(n,-er) Blasinstrument
Blosmusek(f,~) Blasmusik
Blouson(m,-en) Blouson
Blouson(m,-en) Jacke
blouss(adj) entblößt
blouss(adv) bloß
bloussstellen(v) bloßstellen
Blozecht(f,-en) Blausucht
blubberen(v) blubbern
bluddeg(adj) blutbefleckt
bluddeg(adj) blutig
bludden(v) bluten
Bluddung(f,-en) Blutung
Bluejeans(f,-en) Jeans
Blues(m,~) Blues
Bluff(m,-en) Bluff
bluffen(v) bluffen
Blumm(f,-en) Blume
Blummeblat(n,-blieder) Blütenblatt
Blummebouquet(m,-en) Blumenstrauß
Blummebuttek(m,-er) Blumenladen
Blummemassiv(m,-er) Blumenrabatte
Blummendall(p) Blumenthal
Blummendekoratioun(f,-en) Blumendekoration
Blummendëppen(n,--) Blumentopf
Blummestack(m,-stäck) Topfpflanze
Blummevas(f,-en) Blumenvase
Blus(f,-en) Bluse
Blutt(n,~) Blut
bluttaarm(adj) blutarm
Bluttaarmut(f,-en) Blutarmut
Bluttanalys(f,-en) Blutanalyse
Bluttbild(n,-biller) Blutbild
Bluttdrock(m,~) Blutdruck
Blutterguss(m,-en) Bluterguss
Bluttfleck(m,-en) Blutfleck
Bluttgerinsel(n,-en) Blutgerinnsel
Bluttgrupp(f,-en) Blutgruppe
Bluttkierpercher(npl) Blutkörperchen
Bluttkreeslaf(m,-leef) Blutkreislauf
bluttnéideg(adj) notwendig, bitter -
Bluttplasma(m,-en) Blutplasma
Bluttprouf(f,-prouwen) Blutprobe
bluttrout(adj) blutrot
Bluttschwier(m,-en) Furunkel
Bluttsëffer(m,-en) Blutegel
Bluttsëffer(fig)(m,--) Wucherer
Bluttspender(m,--) Blutspender
Blutttransfusioun(f,-en) Bluttransfusion
Bluttvergëftung(f,-en) Blutvergiftung
Bluttverloscht(m,-er) Blutverlust
bluttwéineg(adj) wenig, äußerst -
Bluttzirkulatioun(f,-en) Kreislauf
Bobine(f,Bobinnen) Spule
Bobo(m,-en) Wehwehchen
Bock(m,Béck) Bock
Bock(m,Béck) Holzbock (Gestell)
Bock, ale -(exp) Knacker, alter -
bockeg(adj) bockig
Bockel(m,-en) Buckel
bockeleg(adj) bucklig
bockeleg(adj) uneben
Bocksprangen(n,--) Bockspringen
boer bezuelen(exp) bar bezahlen
boer(adj) bar
Boergeld(n,~) Bargeld
Bok(m,-en) Maske
Bokal(m,-en) Einmachglas
Boll(f,-en) Jumbotasse
Boll(f,-en) Trinkschale
Bollendorferbréck(p) Bollendorf-Pont
Bols(m,~) Puls
Bom(f,-en) Großmutter
Boma(f,-en) Oma
Boma(f,-en) Oma
bombardéieren(v) bombardieren
Bombardement(n,-er) Bombardierung
Bombardement(n,-er) Bombenangriff
bombastesch(adj) bombastisch
bombéieren(v) wölben
Bomi(f,-en) Omi
Bomm(f,-en) Bomben
Bommefliger(m,-en) Bomber
Bommel(f,-en) Hummel
Bommel(p) Bonnal
bommelen(v) baumeln
bommelen(v) bummeln
Bommenexplosioun(f,-en) Bombenexplosion
Bommenugrëff(m,-er) Bombenangriff
Bommestëmmung(f,-en) Bombenstimmung
bompeg(adj) bauchig
bompelen(v) baumeln
Bonbon(m,-en) Bonbon
Bond(m,Bonten) Biskuitkuchen
bong(adv) wohlan
Bong(m,-en) Gutschein
Bongert(m,-en) Obstgarten
Boni(m,-en) Gewinn
Boni(m,-en) Überschuss
Bonifikatioun(f,-en) Bonus
Bonifikatioun(f,-en) Vergütung
bonifizéieren(v) vergüten
Bonjour(exp) Tag, guten -
Bonjour(m,-en) Gruß
Bonsoir(exp) Abend, guten -
bont, et - dreiwen(exp) übertreiben, es -
bonz ënne bonz uewen(exp) kopfüber
bonzeleg(adj) dick
bonzelen(v) purzeln
Boom(m,-en) Boom

boomen(v) boomen
Boot(n,-er) Boot
Bootsch(f,-en) Brotkante
Bootsch(f,-en) Kruste
bootschen(v) Krusten bilden
Bop(m,-en) Großvater
Bopa(m,-en) Opa
Bopi(m,-en) Opi
bor(adj) bar
Bord(m,-en) Rand
Bord(m,-en) Ufer
bordeauxrout(adj) bordeauxrot
bornéiert(adj) beschränkt
Borscht(m,-en) Bursche
Borscht(m,-en) Kerl
Börsenindex(m,-er) Börsenindex
boschelen(v) schaffen, sich zu - machen
bosnesch(adj) bosnisch
Boss(f,-en) Beule
Boss(m,-en) Boss
bosseg(adj) wunderlich
Bot(n,-er) Boot
botanesch(adj) botanisch
Botanik(f,-en) Botanik
Botschaft(f,-en) Botschaft
Botte Hee(exp) Heuballen
Botte(f,-n) Garbe
Bottel(f,-en) Hagedorn
Botter(m,~) Butter
Botterblumm(f,-en) Hahnenfuß
botteren(v) buttern
Bottermëllech(f,-en) Buttermilch
Botterschmier(f,-en) Butterbrot
Botz(f,-en) Putzen
Botz(m,~) Putz
Botz, an d'- droen(exp) Reinigung, zur - bringen
Botzaktioun(f,-en) Putzaktion
botzen(v) putzen
Botzerei(f,-en) Putzerei
Botzerei(f,-en) Reinigung (Textil)
Botzfra(f,-en) Putzfrau
Botzmëttel(n,-en) Putzmittel
Bou(m,Béi) Bogen
boucléieren(v) schnallen
Bouf(m,Bouwen) Bube
Bouf(m,Bouwen) Junge
Boufer(p) Bofferdange
bougéieren(v) rühren, sich -
Bougie(f,-n) Kerze
Bouillon(m,-en) Bouillon
Bouillon(m,-en) Fleischbrühe
Boukels(p) Bockholtz

Boule(f,Bullen) Kugel
Boulette(f,-n) Frikadelle
Boulevard(m,-en) Boulevard
Boun(f,-en) Bohne
Boun, gréng -(exp) Bohne, grüne -
Bouneschlupp(f,-en) Bohnensuppe
Bounestaang(f,-en) Bohnenstange
Bouneweg(p) Bonnevoie
Bouquet(m,-en) Bukett
Bouquet(m,-en) Strauß (Blumen)
bouquinéieren(v) schmökern
Bourgeoisie(f,-n) Bourgeoisie
Bourrelet(m,-en) Fettpölsterchen
Bourse(f,-n) Börse
Bourse(f,-n) Stipendium
Bouschéissen(n,--) Bogenschießen
bousilléieren(v) pfuschen
Bouss(f,-en) Buße
Bouss(f,-en) Geldstrafe
Boutique(m,-n) Boutique
bowlen(v) bowlen
Bowling(m,~) Bowling
Box(f,-en) Hose
Boxebeen(n,--) Hosenbein
Boxegueder(m,-en) Hosenschlitz
Boxekostüm(m,-er) Hosenanzug
Boxekueder(m,-en) Hosenschlitz
Boxemännchen(m,-männercher) Gebäck in Form eines Männchens
Boxen(n,~) Boxen
boxen(v) boxen
Boxentäsch(f,-en) Hosentasche
Boxer(m,--) Boxer
Boxer(p) Boxhorn
Boxeschësser(m,--) Hasenfuß
Boxhändsch(f,-en) Boxhandschuh
Boxmatch(m,-er) Boxkampf
Boxmoul(f,-en) Boxhandschuh
Boykott(m,-er) Boykott
boykottéieren(v) boykottieren
Braachtebaach(p) Brachtenbach
Braatsch(f,-en) Bratsche
Braatsch(pej)(f,-en) dicke Frau
Bracelet(m,-en) Armband
Braceli(m,-en) Armband
Brach(n,~) Sauermilch
braconnéieren(v) wildern
Braconnier(m,-en) Wilderer
braddeleg(adj) schwatzhaft
braddelen(v) brodeln
braddelen(v) quatschen
braddelen(v) schwatzen
Braddeler(m,--) Maulheld

Braddeler(m,--) Schwätzer
Braddeler(m,~) Bronchitis
bradéieren(v) verramschen
bradéieren(v) verschleudern
Braderie(f,-n) Straßenverkauf (mit Ausverkauf)
Bräi(m,~) Brei
Bräiläffel(m,-en) Kochlöffel
Brainstorming(m,-en) Brainstorming
Bräitchemann(m,-männer) Bräutigam
Brak(f,-en) Baracke
Brak(f,-en) Bruchbude
Brand(m,Bränn) Brand
Brandstëfter(m,-en) Brandstifter
Brandwonn(f,-en) Brandwunde
Branebuerg(p) Brandenbourg
Branntewäin(m,-er) Branntwein
Brasse(f,~) Brustschwimmen
Brasseli(m,-en) Armband
brätschen(v) köcheln
Brattert(p) Brattert
Bratzel(f,-en) Bretzel
Bratzelen(npl) Schnittlauch
Bratzelsonndeg(m,-er) Mittfastensonntag
Brauch(m,Bräich) Brauch
brauchbar(adj) brauchbar
brauchen(v) brauchen
brauen(v) brauen
Brauerei(f,-en) Brauerei
Braus(f,-en) Brause
Braut(f,Bräit) Braut
Brautkleed(n,-er) Brautkleid
Brautkostüm(m,-er) Hochzeitsanzug
Brautnuecht(f,-en) Hochzeitsnacht
Brautpuer(n,-en) Brautpaar
Brautrank(m,-réng) Ehering
Brautrank(m,-réng) Trauring
brav(adj) brav
Bréck(f,-en) Brücke
bréckelen(v) bröckeln
bredulleg(adj) verlegen
Breedegrad(m,-en) Breitengrad
Breedelt(p) Breidfeld
breet(adj) breit
Breet(f,-en) Breite
breetschloen(v) breitschlagen
breetträppelen(v) breittreten
Bréidercher(npl) Brötchen
bréien(v) brüten
Bréif(f,Bréiwer) Brief
Bréifboîte(f,-n) Briefkasten
Bréifbomm(f,-en) Briefbombe
Bréifdauf(f,-dauwen) Brieftaube
Bréifdréier(m,--) Briefträger

Bréifdréier*(m,--)*	Postbote
Bréifdréiesch*(f,-en)*	Postbotin
Bréifgeheimnis*(n,~)*	Briefgeheimnis
Bréifkapp*(m,-käpp)*	Briefkopf
Bréifkëscht*(f,-en)*	Briefkasten
Bréifpabeier*(n,~)*	Briefpapier
Bréifwal*(f,-en)*	Briefwahl
Bréifwiessel*(m,--)*	Briefwechsel
Bréim*(f,-en)*	Brombeerranke
Bréimelheck*(f,-en)*	Brombeerstrauch
Breinert*(p)*	Breinert
Bréitchen*(f,Bréidercher)*	Brötchen
Bräll*(m,-er)*	Brille
brällen*(v)*	brüllen
brëllen*(v)*	heulen
Brëllenetui*(m,-en)*	Brillenetui
Brems*(f,-en)*	Bremse
bremsen*(v)*	bremsen
Bremsflëssegkeet*(f,-en)*	Bremsflüssigkeit
Bremsluucht*(f,-en)*	Bremslicht
Bremspedall*(f,-en)*	Bremspedal
Bremsscheif*(f,-en)*	Bremsscheibe
Bremsspur*(f,-en)*	Bremsspur
Bremswee*(m,-ër)*	Bremsweg
bréngen*(v)*	bringen
bréngen*(v)*	herbringen
Brennelement*(n,-er)*	Brennelement
brennen*(v)*	brennen
brennen*(v)*	eilen
Brenner*(m,--)*	Brenner
Brennerei*(f,-en)*	Brennerei
Brennholz*(n,~)*	Brennholz
Brennkapassitéit*(f,-en)*	Destilliermenge
Brennnessel*(f,-en)*	Brennnessel
brennt, et -*(exp)*	eilt, es -
brenzeleg*(adj)*	brenzlig
Bretellen*(npl)*	Hosenträger
Brëtsch*(f,-en)*	Tragbahre
Bretz*(f,-en)*	Klemme
Bretz*(f,-en)*	Prahlerin
Bretzaarsch*(m,-äersch)*	Prahlhans
bretzeg*(adj)*	angeberisch
bretzeg*(adj)*	prahlerisch
bretzen, sech -*(v)*	angeben
Bretzert*(m,-en)*	Angeber
Bretzesch*(f,-en)*	Angeberin
Brevet*(m,-en)*	Patent
brevetéieren*(v)*	patentieren
Brickett*(f,-en)*	Brikett
Bricki*(m,-en)*	Feuerzeug
bricoléieren*(v)*	basteln
Briddel*(p)*	Bridel
bridderlech*(adj)*	brüderlich
Bridderlechkeet*(f,-en)*	Brüderlichkeit
Briecheisen*(m,--)*	Brechstange
briechen*(v)*	brechen
briechen*(v)*	erbrechen
Briechstaang*(f,-en)*	Brechstange
Briet*(n,Brieder)*	Brett
Brigad*(f,-en)*	Brigade
Brigang*(m,-en)*	Krimineller (Dieb)
Brilléck*(m,-en)*	Schwein, kleines -
Briquet*(m,-en)*	Feuerzeug
Brisanz*(f,~)*	Brisanz
Britt*(f,-en)*	Brühe
Britt*(f,-en)*	Rinderbrühe
Broccoli*(m,~)*	Brokkoli
Broch*(m,Bréch)*	Bruch
Broch*(m,Bréch)*	Bruchzahl
Brochdeel*(m,-er)*	Bruchteil
brochéiert*(adj)*	broschiert
Brochstéck*(n,-er)*	Bruchstück
Brockelchen*(m,Brockelcher)*	Rosenkohl
brodéieren*(v)*	sticken
broden*(v)*	braten
Broderbur*(p)*	Broderbour
Brokkoli*(m,~)*	Brokkoli
Broklien*(npl)*	Rosenkohl
Bromä*(m,~)*	Raureif
Bromee*(m,~)*	Raureif
brommen*(v)*	absitzen (Strafe)
brommen*(v)*	brummen
Bronchite*(f,Bronchitten)*	Bronchitis
brong*(adj)*	braun
brong*(adj)*	braungebrannt
bronkeg*(adj)*	trüb (Wetter)
bronkeg*(adj)*	verschlossen (Mensch)
Bronz*(f,-en)*	Bronze
bronzéiert*(adj)*	braungebrannt
Bronzemedaill*(f,-en)*	Bronzemedaille
bronzen*(adj)*	Bronze-
brooch*(adj)*	brach
Brooch*(f,-en)*	Brache
Brooch*(f,-en)*	Brachfeld
broochleeën*(tr)(v)*	brachlegen
broochleien*(v)*	brachliegen
Brosch*(f,-en)*	Brosche
broschéiert*(adj)*	broschiert
Broscht*(f,Brëscht)*	Brust
Broscht*(f,Brëscht)*	Busen
Broschtbeen*(n,~)*	Brustbein
Broschtkriibs*(m,~)*	Brustkrebs
Broschtkuerf*(m,-kierf)*	Brustkorb
Broschtschwammen*(n,~)*	Brustschwimmen
Broschttoun*(m,-téin)*	Brustton
Broschür*(f,-en)*	Broschüre
broselen*(v)*	hastig handeln
Brosse*(f,-n)*	Bürstenhaarschnitt
Brot*(m,Broden)*	Braten
Brout*(n,--)*	Brot
Brout, wäisst -*(exp)*	Weißbrot
Broutdag, all gudde -*(exp)*	Tag, jeden -
Broutkuerf*(m,-kierf)*	Brotkorb
Broutmaschinn*(f,-en)*	Allesschneider
Broutmesser*(n,--)*	Brotmesser
Broutréischter*(m,-en)*	Toaster
Broutruecht*(m,-en)*	Brotlaib
Broutschéiss*(f,-en)*	Brotschieber
Broutschéiss, eng mat der - hunn*(exp)*	Sprung, einen - in der Schüssel haben
Bruch*(p)*	Brouch
Bruchlandung*(f,-en)*	Bruchlandung
Bruck*(m,-en)*	Laich (Frosch)
brucken*(v)*	brüten
brucken, un eppes -*(exp)*	laborieren, an einer Krankheit
Brudder*(m,Bridder)*	Bruder
Bruechtebaach*(p)*	Brachtenbach
brullen*(v)*	rollen
Brulli*(m,~)*	Schlamm
brummen*(v)*	brummen
Brunch*(m,~)*	Brunch
brüsk*(adj)*	brüsk
brüskéieren*(v)*	brüskieren
brutal*(adj)*	brutal
brutaliséieren*(v)*	misshandeln
Brutalitéit*(f,-en)*	Brutalität
Brute*(f,Brutten)*	brutaler Mensch
brutschelen*(v)*	köcheln
brutschen*(v)*	köcheln
brutto*(adj)*	brutto
Bruttoakommes*(n,--)*	Bruttoeinkommen
Bruttogewiicht*(n,-er)*	Bruttogewicht
Bruttoloun*(m,-léin)*	Bruttolohn
brutzelen*(v)*	brutzeln
bubberen*(v)*	schnell schlagen (Herz)
Buch*(m,~)*	Rindfleisch (Bug)
Buch*(n,Bicher)*	Buch
buchen*(v)*	buchen
Buchhändler*(m,-en)*	Buchhändler
Buchholz*(p)*	Buchholtz
Buchillustratioun*(f,-en)*	Buchillustration
Bucht*(f,-en)*	Bucht
Buck*(f,-en)*	Rotbuche
Buckels*(p)*	Bockholtz
Bucki*(m,)*	Blumenstrauß
Bud*(f,-en)*	Bretterbude
Bud*(f,-en)*	Studentenbude
buddelen*(v)*	buddeln

Buddeler*(p)* Boudler
Buddelerbaach*(p)* Boudlerbach
Budget*(m,-en)* Budget
budgetéieren*(v)* budgetieren
Budgetskommissioun*(f,-en)* Haushaltskommission
Budgetspresentatioun*(f,-en)* Haushaltsvorlage
Buedbidden*(f,--)* Badewanne
Buedduch*(n,-dicher)* Badetuch
Buedem*(m,~)* Erdboden
Buedem*(m,Biedem)* Fußboden
Buedempersonal*(n,~)* Bodenpersonal
bueden*(v)* baden
Buedkostüm*(m,-er)* Badeanzug
Buedmantel*(m,-mäntel)* Bademantel
Buedzëmmer*(m,-en)* Badezimmer
Buedzëmmerteppech*(m,-er)* Badteppich
Buer*(n,-en)* Bohrer
buerbes*(adv)* barfuß
bueren*(v)* bohren
buerféiss*(adv)* barfuß
buerfouss*(adv)* barfuß
Buerg*(f,-en)* Burg
Buergermeeschter*(m,-en)* Bürgermeister
Buergermeeschtesch*(f,-en)* Bürgermeisterin
Buerglënster*(p)* Bourglinster
Buerinsel*(f,-en)* Bohrinsel
Buermaschinn*(f,-en)* Bohrer
Buerplattform*(f,-en)* Bohrplattform
Buerschdref*(p)* Boursdorf
Buerschent*(p)* Bourscheid
Buerschtermillen*(p)* Bourscheid-Moulin
Buertuerm*(m,-tierm)* Bohrturm
Buet*(m,-er)* Bote
Buff*(m,-en)* Magenbitter
büffelen*(v)* büffeln
Buffet*(m,-en)* Buffet
Bugger*(m,-en)* Kerl
buggeren*(v)* anstrengen, sich -
Buggi*(m,-en)* Lore
bugséieren*(v)* bugsieren
Bühn*(f,-en)* Bühne
Bull*(f,-en)* Kugel
Bull*(f,-en)* Wärmflasche
Bulldogg*(f,-en)* Bulldogge
Bulletin*(m,-en)* Mitteilungsblatt
Bullett*(f,-en)* Frikadelle
Bulli*(m,~)* Schlamm
Bullong*(m,-en)* Bolzen
Bumerang*(m,-en)* Bumerang
bummelen*(v)* bummeln
Bummelstreik*(m,-er)* Bummelstreik
Bummelzuch*(m,-zich)* Bummelzug

bummsen*(v)* bumsen
bummsen*(v)* dröhnen (dumpf)
bündelen*(v)* bündeln
Bungalow*(m,-en)* Bungalow
Bungeref*(p)* Bigonville
Bunn*(f,-en)* Bahn
Bunnes*(m,-sen)* Pimmel
buppen*(vul)(v)* ficken
Bur*(m,-en)* Brunnen
Bur*(p)* Born
Bur*(p)* Bour
Büro*(m,-en)* Büro
Bürokrat*(m,-en)* Bürokrat
Bürokratie*(f,-n)* Bürokratie
Bürosaarbecht*(f,-en)* Büroarbeit
Bürosbeamten*(m,--)* Büroangestellter
Bürosklamer*(f,-en)* Büroklammer
Bürosmaterial*(n,~)* Büromaterial
Büroszäit*(f,-en)* Geschäftszeiten
Bürotik*(f,-en)* Bürokommunikation
burschikos*(adj)* burschikos
Bus*(m,-sen)* Bus
Bus*(p)* Bous
Busbilljee*(m,-ën)* Busfahrkarte
Buschauffer*(m,-en)* Busfahrer
Buschtaf*(m,Buschtawen)* Buchstabe
buschtawéieren*(v)* buchstabieren
Bushaischen*(n,-haisercher)* Bushäuschen
Buskaart*(f,-en)* Dauerkarte (Bus)
Buskontroller*(m,-en)* Fahrkartenkontrolleur
Bussard*(m,-en)* Bussard
Busspur*(f,-en)* Busspur
Büst*(f,-en)* Büste
Butsch*(f,-en)* Mädchen, durchtriebenes -
Butsch*(f,-en)* Ziege
Buttek*(m,-er)* Geschäft
Buttek*(m,-er)* Laden
butzeg*(adj)* winzig
Butzi*(m,-en)* Dreikäsehoch
Buuscht*(m,-en)* Schopf
buuschteg*(adj)* eigensinnig
buuschteg*(adj)* haarig
Buuschten*(npl)* Haare
Buvaker*(f,-en)* Buchecker
buxéieren*(v)* bugsieren
Bypass*(m,-päss/-en)* Bypass

C

Cabaret*(m,-en)* Cabaret
Cabaret*(m,-en)* Nachtclub
Cabaret*(m,-en)* Nachtlokal
Cabillaud*(m,-en)* Kabeljau

Cabine*(f,Cabinnen)* Kabine
Cabinet*(m,-en)* Toilette
Cabinetspabeier*(m,~)* Toilettenpapier
cabléieren*(v)* kabeln
Cabriolet*(m,-en)* Cabriolet
Caddy*(m,-en)* Einkaufswagen
Cadeau*(m,-en)* Geschenk
Cadmium*(n,~)* Cadmium
Café*(m,-en)* Bistro
Café*(m,-en)* Café
Cafeteria*(f,-en)* Cafeteria
Cageot*(m,-en)* Getränkekasten
Cageot, e - Béier*(exp)* Kasten, ein - Bier
Caissière*(f,-n)* Kassiererin
Calamitéit*(f,-en)* Unheil
calculéieren*(v)* kalkulieren
Calepin*(m,-en)* Notizbuch
calibréieren*(v)* kalibrieren
calléieren*(v)* festkeilen
Callgirl*(n,-s/-en)* Callgirl
calméieren*(v)* beruhigen
calquéieren*(v)* abpausen
Calzium*(m,~)* Kalzium
Camembert*(m,-en)* Camembert
Camion*(m,-en)* Lastkraftwagen
Camionnette*(f,-n)* Kleintransporter
Camionnette*(f,-n)* Lieferwagen
Camionschauffer*(m,-en)* Lkw-Fahrer
camoufléieren*(v)* tarnen
Camp*(m,-en)* Camp
Camp*(m,-en)* Lager
Campagne*(f,-n)* Kampagne
campéieren*(v)* campen
campen*(v)* campen
Camper*(m,--)* Camper
Camping*(m,-en)* Camping
Campingcar*(m,-en)* Reisemobil
Campingplaz*(f,-plazen)* Campingplatz
Campingsequipement*(n,-er)* Campingausrüstung
Campus*(m,-sen)* Campus
Canapé*(m,-en)* Couch
Canapé*(m,-en)* Kanapee
canceréis*(adj)* bösartig (Krebs)
canceréis*(adj)* krebsartig
Cantonnier*(m,-en)* Wegewärter
Capacitéit*(f,-en)* Fassungsvermögen
Capacitéit*(f,-en)* Kapazität
Capitalisatioun*(f,-en)* Kapitalisierung
Capot*(m,-en)* Motorhaube
captéieren*(v)* empfangen (Sendung, Wellen)
caramelliséieren*(v)* karamellisieren
Cargo*(m,-en)* Frachtschiff

Carnet*(m,-en)* Notizheft
Carnet*(m,-en)* Ticketblock (Bus, Theater)
Carrière*(f,-n)* Karriere
Carrière*(f,-n)* Laufbahn
Carrière*(f,-n)* Steinbruch
Carrosserie*(f,-n)* Karosserie
Cartouche*(f,-n)* Kästchen
Cartouche*(f,-n)* Patrone (Munition, Tinte)
Cas*(m,-en)* Fall
Case*(f,-n)* Fach
Case*(f,-n)* Feld (auf Spielbrett)
caséieren*(v)* unterbringen (Quartier, Arbeit)
Casier*(m,~)* Strafregister
Casque*(m,-n)* Helm
Cassatioun*(f,~)* Kassation
casséieren*(v)* kassieren
Casserole*(f,-n)* Stieltopf
Cassette*(f,-n)* Kassette
Cassette*(f,-n)* Schatulle
Cassetterecorder*(m,-en)* Kassettenrekorder
catchen*(v)* catchen
Cauchemar*(m,-en)* Alptraum
Cayennepeffer*(m,~)* Cayennepfeffer
CD*(m/f,-en)* CD
CD-Player*(m,-)* CD-Player
CD-ROM*(f,-en)* CD-ROM
cedéieren*(v)* abtreten
celebréieren*(v)* feiern
Cellist*(m,-en)* Cellist
Cello*(m,-en)* Cello
Cellophan*(m,~)* Zellophan
cernéieren*(v)* erfassen
cernéieren*(v)* umschließen
certifiéieren*(v)* bescheinigen
certifiéieren*(v)* zertifizieren
chagrinéieren*(v)* bekümmern
Chaiselongue*(f,-n)* Liegestuhl
Chalet*(m,-en)* Chalet
Chalumeau*(m,-en)* Strohhalm
Chamäleon*(n,-en)* Chamäleon
Chamber*(f,-en)* Kammer (Abgeordneten-, Handels-)
Chamberkommissioun*(f,-en)* Kommmission, parlamentarische -
Chambersessioun*(f,-en)* Sitzungsperiode
Chamberskommissioun*(f,-en)* Kommission, parlamentarische -
Chambre de commerce *(f,Chambre-de-commercen)* Handelskammer
chambréieren*(v)* temperieren
Champagner*(m,~)* Champagner
champagniséieren*(v)* Sekt, zu - verarbeiten
Champignon*(m,-en)* Champignon
Champion*(m,-en)* Champion
Champion*(m,-en)* Meister (Sport)
Championnat*(n,-en)* Meisterschaft (Sport)
Chance*(f,~)* Glück
Chance*(f,-n)* Chance
Chancëgläichheet*(f,-en)* Chancengleichheit
Chancëgläichheetskommissioun *(f,-en)* Chancengleichheitskommission
Change*(m,-n)* Wechsel
changéieren*(v)* verändern
changéieren*(v)* wechseln
Chantier*(m,-en)* Baustelle
Chaos*(m,~)* Chaos
Chaot*(m,-en)* Chaot
chaotesch*(adj)* chaotisch
chaperonéieren*(v)* betreuen
Charakter*(m,-en)* Charakter
charakteriséieren*(v)* charakterisieren
charakteristesch*(adj)* charakteristisch
Charakteristik*(f,-en)* Charakteristik
charakterlos*(adj)* charakterlos
Charakterzuch*(m,-zich)* Charakterzug
Charcuterie*(n,~)* Wurstwaren
Charge*(f,-n)* Ladung
chargéieren*(v)* beauftragen
Charisma*(m,Charismen)* Charisma
charmant*(adj)* charmant
Charme*(m,~)* Charme
charméiert*(adj)* entzückt
Charta*(f,-en)* Charta
Charter*(m,-en)* Charter
charteren*(v)* chartern
Charterfluch*(m,-flich)* Charterflug
Chartermaschinn*(f,-en)* Charterflugzeug
Charts*(npl)* Charts
Charts*(npl)* Hitparade
Chassis*(m,-en)* Chassis
Chassis*(m,-en)* Fahrgestell
chatten*(v)* chatten
Chaudière*(f,-n)* Heizkessel
chaufféieren*(v)* fahren (jn)
Chauffer*(m,-en)* Chauffeur
Chauffer*(m,-en)* Fahrer
Chaussée*(f,-ën)* Fahrbahn
chausséieren*(v)* beschuhen
Chauvi*(m,-en)* Chauvi
Chauvinismus*(m,Chauvinismen)* Chauvinismus
checken*(ugs)(v)* verstehen
checken*(v)* checken
checken*(v)* prüfen
Checklëscht*(f,-en)* Kontrollliste
Chef de gare*(m,Chef-de-garen)* Bahnhofsvorsteher
Chef d'entreprise*(m,Chef-d'entreprisen)* Betriebsleiter
Chef*(m,-fen)* Chef
Chefetage*(f,-n)* Chefetage
Chefetage*(f,-n)* Führungsetage
Chefredakter*(m,-en)* Chefredakteur
Cheftaine*(f,-n)* Gruppenleiterin
chemesch*(adj)* chemisch
Chemie*(f,~)* Chemie
Chemiker*(m,--)* Chemiker
Cheminee*(f,-ën)* Kamin
Cheminee*(f,-ën)* Kamin, offener -
Cheminee*(f,-ën)* Schornstein
Chemotherapie*(f,-n)* Chemotherapie
chic*(adj)* elegant
chic*(adj)* schick
Chichi maachen*(exp)* Umstände machen
Chichi*(m,~)* Umstände
Chichi, kee - maachen*(exp)* fackeln, nicht lange -
Chicon*(m,-en)* Chicorée
Chicorée*(m/f,~)* Chicorée
chiffréieren*(v)* beziffern
chiffréieren*(v)* chiffrieren
chiffréiert*(adj)* verschlüsselt
Chimie*(f,~)* Chemie
China*(p)* China
Chinees*(m,-en)* Chinese
chineesesch*(adj)* chinesisch
Chineesin*(f,-nen)* Chinesin
Chip*(m,-pen)* Chip
Chipkaart*(f,-en)* Chipkarte
chipotéieren*(v)* herumhantieren
chipotéieren*(v)* nörgeln
chipotéieren*(v)* stochern, im Essen -
Chips*(f,-en)* Chips
Chirurg*(m,-en)* Chirurg
Chirurgie*(f,-n)* Chirurgie
chloren*(v)* chloren
chloroforméieren*(v)* chloroformieren
Choix*(m,~)* Wahl
choleresch*(adj)* cholerisch
Cholesterol*(m,~)* Cholesterin
Chômage*(m,~)* Arbeitslosigkeit
Chômeur*(m,-en)* Arbeitsloser
Choreograph*(m,-en)* Choreograph
Choreographie*(f,-n)* Choreographie
Choucroute*(f,-n)* Sauerkraut
Chouer*(m,Chéier)* Chor
Choufleur*(m,-en)* Blumenkohl
Chrëschdagsmaart*(m,-mäert)* Weihnachtsmarkt
Chrëscht*(m,-en)* Christ

Chrëschtactioun*(f,-en)* christliche Aktion
Chrëschtaktioun*(f,-en)* christliche Aktion
Chrëschtbam*(m,-beem)* Weihnachtsbaum
Chrëschtbeemchen*(m,-beemercher)* Weihnachtsbaum
Chrëschtcadeau*(m,-en)* Weihnachtsgeschenk
Chrëschtdag*(m,-deeg)* Weihnachten
chrëscht-demokratesch*(adj)* christdemokratisch
Chrëschtentom*(n,~)* Christentum
Chrëschtkand*(n,~)* Christkind
Chrëschtkëndchen*(n,-kënnercher)* Christkind
Chrëschtkëndchen*(n,-kënnercher)* Naivling
chrëschtlech*(adj)* christlich
Chrëschtmaart*(m,-mäert)* Weihnachtsmarkt
Chrëschtnech*(p)* Christnach
Chrëschtnuecht*(f,-en)* Christnacht
Chrëschtvakanz*(f,-en)* Weihnachtsferien
christianiséieren*(v)* christianisieren
Christus*(p)* Christus
Chrom*(m,~)* Chrom
chroméieren*(v)* verchromen
Chromosom*(m,-en)* Chromosom
chronesch*(adj)* chronisch
Chronik*(f,-en)* Chronik
chronologesch*(adj)* chronologisch
Chronologie*(f,-n)* Chronologie
Chronometer*(m,-en)* Chronometer
Chronometer*(m,-en)* Stoppuhr
chronometréieren*(v)* stoppen, Zeit -
Chrysantème*(f,-n)* Chrysantheme
Chrysanthem*(f,-en)* Chrysantheme
ciao*(adv)* ciao
cibléieren*(v)* abzielen (auf jn)
cibléiert*(adj)* gezielt
Cicatrice*(f,-n)* Narbe
cicatriséieren*(v)* vernarben
circa*(adv)* circa
Circuit*(m,-en)* Rennstrecke
Circuit*(m,-en)* Rundweg
Circulaire*(m,-n)* Rundschreiben
Circulatioun*(f,-en)* Kreislauf
Circulatioun*(f,-en)* Umlauf
circuléieren*(v)* Umlauf, im - sein
circuléieren*(v)* zirkulieren
ciseléieren*(v)* ziselieren
Citadelle*(f,-n)* Hochburg
Citadelle*(f,-n)* Zitadelle
Citatioun*(f,-en)* Zitat
Cité*(f,-en)* Neubaugebiet
Cité*(f,-en)* Wohnsiedlung
Citoyennetéit*(f,~)* Staatsbürgerschaft
Classe*(f,-n)* Klasse

Classeur*(m,-en)* Ordner
Clausen*(p)* Clausen
Clavier*(m,-en)* Tastatur
clever*(adj)* clever
clever*(adj)* schlau
Client*(m,-en)* Gast (Hotel)
Client*(m,-en)* Kunde
Client*(m,-en)* Verbraucher
Cliente*(f,-ën)* Kundin
Clientèle*(f,-n)* Kundschaft
Clinch*(m,-en)* Clinch
Clinch, am - si mat engem*(exp)* Clinch, im - liegen mit jm
Clinique*(f,-n)* Klinik
Clip*(m,-pen)* Clip
Clique*(f,-n)* Clique
cloisonnéieren*(v)* verschlagen
Clôture*(f,~)* Abschluss (Bilanz)
Clôture*(f,-n)* Umzäunung
clôturéieren*(v)* abschließen (Bilanz)
Clou*(m,~)* Clou
Clown*(m,-en)* Clown
Club*(m,Clibb)* Club
Co2-Emissioun*(f,-en)* CO2-Emission
coachen*(v)* coachen
Coalitioun*(f,-en)* Koalition
Cocker*(m,-en)* Cocker
Cocktail*(m,-en)* Cocktail
Code de la route*(m,~)* Straßenverkehrsordnung
Code postal*(m,Code-postallen)* Postleitzahl
Code*(m,-n)* Code
codéieren*(v)* kodieren
codéieren*(v)* verschlüsseln
codifizéieren*(v)* kodifizieren
CO2-Emissioun*(f,-en)* CO2-Emission
CO-Emissioun*(f,-en)* CO-Ausstoß
coexistéieren*(v)* koexistieren
cofinanzéieren*(v)* kofinanzieren
Cogestioun*(f,-en)* Mitbestimmung
Cognac*(m,-c(k)en)* Cognac
cohabitéieren*(v)* zusammenleben
Cohesioun*(f,~)* Kohäsion
coifféieren*(v)* frisieren
Coiffer*(m,-en)* Friseur
Coiffersalon*(m,-en)* Frisiersalon
Coiffeuse*(f,-n)* Friseuse
coincidéieren*(v)* zusammentreffen
Col*(m,-len)* Kragen
Col*(m,-len)* Pass (Gebirge)
Collaborateur*(m,-en)* Kollaborateur (Krieg)
Collaborateur*(m,-en)* Mitarbeiter
Collaboratioun*(f,-en)* Mitarbeit
Collaboratioun*(f,-en)* Zusammenarbeit

Collage*(m,-n)* Collage
Collant*(m,-en)* Strumpfhose
Collectioun*(f,-en)* Sammlung
Collier*(m,-en)* Halskette
Collisioun*(f,-en)* Zusammenstoß
Colloque*(m,-quien)* Kolloquium
colportéieren*(v)* verbreiten
Combinaison*(f,-en)* Arbeitsoverall
Combinaison*(f,-en)* Unterrock
combinéieren*(v)* kombinieren
comdamnéieren*(v)* verurteilen
Comeback*(m,~)* Comeback
Comité*(m,-en)* Komitee
Commande*(f,-n)* Bestellung
commandéieren*(v)* befehlen
Commemoratioun*(f,-en)* Gedenkfeier
Commentaire*(m,-n)* Kommentar
Commerce*(m,~)* Geschäft (Kaufhaus)
Commerce*(m,~)* Handel
Commissaire*(m,-n)* Kommissar
commissionéieren*(v)* beauftragen
Commissioun*(f,-en)* Besorgung
Commissioun, -e maachen*(exp)* Besorgung, -en machen
Commoditéit*(f,-en)* Annehmlichkeit
Communautéit*(f,-en)* Gemeinschaft
Compensatioun*(f,-en)* Ausgleich
Compensatioun*(f,-en)* Kompensierung
Competitioun*(f,-en)* Wettbewerb
Competitioun*(f,-en)* Wettkampf
Competivitéit*(f,~)* Wettbewerbsfähigkeit
compiléieren*(v)* zusammenstellen
Complementaritéit*(f,-en)* Komplementarität
completéieren*(v)* vervollständigen
complexéieren*(v)* hemmen
Complicatioun*(f,-en)* Komplikation
complimentéieren*(v)* Komplimente machen
complotéieren*(v)* Komplott schmieden
complotéieren*(v)* verschwören
composéieren*(v)* komponieren
composéieren*(v)* zusammenstellen
Compositioun*(f,-en)* Komposition
compostéieren*(v)* kompostieren
Comptabel*(m,-en)* Buchhalter
comptabiliséieren*(v)* buchen
comptabiliséieren*(v)* verbuchen
Comptabilitéit*(f,-en)* Buchhaltung
Compteur*(m,-en)* Geschwindigkeitsmesser
Compteur*(m,-en)* Zähler (Messgerät)
Comptoir*(m,-en)* Tresen
Computer*(m,-en)* Computer
Computeranimatioun*(f,-en)* Computeranimation

Computerausdrock *(m,-ausdréck)* Computerausdruck
computergesteiert *(adj)* computergesteuert
Computerkriminalitéit *(f,~)* Computerkriminalität
Computerspill *(n,-er)* Computerspiel
Computervirus *(m,-viren)* Computervirus
Conceptioun *(f,-en)* Gestaltung
concernéieren *(v)* betreffen
Concert *(m,-en)* Konzert
Concertatioun *(f,-en)* Abstimmung (mit)
concertéieren *(v)* übereinkommen
Concertssall *(m,-säll)* Konzertsaal
Concierge *(m,-n)* Hausmeister
Concierge *(m,-n)* Pförtner
Conciliatioun *(f,-en)* Schlichtung
conciliéieren *(v)* vereinbaren
Conclusioun *(f,-en)* Schlussfolgerung
concoctéieren *(v)* zusammenbrauen
concordéieren *(v)* übereinstimmen
Concours *(m,-en)* Wettbewerb
concretiséieren *(v)* annehmen, Gestalt -
concretiséieren *(v)* konkretisieren
concurrencéieren *(v)* konkurrieren
Condamnatioun *(f,-en)* Verurteilung
condamnéieren *(v)* verurteilen
Conditioun *(f,-en)* Bedingung
Confederatioun *(f,-en)* Verband (Vereinigung)
confederéieren *(v)* verbünden
Conferencier *(m,-en)* Conférencier
Configuratioun *(f,-en)* Konfiguration
Confirmatioun *(f,-en)* Bestätigung
confirméieren *(v)* bestätigen
confisquéieren *(v)* beschlagnahmen
confortabel *(adj)* bequem
confrontéieren *(v)* konfrontieren
Confusioun *(f,-en)* Verwirrung
Congé de maternité *(m,~)* Mutterschaftsurlaub
Congé parental *(m,~)* Elternurlaub
Congé *(m,-en)* Urlaub
Congé, bezuelte - *(exp)* Urlaub, bezahlter -
congediéieren *(v)* beurlauben
Congrégatioun *(f,-en)* Kongregation
connectéieren *(v)* verbinden
Connectioun *(f,-en)* Verbindung
Connotatioun *(f,-en)* Konnotation
connotéieren *(v)* bedeuten
Conquête *(f,-n)* Eroberung
consacréieren *(v)* aufwenden
consacréieren *(v)* widmen (etw einer Sache)
conséilléieren *(v)* beraten
Conservatioun *(f,~)* Konservierung
Conservatoire *(m,-n)* Musikhochschule
Considératioun *(f,-en)* Achtung
considéréieren *(v)* beachten
Consigne *(f,-n)* Anweisung
consolidéieren *(v)* untermauern
Consommatioun *(f,-en)* Getränk (Gastronomie)
Consommatioun *(f,-en)* Verbrauch
Consommatioun *(f,-en)* Verzehr
consomméieren *(v)* verbrauchen
consomméieren *(v)* verzehren
conspiréieren *(v)* verschwören
constatéieren *(v)* feststellen
Constipatioun *(f,-en)* Verstopfung
constipéieren *(v)* verstopfen
constituéieren *(v)* darstellen
Constitutioun *(f,-en)* Verfassung (körperlich, Gesetz)
Constructioun *(f,-en)* Konstruktion
Consultatioun *(f,-en)* Sprechstunde
consultéieren *(v)* fragen, um Rat -
Container *(m,-en)* Container
Containerschëff *(n,-er)* Containerschiff
Contaminatioun *(f,-en)* Kontamination
Contaminatioun *(f,-en)* Verunreinigung
contaminéieren *(v)* anstecken (Krankheit)
contaminéieren *(v)* verseuchen
Contentieux *(m,-en)* Rechtsabteilung
Contenu *(m,-en)* Inhalt
Contestatioun *(f,-en)* Anfechtung
Contestatioun *(f,-en)* Klage
Context *(m,-er)* Kontext
Continuatioun *(f,~)* Fortsetzung
Continuitéit *(f,-en)* Kontinuität
contournéieren *(v)* umfahren
contournéieren *(v)* umgehen
Contraceptioun *(f,~)* Empfängnisverhütung
contractéieren *(v)* abschließen (Vertrag)
contractéieren *(v)* verkrampfen
Contradictioun *(f,-en)* Widerspruch
Contrainte *(f,-n)* Einschränkung (durch Verpflichtung)
Contraire *(m,-n)* Gegenteil
contrariéieren *(v)* durchkreuzen (Pläne)
contrariéieren *(v)* hindern
contrecarréieren *(v)* durchkreuzen (Pläne)
contrecarréieren *(v)* entgegenarbeiten
contresignéieren *(v)* gegenzeichnen
contrevenéieren *(v)* zuwiderhandeln
contribuéieren *(v)* beitragen
Contributioun *(f,-en)* Beitrag
controvers *(adj)* umstritten
Conventioun *(f,-en)* Konvention
Conventioun *(f,-en)* Vereinbarung
Convocatioun *(f,-en)* Vorladung
convoquéieren *(v)* vorladen
cool *(adj)* cool
Cooperatioun *(f,-en)* Zusammenarbeit
Cooperatioun *(f,-en)* Kooperation
cooperéieren *(v)* kooperieren
cooperéieren *(v)* zusammenarbeiten
cooptéieren *(v)* hinzuwählen
cooptéieren *(v)* kooptieren
Coordinatioun *(f,-en)* Koordinierung
coordinéieren *(v)* koordinieren
Copain *(m,-en)* Kumpel
Copie *(f,-n)* Kopie
Copilot *(m,-en)* Kopilot
Copine *(f,Copinnen)* Freundin
Coprozessor *(m,-en)* Koprozessor
copuléieren *(v)* kopulieren
Copyright *(m,-en)* Urheberrecht
coquetéieren *(v)* kokettieren
Corner *(m,-en)* Eckball
Cornflakes *(npl)* Cornflakes
Cornichon *(f,-en)* Gurke
Cornichon *(f,-en)* Salatgurke
Corporatioun *(f,-en)* Innung
Corporatioun *(f,-en)* Korporation
correléieren *(v)* korrelieren
corrigéieren *(v)* verbessern
Cortège *(m,-n)* Festzug
Costume *(m,-r/-n)* Anzug
Côte *(f,-n)* Küste
cotéieren *(v)* bewerten
cotéieren *(v)* kotieren
Cotisatioun *(f,-en)* Beitrag
Cotisatioun *(f,-en)* Beitragszahlung
cotiséieren *(v)* zahlen, Beiträge -
Coton *(m,~)* Baumwolle
Couche *(f,-n)* Diwan
Couche *(f,-n)* Schicht
Couche *(f,-n)* Sofa
Couchette *(f,-n)* Schlafwagenplatz
Countdown *(m,-en)* Countdown
Country-Musek *(f,-en)* Country-Musik
Coupé *(m,-en)* Abteil (Zug)
Coupon *(m,-en)* Coupon
Coupon *(m,-en)* Kontrollabschnitt
Courage *(m,~)* Mut
couragéiert *(adj)* mutig
Courrier *(m,-en)* Post
Cours *(m,-en)* Kurs
Course *(f,Courssen)* Rennen
Course *(f,Courssen)* Wettlauf
courséieren *(v)* kursieren (Gerüchte)
Coursevëlo *(m,-en)* Rennrad
courtiséieren *(v)* umwerben

Cousin(m,-en) Cousin
Cousine(f,Cousinnen) Kusine
Coussin(m,-en) Kissen
Couvert(n,-en) Besteck
couvréieren(v) abdecken
Cover(m,-en) Cover
Cowboy(m,-en) Cowboy
Cravate(f,-n) Krawatte
crawlen(v) kraulen
Creancier(m,-en) Gläubiger
Creatioun(f,-en) Schaffung
Crèche(f,-n) Kinderkrippe
Credibilitéit(f,-en) Glaubwürdigkeit
Credit(m,-en) Kredit
Crédulitéit(f,-en) Gutgläubigkeit
Crème(f,-n) Crème
crèmen(v) eincremen
Crevette(f,-n) Krabbe
Crew(f,~) Besatzung (Schiff, Flugzeug)
Crew(f,~) Crew
Cric(m,Cricken) Wagenheber
Croisière(f,-n) Kreuzfahrt
Croissant(m,-en) Hörnchen
Croupier(m,-en) Croupier
Croupière(f,-n) Croupière
crowlen(v) crawlen
crowlen(v) kraulen
cryptéieren(v) kodifizieren
Culot(m,~) Dreistigkeit
culpabibliséieren(v) beschuldigen
cumuléieren(v) anhäufen
cumuléieren(v) kumulieren
Curriculum vitae(m,Curricula vitae) Curriculum vitae
Curry(m/n,~) Curry
Cursor(m,-en) Cursor
Cuvette(f,-n) Waschschüssel
Cyclissem(m,~) Radsport
Cyclist(m,-en) Radfahrer

D

d'(art) die/das
Da(m,~) Tau
Daach(m,Diech) Dach
Daachdecker(m,--) Dachdecker
daachen(v) taugen
Daachgespär(n,-en) Dachgebälk
Daachliicht(f,-en) Dachluke
Daachorganisatioun(f,-en) Dachorganisation
Daachstull(m,-still) Dachstuhl
Daachzill(f,-en) Dachziegel
daagsiwwer(adv) tagsüber
Daarm(m,Däerm) Darm
Daarmflora(f,~) Darmflora
dabberen(v) stapfen (Kinder)
Dabo(m,-en) Blödian
dabozeg(adj) blöd
Dabozegkeet(f,-en) Blödheit
Dabozegkeet(f,-en) Dummheit
d'accord(exp) einverstanden
d'accord(exp) ok
dach(adv) doch
dach(adv) trotzdem
dach(adv) wirklich
dach(exp) doch!
Dachs(m,-en) Dachs
Dachsenhiel(f,-en) Dachsbau
Dackel(m,-en) Dackel
dacks(adv) häufig
dacks(adv) oft
Dactylo(f,-en) Schreibkraft
Dada, an d'- goen(exp) Bett, ins - gehen (Kindersprache)
Dadaismus(m,~) Dadaismus
Dadder(m,~) Zittern
Dadder, den - hunn(exp) zittern (Angst, Aufregung)
Dadderaarsch(vulg)(m,-äersch) Angsthase
daddereg(adj) zittrig (Angst, Schwäche)
daen(v) tauen
däerbaants(adv) Zwischenzeit, in der -
däerfen(v) dürfen
däermoossen(adv) dermaßen
däers méi(exp) mehr davon
däers(pr) davon
daf(adj) taub
Daf(f,-en) Taufe
Dafgiedel(f,-en) Taufpatin
Dafheet(f,~) Taubheit
Dafpätter(m,-en) Taufpate
dafstomm(adj) taubstumm
Dag fir Dag(exp) Tag für Tag
Dag ginn(exp) Tag werden
Dag(m,Deeg) Tag
Dag, all -(exp) Tag, jeden -
Dag, am -(exp) tagsüber
Dag, de ganzen -(exp) Tag, den ganzen -
Dag, deen -(exp) Tag, an dem -
Dag, fräien -(exp) Tag, freier -
Dag, schéinen -(exp) Tag, schönen - (Gruß)
dagdeeglech(adj) tagtäglich
dagdeeglech(adv) tagtäglich
Dagesakommes(n,--) Tageseinnahmen
Dagespendler(m,--) Tagespendler
Dageszeitung(f,-en) Tageszeitung
Däich(m,-en) Deich
daierlech(adj) armselig
daierlech(adj) Mitleid erregend
Daifchen(f,Daiwercher) Täubchen
Daim(m,~) Wildleder
Daimchen(m,Daimercher) Däumchen
Daimerlek(m,-en) Däumling
däin(dét) dein
däischter(adj) dunkel
däischteren(v) dunkeln
däischterrout(adj) dunkelrot
Däischtert(f,~) Dunkelheit
Däischtert(f,~) Finsternis
däitlech(adj) deutlich
Däitlechkeet(f,~) Deutlichkeit
däitsch(adj) deutsch
Däitschen(m,Däitsch) Deutscher
Däitschland(n,~) Deutschland
Däiwel(m,-en) Teufel
Daiwelskärel(m,-en) Teufelskerl
dajee alt(exp) meinetwegen!
dajee(adv) nun los
Dall(m,Däll) Tal
Dällchen(m,Dällercher) Tälchen
Dalle(n,-n) Bodenplatte
dallen(v) fliesen
dalli!(adv) nun mach mal!
damasséieren(v) Damast, aus - herstellen
damen(v) beruhigen
damen(v) schwül sein
damen(v) zähmen
Damm(f,-en) Dame
Damm(m,Dämm) Damm
Dammebox(f,-en) Damenhose
Dammecoiffer(m,-en) Damenfrisör
Dammekonfektioun(f,-en) Damenbekleidung
dämmelen(v) zertreten
dammen(v) feststampfen
Dammeneenzel(m,-en) Damen-Einzel
Dammeslip(m,-pen) Damenunterhose
Dammestrëmp(f,--) Damenstrümpfe
Dammewäsch(f,--) Damenunterwäsche
Damp(m,~) Dampf
Damp(m,~) Rauch
Dampdëppen(m,--) Schnellkochtopf
dämpen(v) dampfen
dämpfen(v) dämpfen
Dampmaschinn(f,-en) Dampfmaschine
Dampschëff(n,-er) Dampfer
Dänemark(p) Dänemark
dänesch(adj) dänisch
Dank(m,~) Dank
Dankbarkeet(f,-en) Dankbarkeit

dankber(*adj*) dankbar
danken(*v*) danken
dann(*adv*) dann
Dänn(*f,-en*) Tanne
Dännebam(*m,-beem*) Tannenbaum
Dännebësch(*m,-er*) Nadelwald
Dännebësch(*m,-er*) Tannenwald
Dännestreiss(*npl*) Tannenstrauß
Danz(*m,Dänz*) Tanz
Danz, klasseschen -(*exp*) Tanz, klassischer -
danzen(*v*) tanzen
Dänzer(*m,--*) Tänzer
Dänzerin(*f,-nen*) Tänzerin
Dänzesch(*f,-en*) Tänzerin
Danzmusek(*f,~*) Tanzmusik
Danzowend(*m,-owenter*) Tanzabend
Danzpist(*f,-en*) Tanzpiste
Danzschoul(*f,-en*) Tanzschule
Danzstonn(*f,-en*) Tanzstunde
daper(*adj*) mutig
daper(*adj*) tapfer
Daperkeet(*f,~*) Tapferkeit
Dapp(*m,Däpp*) Kerlchen
Dapp(*m,Däpp*) Kreisel
dappen(*v*) stapfen (wacker, bei Kindern)
där do(*exp*) denen, von -
Dar(*m,Där*) Dorn
där(*pr*) derer
därbaants(*adv*) zwischenzeitlich
därbaants(*cjn*) während
däreg(*adj*) dornig
däreg(*adj*) schwierig (empfindlich)
däreg(*adj*) streitsüchtig
Däreldéier(*m,-en*) Igel
dass/datt(*cn*) dass
dat doten(*pr*) das da
dat heiten(*pr*) das hier
dat(*pr*) das
Datebank(*f,-en*) Datenbank
Datei(*f,-en*) Datei
datéieren(*v*) datieren
Daten(*npl*) Daten
dätsch(*adj*) erschöpft
datselwecht(*adj*) dasselbe
datselwecht(*pr*) dasselbe
datt(*cn*) dass
Dattel(*f,-en*) Dattel
Datum(*m,-[m]en*) Datum
Datz(*f,-en*) Sechs (Note)
Datz(*f,-en*) ungenügende Note
Dauchen(*n,~*) Tauchen
dauchen(*v*) tauchen
Daucher(*m,--*) Taucher
Daucherkostüm(*m,-er*) Tauchanzug
Dauer(*f,~*) Dauer
Dauer(*m,~*) Mitleid
daueren(*v*) dauern
daueren(*v*) Mitleid erregen
dauerparken(*v*) dauerparken
Dauerzoustand(*m,-stänn*) Dauerzustand
Dauf(*f,-wen*) Taube
Daum(*m,-en*) Daumen
dauschen(*v*) rauschen
dausend(*adj*) tausend
Dausenden(*npl*) Tausende
Dauweschlag(*m,-schléi*) Taubenschlag
Dawen(*m,Daf*) Tauber
de(*pr*) du
Dealer(*m,-en*) Dealer
Debakel(*n,-en*) Debakel
deballéieren(*v*) auspacken
Debarras(*m,-en*) Abstellraum
Debatt(*f,-en*) Debatte
debattéieren(*v*) diskutieren
debauchéieren(*v*) abwerben (Arbeiter)
debil(*adj*) schwachköpfig
Debit(*m,-en*) Absatz
Debit(*m,-en*) Durchfluss
Debit(*m,-en*) Soll
debitéieren(*v*) belasten (Konto)
Debiteur(*m,-en*) Schuldner
deblockéieren(*v*) freigeben
deboiséieren(*v*) abholzen
debosseléieren(*v*) ausbeulen
Debouché(*m,-en*) Absatzmarkt
Debouchéen(*npl*) Absatzmöglichkeiten
deboutéieren(*v*) abweisen (Klage)
deboutéieren(*v*) zurückweisen (Klage)
debrouilléieren, sech -(*v*) zurechtkommen
decapéieren(*v*) abbeizen
Deceptioun(*f,-en*) Enttäuschung
dech(*pr*) dich
Decharge(*f,-n*) Entladung (Elektrizität)
Decharge(*f,-n*) Entlastung
Decharge(*f,-n*) Vertrauenserklärung
dechargéieren(*v*) entlasten
dechausséiert(*adj*) freiliegend (Zähne im Zahnfleisch)
Dechen(*m,--*) Dechant
dechiffréieren(*v*) entziffern
decidéieren(*v*) entscheiden
Decisioun(*f,-en*) Entscheidung
déck do sinn(*exp*) wohlhabend sein
déck ginn(*exp*) dick werden
déck Zéif(*exp*) Zeh, großer -
déck(*adj*) dick
déck(*adj*) geschwollen (Körperteile)
déck(*adj*) reichlich
Deck(*m,-er*) Deck
Deckblat(*n,-blieder*) Deckblatt
Deckel(*m,-en*) Deckel
Deckel(*scherzh*)(*m,-en*) Hintern
deckelen, engem eng -(*exp*) ohrfeigen, jn -
Deckelsmouk(*f,-en*) Schildkröte
Decken(*f,--*) Decken
decken(*v*) decken (Dach, Tisch, Farbe)
déckevoll(*adj*) reichlich
déckevoll(*adv*) reichlich
déckflësseg(*adj*) dickflüssig
Déckkapp(*m,-käpp*) Dickschädel
déckkäppeg(*adj*) dickköpfig
déckkäppeg(*adj*) störrisch
décksen(*v*) eindicken (Sauce, Marmelade)
Déckt(*f,-en*) Dicke (Breite, Durchmesser)
Déckt(*f,-en*) Dickicht
Declaratioun(*f,-en*) Erklärung
declaréieren(*v*) erklären
declaréieren(*v*) versteuern
declaréieren(*v*) verzollen
declenchéieren(*v*) auslösen
declenchéieren(*v*) Gang, in - bringen
Declivitéit(*f,-en*) Abschüssigkeit
decodéieren(*v*) dekodieren
decodéieren(*v*) entschlüsseln
Decolleté(*m,-en*) Ausschnitt (Kleid)
deconnectéieren(*v*) abhängen
deconnectéieren(*v*) abschalten
Decontaminatioun(*f,-en*) Dekontaminierung
decontaminéieren(*v*) dekontaminieren
decontaminéieren(*v*) entgiften
Decor(*m,-en*) Dekor
Decoratioun(*f,-en*) Dekoration
decouragéieren(*v*) entmutigen
decouragéiert(*adj*) entmutigt
dedicasséieren(*v*) widmen
dedizéieren(*v*) widmen
dedommagéieren(*v*) entschädigen
Deductioun(*f,-en*) Absetzung (Steuer)
Deductioun(*f,-en*) Abzug (Finanz)
deduzéieren(*v*) abziehen (Kosten, Steuern)
deduzéieren(*v*) folgern
deefen(*v*) taufen
Deeg(*m,~*) Teig
deeglaang(*adj*) tagelang
deeglech(*adj*) täglich
deegweis(*adv*) tageweise
Deegwueren(*npl*) Teigwaren
Deel(*m,-er*) Teil
Deelberäich(*m,-er*) Teilbereich

deelen(v) aufteilen
deelen(v) teilen
deelhuelen(v) teilnehmen
Deelresponsabilitéit(f,-en) Teilverantwortlichkeit
Deelung(f,-en) Teilung
deelweis(adv) teilweise
Deelzäitaarbecht(f,-en) Teilzeitarbeit
deemiddeg(adj) demütig
deemno(adv) demnach
deemools(adv) damals
deen(dét) dieser
dees méi(exp) mehr davon
deeselwechten(art) derselbe
deeselwechten(pr) derselbe
Deessem(m,~) Sauerteig
Deewelt(p) Deiffelt
defavoriséieren(v) benachteiligen
defekt(adj) defekt
Defekt(m,-er) Defekt
defiléieren(v) defilieren
defiléieren(v) vorbeimarschieren
definéieren(v) definieren
Definitioun(f,-en) Definition
definitiv(adj) endgültig
Defizit(m,-er) Defizit
defizitär(adj) defizitär
Deformatioun(f,-en) Deformierung
Deformatioun(f,-en) Verformung
deforméieren(v) deformieren
deforméieren(v) verformen
defouléieren(v) abreagieren
degagéieren(v) ausströmen
degagéieren(v) freimachen
Degeneratioun(f,-en) Degenerierung
degeneréieren(v) degenerieren
degoûtéieren(v) anekeln
degoûtéieren(v) anwidern
degoûtéiert(adj) angewidert
degradéieren(v) degradieren
Degustatioun(f,-en) Kostprobe
dehnen(v) dehnen
déi meescht(dét) die meisten
déi(dét) diese
déi(pr) die
deichselen(v) deichseln
déiden(v) lindern
déiden(v) töten (Nerv)
déidlech(adj) tödlich
deier(adj) teuer
Déier(m,-en) Tier
Déierbech(p) Derenbach
Deiercht(f,-en) Teuerung
Déieregaart(m,-gäert) Tiergarten
Déierendokter(m,-en) Tierarzt
Déierequälerei(f,-en) Tierquälerei
Déiereschutzassociatioun(f,-en) Tierschutzverein
Déiereversuch(m,-versich) Tierversuch
Déierewelt(f,-en) Tierwelt
déif(adj) tief
Déif(m,Déiwen) Dieb
Déifferdeng(p) Differdange
déiffréieren(v) einfrieren
déifkillen(v) tiefkühlen
Déifkiller(m,-en) Tiefkühltruhe
Déifstall(m,-ställ) Diebstahl
Déifstand(m,-stänn) Tiefstand
Déift(f,-en) Tiefe
Déiljen(p) Dillingen
déimiddeg(adj) demütig
déisäit(pp) jenseits
déisäits(adv) jenseits
déiselwecht(art) dieselbe
déiselwecht(pr) dieselbe
deiten(v) deuten
deiten(v) erklären
déiwech(adj) diebisch
Deiwelskrees(m,-er) Teufelskreis
dekadent(adj) dekadent
dekantéieren(v) dekantieren
dekantéieren(v) klären (Wein)
dekapéieren(v) abbeizen
dekapéieren(v) dekapieren
deklaméieren(v) vortragen (kunstvoll)
Deklaratioun(f,-en) Erklärung
deklaréieren(v) erklären
deklasséieren(v) deklassieren
deklinéieren(v) deklinieren
dekodéieren(v) entschlüsseln
Dekolleté(n,-en) Dekolleté
Dekolleté(n,-en) Halsausschnitt
dekoloréieren(v) entfärben
dekompriméieren(v) dekomprimieren (Daten)
dekompriméieren(v) Druck wegnehmen (einer Sache)
Dekor(m,-en) Dekor
Dekorateur(m,-en) Dekorateur
Dekoratioun(f,-en) Auszeichnung
Dekoratioun(f,-en) Dekoration
dekoréieren(v) auszeichnen
dekoréieren(v) dekorieren
dekoréiert(adj) ausgezeichnet
dekoréiert(adj) dekoriert
Dekret(m,-er) Dekret
Dekret(m,-er) Verordnung
dekretéieren(v) anordnen
dekretéieren(v) dekretieren
Delai(m,-en) Aufschub
Delai(m,-en) Frist
Delegatioun(f,-en) Abordnung
delegéieren(v) delegieren
Deliberatioun(f,-en) Beratung
deliberéieren(v) beraten
delikat(adj) delikat
delikat(adj) lecker
Delikatess(f,-en) Delikatesse
Delikt(m,-er) Delikt
Däll(m,~) Dill
Dellen(p) Dellen
delogéieren(v) ausquartieren
Dëlpes(m,-sen) Tollpatsch
Delphin(m,-er) Delfin
Delta(m,-en) Delta
Demagog(m,-en) Demagoge
Demande(f,-n) Anfrage
Demarche(f,-n) Vorgehensweise
demarkéieren(v) herabsetzen (Preis)
demarkéieren(v) Markenzeichen entfernen
Demarrageschwieregkeet(f,-en) Startschwierigkeit
demarréieren(v) starten
demaskéieren(v) demaskieren
demaskéieren(v) entlarven
dementéieren(v) dementieren
Dementi(m,-en) Dementi
demissionéieren(v) demissionieren
Demissioun(f,-en) Abdankung
Demissioun(f,-en) Amtsniederlegung
demobiliséieren(v) demobilisieren
demodéiert(adj) Mode, aus der - gekommen
demodéiert(adj) unmodern (Kleider, Möbel)
Demographie(f,-n) Demographie
Demokratie(f,-n) Demokratie
demoléieren(v) zerstören
Demolitioun(f,-en) Abriss
Demolitioun(f,-en) Zerstörung
Demonstrant(m,-en) Demonstrant
Demonstratioun(f,-en) Demonstration
Demonstratioun(f,-en) Vorführung
demonstréieren(v) demonstrieren
demonstréieren(v) vorführen
demontéieren(v) abmontieren
demontéieren(v) auseinanderbauen
demontéieren(v) Fassung, aus der - bringen
demoraliséieren(v) demoralisieren
Demoskopie(f,-n) Demoskopie
Demotivatioun(f,-en) Demotivation
demotivéieren(v) demotivieren

Demoversioun*(f,-en)* Demoversion
Dëmpel*(m,-en)* Tümpel
dëmpen*(v)* dämpfen
dëmpen*(v)* schmoren
den*(art)* der
denaturéieren*(v)* denaturieren
deng*(dét)* dein
Déng, gudder - sinn*(exp)* Laune, guter - sein
Déngen*(n,--)* Ding
Déngen*(n,--)* Sache
déngen*(v)* dienen
déngen*(v)* wirken (wirksam)
Dénger*(m,--)* Diener
denges, dat ass -*(exp)* passt, das - dir
Déngscht*(m,-er)* Dienstleistung
Déngschtalter*(m,-en)* Dienstalter
Déngschtfunktioun*(f,-en)* Dienstfunktion
Déngschtgeheimnis*(n,-er)* Dienstgeheimnis
Déngschthär*(m,-en)* Dienstherr
Déngschtleeschtung*(f,-en)* Dienstleistung
Déngschtmeedchen*(f,-meedercher)* Hausangestellte
denigréieren*(v)* heruntermachen
denkbar*(adj)* denkbar
Denken*(n,--)* Denken
denken*(v)* denken
dénken*(v)* dünken
Dénkert*(p)* Dunkrodt
Denkfeeler*(m,--)* Denkfehler
Denkmal*(n,-er)* Denkmal
Denkmalschutz*(m,~)* Denkmalschutz
Denkspill*(n,-er)* Denkspiel
Denkziedel*(m,-en)* Denkzettel
dënn ginn*(exp)* abnehmen
dënn*(adj)* dünn
dënnen*(v)* verdünnen
denoncéieren*(v)* anzeigen
denoncéieren*(v)* denunzieren
Denonciatioun*(f,-en)* Anzeige
Denonciatioun*(f,-en)* Denunzierung
Dënschdeg*(m,-er)* Dienstag
Dënschden*(m,Dënschdeger)* Dienstag
dënschdes*(adv)* dienstags
Densitéit*(f,-en)* Dichte
denunzéieren*(v)* anzeigen
denunzéieren*(v)* denunzieren
Denunziatioun*(f,-en)* Anzeige
Denunziatioun*(f,-en)* Denunzierung
Deodorant*(m,-en)* Deodorant
depannéieren*(v)* abschleppen
depannéieren*(v)* aushelfen
Depanneuse*(f,-n)* Abschleppwagen
Depart*(m,-en)* Abfahrt

Depart*(m,-en)* Start
depasséieren*(v)* hinausragen
depasséieren*(v)* übersteigen
depenaliséieren*(v)* straffrei machen
Depilatioun*(f,-en)* Enthaarung
depiléieren*(v)* enthaaren
depistéieren*(v)* aufspüren
depistéieren*(v)* erkennen
deplacéieren*(v)* verrücken
deplacéieren, sech -*(v)* fortbewegen, sich -
deponéieren*(v)* abstellen
deponéieren*(v)* deponieren
deponéieren*(v)* hinterlegen (Testament)
Deponie*(f,-n)* Deponie
Deportatioun*(f,-en)* Deportierung
deportéieren*(v)* deportieren
deposéieren*(v)* niederlegen
Depositioun*(f,-en)* Aussage (Gericht)
Depot*(m,-en)* Einlage
Depot*(m,-en)* Lager
Depot*(m,-en)* Warenlager
Dëppchen*(n,Dëppercher)* Töpfchen
Dëppefest*(m,-er)* Dorffest
Dëppen*(n,--)* Topf
Depressioun*(f,-en)* Depression
depriméieren*(v)* deprimieren
Deputéierten*(m,Deputéiert)* Abgeordneter
derangéieren*(v)* stören
Derangement*(m,-er)* Störung
derapéieren*(v)* schleudern
derbäi maachen*(exp)* malochen
derbäi maachen*(exp)* zulangen, kräftig -
derbäi sinn*(exp)* dabei sein
derbäi*(adv)* dabei
derbäi*(adv)* hinzu
derbäiléieren*(v)* dazulernen
derbäisetzen*(v)* hinzusetzen
Derby*(n,-en)* Derby
derduerch sinn*(exp)* durch sein
derduerch*(adv)* fort
derduerch*(adv)* hindurch
dereguléieren*(v)* deregulieren
derfir halen*(v)* dafür halten
dergéint*(adv)* dagegen
derhannert*(adv)* dahinter
derlaanscht gräifen*(exp)* danebengreifen (auch: Fehlgriff)
derlaanscht*(pp)* daneben
derlaanscht*(pp)* daran vorbei
derlaanscht*(pp)* entlang
dermat*(adv)* damit
Dermatolog*(m,-en)* Dermatologe
dernieft*(adv)* daneben

derniewent gräifen*(exp)* danebengreifen (auch: Fehlgriff)
dernoten*(adv)* danach
Derogatioun*(f,-en)* Sonderregelung
Derogatioun*(f,-en)* Verstoß
deroutéieren*(v)* verwirren (irreführen)
dertëschent*(adv)* dazwischen
dervukommen*(v)* davonkommen
dervuloossen*(v)* davonlassen
dervun*(adv)* davon
derwäert*(adv)* wert, der Mühe -
derwidder goen*(exp)* Zeug, sich ins - legen
derwidder*(adv)* dagegen
derzou*(adv)* dazu
derzou*(adv)* hinzu
derzougehéieren*(v)* dazugehören
dës*(dét)* diese
desagreabel*(adj)* unangenehm
Desapprobatioun*(f,-en)* Missbilligung
desapprouvéieren*(v)* missbilligen
Desaster*(m,-en)* Desaster
Desaster*(m,-en)* Katastrophe
desastréis*(adj)* katastrophal
desavantagéieren*(v)* benachteiligen
desavouéieren*(v)* leugnen
Dësch*(m,-er)* Tisch
Dëschelchen*(m,Dëschelcher)* Tischchen
Dëschelduch*(n,-dicher)* Tischtuch
Dëschfoussball*(m,~)* Tischfußball
Dëschkaart*(f,-en)* Tischkarte
Dëschnoper*(m,-en)* Tischnachbar
Dëschtel*(f,-en)* Distel
Dëschtelfénk*(m,-en)* Distelfink
Dëschtennis*(m,~)* Tischtennis
Dëschwäin*(m,-er)* Tafelwein
dësdeeg*(adv)* dieser Tage
dësen*(dét)* dieser
desequilibréieren*(v)* Gleichgewicht, aus dem - bringen
desertéieren*(v)* desertieren
Deseskalatioun*(f,-en)* Deeskalation
Design*(m,~)* Design
Designatioun*(f,-en)* Bezeichnung
designéieren*(v)* bestimmen
designéieren*(v)* bezeichnen
Desillusioun*(f,-en)* Desillusion
desillusiounéieren*(v)* desillusionieren
desinfizéieren*(v)* desinfizieren
Desinformatioun*(f,-en)* Desinformation
Desinstallatioun*(f,-en)* Deinstallation
desinstalléieren*(v)* deinstallieren
desinteresséieren*(v)* Interesse verlieren
deskriptiv*(adj)* deskriptiv

dëslescht(*adv*)	kürzlich
dëslescht(*adv*)	letztens
Desodorisant(*m,-en*)	Deodorant
desolat(*adj*)	desolat
desorganiséieren(*v*)	Unordnung, in - bringen
desorganiséiert(*adj*)	desorganisiert
desosséieren(*v*)	entgräten
desosséieren(*v*)	herauslösen, Knochen -
Despot(*m,-en*)	Despot
Dessert(*m,-en*)	Dessert
Dessert(*m,-en*)	Nachtisch
Dessertsläffel(*m,-en*)	Dessertlöffel
Dessertsteller(*m,-en*)	Dessertteller
Dessin(*m,-en*)	Muster (Stoff)
dëst an dat(*pr*)	dies und jenes
dëst(*dét*)	dieses
destabiliséieren(*v*)	destabilisieren
destabiliséieren(*v*)	verunsichern
destilléieren(*v*)	destillieren
Destinataire(*m,-n*)	Empfänger
Destinatioun(*f,-en*)	Ziel
detachéieren(*v*)	abkommandieren
detachéieren(*v*)	loskommen
detachéieren(*v*)	losmachen
Detail(*m,-er*)	Detail
Detail(*m,-er*)	Einzelheit
Detailinformatioun(*f,-en*)	Detailinformation
detailléieren(*v*)	darlegen, ausführlich -
detailléiert(*adj*)	detailliert
Detailmodifikatioun(*f,-en*)	Detailänderung
detectéieren(*v*)	detektieren
detectéieren(*v*)	entdecken
detektéieren(*v*)	detektieren
detektéieren(*v*)	entdecken
Detektiv(*m,-en*)	Detektiv
Determinatioun(*f,-en*)	Bestimmung
Determinatioun(*f,-en*)	Entschlossenheit
determinéieren(*v*)	bestimmen
Detonatioun(*f,-en*)	Detonation
Devaluatioun(*f,-en*)	Abwertung
Devaluatioun(*f,-en*)	Entwertung
devaluéieren(*v*)	abwerten
developpéieren(*v*)	entwickeln
Deviatioun(*f,-en*)	Umfahrung
Deviatioun(*f,-en*)	Umleitung
Deviatiounsméiglechkeet(*f,-en*)	Umleitungsmöglichkeit
deviéieren(*v*)	umleiten
Devis(*m,-en*)	Kostenvoranschlag
Devise(*f,-n*)	Devise
Devise(*f,-n*)	Motto
devitaliséieren(*v*)	devitalisieren
devitaliséieren(*v*)	schwächen
Devotioun(*f,-en*)	Frömmigkeit
devouéiert(*adj*)	aufopfernd
Dezember(*m,-en*)	Dezember
dezent(*adj*)	angemessen
dezent(*adj*)	dezent
dezentraliséieren(*v*)	dezentralisieren
Dezentraliséierung(*f,-en*)	Dezentralisierung
deziméieren(*v*)	dezimieren
Dia(*m,-en*)	Dia
Diabetiker(*m,--*)	Diabetiker
diachronesch(*adj*)	diachronisch
Diagnos(*f,-en*)	Diagnose
diagonal(*adj*)	diagonal
Diagramm(*m,-en*)	Diagramm
Dialekt(*m,-er*)	Dialekt
Dialog(*m,-en*)	Dialog
Dialogbereetschaft(*f,-en*)	Dialogbereitschaft
dialogéieren(*v*)	sprechen, miteinander -
Dialys(*f,-en*)	Dialyse
Diamant(*m,-en*)	Diamant
Diänjen(*p*)	Doennange
Diätkascht(*m,~*)	Diätkost
Dibbelchen(*m,Dibbelcher*)	Kleinwüchsiger
dicht maachen(*exp*)	abdichten
dicht(*adj*)	dicht
dichteg(*adj*)	tüchtig
dichteg(*adj*)	wohlhabend
dichteg(*adv*)	sehr
dichten(*v*)	abdichten
dichten(*v*)	dichten
Dichter(*m,--*)	Dichter
Dichtersänger(*m,--*)	Dichtersänger
dichtmaachen(*v*)	abdichten
Dichtung(*f,-en*)	Dichtung
Dickelchen(*n,Dickelcher*)	Huhn
Dickelchen(*n,Dickelcher*)	Küken
Dickelchen, léift -(*exp*)	Mädchen, süßes -
dicksen(*v*)	schlagen
dicksen(*v*)	stoßen
dicksen, engem eng -(*exp*)	ohrfeigen, jn -
Dickweiler(*p*)	Dickweiler
Dictionnaire(*m,-n*)	Wörterbuch
Dictioun(*f,-en*)	Diktion
Didaktik(*f,-en*)	Didaktik
Diddeleng(*p*)	Dudelange
diebelen(*v*)	falten
diebelen(*v*)	umbiegen
diedegen(*v*)	diskutieren
dien(*pr*)	der
dier ginn(*exp*)	welken
dier(*adj*)	dürr
dier(*adj*)	welk
Dier(*f,-en*)	Tür
Dierbech(*p*)	Dirbach
dieren(*v*)	dörren
dierfen(*v*)	dürfen
Dierwiechter(*m,-en*)	Gerichtsvollzieher
dierzen(*v*)	siezen
Diesel(*m,~*)	Diesel
diffaméieren(*v*)	diffamieren
Differenz(*f,-en*)	Differenz
differenzéieren(*v*)	differenzieren
Diffusioun(*f,-en*)	Verbreitung
digeréieren(*v*)	verdauen
digital(*adj*)	digital
Dignitéit(*f,-en*)	Würde
diichten(*v*)	zielen
Dikrech(*p*)	Diekirch
Diktat(*n,-er*)	Diktat
Diktator(*m,-en*)	Diktator
Diktatur(*f,-en*)	Diktatur
diktéieren(*v*)	diktieren
Dilemma(*n,-en*)	Dilemma
Dilettant(*m,-en*)	Dilettant
Dill(*m,-en*)	Brett
Dill(*m,-en*)	Holzlatte
Dill(*m,-en*)	Kegelbahn
Dill, um - sinn(*exp*)	Stelle, zur - sein
dillegen(*v*)	plagen
dillen(*v*)	anbringen, Holzlatten - (Dach, Fußboden)
Dillendapp(*m,-däpp*)	Kreisel
Dimensioun(*f,-en*)	Dimension
diminuéieren(*v*)	verringern
Diminutioun(*f,-en*)	Verringerung
Dimmer(*m,--*)	Donnerschlag
dimmeren(*v*)	donnern
dimmeren(*v*)	hergehen, hoch -
dînéieren(*v*)	dinieren
Dingschtfunktioun(*f,-en*)	Dienstfunktion
dinn(*v*)	tun
Dinosaurier(*m,--*)	Dinosaurier
Diplom(*m,-en*)	Diplom
Diplomaarbecht(*f,-en*)	Diplomarbeit
diplomatesch(*adj*)	diplomatisch
Diplomatie(*f,-n*)	Diplomatie
diploméieren(*v*)	diplomieren
Dippech(*p*)	Dippach
dir(*pr*)	dir
Dir(*pr*)	Sie
dirängelen(*v*)	drangsalieren
dirängelen(*v*)	plagen
dirängelen(*v*)	quälen
direkt(*adj*)	direkt
direkt(*adv*)	direkt
Direkter(*m,-en*)	Direktor

Direktioun *(f,-en)* Direktion
Direktiounskomitee *(m,-ën)* Führungsgremium
Direktiounskomitee *(m,-ën)* Vorstand
dirigéieren *(v)* dirigieren
Dirigent *(m,-en)* Dirigent
Dirigissem *(m,~)* Dirigismus
Discothéik *(f,-en)* Diskothek
discouréieren *(v)* auslassen, sich lang und breit - (über etw)
Discrétioun *(f,-en)* Diskretion
Discriminatioun *(f,-en)* Diskriminierung
Discussioun *(f,-en)* Diskussion
Disk *(m,-en)* Parkscheibe
Disk *(m,-en)* Schallplatte
Disk *(m,-en)* Scheibe
Diskett *(f,-en)* Diskette
Disko *(f,-en)* Disco
diskreditéieren *(v)* diskreditieren
Diskrepanz *(f,-en)* Diskrepanz
diskret *(adj)* diskret
Diskretioun *(f,-en)* Diskretion
Diskriminatioun *(f,-en)* Diskriminierung
diskriminéieren *(v)* diskriminieren
Diskussioun op der TV *(f,-en)* Fernsehdiskussion
Diskussioun *(f,-en)* Diskussion
Diskussiounsronn *(f,-en)* Diskussionsrunde
Diskussiounsronn *(f,-en)* Rundgespräch
Diskuswerfen *(n,--)* Diskuswerfen
diskutéieren *(v)* diskutieren
Disparitioun *(f,-en)* Verschwinden
dispenséieren *(v)* dispensieren
disponibel *(adj)* verfügbar
Disponibilitéit *(f,-en)* Verfügbarkeit
Dispositioun *(f,-en)* Einteilung
Dispositioun *(f,-en)* Neigung (Hang zu etw)
Dispositioun *(f,-en)* Verfügung (über etw)
disqualifizéieren *(v)* disqualifizieren
Disque *(m,-n)* Parkscheibe
Disque *(m,-n)* Schallplatte
Disque *(m,-n)* Scheibe
Dissertatioun *(f,-en)* Aufsatz
Dissertatioun *(f,-en)* Dissertation
Distanz *(f,-en)* Distanz
distanzéieren *(v)* distanzieren
distilléieren *(v)* destillieren
distinguéieren *(v)* differenzieren
distinguéieren *(v)* unterscheiden
distinguéiert *(adj)* vornehm
Distorsioun *(f,-en)* Verzerrung
Distraktioun *(f,-en)* Unterhaltung
Distraktioun *(f,-en)* Zerstreuung
Disziplin *(f,~)* Disziplin
Disziplin *(f,-nen)* Disziplin (Sport)
disziplinéieren *(v)* disziplinieren
Ditti *(f,-en)* alte Frau
Ditti *(f,-en)* Großmutter
Diva *(f,-en)* Diva
Divergenz *(f,-en)* Divergenz
divers *(adj)* divers
divers *(adj)* verschieden
Diversificatioun *(f,-en)* Diversifizierung
diversifiéieren *(v)* diversifizieren
Diversifikatioun *(f,-en)* Diversifizierung
diversifizéieren *(v)* diversifizieren
Diversitéit *(f,-en)* Vielfalt
dividéieren *(v)* dividieren
dividéieren *(v)* teilen
dividéiert duerch *(exp)* geteilt durch
Dividend *(f,-en)* Dividende
Divisioun *(f,-en)* Division
Divisioun *(f,-en)* Teilung
Divorce *(m,-n)* Ehescheidung
divorcéieren *(v)* scheiden, sich - lassen
Diwwi *(m,-en)* Federbett
Diwwi, ënner dem - *(exp)* heimlich
do ënnen *(adv)* da unten
do sinn *(exp)* da sein
do uewen *(adv)* da oben
do *(adv)* da
do *(adv)* dort
Do, am - *(exp)* tagsüber
dobäi *(adv)* dabei
dobäi *(adv)* dazu
dobäibleiwen *(v)* dabeibleiben
dobäihunn *(v)* dabeihaben
dobäikommen *(v)* hinzukommen
dobäiléieren *(v)* dazulernen
dobäimaachen *(v)* hinzufügen
dobäisëtzen *(v)* hinzusetzen
dobannen *(adv)* drinnen
dobaussen *(adv)* draußen
dobleiwen *(v)* dableiben
dodraus *(adv)* daraus
dodrëms *(adv)* darum
dodrun *(adv)* daran
doduerch *(adv)* dadurch
doen *(v)* tun
dofir *(adv)* dafür
dofir *(adv)* deshalb
Doft *(m,Dëft)* Duft
dofteg *(adj)* duftig
doften *(v)* duften
Dogma *(n,Dogmen)* Dogma
dohalen *(v)* dabehalten
dohannen *(adv)* dahinten
dohannertkommen *(v)* dahinterkommen
doheem *(adv)* daheim
doheem *(adv)* zu Hause
Doheem *(m,-er)* Zuhause
doheembleiwen *(v)* bleiben, zu Hause -
doheemloossen *(v)* lassen, zu Hause -
dohier *(adv)* daher
dohier *(adv)* von daher
dohierspazéieren *(v)* daherspazieren
dohifalen *(v)* hinfallen, der Länge nach -
dohiklaken *(v)* hinschmeißen
dohin *(adv)* dahin
dohinner *(adv)* dahin
dohistellen *(v)* hinstellen
doiwwer *(adv)* drüben
doiwwer, vun - *(adv)* jenseits, von - der Grenze
Dokter *(m,-en)* Arzt
dokteren *(v)* ärztliche Hilfe häufig benötigen
dokteren *(v)* Medikamente schlucken
Doktesch *(f,-en)* Ärztin
Dokteschassociatioun *(f,-en)* Ärzteverband
Dokument *(n,-er)* Dokument
Dokumentatioun *(f,-en)* Dokumentation
dokumentéieren *(v)* dokumentieren
Dol *(p)* Dahl
Dolch *(m,-er)* Dolch
Doléiner *(m,--)* Tagelöhner
Doléinesch *(f,-en)* Tagelöhnerin
Doliicht *(n,~)* Tageslicht
Dollar *(m,-en)* Dollar
Dollech *(m,-er)* Dolch
dolmetschen *(v)* dolmetschen
Dolmetscher *(m,--)* Dolmetscher
Dolmetscherin *(f,-nen)* Dolmetscherin
doloossen *(v)* zurücklassen
Doloun *(m,-léin)* Tagelohn
Domän *(m,-en)* Bereich
domat *(adv)* damit
Domiciliatioun *(f,-en)* Domizilierung
Domiciliatioun *(f,-en)* Zahlbarstellung
domiciliéieren *(v)* domizilieren
Dominatioun *(f,-en)* Dominanz
dominéieren *(v)* dominieren
domm *(adj)* dumm
domm *(adj)* ignorant
Dommen *(m,Domm)* Dummer
Dommeniksmillen, vun der - sinn *(exp)* dumm sein
dommerweis *(adv)* dummerweise
Dommheet *(f,-en)* Dummheit
dompeg *(adj)* dumpf
dompeg *(adj)* schwül
dompeg *(adj)* stickig

Dompteur *(m,-en)*	Dompteur
Don *(m,-en)*	Spende
Dondel *(p)*	Dondelange
donieft *(adv)*	daneben
donkel *(adj)*	dunkel
donkel *(adj)*	düster
donkelblo *(adj)*	dunkelblau
Donkelheet *(f,--)*	Dunkelheit
Donkels *(p)*	Doncols
Donkelziffer *(f,-en)*	Dunkelziffer
Donner *(m,--)*	Donner
donneren *(v)*	donnern
Donnerschlag *(m,-schléi)*	Donnerschlag
Donnerwieder *(n,-en)*	Gewitter
Donneschdeg *(m,-er)*	Donnerstag
Donneschden *(m,Donneschdeger)*	Donnerstag
donneschdes *(adv)*	donnerstags
dono *(adv)*	danach
Donscht *(m,~)*	Dunst
donschteg *(adj)*	dunstig
Donst *(m,~)*	Dunst
Doosber-Bréck *(p)*	Dasbourg
dopen *(v)*	dopen
Dopingkontroll *(f,-en)*	Dopingkontrolle
Doppelgänger *(m,--)*	Doppelgänger
Doppelpunkt *(m,-en)*	Doppelpunkt
Doppelzëmmer *(n,--)*	Doppelzimmer
doraus *(adv)*	daraus
dorëms *(adv)*	darum
doriwwer *(adv)*	darüber
dorobber *(adv)*	darauf
dorop *(adv)*	darauf
dorops *(adv)*	daraufhin
doruechter *(adv)*	durcheinander
doruechter *(adv)*	irgendwo
Dos *(f,-en)*	Dosis
doséieren *(v)*	dosieren
Dosen *(f,--)*	Dutzend
Dosen, an der - *(exp)*	Dutzend, im -
doseweis *(adv)*	dutzendweise
Dosis *(f,-sen)*	Dosis
Dossier *(m,-en)*	Akte
Dot *(f,-en)*	Tat
Dot, op frëscher - *(exp)*	Tat, auf frischer -
Dotatioun *(f,-en)*	Dotierung
dotéieren *(v)*	ausstatten
dotéieren *(v)*	dotieren
dotëschendrécken *(v)*	dazwischenschieben
dotëschentfroen *(v)*	dazwischenfragen
dotëschentfueren *(v)*	dazwischenfahren
dotëschentfunken *(v)*	dazwischenfunken
dotëschentkommen *(v)*	dazwischenkommen
Douane *(f,~)*	Zoll
Douane *(f,-n)*	Zollamt
Douanier *(m,-en)*	Zollbeamter
Doubel *(m,-en)*	Doppel
Doubel, gemëschten - *(exp)*	Doppel, gemischtes -
doubelen *(v)*	doubeln
doubléieren *(v)*	verdoppeln
doubléieren *(v)*	wiederholen, eine Klasse -
Douche *(f,-n)*	Dusche
Doud *(m,~)*	Tod
Doudangscht *(f,-ängschten)*	Todesangst
Doudebett *(n,-er)*	Sterbebett
doudeg *(adj)*	leblos
doudeg *(adj)*	tot
Doudegen *(m,Doudeger)*	Toter
Doudegriewer *(m,--)*	Totengräber
Doudekapp *(m,-käpp)*	Totenkopf
Doudekranz *(m,-kränz)*	Trauerkranz
Doudelued *(f,-en)*	Sarg
Doudemass *(f,-en)*	Totenamt
Doudesaffer *(n,--)*	Todesopfer
Doudesannonce *(f,-n)*	Todesanzeige
Doudeschäin *(m,-er)*	Totenschein
Doudesursaach *(f,-en)*	Todesursache
Doudevull *(m,-en)*	Steinkauz
Doudewon *(m,-ween)*	Leichenwagen
Doudfeind *(m,-en)*	Todfeind
doudkrank *(adj)*	todkrank
doudmidd *(adj)*	todmüde
doudonglécklech *(adj)*	todunglücklich
douds *(adv)*	Tode, zu -
douds, sech ze - iergeren *(exp)*	Tode, sich zu - ärgern
doudschick *(adj)*	todschick
Doudschweess *(m,~)*	Angstschweiß
doudsécher *(adj)*	todsicher
Doudsënn *(f,-en)*	Todsünde
Doudsgefor *(f,-en)*	Todesgefahr
douéiert *(adj)*	talentiert
Doum *(m,-en)*	Dom
Dous *(f,-en)*	Dose
dout maachen *(exp)*	töten
dout *(adj)*	tot
doutfalen *(v)*	fallen, zu Tode -
doutlaachen, sech- *(v)*	totlachen, sich -
Doutschléier *(m,--)*	Schlagring
doutschloen *(v)*	totschlagen
dovun *(adv)*	davon
dovunner *(adv)*	davon
downloaden *(v)*	herunterladen
Dozent *(m,-en)*	Dozent
dozou *(adv)*	dazu
dozoukommen *(v)*	dazukommen (zeitlich)
dozourechnen *(v)*	dazuzählen
Draach *(m,-en)*	Drache
Draachefléien *(n,--)*	Drachenfliegen
drabäissen *(v)*	reinbeißen
drabrennen *(v)*	einbrennen
drafachen *(v)*	hineinschlagen
drafalen *(v)*	hineinfallen
Dragée *(f,-en)*	Dragee
drageheien *(v)*	hineinschmeißen
drageheéieren *(v)*	reingehören
draguéieren *(v)*	anbaggern
dräi *(adj)*	drei
dräiavéierzeg *(adj)*	dreiundvierzig
Dräibiz *(m,-en)*	Dummkopf
Dräibur *(p)*	Dreiborn
Dräieck *(m,-er)*	Dreieck
dräieckeg *(adj)*	dreieckig
dräierlee *(dét)*	dreierlei
dräifach *(adj)*	dreifach
Dräifacht *(n,~)*	Dreifache
Dräifaltegkeet *(f,~)*	Dreifaltigkeit
Dräikinneksdag *(m,~)*	Dreikönige
dräimol *(adv)*	dreimal
drainéieren *(v)*	entwässern
Dräirad *(m,-rieder)*	Dreirad
Dräisspronk *(m,~)*	Dreisprung
dräisproocheg *(adj)*	dreisprachig
Dräivéierel *(m,~)*	Dreiviertel
dräizéng *(adj)*	dreizehn
draklammen *(v)*	einsteigen
drakommen *(v)*	reinkommen
drakonesch *(adj)*	drakonisch
drakrauchen *(v)*	hineinkriechen
drakucken *(v)*	dreinschauen
draleeën *(v)*	hineinlegen
draleien *(v)*	drinliegen
draloossen *(v)*	drinlassen
Dram *(m,Dreem)*	Traum
Drama *(n,-en)*	Drama
dramaachen *(v)*	reintun
dramatesch *(adj)*	dramatisch
dramatiséieren *(v)*	dramatisieren
dramaulen *(v)*	dazwischenreden
dramëschen *(v)*	daruntermischen
Dramfra *(f,-en)*	Traumfrau
Drammann *(m,-männer)*	Traummann
dran *(adv)*	drinnen
dran *(adv)*	hinein
drängelen *(v)*	drängeln
drängen *(v)*	drängen
drangsaléieren *(v)*	drangsalieren
dranhänken *(v)*	investieren
dranhänken *(v)*	reinhängen

Dränk(f,-en) Viehtränke
dränken(v) tränken
dranzappen(v) hineintunken
drapassen(v) reinpassen
drapéieren(v) drapieren
drapéieren(v) umhüllen
drarennen(v) hineinrennen
drarennen(v) prallen gegen
drarëtschen(v) hineinrutschen
drarieden(v) dazwischenreden
drarutschen(v) hineinrutschen
draschëdden(v) hineinschütten
draschéissen(v) dreinschießen
draschloen(v) dreinschlagen
draschnëssen(v) dazwischenquasseln
drasprangen(v) hineinspringen
drastellen(v) hineinstellen
drastesch(adj) drastisch
drastiechen(v) drinstecken
drastiechen(v) hineinstechen
drastoen(v) drinstehen
Drauf(f,Drauwen) Traube
Draufelt(p) Drauffelt
Drauliicht(n,-er) Irrlicht
Drauwejus(m,-en) Traubensaft
Drauwenzocker(m,~) Traubenzucker
Drauwesaaft(m,--) Traubensaft
Drauwestack(m,-stäck) Rebe
drauweweis(adv) traubenweise
Dréchemaschinn(f,-en) Trockner
dréchen(adj) trocken
dréchen, hallef -(adj) halbtrocken
dréchenen(v) trocknen
Dréchent(f,-en) Trockenheit
dréchnen(v) trocknen
Dréchner(m,--) Trockner
Drécht(f,-en) Trockenheit
Dreck(m,~) Dreck
Dreck(m,-er) Exkrement
drécke loossen(v) drucken lassen
dreckeg maachen(exp) verschmutzen
dreckeg(adj) dreckig
drécken(v) drucken
drécken(v) drücken
Drécker(m,--) Drucker
Dréckerei(f,-en) Druckerei
Drécksaach(f,-en) Drucksache
Drecksak(m,-säck) Drecksack
Drecksauto(m,-en) Müllwagen
Dreckserei(f,-en) Schweinerei
Dreckskëscht(f,-en) Abfalleimer
Dreckskëscht(f,-en) Mülltonne
Dreckstipp(m,-en) Müllhalde
Dreckstut(f,-en) Mülltüte
dreeën(v) drohen
dreemen(v) träumen
Dreemerei(f,-en) Träumerei
Dreeung(f,-en) Drohung
Dréiaarbechten(npl) Dreharbeiten
Dréibuch(m,-bicher) Drehbuch
Dréibuchauteur(m,-en) Drehbuchautor
dréien(v) drehen
Dréier(m,--) Dreher
Dréier(m,--) Träger
dréif(adj) trüb
Dreifgas(m,-en) Treibgas
Dreifjuegd(f,-en) Treibjagd
dréinen(v) drehen
Dréisch(m,-en) Brachland
Dréischel(f,-en) Drossel
Dréischel(f,-en) Feldchampignon
dréischelen(v) drechseln
Dréiuergel(f,-en) Drehorgel
dréiwelzeg(adj) trüb
dreiwen(v) treiben
dreiwen, Sport -(exp) treiben, Sport -
Dreiwer(m,--) Treiber
Dréizaang(f,-en) Drehzange
Drëm an Drun(n,~) Drumherum
drëm(adv) darum
drëmwéckelen(v) umwickeln
dréngend(adj) dringend
Drénglechkeet(f,-en) Dringlichkeit
Drénkelt(p) Drinklange
drénken(v) trinken
drénken, sech voll -(exp) betrinken, sich -
Drénkgeld(n,-er) Trinkgeld
Drénkwaasser(n,~) Trinkwasser
drënner an driwwer(exp) drunter und drüber
drënner(adv) drunter
drënnerfalen(v) darunterfallen
drënnerfueren(v) darunterfahren
drënnerfueren(v) dazwischenfahren
Drëpp(f,-en) Schnaps
Drëpp, ugemaachten -(f,-en) Schnaps
Drëps(f,-en) Tropfen
drëpsen(v) tröpfeln
drëpsen(v) tropfen
Drëpsschlag(m,-schléi) Traufe
drëpsweis(adv) tröpfchenweise
dreschen(v) dreschen
Dreschmaschinn(f,-en) Dreschmaschine
drësseg(adj) dreißig
dresséieren(v) dressieren
Dressing(m,-en) Dressing
Drëtt Welt(exp) Dritte Welt
Drëttel(m,--) Drittel
drëtten(adj) dritte
Drëtten(m,Drëtt) Dritter
drëttens(adv) drittens
dribbelen(v) dribbeln
Driff(m,~) Energie (jd hat Energie)
Driff(m,~) Trieb
Driibsal(f,-en) Trübsal
driibseg(adj) trübsinnig
driibséileg(adj) trübsinnig
driibsen(v) trödeln
drillen(v) drillen
Drillingen(npl) Drillinge
driwwer(adv) darüber
driwwerfueren(v) drüberfahren
driwwerschären(v) drüberharken
Drobier(f,-en) Tragbahre
Drock(m,~) Druck
Drockfeeler(m,--) Druckfehler
Drockknapp(m,-knäpp) Druckknopf
Drockmëttel(n,-en) Druckmittel
droen(v) tragen
Drog(f,-en) Droge
drogéieren(v) Drogen nehmen
drogéiert(adj) bekifft
drogéiert(adj) Drogen, auf -
Drogéierten(m,Drogéiert) Rauschgiftsüchtiger
Drogenhandel(m,~) Drogenhandel
Drogenofhängegen(m,-hängeg) Drogenabhängiger
Drogenofhängegkeet(f,~) Drogenabhängigkeit
drogesüchteg(adj) drogensüchtig
Droguerie(f,-n) Drogerie
Droit(m,~) Recht
droleg(adj) drollig
droleg(adj) seltsam
droleg(adj) sonderbar
Dronk(m,~) Trinken
Dronk(m,~) Trunkenheit
dronkeg(adj) schwindlig
dronken(adj) schwindlig
Dronkenellen(npl) Schwindelgefühl
Dronkenellen, d'- ginn him aus(exp) Angst, er hat -
drop an drun sinn(exp) Zeit, an der - sein
drop(adv) darauf
drop(adv) drauf
dropfachen(v) draufschlagen
dropginn(v) draufgeben
dropginn(v) hinzulegen
dropgoen(v) draufgehen
dropgoen(v) drauflosgehen
drophalen(v) bestehen auf

dropklammen*(v)* besteigen
dropklappen*(v)* losschlagen (auf)
dropknuppen*(v)* draufknallen
dropkommen*(v)* draufkommen
dropkréien*(v)* draufkriegen
dropleeën*(v)* drauflegen
dropmaachen*(v)* draufmachen
droppechen*(v)* draufkleben
droppraffen*(v)* aufpfropfen
dropschëdden*(v)* draufschütten
dropschéissen*(v)* draufschießen
dropschloen*(v)* draufschlagen
dropschreiwen*(v)* draufschreiben
dropsprangen*(v)* draufspringen
dropstellen*(v)* draufstellen
dropstoen*(v)* draufstehen
dropstoussen*(v)* daraufstoßen
drosselen*(v)* drosseln
Drot*(m,Dréit)* Draht
Drot*(m,Dréit)* Zaun
Drot, pickegen -*(exp)* Stacheldraht
Drotbiischt*(f,-en)* Stahlbürste
drote Biischt*(exp)* Stahlbürste
drote Seel*(exp)* Drahtseil
droten*(adj)* Draht-
droten*(adj)* Draht, aus -
drubleiwen*(v)* dranbleiben
druddelen*(v)* zerknittern
druddelen*(v)* zusammenknüllen
druginn, sech -*(v)* anstrengen, sich -
druginn, sech -*(v)* arbeiten (fleißig)
drugoen*(v)* anrühren (und dadurch u.U. beschädigen)
drukommen*(v)* drankommen
drukommen*(v)* rankommen
drumaachen*(v)* dranmachen
drummen*(v)* büffeln
drun*(adv)* daran
drunhalen*(v)* dranhalten
drunhalen, sech -*(v)* dranhalten, sich -
drunhalen, sech -*(v)* lockerlassen, nicht -
drunhänken*(v)* dranhängen
drupechen*(v)* drankleben
Drüs*(f,-en)* Drüse
druschléissen*(v)* anschließen (an etw)
du*(pr)* du
Dubbel*(m,-en)* Münze (geringer Wert)
dubberen*(v)* poltern
Dübel*(m,-en)* Dübel
dubios*(adj)* dubios
Duch*(n,~)* Stoff
Duch*(n,Dicher)* Handtuch
Duch*(n,Dicher)* Tuch
duckelen*(v)* ducken
duckelen, sech -*(v)* kuscheln, sich -
ducken*(v)* ducken
ducken, sech -*(v)* verstecken, sich -
Duddelsak*(m,-säck)* Dudelsack
dudderen*(v)* wettern
duebel Fënster*(exp)* Doppelverglasung
duebel*(adj)* doppelt
duebelt Haus*(exp)* Doppelhaus
Duebelzëmmer*(n,-en)* Doppelzimmer
Duechter*(f,-en)* Tochter
Dueder*(m,-en)* Dotter
Duelem*(p)* Dahlem
Duelem*(p)* Dalheim
duer*(adv)* dahin
duer*(adv)* dahin
duer*(adv)* dorthin
duer, et geet -*(exp)* reicht, es -
duerbaupsen*(v)* Vorhalte machen
duerch*(pp)* durch
duerch*(pp)* wegen (Ursache)
duerchackeren*(tr)(v)* durchackern
duerchaus*(adv)* durchaus
duerchblécken*(tr/utr)(v)* durchblicken
duerchbliederen*(tr/utr)(v)* durchblättern
Duerchbluddung*(f,-en)* Durchblutung
duerchbréngen*(tr)(v)* durchbringen
duerchbrennen*(tr)(v)* durchbrennen
duerchbriechen*(tr)(v)* durchbrechen
duerchbueren*(tr)(v)* durchbohren
duerchcalculéieren*(tr)(v)* durchrechnen
duerchchecken*(tr)(v)* durchchecken
duerchcorrigéieren*(tr)(v)* durchkorrigieren
duerchdenken*(tr/utr)(v)* durchdenken
duerchdiskutéieren*(tr)(v)* durchdiskutieren
duerchdréinen*(tr)(v)* durchdrehen
duerchdréngen*(tr/utr)(v)* durchdringen
duerchduecht*(adj)* durchdacht
duerchernee bonzelen*(v)* durcheinanderpurzeln
duerchernee bréngen*(v)* durcheinanderbringen
duerchernee geheien*(v)* durcheinanderwerfen
duerchernee lafen*(v)* durcheinanderlaufen
duercherneebonzelen*(v)* durcheinanderpurzeln
duercherneebréngen*(v)* durcheinanderbringen
duercherneen*(adv)* durcheinander
Duercherneen*(m,~)* Durcheinander
duerchfalen*(tr)(v)* durchfallen
Duerchfall*(m,~)* Durchfall
duerchféieren*(tr)(v)* durchführen
duerchféieren*(tr)(v)* umsetzen
duerchfroen*(tr)(v)* durchfragen
duerchfueren*(tr)(v)* auseinanderbrechen
duerchfueren*(tr)(v)* auseinanderreißen
duerchfueren*(tr/utr)(v)* durchfahren
duerchgeheien*(tr)(v)* durchfallen lassen
duerchgoen*(tr)(v)* auseinanderbrechen
duerchgoen*(tr)(v)* auseinanderreißen
duerchgoen*(tr)(v)* durchgehen (Pferde)
duerchgoen*(tr/utr)(v)* durchgehen
duerchgräifen*(tr)(v)* durchgreifen
duerchhuelen*(tr)(v)* durchnehmen
duerchkämmen*(tr)(v)* durchkämmen
duerchklappen, sech -*(tr)(v)* durchkämpfen, sich -
duerchkommen*(tr)(v)* durchkommen
duerchkréien*(tr)(v)* durchbekommen
duerchkucken*(tr)(v)* hindurchschauen
duerchlafen*(tr/utr)(v)* durchlaufen
Duerchlässegkeet*(f,-en)* Durchlässigkeit
duerchliesen*(tr/utr)(v)* durchlesen
duerchliewen*(tr)(v)* durchleben
duerchliichten*(tr)(v)* durchleuchten
duerchloossen*(tr)(v)* durchlassen
duerchmaachen*(tr)(v)* durchmachen
duerchootmen*(tr)(v)* durchatmen
duerchrappen*(tr)(v)* zerreißen
duerchschaffen*(tr)(v)* durcharbeiten
duerchschimmeren*(tr)(v)* durchschimmern
duerchschlëppen*(tr)(v)* hindurchschlüpfen
duerchschloen*(tr)(v)* durchschlagen
duerchschloen*(tr)(v)* schlagen, in zwei Teile -
duerchschloen, sech -*(tr)(v)* durchschlagen, sich -
duerchschneiden*(tr)(v)* durchschneiden
Duerchschnëtt*(m,-er)* Durchschnitt
duerchschnëttlech*(adj)* durchschnittlich
Duerchschnëttsgeschwëndegkeet *(f,-en)* Durchschnittsgeschwindigkeit
Duerchschnëttsvitesse*(f,-n)* Durchschnittsgeschwindigkeit
duerchsetzen, sech -*(tr)(v)* durchsetzen, sich -
Duerchsichen*(n,--)* Durchsuchung
duerchsichen*(utr)(v)* durchsuchen
Duerchsichtegkeet*(f,~)* Transparenz
Duerchsichung*(f,-en)* Durchsuchung
duerchsiichteg*(adj)* durchsichtig
Duerchso*(f,-en)* Durchsage
duerchsoen*(tr)(v)* durchsagen
duerchsträichen*(tr)(v)* durchstreichen
duerchstudéieren*(tr)(v)* durchstudieren
duerchtrainéieren*(tr)(v)* durchtrainieren
duerchtrainéiert*(adj)* durchtrainiert
duerchwees*(adv)* durchwegs
duerchwullen*(tr/utr)(v)* durchwühlen
duerchzéien*(tr/utr)(v)* durchziehen
Duerchzoch*(m,~)* Durchzug

Duerchzuch*(m,~)* Durchzug
Duerf*(n,Dierfer)* Dorf
Duerfbewunner*(m,--)* Dorfbewohner
duerfen*(v)* dürfen
Duerffest*(n,-er)* Dorffest
duerfir*(adj)* dafür
duerfueren*(v)* arbeiten (kraftvoll, ohne Pause)
duerfueren*(v)* zulangen
duergeheien*(v)* hinschmeißen
duergeheien*(v)* vorwerfen
duergoen*(v)* reichen
duergoen, elo geet et duer*(exp)* reichen, jetzt reicht es
duergräifen*(v)* bedienen, sich -
duerhalen*(v)* herhalten
duerhalen*(v)* standhalten
duerkommen*(v)* klarkommen
duerleeën*(v)* darlegen
duermaachen*(v)* arbeiten (kraftvoll, ohne Pause)
duerno*(adv)* anschließend
duerno*(adv)* danach
Duerscht*(p)* Dorscheid
duerstellen*(v)* darstellen
Duersteller*(m,--)* Darsteller
Duerstellung*(f,-en)* Darstellung
duerstoussen*(v)* vorwerfen
duerzou*(adv)* dazu
Dugend*(f,-en)* Tugend
dulden*(v)* dulden
Dullessen*(npl)* Saubohnen
Dummeldeng*(p)* Dommeldange
Dumpingpräis*(m,-ser)* Dumpingpreis
Dün*(f,-en)* Düne
Dünger*(m,-en)* Dünger
dunn*(adv)* danach
dunn*(adv)* dann
Dunn*(f,-en)* Balken
Dunn*(f,-en)* Zylinderhut
Dunn*(scherzh)(f,-en)* Hut
Dünndaarm*(m,-däerm)* Dünndarm
dunnen*(v)* schlagen (auf den Kopf)
düpéieren*(v)* betrügen
düpéieren, een -*(exp)* vormachen, jm etw -
Dusch*(f,-en)* Dusche
duschen*(v)* duschen
Dusel*(m,~)* Glück
Dusel*(m,~)* Schwindelgefühl
Duuscht*(m,~)* Durst
duuschtereg*(adj)* durstig
duuss*(adj)* sanft
duuss*(adv)* sacht
duusseg*(adv)* sacht
duusseg*(adv)* sanft
Duussheet*(f,-en)* Sanftheit
Duxall*(m,Duxäll)* Empore (Kirche)
Duxall*(m,Duxäll)* Lettner
duzen*(v)* duzen
Dynamik*(f,-en)* Dynamik
dynamiséieren*(v)* dynamisieren
Dynamit*(m,~)* Dynamit
Dynamo*(m,-en)* Dynamo
Dynastie*(f,-n)* Dynastie
Dysfunktioun*(f,-en)* Funktionsstörung

E

e puer Mol*(adv)* ein paarmal
e puer*(art)* ein paar
Eau de toilette*(n,Eau-de-toiletten)* Eau de Toilette
Ebbe a Flut*(exp)* Ebbe und Flut
eben*(adv)* eben
ecartéieren*(v)* beseitigen
ech*(pr)* ich
echangéieren*(v)* tauschen
Echantillon*(m,-en)* Probe (Muster)
Echéance*(n,-n)* Fälligkeitsdatum
Echéance*(n,-n)* Zahlungsverpflichtung
Echec*(m,~)* Scheitern
Echec*(m,Echecken)* Misserfolg
Ëchel*(f,-en)* Eule
echt*(adj)* echt
Eck*(m,-en)* Ecke
Eckball*(m,-bäll)* Eckball
eckeg*(adj)* eckig
Eckzant*(m,-zänn)* Eckzahn
Economies-Facultéit*(f,-en)* Wirtschaftsfakultät
Ecran*(m,-en)* Bildschirm
Edelmetall*(n,-er)* Edelmetall
Edelsteen*(m,-steng)* Edelstein
editéieren*(v)* editieren
editéieren*(v)* herausgeben (Buch)
editéieren*(v)* verlegen (Buch)
Editeur*(m,-en)* Herausgeber
Editeur*(m,-en)* Verleger
Editioun*(f,-en)* Verlag
Educateur*(m,-en)* Erzieher
Educatioun*(f,~)* Erziehung
Educatioun*(f,-en)* Ausbildung
Educatrice*(f,-n)* Erzieherin
Ee*(n,-ër)* Ei
Eech*(f,-en)* Eiche
Eech*(p)* Eich
Eechel*(f,-en)* Eichel
eechen*(adj)* Eichen-
eechen*(adj)* Eichenholz, aus -
Eed*(m,-er)* Eid
Eedem*(m,-en)* Schwiegersohn
Eeërdëppchen*(n,-dëppercher)* Eierbecher
Eeërschuel*(f,-en)* Eierschale
Eeërstack*(m,-stäck)* Eierstock
eefaarweg*(adj)* einfarbig
eefälleg*(adj)* nichtig (geringe Bedeutung)
eefälleg*(adj)* töricht
eefälleg*(adj)* unerfahren
Eefällegkeet*(f,-en)* Bagatelle
Eefällegkeet*(f,-en)* Dummheit
Eefalt*(m,-en)* Dummheit
Eefalt*(m,-en)* Einfaltspinsel
Eegebedarf*(m,~)* Eigenbedarf
eegen*(adj)* eigen
Eegenaart*(f,-en)* Eigenart
eegenaarteg*(adj)* eigenartig
eegenen, sech -*(v)* eignen, sich -
eegenhänneg*(adj)* eigenhändig
Eegenheet*(f,-en)* Eigenheit
Eegentemer*(m,--)* Besitzer
Eegentemer*(m,--)* Eigentümer
eegentlech*(adv)* eigentlich
Eegentum*(n,~)* Eigentum
Eegeschaft*(f,-en)* Eigenschaft
eegesënneg*(adj)* eigensinnig
Eegestännegkeet*(f,-en)* Eigenständigkeit
Eegiel*(f,-er)* Eigelb
Eekel*(m,~)* Abscheu
Eekel*(m,~)* Ekel
Eekel*(m,-en)* ekliger Mensch
eekeleg*(adj)* ekelhaft
eekeleg*(adj)* eklig
eekeleg*(adj)* widerlich
eekelen*(v)* ekeln
eelef*(adj)* elf
Eelefmeter*(m,-en)* Elfmeter
eeler*(adj)* älter
eeler*(adj)* betagt
Eelst*(n,--)* Älteste (das/die)
Eelsten*(m,Eelst)* Ältester
eelzen*(v)* altern
Eemer*(m,-en)* Eimer
eemereweis*(adv)* eimerweise
eemol*(adv)* einmal
eemol, op -*(exp)* einmal, auf -
eemol, op -*(exp)* plötzlich
eemoleg*(adj)* einmalig
een*(art)* ein
een*(pr)* man
eenanzwanzeg*(adj)* einundzwanzig
eeneg*(adj)* einig

eenegen*(v)* einigen
eenegen, sech -*(v)* einigen, sich -
Eenheet*(f,-en)* Einheit
eenheetlech*(adj)* einheitlich
eens*(adv)* einverstanden
eens, sech - sinn*(exp)* einig, sich - sein
Eent*(f,-en)* Eins
eent*(pr)* eine/eines (Neutrum)
eenzeg an eleng*(exp)* einzig und allein
eenzeg*(adj)* einzig
Eenzegen*(m,Eenzeg)* Einziger
eenzel*(adj)* einzelne
Eenzel*(m,--)* Einzel (Sport)
Eenzelgänger*(m,--)* Einzelgänger
Eenzelhändler*(m,--)* Einzelhändler
Eenzelheet*(f,-en)* Einzelheit
eenzelt Haus*(exp)* Einzelhaus
Eenzelzëmmer*(n,-en)* Einzelzimmer
eenzock*(adv)* sofort
eenzock*(adv)* Zug, in einem -
Eenzuel*(f,~)* Einzahl
eesäiteg*(adj)* einseitig
Eesbech*(p)* Eisenbach
eescht*(adj)* ernst
eescht*(adj)* ernsthaft
Eescht*(m,~)* Ernst
eeschtlech*(adv)* ernst (sehr)
Eeschweller*(p)* Eschweiler
Eesebur*(p)* Eisenborn
Eeselbur*(p)* Eselborn
Eess*(f,-en)* Pickel
eestëmmeg*(adj)* einstimmig
Eestëmmegkeet*(f,-en)* Einstimmigkeit
Eeter*(m,~)* Eiter
eeteren*(v)* eitern
Eewäiss*(n,-er)* Eiweiß
Eezell*(f,-en)* Eizelle
Effekt*(m,-en)* Effekt
effektiv*(adj)* wirkungsvoll
effektiv*(adv)* tatsächlich
Effektivitéit*(f,~)* Wirksamkeit
effeminéieren*(v)* verweiblichen
ëffentlech*(adj)* öffentlich
ëffentlecht Gebai*(exp)* öffentliches Gebäude
Effet*(m,-en)* Effekt
Efficacitéit*(f,~)* Wirksamkeit
effikass*(adj)* wirksam
Effikassitéit*(f,~)* Effizienz
Effikassitéit*(f,~)* Wirksamkeit
effiléieren*(v)* effilieren
Effizienz*(f,~)* Effizienz
Ëffnungszäiten*(npl)* Öffnungszeiten
Effort*(m,-en)* Anstrengung
Effort, en - maachen*(exp)* Mühe, sich - geben
egal*(adj)* egal
egal*(adj)* gleichgültig
egaliséieren*(v)* ausgleichen (Sport)
egaliséieren*(v)* ebnen
egaliséieren*(v)* egalisieren
Egalitéit*(f,~)* Egalität
Egalitéit*(f,~)* Gleichheit
Egalitéit*(f,~)* Gleichstand (Sport)
Ego*(m,-en)* Ego
Egoissem*(m,~)* Egoismus
Egoist*(m,-en)* Egoist
egoistesch*(adj)* egoistisch
Egout*(m,-en)* Abflusskanal
egozentresch*(adj)* egozentrisch
éi*(cn)* bevor
éi*(cn)* ehe
Éi*(f,-en)* Ähre
Eibes*(f,-sen)* Mauereidechse
eichen*(v)* eichen
Eidechs*(f,-en)* Eidechse
eidel stoen*(v)* leer stehen
eidel*(adj)* leer
éier*(cn)* bevor
éier*(cn)* ehe
Éier*(f,-en)* Anstand
Éier*(f,-en)* Ehre
éierbar*(adj)* ehrbar
éierbar*(adj)* redlich
Éierchen*(m,Éiercher)* Nieren (bei Tieren)
Éierebierger*(m,--)* Ehrenbürger
Éieregaascht*(m,-gäscht)* Ehrengast
Éierejoffer*(f,-en)* Ehrenjungfrau
Éieremember*(m,-en)* Ehrenmitglied
éieren*(v)* ehren
éieren/iren*(adv)* etwa
éieren/iren*(adv)* vielleicht
éierens anescht*(adv)* woanders
éierens*(adv)* irgendwo
Éiereronn*(f,-en)* Ehrenrunde
Éieresaach*(f,-en)* Ehrensache
Éierewäin*(m,-er)* Weinempfang
éierewou*(adv)* irgendwo
Éierewuert*(n,~)* Ehrenwort
Éiergäiz*(m,~)* Ehrgeiz
éiergäizeg*(adj)* ehrgeizig
éierlech*(adj)* anständig
éierlech*(adj)* ehrlich
Éierlechkeet*(f,-en)* Ehrlichkeit
Éierong*(f,-en)* Ehrung
Éig*(f,-en)* Egge
éigen*(v)* eggen
eigentlech*(adv)* eigentlich
Eil*(f,-en)* Eule
Éil*(m/f,-en)* Aal
Éileng*(p)* Ehlange
Éilereng*(p)* Ehlerange
Éimaischen*(f,~)* Ostermontagmarkt mit Verkauf von Tonvögeln
Éimereng*(p)* Emerange
Éinen*(p)* Ehnen
Éiner*(p)* Ehner
éinescht*(er)(adv)* vorhin
éinescht, d'-*(adv)* gerade eben
einfach*(adj)* einfach
einfach*(adv)* einfach
Einfachheet*(f,~)* Einfachheit
Einsamkeet*(f,~)* Einsamkeit
Einsiidler*(m,--)* Einsiedler
eis*(dét)* uns
eis*(pr)* uns
éischt*(adj)* erste
éischt, fir d'-*(exp)* ersten, zum - Mal
Éischtausgab*(f,-en)* Erstausgabe
éischtens*(adv)* erstens
éischter*(adv)* eher
Éischtgebuerenen*(m,-gebueren)* Erstgeborener
Éischtgebuert*(f,-en)* Erstgeburt
Éischtkommioun*(f,-en)* Erstkommunion
Éischtkommunioun*(f,-en)* Erstkommunion
Éischtopféierung*(f,-en)* Erstaufführung
Eisebunn*(f,-en)* Eisenbahn
Eisebunner*(m,--)* Eisenbahnbeamter
Eisebunnert*(m,-en)* Eisenbahnbeamter
Eisefrësserei*(f,-en)* Rostfraß
Eisekuch*(m,-en)* Waffel
Eisekuchseisen*(m,--)* Waffeleisen
eisen*(adj)* Eisen-
Eisen*(n,--)* Eisen
Eisenäerz*(n,~)* Eisenerz
Eisenindustrie*(f,-n)* Eisenindustrie
Eisepäertchen*(f,-päertercher)* Eisenpforte
eiser*(pr)* unser
eisereen*(pr)* unsereiner/unsereins
eisersäits*(adv)* unsererseits
eises*(pr)* unser
Éislek*(p)* Ösling
Éisleker*(adj)* Öslinger
Éisleker*(m,--)* Öslinger
Éisser*(m,--)* Esser
Éisterräich*(p)* Österreich
éisträichesch*(adj)* österreichisch
Éiter*(p)* Oetrange
Éiv*(p)* Eva
éiweg*(adj)* ewig
Éiwegblimmchen*(f,-blimmercher)* Strohblume

Éiwegkeet(f,~) Ewigkeit
eizen(v) streicheln
ejakuléieren(v) ejakulieren
Ekel(m,~) Ekel
ekelhaft(adj) ekelhaft
ekelzeg(adj) ekelhaft
Eklat(m,-en) Eklat
Eklat(m,-en) Knall
eklatant(adj) eklatant
Ekologist(m,-en) Ökologe
Ekologist(m,-en) Umweltschützer
elaboréieren(v) erarbeiten
Elan(m,~) Elan
Elan(m,~) Schwung
elastesch(adj) elastisch
Elastizitéit(f,~) Elastizität
elauter(adv) nichts als
Electioun(f,-en) Wahl
Elefant(m,-en) Elefant
elegant(adj) elegant
Eleganz(f,~) Eleganz
elei an elo(exp) hier und dort
elei(adv) hier
elektresch(adj) elektrisch
elektresche Compteur(exp) Stromzähler
Elektrescht(n,~) Strom
elektrifizéieren(v) elektrifizieren
Elektriker(m,--) Elektriker
elektriséieren(v) elektrisieren
Elektrizitéit(f,~) Elektrizität
elektrokutéieren(v) Stromschlag, einen - bekommen
Elektromagnéit(f,-en) Elektromagnet
Elektromotor(m,-en) Elektromotor
elektronesch(adj) elektronisch
Elektronik(f,-en) Elektronik
Elektrotechnik(f,-en) Elektrotechnik
Element(n,-er) Element
elementar(adj) elementar
elementär(adj) elementar
Elend(n,~) Elend
eleng(adj) allein
eleng(adj) einsam
Elève(m/f,-n) Schüler
Elfebeen(n,~) Elfenbein
Eliminatioun(f,-en) Beseitigung
Eliminatioun(f,-en) Eliminierung
eliminéieren(v) beseitigen
eliminéieren(v) eliminieren
elitär(adj) elitär
Elite(f,-n) Elite
Eliteuniversitéit(f,-en) Eliteuniversität
Ell(p) Ell

ellen(adj) hässlich
ellen(adj) unwohl
Elleng(p) Ellange
Eller(f,-en) Erle
Ellerchen(f,Ellercher) Elritze
Ellesonndeg(m,~) Passionssonntag
elo(adv) jetzt
elo(adv) nun
Eloquenz(f,~) Eloquenz
Elsass(p) Elsass
elsässesch(adj) elsässisch
Elterecongé(m,-en) Elternurlaub
Elteren(npl) Eltern
Elterenassociatioun(f,-en) Elternvereinigung
Elterenowend(m,-owenter) Elternabend
Ëlwen(p) Troisvierges
Elweng(p) Elvange
Elz(p) Eltz
ëm sinn(exp) abgelaufen sein (Zeit)
ëm sinn(exp) verdorben sein (Lebensmittel)
ëm(pp) um
em(pr) ihm (unbetont)
Ëmaarmung(f,-en) Umarmung
emäerbelen(utr)(v) umarmen
Ëmäerbels(f,--) Umarmungen
E-Mail(m,-en) E-Mail
Email(m/n,-en) Emaille
emailléieren(v) emaillieren
Emanatioun(f,-en) Ausdünstung
Emanatioun(f,-en) Emanation
ëmänneren(tr)(v) umändern
Emanzipatioun(f,-en) Emanzipation
emanzipéieren(v) emanzipieren
Emballage(m,-n) Verpackung
ëmbannen(tr)(v) umbinden
Embargo(m,-en) Embargo
Ëmbau(m,~) Umbau
embauchéieren(v) einstellen (Arbeitsplatz)
ëmbauen(tr/utr)(v) umbauen
ëmbéien(tr)(v) umbiegen
ëmbenennen(tr)(v) umbenennen
embêtéieren(v) nerven
ëmbetten(tr)(v) umbetten
ëmbilden(tr)(v) umbilden
Ëmbildung(f,-en) Umbildung
Emblem(m,-en) Emblem
Emblem(m,-en) Wahrzeichen
ëmbliederen(tr)(v) umblättern
ëmblosen(tr)(v) umblasen
Embolie(f,-n) Embolie
ëmbréngen(tr)(v) umbringen
ëmbréngen, sech -(tr)(v) umbringen, sich -
Embryo(m,-en) Embryo

ëmbuchen(tr)(v) umbuchen
ëmdeefen(tr)(v) umtaufen
ëmdenken(tr)(v) umdenken
ëmdëppen(tr)(v) umtopfen
ëmdisponéieren(tr)(v) umdisponieren
ëmdoen(tr)(v) umlegen (Mantel)
ëmdréien(tr)(v) umdrehen
ëmdréinen(tr)(v) wenden
emeritéieren(v) emeritieren
ëmfaassen(utr)(v) umfassen
ëmfalen(tr)(v) umfallen
Ëmfang(m,~) Umfang
Ëmfang(m,Ëmfäng) Empfang
Ëmfank(m,~) Umfang
Emfank(m,Emfäng) Empfang
emfänken(utr)(v) empfangen
emfannen(utr)(v) empfinden
emfindlech(adj) empfindlich
ëmfléien(tr/utr)(v) umfliegen
ëmfonktionéieren(tr)(v) umfunktionieren
ëmformen(tr)(v) umformen
ëmformuléieren(tr)(v) umformulieren
Ëmfro(f,-en) Befragung
Ëmfro(f,-en) Umfrage
ëmfroen, sech -(utr)(v) erkundigen, sich -
ëmfueren(tr)(v) umrennen
ëmfueren(utr)(v) umfahren
Ëmgang(m,~) Umgang
Ëmgangssprooch(f,-en) Umgangssprache
Ëmgank(m,~) Umgang
ëmgeheien(tr)(v) umwerfen
Emgéigend(f,-en) Umgebung
ëmgéissen(tr)(v) umgießen
ëmgekéiert(adj) umgekehrt
Ëmgeréits(n,~) Drumherum
Ëmgeréits(n,~) Zubehör
ëmgestalten(tr)(v) umgestalten
ëmginn(utr)(v) umgeben
ëmgoen(tr)(v) sauer werden (Milch)
ëmgoen(tr/utr)(v) umgehen
ëmgruewen(tr)(v) umgraben
ëmgruppéieren(tr)(v) umgruppieren
ëmhänken(tr)(v) umhängen
Emigrant(m,-en) Auswanderer
Emigrant(m,-en) Emigrant
Emigratioun(f,-en) Auswanderung
Emigratioun(f,-en) Emigration
emigréieren(v) emigrieren
Eminenz(f,-en) Eminenz
Emissioun(f,-en) Sendung (TV, Radio)
ëmkappen(tr)(v) umhacken
ëmkéieren(tr)(v) umkehren
ëmkéieren(tr)(v) wenden

ëmkippen(tr)(v) umkippen
ëmklameren(utr)(v) umklammern
ëmklammen(tr)(v) umsteigen
ëmknécken(tr)(v) umknicken
ëmkommen(tr)(v) umkommen
Ëmkrees(m,-er) Umkreis
ëmkreesen(utr)(v) umkreisen
ëmkrempelen(tr)(v) umkrempeln
ëmkucken, sech-(tr)(v) umsehen, sich -
Ëmlafbunn(f,-en) Umlaufbahn
ëmlafen(tr)(v) umlaufen
Ëmlaut(m,-er) Umlaut
ëmleeden(tr)(v) umleiten
Ëmleedung(f,-en) Umleitung
ëmleeën(tr)(v) umlegen
ëmleien(tr)(v) umliegen
ëmléieren(tr)(v) umlernen
ëmlueden(tr)(v) umladen
ëmmellen, sech -(tr)(v) ummelden, sich -
ëmmer(adv) immer
emmerdéieren(v) nerven
ëmmerhin(adv) immerhin
emol(adv) mal
Ëmorganisatioun(f,-en) Umorganisation
Emotioun(f,-en) Emotion
ëmpaken(tr)(v) umverpacken
empêchéieren(v) verhindern
ëmpeg(adj) zierlich
ëmpeg, ëmmer méi - ginn(scherzh)(exp) dicker werden
Ëmpfang(m,Ëmpfäng) Empfang
Empfänglechkeet(f,-en) Empfänglichkeit
Empfängnisverhütung(f,-en) Empfängnisverhütung
Ëmpfank(m,Ëmpfäng) Empfang
empfänken(utr)(v) empfangen
empfeelen(utr)(v) empfehlen
Empfëndlechkeet(f,-en) Empfindlichkeit
empfindlech(adj) empfindlich
empfindlech(adj) sensibel
Empfindung(f,-en) Empfindung
empiresch(adj) empirisch
ëmplanzen(tr)(v) umpflanzen
ëmplouen(tr)(v) umpflügen
Employé(m,-en) Angestellter
Employée(f,-ën) Angestellte
ëmprogramméieren(tr)(v) umprogrammieren
ëmpuchen(tr)(v) umstoßen
EM-Qualifikatioun(f,-en) EM-Qualifikation
ëmquartéieren(tr)(v) umquartieren
ëmräissen(utr/tr)(v) umreißen
ëmraumen(tr)(v) umräumen
ëmrechnen(tr)(v) umrechnen

Ëmrëss(m,-er) Umriss
Ëmsaz(m,Ëmsätz) Umsatz
ëmschalten(tr)(v) umschalten
ëmschëdden(tr)(v) umgießen
Ëmschlag(m,Ëmschléi) Umschlag
ëmschoulen(tr)(v) umschulen
ëmschreiwen(tr/utr)(v) umschreiben
ëmschwäermen(utr)(v) umschwärmen
ëmse(e)gelen(utr)(v) umsegeln
ëmsetzen(tr)(v) umsetzen
ëmsiddelen(tr)(v) umsiedeln
ëmsidelen(tr)(v) umsiedeln
ëmsiichteg(adj) umsichtig
ëmsinn, sech-(tr)(v) umsehen, sich -
ëmsinn, sech-(utr)(v) vorsehen, sich -
ëmsoss(adv) umsonst
ëmsou besser(exp) umso besser
ëmspannen(utr)(v) umspannen
ëmspillen(utr)(v) umspielen
ëmsprangen(tr)(v) umspringen
ëmspullen(utr)(v) umspülen
Ëmstand(m,Ëmstänn) Umstand
ëmständlech(adj) umständlich
Ëmstandskleed(n,-er) Umstandskleid
Ëmstänn(npl) Umstände
Ëmstänn, an aneren -(exp) schwanger
ëmstellen(tr)(v) umstellen
ëmstellen(utr)(v) umstellen (umzingeln)
ëmstellen, op Computer -(tr)(v) computerisieren
Ëmstellung(f,-en) Umstellung
ëmstëmmen(tr)(v) umstimmen
ëmstoussen(tr)(v) umstoßen
ëmstridden(adj) umstritten
ëmstrukturéieren(tr)(v) umstrukturieren
ëmsuedelen(tr)(v) umsatteln
Ëmtausch(m,~) Umtausch
ëmtauschen(tr)(v) umtauschen
ëmtippen(tr)(v) umtippen
Ëmtosch(m,~) Umtausch
ëmtrëllen(tr)(v) umfallen
Emulsioun(f,-en) Emulsion
ëmwéckelen(utr)(v) umwickeln
Ëmwee(m,-ër) Umweg
Ëmwee, en - maachen(exp) Umweg, einen - machen
Ëmwelt(f,~) Umwelt
Ëmweltbelaaschtung(f,-en) Umweltbelastung
ëmweltbewosst(adj) umweltbewusst
ëmweltfrëndlech(adj) umweltfreundlich
Ëmweltkommissioun(f,-en)Umweltkommission
Ëmweltminister(m,-en) Umweltminister
Ëmweltschützer(m,--) Umweltschützer

Ëmweltschutzorganisatioun(f,-en) Umweltschutzorganisation
Ëmweltverschmotzer(m,--) Umweltverschmutzer
Ëmweltverschmotzung(f,-en) Umweltverschmutzung
ëmwerfen(tr)(v) umwerfen
ëmwiesselen(tr)(v) umwechseln
ëmzéien(tr)(v) umziehen
en(pr) er (unbetont)
en(pr) ihn (unbetont)
enaner(pr) einander
encadréieren(v) betreuen
enceinte(adj) schwanger
encouragéieren(v) ermutigen
Endlagerung(f,-en) Endlagerung
endlech(adv) endlich
endoktrinéieren(v) indoktrinieren
Endresultat(f,-er) Endergebnis
Endspurt(m,-en) Endspurt
Endstatioun(f,-en) Endstation
Endung(f,-en) Endung
energesch(adj) energisch
Energie(f,-n) Energie
Energiekris(f,-en) Energiekrise
Energieproduktioun(f,-en) Energieproduktion
Energiequell(f,-en) Energiequelle
eng honnert(exp) ungefähr hundert
eng zéng(exp) ungefähr zehn
eng(art) eine
eng, déi -(npl) einen, die -
engagéieren(v) engagieren
Engagement(n,-er) Engagement
Engagement(n,-er) Verpflichtung
Engel(m,-en) Engel
Engelchen(m,Engelcher) Engelchen
Engelsgedold(f,~) Engelsgeduld
engems, an -(exp) gleichzeitig
engems, dat geet an -(exp) gleichzeitig mit etw anderem erledigen
engersäits(adv) einerseits
enges Daags(exp) eines Tages
enges sinn(adv) egal sein (bei Auswahl)
England(n,~) England
Englänner(m,--) Engländer
Englännerin(f,-nen) Engländerin
englesch(adj) englisch
englobéieren(v) umfassen
enk(adj) eng
enk(adj) schmal
Enkel(m,-en) Enkel
Enkel(m,-en) Knöchel
Enkelin(f,-nen) Enkelin

Enkelkanner(npl) Enkelkinder
Enn der Woch(exp) Ende der Woche
Ënn(f,-en) Zwiebel
Enn(n,-er) Ausgang (einer Geschichte)
Enn(n,-er) Ende
ënnen(adv) unten
ënnenan(adv) unten
ënnenof(adv) unten
Ënnenzopp(f,-en) Zwiebelsuppe
ënner(pp) unter
ënnerbannen(utr)(v) unterbinden
ënnerbeliicht(adj) unterbelichtet
Ënnerbeschäftegung(f,-en) Unterbeschäftigung
ënnerbewäerten(utr)(v) unterbewerten
ënnerbezuelt(adj) unterbezahlt
ënnerbidden(utr)(v) unterbieten
ënnerbreeden(utr)(v) unterbreiten
ënnerbréngen(tr)(v) unterbringen
ënnerbriechen(utr)(v) unterbrechen
Ënnerdaach(m,~) Unterkunft
Ënnerdaach, een ouni -(exp) Obdachloser
ënnerdag(adj) untergebracht
ënnerdauchen(tr)(v) untertauchen
ënnerdéngeg(adj) untertänig
ënnerdon(adj) ergeben
ënnerdon(adj) untertan
ënnerdrécken(tr)(v) unterdrücken (niederdrücken)
ënnerdrécken(utr)(v) unterdrücken
ënnerdrécken(utr)(v) vertuschen
ënnerentwéckelt(adj) unterentwickelt
ënnererniert(adj) unterernährt
Ënnergank(m,-gäng) Untergang
Ënnergehëlz(n,-er) Unterholz
Ënnergewiicht(n,~) Untergewicht
Ënnergezei(n,~) Unterwäsche
ënnergoen(tr)(v) untergehen
Ënnergrondorganisatioun(f,-en) Untergrundorganisation
ënnergruewen(tr)(v) untergraben
ënnerhalen(utr)(v) unterhalten
Ënnerhalt(m,~) Unterhalt
Ënnerhaltungselektronik(f,~) Unterhaltungselektronik
Ënnerhändler(m,--) Unterhändler
ënnerhielechen(utr)(v) aushöhlen
ënnerhuelen(utr)(v) unternehmen
ënnerierdesch(adj) unterirdisch
ënnerkillt(adj) unterkühlt
ënnerkommen(tr)(v) unterkommen
ënnerkrauchen(tr)(v) unterkriechen
ënnerkréien(tr)(v) unterkriegen

Ënnerlag(f,-en) Unterlage
Ënnerläif(m,~) Unterleib
ënnerlech(adj) innerlich
ënnerleeën(adj) unterlegen
Ënnerleeënheet(f,-en) Unterlegenheit
ënnerleien(utr)(v) unterliegen
Ënnerleif(m,~) Unterleib
ënnerloossen(utr)(v) unterlassen
ënnermaueren(utr)(v) untermauern
ënnermëschen(tr)(v) untermischen
Ënneroffizéier(m,--) Unteroffizier
Ënnerorganisatioun(f,-en) Unterorganisation
Ënnerproduktioun(f,-en) Unterproduktion
Ënnerrepresentatioun(f,-en) Unterrepräsentierung
ënnerrepresentéieren(utr)(v) unterrepräsentieren
ënnerriichten(utr)(v) informieren
ënnersat(adj) gedrungen
ënnersat(adj) untersetzt
ënnerschätzen(utr)(v) unterschätzen
Ënnerscheed(m,-er) Unterschied
ënnerscheeden(utr)(v) unterscheiden
ënnerschiddlech(adj) unterschiedlich
Ënnerschlënner(p) Unterschlinder
ënnerschloen(utr)(v) unterschlagen
Ënnerschrëft(f,-en) Unterschrift
Ënnerschrëftenaktioun(f,-en) Unterschriftenaktion
Ënnerschrëftesammlung(f,-en) Unterschriftensammlung
ënnerschreiwen(utr)(v) unterschreiben
ënnersichen(utr)(v) untersuchen
Ënnersichung(f,-en) Untersuchung
ënnerstellen, sech -(tr)(v) unterstellen, sich -
ënnerstëtzen(utr)(v) unterstützen
Ënnerstëtzung(f,-en) Unterstützung
ënnerstoen, sich -(utr)(v) wagen, es -
ënnersträichen(utr)(v) unterstreichen
Ënnersuchungshaft(f,~) U-Haft
Ënnersuchungshaft(f,~) Untersuchungshaft
ënnert(pp) unter
ënnert(pp) unter
Ënnertitel(m,-en) Untertitel
Ënnertoun(m,-téin) Unterton
ënnertunnelen(utr)(v) untertunneln
ënneruerdnen(tr)(v) unterordnen
Ënnerwäsch(f,--) Unterwäsche
ënnerwee(adv) unterwegs
Ënnerwelt(f,-en) Unterwelt
ënnerwerfen(utr)(v) unterwerfen
ënnerwierfeg(adj) unterwürfig
ënnerzeechnen(utr)(v) unterzeichnen

ënnerzéien(tr)(v) hinunterziehen
ënnerzéien, sech -(utr)(v) unterziehen, sich -
ënnescht(adj) unterst
ënneschte Stack(exp) Erdgeschoss
enniichter(adj) nüchtern
enorm(adj) enorm
Enquête(f,-n) Untersuchung (auch gerichtlich)
enquêtéieren(v) untersuchen (auch gerichtlich)
Enquêtëkommissioun(f,-en) Untersuchungskommission
enregistréieren(v) eintragen
enregistréieren(v) erfassen
Enregistrement(m,~) Aufzeichnung
Enregistrement(m,~) Eintragung
Ënsber(p) Insenborn
enseignéieren(v) unterrichten
Ensembel(m,-en) Ensemble
entaméieren(v) anfangen (Aufgabe)
entbannen(v) entbinden
entdecken(v) entdecken
Entdeckung(f,-en) Entdeckung
entdeeën(v) auftauen
enteegnen(v) enteignen
Entertainer(m,--) Entertainer
entfachen(v) entfachen
entfalen(v) entfallen
Entfaltungsméiglechkeet(f,-en) Entfaltungsmöglichkeit
entféieren(v) entführen
Entféierer(m,--) Entführer
Entféierung(f,-en) Entführung
Entfernung(f,-en) Entfernung
entfueren(v) entfahren
entgeeschtert(adj) entgeistert
entgëften(v) entgiften
entgéint(adv) entgegen
entgéinthuelen(tr)(v) entgegennehmen
entgéintkommen(tr)(v) entgegenkommen
entgéintkucken(tr)(v) entgegensehen
entgéintruffen(tr)(v) entgegenrufen
entgéinttrieden(tr)(v) entgegentreten
entgéintwierken(tr)(v) entgegenwirken
entgleisen(v) entgleisen
entglëtschen(v) entgleiten
entgoen(v) entgehen
enthalen(v) enthalten
enthalen, sech -(v) enthalten, sich -
Enthaltsamkeet(f,-en) Enthaltsamkeit
Enthalung(f,-en) Enthaltung
enthiewen(v) entheben
Enthusiasmus(m,~) Enthusiasmus
entierwen(v) enterben
Entitéit(f,-en) Entität

entjungferen(v) entjungfern
entkalleken(v) entkalken
entkommen(v) entkommen
entlaaschten(v) entlasten
entlafen(v) entlaufen
entlarven(v) entlarven
entleedegen(v) entledigen
Entlëftungslach(n,-lächer) Entlüftungsöffnung
entloossen(v) entlassen
Entloossung(f,-en) Entlassung
entlueden(v) entladen
entmilitariséieren(v) entmilitarisieren
entnäipen(v) einnicken
entnazifizéieren(v) entnazifizieren
entnervt(adj) entnervt
entpuppen(v) entpuppen
enträissen(v) entreißen
Entrecôte(f,-n) Entrecote
Entrecôte(f,-n) Rippenstück
Entrée(f,-ën) Eingang
Entrée(f,-ën) Eintritt
Entrée(f,-ën) Eintrittspreis
Entrée(f,-ën) Vorspeise
Entrepôt(m,-en) Lagerhaus
Entreprener(m,-en) Unternehmer
Entreprise(f,-n) Firma
Entreprise(f,-n) Unternehmen
Entretien(m,~) Instandhaltung
Entrevue(f,-n) Unterredung
entrüsten, sech -(v) entrüsten, sich -
entsat(adj) entsetzt
entschäerfen(v) entschärfen
entscheeden(v) entscheiden
entschëllegen(v) entschuldigen
entschëllegen, sech -(v) entschuldigen, sich -
Entschëllegung(f,-en) Entschuldigung
entschiedegen(v) entschädigen
Entschiedegung(f,-en) Entschädigung
entschléissen(v) entschließen
entschlësselen(v) entschlüsseln
entschlofen(v) betäuben
entschlofen(v) einschlafen
entschlofen(v) einschläfern
entschloss(adj) entschlossen
Entschlossenheet(f,~) Entschlossenheit
entsécheren(v) entsichern
entsenden(v) entsenden
entsënnen, sech -(v) erinnern, sich -
Entsetzen(n,~) Entsetzen
entsoen(v) entsagen
entspanen(v) entspannen
Entspanung(f,-en) Entspannung
entspriechen(v) entsprechen
entstellen(v) entstellen
entstellen(v) verunstalten
entstoen(v) entstehen
entstoen(v) zustandekommen
entsuergen(v) entsorgen
enttäuschen(v) enttäuschen
enttäuscht(adj) enttäuscht
Enttäuschung(f,-en) Enttäuschung
enttompen(v) einnicken
enttompen(v) einnicken (Schlaf)
entwäerfen(v) entwerfen
entwarnen(v) entwarnen
Entwarnung(f,-en) Entwarnung
entwéckelen(v) entwickeln
Entwécklung(f,-en) Entwicklung
Entwécklungshëllef(f,~) Entwicklungshilfe
entweder...oder(cn) entweder ... oder
entwerfen(v) entwerfen
entwëschen(v) entwischen
entwëtschen(v) entgleiten
entwëtschen(v) entwischen
entwinnen(v) entwöhnen
Entworf(m,Entwërf) Entwurf
entwuessen(v) entwachsen
entwurrelen(v) entwirren
entwutschen(v) entwischen
entwutzen, sech -(v) erschrecken, sich -
entwutzen, sech -(v) grämen, sich -
entzéien(v) entziehen
entzifferen(v) entziffern
entzünden(v) entzünden
Entzündung(f,-en) Entzündung
Enveloppe(f,-n) Briefumschlag
Enveloppe(f,-n) Umschlag
envisagéieren(v) beabsichtigen
envisagéieren(v) Betracht, in - ziehen
Envoi(m,-en) Versenden
Ënzelt(m,~) Rindertalg
enzwousch anescht(exp) woanders
enzwousch(adv) irgendwo
enzwousch, soss -(exp) sonst wo
Enzyklopädie(f,-n) Enzyklopädie
Enzyklopedie(f,-n) Enzyklopädie
Enzym(n,-er) Enzym
Epicerie(f,-n) Gemischtwarenladen
Epicerie(f,-n) Kaufladen
Epicier(m,-en) Gemischtwarenhändler
Epicier(m,-en) Krämer
Epidemie(f,-n) Epidemie
epiléieren(v) enthaaren
Epistel(f,-en) Epistel
epongen(adj) Frottee-
Eppelduerf(p) Eppeldorf
eppes(pr) etwas
Epuratioun(f,-en) Säuberung
Equatioun(f,-en) Gleichung
equilibréieren(v) ausgleichen
Equipe(f,Equippen) Mannschaft
equipéieren(v) ausstatten
Equitéit(f,-en) Gerechtigkeit, ausgleichende -
era-(adv) herein-
era-(adv) hinein-
erabréngen(v) hereinbringen
erabueren(v) hineinbohren
erafachen(v) reinhauen (Essen)
erafalen(v) hereinfallen (auf jn, etw)
erafalen(v) hineinfallen
erafeieren(v) futtern
eraféieren(v) hineinführen
erafladderen(v) hereinflattern
erafléien(v) hereinfliegen
erafriessen(v) hineinfressen
erafriessen, an sech -(exp) hineinfressen, in sich -
erafueren(v) hineinfahren
erageheien, een -(exp) übertölpeln, jn -
erageroden(v) hineingeraten
eraglëtschen(v) hineinrutschen
eragoen(v) hineingehen
erakäppen(v) köpfen, ins Tor -
eraklammen(v) einsteigen
erakommen(v) herein-/hineinkommen
erakrauchen(v) hineinkriechen
erakréien(v) einnehmen (Geld)
erakucken(v) hineinschauen
eralackelen(v) hereinlocken
eralafen(v) einlaufen (Zug, Schiff)
eralafen(v) hineinlaufen
eraleeën(v) hereinlegen (betrügen)
eraleeën(v) hineinlegen
eraloossen(v) hereinlassen
eramanövréieren(v) hineinmanövrieren
eramarschéieren(v) einmarschieren
eran sinn(exp) bankrott sein
eran/ran(adv) herein
eran/ran(adv) hinein
eranafen(v) hineinstarren
erandrécken(v) hineindrücken
erandréien(v) hineindrehen
erandreiwen(v) herein-/hineintreiben
eranhéieren(v) hineinhören
eranhuelen(v) herein-/hineinholen
eranhuelen(v) verzehren
erantrëllen(v) herein-/hineinstolpern
erantrëppelen(v) hineintreten
eranzéien(v) hineinziehen (in eine Sache)

erapassen(v) hineinpassen
eraplatzen(v) hereinplatzen
eraplënneren(v) einziehen (Wohnung)
eraquëtschen(v) hineinquetschen
erareechen(v) herein-/hineinreichen
erarëtschen(v) herein-/hineinrutschen
eraruffen(v) herein-/hineinrufen
erarullen(v) herein-/hineinrollen
eraschaffen(v) einarbeiten
eraschécken(v) herein-/hineinschicken
eraschëdden(v) hineinschütten
eraschéissen(v) herein-/hineinstürmen
eraschéissen(v) hineinschießen
eraschéngen(v) scheinen, in etw hinein -
eraschëppen(v) hineinschaufeln
eraschleefen(v) herein-/hineinschleppen
eraschloen(v) reinhauen (essen)
eraschmuggelen(v) hineinschmuggeln
eraschneien(v) herein-/hineinschneien
eraspadséieren(v) herein-/hineinspazieren
erastellen(v) hineinstellen
erastiechen(v) hineinstechen
erastolzéieren(v) herein-/hineinstolzieren
erastoussen(v) hineinstoßen
eraus/raus(adv) heraus
eraus/raus(adv) hinaus
erausbaggeren(v) herausbaggern
erausbauen(v) anbauen
erausbëlzen(v) ausbeulen
erausbrëllen(v) hinausbrüllen
erausbréngen(v) heraus-/hinausbringen
erausbuddelen(v) herauswühlen
erausdämpen(v) hinausjagen
erausdrécken(v) drucken
erausdrécken(v) herausdrücken
erausdroen(v) heraus-/hinaustragen
erausekelen(v) hinausekeln
erausfalen(v) heraus-/hinausfallen
erausfalen(v) herausstechen (aus Masse)
erausfannen(v) herausfinden
erausféieren(v) heraus-/hinausführen
erausfëschen(v) herausfischen
erausfilteren(v) herausfiltern
erausfizen, sech -(v) herausputzen, sich -
erausfléien(v) heraus-/hinausfliegen
erausfléissen(v) heraus-/hinausfließen
erausfuederen(v) herausfordern
Erausfuerderung(f, -en) Herausforderung
erausfueren(v) heraus-/hinausfahren
erausgeheien(v) heraus-/hinauswerfen
erausgesinn(v) aussehen
erausginn(v) herausgeben
erausgoen(v) herausgehen (auch: Flecken)
erausgoen(v) hinausgehen
erausgräifen(v) herausgreifen
eraushaen(v) heraushauen
eraushalen(v) heraushalten
eraushänken(v) heraushängen
erausheieren(v) heraushören
eraushuelen(v) herausholen
eraushuelen(v) herausnehmen
erauskéieren(v) herauskehren
erauskieren(v) hinausfegen
erausklaken(v) hinausschmeißen
erausklammen(v) aussteigen
erausklappen(v) herausklopfen
erauskommen(v) auskommen (mit Geld)
erauskommen(v) herauskommen
erauskomplimentéieren(v) hinauskomplimentieren
erauskrauchen(v) heraus-/hinauskriechen
erauskréien(v) herauskriegen
erauskristalliséieren(v) herauskristallisieren
erauskromen(v) herauskramen
erauskropen(v) herausfischen
erauskucken(v) heraus-/hinausschauen
erauslackelen(v) heraus-/hinauslocken
erauslafen(v) heraus-/hinauslaufen
erausliesen(v) herauslesen
erausloossen(v) heraus-/hinauslassen
erausluussen(v) heraus-/hinauslugen
erausmaachen, maach dech eraus elei(exp) verschwinde von hier
erausmaachen, sech -(v) herausputzen, sich -
erausmaachen, Téitschen -(exp) ausbeulen
erausmontéieren(v) ausbauen
erausmontéieren(v) ausmontieren
erausoperéieren(v) herausoperieren
erauspicken(v) herauspicken
erausplatzen(v) herausplatzen
erausplécken(v) herauspicken
erauspuchen(v) hinausschmeißen
erausräissen(v) herausreißen
erausrappen(v) ausreißen
erausrappen(v) herausreißen
erausréckelen(v) herausrücken
erausrécken(v) herausrücken
erausrennen(v) hinausrennen
erausrëtschen(v) herausrutschen
erausrieden, sech -(v) herausreden, sich -
erausruffen(v) hinausschreien
erausrullen(v) hinausrollen
erausrutschen(v) herausrutschen
erausschaffen(v) herausarbeiten
erausschäffen(v) herausschöpfen
erausschäffen(v) schöpfen (Wasser)
erausschären(v) herausscharren
erausschécken(v) heraus-/hinausschicken
erausschëdden(v) einschenken
erausschéissen(v) herausschießen
erausschéissen(v) heraustreiben
erausschielen(v) herausschälen
erausschläichen(v) heraus-/hinausschleichen
erausschleefen(v) heraus-/hinausschleppen
erausschleideren(v) heraus-/hinausschleudern
erausschloen(v) herausschlagen
erausschneiden(v) ausschneiden
erausschneiden(v) herausschneiden
erausschnëppelen(v) herausschnippeln
erausschweessen(v) ausschwitzen
erausschweessen(v) herausschweißen
eraussichen(v) aussuchen
erausspäizen(v) ausspucken
erausspieren(v) herausspüren
erausssprangen(v) heraus-/hinausspringen
erausspruddelen(v) heraussprudeln
erausstellen(v) herausstellen
erausstoen(v) hervorstehen
erausstráichen(v) herausstreichen
erausstráichen(v) hervorheben
erausstrecken(v) herausstrecken
eraustrieden(v) heraus-/hinaustreten
erauswäerfen(v) hinausschmeißen
erauswäschen(v) auswaschen
erauswenzelen(v) herauswälzen
erauswielen(v) auswählen
erauswielen(v) herauspicken
erauswiergen(v) herauswürgen
erauswoen, sech -(v) hinauswagen, sich -
erauswuessen(v) herauswachsen
erauszéien(v) herausziehen
erauszéien, sech -(v) hinausziehen, sich -
erawerfen(v) hineinlegen
erawerfen(v) hineinwerfen
erbaarmen, sech -(v) erbarmen, sich -
erbäi(adv) herbei
erbäibréngen(v) herbeibringen
erbäiféieren(v) herbeiführen
erbäifléien(v) herbeieilen
erbäihuelen(v) herbeiholen
erbäihuelen(v) tadeln
erbäilafen(v) herbeilaufen
erbäiruffen(v) hinzurufen
erbäischafen(v) herbeischaffen
erbäischleefen(v) anschleppen
erbäisichen(v) herbeiholen
erbäisprangen(v) herbeispringen
erbäiwënschen(v) herbeiwünschen
erbäizauberen(v) herbeizaubern

erbäizéien *(v)* herbeiziehen
erbellen *(v)* schädigen (Organ, Gesundheit)
erbiedelen *(v)* erbetteln
erblécksen *(v)* erblicken
erbléien *(v)* erblühen
erblosen *(v)* ausruhen (kurz Luft holen)
Erbriechen *(n,--)* Erbrechen
erbriechen *(v)* aufbrechen
erbriechen, sech - *(v)* erbrechen, sich -
erdiischteren *(v)* verdursten
erdränken *(v)* ertränken
erdrécken *(v)* erdrücken
erdrénken *(v)* ertrinken
erdroen *(v)* ertragen
erduerch sinn *(exp)* vorbei sein
erduerchhuelen *(v)* durcharbeiten
erduerchhuelen *(v)* verprügeln
erduerchhuelen, ee mat - *(exp)* ernähren, jn - können
erduerchkréien *(v)* schaffen
erduerchschloen, sech - *(v)* durchschlagen, sich -
Eréffnung *(f,-en)* Eröffnung
eréischt *(adv)* erst
erëm opbauen *(v)* wiederaufbauen
erëm sinn *(exp)* zurück sein
erëm *(adv)* wieder
erëm *(adv)* zurück
erëmäntweren *(v)* Antwort, patzige - geben
erëmballegen, sech - *(v)* herumbalgen, sich -
erëmbréngen *(v)* wiederbringen
erëmdréien *(v)* umdrehen
erëmdreiwen, sech - *(v)* herumtreiben, sich -
erëmfalen *(v)* umfallen
erëmfannen *(v)* wiederfinden
erëmfannen, sech - *(v)* zurechtfinden, sich -
erëmfroen, sech eppes - *(exp)* erstatten, sich etw - lassen
erëmgesinn *(v)* wiedersehen
erëmgewannen *(v)* wiedergewinnen
erëmginn *(v)* wiedergeben
erëmginn *(v)* zurückgeben
erëmhuelen *(v)* zurechtweisen
erëmhuelen *(v)* zurücknehmen
erëmhuelen, sech - *(v)* zurücknehmen, Gesagtes -
erëmkennen *(v)* wiedererkennen
erëmklappen, sech - *(v)* herumschlagen, sich -
erëmkommen *(v)* wiederkommen
erëmkrauchen *(v)* umherkriechen
erëmkréien *(v)* einholen
erëmkréien *(v)* wiederbekommen
erëmkréien *(v)* zurückbekommen
erëmreechen *(v)* herumreichen
erëmschloen *(v)* herumschlagen
erëmschwätzen, sech - *(v)* herumsprechen, sich -
erëmsoen *(v)* hinterbringen
erëmspigelen *(v)* widerspiegeln
erëmwénken *(v)* zurückwinken
erëmwënschen *(v)* herbeiwünschen
erënneren, sech - *(v)* erinnern, sich -
Erënnerung *(f,-en)* Erinnerung
erfaassen *(v)* erfassen
Erfahrung *(f,-en)* Erfahrung
erfannen *(v)* erfinden
erféieren *(v)* erschrecken
erféiert *(adj)* erschrocken
erfëllen *(v)* erfüllen
Erfindung *(f,-en)* Erfindung
Erfolleg *(m,-er)* Erfolg
erfreelecherweis *(adv)* erfreulicherweise
erfréieren *(v)* erfrieren
erfrëschen *(v)* erfrischen
erfroen *(v)* nachfragen
erfroen, sech - *(v)* umfragen, sich -
erfuerderen *(v)* erfordern
erfuerschen *(v)* erforschen
ergadderen *(v)* ergattern
ergäerden *(v)* verprügeln
ergäerden, sech - *(v)* laben, sich -
ergëtzen *(v)* ergötzen
erginn, sech - *(v)* ergeben, sich -
erginn, sech - *(v)* fügen, sich -
ergoen *(v)* ergehen
ergoen *(v)* vertreten, sich die Beine -
ergoen, sech iwwer eppes - *(exp)* unterhalten, sich eingehend - über etw
ergotéieren *(v)* argumentieren
ergräifen *(v)* ergreifen
ergräifen, sech - *(v)* festklammern, sich -
ergrënnen *(v)* ergründen
erhalen *(adj)* erhalten
erhalen *(v)* erhalten (konservieren)
erhalen, een - *(exp)* aufkommen für jn
Erhalung *(f,-en)* Erhaltung
erhänken *(v)* erhängen
erhéieren *(v)* erhören
erhéijen *(v)* erhöhen
Erhéijung *(f,-en)* Erhöhung
erhéngeren *(v)* verhungern
erhiewen *(v)* einziehen (Steuern)
erhiewen *(v)* erheben
erhingeren *(v)* verhungern
erhoffen *(v)* erhoffen
erhuelen, sech - *(v)* erholen, sich -
Erhuelung *(f,~)* Erholung
eriwwer sinn *(exp)* vorbei sein
eriwwer *(adv)* herüber
eriwwer *(adv)* hinüber
eriwwer *(adv)* vorbei
eriwwerfueren *(v)* hinüberfahren
eriwwergoen *(v)* hinübergehen
eriwwerkommen *(v)* herüberkommen
eriwwerkucken *(v)* hinüberschauen
eriwwerréckelen *(v)* rüberrutschen
eriwwerretten *(v)* hinüberretten
eriwwerwénken *(v)* herüberwinken
eriwwerwénken *(v)* hinüberwinken
eriwwerzéien *(v)* hinüberziehen
erkaalt *(adj)* erfroren
erkaalt *(adj)* erkältet
erkalen *(v)* erfrieren
erkalen, sech - *(v)* erkälten, sich -
Erkältung *(f,-en)* Erkältung
erkämpfen *(v)* erkämpfen
erkéngen, sech - *(v)* erdreisten, sich -
erkennen *(v)* erkennen
erkenntlech *(adj)* erkenntlich
Erkenntlechkeet *(f,-en)* Erkenntlichkeit
Erkenntnis *(f,-ser)* Erkenntnis
Erkennungszeechen *(n,--)* Erkennungszeichen
erklären *(v)* erklären
Erklärung *(f,-en)* Erklärung
erkléngen *(v)* erklingen
erkrabbelen, sech - *(v)* erholen, sich - (von Krankheit, Tiefschlag)
erkréien, sech - *(v)* erholen, sich - (von Krankheit, Tiefschlag)
Erlaabnes *(f,-ser)* Erlaubnis
erlaabt *(adj)* erlaubt
erlaben *(v)* erlauben
Erläichendag *(f,~)* Fronleichnam
erläschen *(v)* erlöschen (Feuer)
erleedegen *(v)* erledigen
erleeën *(v)* erlegen
erleiden *(v)* erleiden
Erléis *(m,-er)* Erlös
erléisen *(v)* erlösen
Erléiser *(m,--)* Erlöser
erliedegen *(v)* erledigen
Erliefnes *(n,-ser)* Erlebnis
erliewen *(v)* erleben
erliichteren *(v)* erleichtern
Erliichterung *(f,-en)* Erleichterung
erloossen *(v)* erlassen
ermaachen, sech - *(v)* hocharbeiten
ermaachen, sech - *(v)* vorankommen
erméiglechen *(v)* ermöglichen

ermëlzen*(v)* erdrücken
ermëlzen*(v)* ermorden
ermëttelen*(v)* ermitteln
Ermëttelung*(f,-en)* Ermittlung
ermiddend*(adj)* ermüdend
ermonteren*(v)* ermuntern
ermuerden*(v)* ermorden
ermuerksen*(v)* ermorden
ermunnen*(v)* ermahnen
Ernährung*(f,~)* Ernährung
erneieren*(v)* erneuern
ernennen*(v)* ernennen
Ernennung*(f,-en)* Ernennung
ernidderegen*(v)* erniedrigen
Ernidderegung*(f,-en)* Erniedrigung
ernieren*(v)* ernähren
ernieren, sech -*(v)* ernähren, sich -
ernimmen*(v)* erwähnen
erof/rof*(adv)* herab
erof/rof*(adv)* herunter
erof/rof*(adv)* hinab
erof/rof*(adv)* hinunter
erofbäissen*(v)* abbeißen
erofbieden*(v)* herunterleiern
erofbréngen*(v)* herunterbringen
erofdrécken*(v)* hinunterdrücken
erofdreiwen*(v)* hinabtreiben
erofdreiwen*(v)* hinuntertreiben
erofdreiwen*(v)* treiben, in den Keller - (Preise)
erofdroen*(v)* hinabtragen
eroffalen*(v)* herunter-/hinunterfallen
erofaladderen*(v)* herunter-/hinunterflattern
erofléissen*(v)* hinunterfließen
eroffueren*(v)* herunter-/hinunterfahren
erofgarrelen*(v)* abschneiden (mühsam)
erofgeheien*(v)* herunter-/hinunterwerfen
erofgoen*(v)* hinuntergehen
erofhänken*(v)* herunterhängen
erofhuelen*(v)* herunterholen
erofhuelen*(v)* herunternehmen
erofklammen*(v)* herab-/hinabsteigen
erofkomm*(adj)* verkommen
erofkommen*(v)* herunter-/hinunterkommen
erofkréien*(v)* herunterkriegen
erofkucken*(v)* herunter-/hinunterschauen
eroflafen*(v)* herunter-/hinunterlaufen
erofleieren*(v)* herunterleiern
erofliesen*(v)* ablesen
erofloossen*(v)* herunter-/hinunterlassen
erofluedeen*(v)* downloaden
eroflueden*(v)* herunterladen
erofmaachen*(v)* abmachen (Schale, Verpackung)
erofmaachen*(v)* diffamieren
erofmaachen*(v)* verleumden
erofmiddelen*(v)* ohrfeigen
erofmoossen*(v)* ohrfeigen
erofplécken*(v)* abpflücken
erofräissen*(v)* herunterreißen
erofrappen*(v)* abreißen
erofrëtschen*(v)* abrutschen
erofrullen*(v)* hinabrollen
erofrutschen*(v)* herunter-/hinunterrutschen
erofsäbelen*(v)* abschneiden
erofschaffen*(v)* heraufarbeiten
erofschären*(v)* herunterscharren
erofschéissen*(v)* herabschießen
erofschläichen*(v)* hinunterschleichen
erofschneiden*(v)* abschneiden
erofschrauwen*(v)* abschrauben
erofseegelen*(v)* hinuntersegeln
erofsetzen*(v)* heruntersetzen
erofspillen*(v)* herunterspielen
erofsprangen*(v)* herunter-/hinunterspringen
erofstréppen*(v)* abstreifen
erofstréppen*(v)* ausziehen (Strümpfe, Hosen)
erofstufen*(v)* herunterstufen
eroftréppelen*(v)* hinunterschlendern
erofwäerfen*(v)* herunter-/hinunterwerfen
erofwiergen*(v)* herunterwürgen
erofzéien*(v)* herunter-/hinunterziehen
erop/rop*(adv)* herauf
erop/rop*(adv)* hinauf
eropbréngen*(v)* herauf-/hinaufbringen
eropdiebelen*(v)* biegen, nach oben -
eropdiebelen*(v)* hochkrempeln (Ärmel)
eropdrécken*(v)* hinaufdrücken
eropdroen*(v)* herauf-/hinauftragen
eropfalen*(v)* herauf-/hinauffallen
eropféieren*(v)* herauf-/hinaufführen
eropfléien*(v)* herauf-/hinauffliegen
eropfueren*(v)* herauf-/hinauffahren
eropgoen*(v)* hinaufgehen
erophiewen*(v)* herauf-/hinaufheben
eropkäichen*(v)* herauf-/hinaufkeuchen
eropklammen*(v)* herauf-/hinaufklettern
eropkommen*(v)* herauf-/hinaufkommen
eropkucken*(v)* herauf-/hinaufschauen
eroplafen*(v)* herauf-/hinauflaufen
eroplueden*(v)* heraufladen
eropschaffen, sech -*(v)* hocharbeiten, sich -
eropschloen*(v)* umschlagen (Ärmel)
eropschrauwen*(v)* hochschrauben
eropstoussen*(v)* aufstoßen
eropstréppen*(v)* hochziehen (Strümpfe, Hosen)
eropstufen*(v)* heraufstufen
eropweisen*(v)* hinaufzeigen
eropzéien*(v)* herauf-/hinaufziehen
Erosioun*(f,-en)* Erosion
erotiséieren*(v)* erotisieren
Erpresserbréif*(m,-bréiwer)* Erpresserschreiben
Erpressung*(f,-en)* Erpressung
Erpressungsversuch*(m,-versich)* Erpressungsversuch
erreechbar*(adj)* erreichbar
erreechen*(v)* erreichen
erroden*(v)* erraten
Ersatz*(m,~)* Ersatz
Ersatzdeel*(n,-er)* Ersatzteil
Ersatzrad*(n,-rieder)* Ersatzrad
Ersatzstéck*(n,-er)* Ersatzteil
ersaufen*(v)* ersaufen
erschafen*(v)* erschaffen
erschaffen*(v)* erarbeiten
erschéissen*(v)* erschießen
erschéngen*(v)* erscheinen
erschléissen*(v)* erschließen
erschloen*(v)* erschlagen
Erschöpfung*(f,-en)* Erschöpfung
erschrecken*(v)* erschrecken
erschrecken, sech -*(v)* erschrecken, sich -
erschwéieren*(v)* erschweren
ersetzen*(v)* ersetzen
ersetzen*(v)* vertreten
ersielen*(v)* verprügeln
erspueren*(v)* ersparen
Erspuertes*(n,~)* Ersparnisse
erstaunen*(v)* erstaunen
erstaunlecherweis*(adv)* erstaunlicherweise
Erstécken*(n,~)* Ersticken
erstécken*(v)* ersticken
erstiechen*(v)* erstechen
erstoen*(v)* erstehen
erstoen*(v)* ersteigern
erstrecken*(v)* erstrecken
erstriewen*(v)* anstreben
ertappen*(v)* ertappen
Ertrag*(m,Erträg)* Ertrag
erubréngen*(v)* heranbringen
erueweren*(v)* erobern
Eruewerung*(f,-en)* Eroberung
erumaachen, sech -*(v)* heranmachen, sich -
eruntrieden*(v)* herantreten
erunzéien*(v)* heranziehen
erunzillen*(v)* heranzüchten
eruréckelen*(v)* heranrücken
erurécken*(v)* heranrücken
eruschläichen*(v)* heranschleichen
ervirdoen, sech -*(v)* auszeichnen, sich -

ervirdoen, sech -*(v)* hervortun, sich -
ervirgin*(v)* vorgeben
ervirgoen*(v)* hervorgehen
ervirhiewen*(v)* hervorheben
ervirkommen*(v)* hervorkommen
ervirruffen*(v)* hervorrufen
ervirstiechen*(v)* hervorstechen
ervirsträichen*(v)* betonen
ervirtrieden*(v)* hervortreten
erwaarden*(v)* erwarten
Erwaardung*(f,-en)* Erwartung
erwaardungsgeméiss*(adv)* erwartungsgemäß
erwächen*(v)* aufwachen
erwähnen*(v)* erwähnen
erwänen*(v)* erwähnen
erweechen*(v)* erweichen
erweideren*(v)* erweitern
Erweiderung*(f,-en)* Erweiterung
erweisen*(v)* erweisen
erwënschen*(v)* erwünschen
erwerben*(v)* erwerben
erwëschen*(v)* erwischen
erwëschen*(v)* zurechtweisen
erwëtteren*(v)* zurechtweisen
erwiederen*(v)* zurechtweisen
erwieren, sech -*(v)* erwehren, sich -
erwiergen*(v)* erwürgen
erwirtschaften*(v)* erwirtschaften
erwuessen*(adj)* erwachsen
Erwuessenebildung*(f,~)* Erwachsenenbildung
Erwuessenen*(m,Erwuessen)* Erwachsener
erzéien*(v)* erziehen
Erzéiung*(f,~)* Erziehung
erzielen*(v)* erzählen
Erzielung*(f,-en)* Erzählung
erzwéngen*(v)* erzwingen
es*(pr)* davon
es*(pr)* dessen
escamotéieren*(v)* einziehen
escamotéieren*(v)* übergehen
Esch am Lach*(p)* Esch-Sauer
Esch*(f,-en)* Esche
Eschduerf*(p)* Eschdorf
Eschent*(p)* Eschette
Esch-Sauer*(p)* Esch-Sauer
Esch-Uelzecht*(p)* Esch-Alzette
Eschweiler*(p)* Eschweiler
eskaladéieren*(v)* erklimmen
eskaladéieren*(v)* eskalieren
Eskalatioun*(f,-en)* Eskalation
eskaléieren*(v)* eskalieren
eskortéieren*(v)* eskortieren
esou vill*(adv)* so viel

esou vill*(dét)* so viel
esou*(adv)* so
esoubal*(cn)* sobald
esouguer*(adv)* sogar
esouzesoen*(adv)* sozusagen
esquisséieren*(v)* skizzieren
Essay*(m,-en)* Essay
Esseg*(m,~)* Essig
Essen*(p)* Essingen
Essenz*(f,~)* Essenz
Essenz*(f,-en)* Essenz
esthetesch*(adj)* ästhetisch
Estheticienne*(f,-n)* Kosmetikerin
esthetiséieren*(v)* verschönern
Estimatioun*(f,-en)* Schätzung
estiméieren*(v)* schätzen
ëstlech*(adj)* östlich
estropéieren*(v)* verkrüppeln
et*(pr)* es
etabléieren, sech -*(v)* etablieren, sich -
Etat major*(m,~)* Generalstab
ethesch*(adj)* ethisch
Ethik*(f,~)* Ethik
ethnesch*(adj)* ethnisch
Etikett*(f,-en)* Etikett
etikettéieren*(v)* etikettieren
etlech, en -*(exp)* einige
etlechmol*(adv)* ab und zu
etlechmol*(adv)* manchmal
Ettelbréck*(p)* Ettelbruck
Etude*(f,-n)* Studie
Etui*(m,-en)* Etui
etymologesch*(adj)* etymologisch
Etymologie*(f,-n)* Etymologie
Eucharistie*(f,-n)* Eucharistie
EU-Commissioun*(f,-en)* EU-Kommission
EU-Kommissioun*(f,-en)* EU-Kommission
euphoresch*(adj)* euphorisch
Euphorie*(f,-n)* Euphorie
euphoriséieren*(v)* euphorisch machen
Euro*(m,-en)* Euro
Eurocompatibilitéit*(f,-en)* Eurokompatibilität
Europa*(p)* Europa
Europäesch Unioun*(exp)* Europäische Union
europäesch*(adj)* europäisch
europäiséieren*(v)* europäisieren
Europameeschterschaft*(f,-en)* Europameisterschaft
Europaparlament*(n,~)* Europaparlament
Europarot*(m,~)* Europarat
Euro-Universitéit*(f,-en)* Euro-Universität
Evakuatioun*(f,-en)* Evakuierung
evakuéieren*(v)* evakuieren

Evaluatioun*(f,-en)* Bewertung
evaluéieren*(v)* bewerten
evaluéieren*(v)* einschätzen
evangelesch*(adj)* evangelisch
evangeliséieren*(v)* evangelisieren
Evangelium*(n,Evangelien)* Evangelium
evaporéieren*(v)* verdampfen
evaporéieren*(v)* verdunsten
Evasioun*(f,-en)* Entkommen
eventuell*(adj)* eventuell
evitéieren*(v)* vermeiden
evoluéieren*(v)* entwickeln, sich - (Situation)
Evolutioun*(f,~)* Evolution
Evolutioun*(f,-en)* Entwicklung
evoquéieren*(v)* erwähnen
ewech sinn*(adv)* weg sein
ewech*(adv)* fort
ewech*(adv)* weg
ewech-/wech-*(adv)* weg
ewechbaatschen*(v)* verjagen (mit einem Schlag)
ewechbleiwen*(v)* fernbleiben
ewechblosen*(v)* wegblasen
ewechbréngen*(v)* wegbringen
ewechdiskutéieren*(v)* wegdiskutieren
ewechdrécken*(v)* wegdrücken
ewechdroen*(v)* hinzulernen
ewechdroen*(v)* wegtragen
ewechfachen*(v)* wegschlagen
ewechfalen*(v)* sterben
ewechfalen*(v)* wegfallen
ewechféieren*(v)* wegführen
ewechfléien*(v)* wegfliegen
ewechfriessen*(v)* wegfressen
ewechfueren*(v)* wegfahren
ewechfueren*(v)* wegspringen
ewechgeheien*(v)* wegwerfen
ewechginn*(v)* ausgeben (Geld)
ewechginn*(v)* weggeben
ewechgoen*(v)* weggehen
ewechhalen*(v)* fernhalten
ewechhuelen*(v)* wegnehmen
ewechhuwwelen*(v)* abhobeln
ewechkommen*(v)* wegkommen
ewechkréien*(v)* wegkriegen
ewechkucken*(v)* wegsehen
ewechleeën*(v)* weglegen
ewechloossen*(v)* weglassen
ewechmaachen*(v)* entfernen
ewechmaachen, sech -*(v)* Abflug machen
ewechmaachen, sech -*(v)* los müssen
ewechrappen*(v)* wegreißen
ewechraséieren*(v)* wegrasieren

ewechraumen*(v)* wegräumen
ewechréckelen*(v)* wegrücken
ewechretuschéieren*(v)* wegretuschieren
ewechrullen*(v)* wegrollen
ewechrutschen*(v)* wegrutschen
ewechschéissen*(v)* wegschießen
ewechschloen*(v)* wegschlagen
ewechschnappen*(v)* wegschnappen
ewechsetzen*(v)* aufheben (für jn)
ewechsetzen*(v)* wegstellen
ewechsprengen*(v)* wegsprengen
ewechspullen*(v)* wegspülen
ewechstiechen*(v)* wegstecken
ewechstoussen*(v)* wegstoßen
ewechwäerfen*(v)* wegwerfen
ewechwëschen*(v)* wegwischen
ewechzauberen*(v)* wegzaubern
ewechzéien*(v)* wegziehen
ewéi/wéi*(cn)* wie
ewell*(adv)* jetzt
ewell*(adv)* schon
ewell*(cn)* weil
Exageratioun*(f,-en)* Übertreibung
exageréieren*(v)* übertreiben
exakt*(adj)* exakt
Exaktheet*(f,-en)* Genauigkeit
Exaltatioun*(f,-en)* Exaltiertheit
exaltéieren*(v)* exaltieren
Examen*(m,--)* Examen
Examen*(m,--)* Prüfung
Examen, en - maachen*(exp)* Prüfung, eine - ablegen
Examenskommissioun*(f,-en)* Prüfungskommission
examinéieren*(v)* prüfen
exaucéieren*(v)* erhören
Excavatioun*(f,-en)* Aushub
Excavatioun*(f,-en)* Unterkellerung
Exceptioun*(f,-en)* Ausnahme
excitéieren*(v)* anreizen
excitéieren*(v)* erregen
Excursioun*(f,-en)* Ausflug
Excuse*(f,-n)* Entschuldigung
excuséieren*(v)* entschuldigen
exekutéieren*(v)* exekutieren
Exekutioun*(f,-en)* Exekution
Exekutioun*(f,-en)* Hinrichtung
exekutiv Gewalt*(exp)* Exekutivgewalt
Exekutiv*(f,-en)* Exekutive
exemplifizéieren*(v)* veranschaulichen
Exemptioun*(f,-en)* Befreiung
Exemptioun*(f,-en)* Freistellung
Exercice*(m,-n)* Übung

exerzéieren*(v)* drillen
exerzéieren*(v)* üben
Exhalatioun*(f,-en)* Ausatmung
exhaléieren*(v)* ausatmen
exhibéieren*(v)* vorzeigen
Exhibitioun*(f,-en)* Zurschaustellung
exhortéieren*(v)* ermahnen
exhuméieren*(v)* exhumieren
exigéieren*(v)* fordern
exigéieren*(v)* verlangen
exigent*(adj)* anspruchsvoll
Exigenz*(f,-en)* Anspruch
Exil*(n,-er)* Exil
exiléieren*(v)* Exil, ins - schicken
exiléieren*(v)* exilieren
existéieren*(v)* existieren
Existentialismus*(m,~)* Existentialismus
existentiell*(adj)* existentiell
Existenz*(f,-en)* Existenz
Existenzangscht*(f,-ängscht)* Existenzangst
Existenzkampf*(m,-kämpf)* Überlebenskampf
Existenzminimum*(m,-minima)* Existenzminimum
Exklusioun*(f,-en)* Ausschluss
exklusiv*(adj)* exklusiv
Exklusivitéit*(f,-en)* Exklusivität
exkommunizéieren*(v)* exkommunizieren
exkrementéieren*(v)* defäkieren
Exkulpatioun*(f,-en)* Freisprechung
exkulpéieren*(v)* freisprechen
Exkurs*(m,-en)* Exkurs
Exoneratioun*(f,-en)* Befreiung (von Abgaben, Pflichten)
exorciséieren*(v)* austreiben (Geister)
exorzéieren*(v)* austreiben (Geister)
exorziséieren*(v)* austreiben (Geister)
exotesch*(adj)* exotisch
expandéieren*(v)* expandieren
Expansioun*(f,-en)* Expansion
expatriéieren*(v)* expatriieren
expatriéieren*(v)* verweisen, des Landes -
expediéieren*(v)* abweisen (jn)
expédiéieren*(v)* versenden
Expeditioun*(f,-en)* Beförderung (von Sachen)
Expeditioun*(f,-en)* Expedition
Experienz*(f,-en)* Erfahrung
experimentéieren*(v)* experimentieren
experimentell*(adj)* experimentell
Expert*(m,-en)* Experte
Expert*(m,-en)* Fachmann
Expertise*(f,-n)* Expertise
Expertise*(f,-n)* Gutachten
expertiséieren*(v)* begutachten

expiréieren*(v)* ablaufen (Frist)
Explicatioun*(f,-en)* Erklärung
Explikatioun*(f,-en)* Erklärung
explizéieren*(v)* erklären
explizit*(adj)* explizit
explodéieren*(v)* explodieren
Exploitatioun*(f,-en)* Ausbeutung
Exploitatioun*(f,-en)* Nutzung
exploitéieren*(v)* ausbeuten
exploitéieren*(v)* nutzen
Exploratioun*(f,-en)* Erforschung
Exploratioun*(f,-en)* Erkundung
exploréieren*(v)* erforschen
exploréieren*(v)* erkunden
Explosioun*(f,-en)* Explosion
Explosiounsgefor*(f,-en)* Explosionsgefahr
explosiv*(adj)* explosiv
Export*(m,-en/-er)* Export
Exportartikel*(m,-en)* Exportartikel
Exportateur*(m,-en)* Exporteur
exportéieren*(v)* exportieren
Exporteur*(m,-en)* Exporteur
exposéieren*(v)* ausstellen
exposéieren*(v)* darlegen
exposéiert*(adj)* ausgesetzt
Expositioun*(f,-en)* Ausstellung
express*(adj)* absichtlich
express*(adj)* ausdrücklich
express*(adv)* Absicht, mit -
Expressbréif*(m,-bréiwer)* Eilbrief
Expressegkeet*(f,-en)* Trotz
expressis verbis*(exp)* ausdrücklich
Expropriatioun*(f,-en)* Zwangsenteignung
expropriéieren*(v)* zwangsenteignen
expulséieren*(v)* ausweisen
Expulsioun*(f,-en)* Ausweisung
exquisit*(adj)* exquisit
exstirpéieren*(v)* ausrotten
Extas*(f,-en)* Ekstase
extaséieren*(v)* begeistern, sich -
Extensioun*(f,-en)* Durchwahl (Telefon)
Extensioun*(f,-en)* Erweiterung
extenuéieren*(v)* erschöpfen
exteren*(v)* ärgern
exteren*(v)* plagen
exterioriséieren*(v)* herausgehen, aus sich -
exterioriséieren*(v)* zeigen
extermineieren*(v)* ausmerzen
Extirpatioun*(f,-en)* Vernichtung
extirpéieren*(v)* herausreißen
extra*(adj)* extra
extra*(adv)* besonders
Extractioun*(f,-en)* Extraktion

Extractioun(f,-en) Förderung (Mineralien, Erdöl)
extradéieren(v) ausliefern
extrapoléieren(v) extrapolieren
extravagant(adj) extravagant
extrem(adj) extrem
extrem(adv) extrem
Extremist(m,-en) Extremist
Extremitéit(m,-en) Extremität
exzellent(adj) exzellent
exzellent(adj) hervorragend
exzentresch(adj) exzentrisch
Exzess(m,-er) Exzess

F

Faarf(f,Faarwen) Farbe
Faarf, reng -(exp) Reinfarbe
Faarfdëppen(n,--) Farbtopf
Faarffilm(m,-er) Farbfilm
Faarfstëft(m,-er) Buntstift
Faarfstëft(m,-er) Farbstift
Faart(f,-en) Fahrt
faarweblann(adj) farbenblind
faarweg(adj) bunt
faarweg(adj) farbig
Faarwekëscht(f,-en) Malkasten
Faaschtebounen(npl) Fastenbohnen
Faaschten(npl) Fastenzeit
faaschten(v) fasten
Faaschtenzäit(f,-en) Fastenzeit
Faass(n,Fässer) Fass
faassen(v) fassen
Fabel(f,-en) Fabel
Fabréck(f,-en) Fabrik
Fabréck(f,-en) Manufaktur
Fabrécksaarbechter(m,--) Fabrikarbeiter
Fabrikant(m,-en) Fabrikant
Fabrikatioun(f,~) Fertigung
Fabrikatioun(f,-en) Fabrikation
fabrizéieren(v) fabrizieren
fabuléieren(v) fabulieren
Facette(f,-n) Seite (Aspekt)
Facette(f,-n) Seitenfläche
Fach(n,Fächer) Fach
Fachaarbechter(m,--) Facharbeiter
fächelen(v) fächeln
fachen(v) schlagen
fachen(v) stinken
Fachleit(npl) Experten
Fachleit(npl) Fachleute
Fachmann(m,-männer) Experte
Fachmann(m,-männer) Fachmann
Fachrichtung(f,-en) Fachrichtung
fachsimpelen(v) fachsimpeln
Fachsprooch(f,-en) Fachsprache
Fachwëssen(n,--) Fachwissen
Fachwierk(n,~) Fachwerk
Fachzäitschrëft(f,-en) Fachzeitschrift
Facilitéit(f,-en) Erleichterung
Facilitéit(f,-en) Leichtigkeit
fackelen(v) zaudern
fackelen(v) zögern
façonnéieren(v) gestalten
Facteur(m,-en) Briefträger
Facture(f,-n) Rechnung
fad(adj) fad
fäeg(adj) fähig
Fäegkeet(f,-en) Fähigkeit
fäerdeg bréngen(exp) fertig bringen
fäerdeg maachen(exp) erledigen
fäerdeg maachen(exp) fertig machen
fäerdeg(adj) abgeschlossen
fäerdeg(adj) bereit
fäerdeg(adj) fertig
Fäert(f,-en) Fährte
Fäert(f,-en) Spur
Fäertaarsch(vulg)(m,-äersch/-en) Angsthase
Fäertaasch(vulg)(m,-äersch/-en) Angsthase
fäerten(v) fürchten, sich -
fäerten, eppes -(exp) fürchten, sich - vor etw
fäertereg(adj) ängstlich
fäertereg(adj) schreckhaft
Fäertert(m,-en) Angsthase
Fahrenheit(n,~) Fahrenheit
Fahrerflucht(f,~) Fahrerflucht
fahrlässeg(adj) fahrlässig
Fahrplan(m,-pläng) Fahrplan
Fahrschoul(f,-en) Fahrschule
Faibel(m,~) Neigung
Faibel, e - hu fir eppes/een(exp) Schwäche, eine - haben für etw/jn
Faillite maachen(exp) Pleite machen
Faillite maachen(exp) pleitegehen
Faillite(f,Faillitten) Konkurs
Faillitesituatioun(f,-en) Konkurssituation
fäin(adj) fein
Fäinheet(f,~) Feinheit
fair(adj) anständig
fair(adj) fair
Faire-part(m,-en) Familienanzeige
fairerweis(adj) fairerweise
Fait(m,-en) Fakt
Fait(m,-en) Tatsache
fäkal(adj) fäkal
Fakel(f,-en) Fackel
fakelen(v) leuchten, hell -
Fakelsonndeg(m,-er) Fastensonntag, erster -
Fakelzuch(m,-zich) Fackelzug
faksimiléieren(v) Faksimile herstellen
faktesch(adv) tatsächlich
Faktizitéit(f,-en) Faktizität
Faktizitéit(f,-en) Tatsächlichkeit
fakturéieren(v) fakturieren
fakultativ(adj) fakultativ
Fakultéit(f,-en) Fakultät
Fal(f,-en) Falle
Fal(f,-en) Falte
falen(v) fallen
falen(v) falten
Fall(m,Fäll) Fall
Fall, op jidfer -(exp) Fälle, auf alle -
fälleg(adj) fällig
Fallek(m,-en) Falke
falls(cn) falls
Fallschierm(m,-er) Fallschirm
Fallschiermsprangen(n,~) Fallschirmspringen
Fallschiermsprénger(m,--) Fallschirmspringer
falsch(adj) falsch
fälschen(v) fälschen
fälschen(v) nachmachen
Fälscher(m,--) Fälscher
Falschgeld(n,~) Falschgeld
Falschheet(f,~) Falschheit
fälschlecherweis(adv) fälschlicherweise
Fälschung(f,-en) Fälschung
falsetéieren(v) falsifizieren
falsifiéieren(v) fälschen
falsifiéieren(v) falsifizieren
Falsifikatioun(f,-en) Verfälschung
faméis(adj) bedeutend
faméis(adj) famos
familiär(adj) familiär
familiariséieren(v) familiarisieren
Famill sinn(exp) verwandt sein
Famill(f,-en) Familie
Famill(f,-en) Verwandtschaft
Famill(f,-jen) Familie
Famill(f,-jen) Verwandtschaft
Familljebetrib(m,-er) Familienbetrieb
Familljebuch(n,-bicher) Familienbuch
Familljecommissioun(f,-en) Familienbeirat
Familljefeier(f,-en) Familienfeier
Familljefest(n,-er) Familienfeier
Familljeliewen(n,--) Familienleben
Familljennumm(m,-nimm) Nachname
Familljepapp(m,-päpp) Familienvater
Familljepensioun(f,-en) Familienpension
Familljerelatioun(f,-en) Familienverhältnis
Familljesituatioun(f,-en) Familiensituation

famous*(adj)*	bedeutend
famous*(adj)*	famos
Fan*(m,Fännen)*	Fan
fanatesch*(adj)*	fanatisch
Fanatiker*(m,--)*	Fanatiker
fanatiséieren*(v)*	fanatisieren
Fanclub*(m,-clibb)*	Fanclub
Fändel*(m,-en)*	Fahne
fändelen*(v)*	herumziehen
Fändelstaang*(f,-en)*	Fahnenstange
Fanfare*(f,-n)*	Blaskapelle
Fanger*(m,-en)*	Finger
Fangerhutt*(m,-hitt)*	Fingerhut
Fangerofdrock*(m,-dréck)*	Fingerabdruck
Fangerspëtzegefill*(n,~)*	Fingerspitzengefühl
Fank*(m,~)*	Fang
Fänkches spillen*(exp)*	Fangen spielen
fänken*(v)*	fangen
Fänkes spillen*(exp)*	Fangen spielen
fannen*(v)*	finden
fantaséieren*(v)*	fantasieren
Fantasie*(f,-n)*	Fantasie
fantastesch*(adj)*	fantastisch
Fär*(f,-en)*	Fähre
Far*(m,-en)*	Dickkopf
Far*(m,-en)*	Farn
Far*(m,-en)*	Stier
Farce*(f,-n)*	Farce
Farce*(f,-n)*	Posse
farcéieren*(v)*	farcieren
fären*(adj)*	fern
farinéieren*(v)*	farinieren
farinéieren*(v)*	wenden, in Mehl -
Fasan*(m,-en)*	Fasan
Faschissem*(m,~)*	Faschismus
Faschist*(m,-en)*	Faschist
faschistesch*(adj)*	faschistisch
Fascht*(m,Fäscht)*	Furz
faschten*(v)*	furzen
Faser*(f,-en)*	Faser
Fassad*(f,-en)*	Fassade
Fassong*(f,-en)*	Manier
Fassong*(f,-en)*	Schein
Fassongen*(npl)*	Umstände
Fassungsverméigen*(n,~)*	Fassungsvermögen
Faszinatioun*(f,-en)*	Faszination
faszinéieren*(v)*	faszinieren
fatal*(adj)*	fatal
fatal*(adj)*	verhängnisvoll
Fatalismus*(m,~)*	Fatalismus
fatalistesch*(adj)*	fatalistisch
Fatalitéit*(f,-en)*	Fatalität
Fatz*(f,-en)*	Fetzen
Fatz*(f,-en)*	Lumpen
Fatz*(f,-en)*	Stoff, Stück -
Fatz, kee -*(exp)*	kein bisschen
Fatzbeidel*(m,-en)*	Lump
fatzeg*(adj)*	zerfetzt
fatzeg*(adj)*	zerlumpt
fatzeg*(adv)*	sehr
Faubourg*(m,-en)*	Vorstadt
fauchen*(v)*	fauchen
faul*(adj)*	faul
faulen*(v)*	verfaulen
faulenzeg*(adj)*	faul
faulenzen*(v)*	faulenzen
Faulenzer*(m,--)*	Faulenzer
Faulheet*(f,~)*	Faulheit
Fauscht*(f,Fäischt)*	Faust
Fauschtregel*(f,-en)*	Faustregel
Fausse-couche*(f,-n)*	Fehlgeburt
fautelen*(v)*	mogeln
Fauteler*(m,-en)*	Betrüger
Faveur*(f,-en)*	Gefallen
Faveur*(f,-en)*	Vergünstigung
favoriséieren*(v)*	favorisieren
Favorit*(m,-en)*	Favorit
Fax schécken*(exp)*	Fax schicken
Fax*(m,-en)*	Fax
faxen*(v)*	faxen
Faxen, - maachen*(npl)*	Faxen machen
Februar*(m,~)*	Februar
Fechten*(n,~)*	Fechten
fechten*(v)*	fechten
fécken*(v)*	ficken
Féckmillchen*(f,~)*	Zwickmühle
Fecondatioun*(f,~)*	Befruchtung
federaliséieren*(v)*	verbünden
Federatioun*(f,-en)*	Verband (Zusammenschluss)
federéieren*(v)*	vereinigen
Fee*(f,-ën)*	Fee
Feedback*(m,~)*	Feedback
feeën*(v)*	fegen
feeën*(v)*	putzen (Gemüse)
feeën*(v)*	versohlen, den Hintern -
Feegfeier*(n,~)*	Fegefeuer
feel*(adj)*	fehl
Feel, ouni -*(exp)*	makellos
Feelen*(p)*	Feulen
feelen*(v)*	fehlen
Feeler*(m,--)*	Fehler
Feeler, e - maachen*(exp)*	Fehler, einen - machen
Feelgebuert*(f,-en)*	Fehlgeburt
feelgoen*(v)*	irren, sich -
feelgoen*(v)*	schiefgehen
Feelgrëff*(m,-er)*	Fehlgriff
Feeling*(m,~)*	Feeling
Feelinterpretatioun*(f,-en)*	Fehlinterpretation
feelinterpretéieren*(v)*	fehlinterpretieren
feelschloen*(v)*	fehlschlagen
Feelschotz*(m,-schëtz)*	Fehlschuss
Feelstart*(m,-en)*	Fehlstart
Feeltrëtt*(m,--/-er)*	Fehltritt
Feescht*(f,-en)*	Ferse
Fegfeier*(n,~)*	Fegefeuer
Fehler*(m,--)*	Fehler
Feier*(n,~)*	Feuer
Feier*(n,-en)*	Feier
Feier*(n,-en)*	Fest
Feieralarm*(m,-en)*	Feueralarm
Feierblumm*(f,-en)*	Klatschmohn
Feierdag*(m,-deeg)*	Feiertag
feiereg*(adj)*	feurig
feieren*(v)*	feiern
féieren*(v)*	führen
feierfest*(adj)*	feuerfest
Feiergefor*(f,-en)*	Feuergefahr
Feierkrop*(m,-kreep)*	Schürhaken
Feierläscher*(m,--)*	Feuerlöscher
feierlech*(adj)*	feierlich
Feierlechkeet*(f,-en)*	Feierlichkeit
Feieromes*(f,-sen)*	Feuersalamander
Feierowend*(m,-owenter)*	Feierabend
feierrout*(adj)*	feuerrot
Feierstengszalot*(f,-en)*	Rindfleischsalat
Feierstonn*(f,-en)*	Gedenkfeier
Feierversécherung*(f,-en)*	Feuerversicherung
Feierwierk*(n,-er)*	Feuerwerk
feig*(adj)*	feige
Feigheet*(f,~)*	Feigheit
Feigling*(m,-en)*	Feigling
Feil*(f,-en)*	Feile
Feil*(m,-er)*	Pfeil
feilen*(v)*	feilen
Feiler*(m,--)*	Pfeiler
feilschen*(v)*	feilschen
fein*(adj)*	fein
Feind*(m,-en)*	Feind
Feindin*(f,-nen)*	Feindin
feindlech*(adj)*	feindlich
Feindlechkeet*(f,~)*	Feindlichkeit
feindséileg*(adj)*	feindselig
Feinschmecker*(m,--)*	Feinschmecker
Féiwer*(n,~)*	Fieber
féiwereg*(adj)*	fiebrig
Féiz*(p)*	Foetz
Feld*(n,-er)*	Feld

Feldbett*(n,-er)* Feldbett
Feldblumm*(f,-en)* Feldblume
Feldhong*(m,-hénger)* Rebhuhn
Feldmaus*(f,-mais)* Feldmaus
Feldwee*(m,-ër)* Feldweg
Felg*(f,-en)* Felge
Felicitatioun*(f,-en)* Glückwunsch
felicitéieren*(v)* beglückwünschen
felicitéieren*(v)* gratulieren
Fëllement*(m,-er)* Fundament
fëllen*(v)* füllen
Fëllfieder*(f,-en)* Füller
Fëllfieder*(f,-en)* Füllfeder
Fëlschdref*(p)* Filsdorf
felsefest*(adj)* felsenfest
Fëltgesdeeg*(m,~)* Blätterteig
Feminismus*(m,~)* Feminismus
Feminist*(m,-en)* Feminist
feministesch*(adj)* feministisch
Feministin*(f,-nen)* Feministin
fëmmen*(v)* rauchen
Fëmmert*(m,-en)* Raucher
féng*(adv)* sehr
féng*(adv)* ziemlich
Féngeg*(p)* Fingig
féngeren*(v)* fingern
fénkeleg*(adj)* funkelnd
fénkelen*(v)* funkeln
fénkelen*(v)* zwinkern
fënnef*(adj)* fünf
fënnefasiechzeg*(adj)* fünfundsechzig
Fenneng*(p)* Fennange
Fenschel*(m,~)* Fenchel
fënselen*(v)* ausfransen
fënselen*(v)* nieseln
Fënster*(f,-en)* Fenster
Fënster*(f,-en)* Schaufenster
Fënsterbotzer*(m,--)* Fensterputzer
Fënsterbriet*(n,-brieder)* Fensterbrett
Fënsterdall*(p)* Finsterthal
Fënsterglas*(n,~)* Fensterglas
Fënsterlieder*(f,-en)* Fensterleder
Fënsterrumm*(f,-en)* Fensterrahmen
Fenteng*(p)* Fentange
fërderen*(v)* fördern
ferm*(adj)* fest
ferm*(adj)* kräftig
ferm*(adv)* sehr
Ferngespréich*(m,-er)* Ferngespräch
Fernseh*(m,-en)* Fernsehgerät
Fernsehprogramm*(m,-er)* Fernsehprogramm
fernsteieren*(v)* fernsteuern
Fernsteierung*(f,-en)* Fernsteuerung
Fernstudium*(n,-studien)* Fernstudium
fertiliséieren*(v)* fruchtbar machen
Fësch*(m,--)* Fisch
Fëschbech*(p)* Fischbach
Fëschblos*(f,-en)* Schwimmblase (Fisch)
Fëschbuttek*(m,-er)* Fischgeschäft
Fëschelchen*(m,Fëschelcher)* Fischlein
Fëschelchen*(m,Fëschelcher)* Silberfischchen
fëschen*(v)* angeln
fëschen*(v)* fischen
fëschen, - goen*(exp)* angeln gehen
Fëscher*(m,--)* Fischer
Fëscherboot*(n,-er)* Fischerboot
Fëscherei*(f,~)* Fischerei
Fëscherhafen*(m,-häfen)* Fischereihafen
Fëschfank*(m,~)* Fischfang
Fëschmaart*(m,-mäert)* Fischmarkt
Fëschrutt*(f,-en)* Angelrute
Fëschstäbchen*(m,-stäbercher)* Fischstäbchen
Fëschzopp*(f,-en)* Fischsuppe
Fësem*(f,-en)* Faser
fesselen*(v)* fesseln
fest*(adj)* fest
fest*(adj)* fest
Fest*(f,-er)* Fest
festbäissen*(tr)(v)* festbeißen
festegen*(v)* festigen
Festegkeet*(f,-en)* Festigkeit
festfréieren*(tr)(v)* festfrieren
festfueren*(tr)(v)* festfahren
festhalen*(tr)(v)* festhalten
festhuelen*(tr)(v)* festnehmen
Festiessen*(n,--)* Festessen
Festivitéit*(f,-en)* Festivität
festklameren*(tr)(v)* festklammern
festkrämpen*(tr)(v)* festklammern
festlech*(adj)* festlich
Festlechkeet*(f,-en)* Festlichkeit
festleeën*(tr)(v)* festlegen
festleien*(tr)(v)* festliegen
festmaachen*(tr)(v)* festmachen
festneelen*(tr)(v)* festnageln
Festpräis*(m,-ser)* Festpreis
Festried*(f,-en)* Festrede
Festschrëft*(f,-en)* Festschrift
festschreiwen*(tr)(v)* festschreiben
festsëtzen*(tr)(v)* festsetzen
feststellen*(tr)(v)* feststellen
Feststellung*(f,-en)* Feststellung
feststoen*(tr)(v)* feststehen
festugestallt*(adj)* festangestellt
Festung*(f,-en)* Festungen
Festungsmauer*(f,-en)* Festungsmauer
Fetischist*(m,-en)* Fetischist
Fetschenhaff*(p)* Fetschenhof
fett*(adj)* fett
Fett*(f,-er)* Fett
fettaarm*(adj)* fettarm
fettdrécken*(v)* drucken, fett -
Fettdrock*(m,~)* Fettdruck
fetteg*(adj)* fettig
Fetten*(n,~)* Einfetten
Fetten*(n,~)* Schmierung
Fettfleck*(m,-en)* Fettfleck
feudal*(adj)* feudal
Feuilleté*(m,~)* Blätterteig
Feuter*(m,~)* Filz
féxfäerdeg*(adj)* fix und fertig
fiabiliséieren*(v)* zuverlässig machen
fiancéieren*(v)* verloben
Fiasko*(m,-en)* Fiasko
ficeléieren*(v)* fesseln
ficeléieren*(v)* verschnüren
Ficelle*(f,-n)* Bindfaden
Ficelle*(f,-n)* Schnur
Fiche*(f,-n)* Datenbogen
Fiche*(f,-n)* Merkzettel
fichéieren*(v)* erfassen
fichéieren*(v)* registrieren
fidderen*(v)* füttern
Fieder*(f,-en)* Feder
fiederen*(v)* federn
Fiederwäissen*(m,~)* Federweißer
Fiederwäissen*(m,~)* neuer Wein
Fiels*(m,-en)* Felsen
Fiels*(p)* Larochette
Fiels, an der*(exp)* Larochette, in -
fielseg*(adj)* felsig
fierchterlech*(adj)* entsetzlich
fierchterlech*(adj)* fürchterlich
Fierkel*(n,-en)* Ferkel
Fierkelsjelli*(m,~)* Schweinesülze
Fierkelsziichterei*(f,-en)* Ferkelzucht
fiermen*(v)* firmen
Fierschter*(m,--/-en)* Förster
Fiert*(f,-en)* Fährte
Fiert*(f,-en)* Spur
fierwen*(v)* färben
fierwen, sech -*(v)* schminken, sich -
Fierwerei*(f,-en)* Färberei
Fiess*(f,--)* Sehne (im Fleisch)
fiffeg*(adj)* pfiffig
Fiffi*(m,-en)* Lieblingsschüler (des Lehrers)
Fig*(f,-en)* Feige
Figur*(f,-en)* Figur
figurativ*(adj)* figurativ

figuréieren(v) figurieren
figuréieren(v) vorkommen
fiicht(adj) feucht
Fiichtegkeet(f,~) Feuchtigkeit
Fiisschen(m,Fiissercher) Fuchs, junger -
Fiktioun(f,-en) Fiktion
fiktiv(adj) fiktiv
Filet américain(m,-en) Hacksteak, rohes -
Filet(m,-en) Filet
Filet(m,-en) Netz
Filetsstéck(n,-er) Lendenstück
Filial(f,-en) Filiale
Filial(f,-en) Zweigstelle
filialiséieren(v) ausgliedern
Filière(f,-n) Bildungsgang (Schule)
Filière(f,-n) Laufbahn
Fillen(n,--) Fohlen
fillen(v) fühlen
fillen, sech -(v) fühlen, sich -
Film(m,-er) Film
Filmbranche(f,-n) Filmbranchen
filmen(v) filmen
Filmfrënd(m,-frënn) Filmfreund
Filmkamera(f,-en) Filmkamera
Filmkritiker(m,--) Filmkritiker
Filmmusek(f,-en) Filmmusik
Filmproduzent(m,-en) Filmproduzent
Filmstar(m,-en) Filmstar
Filmuniversitéit(f,-en) Filmuniversität
Filmzäitschrëft(f,-en) Filmzeitschrift
Fils(m,Fissen) Sohn
Filter(m,-en) Filter
filteren(v) filtern
filtréieren(v) filtrieren
Filz(m,~) Filz
filzen(adj) Filz-
Filzstëft(m,-er) Filzstift
fimmelen(v) zaudern
Finale(f,Finallen) Endspiel
Finale(f,Finallen) Finale
Finalisatioun(f,-en) Fertigstellung
Finalisatioun(f,-en) Komplettierung
finaliséieren(v) beenden
finaliséieren(v) fertigstellen
finaliséieren(v) komplettieren
Finalitéit(f,-en) Finalität
finanzéieren(v) finanzieren
Finanzéierungsnoutwendegkeet(f,-en) Finanzierungsnotwendigkeit
finanziell(adj) finanziell
Finanzinformatioun(f,-en) Finanzinformation
Finanzkapassitéit(f,-en) Finanzkapazität
Finanzkommissioun(f,-en) Finanzkommission
Finanzkriminalitéit(f,-en) Finanzkriminalität
Finanzminister(m,-en) Finanzminister
Finanzpolitik(f,-en) Finanzpolitik
Finanzsituatioun(f,-en) Finanzsituation
Findel(p) Findel (auch: Flughafen)
Finn(m,-en) Finne
finnesch(adj) finnisch
Finnland(p) Finnland
fir dass(cn) damit
fir datt(cn) damit
fir d'éischt(exp) zunächst
fir d'éischte Kéier(exp) zum ersten Mal
fir d'lescht(exp) zuletzt
fir d'leschte Kéier(exp) zum letzten Mal
fir näischt(exp) gratis
fir näischt(exp) umsonst
fir ze + Infinitiv(exp) um zu
fir(pp) für
Firma(f,-en) Firma
firmen(v) firmen
Firmung(f,-en) Firmung
firwat(adv) warum
firwat(adv) weshalb
fiscaliséieren(v) besteuern
Fischi(m,-en) Halstuch
fiseleg(adj) nieselnd
fiselen(v) nieseln
Fiselreen(m,~) Nieselregen
Fisem(f,-en) Faser
Fisematente, keng - man(exp) Umstände, keine großen - machen
fisemen(v) nieseln
Fiskalitéit(f,~) Steuerwesen
Fiskus(m,~) Fiskus
Fiss(m,-en) Sohn
Fissi(pej)(m,~) Bursche
Fiston(m,~) Sohn
Fiston(pej)(m,~) Bursche
fit(adj) fit
Fitness(f,~) Fitness
fix(adj) fest
fix(adj) fix
Fixatioun(f,-en) Befestigung
Fixatioun(f,-en) Fixierung
fixéieren(v) befestigen
fixéieren(v) festmachen
fixen(v) fixen
Fixfeier(n,-) Streichhölzer
Fixholz(n,-) Streichholz
Fixspoun(m,-spéin) Streichholz
fizen(v) auftakeln
fizen, sech -(v) herausputzen, sich -
flaach(adj) flach
flaachdrécken(v) flachdrücken
flaachfalen(v) ausfallen
flaachfalen(v) flachfallen
Flaatsch(f,-en) Stück, größeres - (von etw)
flaatschen(v) schlagen
Fläch(f,-en) Fläche
Fläch(f,-en) Oberfläche
Flack(f,-en) Flocke
flackeg(adj) flockig
flackereg(adj) flackernd
flackeren(v) flackern
fladdereg(adj) flattrig
fladderen(v) flattern
Fläiss(m,~) Fleiß
fläisseg(adj) fleißig
fläissen, sech -(v) beeilen, sich -
Flam(f,-en) Flamme
flambéieren(v) flambieren
flamen(v) brennen
flamen(v) lodern
flämesch(adj) flämisch
Flammänner(m,--) Flame
Flammännerin(f,-nen) Flämin
flanéieren(v) flanieren
flanquéieren(v) flankieren
flanteren(v) flattern
Flantermaus(f,-mais) Fledermaus
Flantes(m,-sen) Lümmel
flantesseg(adj) rüpelhaft
Flapp(m,Fläpp) Kuhfladen
Flapp, e - Schlagsan(exp) Schlag, einen - Sahne
flappeg(adj) plump
Fläsch(f,-en) Flasche
Fläschelchen(f,Fläschelcher) Fläschchen
Fläscheschlëssel(m,-en) Flaschenöffner
flatsch(adv) plumps
Flätsch(f,-en) Schleife (Band)
flatscheg(adj) schlaff
flatschen(v) stapfen
flätschen(v) schlagen
flätschen, engem eng -(exp) langen, jm eine -
flattéieren(v) schmeicheln
flatteren(v) flattern
flatteren(v) stolpern
Flatzbur(p) Flatzbour
flauscheg(adj) flauschig
Flaut(f,-en) Flaute
Flaut(f,-en) Flöte
Flaut(f,-en) Schabernack
flechten(v) flechten
fléck(adj) flink
fléck(adj) flügge

- **Fleck**(*m,-en*) Fleck
- **Fleck, net vum - kommen**(*exp*) Stelle, nicht von der - kommen
- **fleckeg**(*v*) fleckig
- **flecken**(*v*) Flecken machen
- **flécken**(*v*) flicken
- **flécken**(*v*) reparieren
- **Fleckeseef**(*f,-en*) Fleckentferner
- **Fleegeheem**(*n,-er*) Pflegeheim
- **Fleegekand**(*n,-kanner*) Pflegekind
- **fleegen**(*v*) pflegen
- **Fleegepersonal**(*n,~*) Pflegepersonal
- **Fleegeversécherung**(*f,-en*) Pflegeversicherung
- **Fleesch**(*n,~*) Fleisch
- **Fleeschbritt**(*f,-en*) Fleischbrühe
- **fleeschfaarweg**(*adj*) fleischfarben
- **Fleeschmillen**(*f,--*) Fleischwolf
- **Fleeschproduktioun**(*f,~*) Fleischproduktion
- **Fleeschwollef**(*m,~*) Fleischwolf
- **fleeten**(*v*) pfeifen
- **fleeten, - goen**(*exp*) verloren gehen
- **fleeten, op eppes -**(*exp*) pfeifen, auf etw -
- **Fléiber**(*p*) Flebour
- **fléien**(*v*) fliegen
- **Fléissband**(*n,-bänner*) Fließband
- **fléisse Waasser**(*exp*) fließendes Wasser
- **fléissen**(*v*) fließen
- **fléissend Waasser**(*exp*) fließendes Wasser
- **fléiwen**(*v*) überreden, zu etw -
- **fléiwen, engem -**(*exp*) zureden, jm -
- **fléiwen, sech net - loossen**(*exp*) bitten, sich nicht - lassen
- **Flemm**(*f,~*) Unlust
- **Flemm, d'- hunn**(*exp*) überdrüssig, aller Dinge - sein
- **flemmseg**(*adj*) schlapp
- **Flemmsegkeet**(*f,~*) Überdruss
- **Flemmsegkeet**(*f,~*) Unlust
- **flemmzeg**(*adj*) arbeitsunlustig
- **flemmzeg**(*adj*) träge (nicht arbeiten wollen)
- **flemmzen**(*v*) müßig gehen
- **flénk**(*adj*) flink
- **flénk**(*adj*) schnell
- **Flënt**(*f,-en*) Flinte
- **Flëntermaus**(*f,-mais*) Fledermaus
- **flësseg**(*adj*) flüssig
- **Flëssegkeet**(*f,-en*) Flüssigkeit
- **flexibel**(*adj*) biegsam
- **flexibel**(*adj*) flexibel
- **flexibiliséieren**(*v*) flexibilisieren
- **Flexibilitéit**(*f,-en*) Flexibilität
- **Flicht**(*f,-en*) Pflicht
- **flicken**(*v*) reparieren
- **Fliedermaus**(*f,-mais*) Fledermaus
- **Fligel**(*m,-en*) Flügel
- **Fliger**(*m,-en*) Flugzeug
- **Fligeraccident**(*m,-er*) Flugzeugunglück
- **Fligerei**(*f,~*) Fliegerei
- **Fliicht**(*f,-en*) Haarbüschel
- **Flillek**(*m,-en*) Flügel
- **flimmeren**(*v*) flimmern
- **flippen**(*v*) flippen
- **Flipper**(*m,-en*) Flipper
- **Flirt**(*m,-en*) Flirt
- **flirten**(*v*) flirten
- **flitzen**(*v*) flitzen
- **flitzen**(*v*) sausen
- **Flock**(*m,-en*) Flug (Bienen, Vögel)
- **Flock**(*m,-en*) Schwarm (Bienen, Vögel)
- **Flock, am - sinn**(*exp*) Schwung, in - sein
- **Flom**(*m,~*) Flaum
- **floréieren**(*v*) blühen
- **floréieren**(*v*) florieren
- **Floribus, am -**(*exp*) Saus und Braus, in -
- **Floss**(*f,-en*) Flosse
- **Floss**(*m,Flëss*) Fluss
- **flöten, - goen**(*exp*) flöten gehen
- **flott**(*adj*) hübsch
- **flott**(*adj*) schnell
- **flott**(*adj*) toll
- **Flott**(*f,-en*) Flotte
- **Flou**(*f,Fléi*) Floh
- **Flouer**(*m,~*) Flor (Trauer)
- **Flouer**(*m,~*) Flur
- **Flouernumm**(*m,-nimm*) Flurname
- **Floumaart**(*m,-mäert*) Flohmarkt
- **flu**(*adj*) ungenau
- **flu**(*adj*) vag
- **Fluch**(*m,Flich*) Fluch
- **Fluch**(*m,Flich*) Flug
- **Fluchbilljee**(*m,-ën*) Flugticket
- **Fluchblat**(*n,-blieder*) Flugblatt
- **fluchen**(*v*) fluchen
- **Fluchhafen**(*m,-häfen*) Flughafen
- **Flucht**(*f,~*) Flucht
- **Flucht**(*f,-en*) Flucht (gerade Reihe)
- **flüchten**(*v*) flüchten
- **Flüchtling**(*m,-en*) Flüchtling
- **Flüchtlingslager**(*m,-en*) Flüchtlingslager
- **Flüchtlingsrot**(*m,-réit*) Flüchtlingsrat
- **Fluchtversuch**(*m,-sich*) Fluchtversuch
- **Fluchtwee**(*m,-ër*) Fluchtweg
- **Fluchziedel**(*m,-en*) Flugzettel
- **Flued**(*m,Flueden*) Fladen (Tortenboden)
- **Flued**(*m,Flueden*) Hefetorte
- **Fluess**(*m,~*) Flachs
- **Fluessfénkelchen**(*m,-fénkelcher*) Hänfling
- **Fluesswëller**(*p*) Flaxweiler
- **Fluktuatioun**(*f,-en*) Fluktuation
- **fluppen**(*exp*) vorangehen, flott -
- **fluppen**(*v*) ohrfeigen
- **flupsdech**(*adv*) plumps
- **Flûte**(*f,-n*) Flöte
- **fluten**(*v*) fluten
- **flutschen**(*ugs*)(*v*) rauchen
- **flutschen**(*v*) vorangehen, zügig -
- **Flütt**(*f,-en*) Flöte
- **Fochs**(*m,Féchs*) Fuchs
- **focken**(*v*) feilschen
- **fofzeg**(*adj*) fünfzig
- **Fofzeger**(*m,--*) Fünfziger
- **fofzéng**(*adj*) fünfzehn
- **Föhn**(*m,-en*) Föhn
- **föhnen**(*v*) föhnen
- **Foire**(*f,-n*) Messe
- **fokusséieren**(*v*) fokussieren
- **Folkendeng**(*p*) Folkendange
- **Folklor**(*m,~*) Folklore
- **folkloristesch**(*adj*) folkloristisch
- **follechen**(*v*) gehorchen
- **Folleg**(*f,-en*) Folge
- **follegen**(*v*) folgen
- **Folschent**(*p*) Folschette
- **Folscht**(*p*) Folschette
- **Folter**(*f,~*) Folter
- **folteren**(*v*) foltern
- **fonctionnéieren**(*v*) funktionieren
- **Fonctioun**(*f,-en*) Funktion
- **Fondatioun**(*f,-en*) Stiftung
- **Fond-de-Gras**(*p*) Fond-de-Gras
- **fondéieren**(*v*) gründen
- **Fondue**(*f,-n*) Fondue
- **Fong**(*m,~*) Grund (Boden)
- **Fong**(*m,~*) Hintergrund
- **Fong**(*m,-en*) Fonds
- **Fong, am - geholl**(*exp*) Grunde, im - genommen
- **Fong, am -**(*exp*) Grunde, im -
- **Fongen**(*npl*) Geldmittel
- **Fonk**(*m,-en*) Funken
- **fonkelen**(*v*) funkeln
- **fonkelnei**(*adj*) nagelneu
- **fonkelnoolsnei**(*adj*) funkelnagelneu
- **Fonken**(*n,--*) Funken
- **fonktionnéieren**(*v*) funktionieren
- **fooschen**(*v*) nähen (mit Heftstichen provisorisch)
- **Football**(*m,~*) Football
- **Football**(*m,~*) Fußball

Football-Nationaldivisioun *(f,-en)*	Fußball-Nationalliga
Footing *(m,-en)*	Footing
forcéieren *(v)*	drängen
forcéieren *(v)*	nötigen
forcéieren *(v)*	zwingen
Form *(f,-en)*	Form
formaliséieren *(v)*	formalisieren
Formalitéit *(f,-en)*	Formalität
Format *(m,-er)*	Format
formatéieren *(v)*	formatieren
Formatioun *(f,-en)*	Ausbildung
Formatioun *(f,-en)*	Bildung
Formatioun *(f,-en)*	Entstehung
forméieren *(v)*	ausbilden
forméieren *(v)*	bilden
forméieren *(v)*	gestalten
Formel *(f,-en)*	Formel
formell *(adj)*	formell
formen *(v)*	bilden
formen *(v)*	formen
Formfeeler *(m,--)*	Formfehler
Formsaach *(f,~)*	Formsache
Formulär *(m,-en)*	Formular
Formulatioun *(f,-en)*	Formulierung
formuléieren *(v)*	formulieren
forschen *(v)*	forschen
Forscher *(m,--)*	Forscher
Forschett *(f,-en)*	Gabel
Forschette *(f,-n)*	Gabel
Forschung *(f,~)*	Forschung
Forschungsinstitut *(m,-er)*	Forschungsinstitut
fort sinn *(exp)*	weg sein
fort *(adv)*	fort
fortbewegen *(v)*	fortbewegen
fortbleiwen *(v)*	fortbleiben
fortdroen *(v)*	forttragen
fortféieren *(v)*	fortführen
fortfléien *(v)*	wegfliegen
fortfueren *(v)*	wegfahren
fortginn *(v)*	weggeben
fortglëtschen *(v)*	wegrutschen
fortgoen *(v)*	fortgehen
fortlafen *(v)*	fortlaufen
fortlafen *(v)*	weglaufen
Fortplanzung *(f,-en)*	Fortpflanzung
fortplënneren *(v)*	wegziehen
fortraumen *(v)*	wegräumen
fortrennen *(v)*	wegrennen
fortrullen *(v)*	wegrollen
fortschécken *(v)*	wegschicken
fortschläichen *(v)*	wegschleichen
fortschleefen *(v)*	wegschleifen
Fortschrëtt *(m,-er)*	Fortschritt
Fortsetzungsroman *(m,-en)*	Fortsetzungsroman
forttréppelen *(v)*	wegspazieren
fortzéien *(v)*	fortziehen
Fotell *(f,-en)*	Sessel
Foto *(f,-en)*	Foto
Fotoalbum *(m,-[m]en)*	Fotoalbum
Fotoapparat *(m,-er)*	Fotoapparat
Fotograf *(m,-en)*	Fotograf
fotograféieren *(v)*	fotografieren
fotokopéieren *(v)*	fotokopieren
Fotokopie *(f,-n)*	Fotokopie
Fotomodell *(n,-er)*	Fotomodell
Fotomodell *(n,-er)*	Mannequin
Fou *(f,-en)*	Fuge
fouen *(v)*	fugen
Fouer *(f,-en)*	Fuhre
Fouer *(f,-en)*	Jahrmarkt
Fouer *(f,-en)*	Messe
Foulard *(m,-en)*	Halstuch
Fousbann *(p)*	Fousbann
Fouss beim Mol halen *(exp)*	pflichtbewusst sein
Fouss *(m,Féiss)*	Fuß
Fouss, ze - *(exp)*	Fuß, zu -
Fouss, zu - *(exp)*	Fuß, zu -
Foussball *(m,~)*	Fußball
Foussball *(m,-bäll)*	Fußball
Foussballdivisioun *(f,-en)*	Fußballliga
Foussballmatch *(m,-mätcher)*	Fußballspiel
Foussball-Nationaldivisioun *(f,-en)*	Fußball-Nationalliga
Foussballsequipe *(f,-n)*	Fußballmannschaft
Foussballsspill *(m,-er)*	Fußballspiel
Foussballsterrain *(m,-en)*	Fußballfeld
Foussballsveräin *(m,-er)*	Fußballverein
foussen *(v)*	Fuß fassen
foussen, op eppes - *(exp)*	basieren, auf etw -
Foussgänger *(m,--)*	Fußgänger
Foussgängerin *(f,-nen)*	Fußgängerin
Foussgängerzon *(f,-en)*	Fußgängerzone
Foussgelenk *(n,-er)*	Fußgelenk
Fousshalter *(m,-er)*	Fußhalter
Foussteppech *(m,-er)*	Fußteppich
foutéieren, sech - *(v)*	scheren, sich einen Dreck - (um etw)
Foyer *(m,-en)*	Gemeinschaftsraum
Foyer *(m,-en)*	Wohnheim
Fra *(f,-en)*	Ehefrau
Fra *(f,-en)*	Frau
Frächen *(f,--)*	Frauchen
Fracht *(f,-en)*	Fracht
fräcks, zu - *(exp)*	Trotz, zum -
fracturéieren *(v)*	brechen
Fraekommissioun *(f,-en)*	Frauenkommission
Fraendokter *(m,-en)*	Frauenarzt
Fraenorganisatioun *(f,-en)*	Frauenorganisation
Fraenzäitschrëft *(f,-en)*	Frauenzeitschrift
Fraeparticipatioun *(f,-en)*	Frauenbeteiligung
Fraerot *(m,-réit)*	Frauenrat
Fraesituatioun *(f,-en)*	Situation der Frauen
Fragment *(n,-er)*	Fragment
fragmentéieren *(v)*	fragmentieren
fräi Plazen- *(expl)*	freie Stellen
fräi *(adj)*	frei
Fräibéier *(m,~)*	Freibier
Fräiberuffler *(m,--)*	Freiberufler
Fräibilljee *(m,-ën)*	Freikarte
fräibleiwen *(v)*	frei bleiben
Fräibréif *(m,-bréiwer)*	Freibrief
Fräidoud *(m,~)*	Freitod
Fräien, am - *(exp)*	Freien, im -
Fräien, am - *(exp)*	Freien, im -
fräieraus *(adv)*	freiheraus
Fräigeescht *(m,-er)*	Freigeist
fräiginn *(v)*	freigeben
fräihalen *(v)*	freihalten
Fräiheet *(f,-en)*	Freiheit
fräihuelen *(v)*	freinehmen
fräikommen *(v)*	freikommen
fräikréien *(v)*	freibekommen
Fräilaf *(m,-leef)*	Freilauf
fräileeën *(v)*	freilegen
fräiloossen *(v)*	freilassen
fräimaachen *(v)*	freimachen
fräischwammen *(v)*	Freischwimmer, den - ablegen
Fraisen *(npl)*	Kosten
Fraisen *(npl)*	Unkosten
fräisinn *(v)*	freihaben
fräispillen *(v)*	freispielen
fräispriechen *(v)*	freisprechen
Fräisproch *(m,-er)*	Freispruch
fräistellen *(v)*	freistellen
Fräistil *(m,~)*	Freistil
Fräistouss *(m,-stéiss)*	Freistoß
fräiwëlleg *(adj)*	freiwillig
Fräizäit *(f,~)*	Freizeit
Fräizäit *(f,~)*	Freizeit
Fräizäitaktivitéit *(f,-en)*	Freizeitaktivität
Fräizäitgestaltung *(f,-en)*	Freizeitgestaltung
Fräizügegkeet *(f,-en)*	Freizügigkeit
Fraktioun *(f,-en)*	Fraktion
Fraktioun, gréng - *(exp)*	Fraktion der Grünen
Fraleit *(npl)*	Weiber
Framënsch *(abw)(n,~)*	Frau

Frang*(m,-en)* Franken
Frangstéck*(n,-er)* Geldstück von einem Franken
Fränjel*(f,-en)* Franse
frankéieren*(v)* frankieren
frankéieren*(v)* freimachen (Brief)
Frankräich*(n,-)* Frankreich
franséisch*(adj)* französisch
Franséisch, eng -*(exp)* Französin
Fransous*(m,-en)* Franzose
frappéieren*(v)* kühlen, in Eis - (Wein)
frappéieren*(v)* stutzig machen
Fräsch*(m,-en)* Frosch
Fräschebruck*(f,~)* Froschlaich
Fräschenham*(f,-en)* Froschschenkel
Fräschmann*(m,-männer)* Froschmann
Frascht*(m,~)* Frost
Frascht*(m,~)* Reif
Fraschtgefor*(f,-en)* Frostgefahr
Fraschtknupp*(f,-en)* Frostbeule
fraudéieren*(v)* schmuggeln
frauduléis*(adj)* betrügerisch
frech*(adj)* frech
frech*(adj)* unerschrocken
Frechheet*(f,-en)* Frechheit
Freckeisen*(p)* Freckeisen
fréckelen*(v)* unruhig sein
fréckelen*(v)* zappeln
fréckelen, un eppes-*(exp)* herumfummeln, an etw -
Freed*(f,-en)* Freude
Freedefeier*(m,-en)* Feuerwerk
freeën, sech -*(v)* freuen, sich -
freeschlech*(adj)* fürchterlich
Freezer*(m,-en)* Tiefkühlfach
fréi*(adj)* früh
Freideg*(m,-er)* Freitag
Freiden*(m,Freideger)* Freitag
freides*(adv)* freitags
freidesmëttes*(adv)* Freitag mittags
freidesnomëttes*(adv)* Freitag nachmittags
freien*(v)* ausgehen, miteinander -
freien*(v)* heiraten wollen
fréier*(adv)* damals
fréier*(adv)* früher
Freier*(m,-en)* Freier
Freier*(m,-en)* Verlobter
Freierei*(f,-en)* Liebelei
fréieren*(v)* frieren
Freiesch*(f,-en)* Verlobte
Fréigebuert*(f,-en)* Frühgeburt
Fréijoer*(n,~)* Frühjahr
Fréijoerskollektioun*(f,-en)* Frühjahrskollektion
fréijoerzeg*(adj)* frühlingshaft
fréimueres*(adv)* frühmorgens
Fréiseng*(p)* Frisange
Fréisser*(m,--)* Fresssack
Fréisser*(m,--)* Vielfraß
fréistens*(adv)* frühestens
Frell*(f,-en)* Forelle
Frënd*(m,Frënn)* Freund
Frënd, kee - vun eppes sinn*(exp)* Freund, kein - sein von etw
Frëndin*(f,-nen)* Freundin
frëndlech*(adj)* freundlich
frëndlecherweis*(adv)* freundlicherweise
Frëndlechkeet*(f,-en)* Freundlichkeit
Frëndschaft*(f,-en)* Freundschaft
frëndschaftlech*(adj)* freundschaftlich
Frëndschaftsspill*(n,-er)* Freundschaftsspiel
Frequenz*(f,-en)* Frequenz
frësch*(adj)* frisch
frësch*(adj)* kühl (Temperatur)
frësch, sech - maachen*(exp)* frischmachen, sich -
Frevel*(m,-en)* Frevel
Fridden*(m,~)* Frieden
Fridden, - schléissen*(exp)* Frieden schließen
Fridden, soziale -*(exp)* Frieden, sozialer -
Friddenskonferenz*(f,-en)* Friedenskonferenz
Friddensmissioun*(f,-en)* Friedensmission
Friddensriichter*(m,-en)* Friedensrichter
Friddensunioun*(f,-en)* Friedensunion
Friddensvertrag*(m,-verträg)* Friedensvertrag
friddlech*(adj)* friedfertig
friddlech*(adj)* friedlich
Fridhaff*(p)* Friedhof
frieden*(v)* anfassen (berühren)
friem*(adj)* fremd
Friem*(f,--)* Fremde
Friemaarbechter*(m,--)* Fremdarbeiter
Friemd, an der -*(exp)* Fremde, in der -
Friemecommissioun*(f,-en)* Ausländerkommission
Friemefeindlechkeet*(f,-en)* Fremdenfeindlichkeit
Friemekommissioun*(f,-en)* Ausländerkommission
Friemelegioun*(f,-en)* Fremdenlegion
Friemen*(m,Friem)* Fremder
Friemkierper*(m,-er)* Fremdkörper
Friemsprooch*(f,-en)* Fremdsprache
Friemwuert*(n,-wierder)* Fremdwort
Friess*(f,-en)* Essgelage
Friessen*(n,~)* Fressen
friessen*(v)* fressen
Frigidaire*(m,-n)* Kühlschrank
Frigo*(m,-en)* Kühlschrank
frigorifiéieren*(v)* einfrieren
frigorifiéieren*(v)* tiefkühlen
Frikadell*(f,-en)* Frikadelle
Frikassee*(m,-ën)* Frikassee
Friktioun*(f,-en)* Friktion
Friktioun*(f,-en)* Reibung
Fripong*(m,-en)* Nimmersatt
frippen*(v)* mampfen
Frisbee*(m,-ën)* Frisbee
friséieren*(v)* frisieren
Friselen*(npl)* Röteln
Frisur*(f,-en)* Frisur
Frittebud*(f,-en)* Imbissbude
Frittefett*(n,~)* Speisefett
Fritten*(npl)* Pommes (frites)
Frittendëppen*(m,--)* Fritteuse
Friture*(f,-n)* Flussfische, gebackene -
Fro*(f,-en)* Frage
froen*(v)* fragen
Froenzeechen*(m,--)* Fragezeichen
fromm*(adj)* fromm
Front*(f,-en)* Front
frontal*(adj)* frontal
Frontalkollisioun*(m,-en)* Frontalzusammenstoß
fronzen*(v)* runzeln
frou*(adj)* froh
frou*(adj)* zufrieden
frou, - si mat engem*(exp)* lieben, jn -
Frousse*(f,-n)* Angst
fruchtbar*(adj)* fruchtbar
Fruchtbarkeet*(f,~)* Fruchtbarkeit
Frust*(m,~)* Frust
Frustratioun*(f,-en)* Frustration
frustréieren*(v)* frustrieren
Fruucht*(f,~)* Getreide
Fruucht*(f,Friichten)* Frucht
Fruuchtdrëpp*(f,-en)* Kornbranntwein
fuchtelen*(v)* fuchteln
fuddelen*(v)* mogeln
Fuddeler*(m,--)* Falschspieler
Fuddeler*(m,--)* Mogler
Fudder*(n,~)* Fuder
Fudder*(n,~)* Futter
Fudderduch*(n,~)* Unterfutter (Kleidung)
fudderweis*(v)* fuderweise
Fuddler*(m,--)* Falschspieler
Fuddler*(m,--)* Mogler
fuebelen*(v)* phantasieren
fuebelen*(v)* Wahnvorstellungen haben
fuebelen*(v)* wirr reden
Fuedem*(m,Fiedem)* Faden
Fuedem, roude -*(exp)* Faden, roter -

Fuel *(m,-en)* Fohlen
Fuendel *(m,Fiendel/-en)* Fahne
Fuer *(f,-en)* Furche
fuer(t) duer *(exp)* fang(t) an (auch: zu essen)
fuer(t) duer *(exp)* lang(t) zu
fuerchtbar *(adj)* furchtbar
fuerderen *(v)* fordern
fuerderen *(v)* herausfordern
fueren *(v)* fahren
fueren *(v)* lenken
Fuerf *(f,Fuerwen)* Farbe
Fuerplang *(m,-pläng)* Fahrplan
fuerschen *(v)* forschen
Fuerscher *(m,--)* Forscher
Fuerschung *(f,-en)* Forschung
fuerweg *(adj)* bunt
Fuerz *(m,-er)* Furz
fuerzdréchen *(adj)* trocken (wie ein Furz)
fuerzen *(v)* furzen
Fuesbal *(m,-er)* Fastnachtsball
Fuesbok *(m,-en)* Fastnachtsmaske
Fuesbok *(m,-en)* Karnevalsbesucher, verkleideter -
Fuesdënschdeg *(m,-er)* Dienstag nach Fastnacht
Fuesent *(f,-en)* Fastnacht
Fuesentsbréitchen *(n,-bréidercher)* Fastnachtsgebäck
Fueskichelcher *(npl)* Fastnachtsgebäck
Fueskostüm *(m,-er)* Karnevalskostüm
Fuesméindeg *(m,-er)* Fastnachtsmontag
Fuessonndeg *(m,-er)* Fastnachtssonntag
fügen *(v)* fügen
Führerschäin *(m,-er)* Führerschein
Führungspositioun *(f,-en)* Führungsposition
Fuite *(f,-n)* Leck (Leitung)
Füllfieder *(f,-en)* Füller
fummelen *(v)* fummeln
Fundament *(n,-er)* Fundament
fundamental *(adj)* fundamental
fundéieren *(v)* begründen
fundéieren *(v)* gründen
fungéieren *(v)* fungieren
funken *(v)* funken
funktionaliséieren *(v)* funktionalisieren
Funktionalitéit *(f,-en)* Funktionalität
funktionéieren *(v)* funktionieren
Funktioun *(f,-en)* Funktion
Funktiounsfäegkeet *(f,-en)* Funktionsfähigkeit
Funkverbindung *(f,-en)* Funkverbindung
Furen *(p)* Fouhren
Furie *(f,-n)* Furie
fuschen *(v)* abpausen
fuschen *(v)* pfuschen
fuschnei *(adj)* funkelnagelneu
fusionéieren *(v)* fusionieren
Fusioun *(f,-en)* Fusion
futtéieren, sech - *(v)* desinteressiert, völlig - sein
futti drécken *(exp)* kaputt drücken
futti maachen *(exp)* kaputt machen
futti schloen *(exp)* kaputt schlagen
futti *(adj)* erledigt (müde)
futti *(adj)* kaputt (Sache)
futti *(adj)* tot (Tier)
futtifueren *(v)* auseinanderbrechen
futtifueren *(v)* kaputtgehen
futtigoen *(v)* kaputtgehen
futtilaachen, sech - *(v)* totlachen, sich -
Futur *(m,~)* Zukunft
futuristesch *(adj)* futuristisch
Fuuss *(m,Fiiss)* Fuchs
fuusseg *(adj)* listig

G

Gaalgen *(m,--)* Galgen
gaangs *(adv)* sofort
gaapsen *(v)* gähnen
Gaardeboun *(f,-en)* Saubohne
Gaardebuedem *(m,~)* Gartenerde
Gaardegeschir *(n,~)* Gartengeräte
Gaardenhaischen *(n,-haisercher)* Gartenhäuschen
Gaardeschéier *(f,-en)* Gartenschere
Gaardeschlauch *(m,-schläich)* Gartenschlauch
Gaart *(m,Gäert)* Garten
Gaaschel *(f,-en)* Handvoll
Gaascht *(m,Gäscht)* Gast
Gaasperech *(p)* Gasperich
Gaass *(f,-en)* Gasse
Gaassebouf *(m,-bouwen)* Gassenjunge
Gabber *(f,-en)* Plaudertasche
Gabber *(f/m,-en)* Mundwerk
gabberen *(v)* plaudern
Gâche *(f,-n)* Rührschaufel (Mörtelbereitung)
gackeren *(v)* gackern
Gäertner *(m,--)* Gärtner
Gäertnerei *(f,-en)* Gärtnerei
Gafel *(f,-en)* Astgabel
Gafel *(f,-en)* Gabel (Fahrrad)
gafelen *(v)* verzweigen, sich -
gafen *(v)* gaffen
Gaffe *(f,-n)* Fauxpas
Gäichel *(p)* Gaichel
Gäilheet *(f,~)* Geilheit
gäipen *(v)* warten, mit offenem Munde auf etw -
Gäissel *(f,-en)* Peitsche
gäisselen *(v)* geißeln
gäisselen *(v)* peitschen
Gäiz *(m,~)* Geiz
gäizeg *(adj)* geizig
gäizen *(v)* Schösslinge abbrechen (Pflanzen)
Gäizert *(m,-en)* Geizhals
Gäizhals *(m,-häls)* Geizhals
gakeg *(adj)* hoch aufgeschossen
gaken *(v)* gackern
Gal *(f,-en)* Galle
galant *(adj)* galant
Galerie *(f,-n)* Galerie
Galerie *(f,-n)* Grubengang
Galeriesluucht *(f,-en)* Grubenlampe
Galesteen *(m,-steng)* Gallenstein
Galiounsfigur *(f,-en)* Galionsfigur
Gallem *(m,~)* Qualm
gallemen *(* qualmen (stickig riechen)
gallemzen *(* qualmen (stickig riechen)
Gallon *(m,-en)* Borte
Galopp *(m,~)* Galopp
galoppéieren *(v)* galoppieren
Galosch *(f,-en)* Galosche
Galosch *(f,-en)* Überschuh
Galvanisatioun *(f,~)* Galvanisierung
galvaniséieren *(v)* galvanisieren
Gamelle *(f,-n)* Blechschüssel (für Essen)
Gamelle *(f,-n)* Essgeschirr (Blech)
Gamme *(f,-n)* Palette (Produkte)
gammsen, op eppes - *(exp)* gieren, nach etw -
gäng *(adj)* gängig
gängelen *(v)* bevormunden
Gangschaltung *(f,-en)* Gangschaltung
Gangster *(m,-en)* Gangster
Gank *(m,-en)* Hausflur
Gank *(m,Gäng)* Gang (Schaltung, Speisefolge)
Gank, e béise - *(exp)* Gang, ein schwerer -
Gäns *(f,-en)* Gans
Gänseféissercher *(npl)* Gänsefüßchen
Gänseliewer *(f,-en)* Gänseleber
Gänsemarsch *(m,~)* Gänsemarsch
ganz a guer *(exp)* ganz und gar
ganz eleng *(exp)* ganz allein
ganz gutt *(exp)* sehr gut
ganz léif *(exp)* sehr nett
ganz *(adj)* ganz
ganz *(adv)* sehr
Ganzt, dat - *(exp)* Ganze, das -
Gäppchen *(f,Gäppercher)* Licht, kleines -
Gäppchen *(f,Gäppercher)* Öllampe

gär hunn(exp) lieben
gär hunn(exp) mögen
gär(adv) gern
Garage(f,-n) Garage
Garage(f/m,-n) Autowerkstatt
Garagist(m,-en) Kraftfahrzeugmechaniker
garantéieren(v) garantieren
Garantieschäin(m,-er) Garantieschein
Garçon(m,-en) Kellner
Gare(f,-n) Bahnhof
garéieren(v) abstellen (Auto)
gären(adv) gerne
gären(v) gären
Garnech(p) Garnich
garnéieren(v) garnieren
Garnisoun(f,-en) Garnison
Garnitur(f,-en) Beilage (Essen)
Garnitur(f,-en) Satz (Schraubenschlüssel)
garrelen(v) abschneiden, unfachmännisch -
Gas ginn(exp) Gas geben
Gas(m,~) Gasherd
Gas(m,-en) Gas
Gasauer(f,-en) Gaszähler
Gascht(m,~) Neid
gaschteg(adj) garstig
gaschteg(adj) gemein
Gasexplosioun(f,-en) Gasexplosion
Gasfläsch(f,-en) Gasflasche
Gasheizung(f,-en) Gasheizung
Gaskocher(m,--) Gaskocher
Gaskrunn(m,-krinn) Gashahn
Gasoil(m,~) Diesel
Gaspistoul(f,-en) Gaspistole
Gasrouer(m,-réier) Gasrohr
Gässel(f,-en) Gasse
Gässelchen(f,Gässelcher) Sackgasse
Gastronomie(f,-n) Gastronomie
Gauklerei(f,-en) Gauklerei
Gaul(m,Gail) Gaul
Gauner(m,-en) Gauner
Gaunerei(f,-en) Gaunerei
Gebai(n,-er) Gebäude
Gebailechkeet(f,-en) Gebäude
Gebastels(n,~) Gebastel
Gebéck(n,-er) Gebiss
Gebécks(n,~) Bücken
gebeemt(scherzh)(adj) hochgeschossen
Gebeess(n,~) Marmelade
Gebeessglas(n,-glieser) Marmeladenglas
Gebëss(n,-er) Gebiss
Gebëtzels(n,~) Reste, kleine -
gebidden(v) anbieten
gebidden(v) befehlen

Gebiet(n,Gebieder) Gebet
Gebietbuch(n,-bicher) Gebetbuch
Gebietsreform(f,-en) Gebetsreform
Gebills(n,~) Gebell
gebilt(adj) gebildet
Gebimmels(n,--) Gebimmel
Gebitt(n,Gebidder) Gebiet
Gebläers(n,~) Geschrei
Geblitt(n,~) Blut
Geblitt(n,~) Geblüt
gebonnen(adj) gebunden
Gebot(n,-er) Gebot
gebrach(adj) gebrochen
Gebraddels(n,~) Dummschwätzerei
Gebräicher(npl) Gebräuche
gebräichlech(adj) gebräuchlich
Gebrauch(m,~) Gebrauch
gebrauchen(v) gebrauchen
Gebrauchsuweisung(f,-en) Gebrauchsanweisung
gebrécherlech(adj) gebrechlich
Gebretz(n,~) Angeberei
gebriechlech(adj) gebrechlich
gebroden(adj) gebraten
gebuer ginn(exp) geboren werden
gebuer sinn(exp) geboren sein
Gebuergenheet(f,~) Geborgenheit
Gebuert Christi(exp) Christi Geburt
Gebuert(f,-en) Geburt
Gebuertekontroll(f,-en) Geburtenkontrolle
Gebuertsakt(f,-en) Geburtsurkunde
Gebuertsdag(f,-deeg) Geburtstag
Gebuertsdagskaart(f,-en) Geburtstagskarte
Gebuertsdagskuch(m,-en) Geburtstagskuchen
Geck(m,-en) Narr
Geck, de - mat engem maachen(exp) necken, jn -
geckeg(adj) verrückt
geckeg(adj) wahnsinnig
Geckegkeet(f,-en) Verrücktheit
gecken(v) scherzen
Geckenhaus(n,-haiser) Irrenhaus
gecksen(v) spaßen
Gedächtnes(n,-ser) Gedächtnis
Gedäerms(n,~) Eingeweide
Gedäerms(npl) Gedärm
Gedäers(n,~) Dornengebüsch
gedam(adj) geduldig
Gedämmels(n,~) Getrampel
gedankelos(adj) gedankenlos
Gedanken(m,--) Gedanke
Gedankeniwwerdroung(f,-en) Gedankenübertragung

gedeckt(adj) gedeckt
Gedeessems(n,~) Brimborium
Gedeessems, ouni -(exp) problemlos
Gedeessems, ouni -(exp) schnell und einfach
gedeien(v) entwickeln, sich -
gedeien(v) gedeihen
Gedéiesch(n,--) Ungeziefer
gedëlleg(adj) geduldig
gedëllegen, sech -(v) gedulden, sich -
Gedéngels(n,~) Getue
gedéngt hunn(exp) genutzt haben
gedenken(v) gedenken
Gedenkminutt(f,-en) Gedenkminute
Gedenktafel(f,-en) Gedenktafel
Gedicht(n,-er) Gedicht
Gedichtband(m,-bänn) Gedichtband
Gediechtnes(n,~) Gedenken
Gediechtnes(n,-ser) Gedächtnis
Gedirängels(n,~) Quälerei
gedoen(adj) getan
Gedold(f,~) Geduld
Gedoldsprouf(f,-prouwen) Geduldsprobe
Gedonners(n,~) Donnern
Gedrecks(n,~) Abfall
Gedrécks(n,~) Drängelei
Gedrécks(n,~) Drucksachen
Gedrécks(n,~) feste Umarmung
Gedrécks(n,~) Gewühl
gedréckt(adj) gedruckt
Gedrécktes(n,~) Drucksachen
Gedreems(n,~) Träumerei
Gedrénks(n,~) Getränk
Gedriffs(n,~) Arbeitseifer
Gedriffs(n,~) Getriebe
gëeegent(adj) geeignet
Gëeekels(n,~) Ekeln
Gëeeters(n,~) Eitern
Geescht(m,~) Verstand
Geescht(m,-er) Geist
Geescht(m/f,~) Gerste
Geescht, ouni -(exp) gehirnlos
geeschteg(adv) geistig
Geeschterbunn(f,-en) Geisterbahn
geeschteren(v) geistern
geeschtlech(adj) geistig
geeschtlech(adj) geistlich
Geeschtlechen(m,Geeschtlecher) Geistlicher
Geess(f,-en) Ziege
Gefaach(n,-er) Fach
gefaangen huelen(exp) gefangen nehmen
gefaangen, - ginn(exp) gefangen werden
Gefaangenen(m,Gefaangen) Gefangener
Gefaangeschaft(f,~) Gefangenschaft

gefaasst, op eppes - sinn*(exp)* gefasst, auf etw - sein
Gefalen*(m,--)* Gefallen
gefalen*(v)* gefallen
gefall, am Krich -*(exp)* gefallen, im Krieg -
gefälleg*(adj)* gefällig
gefälleg, wat -*(exp)* wünschen, Sie -?
Gefällegkeet*(f,-en)* Gefälligkeit
Gefasel*(n,~)* Gefasel
gefaxt, net -*(exp)* gezögert, nicht lange -
Gefecht*(n,-er)* Gefecht
geféierlech*(adj)* gefährlich
Geféierleches*(n,~)* Gefährliches
Geféierlechkeet*(f,~)* Gefährlichkeit
gefëllt*(adj)* gefüllt
Gefëmms*(n,~)* Rauchen
Gefier*(n,-er)* Gefährt
gefierft*(adj)* gefärbt
Gefill*(n,-er)* Gefühl
Gefillsliewen*(n,--)* Gefühlsleben
gefillvoll*(adj)* gefühlvoll
Gefisems*(n,~)* Nieselregen
Geflécks*(n,~)* Flickarbeit
gefleegt*(adj)* gepflegt
Gefléifs*(n,~)* Zureden
Gefligel*(n,~)* Geflügel
Geflimmers*(n,~)* Geflimmer
Gefolleg, am -*(exp)* Verlauf, im -
Gefor*(f,-en)* Gefahr
Geforesituatioun*(f,-en)* Gefahrensituation
Gefréckels*(n,~)* Zappelei
Gefréierfach*(n,-fächer)* Gefrierfach
Gefréiss*(n,~)* Essen im Übermaß
Gefréiss*(n,~)* Fraß
Gefréiss*(n,~)* Fresserei
gefréisseg*(adj)* gefräßig
Gefréissegkeet*(f,~)* Gefräßigkeit
gefriess*(adj)* gefressen
Gëft*(n,-er)* Gift
Gëftbeidel*(m,-en)* Giftspritze (Mensch)
gëfteg*(adj)* giftig
Gëftgas*(n,-en)* Giftgas
Gëftmëscher*(m,--)* Giftmischer
Gëftschlaang*(f,-en)* Giftschlange
Gëftzant*(m,-zänn)* Giftzahn
Gegaaps*(n,~)* Gähnen
Gegecks*(n,~)* Herumalbern
gegléckt*(adj)* gelungen
Gegrommels*(n,~)* Murren
Gehaangenen*(m,Gehaangen)* Gehängter
Gehaansdag*(m,~)* Johannistag (24. Juni)
Gehaansfénkelchen*(m,-fénkelcher)* Glühwürmchen

Gehaanskréischel*(f,-en)* Johannisbeere, rote -
gehaakt*(adj)* gehackt
Gehäck*(n,--)* Innereien (Fleischgericht)
Gehacktes*(n,~)* Hackfleisch
gehäerzt*(adj)* herzhaft
gehäit sinn*(exp)* geplagt sein
gehäit, dat huet mech -*(exp)* geärgert, das hat mich -
Gehalt*(n,Gehälter)* Gehalt
Gehälterrevisioun*(f,-en)* Reform der Gehaltsstruktur
gehässeg*(adj)* gehässig
Gehässegkeet*(f,-en)* Gehässigkeit
Gehecks*(n,~)* Gestrüpp
geheelt*(adj)* geheilt
geheft*(adj)* geheftet
geheien*(v)* schmeißen
geheien*(v)* werfen
geheien, sech -*(v)* plagen, sich -
Gehéier*(n,~)* Gehör
gehéiereg*(adj)* gehörig
gehéieren*(v)* gehören
gehéierlech*(adj)* gehörig
geheim*(adj)* geheim
Geheimnes*(n,-ser)* Geheimnis
Geheimnis*(n,-ser)* Geheimnis
Geheimnummer*(f,-en)* Geheimnummer
Geheimorganisatioun*(f,-en)* Geheimorganisation
Gehëlz*(n,~)* Bauholz
Gehëlz*(n,~)* Gehölz
Gehir*(n,-er)* Gehirn
Gehiraktivitéit*(f,-en)* Gehirnaktivität
Gehirerschütterung*(f,-en)* Gehirnerschütterung
Gehirfunktioun*(f,-en)* Gehirnfunktion
gehirlos*(adj)* hirnlos
Gehirwäsch*(f,-en)* Gehirnwäsche
Gehurels*(n,~)* Gebrüll
géi*(adj)* jäh
géi*(adj)* steil
Gei*(f,-en)* Geige
Géidgen*(p)* Goedange
geien*(v)* geigen
Geier*(m,-en)* Geier
geiereg*(adj)* geizig
geiereg*(adj)* gierig
Geieschhaff*(p)* Geyershof
Géigebeweis*(m,-er)* Gegenbeweis
Géigefro*(f,-en)* Gegenfrage
Géigegëft*(n,-er)* Gegengift
Géigeleeschtung*(f,-en)* Gegenleistung
Géigend*(f,-en)* Gegend
Géigend, an der -*(exp)* Umgebung, in der -

Géigendeel*(m,-er)* Gegenteil
géigeniwwerstellen*(tr)(v)* gegenüberstellen
Géigeniwwerstellung*(f,-en)* Gegenüberstellung
Géigereaktioun*(f,-en)* Gegenreaktion
Géigerichtung*(f,-en)* Gegenrichtung
Géigesäit*(f,-en)* Gegenseite
Géigesäitegkeet*(f,-en)* Gegenseitigkeit
Géigestëmm*(f,-en)* Gegenstimme
Géigeverkéier*(m,~)* Gegenverkehr
Géigner*(m,--)* Gegner
Geimer*(m,~)* Ingwer
géint*(pp)* gegen
géinteneen*(adv)* gegeneinander
géintiwwer*(pp)* gegenüber
géintiwwerstellen*(v)* gegenüberstellen
Geiregkeet*(f,-en)* Geiz
Géisdref*(p)* Goesdorf
Geisel*(f,-en)* Geisel
Geiseldrama*(n,-en)* Geiseldrama
géissen*(v)* gießen
géissen*(v)* schütten
Géisser*(m,--)* Gießer
Géisserei*(f,-en)* Gießerei
Geisterbahn*(f,-en)* Geisterbahn
Geisterfahrer*(m,--)* Geisterfahrer
Gejäiz*(n,--)* Geschrei
Gejéimers*(n,~)* Gejammer
Gejirimiris*(n,~)* Gejammer
Gejirimiris*(n,~)* Getue
Gekachs*(n,--)* Kocherei
gekacht*(adj)* gekocht
gekachte Kéis*(exp)* Kochkäse
gekënschtelt*(adj)* gekünstelt
Geklaaps*(n,~)* Klatsch
Gekläpps*(n,~)* Geklopfe
geklaut*(adj)* gestohlen
Geklibbers*(n,--)* Generve
Geklibbers*(n,--)* Klappern
gekrauselt*(adj)* gekräuselt
gekréngelt*(adj)* gekringelt
Gelaachs*(n,~)* Gelächter
gelähmt*(adj)* gelähmt
Gelänner*(m,-en)* Geländer
Gelatine*(f,~)* Gelatine
gelaunt, gutt -*(exp)* gutgelaunt
gelaunt, schlecht -*(exp)* schlechtgelaunt
Geld*(n,-er)* Geld
Geldautomat*(m,-en)* Geldautomat
Geldbouss*(f,-en)* Geldstrafe
Geldoperatioun*(f,-en)* Finanzoperation
Geldschäin*(m,-er)* Geldschein
Geldspill*(n,-er)* Glücksspiel
Geldstéck*(n,-er)* Geldstück

Geldstrof(f,-en) Geldstrafe
Gelecks(n,~) Abknabbern (von Knochen beim Essen)
Gelecks(ugs)(n,~) Knutscherei
geleeden(v) begleiten (führen)
geleeë kommen(exp) gelegen kommen
Geleeënheet(f,-en) Gelegenheit
Geleef(n,~) Blattwerk (von Gemüse)
Geléierten(m,Geléiert) Gelehrter
Gelëmps(n,~) Plunder
geléngen(v) gelingen
Gelenk(n,-er) Gelenk
Gelenkentzündung(f,-en) Gelenkentzündung
Gelenkkrankheet(f,-en) Gelenkkrankheit
gelëschten(v) gelüsten
Gelidders(n,~) Faulenzerei
gelift?(exp) bitte?
Geliichts(n,~) Beleuchtung
gelldiert/geldiert(exp) nicht wahr
gelldir/geldir(exp) nicht wahr
Gellecht(f,-en) Freude
Gellecht, an der -(exp) Saus und Braus, in -
gelleg(adj) rein
gëllen(adj) golden
gëllen(v) gelten
gëllen(v) gültig sein
gëllt, wann et -(exp) ankommt, wenn es darauf -
geloossen(adj) gelassen
Geloossenheet(f,~) Gelassenheit
gelt(exp) nicht wahr
gëlteg(adj) gültig
gelueden(adj) geladen
gelungen(adj) komisch
gelungen(adj) seltsam
gelungenerweis(adv) seltsamerweise
gemächlech(adj) gemächlich
gemälleg(adj) gemächlich
Geméch(n,~) Geschäftigkeit
Geméch(n,~) Krempel
Geméchs(n,~) Geschäftigkeit
Geméchs(n,~) Krempel
gemeinsam(adj) gemeinsam
Gemeinsamkeet(f,-en) Gemeinsamkeit
Gemeinschaftsantenn(f,-en) Gemeinschaftsantenne
Geméis(n,~) Gemüse
Geméisgaart(m,-gäert) Gemüsegarten
Geméishändler(m,--) Gemüsehändler
geméiss(pp) gemäß
Geméiszopp(f,-en) Gemüsesuppe
gemeng(adj) gemein
Gemeng(f,-en) Gemeinde
Gemeng(f,-en) Gemeindeverwaltung
Gemeng(f,-en) Rathaus
Gemengeconseiller(m,-en) Gemeinderat
Gemengefusioun(f,-en) Gemeindefusion
Gemengegäertnerei(f,-en) Gemeindegärtnerei
Gemengekommissioun(f,-en) Gemeindekommission
Gemengekonselljee(m,-ën) Gemeinderat
Gemengekonzelljee(m,-ën) Gemeinderat
Gemengenaarbechter(m,--) Gemeindearbeiter
Gemengenautoritéit(f,-en) Kommunalbehörde
Gemengerot(m,-réit) Gemeinderat
Gemengesteier(f,-en) Gemeindesteuer
Gemengewal(f,-en) Gemeinderatswahlen
Gemengheet(f,-en) Gemeinheit
gemenkerhand(adv) gemeinhin
Gemitt(n,Gemidder) Charakter
Gemitt(n,Gemidder) Gemüt
gemittlech(adj) gemütlich
gemittlech(adj) langsam
Gemittlechkeet(f,~) Gemütlichkeit
Gemittszoustand(m,-stänn) Gemütszustand
gemutt(adj) gelaunt
Gen(m,-en) Gen
Genauegkeet(f,-en) Genauigkeit
genauestens(adv) genaustens
Gendarmerie(f,-n) Gendarmerie
Genéck(n,-er) Genick
genee(adj) genau
genee(adv) genau
Geneeëgkeet(f,-en) Genauigkeit
genehmegen(v) genehmigen
Genehmegung(f,-en) Genehmigung
genéieren(v) behindern
genéieren, sech -(v) genieren, sich -
genéieren, sech -(v) scheuen, sich -
genéiert(adj) beschämt
genéissen(v) genießen
Generaldirektioun(f,-en) Generaldirektion
generaliséieren(v) verallgemeinern
Generalist(m,-en) Allgemeinmediziner
Generalprouf(f,-prouwen) Generalprobe
Generalsekretär(m,-en) Generalsekretär
Generalstreik(m,-en) Generalstreik
Generatioun(f,-en) Generation
Generatiounskonflikt(m,-er)Generationskonflikt
Generatiounswiessel(m,-en) Generationswechsel
Generator(m,-en) Generator
generéieren(v) erzeugen
generéis(adj) großzügig
Generol(m,Genereel) General
Generositéit(f,~) Großzügigkeit
genëschelt(adj) unauffällig
genësseg(adj) genießerisch
genetesch(adj) genetisch
Genetik(f,~) Genetik
Genfer Ofkommes(n,~) Genfer Abkommen
Genie(m,-n) Genie
Genitalberäich(m,-er) Genitalbereich
Genitalien(npl) Genitalien
Genitiv(m,-er) Genitiv
Genmanipulatioun(f,-en) Genmanipulation
genmanipuléieren(v) manipulieren, genetisch -
genmanipuléiert(adj) genmanipuliert
Genn(f,-en) Raum über der Tenne (Scheune)
gënnen(v) gönnen
Genoss(m,~) Genuss
Genre(m,-n) Genre
Gëns(m,~) Ginster
gënschteg(adj) günstig
Gentleman(m,-männer) Gentleman
genuch(adv) genug
genügend(adj) genügend
Geographie(f,~) Geographie
Geologie(f,~) Geologie
Geometer(m,-en) Geometer
Geophysik(f,~) Geophysik
Gepabeiers(n,~) Papierkram
Gepäck(n,~) Gepäck
Gepäckdréier(m,--) Gepäckträger
Gepäckkontroll(f,-en) Gepäckkontrolle
Gepäcknetz(n,-er) Gepäcknetz
gepeffert(adj) gepfeffert
Gepëspers(n,~) Flüstern
geplatzt(adj) geplatzt
geräächert(adj) geräuchert
Gerabbels(n,~) Rasseln
Gerabbels(n,~) Scheppern
Geräbbels(n,~) Gerümpel
Geräbbels(n,~) Kleingeld
geraddereg(adj) rau (Oberfläche)
geraimeg(adj) geräumig
Geräisch(n,-er) Geräusch
Geranie(f,-n) Geranie
Gerant(m,-en) Betreiber
Gerant(m,-en) Geschäftsführer
geraumt(adj) aufgeräumt
geraumt(adj) geräumt
gerecht(adj) gerecht
Gerechtegkeet(f,-en) Gerechtigkeit
gerechterweis(adv) fairerweise
gerechterweis(adv) gerechterweise
gereechen(v) gereichen
gereezt(adj) geräuchert
geréieren(v) leiten

geréieren*(v)* verwalten
gereizt*(adj)* gereizt
gerënnen*(v)* gerinnen
Gereschters*(n,~)* Essensreste
Gereschters*(n,~)* Reste
gerëselt*(adj)* geschüttelt
Geriffs*(n,~)* Rufen, wiederholtes -
Geriicht*(n,-er)* Gericht
Geriichtsbarkeet*(f,~)* Gerichtsbarkeit
Geriichtsdokter*(m,-en)* Gerichtsmediziner
Geriichtsgebai*(n,-er)* Gerichtsgebäude
Geriichtsgewalt*(f,~)* Judikative
Geriichtshaff*(m,-häff)* Gerichtshof
Geriichtsschreiwer*(m,-en)* Gerichtsschreiber
geriwwen*(adj)* gerieben
Germanist*(m,-en)* Germanist
Geroch*(m,~)* Geruch
Geroch*(m,~)* Geruchssinn
geroden*(v)* gelingen
geroden*(v)* treffen (Ziel)
Gerücht*(n,-er)* Gerücht
gesalzt*(adj)* gesalzen
gesammelt Wierker*(npl)* gesammelte Werke
Gesamtausgab*(f,-en)* Gesamtausgabe
Gesamtfinanzsituatioun*(f,-en)* Gesamtfinanzsituation
Gesamtmontant*(m,-en)* Gesamtbetrag
Gesamtpositioun*(f,-en)* Gesamtposition
Gesangveräin*(m,-er)* Gesangverein
Gesank*(m,Gesäng)* Gesang
Geschäft*(f,-er)* Geschäft
geschäftlech*(adj)* geschäftlich
Geschäftsfra*(f,-en)* Geschäftsfrau
Geschäftsleit*(npl)* Geschäftsleute
Geschäftsmann*(m,-männer)* Geschäftsmann
Geschäftsrelatioun*(f,-en)* Geschäftsbeziehung
Geschäftsstrooss*(f,-en)* Geschäftsstraße
Geschäftsstrooss*(f,-en)* Ladenstraße
Geschäftszäit*(f,-en)* Ladenöffnungszeit
Geschäftszäit*(f,-en)* Öffnungszeit
Geschäftszentrum*(m,-zentren)* Einkaufszentrum
geschannt*(adj)* geschürft
geschéckerlech*(adj)* geschickt
geschéckerlech*(adj)* passend (wie es sich gehört)
Geschéckerlechkeet*(f,~)* Geschicklichkeit
Geschécklechkeet*(f,~)* Geschicklichkeit
gescheet*(adj)* geschieden
geschéien*(v)* ereignen, sich -
geschéien*(v)* geschehen
geschéien*(v)* passieren
gescheit*(adj)* gescheit
Gescheitheet*(f,~)* Klugheit
Geschenk*(n,-er)* Geschenk
Geschicht*(f,-en)* Geschichte
Geschicht*(f,-en)* Sachverhalt
geschichtlech*(adj)* geschichtlich
Geschir*(n,~)* Geschirr
Geschir*(n,~)* Zeug
Geschir, een am - hunn*(exp)* Mangel, jn in der - haben
Geschlecht*(n,-er)* Geschlecht
Geschlechtskrankheet*(f,-en)* Geschlechtskrankheit
geschleeft*(adj)* geschleift
geschleeft*(adj)* geschleppt
Geschmaach*(m,~)* Geschmack
Geschmacklosegkeet*(f,-en)* Geschmacklosigkeit
Geschmeechels*(n,~)* Schmeichelei
geschmiert, wéi -*(exp)* geschmiert, wie -
geschriwwe Sprooch*(exp)* geschriebene Sprache
gëscht*(adv)* gestern
gëschter*(adv)* gestern
geschützt*(adj)* geschützt
Geschwader*(n,-en)* Geschwader
Geschwätz*(n,~)* Gerede
Geschwëndegkeet*(f,-en)* Geschwindigkeit
geschwënn*(adv)* bald
Geschwëster*(npl)* Geschwister
Geschwier*(n,-er)* Geschwür
Geschwill*(n,-er)* Geschwulst
geschwollen*(adj)* geschwollen
Geschwuerenen*(m,Geschwueren)* Geschworener
Geseems*(n,~)* Sämereien
Gesell*(m,-en)* Geselle
Gesellegkeet*(f,~)* Geselligkeit
Gesellepüfung*(f,-en)* Gesellenprüfung
Gesellschaft*(f,-en)* Gesellschaft
gesellschaftlech*(adj)* gesellschaftlich
Gesellschaftskritik*(f,-en)* Gesellschaftskritik
Gesellschaftspill*(n,-er)* Gesellschaftsspiel
gesengt*(adj)* gesengt
Gesetz*(n,-er)* Gesetz
Gesetzbuch*(n,-bicher)* Gesetzbuch
Gesetzespropositioun*(f,-en)* Gesetzesentwurf
Gesetzespropositioun*(f,-en)* Gesetzesvorlage
Gesetzesvirlag*(f,-en)* Gesetzesentwurf
Gesetzesvirlag*(f,-en)* Gesetzesvorlage
Gesetzgeber*(m,--)* Gesetzgeber
Gesetzgebung*(f,-en)* Gesetzgebung
gesetzlech*(adj)* gesetzlich
gesicht*(adj)* gesucht
Gesiicht*(n,-er)* Gesicht
Gesiichtsausdrock*(m,-dréck)* Gesichtsausdruck
Gesiichtscrème*(f,-n)* Gesichtscreme
gesinn*(v)* sehen
Gesinns, vu -*(exp)* Sehen, vom - her
gesond a monter*(exp)* gesund und munter
gesond ginn*(exp)* gesund werden
gesond*(adj)* gesund
Gesondheet*(f,~)* Gesundheit
Gesondheetsinspektioun*(f,-en)* Gesundheitsbehörde
Gesondheetszoustand*(m,-zoustänn)* Gesundheitszustand
gespaant sinn*(exp)* gespannt sein
gespaant*(adj)* gespannt
gespaart*(adj)* gesperrt
Gespär*(n,~)* Gebälk
Gespenst*(n,-er)* Gespenst
Gespréich*(n,-er)* Gespräch
gespréicheg*(adj)* gesprächig
Gespréichspartner*(m,--)* Gesprächspartner
Gespréichsthema*(n,-en)* Gesprächsthema
Gest*(m,-en)* Gebärde
Gest*(m,-en)* Geste
gestalten*(v)* gestalten
Geständnes*(n,-ser)* Geständnis
Geständnis*(n,-ser)* Geständnis
Gestank*(m,~)* Gestank
Geste*(m,-n)* Geste
gestéiert*(adj)* gestört
Gestell vum Brëll*(exp)* Brillenfassung
Gestell*(n,-er)* Gestell
gestempelt*(adj)* abgestempelt
gestempelt*(adj)* gestempelt
Gestëppels*(n,~)* Sticheleien
Gestik*(f,-en)* Gestik
gestikuléieren*(v)* gestikulieren
Gestioun*(f,-en)* Leitung
Gestioun*(f,-en)* Management
Gestioun*(f,-en)* Verwaltung
gestoen*(v)* gestehen
Gesträich*(n,~)* Gebüsch
Gesträich*(n,~)* Sträucher
Gesträichs*(n,~)* Gebüsch
Gesträichs*(n,~)* Sträucher
gesträift*(adj)* gestreift
Geströpp*(n,~)* Gebüsch
gestuerwe sinn*(exp)* gestorben sein
getouft*(adj)* niedergedrückt
Geträips*(n,~)* Eingeweide
Geträips*(n,~)* Gedärm
gëtt, elo - et der*(exp)* setzt, jetzt - es was
gëttlech*(adj)* göttlich
Getto*(m,-en)* Getto

Getuuts*(n,~)* Gehupe
Gëtzen*(p)* Goetzingen
Gevueder*(m,-en)* Gevatter
Gevuedesch*(f,-en)* Gevatterin
gewäerden, ee - loossen*(exp)* gewähren, jn - lassen
Gewalt*(f,~)* Gewalt
Gewaltaktioun*(f,-en)* Gewaltaktion
gewalteg*(adj)* gewaltig
gewalttäteg*(adj)* gewalttätig
Gewalttätegkeet*(f,-en)* Gewalttätigkeit
Gewaltverbriechen*(n,--)* Gewaltverbrechen
Gewan*(f,-en)* Ackerland
Gewan*(f,-en)* Feld
Gewan*(f,-en)* Gelände
gewannen*(v)* gewinnen
gewannen*(v)* siegen
Gewei*(n,-er)* Geweih
gewéinlech*(adj)* gewöhnlich
gewéinlech*(adj)* ordinär
gewëlleg*(adj)* willig
Gewënn*(m,-er)* Gewinn
Gewënnbedeelegung*(f,-en)* Gewinnbeteiligung
Gewënner*(m,--)* Gewinner
Gewerkschaft*(f,-en)* Gewerkschaft
gewerkschaftlech*(adj)* gewerkschaftlich
Gewerkschaftler*(m,-en)* Gewerkschaftler
Gewerkschaftsmember*(m,-en)* Gewerkschaftsmitglied
gewëss*(adv)* aber ja
gewëss*(adv)* gewiss
gewëss*(adv)* sicher
Gewësselosegkeet*(f,~)* Gewissenlosigkeit
Gewëssen*(n,~)* Gewissen
gewëssenhaft*(adj)* gewissenhaft
Gewëssenhaftegkeet*(f,~)* Gewissenhaftigkeit
Gewëssensbëss*(npl)* Gewissensbisse
Gewëssensfräiheet*(f,~)* Gewissensfreiheit
Gewëssheet*(f,~)* Gewissheit
Gewier*(n,-er)* Gewehr
gewierweg*(adj)* flink
gewierweg*(adj)* gelenkig
Gewierwegkeet*(f,-en)* Behändigkeit
Gewierwegkeet*(f,-en)* Gelenkigkeit
Gewierz*(n,-er)* Gewürz
Gewiicht*(n,-er)* Gewicht
Gewiichterhiewen*(n,~)* Gewichtheben
gewinnen*(v)* gewöhnen
gewinnen, sech un eppes -*(exp)* gewöhnen, sich an etw -
gewinnt*(adj)* gewöhnt
Gewonn*(m,Gewënner)* Gewinn
gewot*(adj)* gewagt
gewuer ginn*(exp)* erfahren
gewuess*(adj)* gewachsen
Gewulls*(n,~)* Gewühl
Gewunnecht*(f,-en)* Gewohnheit
Gewürz*(n,-er)* Gewürz
gezeemt*(adj)* gezähmt
Gezei*(n,~)* Kleidung
Gidder*(npl)* Güter
Gidderzuch*(m,-zich)* Güterzug
Giddong*(m,-en)* Lenker
Giddong*(m,-en)* Lenkrad
Giddong*(m,-en)* Lenkstange
Giedel*(f,-en)* Taufpatin
Giedelchen*(f,Giedelcher)* Patenkind
gieden*(v)* jäten
giedlech*(adj)* gelegen
giedlech*(adj)* passend
giel*(adj)* gelb
Gielchen*(m,Gielercher)* Auszeichnung
Gielchen*(m,Gielercher)* Medaille
Gielt, dat - vum Ee*(exp)* Gelbe, das - vom Ei
Gielzecht*(f,-en)* Gelbsucht
gielzeg*(adj)* gelblich
giereg*(adj)* gierig
gierksen*(v)* Brechreiz empfinden
gierksen*(v)* würgen
gierwen*(v)* gerben
Giewel*(m,-en)* Giebel
Giewel*(p)* Goeblange
Giewelsmillen*(p)* Goebelsmühle
Gif*(m,Giwen)* Flussfisch, kleiner -
Gif*(m,Giwen)* Gründling
Gigant*(m,-en)* Gigant
Gigolo*(m,-en)* Gigolo
Giicht*(f,--)* Gicht
Giischt*(p)* Girst
Giischtchen*(m,Giischtercher)* Gefängniswärter
Giischterklaus*(p)* Girsterklause
Gilet*(m,-en)* Weste
Gilette*(f,-n)* Rasierklinge
Gilli*(m,-en)* Weste
Gilsdref*(p)* Gilsdorf
ginn*(v)* geben
ginn*(v)* werden
ginn, sech -*(v)* aufhören
Gipfelkonferenz*(f,-en)* Gipfelkonferenz
Gipfeltreffen*(n,--)* Gipfeltreffen
Gipp*(m,-en)* Fisch, kleiner -
Gipp*(m,-en)* Gründling
Gips*(m,--)* Gips
Gipsaarbecht*(f,-en)* Gipsarbeit
gipsen*(adj)* Gips-
gipsen*(v)* gipsen
Gipser*(m,--)* Gipser
Giraff*(f,-en)* Giraffe
Girland*(f,-en)* Girlande
Giss*(n,-en)* Schwein
Gisschen*(m,Gissercher)* Schweinchen
Gittar*(f,-en)* Gitarre
Gitter*(n,--)* Gitter
Giwenech*(p)* Givenich
Glace*(f,-n)* Eiskrem
Glace, viischt -*(exp)* Windschutzscheibe
glacéieren*(v)* überziehen, mit Zuckerguss -
Glach*(m,--)* Ähnlichkeit
gladdereg*(adj)* naschhaft
gladderen*(v)* sabbern
Glaf*(m,~)* Glaube
Glafwierdegkeet*(f,~)* Glaubwürdigkeit
gläich*(adj)* gleich
gläich*(adv)* gleich
gläich, bis -*(exp)* bis nachher
gläichaltreg*(adj)* gleichaltrig
gläichberechtegen*(v)* zuerkennen, gleiche Rechte -
Gläichberechtegung*(f,~)* Gleichberechtigung
gläichberechtigt*(adj)* gleichberechtigt
gläichen*(v)* ähneln
gläichevill*(adj)* gleichgültig
gläichfalls*(adv)* gleichfalls
gläichgëlteg*(adj)* gleichgültig
Gläichgëltegkeet*(f,--)* Gleichgültigkeit
Gläichgewiicht*(n,~)* Gleichgewicht
Gläichheet*(f,~)* Gleichheit
Gläichheetsprinzip*(n,-ien)* Gleichheitsprinzip
Gläichmaacherei*(f,-en)* Gleichmacherei
gläichméisseg*(adj)* gleichmäßig
Gläichméissegkeet*(f,-en)* Gleichmäßigkeit
gläichschalten*(v)* gleichschalten
gläichstellen*(v)* gleichstellen
Gläichstroum*(m,-stréim)* Gleichstrom
gläichvill*(adj)* gleichgültig
glannen*(v)* zusammensuchen
Glänner*(n,--)* Geländer
Glanz*(m,~)* Glanz
Glanzleeschtung*(f,-en)* Glanzleistung
Glas*(n,Glieser)* Glas
Glasbléiserei*(f,-en)* Glasbläserei
glaséieren*(v)* glasieren
Glaspabeier*(m,~)* Schmirgelpapier
glat näischt*(exp)* gar nichts
glat*(adj)* glatt
Glatäis*(n,~)* Glatteis
Glatz*(f,-en)* Glatze
Glawensbekenntnes*(n,-ser)* Glaubensbekenntnis

Glawensbekenntnis *(n,-ser)*	Glaubensbekenntnis
Glawensfräiheet *(f,-en)*	Glaubensfreiheit
Gléck *(n,~)*	Glück
glécken *(v)*	gelingen
glécklech *(adj)*	glücklich
glécklecherweis *(adv)*	glücklicherweise
gléckséileg *(adj)*	glückselig
Glécksfall *(m,-fäll)*	Glücksfall
Gléckskand *(n,-kanner)*	Sonntagskind
Glécksrad *(n,-rieder)*	Glücksrad
Glécksspill *(n,-er)*	Glücksspiel
Glécksvull *(m,-en)*	Glückspilz
Gléckwonsch *(m,-wënsch)*	Glückwunsch
gleeweg *(adj)*	gläubig
gleewen *(v)*	glauben
Gleis *(f,-en)*	Eisbahn
Gleis *(n,-er)*	Bahngleis
gleisen *(v)*	gleiten (Eisenbahn, Schlittschuhe)
glënneren *(v)*	glänzen
glëschten *(v)*	gelüsten
glëschten, eppes Séisses - *(exp)*	Lust auf etw Süßes haben
glëtscheg *(adj)*	rutschig
glëtschen *(v)*	gleiten (auf Eis)
glëtschen *(v)*	rutschen
Gletscher *(m,-en)*	Gletscher
Glëtz *(m,--)*	Blitzeis
Glëtz *(m,--)*	Eisregen
Glidd *(m,-er)*	Glied
gliddeg *(adj)*	glühend heiß
gliddege Wäin *(exp)*	Glühwein
glidderen *(v)*	gliedern
gliesen *(adj)*	Glas-
gliesen *(adj)*	gläsern
globaliséieren *(v)*	globalisieren
Globaliséierung *(f,-en)*	Globalisierung
Globetrotter *(m,-en)*	Globetrotter
Globetrotter *(m,-en)*	Weltenbummler
Globus *(m,Globen/-sen)*	Globus
glott *(adj)*	anspruchsvoll
glott *(adj)*	wählerisch
Glottheet *(f,~)*	Geschmack, anspruchsvoller -
glotzen *(v)*	glotzen
Glous *(f,-en)*	Glut
glousen *(v)*	glimmen
glousen *(v)*	glühen
glucksen *(v)*	gluckern
Glühwäin *(m,-er)*	Glühwein
Gnod *(f,-en)*	Gnade
Gnodestouss *(m,-stéiss)*	Gnadenstoß
Goal *(m,-er)*	Tor (Sport)
Goalkeeper *(m,-en)*	Torwart
Godrong *(m,~)*	Teer
Goen *(n,~)*	Gehen
goen *(v)*	gehen
goen, a Pensioun - *(exp)*	gehen, in Rente -
Gof *(f,Gowen)*	Gabe
Gold *(n,~)*	Gold
goldeg *(adj)*	goldig
goldegiel *(adj)*	goldgelb
Goldfësch *(m,--)*	Goldfisch
Goldhamster *(m,-en)*	Goldhamster
Goldwo *(f,-en)*	Goldwaage
Golf *(m,~)*	Golf
Golfcaddy *(m,-en)*	Golfcaddy
Golfregioun *(f,-en)*	Golfregion
Golfspiller *(m,--)*	Golfspieler
Golfterrain *(m,-en)*	Golfplatz
Gomm *(m,-en)*	Gaumen
gomméieren *(v)*	gummieren
gomméieren *(v)*	radieren
gondelen *(v)*	gondeln
gonfléieren *(v)*	aufblähen
gonnen *(v)*	gönnen
Gonnereng *(p)*	Gonderange
Gonscht *(f,-en)*	Gunst
Gorilla *(m,-en)*	Gorilla
Goss *(m,~)*	Gusseisen
Goss *(ugs)(m,~)*	Geld
gothesch *(adj)*	gotisch
Gott sei dank *(exp)*	Gott sei Dank
Gott *(m,Gëtter)*	Gott
Gottesdéngscht *(m,-er)*	Gottesdienst
Gotteslästerung *(f,-en)*	Gotteslästerung
Gottheet *(f,-en)*	Gottheit
gottverloossen *(adj)*	gottverlassen
gotzelen *(v)*	abbetteln
gotzelen *(v)*	betteln
Gouache *(f,-n)*	Gouache
Goudron *(m,~)*	Teer
goudronnéieren *(v)*	teeren
gouereg ginn *(exp)*	abmagern
gouereg *(adj)*	dünn (Person)
gouereg *(adj)*	mager
Goueregkeet *(f,~)*	Magerkeit
gourmangseg *(adj)*	gefräßig
gourmangseg *(adj)*	gierig
Gouschteng *(p)*	Gostingen
Gousseldeng *(p)*	Gosseldange
Goût *(m,-en)*	Geschmack
gouvernéieren *(v)*	regieren
Gouvernement *(m,-er)*	Regierung
Gouverneur *(m,-en)*	Gouverneur
graatschen *(v)*	breitbeinig gehen
grad elo *(exp)*	gerade jetzt
grad *(adv)*	eben
Grad *(m,-en)*	Grad
Gradatioun *(f,-en)*	Abstufung
graduéieren *(v)*	graduieren
Graf *(n,Griewer)*	Grab
graff *(adj)*	grob
Graffitti *(m,-en)*	Graffiti
Grafik *(f,-en)*	Grafik
Grafiksprogramm *(m,-er)*	Grafikprogramm
gräifen *(v)*	greifen
Gräisch *(p)*	Greisch
gräisslech *(adj)*	scheußlich
Gräisslechkeet *(f,-en)*	Scheußlichkeit
Gramm *(m,~)*	Gramm
Grammaire *(f,-n)*	Grammatik
Grammatik *(f,-en)*	Grammatik
Granat *(f,-en)*	Granaten
Grand *(m,~)*	Missmut
Grand *(m,~)*	missmutige Person
Grand-Duché *(m,-en)*	Großherzogtum
grandios *(adj)*	grandios
Grandsen *(p)*	Grindhausen
granuléieren *(v)*	granulieren
granzeg *(adj)*	grantig
granzeg *(adj)*	missgestimmt
granzen *(v)*	nörgeln (mürrisch)
Graphik *(f,-en)*	Grafik
Grapp *(m,Gräpp)*	Handvoll
Grapp, an de - huelen *(exp)*	Hand, in die - nehmen
Grapp, de - ophalen *(exp)*	Hand, die - aufhalten
gräppweis *(adv)*	reichlich
Gras *(n,~)*	Gras
Grashallem *(m,-hällem)*	Grashalm
Grass *(p)*	Grass
Gratifikatioun *(f,-en)*	Gratifikation
gratinéieren *(v)*	gratinieren
gratis *(adj)*	gratis
gratis *(adv)*	gratis
Gratisvirstellung *(f,-en)*	Gratisvorstellung
grätschen *(v)*	knirschen
Gratulatioun *(f,-en)*	Gratulation
gratuléieren *(v)*	gratulieren
Grauel *(m,~)*	Abscheu
Graul *(m,~)*	Abscheu
Graul, de - an eppes hunn *(exp)*	Abscheu vor etw empfinden
graulen, sech - *(v)*	graulen, sich -
grausam *(adj)*	grausam
Grausamkeet *(f,-en)*	Grausamkeit
gravéieren *(v)*	gravieren
Gravitéit *(f,~)*	Gravität
Grazie *(f,-n)*	Grazie

grazil(adj) grazil
Greef(m,-er) Mistgabel
Greenhorn(n,-en) Greenhorn
greezen(v) muffig riechen
greezen(v) ranzig schmecken
Greff(m,-en) Gerichtskanzlei
Grëff(m,-er) Griff
Greffier(m,-en) Gerichtsschreiber
Gréiss, schéi -(exp) Grüße, schöne -
gréissen(v) grüßen
Gréissenënnerscheed(m,-er) Größenunterschied
Gréissewahn(m,~) Größenwahn
Gréissewan(m,~) Größenwahn
Gréisst(f,-en) Größe
Gréisst(f,-en) Körpergröße
gréisstendeels(adv) größtenteils
Gréiweknapp(p) Grevenknapp
Greiweldeng(p) Greiveldange
Gréiwels(p) Grevels
Gréiwemaacher(p) Grevenmacher
grell(adj) grell
Gremium(m,Gremien) Gremium
Grëmmelescht(p) Gruemelscheid
Grenadine(f,-n) Granatapfel
grëndlech(adj) gründlich
Grëndlechkeet(f,-en) Gründlichkeit
gréng(adj) grün
Gréng, déi -(exp) Grünen, die - (Partei)
gréngelzeg(adj) grünlich
Gréngen(m,Gréng) Grüner
gréngen(v) greinen
gréngen(v) grünen
gréngen(v) nörgeln
Gréngespoun(m,~) Grünspan
Gréngs(n,--) Grünzeug
grënnen(v) gründen
Grënner(m,--) Gründer
Grënnung(f,-en) Gründung
Grentzen(p) Grentzingen
Grenz(f,-en) Grenze
grenzen, un eppes -(exp) angrenzen
Grenzfall(m,-fäll) Grenzfall
Grenzgänger(m,--) Grenzgänger
Grenzregioun(f,-en) Grenzgebiet
Grenzschutz(m,~) Grenzschutz
Grëtz(f,~) Kleinigkeit
Grëtz, eng -(exp) wenig, ein -
Greviste(m,-n) Streikender
Griecht(f,-en) Hohlweg
Grieser(npl) Gräser
Griich(m,-en) Grieche
Griicheland(n,~) Griechenland
griichesch(adj) griechisch
grillen(v) grillen
Grimass(f,-en) Grimasse
Grimmel(f,-en) Krümel
Grimmel, eng -(exp) wenig, ein -
grimmelen(v) krümeln
grinsen(v) grinsen
Gripp(f,-en) Grippe
Grips(m,~) Grips
gro(adj) grau
grobb(adj) unhöflich
groelzeg(adj) gräulich
Grog(m,-en) Grog
groggy(adj) erledigt
Grolënster(p) Graulinster
grommelen(v) brummen
grommelen(v) murren
grommelen(v) nörgeln
Gromper(f,-en) Kartoffel
Gromperekichelchen(m,-kichelcher) Kartoffelpuffer
Gromperemiel(n,~) Kartoffelmehl
Gromperemount(m,-méint) Oktober
Gromperen, gequellte -(exp) Pellkartoffeln
Gromperenzalot(f,-en) Kartoffelsalat
Gromperepurée(m,-ën) Kartoffelpüree
Gromperesak(m,-säck) Kartoffelsack
Gron(f,-en) Weinbeere
Grond(m,Grënn) Boden
Grond(m,Grënn) Grund
Grondausbildung(f,-en) Grundausbildung
Grondbegrëff(m,-er) Grundbegriff
Grondhaff(p) Grundhof
Grondkenntnis(f,-ser) Grundkenntnis
Grondrecht(n,-er) Grundrecht
grondsätzlech(adj) grundsätzlich
Grondsteier(f,-en) Grundsteuer
Grondtoun(m,-téin) Grundton
Grondwaasser(n,~) Grundwasser
Gronn (Stadgronn)(p) Grund
Gronn(m,Grënn) Grund
Grooljen(p) Gralingen
Gros(m,~) Großhandel
Gros(m,~) Mehrheit
Grossist(m,-en) Großhändler
Grossist, beim -(exp) Großhandel, im -
Grott(f,-en) Grotte
Grouf(f,Grouwen) Grube
grouss ginn(exp) erwachsen werden
grouss(adj) erwachsen
grouss(adj) groß
Grouss(m,Gréiss) Gruß
groussaarteg(adj) großartig
groussaarteg(adj) hochmütig
Groussbus(p) Grosbous
Grousselteren(npl) Großeltern
Groussgaass(f,-en) Straßenname (meist im Ortskern)
Groussherzog(m,-en) Großherzog
Groussherzogin(f,-nen) Großherzogin
Groussindustrie(f,-n) Großindustrie
groussjäreg(adj) volljährig
Groussmamm(f,-en) Großmutter
Grousspapp(m,-päpp/-en) Großvater
Groussregioun(f,-en) Großregion
Groussschreiwung(f,~) Großschreibung
Groussstad(f,-stied) Großstadt
grousst Geschäft(exp) Kaufhaus
grousszéien(v) großziehen
grousszillen(v) großziehen
Grouwegas(m,-en) Grubengas
Grouwegasexplosioun(f,-en) Grubengasexplosion
growäiss(adj) grauweiß
grued(adj) gerade
Gruef(m,Grief) Graben
gruewen(v) graben
Gruft(f,-en) Gruft
Grufti(m,-en) Grufti
grujeleg(adj) gruselig
grujeleg(adj) schrecklich
Grujelen(npl) Schaudern
grujelen(v) grauen
grujelen(v) schaudern
grunschen(v) greinen
grunzen(v) grunzen
Grupp(m/f,-en) Gruppe
gruppéieren(v) gruppieren
Gruppenaarbecht(f,-en) Gruppenarbeit
Gruppenaktivitéit(f,-en) Gruppenaktivität
Gruppendynamik(f,~) Gruppendynamik
Gruppenzwang(m,-zwäng) Gruppenzwang
Grupperees(f,-en) Gruppenreise
Gruppesex(m,~) Gruppensex
Gubbeli(m,-en) Becher
Guckuck(m,-en) Kuckuck
Guckucksauer(f,-en) Kuckucksuhr
Guckucksblumm(f,-en) Schlüsselblume
gudde Moien(exp) guten Morgen
gudden Owend(exp) guten Abend
Gued(f,Gied) alte Frau
Gued(f,Gied) Patin
Guedber(p) Godbrange
guer(adv) *gar*
guer näischt(exp) gar nichts
guer net(exp) überhaupt nicht

guerden(*v*) festzurren
Guergel(*f,-en*) Gurgel
Guergel(*f,-en*) Kehle
guergelen(*v*) gurgeln
Guerilla-Aktioun(*f,-en*) Guerilla-Aktion
Guert(*m,-en*) Gürtel
Guet(*m,-en*) Gegenstück
Guichet(*m,-en*) Schalter
Guide(*m,-en*) Pfadfinderin
Guide(*m,-en*) Reiseführer
guidéieren(*v*) lenken
guillotinéieren(*v*) guillotinieren
Gültegkeet(*f,~*) Gültigkeit
Gumm(*m,-en*) Gaumen
Gummi(*m,~*) Kautschuk
Gummi(*m,~*) Kondom
Gummi(*m,-en*) Gummi
Gummiball(*m,-bäll*) Gummiball
Gummishändsch(*f,-en*) Gummihandschuh
Gummistiwwel(*m,-en*) Gummistiefel
Güterzuch(*m,-zich*) Güterzug
gutt dru sinn(*exp*) gut gehen
gutt gezillt(*exp*) wohlerzogen
gutt Nuecht(*exp*) gute Nacht
gutt Nuet(*exp*) gute Nacht
gutt versuergt(*exp*) gut aufgehoben
gutt(*adj*) gut
gutt(*adv*) sehr
Gutt(*n,Gidder*) Gut
guttaarteg(*adj*) gutartig
guttbezuelt(*adj*) gutbezahlt
gutthalen, engem eppes -(*exp*) glauben, jm etw -
guttheeschen(*v*) gutheißen
Guttheet(*f,~*) Güte
guttmaachen, eppes erëm -(*exp*) wiedergutmachen, etw -
guttmiddeg(*adj*) gutmütig
Guttmiddegkeet(*f,~*) Gutmütigkeit
Gutts(*n,~*) Gutes
guttsituéiert(*adj*) gutsituiert
guttwëlleg(*adj*) gutwillig
Gynäkolog(*m,-en*) Gynäkologe
Gyros(*m,~*) Gyros

H

Ha(*m,Hee*) Gartenhacke
Ha(*m,Hee*) Hammer (schwerer)
Ha(*m,Hee*) Hieb
Ha(*m,Hee*) Kerbe
Haalwerweis(*m,-en*) Einfaltspinsel
Haaptactionnaire(*m,-n*) Hauptaktionär
Haaptadministratioun(*f,-en*) Hauptverwaltung
Haaptaktivitéit(*f,-en*) Hauptaktivität
Haaptattraktioun(*f,-en*) Hauptattraktion
Haaptdeel(*m,-er*) Hauptteil
Haaptexpressioun(*f,-en*) Hauptaussage
Haaptfach(*n,-fächer*) Hauptfächer
Haaptformatioun(*f,-en*) Hauptausbildung
Haaptmann(*m,Haaptleit*) Hauptperson
Haaptmoolzecht(*f,-en*) Hauptmahlzeit
Haaptpersoun(*f,-en*) Hauptperson
Haaptplat(*m,-en*) Hauptgang
Haaptroll(*f,-en*) Hauptrolle
Haaptsaach(*f,-en*) Hauptsache
haaptsächlech(*adj*) hauptsächlich
Haaptsaison(*f,-en*) Hauptsaison
Haaptschëllegen(*m,-schëlleg*) Hauptschuldiger
Haaptsënn(*f,-en*) Todsünde
Haaptspezialitéit(*f,-en*) Hauptspezialität
Haaptstad(*f,-stied*) Hauptstadt
Haaptstrooss(*f,-en*) Hauptstraße
Haaptversammlung(*f,-en*) Hauptversammlung
haart gekachtent Ee(*exp*) hart gekochtes Ei
haart liesen(*exp*) laut lesen
haart(*adj*) hart
haart(*adj*) laut
haarthäerzeg(*adj*) hartherzig
Haartmount(*m,-méint*) Januar
Haarz(*m,~*) Harz
haarzeg(*adj*) harzig
Haascht(*f,-en*) Fleisch, Vorrat an geräuchertem -
Haascht(*f,-en*) Rauchfang
haaspelen(*v*) erledigen (hastig, ruckweise)
Haass(*m,~*) Hass
Haassel(*p*) Hassel
haassen(*v*) hassen
Haastert(*p*) Hagelsdorf
Habech(*p*) Habay-la-Neuve (Belgien)
Habilitatioun(*f,-en*) Habilitation
habilitéieren(*v*) habilitieren
Habscht(*p*) Hobscheid
hachéieren(*v*) schraffieren
Hachis(*m,~*) Hackfleisch
hackelen(*v*) stammeln
hacken(*v*) hacken
Hackernoss(*f,-nëss*) Walnuss
Hackernossbam(*m,-beem*) Walnussbaum
haen(*v*) hauen
haen(*v*) schlagen
häerden(*v*) ausstehen
häerden(*v*) härten
Häerz(*n,-er*) Herz
häerzallerléifst(*adj*) herzallerliebst
Häerzchen(*m,Häerzercher*) Herzchen
häerzeg(*adj*) herzig
häerzen(*v*) liebkosen
Häerzensugeleeënheet(*f,-en*) Herzensangelegenheit
Häerzi(*m,-en*) Herzchen
Häerzinfarkt(*m,-er*) Herzinfarkt
häerzkrank(*adj*) herzkrank
häerzlech(*adj*) herzlich
Häerzlechkeet(*f,-en*) Herzlichkeit
Häerzlosegkeet(*f,-en*) Herzlosigkeit
Häerzmassage(*f,-n*) Herzmassage
Häerzoperatioun(*f,-en*) Herzoperation
Häerzpéng(*npl*) Herzschmerz
Häerzschlag(*m,-schléi*) Herzschlag
Häerzschrittmacher(*m,--*) Herzschrittmacher
Häerzspezialist(*m,-en*) Herzspezialist
Häerzstëllstand(*m,~*) Herzstillstand
Hafen(*m,Häfen*) Hafen
Haff(*m,Häff*) Hof
Haft(*f,~*) Haft
haften(*v*) haften
Haifësch(*m,--*) Haifisch
Häip(*f,-en*) Bienenkorb
Häip(*f,-en*) Hütte
Haischen(*n,Haisercher*) Häuschen
Haiserblock(*m,-bléck*) Häuserblock
Hakekräiz(*n,-er*) Hakenkreuz
haken(*v*) hacken
Hal(*f,-en*) Halle
halen(*v*) anhalten
halen(*v*) behalten
halen(*v*) hallen
halen(*v*) halten
Haler(*p*) Haller
Hall(*f,-en*) Vorraum
Häll(*f,-en*) Hölle
hallef Stonn(*exp*) halbe Stunde
hallef(*adj*) halb
hallef, all - Stonn(*exp*) halbstündlich
hallefautomatesch(*adj*) halbautomatisch
Hallefbrudder(*m,-bridder*) Halbbruder
hallefdaags(*adv*) halbtags
Halleffaaschten(*npl*) Halbfasten
Halleffinale(*f,-finallen*) Halbfinale
Hallefmiesser(*m,--*) Halbmesser
Hallefmount(*m,~*) Halbmond
Hallefnuecht(*f,-en*) Mitternacht
Hallefpensioun(*f,~*) Halbpension
Hallefportioun(*f,-en*) halbe Portion
Hallefschwëster(*f,-en*) Halbschwester
halleft Pond(*exp*) halbes Pfund
Hallem(*m,Hällem*) Halm

Hällewull*(f,~)* Menge (ohne Ordnung)
Hallschent*(f,-en)* Hälfte
Hallucinatioun*(f,-en)* Halluzination
Halluzinatioun*(f,-en)* Halluzination
hallwen Dag*(exp)* halber Tag
hallwen Zenner*(exp)* halber Zentner
Hallwen*(m,Hallwer)* Halber
hallwer véier*(exp)* halb vier (Uhr)
Halogeensluucht*(f,-en)* Halogenlampe
Halogenslut*(f,-en)* Halogenlampe
Hals*(m,Häls)* Hals
Halsband*(n,-bänner)* Halsband
Halschecht*(f,-en)* Hälfte
Halschent*(f,-en)* Hälfte
Halsentzündung*(f,-en)* Halsentzündung
Halswéi*(m,~)* Halsschmerzen
Halt maachen*(exp)* Pause, eine - einlegen
Halt*(f,~)* Halt (Stütze)
Halt*(f,~)* Haltestelle
Haltbarkeet*(f,~)* Haltbarkeit
Ham*(f,-en)* Schinken
Hambier*(n,~)* Himbeere
Hambier, e Kär -*(exp)* Himbeere, eine -
Hamburger*(m,--)* Hamburger
Hameschmier*(f,-en)* Schinkenbrot
Hamespeck*(m,~)* Schinkenspeck
Hamm*(p)* Hamm
Hämmchen*(f,Hämmercher)* Keule (Reh)
Hämmchen*(f,Hämmercher)* Schlegel
Hammel*(m,-en)* Hammel
Hämmelfleesch*(n,~)* Hammelfleisch
Hämmelsmarsch*(m,~)* Marschlied zur Kirchweih
Hammerwäerfen*(n,~)* Hammerwerfen
hampelen*(v)* hampeln
Hampelmann*(m,-männer)* Hampelmann
Hamster*(m,-en)* Hamster
hamsteren*(v)* hamstern
Hand*(f,Hänn)* Hand
Hand, engem d'- ginn*(exp)* Hand, jm die - reichen
Hand, engem d'- reechen*(exp)* Hand, jm die - reichen
Handaarbecht*(f,-en)* Handarbeit
Handball*(m,-bäll)* Handball
Handbiischt*(f,-en)* Handbürste
Handbiischt*(f,-en)* Handfeger
Handbreet*(f,--)* Handbreite
Handbrems*(f,-en)* Handbremse
Handbuch*(m,-bicher)* Handbuch
Handduch*(n,-dicher)* Handtuch
Handel*(m,-en)* Handel
handelen*(v)* handeln
handelen, sech - ëm*(exp)* handeln, sich - um
Handelsautorisatioun*(f,-en)* Handelserlaubnis
Handelsconfederatioun*(f,-en)* Handelsverband
Handelsemployé*(m,-en)* kaufmännischer Angestellter
Handelsemployée*(m,-ën)* kaufmännische Angestellte
Handelshafen*(m,-häfen)* Handelshafen
Handelskammer*(f,-en)* Handelskammer
Handelsregëschter*(m,-en)* Handelsregister
Handgelenk*(n,-er)* Handgelenk
Handgräiflechkeet*(f,-en)* Handgreiflichkeit
Handgrëff*(m,-er)* Handgriff
handgrëffeg*(adj)* handlich
handhaben*(v)* handhaben
Handicap*(n,-pen)* Behinderung
Handicap*(n,-pen)* Handikap
handicapéieren*(v)* behindern
handicapéiert*(adj)* behindert
Handikap*(n,-pen)* Behinderung
Handikap*(n,-pen)* Handikap
handikapéiert*(adj)* behindert
Handlaanger*(m,--)* Handlanger
handlech*(adj)* handlich
Händler*(m,--)* Händler
Handlung*(f,-en)* Handlung
Handlungsfräiheet*(f,-en)* Handlungsfreiheit
Handlungsméiglechkeet*(f,-en)* Handlungsmöglichkeit
Hands*(m,~)* Handspiel
Händsch*(f,-en)* Handschuh
Händscheblumm*(f,-en)* Fingerhut (Pflanze)
Handschellen*(npl)* Handschellen
Handschrëft*(f,-en)* Handschrift
Handsee*(f,-ën)* Handsäge
Handvoll*(f,~)* Handvoll
Handwierk*(n,-er)* Handwerk
Handwierker*(m,--)* Handwerker
Handwierkerfamill*(f,-en)* Handwerkerfamilie
Handwierksgeschir*(n,~)* Handwerkszeug
Handwierksleit*(npl)* Handwerker
Handwierksmann*(m,-leit)* Handwerker
Handy*(m,-en)* Handy
Hang*(m,Häng)* Hang
Hängematt*(f,-en)* Hängematte
Hänk*(f,~)* Beisammensein, das sich in die Länge zieht
Hänk*(f,-en)* Befestigung zum Aufhängen
Hank*(m,Häng)* Hang
hänke bleiwen*(exp)* hängenbleiben
hänke bleiwen*(exp)* verspäten, sich -
hänken*(v)* abschüssig sein (Gelände)
hänken*(v)* feststecken
hänken*(v)* hängen
hannebleiwen*(tr)(v)* zurückbleiben
hannelaanscht*(adv)* hintenrum
hannen*(adv)* hinten
hannenaus*(adv)* hinten (in Raum, Gebäude)
hannenaus, ganz -*(exp)* hinten, ganz -
hannendran*(adv)* zurück
hannendran, - geheien*(exp)* zurückwerfen (zeitlich)
hannendran, - geroden*(exp)* geraten, in Verzug -
hannendrop*(adv)* danach
hannendrop*(adv)* hintendrauf
hannendrun*(adv)* dahinter
hannenerëm*(adv)* heimlich
hannenerëm*(adv)* hinten herum
hanneno*(adv)* nachher
hannenop, eng - kréien*(exp)* Klaps, einen - auf den Hintern bekommen
hanner*(pp)* hinter
hannerdreiwen*(utr)(v)* hintertreiben
hannereneen*(adv)* hintereinander
Hannergedanken*(m,--)* Hintergedanken
hannergoen*(utr)(v)* hintergehen
Hannergrond*(m,-grënn)* Hintergrund
Hannerhaassel*(p)* Hinterhassel
hannerleeën*(utr)(v)* hinterlegen
hannerlëschteg*(adv)* hinterlistig
hannerloossen*(utr)(v)* hinterlassen
hannerloossen*(utr)(v)* zurücklassen
hannerno*(adv)* hinterher
hannerno*(adv)* nachher
hannerréck*s(adv)* rückwärts
hannert*(pp)* hinter
hannerteneen*(adv)* hintereinander
hannertzeg*(adv)* rückwärts
hannertzegdrécken*(tr)(v)* zurückdrücken
hannertzegfueren*(tr)(v)* rückwärtsfahren
hannertzeggoen*(tr)(v)* rückwärtsgehen
hannerun*(pp)* hinter
hannerwands*(adv)* windgeschützt (an -er Stelle)
hannerwenneg*(adj)* heimtückisch
hannerzeg*(adv)* rückwärts
hannerzegdrécken*(tr)(v)* zurückdrücken
hannerzegfueren*(tr)(v)* rückwärtsfahren
hannerzeggoen*(tr)(v)* rückwärtsgehen
hannerzéien*(utr)(v)* hinterziehen
Hännes*(m,-sen)* Dummkopf
Hännes*(m,-sen)* Pappnase
hannescht*(adv)* zurück
hanneschtbréngen*(tr)(v)* zurückbringen
hanneschtdroen*(tr)(v)* zurückbringen

hanneschtféieren(tr)(v) zurückbringen (mit Auto)
hanneschtfléien(tr)(v) zurückfliegen
hanneschtfueren(tr)(v) zurückfahren
hanneschtginn(tr)(v) zurückgeben
hanneschtlafen(tr)(v) zurücklaufen
hanneschtstellen(tr)(v) zurückstellen
hannevir(adv) verkehrt
Hänni(f,-en) Händchen
Hänni(m,-en) Doofi
hänselen(v) hänseln
hantéieren(v) beschäftigen, sich -
hantéieren(v) hantieren
hantéieren(v) herumhantieren
hantéieren, mat engem -(ugs)(exp) verkehren, mit jm -
Happ(m,~) Hopfen
Happ(m,Häpp) Haufen (Heu, Stroh)
häppcheweis(adv) häppchenweise
happen(v) hopfen
häpperchesweis(adv) häppchenweise
happeren(v) hapern
Här(m,-en) Herr
Har(n,-en) Horn
hardi(adj) kühn
Hardware(f,~) Hardware
Härecoiffer(m,-en) Herrenfrisör
Harel(p) Harlange
Härendoubel(m,-en) Herrendoppel
Häreneenzel(m,~) Herreneinzel
Härenhaus(n,-haiser) Herrenhaus
Härenhaus(n,-haiser) Pfarrhaus
Harespel(f,-en) Wespe
Harespelsnascht(n,-näschter) Wespennest
Harf(f,-en) Harfe
Härgott(m,~) Herrgott
Härläichendag(m,~) Fronleichnam
harmlos(adj) harmlos
Harmlosegkeet(f,-en) Harmlosigkeit
harmonéieren(v) harmonieren
harmonéieren(v) übereinstimmen
Harmonie(f,-n) Blasorchester
Harmonie(f,-n) Harmonie
Harmonika(f,-en) Harmonika
Harmonisatioun(f,-en) Harmonisierung
harmoniséieren(v) harmonisieren
Harmonium(n,-en) Harmonium
haschen(v) kiffen
Haschisch(m,~) Haschisch
haseleg(adj) fahrig
haseleg(adj) hastig
haseleg(adj) übereilt
hätschelen(v) liebkosen

Hatt(f,-en) Tragkorb (Weinlese)
hatt(pr) sie (geduzte Frauen)
Hauch(m,~) Atem
Hauch(m,~) Hauch
hauchen(v) hauchen
Hauf(f,Hauwen) Haube
haulen(v) heulen
Hauli(m,-en) Tölpel
Haus(n,Haiser) Haus
Hausaarbecht(f,~) Hausarbeit
Hausarrest(m,~) Hausarrest
Hausdéier(n,-en) Haustier
Hausdier(f,-en) Haustür
Hausdokter(m,-en) Hausarzt
hauséieren(v) hausieren
hausen(v) hausen
hausen(v) herumwüten (in Örtlichkeit)
Hausfra(f,-en) Hausfrau
hausmaacher(adj) hausgemacht
Hausnummer(f,-en) Hausnummer
Hausschell(f,-en) Türklingel
Hausschlëssel(m,-en) Hausschlüssel
Hausse(f,-n) Kurssteigerung
Hausse(f,-n) Preiserhöhung
Haustelefon(m,-en) Haustelefon
haut de Mëtteg(adv) heute Mittag
haut den Nomëtteg(adv) heute Nachmittag
haut den Owend(adv) heute Abend
haut(adv) heute
Haut(f,Häit) Haut
Hautcrème(f,-n) Hautcreme
hautdesdaags(adv) heutzutage
Hautfaarf(f,-faarwen) Hautfarbe
Hautkrankheet(f,-en) Hautkrankheit
Hautspezialist(m,-en) Dermatologe
Hautspezialist(m,-en) Hautarzt
hautzedaags(adv) heutzutage
héchstefalls(adv) höchstenfalls
héchsten, am -(exp) am höchsten
héchstens(adv) höchstens
Héchstform(f,~) Höchstform
Héchstgeschwëndegkeet(f,-en) Höchstgeschwindigkeit
Heck(f,-en) Hecke
Heckefransous(ugs)(m,-en) Franzose (aus Grenzgebiet)
Heckerous(f,-en) Hundsrose
Heckscheif(f,-scheiwen) Heckscheibe
Hee(n,~) Heu
Heed(f,~) Heidekraut
Heed(f,~) Heidelandschaft
Heed(m,-en) Heide
Heed(m,-er) Kopf (Salat)

Heedekand(n,-kanner) Heidenkind
Heedenaarbecht(f,-en) Heidenarbeit
Heederzalot(f,-en) Kopfsalat
heefeg(adj) häufig
heefeg(adv) oft
Heefegkeet(f,-en) Häufigkeit
heefen(v) häufen
Heehapp(f,-häpp) Heuhaufen
heekelen(v) häkeln
Heel(m,-en) Hacke
heelen(v) heilen
Heelung(f,-en) Heilung
Heelungsprozess(m,-er) Heilungsprozess
heem(adv) heim
Heem(n,~) Zuhause
Heem(n,-er) Heim
heembegleeden(tr)(v) begleiten, nach Hause -
heembréngen(tr)(v) bringen, nach Hause -
heemdreiwen(tr)(v) treiben, nach Hause -
Heemecht(f,~) Heimat
Heemecht, d'-(exp) Nationalhymne Luxemburgs
Heemechtsland(n,-länner) Heimatland
heemeleg(adj) gemütlich
heemelen(v) streicheln
heemféieren(tr)(v) fahren, nach Hause -
heemfléien(tr)(v) fliegen, nach Hause -
heemfueren(tr)(v) fahren, nach Hause -
heemgoen(tr)(v) gehen, nach Hause -
heemhuelen(tr)(v) holen, nach Hause -
heemkommen(tr)(v) kommen, nach Hause -
heemlafen(tr)(v) laufen, nach Hause -
heemlech(adj) heimlich
Heemlechkeet(f,-en) Geheimniskrämerei
Heemlechkeet(f,-en) Heimlichkeit
heemliwweren(tr)(v) liefern, nach Hause -
Heemount(m,-méint) Juli
heemreesen(tr)(v) heimreisen
heemrennen(tr)(v) eilen, nach Hause -
heemschécken(tr)(v) schicken, nach Hause -
heemschleefen(tr)(v) schleppen, nach Hause -
heemtrëppelen(tr)(v) schlendern, nach Hause -
hees(adj) heiser
Heeschbrech(p) Hersberg
Heeschdref(p) Heisdorf
Heeschefra(f,-en) Bettlerin
Heeschekand(n,-kanner) Bettelkind
Heeschemann(m,-männer) Bettler
heeschen(v) betteln
heeschen(v) heißen
Heeschepak(m,~) Bettelgesindel
Heeschnapp(m,~) Heuschnupfen
Heeschpelt(p) Heispelt

Heesdref(*p*) Hamiville
Heesprénger(*m,--*) Heuschrecke
Hëff(*f,-en*) Hüfte
Hëft(*f,-en*) Hüfte
Heft(*n,-er*) Heft
heften(*v*) heften
Hëftgelenk(*n,-er*) Hüftgelenk
hei elei(*exp*) da schau her!
héi(*adj*) hoch
hei(*adv*) hier
heiansdo(*adv*) ab und zu
heiansdo(*adv*) manchmal
heibannen(*adv*) hier drinnen
heibaussen(*adv*) hier draußen
heibleiwen(*tr*)(*v*) hierbleiben
héich(*adj*) hoch
héichbleiwen(*tr*)(*v*) hochbleiben
Héichdäitsch(*n,~*) Hochdeutsch
Héichdrock(*m,~*) Hochdruck
Héichdrockgebitt(*n,-er*) Hochdruckgebiet
Héichfrequenz(*f,-en*) Hochfrequenz
héichhalen(*tr*)(*v*) hochhalten
Héichhaus(*n,-haiser*) Hochhaus
héichhiewen(*tr*)(*v*) hochheben
héichprozenteg(*adj*) hochprozentig
héichrechnen(*tr*)(*v*) hochrechnen
Héichrechnung(*f,-en*) Hochrechnung
Héichspronk(*m,-spréng*) Hochsprung
héichstellen(*tr*)(*v*) hochstellen
Héicht(*f,-en*) Höhe
Héichuewen(*m,-iewen*) Hochofen
Héichwaasser(*n,~*) Hochwasser
Héichwaasserregioun(*f,-en*) Hochwassergebiet
Héichwaassersituatioun(*f,-en*) Hochwassersituation
Héierek(*m,-er*) Hering
héieren(*v*) hören
Héierenk(*m,-er*) Hering
heifir(*adv*) hierfür
héiflech(*adj*) freundlich
héiflech(*adj*) höflich
Héiflechkeet(*f,-en*) Höflichkeit
heigéint(*adv*) hiergegen
heiheem(*adv*) zuhause
heihin(*adv*) hierher
héije Beamten(*exp*) hoher Beamter
heijen(*v*) erhöhen
heinidden(*adv*) hier unten
Heip(*f,-en*) Hütte
heirëmmer(*adv*) hier in der Gegend
Héischdref(*p*) Hoesdorf
Heischent(*p*) Heiderscheid
Heischtergronn(*p*) Heiderscheidergrund

Héiss(*f,-en*) Haxe
heivun(*adv*) hiervon
Héiweng(*p*) Hivange
heizen(*v*) heizen
Heizgas(*m,~*) Heizgas
Heizkäschten(*npl*) Heizkosten
Heizkëssen(*n,--*) Heizkissen
Heizkierper(*m,-en*) Heizkörper
Heizung(*f,-en*) Heizung
Heizungsinstallatioun(*f,-en*) Heizungsinstallation
Hektar(*m,-en*) Hektar
Hektar, e puer -(*exp*) Hektar, ein paar -
Helfent(*p*) Helfent
Helfenterbréck(*p*) Helfenterbruck
Helikopter(*m,-en*) Hubschrauber
hell man(*exp*) erhellen
hell(*adj*) hell
hellblo(*adj*) hellblau
Hellecht(*f,-en*) Durst, brennender -
Hellecht(*f,-en*) Heirat, arrangierte -
Hellechtsmécher(*m,--*) Heiratsvermittler
Hellechtsméchesch(*f,-en*) Heiratsvermittlerin
Hëllef!(*exp*) Hilfe!
Hëllef(*f,~*) Hilfe
hëllefen(*v*) helfen
hëllefräich(*adj*) hilfreich
hëllefsbereet(*adj*) hilfsbereit
Hëllefskraaft(*f,-kräften*) Hilfskraft
Hëllefsorganisatioun(*f,-en*) Hilfsorganisation
Hëllefsverb(*n,-en*) Hilfsverb
helleg(*adj*) heilig
hellege Geescht(*exp*) Heiliger Geist
hellegen Owend(*exp*) Heiligabend
Hellegen(*m,Helleg*) Heiliger
Hellegeschäin(*m,-er*) Heiligenschein
Hellegkeet(*f,-en*) Heiligkeit
Hellegkeet(*f,-en*) Helligkeit
Hellegtum(*n,-tümer*) Heiligtum
Helleng(*p*) Hellange
hellewech(*adj*) hurtig
Helm(*m,-er*) Helm
Helsem(*p*) Helmsange
hëlzen(*adj*) Holz-
Helzen(*p*) Hachiville
Hemmschwell(*f,-en*) Hemmschwelle
Hemmung(*f,-en*) Hemmung
hemmungslos(*adj*) hemmungslos
hëmsen(*v*) hüsteln
Hemstel(*p*) Hemstal
Hënchereng(*p*) Huncherange
Héngerdéif(*m,--*) Bussard
Héngeree(*n,-ër*) Hühnerei

héngeren(*v*) hungern
Héngerhaut(*f,~*) Gänsehaut
Héngerjuck(*m,-en*) Hühnerschlag
Héngerstall(*m,-ställ*) Hühnerstall
Héngerziichterei(*f,-en*) Hühnerzucht
Hengescht(*p*) Heinerscheid
Hénkel(*n,-en*) Küken
Hénkel(*p*) Hinkel
Henker(*m,--*) Henker
Hënner(*m,-en*) Hintern
Hënnerdier(*f,-en*) Hintertür
hënneren(*v*) hindern
hënneren(*v*) stören
hënnescht Dier(*exp*) Hintertür
hënnescht(*adj*) hinter/hinterst
Hënsdref(*p*) Hunsdorf
hënt(*adv*) heute Nacht
hënt(*adv*) letzte Nacht
Hepatitis(*f,~*) Hepatitis
Hëpperdang(*p*) Hupperdange
hermetesch(*adj*) hermetisch
herno(*adv*) anschließend
herno(*adv*) nachher
Heroin(*m,~*) Heroin
Herrgott(*m,~*) Herrgott
Herrgottsdéierchen(*n,-déiercher*) Marienkäfer
Herrgottsfréi(*f,~*) Herrgottsfrühe
Herrlechkeet(*f,-en*) Herrlichkeit
Herrschaften(*npl*) Herrschaften
herrschen(*v*) herrschen
Hesitatioun(*f,-en*) Zögern
Hesper(*p*) Hesperange
heterogen(*adj*) heterogen
Heterogenitéit(*f,~*) Heterogenität
heterosexuell(*adj*) heterosexuell
Hetten(*p*) Hettange-Grande (Lothringen)
Hettermillen(*p*) Hüttermühle
Hetz(*f,~*) Hetze
hëtzeg(*adj*) hitzig
hetzen(*v*) hetzen
hëtzen(*v*) heizen
hetzen, sech -(*v*) beeilen, sich sehr -
Hëtzewell(*f,-en*) Hitzewelle
Hetzjuegd(*f,-juegten*) Hetzjagd
Hetzkampagn(*f,-en*) Hetzkampagne
Hëtzt(*f,-en*) Hitze
Heuchler(*m,--*) Heuchler
heure, à la bonne -(*exp*) gut so!
Hex(*f,-en*) Hexe
Hexemeeschter(*m,-en*) Hexenmeister
hexen(*v*) hexen
hexen(*v*) zaubern
Hexerei(*f,-en*) Hexerei

Hexeschoss*(m,-schëss)* Hexenschuss
hibliederen*(tr)(v)* blechen
hibliederen*(tr)(v)* hinblättern
hibréngen*(tr)(v)* hinbringen
Hick*(m,-er)* Schluckauf
Hickecht*(f,-en)* Ansammlung (Lebewesen)
Hickecht*(f,-en)* Gruppe (Lebewesen)
hicken*(v)* Schluckauf haben
hidden*(v)* hüten
hidden, sech -*(v)* hüten, sich -
Hiecht*(m,-en)* Hecht
Hief*(f,~)* Hefe
Hiefamm*(f,-en)* Hebamme
Hiefann*(f,-en)* Hebamme
Hiefdeeg*(m,~)* Hefeteig
Hiefenech*(p)* Heffingen
Hiel*(f,-en)* Fuchsbau
Hiel*(f,-en)* Höhle
Hiel*(f,-en)* Hohlweg
Hiel*(f,-en)* steiler Weg
Hielecht*(f,-en)* Höhle
Hielem*(p)* Helmdange
Hielenner*(m,~)* Holunder
Hielenter*(m,~)* Holunder
Hieler*(m,--)* Hehler
Hiem*(n,-er)* Hemd
Hiemchen*(n,Hiemercher)* Trikot
Hiemchen*(n,Hiemercher)* Unterhemd
hien*(pr)* er
hien*(pr)* ihn
hier*(adv)* hierher
Hierarchie*(f,-n)* Hierarchie
Hierber*(p)* Herborn
Hierdchen*(f,Hiertercher)* Kuchengitter
hierfalen*(tr)(v)* herfallen
Hiergem*(m,~)* Hirse
hierginn*(tr)(v)* hergeben
hiergoen, hin- an -*(tr)(exp)* gehen, hin und her -
hierhalen*(tr)(v)* herhalten
Hierheck*(p)* Hierheck
hierhuelen*(tr)(v)* hernehmen
Hierk*(m,-en)* Hering
hierkommen*(tr)(v)* herkommen
hierkréien*(tr)(v)* hernehmen
hiermaachen, sech iwwer eppes -*(tr)(exp)* hermachen, sich über etw -
hierrennen, hin an hier -*(tr)(exp)* laufen, hin und her -
Hierscht*(m,~)* Herbst
Hierschtblumm*(f,-en)* Herbstblume
Hierschtblumm*(f,-en)* Herbstzeitlose
Hierschtkollektioun*(f,-en)* Herbstkollektion
Hierschtmount*(m,-méint)* September
Hierschtsot*(f,-en)* Herbstsaat
Hierschtvakanz*(f,-en)* Herbstferien
Hierschtwieder*(n,~)* Herbstwetter
hierstamen*(tr)(v)* herstammen
hierstellen*(tr)(v)* herstellen
Hiert*(m,-en)* Hirte
Hieselnoss*(f,-nëss)* Haselnuss
Hieselter*(m,--)* Haselnussstrauch
Hiewel*(m,-en)* Hebel
hiewen*(v)* heben
hiewen, sech -*(v)* heben, sich -
hiféieren*(tr)(v)* hinführen
hifléien*(tr)(v)* hinfliegen
hifueren*(tr)(v)* hinfahren
higehéieren*(tr)(v)* hingehören
High Society*(f,~)* High Society
Hightech*(m,~)* Hightech
higoen*(tr)(v)* hingehen
hikippen*(tr)(v)* ausschütten
hikippen*(tr)(v)* kippen
hiklaken*(tr)(v)* hinschmeißen
hiknéien*(tr)(v)* hinknien
hikommen*(tr)(v)* hinkommen
hikréien*(tr)(v)* hinkriegen
hilafen*(tr)(v)* hinlaufen
hileeën*(tr)(v)* hinlegen
hileeën, sech -*(tr)(v)* hinlegen, sich -
hilflos*(adj)* hilflos
Hillecht*(f,-en)* Höhle
hillegen*(v)* aushöhlen
him*(pr)* ihm
Himmel*(m,-en)* Himmel
himmelblo*(adj)* himmelblau
Himmelchen*(f,Himmelcher)* Grille
himmelen*(v)* kaputtmachen
Himmelfahrt*(m,~)* Fahrt mit Hindernissen
Himmelsdéierchen*(n,-déiercher)* Marienkäfer
Himmelsfahrtsdag*(m,~)* Christi Himmelfahrt
himmlesch*(adj)* himmlisch
hin an hier*(exp)* hin und her
hindeiten*(tr)(v)* hinweisen
hinhalen*(tr)(v)* hinhalten
Hinnchen*(m,~)* Mittelpunkt (Person)
Hinnchen*(m,Hinnercher)* Hähnchen
Hinnchen*(m,Hinnercher)* Wetterhahn
hinnen*(pr)* ihnen
Hiobsbotschaft*(f,-en)* Hiobsbotschaft
hiplënneren*(tr)(v)* hinziehen (Umzug)
Hippches an Happches*(exp)* jedermann
hippelen*(v)* hinken
hippen*(v)* hinken
Hippercher, op den -*(exp)* Hocke, in der -
hir*(dét)* ihr
hiräissen*(tr)(v)* hinreißen
Hiren*(npl)* Gehirnmasse
Hiren*(npl)* Kalbshirn (Gastronomie)
hirersäits*(adv)* ihrerseits
hires, dat ass -*(exp)* gefällt, das - ihr
Hireschlag*(m,~)* Gehirnschlag
hiriichten*(tr)(v)* hinrichten
Hirnhautentzündung*(f,-en)* Hirnhautentzündung
Hirsch*(m,-en)* Hirsch
Hirschkou*(f,-kéi)* Hirschkuh
Hirschuel*(f,-en)* Schädel
hirwenneg*(adj)* hirnverbrannt
hischläichen*(v)* hinschleichen
hischleefen*(v)* hinschleifen
Hisiicht*(f,-en)* Hinsicht
histeieren*(v)* hinsteuern
histellen*(v)* hinstellen
histiechen*(v)* hinstecken
historesch*(adj)* historisch
Hitparad*(f,-en)* Hitparade
Hitten*(p)* Huttange
hiweisen*(tr)(v)* hinweisen
hiweisen, op eppes -*(tr)(exp)* hinweisen, auf etw -
Hiwwel*(m,-en)* Hügel
hiwweleg*(adj)* hügelig
Hobby*(n,-en)* Hobby
Hobbykach*(m,-käch)* Hobbykoch
Hobich*(f,-en)* Hainbuche
Hochzäit an der Kierech*(exp)* Trauung, kirchliche -
Hochzäit op der Gemeng*(exp)* Trauung, standesamtliche -
Hochzäit*(f,-en)* Hochzeit
Hochzäit, gëllen -*(exp)* Hochzeit, goldene -
Hochzäitsdag*(m,-deeg)* Hochzeitstag
Hochzäitsfestivitéit*(f,-en)* Hochzeitsfestlichkeit
Hochzäitsgeschenk*(n,-er)* Hochzeitsgeschenk
Hochzäitsiessen*(n,--)* Hochzeitsessen
Hochzäitskleed*(n,-er)* Hochzeitskleid
Hochzäitsnuecht*(f,-en)* Hochzeitsnacht
Hochzäitsrees*(f,-en)* Hochzeitsreise
hocken*(v)* hocken
Hocker*(m,-en)* Hocker
Hodar*(m,~)* Weißdorn
Hoen*(p)* Hagen
hoen*(v)* hauen
hoen*(v)* schlagen
Hoer*(npl)* Haare
Hoerbiischt*(f,-en)* Haarbürste
hoereg*(adj)* haarig

Hoergäns(f,-en) Kranich
Hoerspéngel(f,-en) Haarnadel
hoffen(v) hoffen
hoffentlech(adv) hoffentlich
Hoffnung(f,-en) Hoffnung
hoffnungslos(adj) hoffnungslos
Hoffnungslosegkeet(f,-en) Hoffnungslosigkeit
hoffnungsvoll(adj) hoffnungsvoll
Holdingsgesellschaft(f,-en) Holdinggesellschaft
Hold-up(m,-pen) Hold-up
Holland(p) Holland
Holland(p) Niederlande
Hollänner(m,--) Holländer
Holländer(m,--) Niederländer
Hollännerin(m,-nen) Holländerin
Hollännerin(m,-nen) Niederländerin
hollännesch(adj) holländisch
hollännesch(adj) niederländisch
Holler(p) Holler
Hollerech(p) Hollerich
Holocaust(m,~) Holocaust
Holtz(p) Holtz
Holz(n,~) Holz
Holzblosinstrument(n,-er) Holzblasinstrument
Holzbock(m,-béck) Borkenkäfer
Holzbock(m,-béck) Sägebock
Holzem(p) Holzem
holzen(adj) Holz-
Holzkuel(f,-en) Holzkohle
Holzmued(m,-en) Holzwurm
Holzstéch(m,--) Holzstich
Holztem(p) Holzthum
Holzwee(m,~) Holzweg
Holzwee, um - sinn(exp) Holzweg, auf dem - sein
Holzwoll(f,~) Holzwolle
Holzwuerm(m,-wierm) Holzwurm
Homard(m,-en) Hummer
Homepage(f,-n) Homepage
Home-Trainer(m,-en) Hometrainer
Homo(m,-en) Homosexueller
homogeniséieren(v) homogenisieren
Homogenitéit(f,-en) Homogenität
Homologatioun(f,-en) Homologierung
Homologatioun(f,-en) Typenprüfung
homologéieren(v) homologieren
homologuéieren(v) homologieren
Homosexualitéit(f,~) Homosexualität
homosexuell(adj) homosexuell
Hond(m,Hënn) Hund
Hondsdeeg(npl) Hundstage
Hondséislek(n,~) Ösling (Norden Luxemburgs)

hondsfriem(adj) absolut fremd
Hondsfriessen(n,--) Hundefraß
Hondsgemengheet(f,-en) Hundsgemeinheit
hondsgewéinlech(adj) hundsgewöhnlich
Hondshaischen(n,-haisercher) Hundehütte
Hondskeelt(f,~) eisige Kälte
Hondsléngt(f,-en) Hundeleine
Hondsliewen(n,~) Hundeleben
hondsmiserabel(adj) hundsmiserabel
Hondsrous(f,-en) Heckenrose
Hong(n,Hénger) Huhn
Honger(m,~) Hunger
Honger, géien -(exp) Heißhunger
hongereg sinn(exp) hungrig sein
hongereg(adj) hungrig
Hongerlidder(m,--) Habenichts
Hongerloun(m,-léin) Hungerlohn
Hongersnout(f,-néit) Hungersnot
Hongerstreik(m,-en) Hungerstreik
honnert(adj) hundert
honnerteent(adj) hunderteins
Honnerter(m,--) Hunderter
honnertfach(adj) hundertfach
Honnert-Meter-Laf(m,-Leef) Hundert-Meter-Lauf
honnertzwee(adj) hundertzwei
Honorairen(npl) Honorar
honoréieren(v) honorieren
hoppelen(v) hoppeln
hoppelen(v) humpeln
hops goen(exp) hops gehen
hopsen(v) hüpfen
Hor(n,--) Haar
horeg(adj) haarig
Hörer(m,--) Hörer (Telefon)
Hörfeeler(m,--) Hörfehler
horgenee(adj) haargenau
Horizont(m,-en) Horizont
horizontal(adj) horizontal
Hors-d'oeuvre(m,-n) Vorspeise
hospitaliséieren(v) einweisen, in ein Krankenhaus -
Hostchen(f,Hostercher) Hostie
Hostess(f,-en) Hostess
Hostie(f,-n) Hostie
Hotel(m,-len) Hotel
Hôtellerie(f,~) Hotelgewerbe
Hotelsbar(f,-en) Hotelbar
Hotelspersonal(n,~) Hotelpersonal
Hotelsrechnung(f,-en) Hotelrechnung
Hotelszëmmer(n,-en) Hotelzimmer
houbescht(adj) allerbest
Houer(f,-en) Hure

houeren(v) huren
Houf(m,--) Huf
Houf(m,~) Hornhaut (Schwielen)
Houfeisen(n,--) Hufeisen
Houfelt(p) Hoffelt
Houfert(m,~) Hochnäsigkeit
Houfert(m,~) Stolz
Houfert, sténkegen -(exp) Studentenblume
Houfert, sténkegen -(exp) Tagetes
houfreg(adj) eingebildet
houfreg(adj) stattlich (Person)
houfreg(adj) stolz
Houmass(f,-en) Hochamt
Houschent(p) Hoscheid
Houscht(m,~) Husten
Houschtattack(f,-en) Hustenanfall
houschten(v) husten
Houschter-Déckt(p) Hoscheid-Dickt
Houschterhaff(p) Hoscheiderhof
Houschtzocker(m,~) Kandiszucker
Housécker(m,-en) Begleiter des Nikolaus in Luxemburg
Housen(p) Hosingen
Housse(f,-n) Überzug (Kissen)
Houwald(p) Howald
huckelen(v) grübeln
huckelen(v) hocken
hucken(v) grübeln
hucken(v) hocken
huddelafatz(adj) kaputt
huddelen(v) pfuschen
huddelen(v) schludern
huel(adj) hohl
huelen(v) holen
huelen(v) nehmen
huelen, mat Heem -(exp) nehmen, mit nach Hause -
Huelmes(p) Hollenfels
huelschläifen(v) ausschleifen (Brille, Spiegel)
Huelwee(m,-ër) Hohlweg
Huer(m,-en) Mäusebussard
huerelen(v) brüllen
huerteg(adj) hurtig
huerteg(adj) schnell
Hues(f,-en) Strumpf
Hues(m,-en) Hase
Hueschtert(p) Hostert
Huesebändel(m,-en) Strumpfband
Huesebrout(n,~) Sauerklee
Huesebrout(n,~) Brot, übriggebliebenes Stück -
Huesekléi(m,~) Sauerklee
Huesenziwwi(m,-en) Hasenpfeffer
Huewel(p) Hovelange

Huewer*(f,~)* Hafer
Huewerbräi*(m,~)* Haferbrei
Huewermount*(m,-méint)* August
Huff*(m,--)* Huf
Huff*(m,~)* Hornhaut (Schwielen)
Huff*(m,~)* Schwiele
Huffeisen*(n,--)* Hufeisen
Hujel*(f,-en)* Hornisse
Hujel*(f,-en)* Hummel
Huldang*(p)* Huldange
Hüls*(f,-en)* Hülse
Humanist*(m,-en)* Humanist
humanistesch*(adj)* humanistisch
humanitär*(adj)* humanitär
Humanitéit*(f,~)* Humanität
Humanwëssenschafts-Fakultéit*(f,-en)* Humanwissenschaftliche Fakultät
Humiliatioun*(f,-en)* Demütigung
Hummel*(f/m,-en)* Hummel
Hummer*(m,-en)* Hummer
Hummer*(m,-en/Himmer)* Hammer
hummeren*(v)* hämmern
Hummerwerfen*(n,~)* Hammerwerfen
Hummerwerfen*(n,~)* Hammerwurf
Humor*(m,~)* Humor
humoristesch*(adj)* humoristisch
humpelen*(v)* humpeln
Humpen*(m,--)* Glas Bier
Humus*(m,~)* Humus
Hunn*(m,-en)* Hahn
hunn*(v)* haben
Hunnef*(m,~)* Hanf
Hunneg*(m,~)* Honig
Hunnegbei*(f,-en)* Honigbiene
Hunnekreesch*(m,--)* Hahnenschrei
Hupp*(f,-en)* Hocke
Huppen, op den -*(exp)* Hocke, in der -
huppen, sech -*(v)* hinhocken, sich -
Hürdelaf*(m,~)* Hürdenlauf
husch sinn*(exp)* verschwunden sein
huschen*(v)* huschen
Hutt*(m,Hitt)* Hut
hutzeleg*(adj)* vernachlässigt
Huwwel*(m,-en)* Hobel
huwwelen*(v)* hobeln
Huwwelspéin*(npl)* Hobelspäne
hybrid*(adj)* hybrid
Hydrant*(m,-en)* Hydrant
hydraulesch*(adj)* hydraulisch
Hydraulik*(f,-en)* Hydraulik
Hydrokultur*(f,-en)* Hydrokultur
hygienesch*(adj)* hygienisch
Hyperaktivitéit*(f,~)* Hyperaktivität
Hypnos*(f,-en)* Hypnose
hypnotiséieren*(v)* hypnotisieren
Hypnotiseur*(m,-en)* Hypnotiseur
Hypochonder*(m,--)* Hypochonder
Hypothe*(e)s(f,-en)* Hypothese
Hypothéik*(f,-en)* Hypothek
hypothekéieren*(v)* belasten, hypothekarisch -
hysteresch*(adj)* hysterisch
Hysterie*(f,-n)* Hysterie
Hysteriker*(m,~)* Hysteriker

I

iaen*(v)* iahen
I-Butz*(m,-en)* ABC-Schütze
idderzen*(v)* wiederkäuen
Iddi hunn*(exp)* Lust haben
Iddi*(f,-en)* Gedanke
Iddi*(f,-en)* Idee
Iddi, eng - hunn*(exp)* Einfall, einen - haben
ideal*(adj)* ideal
Ideal*(n,-er)* Ideal
idealiséieren*(* idealisieren
Idealismus*(m,~)* Idealismus
Idealist*(m,-en)* Idealist
Identifikatioun*(f,-en)* Identifizierung
identifizéieren*(v)* identifizieren
Identitéit*(f,-en)* Identität
Identitéitskaart*(f,-en)* Personalausweis
Ideologie*(f,-n)* Ideologie
Idiom*(n,-en)* Idiom
idiomatesch*(adj)* idiomatisch
Idiot*(m,-en)* Idiot
Idyll*(f,-en)* Idyll
iech*(pr)* euch
Iech*(pr)* Ihnen
Iechternach*(p)* Echternach
Ielebou*(m,Ielebéi)* Ellenbogen
Ielwen*(p)* Elvange
ier*(cn)* bevor
Ierbes*(f,-sen)* Erbse
Ierbsebulli*(m,~)* Erbseneintopf
Ierbsenzieler*(m,--)* Erbsenzähler
Ierbsenzopp*(f,-en)* Erbsensuppe
ierden*(adj)* erden
ieren*(adv)* etwa
Ierfdeel*(m,-er)* Erbteil
Ierfgroussherzog*(m,-en)* Erbgroßherzog
Ierfgroussherzogin*(f,-nen)* Erbgroßherzogin
ierflech*(adj)* erblich
Ierfprënz*(m,-en)* Erbprinz
Ierfschaft*(f,-en)* Erbschaft
Ierfschaftsstreiderei*(f,-en)* Erbschaftsstreit
Ierfsënn*(f,-en)* Erbsünde
Ierfstéck*(n,-er)* Erbstück
iergend esou eppes*(pr)* irgend so etwas
iergend*(pr)* irgend
iergendanzwousch*(adv)* irgendwo
iergendeen*(pr)* irgendein
iergendeent*(pr)* irgendeines
iergendeng*(pr)* irgendeine
iergendeppes*(pr)* irgendetwas
iergendwou*(adv)* irgendwo
iergendzwousch*(adv)* irgendwo
Ierger*(m,~)* Ärger
iergeren*(v)* ärgern
iergeren, sech -*(v)* ärgern, sich -
iergerlech*(adj)* ärgerlich
Iermsdref*(p)* Ermsdorf
Iernster*(p)* Ernster
Iernzen*(p)* Ernzen
Ierpeldeng*(p)* Erpeldange
Ierseng*(p)* Ersange
iert*(cn)* ehe
Iertum*(m,Iertëmer)* Irrtum
Ierwen*(m,--)* Erbe
ierwen*(v)* erben
Ierz*(f,-en)* Erbse
Iesel*(m,-en)* Esel
Ieselsaarbecht*(f,-en)* Eselsarbeit (Routine)
Ieselzegkeet*(f,-en)* Eselei
Iesseck*(m,-en)* Essecke
Iessekascht*(m,~)* Kost
Iessen*(n,--)* Essen
Iessen*(n,--)* Mahlzeit
iessen*(v)* essen
iessen, sech sat -*(exp)* essen, sich satt -
Iesser*(m,--)* Esser
Iessgeschir*(n,--)* Besteck
Iessläffel*(m,-en)* Esslöffel
Iesswueren*(npl)* Lebensmittel
Iesszëmmer*(n,-en)* Esszimmer
iewel*(cn)* jedoch
iewer*(cn)* jedoch
Iewerleng*(p)* Everlange
iewescht*(adj)* oberst
ieweschten*(adj)* oberste
Igel*(m,-en)* Igel
Ignoranz*(f,~)* Ignoranz
ignoréieren*(v)* ignorieren
Iischpelt*(p)* Tarchamps
illegal*(adj)* illegal
Illegalitéit*(f,-en)* Illegalität
illegitim*(adj)* illegitim
Illuminatioun*(f,-en)* Festbeleuchtung
Illusioun*(f,-en)* Illusion

Illustratioun(f,-en) Illustration
illustréieren(v) illustrieren
illustréiert(adj) illustriert
Illustréiert(f,-en) Illustrierte
Imaginatioun(f,-en) Vorstellungskraft
Imitatioun(f,-en) Imitation
Imitatioun(f,-en) Nachahmung
imitéieren(v) nachahmen
immatriculéieren(v) einschreiben
immatriculéieren(v) immatrikulieren
Immatrikulatioun(n,-en) Registrierung
Immatrikulatioun(n,-en) Zulassung
immens(adj) großartig
immens(adj) toll
immens(adv) sehr
Immigrant(m,-en) Einwanderer
Immigratioun(f,-en) Einwanderung
immigréieren(v) einwandern
Immobilie(f,-n) Immobilie
Immobilienagence(f,-n) Immobilienagentur
Immobilière(f,-n) Immobilienagentur
immobiliséieren(v) anhalten
immobiliséieren(v) immobilisieren
immun(adj) immun
immuniséieren(v) immunisieren
Immunitéit(f,-en) Immunität
Imperativ(m,-en/er) Imperativ
Impermeabel(m,Impermeablen) Regenmantel, wasserdichter -
Impertinenz(f,~) Frechheit
impfen(v) impfen
Impfpass(m,-päss) Impfpass
Impfung(f,-en) Impfung
Implantatioun(f,-en) Einpflanzung
Implantatioun(f,-en) Niederlassung
implantéieren(v) ansiedeln
implantéieren(v) implantieren
Implementatioun(f,-en) Implementierung
implementéieren(v) implementieren
implizéieren(v) implizieren
implodéieren(v) implodieren
imponéieren(v) beeindrucken
Import(m,-er) Import
importéieren(v) importieren
importunéieren(v) belästigen
imposant(adj) imposant
imposéieren(v) aufdrängen
Impositioun(f,-en) Auferlegung
impregnéieren(v) imprägnieren
impressionant(adj) beeindruckend
impressionéieren(v) beeindrucken
Impressioun(f,-en) Eindruck
Imprimé(m,-en) Drucksache
Improvisatioun(f,-en) Improvisation
improviséieren(v) improvisieren
Impuls(m,-er) Impuls
inaktiv(adj) inaktiv
inaktivéieren(v) setzen, außer Betrieb -
inakzeptabel(adj) inakzeptabel
inauguréieren(v) einweihen
Incitatioun(f,-en) Anstiftung
incitéieren(v) anstiften
Inclusioun(f,-en) Einbeziehung
Incompatibilitéit(f,-en) Unvereinbarkeit
indemniséieren(v) entschädigen
Indemnitéit(f,-en) Entschädigung
Independant(m,-en) Selbstständiger
Inder(m,--) Inder
indesch(adj) indisch
Index(m,-en) Index
indexéieren(v) indexieren
Indianer(m,--) Indianer
Indifferenz(f,-en) Indifferenz
Indigestioun(f,-en) Magenverstimmung
indignéiert(adj) empört
Indikatioun(f,-en) Hinweis
Indikatioun(f,-en) Indikation
Indikativ(m,-en/er) Indikativ
indiskret(adj) indiskret
individualiséieren(v) individualisieren
Individualist(m,-en) Individualist
individuell(adj) individuell
Individuum(m,Individuen) Individuum
indivis(adj) ungeteilt (Erbschaft)
indoktrinéieren(v) indoktrinieren
Industrialisatioun(f,-en) Industrialisierung
industrialiséieren(v) industrialisieren
Industrialiséierung(f,-en) Industrialisierung
Industrie(f,-n) Industrie
Industriebranche(f,-n) Industriezweig
Industriegebitt(f,-er) Industriegebiet
Industriellen(m,Industriell) Industrieller
Industrienatioun(f,-en) Industrienation
Industriestat(m,-en) Industriestaat
Industriezon(f,-en) Industriezone
induzéieren(v) induzieren
ineffektiv(adj) unwirksam
ineffikass(adj) unwirksam
Inegalitéit(f,-en) Ungleichheit
Inequatioun(f,-en) Ungleichung
infam(adj) infam
Infanterie(f,-n) Infanterie
Infarkt(m,-en/-er) Infarkt
infekt(adj) schlecht
infektiös(adj) infektiös
Infektioun(f,-en) Infektion
Infektiounsfräiheet(f,~) Infektionsfreiheit
Infektiounsgefor(f,-en) Infektionsgefahr
Infektiounskrankheet(f,-en) Infektionskrankheit
Infiltratioun(f,-en) Infiltration
infiltréieren(v) infiltrieren
Infinitiv(m,-en/-er) Infinitiv
Infirmier(m,-en) Krankenpfleger
Infirmière(f,-n) Krankenpflegerin
infizéieren(v) anstecken
infizéieren(v) infizieren
Inflatioun(f,-en) Inflation
Inflatiounstaux(f,-en) Inflationsrate
influencéieren(v) beeinflussen
Informatik(f,~) Informatik
Informatiker(m,--) Informatiker
Informatikerin(f,-nen) Informatikerinnen
Informatioun(f,-en) Information
Informatiounsmaterial(n,~) Informationsmaterial
Informatiounsquell(f,-en) Informationsquelle
Informatiounsreunioun(f,-en) Informationsversammlung
Informatisatioun(f,-en) Informatisierung
informatiséieren(v) informatisieren
informéieren(v) informieren
Infractioun(f,-en) Vergehen
Infractioun(f,-en) Verstoß
Infrastruktur(f,-en) Infrastruktur
Ingenieur(m,-en) Ingenieur
Ingenieurin(f,-nen) Ingenieurin
inhaftéieren(v) festnehmen
inhaftéieren(v) inhaftieren
Inhaftéierung(f,-en) Inhaftierung
inhaléieren(v) einatmen
inhaléieren(v) inhalieren
Initiator(m,-en) Initiator
initiéieren(v) initiieren
Inkapazitéit(f,-en) Unfähigkeit
Inkarnatioun(f,-en) Inbegriff
Inkarnatioun(f,-en) Inkarnation
inkompatibel(adj) inkompatibel
Inkompetenz(f,-en) Inkompetenz
Inkonsequenz(f,-en) Inkonsequenz
Inland(n,~) Inland
Inneminister(m,-en) Innenminister
Innenarchitekt(m,-en) Innenarchitekt
Innovatioun(f,-en) Innovation
Innovatioun(f,-en) Neuerung
innovativ(adj) innovativ
innovéieren(v) innovieren
inoffiziell(adj) inoffiziell
Inondatioun(f,-en) Überschwemmung

Input(m,~) Input
Inquisitioun(f,-en) Inquisition
Inscriptioun(f,-en) Einschreibung
Insekt(n,-en) Insekt
Insektepopp(f,-en) Kokon
Insektizid(m,-en) Insektenvernichtungsmittel
Insektizid(m,-en) Insektizid
Insel(f,-en) Insel
inseréieren(v) inserieren
Insider(m,--) Insider
insistéieren(v) insistieren
insistéieren, op eppes -(exp) bestehen, auf etw -
Insolvabilitéit(f,-en) Insolvenz
Insolvabilitéit(f,-en) Zahlungsunfähigkeit
Inspectioun(f,-en) Aufsichtsbehörde
Inspectioun(f,-en) Inspektion
Inspekter(m,-en) Inspektor
Inspektioun(f,-en) Aufsichtsbehörde
Inspektioun(f,-en) Inspektion
Inspiratioun(f,-en) Inspiration
inspiréieren(v) inspirieren
inspizéieren(v) besehen
inspizéieren(v) inspizieren
instabil(adj) instabil
Installateur(m,-en) Installateur
Installateur(m,-en) Klempner
Installatioun(f,-en) Installation
installéieren(v) installieren
instauréieren(v) errichten
Instinkt(m,-er) Instinkt
instinktiv(adj) instinktiv
Institut(m,-en) Institut
Institut(n,-er) Institut
Institutioun(f,-en) Institution
Instructioun(f,-en) Anweisung
instruéieren(v) informieren
instruéieren(v) Kenntnis, in - setzen
Instruktioun(f,-en) Anweisung
Instrument(n,-er) Instrument
instrumentaliséieren(v) instrumentalisieren
inszenéieren(v) inszenieren
Int(f,-en) Ente
intakt(adj) intakt
Intchen(f,Intercher) Entlein
Integratioun(f,-en) Integration
integréieren(v) integrieren
Integritéit(f,~) Integrität
intellektuell(adj) intellektuell
intelligent(adj) intelligent
Intelligenz(f,~) Intelligenz
Intendant(m,-en) Intendant
Intensitéit(f,-en) Intensität
Intensivcours(m,-en) Intensivkurs
intensivéieren(v) intensivieren
Intensivstatioun(f,-en) Intensivstation
Intentioun(f,-en) Absicht
Intentioun(f,-en) Intention
Interaktioun(f,-en) Interaktion
Interaktivitéit(f,-en) Interaktivität
intercaléieren(v) dazwischenschieben
intercaléieren(v) einschieben
Interdictioun(f,-en) Verbot
interdisziplinär(adj) interdisziplinär
interessant(adj) interessant
interesséieren(v) interessieren
interkontinental(adj) interkontinental
interkulturell(adj) interkulturell
Intermezzo(m,-en) Intermezzo
intern(adj) intern
Internat(n,-er) Internat
Internationalitéit(f,~) Internationalität
internéieren(v) internieren
Internéierung(f,-en) Internierung
Internet(m,~) Internet
Internetgeneratioun(f,-en) Internetgeneration
Internetsäit(f,-en) Internetseite
Interpellatioun(f,-en) Anfrage (Politik)
Interpellatioun(f,-en) Festnahme
Interpellatioun(f,-en) Interpellation
interpelléieren(v) interpellieren
Interpret(m,-en) Interpret
Interpretatioun(f,-en) Interpretation
interpretéieren(v) interpretieren
Interpunktioun(f,-en) Interpunktion
Interpunktioun(f,-en) Zeichensetzung
interrogéieren(v) befragen
interrogéieren(v) verhören
Interruptioun(f,-en) Unterbrechung
Intervall(m,-en) Intervall
intervenéieren(v) eingreifen
intervenéieren(v) intervenieren
Interventioun(f,-en) Eingriff
Interventioun(f,-en) Intervention
Interview(m,-en) Interview
interviewen(v) interviewen
intim(adj) intim
Intimidatioun(f,-en) Einschüchterung
intimidéieren(v) einschüchtern
Intimitéit(f,-en) Intimität
Intimsphär(f,-en) Intimsphäre
intolerant(adj) intolerant
intonéieren(v) intonieren
intransitiv(adj) intransitiv
intressant(adj) interessant
intresséieren(v) interessieren
Intressi(m,-en) Interesse
Intrig(f,-en) Intrige
intrigéieren(v) intrigieren
Introduktioun(f,-en) Einführung
introvertéiert(adj) introvertiert
Intuitioun(f,-en) Intuition
Invalidepensioun(f,-en) Invalidenrente
Invaliderent(f,-en) Invalidenrente
Invaliditéit(f,-en) Invalidität
Invaliditéit(f,-en) Ungültigkeit
Invasioun(f,-en) Invasion
Inventar(m,-en) Inventar
Inversioun(f,-en) Umkehrung
investéieren(v) investieren
Investigatioun(f,-en) Untersuchung
Investissement(n,-er) Investition
Investitioun(f,-en) Investition
Invitatioun(f,-en) Einladung
invitéieren(v) einladen
invoquéieren(v) geltend machen
Inzest(m,-er) Inzest
inzitéieren(v) aufstacheln
inzitéieren(v) veranlassen
irdesch(adj) irdisch
iren(v) irren
iresch(adj) irisch
Irland(p) Irland
irleeden(v) irreleiten
ironesch(adj) ironisch
Ironie(f,~) Ironie
irrational(adj) irrational
Irrecevabilitéit(f,-en) Unzulässigkeit
Irregularitéit(f,-en) Unregelmäßigkeit
irreparabel(adj) irreparabel
irreparabel(adj) unwiederbringlich
irritéieren(v) irritieren
Ischpelt(p) Urspelt
islamesch(adj) islamisch
islamiséieren(v) islamisieren
Isolatioun(f,-en) Isolation
Isoléierband(m/n,~) Isolierband
isoléieren(v) isolieren
Isoléierung(f,-en) Isolierung
Italien(p) Italien
Italiener(m,--) Italiener
Italienerin(f,-nen) Italienerin
italienesch(adj) italienisch
iwwel(adj) übel
Iwwel(m,--) Übel
iwwelzeg(adj) übel
Iwwelzegkeet(f,-en) Übelkeit
iwwer Nuet(exp) über Nacht
iwwer(pp) über

iwwerall*(adv)* überall
iwweraus*(adv)* überaus
iwwerbaken*(utr)(v)* überbacken
Iwwerbau*(m,--)* Überbau
iwwerbelaaschten*(utr)(v)* überbelasten
iwwerbeliichten*(utr)(v)* überbelichten
iwwerbesteiert*(adj)* überbesteuert
iwwerbewäert*(adj)* überbewertet
iwwerbidden*(utr)(v)* überbieten
Iwwerbléck*(m,~)* Überblick
iwwerblécken*(utr)(v)* überschauen
iwwerbrécken*(utr)(v)* überbrücken
iwwerbréngen*(utr)(v)* überbringen
iwwerdaueren*(utr)(v)* überdauern
iwwerdecken*(utr)(v)* überdecken
iwwerdeems*(adv)* währenddessen
iwwerdees*(adv)* darüber hinaus
iwwerdenken*(utr)(v)* überdenken
iwwerdimensionéiert*(adj)* überdimensioniert
iwwerdoséieren*(utr)(v)* überdosieren
iwwerdréinen*(tr)(v)* überreizen
iwwerdréinen*(utr)(v)* überdrehen
iwwerdreiwen*(utr)(v)* übertreiben
Iwwerdreiwung*(f,-en)* Übertreibung
iwwerdrësseg*(adj)* überdrüssig
Iwwerdrock*(m,~)* Überdruck
iwwerdroen*(utr)(v)* übertragen
Iwwerdross*(m,~)* Überdruss
Iwwerdroung*(f,-en)* Übertragung
iwwerdubberen*(utr)(v)* übertreffen
iwwereck*(adv)* verquer
Iwwereesbech*(p)* Obereisenbach
iwwereg bleiwen*(exp)* übrig bleiben
iwwereg sinn*(v)* übrig sein
iwweregens*(adv)* übrigens
iwwereneen*(pr)* übereinander
iwwereneestëmmen*(tr)(v)* übereinstimmen
Iwwerescht*(m,-er)* Überrest
iwwerfalen*(utr)(v)* überfallen
Iwwerfall*(m,-fäll)* Überfall
iwwerfälleg*(adj)* überfällig
iwwerféieren*(tr/utr)(v)* überführen
iwwerfëllen*(utr)(v)* überfüllen
iwwerfëllt*(adj)* überfüllt
iwwerfidderen*(tr)(v)* überfüttern
iwwerflächlech*(adj)* oberflächlich
iwwerfléien*(utr)(v)* überfliegen
iwwerflësseg*(adj)* überflüssig
Iwwerflëssegkeet*(f,-en)* Überflüssigkeit
Iwwerfloss*(m,~)* Überfluss
iwwerfriemen*(v)* überfremden
Iwwerfriemung*(f,-en)* Überfremdung
iwwerfriessen, sech -*(utr)(v)* überfressen, sich -
iwwerfuerderen*(utr)(v)* überfordern
iwwerfueren*(tr)(v)* überfahren
iwwerfueren*(utr)(v)* überfahren
Iwwergangsléisung*(f,-en)* Übergangslösung
Iwwergangsregelung*(f,-en)* Übergangsregelung
Iwwergangsregierung*(f,-en)* Übergangsregierung
Iwwergangszäit*(f,-en)* Übergangszeit
Iwwergepäck*(n,~)* Übergepäck
Iwwergewiicht*(n,~)* Übergewicht
iwwerginn*(tr)(v)* hinübergeben
iwwerginn*(utr)(v)* übergeben
iwwerginn, sech -*(utr)(v)* erbrechen, sich -
iwwergoen*(tr)(v)* hinübergehen
iwwergoen*(tr)(v)* wechseln, den Besitzer -
iwwergoen*(utr)(v)* übergehen
iwwergräifen*(tr)(v)* übergreifen
iwwergrouss*(adj)* übergroß
iwwerhaapt näischt*(exp)* gar nichts
iwwerhaapt net*(exp)* gar nicht
iwwerhaapt*(adv)* überhaupt
iwwerhand huelen*(exp)* überhand nehmen
iwwerhand*(adv)* überhand
Iwwerhand*(f,~)* Überzahl
Iwwerhand, d'- huelen*(exp)* Überhand, die - nehmen
iwwerhänken*(tr)(v)* überhängen
iwwerheefen*(utr)(v)* überhäufen
iwwerhéieren*(utr)(v)* überhören
iwwerhëtzen*(utr)(v)* überhitzen
iwwerhieflech*(adj)* überheblich
Iwwerhieflechkeet*(f,~)* Überheblichkeit
iwwerhuelen*(tr)(v)* herübernehmen
iwwerhuelen*(utr)(v)* überholen
iwwerhuelen*(utr)(v)* übernehmen
iwwerhuelen, sech -*(utr)(v)* übernehmen, sich -
Iwwerhuelspur*(f,-en)* Überholspur
Iwwerhuelverbuet*(n,-verbueder)* Überholverbot
iwwerkachen*(tr)(v)* überkochen
iwwerkliewen*(utr)(v)* überkleben
iwwerkommen*(utr)(v)* überkommen
iwwerkucken*(utr)(v)* überblicken
iwwerkucken*(utr)(v)* überschauen
iwwerlaaschten*(utr)(v)* überlasten
iwwerlafen*(tr)(v)* überfließen
iwwerlafen*(tr)(v)* überlaufen
iwwerlafen*(tr)(v)* überlaufen, zur Gegenseite -
iwwerläschteg*(adj)* lästig
iwwerläschteg, engem - falen*(exp)* lästig, jm - werden
iwwerleeën*(utr)(v)* überdecken
iwwerleeën*(utr)(v)* überlegen
Iwwerleeënheet*(f,-en)* Überlegenheit
Iwwerleeës*(n,~)* Überlegung
Iwwerleeung*(f,-en)* Überlegung
iwwerliesen*(utr)(v)* überlesen
iwwerliewen*(utr)(v)* überleben
iwwerliewensgrouss*(adj)* überlebensgroß
Iwwerliewensnoutwendegkeet*(f,-en)* Überlebensnotwendigkeit
Iwwerliewensratioun*(f,-en)* Überlebensration
Iwwerliicht*(f,-er)* Fenster über einer Tür
iwwerliwweren*(utr)(v)* überliefern
iwwerloossen*(utr)(v)* überlassen
iwwerlueden*(utr)(v)* überladen
iwwermaansgrouss*(adj)* überlebensgroß
iwwermar*(adv)* übermorgen
iwwerméisseg*(adj)* übermäßig
iwwermënschlech*(adj)* übermenschlich
iwwermëttelen*(utr)(v)* übermitteln
iwwermidd*(adj)* übermüdet
iwwermiddeg*(adj)* übermütig
Iwwermooss*(n,~)* Übermaß
Iwwermuecht*(f,-en)* Übermacht
iwwermuer*(adv)* übermorgen
Iwwermutt*(m,~)* Übermut
iwwernächst*(adj)* übernächste
iwwernatierlech*(adj)* übernatürlich
iwwernuechten*(utr)(v)* übernachten
Iwwernuechtung*(f,-en)* Übernachtung
iwwerparteilech*(adj)* überparteilich
iwwerpechen*(utr)(v)* überkleben
iwwerpréiwen*(utr)(v)* kontrollieren
iwwerpréiwen*(utr)(v)* überprüfen
Iwwerproduktioun*(f,-en)* Überproduktion
iwwerqualifizéieren*(utr)(v)* überqualifizieren
iwwerqualifizéiert*(adj)* überqualifiziert
iwwerquellen*(tr)(v)* überquellen
iwwerquieren*(utr)(v)* überqueren
iwwerraschen*(utr)(v)* überraschen
iwwerrascht*(adj)* überrascht
Iwwerraschung*(f,-en)* Überraschung
iwwerreagéieren*(utr)(v)* überreagieren
iwwerreechen*(utr)(v)* überreichen
iwwerregional*(adj)* überregional
iwwerrennen*(utr)(v)* überfahren
Iwwerrepresentatioun*(f,-en)* Überrepräsentierung
iwwerrieden*(utr)(v)* überreden
iwwerrompelen*(utr)(v)* überrumpeln
iwwerronnen*(utr)(v)* überrunden
iwwerrubbelen*(utr)(v)* überstürzen
iwwerrumpelen*(utr)(v)* überrumpeln
iwwerschaffen*(utr)(v)* überarbeiten

iwwerschafft *(adj)* überarbeitet
Iwwerschallgeschwëndegkeet *(f,-en)* Überschallgeschwindigkeit
iwwerschätzen *(utr)(v)* überschätzen
iwwerschëdden, sech - *(utr)(v)* erbrechen, sich -
iwwerschësseg *(adj)* überschüssig
iwwerschloen *(utr)(v)* überschlagen
iwwerschnapen *(tr)(v)* überschnappen
iwwerschnappen *(tr)(v)* überschnappen
Iwwerschoss *(m,-schëss)* Überschuss
Iwwerschrëft *(f,-en)* Überschrift
iwwerschreiden *(utr)(v)* überschreiten
iwwerschreiwen *(utr)(v)* überschreiben
iwwerschwemmen *(utr)(v)* überschwemmen
Iwwerschwemmung *(f,-en)* Überschwemmung
iwwerschwenken *(tr)(v)* überlaufen, zur Gegenseite -
iwwersenden *(utr)(v)* übersenden
iwwersetzen *(tr/utr)(v)* übersetzen
Iwwersetzer *(m,--)* Übersetzer
Iwwersetzung *(f,-en)* Übersetzung
iwwersiddelen *(tr)(v)* übersiedeln
Iwwersiicht *(f,-en)* Übersicht
iwwersinn *(utr)(v)* überschauen
iwwersinn *(utr)(v)* übersehen
Iwwersiren *(p)* Uebersyren
iwwerspanen *(utr)(v)* überspannen
iwwerspëtzt *(adj)* überspitzt
iwwerspillen *(utr)(v)* überspielen
iwwersprangen *(utr)(v)* überspringen
iwwersprudelen *(tr)(v)* übersprudeln
iwwerstëmmen *(utr)(v)* überstimmen
iwwerstierzen *(utr)(v)* überstürzen
iwwerstierzt *(adj)* überstürzt
iwwerstoen *(utr)(v)* überstehen
Iwwerstonn *(f,-en)* Überstunde
iwwerstralen *(utr)(v)* überstrahlen
iwwerstrapazéieren *(utr)(v)* überstrapazieren
iwwerstreiden *(utr)(v)* behaupten, sich in etw - (gegen jd anders)
iwwersträppen *(tr)(v)* überstülpen
iwwersummeren *(utr)(v)* übersommern
iwwert *(pp)* über
iwwertéinen *(utr)(v)* übertönen
iwwerteneestëmmen *(tr)(v)* übereinstimmen
iwwertreffen *(utr)(v)* übertreffen
iwwertrieden *(utr)(v)* übertreten
iwwertrompen *(utr)(v)* übertrumpfen
iwwerustrengen *(tr)(v)* überanstrengen
Iwwerustrengung *(f,-en)* Überanstrengung
iwwerversécheren *(utr)(v)* überversichern
iwwerwaachen *(utr)(v)* überwachen
Iwwerwaachung *(f,-en)* Überwachung
iwwerwältegen *(utr)(v)* überwältigen
iwwerwannen *(utr)(v)* überwinden
iwwerwannen *(utr)(v)* verwinden
iwwerwanteren *(utr)(v)* überwintern
iwwerweisen *(utr)(v)* überweisen
Iwwerweisung *(f,-en)* Überweisung
Iwwerweisungsformular *(n,-en)* Überweisungsformular
iwwerwerfen, sech - *(utr)(v)* überwerfen, sich -
iwwerwiesselen *(tr)(v)* überwechseln
iwwerwucheren *(utr)(v)* hinauswachsen (Pflanzen)
iwwerwucheren *(utr)(v)* überwuchern
iwwerwuessen *(v)* überwachsen
iwwerzeegen *(utr)(v)* überzeugen
Iwwerzeegung *(f,-en)* Überzeugung
iwwerzeideg *(adj)* überreif
iwwerzéien *(tr)(v)* überziehen
iwwregens *(adv)* übrigens
Izeg *(p)* Itzig

J

ja *(adv)* ja
ja *(adv)* tja
Jabel *(m,-en)* Handkarren
Jabel *(m,-en)* Wägelchen
jabelen *(v)* fortbewegen, sich mühsam -
jachtelen *(v)* herumtreiben, sich lärmend -
Jacinthe *(f,-n)* Hyazinthe
Jackett *(f,-en)* Jacke
jadderen *(v)* plaudern
jadderen *(v)* schnattern
jäerlech *(adj)* jährlich
Jäiz *(p)* Basse-Yutz
jäizeg *(adj)* grell (Farbe)
jäizeg *(adj)* schrill
jäizen *(v)* schreien
Jalon *(m,-en)* Absteckpfahl
jalonnéieren *(v)* abstecken
jalous *(adj)* eifersüchtig
Jalousheet *(f,~)* Eifersucht
Jalousie *(f,~)* Eifersucht
Jalousie *(f,-n)* Jalousie
Jämpi *(scherzh)(m,-en)* Gendarm
Jandaarm *(m,-en)* Gendarm
Jandaarmerie *(f,-n)* Gendarmerie
Jänni a Männi *(exp)* jedermann
Januar *(m,-en)* Januar
Japan *(p)* Japan
Japaner *(m,--)* Japaner
Japanerin *(f,-nen)* Japanerin
japanesch *(adj)* japanisch
japsen *(v)* schnappen, nach Luft -
Jardinière *(f,-n)* Blumenkasten
Jargon *(m,-en)* Fachsprache
Jargon *(m,-en)* Kauderwelsch
Jarnéier *(f,-en)* Angel (Tür)
Jarnéier *(f,-en)* Scharnier
Jarret *(m,-en)* Haxe
Jartelle *(f,-n)* Strumpfhalter
jatschelen *(v)* wackeln
Jatte *(f,-n)* Frühstücksschale
Jatte *(f,-n)* Trinkschale
jausen *(v)* sausen
jausen *(v)* schwatzen
jauwen *(v)* rasen
jauwen *(v)* werfen (mit Kraft)
jauwen, engem eng - *(exp)* ohrfeigen, jn -
Jazz *(m,~)* Jazz
jazzen *(v)* Jazz spielen
je *(e)(adv)* jemals
Jeans *(f,--)* Jeans
Jeeër *(m,--)* Jäger
jeekelen *(v)* zappeln, mit den Beinen -
jeemools *(adv)* jemals
jeeweils *(adv)* jeweils
Jëfferchen *(scherzh)(f,Jëffercher)* Mädchen
jéimeren *(v)* jammern
jéimeren *(v)* wimmern
Jelli *(m,-en)* Gelee
Jelli *(m,-en)* Sülze
jenéieren *(v)* behindern
jenéieren, sech - *(v)* genieren, sich -
Jéngelchen *(m,Jéngelcher)* Söhnchen
jéngeren *(v)* Junge kriegen
Jéngst Geriicht *(n,~)* Jüngstes Gericht
jéngste Brudder *(exp)* jüngster Bruder
Jéngsten *(m,Jéngst)* Jüngster
Jensäits *(n,~)* Jenseits
Jesuit *(m,-en)* Jesuit
Jesuskand *(n,-kanner)* Jesuskind
Jesuskëndchen *(n,-kënnercher)* Jesuskind
jetten *(v)* jetten
Jick *(f,-en)* Kautabak
Jick *(f,-en)* Murmel
Jick *(scherzh)(f,-en)* Backe, geschwollene -
jicken *(v)* futtern
jiddefalls *(adv)* jedenfalls
jidder *(dét)* jede
jiddereen *(pr)* jeder
jiddisch *(adj)* jüdisch
jiddwereen *(pr)* jeder
jiddwerfalls *(adv)* jedenfalls
jiipsen *(v)* piepen (Vögel)

jiipsen(*v*)	quietschen
jiipsen(*v*)	stöhnen
Jilli(*m,-en*)	Gilet
jinsseg(*adj*)	zierlich
Jippelchen(*n,Jippelcher*)	Küken
jipsen(*v*)	piepen (Vögel)
jitzen(*v*)	vorbeihuschen
jo(*adv*)	ja
jobben(*v*)	jobben
jodelen(*v*)	jodeln
joen(*v*)	jagen
Joer(*n,Joren/--*)	Jahr
Joerdausend(*n,-en*)	Jahrtausend
Joergank(*m,-gäng*)	Jahrgang
Joerhonnert(*n,-en*)	Jahrhundert
Joerzéngt(*n,-en/-er*)	Jahrzehnt
Joffer(*f,-en*)	Anrede für Lehrerinnen
Joffer(*f,-en*)	Fräulein
Joffer, al -(*exp*)	Jungfer, alte -
Joffer, kleng -(*exp*)	Fräulein, kleines -
Joggen(*n,~*)	Joggen
joggen(*v*)	joggen
Joghurt(*m,-en*)	Joghurt
Joker(*m,-en*)	Joker
Jomer(*m,~*)	Jammer
Jomer, wat der -(*exp*)	Teufel, was zum -
Jomer, wou der -(*exp*)	Teufel, wo zum -
jomeren(*v*)	jammern
Jonctioun(*f,-en*)	Schnittstelle
Jonctioun(*f,-en*)	Verbindungspunkt
Jong(*m,-en*)	Junge
Jong(*m,-en*)	Sohn
jongbestuet(*adj*)	jungverheiratet
Jongfra(*f,-en*)	Jungfrau
Jonggesell(*m,-en*)	Junggeselle
Jonggesell, ale -(*exp*)	Hagestolz
Jonggesellebud(*f,-en*)	Junggesellenbude
Jonggesellin(*f,-nen*)	Junggesellin
jongléieren(*v*)	jonglieren
Jonglënster(*p*)	Junglinster
Jongleur(*m,-en*)	Jongleur
jonk(*adj*)	jung
Jonktem(*f,~*)	Jugend
Jor(*n,-en/Joer*)	Jahr
joraus joran(*exp*)	jahrein jahraus
Jordéngscht(*m,~*)	Jahrgedächtnismesse
jorelaang(*adj*)	jahrelang
Joresakommes(*n,-akommen*)	Jahreseinkommen
Joresbilan(*m,-en*)	Jahresabschluss
Joresbilan(*m,-en*)	Jahresbilanz
Joresgewënn(*m,-er*)	Jahresgewinn
Joresofschloss(*m,-ofschlëss*)	Jahresabschluss
Joresrapport(*m,-en*)	Jahresbericht
Joreswiessel(*m,~*)	Jahreswechsel
Joreszäit(*f,-en*)	Jahreszeit
Joreszuel(*f,-en*)	Jahreszahl
Jorhonnert(*n,-en*)	Jahrhundert
Journal(*m,-len*)	Zeitung
Journalissem(*m,~*)	Journalismus
Journalist(*m,-en*)	Journalist
journalistesch(*adj*)	journalistisch
Journalistin(*f,-nen*)	Journalistin
Jovialitéit(*f,-en*)	Jovialität
Joystick(*m,-en*)	Joystick
jubelen(*v*)	jubeln
jubiléieren(*v*)	jubilieren
Juck(*m,-en*)	Dachkammer
Juck(*m,-en*)	Hühnerschlag
jucken(*v*)	hocken (Geflügel)
Judd(*m,-en*)	Jude
Judd(*m,-en*)	Schweinekamm, geräucherter -
Judo(*m,~*)	Judo
Judoka(*m,-en*)	Judoka
Juegd(*f,Juegten*)	Jagd
Juegdhond(*m,-hënn*)	Jagdhund
Juegdschäin(*m,-er*)	Jagdschein
jugéieren(*v*)	beurteilen
Jugend(*f,-en*)	Jugend
Jugendaarbechtslosegkeet(*f,~*)	Jugendarbeitslosigkeit
Jugendaktivitéit(*f,-en*)	Jugendaktivität
Jugendamt(*n,-ämter*)	Jugendamt
Jugendcommissioun(*f,-en*)	Jugendkommission
Jugenddéngscht(*m,-er*)	Jugenddienst
Jugendhaus(*n,-haiser*)	Jugendhaus
Jugendherberg(*f,-en*)	Jugendherberge
Jugendkommissioun(*f,-en*)	Jugendkommission
Jugendorganisatioun(*f,-en*)	Jugendorganisation
Jugendsectioun(*f,-en*)	Jugendabteilung
Jugendsektioun(*f,-en*)	Jugendabteilung
Jukebox(*f,-en*)	Jukebox
Juli(*m,-en*)	Juli
Jumelage(*m,-n*)	Partnerschaft (Städte)
jumeléieren(*v*)	verbinden
Jumm, am - sinn(*exp*)	ausgelassen sein
Jumm, am - sinn(*exp*)	eifrig beschäftigt sein
jummen(*v*)	hinschmeißen
jummen(*v*)	schmeißen
Juni(*m,-en*)	Juni
Junior(*m,-en*)	Junior
Junkie(*m,-n*)	Junkie
Jupe(*f,Juppen*)	Rock
Jupon(*m,-en*)	Unterrock
Juppela(*f,-en*)	Babylaufgerät
juppelen(*v*)	schaukeln
juppelen(*v*)	zappeln
juppen(*v*)	wippen
Jura(*m,~*)	Jura
Juridictioun(*f,-en*)	Rechtsprechung
Juridiktioun(*f,-en*)	Rechtsprechung
Jurist(*m,-en*)	Jurist
juristesch(*adj*)	juristisch
Jury(*m,-en*)	Jury
Jus(*m,-en*)	Saft
just(*adj*)	genau
just(*adv*)	gerade
justéieren(*v*)	einstellen
justéieren(*v*)	justieren
justifiéieren(*v*)	rechtfertigen
justifizéieren(*v*)	begründen
Justizcommissioun(*f,-en*)	Justizkommission
Justizkommissioun(*f,-en*)	Justizkommission
Justizministär(*n,-en*)	Justizministerium
Justizminister(*m,-en*)	Justizminister
Justizministère(*n,-n*)	Justizministerium
Justizministesch(*f,-en*)	Justizministerin
Jux(*m,~*)	Jux
juxeg(*adj*)	scherzhaft
juxen(*v*)	spaßen
juxtaposéieren(*v*)	aneinanderreihen

K

Kaachel(*f,-en*)	Eiszapfen
Kaalber(*p*)	Kalborn
Kaalmes(*p*)	Calmus
kaalwen(*v*)	kalben
Kaalwer(*npl*)	Kälber
Kaarp(*m,-en*)	Karpfen
Kaart(*f,-en*)	Karte
Kaart(*f,-en*)	Landkarte
Kaart(*f,-en*)	Spielkarte
Kaart, gro -(*exp*)	Kraftfahrzeugschein
kaarten(*v*)	spielen, Karten -
Kaartepëtzert(*m,-en*)	Schaffner (Bus, Zug)
Kaartespill(*n,-er*)	Kartenspiel
Kabaischen(*f,Kabaisercher*)	Verschlag
Kabaischen(*f,Kabaisercher*)	Zimmer, kleines -
Kabarett(*m,~*)	Kabarett
Kabarettist(*m,-en*)	Kabarettist
Kabel(*m,-en*)	Kabel
Kabelfernseh(*m,~*)	Kabelfernsehen
Kabes sinn(*exp*)	Quatsch, völliger - sein
Kabes(*m,-sen*)	Kohl
Kabes, roude -(*exp*)	Rotkohl
Kabes, wäisse -(*exp*)	Weißkohl
Kabesfrësser(*m,--*)	Kohlweißling

Kabesheed*(m,-er)* Kohlkopf
Kabeszopp*(f,-en)* Kohlsuppe
Kach*(m,Käch)* Koch
Kachbuch*(n,-bicher)* Kochbuch
Kachdëppen*(n,--)* Kochtopf
kache Waasser*(exp)* kochendes Wasser
kache*(adj)* kochend
Kachecht*(f,-en)* Portion (Topf)
kachegliddeg*(adj)* kochendheiß
Kächen*(f,--)* Köchin
Kachen*(n,~)* Kochen
kachen*(v)* kochen
Kachgeleeënheet*(f,-en)* Kochgelegenheit
Kachkéis*(m,~)* Kochkäse
Kachläffel*(m,-en)* Kochlöffel
Kachmaschinn*(f,-en)* Herd
Kachrezept*(n,-er)* Kochrezept
Kachsalz*(n,~)* Kochsalz
Kacka*(m,~)* Kot
kackelen*(v)* gackern
kacken*(v)* scheißen
Kadaster*(m,~)* Katasteramt
Kadaster*(m,-en)* Grundbuch
kadastréieren*(v)* registrieren (beim Katasteramt)
Kadaver*(m,-en)* Kadaver
Kaddo*(m,-en)* Geschenk
Kader*(m,-en)* Angestellter
Kader*(m,-en)* Führungskraft
Kader*(m,-en)* Kader
Kader*(m,-en)* Rahmen
Kader, ieweschte -*(exp)* Führungskraft
Kadett*(m,-en)* Bursche
Kadett*(m,-en)* Exemplar, stattliches -
Kadettchen*(m,Kadettercher)* Bürschchen
Kadmium*(m,--)* Kadmium
Käerch*(p)* Koerich
Käerchen*(f,Kärercher)* Handwagen
Käerchen*(f,Kärercher)* Karren
Käerz*(f,-en)* Kerze
Käerzeblumm*(f,-en)* Knabenkraut, gemeines -
Käerzeblumm*(f,-en)* Königskerze
Kaf*(m,Keef)* Kauf
Käfeg*(m,-er)* Käfig
kafen*(v)* kaufen
Käffer*(m,-en)* Holzbalken
Kaffi drénken*(exp)* essen, zu Abend -
Kaffi drénken*(exp)* frühstücken
Kaffi*(m,~)* Abendbrot
Kaffi*(m,~)* Kaffee
Kaffi*(m,-en)* Café
Kaffi*(m,-en)* Kaffee (Tasse)
Kaffisbiz*(m,-en)* Kaffeekanne
Kaffiskichelchen*(m,-kichelcher)* Kaffeestückchen
Kaffiskrou*(m,-kréi)* Kaffeekanne
Kaffisläffel*(m,-en)* Kaffeelöffel
Kaffismillen*(f,--)* Kaffeemühle
Kaffispaus*(f,-en)* Kaffeepause
Kaffistaass*(f,-tasen)* Kaffeetasse
Kaffistut*(f,-en)* Kaffeetante
käichen*(v)* keuchen
Kaijak*(n,-en)* Kajak
Käil*(m,-er)* Keil
käilen*(v)* keilen
Käilrimm*(m,-en)* Keilriemen
Kakao*(m,~)* Kakao
Kakerlack*(f,-en)* Küchenschabe
Kaktus*(m,-sen)* Kaktus
Kakuett*(f,-en)* Erdnuss
kal*(adj)* kalt
Kalbass*(f,-en)* Kürbis
kalbliddeg*(adj)* kaltblütig
Kalbliddegkeet*(f,-en)* Kaltblütigkeit
Kalenner*(m,-en)* Kalender
kalenneren*(v)* grübeln
kalenneren*(v)* tüfteln
Kaliber*(m,-en)* Kaliber
kalibréieren*(v)* kalibrieren
Kalkesbaach*(p)* Kalkesbach
Kalkulatioun*(f,-en)* Rechnung
kalkuléieren*(v)* berechnen
Kall*(f,-en)* Keil (zum Stoppen)
Kallef*(n,Kaalwer)* Kalb
Kalleffleesch*(n,~)* Kalbfleisch
Kallefsbrot*(m,-broden)* Kalbsbraten
Kallefséiercher*(npl)* Kalbsnieren
Kallefskotlett*(f,-en)* Kalbskotelett
Kallefspujel*(f,-en)* Kalbsbries
Kallefsschnëtzel*(m,-en)* Kalbsschnitzel
Kallefsschnitzel*(m,-en)* Kalbsschnitzel
kalléieren*(v)* festkeilen
Kallek*(m,~)* Kalk
kalleken*(v)* Kalk, mit - beizen/düngen/tünchen
kallekzeg*(adj)* kalkhaltig
Kalorien, mat vill -*(exp)* kalorienreich
kalstellen*(v)* kaltstellen
Kalzium*(m,~)* Kalzium
Kalzong*(m,-en)* Männerunterhose
Kamäin*(m,-er)* Kamin
Kamäin*(m,-er)* Schornstein
Kaméidi hunn*(exp)* Streit haben
Kaméidi*(m,~)* Lärm
Kaméidi*(m,~)* Streit
Kaméidisstéck*(n,-er)* Komödie
Kaméil*(n,-er)* Kamel
Kaméileblumm*(f,-en)* Kamille
Kaméilentéi*(m,-er)* Kamillentee
Kamell*(f,-en)* Bonbon
Kamera*(f,-en)* Kamera
Kamerafra*(f,-en)* Kamerafrau
Kameramann*(m,-leit)* Kameramann
kamëss*(adj)* streng
kämmen*(v)* kämmen
kammoud*(adj)* bequem
Kammoud*(f,-en)* Kommode
Kammoudheet*(f,-en)* Bequemlichkeit
Kammouditéit*(f,~)* Bequemlichkeit (Mensch)
Kamp*(m,Kämm)* Kamm
Kampf*(m,Kämpf)* Kampf
kämpfen*(v)* kämpfen
Kämpfer*(m,--)* Kämpfer
Kampfhond*(m,-hënn)* Kampfhund
Kampfriichter*(m,--)* Kampfrichter
Kan*(f,-en)* Kanne
Kanal*(m,Kanäl/-en)* Kanal
Kanalisatioun*(f,-en)* Kanalisation
kanaliséieren*(v)* kanalisieren
Kanapee*(m,-ën)* Kanapee
Kanapee*(m,-ën)* Sofa
Kanarievillchen*(m,-villercher)* Kanarienvogel
Kanarievull*(m,-en)* Kanarienvogel
Kand*(n,Kanner)* Kind
Kanddaf*(m,-en)* Kindtaufe
Kandheet*(f,-en)* Kindheit
Kandidat*(m,-en)* Kandidat
Kandidatur*(f,-en)* Kandidatur
kandidéieren*(v)* kandidieren
Kandskanner*(npl)* Enkelkinder
Kanech*(p)* Canach
Kanéil*(f,~)* Zimt
Kanéilentéi*(m,~)* Kamillentee
Kanéngchen*(n,Kanéngercher)* Kaninchen
Känguru*(n,-en)* Känguru
Känki*(m,-en)* Petroleumlampe (schlechte Beleuchtung)
Känki*(scherzh)(m,-en)* Nase
Kännchen*(f,Kännercher)* Kännchen
Kannerbett*(n,-er)* Kinderbett
Kannerbuch*(n,-bicher)* Kinderbuch
Kannerdokter*(m,-en)* Kinderarzt
kannereg*(adj)* kindisch
kannereg*(adj)* kindlich
Kannerei*(f,-en)* Kinderei
Kannergeld*(n,~)* Kindergeld
Kannerkrankheet*(f,-en)* Kinderkrankheit
Kannerkutsch*(f,-en)* Kinderwagen
Kannerlähmung*(f,~)* Kinderlähmung
kannerliicht*(adj)* kinderleicht

Kannerlomp *(f,-en)*	Windel
Kannermäerchen *(n,-märercher)*	Märchen
Kannermass *(f,-en)*	Kindergottesdienst
Kannersëtz *(m,-er)*	Kindersitz
Kannerspill *(n,-er)*	Kinderspiel
Kannerstierflechkeet *(f,~)*	Kindersterblichkeit
kannerzeg *(adj)*	kindisch
kannerzeg *(adj)*	kindlich
Kannerzëmmer *(n,-en)*	Kinderzimmer
kanoniséieren *(v)*	heiligsprechen
Kanoun *(f,-en)*	Kanone
Kanounefudder *(n,~)*	Kanonenfutter
Kanounekugel *(f,-en)*	Kanonenkugel
kanounesch *(adj)*	kanonisch
Kant *(f,-en)*	Kante
Kantin *(f,-nen)*	Kantine
Kantinsiessen *(n,--)*	Kantinenessen
Kanton *(m,-en)*	Kanton
Kanu *(m,-en)*	Kanu
Kap *(f,-en)*	Kappe
Kap *(p)*	Cap
kapabel *(adj)*	fähig
Kapazitéit *(f,-en)*	Kapazität
kapéieren *(v)*	kapieren
Kapell *(f,-en)*	Kapelle
Kapellen *(p)*	Capellen
Kapenaker *(p)*	Kapenacker
Kaper *(f/m,-en)*	Kaper
kaperen *(v)*	kapern
Kapesëtzung *(f,-en)*	Narrensitzung
Kapëttchen *(f,Kapëttercher)*	Kondom
Kapëttchen *(f,Kapëttercher)*	Präservativ
Kapital *(n,~)*	Kapital
kapitaliséieren *(v)*	kapitalisieren
Kapitalissem *(m,~)*	Kapitalismus
Kapitalist *(m,-en)*	Kapitalist
Kapitalmaart *(m,-mäert)*	Kapitalmarkt
Kapitän *(m,-en)*	Kapitän
Kapitel *(n,-en)*	Kapitel
Kapitulatioun *(f,-en)*	Kapitulation
kapituléieren *(v)*	kapitulieren
Kaploun *(m,Kapléin)*	Kaplan
Kaploun *(m,Kapléin)*	Vikar
kapott kréien *(exp)*	kaputt machen
kapott maachen *(exp)*	kaputt machen
kapott *(adj)*	kaputt
Kapott *(f,-en)*	Kondom
Kapp *(m,Käpp)*	Kopf
Kapp, de - verléieren *(exp)*	Kopf, den - verlieren
Kapp, de - wäschen *(exp)*	Haare waschen
Kapp, de - wäschen *(exp)*	zurechtweisen
Käppchen *(m,Käppercher)*	Briefmarke
käppeg *(adj)*	eigensinnig
kappen *(v)*	hacken (Erde)
käppen *(v)*	köpfen
Kapphär *(m,-en)*	Anführer
Kapphörer *(m,--)*	Kopfhörer
Käppi *(m,-en)*	Köpfchen
Käppi *(m,-en)*	Mütze
Kappkëssen *(n,--)*	Kopfkissen
Kapprechnen *(n,~)*	Kopfrechnen
Kappsprong *(m,-spréng)*	Kopfsprung
Kappwéi *(m,~)*	Kopfschmerzen
Kappweid *(f,-en)*	Kopfweide
Kappzich *(f,-en)*	Kopfkissenüberzug
Kaprol *(m,-en)*	Korporal
Kapsel *(f,-en)*	Kapsel
kapselen *(v)*	verkapseln
Kaputz *(f,-en)*	Kapuze
Kapweiler *(p)*	Kapweiler
Kar *(f,-en)*	Karren
Kär *(m,-en)*	Beere (einzelne)
Kär *(m,-en)*	Herz (Zentrum)
Kär *(m,-en)*	Kern (Obst)
Kär *(m,-en)*	Korn (Getreide, Pfeffer)
Kar *(n,~)*	Getreide
Kar *(n,~)*	Roggen
Karaff *(f,-en)*	Karaffe
Karambolage *(f,-n)*	Zusammenstoß
karamelliséieren *(v)*	karamellisieren
Karate *(m,~)*	Karate
Karblumm *(f,-en)*	Kornblume
karboniséieren *(v)*	verkohlen
Kardinol *(m,Kardinäl)*	Kardinal
Kardiolog *(m,-en)*	Kardiologe
karéiert *(adj)*	kariert
Kärel *(m,-en)*	Kerl
karfénkelen *(v)*	glitzern (Edelsteine)
Karfreideg *(m,-er)*	Karfreitag
Kärfunktioun *(f,-en)*	Kernfunktion
kärgesond *(adj)*	kerngesund
Karikatur *(f,-en)*	Karikatur
Karikaturist *(m,-en)*	Karikaturist
karikéieren *(v)*	karikieren
Karmësch *(f,-en)*	Spatz
Karmiel *(n,~)*	Roggenmehl
Karo *(m,-en)*	Viereck
Karosserie *(f,-n)*	Karosserie
karozeg *(adj)*	kariert
Karsamschdeg *(m,-er)*	Karsamstag
Karschnatz *(m,~)*	Ernte (Getreide)
kartographéieren *(v)*	kartographieren
kartonéiert *(adj)*	kartoniert
Kartong *(m,~)*	Pappe
Kartongskëscht *(f,-en)*	Pappschachtel
Karwoch *(f,-en)*	Karwoche
Kasär *(f,-en)*	Kaserne
Käscht *(f,-en)*	Kastanie
Kascht *(m,~)*	Essen
Kascht *(m,~)*	Kost
Käschtebam *(m,-beem)*	Kastanienbaum
Käschten *(npl)*	Kosten
Käschten *(npl)*	Unkosten
kaschten *(v)*	kosten
Käschtenexplosioun *(f,-en)*	Kostenexplosion
Käschteplang *(m,-pläng)*	Kostenplan
Kaschtgänger *(m,--)*	Kostgänger
Kassatioun *(f,-en)*	Kassation
kasséieren *(v)*	kassieren
Kasseroll *(f,-en)*	Stieltopf
Kassett *(f,-en)*	Kassette
Kassetterekorder *(m,-en)*	Kassettenrekorder
Kassroll *(f,-en)*	Stieltopf
kastréieren *(v)*	kastrieren
Katalog *(m,-en)*	Katalog
katalogéieren *(v)*	katalogisieren
katalogiséieren *(v)*	katalogisieren
katalyséieren *(v)*	katalysieren
katapultéieren *(v)*	katapultieren
Katastrof *(f,-en)*	Katastrophe
katastrofal *(adj)*	katastrophal
Katastrofesituatioun *(f,-en)*	Katastrophenlage
Katchëssem *(m,~)*	Katechismus
Katechismus *(m,~)*	Katechismus
Kategorie *(f,-n)*	Kategorie
kategoriséieren *(v)*	kategorisieren
Kathedral *(f,-en)*	Kathedrale
Katholik *(m,-en)*	Katholik
Katholizissem *(m,~)*	Katholizismus
kathoulesch *(adj)*	katholisch
katzeg *(adj)*	unangenehm
katzen *(v)*	kotzen
katzen *(v)*	husten (stark, auch mit Auswurf)
Kaul *(f,-en)*	Grube, flache -
Kaul *(f,-en)*	Mulde (Landschaft)
Kaul *(f,-en)*	Unebenheit
kaum *(adv)*	kaum
Kauneref *(p)*	Kaundorf
kauper *(adj)*	streitsüchtig
Kausalitéit *(f,-en)*	Kausalität
kauscher, net - *(exp)*	geheuer, nicht -
Kautebaach *(p)*	Kautenbach
Kautioun *(f,-en)*	Kaution
Kautsch *(f,-en)*	Frühbeet
Kautsch *(f,-en)*	Sofa
Kauz *(m,Käiz)*	Kauz
Kauz, e komesche - *(exp)*	Kauz, ein komischer -
Kauzekapp *(m,-käpp)*	Kaulquappe
Kavaléier *(m,--)*	Kavalier

Kavaléiersdelikt_(n,-en)_ Kavaliersdelikt
Kaviar_(m,~)_ Kaviar
Kaweechelchen_(n,Kaweechelcher)_ Eichhörnchen
Kaz_(f,-en)_ Katze
Kazemusek_(f,~)_ Katzenmusik
kazen_(v)_ zanken
Kazeschwanz_(m,~)_ Schachtelhalm
Kazespronk_(m,-spréng)_ Katzensprung
Kazewäsch_(f,-en)_ Katzenwäsche
këddeleg_(adj)_ kitzlig
këddelen_(v)_ kitzeln
kee méi_(pr)_ keiner mehr
Keefer_(m,--)_ Käufer
Keefesch_(f,-en)_ Käuferin
Keel_(f,-en)_ Kegel
Keel_(p)_ Kayl
Keele spillen_(exp)_ kegeln
Keelebunn_(f,-en)_ Kegelbahn
Keeleklatz_(f,-en)_ Kegelkugel
Keelespill_(n,-er)_ Kegelspiel
Keelt_(f,~)_ Kälte
keemools_(adv)_ nie
keen_(dét)_ kein
keen_(pr)_ keiner
keen_(pr)_ niemand
keent_(pr)_ keins
kees_(adv)_ nie
Keeser_(m,-en)_ Kaiser
Keespelt_(p)_ Keispelt
Keess_(f,-en)_ Kasse
Kéiber_(p)_ Kuborn
Kéideng_(p)_ Koedange
Kéidreck_(m,-er)_ Kuhscheiße
Kéier_(f,-en)_ Kurve
Kéier_(f,-en)_ Mal
Kéier, eng -_(exp)_ Mal, ein -
Kéier, eng aner -_(exp)_ Mal, ein anderes -
kéieren_(v)_ kehren (in eine Richtung)
kéieren_(v)_ wenden
Kéifer_(m,--)_ Küfer
Kéiferei_(f,-en)_ Küferei
Kéiflapp_(m,-fläpp)_ Kuhfladen
keimen_(v)_ ächzen
keimen_(v)_ keimen
keimen_(v)_ klagen
keimen_(v)_ stöhnen
Kéipchen_(m,Kéipercher)_ Häufchen
kéipen_(v)_ häufen
kéipercherswеis_(adv)_ häufchenweise
kéipweis_(adv)_ haufenweise
Kéis_(m,~)_ Käse
Kéis, Schwäizer -_(exp)_ Käse, Schweizer -
Kéis, wäisse -_(exp)_ Quark
Kéisecker_(m,-en)_ Igel
Kéisfuert_(p)_ Kaesfurt
Kéiskëschten_(scherzh)(npl)_ Stinkfüße
Kéisplat_(m,-en)_ Käseplatte
Kéisrapp_(f,-en)_ Käsereibe
Kéistall_(m,-ställ)_ Kuhstall
Keller_(m,-en)_ Keller
Kellerdier_(f,-en)_ Kellertür
Kellerei_(f,-en)_ Kellerei
Kellerfënster_(f,-en)_ Kellerfenster
Kellerliicht_(f,-en)_ Kellerluke
Kellerschwéngchen_(f,-schwéngercher)_ Kellerassel
Kellertrap_(f,-en)_ Kellertreppe
Kelter_(m,-en)_ Kelter
kelteren_(v)_ keltern
këmmen_(v)_ ächzen
këmmen_(v)_ schnaufen
këmmen_(v)_ stöhnen
këmmeren, sech ëm eppes -_(exp)_ kümmern, sich um etw -
Kéndchen_(n,Kënnercher)_ Kleinkind
Kéndel_(m,-en)_ Christstollen
kënfteg_(adj)_ künftig
kéng_(adj)_ kühn
kéng_(adj)_ verwegen
keng_(art)_ kein
Kéng_(f,-en)_ Pflanzenkeim (Kartoffeln)
Kéng_(f,-en)_ Trieb, junger -
kéngen_(v)_ keimen
kengesfalls_(adv)_ keinesfalls
kengeswees_(adj)_ keineswegs
Kéngheet_(f,~)_ Kühnheit
Kënn_(m,--)_ Kinn
Kënn, mat Këss a -_(exp)_ Kind, mit - und Kegel
Kënnbak_(m,-en)_ Unterkiefer
Kënnchen_(n,Kënnercher)_ Kleinkind
kënneg_(adj)_ ortsvertraut
Kënnegen_(m,Kënneg)_ Bekannter
kënnegen_(v)_ kündigen
kënnegen, engem -_(exp)_ kündigen, jn -
Kënnegung_(f,-en)_ Kündigung
kenneléieren_(v)_ kennenlernen
kennen_(v)_ kennen
kënnen_(v)_ können
Kenner_(m,--)_ Kenner
Kennerbléck_(m,-er)_ Kennerblick
Kennes_(n,~)_ Kenntnis
kenneswäert_(adj)_ wissenswert
Kënni_(m,-en)_ Kindchen (Kindersprache)
Kennschaaft_(f,-en)_ Kenntnis
Kenntnes_(f,-ser)_ Kenntnis
Kennzeechen_(n,--)_ Kennzeichen
Kennzeechen_(n,--)_ Merkmal
Kennziffer_(f,-en)_ Kennziffer
kënschtlech_(adj)_ künstlich
Kënschtler_(m,--)_ Künstler
Kënschtlernumm_(m,-nimm)_ Künstlername
Kënschtlernumm_(m,-nimm)_ Pseudonym
Kënzeg_(p)_ Clemency
Këpp_(m,-en)_ Land, kleines Stück -
Këpp_(m,-en)_ Zipfel
Këppelchen_(f,Këppelcher)_ Pärchen
Këppelchen, si hunn eng -_(exp)_ Sohn und Tochter haben
këppen_(v)_ abschneiden, Pflanzenspitzen -
këppen_(v)_ hacken (Garten)
Kernfusioun_(f,-en)_ Kernfusion
Kerosin_(m,~)_ Kerosin
Këscht_(f,-en)_ Kiste
Këscht, an der - leien_(pej)(exp)_ Sarg, im - liegen
Këscht, déck -_(exp)_ Hintern, dicker -
këschteweis_(adv)_ kistenweise
Kessel_(m,-en)_ Kessel
kesselen, sech -_(v)_ balgen, sich -
Këssen_(n,--)_ Kissen
këssen_(v)_ küssen
Kettebréif_(m,-bréiwer)_ Kettenbrief
Ketten_(f,--)_ Kette
ketten_(v)_ ketten
Kettereaktioun_(f,-en)_ Kettenreaktion
Ketzerei_(f,-en)_ Ketzerei
keusch_(adj)_ keusch
Keuschheet_(f,~)_ Keuschheit
Keyboard_(m,-en)_ Keyboard
Kibb, Meter -_(exp)_ Kubikmeter
Kichebriet_(n,-brieder)_ Küchenbrett
Kichelchen_(m,Kichelcher)_ Keks
Kichelchen_(m,Kichelcher)_ Plätzchen
Kichen_(f,--)_ Küche
Kichenauer_(m,-en)_ Küchenuhr
Kichendësch_(m,-er)_ Küchentisch
Kichenduch_(n,-dicher)_ Küchentuch
Kicheschaf_(m,-schief)_ Küchenschrank
Kicheschiertech_(n,-er)_ Küchenschürze
Kichewo_(f,-en)_ Küchenwaage
kickelen_(v)_ kichern
kicken_(v)_ kicken (Fußball)
Kiddel_(m,-en)_ Kittel
kidnappen_(v)_ entführen
kidnappen_(v)_ kidnappen
Kiel_(m,-en)_ Vertiefung, schmale -
Kielech_(m,-er)_ Kelch
Kielechdéif_(m,-déiwen)_ Kirchendieb

Kielen *(p)* Kehlen
Kiem *(m,-en)* Römerweg
Kiemen *(p)* Kehmen
Kierb *(f,-en)* Kurbel
Kierbiischt *(f,-en)* Kehrbesen
Kierch *(f,-en)* Kirche
Kierchbierg *(p)* Kirchberg
Kierchechouer *(m,-chéier)* Kirchenchor
Kiercheféinster *(f,-en)* Kirchenfenster
Kierchegesank *(m,~)* Kirchenchor
Kierchemusek *(f,~)* Kirchenmusik
Kierchen *(p)* Basbellain
kierchlech *(adj)* kirchlich
Kierchtuerm *(m,-tierm)* Kirchturm
Kierelter *(m,--)* Hartriegel
kieren *(v)* fegen
kieren *(v)* kehren
Kierfchen *(m,Kierwercher)* Körbchen
Kierfech *(m,-er)* Friedhof
Kierfecht *(m,-er)* Friedhof
Kierfmécher *(m,--)* Korbflechter
kierfweis *(adv)* korbweise
Kiermes *(f,-en)* Kirmes
Kiermes *(f,-sen)* Kirchweih
Kiermesbud *(f,-en)* Kirmesbude
Kierp *(f,-en)* Kurbel
kierpen *(v)* drehen, an einer Kurbel -
kierpen *(v)* kurbeln
Kierper *(m,--)* Körper
Kierperproportioun *(f,-en)* Körperproportion
Kierwel *(m,~)* Kerbel
kierzen *(v)* kürzen
kierzlech *(adv)* kürzlich
Kierzung *(f,-en)* Kürzung
Kietscht *(p)* Koetschette
Kiewerlek *(m,-en)* Maikäfer
kif kif *(exp)* egal
kiffen *(v)* kiffen
Kiischt *(f,-en)* Kirsche
Kiischtchen *(f,Kiischtercher)* Brotwürfel, gerösteter -
Kiischtchen *(f,Kiischtercher)* Kirsche, kleine -
Kiischtebam *(m,-beem)* Kirschbaum
Kiischteknäpper *(m,-en)* Kernbeißer
Kiischtentaart *(f,-en)* Kirschtorte
Kiischtevull *(m,-en)* Drossel
kill *(adj)* kühl
killen *(v)* killen
killen *(v)* kühlen
Killer *(m,--)* Killer
Killschaf *(m,-schief)* Kühlschrank
Killtäsch *(f,-en)* Kühltasche
Killtruh *(f,-en)* Tiefkühltruhe
Killtuerm *(m,-tierm)* Kühlturm
Killwaasser *(n,~)* Kühlwasser
Killzecht *(f,-en)* Kühle
killzen *(v)* kühlen
Kilo *(m,-en)* Kilo
Kilobyte *(n,-s)* Kilobyte
Kilogramm *(m,--)* Kilogramm
Kilometer *(m,--)* Kilometer
Kilometergeld *(n,~)* Kilometergeld
kiloweis *(adv)* kiloweise
king *(adj)* kühn
king *(adj)* verwegen
King *(m,-en)* Pflanzentrieb, junger -
kingen *(v)* keimen
Kinnek *(m,-en)* König
kinneklech *(adj)* königlich
Kinnekräich *(n,-er)* Königreich
Kinnigin *(f,-nen)* Königin
Kino *(m,-en)* Kino
Kinoprogramm *(m,-er)* Kinoprogramm
kippen *(v)* entladen
kippen *(v)* kippen
kippen *(v)* tippen
kippen *(v)* umfallen
Kisel *(m,~)* Kiesel
kiselen *(v)* Kiesel, mit - bestreuen
Kiselsteen *(m,-steng)* Kieselstein
Kitsch *(m,~)* Kitsch
kitscheg *(adj)* kitschig
Kitschener *(m,--)* Kutscher
kitt *(adj)* quitt
kitten *(v)* kitten
Kiwwel *(m,-en)* Kübel
Klaatsch *(f,-en)* Klatschbase
Klaatsch *(f,-en)* Petze
Klaatsch *(m,~)* Klatsch
klaatschen *(v)* petzen
klaatschen *(v)* tratschen
Klabber *(f,-en)* Mundwerk
Klabber, d'- halen *(exp)* Mund, den - halten
Klabberen *(n,~)* Getratsche
Klabberen *(n,~)* Klappern
klabberen *(v)* klappern
klabberen *(v)* tratschen
Klack *(f,-en)* Glocke
Klackentuerm *(m,-tierm)* Glockenturm
Klackespill *(n,-er)* Glockenspiel
kläffen *(v)* kläffen
Klak *(f,-en)* Knall
klaken *(v)* knallen
Klakierbes *(f,-sen)* Knallerbse
Klam *(f,-en)* Klammer (Wäsche)
Klamer *(f,-en)* Klammer
Klamer *(f,-en)* Klemme
klameren *(v)* klammern
Klammen *(n,~)* Klettern
klammen *(v)* klettern
klammen *(v)* steigen
klammen, op d'Päerd - *(exp)* steigen, aufs Pferd -
Klammer *(f,-en)* Klammer
klanglos *(adj)* klanglos
Klap *(f,-en)* Petze
klapen *(v)* petzen
Klapert *(m,-en)* Petzer
Klapp *(f,-en)* Klappe
Klappdësch *(m,-er)* Klapptisch
klappen *(v)* klappen
klappen *(v)* klatschen (Beifall)
klappen *(v)* klopfen
klappen *(v)* schlagen
klappen, an d'Hänn - *(exp)* applaudieren
klappen, ee - *(exp)* besiegen, jn -
Kläpper *(m,--)* Raufbold
Kläpper *(m,--)* Schläger
Kläpper *(m,--)* Schlagholz
Kläpper *(m,--)* Teppichklopfer
Kläpper *(m,--)* Treiber (Jagd)
Kläpperei *(f,-en)* Schlägerei
klapperen *(v)* klappern
Klappjuegd *(f,-juegten)* Treibjagd
Klapplued *(f,-en)* Klapplade
Klappschmant *(m,~)* Schlagsahne
Klappsëtz *(m,-er)* Klappsitz
Klappstull *(m,-still)* Klappstuhl
Kläranlag *(f,-en)* Kläranlage
klären *(v)* klären
Klarinett *(f,-en)* Klarinette
Klass *(f,-en)* Klasse
klasséieren *(v)* einordnen
klasséieren *(v)* klassieren
Klassekomerod *(m,-en)* Klassenkamerad
Klassekampf *(m,-kämpf)* Klassenkampf
Klassement *(n,-er)* Einordnung
Klassement *(n,-er)* Klassifikation
Klassesall *(m,-säll)* Klassensaal
klassesch *(adj)* klassisch
klassifizéieren *(v)* klassifizieren
Klatschblumm *(f,-en)* Klatschmohn
klatschen *(v)* klatschen (Regen)
klätschen *(v)* platschen
klätschnaass *(adj)* durchnässt
klätschnaass *(adj)* patschnass
Klatz *(f,-en)* Holzkugel
Klatz *(f,-en)* Klotz
Klatz *(f,-en)* Schneeball

Klatz(scherzh)(f,-en) Erdkugel
Klatz(scherzh)(f,-en) Kopf
Klatzkapp(m,-käpp) Dickkopf
klatzkäppeg(adj) dickköpfig
klatzkäppeg(adj) eigensinnig
klauen(v) klauen
klauen(v) stehlen
Klauschter(m,-en) Vorhängeschloss
Klautchen(m,Klautercher) Dummkopf
klawéieren(v) klappen
Klaxon(v) Hupe
klécken(v) Hände schütteln
Kleed(n,-er) Kleid
Kleedchen(n,Kleedercher) Kleidchen
Kleedchen(n,Kleedercher) Unterhemd
kleeden(v) kleiden
Kleeder(npl) Kleider
Kleederbigel(m,-en) Kleiderbügel
Kleederbiischt(f,-en) Kleiderbürste
Kleederbotzerei(f,-en) Kleiderreinigung
Kleedergeschäft(n,-er) Bekleidungsgeschäft
Kleederschaf(m,-schief) Kleiderschrank
Kleederstaang(f,-en) Kleiderstange
Kleedung(f,-en) Kleidung
Kleeschen(m,Kleesercher) Nikolaus
kleesper(adj) schmächtig
kleespereg(adj) mickrig
Kléi(m,~) Klee
Kléiblat(n,-blieder) Kleeblatt
kléier(adj) klar
kléieren(v) aufklaren
Klemm(f,-en) Klemme
klemmen(v) klemmen
Klemmes(m,~) Arrest
kleng(adj) klein
Kléng(f,-en) Klinge
Klengbetten(p) Kleinbettingen
Klengbierger(m,--) Kleinbürger
Klengegkeet(f,-en) Kleinigkeit
Kleng-Elcher(p) Petit-Nobressart
kléngen(v) erschallen
kléngen(v) klingen
Klengheet(f,-en) Kleinheit
Klenghouschent(p) Kleinhoscheid
klengkréien(v) kleinkriegen
klenglech(adj) kleinlich
klengschreiwen(v) kleinschreiben
Klénk(f,-en) Eiszapfen
Klensch(f,-en) Türklinke
Klenschen drécken(exp) Klinken putzen
klenschen(v) drücken, die Türklinke -
Klëppel(n,-en) Knüppel
Klëppel(n,-en) Stock

klëppelen(v) verprügeln
Klëppelkrich(m,~) Bauernaufstand 1798 in den Ardennen
Klëppelsteen(m,~) Hagelkorn
Kleptomanie(f,~) Kleptomanie
klibber mech(exp) rutsch mir den Buckel runter
Klibber(f,-en) Klapper
Klibber(f,-en) Mundwerk
klibberen(v) klappern
Klibberjong(m,-en) Messdiener (ersetzt die Glocken in der Karwoche mit einer Klibber)
klicken(v) klicken
Klierf(p) Clervaux
kliewen(v) kleben
Klima(n,~) Klima
Klimaanlag(f,-en) Klimaanlage
Klimatisatioun(f,~) Klimaanlage
klimatiséieren(v) klimatisieren
Klimbim(m,~) Durcheinander
Klimbim(m,~) Klimbim
Klimbim(m,~) Streit
klimperen(v) klimpern
klinesch(adj) klinisch
Klinik(f,-en) Klinik
klinzeg(adj) winzig
Klippen(npl) Klippen
klirren(v) klirren
Klischee(f,-ën) Klischee
Klo(f,-en) Klage
Klo(f,-en) Klaue
Klo(f,-en) Tatze
kloen(v) klagen
kloer(adj) durchsichtig
kloer(adj) klar
Kloerheet(f,~) Klarheit
kloermaachen(v) klarmachen
kloerrosen(adj) fuchsteufelswild
kloerstellen(v) klarstellen
Klomp(m,Klëmp/-en) Klumpen
klompen(v) klumpen
klonen(v) klonen
klorrosen(adj) fuchsteufelswild
kloteren(v) herumklettern
kloteren(v) klettern
Klouschter(n,-en) Kloster
Kluck(f,-en) Bruthenne
kluckseg(adj) bemutternd
kluckseg(adj) weinerlich
klucksen(v) glucksen
Kludder(f,-en) Ansammlung von Menschen
Kludder(f,-en) Gruppe zusammenhängender Dinge (Früchte, Schlüssel)

kludderen(v) herunterbaumeln, lose -
kludderen(v)verbummeln, die Zeit miteinander -
kludderen(v) zusammenhängen
kluddervoll(adj) überfüllt
kluffen, sech -(v) anziehen, geschmacklos -
Klunsch(f,-en) Schaukel
klunschelen(v) schaukeln
klunschen(v) schaukeln
klunschen(v) wippen
knabbelen(v) knabbern
knabberen(v) knabbern
Knach(f,-en) Knochen
knacheg(adj) knochig
Knachemuerch(m,~) Knochenmark
knacken(v) knacken
Knacks(m,~) Knacks
knaddereg(adj) mürrisch
knadderen(v) brummeln
knadderen(v) nörgeln
knaen(v) kauen
Knäip(m,-en) Handmesser
Knäip(m,-en) Schälmesser
Knäipchen(m,Knäipercher) Gemüsemesser
knäipen(v) abschreiben
knäipen(v) spicken
Knall(m,Knäll) Gelächter, kreischendes -
Knall(m,Knäll) Knall
knallen(v) knallen
knapp(adj) knapp
knapp(adv) knapp
Knapp(m,Knäpp) Klümpchen (Teig)
Knapp(m,Knäpp) Knopf (Kleider)
Knapp(m,Knäpp) Knospe
Knäppchen(m,Knäppercher) Knopf (an Gerät)
knäppen(v) knöpfen
knäppen(v) knoten
Knäpperchestelefon(m,-en) Tastentelefon
Knapphouschent(p) Knaphoscheid
Knäpplach(n,-lächer) Knopfloch
knapps(adv) kaum
knaps(adv) kaum
Knascht(m,~) Dreck
Knascht(m,~) Schmutz
Knaschtbeidel(m,-en) Kerl, hinterlistiger -
Knäschtchen(m,Knäschtercher) Schmutzfink, kleiner -
knaschteg maachen(v) dreckig machen
knaschteg(adj) dreckig
knaschteg(adj) schmutzig
Knaschthammel(m,-en) Schmutzfink
Knaschtpiddelchen(m,-piddelcher) Schmutzfink, kleiner -
Knaschtsak(m,-säck) Drecksack

Knätsch*(m,-en)* Kaugummi
knätscheg*(adj)* klebrig
knätscheg*(adj)* schlammig (Weg)
knätschen*(v)* kauen, Kaugummi -
knätschen*(v)* schmatzen (beim Kauen)
knatzeg*(adj)* mürrisch
Knätzel*(f,-en)* Knötchen (auch: Haar)
Knätzel*(f,-en)* Lausbübin
knätzelen*(v)* fummeln, an etw -
knätzelen*(v)* herumwerkeln
knätzelen, sech eng -*(exp)* antrinken, sich einen -
Knaus*(f,Knaisercher)* Brotkante
knausen*(v)* knausern
knausereg*(adj)* knauserig
knautschen*(v)* zerknitteren
Knéchel*(m,-en)* Knöchel
knécheleg*(adj)* verzwickt
knéchelen*(v)* herumhantieren
knéchelen*(v)* werkeln
Knécheler*(m,--)* Bastler
knéckeg*(adj)* geizig
Knéckegkeet*(f,~)* Geiz
knécken*(v)* knausern
Knéckert*(m,-en)* Geizhals
Knéckjang*(m,-en)* Geizhals
Knécks*(m,-en)* Knicks
Knéi*(m,-en)* Knie
knéien*(v)* knien
knéien, sech -*(v)* knien, sich -
Knéigelenk*(n,-er)* Kniegelenk
Knéischeif*(f,-scheiwen)* Kniescheibe
Knëppel*(m,-en)* Knüppel
Knëppelsteng*(npl)* Hagelkörner
knëppen*(v)* knüpfen
knëppen*(v)* zusammenknüpfen
Knicks*(m,-en)* Druckknopf
Kniddel*(f,-en)* Klößchen (Mehl)
Kniddel*(f,-en)* Kügelchen
Kniddelen*(npl)* Knödel (Mehl)
Kniecht*(m,-en)* Knecht
kniedeg*(adj)* knotig (Holz)
Kniedelen*(npl)* Klößchen (Mehl)
knieden*(v)* kneten
knieden*(v)* massieren
Knietchen*(m,Knietercher)* Knötchen
knieten*(v)* knoten
kniewelen*(v)* knebeln
Kniff*(m,-er)* Kniff
Kniff*(m,-er)* Trick
Knippchen*(f,Knippercher)* Beule, kleine -
Knippchen*(f,Knippercher)* Praline
knipsen*(v)* fotografieren
knipsen*(v)* lochen
knisteren*(v)* knistern
Kniwwel*(f,-en)* Falte
kniwweleg*(adj)* knifflig
kniwwelen*(v)* herumbasteln
kniwwelen*(v)* knittern (Stoff)
kniwwelen*(v)* zerknittern
Knockout*(m,-en)* Knock-out
Knoll*(f,-en)* Klumpen
Knoll*(f,-en)* Knolle
Knosp*(f,-en)* Knospe
knoutereg*(adj)* mürrisch
knouteren*(v)* brummen
knouteren*(v)* murren
Know-how*(m,--)* Know-how
knubbeleg*(adj)* holperig
knubbeleg*(adj)* uneben
Knuedler*(p)* Wilhelmsplatz (in Luxemburg-Stadt)
Knuet*(m,Kniet)* Knoten
Knuewelek*(m,~)* Knoblauch
Knujel*(f,-en)* Knäuel nicht zu entwirrender Fäden
Knujel*(f,-en)* zusammengeknülltes Material
knujeleg*(adj)* zerknittert
knujelen*(v)* knittern
knujelen*(v)* knüllen
Knujeler*(m,-en)* Stümper
Knupp*(f,-en)* Anhöhe
Knupp*(f,-en)* Beule
Knupp*(f,-en)* Geschwulst
Knuppauto*(m,-en)* Autoscooter
knuppen*(v)* knallen (dumpf)
knuppen, openee -*(exp)* prallen, aufeinander -
knutschen*(v)* knautschen
knutschen*(v)* knutschen
knuutschen*(v)* knutschen
koaguléieren*(v)* koagulieren
Koalitioun*(f,-en)* Koalition
Kochel*(f,-en)* Pilz
Kochel, gëfteg -*(exp)* Giftpilz
Kock*(m,~)* Koks
Kockelscheier*(p)* Kockelscheuer
Köder*(m,-en)* Köder
Koeffizient*(m,-en)* Koeffizient
Koexistenz*(f,-en)* Koexistenz
Koffer*(m,~)* Kupfer
Koffer*(m,-en)* Reisekoffer (großer)
kofferfaarweg*(adj)* kupferfarben
Kofferfort*(m,-en)* Safe
Kofferpan*(f,-en)* Kupferpfanne
Kofferradio*(m,-en)* Kofferradio
kohärent*(adj)* kohärent
Kohesioun*(f,-en)* Kohäsion
Kokain*(n,~)* Kokain
kokett*(adj)* kokett
kokettéieren*(v)* kokettieren
Kokosnoss*(f,-nëss)* Kokosnuss
kolen*(v)* schäkern
Koler*(p)* Kahler
Koll*(m,-en)* Kleber
Koll*(m,-en)* Kleister
Koll*(m,-en)* Kragen
Kollaboration*(f,-en)* Zusammenarbeit
kollaboréieren*(v)* mitwirken
kollaboréieren*(v)* zusammenarbeiten
Kollaps*(m,-en)* Zusammenbruch
Kollef*(m,Kolwen)* Kolben
kolleg*(adj)* klebrig
Kolleg*(m,-en)* Arbeitskollege
Kolleg*(m,-en)* Kumpel
Kolleg*(m,-en)* Schulfreund
Kollegialitéit*(f,-en)* Kollegialität
Kollegin*(f,-nen)* Kollegin
Kolléisch*(m,~)* Athenäum (in Luxemburg-Stadt)
Kollektioun*(f,-en)* Kollektion
Kollektioun*(f,-en)* Sammlung
kollektiv*(adj)* kollektiv
kollen*(v)* kleben
Kolli*(m,-en)* Halsband (Hund)
Kolli*(m,-en)* Kragen
kollidéieren*(v)* zusammenstoßen
Kollisioun*(f,-en)* Zusammenstoß
Kolmar-Bierg*(p)* Colmar-Berg
Kolonel*(m,-len)* Oberst
Kolonialismus*(m,~)* Kolonialismus
Kolonie*(f,-n)* Kolonie
koloniséieren*(v)* kolonisieren
Kolonn*(f,-en)* Reihe (von Fahrzeugen)
Kolonn*(f,-en)* Spalte
koloréieren*(v)* kolorieren
Kolpech*(p)* Colpach
kolportéieren*(v)* kolportieren
Kolwent*(p)* Colbette
Kombinatioun*(f,-en)* Kombination
kombinéieren*(v)* kombinieren
Koméidi*(n,~)* Lärm
Koméidi*(n,~)* Streit
Koméidistéck*(n,-stécker)* Komödie
Komerod*(m,-en)* Kamerad
Komerod*(m,-en)* Schulkamerad
Komerodschaft*(f,-en)* Kameradschaft
komesch*(adj)* komisch
komescherweis*(adv)* komischerweise
Komet*(m,-en)* Komet
Komiker*(m,--)* Komiker
Komma*(m,-en)* Komma

kommandéieren *(v)* befehlen
kommen *(v)* kommen
Kommentar *(m,-en)* Kommentar
kommentéieren *(v)* kommentieren
Kommerzialisatioun *(f,-en)* Kommerzialisierung
kommerzialiséieren *(v)* kommerzialisieren
Kommioun *(f,-en)* Kommunion
Kommioun, Éischt - *(exp)* Erstkommunion
Kommiounsblumm *(f,-en)* Hortensie
Kommiounsfeier *(f,-en)* Kommunionsfeier
Kommissär *(m,-en)* Kommissar
Kommissioun *(f,-en)* Kommission
Kommissiounen *(npl)* Besorgungen
Kommissiounen, - maachen *(exp)* einkaufen
kommoud *(adj)* bequem
Kommoud *(f,-en)* Kommode
Kommunalpolitik *(f,~)* Kommunalpolitik
Kommunikatioun *(f,~)* Kommunikation
Kommunikatiounsméiglechkeet *(f,-en)* Kommunikationsmöglichkeit
kommunikéieren *(v)* mitteilen (mit Kommunikationsmittel)
Kommunioun *(f,-en)* Kommunion
Kommunissem *(m,~)* Kommunismus
Kommunist *(m,-en)* Kommunist
kommunizéieren *(v)* kommunizieren
Komp *(m,-këmp)* Schüssel (große)
kompakt *(adj)* kompakt
kompaktéieren *(v)* komprimieren
Komparativ *(m,-er)* Komparativ
Kompartiment *(n,-er)* Abteil
Kompass *(m,-en)* Kompass
kompatibel *(adj)* kompatibel
Kompatibilitéit *(f,-en)* Kompatibilität
Kompensatioun *(f,-en)* Ausgleich
Kompensatioun *(f,-en)* Kompensation
kompenséieren *(v)* kompensieren
Komper *(m,-en)* Geselle
Komper *(m,-en)* Gevatter
Kompesch *(f,-en)* Gesellin
kompetent *(adj)* kompetent
Kompetenz *(f,-en)* Kompetenz
Kompetenzstreidegkeet *(f,-en)* Kompetenzstreitigkeit
kompetitiv *(adj)* konkurrenzfähig
kompetitiv *(adj)* wettbewerbsfähig
Kompetitivitéit *(f,-en)* Wettbewerbsfähigkeit
komplementéieren *(v)* ergänzen
kompletéieren *(v)* vervollständigen
komplett *(adj)* komplett
komplett *(adj)* vollständig
komplex *(adj)* komplex
Komplex *(m,-er)* Komplex
komplexéieren *(v)* hemmen
Komplexitéit *(f,-en)* Komplexität
Komplikatioun *(f,-en)* Komplikation
Kompliment *(f,-er)* Kompliment
komplimentéieren *(v)* beglückwünschen
Kompliss *(m,-er)* Komplize
komplizéieren *(v)* erschweren
komplizéiert *(adj)* kompliziert
komplizéiert *(adj)* verwickelt
komplottéieren *(v)* Komplott schmieden
komponéieren *(v)* komponieren
Komponist *(m,-en)* Komponist
komportéieren *(v)* einbegreifen
komportéieren *(v)* vertragen
Kompositioun *(f,-en)* Komposition
kompostéieren *(v)* kompostieren
Kompott *(m,-en)* Kompott
Kompress *(f,-en)* Kompresse
kompriméieren *(v)* komprimieren
kompromettéieren *(v)* kompromittieren
kondenséieren *(v)* kondensieren
Kondenssträif *(f,-en)* Kondensstreifen
Kondenswaasser *(n,~)* Kondenswasser
konditionéieren *(v)* konditionieren
Konditionel *(m,-ler)* Konditional
konditionnéieren *(v)* konditionieren
Konditioun *(f,-en)* Bedingung
kondoléieren *(v)* kondolieren
Kondom *(m,-en)* Kondom
Konfektioun *(f,-en)* Konfektion
konferéieren *(v)* konferieren
Konferenz *(f,-en)* Konferenz
Konferenzdësch *(m,-er)* Konferenztisch
Konferenzschaltung *(f,-en)* Konferenzschaltung
Konfetti *(m,~)* Konfetti
Konfiguratioun *(f,-en)* Konfiguration
Konfirmatioun *(f,-en)* Bestätigung
konfirméieren *(v)* bestätigen
konfiskéieren *(v)* konfiszieren
Konflikt *(m,-en)* Konflikt
Konfliktpreventioun *(f,-en)* Konfliktvermeidung
Konfliktregioun *(f,-en)* Konfliktregion
Konfliktsituatioun *(f,-en)* Konfliktsituation
konforméieren *(v)* anpassen
Konfrontatioun *(f,-en)* Konfrontation
konfrontéieren *(v)* konfrontieren
konfus *(adj)* konfus
Konfusioun *(f,-en)* Verwirrung
Kongress *(m,-er)* Kongress
Konjugatioun *(f,-en)* Konjugation
konjugéieren *(v)* flektieren
konjugéieren *(v)* konjugieren
Konjunktioun *(f,-en)* Bindewort
Konjunktioun *(f,-en)* Konjunktion
Konjunktiv *(m,-en/-er)* Konjunktiv
Konjunktur *(f,-en)* Konjunktur
konjunkturell *(adj)* konjunkturell
Konkel *(f,-en)* Henkelkrug
Konklusioun *(f,-en)* Schlussfolgerung
konkretiséieren *(v)* konkretisieren
konkretiséieren *(v)* verwirklichen
konkurréieren *(v)* konkurrieren
Konkurrenz *(f,~)* Konkurrenz
konkurrenzfäeg *(adj)* konkurrenzfähig
Konn *(f,-en)* Kunde
Konnschaft *(f,~)* Kundschaft
Konscht *(f,~)* Kunst
Konscht, abstrakt - *(exp)* Kunst, abstrakte -
Konscht, figurativ - *(exp)* Kunst, figurative -
Konschtakademie *(f,-n)* Kunstakademie
Konschtausstellung *(f,-en)* Kunstausstellung
Konschten *(npl)* Bemühungen
Konschten *(npl)* Tricks
Konschten, - maachen *(exp)* Kapriolen machen
Konschtfeeler *(m,--)* Kunstfehler
Konschtfrënd *(m,-frënn)* Kunstliebhaber
Konschtgeschicht *(f,~)* Kunstgeschichte
Konschthändler *(m,--)* Kunsthändler
Konschtsammler *(m,--)* Kunstsammler
Konschtsammlung *(f,-en)* Kunstsammlung
Konschtstéck *(n,-stécker)* Kunststück
Konschtwierk *(n,-er)* Kunstwerk
Konsdref *(p)* Consdorf
Konsens *(m,-er)* Konsens
konsequent *(adj)* konsequent
Konsequenz *(f,-en)* Konsequenz
konservativ *(adj)* konservativ
Konservativen *(m,Konservativ)* Konservativer
Konservebéchs *(f,-en)* Konservendose
konservéieren *(v)* konservieren
Konserven *(npl)* Konserven
Konsideratioun *(f,~)* Ansehen
Konsideratioun *(f,-en)* Überlegung
Konsistenz *(f,~)* Konsistenz
konsolidéieren *(v)* festigen
konsolidéieren *(v)* konsolidieren
Konsonant *(m,-en)* Konsonant
konspiréieren *(v)* konspirieren
konstatéieren *(v)* feststellen
Konstellatioun *(f,-en)* Konstellation
Konstem *(p)* Consthum
konsternéiert *(adj)* betroffen
konstituéieren *(v)* bilden
konstituéieren *(v)* konstituieren
Konstitutionalitéit *(f,~)* Verfassungsmäßigkeit
Konstitutioun *(f,-en)* Konstitution

Konstitutioun(f,-en) Verfassung
konstruéieren(v) konstruieren
Konstruktioun(f,-en) Konstruktion
konstruktiv(adj) konstruktiv
Konsul(m,-en) Konsul
Konsulat(n,-er) Konsulat
Konsultatioun(f,-en) Beratung, ärztliche -
Konsultatioun(f,-en) Sprechstunde
konsultéieren(v) befragen
konsultéieren(v) konsultieren
Konsum(m,~) Konsum
konsuméieren(v) konsumieren
konsuméieren(v) verbrauchen
Konsument(m,-en) Konsument
Konsument(m,-en) Verbraucher
Konsumgesellschaft(f,-en) Konsumgesellschaft
Kont(m,~) Entlassung
Kont(m,-en) Konto
Kont, de - kréien(exp) entlassen werden
Kont, op eegene -(exp) Rechnung, auf eigene -
Kontabilitéit(f,-en) Buchführung
Kontakt(m,-er) Kontakt
kontaktéieren(v) Kontakt aufnehmen
kontaktéieren(v) kontaktieren
kontaktfreedeg(adj) kontaktfreudig
Kontaktlëns(f,-en) Kontaktlinse
Kontaktschlëssel(m,-en) Kontaktschlüssel
kontaminéieren(v) anstecken
kontaminéieren(v) verseuchen
Konter(p) Contern
Konterbass(m,-bäss) Kontrabass
konterbosseg(adj) merkwürdig
konteren(v) kontern
Konterindicatioun(f,-en) Kontraindikation
konterkaréieren(v) durchkreuzen (Pläne)
konterkaréieren(v) entgegenarbeiten
Konterpartei(f,-en) Gegenpartei
Konterparti(f,-en) Gegenstück
kontestéieren(v) anfechten
kontestéieren(v) bestreiten
Kontinent(m,-en) Kontinent
Kontinuitéit(f,~) Kontinuität
Konto(n,-en) Konto
Kontosextrait(m,-en) Kontoauszug
Kontosnummer(f,-en) Kontonummer
Kontrakt(m,-er) Vertrag
kontraktéieren(v) Kontrakt eingehen (mit jm)
Konträr(m,-en) Gegenteil
kontrariéieren(v) entgegenwirken (ärgern)
Kontrast(m,-en) Kontrast
Kontrazeptioun(f,-en) Verhütung
Kontributioun(f,-en) Beitrag
Kontrollauer(f,-en) Stechuhr
kontrolléieren(v) kontrollieren
Kontroller(m,-en) Kontrolleur
Kontroller(m,-en) Schaffner
Kontrollfunktioun(f,-en) Kontrollfunktion
Kontrollméiglechkeet(f,-en) Kontrollmöglichkeit
Kontrollstatioun(f,-en) Kontrollstation
Kontrolltuerm(m,-tierm) Kontrollturm
kontrovers(adj) kontrovers
Kontrovers(n,-en) Streitfrage
Konveniat(m,-en) Jahrestreffen
Konveniat(m,-en) Schülertreffen
konventionéieren(v) vereinbaren
Konventioun(f,-en) Übereinkunft
konvergéieren(v) konvergieren
konvergéieren(v) zusammenlaufen
Konversatioun(f,-en) Gespräch
Konversatioun(f,-en) Unterhaltung
Konversioun(f,-en) Konvertierung
Konversioun(f,-en) Umwandlung
konvertéieren(v) konvertieren
Konviktioun(f,-en) Überzeugung
Konzentratioun(f,~) Konzentration
Konzentratiounsfäegkeet(f,~) Konzentrationsfähigkeit
konzentréieren(v) konzentrieren
Konzept(n,-er) Entwurf
Konzept(n,-er) Konzept
Konzeptioun(f,-en) Entwurf
Konzeptioun(f,-en) Gestaltung
Konzeptioun(f,-en) Vorstellung
Konzern(m,-er) Konzern
Konzert(m,-en) Konzert
Konzertatioun(f,-en) Abstimmung
konzipéieren(v) konzipieren
Kooperatioun(f,-en) Kooperation
Kooperatioun(f,-en) Zusammenarbeit
kooperéieren(v) kooperieren
Koordinatioun(f,-en) Koordination
Koordinatiounsschwieregkeet(f,-en) Koordinationsschwierigkeit
koordinéieren(v) koordinieren
kopéieren(v) kopieren
Kopéierschutz(m,~) Kopierschutz
Koperativ(f,-en) Konsumgenossenschaft
Kopie(f,-n) Kopie
Kopilot(m,-en) Kopilot
Koplescht(p) Kopstal
Kopp(f,-en) Anhöhe
Kopp(f,-en) Kopf
koppeg(adj) sonderbar
Koppel(f,-en) Paar
Koppel, eng -(exp) zwei (von einer Sorte)
koppelen(v) tauschen (Sachgegenstände)
koppelen(v) verbinden (paarweise)
koppelen(v) zusammentun (paarweise)
Kopplabunz(m,-en) Purzelbaum
Kopplung(f,-en) Kopplung
kopuléieren(v) kopulieren
Korall(f,-en) Koralle
Korintchen(f,Korintercher) Korinthe
Kork(m,~) Kork
Kornischong(f,-en) Gurke
Kornischongskraut(n,~) Dill
korpulent(adj) korpulent
korrekt(adj) korrekt
Korrektur(f,-en) Korrektur
korrespondéieren(v) korrespondieren
korrigéieren(v) korrigieren
Korrosioun(f,~) Korrosion
korrupt(adj) korrupt
Korruptioun(f,~) Korruption
Kosack(m,-en) Kosak
Koschter(m,-en) Küster
koschteren(v) herumhantieren
Koschterer(pej)(m,--) Bastler
kosen(v) plaudern
Koseng(m,-en) Cousin
Kosmetik(f,~) Kosmetik
Kosmonaut(m,-en) Kosmonaut
Kosmos(m,~) Kosmos
Kostbarkeet(f,-en) Kostbarkeit
Kostüm(m,-en) Anzug
Kostüm(m,-en) Kostüm
kotéieren(v) quotieren
Kotisatioun(f,-en) Beitrag
kotiséieren(v) Beitrag einzahlen
Kotlett(f,-en) Kotelett
Kotteng(m,~) Baumwolle
Kou(f,Kéi) Kuh
Koublumm(f,-en) Johannisblume
Kouert Holz(exp) Kubikmeter, zwei - Holz
Kouert(f,-en) Kubikmeter, zwei -
Kouflapp(m,-fläpp) Kuhfladen
Kouhandel(m,-en) Kuhhandel
Koup(m,Kéip) Haufen
koupweis(adv) haufenweise
Koustall(m,-ställ) Kuhstall
Koz(m,-en) Popel
kraachen(v) knallen
kraachen(v) krachen
Kraaft(f,Kräften) Kraft
krabbelen(v) krabbeln
Krack(m,-en) Einschnitt (Stufe)
Krack(m,-en) Grad (Stufe)
kräfteg(adj) kräftig

kräichen*(v)* kriechen
Kräid*(f,~)* Kreide
kraiden*(v)* würzen
Kraider*(npl)* Kräuter
kraidereg*(adj)* würzig
Kräijong*(m,-en)* Bleistift
Kräischen*(n,~)* Weinen
kräischen*(v)* weinen
Kraiselchen*(f,Kraiselcher)* Löckchen
Kräitchen*(n,~)* Kräutchen
kräiz a quier*(exp)* kreuz und quer
Kräiz*(n,-er)* Kreuz
kräizegen*(v)* kreuzigen
Kräizegung*(f,-en)* Kreuzigung
kräizen*(v)* kreuzen
Kräizer*(n,~)* Kreuz (Spielkarte)
Kräizfeier*(n,-en)* Kreuzverhör
Kräizfeier, een an d'- huelen*(exp)* Kreuzverhör, jn ins - nehmen
Kräizspann*(f,-en)* Kreuzspinne
Kräizung*(f,-en)* Kreuzung
Kräizwee*(m,-ër)* Kreuzweg
Krall*(f,-en)* Kralle
Kräll*(f,-en)* Fettauge (Suppe)
Kräll*(f,-en)* Glasperle
krallen*(v)* krallen
krällen*(v)* funkeln
krällen*(v)* perlen
Kramp*(m,Krämp)* Haken
Kramp*(m,Krämp)* Krampf
Krämpchen*(m,Krämpercher)* Krampf
Krämpchen*(m,Krämpercher)* Wadenkrampf
krämpen*(v)* schließen, mit einem Haken -
Kran*(m,-en)* Kran
krank ginn*(v)* krank werden
krank maachen*(v)* krankmachen
krank mellen*(v)* krankmelden
krank*(adj)* krank
Krankegeld*(n,~)* Krankengeld
Krankekeess*(f,-en)* Krankenkasse
kränkelen*(v)* kränkeln
Kranken*(m,Krank)* Kranker
Krankenziedel*(m,-en)* Krankenschein
Krankeschäin*(m,-er)* Krankenschein
Krankeschwëster*(f,-en)* Krankenschwester
Krankeversécherung*(f,-en)* Krankenversicherung
Krankheet*(f,-en)* Krankheit
Krankheetskeim*(m,-er)* Krankheitskeim
kränklech*(adj)* kränklich
krankmellen*(tr)(v)* krankmelden
Kränkt*(f,-en)* Krankheit
Kranz*(m,Kränz)* Kranz

Krapp*(m,Kräpp)* Kropf
krappeg*(adj)* kleingewachsen
krappeg*(adj)* schwächlich
Krappegen, de -*(exp)* Jüngste, der -
Krappegt, dat -*(exp)* Jüngste, die -
Krappert*(n,-en)* Dickschädel, kleiner -
Krappschass*(m,-en)* Grünschnabel
krass*(v)* krass
Krätsch*(f,-en)* Krücke
krauchen*(v)* kriechen
krauden*(v)* Grünfutter einsammeln
Kraul*(m,~)* Crawl
kraulen*(v)* crawlen
Krausel*(f,-en)* Locke
krauseleg*(adj)* kraus
krauseleg*(adj)* lockig
krauselen*(v)* kräuseln
Kraut*(n,Kraider)* Kraut
Krautem*(p)* Crauthem
Krautwësch*(m,-er)* Kräuterbündel, gesegnetes -
Krautwëschdag*(m,~)* Maria Himmelfahrt
Krawatt*(f,-en)* Krawatte
kraxelen*(v)* kraxeln
krazeg*(adj)* rau
krazeg*(adj)* schlecht gelaunt
krazen*(v)* kratzen
Kreatioun*(f,-en)* Schöpfung
Kreativitéit*(f,~)* Kreativität
kréckelen*(v)* knistern
kréckelen, engem eng -*(exp)* aufbinden, jm einen Bären -
kredderen*(v)* würzen
Kredibilitéit*(f,~)* Glaubwürdigkeit
Kredit*(m,-ter)* Kredit
kreditéieren*(v)* gutschreiben
kreditéieren*(v)* kreditieren
Kreditkaart*(f,-en)* Kreditkarte
kreéieren*(v)* kreieren
Kreemchen*(m,~)* Plunder
Kreepchen*(m,Kreepercher)* Häkchen
Krees*(m,-er)* Kreis
Kreesch*(m,~)* Geschrei
Kreesch*(m,~)* Schrei
Kreesverkéier*(m,~)* Kreisverkehr
kregéilen*(v)* krakeelen
Kregéiler*(m,--)* streitsüchtiger Mensch
Kréi*(f,-en)* Elster
Kréi*(npl)* Krüge
Kréichen*(m,Kréiercher)* Krug, kleiner -
kréien*(v)* bekommen
kréien*(v)* erhalten
Kréiena*(n,-n)* Hühnerauge

Kréimer*(m,-en)* Krämer
Kréindel*(p)* Crendal
kréinen*(v)* krähen (Hahn)
kréinen*(v)* krönen
Kréischel*(f,-en)* Johannisbeere
Kréischel, rout -*(exp)* Johannisbeere, rote -
Kréischel, schwaarz -*(exp)* Johannisbeere, schwarze -
Kréischelsheck*(f,-en)* Johannisbeerstrauch
krëmmen*(v)* krümmen
Krëmmt*(f,-en)* Krümmung
kréngelen*(v)* kräuseln
kréngelen*(v)* ringeln
krepéieren*(v)* krepieren
Krëpp*(f,-en)* Futterkrippe
Krëppchen*(f,Krëppercher)* Krippe (Weihnachten)
krëppeleg*(adj)* krüpplig
Krëppeng*(m,~)* Plunder
Krësch*(m,~)* Kleie
Kretsch*(f,-en)* Krücke
kribbelen*(v)* jucken
kribbelen*(v)* kitzeln
Krich erklären*(exp)* Krieg erklären
Krich*(m,-er)* Krieg
Krich, de kale -*(exp)* Krieg, der Kalte -
Krich, leschte -*(exp)* Weltkrieg, Zweiter -
Krich, véierzéngter -*(exp)* Weltkrieg, Erster -
krichen*(v)* Krieg führen
Krichsaffer*(npl)* Kriegsopfer
Krichsgeriicht*(n,-er)* Kriegsgericht
Krichsmonument*(n,-er)* Kriegsdenkmal
Krichsregioun*(f,-en)* Kriegsregion
Krichsschued*(m,-schied)* Kriegsschaden
Krichsverbriechen*(n,--)* Kriegsverbrechen
Krichsverbriecher*(m,--)* Kriegsverbrecher
Krichswitfra*(f,-en)* Kriegswitwe
Krick*(m,-en)* Wagenheber
kricksen*(v)* wiehern
kriddeleg*(adj)* heikel
kriddeleg*(adj)* wählerisch
Kriddelschass*(m,-en)* kleinlicher Mensch
Kriibs*(m,~)* Krebs
Kriibs*(m,-en)* Krebs
Kriibskrankheet*(f,-en)* Krebserkrankung
Krimi*(m,-en)* Krimi
kriminaliséieren*(v)* kriminalisieren
Kriminalitéit*(f,~)* Kriminalität
Kriminalroman*(m,-er)* Kriminalroman
kriminell*(adj)* kriminell
Kriminellen*(m,Kriminell)* Krimineller
Krippchen*(n,~)* Knorpel
Krisegestioun*(f,-en)* Krisenmanagement
kriselen*(v)* kriseln

Kriseregioun*(f,-en)* Krisenregion
Krisesituatioun*(f,-en)* Krisensituation
Kristall*(m,-er)* Kristall
kristalliséieren*(v)* kristallisieren
kristillegen*(v)* plagen
kritesch*(adj)* kritisch
Kritik*(f,-en)* Kritik
kritiséieren*(v)* kritisieren
kritizéieren*(v)* kritisieren
kritzelen*(v)* kritzeln
kriwwelen*(v)* kribbeln
Krokodil*(m,-len)* Krokodil
Krokodilstréin*(f,-en)* Krokodilstränе
Krokus*(f,-sen)* Krokus
Krom*(m,~)* Kram
kromen*(v)* hantieren
kromm*(adj)* krumm
Kromm*(f,-en)* Hippe
Kromm*(f,-en)* Sichel
krommlaachen, sech -*(tr)(v)* lachen, sich scheckig -
Krop*(m,Kreep)* Haken
kropeleg*(adj)* unleserlich
kropen*(v)* heranziehen
kropen, engem eng -*(exp)* ohrfeigen, jn -
kropen, sech ee -*(exp)* greifen, sich jn -
kropen, sech ee -*(exp)* vornehmen, sich jn -
krott*(adj)* schlecht
Krou*(m,Kréi)* Krug
Kroun*(f,-en)* Krone
krozelen*(v)* kritzeln
kruebelen*(v)* krabbeln
kruewelen*(v)* herumstöbern
kruewelen*(v)* krabbeln
kruewelen*(v)* kribbeln
Krunn*(m,Krinn)* Wasserhahn
Krunnewaasser*(n,~)* Leitungswasser
Krupp*(f,~)* Knorpel
kruppeg*(adj)* knorpelig
Kruppschank*(f,-en)* Knorpelknochen
kruppseg*(adj)* knusprig
krups goen*(ugs)(exp)* bankrott gehen
krups sinn*(ugs)(exp)* bankrott sein
krupsen*(v)* knuspern
Kruuchten*(p)* Cruchten
Kruzifix*(n,-er)* Kruzifix
Küb*(m,-en)* Kubus
Küb*(m,-en)* Suppenwürfel
Kubikmeter*(m,--)* Kubikmeter
Kuch*(m,-en)* Kuchen
Kucheform*(f,-en)* Kuchenform
Kuchemännchen*(m,-männercher)* Gebäck in Form eines Männchens
Kuchendeeg*(m,~)* Kuchenteig
Kuck*(f,-en)* Blick
kucken*(v)* schauen
kucken, driwwer -*(exp)* schauen, drüber -
kucken, eppes - goen*(exp)* besichtigen, etw -
Kuddelfleck*(m,-er)* Kutteln
Kuddelmuddel*(m,~)* Durcheinander
Kueb*(m,-en)* Krähe
Kueb*(m,-en)* Rabe
Kuebebur*(p)* Kobenbour
Kueberei*(f,-en)* Dummheit
Kueder*(m,-en)* Kater
kuedereg*(adj)* brünstig
Kuef*(m,~)* Spreu
Kuel*(f,-en)* Kohle
Kuelebrenner*(m,--)* Köhler
Kuelegrouf*(f,-grouwen)* Kohlengrube
Kuelekraaftwierk*(n,-er)* Kohlekraftwerk
Kuelestëbs*(m,~)* Kohlestaub
Kuer*(n,~)* Roggen
kuerbelen*(v)* kurbeln
Kuerf*(m,Kierf)* Korb
Kuerf*(m,Kierf)* Tasche
kuerz derno*(adv)* kurz danach
kuerz duerno*(adv)* kurz danach
kuerz faassen*(v)* kurzfassen
kuerz schléissen*(v)* kurzschließen
kuerz*(adj)* kurz
Kuerzaarbecht*(f,~)* Kurzarbeit
Kuerzen*(m,Kuerzer)* Kurzschluss
Kuerzfilm*(m,-er)* Kurzfilm
kuerzsiichteg*(adj)* kurzsichtig
Kuerzwellen*(npl)* Kurzwellen
Kuerzzäitgedächtnes*(n,-er)* Kurzzeitgedächtnis
Kuesleefer*(m,--)* Kleiber
Kugel*(f,-en)* Kugel
kugelen, sech -*(v)* kugeln, sich -
Kugelstoussen*(n,~)* Kugelstoßen
kujenéieren*(v)* quälen
Kulang*(m,-en)* Dachrinne
Kulang*(m,-en)* Rinnstein
Kulangshues*(m,-en)* Katze
kulinaresch*(adj)* kulinarisch
Kulisse*(f,-n)* Kulisse
Kulissendësch*(m,-er)* Ausziehtisch
kulminéieren*(v)* Höhepunkt erreichen
kulminéieren*(v)* kulminieren
Kult*(m,-en)* Kult
kultivéieren*(v)* kultivieren
kultivéiert*(adj)* kultiviert
Kultur*(f,-en)* Kultur
Kulturkommissioun*(f,-en)* Kulturkommission
Kummer*(f,-en)* Schlafzimmer
Kummer*(f,-en)* Zimmer
kummeren*(v)* zusammenleben
kumuléieren*(v)* kumulieren
Künstler*(m,--)* Künstler
Kupplung*(f,-en)* Kupplung
Kur*(f,-en)* Kur
kuréieren*(v)* heilen
kuriéis*(adj)* kurios
kuriéis*(adj)* merkwürdig
Kuriositéit*(f,-en)* Kuriosität
Kuriositéit*(f,-en)* Kuriosum
Kuriositéiten*(npl)* Kuriositäten
Kurv*(f,-en)* Kurve (Geometrie)
Kurzschluss*(m,-en)* Kurzschluss
kuschelen*(v)* kuscheln
kuschelen, sech -*(v)* anschmiegen, sich -
kuschen*(v)* kuschen
kuschereg*(adj)* müde
Kusin*(f,-nen)* Kusine
Kuss*(m,-en)* Kuss
Küst*(f,-en)* Küsten
Kutsch*(f,-en)* Kutsche
kutschéieren*(scherzh)(v)* gehen
kutschéieren*(v)* kutschieren
Kuuscht*(f,-en)* Kruste
Kuuscht*(f,-en)* Scheibe Brot
kuuschteg*(adj)* geizig
Kuuschtegkeet*(f,~)* Geiz
Kuuschtert*(m,-en)* Geizhals

L

Laach*(f,-en)* Gelächter
Laach*(f,-en)* Lachen
Laachen*(n,~)* Lachen
laachen*(v)* lachen
laachen, sech futti –*(exp)* schieflachen, sich -
laang*(adj)* lang
laang*(adv)* lang
laangeg*(adv)* lang
Laangfësch*(m,--)* Aal
Laanglaf*(m,~)* Langlauf
laangscht*(adv)* vorbei
laangschtfueren*(v)* vorbeifahren
Laangstreckelaf*(m,-leef)* Langstreckenlauf
Laangwellen*(npl)* Langwellen
laanscht*(pp)* entlang
laanscht*(pp)* längs
laanschtbréngen*(v)* vorbeibringen
laanschtdonneren*(v)* vorbeidonnern
laanschtféieren*(v)* vorbeiführen
laanschtfléien*(v)* vorbeifliegen

laanschtfueren(v) vorbeifahren
laanschtgoen(v) vorbeigehen
laanschtgoen, bei engem -(exp) vorbeischauen, bei jm -
laanschtjauwen(v) vorbeirauschen
laanschtkommen(v) vorbeikommen
laanschtlafen(v) vorbeilaufen
laanschtloossen(v) vorbeilassen
laanschtrennen(v) vorbeirennen
laanschtschécken(v) vorbeischicken
laanschtschëdden(v) danebenschütten
laanschtschéissen(v) vorbeischießen
laanschttréppelen(v) vorbeigehen
laanschtzéien(v) vorbeiziehen
laaschéieren(v) loslassen
Laaschent(p) Landscheid
Laascht(m,Läscht/-en) Last
laaschten(v) wiegen
Laatschen(npl) Latschen
laatschen(v) latschen
laatschen(v) schlendern
labber(adj) locker
labber(adj) lose
labber(adj) schlaff
labbereg(adj) schwabbelnd
labil(adj) labil
Labo(m,-en) Labor
Labor(m,-en) Labor
Laborant(m,-en) Laborant
Laborantin(f,-nen) Laborantin
Laboratoire(m,-n) Laboratorium
laboréieren(v) grübeln
laboréieren(v) laborieren (an einer Krankheit)
Labyrinth(n,-en) Labyrinth
Lacet(m,-en) Schuhsenkel
Lacet(m,-en) Serpentine
Lach(m,Lächer) Loch
lächelen(v) lächeln
lächeren(v) löchern
lächerlech(adj) lächerlich
Lächerlechkeet(f,-en) Lächerlichkeit
Lack(m,-en) Lack
lackéieren(v) lackieren
lackeleg(adj) anziehend
lackeleg(adj) reizend
lackeleg(adj) verlockend
lackelen(v) anlocken
lackelen(v) anziehen
lacken(adj) Lack-
lackeren(v) lockern
Lacune(f,Lacunnen) Lücke
laddreg(adj) charakterlos
laddreg(adj) weichlich
Lady(f,-en) Lady
Laf(m,Leef) Lauf
Laf(m,Leef) Lauf (Gewehr)
Laf(n,~) Laub
läfeg(adj) dünnflüssig
Lafen(n,~) Laufen
lafen(v) laufen
läfereg(adj) dünnflüssig
Lafes(n,~) Lauferei
Lafewier(p) Laufenwehr
Läffel(m,-en) Löffel
läffelen(v) löffeln
Läffelsgeschir(n,~) Besteck
Lag(f,-en) Lage
Lager(n,-en) Lager
Lageraarbechter(m,--) Lagerarbeiter
lageren(v) lagern
Lagerung(f,-en) Lagerung
Läich(f,-en) Leiche
Läichendokter(m,-en) Gerichtsmediziner
Läichenzuch(m,-zich) Leichenzug
laidéieren(v) beschädigen
laidéiert(adj) mitgenommen (Person)
Laien(m,--) Laie
Läif(m,Läiwer) Leib
Läilech(n,-er) Bettlaken
Läinduch(n,-dicher) Bettlaken
Läinduch, ënnescht -(exp) Bettlaken
Läinduch, iewescht -(exp) Bettlaken
Läinzeechen(f,--) Narbe
Läinzeechen(n,--) Muttermal
Laisbock(m,-béck) Mensch, verlauster - (Schimpfwort)
Laiskaul(scherzh)(f,-en) Nacken
läiteren(v) klären (Wein, Schnaps)
läiteren(v) lauslichten (Pflanzen)
läiteren(v) läutern
Läitreng(p) Leitrange
Laitue(f,-n) Kopfsalat
lakonesch(adj) lakonisch
Lalleng(p) Lallange
lämen(v) lähmen
lamentabel(adj) jämmerlich
lamentéieren(v) jammern
lamentéieren(v) klagen
Lametta(m,~) Lametta
laminéieren(v) walzen
Laminoir(m,-en) Walzwerk
Lamm(n,Lämmer) Lamm
Lämmchen(n,Lämmercher) Lämmchen
lammelen(v) festklumpen (von Erde)
lammelzeg(adj) schmutzig (durch nasse Erde)
Lampech(p) Limpach
Lampertsbierg(p) Limpertsberg
Lampist(m,-n) Beamter, kleiner -
lancéieren(v) lancieren
lancéieren(v) loslegen, mit etw -
Land(n,~) Land
Land(n,Länner) Land
Land, e - iwwerfalen(exp) Land, in ein - einfallen
Land, um -(exp) Land, auf dem -
Landaarbechter(m,--) Landarbeiter
Landebunn(f,-en) Landebahn
landen(v) landen
Landeplaz(f,-en) Landeplatz
Landesgrenz(f,-en) Landesgrenze
Landeshaaptstad(f,-stied) Landeshauptstadt
Landessprooch(f,-en) Landessprache
Landgemeng(f,-en) Landgemeinde
Landhaus(n,-haiser) Landhaus
Landkaart(f,-en) Landkarte
ländlech(adj) ländlich
Landschaft(f,-en) Landschaft
Landschaftsmoler(m,-en) Landschaftsmaler
Landsträicher(m,--) Landstreicher
Landstrooss(f,-en) Landstraße
Landung(f,-en) Landung
Landwirtschaft(f,~) Landwirtschaft
Landwirtschaftspolitik(f,~) Agrarpolitik
Langaasch(scherzh)(m,~) Sprechweise (ironisch)
längelzeg(adj) länglich
längen(v) längen
längst(adv) längstens
Längt(f,-en) Länge
Langust(f,-en) Languste
Langweil(m,~) Langeweile
langweileg(adj) langweilig
langweilen(v) langweilen
Lann(f,-en) Linde
Lannebam(m,-beem) Lindenbaum
Lannen(p) Lannen
Lannentéi(m,-er) Lindenblütentee
Lanter(f,-en) Laterne
lanteren(v) hinauswerfen
lanteren(v) kündigen
Lanz(f,-en) Lanze
Läpp(m,-er) Hemd
Läpp(m,-er) Hemdzipfel
Läpp(m,-er) Lappen
Läpp(m,-er) Rockschoß
Läppchen(m,Läppercher) Waschlappen
lappeg(adj) kraftlos
lappen(v) nachlassen
Lappen, d'- hänke loossen(exp) niedergeschlagen sein

Läppen, d'- hänke loossen*(exp)* niedergeschlagen sein
läpperen, sech -*(v)* zustandekommen (allmählich)
läpseg*(adj)* abgestanden (Getränk)
läpseg*(adj)* schal (Wein)
läpsen*(v)* nippen
Laptop*(m,-pen)* Laptop
large*(adj)* freigebig
largement*(adv)* reichlich
Larifari*(m,~)* Getue, sinnloses -
Lasagne*(f,-n)* Lasagne
Lasauvage*(p)* Lasauvage
läschen*(v)* löschen
läschen*(v)* stillen (Durst)
Läschpabeier*(m,~)* Löschpapier
laséieren*(v)* lasieren
Laserdrécker*(m,--)* Laserdrucker
Laserimprimante*(f,-n)* Laserdrucker
lass*(adj)* los
lass*(adv)* los
lass, eppes - hunn*(exp)* begabt sein
lassbannen*(v)* losbinden
lassbriechen*(v)* losbrechen
lassdréinen*(v)* losdrehen
Lässegkeet*(f,~)* Lässigkeit
Lassenen, am -*(exp)* lose
Lassenen, am -*(exp)* offen (nicht abgepackt: Schüttgut, Wein)
lassfueren*(v)* lösen, sich plötzlich - (Knoten, Befestigung)
lassfueren*(v)* starten
lassfueren, géint ee -*(exp)* herziehen, über jn -
lassginn*(v)* loswerden
lassginn, enger Saach -*(exp)* entledigen, sich einer Sache -
lassgoen*(v)* anfangen
lassgoen*(v)* lösen, sich -
lassgoen*(v)* losgehen (Gewehr)
lassgoen, op eppes/ee -*(exp)* losgehen, auf etw/jn -
lasskapselen*(v)* abkapseln
lassklappen*(v)* einprügeln
lassklappen*(v)* losschlagen (Teil von etw)
lassknäppen*(v)* aufknöpfen
lasskommen*(v)* loskommen
lasskoppelen*(v)* loskoppeln
lasskrämpen*(v)* loskoppeln
lasskréien*(v)* loskriegen
lassloossen*(v)* loslassen
lassmaachen*(v)* losmachen
lassmaachen, sech vun eppes -*(exp)* entledigen, sich einer Sache -
lassmarschéieren*(v)* losmarschieren
Lasso*(m,-en)* Lasso
lassräißen*(v)* losreißen
lassrappen*(v)* losreißen
lassrennen*(v)* losrennen
lassschéissen*(v)* abschießen
lassschéissen*(v)* losschießen
lassschneiden*(v)* losschneiden
lassschrauwen*(v)* losschrauben
lasssprangen*(v)* losspringen
lasssprieschen*(v)* lossprechen
lassstiermen*(v)* losstürmen
lasstrieden*(v)* lostreten
lasswéckelen*(v)* abwickeln (Spule)
lasswullen*(v)* befreien (durch Wühlen)
lasszéien*(v)* verprügeln
lästeg*(adj)* lästig
Laster*(n,-en)* Laster
lästeren*(v)* lästern
lästeren*(v)* necken
Lastik*(m,-en)* Gummiband
lasurblo*(adj)* hellblau
Lat*(f,-en)* Latte
Lat, iewescht -*(exp)* Latte, obere -
Latäin*(n,~)* Latein
Latäin, op - sinn*(exp)* Lateinklasse besuchen (Gymnasium)
Latäinsektioun*(f,-en)* Lateinklasse (Gymnasium)
laténgesch*(adj)* lateinisch
latent*(adj)* latent
latzen*(v)* lutschen
lauden*(v)* läuten
Lauer*(f,~)* Lauer
Lauer, op der -*(exp)* Lauer, auf der -
laueren*(v)* lauern
Laufbursch*(m,-en)* Laufbursche
Laun*(f,-en)* Laune
launesch*(adj)* launisch
Laurier-rose*(m,-en)* Oleander
Laus*(f,Lais)* Laus
Lausbouf*(m,-bouwen)* Lausbube
lauschteren*(v)* abhören
lauschteren*(v)* horchen
lauschteren*(v)* zuhören
lauschteren, de Radio -*(exp)* hören, Radio -
Lauschterer*(m,--)* Horcher
Lausduer*(p)* Lausdorn
lausen, engem eng –*(exp)* ohrfeigen, jn -
Lausert*(m,-en)* Lausbube
Laut*(m,-er)* Laut
laut*(pp)* laut
lauter*(adv)* nichts als
lauter*(adv)* nur
Lauterbur*(p)* Lauterborn
Lautsprecher*(m,--)* Lautsprecher
Lautstäerkt*(f,-en)* Lautstärke
Lavabo*(m,-en)* Waschbecken
lavéieren*(v)* lavieren
Lavendel*(m,-en)* Lavendel
Lawin*(f,-en)* Lawine
Layout*(m,-en)* Layout
Lazarett*(n,-er)* Lazarett
lazeg*(adj)* ungehobelt
Lazert*(m,-en)* leichtsinniger Mensch
leasen*(v)* leasen
Léck*(p)* Lüttich
lecken*(v)* lecken
Leckerei*(f,-en)* Ablecken
Leckerei*(f,-en)* Leckerei
Lee*(f,-ën)* Fels
Lee*(f,-ën)* Schieferplatte
Lee*(f,-ën)* Tafel (Schreiben)
leechnen*(v)* leugnen
Leed doen*(exp)* leidtun
Leed*(n,~)* Leid
Leed, et deet mer -*(exp)* leid, es tut mir -
leedeg*(adj)* frei
leedeg*(adj)* ledig
leedeg*(adj)* leer
leeden*(v)* leiten
Leeder*(f,-en)* Leiter
leeën*(v)* legen
leeën, sech -*(v)* hinlegen, sich -
leeën, sech -*(v)* legen, sich -
Leeëndaach*(m,-diech)* Schieferdach
Leeëndecker*(m,--)* Dachdecker
Leefer*(m,--)* Läufer
Leeferei*(f,~)* Lauferei
Leem*(m,~)* Lehm
Leescht*(f,-en)* Leiste
Leescht*(m,-en)* Schusterleiste
leeschten*(v)* leisten
leeschten*(v)* vollbringen
leeschten, sech eppes -*(exp)* leisten, sich etw -
Leeschtung*(f,-en)* Leistung
Leeschtungsfäegkeet*(f,-en)* Leistungsfähigkeit
leeschtungsorientéiert*(adj)* leistungsorientiert
Leeschtungsprinzip*(m,-er)* Leistungsprinzip
Leeschtungssport*(m,~)* Leistungssport
Leetem*(p)* Leithum
Lëftchen*(f,Lëftercher)* Lüftchen
lëfteg*(adj)* windig
lëften*(v)* lüften
Lëftungslach*(n,-lächer)* Lüftungsöffnung
legal*(adj)* legal

Legalisatioun(*f,-en*) Legalisierung
legaliséieren(*v*) legalisieren
Legalitéit(*f,-en*) Gesetzmäßigkeit
Legalitéit(*f,-en*) Legalität
Légataire universel(*m,~*) Universalerbe
Legend(*f,-en*) Legende
Legend(*f,-en*) Legendenbuch
legendär(*adj*) legendär
legiferéieren(*v*) Gesetze erlassen
Legionärskrankheet(*f,-en*) Legionärskrankheit
Legioun(*f,-en*) Legion
Legislatioun(*f,-en*) Gesetzgebung
legislativ Gewalt(*exp*) gesetzgebende Gewalt
Legislativ(*f,-en*) Legislative
Legislaturperiod(*f,-en*) Legislaturperiode
legisléieren(*v*) Gesetze erlassen
legitiméieren(*v*) legitimieren
Legitimitéit(*f,-en*) Legitimität
Legitimitéit(*f,-en*) Rechtmäßigkeit
Leideleng(*p*) Leudelange
leiden(*v*) erdulden
leiden(*v*) leiden
leiden(*v*) zulassen
léiden(*v*) löten
leiden, ee - kënnen(*exp*) mögen, jn -
leiden, een net - kënnen(*exp*) leiden, jn nicht - können
Leidenschaft(*f,-en*) Leidenschaft
leidenschaftlech(*adj*) leidenschaftlich
Leidenswee(*m,-ër*) Leidensweg
leider(*adv*) leider
leien(*v*) liegen
léien(*v*) lügen
leien, an der Sonn -(*exp*) liegen, in der -
leien, engem -(*exp*) liegen, jm -
leien, um Stierwe -(*exp*) liegen, im Sterben -
leien, un engem -(*exp*) liegen, an jm -
Leier(*f,-en*) Leier
Léier(*f,-en*) Lehre
Léierbouf(*m,-bouwen*) Lehrling
Léierbuch(*n,-bicher*) Lehrbuch
Léierchen(*f,Léiercher*) Lerche
leieren(*v*) leiern
léieren(*v*) lehren
léieren(*v*) lernen
Léierhaff(*p*) Lehrhof
Léierin(*f,-innen*) Lehrerin
Léierjong(*m,-en*) Lehrling
Léiermeedchen(*n,-meedercher*) Lehrmädchen
léierräich(*adj*) lehrreich
Léierspill(*n,-er*) Lernspiel
léif(*adj*) lieb
léif(*adj*) nett

Leif, am -(*exp*) Leib, im -
Léifreg(*p*) Liefrange
Léift(*f,~*) Liebe
Léiler(*p*) Lieler
leimen(*v*) leimen
léinen(*v*) leihen
Léisbech(*p*) Leisbach
Léisegeld(*n,-er*) Lösegeld
léisen(*v*) lösen
léislech(*adj*) löslich
Léisung(*f,-en*) Lösung
Léisungsmëttel(*n,-en*) Lösungsmittel
Leit(*npl*) Leute
Leitartikel(*m,-en*) Leitartikel
Leitmotiv(*n,-er*) Leitmotiv
Leitnant(*m,-en*) Leutnant
Leitsbeschësser(*m,--*) Klatschmaul (der über Leute lästert)
Leitsgeschwätz(*n,~*) Gerücht, unbegründetes -
Leitung(*f,-en*) Leitung
Leitungswaasser(*n,~*) Leitungswasser
Léiw(*m,-en*) Löwe
Léiweckelchen(*m,Léiweckelcher*) Lerche
Léiwen(*p*) Löwen/Louvain
Léiweng(*p*) Livange
léiwer hunn(*v*) vorziehen
léiwer(*adv*) lieber
Lektioun(*f,-en*) Lektion
Lelleg(*p*) Lellig
Lellgen(*p*) Lellingen
Lëllgen(*p*) Lullange
Lëlz(*p*) Lultzhausen
Lëmmel(*m,-en*) Flegel
Lëmmel(*m,-en*) Lümmel
lëmmelen(*v*) lümmeln
lëmmelzeg(*adj*) lümmelhaft
Lëmmelzegkeet(*f,-en*) Flegelei
Lëmpchen(*f,--*) Lappen, kleiner -
léngen(*adj*) Leinen-
Léngent(*n,~*) Leinen
Lénger(*p*) Linger
Léngt(*f,-en*) Leine
Lénken(*m,-er*) Linkspolitiker
lenken(*v*) lenken
lénks(*adv*) links
Lénksdréiung(*f,-en*) Linksdrehung
Lénksen(*m,-er*) Homosexueller
Lénksen(*m,-er*) Linkspolitiker
Lénksen(*m,-er*) Schwuler
Lénkshänner(*m,--*) Linkshänder
Lenneng(*p*) Lenningen
lënneren(*v*) lindern
Lëns(*f,-en*) Linse

Lëntgen(*p*) Lintgen
Lenz(*m,~*) März
Lenzweiler(*p*) Lentzweiler
Leopard(*m,-en*) Leopard
Lëppestëft(*m,-er*) Lippenstift
Lëppschent(*p*) Lipperscheid
Lëps(*f,-en*) Lippe
lesbesch(*adj*) lesbisch
Lesbienne(*f,-n*) Lesbe
Lësch(*f,-en*) Schilfrohr
Lëschblat(*n,-blieder*) Löschblatt
lescht(*adj*) letzt
Lëscht(*f,-en*) Liste
Lescht, an der -(*exp*) Zeit, in letzter -
lescht, d'-(*exp*) kürzlich
lescht, dës lescht(*exp*) neulich
Lëscht, eng - maachen(*exp*) auflisten
Lescht, fir d'-(*exp*) zuletzt
lëschteg(*adj*) fröhlich
lëschteg(*adj*) lustig
Leschten(*m,Lescht*) Letzter
leschter, d'-(*exp*) kürzlich
lethargesch(*adj*) lethargisch
Lëtsch(*f,-en*) Schilfrohr
Lëtzebuerg(*p*) Luxemburg
Lëtzebuerger(*m,--*) Luxemburger
Lëtzebuergerin(*f,-nen*) Luxemburgerin
lëtzebuergesch(*adj*) luxemburgisch
Lëtzebuergescht(*n,~*) Luxemburgische
Leukämie(*f,~*) Leukämie
Levitten, engem d'- liesen(*exp*) Leviten, jm die - lesen
Liaison(*f,-en*) Liebesverhältnis
Libell(*f,-en*) Libelle
libelléieren(*v*) aufsetzen, korrekt - (Text)
liberal(*adj*) liberal
Liberalen(*m,-er*) Liberaler
liberaliséieren(*v*) liberalisieren
Liberalissem(*m,~*) Liberalismus
Librairie(*f,-n*) Buchladen
lichen(*v*) fortjagen
lichen(*v*) hochheben
lichen, sech -(*v*) aufstehen
Lidd(*n,-er*) Lied
liddereg(*adj*) faul
Lidderegen(*m,Liddereg*) Faulpelz
Lidderegkeet(*f,-en*) Faulheit
lidderen(*v*) faulenzen
Lidderhanes(*m,-sen*) Faulpelz
Liebesroman(*m,-er*) Liebesroman
liedeg(*adj*) frei
liedeg(*adj*) ledig
lieder(*adj*) ledern

Lieder_(n,~)_ Leder
Liederstiwwelen_(npl)_ Lederstiefel
Liefkuch_(m,-en)_ Lebkuchen
liéieren_(v)_ binden
Lies_(f,-en)_ Lese
Liesbarkeet_(f,-en)_ Lesbarkeit
Liesbräll_(m,-er)_ Lesebrille
Liesen_(n,~)_ Lesen
liesen_(v)_ lesen
Lieser_(m,--)_ Leser
lieserlech_(adj)_ leserlich
Liesesch_(f,-en)_ Leseratte
Liesesch_(f,-en)_ Weinleserin
Liesfonktioun_(f,-en)_ Lesfunktion
Liessall_(m,-säll)_ Lesesaal
lieweg_(adj)_ lebendig
Liewel_(p)_ Levelange
Liewen_(n,--)_ Leben
liewen_(v)_ leben
Liewensconditioun_(f,-en)_ Lebensbedingung
Liewensënnerhalt_(m,~)_ Lebensunterhalt
Liewensform_(f,-en)_ Lebensform
Liewenslaf_(m,~)_ Lebenslauf
liewenslänglech_(adj)_ lebenslänglich
Liewensmëttel_(n,-en)_ Lebensmittel
Liewensmëttelproduktioun_(f,-en)_ Lebensmittelproduktion
Liewensmëttelsécherheet_(f,-en)_ Lebensmittelsicherheit
Liewensqualitéit_(f,-en)_ Lebensqualität
Liewenssituatioun_(f,-en)_ Lebenssituation
Liewensstandard_(m,-en)_ Lebensstandard
Liewensversécherong_(f,-en)_ Lebensversicherung
Liewenswäisheet_(f,-en)_ Lebensweisheit
Liewensweis_(f,-en)_ Lebensweise
Liewenszeechen_(n,--)_ Lebenszeichen
Liewer_(f,-en)_ Leber
Liewerbifdeck_(m,-er)_ Leber (Stück zum Braten)
Liewerkéis_(m,-en)_ Leberkäse
Liewerkniddel_(f,-en)_ Leberknödel
Liewerkris_(f,-en)_ Leberkrise
Liewerpati_(m,-en)_ Leberpastete
Liewerwurscht_(f,-en)_ Leberwurst
liewesgeféierlech_(adj)_ lebensgefährlich
Lieweskraaft_(f,-kräften)_ Lebenskraft
liewesmidd_(adj)_ lebensmüde
Liewesraum_(m,-raim)_ Lebensraum
Lift_(m,-en)_ Fahrstuhl
liften_(v)_ liften
Ligebatti_(scherzh)(m,-en)_ Lügner
Ligen_(f,--)_ Lüge
Ligener_(m,--)_ Lügner
Ligenesch_(f,-en)_ Lügnerin
Ligestull_(m,-still)_ Liegestuhl
Liiblingsiessen_(n,--)_ Lieblingsessen
liicht_(adj)_ leicht
Liicht_(f,-en)_ Dachfenster
Liicht_(f,-en)_ Luke
Liicht_(n,~)_ Licht
Liichtathlet_(m,-en)_ Leichtathlet
Liichteffekt_(m,-en)_ Lichteffekt
Liichtegkeet_(f,-en)_ Leichtigkeit
liichten_(v)_ leuchten
liichterdéngs_(adv)_ leicht
Liichterprëssessioun_(f,-en)_ Lichterprozession
Liichtfank_(m,~)_ Leichtsinn
Liichtfank_(m,-en)_ Leichtsinn
Liichtfank_(m,-en)_ leichtsinniger Mensch
liichtfankeg_(adj)_ leichtsinnig
Liichtgeschwëndegkeet_(f,~)_ Lichtgeschwindigkeit
Liichtgewiicht_(n,-er)_ Leichtgewicht
liichtgleeweg_(adj)_ leichtgläubig
Liichtmëss_(n,~)_ Lichtmess
Liichtreklamm_(f,-en)_ Leuchtreklame
liichtschaz_(adj)_ leichtsinnig
Liichtstäerkt_(f,--)_ Lichtstärke
Liichttuerm_(m,-tierm)_ Leuchtturm
Liitchen_(f,Litercher)_ Lämpchen
Likör_(m,-en)_ Likör
lila_(adj)_ lila
Liliputaner_(m,-en)_ Liliputaner
Liljen_(f,--)_ Lilie
Liljen_(p)_ Lilien
Limitatioun_(f,-en)_ Eingrenzung
Limitatioun_(f,-en)_ Einschränkung
Limite_(f,Limitten)_ Begrenzung
Limite_(f,Limitten)_ Höchstgrenze
limitéieren_(v)_ beschränken
Limonad_(f,-en)_ Limonade
Lineal_(m,-en)_ Lineal
Linguist_(m,-en)_ Linguist
Linguistik_(f,~)_ Linguistik
Linn_(f,-en)_ Linie
Linn, riicht -_(exp)_ Linie, gerade -
Linnefliger_(m,-en)_ Linienflugzeug
Lioner_(f,~)_ Fleischwurst
Liquidatioun_(f,-en)_ Auflösung (Konto, Unternehmen)
Liquidatioun_(f,-en)_ Ausverkauf
liquidéieren_(v)_ auflösen (Konto)
liquidéieren_(v)_ verkaufen
liquidéieren_(v)_ vernichten
Liquiditéit_(f,-en)_ Liquidität
Liquiditéit_(f,-en)_ Zahlungsfähigkeit
Lisett, ee bei d'- loossen_(exp)_ hereinlegen, jn -
Litanei_(f,-en)_ Litanei
Liter_(m,--)_ Liter
literaresch Revue_(exp)_ literarische Zeitschrift
literaresch_(adj)_ literarisch
Literatur_(f,-en)_ Literatur
Literatur-Fakultéit_(f,-en)_ Literaturfakultät
Literaturpräis_(m,-er)_ Literaturpreis
Liteschfläsch_(f,-en)_ Literflasche
Lithographie_(f,-n)_ Lithographie
litigiéis_(adj)_ strittig
live_(adj)_ live
Livereportage_(m,-n)_ Live-Reportage
Living_(m,-en)_ Wohnzimmer
Liwwerant_(m,-en)_ Lieferant
liwweren_(v)_ liefern
Liwwerung_(f,-en)_ Lieferung
Liwwerwon_(m,-ween)_ Lieferwagen
Lizenz_(f,-en)_ Lizenz
Lo_(f,-en)_ Lage
Lo_(f,-en)_ Laune
Lo_(f,-en)_ Schicht
lo/elo_(adv)_ jetzt
Lob_(m,-en)_ Heber (Ballsport)
lobben_(v)_ lobben (Ball)
Lobby_(f,-en)_ Lobby
Locataire_(m,-n)_ Mieter
Locatioun_(f,-en)_ Vermietung
Locher_(m,-en)_ Locher
lockeg_(adj)_ lockig
Loft_(f,~)_ Luft
Loft_(f,~)_ Wind
Loftballon_(m,-en)_ Luftballon
Loftdrock_(m,~)_ Luftdruck
Loftfiichtegkeet_(f,~)_ Luftfeuchtigkeit
Loftkampf_(m,-kämpf)_ Luftkampf
Loftlach_(n,-lächer)_ Luftloch
Loftmatrass_(f,-en)_ Luftmatratze
Logbuch_(n,-bicher)_ Logbuch
Loge_(f,-n)_ Loge
logéieren_(v)_ wohnen
logéieren, ee -_(exp)_ beherbergen, jn -
Logement_(m,-en)_ Mietwohnung
Logementsconditioun_(f,-en)_ Wohnbedingungen
logesch_(adj)_ logisch
logescherweis_(adv)_ logischerweise
Lokal_(m,-er)_ Lokal
Lokalanästhesie_(f,-n)_ Lokalanästhesie
Lokales_(n,~)_ Lokalnachrichten
Lokalisatioun_(f,-en)_ Lokalisierung
lokaliséieren_(v)_ lokalisieren
Lokalitéit_(f,-en)_ Örtlichkeit

Lokalitéit(f,-en) Ortschaft
Lokalnoriichten(npl) Lokalnachrichten
Lokalpress(f,~) Lokalpresse
Lokalsektioun(f,-en) örtliche Abteilung
Lokomotiv(f,-en) Lokomotive
Lokomotivführer(m,--) Lokomotivführer
Lomp(f,-en) Lappen
Lomp(f,-en) Stofffetzen
Lomp(f,-en) Windel
Lompekréimer(m,--) Lumpensammler
Lompekréimer(pej)(m,--) Lump
lompen(v) ausgehen (zechen)
lompen, sech net - loossen(exp) lumpen, sich nicht - lassen
Long(f,-en) Lunge
Longekriibs(m,~) Lungenkrebs
Longenentzündung(f,-en) Lungenentzündung
Longespezialist(m,-en) Lungenfacharzt
Longsdref(p) Longsdorf
loossen(v) lassen
loossen(v) unterlassen
loossen, am Stéch -(exp) lassen, im Stich -
Lorberblat(n,-blieder) Lorbeerblatt
Lorblumm(f,-en) Narzisse, gelbe -
Lorri(m,-en) Lore
Losange(m,-en) Raute
Loscht hunn(exp) Lust haben
Loscht(f,~) Lust
Lotioun(f,-en) Lotion
lotisséieren(v) parzellieren
Lotissement(f,-er) Parzellierung
Lotissement(f,-er) Wohnsiedlung
Lotterie(f,-n) Lotterie
Lotteriesbilljee(m,-ën) Lotterielos
Lottrengen(p) Lothringen
Lou(f,~) Eichenrinde
Lou(f,~) Lohe
louche(adj) fragwürdig
Louche(f,-n) Kelle
Louche(f,-n) Schöpfkelle
Louder(f,-en) Luder
Louder, aarme -(exp) Ding, armes -
Louheck(f,-en) Lohhecke
Louklëppel(m,-en) Eichenstämmchen, geschältes -
Louklëppel(m,-en) Kerl, grobschlächtiger -
Loun vum Mount(exp) Monatslohn
Loun(m,Léin) Lohn
Lounausfall(m,-fäll) Lohnausfall
lounen(v) lohnen
Lounfuerderung(f,-en) Lohnforderung
Lounindex(m,-en) Lohnindex
Lounsteier(f,-en) Lohnsteuer
Lounstopp(m,-en) Lohnstopp
Lous(n,-en) Los
Lous, d'grousst -(exp) Los, das große -
lousen(v) losen
Lousheet(f,~) Schläue
Loyer(m,-en) Miete
Loyerskautioun(f,-en) Mietkaution
Lued(f,-en) Fensterladen
Lued(f,-en) Lade
Lued(f,-en) Rollladen
Lued(f,-en) Sarg
Lued(f,-en) Schachtel
lueden(v) laden
Luef(m,~) Lob
Luef(n,~) Lob
Luerenzweiler(p) Lorentzweiler
lues a lues(adv) allmählich
lues gekachtent Ee(exp) weich gekochtes Ei
lues(adj) langsam
lues(adj) leise
lues, maach -(exp) sachte!
lues, méi -(exp) langsamer
lues, méi -(exp) leiser
luewen(v) loben
Lüftung(f,-en) Lüftung
lungeren(v) lungern
Lupp(f,-en) Lupe
luppen(v) verpassen
luppen, ee - loossen(exp) abschreiben, jn -
luppen, engem eng -(exp) hintergehen, jn -
luppen, eppes - loossen(exp) sausen, etw - lassen
luppen, eppes - loossen(exp) setzen, etw in Gang -
luppen, looss et -!(exp) mach hinne!
Lüster(m,-en) Lüster
lustwandelen(v) lustwandeln
Lut(f,-en) Lampe
Lut(f,-en) Licht
Luten(npl) Lampen
Luten(npl) Lichter
Luteschalter(m,-en) Lichtschalter
Lutsch(f,-en) Lutscher
Lutsch(f,-en) Schnuller
lutschen(v) lutschen
Luucht(f,-en) Leuchte
Luucht(f,-en) Licht
Luucht, an d'- fléien(exp) fliegen, in die - fliegen
Luucht, an d'- goen(exp) aufregen, sich -
Luucht, an d'- goen(exp) steigen (Preise)
Luucht, an der -(exp) Luft, in der -
Luucht, hënnescht -(exp) Leuchte, hintere - (Pkw)
Luuchteblumm(f,-en) Herbstzeitlose
Luuchten(npl) Lampen
Luuchten(npl) Lichter
Luuchteschalter(m,-en) Lichtschalter
Luuchteschierm(m,-er) Lampenschirm
Luuss(m,-en) Luchs
luusseg(adj) verschmitzt
Luussegkeet(f,~) Verschmitztheit
luussen(v) lugen
luussen(v) spähen
Luussert(m,-en) Schlitzohr
luxuös(adj) luxuriös
luxuréis(adj) luxuriös
luxuriéis(adj) luxuriös
Luxus(m,~) Luxus
Luxusartikel(m,-en) Luxusartikel
Luxusausgab(f,-en) Luxusausgabe
Lycée technique(exp) Gymnasium, technisches -
Lycée(m,-ën) Gymnasium
Lycéesschüler(m,--) Gymnasiast
Lycéesschülerin(f,-nen) Gymnasiastin
Lymphdrüs(f,-en) Lymphdrüse
lynchen(v) lynchen
Lyrik(f,~) Lyrik

M

ma dach(exp) aber doch
ma dach(exp) aber ja
ma ja(exp) klar doch
ma jo(exp) aber sicher
ma neen(exp) aber nein
ma sécher(exp) aber klar
ma(cn) aber
mä(cn) aber
maachen(v) machen
maachen, Männercher -(exp) sein, störrisch -
maachen, schéi -(exp) verschönern
maachen, sech schéi -(exp) machen, sich schön -
Maacherei(f,-en) Pfusch
Maacherloun(m,-léin) Macherlohn
maans(adj) erwachsen
maans(adj) männlich
maans(adj) stark
Maansbéischt(scherzh)(m,-en) Mann
Maansgeck(m,-en) Nymphomanin
Maanskärel(m,-en) Mann
Maanskleed(n,-er) Männerkleidung
Maansleit(npl) Männer
Maansleitsgezei(n,~) Männerkleidung

Maargréitchen*(f,-gréidercher)* Gänseblümchen
Maargréitchen*(f,-gréidercher)* Margerite
Maarkollef*(m,-en)* Eichelhäher
Maarksteen*(m,-steng)* Markstein
Maarnech*(p)* Marnach
Maart*(m,Mäert)* Markt
Maartel(eng)*(p)* Martelange
Maartlück*(f,-en)* Marktlücke
Maartplaz*(f,-en)* Marktplatz
Maartpräis*(m,-ser)* Marktpreis
maasslos*(adj)* maßlos
macadamiséieren*(v)* schottern
macadamiséieren*(v)* teeren
Maccaronisfréisser*(m,--)* Italiener (Spottname)
Mâche*(m,~)* Feldsalat
mächteg*(adj)* mächtig
machtlos*(adj)* machtlos
mackeg*(adj)* kraftlos
mackeg*(adj)* schwach
Mackrell*(f,-en)* Zuhälterin
Madame*(f,~)* Frau (Anrede)
Madamm*(f,~)* Frau (Anrede)
Madämmchen*(f,-dämmercher)* Madämmchen
Madrill*(f,-en)* Bohle
Mäerchen*(f,Märercher)* Märchen
Mäerder*(m,--)* Mörder
mäerderesch*(adj)* mörderisch
Mäerkels*(p)* Merkholtz
Mäertert*(p)* Mertert
Mäerz*(m,~)* März
Mäerzeg*(p)* Mertzig
Magasinier*(m,-en)* Lagerverwalter
Magazin*(n,-en)* Lager
Magazin*(n,-er)* Zeitschrift
Maggi*(m,~)* Suppenwürze (Maggi)
Magistratur*(f,~)* Richterstand
Magnéit*(f,-en)* Magnet
Magnéitband*(n,-bänner)* Magnetband
Magnéitfeld*(n,-er)* Magnetfeld
Magnesium*(m,~)* Magnesium
Magnetophon*(m,-en)* Rekorder
mahnen*(v)* mahnen
Mahnung*(f,-en)* Mahnung
Maierchen*(f,Maiercher)* Mäuerchen
Mäifelchen*(m,Mäifelcher)* Häppchen
Mailbox*(f,-en)* elektronische Post
Mailbox*(f,-en)* Mailbox
mailen*(v)* mailen
mailen*(v)* verschicken, eine E-Mail -
Mailkëscht*(f,-en)* Mailbox
Maillot*(m,-en)* Badeanzug
Main d'oeuvre*(f,~)* Arbeitskräfte
Main d'oeuvre*(f,~)* Arbeitsleistung
mäin*(dét)* mein
Mais*(m,~)* Mais
Maischen*(f,Maisercher)* Mäuschen
Maiskinnek*(m,-en)* Zaunkönig
Maiszant*(m,-zänn)* Milchzahn
Maîtresse*(f,-n)* Geliebte
maîtriséieren*(v)* beherrschen
Majestéit*(f,-en)* Majestät
Maji*(m,~)* Suppenwürze (Maggi)
majo*(exp)* aber sicher
Majoratioun*(f,-en)* Erhöhung
Majoritéit*(f,-en)* Mehrheit
Makréil*(f,-en)* Makrele
makrobiotesch*(adj)* makrobiotisch
Makroun*(f,-en)* Makrone
Malaise*(m,-n)* Unwohlsein
Maldonne*(f,~)* Geben, falsches - (Kartenspiel)
Malle*(f,-n)* Kofferraum
Mallette*(f,-n)* Handkoffer
maltraitéieren*(v)* misshandeln
Malz*(m,~)* Malz
Mam*(f,-en)* Zitze
mam*(pp)* mit dem
Mama*(f,~)* Mama
Mamer*(p)* Mamer
Mami*(f,~)* Mama
Mamm*(f,-en)* Mutter
Mammemëllech*(f,~)* Muttermilch
Mammendag*(m,~)* Muttertag
mammereg*(adj)* anhänglich (mutterbezogen)
mammereg*(adj)* liebesbedürftig (mutterbezogen)
Mammesprooch*(f,-en)* Muttersprache
man*(v)* machen
Management*(n,-er)* Management
managen*(v)* managen
Manche*(f,-n)* Partie (Spiel)
Mandarin*(f,-nen)* Mandarine
Mandat*(m,-er)* Mandat
Mandataire*(m,-n)* Beauftragter
mandatéieren*(v)* beauftragen
Mandel*(f,-en)* Mandel
Mandelentzündung*(f,-en)* Mandelentzündung
Manderen*(p)* Mandern
Mandolinneclub*(m,-clib)* Mandolinenverein
Manéier*(f,~)* Art und Weise
Manéieren*(npl)* Manieren
manéierlech*(adj)* manierlich
manéierlech*(adj)* wohlerzogen
Manéisch*(m,-en)* Manege
manesch-depressiv*(adj)* manisch-depressiv
maniaque*(adj)* manisch
maniaque*(adj)* pedantisch
Manifest*(n,-er)* Manifest
Manifestant*(m,-en)* Demonstrant
Manifestatioun*(f,-en)* Demonstration
Manifestatioun*(f,-en)* Kundgebung
Manifestatioun*(f,-en)* Manifestation
manifestéieren*(v)* demonstrieren
Manikür*(f,-en)* Maniküre
Manipulatioun*(f,-en)* Manipulation
manipuléieren*(v)* manipulieren
mankéieren*(v)* verfehlen
Manko*(n,-en)* Manko
Manktem*(m,~)* Mangel
Mann*(m,Männer)* Ehemann
Mann*(m,Männer)* Mann
Mannequin*(m,-en)* Mannequin
manner*(adv)* weniger
Männercher gesinn*(exp)* halluzinieren
Männerchouer*(m,-chéier)* Männerchor
mannerjäreg*(adj)* minderjährig
Männersaach*(f,-en)* Männersache
Mannerwäertegkeetskomplex*(m,-er)* Minderwertigkeitskomplex
Männi*(m,-en)* Männlein
männlech*(adj)* männlich
Männlechkeet*(f,~)* Männlichkeit
Mannschaftsgeescht*(m,~)* Mannschaftsgeist
Mannschaftssport*(m,~)* Mannschaftssport
mannst, déi -*(exp)* wenigsten, die -
mannst, op d'-*(exp)* mindestens
Manometer*(m,-en)* Manometer
Manöver*(n,-en)* Manöver
manövréieren*(v)* manövrieren
Mansard*(f,-en)* Mansarde
Mansardekummer*(f,-en)* Dachstube
Mantel*(m,Mäntel)* Mantel
Mantelbriet*(n,-brieder)* Garderobe
Manternach*(p)* Manternach
Manuskript*(n/m,-er)* Manuskript
Mapp*(f,-en)* Aktenkoffer
Mapp*(f,-en)* Mappe
Maquette*(f,-n)* Entwurf
Maquette*(f,-n)* Modell
Maquillage*(m,~)* Maske
Maquillage*(m,~)* Schminke
maquilléieren*(v)* schminken
Maquilleuse*(f,-n)* Maskenbildnerin
mar*(adv)* morgen
Marathon*(m,-en)* Marathon
Marber*(m,~)* Marmor
marbréiert*(adj)* marmoriert
Märei*(f,-en)* Bürgermeisteramt
Märei*(f,-en)* Rathaus
Märel*(f,-en)* Amsel

Märel*(p)* Merl
Marge*(f,-n)* Gewinnspanne
marginaliséieren*(v)* isolieren
Margréit*(f,-en)* Margerite
Margréitchen*(f,-gréidercher)* Gänseblümchen
Mariendall*(p)* Marienthal
Marihuana*(m,~)* Marihuana
marinéieren*(v)* marinieren
Marionett*(f,-en)* Marionette
Mark*(f,-en)* Marke
Mark*(f,-en)* Merkmal
Mark*(f,-en)* Warenzeichen
markant*(adj)* ausgeprägt
markéieren*(v)* markieren
Marketing*(m,~)* Marketing
Marmite*(f,Marmitten)* Kochtopf
Marmor*(m,~)* Marmor
marodéieren*(v)* umherlungern
Marotte*(f,-n)* Marotte
Marsch*(m,-en)* Wanderung
Marsch*(m,Märsch)* Marsch
Marschall*(m,-en)* Marschall
marschéieren*(v)* marschieren
Marscherwald*(p)* Marscherwald
Marschmusek*(f,-en)* Marschmusik
martillechen*(v)* martern
martyriséieren*(v)* martern
Marxissem*(m,~)* Marxismus
Marxist*(m,-en)* Marxist
Marzipan*(m,~)* Marzipan
Masch*(f,-en)* Masche
Maschinn*(f,-en)* Gerät
Maschinn*(f,-en)* Maschine
Maschinnebau*(m,~)* Maschinenbau
Maschinnegewier*(n,-er)* Maschinengewehr
Maschinnist*(m,-en)* Maschinenführer
mäschten*(v)* mästen
Maschtepull*(m,-pill)* Jauchegrube
Mask*(f,-en)* Maske
Maskebal*(m,-er)* Maskenball
maskéieren*(v)* maskieren
Maskerad*(f,-en)* Maskerade
Maskottchen*(n,-kottercher)* Maskottchen
maskulin*(adj)* maskulin
Masochist*(m,-en)* Masochist
Mass*(f,-en)* Gottesdienst
Mass*(f,-en)* Masse
Mass, stëll -*(exp)* Messe, stille -
Massage*(f,-n)* Massage
Massaker*(m,-en)* Massaker
Massaker*(n,-en)* Massaker
massakréieren*(v)* niedermetzeln
Massbuch*(n,-bicher)* Messbuch

Massdénger*(m,--)* Messdiener
masseg*(adj)* massenhaft
Massegraf*(n,-griewer)* Massengrab
masséieren*(v)* massieren
Masseler*(p)* Masseler
Massemedien*(npl)* Massenmedien
Massenaarbechtslosegkeet*(f,~)* Massenarbeitslosigkeit
Massendénger*(m,--)* Messdiener
Masseproductioun*(f,-en)* Massenproduktion
Massespäicher*(m,-en)* Massenspeicher
Masseur*(m,-en)* Masseur
Masseuse*(f,-n)* Masseurin
massiv*(adj)* massiv
Mast*(m,-en)* Mast
Mastik*(m,~)* Kitt
masturbéieren*(v)* masturbieren
Masutt*(m,~)* Heizöl
mat Zäit*(exp)* rechtzeitig
mat*(pp)* mit
Mataarbechter*(m,--)* Mitarbeiter
matabannen*(v)* miteinbinden
matabezéien*(v)* miteinbeziehen
matbauen*(v)* mitbauen
matbestëmmen*(v)* mitbestimmen
Matbestëmmungsrecht*(n,-er)* Mitbestimmungsrecht
Matbierger*(m,--)* Mitbürger
matbréngen*(v)* herbringen
matbréngen*(v)* mitbringen
Match*(m,-er)* Spiel (Sport)
Match, internationalen -*(exp)* Spiel, internationales -
matdeelen*(v)* mitteilen
Matdeelung*(f,-en)* Mitteilung
matdiskutéieren*(v)* mitdiskutieren
matdrénken*(v)* mittrinken
matdroen*(v)* mittragen
mateneen*(pr)* miteinander
matënnerschreiwen*(v)* mitunterzeichnen
Material*(n,-ien)* Material
Materialfeeler*(m,--)* Materialfehler
Materialissem*(m,~)* Materialismus
Materialkäschten*(npl)* Materialkosten
Materialschued*(m,-schied)* Materialschaden
materliewen*(v)* miterleben
materneen*(pr)* miteinander
Maternité*(f,-en)* Entbindungsstation
Maternitéit*(f,~)* Mutterschaft
matfillen*(v)* mitfühlen
matfléien*(v)* mitfliegen
matfueren*(v)* mitfahren
Matgefill*(n,~)* Mitgefühl

Matgëft*(n,~)* Mitgift
matgeholl*(adj)* mitgenommen
matginn*(v)* mitgeben
matgoen*(v)* begleiten
matgoen*(v)* mitgehen
mathalen*(v)* mitgehen (beim Kartenspiel)
mathalen*(v)* mithalten
Mathëllef*(f,~)* Mithilfe
mathëllefen*(v)* mithelfen
Mathematik*(f,~)* Mathematik
mathuelen*(v)* mitnehmen
matiessen*(v)* mitessen
matklappen*(v)* mitklatschen
matkommen*(v)* mitkommen
matkréien*(v)* mitbekommen
matkucken*(v)* mitschauen
matlafen*(v)* mitlaufen
Matleed hu mat*(exp)* bemitleiden
Matleed*(n,~)* Mitleid
matleedeg*(adj)* mitfühlend
matleedeg*(adj)* mitleidig
Matleefer*(m,--)* Mitläufer
matliwweren*(v)* mitliefern
matmaachen*(v)* mitmachen
Matmënschen*(npl)* Mitmenschen
Matmënschlechkeet*(f,~)* Menschlichkeit
Matmënschlechkeet*(f,~)* Mitgefühl
matmëschen*(v)* mitmischen
matplënneren*(v)* mitnehmen (beim Umzug)
maträissen*(v)* mitreißen
matrappen*(v)* mitreißen
Matrass*(f,-en)* Matratze
matrechnen*(v)* einberechnen
Matrous*(m,-en)* Matrose
matsangen*(v)* mitsingen
Matsch*(m,~)* Matsch
Mätsch*(m,-er)* Match (Sport)
matschaffen*(v)* mitarbeiten
matschécken*(v)* mitschicken
matschleefen*(v)* mitschleppen
matschreiwen*(v)* mitschreiben
matschwätzen*(v)* mitreden
matspillen*(v)* mitspielen
matstëmmen*(v)* mitstimmen
matstëmmen*(v)* mitwählen
matt*(adj)* matt
Matt*(f,-en)* Motte
Mattant*(f,-en)* Tante
Mattegëft*(n,-er)* Mottengift
Mattscheif*(f,-scheiwen)* Mattscheibe
matversécheren*(v)* mitversichern
matwierken*(v)* mitwirken
matzäiten*(adv)* rechtzeitig

matzen an(pp) in der Mitte von
matzen an(pp) mitten in
matzen dran(adv) mittendrin
matzielen(v) mitzählen
Mauer(f,-en) Mauer
maueren(v) mauern
Maufel(m,-en) Bissen
Maufel(m,-en) Happen
maufelen(v) verschlingen
Maul(f,Mailer) Maul
maulafen(v) gaffen
Maulef(m,-en) Maulwurf
Maulefskoup(m,-kéip) Maulwurfshügel
mauleg(adj) schwatzhaft
maulen(v) maulen
Maulert(m,-en) Schwätzer
Maulesch(f,-en) Schwätzerin
Maulkuerf(m,-kierf) Maulkorb
Maus(f,Mais) Maus
mauschelen(v) mauscheln
Mauséierchen(m,~) Feldsalat
Mauséiercheszalot(f,-en) Feldsalat
mausen(v) mausen
mauseren, sech -(v) mausern, sich
mautschen(v) ausreifen lassen
mautschen(v) einweichen (Wäsche)
mautschen(v) ziehen lassen (Salat)
mauve(adj) lila
maximal(adj) maximal
Maximalwäert(m,-er) Maximalwert
maximéieren(v) maximieren
Maximum(m,~) Maximum
Mayonnaise(f,-n) Mayonnaise
Mecanicien(m,-en) Kraftfahrzeugmechaniker
Mecanicien(m,-en) Mechaniker
mech(pr) mich
Mechanik(f,-en) Mechanik
Mechanismus(m,-men) Mechanismus
Méchela(p) Michelau
Méchelbuch(p) Michelbouch
Mecher(p) Mecher
Méck(f,-en) Fliege
Méckebaatsch(f,-en) Fliegenklatsche
meckeren(v) meckern
Medail(f,-en) Medaille
Medaillon(m,-en) Medaillon
Medezin(f,~) Medizin
Mediatioun(f,-en) Vermittlung
Medien(npl) Massenmedien
Medien(npl) Medien
Medikament(n,-er) Medikament
Mediocritéit(f,-en) Mittelmäßigkeit
Meditatioun(f,~) Meditation
meditéieren(v) meditieren
Mee(m,~) Mai
Meechtem(p) Machtum
Meedchen(n,Meedercher) Mädchen
Meedéier(n,-en) Maikäfer
Meederchesnumm(m,-nimm) Mädchenname
Meekiewerlek(m,-en) Maikäfer
Meekranz(m,-kränz) Maikranz
Meenung(f,-en) Ansicht
Meenung(f,-en) Meinung
Meenungsaustosch(m,~) Meinungsaustausch
Meenungsëmfro(f,-en) Meinungsumfrage
Meenungsfräiheet(f,-en) Meinungsfreiheit
Meenungsverschiddenheet(f,-en) Meinungsverschiedenheit
Meeréischen(f,-réisercher) Maiglöckchen
Mees(f,-en) Meise
meescht, déi -(exp) meisten, die -
meeschtendeels(adv) zumeist
meeschtens(adv) meistens
Meeschter ginn(exp) beherrschen
Meeschter ginn(exp) besiegen
Meeschter(m,-en) Herr
Meeschter(m,-en) Meister
meeschteren(v) beherrschen
Meeschterprüfung(f,-en) Meisterprüfung
Meeschterwierk(n,-er) Meisterwerk
Meeschtesch(f,-en) Hausherrin
Meesebuerg(p) Meysembourg
Meespelt(p) Meispelt
Meessel(m,-en) Meißel
meesselen(v) meißeln
mëffelen(v) nörgeln
mëffelen(v) wimmern
mëffen(v) stinken
mëfferen(v) nörgeln
mëfferen(v) wimmern
Mehrzahl(f,-en) Mehrzahl
méi schlëmm ginn(exp) verschlimmern, sich -
méi(adv) Komparativ, zur Bildung des -s
méi(adv) mehr
Méi(f,~) Mühe
mei, o -(exp) ach du meine Güte
meiden(v) meiden
Méideng(p) Medingen
Méidrescher(m,--) Mähdrescher
méien(v) mähen
méifaarweg(adj) mehrfarbig
méigelech(adj) möglich
méiglech(adj) möglich
méiglech, wa -(exp) möglich, wenn -
méiglecherweis(adv) möglicherweise
Méiglechkeet(f,-en) Möglichkeit
Méimaschinn(f,-en) Rasenmäher
Méindeg(m,-er) Montag
Méinden(m,Méindeger) Montag
méindes(adv) montags
méintlaang(adj) monatelang
Méischdref(p) Moersdorf
Méischtref(p) Moestroff
méisem(adj) mühsam
méisseg(adj) müßig
méistëmmeg(adj) mehrstimmig
Méiw(f,-en) Möwe
Méizuel(f,~) Mehrzahl
Méizuel(f,-en) Mehrheit
melancholesch(adj) melancholisch
melangéieren(v) mischen
melden(v) melden
Meldung(f,-en) Meldung
Meldung(f,-en) Mitteilung
meléieren(v) einmischen
meléieren(v) mischen
mëll(adj) gar
mëll(adj) mild
mëll(adj) sanft
mëll(adj) weich
Mëllech(f,~) Milch
Mëllechbréitchen(n,-bréidercher) Milchbrötchen
Mëllechbuttek(m,-er) Milchhandlung
Mëllechkrou(m,-kréi) Milchkrug
Mëllechstrooss(f,-en) Milchstraße
Mëllechzant(m,-zänn) Milchzahn
mellen(v) anzeigen
mellen(v) melden
mellen, sech -(v) ankündigen, sich -
mellen, sech -(v) bewerben, sich -
mellen, sech -(v) melden, sich -
Mëller(m,-en) Müller
Mëllerchen(m,Mëllercher) Schmetterling
Mëllerdall(p) Mullerthal
Mëlleref(p) Muellendorf
Melodie(f,-n) Melodie
melodramatesch(adj) melodramatisch
Meloun(f,-en) Melone
Mëlz(f,-en) Milz
Member ginn(exp) beitreten
Member ginn(exp) Mitglied werden
Memberformatioun(f,-en) Mitgliederausbildung
Membersassociatioun(f,-en) Mitgliedervereinigung
Membran(f,-en) Membrane
mëmmelen(v) tuscheln
Memorandum(n,-den) Memorandum
Memorisatioun(f,-en) Memorieren

menacéieren*(v)* bedrohen
menagéieren*(v)* schonen
Menagerie*(f,-n)* Menagerie
Mëndchen*(m,Mënnercher)* Mündchen
mëndlech*(adj)* mündlich
mëndlech*(adj)* verbal
Mëndlecht*(n,~)* mündliche Prüfung
meng*(dét)* mein
meng*(dét)* meine
mengen*(v)* denken
mengen*(v)* meinen
mengen, sech -*(v)* einbilden, sich etwas -
mengersäits*(adv)* meinerseits
menges*(pr)* meinige
menges, dat ass -*(exp)* richtig, das ist genau - für mich
Meniskus*(m,Menisken)* Meniskus
Mënjecker*(p)* Muenschecker
mënneg*(adj)* mündig
Mënsbech*(p)* Munsbach
Mënsch*(m,-en)* Mensch
Mënschefrësser*(m,-)* Menschenfresser
Mënscherechter*(npl)* Menschenrechte
Mënscherechtsdeklaratioun*(f,-en)* Menschenrechtserklärung
Mënscherechtskommissioun*(f,-en)* Menschenrechtskommission
Mënscherechtskonventioun*(f,-en)* Übereinkommen über Menschenrechte
Mënscherechtsorganisatioun*(f,-en)* Menschenrechtsorganisation
Mënscherechtssituatioun*(f,-en)* Menschenrechtssituation
Mënscherechtsviolatioun*(f,-en)* Menschenrechtsverletzung
Mënscheschënnerei*(f,-en)* Menschenschinderei
Mënscheverstand, gesonde -*(exp)* Menschenverstand, gesunder
Mënschheet*(f,-en)* Menschheit
mënschlech*(adj)* menschlich
Mënschlechkeet*(f,-en)* Menschlichkeit
Menster*(p)* Mensdorf
Menstruatioun*(f,-en)* Menstruation
Mensualitéit*(f,-en)* Monatsrate
Mentalitéit*(f,-en)* Mentalität
mentionéieren*(v)* erwähnen
Mentioun*(f,-en)* Vermerk
Menu*(m,-en)* Menü
Menu*(m,-en)* Speisekarte
Menü*(m,-en)* Menü
Menü*(m,-en)* Speisekarte
Menuskaart*(f,-en)* Speisekarte
Menüskaart*(f,-en)* Speisekarte
Mënz*(f,-en)* Geld
Mënz*(f,-en)* Kleingeld
Mënz*(f,-en)* Münze
Mënz*(f,-en)* Zahl (Rückseite der Münze)
mer*(pr)* mir
Merci soen*(exp)* bedanken, sich -
Merci villmools*(exp)* Dank, vielen -
Merci*(m,-en)* Dankeschön
Merlan*(m,-en)* Merlan
Merscheet*(p)* Merscheid
Mësch*(f,-en)* Spatz
Mësch*(f,-en)* Sperling
mëschen*(v)* mischen
Mëschpel*(m,-en)* Mistel
Mëscht*(f,-en)* Dünger
Mëscht*(f,-en)* Mist
Mëscht*(f,-en)* Unordnung
Mëschtekaul*(f,-en)* Misthaufen
Mëschtekoup*(m,-kéip)* Misthaufen
mëschten*(v)* ausmisten
mëschten*(v)* düngen
Mëschtepull*(m,-pill)* Jauchegrube
mëschtnaass*(adj)* klatschnass
Mëschung*(f,-en)* Mischung
Mëspel*(m,-en)* Mistel
Message*(m,-n)* Mitteilung
Mëssbildung*(f,-en)* Missbildung
Mëssbrauch*(m,-bräich)* Missbrauch
mëssbrauchen*(v)* missbrauchen
Mëssel*(m,-en)* Irrtum
Mëssel*(m,-en)* Meinungsverschiedenheit
mëssen*(v)* entbehren
mëssen*(v)* missen
mëssen*(v)* vermissen
Messer*(n,-en)* Messer
Mësserfolleg*(m,-er)* Misserfolg
Messerpickerei*(f,-en)* Messerstecherei
messerschaarf*(adj)* messerscharf
Mëssgebuert*(f,-en)* Missgeburt
Mëssgeschéck*(n,-er)* Missgeschick
Mëssgeschéck*(n,-er)* Pech
mësshandelen*(v)* misshandeln
Mësstrauen*(n,~)* Misstrauen
mësstrauen*(v)* misstrauen
Mësstrauensvotum*(n,-vottem)* Misstrauensvotum
Mësstrauensvotum*(n,-votten)* Misstrauensantrag
mësstrauesch*(adj)* misstrauisch
mëssuechten*(v)* missachten
mëssuechten*(v)* vernachlässigen
mëssverstoen*(v)* missverstehen
Metall*(n,-er)* Metall
Metall, aus -*(exp)* Metall-
Metallaarbechter*(m,--)* Metallarbeiter
Metallindustrie*(f,-n)* Metallurgie
Metamorphos*(f,-en)* Metamorphose
Meteo*(f,~)* Wetterbericht
Meteorolog*(m,-en)* Meteorologe
Meter Kibb*(exp)* Kubikmeter
Meter*(m,-en)* Meter
metercarréweis*(adv)* quadratmeterweise
meterdéck*(adj)* meterdick
meterweis*(adv)* meterweise
Method*(f,-en)* Methode
methodesch*(adj)* methodisch
Metronom*(m,-en)* Metronom
Metropol*(f,-en)* Metropole
Metrosstatioun*(f,-en)* U-Bahnstation
Mëtsch*(f,-en)* Brötchen
Mëtsch*(f,-en)* Kaffeeteilchen
mëtschgéiweg*(adj)* großzügig
Mëtschgiewegkeet*(f,-en)* Großzügigkeit
Mëtt*(f,-en)* Mitte
Mëtteg*(m,-er)* Mittag
Mëttegiessen*(n,--)* Mittagessen
Mëttel*(n,~)* Mittel
Mëttelalter*(n,~)* Mittelalter
Mëttelen*(npl)* Mittel
Mëttelfanger*(m,-en)* Mittelfinger
mëttelgrouss*(adj)* mittelgroß
mëttellos*(adj)* mittellos
mëttelméisseg*(adj)* mittelmäßig
Mëttelohrentzündung*(f,-en)* Mittelohrentzündung
Mëttelsmann*(m,-männer)* Vermittler
Mëttelstand*(m,~)* Mittelstand
Mëttelsten*(m,Mëttelst)* Mittlerer
Mëttelstiermer*(m,--)* Mittelstürmer
Mëttelwellen*(npl)* Mittelwellen
Mëtten*(m,Mëtteger)* Mittag
Metten*(npl)* Mette
Mëtternuecht*(f,-en)* Mitternacht
Mëtternuechtsmass*(f,-en)* Christmette
mëttes*(adv)* mittags
mëttes*(adv)* nachmittags
Mëttespaus*(f,-en)* Mittagspause
Mëttesrascht*(f,-en)* Mittagsschlaf
Mëttesschlof*(m,~)* Mittagsschlaf
Mëttwoch*(m,-er)* Mittwoch
mëttwochs*(adv)* mittwochs
Mettwurscht*(f,-en)* Mettwurst
metzelen*(v)* niedermachen
metzelen*(v)* niedermetzeln
metzelen*(v)* zerlegen (Fleisch)

Metzlerei(f,-en) Fleischerfachgeschäft
Metzlerei(f,-en) Metzgerei
Meuterei(f,-en) Meuterei
miauen(v) miauen
Michelshaff(p) Michelshof
midd(adj) müde
Middegkeet(f,-en) Müdigkeit
Midderchen(f,~) Migräne
Midderchen(f,~) Unwohlsein (Frauen)
Miedernach(p) Medernach
Miel(n,~) Mehl
Mier(f,-en) Stute
Mier(n,-er) Meer
Mierbad(n,-bieder) Seebad
Mieresspigel(m,-en) Meeresspiegel
mierf(adj) verdorben
mierken(v) bemerken
Miersch(p) Mersch
Mierschent(p) Merscheid
Mierschwéngchen(n,-schwéngercher) Meerschweinchen
Mierstär(m,-en) Seestern
Mierwaasser(n,~) Meerwasser
mierwelen(v) munkeln
Mierzeg(p) Messancy
Miesdref(p) Moesdorf
Miessen(n,~) Messung
miessen(v) messen
Miessstatioun(f,-en) Messstation
Mietvertrag(f,-verträg) Mietvertrag
Migrän(f,-en) Migräne
Miiss(f,-en) Mieze
Miisschen(f,Miissercher) Kätzchen
Miissercher(npl) Weidenkätzchen
mijotéieren(v) kochen (langsam)
Mikro(m,-en) Mikrofon
Mikrob(m,-en) Mikrobe
Mikrochip(m,-pen) Mikrochip
Mikro-Elektronik(f,~) Mikroelektronik
Mikrokosmos(m,-kosmen) Mikrokosmos
Mikroordinateur(m,-en) Personalcomputer
Mikro-Prozesser(m,-en) Mikroprozessor
Mikrowell(f,-en) Mikrowelle
Militäraktioun(f,-en) Militäraktion
Militärinterventioun(f,-en) Angriff
Militärkommissioun(f,-en) Militärkommission
Militärmusek(f,-en) Militärmusik
Militäroperatioun(f,-en) militärische Operation
Militärregierung(f,-en) Militärregierung
Millebaach(p) Mühlenbach
Millen(f,--) Mühle
Miller(m,--) Müller
Millermoler(m,--) Schmetterling
Millesteen(m,-steng) Mühlstein
Milliard(f,-en) Milliarde
Milliardär(m,-en) Milliardär
Millimeter(m,--) Millimeter
Millioun(f,-en) Million
mindestens(adv) mindestens
Mindestloun(m,-léin) Mindestlohn
Minett(f,~) Erz mit niedrigem Eisengehalt
Minett(m,~) Bergbaurevier in Luxemburg
Minettsdapp(m,-däpp) Bergarbeiter
Minettsdapp(m,-däpp) Bewohner aus der Minettgegend
Minettsexploitatioun(f,-en) Erzbergbau
Mini Humpen(exp) Glas Bier (25 cl)
Mini(m,-en) Glas Bier (25 cl)
Minière(f,-n) Bergwerk
minimaliséieren(v) beschränken, auf ein Minimum -
minimiséieren(v) minimieren
Ministär(m,-en) Ministerium
Minister(m,-en) Minister
Ministère(m,-n) Ministerium
Ministerin(f,-nen) Minister
Ministerrot(m,-réit) Ministerrat
Ministesch(f,-en) Ministerin
ministréieren(v) ministrieren
Minn(f,-en) Bleistiftmine
Minn(f,-en) Gesichtsausdruck
Minn(f,-en) Mine
Minn, eng gutt - hunn(exp) aussehen, gut -
Minoritéit(f,-en) Minorität
minus(adv) weniger
Minuspunkt(m,-en) Minuspunkt
minutiéis(adj) sorgfältig
Minutt(f,-en) Minute
Minuttenzieler(m,--) Minutenzähler
Mippchen(m,Mippercher) Hündchen
Mippi(m,-en) Hündchen
mipsen(v) müffeln
mipsen(v) stinken
mir(pr) mir
mir(pr) wir
Mirabell(f,-en) Mirabelle
Mirabellebam(m,-beem) Mirabellenbaum
Misär(m,~) Elend
Misär(m,~) Verdruss
Mise(f,-n) Einsatz
Miseler(m,--) Einwohner aus der Moselgegend
Miseler(m,--) Moselwein
miserabel(adj) armselig
Missioun(f,-en) Mission
Missiounstätegkeet(f,-en) missionarische Tätigkeit
mitigéieren(v) mischen
miwléieren(v) möblieren
Miwwel(npl) Möbel
Miwwelbuttek(m,-er) Möbelgeschäft
miwweléieren(v) möblieren
Miwwelgeschäft(n,-er) Einrichtungshaus
Miwwelgeschäft(n,-er) Möbelgeschäft
Miwwelstéck(n,-er) Möbelstück
Miwwelwon(m,-ween) Möbelwagen
Miwwelwon(m,-ween) Umzugswagen
miwwléiert(adj) möbliert
mixen(v) mixen
Mixer(m,--) Mischmaschine
Mixer(m,--) Mixer
Mixitéit(f,-en) Koedukation
Mixitéit(f,-en) Mischung der Geschlechter
Mo(m,Mee) Magen
mobil(adj) mobil
mobiliséieren(v) mobilisieren
Mobiliséierung(f,-en) Mobilisierung
Mobilitéit(f,-en) Mobilität
mockeleg(adj) mollig
mockeleg(adj) pummelig
Mod(f,-en) Dienstmädchen
Mod(f,-en) Hausgehilfin
Modalitéit(f,-en) Modalität
Modelbau(m,~) Modellbau
modeléieren(v) gestalten
modeléieren(v) modellieren
Modell(m,-er) Modell
Modellauto(m,-en) Modellauto
Modellzuch(m,-zich) Modelleisenbahn
Modem(m,-er) Modem
Moderatioun(f,-en) Moderation
Moderator(m,-en) Moderator
moderéieren(v) moderieren
moderéiert(adj) gemäßigt
modern(adj) modern
Modernisatioun(f,-en) Modernisierung
moderniséieren(v) modernisieren
Modernitéit(f,-en) Modernität
modifiéieren(v) ändern
modifiéieren(v) modifizieren
Modifikatioun(f,-en) Änderung
modifizéieren(v) ändern
modifizéieren(v) modifizieren
Modist(f,-en) Modistin
moduléieren(v) modulieren
moer(adj) mager
mof(adj) violett
Mohammedaner(m,--) Moslem
Moien(exp) Morgen, guten -
Moien(exp) Tag, guten -

Moien(m,-ter) Morgen
moies(adv) morgens
moies(adv) vormittags
Mokailchen(f,-kailercher) Magengrube
Mokuch(m,~) Lakritze
Mokuchsdag(m,~) Sankt Nimmerleinstag
mol net(adv) nicht einmal
mol(adv) manchmal
Mol(m,-en) Muttermal
Molbier(f,-en) Blaubeere
Molbier(f,-en) Heidelbeere
Molekül(f,-en) Molekül
molen(v) malen
molen(v) zeichnen
Moler(m,--) Maler
Molerei(f,-en) Malerei
Molkerei(f,-en) Molkerei
molleg(adj) angenehm
molleg(adj) gemütlich
Molotowcocktail(m,-en) Molotowcocktail
Moment(m,-er) Augenblick
Momentopnam(f,-en) Momentaufnahme
Mompech(p) Mompach
Momper(m,-en) Vormund
Momperkand(m,-kanner) Mündel
Monarch(m,-en) Monarch
Monarchie(f,-n) Monarchie
Monatskaart(f,-en) Monatskarte
Monatssalaire(m,-n) Monatsgehalt
Mond(m,Mënner) Mund
Mond, de - halen(exp) Mund, den - halten
Mond, de - halen(exp) schweigen
Mondaart(f,-en) Mundart
Monddusch(f,-en) Munddusche
Mondharmonika(f,-en) Mundharmonika
Mondialisatioun(f,-en) Globalisierung
mondialiséieren(v) globalisieren
Mondmusek(f,-en) Mundharmonika
Mondspill(n,-er) Mundharmonika
Mondstéck(n,-er) Mundstück
Mondstéck(n,-er) Mundwerk
Mondwénkel(m,-en) Mundwinkel
Monéiten(npl) Geld
Monéiten(npl) Moneten
Moniteur(m,-en) Aufseher
Moniteur(m,-en) Lehrer
monkeg(adj) mürrisch
monkelen(v) munkeln
Monnerech(p) Mondercange
Monni(m,-en) Onkel
Monnonk(m,-en) Onkel
Monogramm(n,-er) Monogramm
Monolog(m,-en) Monolog
Monopol(m,-en) Monopol
Monster(m,-en) Monster
Monstrositéit(f,-en) Monstrosität
Monstrum(n,Monstren) Monster
Montage(m,-n) Montage
Montage(m,-n) Schnitt
montéieren(v) aufhetzen
montéieren(v) montieren
monter(adj) flink
monter(adj) fröhlich
monter(adj) munter
monter(adj) wach
Monterkeet(f,-en) Fröhlichkeit
Monterkeet(f,-en) Lebhaftigkeit
Montlech(p) Montenach
Monument(n,-er) Monument
Moolzecht(f,-en) Mahlzeit
Moos(m,~) Moos
Mooss(f,-en) Maß
Moosseenheet(f,-en) Maßeinheit
moossen(v) messen
Moossnam(f,-en) Maßnahme
Mopp(m,-en) Wischlappen
Moquette(f,-n) Teppichboden
Moral(f,~) Moral
moralesch(adj) moralisch
Mord(m,-en) Mord
mordicus(adv) hartnäckig
Mordkommissioun(f,-en) Mordkommission
Mosaik(n,-en) Mosaik
Moschee(f,-ën) Moschee
Moscht(m,~) Most
Moschter(m,~) Senf
Moschter(m,~) Senf
moschteren(v) aufdonnern
moschteren(v) durchstöbern
Moschtert(m,~) Senf
Moskito(m,-en) Moskito
Moss(n,~) Moos
Most(m,~) Most
Motioun(f,-en) Motion
Motiv(m,-er) Motiv
Motivatioun(f,-en) Motivation
motivéieren(v) motivieren
Moto(f,-en) Moped
Moto(f,-en) Motorrad
Motocyclette(f,-n) Motorrad
Motor(m,-en) Motor
Motorboot(n,-er) Motorboot
Motorisatioun(f,-en) Motorisierung
motoriséieren(v) motorisieren
Motorrad(n,-rieder) Motorrad
Motorsport(m,~) Motorsport
Motorueleg(m,-er) Motoröl
Mott(f,-en) Wurzelballen
motzen(v) schmollen
Motzert(m,en) schmollender Mann
Motzesch(f,en) schmollende Frau
Moud(f,-en) Mode
Moudendéfilé(m,-en) Modenschau
Moudenzäitschrëft(f,-en) Modemagazin
Moudepëppchen(f,-pëppercher) Modepüppchen
moudesch(adj) modern
Mouer(m,-en) Mohr
Mouer(n,-en) Moor
Mouk(f,-en) Kröte
Moul(f,-en) Boxhandschuh
Moul(f,-en) Fäustling
Mound(m,-en) Mond
Mounddäischtert(f,-en) Mondfinsternis
Moundlandung(f,-en) Mondlandung
Moundliicht(n,~) Mondschein
Moundrakéit(f,-en) Mondrakete
Moundséchel(f,-en) Mondsichel
Mount(m,Méint) Monat
Mount, de leschte -(exp) Monat, letzten -
Mountainbike(m,-n) Mountainbike
Moustique(f,-n) Stechmücke
Moyenne(f,-n) Durchschnitt
Muck(f,-en) Abneigung
Muck(f,-en) Laune
Mucks(m,-en) Mucks
mucksen(v) rühren, sich -
Mudder(f,-en) Hündin
Mudder(f,-en) Mutter (Schraube)
Mudder(f,-en) Weibchen
Mudderschrauf(f,-schrauwen) Mutterschraube
mudderséilenelleng(adj) mutterseelenallein
Muecht(f,-en) Gewalt
Muecht(f,-en) Macht
Muechtkampf(m,-kämpf) Machtkampf
Mued(m,-en) Made
muedebëtzeg(adj) faul
muedebëtzeg(adj) wurmstichig
muelen(v) mahlen
muen(v) muhen
muench(dét) manch
muer(adv) morgen
Muer(m,-en) Moor
Muerch(m,) Mark
muercheg(adj) markig
Muerd(m,~) Mord
Muerd(m,~) Totschlag
Muerdéier(n,-en) Marder
muerden(v) morden

Mueren(m,~) Morgen
Mueren, - ginn(exp) dämmern
mueres fréi(exp) Morgen, früh am -
mueres(adv) am Morgen
mueres(adv) morgens
Muereskaffi(m,~) Frühstück
Mueresmiddegkeet(f,~) Morgenmüdigkeit
Mueresschicht(f,-en) Frühschicht
Mueressonn(f,-en) Morgensonne
Mueresstonn(f,-en) Morgenstunde
Muereszopp(f,-en) Frühstück
Muerks(f,-en) Arbeit, harte -
Muerks(f,-en) Pfusch
muerksen(v) arbeiten, hart -
muerksen(v) murksen
muerksen(v) pfuschen
Muerkstricko(m,-en) Arbeitshemd
Muert(f,-en) Karotte
Muertejus(m,-en) Karottensaft
Muertenträppler(m,--) Gärtner (Spottname)
muffeg(adj) muffig
muffen(v) schmollen
Mull(f,-en) Backtrog
Mull(f,-en) Gussform
Mullebutz(m,-en) Mehlbeere
Mullen(npl) Miesmuscheln
Multidisciplinaritéit(f,-en) Multidisziplinarität
Multimillionär(m,-en) Multimillionär
multipel(adj) mehrfach
Multiplikatioun(f,-en) Multiplikation
multiplizéieren(v) multiplizieren
Multiplizitéit(f,-en) Vielfalt
mumifizéieren(v) mumifizieren
Mumps(m,~) Mumps
munch(dét) manch
munches(pr) manches
Mündung(f,-en) Mündung
Munitioun(f,-en) Munition
munnech(adj) manch
munnech(dét) manche
munnechmol(adv) manchmal
Munneref(p) Mondorf-les-Bains
Munzen(p) Munshausen
Mupp(m,-en) Hund
Murks(f,-en) Arbeit, harte -
Murks(f,-en) Pfusch
murksen(v) arbeiten, hart -
murksen(v) pfuschen
Murkstricko(m,-en) Arbeitshemd
Muschel(f,-en) Muschel
Musée(m,-ën) Museum
Musek(f,-en) Musik
Musek(f,-en) Musikkorps

Museker(m,--) Musiker
Museksfrënd(m,-frënn) Musikliebhaber
Museksgeschäft(n,-er) Musikgeschäft
Museksinstrument(n,-er) Musikinstrument
Musekschoul(f,-en) Musikschule
Musekssendung(f,-en) Musiksendung
Musel(p) Mosel (Fluss)
Muselgreechen(m,~) Moselwein
Muselmann(m,-männer) Moslem
Muselwäin(m,-er) Moselwein
musikalesch(adj) musikalisch
musizéieren(v) musizieren
Muskat(m,~) Muskat
Muskel(m,-en) Muskel
Muskelkater(m,-en) Muskelkater
Muskeltraining(m,~) Muskeltraining
Muskot(m,~) Muskat
Müsli(m,-en) Müsli
mussen(v) müssen
Muster(n,-en) Muster
Musterbeispill(n,-er) Musterbeispiel
musteren(v) mustern
Mutatioun(f,-en) Mutation
Mutfert(p) Moutfort
Mutsch(vulg)(f,-en) Fotze
Mutt(m,~) Mut
Mutt, engem - maachen(exp) ermutigen, jn -
Mutter Gottes(f,-en) Heilige Jungfrau Maria
Mutter Gottes(f,-en) Muttergottes
Mutter(f,-en) Oberin (Kloster)
Muttwëll(m,~) Ausgelassenheit
Muttwëll(m,~) Schalkhaftigkeit
muttwëlleg(adj) übermütig
muttwëlleg(adj) unnötig
muttwëlles(adv) unnötig
Mutualitéit(f,-en) Versicherung auf Gegenseitigkeit
Mutz(f,-en) Kappe
Mutz(f,-en) Mütze
Muuss(f,-en) Miezekatze
mysteriéis(adj) mysteriös
mystifizéieren(v) mystifizieren
mystifizéieren(v) täuschen
Mystik(f,-en) Mystik
Mythologie(f,-n) Mythologie
Mythos(m,Mythen) Mythos

N

Naachen(m,--) Barke
Naachen(m,--) Boot
näämlech(cn) nämlich
naass(adj) nass
nabbelen(v) knabbern
nach ëmmer(exp) immer noch
nach eng Kéier(exp) noch einmal
nach laang net(exp) noch lange nicht
nach(adv) noch
Nacher(p) Nocher
nächst Woch(exp) nächste Woche
Nächsteléift(f,~) Nächstenliebe
Nächsten(m,Nächst) Nächster
nächstens(adv) nächstens
Näerden(p) Noerdange
Näertreg(p) Noertrange
Näerzeng(p) Noertzange
Nahrung(f,~) Nahrung
Näid(m,~) Eifersucht
Näid(m,~) Neid
Näidsen(p) Neidhausen
Näip(f,-en) Schläfchen
Näip(f,-en) Verbeugung
Näipchen(m,Näipercher) Mittagsschläfchen
näipen(v) beugen, sich -
näipen(v) neigen, sich -
näipen(v) schlummern
Näischnotz(m,-en) Nichtsnutz
Näischnotz(m,-en) Schlingel
näischnotzeg(adj) nichtsnutzig
näischnotzeg(adj) schalkhaft
näischnotzeg(adj) unehrlich
Näischnotzegkeet(f,-en) Betrügerei
Näischnotzegkeet(f,-en) Nichtsnutzigkeit
Näischnotzegkeet(f,-en) Schalkhaftigkeit
näischt anescht(exp) nichts anderes
näischt aneschtes iwwereg(exp) nichts anderes übrig
näischt maachen(exp) nichts tun
näischt soen(exp) nichts sagen
näischt soen(exp) schweigen
näischt(pr) nichts
Näischtert(m,-en) Gauner
Näischtert(m,-en) Nichtsnutz
näischtnotz(adj) nichtsnutzig
naiv(adj) arglos
naiv(adj) naiv
Naivitéit(f,~) Naivität
nakeg(adj) nackt
nämlech(cn) nämlich
nammel(adv) noch einmal
nämmelech(adj) ähnlich
nämmelech(adj) egal
nämmelech(adj) gleich
nämmelech(adj) identisch
Nämmlecht, dat -(exp) dasselbe
nammsen(v) schmausen

nani*(adv)*	noch nie
Nanzeg*(p)*	Nancy
Nappe*(f,-n)*	Tischdecke
Narb*(f,-en)*	Narbe
Narkos*(f,-en)*	Narkose
Narrefräiheet*(f,~)*	Narrenfreiheit
nascheleg*(adj)*	naschhaft
naschelen*(v)*	naschen
Nascht*(n,Näschter)*	Nest
Nascht, an d'- goen*(exp)*	Bett, zu - gehen
Nashorn*(n,-hörner)*	Nashorn
Nashorn*(n,-hörner)*	Rhinozeros
nasteren*(v)*	nörgeln
natierlech*(adj)*	natürlich
natierlech*(adv)*	natürlich
Natierleches*(n,~)*	Natürliches
national*(adj)*	national
Nationaldivisioun*(f,-en)*	nationale Liga (Sport)
Nationalequipe*(f,-equippen)*	Nationalmannschaft
Nationalfeierdag*(m,-deeg)*	Nationalfeiertag
Nationalhymn*(f,-en)*	Nationalhymne
Nationalisatioun*(f,-en)*	Nationalisierung
nationaliséieren*(v)*	nationalisieren
Nationalissem*(m,~)*	Nationalismus
nationalistesch*(adj)*	nationalistisch
Nationalitéit*(f,-en)*	Nationalität
Nationalrot*(m,-réit)*	Nationalrat
Natioun*(f,-en)*	Nation
NATO*(f,~)*	NATO
Natron*(n,~)*	Natron
Natter*(f,-en)*	Natter
Natur*(f,~)*	Natur
Naturalisatioun*(f,-en)*	Naturalisierung
naturaliséieren*(v)*	naturalisieren
Naturaliséierung*(f,-en)*	Naturalisierung
Naturalismus*(m,~)*	Naturalismus
Nature morte*(f,-n)*	Stillleben
naturell*(adj)*	naturbelassen
naturell*(adj)*	natürlich
naturgeméiss*(adv)*	naturgemäß
Naturprodukt*(m,-en)*	Naturprodukt
Naturschätz*(npl)*	Bodenschätze
Naturschutzgebitt*(n,-er)*	Naturschutzgebiet
Naturwëssenschaft*(f,-en)*	Naturwissenschaft
nätzen*(v)*	gießen
Nätzt*(f,~)*	Feuchtigkeit
Nätzt*(f,~)*	Nässe
naupeg*(adj)*	launenhaft
Naupen*(npl)*	Launen
Navette*(f,-n)*	Pendelverkehr
Navigatioun*(f,~)*	Navigation
navigéieren*(v)*	navigieren
nawell*(adv)*	in der Tat
nawell*(adv)*	trotzdem
Nazi*(m,-en)*	Nazi
Nazi-Occupatioun*(f,-en)*	Nazibesatzung
nebulös*(adj)*	nebulös
Necessaire*(m,-n)*	Necessaire
Necessitéit*(f,-en)*	Notwendigkeit
nécken*(v)*	schlagen
nécken*(v)*	stoßen
nediert*(exp)*	nicht wahr
nedu*(exp)*	nicht wahr
Neelbiischt*(f,-en)*	Nagelbürste
Neelchen*(m,Neelercher)*	Erstarren der Finger bei strenger Kälte
Neelchesbam*(m,-beem)*	Flieder
Neelchesblumm*(f,-en)*	Flieder
Neelcheskapp*(m,-käpp)*	Nelke (Gewürz)
neelech*(adv)*	knapp
neelech*(adv)*	neulich
neelen*(v)*	nageln
Neelfeil*(f,-en)*	Nagelfeile
Neellack*(m,-en)*	Nagellack
Neelpëtz*(f,-en)*	Nagelclipper
Neelschéier*(f,-en)*	Nagelschere
neen*(adv)*	nein
nees eng Kéier*(exp)*	noch einmal
nees*(adv)*	schon wieder
nees*(adv)*	wieder
Neestëmm*(f,-en)*	Gegenstimme
Negatioun*(f,-en)*	Negation
Negativ*(m,-en)*	Negativ
negéieren*(v)*	bestreiten
negéieren*(v)*	negieren
Negerkuss*(m,-en)*	Negerkuss
negligéieren*(v)*	vernachlässigen
Negociatioun*(f,-en)*	Verhandlung
negociéieren*(v)*	verhandeln
nei*(adj)*	neu
Neibrasilien*(p)*	Neubrasilien
néideg*(adj)*	notwendig
néidegen*(v)*	nötigen
Néidegkeet*(f,-en)*	Notwendigkeit
Néidegst, dat -*(exp)*	Nötigste, das -
Neider*(m,--)*	Neider
neidesch*(adj)*	missgünstig
neidesch*(adj)*	neidisch
Néidesch*(f,-en)*	Näherin
Neiduerf*(p)*	Neudorf
Neiegkeet*(f,-en)*	Neuheit
Neiegkeet*(f,-en)*	Neuigkeit
néien*(v)*	nähen
néier*(adv)*	ab
néier*(adv)*	nieder
neierdéngs*(adv)*	neuerdings
néierens*(adv)*	nirgends
néierenzwousch*(adv)*	nirgendwo
néierewou*(adv)*	nirgendwo
néierleeën*(v)*	ablegen
néierleeën*(v)*	niederlegen
néiermetzelen*(v)*	niedermetzeln
Neierung*(f,-en)*	Neuerung
Neies*(n,~)*	Neues
Neies*(n,~)*	Neuheit
Néiesch*(f,-en)*	Näherin
Neihaischen*(p)*	Neuhäusgen
Neiinstallatioun*(f,-en)*	Neuinstallation
Neijoersdag*(m,-deeg)*	Neujahr
Neijooschdag*(m,-deeg)*	Neujahr
Neijooschdag*(m,-deeg)*	Neujahrstag
Neijooschwonsch*(m,-wënsch)*	Neujahrswunsch
neimoudesch*(adj)*	neumodisch
Neimound*(m,~)*	Neumond
Neioplo*(f,-en)*	Neuauflage
Neiorganisatioun*(f,-en)*	Neuorganisation
Néiseid*(n,~)*	Nähseide
Neit Testament*(n,~)*	Neue Testament
Neits, op en -*(exp)*	Neues, auf ein -
Neits, wat gëtt et -*(exp)*	Neues, was gibt's -
néitschen*(v)*	niesen
néitsen*(v)*	niesen
Neiwal*(f,-en)*	Neuwahl
néizen*(v)*	niesen
Nekleeschen*(m,-kleesercher)*	Sankt Nikolaus
nëmmen*(adv)*	nur
néng*(adj)*	neun
Néngsen*(p)*	Neunhausen
Néngtchen*(f,Néngtercher)*	Neun
Néngten*(m,Néngt)*	Neunter
néngtens*(adv)*	neuntens
Nenn*(vulg)(f,-en)*	Titte
nennen*(v)*	benennen
nennen*(v)*	heißen
nennen*(v)*	nennen
nenneswäert*(adj)*	nennenswert
Nennwäert*(m,-er)*	Nennwert
Neonazi*(m,-en)*	Neonazi
neonazistesch*(adj)*	neonazistisch
Nepotissem*(m,~)*	Nepotismus
Nepotissem*(m,~)*	Vetternwirtschaft
nërdlech*(adj)*	nördlich
Nerv*(m,-en)*	Nerv
nerven*(v)*	nerven
Nervendokter*(m,-en)*	Neurologe
Nervensystem*(m,-er)*	Nervensystem
Nervenzesummebroch*(m,-bréch)*	Nervenzusammenbruch

nervös maachen*(exp)*	nervös machen
nervös man*(exp)*	nervös machen
nervös*(adj)*	aufgeregt
nervös*(adj)*	nervös
Nervositéit*(f,-en)*	Nervosität
nerwekrank*(adj)*	nervenkrank
nerwen*(v)*	nerven
Nerwesee*(f,-ën)*	Nervensäge
nëschelen, sech -*(v)*	anschmiegen, sich -
Nëssert*(m,-en)*	Nussbaum
Nëssheck*(f,-en)*	Haselnussstrauch
Nëssschockela*(m,~)*	Nussschokolade
Nëssueleg*(m,-er)*	Erdnussöl
net bestuet*(adj)*	unverheiratet
net bewunnt*(adj)*	unbewohnt
net dët an net dat*(exp)*	weder dies noch das
net do sinn*(exp)*	abwesend sein
net gegléckt*(adj)*	nicht gelungen
net méi*(adv)*	nicht mehr
net*(adv)*	nicht
netto*(adv)*	netto
Nettoakommes*(n,~)*	Nettoeinkommen
Nettogewiicht*(n,-er)*	Nettogewicht
Nettoloun*(m,-léin)*	Nettolohn
Netz*(n,-er)*	Netz
Netzhaut*(f,-hait)*	Netzhaut
Netzkaart*(f,-en)*	Netzkarte
nëtzlech*(adj)*	nützlich
Nëtzlechkeet*(f,-en)*	Nützlichkeit
Neuros*(f,-en)*	Neurose
neurotesch*(adj)*	neurotisch
Neurotiker*(m,--)*	Neurotiker
neutral*(adj)*	neutral
neutraliséieren*(v)*	neutralisieren
Neutralitéit*(f,~)*	Neutralität
Neveu*(m,-en)*	Neffe
News*(npl)*	Nachrichten
Nëwwi*(m,-en)*	Neffe
ni*(adv)*	nie
nidder*(adv)*	darunter
nidder*(adv)*	hinab
Nidderaanwen*(p)*	Niederanven
nidderbéien*(v)*	niederbiegen
nidderbrennen*(v)*	niederbrennen
Nidderdonwen*(p)*	Niederdonven
nidderdrécken*(v)*	niederdrücken
nidderreg*(adj)*	niedrig
nidderreg*(adj)*	untief
nidderfalen*(v)*	niederfallen
Nidderfeelen*(p)*	Niederfeulen
Nidderglabech*(p)*	Niederglabach
Nidderkäerjeng*(p)*	Bascharage
nidderknéien*(v)*	niederknien
Nidderkolpech*(p)*	Colpach-Bas
nidderkréien*(v)*	niederkriegen
Nidderkuer*(p)*	Niederkorn
Nidderlag*(f,-en)*	Niederlage
nidderlännesch*(adj)*	niederländisch
nidderleeën*(v)*	absetzen
nidderleeën*(v)*	niederlegen
nidderleeën, sech -*(v)*	hinlegen, sich -
nidderloossen*(v)*	abstellen
nidderloossen, sech -*(v)*	niederlassen, sich -
niddermetzelen*(v)*	niedermetzeln
Nidderpallen*(p)*	Niederpallen
Nidderschlag*(m,-schléi)*	Niederschlag
nidderschloen*(v)*	niederschlagen
nidderschloen*(v)*	unterdrücken
nidderschmäissen*(v)*	niederwerfen
nidderschreiwen*(v)*	verfassen
nidderträchteg*(adj)*	hinterlistig
nidderträchteg*(adj)*	niederträchtig
Nidderträchtegkeet*(f,-en)*	Hinterlist
Nidderträchtegkeet*(f,-en)*	Niederträchtigkeit
Nidderwampech*(p)*	Niederwampach
nieft*(pp)*	neben
Nier*(f,-en)*	Niere
nieren*(v)*	ernähren
nieren*(v)*	stillen
Nierenentzündung*(f,-en)*	Nierenentzündung
Nieresteen*(m,-steng)*	Nierenstein
Niess*(f,-en)*	Nichte
niewebäi*(adv)*	daneben
niewebäi*(adv)*	nebenbei
nieweberufflech*(adj)*	nebenberuflich
Niewebeschäftegung*(f,-en)*	Nebenbeschäftigung
Niewefro*(f,-en)*	Nebenfrage
Niewegebai*(n,-er)*	Nebengebäude
Niewegeräisch*(n,-er)*	Hintergrundgeräusch
Niewekäschten*(npl)*	Nebenkosten
Niewekäschten*(npl)*	zusätzliche Ausgaben
Niewel*(m,~)*	Nebel
niewelaanscht schaffen*(exp)*	Nebenbeschäftigung, einer - nachgehen
niewelaanscht*(adv)*	nebenbei
Niewenaarbecht*(f,-en)*	Nebenarbeit
Niewenakommes*(n,~)*	Nebeneinkommen
Niewenausgank*(m,-gäng)*	Nebenausgang
Niewenausgank*(m,-gäng)*	Seitenausgang
niewendrun*(adv)*	nebenan
niewent*(pp)*	neben
niewenteneen*(pr)*	nebeneinander
Nieweproduit*(m,-en)*	Nebenerzeugnis
Nieweraum*(m,-raim)*	Nebenraum
Nieweroll*(f,-en)*	Nebenrolle
Niewesaach*(f,-en)*	Nebensache
Niewesächlechkeet*(f,-en)*	Nebensächlichkeit
Niewesaz*(m,-sätz)*	Nebensatz
Niewestonn*(f,-en)*	außerhalb der Hauptverkehrszeiten
Niewestrooss*(f,-en)*	Nebenstraße
Nieweverdéngscht*(m,-er)*	Nebenverdienst
niichter*(adj)*	nüchtern
Nikleeschen*(m,-kleesercher)*	Sankt Nikolaus
Nilpäerd*(n,--)*	Nilpferd
nimools*(adv)*	niemals
Nitt*(f,-en)*	Niet
nitten*(v)*	vernieten
Niveau*(m,-en)*	Niveau
Niwwel*(m,~)*	Nebel
niwweleg*(adj)*	neblig
niwweléieren*(v)*	nivellieren
no an no*(exp)*	nach und nach
no dem*(pp)*	nach dem
no hannen*(exp)*	nach hinten
no hannen*(exp)*	rückwärts
no lénks*(adv)*	nach links
no riets*(exp)*	nach rechts
no vir*(exp)*	nach vorn
no*(adj)*	nah
no*(adv)*	nach
no*(pp)*	laut
no*(pp)*	nach
no*(pp)*	nahe bei
no*(pp)*	zufolge
noäffen*(v)*	nachäffen
noäiferen*(v)*	nacheifern
nobäi*(adv)*	beinahe
nobäi*(adv)*	Nähe, in der -
nobäi, vun -*(exp)*	Nähe, aus der -
nobel*(adj)*	nobel
Nobelrestaurant*(m,-en)*	Nobelrestaurant
nobesseren*(v)*	nachbessern
nobestellen*(v)*	nachbestellen
nobréngen*(v)*	nachbringen
nobueren*(v)*	nachbohren
nodabberen*(v)*	hinterhertrippeln
nodatéieren*(v)*	nachdatieren
Nodeel*(m,-er)*	Nachteil
nodeems*(cn)*	nachdem
nodenken*(v)*	nachdenken
nodenklech*(adj)*	nachdenklich
nodrécken*(v)*	nachdrucken
nodréiglech*(adj)*	nachträglich
nodroen*(v)*	nachtragen
noeneen*(adv)*	nacheinander
noeneen, - maachen*(exp)*	herrichten
noeneen, - maachen*(exp)*	zubereiten

noeneen, - maachen*(exp)* zurichten, übel -
nofëllen*(v)* auffüllen
nofëllen*(v)* nachfüllen
nofierwen*(v)* nachfärben
Nofro*(f,-en)* Nachfrage
nofroen*(v)* nachfragen
nofueren*(v)* nachfahren
nofuerschen*(v)* nachforschen
nogeheien*(v)* nachwerfen
Nogeschmaach*(m,~)* Nachgeschmack
noginn*(v)* nachgeben
nogoen*(v)* berühren
nogoen*(v)* erschüttern
nogoen*(v)* folgen
nogoen*(v)* nachgehen (Uhr)
nohalen*(v)* nachhaltig wirken
nohalen*(v)* nachtragen
Nohaltegkeet*(f,~)* Nachhaltigkeit
nohëllefen*(v)* nachhelfen
nohëllefen*(v)* Nachhilfe geben
nohuelen*(v)* nachholen
Nojem*(p)* Nagem
nokommen*(v)* folgen können
nokommen*(v)* nachkommen
nokontrolléieren*(v)* nachkontrollieren
nokräischen*(v)* nachweinen
Nokrichszäit*(f,-en)* Nachkriegszeit
Nokucken*(n,~)* Zuschauen
nokucken*(v)* nachschlagen
nokucken*(v)* nachsehen
nokucken*(v)* überprüfen
Nokuckes hunn*(exp)* Nachsehen, das - haben
Nol*(f,-en)* Nadel
Nol*(m,Neel)* Nagel
nolafen*(v)* nachlaufen
nolauschteren*(v)* zuhören
Nolauschterer*(m,--)* Zuhörer
noleeën*(v)* nachlegen
noléisseg*(adj)* nachlässig
Noléissegkeet*(f,-en)* Nachlässigkeit
Nolelach*(n,-lächer)* Nadelöhr
Nolenzwir*(m,-en)* Nähmaschinenfaden
noliesen*(v)* nachlesen
noliwweren*(v)* nachliefern
noloossen*(v)* abflauen
noloossen*(v)* abnehmen
noloossen*(v)* nachlassen
nom, no dem*(pp)* nach dem
nomaachen*(v)* nachahmen
nomaachen*(v)* nachmachen
nomaachen*(v)* wiederholen
noman*(v)* nachahmen
noman*(v)* nachmachen
noman*(v)* wiederholen
Nomëtteg*(m,-er)* Nachmittag
Nomëttegaktivitéit*(f,-en)* Nachmittagsaktivität
nomëttes*(adv)* nachmittags
Nominalwäert*(m,-er)* Nominalwert
Nominatioun*(f,-en)* Nominierung
Nominativ*(m,-er)* Nominativ
nominéieren*(v)* ernennen
nominéieren*(v)* nominieren
Nondikass!*(exp)* verdammt!
noneemaachen*(v)* verprügeln
noneemaachen*(v)* zubereiten
noneemaachen, sech -*(v)* zurechtmachen, sich -
Nonn*(f,-en)* Nonne
Nonnefascht*(m,-fäscht)* Fastnachtskrapfen
nonzeg*(adj)* neunzig
nonzéng*(adj)* neunzehn
Nootst, déi -*(exp)* Nächsten, die -
Nootsten, den -*(exp)* Nächste, der -
Noper*(m,-en)* Nachbar
noperen*(v)* anbiedern, sich -
noperen*(v)* herbeikommen
Noperschaft*(f,-en)* Nachbarschaft
Nopesch*(f,-en)* Nachbarin
Nopeschregioun*(f,-en)* Nachbarregion
noplapperen*(v)* nachplappern
nopréiwen*(v)* nachprüfen
Norden*(m,~)* Norden
Nordpol*(m,-en)* Nordpol
Nordwand*(m,-wänn)* Nordwind
norechnen*(v)* nachrechnen
noréckelen*(v)* nachrücken
norécken*(v)* nachrücken
norennen*(v)* nachlaufen
norëtschen*(v)* nachrutschen
Noriicht*(f,-en)* Neuigkeit
Noriichten*(npl)* Nachrichtensendung
Noriichtenagentur*(f,-en)* Nachrichtenagentur
normal*(adj)* normal
Normalbensin*(m,~)* Normalbenzin
normalerweis*(adv)* normalerweise
Normalfall*(m,-fäll)* Normalfall
Normalgewiicht*(n,-er)* Normalgewicht
Normalisatioun*(f,-en)* Normalisierung
normaliséieren*(v)* normalisieren
Normalitéit*(f,-en)* Normalität
Normalzoustand*(m,-stänn)* Normalzustand
normen*(v)* normieren
Noruff*(m,-riff)* Nachruf
noruffen*(v)* nachrufen
norutschen*(v)* nachrutschen
norwegesch*(adj)* norwegisch
noschécken*(v)* nachsenden
noschëdden*(v)* auffüllen
noschëdden*(v)* nachschütten
noschéissen*(v)* nachschießen
noschleefen*(v)* nachschleppen
noschloen*(v)* nachschlagen
noschlofen*(v)* Schlaf nachholen
noschreiwen*(v)* nachschreiben (Test)
nosichen*(v)* nachsuchen
Nosiichtegkeet*(f,-en)* Kurzsichtigkeit
nosoen*(v)* nachsagen
nosoen, engem eppes -*(exp)* nachsagen, jm etw -
nospionéieren*(v)* nachspionieren
Noss*(f,Nëss)* Nuss
Nossbam*(m,-beem)* Nussbaum
Nosskréck*(f,-en)* Nussknacker
nostellen*(v)* einstellen
nostoen*(v)* nahestehen
nostuerken*(v)* nachstarren
Notär*(m,-en)* Notar
notéieren*(v)* notieren
notifiéieren*(v)* bekanntgeben
Notifikatioun*(f,-en)* Benachrichtigung
Notioun*(f,-en)* Begriff
Notizblock*(m,-bléck)* Notizblock
Notizbuch*(n,-bicher)* Notizbuch
Notizziedel*(m,-en)* Notizzettel
Notoriétéit*(f,-en)* Bekanntheit
notraueren*(v)* nachtrauern
notrëppelen*(v)* nachtreten
Nott*(f,-en)* Note
Notzen*(m,~)* Nutzen
Notzen*(m,~)* Vorteil
notzen*(v)* nutzen
Notznéisser*(m,-en)* Nutznießer
Noumer*(p)* Nommern
Nouspelt*(p)* Nospelt
Nout*(f,~)* Not
Nout*(f,-en)* Musiknote
Nout*(f,-en)* Note
Nout*(f,Néit)* Naht
Nout, eng ganz -*(exp)* Note, eine ganze -
Nout, eng hallef -*(exp)* Note, eine halbe -
Noutausgank*(m,-gäng)* Notausgang
Noutbrems*(f,-en)* Notbremse
noutbremsen*(v)* Notbremse ziehen
Noutdéngscht*(m,-er)* Notdienst
Noutem*(p)* Nothum
Noutepabeier*(m,~)* Notenpapier
Noutfall*(m,-fäll)* Notfall
noutfalls*(adv)* notfalls
Nouthëllef*(f,~)* Erste Hilfe

noutlanden*(v)* notlanden
Noutlandong*(f,-en)* Notlandung
Noutléisung*(f,-en)* Notlösung
Noutligen*(f,--)* fromme Lüge
Noutligen*(f,--)* Notlüge
noutoperéieren*(v)* notoperieren
Noutruffssituatioun*(f,-en)* Notrufsituation
Noutsëtz*(m,-er)* Notsitz
Noutsituatioun*(f,-en)* Notsituation
noutwenneg*(adj)* notwendig
noutwennegerweis*(adv)* notwendigerweise
Noutwennegkeet*(f,-en)* Notwendigkeit
Nouvelle*(f,-n)* Nachricht
Nouvelle*(f,-n)* Neuigkeit
Novell*(f,-en)* Novelle
November*(m,-en)* November
noverifiéieren*(v)* nachprüfen
novollzéien*(v)* nachvollziehen
nowackelen*(v)* hinterherwatscheln
nowäerfen*(v)* hinterherschmeißen
noweisen*(v)* nachweisen
Nowuess*(m,~)* Nachwuchs
nowuessen*(v)* nachwachsen
nozéien*(v)* nachziehen
nozielen*(v)* nachzählen
Nuance*(f,-n)* Nuance
nuancéieren*(v)* nuancieren
Nuddel*(f,-en)* Nudel
Nuddelszalot*(f,-en)* Nudelsalat
Nuebel*(m,-en)* Nabel
Nuebelband*(m,-bänner)* Nabelschnur
Nuebelschnouer*(f,-schnéier)* Nabelschnur
Nuecht*(f,-en)* Nacht
Nuechtegailchen*(f,-gailercher)* Nachtigall
nuechtelaang*(adj)* nächtelang
Nuechtiessen*(n,--)* Abendessen
Nuechtmanescht*(p)* Nachtmanderscheid
Nuef*(f/m,Nuewen)* Nabe
Nues*(f,-en)* Nase
Nuesbeen*(n,--)* Nasenbein
Nuesbludden*(n,~)* Nasenbluten
Nueslach*(f,-lächer)* Nasenloch
Nuesschnappech*(n,-er)* Taschentuch
Nuet*(f,-en)* Nacht
Nuetiessen*(n,--)* Abendessen
nuets*(adv)* nachts
Nuetsaarbecht*(f,-en)* Nachtarbeit
Nuetsaktioun*(f,-en)* Nachtaktion
Nuetsdëppen*(n,--)* Nachttopf
Nuetsdësch*(m,-er)* Nachttisch
Nuetsdëschluucht*(f,-en)* Nachttischlampe
Nuetseil*(f,-en)* Nachtschwärmer
Nuetshiem*(n,-er)* Nachthemd
Nuetsklack*(f,-en)* Angelus
Nuetsläpp*(m,-er)* Nachthemd
Nuetsliewen*(n,~)* Nachtleben
Nuetsportier*(m,-en)* Nachtportier
Nuetsschicht*(f,-en)* Nachtschicht
Nuetswiechter*(m,-en)* Nachtwächter
nujee*(adv)* na gut
nujelen*(v)* kuscheln
nujelen*(v)* nuckeln
nuklear*(adj)* nuklear
Nuklearwaff*(f,-en)* Nuklearwaffe
Null Komma näischt*(exp)* null Komma nichts
null*(dét)* null
Nullitéit*(f,-en)* Nichtigkeit
Nullléisung*(f,-en)* Nulllösung
Nullpunkt*(m,-en)* Nullpunkt
Nulltarif, zum -*(exp)* Nulltarif, zum -
Nullwuesstem*(m,~)* Nullwachstum
Numero*(f,-en)* Nummer
Numerus clausus*(m,-sen)* Numerus clausus
Numm*(m,Nimm)* Name
Nummer*(f,-en)* Nummer
nummeréieren*(v)* nummerieren
nummeréiert*(adj)* nummeriert
Nummerescheif*(f,-scheiwen)* Nummernscheibe
nun*(adv)* jetzt
nun*(adv)* nun
nurelen*(v)* flüstern
nurelen*(v)* murmeln
Nylon*(m,~)* Nylon
Nylonsstrëmp*(f,--)* Nylonstrumpf

O

ob*(cn)* ob
Obduktioun*(f,-en)* Autopsie
Obeler*(p)* Abweiler
Obelisk*(m,-en)* Obelisk
Objektioun*(f,-en)* Einwand
objektiv*(adj)* objektiv
objektivéieren*(v)* objektivieren
Objektivitéit*(f,~)* Objektivität
obleien*(v)* obliegen
Obligatioun*(f,-en)* Obligation
Obligatioun*(f,-en)* Verpflichtung
obligatoresch*(adj)* obligatorisch
obligéieren*(v)* verpflichten
obschonn*(cn)* obwohl
obschonns*(cn)* obwohl
Observatioun*(f,-en)* Beobachtung
Observatiounsmissioun*(f,-en)* Beobachtermission
observéieren*(v)* observieren
obskur*(adj)* obskur
obstinéieren, sech -*(v)* beharren, darauf -
obwuel*(cn)* obwohl
Occasioun*(f,-en)* Gebrauchtwagen
Occasioun*(f,-en)* Gelegenheit
Occasiounswon*(m,-ween)* Gebrauchtwagen
Occupatioun*(f,-en)* Besatzung
occupéieren*(v)* besetzen
och*(adv)* auch
Ochs*(m,-en)* Ochse
Ochsekapp*(m,-käpp)* Ochsenkopf (störrischer Mensch)
Ochseschwanzbritt*(f,-en)* Ochsenschwanzbrühe
Ochseschwanzzopp*(f,-en)* Ochsenschwanzsuppe
Octavesprozessioun*(f,-en)* Muttergottesprozession in Luxemburg
octroyéieren*(v)* bewilligen
oder*(cn)* oder
Oder*(f,-en)* Ader
Oder*(f,-en)* Arterie
Oder*(f,-en)* Vene
Ödipuskomplex*(m,-er)* Ödipuskomplex
Oeillet*(f,-en)* Nelke
of*(adv)* ab
ofänneren*(v)* abändern
ofbäissen*(v)* abbeißen
ofbäissen*(v)* kauen (Nägel)
ofbauen*(v)* abbauen
ofbéien*(v)* abbiegen
ofbestellen*(v)* abbestellen
ofbezuelen*(v)* abbezahlen
ofbiischten*(v)* abbürsten
ofblenden*(v)* abblenden
ofbliederen*(v)* abblättern
ofblocken*(v)* abblocken
ofblosen*(v)* abblasen
ofbotzen*(v)* abtrocknen (Geschirr)
ofbotzen*(v)* abwischen
ofbréckelen*(v)* abbröckeln
ofbremsen*(v)* abbremsen
ofbréngen*(v)* abbringen
ofbréngen*(v)* hinunterbringen
ofbrennen*(v)* abbrennen
ofbrennen*(v)* sengen
ofbriechen*(v)* abbrechen
ofbriechen*(v)* abreißen
Ofbroch*(m,~)* Abbruch
ofchecken*(v)* abchecken
ofdanken*(v)* abdanken
ofdecken*(v)* abdecken

ofdecken*(v)* abtragen
ofdeelen*(v)* unterteilen
ofdichten*(v)* abdichten
ofdinn*(v)* abnehmen (Hut)
ofdoen*(v)* abnehmen (Hut)
ofdréchnen*(v)* abtrocknen
ofdrécken*(v)* abdrucken
ofdrécken*(v)* abdrücken
ofdréien*(v)* abdrehen
ofdréien*(v)* absperren
ofdréinen*(v)* abdrehen (Wasser, Gas)
ofdreiwen*(v)* abtreiben
Ofdreiwung*(f,-en)* Abtreibung
ofdrëpsen*(v)* abtropfen
ofdroen*(v)* abtragen (Kleidung)
ofdroen*(v)* abzahlen (Schuld)
offalen*(v)* abfallen (Blätter)
Offall*(m,~)* Abfall
Offall*(m,~)* Müll
offälleg*(adj)* abfällig
Offallgestioun*(f,~)* Abfallwirtschaft
Offallproduktioun*(f,~)* Abfallproduktion
Offallreduktioun*(f,~)* Abfallreduzierung
offänken*(v)* abfangen
offannen, sech mat eppes -*(exp)* abfinden, sich mit etw -
offéieren*(v)* abführen
offéieren*(v)* hinabführen
offeilen*(v)* abfeilen
offëllen*(v)* abfüllen
offen*(adj)* ehrlich
offen*(adj)* offen (Person)
Offenbarungseed*(m,-en)* Offenbarungseid
Offenheet*(f,~)* Offenheit
Offer*(f,-en)* Angebot
Offerte*(f,-n)* Angebot
offesiichtlech*(adj)* offensichtlich
offiederen*(v)* abfedern
offierwen*(v)* abfärben
Offizéier*(m,--)* Offizier
offléissen*(v)* abfließen
Offline-Versioun*(f,-en)* Offline-Version
Offloss*(m,-flëss)* Abfluss
Offre*(f,-n)* Angebot
offréieren*(v)* anbieten
offriessen*(v)* abfressen
offroen*(v)* abfragen
offuschen*(v)* abpausen
ofgammsen, engem eppes -*(exp)* abbetteln, jm etw -
Ofgank*(m,-gäng)* Abgang
Ofgas*(m,-en)* Abgas
ofgelaf*(adj)* abgelaufen
ofgenotzt*(adj)* abgenutzt
ofgerënnt*(adj)* abgerundet
ofgesinn dovun*(exp)* abgesehen davon
ofgesinn, engem eppes -*(exp)* ansehen, jm etw -
ofgestuerwen*(adj)* abgestorben
ofginn*(v)* abgeben
ofginn, sech mat eppes -*(exp)* beschäftigen, sich mit etw -
ofgoen*(v)* abgehen (Knopf, Farbe)
ofgoen*(v)* hinuntergehen
ofgotzelen, engem eppes -*(exp)* abbetteln, jm etw -
ofgrasen*(v)* abgrasen
ofgrimmelen*(v)* abbröckeln (in Krümeln)
ofhaen*(v)* abhacken
ofhäerden*(v)* abhärten
ofhalen*(v)* zurückbehalten
ofhalen, ee vun eppes -*(exp)* abhalten, jn von etw -
ofhandelen*(v)* abhandeln
ofhängeg*(adj)* abhängig
Ofhängegkeet*(f,-en)* Abhängigkeit
ofhänken*(v)* abhängen
ofhiewen*(v)* abheben
ofhuelen*(v)* abnehmen
ofhuwwelen*(v)* abhobeln
ofkafen*(v)* abkaufen
ofkämmen*(v)* abkämmen
ofkapselen*(v)* öffnen (Flasche)
ofkapselen, sech -*(v)* abkapseln, sich -
ofkéieren, sech -*(v)* abkehren, sich -
ofkierzen*(v)* abkürzen
Ofkierzung*(f,-en)* Abkürzung
ofkillen*(v)* abkühlen
ofklappen*(v)* abklopfen (Staub, Gebiet)
ofklemmen*(v)* abklemmen
ofknäipen*(v)* abschreiben
ofknäipen*(v)* kopieren
ofknallen*(v)* abknallen
ofknäppen*(v)* abknöpfen
ofknécken*(v)* abknicken
ofkommen*(v)* abkommen (Weg, Thema)
ofkommen*(v)* loskommen
Ofkommes*(n,Ofkommen)* Abkommen
Ofkommes*(n,Ofkommen)* Übereinkunft
ofkoppelen*(v)* abkoppeln
ofkrazen*(v)* abkratzen
ofkréien*(v)* abbekommen
ofkucken*(v)* abschauen
ofkucken*(v)* abschreiben
oflafen*(v)* ablaufen
oflauden*(v)* läuten, zum letzten Mal -
oflauschteren*(v)* abhören
oflecken*(v)* ablecken
ofleeden*(v)* ableiten
ofleeën*(v)* ablegen
oflehnen*(v)* ablehnen
ofléisen*(v)* ablösen
oflenken*(v)* ablenken
ofliwweren*(v)* abliefern
oflueden*(v)* abladen
oflutschen*(v)* ablecken
ofmaachen*(v)* abmachen
ofmaachen*(v)* wegmachen (Fleck)
ofmarschéieren*(v)* abmarschieren
ofméien*(v)* abmähen
ofmellen*(v)* absagen
ofmellen, sech -*(v)* abmelden, sich -
ofmolen*(v)* abzeichnen
ofmontéieren*(v)* abbauen
ofmoossen*(v)* abmessen
ofnotzen*(v)* abnutzen
Ofpäifen*(n,~)* Abpfiff
ofplécken*(v)* abpflücken
ofquälen, sech -*(v)* abquälen, sich -
ofrappen*(v)* abreißen
ofrappen*(v)* abtrennen
ofraséieren*(v)* abrasieren
ofraumen*(v)* abräumen
ofrechnen*(v)* abrechnen
ofreiwen*(v)* abreiben
ofreiwen*(v)* abtrocknen
ofrënnen*(v)* abrinnen
ofrënnen*(v)* abrunden
ofrëschten*(v)* abschmücken
Ofrëschtung*(f,~)* Abrüstung
ofrëselen*(v)* abschütteln
ofrigelen*(v)* abriegeln
ofroden*(v)* abraten
ofruckelen*(v)* abluchsen
ofrullen*(v)* abrollen
ofrüsten*(v)* abrüsten
Ofrüstung*(f,-en)* Abrüstung
ofrutschen*(v)* hinunterrutschen
Ofsaz*(m,Ofsätz)* Absatz
ofschafen*(v)* abschaffen
ofschafen*(v)* beseitigen
ofschäffen*(v)* abschöpfen
Ofschafung*(f,~)* Abschaffung
Ofschafung*(f,~)* Aufhebung
ofschalten*(v)* abschalten
ofschätzen*(v)* abschätzen
ofschiermen*(v)* abschirmen
ofschläifen*(v)* abschleifen
ofschlécken*(v)* hinunterschlucken

ofschleefen*(v)*	abschleppen
ofschléissen*(v)*	abschließen
ofschloen*(v)*	abschlagen
ofschluechten*(v)*	abschlachten
ofschmaachen*(v)*	abschmecken
ofschminken*(v)*	abschminken
ofschneiden*(v)*	abschneiden
ofschnëppelen*(v)*	abschnippeln
ofschrecken*(v)*	abschrecken
ofschreiwen*(v)*	abschreiben
ofschruppen*(v)*	abschrubben
ofschwächen*(v)*	abschwächen
ofschwëllen*(v)*	abschwellen
ofschwenken*(v)*	abspülen
ofsécheren*(v)*	absichern
ofseeën*(v)*	absägen
ofseefen*(v)*	abseifen
ofseelen*(v)*	abseilen
ofsetzen*(v)*	absetzen
ofsëtzen*(v)*	absitzen (Strafe)
ofsichen*(v)*	durchsuchen
Ofso*(f,-en)*	Absage
ofsoen*(v)*	absagen
ofspäicheren*(v)*	abspeichern
ofspären*(v)*	absperren
ofspillen*(v)*	abspielen
ofspillen, sech -*(v)*	abspielen, sich -
ofspläiteren*(v)*	absplittern
ofsprangen*(v)*	abspringen
ofspriechen*(v)*	absprechen
ofspullen*(v)*	abspulen
ofstäipen*(v)*	abstützen
ofstamen*(v)*	abstammen
Ofstand*(m,-stänn)*	Abstand
ofstëbsen*(v)*	abstauben
ofstellen*(v)*	abstellen
ofstëmmen*(v)*	abstimmen
Ofstëmmung*(f,-en)*	Abstimmung
ofstempelen*(v)*	abstempeln
ofstierwen*(v)*	absterben
Ofstig, sozialen -*(exp)*	Abstieg, soziale -
ofstompen*(v)*	abstumpfen
ofstoussen*(v)*	abstoßen
ofstreiden*(v)*	abstreiten
ofstreiden*(v)*	leugnen
oft*(adv)*	häufig
oftaaschten*(v)*	abtasten
oftransportéieren*(v)*	abtransportieren
oftrieden*(v)*	abtreten
ofwaarden*(v)*	abwarten
ofwäerten*(v)*	abwerten
ofwäerts*(adv)*	abwärts
Ofwäertung*(f,-en)*	Abwertung
ofwäichen*(v)*	abweichen
ofwandelen*(v)*	abwandeln
ofwäschen*(v)*	abwaschen
ofwéckelen*(v)*	abwickeln
ofweien*(v)*	abwiegen
ofweisen*(v)*	abweisen
ofwénken*(v)*	abwinken
ofwëschen*(v)*	abwischen
ofwielen*(v)*	abwählen
ofwieren*(v)*	abwehren
ofwiergen*(v)*	hinunterwürgen
ofwiesselen*(v)*	abwechseln
Ofwiesselung*(f,-en)*	Abwechslung
ofwimmelen*(v)*	abwimmeln
ofzapen*(v)*	abzapfen
ofzeechnen*(v)*	abzeichnen
ofzeechnen*(v)*	nachzeichnen
ofzéien*(v)*	abhäuten
ofzéien*(v)*	abziehen (Messer)
ofzéien*(v)*	abziehen (Truppen)
ofzéien*(v)*	häuten
ofzéien*(v)*	vervielfältigen
ofzielen*(v)*	abzählen
ofzweigen*(v)*	abzweigen
Ohn*(p)*	Ahn
Ökobauer*(m,-en)*	ökologischer Landwirt
ökologesch*(adj)*	ökologisch
Oktav*(f,-en)*	Oktave
Oktavmount*(m,~)*	Oktave, Monat der - in Luxemburg
Oktober*(m,~)*	Oktober
Oktoberfest*(n,-er)*	Oktoberfest
Oktoberrevolutioun*(f,-en)*	Oktoberrevolution
Oliv*(f,-en)*	Olive
Olivenueleg*(m,-er)*	Olivenöl
Ollem*(p)*	Olm
Olympesch Spiller*(npl)*	Olympische Spiele
Olympiameeschter*(m,-en)*	Olympiasieger
om = op dem*(pp)*	auf
Omelett*(f,-en)*	Omelette
Omes*(f,-sen)*	Ameise
Omes*(f,-sen)*	Eidechse
ominéis*(adj)*	ominös
Omissioun*(f,-en)*	Auslassung
Omissioun*(f,-en)*	Weglassung
Omnibus*(m,-sen)*	Omnibus
onanéieren*(v)*	onanieren
Onannehmlechkeet*(f,-en)*	Unannehmlichkeit
onanstänneg*(adj)*	unanständig
Onanstännegkeet*(f,-en)*	Unanständigkeit
onappetitlech*(adj)*	unappetitlich
onästhetesch*(adj)*	unästhetisch
onbaarmhäerzeg*(adj)*	unbarmherzig
onbedéngt*(adv)*	unbedingt
onbegräiflech*(adj)*	unbegreiflich
onbehollef*(adj)*	unbeholfen
onbekannt*(adj)*	unbekannt
onbekëmmert*(adj)*	unbekümmert
onbeléift*(adj)*	unbeliebt
onbequeem*(adj)*	unbequem
onbeschwéiert*(adj)*	unbeschwert
onbestänneg*(adj)*	unbeständig
onbestëmmt*(adj)*	unbestimmt
onbestiechlech*(adj)*	unbestechlich
onbesuergt*(adj)*	unbesorgt
onbetount*(adj)*	unbetont
onbewosst*(adj)*	unbewusst
onbewunnbar*(adj)*	unbewohnbar
onbrauchbar*(adj)*	unbrauchbar
ondäitlech*(adj)*	undeutlich
ondäitlech*(adj)*	unscharf
ondankbar*(adj)*	undankbar
Ondankbarkeet*(f,-en)*	Undankbarkeit
ondenkbar*(adj)*	undenkbar
ondugen*(adj)*	ungezogen
oneeneg*(adj)*	uneinig
Oneenegkeet*(f,-en)*	Uneinigkeit
oneens*(adv)*	uneins
Onéier*(f,-en)*	Unehre
onéierlech*(adj)*	unehrlich
Onéierlechkeet*(f,-en)*	Unehrlichkeit
onëmgänglech*(adj)*	unumgänglich
onendlech*(adj)*	unendlich
Onendlechkeet*(f,-en)*	Unendlichkeit
onënnerbrach*(adj)*	ununterbrochen
onentschëllegt*(adj)*	unentschuldigt
onentschloss*(adj)*	unentschlossen
onerfëllt*(adj)*	unerfüllt
onerfreelech*(adj)*	unerfreulich
onerfuer*(adj)*	unerfahren
onerhéiert*(adj)*	unerhört
onerkannt*(adj)*	unerkannt
onerlaabt*(adj)*	unerlaubt
onermiesslech*(adj)*	unermesslich
onerreecht*(adj)*	unerreicht
onerwaart*(adj)*	unerwartet
onerwënscht*(adj)*	unerwünscht
onfäeg*(adj)*	unfähig
Onfäegkeet*(f,-en)*	Unvermögen
onfair*(adj)*	unfair
Onfall*(m,-fäll)*	Unfall
Onfallversécherung*(f,-en)*	Unfallversicherung
onfräiwëlleg*(adj)*	unfreiwillig
onfrëndlech*(adj)*	unfreundlich
onfruchtbar*(adj)*	unfruchtbar
ongär*(adv)*	ungern

ongebilt*(adj)* ungebildet
ongebuer*(adj)* ungeboren
ongedeckt*(adj)* ungedeckt (Scheck)
ongedëlleg*(adj)* ungeduldig
Ongedold*(f,~)* Ungeduld
ongeféier*(adv)* annähernd
ongeféier*(adv)* etwa
ongeféier*(adv)* ungefähr
ongehéiereg*(adj)* unanständig
ongehéiereg*(adj)* ungehörig
ongeheierlech*(adj)* ungeheuerlich
ongehuwwelt*(adj)* ungehobelt
ongeléiert*(adj)* ungelernt
ongëlteg*(adj)* ungültig
ongelunn*(adj)* ungelogen
ongemälleg*(adj)* unbehaglich
ongemälleg*(adj)* unbequem
ongemeng*(adj)* unhöflich
ongemiddelt*(adj)* grob (Person)
ongemiddelt*(adj)* unförmig
Ongenauegkeet*(f,-en)* Ungenauigkeit
ongenee*(adj)* ungenau
ongenéiert*(adj)* unverschämt
ongenéissbar*(adj)* ungenießbar
ongënschteg*(adj)* ungünstig
ongerecht*(adj)* ungerecht
Ongerechtegkeet*(f,-en)* Ungerechtigkeit
Ongerechtheet*(f,-en)* Ungerechtigkeit
ongereimt*(adj)* ungereimt
Ongereimtheet*(f,-en)* Ungereimtheit
ongeroden*(adv)* äußerst
Ongeschéckerlechkeet*(f,-en)* Ungeschicktheit
ongeschécklech*(adj)* ungeschickt
Ongeschécklechkeet*(f,-en)* Ungeschicktheit
ongeschéckt*(adj)* ungeschickt
ongeschménkt*(adj)* ungeschminkt
ongeschützt*(adj)* ungeschützt
ongesetzlech*(adj)* ungesetzlich
ongesond*(adj)* ungesund
ongewéinlech*(adj)* ungewöhnlich
ongewëss*(adj)* ungewiss
ongewëss*(adj)* unsicher
Ongewëssheet*(f,-en)* Ungewissheit
ongewinnt*(adj)* ungewöhnlich
ongewinnt*(adj)* ungewohnt
ongewollt*(adj)* ungewollt
ongezillt*(adj)* unerzogen
Ongeziwwer*(n,~)* Schädlinge
Ongeziwwer*(n,~)* Ungeziefer
ongezunn*(adj)* unartig
ongezunn*(adj)* unerzogen
ongezwongen*(adj)* ungezwungen
Onglaf*(m,~)* Unglaube

Ongläich dinn*(exp)* Unrecht tun
ongläich*(adj)* ungleich
ongläich*(adj)* verschieden
Ongläichheet*(f,-en)* Ungleichheit
ongläichméisseg*(adj)* ungleichmäßig
Ongléck*(n,-er)* Missgeschick
Ongléck*(n,-er)* Unfall
Ongléck*(n,-er)* Unglück
onglécklech*(adj)* ungeschickt
onglécklech*(adj)* unglücklich
onglécklecherweis*(adv)* unglücklicherweise
Ongléck sfall*(m,-fäll)* Unfall
ongleeflech*(adj)* unglaublich
ongleeweg*(adj)* ungläubig
ongneedeg*(adj)* ungnädig
Ongnod*(f,~)* Ungnade
Ongnod, an - falen*(exp)* Ungnade, in - fallen
ongrued*(adj)* krumm
ongrued*(adj)* ungerade
onhalbar*(adj)* unhaltbar
onheelbar*(adj)* unheilbar
onheemlech*(adj)* unheimlich
onheemlech*(adv)* unheimlich
onhéiflech*(adj)* unhöflich
Onhéiflechkeet*(f,-en)* Unhöflichkeit
onhygienesch*(adj)* unhygienisch
oninteressant*(adj)* uninteressant
oniwwerluecht*(adj)* unüberlegt
oniwwersiichtlech*(adj)* unübersichtlich
onkammoud*(adj)* lästig
onkammoud*(adj)* unbequem
Onkammoudheet*(f,-en)* Unbequemlichkeit
Onkekaul*(f,-en)* Tümpel
Onkekaul*(scherzh)(f,-en)* feuchte Wohnung
Onkelach*(n,-lächer)* Tümpel
Onkelach*(scherzh)(n,-lächer)* feuchte Wohnung
onken*(v)* schwarzsehen
Onkenntlechkeet*(f,~)* Unkenntlichkeit
onkloer*(adj)* unklar
Onkloerheet*(f,-en)* Unklarheit
onkomplizéiert*(adj)* unkompliziert
onkontrolléierbar*(adj)* unkontrollierbar
onkontrolléiert*(adj)* unkontrolliert
onkonventionell*(adj)* unkonventionell
onkonzentréiert*(adj)* unkonzentriert
Onkraut*(n,~)* Unkraut
onkritesch*(adj)* unkritisch
onlieserlech*(adj)* unlesbar
onlieserlech*(adj)* unleserlich
Online-Versioun*(f,-en)* Onlineversion
onlogesch*(adj)* unlogisch
onmanéierlech*(adj)* grob
onmanéierlech*(adj)* unmanierlich

Onmass*(f,-en)* Unmenge
onméiglech*(adj)* unmöglich
Onméiglechkeet*(f,-en)* Unmöglichkeit
onmënschlech*(adj)* unmenschlich
onmëssverständlech*(adj)* unmissverständlich
onmiessbar*(adj)* unmessbar
onmoralesch*(adj)* unmoralisch
onmotivéiert*(adj)* ungerechtfertigt
onmotivéiert*(adj)* unmotiviert
onmusikalesch*(adj)* unmusikalisch
onnatierlech*(adj)* unnatürlich
onnéideg*(adj)* unnötig
onnëtz*(adj)* unnütz
onnëtzerweis*(adv)* unnötigerweise
onnormal*(adj)* anormal
onofhängeg*(adj)* unabhängig
Onofhängegkeet*(f,-en)* Unabhängigkeit
onopmierksam*(adj)* unaufmerksam
onorganesch*(adj)* unorganisch
onparteiesch*(adj)* unparteiisch
onperséinlech*(adj)* unpersönlich
onpolitesch*(adj)* unpolitisch
onpopulär*(adj)* unbeliebt
onpraktesch*(adj)* unpraktisch
onproblematesch*(adj)* unproblematisch
onrecht*(adj)* unrecht
onregelméisseg*(adj)* unregelmäßig
Onregelméissegkeet*(f,-en)* Unregelmäßigkeit
onrentabel*(adj)* unrentabel
Onrou*(f,-en)* Aufruhr
Onrou*(f,-en)* Unruh (Uhr)
Onrou*(f,-en)* Unruhe
onroueg*(adj)* unruhig
Onrouen*(npl)* Unruhen
Onrouen, sozial -*(exp)* Unruhen, soziale -
ons-, äis-, eis-*(dét)* unser
ons, äis, eis*(pr)* uns
onsandels*(adj)* Sinnen, von -
onschaarf*(adj)* unscharf
onschätzbar*(adj)* unschätzbar
onschéin*(adj)* unschön
onschëlleg*(adj)* unschuldig
onschiedlech*(adj)* unschädlich
Onschiedlechkeet*(f,-en)* Unschädlichkeit
Onschold*(f,~)* Schuldlosigkeit
Onschold*(f,~)* Unschuld
onsécher*(adj)* unsicher
Onsécherheet*(f,-en)* Unsicherheit
Onsécherheetsfacteur*(m,-en)* Unsicherheitsfaktor
onsereen*(pr)* unsereiner
onsereen*(pr)* unsereins
onseriéis*(adv)* unseriös

onsichtbar(adj) unsichtbar
onsozial(adj) unsozial
onsportlech(adj) unsportlich
Onstabilitéit(f,-en) Instabilität
Onstëmmegkeet(f,-en) Unstimmigkeit
Onstëmmegkeeten(npl) Streitigkeiten
onsympathesch(adj) unsympathisch
ontrei(adj) untreu
Ontreiheet(f,~) Misstrauen
Onuechtsamkeet(f,-en) Unachtsamkeit
Onuerdnung(f,~) Unordnung
onverantworlech(adj) unverantwortlich
onverbesserlech(adj) unverbesserlich
onverdaulech(adj) unverdaulich
onverdéngt(adj) unverdient
onverduerwen(adj) unverdorben
onverfälscht(adj) unverfälscht
onvergiesslech(adj) unvergesslich
onverhofft(adj) unerwartet
onverhofft(adj) unverhofft
onverletzt(adj) unverletzt
onverschimt(adj) unverschämt
Onverschimtheet(f,-en) Unverschämtheit
onversins(adv) unerwartet
onversins(adv) unversehens
Onverstand(m,~) Unverstand
onverwiesselbar(adj) unverwechselbar
onverwüstlech(adj) unverwüstlich
onverzeilech(adj) unverzeihlich
onvirsiichteg(adj) unvorsichtig
Onvirsiichtegkeet(f,-en) Unvorsichtigkeit
onvollkommen(adj) unvollkommen
onweigerlech(adj) unweigerlich
Onwëssenheet(f,-en) Unwissenheit
onwierdeg(adj) unwürdig
onwierksam(adj) unwirksam
onwiertschaftlech(adj) unwirtschaftlich
onwiesentlech(adj) unwesentlich
onzefridden(adj) unzufrieden
Onzefriddenheet(f,-en) Unzufriedenheit
onzerbriechlech(adj) unzerbrechlich
onzertrennlech(adj) unzertrennlich
onzourechnungsfäeg(adj) unzurechnungsfähig
Onzourechnungsfäegkeet(f,-en) Unzurechnungsfähigkeit
onzouverléisseg(adj) unzuverlässig
ootmen(v) atmen
Ootmung(f,~) Atmung
Op de Leekollen(Uewermaartelengj)(p) Martelange-Haut
op dem(pp) auf dem
op dem, um, om(pp) auf dem
op eemol(exp) auf einmal
op eemol(exp) plötzlich
op sinn(exp) auf sein
op sinn(exp) offen sein
op sinn(exp) wach sein
op(adj) offen
op(adv) auf
op(pp) auf
opbaggeren(v) aufbaggern
opbaschten(v) aufplatzen
opbauen(v) aufbauen
opbauen(v) wiederaufbauen
opbleiwen(v) aufbleiben (abends nicht schlafen gehen)
opblosen(v) aufblasen
opblosen, sech -(v) aufblasen, sich -
opbotzen(v) aufwischen
opbrauchen(v) aufbrauchen
opbrauchen(v) verbrauchen
opbréngen(v) aufbringen
opbriechen(v) aufbrechen
opbrommen(v) aufbrummen
opbruecht(adj) aufgebracht
opbrummen(v) aufbrummen
opbueren(v) aufbohren
opdauchen(v) auftauchen
opdauchen(v) erscheinen
opdecken(v) aufdecken
opdeelen(v) aufteilen
opdëschen(v) auftischen
opdinn(v) aufsetzen (Hut)
opdoen(v) aufsetzen (Hut)
Opdrag(m,Opträg) Auftrag
opdrängen(v) aufdrängen
opdränglech(adj) aufdringlich
opdréien(v) aufdrehen
opdréien(v) aufziehen (Uhr)
opdréinen(v) aufdrehen
opdréinen(v) aufziehen (Uhr)
opdreiwen(v) aufscheuchen (Wild)
opdreiwen(v) auftreiben
opdrénglech(adj) aufdringlich
openeefachen(v) losschlagen, aufeinander -
openeentässelen(v) aufeinanderstapeln
Openthalt(m,~) Aufenthalt
Openthalt(m,~) Bleibe
Openthalt(p) Openthalt
Oper(f,-en) Oper
Operatioun(f,-en) Operation
Operatiounssall(m,-säll) Operationssaal
operéieren(v) operieren
Operett(f,-en) Operette
operleeën(v) auferlegen
operluecht(adj) offenkundig
Opernsänger(m,--) Opernsänger
operstoen(v) auferstehen
opfaassen(v) auffassen
opfaassen(v) interpretieren
Opfaassung(f,-en) Meinung
opfalen(v) auffallen
opfälleg(adj) auffällig
opfänken(v) abwehren (Schlag)
opfänken(v) auffangen (Ball)
opfänken(v) sammeln (Regenwasser)
opféieren(v) aufführen
Opféierung(f,-en) Aufführung
opfëllen(v) auffüllen
opferen(v) opfern
opfidderen(v) auffüttern
opfidderen(v) mästen
opfléien(v) auffliegen
opfrëschen(v) auffrischen (Kenntnisse)
opfrëschen(v) erneuern (Anstrich)
opfrëschen(v) frisch machen
opfriessen(v) auffressen
opfroen(v) abfragen
opfuerderen(v) auffordern
opfuerderen(v) herausfordern
opfueren(v) aufschrecken
opgäilen(v) aufgeilen
opgedonnert(adj) aufgedonnert
opgelaf sinn(exp) angeschwollen sein
opgepasst(adj) Achtung!
opgereegt(adj) aufgeregt
opgereegt(adj) erregt
opgeschloss(adj) aufgeschlossen
opginn(v) aufgeben
opginn(v) verzichten
opgoen(v) aufgehen (Sonne)
opgoen(v) aufgehen (Teig)
opgoen(v) öffnen, sich -
opgräifen(v) aufgreifen
opgruewen(v) aufgraben
ophalen(v) aufhören
ophalen(v) enden
ophalen(v) halten, offen -
ophalen, sech -(v) aufhalten, sich -
ophänken(v) aufhängen
ophänken(v) hängen
ophänken, engem eng -(exp) aufbinden, jm einen Bären -
ophéieren(v) abhören
ophéieren(v) aufhören
ophëllefen(v) aufhelfen
ophiewen(v) aufheben
ophiewen(v) aufheben (Versammlung, Vereinbarung)

ophiewen *(v)* aufsammeln
ophuelen *(v)* auffassen
ophuelen *(v)* aufholen (Zeit)
ophuelen *(v)* aufnehmen (Foto)
ophuelen *(v)* aufnehmen (Gäste)
ophuelen *(v)* aufnehmen (Ton, Film)
ophunn *(v)* aufhaben (Hut)
ophunn *(v)* geöffnet sein/haben (Geschäft)
opiessen *(v)* aufessen
opjoen *(v)* aufscheuchen (Wild)
opkafen *(v)* aufkaufen
opkéipen *(v)* aufhäufen
opklammen *(v)* hinaufklettern
opklammen *(v)* hinaufsteigen
opklären *(v)* aufklären
opkliewen *(v)* aufkleben
opknäppen *(v)* aufknöpfen
opkommen *(v)* aufkommen
opkommen *(v)* Verbreitung finden
opkommen, fir een - *(exp)* aufkommen, für jn -
opkommen, géint eppes - *(exp)* ankommen, gegen etw -
opkréien *(v)* aufkriegen
oplackeren *(v)* auflockern
oplafen *(v)* blähen
oplammelen *(v)* aufgabeln
oplaueren *(v)* auflauern
opleien *(v)* aufliegen
opleien *(v)* offen liegen
opléisen *(v)* auflösen
Opléisung *(f,-en)* Auflösung
oplëschten *(v)* auflisten
opliewen *(v)* aufleben
Oplo *(f,-en)* Auflage
oplockeren *(v)* auflockern
oploossen *(v)* offen lassen
oplueden *(v)* aufladen
opmaachen *(v)* öffnen
Opmaachung *(f,-en)* Aufmachung
opmaen *(v)* eröffnen (Geschäft)
opmierksam *(adj)* aufmerksam
Opmierksamkeet *(f,-en)* Aufmerksamkeit
opmonteren *(v)* aufmuntern
opmoossen *(v)* abmessen
opneelen *(v)* aufnageln
opootmen *(v)* aufatmen
oppäppelen *(v)* aufpäppeln
oppassen *(v)* aufmerksam sein
oppassen *(v)* aufpassen
Oppassert *(m,-en)* Aufseher
oppechen *(v)* aufkleben
oppen *(adj)* offen
Oppenheet *(f,-en)* Offenheit
oppeppelen *(v)* aufpäppeln
oppléischteren *(v)* quacksalbern
opplouen *(v)* aufpflügen
oppompelen *(v)* aufpumpen
Opportunist *(m,-en)* Opportunist
Opportunitéit *(f,-en)* Zweckmäßigkeit
opposéieren *(v)* ablehnen
opposéieren *(v)* entgegensetzen
oppositionell *(adj)* oppositionell
Oppositioun *(f,-en)* Opposition
Oppressioun *(f,-en)* Unterdrückung
oprafen *(v)* aufheben
opräissen *(v)* aufreißen
oprappen *(v)* aufreißen
opraumen *(v)* aufräumen
oprechterhalen *(v)* aufrechterhalten
opreegen *(v)* aufregen
opreegen *(v)* nerven
Opreegung *(f,-en)* Aufregung
Opreegung *(f,-en)* Erregung
Opreegung *(f,-en)* Unruhe
oprënnen *(v)* abrunden (Kante)
oprëschten *(v)* schmücken
oprichteg *(adj)* aufrichtig
Opriichtegkeet *(f,~)* Aufrichtigkeit
opriichten *(v)* aufrichten
opriichten *(v)* errichten
Oprouer *(f,-en)* Aufruhr
opruffen *(v)* aufrufen
opruffen *(v)* wecken
oprullen *(v)* aufrollen
Oprüstung *(f,-en)* Aufrüstung
opsaugen *(v)* aufsaugen
opschaffen *(v)* aufarbeiten
opschëdden *(v)* auffüllen
opschëdden *(v)* nachfüllen
Opschlag *(m,-schléi)* Aufschlag (Tennis)
opschnapen *(v)* aufschnappen
opschneiden *(v)* aufschneiden
opschreiwen *(v)* aufschreiben
opschuppen *(v)* aufschieben
Opschwong *(m,~)* Aufschwung
Opschwong *(m,~)* Boom
opseeën *(v)* aufsägen
Opsiicht *(f,~)* Aufsicht
Opsiichtsrot *(m,-réit)* Aufsichtsrat
Opsoen *(n,~)* Aufsagen
opsoen *(v)* kündigen (Vertrag)
opsoen *(v)* rezitieren
opspäicheren *(v)* aufspeichern
opspären *(v)* aufsperren
opspéngelen *(v)* anstecken
opsplécken *(v)* aufspalten
opsprangen *(v)* aufbrechen
opsprangen *(v)* aufplatzen
opsprangen *(v)* aufspringen
opstacken *(v)* aufsetzen, ein Stockwerk -
Opstand *(m,-stänn)* Aufstand
opstellen *(v)* aufstellen
opstëppelen *(v)* aufstacheln
opstëppelen *(v)* aufwiegeln
Opstig *(m,~)* Aufstieg
opstocken *(v)* aufstocken
opstoen *(v)* aufstehen
opstoppen *(v)* ausstopfen
opstoussen *(v)* aufstoßen
opstrecken *(v)* aufbügeln
opsuckelen *(v)* aufsaugen (Löschpapier)
optanken *(v)* auftanken
optauchen *(v)* auftauchen
optéieren *(v)* entscheiden
optéieren *(v)* optieren
optesch *(adj)* optisch
optiermen *(v)* auftürmen
Optiker *(m,--)* Optiker
optimal *(adj)* optimal
optimiséieren *(v)* optimieren
Optimissem *(m,~)* Optimismus
optimistesch *(adj)* optimistisch
Optioun *(f,-en)* Option
Optrag *(m,-träg)* Auftrag
opträdden *(v)* auftreten
Opträtt *(m,-er)* Auftritt
optrieden *(v)* auftreten
opwaarden *(v)* aufwarten
opwäerfen *(v)* anlegen (Graben)
opwäerfen *(v)* aufwerfen (Frage)
opwäerten *(v)* aufwerten
opwéckelen *(v)* aufwickeln
opweechen *(v)* einweichen (Wäsche)
opweisen *(v)* aufweisen
opweisen *(v)* vorweisen
Opweises, eppes - hunn *(exp)* Leistung, eine - erbracht haben
opwëschen *(v)* aufwischen
opwiermen *(v)* aufwärmen
opwuessen *(v)* aufwachsen
opwullen *(v)* aufwühlen
opzeechnen *(v)* aufzeichnen
Opzeechnung *(f,-en)* Aufzeichnung
opzéien *(v)* aufziehen (Uhr)
opzielen *(v)* aufzählen
opzillen *(v)* aufziehen
opzillen *(v)* großziehen
opzwangen *(v)* aufzwingen
opzwéngen *(v)* aufzwingen

Orakel_(n,-en)_ Orakel
orange_(adj)_ orange
Orange_(f,-n)_ Apfelsine
Orangëjus_(m,-en)_ Orangensaft
Orang-Utan_(m,-en)_ Orang-Utan
Oratorium_(n,-[m]en)_ Oratorium
Orchester_(m,-en)_ Orchester
orchestréieren_(v)_ instrumentieren
orchestréieren_(v)_ orchestrieren
Orchidee_(f,-ën)_ Orchidee
Ordinalzuel_(f,-en)_ Ordinalzahl
ordinär_(adj)_ gemein
ordinär_(adj)_ vulgär
ordonnéieren_(v)_ anweisen
ordonnéieren_(v)_ verordnen
Organ_(n,-er)_ Organ
organesch_(adj)_ organisch
Organisateur_(m,-en)_ Veranstalter
Organisatioun_(f,-en)_ Organisation
organisatoresch_(adj)_ organisatorisch
organiséieren_(v)_ organisieren
Organismus_(m,-men)_ Organismus
Organist_(m,-en)_ Organist
Organspender_(m,--)_ Organspender
Orgasmus_(m,-men)_ Orgasmus
orientalesch_(adj)_ orientalisch
Orientatioun_(f,-en)_ Orientierung
orientéieren_(v)_ orientieren
Orientéierungshëllef_(f,-en)_ Orientierungshilfe
Orientéierungslosegkeet_(f,~)_ Orientierungslosigkeit
Orientteppech_(m,-er)_ Orientteppich
Original_(n,-er)_ Original
originalgetrei_(adj)_ originalgetreu
Originalitéit_(f,~)_ Originalität
Originalopnam_(f,-en)_ Originalaufnahme
Originaltext_(m,-er)_ Originaltext
Originalverpackung_(f,-en)_ Originalverpackung
Origine_(f,Originnen)_ Herkunft
originell_(adj)_ originell
Ornament_(n,-er)_ Ornament
orthodox_(adj)_ orthodox
Orthographie_(f,~)_ Rechtschreibung
Orthographie_(f,~n)_ Orthographie
orthopädesch_(adj)_ orthopädisch
Osper_(p)_ Ospern
Osten_(m,~)_ Osten
Ostregioun_(f,-en)_ Ostregion
Otem_(m,~)_ Atem
otemen_(v)_ atmen
Otempaus_(f,-en)_ Atempause
Ouer_(n,-en)_ Ohr
Ouerenentzündung_(f,-en)_ Mittelohrentzündung
Ouereschlëffer_(m,--)_ Ohrwurm
Ouereschmalz_(m,~)_ Ohrenschmalz
Ouerläppchen_(n,-läppercher)_ Ohrläppchen
Ouerrank_(m,-réng)_ Ohrring
Ouerréng_(npl)_ Ohrringe
Ouljen_(p)_ Olingen
ouni ee Wak_(exp)_ ohne einen Heller
ouni Feel_(exp)_ ohne Fehl
ouni Goût_(exp)_ fade
ouni Matleed_(exp)_ unbarmherzig
ouni Stëmm_(exp)_ stimmlos
ouni_(pp)_ ohne
ounideems_(adv)_ ohnedies
ouns_(pp)_ ohne
ounst_(pp)_ ohne
Ouschteree_(n,-ër)_ Osterei
Ouschteren_(npl)_ Ostern
Ouschterhues_(m,-en)_ Osterhase
Ouschterlämmchen_(n,-lämmercher)_ Osterlamm
Outfit_(m,-ten)_ Outfit
Output_(m,~)_ Output
Outsider_(m,-en)_ Außenseiter
Ouverture_(f,-n)_ Eröffnung
oval_(adj)_ oval
Ovatioun_(f,-en)_ Ovation
Overheadprojekter_(m,-en)_ Overheadprojektor
Overheadprojekter_(m,-en)_ Tageslichtprojektor
Owend ginn_(exp)_ dämmern
Owend_(m,Owenter)_ Abend
Owendiessen_(n,--)_ Abendessen
owends_(adv)_ abends
owens_(adv)_ abends
ower_(cn)_ aber
owes_(adv)_ abends
owes_(adv)_ am Abend
Owescours_(m,-en)_ Abendkurs
Owesiessen_(n,--)_ Abendessen
Owesprogramm_(m,-er)_ Abendprogramm
Owesstär_(m,-en)_ Abendstern
oxydéieren_(v)_ oxidieren
oxygenéieren_(v)_ Sauerstoff, mit - behandeln
Ozean_(m,-en)_ Ozean
Ozon_(m,~)_ Ozon
Ozonlach_(n,-lächer)_ Ozonloch
Ozonschicht_(f,-en)_ Ozonschicht

P

P.D.G._(Président-directeur général)_ Generaldirektor
Paangech_(m,-er)_ Pfannkuchen
Paart vun der Stad_(exp)_ Stadttor
Paart_(f,-en)_ Pforte
Paart_(f,-en)_ Tor
Paart_(f,-en)_ Toreinfahrt
Pabeier_(m,~)_ Papier
Pabeieren_(npl)_ Papiere (Ausweis)
Pabeieren_(npl)_ Papiere (Unterlagen)
Pabeierkrich_(m,~)_ Papierkrieg
Pabeierkuerf_(m,-kierf)_ Papierkorb
Pabeiersbecher_(m,-en)_ Plastikbecher
Pabeiersnuesschnappech_(n,-er)_ Papiertaschentuch
Pabeierstut_(f,-en)_ Papiertüte
Pabeierszerwéit_(f,-en)_ Papierserviette
Pacht_(f,-en)_ Pacht
Pacht_(m,-en)_ Pacht
pachten_(v)_ pachten
Pächter_(m,--)_ Pächter
Päckelchen_(m,Päckelcher)_ Päckchen
packen_(v)_ aushalten
packen_(v)_ bestehen (Prüfung)
packen_(v)_ schaffen
packen_(v)_ tragen können (Gewicht)
packen, ee -_(exp)_ kleinkriegen, jn -
packen, eppes net -_(exp)_ schaffen, nicht -
packen, sech -_(v)_ zurückhalten, sich -
päckweis_(adv)_ paketweise
Pad_(m,Pied)_ Pfad
Pädagog_(m,-en)_ Pädagoge
pädagogesch_(adj)_ pädagogisch
Pädagogik_(f,~)_ Pädagogik
Paddel_(f,-en)_ Paddel
Paddelboot_(n,-booter)_ Paddelboot
Paddelbot_(n,-boter)_ Paddelboot
paddelen_(v)_ paddeln
paddelen_(v)_ rudern
Päerd_(n,--)_ Pferd
Päerdsbier_(n,~)_ Brombeere
Päerdscourse_(f,-courssen)_ Pferderennen
Päerdsfleesch_(n,~)_ Pferdefleisch
Päerdskrécher_(m,-en)_ Käfer
Päerdskriwweler_(m,-en)_ Käfer
Päerdsschwanz_(m,-schwänz)_ Pferdeschwanz
Päerdsstall_(m,-ställ)_ Pferdestall
Päerdssuedel_(m,-en)_ Pferdesattel
Paf_(m,-en)_ Pfaffe)
Pafemillen_(p)_ Cinqfontaines
Pafendall_(p)_ Pfaffenthal
paff_(adj)_ erstaunt
paff_(adj)_ verblüfft
paff_(adj)_ verdutzt
paffen_(v)_ paffen
paginéieren_(v)_ nummerieren
Pai_(f,-en)_ Gehalt

Pai*(f,-en)* Lohn
Pai*(f,-en)* Verdienst
Päif*(f,-en)* Pfeife
päifen*(v)* pfeifen
Paillasson*(m,-en)* Fußmatte
Paillette*(f,-n)* Paillette
Paillette*(f,-n)* Plättchen
Päinetsch*(m,~)* Spinat
Päiperlek*(m,-en)* Schmetterling
Päiperlekskollektioun*(f,-en)* Schmetterlingssammlung
Päischten*(npl)* Pfingsten
Päischtmount*(m,-méint)* Pfingstmonat
Päischtrous*(f,-en)* Pfingstrose
Pak*(m,~)* Pack
Pak*(m,Päck)* Packung
Pak*(m,Päck)* Paket
paken*(v)* einpacken
paken*(v)* packen (Koffer)
paken*(v)* zusammenpacken
paktéieren*(v)* paktieren
Palais*(m,-en)* Palast
Palästinenser*(m,--)* Palästinenser
palaveren*(v)* palavern
Palette*(f,-n)* Palette
Palier*(m,-en)* Treppenabsatz
Pällem*(m,~)* Buchsbaum
Pällem*(m,~)* Buchsbaumzweig
Pällemsonndeg*(m,-er)* Palmsonntag
Palliativstatioun*(f,-en)* Palliativstation
Paltong*(m,-en)* Jackett
Paltong*(m,-en)* Sakko
Paltongszéier*(m,--)* Schleimer
Paltongszéierei*(f,-en)* Speichelleckerei
Pampelmousse*(f,-n)* Grapefruit
Pan*(f,-en)* Pfanne
Panaché*(m,-en)* Alsterwasser
Panaché*(m,-en)* Bier, gespritztes -
Panaché*(m,-en)* Radler
panachéieren*(v)* mischen
Pand*(m,Pänn)* Pfand
Panda*(m,-en)* Panda
Panech*(m,-er)* Pfannkuchen
panéieren*(v* panieren
Panéiermiel*(n,-er)* Paniermehl
Panestäerchen*(m,-stärercher)* Bachstelze
Panewippchen*(m,-wippercher)* Bachstelze
Pangkech*(m,-er)* Pfannkuchen
Panik*(f,-en)* Panik
panikéieren*(v)* durchdrehen
panikéieren*(v)* Panik, in - geraten
Panikmaacherei*(f,-en)* Panikmacherei
Pankech*(m,-er)* Pfannkuchen
Pankreas*(m,~)* Bauchspeicheldrüse
Pann*(f,-en)* Panne
panneautéieren*(v)* aushängen
panneautéieren*(v)* bekanntmachen
panneautéieren*(v)* Wände (Holz, Metall) aufstellen
panschen*(v)* panschen
Pantomim*(f,-en)* Pantomime
Panz*(pej)(f,Pänz)* Wampe
Panzer*(m,-en)* Panzer
Panzerdivisioun*(f,-en)* Panzerdivision
Panzerglas*(n,~)* Panzerglas
Panzerwon*(m,-ween)* Panzerfahrzeug
Pap*(m,~)* Kleister
Pap*(m,~)* Tapetenkleister
Papagei*(m,-en)* Papagei
papeg*(adj)* fade (Essen)
papeg*(adj)* klebrig
papeg*(adj)* schmierig (Mensch)
papen*(v)* kleben
papen*(v)* kleistern
Papp*(m,-en/Päpp)* Vater
päppelen*(v)* füttern (mit dem Löffel)
Pappendag*(m,-deeg)* Vatertag
Paprika*(m,-en)* Paprika
Par*(f,-en)* Kirchengemeinde
Par*(f,-en)* Pfarrgemeinde
parabolesch*(adj)* parabolisch
Parabolsantenne*(f,-n)* Parabolantenne
Paradäis*(n,-er)* Paradies
Paradebeispill*(n,-er)* Musterbeispiel
Paradebeispill*(n,-er)* Paradebeispiel
paradéieren*(v)* stolzieren
Paradigma*(n,-en)* Paradigma
Paradis*(n,-er)* Paradies
paradisesch*(adj)* paradiesisch
paradox*(adj)* paradox
Paragraph*(m,-en)* Absatz
Paragraph*(m,-en)* Paragraf
Paragraph*(m,-en)* Paragraph
Paräis*(p)* Paris
Paräisser*(m,--)* Pariser
Parameter*(m,-en)* Parameter
paramilitäresch*(adj)* paramilitärisch
paraphéieren*(v)* paraphieren
paraphraséieren*(v)* paraphrasieren
Parasit*(m,-ten)* Parasit
parasitéieren*(v)* schmarotzen
Paravent*(m,-en)* Paravent
Paravent*(m,-en)* Wandschirm
Parcours*(m,-en)* Parcours
Parcours*(m,-en)* Strecke
Pardon*(m,~)* Vergebung
Pardon*(m,~)* Verzeihung
Parechoc*(m,-chocken)* Stoßstange
Pare-choc*(m,-chocken)* Stoßstange
paréieren*(v)* gehorchen
Pärel*(f,-en)* Perle
Pärelhong*(n,-hénger)* Perlhuhn
Pärelscollier*(m,-en)* Perlenkette
Parfum*(m,-en)* Parfum
parfüméieren*(v)* parfümieren
Parfümerie*(f,-n)* Parfümerie
paritätesch*(adj)* paritätisch
Paritéit*(f,-en)* Parität
Park*(m,-en)* Park
Park-and-ride-System*(m,-er)* Park-and-ride-System
Parkauer*(f,-en)* Parkuhr
parken*(v)* einparken
parken*(v)* parken
Parkhaus*(n,-haiser)* Parkhaus
Parkingsméiglechkeet*(f,-en)* Parkmöglichkeit
Parkméiglechkeet*(f,-en)* Parkmöglichkeit
Parkplaz*(f,-en)* Parkplatz
Parkverbuet*(n,-er)* Parkverbot
Parlament*(n,-er)* Parlament
parlamentaresch*(adj)* parlamentarisch
Parlamentarier*(m,--)* Parlamentarier
Parlamentsausschoss*(m,-ausschëss)* parlamentarische Kommission
Parlamentsdebatt*(f,-en)* parlamentarische Verhandlungen
Parlamentswahl*(f,-en)* Parlamentswahlen
Parlamentswal*(f,-en)* Parlamentswahlen
parlementéieren*(v)* unterhandeln
Parmesanskéis*(m,~)* Parmesan
parodéieren*(v)* parodieren
Parodie*(f,-n)* Parodie
Parodontos*(f,-en)* Parodontose
Parquet*(m,~)* Parkettfußboden
Parquet*(m,~)* Staatsanwaltschaft
Parquet*(m,-en)* Parkett (Theater)
Parquetssëtz*(m,-er)* Sitz im Parkett
Parréck*(f,-en)* Perücke
Parrot*(m,-réit)* Pastoralrat
partagéieren*(v)* teilen
Partei*(f,-en)* Partei
Parteiaktivitéit*(f,-en)* Parteiaktivität
Parteichef*(m,-fen)* Parteichef
Parteicomité*(m,-en)* Parteiführung
Parteicomité*(m,-en)* Parteivorstand
parteiesch*(adj)* parteiisch
Parteimember*(m,-en)* Parteimitglied
Parteiprogramm*(m,-er)* Parteiprogramm
Parteistreiderei*(f,-en)* Parteistreitigkeiten

Parti*(f,-en)* Spiel
Parti*(f,-en)* Teil
Participatioun*(f,-en)* Teilnahme
participéieren*(v)* teilnehmen
Particularitéit*(f,-en)* Besonderheit
Particularitéit*(f,-en)* Eigenart
Partikel*(n,-en)* Partikel
Partikularitéit*(f,-en)* Besonderheit
Partikularitéit*(f,-en)* Eigenart
Partisan*(m,-en)* Anhänger
Partisan*(m,-en)* Partisan
Partitur*(f,-en)* Partitur
Partizipatioun*(f,-en)* Teilnahme
Partner*(m,--)* Partner
Partnerstad*(f,-stied)* Partnerstadt
Party*(f,-en)* Feier
Party*(f,-en)* Party
Parzeläin*(m,~)* Porzellan
Parzell*(f,-en)* Parzelle
parzelléieren*(v)* parzellieren
Päsch*(m,-en)* Obstwiese
Päsch*(m,-en)* Wiese (beim Haus)
Pascha*(m,-en)* Pascha
Paschtéit*(f,-en)* Königinpastete
Paschtéit*(f,-en)* Pastete
Paschtouer*(m,Paschtéier)* Pfarrer
Paschtoueschhaus*(n,-haiser)* Pfarrhaus
Pass*(f,-en)* Pass (Fußball)
Pass*(m,Päss)* Pass
Pass*(m,Päss)* Reisepass
passabel*(adj)* annehmbar
Passage*(m,-n)* Auszug (Text)
Passage*(m,-n)* Durchgang
Passagéier*(m,-en)* Passagier
Passagéierfliger*(m,-en)* Passagierflugzeug
Passagéierschëff*(n,-er)* Passagierschiff
Passant*(m,-en)* Passant
passéieren*(v)* geschehen
passéieren*(v)* vorbeifahren
passéieren*(v)* vorbeigehen
passéieren*(v)* vorbeikommen
passéieren*(v)* vorfallen
passen*(v)* aufhören (Spiel, Essen)
passen*(v)* passen
passen*(v)* passend sein
passen, bei eppes -*(exp)* zusammenpassen
passen, sech net -*(exp)* schicken, sich nicht -
Passepartout*(m,-en)* Hauptschlüssel
Passepartout*(m,-en)* Passepartout
Passette*(f,-n)* Sieb
Passfoto*(f,-en)* Passbild
passionéieren*(v)* begeistern
Passioun*(f,~)* Passion (Leiden Christi)
Passioun*(f,-en)* Leidenschaft
Passioun*(f,-en)* Passion
passiv*(adj)* passiv
Passiv*(m,~)* Passiv
Passivitéit*(f,~)* Passivität
Passkontroll*(f,-en)* Passkontrolle
Passphoto*(f,-en)* Passbild
pastell*(adj)* pastellfarben
Pastellfaarf*(f,-faarwen)* Pastellfarbe
pasteuriséieren*(v)* pasteurisieren
Pastill*(f,-en)* Pastille
Pastoralprioritéit*(f,-en)* Priorität, pastorale -
Patent*(n,-er)* Patent
Patent*(n,-er)* Patent, gewerbliches
patentéieren*(v)* anerkennen (amtlich, gerichtlich)
patentéieren*(v)* patentieren
Patentléisung*(f,-en)* Patentlösung
Paternoster*(m,-en)* Paternoster
pathetesch*(adj)* pathetisch
pathologesch*(adj)* pathologisch
Pathos*(m,~)* Pathos
Pati*(m,-en)* Pastete
Patient*(m,-en)* Patient
patinéieren*(v)* patinieren
Pâtisserie*(f,-n)* Feingebäck
Pâtisserie*(f,-n)* Konditorei
Pâtissier*(m,-en)* Konditor
Patriarch*(m,-en)* Patriarch
Patriot*(m,-en)* Patriot
patriotesch*(adj)* patriotisch
Patriotissem*(m,~)* Patriotismus
Patron*(m,-en)* Arbeitgeber
Patron*(m,-en)* Boss
Patron*(m,-en)* Chef
Patron*(m,-en)* Geschäftsführer
Patronatsorganisatioun*(f,-en)* Arbeitgeberverband
Patronatsorganisatioun*(f,-en)* Arbeitgebervereinigung
patronéieren*(v)* protegieren
Patroun*(f,-en)* Patrone
Patrounentäsch*(f,-en)* Patronentasche
Patrull*(f,-en)* Patrouille
Patrull*(f,-en)* Streife (Polizei)
patrulléieren*(v)* patrouillieren
patrulléieren*(v)* patrouillieren
Patsch*(f,-en)* Klemme
Patsch*(f,-en)* Patsche
Patscheblumm*(f,-en)* Klatschmohn
patschen*(v)* stapfen (im Schlamm)
Patt*(f,-en)* Pfote
Patt*(m,Pätt)* Glas (von 20 cl)
Patt*(m,Pätt)* Glas Wein
Pättchen*(m,Pättercher)* Glas Wein
patten*(v)* bechern
Pätter*(m,-en)* Mann, alter -
Pätter*(m,-en)* Patenkind
Pätter*(m,-en)* Taufpate
Pätterchen*(m,Pättercher)* Mummelgreis
Pätterchen*(m,Pättercher)* Patenkind
Pätterchen*(m,Pättercher)* Patensohn
Paus*(f,-en)* Pause
Pauschalrees*(f,-en)* Pauschalreise
pausen*(v)* pausieren
Pawee*(m,-ën)* Kopfsteinpflaster
paweeën*(v)* pflastern
Pazifist*(m,-en)* Pazifist
PC*(m,-ën)* Computer
PC*(m,-ën)* PC
Peage*(m,-n)* Maut
Pech*(m,~)* Pech
Pech*(m,~)* Unglück
Pechaktioun*(f,-en)* Plakataktion
pecheg*(adj)* klebrig
pechen*(v)* kleben
Pecherei*(f,-en)* Kleberei
Pechert*(m,-en)* Politesse
Pechpabeier*(m,~)* Klebeband
pechschwaarz*(adj)* pechschwarz
Pechsituatioun*(f,-en)* Pechsituation
Pechvull*(m,-en)* Pechvogel
Péck*(m,~)* Treberwein
pécken*(v)* pieksen
pécken*(v)* stechen
pécken*(v)* sticheln
Péckvillchen*(m,-villercher)* Vögelchen, aus Ton gebranntes -
Pedall*(f,-en)* Pedal
pedalléieren*(v)* Pedal, in die -e treten
Pedant*(m,-en)* Pedant
pedantesch*(adj)* pedantisch
Pedicure*(f,-n)* Fußpflege
Pedicure*(f,-n)* Pediküre
Peffer*(m,~)* Pfeffer
pefferen*(v)* pfeffern
pefferen*(v)* schmerzen
Peffermanztéi*(m,~)* Pfefferminztee
Peffermënz*(f,~)* Pfefferminze
Peffermënztéi*(m,~)* Pfefferminztee
Peffermillen*(f,--)* Pfeffermühle
Pegel*(m,-en)* Pegel
péilen*(v)* einfrieden (mit Pfählen)
péilen*(v)* festnageln
Peinlechkeet*(f,-en)* Peinlichkeit
Péis*(f,~)* Totenglocke
Péitchen*(f,Péitercher)* Prise

Péiteng*(p)* Pétange
Péiterséileg*(m,~)* Petersilie
pejorativ*(adj)* pejorativ
Pelikan*(m,-en)* Pelikan
Pëll*(f,-en)* Huhn, junges -
Pëll*(f,-en)* Hühnchen
Pëll*(f,-en)* Pille
Pëll*(f,-en)* Tablette
pelz Mäntel*(exp)* Pelzmäntel
Pelz*(m,~)* Fell
Pelz*(m,-er)* Pelz
pelze Mantel*(exp)* Pelzmantel
Pelzmantel*(m,-mäntel)* Pelzmantel
penaliséieren*(v)* bestrafen
Penalitéit*(f,-en)* Strafe
Pendant*(m,-en)* Gegenstück
Pendant*(m,-en)* Pendant
Pendel*(m,-en)* Pendel
pendelen*(v)* bummeln
pendelen*(v)* schlendern
penetrant*(adj)* penetrant
Penetratioun*(f,-en)* Eindringen
Péng hunn*(exp)* Schmerzen haben
Péng*(f,--)* Not
Péng*(f,--)* Schmerz
Péng*(f,-en)* Leiden
péngechen*(v)* quälen
péngegen*(v)* quälen
Péngschten*(npl)* Pfingsten
penibel*(adj)* lästig
penibel*(adj)* peinlich
Peniche*(f,-n)* Lastkahn
Penis*(m,-sen)* Penis
Penizillin*(m,~)* Penizillin
pénken*(v)* läuten (Glocke)
pénkterlech*(adj)* pünktlich
pénktlech*(adj)* pünktlich
Pénktlechkeet*(f,~)* Pünktlichkeit
pennen*(v)* pennen
Pënsch*(p)* Pintsch
Pensée*(f,-ën)* Stiefmütterchen
Pënsel*(m,-en)* Pinsel
Pensionär*(m,-en)* Rentner
pensionéieren*(v)* pensionieren
pensionéiert*(adj)* pensioniert
pensionéiert*(adj)* Ruhestand, im -
Pensioun*(f,-en)* Rente
Pensiounsrevisioun*(f,-en)* Rentenrevision
Pensum*(m,~)* Pensum
Penthaus*(n,-haiser)* Penthouse
Penthouse*(n,-haiser)* Penthouse
Pëppchen*(f,Pëppercher)* Püppchen
Pëppel*(f,-en)* Pappel

peppelen*(v)* päppeln
Peppeng*(p)* Peppange
percéieren*(v)* durchbohren
percéieren*(v)* durchlöchern
percéieren*(v)* durchstechen
Perceptioun*(f,-en)* Wahrnehmung
Perch*(f,-en)* Gehege
Perch*(f,-en)* Koppel
perfekt*(adj)* perfekt
perfektionéieren*(v)* perfektionieren
Perfektioun*(f,-en)* Perfektion
perforéieren*(v)* perforieren
Pergamentspabeier*(n,~)* Butterbrotpapier
Pergamentspabeier*(n,~)* Pergament
periméieren*(v)* verfallen
Perimeter*(m,-en)* Gebietsabgrenzung
Period*(f,-en)* Menstruation
Period*(f,-en)* Periode
Period*(f,-en)* Zeitraum
periodesch*(adj)* periodisch
Periodizitéit*(f,-en)* Periodizität
Peripherie*(f,-n)* Peripherie
Peripherie*(f,-n)* Umkreis
Perkussioun*(f,-en)* Schlagzeug
perkutéieren*(v)* prallen, - gegen
permanent*(adj)* dauerhaft
permanent*(adj)* permanent
Permanente*(f,-n)* Dauerwelle
Permis*(m,-en)* Erlaubnisschein
Permis*(m,-en)* Führerschein
Permissioun*(f,-en)* Erlaubnis
perplex*(adj)* verblüfft
perquisitionéieren*(v)* durchsuchen
Perquisitioun*(f,-en)* Durchsuchung
Perruche*(f,-n)* Sittich
Perruche*(f,-n)* Wellensittich
Persecutioun*(f,-en)* Verfolgung
perséinlech*(adj)* persönlich
Perséinlechkeet*(f,-en)* Persönlichkeit
Perserteppech*(m,-er)* Perserteppich
persifléieren*(v)* persiflieren
persifléieren*(v)* verspotten
Personal*(n,~)* Personal
Personalchef*(m,-fen)* Personalchef
Personaldelegatioun*(f,-en)* Personalvertretung
Personalien*(npl)* Personalien
personaliséieren*(v)* personalisieren
Personalitéit*(f,-en)* Persönlichkeit
Personalkäschten*(npl)* Personalkosten
Personalofbau*(m,~)* Personalabbau
Personalsituatioun*(f,-en)* Personalsituation
personifizéieren*(v)* personifizieren
Personnage*(m,-n)* Figur

Personnage*(m,-n)* Persönlichkeit
Persoun*(f,-en)* Person
Persounebeschreiwung*(f,-en)* Personenbeschreibung
Persounekult*(m,~)* Personenkult
Persounenzuch*(m,-zich)* Personenzug
Persounewon*(m,-ween)* Personenwagen
Perspektiv*(f,-en)* Perspektive
Perspicacitéit*(f,-en)* Scharfsinn
Perturbatioun*(f,-en)* Störung
perturbéieren*(v)* stören
pervers*(adj)* pervers
pervertéieren*(v)* pervertieren
Perzepter*(m,-en)* Steuereinnehmer
Perzeptioun*(f,-en)* Wahrnehmung
Pescht*(f,~)* Pest
pësperen*(v)* flüstern
pësperen*(v)* wispern
pësperen*(v)* zuraunen
Pessimissem*(m,~)* Pessimismus
pessimistesch*(adj)* pessimistisch
Pestizid*(m,-en)* Pestizid
Pestizid*(m,-en)* Schädlingsbekämpfungsmittel
Petitioun*(f,-en)* Bittschrift
Petitioun*(f,-en)* Petition
Petitiounskommissioun*(f,-en)* Petitionsausschuss
Petitiounskommissioun*(f,-en)* Petitionskommission
Pëtrol*(m,~)* Erdöl
Pëtrol*(m,~)* Petroleum
Pëtrolstanker*(m,-en)* Öltanker
Pëtschent*(p)* Putscheid
Pëtten*(p)* Pettingen
Pëtz*(m,-er)* Brunnen
pëtzen*(v)* entwerten (Fahrkarte)
pëtzen*(v)* erwischen
pëtzen*(v)* kneifen
pëtzen*(v)* lochen
pëtzen*(v)* strafen
Pëtzmaschinn*(f,-en)* Hefter
Pëtzzaang*(f,-en)* Beißzange
peupléieren*(v)* bevölkern
Pflichtfach*(n,-fächer)* Pflichtfach
Phänomen*(n,-er)* Phänomen
phänomenal*(adj)* phänomenal
phantaséieren*(v)* fantasieren
phantaséieren*(v)* irrereden
phantaséieren*(v)* phantasieren
Phantasie*(f,-n)* Fantasie
Phantasie*(f,-n)* Phantasie
Phantom*(n,-er)* Phantom
Phantombild*(n,-biller)* Phantombild

Pharao(m,-en) Pharao
Phare(m,-n) Scheinwerfer
Pharmaindustrie(f,-n) Pharmaindustrie
Philatelie(f,~) Philatelie
Philharmonie(f,-n) Philharmonie
Philologie(f,-n) Philologie
philosophéieren(v) philosophieren
philosophesch(adj) philosophisch
Philosophie(f,-n) Philosophie
phlegmatesch(adj) phlegmatisch
phonetesch(adj) phonetisch
Phonetik(f,-en) Phonetik
Phosphat(m,-er) Phosphat
Photo(f,-en) Foto
Photo, faarweg(exp) Farbfoto
Photograph(m,-en) Fotograf
Photograph(m,-en) Photograph
photographéieren(v) fotografieren
photographéieren(v) photographieren
Photographie(f,-n) Fotografie
Photographie(f,-n) Photographie
Photosapparat(m,-er/-en) Fotoapparat
Photosapparat(m,-er/-en) Photoapparat
physesch(adj) physisch
Physik(f,~) Physik
physiologesch(adj) physiologisch
Physiologie(f,-n) Physiologie
Pianist(m,-en) Pianist
Piano(m,-en) Klavier
Piano(m,-en) Piano
Pick(f,-en) Dorn
Pick(f,-en) Spitze
pickeg(adj) dornig
pickeg(adj) stachelig
pickéieren(v) pikieren
pickéieren(v) versetzen (Pflanzen)
pickéiert(adj) beleidigt
picken(v) brennen (Haut)
picken(v) jucken
picken(v) picken
picken(v) stechen
Picknick maachen(exp) picknicken
Picknick(m,-en) Picknick
picknicken(v) picknicken
piddelen(v) herumfummeln
piddelen(v) herumstochern
Piecht(m,-en) Pacht
Piechter(m,--) Pächter
Piedchen(m,Piedercher) Pfad, kleiner -
Pierchen(n,--) Pärchen
Pietéit(f,~) Pietät
Piff(m,~) Gülle
Piff(m,~) Jauche
piffen(v) düngen mit Jauche
Piffkaul(f,-en) Jauchegrube
Pigment(n,-er) Pigment
pigmentéieren(v) pigmentieren
piipseg(adj) piepsig
piipsen(v) piepen
piipsen(v) zwitschern
Piisch(f,Pijen) Barsch
Piisch(f,Pijen) Pfirsich
Piisseng(p) Pissange
Pijama(m,-en) Pyjama
Pijama(m,-en) Schlafanzug
pikant(adj) pikant
pikéiert(adj) beleidigt
Piktogramm(n,-en) Piktogramm
Pilger(m,--) Pilger
pilgeren(v) pilgern
Pilgerfahrt(f,-en) Pilgerfahrt
Pilgerfahrt(f,-en) Wallfahrt
Pilgerplaz(f,-en) Pilgerstätte
Pilgerplaz(f,-en) Wallfahrtsort
Pill(f,-en) Batterie
Pillem(m,-en) Kissen
Pillem(n,-en) Kopfkissen
Pilot(m,-en) Pilot
pilotéieren(v) führen (Flugzeug)
pilotéieren(v) pilotieren
pilotéieren(v) steuern (Flugzeug)
Piloteschäin(m,-er) Flugzeugführerschein
Piloteschäin(m,-er) Pilotenschein
Pilotprojet(m,-en) Pilotprojekt
Pilz(m,-er) Pilz
Piment(m,~) Piment
Ping-Pong(m,~) Tischtennis
Pinguin(m,-en) Pinguin
Pinnwand(f,-wänn) Pinwand
pinschen(v) flennen
pinschen(v) heulen
pinschen(v) weinen
Pinsel(m,-en) Pinsel
pinselen(v) pinseln
pinselen(v) streichen mit dem Pinsel
Pioche(f,-n) Spitzhacke
Pionéier(m,--) Pionier
Pionéiergeescht(m,~) Pioniergeist
pipeg(adj) empfindlich
pipeg(adj) schwächlich
Pipeline(f,-n) Pipeline
pipen(v) piepen
Pippelchen(m,Pippelcher) Baby
Pippelchersschoul(f,-en) Kindergarten
Piratesender(m,-en) Piratensender
pirschen(v) pirschen
pisacken(v) piesacken
pisaken(v) peinigen
pisaken(v) piesacken
pisaken(v) quälen
Piscine(f,-n) Schwimmbad
pissen(v) pinkeln
pissen(v) urinieren
Pist(f,-en) Fahrbahn
Pist(f,-en) Piste
Pistache(f,-n) Pistazie
pistonéieren(v) erhalten, über Beziehungen -
Pistoul(f,-en) Pistole
pitschweis(adv) büschelweise
pittoresk(adj) pittoresk
Pizza(f,-en) Pizza
Pizzeria(f,-en) Pizzeria
Placard(m,-en) Wandschrank
placéieren(v) platzieren
Placement(n,-er) Platzierung
Plack(f,-en) Platte
Plack(f,-en) Platte (Musik)
Plackespiller(m,--) Plattenspieler
plädéieren(v) plädieren
plädéieren, fir eppes -(exp) befürworten, etw -
Plädoyer(n,-en) Plädoyer
Plaffang(m,-en) Zimmerdecke
Plaffong(m,-en) Zimmerdecke
Plafong(m,-en) Zimmerdecke
plafonéieren(v) gipsen
plafonéieren(v) vergipsen
Plafongsdekoratioun(f,-en) Deckenverzierung
Plage(f,-n) Strand
plaidéieren(v) plädieren
plaidéieren, fir eppes -(exp) einsetzen, sich für etw -
plaimen(v) plündern
plaimen(v) rupfen
Plakapp(m,-käpp) Glatze
plakäppeg(adj) glatzköpfig
plakäppeg(adj) kahl
plakäppeg(adj) kahlköpfig
Plakat(m,-er/-en) Plakat
plakeg(adj) nackt
Plakeg(npl) Nackten
Plakegen(m,Plakeg) Nackter
Plakett(f,-en) Ansteckplakette
Plakett(f,-en) Badge
planéieren(v) planieren
Planéit(m,-en) Planet
Plang(m,Pläng) Plan
plangen(v) beabsichtigen
plangen(v) planen
plangen(v) vorhaben

Planifikatioun *(f,-en)* Planung
Plantatioun *(f,-en)* Plantage
Planwirtschaft *(f,-en)* Planwirtschaft
Planz *(f,-en)* Pflanze
Planzaktioun *(f,-en)* Pflanzaktion
planzen *(v)* pflanzen
Planzewelt *(f,-en)* Flora
Planzewelt *(f,-en)* Pflanzenwelt
plastifizéieren *(v)* plastifizieren
Plastik *(f,-en)* Plastik
Plastik *(m,~)* Kunststoff
Plastik *(m,~)* Plastik
plastikéieren *(v)* plastifizieren
Plastikstut *(f,-en)* Plastiktüte
Plastilin *(m,~)* Knete
Plastilin *(m,~)* Knetmasse
Plat *(m,-en)* Gang (bei Tisch)
Platan *(f,-en)* Platane
Platen *(p)* Platen
plätschen *(v)* behandeln, mit nassen Umschlägen -
plätschen *(v)* regnen (heftig)
plätschnaass *(adj)* klatschnass
plätschnaass *(adj)* patschnass
plätschnaass *(adj)* pitschenass
platt drécken *(exp)* plattdrücken
platt maachen *(exp)* plattdrücken
platt man *(exp)* plattdrücken
platt sinn *(exp)* leer sein (Batterie, Reifen)
platt sinn *(exp)* sprachlos sein
platt *(adj)* flach
platt *(adj)* platt
Plättchen *(f,Plättercher)* Fliese
Plättel *(m,-en)* Platte
Plättel *(m,-en)* Tollpatsch
plättelen *(v)* schwatzen
plättelweis *(adv)* eimerweise
Platten *(m,--)* Platten
Plättercher *(npl)* Fliesen
Plattféisser *(m,--)* Plattfuß
Plattféisser *(m,--)* Trampel
Plattform *(f,-en)* Plattform
Plattheet *(f,-en)* Plattitüde
Platzangscht *(f,~)* Platzangst
platzen *(v)* explodieren
platzen *(v)* platzen
Plaum *(f,-en)* Feder
Plausch *(m,Pläisch)* kleiner Strauch
Plausch *(m,Pläisch)* Tuff
plauscheg *(adj)* buschig
plausibel *(adj)* plausibel
Playback *(m,-en)* Play-back
Playboy *(m,-en)* Playboy

Plaz fir d'Kleeder *(exp)* Kleiderablage
Plaz *(f,-en)* Arbeitsplatz
Plaz *(f,-en)* Platz
Plaz *(f,-en)* Sitzplatz
Plaz *(f,-en)* Stelle
Plaz, op der - sinn *(exp)* Ort, vor - sein
Plaz, op der - sinn *(exp)* Stelle, zur - sein
plazéieren *(v)* platzieren
Plazéierung *(f,-en)* Platzierung
Plazen, fräi - *(exp)* Stellen, freie -
Plazen, fräi - *(exp)* Stellenangebot
plazeweis *(adv)* örtlich
Plazmangel *(m,~)* Platzmangel
Pléck *(f,-en)* Erntegerät
Plécken *(n,~)* Pflücken
plécken *(v)* pflücken
pléischteren *(v)* herumdoktern
pléischteren *(v)* oberflächlich versorgen (Wunde)
pléischteren *(v)* verputzen (Mauer)
plëmmen *(v)* ausplündern
plëmmen *(v)* plündern
plëmmen *(v)* rupfen
Plenarsall *(m,-säll)* Plenarsaal
Plënneren *(n,~)* Umzug
plënneren *(v)* umziehen
Plënnerwon *(m,-ween)* Umzugswagen
Plenum *(m,~)* Plenum
Plëséier *(m,~)* Vergnügen
Plimmi *(m,-en)* Plumeau
plisséieren *(v)* plissieren
Plo *(f,-en)* Mühsal
Plo *(f,-en)* Plage
Plo *(f,-en)* Plagegeist
Plo *(f,-en)* Unheil
ploen *(v)* quälen
ploen, sech - *(v)* abrackern, sich -
ploen, sech - *(v)* plagen, sich -
Ploerei *(f,-en)* Plackerei
Plogeescht *(m,-er)* Plagegeist
Plomb *(m,Plëmp)* Plombe
Plomb *(m,Plëmp)* Zahnfüllung
plombéieren *(v)* plombieren
Plomm *(f,-en)* Feder
plomp *(adj)* plump
plompsen *(v)* plumpsen
Plooschter *(f,-en)* Heftpflaster
plooschteren *(v)* oberflächlich versorgen (Wunde)
Plott *(f,-en)* Knäuel
Plou *(m,-en)* Pflug
plouen *(v)* pflügen
Plower *(m,-er)* Pullover
Plumeau *(m,-en)* Plumeau

pluraliséieren *(v)* pluralisieren
pluralistesch *(adj)* pluralistisch
Pluralitéit *(f,-en)* Pluralität
plus *(adv)* plus
Plüschdéier *(m,-en)* Plüschtier
plüschen *(adj)* Plüsch-
Pneu *(m,-en)* Reifen
pöbelen *(v)* pöbeln
pochen *(v)* pochen
Podiumsdiskussioun *(f,-en)* Podiumsdiskussion
Podiumsdiskussioun *(f,-en)* Rundtischgespräch
Poesie *(f,~)* Poesie
Poesiealbum *(m,-[m]en)* Poesiealbum
poetesch *(adj)* poetisch
Pohunn *(n,-en)* Pfau
pointéiert *(adj)* pointiert
Pokal *(m,-en)* Pokal
Pokalspill *(n,-er)* Pokalspiel
Pol *(m,-en)* Pol
Pol *(m,-en)* Pole
Polaritéit *(f,-en)* Polarität
Polarkrees *(m,-er)* Polarkreis
Polarliicht *(n,-er)* Polarlicht
Polarstär *(m,-en)* Polarstern
poléieren *(v)* polieren
Polemik *(f,-en)* Polemik
polemiséieren *(v)* polemisieren
Polen *(p)* Polen
Polette *(f,-n)* Schulterklappe
Polette *(f,-n)* Schulterpolster
Policeauto *(m,-en)* Streifenwagen
Policebüro *(m,-en)* Polizeirevier
Policeinspekter *(m,-en)* Polizeiinspektor
Policestatioun *(f,-en)* Polizeirevier
politesch Rubrik *(f,-en)* politische Rubrik
politesch *(adj)* politisch
Politik *(f,-en)* Politik
Politiker *(m,--)* Politiker
Politikerdiskussioun *(f,-en)* Politgespräch
Politikerin *(f,-nen)* Politikerin
politiséieren *(v)* politisieren
Politologie *(f,~)* Politologie
Polizei *(f,~)* Polizei
Polizeiauto *(m,-en)* Streifenwagen
Polizeihond *(m,-hënn)* Polizeihund
Polizeiinspekter *(m,-en)* Polizeiinspektor
Polizeipatrull *(f,-en)* Polizeistreife
Polizeirevéier *(n,-en)* Polizeirevier
Polizeischutz *(m,~)* Polizeischutz
Polizist *(m,-en)* Polizist
Polizistin *(f,-nen)* Polizistin
polluéieren *(v)* verschmutzen
Pollutioun *(f,-en)* Verschmutzung

polnesch(adj) polnisch
Poloshiem(f,-er) Polohemd
Polster(m,-en) Polster
Polster(m,-en) Polsterung
polsteren(v) polstern
Polver(m,~) Pulver
Polverschnéi(m,~) Pulverschnee
Polygamie(f,~) Polygamie
Polygamie(f,~) Vielweiberei
polykopéieren(v) vervielfältigen
Pommerlach(p) Pommerloch
Pompel(f,-en) Pumpe
pompelen(v) pumpen
Pompelstatioun(f,-en) Tankstelle
Pompjee(m,-ën) Feuerwehrmann
Pompjeesauto(m,-en) Feuerwehrfahrzeug
Pompjeesauto(m,-en) Löschfahrzeug
Pompjeesfederatioun(f,-en) Feuerwehrverband
Pompjeeshelm(m,-er) Feuerwehrhelm
Pompjeeskasär(f,-en) Feuerwache
Pompjeesleeder(f,-en) Feuerwehrleiter
Pompjeeswon(m,-ween) Feuerwehrfahrzeug
Pompjeeswon(m,-ween) Löschfahrzeug
Pompjeeszireen(f,-en) Feuerwehrsirene
pompös(adj) pompös
poncéieren(v) abschleifen
Pond(n,Ponn) Pfund
Ponderatioun(f,-en) Gewichtung
ponderéieren(v) gewichten
Ponkt, wonne -(exp) Punkt, wunder -
Pony(m,-en) Pony
Poopst(m,Peepst) Papst
Popcorn(m,~) Popcorn
Popp(f,-en) Puppe
Poppenhaus(n,-haiser) Puppenhaus
Poppenhaus(n,-haiser) Puppenstube
populariséieren(v) popularisieren
Popularitéit(f,~) Beliebtheit
Populatioun(f,-en) Bevölkerung
Por(f,-en) Kirchengemeinde
Por(f,-en) Pfarrgemeinde
Porkierch(f,-en) Pfarrkirche
Pornofilm(m,-er) Pornofilm
Porrett(f,-en) Lauch
Porrot(m,-réit) Pastoralrat
Portal(f,-en) Portal
Portefeuille(m,-n) Brieftasche
Portemanteau(m,-en) Garderobenständer
Portier(m,-en) Hausmeister
Portier(m,-en) Portier
Portioun(f,-en) Portion
Portmonni(m,-en) Brieftasche
Portmonni(m,-en) Geldbeutel

Porto(m,~) Porto
Porto, ouni -(exp) gebührenfrei
Porto, ouni -(exp) portofrei
Portrait(m,-en) Porträt
Portugal(p) Portugal
Portugis(m,-en) Portugiese
portugisesch(adj) portugiesisch
Porzelläin(m,~) Porzellan
posaunen(v) ausposaunen
posaunen(v) herumposaunen
Posch(f,-en) Handtasche
poséieren(v) posieren
positionéieren(v) positionieren
Positioun(f,-en) Position
Positiounsluucht(n,-en) Positionslicht
Post(f,~) Briefsachen
Post(f,~) Post
Post(f,~) Postamt
Postbeamten(m,--) Postbeamter
Postbüro(m,-en) Postamt
Poste restante(exp) postlagernd
Postfach(n,-fächer) Postfach
Postkaart(f,-en) Postkarte
Postleetzuel(f,-en) Postleitzahl
Postleitzuel(f,-en) Postleitzahl
Postmandat(m,-er) Postanweisung
postmodern(adj) postmodern
Postperzepter(m,--) Vorsteher eines Postamts
Postscheck(m,-en) Postscheck
Postscheckkonto(m,-en) Postscheckkonto
Poststempel(m,-en) Poststempel
postuléieren(v) bewerben, sich - um
Poteau(m,-en) Pfosten
Potential(n,~) Potential
poteren(v) plaudern
poteren(v) quatschen
Potpourri(m,-en) Potpourri
Potschamp(m,-en) Nachttopf
Potti(m,-en) Nachttopf
potzpuddelplakeg(adj) splitternackt
Poufank(m,-en) Buchfink
poufen(v) knallen
poufen(v) stoßen
Pouk(f,-en) Eiterbläschen
poukeg(adj) pockennarbig
poukeg(adj) pockig
Pouken(npl) Pocken
Poul(m,Péil) Pfahl
Poul(m,Péil) Pfosten
Poulet(m,-en) Hähnchen
Poulet(m,-en) Huhn
Pouletshämmchen(f,-hämmercher) Hähnchenschlegel

poulriicht(adj) kerzengerade
poulriicht(adv) schnurstracks
poursuivéieren(v) verfolgen
Poussette(f,-n) Kinderwagen
Poussette(f,-n) Sportwagen (Kinder)
Pouster(m,-en) Plakat
Pouster(m,-en) Poster
Pouvoir(m,-en) Vollmacht
Pouz(f,-en) Prise
pouzen(v) trinken, zusammen Alkohol -
Präambel(f,-en) Präambel
Prabbeli(m,-en) Regenschirm
Präbbeli(m,-en) Regenschirm
Präbbli(m,-en) Regenschirm
Präbblisstänner(m,-en) Schirmständer
prächteg(adj) prächtig
prächteg(adj) prachtvoll
Prachtexemplar(n,-en) Prachtexemplar
practiquéieren(v) praktizieren
Praff(f,-en) Pfropfung
praffen(v) pfropfen
Praffmesser(n,-en) Pfropfmesser
Präfix(m,-en) Präfix
prägen(v) prägen
pragmatesch(adj) pragmatisch
prägnant(adj) prägnant
Präis(m,-er) Preis
Präisevolutioun(f,-en) Preisentwicklung
Präisfräiheet(f,-en) Preisfreiheit
Präisléscht(f,-en) Preisliste
Präisstabilitéit(f,-en) Preisstabilität
präiswäert(adj) günstig
präiswäert(adj) preiswert
Präiteler(p) Breidweiler
praktesch(adj) praktisch
Praktesches, eppes -(exp) Praktisches, etwas -
Praktik(f,-en) Praxis
Praktikant(m,-en) Praktikant
Praktikantin(f,-nen) Praktikantin
Praktikum(n,-en) Praktikum
praktizéieren(v) praktizieren
präméieren(v) prämieren
Präparat(n,-er) Präparat
präparéieren(v) vorbereiten
Präsens(n,~) Präsens
präsent(adj) präsent
Präsenz(f,-en) Präsenz
Präservativ(m,-en) Kondom
präservéieren(v) erhalten
Praum(f,-en) Pflaume
prävenéieren(v) vorbeugen
prävenéieren(v) warnen
Präventioun(f,-en) Prävention

Präventioun*(f,-en)* Vorbeugung
präventiv*(adj)* vorbeugend
Präventivmoossnam*(f,-en)* Schutzmaßnahme
Präventivmoossnam*(f,-en)* Vorkehrung
Praxis*(f,-sen)* Arztpraxis
Präzedenzfall*(m,-fäll)* Präzedenzfall
präzis*(adj)* genau
präzis*(adj)* präzise
präziséieren*(v)* präzisieren
Präzisioun*(f,-en)* Genauigkeit
Präzisioun*(f,-en)* Präzision
Präzisiounsaarbecht*(f,-en)* Präzisionsarbeit
Preadhesioun*(f,-en)* Vor-Beitritt
Preavis*(m,-en)* Vorbescheid
Precautioun*(f,-en)* Vorsicht
predestinéieren*(v)* prädestinieren
predestinéieren*(v)* vorbestimmen
prefabrizéieren*(v)* vorfertigen
Preiss*(m,Preisen)* Deutscher
Preiss*(m,Preisen)* Preuße
Préiter*(m,-en)* Bannhüter
préiwen*(v)* kontrollieren
préiwen*(v)* prüfen
prekär*(adj)* prekär
prekoniséieren*(v)* empfehlen
Premier*(m,-en)* Premierminister
Première*(f,-n)* Premiere
Première*(f,-n)* Prima (Abschlussklasse des Gymnasiums)
Première, een deen d'- huet*(exp)* Abitur, jd mit -
Premièresexamen*(f,--)* Hochschulreife
Premierminister*(m,-en)* Premierminister
Prënz*(m,-en)* Prinz
Preoccupatioun*(f,-en)* Beschäftigtsein
Preparatioun*(f,-en)* Vorbereitung
preparéieren*(v)* vorbereiten
Prepositioun*(f,-en)* Präposition
Presbyter*(m,-en)* Presbyter
Presentatioun*(f,-en)* Vorstellung
presentéieren*(v)* vorstellen
presidéieren*(v)* Vorsitz führen
President*(m,-en)* Vorsitzender
Press*(f,~)* Presse (Medien)
Press*(f,-en)* Presse (Presswerkzeug)
Pressefräiheet*(f,-en)* Pressefreiheit
presséieren*(v)* eilen
prësséieren*(v)* eilig, es - haben
Pressekonferenz*(f,-en)* Pressekonferenz
pressen*(v)* pressen
Presserevue*(f,-n)* Presseschau
Prëssessioun*(f,-en)* Prozession
Pressioun*(f,-en)* Druck

Prëssioun*(f,-en)* Druck
Presslofthummer*(m,-en)* Presslufthammer
Prestatioun*(f,-en)* Leistung
Prestige*(m,~)* Ansehen
Prestigeverloscht*(m,-er)* Prestigeverlust
prestigiéis*(adj)* bemerkenswert
prestigiéis*(adj)* hervorragend
presuméieren*(v)* annehmen
presüméieren*(v)* annehmen
Prêt*(m,-en)* Ausleihen
Prêt*(m,-en)* Darlehen
Prêt*(m,-en)* Geldanleihe
pretendéieren*(v)* vorgeben
pretentiéis*(adj)* hochgestochen
Pretentioun*(f,-en)* Anspruch
prett sinn*(exp)* bereit sein
prett*(adj)* bereit
Pretten*(p)* Prettingen
Previsioun*(f,-en)* Prognose
Previsioun*(f,-en)* Vorhersage
preziséieren*(v)* präzisieren
priedegen*(v)* predigen
Priedeger*(m,--)* Prediger
Priedegt*(f,-en)* Predigt
Priedegt*(f,-en)* Standpauke
Priedegt*(f,-en)* Strafpredigt
Priedegtstull*(f,-still)* Kanzel
Primaballerina*(f,-en)* Primaballerina
primär*(adj)* primär
Primärschoul*(f,-en)* Grundschule
priméieren*(v)* prämieren
primitiv*(adj)* primitiv
Primmel*(f,-en)* Primel
printen*(v)* drucken
Prinzessin*(f,-nen)* Prinzessin
Prinzip*(m,-ien)* Prinzip
prinzipiell*(adj)* prinzipiell
Prioritéit*(f,-en)* Priorität
Prisma*(n,-en)* Prisma
Prisonéier*(m,--)* Gefangener
Prisonéier*(m,--)* Häftling
Prisong*(m,-en)* Gefängnis
Prisong*(m,-en)* Strafanstalt
Privatadress*(f,-en)* Privatadresse
Privatbetrib*(m,-er)* Privatunternehmen
Privatdetektiv*(m,-en)* Privatdetektiv
Privatdozent*(m,-en)* Privatdozent
Privatgespréich*(n,-er)* Privatgespräch
Privatinitiativ*(f,-en)* Privatinitiative
privatiséieren*(v)* privatisieren
Privatiséierung*(f,-en)* Privatisierung
Privatorganisatioun*(f,-en)* Privatorganisation
Privatpersoun*(f,-en)* Privatperson

Privatschoul*(f,-en)* Privatschule
Privatspezialitéit*(f,-en)* Eigenkreation
Privatugeleeënheet*(f,-en)* Privatangelegenheit
Privileg*(m,-en)* Privileg
privilegéieren*(v)* bevorzugen
Priviligéierten*(m,Privilegéiert)* Privilegierter
pro*(pp)* für
probéieren*(v)* ausprobieren
probéieren*(v)* versuchen
Problem*(m,-er)* Problem
Problem, aktuelle -*(exp)* Problem, aktuelles -
problematesch*(adj)* problematisch
Procureur*(m,-en)* Staatsanwalt
Produit*(n,-en)* Produkt
Produkt*(n,-er)* Produkt
Produkt, fäerdegt -*(exp)* Fertigerzeugnis
Produkt, fäerdegt -*(exp)* Fertigprodukt
Produktioun*(f,-en)* Produktion
Produktiounskapazitéit*(f,-en)* Produktionskapazität
Produktivitéit*(f,-en)* Produktivität
produzéieren*(v)* produzieren
Produzent*(m,-en)* Produzent
profanéieren*(v)* entweihen
Professer*(m,-en)* Lehrer an der Sekundarschule
Professer*(m,-en)* Professor
Professesch*(f,-en)* Professorin
professionaliséieren*(v)* professionalisieren
professionell*(adj)* professionell
Professioun*(f,-en)* Beruf
Professioun*(f,-en)* Profession
profezeien*(v)* prophezeien
profiléieren*(v)* profilieren
Profispiller*(m,--)* Profispieler
Profit*(m,~)* Nutzen
Profit*(m,-ter)* Gewinn
profitéieren*(v)* profitieren
Prognos*(f,-en)* Prognose
prognostizéieren*(v)* voraussagen
Programm*(m,-er)* Fernsehkanal
Programm*(m,-er)* Fernsehprogramm
Programm*(m,-er)* Programm
Programmatioun*(f,-en)* Programmgestaltung
Programmatioun*(f,-en)* Programmierung
programméieren*(v)* programmieren
Programméiersprooch*(f,-en)* Programmiersprache
Programmeur*(m,-en)* Programmierer
Progressioun*(f,-en)* Fortschreiten
prohibéieren*(v)* verbieten
Projekt*(m,-er)* Projekt
Projekter*(m,-en)* Projektor
Projektil*(n,-er)* Geschoss

Projektil*(n,-er)*	Projektil
Projektioun*(f,-en)*	Projektierung
Projektioun*(f,-en)*	Projektion
Projet*(m,-en)*	Plan
Projet*(m,-en)*	Projekt
projezéieren*(v)*	projizieren
projizéieren*(v)*	projizieren
proklaméieren*(v)*	erklären
proklaméieren*(v)*	verkünden
Prokuratioun*(f,-en)*	Vollmacht
prokuréieren*(v)*	beschaffen
proletaresch*(adj)*	proletarisch
Proletariat*(n,~)*	Proletariat
Prolongatioun*(f,-en)*	Verlängerung
prolongéieren*(v)*	verlängern
Promill*(m,~)*	Promille
prominent*(adj)*	bekannt
prominent*(adj)*	prominent
Prominenz*(f,~)*	Prominenz
Promm*(f,-en)*	Pflaume
Promotioun*(f,-en)*	Aufstieg
Promotioun*(f,-en)*	Beförderung
promovéieren*(v)*	fördern
promovéieren*(v)*	promovieren
prompt*(adj)*	prompt
Pronom*(m,-en)*	Pronomen
prononcéieren*(v)*	aussprechen
prononcéieren*(v)*	verkünden
pronostikéieren*(v)*	prognostizieren
Propaganda*(f,~)*	Propaganda
Propagatioun*(f,-en)*	Verbreitung
propagéieren*(v)*	verbreiten
Prophéit*(f,-en)*	Prophet
Proportioun*(f,-en)*	Größenverhältnis
Proportioun*(f,-en)*	Verhältnis
Propos*(f,-en)*	Vorschlag
proposéieren*(v)*	vorschlagen
Propositioun*(f,-en)*	Vorschlag
propper*(adj)*	ordentlich
propper*(adj)*	sauber
Proppertéit*(f,~)*	Sauberkeit
Proprietaire*(m,-n)*	Besitzer
Proprietaire*(m,-n)*	Eigentümer
Proprietéit*(f,-en)*	Anwesen
Proprietéit*(f,-en)*	Eigentum
Prosa*(f,~)*	Prosa
Prospekt*(m,-en)*	Prospekt
Prospektioun*(f,-en)*	Kundenwerbung
Prospektioun*(f,-en)*	Schürfprobe
Prosperitéit*(f,~)*	Wohlstand
Prossessioun*(f,-en)*	Prozession
prost*(exp)*	Prost
Prost*(m,~)*	Prosit

prosten*(v)*	anstoßen
Prostituéiert*(f,-er)*	Prostituierte
Prostituéiert*(npl)*	Prostituierte
Prostitutioun*(f,-en)*	Prostitution
Protagonist*(m,-en)*	Hauptdarsteller
Protagonist*(m,-en)*	Protagonist
Protectioun*(f,~)*	Schutz
protegéieren*(v)*	schützen
Protekoll maachen*(exp)*	Protokoll aufnehmen
Protekoll*(m,-er)*	Knöllchen
Protekoll*(m,-er)*	Strafzettel
Protektionissem*(m,~)*	Protektionismus
Protektioun*(f,~)*	Schutz
Protest*(m,-er)*	Protest
Protestaktioun*(f,-en)*	Protestaktion
Protestant*(m,-en)*	Protestant
Protestbewegung*(f,-en)*	Protestbewegung
protestéieren*(v)*	protestieren
protokolléieren*(v)*	Strafmandat ausstellen
Prototyp*(m,-en)*	Prototyp
Prouf*(f,Prouwen)*	Beweis
Prouf*(f,Prouwen)*	Muster
Prouf*(f,Prouwen)*	Probe
Proufdag*(m,-deeg)*	Weinprobe
Prouwen*(npl)*	Proben (Theater)
prouwen*(v)*	proben
prouwen*(v)*	prüfen
prouwen*(v)*	üben
Proviant*(m,~)*	Proviant
proviantéieren*(v)*	versorgen, mit Proviant -
Provinz*(f,-en)*	Provinz
Provisioun*(f,-en)*	Provision
Provokatioun*(f,-en)*	Provokation
Provokatioun*(f,-en)*	Provozierung
provozéieren*(v)*	provozieren
Proximitéit*(f,-en)*	Nähe
Proz*(p)*	Pratz
Prozedur*(f,-en)*	Prozedur
Prozent*(m,-er)*	Prozent
Prozenter*(npl)*	Nachlass
Prozentsaz*(m,-sätz)*	Prozentsatz
prozentual*(adj)*	prozentual
Prozess*(m,-er)*	Prozess
prozesséieren*(v)*	prozessieren
Prozesskäschten*(npl)*	Prozesskosten
Prozessor*(m,-en)*	Prozessor
Pruecht*(f,-en)*	Pracht
Pruecht*(f,-en)*	Üppigkeit
Prüfung*(f,-en)*	Prüfung
Prüfung*(f,-en)*	Test
Psalm*(m,-en)*	Psalm
Pseudonym*(m,-er)*	Pseudonym
psychanalyséieren*(v)*	psychoanalysieren

psychesch*(adj)*	psychisch
Psychiater*(m,-en)*	Psychiater
Psychiatrie*(f,-n)*	Psychiatrie
Psychoanalys*(f,-en)*	Psychoanalyse
Psycholog*(m,-en)*	Psychologe
psychologesch*(adj)*	psychologisch
Psychoterror*(m,~)*	Psychoterror
Psychotherapie*(f,-n)*	Psychotherapie
Pubertéit*(f,~)*	Pubertät
Publicitéit*(f,-en)*	Werbung
Publicity*(f,~)*	Publicity
publik*(adj)*	öffentlich
Publikatioun*(f,-en)*	Veröffentlichung
Publikum*(n,~)*	Publikum
publizéieren*(v)*	publizieren
Publizist*(m,-en)*	Publizist
Publizitéit*(f,-en)*	Publicity
Publizitéit*(f,-en)*	Werbung
Publizitéitsspot*(m,-ten)*	Werbespot
puchen*(v)*	hinschleudern
puchen*(v)*	werfen
Puddel*(m,-en)*	Pudel
puddelen*(v)*	plantschen
Puddelhond*(m,-hënn)*	Pudel
Pudder*(m,~)*	Puder
Pudderdous*(f,-en)*	Puderdose
pudderen*(v)*	bestreuen
pudderen*(v)*	pudern
Pudderzocker*(m,~)*	Puderzucker
Puecht*(f,-en)*	Pacht
Puecht*(m,-en)*	Pachtvertrag
puer*(dét)*	einige
Puer*(n,--)*	Paar
pueren, sech -*(v)*	paaren, sich -
Puff*(m,-en)*	Bordell
puffen*(v)*	pumpen (Geld)
Pujel*(m,~)*	Kalbsbries
Pull*(m,Pill)*	Pfütze
Pull*(m,Pill)*	Tümpel
Pullover*(m,-en)*	Pullover
Pullover, wëllene -*(exp)*	Wollpullover
pulséieren*(v)*	pulsieren
Pult*(n,-en)*	Pult
Pünäs*(f,-en)*	Reißnagel
Pünäs*(f,-en)*	Reißzwecke
Punker*(m,-en)*	Punk
Punkt*(m,-en)*	Punkt
Punkten, - ginn*(exp)*	benoten
punktgläich*(adj)*	punktgleich
Punktuatioun*(f,-en)*	Interpunktion
pupeg*(adj)*	affektiert
pupeg*(adj)*	eingebildet
pupen*(ugs)(v)*	furzen

Puppelchen_(m,Puppelcher)_ Baby
Puppelchersschoul_(f,-en)_ Kindergarten
pupsat sinn_(v)_ pappsatt sein
pur_(adj)_ pur
Purée_(m,~)_ Püree
purgéieren_(v)_ entlüften (Heizung)
Putsch_(m,Pitsch)_ Büschel (Haar)
Putsch_(m,Pitsch)_ Haarband
Putsch_(m,-en)_ Putsch
Putsch_(m,Pitsch)_ Schleife
Putsch_(m,Pitsch)_ Strauß (Blumen, Kräuter)
Putschist_(m,-en)_ Putschist
Pyjama_(m,-en)_ Pyjama
Pyjamasbox_(f,-en)_ Pyjamahose
Pyjamaspaltong_(m,-en)_ Pyjamahemd
Pyramid_(f,-en)_ Pyramide
Python_(f,-en)_ Python

Q

Quadrat_(m,-er/-en)_ Quadrat
Quadratkilometer_(m,--)_ Quadratkilometer
Quadratmeter_(m,--)_ Quadratmeter
Quai_(m,-en)_ Anlegestelle
Quai_(m,-en)_ Bahnsteig
Quai_(m,-en)_ Kai
quaken_(v)_ quaken
quaksen_(v)_ quaken
quaksen_(v)_ vergehen (vor Hitze)
Qual_(f,-en)_ Qual
quälen_(v)_ quälen
Quälerei_(f,-en)_ Quälerei
Qualifikatioun_(f,-en)_ Qualifikation
Qualifikatioun_(f,-en)_ Qualifizierung
qualifizéieren_(v)_ qualifizieren
qualitativ_(adj)_ qualitativ
Qualitéit_(f,-en)_ Qualität
Qualitéitslabel_(m,-en)_ Gütesiegel
Qualitéitslabel_(m,-en)_ Gütezeichen
Quantitéit_(f,-en)_ Quantität
Quantum_(m,-en)_ Dosis
Quantum_(m,-en)_ Quantum
Quartett_(m/n,-er)_ Quartett
Quartier_(m,-en)_ Wohnung
Quartier_(m,-en)_ Wohnviertel
quaselen_(v)_ quasseln
Quatsch_(m,~)_ Quatsch
quatschen_(v)_ plaudern
quatschen_(v)_ quatschen
queesch sinn_(exp)_ schlechtgelaunt sein
queesch_(adj)_ schief
queesch_(adj)_ ungezogen
queesch_(adj)_ wütend
queesch_(adv)_ querliegend
Quell_(f,-en)_ Quelle
quellen_(v)_ quellen
Quentchen_(n,Quentercher)_ Quäntchen
Querulant_(m,-en)_ Querulant
Questioun_(f,-en)_ Frage
Quetsch_(f,-en)_ Zwetschge
Quëtsch_(f,-en)_ Klemme
Quetsch_(m,-en)_ Zwetschgenschnaps
Quëtschbloder_(f,-en)_ Blutblase
Quetschebam_(m,-beem)_ Zwetschgenbaum
Quetschekraut_(n,~)_ Zwetschgenmarmelade
quëtschen_(v)_ drücken
quëtschen_(v)_ klemmen
quëtschen_(v)_ quetschen
Quetschendrëpp_(f,-en)_ Zwetschgenschnaps
Quetschung_(f,-en)_ Quetschung
Quiddegebeess_(n,~)_ Quittengelee
quiesch_(adj)_ schief
quiesch_(adv)_ querliegend
quiiksen_(v)_ quieken
Quiitschen_(n,~)_ Quietschen
quiitschen_(v)_ quieken
quiitschen_(v)_ quietschen
Quincaillerie_(f,-n)_ Eisenwarenhandlung
Quincaillerie_(scherzh)(f,~)_ Schmuck
Quintessenz_(f,-en)_ Quintessenz
Quisel_(f,-en)_ Frömmlerin
quiseleg_(adj)_ frömmelnd
Quittung_(f,-en)_ Empfangsbescheinigung
Quittung_(f,-en)_ Quittung
Quittung_(f,-en)_ Zahlungsbeleg
Quiz_(m,-en)_ Quiz
Quizmaster_(m,-en)_ Quizmaster
quokeleg_(adj)_ unsicher
quokeleg_(adj)_ verfänglich
Quonk_(m,-en)_ Funke
quotéieren_(v)_ quotieren
Quoteregelung_(f,-en)_ Quotenregelung
Quotient_(m,-en)_ Quotient

R

Raachen_(n,~)_ Rauchen
raachen_(v)_ rauchen
Raachert_(m,-en)_ Raucher
Raaspel_(f,-en)_ Raspel
raaspelen_(v)_ raspeln
rabäissen_(v)_ reinbeißen
Rabatt_(m,-er)_ Nachlass
Rabatt_(m,-er)_ Rabatt
rabbeleg_(adj)_ klappernd
rabbeleg_(adj)_ klapprig
rabbelen_(v)_ klappern
rabbelen_(v)_ klingeln (Wecker)
rabbelkäppeg_(adj)_ starrköpfig
Räbbi_(m,~)_ Abschaum
Rabbiner_(m,--)_ Rabbiner
rabéien_(v)_ umbiegen
rabiat_(adj)_ roh (brutal)
rabiat_(adj)_ rücksichtslos
rabréngen_(v)_ reinbringen
rabueren_(v)_ reinbohren
rächen, sech -_(v)_ rächen, sich -
Rack_(m,Räck)_ Kleid
rackeren_(v)_ abrackern, sich -
Racket_(m,~)_ Schutzgelderpressung
Rackett_(f,-en)_ Schläger (Sport)
rackettéieren_(v)_ erpressen (Geld)
racks_(adv)_ gänzlich
racks_(adv)_ völlig
racksdeg_(adv)_ auf der Stelle
racléieren_(v)_ schaben
Raclette_(f,-n)_ Gummischieber
Raclette_(f,-n)_ Raclette
Raclette_(f,-n)_ Schaber
Rad_(n,Rieder)_ Rad
Rad, hënnescht -_(exp)_ Hinterrad
Rad, viischt -_(exp)_ Vorderrad
Radar_(m,-en)_ Radar
Radarskontroll_(f,-en)_ Radarkontrolle
Radau_(m,~)_ Radau
raddereg_(adj)_ gerunzelt
raddereg_(adj)_ holprig
raddereg_(adj)_ rau
radéieren_(v)_ radieren
Radéierung_(f,-en)_ Radierung
Radiateur_(m,-en)_ Heizkörper
Radiateur_(m,-en)_ Kühler
Radiatioun_(f,-en)_ Strahlung
Radiatioun_(f,-en)_ Streichung
radikal_(adj)_ radikal
radikaliséieren_(v)_ radikalisieren
Radikalismus_(m,~)_ Radikalismus
Radio_(m,-en)_ Radio
Radioaktivitéit_(f,~)_ Radioaktivität
Radiokommunikatioun_(f,~)_ Radiokommunikation
Radioprotectioun_(f,~)_ Strahlenschutz
Radiosemissioun_(f,-en)_ Radiosendung
Radiospublicitéit_(f,~)_ Radiowerbung
Radiosreporter_(m,--)_ Radioreporter
Radiosstatioun_(f,-en)_ Radiosender
Radiostatioun_(f,-en)_ Radiosender
Radioswecker_(m,-en)_ Radiowecker
radotéieren_(v)_ faseln

Raf(f,-en) Heuraufe
Raf(f,-en) Raufe
Raf(m,-en) Heuraufe
Raf(m,-en) Raufe
rafachen(v) dreinschlagen
rafalen(v) hereinfallen (getäuscht werden)
rafalen(v) hineinfallen
rafeieren(v) futtern
rafeieren(v) reinhauen (Essen)
raféieren(v) herein-/hineinführen
rafen(v) auflesen
rafen(v) einsammeln
raffinéieren(v) raffinieren
raffinéiert(adj) gerissen
raffinéiert(adj) raffiniert
raffinéiert(adj) schlau
Raffinerie(f,-n) Raffinerie
Raffiness(f,-en) Gerissenheit
Raffinessen, mat alle -(exp) Feinheiten, mit allen -
rafistoléieren(v) flicken
rafladderen(v) herein-/hineinflattern
rafléien(v) herein-/hineinfliegen
rafléieren(v) raffen, etwas an sich -
raflutschen(v) herein-/hineinflutschen
rafriessen(v) hineinfressen
rafueren(v) herein-/hineinfahren
rafügen(v) einfügen
Rage(f,~) Wut
rageroden(v) hineingeraten
raginn(v) herein-/hineingeben
raglëtschen(v) hineinrutschen
ragoen(v) hineingehen
Ragoût(m,-en) Ragout
Rahm(f/m,~) Rahm
Raiber(m,--) Räuber
raiberen(v) arbeiten, ungenau -
raiberen(v) räubern
raiberen(v) spielen, unfair -
räich(adj) reich
Räichel(p) Reichlange
Räichen(m,Räich) Reicher
Räichtum(m,-tümer) Reichtum
Räif(m,~) Raureif
räifen(v) frieren
räifen(v) reifen
Raimlechkeet(f,-en) Räumlichkeit
Räis(m,~) Reis
raisonéieren(v) nachdenken
räissen(v) reißen
räissen(v) spalten
Räistaart(f,-en) Reiskuchen
rakäppen(v) hineinköpfen
Rakéit(f,-en) Rakete
raklammen(v) hineinklettern
rakommen(v) hereinkommen
rakrauchen(v) hineinkriechen
rakréien(v) hineinbekommen
rakucken(v) herein-/hineinschauen
ralackelen(v) herein-/hineinlocken
ralafen(v) herein-/hineinlaufen
ralauschteren(v) hineinhören
raleeën(v) hereinlegen (getäuscht werden)
raleeën(v) hineinlegen
Ralenti(m,~) Leerlauf
Ralenti(m,~) Zeitlupe
ralliéieren(v) zusammenführen
Rallyefuerer(m,--) Rallyefahrer
Ram(f/m,~) Rahm
ramanövréieren(v) hineinmanövrieren
ramarschéieren(v) herein-/hineinmarschieren
ramasséieren(v) ausschimpfen
ramasséieren(v) einsammeln
Rammeldang(p) Rameldange
Rammerech(p) Rambrouch
ramoschteren(v) herumkramen
ramoschteren(v) herumstöbern
ramoueren(v) herumpoltern
ramoueren(v) lärmen
ramoueren(v) rumoren
Ramp(f,-en) Rampe
Rampli(m,-en) Böschung
ramponéieren(v) beschädigen
ran(adv) rein
ranafen(v) herein-/hineingaffen
Rand(m,Ränner) Rand
Rand(n,Ranner) Rind
randaléieren(v) randalieren
Randbéischt(n,-en) Rind
Randbemierkung(f,-en) Randbemerkung
Randfigur(f,-en) Randfigur
Randfleesch(n,~) Rindfleisch
Randgrupp(f,-en) Randgruppe
randrécken(v) eindrücken
randrécken(v) hineindrücken
randréien(v) hineindrehen
randreiwen(v) hineintreiben
Randschelt(p) Rindschleiden
Rang(m,Räng) Rang
rangéieren(v) ordnen
Ranguerdnung(f,-en) Rangordnung
ranhuelen(v) hereinholen
Rank(m,Réng) Ring
Rankfanger(m,-en) Ringfinger
Ranking(m,-en) Rangfolge
rantrëllen(v) herein-/hineintorkeln
rantréppelen(v) hineintreten
ranzeg(adj) ranzig
ranzéien(v) herein-/hineinziehen
rapassen(v) hineinpassen
rapatriéieren(v) rückführen
Rapiditéit(f,~) Schnelligkeit
raplënneren(v) einziehen
Rapp a Klapp(exp) Pöbel
Rapp(f,-en) Raspel
Rapp(f,-en) Reibe
Rappecht(f,-en) Rüge
rappeg(adj) mager, sehr -
rappeg(adj) schäbig
Rappel(m,-len) Mahnung
Rappel(m,-len) Wiederholung
rappeléieren, eppes -(exp) erinnern, an etw -
rappen(v) raspeln
rappen(v) reißen
rappen(v) ziehen
Rapport(m,-en) Bericht
rapportéieren(v) hinterbringen
raproschéieren(v) nähern
Raps(m,~) Raps
räpsen(v) rülpsen
raquëtschen(v) hineinzwängen
Raquette(f,-n) Schläger
rar(adj) selten
rareechen(v) einreichen
Raretéit(f,-en) Rarität
rarëtschen(v) hineinrutschen
Raritéit(f,-en) Rarität
raruffen(v) hereinrufen
rarullen(v) herein-/hineinrollen
raschaffen(v) einarbeiten
raschécken(v) hinein-/hereinschicken
raschëdden(v) hineinschütten
raschelen(v) rascheln
raschéngen(v) herein-/hineinscheinen
raschëppen(v) hineinschaufeln
raschleefen(v) herein-/hineinschleppen
raschleideren(v) reinschleudern
raschloen(v) dreinschlagen
raschmuggelen(v) einschmuggeln
raschreiwen(v) hineinschreiben
Rascht(f,~) Ruhe
Rascht(m,~) Rost
raschteg(adj) verrostet
raschten(v) ausruhen, sich -
raschten(v) rosten
Raséierapparat(m,-er) Rasierapparat
raséieren(v) rasieren
Raséierschaum(m,~) Rasierschaum
Raséierseef(f,-en) Rasierseife

räsonéieren_(v)_ argumentieren
raspelen_(v)_ raspeln
Rass_(f,-en)_ Rasse
Rass_(m,Rëss)_ Riss
Rass_(m,Rëss)_ Spalte
rasseg_(adj)_ rassig
rassembléieren_(v)_ versammeln
Rassendiskriminéierung_(f,-en)_ Rassendiskriminierung
Rassenonrouen_(npl)_ Rassenunruhen
Rassentrennung_(f,-en)_ Rassentrennung
Rassissem_(m,~)_ Rassismus
rassistesch_(adj)_ rassistisch
rassuréieren_(v)_ beruhigen
rastellen_(v)_ herein-/hineinstellen
rastiechen_(v)_ herein-/hineinstecken
rastolzéieren_(v)_ herein-/hineinstolzieren
rastoussen_(v)_ herein-/hineinstoßen
rastrecken_(v)_ herein-/hineinstrecken
Rasur_(f,-en)_ Rasur
Rat_(f/m,-en)_ Ratte
Rategëft_(n,~)_ Rattengift
ratéieren_(v)_ verfehlen
Ratifikatioun_(f,-en)_ Ratifizierung
ratifizéieren_(v)_ ratifizieren
rationaliséieren_(v)_ rationalisieren
rationéieren_(v)_ rationieren
Ratioun_(f,-en)_ Ration
Rätsel_(n,-en)_ Rätsel
rätselen_(v)_ rätseln
rätselhaft_(adj)_ rätselhaft
rattrapéieren_(v)_ nachholen
Ratz_(m/f,-en)_ Riss
rau_(adj)_ rau
Raudi_(m,-en)_ Rüpel
rauen_(v)_ gereuen
Rauhfasertapéit_(f,-en)_ Raufasertapete
Raum_(m,~)_ Platz
Raum_(m,Raim)_ Raum
raumen_(v)_ aufräumen
Raumfuerschung_(f,~)_ Raumforschung
Raumkapsel_(f,-en)_ Raumkapsel
Raumschëff_(n,-er)_ Raumschiff
Raumstatioun_(f,-en)_ Weltraumstation
Raup_(f,-en)_ Raupe
Raup_(m,-en)_ Raupe
raus/eraus_(adv)_ heraus/hinaus
rausbaggeren_(v)_ herausbaggeren
rausbauen_(v)_ herausbauen
rausblosen_(v)_ herausblasen
rausbrëllen_(v)_ hinausbrüllen
rausbréngen_(v)_ heraus-/hinausbringen
rausbuddelen_(v)_ herausbuddeln
Rauschgëft_(n,-er)_ Rauschgift
Rauschgëfthandel_(m,~)_ Rauschgifthandel
rausdrécken_(v)_ herausdrücken
rausdroen_(v)_ heraus-/hinaustragen
rausfalen_(v)_ heraus-/hinausfallen
rausfannen_(v)_ herausfinden
rausféieren_(v)_ hinausführen
rausfëschen_(v)_ herausfischen
rausfilteren_(v)_ herausfiltern
rausfléien_(v)_ heraus-/hinausfliegen
rausfléissen_(v)_ herausfließen
rausfléissen_(v)_ hinausfließen
rausflutschen_(v)_ heraus-/hinausflutschen
rausfuerderen_(v)_ herausfordern
rausfueren_(v)_ hinausfahren
rausgeheien_(v)_ hinauswerfen
rausgesinn_(v)_ aussehen
rausginn_(v)_ herausgeben
rausgoen_(v)_ hinausgehen
rausgräifen_(v)_ herausgreifen
raushalen_(v)_ heraushalen
raushänken_(v)_ heraushängen
raushéieren_(v)_ heraushören
raushuelen_(v)_ herausholen
rauskéieren_(v)_ herauskehren
rauskieren_(v)_ hinausfegen
rausklaken_(v)_ rausschmeißen
rausklammen_(v)_ herausklettern
rauskommen_(v)_ herauskommen
rauskrauchen_(v)_ heraus-/hinauskriechen
rauskréien_(v)_ herausbekommen
rauskristalliséieren_(v)_ herauskristallisieren
rauskromen_(v)_ herausklauben
rauskropen_(v)_ herausklauben
rauskucken_(v)_ heraus-/hinausschauen
rauslafen_(v)_ auslaufen
rauslafen_(v)_ hinauslaufen
rausliesen_(v)_ herauslesen
rausloossen_(v)_ heraus-/hinauslassen
rausluussen_(v)_ heraus-/hinauslugen
rausplécken_(v)_ herauspflücken
rausquëllen_(v)_ herausquellen
rausrappen_(v)_ herausreißen
rausréckelen_(v)_ herausrücken
rausrécken_(v)_ herausrücken
rausreechen_(v)_ heraus-/hinausreichen
rausrennen_(v)_ herausrennen
rausrëtschen_(v)_ herausrutschen
rausruffen_(v)_ herausrufen
rausrullen_(v)_ heraus-/hinausrollen
rausrutschen_(v)_ herausrutschen
rausschaffen_(v)_ herausschaffen
rausschäffen_(v)_ herausschöpfen
rausschären_(v)_ herausscharren
rausschécken_(v)_ heraus-/hinausschicken
rausschëdden_(v)_ herausschütten
rausschëppen_(v)_ herausschaufeln
rausschleppen_(v)_ heraus-/hinausschleppen
rausschloen_(v)_ herausschlagen
rausschneiden_(v)_ herausschneiden
rausschnëppelen_(v)_ herausschnippeln
rausschweessen_(v)_ ausschwitzen
rausschweessen_(v)_ herausschweißen
raussichen_(v)_ aussuchen
rausspieren_(v)_ erspüren
raussprangen_(v)_ herausspringen
rausspruddelen_(v)_ heraussprudeln
rausstellen_(v)_ herausstellen
rausstoen_(v)_ herausstehen
rausstäichen_(v)_ herausstreichen
rausstrecken_(v)_ herausstrecken
raustrieden_(v)_ heraustreten
rauswäerfen_(v)_ hinauswerfen
rauswëllen_(v)_ heraus-/hinauswollen
rauswielen_(v)_ hinauswählen
rauswiergen_(v)_ herauswürgen
rauswoen_(v)_ heraus-/hinauswagen
rauswuessen_(v)_ hinauswachsen
rauszéien_(v)_ heraus-/hinausziehen
Raut_(f,-en)_ Eberraute
Raut_(f,-en)_ Fensterscheibe
Raut_(f,-en)_ Raute
Rauten_(f,~)_ Karo (Spielkarte)
Rautenäss_(m,-er)_ Karo-Ass
Ravioli_(f,-en)_ Ravioli
ravitailléieren_(v)_ versorgen (Proviant)
rawëllen_(v)_ herein-/hineinwollen
rawielen_(v)_ hineinwählen
rawoen_(v)_ herein-/hineinwagen
rawuessen_(v)_ hineinwachsen
rawullen_(v)_ hineinwühlen
Rayon_(m,-en)_ Abteilung
razeg_(adj)_ schmächtig
razeg_(adj)_ mager (Person,Haustier)
Razzia_(f,-en)_ Razzia
reaalt Akommes_(exp)_ Realeinkommen
reagéieren_(v)_ reagieren
Reagenzglas_(n,-glieser)_ Reagenzglas
Reakter_(m,-en)_ Reaktor
Reaktioun_(f,-en)_ Reaktion
Reaktiounsverméigen_(n,~)_ Reaktionsvermögen
reaktivéieren_(v)_ reaktivieren
reaktualiséieren_(v)_ reaktualisieren
realiséieren_(v)_ realisieren
realistesch_(adj)_ realistisch

Realitéit*(f,-en)*	Realität
reamenagéieren*(v)*	neuordnen
Reanimatioun*(f,-en)*	Wiederbelebung
reaniméieren*(v)*	wiederbeleben
rebelléieren*(v)*	auflehnen, sich -
rebelléieren*(v)*	rebellieren
rebellesch*(adj)*	aufsässig
rebellesch*(adj)*	rebellisch
Rebellioun*(f,-en)*	Aufstand
Rebellioun*(f,-en)*	Rebellion
Receptionniste*(m,-n)*	Empfangschef
Receptionnistin*(f,-nen)*	Empfangsdame
Receptioun*(f,-en)*	Empfang
Recette*(f,-n)*	Einnahme
Recettëbüro*(m,-en)*	Einnahmestelle
Rechemaschinn*(f,-en)*	Taschenrechner
Rechenaufgab*(f,-en)*	Rechenaufgabe
Rechenzentrum*(m,-[m]en)*	Rechenzentrum
Recherche*(f,-n)*	Recherche
recherchéieren*(v)*	recherchieren
Rechnen*(n,~)*	Rechnen
rechnen*(v)*	ausrechnen
rechnen*(v)*	berechnen
rechnen*(v)*	rechnen
Rechnung*(f,-en)*	Berechnung
Rechnung*(f,-en)*	Rechnung
Rechnungsjoer*(n,-en)*	Geschäftsjahr
Rechnungsjoer*(n,-en)*	Rechnungsjahr
Rechnungsjor*(n,-en)*	Geschäftsjahr
Rechnungsjor*(n,-en)*	Rechnungsjahr
Recht hunn*(exp)*	Recht haben
Recht*(n,~)*	Recht
Rechteck*(m,-er)*	Rechteck
rechteckeg*(adj)*	rechteckig
rechtfäerdegen*(v)*	rechtfertigen
rechtméisseg*(adj)*	rechtmäßig
rechts*(adv)*	rechts
Rechtssécherheet*(f,~)*	Rechtssicherheit
Rechtsusproch*(m,-spréch)*	Rechtsanspruch
recitéieren*(v)*	rezitieren
Réck vum Stull*(exp)*	Rückenlehne
Reck*(m,-en)*	Reck
Réck*(m,-er)*	Rücken
Réckbléck*(m,-er)*	Rückblick
réckelen*(v)*	Platz machen
réckelen*(v)*	umstellen
réckelen*(v)*	verschieben
Recken*(p)*	Reckange
récken*(v)*	Platz machen
Reckendall*(p)*	Reckenthal
Reckeng op der Mess*(p)*	Reckange-sur-Mess
Réckfall*(m,-fäll)*	Rückfall
réckfälleg*(adj)*	rückfällig
Réckgrat*(n,-er)*	Rückgrat
Réckhalt*(m,~)*	Rückhalt
Réckhand*(f,~)*	Rückhand
Réckkoppelung*(f,-en)*	Rückkopplung
Récksiicht*(f,~)*	Rücksicht
Récksiicht, ouni -*(exp)*	rücksichtslos
récksiichtslos*(adj)*	rücksichtslos
Réckspigel*(m,-en)*	Rückspiegel
Réckstrank*(m,-sträng)*	Wirbelsäule
réckwierkend*(adj)*	rückwirkend
recoltéieren*(v)*	ernten
Recommandatioun*(f,-en)*	Empfehlung
Recommandé*(m,-en)*	Einschreiben
recommandéieren*(v)*	empfehlen
Reconciliatioun*(f,-en)*	Versöhnung
recrutéieren*(v)*	rekrutieren
Recteur*(v)*	Rektor
Recuperatioun*(f,-en)*	Zurückgewinnung
recuperéieren*(v)*	zurückbekommen
recycléieren*(v)*	wiederverwerten
Recycling*(m,~)*	Wiederverwertung
Recyclingspabeier*(n,~)*	Recyclingpapier
Redakter*(m,-en)*	Redakteur
Redaktioun*(f,-en)*	Redaktion
Rediffusioun*(f,-en)*	Wiederholung
redigéieren*(v)*	verfassen
redresséieren*(v)*	berichtigen
Reductioun*(f,-en)*	Ermäßigung
Reductioun*(f,-en)*	Reduzierung
Reduktioun*(f,-en)*	Ermäßigung
Reduktioun*(f,-en)*	Reduzierung
reduzéieren*(v)*	reduzieren
Reebou*(m,-béi)*	Regenbogen
Reech*(m,-er)*	Rechen
reechen*(v)*	langen
reechen*(v)*	rechen
reechen*(v)*	reichen (Hand, Arm)
reecheren*(v)*	räuchern
Reedel*(m,-en)*	Riegel
Reef*(m,-er)*	Reifen
Reef*(m,-er)*	Ring
Reefer ëm d'Aen*(exp)*	Ringe um die Augen
reegelen*(v)*	regeln
reell*(adj)*	echt
reell*(adj)*	reell
Reemantel*(m,-mäntel)*	Regenmantel
Reen*(m,~)*	Regen
Reendrëps*(f,-en)*	Regentropfen
reeneg*(adj)*	regnerisch
reenen*(v)*	regnen
reenereg*(adj)*	regnerisch
reenzeg*(adj)*	regnerisch
Rees*(f,-en)*	Reise
Reesäit*(f,-en)*	Regenseite
Reesbegleeder*(m,--)*	Reisebegleiter
Reesbüro*(m,-en)*	Reisebüro
Reeschauer*(f,-en)*	Schauer
Reeschlag*(m,~)*	Regenseite
reesen*(v)*	reisen
Reesender*(m,--)*	Handelsvertreter
Reeskäschten*(npl)*	Reisekosten
Reeskatalog*(m,-en)*	Reisekatalog
Reespass*(m,-päss)*	Reisepass
Reesprospekt*(m,-en)*	Reiseprospekt
Reessak*(f,-säck)*	Reisetasche
Reeswecker*(m,-en)*	Reisewecker
Reewaasser*(n,~)*	Regenwasser
Reewand*(m,~)*	Regenwind
Reewuerm*(m,-wierm)*	Regenwurm
Reez*(m,~)*	Rauch (in der Räucherkammer)
reezen*(scherzh)(v)*	rauchen
reezen*(v)*	Rauch, nach - schmecken
reezen*(v)*	räuchern (Fleisch)
Reezhaischen*(n,-haisercher)*	Räucherkammer
Refectoire*(m,-n)*	Refektorium
Referat*(n,-er)*	Referat
referéieren*(v)*	referieren
referéieren*(v)*	vortragen
Referendum*(m,-en)*	Referendum
Referenz*(f,-en)*	Referenz
rëffelen*(v)*	kratzen
rëffelen*(v)*	reiben
reflektéieren*(v)*	nachsinnen
reflektéieren*(v)*	reflektieren
reflektéieren*(v)*	zurückstrahlen
Reflekter*(m,-en)*	Rückstrahler
Reflexioun*(f,-en)*	Überlegung
Reform*(f,-en)*	Reform
Reform, sozial -*(exp)*	Sozialreform
reforméieren*(v)*	reformieren
Reformsdiskussioun*(f,-en)*	Reformdebatte
Refrain*(m,-en)*	Leier
Refrain*(m,-en)*	Refrain
refuséieren*(v)*	ablehnen
refuséieren*(v)*	verweigern
regaléieren*(v)*	delektieren, sich -
Regatta*(f,-en)*	Regatta
regéieren*(v)*	herrschen
regéieren*(v)*	regieren
Regel*(f,-en)*	Regel
regelen*(v)*	regeln
regelméisseg*(adj)*	regelmäßig
Regelméissegkeet*(f,-en)*	Regelmäßigkeit
regelwiddereg*(adj)*	regelwidrig
Regelwierk*(n,-er)*	Regelwerk
regeneréieren*(v)*	regenerieren

Regierung *(f,-en)*	Regierung
Regierungsdeklaratioun *(f,-en)*	Regierungserklärung
Regierungserklärung *(f,-en)*	Regierungserklärung
Regierungsform *(f,-en)*	Regierungsform
Regierungskoalitioun *(f,-en)*	Regierungskoalition
Regierungskris *(f,-en)*	Regierungskrise
Regierungspartei *(f,-en)*	Regierungspartei
Regierungspositioun *(f,-en)*	Regierungsposition
Regieuweisung *(f,-en)*	Regieanweisung
Regime *(m,-r)*	Diät
Regime *(m,-r)*	Staatsform
Regiment *(n,-er)*	Regiment
regional *(adj)*	regional
regionaliséieren *(v)*	regionalisieren
Regionalpress *(f,~)*	Lokalpresse
Regionalrot *(f,-réit)*	Regionalrat
Regioun *(f,-en)*	Region
registréieren *(v)*	bemerken
registréieren *(v)*	registrieren
Registréierung *(f,-en)*	Registrierung
Reglage *(m,-n)*	Einstellung
regléieren *(v)*	einstellen
regléieren *(v)*	regeln
Reglement *(n,-er)*	Vorschrift
Reglementatioun *(f,-en)*	Regelung
Reglementatioun *(f,-en)*	Reglementierung
reglementéieren *(v)*	reglementieren
Regressioun *(f,-en)*	Regression
Regressioun *(f,-en)*	Rückschritt
regrettéieren *(v)*	bedauern
regulär *(adj)*	regulär
regulär *(adj)*	vorschriftsmäßig
Regularisatioun *(f,-en)*	Regularisierung
regulariséieren *(v)*	regularisieren
Regulatioun *(f,-en)*	Regelung
reguléieren *(v)*	regulieren
Reguléierung *(f,-en)*	Regulierung
Rehabilitatioun *(f,-en)*	Rehabilitation
rehabilitéieren *(v)*	rehabilitieren
Rehazenter *(m,-zentren)*	Rehabilitationszentrum
réi *(adj)*	roh
réi *(adj)*	ungekocht
réi *(adj)*	unverarbeitet
Rei *(f,~)*	Reue
Rei *(f,-en)*	Linie
Rei *(f,-en)*	Reihe
Rei *(f,-en)*	Reihenfolge
Rei *(f,-en)*	Zeile
Réi *(n,--)*	Reh
Rei, an der - sinn *(exp)*	Ordnung, in - sein
Rei, an der - *(exp)*	Ordnung, in -
reibungslos *(adj)*	reibungslos
Réidchen *(m,Réidercher)*	Radieschen
reiden *(v)*	reiten
Réiden-Atert *(p)*	Redange-sur-Attert
Reider *(m,--)*	Reiter
Réidercher *(npl)*	Radieschen
Reiefolleg *(f,-en)*	Reihenfolge
reien *(v)*	aufreihen
réieren *(v)*	rühren
réieren *(v)*	umrühren
réieren, sech - *(v)*	bewegen, sich -
réieren, sech - *(v)*	rühren, sich -
reieweis *(adv)*	reihenweise
réigelméisseg *(adj)*	regelmäßig
Reiland *(p)*	Reuland
Reiler *(p)*	Reuler
Reim *(m,-en)*	Reim
Réimaterial *(n,-ien)*	Rohmaterial
Réimech *(p)*	Remich
reimen *(v)*	reimen
reimen, sech - *(v)*	passen
Réimer *(m,--)*	Römer
Réimerstrooss *(f,-en)*	Römerstraße
réimesch *(adj)*	römisch
reimiddeg *(adj)*	reumütig
Reinkarnatioun *(f,--)*	Reinkarnation
Reinkarnatioun *(f,--)*	Wiedergeburt
Reintegratioun *(f,-en)*	Wiedereingliederung
reintegréieren *(v)*	wiedereingliedern
reinvestéieren *(v)*	investieren, wieder -
Réischen *(f,Réisercher)*	Röschen
réischteren *(v)*	rösten
Reisduerf *(p)*	Reisdorf
Reiser *(npl)*	Holzreiser
Réiser *(p)*	Roeser
Réislengspaschtéit *(f,-en)*	Rieslingpastete
Réistoff *(m,-er)*	Rohstoff
Reiterstatu *(f,-en)*	Reiterdenkmal
Reiterstatu *(f,-en)*	Reiterstandbild
Reitmeeschter *(m,--)*	Reitlehrer
Reitmeeschter *(m,--)*	Stallmeister
Reitpäerd *(n,--)*	Reitpferd
Reitsport *(m,--)*	Reitsport
reiwen *(v)*	reiben
Reiwerei *(f,-en)*	Kabbelei
Reiwerei *(f,-en)*	Reiberei
reizen *(v)*	herausfordern
reizen *(v)*	reizen
rekapituléieren *(v)*	rekapitulieren
Reklamatioun *(f,-en)*	Beanstandung
reklaméieren *(v)*	beanstanden
reklaméieren *(v)*	sich beschweren
Reklamm *(f,-en)*	Werbedrucksache
Reklamm *(f,-en)*	Werbung
Reklamm, an der - *(exp)*	Angebot, im -
Rekolt *(f,-en)*	Ernte
rekoltéieren *(v)*	ernten
Rekommandatioun *(f,-en)*	Empfehlung
rekommandéieren *(v)*	empfehlen
rekonstruéieren *(v)*	rekonstruieren
Rekonstruktioun *(f,-en)*	Rekonstruktion
Rekonstruktioun *(f,-en)*	Wiederaufbau
Rekonversioun *(f,-en)*	Umstellung
Rekonziliatioun *(f,-en)*	Versöhnung
Rekord *(m,-er)*	Rekord
Rekrut *(m,-en)*	Rekrut
rekrutéieren *(v)*	anwerben
rekrutéieren *(v)*	rekrutieren
rektifizéieren *(v)*	berichtigen
Relais *(m,-en)*	Relais
Relatioun *(f,-en)*	Beziehung
relativ *(adj/adv)*	relativ
relativéieren *(v)*	relativieren
Relativitéit *(f,-en)*	Relativität
relaxéieren *(v)*	entspannen
relegéieren *(v)*	verweisen
Relevanz *(f,-en)*	Relevanz
Relief *(m,-er)*	Relief
reliéis *(adj)*	religiös
Religioun *(f,-en)*	Religion
Relioun *(f,-en)*	Religion
Reliounsunterrecht *(m,--)*	Religionsunterricht
Reliounsunterricht *(m,--)*	Religionsunterricht
reloger *(v)*	unterbringen, wieder -
rëm-/erëm- *(adv)*	wieder-/zurück
rëmäntweren *(v)*	entgegnen, frech -
Remarque *(f,-n)*	Bemerkung
remarquéieren *(v)*	bemerken
rëmballegen *(v)*	herumbalgen
rembourséieren *(v)*	zurückerstatten (Geld)
Remboursement *(m,-en)*	Rückerstattung
Remboursement *(m,-en)*	Zurückzahlung
rëmbréngen *(v)*	zurückbringen
rëmdréien *(v)*	umdrehen
remediéieren *(v)*	Abhilfe schaffen
Rëmeleng *(p)*	Rumelange
Rëmeljen *(p)*	Rumlange
Rëmerschen *(p)*	Remerschen
Rëmeschen *(p)*	Remerschen
rëmgewannen *(v)*	zurückgewinnen
rëmginn *(v)*	zurückgeben
rëmhuelen *(v)*	zurücknehmen
Remis *(m,-en)*	Unentschieden
Remise *(f,-n)*	Nachlass
Remise *(f,-n)*	Rabatt
Remise *(f,-n)*	Schuppen

Remise*(f,-n)* Skonto
Remix*(m,-en)* Remix
rëmkommen*(v)* zurückkommen
rëmkrauchen*(v)* umherkriechen
rëmkréien*(v)* wiederbekommen
Rëmmereg*(p)* Reimberg
remontéieren*(v)* wiederaufbauen
Remorque*(f,-n)* Anhänger
remorquéieren*(v)* abschleppen
Rempart*(m,-en)* Stadtmauer
remplacéieren*(v)* ersetzen
rëmschloen*(v)* rumschlagen
rëmspigelen*(v)* widerspiegeln
Remuneratioun*(f,-en)* Bezahlung
Remuneratioun*(f,-en)* Vergütung
remuneréieren*(v)* bezahlen
rëmwénken*(v)* zurückwinken
renaturéieren*(v)* renaturieren
Rendement*(m,-en)* Ertrag
Rendement*(m,-en)* Wirkungsgrad
Rendez-vous*(m,-en)* Termin
Rendez-vous*(m,-en)* Verabredung
Rëndfleesch*(n,~)* Rindfleisch
Rëndsbritt*(f,-en)* Rinderbrühe
Rëndsbrot*(m,-broden)* Rinderbraten
Rëndsfett*(n,~)* Rinderfett
Rëndsfilet*(m,-en)* Rinderfilet
Rëndszong*(f,-en)* Rinderzunge
Rëndszopp*(f,-en)* Rinderbrühe
Rëndszopp*(f,-en)* Rindfleischbrühe
Rëndvéizegkeet*(f,-en)* Dummheit
renegociéieren*(v)* verhandeln, neu -
renforcéieren*(v)* stärken
renforcéieren*(v)* verstärken
reng*(adj)* fein
reng*(adj)* rein
rengegen*(v)* reinigen
Réngel*(p)* Ringel
Réngelchen*(m,Réngelcher)* Ringlein
réngelen*(v)* ringeln
réngelen*(v)* rümpfen (Nase)
réngen*(v)* ringen
Renggewënn*(m,~)* Gewinn
Rénglott*(f,-en)* Reneklode
Rengheet*(f,~)* Reinheit
rengrasseg*(adj)* reinrassig
Rénk*(m,Réng)* Ring
Renkel*(f,-en)* Steuer (Auto)
renkelen*(v)* fahren (Auto, Rad)
renkelen*(v)* lenken
renkelen*(v)* steuern
rénkelen*(v)* fahren (Auto, Rad)
rénkelen*(v)* lenken
rénkelen*(v)* steuern
renken*(v)* fahren (Auto, Rad)
renken*(v)* lenken
renken*(v)* steuern
rénken*(v)* fahren (Auto, Rad)
rénken*(v)* lenken
rénken*(v)* steuern
Renndéier*(n,-en)* Rentier
rennen*(v)* beeilen, sich -
rennen*(v)* laufen
rennen*(v)* rennen
rënnen*(v)* abrunden
rënnen*(v)* lecken (Gefäß)
rënnen*(v)* rinnen
rënnen*(v)* sickern
Rennpäerd*(n,--)* Rennpferd
Rennpist*(f,-en)* Rennstrecke
Rennsport*(m,~)* Rennsport
Rennstreck*(f,-en)* Rennstrecke
renoméiert*(adj)* renommiert
renomméiert*(adj)* renommiert
renoncéieren*(v)* verzichten
renouvelléieren*(v)* erneuern
Renovatioun*(f,-en)* Renovierung
renovéieren*(v)* renovieren
Renovéierung*(f,-en)* Renovierung
renseignéieren*(v)* informieren
Renseignement*(n,-er)* Auskunft
Rent*(f,-en)* Rente
rentabel*(adj)* rentabel
rentabiliséieren*(v)* rentabilisieren
Rentabilitéit*(f,~)* Rentabilität
Rentabilitéit*(f,~)* Wirtschaftlichkeit
rentéieren*(v)* rentieren
Rentenadaptatioun*(f,-en)* Rentenanpassung
renummeréieren*(v)* nummerieren, neu -
Reorganisatioun*(f,-en)* Reorganisation
reorganiséieren*(v)* reorganisieren
Reparatioun*(f,-en)* Reparatur
Reparatioun*(f,-en)* Wiedergutmachung
Reparatur*(f,-en)* Reparatur
reparéieren*(v)* reparieren
Repartitioun*(f,-en)* Verteilung
Repercussioun*(f,-en)* Auswirkung
repercutéieren*(v)* auswirken, sich -
repercutéieren*(v)* weiterleiten
reperéieren*(v)* finden
Repertoire*(m,-n)* Repertoire
Repertoire*(m,-n)* Verzeichnis
repertoréieren*(v)* verzeichnen
repétéieren*(v)* wiederholen
Repetitioun*(f,-en)* Wiederholung
repikéieren*(v)* pikieren
repikéieren*(v)* versetzen
Repondeur*(m,-en)* Anrufbeantworter
Reportage*(m,-n)* Bericht
Reportage*(m,-n)* Reportage
Reporter*(m,-en)* Berichterstatter
Reporter*(m,-en)* Reporter
Rëpp*(f,-en)* Riegel (Schokolade)
Rëpp*(f,-en)* Rippe
Rëppestéck*(n,-er)* Rippenstück
Representatioun*(f,-en)* Vertretung
Representatioun*(f,-en)* Vorführung
Representativitéit*(f,~)* repräsentativer Charakter
Representativitéit*(f,~)* Repräsentativität
representéieren*(v)* darstellen
representéieren*(v)* vertreten
representéieren*(v)* vorstellen
Repressioun*(f,-en)* Unterdrückung
repressiv*(adj)* repressiv
reprochéieren*(v)* vorwerfen
Reproduktioun*(f,-en)* Nachbildung
Reproduktioun*(f,-en)* Reproduktion
reproduzéieren*(v)* reproduzieren
reproschéieren*(v)* vorwerfen
repsen*(v)* rülpsen
Reptil*(n,-er)* Reptil
Republik*(f,-en)* Republik
Republikaner*(m,--)* Republikaner
republikanesch*(adj)* republikanisch
Reputatioun*(f,-en)* Ansehen
Requiem*(m,-en)* Requiem
Requisit*(n,-en)* Requisit
Rescht*(m,-er)* Rest
rëschten*(v)* dekorieren
rëschten*(v)* schmücken
Rësel*(f,-en)* Rassel
rëselen*(v)* erschüttern
rëselen*(v)* schütteln
Reservatioun*(f,-en)* Reservierung
Reserve*(f,-n)* Reserve
reservéieren*(v)* reservieren
Reservéierung*(f,-en)* Reservierung
Reserverad*(n,-rieder)* Reserverad
Reservespiller*(m,--)* Ersatzspieler
Reservist*(m,-en)* Reservist
residéieren*(v)* wohnen
Residenz*(f,-en)* Mehrfamilienhaus
Residenz*(f,-en)* Residenz
Residenz*(f,-en)* Wohnort
Resignatioun*(f,-en)* Resignation
resignéieren*(v)* resignieren
resignéiert*(v)* resigniert
resistéieren*(v)* widerstehen

resistent*(adj)*	resistent
resistent*(adj)*	strapazierfähig
Resistenz*(f,~)*	Widerstand (Krieg)
Resistenz*(f,-en)*	Resistenz
Resistenzler*(m,--)*	Widerstandskämpfer
reskéieren*(v)*	riskieren
resolut*(adj)*	resolut
Resolutioun*(f,-en)*	Entschließung
Resolutioun*(f,-en)*	Resolution
Resonanz*(f,-en)*	Resonanz
resorbéieren*(v)*	verringern (zurückgehen)
resozialiséieren*(v)*	resozialisieren
Respekt*(m,~)*	Achtung
Respekt*(m,~)*	Respekt
respektéieren*(v)*	respektieren
respektiv*(adv)*	beziehungsweise
Respektlosegkeet*(f,-en)*	Respektlosigkeit
Respektspersoun*(f,-en)*	Respektsperson
respektvoll*(adj)*	respektvoll
responsabel*(adj)*	verantwortlich
responsabel*(adj)*	verantwortungsbewusst
responsabiliséieren*(v)*	haftbar machen
responsabiliséieren*(v)*	verantwortlich machen
Responsabilitéit*(f,-en)*	Verantwortung
Rëss*(npl)*	Risse
Ressort*(m,-en)*	Bettrost
Ressort*(m,-en)*	Ressort
Ressource*(f,-n)*	Mittel
Ressource*(f,-n)*	Ressource
Restaurant*(m,-en)*	Restaurant
Restauratioun*(f,-en)*	Gaststättengewerbe
restauréieren*(v)*	restaurieren
Restriktioun*(f,-en)*	Einschränkung
Restrukturatioun*(f,-en)*	Umstrukturierung
restrukturéieren*(v)*	umstrukturieren
Resultat*(n,-er)*	Ergebnis
resultéieren*(v)*	ergeben
Resumé*(m,-en)*	Zusammenfassung
resüméieren*(v)*	zusammenfassen
Resurrectioun*(f,-en)*	Auferstehung
retapéieren*(v)*	renovieren
Retentioun*(f,-en)*	Zurückbehaltung
Retenue*(f,-n)*	Einbehalten (Geld)
Retenue*(f,-n)*	Nachsitzen
Retortebëbee*(n,-ën)*	Retortenbaby
Retouche*(f,-n)*	Nachbesserung
Retouche*(f,-n)*	Umänderung
retouchéieren*(v)*	nachbessern
retouchéieren*(v)*	retuschieren
retour*(adv)*	zurück
Retour*(m,-en)*	Heimkehr
Retour*(m,-en)*	Rücksendung
Retour*(m,-en)*	Umkehr
retracéieren*(v)*	nachvollziehen
Retroaktivitéit*(f,-en)*	Rückwirkung
retrodatéieren*(v)*	zurückdatieren
retrogradéieren*(v)*	zurückschalten
Retrospektiv*(f,-en)*	Retrospektive
rëtscheg*(adj)*	rutschig
rëtschen*(v)*	rutschen
retten*(v)*	retten
Retter*(m,--)*	Retter
Rettung*(f,-en)*	Rettung
Rettungsboot*(n,-er)*	Rettungsboot
Rettungsdéngscht*(m,-er)*	Rettungsdienst
Rettungsrank*(m,-réng)*	Rettungsring
Rettungsrimm*(m,-en)*	Rettungsgürtel
Rettungswest*(f,-en)*	Rettungsweste
retuschéieren*(v)*	nachbessern
retuschéieren*(v)*	retuschieren
rëtzen*(v)*	anritzen
rëtzen*(v)*	ritzen
Reunioun*(f,-en)*	Versammlung
reusséieren*(v)*	Erfolg haben
reusséieren*(v)*	gelingen
Revalorisatioun*(f,-en)*	Aufwertung
Revalorisatioun*(f,-en)*	Revalorisierung
revaloriséieren*(v)*	aufwerten
revaloriséieren*(v)*	revalorisieren
Revanche*(f,-n)*	Revanche
Revanche*(f,-n)*	Vergeltung
revanchéieren*(v)*	revanchieren
Revéier*(m,--)*	Revier
Revendicatioun*(f,-en)*	Forderung
Revendikatioun*(f,-en)*	Forderung
revendiquéieren*(v)*	fordern
Revisioun*(f,-en)*	Revision
Revisioun*(f,-en)*	Überholung
revitaliséieren*(v)*	revitalisieren
Revocatioun*(f,-en)*	Widerruf
revokéieren*(v)*	widerrufen
revokéieren*(v)*	zurückziehen
Revolt*(f,-en)*	Revolte
revoltéieren*(v)*	aufbegehren
revoltéieren*(v)*	revoltieren
revolutionär*(adj)*	revolutionär
revolutionéieren*(v)*	revolutionieren
Revolutioun*(f,-en)*	Revolution
Revolver*(m,-en)*	Revolver
revoquéieren*(v)*	widerrufen
revoquéieren*(v)*	zurückziehen
Revue*(f,-n)*	Theaterrevue
Revue*(f,-n)*	Zeitschrift
Rez-de-chaussée*(m,-ën)*	Erdgeschoss
Rezensioun*(f,-en)*	Rezension
Rezept*(n,-er)*	Rezept
Rezeptioun*(f,-en)*	Empfang
Rezessioun*(f,-en)*	Rezession
Rezitatioun*(f,-en)*	Rezitieren
rezitéieren*(v)*	aufsagen
rezitéieren*(v)*	rezitieren
Rhetorik*(f,-en)*	Rhetorik
Rheuma*(m,~)*	Rheuma
rheumatesch*(adj)*	rheumatisch
Rhythmus*(m,-en)*	Rhythmus
Ribb*(f,-en)*	Rübe
Ribb, rout -*(exp)*	Bete, rote -
richen*(v)*	riechen
richen, gutt -*(exp)*	duften
richen, gutt -*(exp)*	riechen, gut -
richteg*(adj)*	exakt
richteg*(adj)*	genau
richteg*(adj)*	wahr
Richtegkeet*(f,~)*	Richtigkeit
ridiculiséieren*(v)*	lächerlich machen
Rido*(m,-en)*	Gardine
Ridosstaang*(f,-en)*	Gardinenstange
riechen*(v)*	riechen
Ried*(f,-en)*	Rede
Ried*(p)*	Roedt
Riedelen*(npl)*	Masern
rieden*(v)*	Rede halten
rieden*(v)*	reden
Riedensaart*(f,-en)*	Redewendung
Riedensaart*(f,-en)*	Sprichwort
riederen*(v)*	rädern
Riedgen*(p)*	Roedgen
Riedner*(m,--)*	Redner
Rief*(f,Riewen)*	Rebe
Riesling*(m,~)*	Riesling
Rieslingspaschtéit*(f,-en)*	Rieslingpastete
riets*(adv)*	rechts
Rietshänner*(m,--)*	Rechtshänder
Rietskéier*(f,-en)*	Rechtskurve
rigelen*(v)*	verriegeln
riguros*(adj)*	rigoros
riicht*(adj)*	gerade
riichtaus*(adv)*	geradeaus
riichtbéien*(v)*	zurechtbiegen
riichten*(v)*	einstellen
riichten*(v)*	gerade richten
riichten*(v)*	richten
riichten*(v)*	stellen (Uhr)
riichten*(v)*	vorbereiten
Riichter*(m,--)*	Richter
riichteraus*(adv)*	geradeheraus
riichteraus*(adv)*	unverblümt
riichteriwwer*(adv)*	gerade gegenüber
riichteweg*(adv)*	geradewegs

Rill(f,-en) Rille
Rimm(m,-en) Gürtel
Rimm(m,-en) Riemen
Ringen(n,~) Ringen
ripostéieren(v) kontern
Rippeg(p) Rippig
rippen(v) foulen
rippen(v) rempeln
Rippweiler(p) Rippweiler
Ris(m,-en) Riese
riseg(adj) gigantisch
riseg(adj) riesig
risegrouss(adj) riesengroß
Riselen(npl) Röteln
Risenerfolleg(m,-er) Riesenerfolg
Riserad(n,-rieder) Riesenrad
Riseslalom(m,~) Riesenslalom
Risespaass hunn(exp) Mordsspaß haben
Risesuccès(m,-en) Riesenerfolg
Risiko(m,Risiken) Risiko
Risikogrupp(m,-en) Risikogruppe
Risk(m,-en) Risiko
riskant(adj) riskant
riskéieren(v) riskieren
riskéieren(v) wagen
rit(adj) gerade
Ritual(m,-en) Ritual
rituell(adj) rituell
rivaliséieren(v) rivalisieren
Rivalitéit(f,-en) Rivalität
riwwer-/eriwwer-(adv) herüber-/hinüber-/rüber-
Robe de chamber(f,Robe-de-chamberen) Morgenrock
Roboter(m,-en) Roboter
rocken(v) rocken
Rockmusek(f,~) Rockmusik
Rodange(p) Rodange
rodéieren(v) einfahren (Auto)
roden(v) erraten
roden(v) raten
roden(v) vorschlagen
rof/erof(adv) ab
rof/erof(adv) herab-/hinab
rofbäissen(v) abbeißen
rofbieden(v) herunterbeten
rofdicksen(v) herunterwerfen
rofdrécken(v) hinunterdrücken
rofdréinen(v) runterdrehen
rofdreiwen(v) hinuntertreiben
Roff(m,Rëff) Kruste (Wunde)
Roff(m,Rëff) Schorf (Wunde)
Roff(m,Rëff) Schuppe
roffalen(v) herunterfallen
roffladderen(v) herunterflattern
roffléissen(v) hinabfließen
roffueren(v) hinabfahren
rofgeheien(v) hinunterwerfen
rofgoen(v) hinuntergehen
rofhänken(v) hinabhängen
rofhuelen(v) herunterholen
rofklammen(v) hinabklettern
rofkommen(v) hinunterkommen
rofkréien(v) abkriegen
rofkucken(v) hinunterblicken
roflafen(v) hinunterlaufen
rofleieren(v) herunterleiern
rofliesen(v) herunterlesen
rofloossen(v) herunterlassen
roflueden(v) herunterladen
rofmaachen(v) abmachen
rofmoossen, engem eng -(exp) ohrfeigen, jn -
rofplécken(v) abpflücken
rofräissen(v) abreißen
rofrappen(v) abreißen
rofrennen(v) hinunterrennen
rofrëtschen(v) hinunterrutschen
rofrullen(v) hinunterrollen
rofrutschen(v) hinunterrutschen
rofsäbelen(v) heruntersäbeln
rofsangen(v) heruntersingen
rofschären(v) hinunterfegen
rofschéissen(v) herunterschießen
rofschläichen(v) hinunterschleichen
rofschneiden(v) herunterschneiden
rofschrauwen(v) herunterschrauben
rofseegelen(v) hinabsegeln
rofspillen(v) herunterspielen
rofsprangen(v) hinunterspringen
rofstrëppen(v) ablegen (Hose, Strümpfe)
rofstrëppen(v) abstreifen
rofstufen(v) herunterstufen
roftrëllen(v) herunterfallen
rofwiergen(v) herunterwürgen
rofzéien(v) herunterziehen
Roll(f,-en) Rolle
Rolleng(p) Lamadelaine
Rolleng(p) Rolling
Rollengen(p) Rollingen
Rollengergronn(p) Rollingergrund
Rollespill(n,-er) Rollenspiel
Rolleverdeelung(f,-en) Rollenverteilung
Rolllued(f,-en) Rollladen
Rollschong(npl) Rollschuhe
Rollschung(npl) Rollschuhe
Rollstull(m,-still) Rollstuhl
rolzen(v) balgen, sich -
rolzen(v) herumtollen
Roman(m,-er) Roman
romanesch(adj) romanisch
Romanistik(f,~) Romanistik
Romanschrëftsteller(m,--) Romanschriftsteller
romantesch(adj) romantisch
Romanz(f,-en) Romanze
Romarin(m,~) Rosmarin
Rombech-Maarteleng(p) Rombach-Martelange
Rommel(f,-en) Rübe
Rompel(f,-en) Falte
Rompel(f,-en) Knitter
rompeleg(adj) runzlig
rompeleg(adj) zerknittert
rompelen(v) rümpfen (Nase)
rompelen(v) runzeln (Stirn)
rompelen(v) zerknittern
Rompelkummer(f,-en) Rumpelkammer
Rompfaass(m,-fässer) Butterfass
Rondel(m,-en) Kreis
Rondel(m,-en) Kreisverkehr
Rondel(m,-en) Scheibe, runde -
ronderëm(adv) rundherum
ronderëmdréien(v) runddrehen
ronderëmdréinen(v) umherdrehen
ronderëmdreiwen(v) umhertreiben
ronderëmfuchtelen(v) umherfuchteln
ronderëmfueren(v) umherfahren
ronderëmhantéieren(v) herumhantieren
ronderëmkommandéieren(v) herumkommandieren
ronderëmkrabbelen(v) umherkrabbeln
ronderëmlafen(v) umherlaufen
Rondrees(f,-en) Rundreise
rondrëmkutschéieren(v) herumkutschieren
ronken(v) schnarchen
ronn(adj) abgerundet
ronn(adj) rund
ronn(adv) rund
Ronschel(f,-en) Falte
Ronschel(f,-en) Runzel
ronschelen(v) knittern
ronschelen(v) werfen, Falten -
Röntgenopnam(f,-en) Röntgenaufnahme
Röntgestralen(npl) Röntgenstrahlen
ronzeleg(adj) runzlig
rop/erop(adv) hinauf/herauf
ropbréngen(v) heraufbringen
ropdiebelen(v) umbiegen
ropdrécken(v) drücken, nach oben -
ropdrécken(v) hinaufdrücken
ropdroen(v) hinauftragen

ropféieren*(v)*	hinaufführen
ropfléien*(v)*	hinauffliegen
ropfueren*(v)*	hinauffahren
ropgoen*(v)*	hinaufgehen
rophiewen*(v)*	hinaufheben
ropkäichen*(v)*	hinaufkeuchen
ropklammen*(v)*	hinaufklettern
ropkucken*(v)*	hinaufschauen
roplafen*(v)*	hinauflaufen
ropschaffen, sech -*(v)*	hocharbeiten, sich -
ropschleefen*(v)*	heraufschleppen
ropschloen*(v)*	hochkrempeln (Ärmel)
ropschrauwen*(v)*	hochschrauben
ropstoussen*(v)*	aufstoßen
ropstrëppen*(v)*	hochziehen (Kleidung)
ropweisen*(v)*	hinaufzeigen
ropzéien*(v)*	heraufziehen
rosa*(adj)*	rosa
rosarout*(adj)*	rosarot
rosen*(adj)*	verärgert
rosen*(adj)*	wütend
rosen*(v)*	toben
rosen*(v)*	wüten
rosen, - maachen*(exp)*	ärgern
Roséng*(f,-en)*	Rosine
Roséng*(f,-en)*	Sultanine
Roserei*(f,-en)*	Eifer
Roserei*(f,-en)*	Wut
Rot*(m,Réit)*	Rat
Rot*(m,Réit)*	Tipp
Rotatioun*(f,-en)*	Rotation
rotéieren*(v)*	rotieren
rotzen*(vulg)(v)*	spucken
Rou*(f,~)*	Ruhe
Rou*(f,~)*	Stille
Roudag*(m,-deeg)*	Ruhetag
roudelzeg*(adj)*	rötlich
Roudemer*(p)*	Rodenbourg
Roudersen*(p)*	Rodershausen
roueg sinn*(exp)*	ruhig sein
roueg sinn*(exp)*	still sein
roueg*(adj)*	ruhig
roueg*(adj)*	still
rouen*(v)*	ruhen
Rouer*(m,Réier)*	Rohr
Rouerbroch*(m,-bréch)*	Rohrbruch
Rouerzaang*(f,-en)*	Rohrzange
Roulade*(f,-n)*	Roulade (Fleisch)
Roulette*(n,~)*	Roulette
Roulotte*(f,-n)*	Wohnwagen
Roum*(p)*	Rom
Rous*(f,-en)*	Rose
Rouscht*(m,~)*	Russ
Rouscht*(m,-en)*	Grill
Rouscht*(p)*	Roost
Rousekranz*(m,-kränz)*	Rosenkranz
Rousekranzprëssessioun*(f,-en)*	Rosenkranzprozession
Rousemount*(m,~)*	Juni (Rosenmonat)
Rousenziichterei*(f,-en)*	Rosenzüchter
Rousestack*(m,-stäck)*	Rosenstock
Rousestack*(m,-stäck)*	Rosenstrauch
Rouspert*(p)*	Rosport
rout ginn*(exp)*	erröten
rout Luten*(npl)*	Verkehrsampeln
rout Luuchten*(npl)*	Verkehrsampeln
rout*(adj)*	rot
Routa*(n,-n)*	Rotauge
Routbrëschtchen*(f/n,-brëschtercher)*	Rotkehlchen
routfierwen*(v)*	rotfärben
Routine*(f,~)*	Routine
Routinekontroll*(f,-en)*	Routineuntersuchung
Routschwänzchen*(m,-schwänzercher)*	Rotschwänzchen
Rowdy*(m,-en)*	Strolch
rubbelen*(v)*	donnern (Gewitter)
rubbelen*(v)*	knallen
rubbelen*(v)*	poltern
Rubin*(m,-en)*	Rubin
ruckelen*(v)*	gurren
ruckelzeg*(adj)*	abstoßend
ruckelzeg*(adj)*	schmutzig
ruckelzeg*(adj)*	widerlich
Rucksak*(m,-säck)*	Rucksack
Rücksicht*(f,~)*	Rücksicht
Rudder*(n,-en)*	Ruder
Rudder*(n,-en)*	Steuerruder
Rudderboot*(n,-er)*	Ruderboot
Rudderbot*(n,-er)*	Ruderboot
Rudderen*(n,~)*	Rudern
rudderen*(v)*	rudern
Rudderstaang*(f,-en)*	Ruderstange
Ruecht*(m,-en)*	Brotlaib
Rued*(p)*	Roodt
Rueder*(p)*	Roder
Rued-Sir*(p)*	Roodt-sur-Syre
Ruff*(f,~)*	Ansehen
Ruff*(m,Riff)*	Ruf
ruffen*(v)*	rufen
Rugby*(m,~)*	Rugby
Ruin*(f,-en)*	Ruine
ruinéieren*(v)*	ruinieren
rullen*(v)*	rollen
Rulljen*(p)*	Roullingen
Rumän*(m,-en)*	Rumäne
rumänesch*(adj)*	rumänisch
Rumänin*(f,-nen)*	Rumänin
Rumm*(f,-en)*	Einfassung
Rumm*(f,-en)*	Rahmen
Rumm*(p)*	Rham-Plateau (früher Waisenanstalt)
rumoueren*(v)*	herumpoltern
rumoueren*(v)*	lärmen
rumoueren*(v)*	rumoren
Rupp*(m,-en)*	Stummelschwänzchen
ruppeg*(adj)*	schäbig
ruppeg*(adj)*	struppig
ruppen*(v)*	rupfen
Russ*(m,-en)*	Russe
Rüssel*(m,-en)*	Rüssel
russesch*(adj)*	russisch
Russin*(f,-nen)*	Russin
rüsten*(v)*	rüsten
rustikal*(adj)*	rustikal
Rutsch*(f,~)*	Rutschpartie
Rutschbahn*(f,-en)*	Rutsche
rutscheg*(adj)*	glatt
rutschen*(v)*	rutschen
Rutt*(f,-en)*	Angelrute
Rutt*(f,-en)*	Rohrstock
Rutt*(f,-en)*	Rute

S

Saach*(f,-en)*	Sache
Saaft*(m,~)*	Saft
Saassel*(p)*	Sassel
Sabbel*(f,-en)*	Geifer
Sabbel*(f,-en)*	Sabber
Sabbel*(pej)(f,-en)*	Maul
Sabbel*(pej)(f,-en)*	Schnauze
Sabbelduch*(n,-dicher)*	Lätzchen
sabbeleg*(adj)*	regnerisch (Wetter)
sabbeleg*(adj)*	sabberig
sabbeleg*(adj)*	vollgesabbert
sabbelen*(v)*	regnen, leicht -
sabbelen*(v)*	sabbern
sabbelen*(v)*	schwatzen
sabbelen*(v)*	verschütten
Sabbeler*(m,--)*	Schwätzer
Sabbelesch*(f,-en)*	Schwätzerin
Sabbelreen*(m,~)*	Nieselregen
sabléieren*(v)*	punktieren (Skulptur)
Sabotage*(f,-n)*	Sabotage
sabotéieren*(v)*	sabotieren
sachlech*(adj)*	sachlich
sächlech*(adj)*	sächlich
Sachlechkeet*(f,-en)*	Objektivität
Sachlechkeet*(f,-en)*	Sachlichkeit

sacken(v) senken, sich - (Boden)
sacrifiéieren(v) opfern
Sadismus(m,~) Sadismus
Safe(m,-n) Safe
Safe(m,-n) Tresor
säfteg(adj) saftig
Saier(f,-en) Säure
saieren(v) säuern
Sail(f,-en) Säule
säin(dét) sein
saiséieren(v) erfassen
saiséieren(v) ergreifen
Saison(f,-en) Jahreszeit
Saison(f,-en) Saison
Saisonnier(m,-en) Saisonarbeiter
Säit(f,-en) Saite
Säit(f,-en) Seite
Säitebléck(m,-er) Seitenblick
Säitenagank(m,-agäng) Seiteneingang
Säitenausgank(m,-ausgäng) Seitenausgang
säitens(pp) seitens
Säitenzuel(f,-en) Seitenanzahl
Säitenzuel(f,-en) Seitenzahl
Säitesprong(m,-spréng) Seitensprung
Säitestrooss(f,-en) Nebenstraße
Säitestrooss(f,-en) Seitenstraße
Säitewiessel(m,-en) Seitenwechsel
säitlech(adj) seitlich
säitwäerts(adv) seitwärts
Sak(m,Säck) Sack
Sak(m,Säck) Tasche
Sakduch(n,~) Gewebe, grobes -
Sakduch(n,-dicher) Taschentuch
Sakgaass(f,-en) Sackgasse
Sakko(m,-en) Sakko
Sakrament(n,-er) Sakrament
säkulariséieren(v) säkularisieren
Salamitaktik(f,-en) Salamitaktik
salben(v) salben
Saldo(m,-en) Saldo
Salef(f,-en) Salbe
Salem(m,Saalmen) Lachs
Sall(m,Säll) Saal
Sällchen(m,Sällercher) Wohnzimmer
Salle à manger(f,Salle-à-mangeren) Esszimmer
Salle d'attente(f,Salle-d'attenten) Wartesaal
Sallef(f,-en) Salbe
Salmonellen(npl) Salmonellen
Salon(m,-en) Stube, gute
Salon(m,-en) Wohnzimmer
Salut(m,-en) Gruß
salutéieren(v) salutieren
Salz(n,~) Salz
Salzdëppchen(n,-dëppercher) Salzstreuer
Salzdëppen(n,--) Salzfässchen
salzeg(adj) salzig
salzen(v) salzen
Salzsaier(f,-en) Salzsäure
Salzwaasser(n,~) Salzwasser
Salzwüst(f,-en) Salzwüste
Sam(m,Seem) Saum
Samba(f,-en) Samba
Samett(m,~) Samt
sametteg(adj) samtig
sametten(adj) Samt-
Sammelactioun(f,-en) Sammlung (einsammeln)
Sammelaktioun(f,-en) Sammlung (einsammeln)
sammelen(v) einsammeln
sammelen(v) sammeln
Sammelsurium(n,~) Sammelsurium
Sammler(m,--) Sammler
Sammlung(f,-en) Sammlung
Samschdeg(m,-er) Samstag
Samschden(m,Samschdeger) Samstag
samschdes(adv) samstags
Sanctioun(f,-en) Sanktion
Sand(m,~) Sand
Sandal(f,-en) Sandale
Sandauer(f,-en) Sanduhr
Sandbuerg(f,-en) Sandburg
Sandkaul(f,-en) Sandkasten
Sandkëscht(f,-en) Sandkasten
Sandmännchen(m,-männercher) Sandmännchen
Sandpabeier(m,~) Schmirgelpapier
Sandplaz(f,-en) Sandplatz
Sandweiler(p) Sandweiler
Sandwich(m,-en) Sandwich
sanéieren(v) sanieren
sangen(v) singen
Sänger(m,--) Sänger
Sängerin(f,-nen) Sängerin
Sanitäter(m,-en) Sanitäter
sanktifiéieren(v) heiligen
sanktionéieren(v) bestrafen
sanktionéieren(v) sanktionieren
Sanktioun(f,-en) Sanktion
Sanktioun(f,-en) Strafe
Santésinspectioun(f,-en) Überprüfung durch das Gesundheitsamt
Saphir(m,-en) Saphir
Sardin(f,-nen) Sardine
Sardinnebéchs(f,-en) Sardinenbüchse
Sarkasmus(m,Sarkasmen) Sarkasmus
sat(adj) betrunken
sat(adj) Fülle, in -
sat(adj) satt
sat, eppes - sinn(exp) überdrüssig, einer Sache - sein
sat, sech - iessen(exp) essen, sich satt -
Satan(m,-en) Satan
Satan(m,-en) Teufel
Satelittefernseh(m,~) Satellitenfernsehen
Satellit(m,-ten) Satellit
Satin(m,~) Satin
Satisfactioun(f,-en) Genugtuung
Sau(f,Sai) Sau
Sauce(f,-n) Sauce
Sauce(f,-n) Soße
sauer(adj) sauer
Sauer(p) Sauer
Sauerampel(m,~) Sauerampfer
Sauerei(f,-en) Sauerei
Sauerkiischt(f,-en) Sauerkirsche
Sauerkraut(n,~) Sauerkraut
Sauermous(n,~) Sauerkraut
Sauerstoff(m,~) Sauerstoff
Sauerstofffläsch(f,-en) Sauerstoffflasche
saufen(v) saufen
saufen(v) trinken (Tiere)
saufen, sech voll -(exp) volllaufen, sich - lassen
Saufpanz(vulg)(f,-pänz) Säufer
saufrech(ugs)(adj) saufrech
saugen(v) saugen
saukal(adj) saukalt
sauméisseg(adj) saumäßig
saumen(v) säumen
Sauna(f,-en) Sauna
sausen(v) sausen
Saustall(m,-ställ) Saustall
Sauwieder(n,~) Sauwetter
Saxophon(m,-en) Saxofon
Saxophon(m,-en) Saxophon
Saz(m,Sätz) Satz
Saz(m,Sätz) Satz (Tennis)
Saz(m,Sätz) Sprung
Sazzeechen(n,--) Satzzeichen
scannen(v) scannen
Scanner(m,-en) Scanner
Schaarchtechbotzer(m,-en) Schornsteinfeger
Schaarchtechbotzert(m,-en) Schornsteinfeger
schaardeg(adj) schartig
schaarf(adj) beißend
schaarf(adj) gewürzt
schaarf(adj) scharf
schaarf(adj) scharf (Bild)
schaarf(adj) scharfwinklig
schaarf(adj) schneidend
schaarf(adj) streng

Schaarstech*(m,-er)* Schornstein
schaarteg*(adj)* schartig
Schaaschtech*(m,-er)* Rauchfang
Schaaschtech*(m,-er)* Schornstein
Schach*(n,~)* Schach
Schachbriet*(n,-brieder)* Schachbrett
schachmatt*(adj)* schachmatt
Schachspill*(n,-er)* Schachspiel
Schachspiller*(m,--)* Schachspieler
Schacht*(m,Schächt)* Schacht
Schachtel*(f,-en)* Schachtel
schacks*(adj)* schief
schacks*(adv)* quer
schaddereg*(adj)* missklingend
schaddereg*(adj)* rau
schaddereg*(adj)* schuppig
schäerfen*(v)* schärfen
schäerfen*(v)* wetzen
Schäerft*(f,~)* Schärfe
Schaf*(m,Schief)* Anrichte
Schaf*(m,Schief)* Schrank
schafen*(v)* bringen, zu Wege -
schafen*(v)* schaffen
Schäferhond*(m,-hënn)* Schäferhund
Schaff*(f,~)* Arbeit
Schaff*(f,~)* Arbeitsplatz
Schäffchen*(m,Schäffercher)* Backofen
Schäffchen*(m,Schäffercher)* Bratofen
Schaffdag*(m,-deeg)* Arbeitstag
Schaffdag*(m,-deeg)* Werktag
schäffelen*(v)* schöpfen
Schäffen*(m,--)* Schöffe
schaffen*(v)* arbeiten
schäffen*(v)* schöpfen
Schäfferot*(m,-réit)* Schöffenkollegium
Schaffert*(m,-en)* Arbeitstier
Schaffert*(m,-en)* Streber
Schäffläffel*(m,-en)* Schöpfkelle
Schaffpäerd*(n,--)* Arbeitspferd
schaimeg*(adj)* schaumig
schaimen*(v)* schäumen
Schäin*(m,~)* Anschein
Schäin*(m,-er)* Geldschein
Schäin*(m,-er)* Schein
schäinhelleg*(adj)* scheinheilig
Schäissdreck*(m,~)* Scheiße
Schäissdreck*(m,-er)* Kot
schäissen*(v)* scheißen
Schäisserei*(ugs)(f,~)* Plackerei
Schäisserei, eng richteg -*(ugs)(exp)* Mist, ein richtiger -
Schäisshaischen*(vulg)(n,-haisercher)* Klo
Schal*(m,-en)* Schal

schalen*(v)* schallen
schalen*(v)* widerhallen
Schall*(m,~)* Schall
Schallmauer*(f,-en)* Schallmauer
Schallott*(f,-en)* Schalotte
schalten*(v)* schalten (Gang)
schalten*(v)* stellen (Maschine)
Schalter*(m,-en)* Schalter
Schalthiewel*(m,-en)* Schalthebel
Schaltjoer*(n,-joren)* Schaltjahr
Schaltkrees*(m,-er)* Schaltkreis
Schaltpult*(n,-er)* Schaltpult
schamper*(adj)* mürrisch
schamper*(adj)* schäbig
Schampes*(m,~)* Champagner
Schampescoupe*(n,~)* Sekt, Glas -
Schampesglas*(n,~)* Sektglas
Schampeskellerei*(f,-en)* Sektkellerei
Schan*(f,~)* Jammer
Schan*(f,~)* Schande
Schandel*(p)* Schandel
Schandfleck*(m,-en)* Schandfleck
schanjéieren*(v)* wechseln
Schank*(f,-en)* Knochen
schankeg*(adj)* knochig
Schankemuerch*(m,~)* Knochenmark
schännen*(v)* schänden
schänterlech*(adj)* infam
schänterlech*(adj)* schändlich
schänterlech*(adj)* unwürdig
Schanz, an d'- schéissen*(exp)* Spiel, aufs - setzen
Schapp*(m,Schäpp)* Lagerschuppen
Schapp*(m,Schäpp)* Schuppen
Schapp*(m,Schappen)* Estrich
schappeg*(adj)* armselig
schappeg*(adj)* schäbig
Schappegkeet*(f,~)* Armseligkeit
Schappen*(f,--)* halbe Liter
schappen*(v)* schaben
schappen*(v)* schlurfen
schappeweis*(adv)* bündelweise
schappeweis*(adv)* schoppenweise (trinken)
schären*(v)* rechen
schären*(v)* scharren
scharjeekelen*(v)* rumhantieren
scharjeekelen*(v)* umherschlendern
Scharlach*(m,~)* Scharlach
scharwenzelen*(v)* scharwenzeln
schasseg*(adj)* käsebleich
Schatz*(m,Schätz)* Schatz
schätzen*(v)* einschätzen
schätzen*(v)* schätzen

schätzen*(v)* wertschätzen
Schätzung*(f,-en)* Schätzung
Schauer*(f,-en)* Regenschauer
schaueren*(v)* putzen
schaueren*(v)* scheuern
Schaukel*(f,-en)* Wippe
schaukelen*(v)* schaukeln
Schaukelpäerd*(n,--)* Schaukelpferd
Schaukelstull*(m,-still)* Schaukelstuhl
Schaum*(m,~)* Schaum
Schaumläffel*(m,-en)* Schaumlöffel
Schaumstoff*(m,--)* Schaumstoff
Schaumwäin*(m,-er)* Schaumwein
Schauspiller*(m,--)* Schauspieler
Schauspillerin*(f,-nen)* Schauspielerin
schausseg*(adj)* bekloppt
schauteren*(v)* reiben
schauteren*(v)* scheuern
Schaz*(m,Schätz)* Schatz
Scheck*(m,-en)* Scheck
Scheckbuch*(n,-bicher)* Scheckheft
schécken*(v)* senden
schécken*(v)* verschicken
schécken, sech -*(v)* artig sein
schécken, sech -*(v)* benehmen, sich -
schéckerlech*(adj)* schicklich
Scheckheft*(n,-er)* Scheckheft
schëdden*(v)* schütten
Scheed*(m,-en)* Scheitel (Haare)
Scheedel*(p)* Scheidel
scheeden, sech - loossen*(exp)* scheiden, sich - lassen
scheeden, sech -*(v)* trennen, sich -
Scheedgen*(p)* Scheidgen
Scheedung*(f,-en)* Scheidung
Scheedungsprozess*(m,-er)* Scheidungsprozess
Scheefchen*(n,Scheewercher)* Schäfchen
Scheek*(f,-en)* Etui (Brille)
Scheek*(f,-en)* Hülse
Scheek*(f,-en)* Schote
Scheet*(n,-er)* Scheit
Scheewi*(n,-en)* Schäfchen (Kindersprache)
Schëff*(n,-er)* Kahn
Schëff*(n,-er)* Lastkahn
Schëff*(n,-er)* Schiff
Schëffahrt*(f,-en)* Schifffahrt
Schëffleng*(p)* Schifflange
Schëffsmann*(m,-männer)* Schiffer
Schëffsverkéier*(m,~)* Schiffsverkehr
schei*(adj)* scheu
schei*(adj)* schüchtern
Schei*(f,~)* Scheu
Schei*(f,~)* Schüchternheit

scheien(v) scheuen
Scheier(f,-en) Scheune
Schéier(f,-en) Drahtschere
Schéier(f,-en) Schere
Scheif(f,Scheiwen) Scheibe
Scheif(f,Scheiwen) Zielscheibe
Schéifer(m,--) Schäfer
Scheiheet(f,~) Scheu
schéin(adj) angenehm
schéin(adj) schön
schéineg(adj) schön (sehr)
Schéinheet(f,-en) Schönheit
Schéinheetsfeeler(m,--) Schönheitsfehler
Schéinheetsfleck(m,-en) Schönheitsfleck
Schéins, vill -(exp) Schönes, viel -
Scheinwerfer(m,--) Scheinwerfer
schéischreiwen(v) schönschreiben
Schéissbud(f,-en) Schießbude
Schéissen(n,~) Schießen
schéissen(v) schießen
schéissen(v) werfen
Schéisserei(f,-en) Schießerei
Schéissübung(f,-en) Schießübung
scheiteren(v) scheitern
Schéiwiederperiod(f,-en) Schönwetterperiode
Schëld mam Numm(exp) Namensschild
Schëld(n,Schëlter) Etikett
Schëld(n,Schëlter) Hinweisschild
Schëld(n,Schëlter) Schild
Schell(f,-en) Klingel
Schell(f,-en) Türklingel
schëlleg sinn(v) schulden
schëlleg(adj) schuldig
Schëlleg(npl) Schuldigen
schëlleg, eppes - sinn(exp) schuldig, etw - sein
Schëllegen(m,Schëlleg) Schuldiger
Schëllegkeet(f,~) Schuldigkeit
Schellem(m,-en) Schelm
schellen(v) klingeln
Schëller(f,-en) Schulter
Schëller, op d'liicht - huelen(exp) Schulter, auf die leichte - nehmen
Schëllerblat(n,-blieder) Schulterblatt
Schema(n,-en) Schema
schematiséieren(v) schematisieren
Schëmmel(m,~) Schimmel (Pferd)
Schëmpech(p) Schimpach
Schëndels(p) Schoenfels
Schengen(p) Schengen
schéngen(v) Anschein, den - haben
schéngen(v) glänzen
schéngen(v) scheinen
Schenkel(m,-en) Schenkel
schenken(v) schenken
Schënn(f,~) Plackerei
schënnen(v) schinden
schënnen(v) schinden
schënnen(v) schürfen (Haut)
schënnen, sech -(v) abmühen, sich -
Schënnerei(f,-en) Schinderei
Schëpp(f,-en) Schaufel
Schëppchen(f,Schëppercher) kleine Schaufel
Schëppen(n,~) Pik
schëppen(v) ausrutschen
schëppen(v) schaufeln
Schësser(m,~) Durchfall
Schëtter(p) Schuttrange
schëtzeg(adj) flott
schëtzeg(adj) schnell
Schi fueren(exp) Ski fahren
Schi fueren(exp) Ski laufen
Schi(m,--) Ski
Schi, alpin -(exp) Schilauf, alpine -
Schibbereg(p) Schüttburg
Schibedaach(m,-diech) Schiebedach
Schibengel(m,-en) Skistock
Schicht(f,-en) Schicht (Arbeit)
Schicht(f,-en) Schicht (Lage)
Schichtaarbecht(f,~) Schichtarbeit
Schichtwiessel(m,-en) Schichtwechsel
schick(adj) chic
Schicksal(n,-er) Schicksal
Schicksalsschlag(m,-schléi) Schicksalsschlag
Schied(npl) Schäden
schiedegen(v) schädigen
schiedlech(adj) schädlich
Schiefchen(m,Schiewercher) Schränkchen
schiel sinn(scherzh)(exp) betrunken sein
schiel sinn(scherzh)(exp) blind sein
schiel(adj) scheel
Schiel(f,-en) Hülle
Schiel(f,-en) Schale
schielen(v) entrinden
schielen(v) schälen
schielen, sech -(v) schälen, sich -
Schielmees(f,-en) Kohlmeise
Schierbel(f,-en) Scherbe
Schierbel(scherzh)(f,-en) Kopf
Schieren(p) Schieren
schieren(v) scheren (Schaf)
Schierm(m,-er) Schirm
schierpsen(v) zirpen
Schiertech(n,-er) Schürze
Schiet(m,--) Schatten
schif(adj) schief
schif(adv) quer
schiffen(ugs)(v) gießen (Regen)
schiffen(vulg)(v) pinkeln
schifueren(v) Ski fahren
Schigriszalot(f,-en) Schikoree-Salat
Schiidsrichter(m,-en) Schiedsrichter
schikanéieren(v) schikanieren
Schilaanglaf(m,~) Skilanglauf
Schilddrüs(f,-en) Schilddrüse
Schildkröt(f,-en) Schildkröte
Schilift(m,-er) Skilift
Schiltzbierg(p) Schiltzberg
schimmeg(adj) schüchtern
schimmeg(adj) verschämt
Schimmel(m,~) Schimmel
schimmeleg(adj) schimmelig
schimmeleg(adj) schummrig
schimmelen(v) schimmeln
Schimmelpilz(m,-er) Schimmelpilz
schimmereg(adj) schummrig
Schimt(f,~) Schamgefühl
Schimt(f,~) Schamhaftigkeit
Schinn(f,-en) Schiene
Schinnbeen(n,--) Schienbein
Schipist(f,-en) Skipiste
Schipp(f,-en) Arbeitskittel
schipsen(v) schilpen
Schischi maachen(exp) Umstände, sich - machen
Schischi(m,~) Umstände
Schischong(m,--) Skischuh
Schischung(m,--) Skischuh
Schisprangen(n,~) Skispringen
Schivakanz(f,-en) Skiurlaub
schizophren(adj) schizophren
Schlaang(f,-en) Schlange
Schlaang(f,-en) Warteschlange
Schlaang, an der - stoen(v) Schlange stehen
schlabberen(v) schwappen
schlacksen(v) schluchzen
Schlacksert(m,-en) Schluchzer
schladderen(v) schlottern
Schlag(m,Schléi) Schicksalsschlag
Schlag(m,Schléi) Schlaganfall
Schlag(m,Schléi) Stromschlag
Schlager(m,-en) Schlager
Schlagsahn(f,~) Schlagsahne
Schlagzeil(f,-en) Schlagzeile
schläichen(v) kriechen
schläichen(v) schleichen
schläifen(v) schleifen
Schläifmaschinn(f,-en) Schleifmaschine
Schläifpabeier(m,~) Schmirgelpapier
Schläifsteen(m,-steng) Schleifstein

Schläifsteen(m,-steng) Wetzstein
schläimen(v) schleimen
schläissen(v) entrinden (Holz)
Schlakentipp(m,-en) Schlackenhalde
Schlamassel(m,-en) Schlamassel
schlamm goen(exp) hinken
schlamm(adj) hinkend
schlamm(adj) lahm
Schlamm(m,~) Schlamm
Schlamm(m,~) Schlick
Schlamperei(f,-en) Schlamperei
schlängelen(v) schlängeln
schlank(adj) schlank
Schlapp(f,-en) Pantoffel
Schlapp(n,Schläpp) Schleife
schlappen(v) schlurfen
Schlass(n,Schlässer) Schloss
Schlass(n,Schlässer) Schloss (Gebäude)
Schlässer(m,-en) Schlosser
Schlässerei(f,-en) Schlosserei
Schlasshär(m,-en) Schlossherr
schlau(adj) klug
schlau(adj) schlau
Schlauch(m,Schläich) Schlauch
Schlauchboot(n,-er) Schlauchboot
schlaufen(v) schleichen
schlecht gezillt(exp) schlecht erzogen
schlecht(adj) schlecht
Schlecht(n,~) Schlechte
Schlechtegkeet(f,~) Schlechtheit
Schléck(f,-en) Kehle
Schléck(f,-en) Speiseröhre
schlécken(v) schlucken
Schleef(p) Schleif
Schleef, eng - ginn(exp) Länge, sich in die - ziehen
schleefen(pej)(v) dauern
schleefen(v) schleppen
schleefen(v) ziehen, sich -
Schleek(m,-en) Nacktschnecke
Schleek(m,-en) Schnecke
Schleek(m,-en) Weinbergschnecke
Schleekeforschett(f,-en) Schneckengabel
Schleekenhaischen(n,-haisercher) Schneckenhaus
Schleekepëtz(f,-en) Schneckenzange
Schlei(f,-en) Schleie
Schleider(f,-en) Schleuder
Schleider(f,-en) Wäscheschleuder
schleideren(v) schleudern
schleideren(v) trockenschleudern
Schleier(m,-en) Schleier
Schléif(f,Schléiwen) Schlehe
Schléifer(m,--) Schläfer
Schléiferin(f,-nen) Schläferin
schléifreg(adj) schläfrig
schléifreg(adj) schlaftrunken
Schleis(f,-en) Schleuse
schléissen(v) folgern
schléissen(v) schließen
Schléiwendrëpp(f,-en) Schlehendestillat
Schléiwenheck(f,-en) Schlehenhecke
schlëmm(adj) schlimm
schlëmm, méi - ginn(exp) verschlimmern, sich -
schlëmmer(adj) schlimmer
Schlëmmst, dat -(exp) Schlimmste, das -
Schlënnermanescht(p) Schlindermanderscheid
schlenteren(v) schlendern
schlëppen(v) binden, einen Knoten -
Schlëssel(m,-en) Schlüssel
Schlësselbeen(n,--) Schlüsselbein
Schlësselblumm(f,-en) Schlüsselblume
Schlëssellach(n,-lächer) Schlüsselloch
Schlësselschläiferei(f,-en) Schlosserei
schlidderen(v) schlittern
Schliessfach(n,-fächer) Schließfach
schliisslech(adv) schließlich
Schlippchen(f,Schlippercher) Schlückchen
schlipperchesweis(adv) schluckweise
Schlips(m,-en) Fliege
Schlips(m,-en) Schlips
Schlissfach(f,-fächer) Schließfach
Schlitt(m,-er) Schlitten
Schlitt, mam - fueren(exp) Schlitten fahren
Schlittschung fueren(exp) eislaufen
Schlittschung(m,--) Schlittschuh
Schlitz(m,-er) Schlitz
schlitzen(v) schlitzen
schloen(v) hauen
schloen(v) klopfen
schloen(v) schlagen
schloen(v) schlagen (Uhr)
Schlof(f,~) Schlaf
Schlof(m,~) Schlummer
Schlof, ouni(exp) schlaflos
schlofen(v) schlafen
schlofen, - goen(exp) schlafen gehen
Schloff(m,Schlëff) Durchschlupf
Schloff(m,Schlëff) enger Raum
Schloff(m,Schlëff) Schlupfwinkel
Schlofgeleeënheet(f,-en) Schlafgelegenheit
Schlofkummer(f,-en) Schlafzimmer
Schloflidd(n,-er) Schlaflied
Schloflidd(n,-er) Wiegenlied
Schlofmëttel(n,-en) Schlafmittel
Schlofsak(m,-säck) Schlafsack
Schlofwon(m,-ween) Schlafwagen
Schlofzëmmer(n,-en) Schlafzimmer
Schloper(m,-en) Meißel
schloperen(v) meißeln
Schloreen(m,~) Platzregen
Schluecht(f,-en) Schlacht
schluechten(v) abschlachten
schluechten(v) schlachten
Schluechtfeld(n,-er) Schlachtfeld
Schluechthaus(n,-haiser) Schlachthaus
Schluechthaus(n,-haiser) Schlachthof
Schluechtmesser(n,-en) Schlachtmesser
Schluet(m,Schliet) Regenschauer
schluetwäiss(adj) schneeweiß
schluetwäiss(adj) weißhaarig
schlummeren(v) schlummern
Schlupp(f,-en) Schlampe
Schlupp(f,-en) Schluck
schluppen(v) bechern
schluppen(v) schlurfen
schluppen(v) schlürfen
Schluppert(scherzh)(m,-en) Trinker
Schluppjang(scherzh)(m,-en) Trinker
Schluss(m,~) Ende
Schluss(m,~) Schluss
Schlussbemierkung(f,-en) Schlussbemerkung
schlussfolgeren(v) schlussfolgern
Schlussfolgerung(f,-en) Schlussfolgerung
Schlussprëssessioun(f,-en) Schlussprozession der Marien-Wallfahrt
Schlussprossessioun(f,-en) Schlussprozession der Marien-Wallfahrt
Schlusspunkt(m,-en) Schlusspunkt
Schlussrapport(m,-en) Abschlussbericht
Schlussstréch(m,-er) Schlussstrich
Schmaach(f,-en) Kostprobe
schmaachen(v) kosten
Schmadd(m,Schmëdd/Schmatten) Schmied
schmäissen(v) schmeißen
schmäissen(v) werfen
Schmalz(m,~) Schmalz
schmalzbiedelen(v) katzbuckeln
schmalzeg(adj) kitschig
schmalzeg(adj) schmalzig
schmank(adj) biegsam
schmank(adj) schlank
Schmant(m,~) Rahm
Schmant(m,~) Sahne
Schmantnéckel(m,-en) Schmeichler
Schmarotzer(m,--) Schmarotzer
Schmass(m,Schmëss) Wurf
schmasseg(adj) lebhaft

Schmécksert(m,-en) Geschmack, leicht verdorbener - (Lebensmittel)
Schmëdd(f,Schmëtten) Schmiede
Schmëdd(p) Schmiede
schmeechelen(v) schmeicheln
schmeier(adj) gewittrig
schmeier(adj) schwül
Schmelz(f,-en) Eisenhütte
Schmelz(f,-en) Eisenwerk
Schmelz(f,-en) Schmiede
schmëlzen(v) schmelzen
schménken(v) schminken
Schmier(f,-en) Butterbrot
Schmier(n,~) Schmierfett
Schmier(n,-en) Salbe
schmiereg(adj) fettig
schmiereg(adj) schmierig
schmieren(v) bestechen
schmieren(v) fetten
schmieren(v) streichen (Butterbrot)
schmieren, d'Schung -(exp) abhauen, schnell -
schminken(v) schminken
Schminni(m,-en) Kamin
schmockelen(v) schmuggeln
Schmoggel(m,~) Schmuggel
schmoggelen(v) schmuggeln
schmonzen(v) schmunzeln
schmotzeg(adj) dreckig
schmotzen(v) schmutzen
schmuddeleg(adj) dreckig
schmuddeleg(adj) schmuddelig
Schmuebel(f,-en) Schwalbe
schmuel(adj) dünn
schmuel(adj) mager
schmuel(adj) schmal
Schmuelef(f,-en) Schwalbe
Schmuewel(f,-en) Schwalbe
schmuggelen(v) schmuggeln
Schmuggler(m,-en) Schmuggler
Schmull(m,~) Grieß
schmunzelen(v) schmunzeln
schmunzen(v) schmunzeln
schmuussen(v) schmusen
schnaarchen(v) schnarchen
schnabbelen(v) plappern
Schnabbelgréit(f,-en) Plappertasche
schnadderen(v) frösteln
schnadderen(v) schlottern
schnadderen(v) schnattern
Schnäiz(f,-en) Verweis
Schnäiz, eng - kréien(exp) Verweis, einen - bekommen
Schnäizduch(n,-dicher) Taschentuch
schnäizen(v) schnäuzen, sich -
schnalzen(v) schnalzen
schnapen(v) erwischen
schnapen(v) schnappen
schnapen, no Loft -(exp) schnappen, nach Luft -
Schnapp(m,-en) Schnupfen
Schnappech(n,-er) Taschentuch
Schnaps(m,-en) Schnaps
Schnapsiddi(f,-en) Schnapsidee
Schnatt(m,--) Schnitt (Butter)
Schnatt(m,Schnëtt) Einkerbung
Schnatt(m,Schnëtt) Einschnitt
Schnatt(m,Schnëtt) Schnittwunde
Schnatz(m,--) Schnitt (Butter)
Schnauer(f,-en) Schwiegertochter
Schnauf(f,Schnauwen) Prise Schnupftabak
schnauwen(v) schnauben (Pferd)
schnauwen(v) schnupfen
schnauwen(v) schnuppern
Schnauz(m,Schnäiz) Schnurrbart
schneekeg(adj) naschhaft
Schneekegkeet(f,-en) Naschzeug
schneeken(v) naschen
Schneekerei(f,-en) Naschzeug
Schneewittchen(n,-wittercher) Schneewittchen
Schnéi(m,~) Schnee
Schnéibiesem(m,-en) Schneebesen
Schneid(f,~) Schärfe
Schneid(f,-en) Schneide
schneiden(v) schneiden
schneiden, d'Neel -(exp) schneiden, die Nägel -
schneiden, op d'Mooss -(exp) zurechtschneiden
Schneider(m,-en) Schneider
schneideren(v) schneidern
Schneiderin(f,-nen) Schneider
schneien(v) schneien
Schnéiflack(f,-en) Schneeflocke
Schnéikläckelchen(f,-kläckelcher) Schneeglöckchen
Schnéiklatz(f,-en) Schneeball
Schnéimann(m,-männer) Schneemann
Schnéimännchen(m,-männercher) Schneemann
Schnéireen(m,~) Schneeregen
Schneis(f,-en) Schneise
Schnéischauer(f,-en) Schneeschauer
Schnéistuerm(m,-stierm) Schneesturm
schnéiwäiss(adj) schneeweiß
Schnéiwick(f,-en) Schneewehe
schnell(adj) schnell
Schnellegkeet(f,~) Schnelligkeit
Schnellkachdëppen(n,--) Schnellkochtopf
Schnellzuch(m,-zich) Schnellzug
Schnëppel(m,-en) Stückchen (Schinken, Brot)
schnëppelen(v) schneiden (Kurve)
schnëppelen(v) schneiden, klein -
Schnëss(f,-er) Maul
Schnëssbatti(m,-en) Schwätzer
schnësseg(adj) schwatzhaft
schnëssen(v) plaudern
Schnësser(m,--) Schwätzer
Schnëssert(m,-en) Schwätzer
Schnëssesch(f,-en) Schwätzerin
Schnëtz(m,--) Schnitt (Butter)
Schnëtzel, panéierte -(exp) Schnitzel, paniertes -
schnëtzelen(v) schnitzen
schnëtzen(v) schnitzen
Schniewel(m,-en) Schnabel
Schnitzel(m,-en) Schnitzel
Schnitzel, panéierte -(exp) Schnitzel, paniertes -
schnoffelen(v) schniefen
schnoffelen(v) schnüffeln
schnoffelen(v) schnuppern
Schofsbock(m,-béck) Schafbock
Schnouer(f,Schnéier) Bindfaden
Schnouer(f,Schnéier) Schnur
schnuckeleg(adj) schnuckelig
Schnuddel(f,-en) Nasenschleim
Schnuddel(f,-en) Rotz
schnuddelen(v) laufen (Nase)
schnuddelen(v) rumnörgeln
Schnuddelhong(n,-hénger) Pute
Schnuddelhong(n,-hénger) Truthahn
schnupperen(v) schnuppern
schnuren(v) schnurren
schnurren(v) vorbeisurren
Schnurres(m,-sen) Schnurrbart
Schock(m,-en) Schock
schockéieren(v) schockieren
Schockela(m,~) Schokolade
schockelas(adj) Schokoladen-
Schockelasgoût(m,~) Schokoladengeschmack
Schockelaskaffi(m,~) Schokolade, heiße -
schocken(v) anstoßen (prosten)
Schof(n,--) Schaf
Schofsfleesch(n,~) Schaffleisch
Schofskéis(m,~) Schafskäse
schokant(adj) anstößig
Schold(f,~) Schuld
Schold(f,~) Schulden
Scholdgefill(n,-er) Schuldgefühl

Scholdschäin(m,-er) Schuldschein
Schong(m,--) Schuh
Schongbiischt(f,-en) Schuhbürste
Schonggeschäft(n,-er) Schuhgeschäft
Schonggréisst(f,-en) Schuhgröße
Schongläffel(m,-en) Schuhanzieher
Schongläffel(m,-en) Schuhlöffel
Schongnummer(f,-en) Schuhgröße
Schongschaf(m,-schief) Schrank für Schuhe
Schongstréckel(m,-en) Schnürsenkel
schonn(adv) schon
schonns(adv) schon
Schoss op de Goal(exp) Torschuss
Schossel(f,-en) Schüssel
schosselen(v) zustande bringen
Schosswiessel(m,-en) Schusswechsel
schoteren(v) schleichen
Schott(m,-en) Schotte
Schottland(p) Schottland
Schoul halen(exp) unterrichten
Schoul(f,-en) Schule
Schoulaktivitéit(f,-en) Schulaktivität
Schoulautoritéit(f,-en) Schulbehörde
Schoulbildung(f,~) Schulbildung
Schoulbuch(m,-bicher) Schulbuch
Schouldag(m,-deeg) Schultag
Schouldirektioun(f,-en) Schulleitung
schoulen(v) schulen
Schoulfernseh(m,~) Schulfernsehen
Schoulhaff(m,-häff) Schulhof
Schoulkomerod(m,-en) Schulkamerad
Schoulkommissioun(f,-en) Schulbehörde
Schoulkommissioun(f,-en) Schulkommission
Schoulmeeschter(m,-en) Lehrer
schoulmeeschteren(v) schulmeistern
schoulmeeschteren(v) unterrichten
Schoulorganisatioun(f,-en) Schulorganisation
Schoulradio(m,~) Schulfunk
Schoulsak(m,-säck) Schulranzen
Schoulstonn(f,-en) Schulstunde
Schoulstonn(f,-en) Unterrichtsstunde
Schoulsystem(m,-er) Schulsystem
Schoulufank(m,~) Schulanfang
Schoulzäit(f,-en) Schulzeit
schounen(v) schonen
schounen(v) verschonen
Schounzäit(f,-en) Schonzeit
schoupeg(adj) schlecht gelaunt
Schous(p) Schoos
Schouschter(m,-en) Schuster
Schouss(m,Schéiss) Schoß
Schoussmippchen(m,-mippercher) Schoßhündchen
Schouster(m,-en) Schuster
schousteren(v) schustern
Schraasseg(p) Schrassig
Schräiner(m,-en) Schreiner
Schräinerei(f,-en) Schreinerei
schräineren(v) schreinern
schrampelen(v) abschwellen
schrampelen(v) schrumpfen
schrappen(v) schaben
Schratt(m,Schrëtt) Gangart
Schratt(m,Schrëtt) Schritt
Schrauf(f,Schrauwen) Schraube
Schraufstack(m,-stäck) Schraubstock
Schrauwemudder(f,-en) Schraubenmutter
schrauwen(v) schrauben
Schrauwenzéier(m,-en) Schraubenzieher
Schrauweschlëssel(m,-en) Schraubenschlüssel
Schreck(m,~) Schrecken
schrécken(v) abschreiten
schrécken(v) schreiten
schrecklech(adj) schrecklich
Schrecksekonn(f,-en) Schrecksekunde
Schrëft(f,-en) Schrift
Schrëft, Hëlleg -(exp) Schrift, Heilige -
schrëftlech(adj) schriftlich
Schrëftsteller(m,-en) Schriftsteller
schréi(adj) schräg
Schreifdësch(m,-er) Schreibtisch
Schreiffeeler(m,--) Schreibfehler
Schreifmaschinn(f,-en) Schreibmaschine
Schreifweis(f,-en) Rechtschreibung
Schreifweis(f,-en) Schreibweise
Schréip(f,-en) Schramme
Schréips(f,-en) Schramme
schréipsen(v) schrammen
schréipsen(v) verkratzen
schreiwen(v) schreiben
Schreiwereien(npl) Korrespondenz
Schreiwereien(npl) Schreibarbeiten
Schreiwes(n,Schreiwen) Anschreiben
Schreiwes(n,Schreiwen) Schreiben
Schrëtt(m,--) Schritt
schro(adj) boshaft (Person)
schro(adj) schlimm
schrompelen(v) abschwellen
schrompelen(v) schrumpfen
Schrondweiler(p) Schrondweiler
Schrott(m,~) Schrott
Schrottplaz(f,-en) Schrottplatz
Schrumm(f,-en) Kratzer
Schrumm(f,-en) Schramme
schruppen(v) schrubben
Schruppert(m,-en) Schrubber
schrupsen(v) knirschen
Schubber(m,~) Schuppen
Schubkar(f,-en) Schubkarre
Schudder(m,-en) Schauder
schudderen(v) frösteln
schudderen(v) schaudern
Schudderengen(npl) Gänsehaut
Schueberfouer(f,~) Schobermesse
schued(adv) schade
Schued(m,Schied) Schaden
schueden(v) schaden
Schuel(f,-en) Schale
schueren(v) abrasieren
schueren(v) scheren (Schaf)
Schüler(m,--) Schüler
Schülerin(m,-nen) Schülerin
Schülerzeitung(f,-en) Schülerzeitung
Schuller(p) Schouweiler
schummen, sech -(v) schämen, sich -
Schung(m,--) Schuh
Schungbiischt(f,-en) Schuhbürste
Schunggeschäft(n,-er) Schuhgeschäft
Schunggréisst(f,-en) Schuhgröße
Schungläffel(m,-en) Schuhanzieher
Schungläffel(m,-en) Schuhlöffel
Schungnummer(f,-en) Schuhgröße
Schungschaf(m,-schief) Schrank für Schuhe
Schungstréckel(m,-en) Schnürsenkel
Schungsuel(f,-en) Schuhsohle
Schungwichs(f,-en) Schuhcreme
Schupp(f,-en) Schuppe
Schupp(f,Schéip) Schuppe (Fisch)
schuppen(ugs)(v) klauen
schuppen(v) abschuppen
schuppen(v) schieben
schupsen(v) schieben
Schüttelfrost(m,~) Schüttelfrost
Schutzblech(m,-er) Schutzblech
Schutzëmschlag(m,-ëmschléi) Schutzumschlag
schützen(v) schützen
Schutzengel(m,-en) Schutzengel
schwaach falen(exp) ohnmächtig werden
schwaach(adj) gehaltlos
schwaach(adj) kraftlos
schwaach(adj) schwach
Schwaart(f,-en) Schwarte
schwaarz gesinn(v) schwarzsehen
schwaarz maachen(exp) schwärzen
schwaarz(adj) schwarz
Schwaarzbier(n,~) Brombeere
Schwaarzbiersheck(f,-en) Brombeerstrauch

Schwaarzmaart(m,~) Schwarzmarkt
schwaarzwäiss(adj) schwarzweiß
Schwaarz-Wäiss-Film(m,-er) Schwarz-Weiß-Film
Schwaarz-Wäiss-Photo(f,-en) Schwarz-Weiß-Foto
schwabbelen(v) schwabbeln
schwächen(v) schwächen
Schwächt(f,-en) Schwäche
schwadronéieren(v) schwadronieren
Schwadroun(m,-en) Schwadron
schwäermen(v) ausschwärmen
schwäermen(v) schwärmen
Schwäermerei(f,-en) Schwärmerei
schwäerzen(v) schwärzen
schwäikal(adj) saukalt
Schwäin(m,--) Schwein
schwäirosen(adj) fuchsteufelswild
Schwäistall(m,-ställ) Schweinestall
schwäiwëll(adj) fuchsteufelswild
Schwäiz, d' -(p) Schweiz, die -
Schwäizer Kéis(exp) Schweizer Käse
Schwäizer(m,--) Schweizer
Schwämm(f,-en) Schwimmbad
Schwamm(m,Schwämm) Schwamm
Schwämm, gedeckte -(exp) Hallenbad
Schwämm, oppe -(exp) Freibad
Schwammbagger(m,-en) Baggerschiff
Schwammbox(f,-en) Badehose
Schwammen(n,~) Schwimmen
schwammen(v) schwimmen
Schwammlektioun(f,-en) Schwimmstunde
Schwammveräin(m,-er) Schwimmclub
Schwammwest(f,-en) Schwimmweste
Schwamp(m,Schwämm) Schwamm
Schwan(m,-en) Schwan
schwängeren(v) schwängern
Schwangerschaft(f,-en) Schwangerschaft
schwanken(v) schwanken
schwanken(v) zögern
Schwanz(m,Schwänz) Schwanz
schwänzelen(v) scharwenzeln
schwanzréngelen(v) scharwenzeln
schwätzen(v) reden
schwätzen(v) sprechen
Schwätzert(m,-en) Schwätzer
Schweden(p) Schweden
schwedesch(adj) schwedisch
Schweebech(p) Schwebach
Schweech(p) Schweich
Schweess(f,-en) Schweißnaht
Schweess(m,~) Schweiß
schweessen(v) schweißen
schweessen(v) schwitzen
schweessnaass(adj) schweißnass
Schwéidsbeng(en)(p) Schwebsange
schwéier(adj) schwer
schwéier(adj) schwierig
Schwéierblesséiert(npl) Schwerverletzte
Schwéierblesséierten(m,-blesséierter) Schwerverletzter
Schwéierelteren(npl) Schwiegereltern
schwéierfälleg(adj) schwerfällig
Schwéierfällegkeet(f,~) Behäbigkeit
Schwéierfällegkeet(f,~) Schwerfälligkeit
Schwéierindustrie(f,-n) Schwerindustrie
Schwéierleit(npl) Schwiegereltern
Schwéiermamm(f,-en) Schwiegermutter
Schwéierpapp(m,-en) Schwiegervater
Schwéierverbriecher(m,--) Schwerverbrecher
schwéierverdaulech(adj) schwerverdaulich
Schwéiesch(f,-en) Schwägerin
Schwell(f,-en) Eisenbahnschwelle
Schwell(f,-en) Schwelle
Schwell(f,-en) Trennbalken
schwëllen(v) anschwellen
Schwëmmer(m,--) Schwimmer
Schwëmmerin(f,-nen) Schwimmerin
Schwéngchen(n,Schwéngercher) Schweinchen
Schwéngefleesch(n,~) Schweinefleisch
schwéngen(v) schwingen
Schwéngerei(f,-en) Schweinerei
Schwéngsbrot(m,-broden) Schweinebraten
schwéngsen(v) schweinisch, sich - benehmen
Schwéngsfriessen(n,~) Schweinefraß
Schwéngshéiss(f,-en) Schweinehaxe
Schwéngsjelli(m,~) Schweinesülze
Schwéngskotelett(f,-en) Schweinekotelett
Schwéngslieder(n,~) Schweineleder
Schwéngsproduktioun(f,-en) Schweineproduktion
Schwéngsrëpp(f,-en) Schweinerippe
Schwéngsziichterei(f,-en) Schweinezucht
schwenken(v) schwenken
schwenken(v) spülen (mit klarem Wasser)
Schwëster(f,-en) Ordensschwester
Schwëster(f,-en) Schwester
Schwësterkongregatioun(f,-en) Schwesternschaft
Schwiddelbruch(p) Schwiedelbrouch
Schwier(m,-en) Abszess
Schwier(m,-en) Geschwür
schwiereg(adj) schwierig
Schwieregkeet(f,-en) Schwierigkeit
Schwieregkeetsgrad(m,-en) Schwierigkeitsgrad
schwieren(v) ablegen, Eid -
schwieren(v) schwören
Schwiewel(m,~) Schwefel
schwiewen(v) schweben
schwindelen(v) schwindeln
Schwindler(m,--) Schwindler
Schwoer(m,-en) Schwager
Schwonk(m,~) Schwung
Sciatique(f,-n) Ischias
Science-Fiction(f,~) Science-Fiction
Scolaritéit(f,~) Schulzeit
Scout(m,-en) Pfadfinder
sech(pr) sich
Séchel(f,-en) Sichel
sécher sinn(exp) sicher sein
sécher(adj) sicher
sécher(adv) gewiss
sécher(adv) sicherlich
sécheren(v) sichern
Sécherheet(f,~) Sicherheit
Sécherheetsglas(n,~) Sicherheitsglas
Sécherheetsgurt(m,-en) Sicherheitsgurt
Sécherheetsrimm(m,-en) Sicherheitsgurt
Sécherheetsrot(m,-réit) Sicherheitsrat
Sécherheetsspéngel(f,-en) Sicherheitsnadel
sécherstellen(v) sicherstellen
Sécherung(f,-en) Sicherung
sechs(adj) sechs
sechsten(adj) sechsten
sechzeg(adj) sechzig
Séckchen(f,Séckercher) Söckchen
Séckchen(f,Séckercher) Socke
secondéieren(v) assistieren
Secondhandshop(m,-pen) Secondhandshop
Sectioun(f,-en) Abteilung
Sectioun(f,-en) Sektion
Securitéit(f,~) Sicherheit
Sediment(n,-er) Sediment
Seductioun(f,-en) Verführung
See(f,-ën) Säge
Seech(vulg)(f,~) Urin
Seechen(f,--) Legende
Seechen(f,--) Sage
seechen(vulg)(v) pinkeln
Seechomes(f,-sen) Ameise
Seechomessekoup(m,-kéip) Ameisenhaufen
Seechomessennascht(n,-näschter) Ameisennest
seeën(v) sägen
Seeërei(f,-en) Sägerei
Seef(f,-en) Seife
Seefeblos(f,-en) Seifenblase
seefen(v) einseifen

seefen *(v)*	seifen
Seefepolver *(n,~)*	Seifenpulver
Seefepolver *(n,~)*	Waschpulver
Seel *(f,-er)*	Seil
Seelbunn *(f,-en)*	Seilbahn
Seeldänzer *(m,--)*	Seiltänzer
seelen *(adj)*	selten
Seelenheet *(f,~)*	Seltenheit
Seemaschinn *(f,-en)*	Kreissäge
Seemaschinn *(f,-en)*	Säge
Seemiel *(n,~)*	Sägemehl
Seen *(f,-en)*	Sehne
seenen *(v)*	segnen
Sëffecht *(f,-en)*	Sauferei
Sëffecht *(f,-en)*	Trinkgelage
Sëffer *(m,--)*	Säufer
Sëffer *(m,--)*	Zechbruder
Segel *(m,-en)*	Segel
Segelboot *(n,-er)*	Segelboot
Segelduch *(n,-dicher)*	Segeltuch
segelen *(v)*	segeln
Segelfléien *(n,~)*	Segelfliegen
Segelfliger *(m,-en)*	Gleitflugzeug
Segelfliger *(m,-en)*	Segelflugzeug
Segelschëff *(n,-er)*	Segelschiff
Segelsport *(m,~)*	Segelsport
Segen *(m,~)*	Segen
Segler *(m,--)*	Segler
Segment *(n,-er)*	Segment
segmentéieren *(v)*	segmentieren
seguer/souguer *(adv)*	sogar
sehnen *(v)*	sehnen
Sehnenentzündung *(f,-en)*	Sehnenentzündung
Séi *(m,-en)*	See
Seibecken *(f,--)*	Salatseiher
Seibecken *(f,--)*	Seiher
Seid *(f,~)*	Seide
Seidech *(f,-en)*	Seiher
seiden *(adj)*	Seiden-
Seidepabeier *(m,--)*	Seidenpapier
Seiduch *(n,-dicher)*	Seihtuch
séien *(v)*	säen
séier *(adj)*	schnell
séierno *(adv)*	beinahe
Séihond *(m,-hënn)*	Seehund
Séikaart *(f,-en)*	Seekarte
séikrank *(adj)*	seekrank
Séikrankheet *(f,~)*	Seekrankheit
Séil *(f,-en)*	Seele
séileg *(adj)*	angetrunken
séileg *(adj)*	glückselig
séileg *(adj)*	selig
Séilegkeet *(f,~)*	Seligkeit
Séileliewen *(n,--)*	Seelenleben
séileroueg *(adj)*	seelenruhig
Séiloft *(f,~)*	Meeresluft
Séimaschinn *(f,-en)*	Sämaschine
Séimerei *(f,-en)*	Samenhandel
Séinduch *(n,-dicher)*	Saattuch
séinen *(v)*	säen
Séipäerdchen *(n,-päerdercher)*	Seepferdchen
Séischluecht *(f,-en)*	Seeschlacht
Séischwächt *(f,~)*	Sehschwäche
Seismograph *(m,-en)*	Seismograph
séiss *(adj)*	süß
Séissegkeet *(f,-en)*	Süßigkeit
Séissel *(f,-en)*	Sense
séissen *(v)*	süßen
Séisses, eppes - *(exp)*	Süßes, etw -
Séissheet *(f,~)*	Süße
Sekonn *(f,-en)*	Sekunde
Sekonnenzär *(m,-en)*	Sekundenzähler
Sekretär *(m,-en)*	Sekretär
Sekretariat *(n,-er)*	Sekretariat
Sekretärin *(f,-nen)*	Sekretärin
Sekt *(f,-en)*	Sekte
sektionéieren *(v)*	zertrennen
Sektioun *(f,-en)*	Abteilung
Sektioun *(f,-en)*	Sektion
selbstänneg *(adj)*	selbstständig
Selbstbeherrschung *(f,~)*	Selbstbeherrschung
Selbstbewosstsäin *(n,~)*	Selbstbewusstsein
Selbstgespréich *(n,~)*	Selbstgespräch
Selbstgoal *(m,-er)*	Eigentor
Selbstjustiz *(f,~)*	Selbstjustiz
selbstkritesch *(adj)*	selbstkritisch
selbstlos *(adj)*	selbstlos
Selbstmatleed *(n,~)*	Selbstmitleid
Selbstmord *(m,~)*	Selbstmord
Selbstportrait *(m,-en)*	Selbstporträt
Selbstsécherheet *(f,~)*	Selbstsicherheit
Selbstständlechkeet *(f,-en)*	Selbstständigkeit
Selbstverdeedegung *(f,~)*	Selbstverteidigung
Selbstverständlechkeet *(f,~)*	Selbstverständlichkeit
Selbstvertrauen *(n,~)*	Selbstvertrauen
Selbstzweck *(m,-er)*	Selbstzweck
selectionéieren *(v)*	auswählen
Selectioun *(f,-en)*	Auswahl
Selektioun *(f,-en)*	Auswahl
Selfservice *(n,-n)*	Selbstbedienung
Säll *(p)*	Saeul
sëllech *(adj)*	viel
Selschent *(p)*	Selscheid
seltsamerweis *(adv)*	seltsamerweise
selwecht *(adj)*	gleich
selwecht *(dét)*	selb
sëlwer *(adj)*	silbern
selwer *(adv)*	selber
selwer *(adv)*	selbst
Sëlwer *(n,~)*	Silber
Sëlwer *(n,~)*	Tafelsilber
sëlwereg *(adj)*	silbern
Sëlwergeschir *(n,~)*	Tafelsilber
Sëlwerhochzäit *(f,-en)*	Silberhochzeit
Selz *(p)*	Selz
Semantik *(f,~)*	Semantik
Semester *(n,-en)*	Semester
Semikolon *(m,-en)*	Semikolon
Seminarist *(m,-en)*	Seminarist
Senat *(m,-er)*	Senat
Sënd *(f,-en)*	Sünde
sëndegen *(v)*	sündigen
senden *(v)*	senden
Sendepaus *(f,-en)*	Sendepause
Sender *(m,-en)*	Fernsehanstalt
Sender *(m,-en)*	Sender
Sendeschluss *(m,~)*	Sendeschluss
Sendezäit *(f,-en)*	Sendezeit
Sendung *(f,-en)*	Sendung
seng *(dét)*	sein
sengen *(v)*	sengen
sengersäits *(adv)*	seinerseits
senges *(pr)*	seiner
Senior *(m,-en)*	Senior
Senioren *(npl)*	Senioren
Seniorenheem *(n,-er)*	Seniorenheim
Seniorepass *(m,-päss)*	Seniorenkarte
senken *(v)*	senken
Sënn *(f,-en)*	Sünde
Sënn *(m,~)*	Bedeutung
Sënn *(m,~)*	Zweck
Sënn *(m,-er)*	Sinn
sënnen *(v)*	sinnieren
Senneng *(p)*	Senningen
Sennengerbierg *(p)*	Senningerberg
sënneren *(v)*	aussondern
sënneren *(v)*	klassieren
Sënnesorgan *(n,-er)*	Sinnesorgan
Sënnlechkeet *(f,~)*	Sinnlichkeit
sënnlos *(adj)*	sinnlos
Sënnlosegkeet *(f,~)*	Sinnlosigkeit
sënnvoll *(adj)*	sinnvoll
sensationell *(adj)*	sensationell
Sensatioun *(f,-en)*	Sensation
sensibel *(adj)*	empfindlich
sensibel *(adj)*	sensibel
Sensibilisatioun *(f,-en)*	Sensibilisierung
sensibiliséieren *(v)*	sensibilisieren

Sensibilitéit*(f,-en)*	Sensibilität
sensitiv*(adj)*	sensitiv
Sensor*(m,-en)*	Sensor
sentimental*(adj)*	sentimental
Sentimentalitéit*(f,-en)*	Sentimentalität
separat*(adj)*	separat
Separatioun*(f,-en)*	Trennung
Separatissem*(m,~)*	Separatismus
Separatisten-Organisatioun*(f,-en)*	Separatistenorganisation
separéieren*(v)*	trennen
September*(m,~)*	September
Septième*(f,-n)*	Klasse, siebte - (Schule)
Sequenz*(f,-en)*	Sequenz
sequestéieren*(v)*	beschlagnahmen
Serie*(f,-n)*	Serie
seriéis*(adj)*	ernst
seriéis*(adj)*	seriös
serieméisseg*(adj)*	serienmäßig
serieux*(adj)*	ernst
serieux*(adj)*	seriös
seriös*(adj)*	ernst
seriös*(adj)*	seriös
Seriositéit*(f,~)*	Seriosität
Serjant*(m,-en)*	Sergeant
servéieren*(v)*	bedienen
servéieren*(v)*	servieren
Serveuse*(f,-n)*	Kellnerin
Service*(m,~)*	Bedienung
Service*(m,-r)*	Abteilung
Service*(m,-r)*	Dienst
Service*(m,-r)*	Dienstleistung
Service*(m,-r)*	Essgeschirr
Sëschter*(f,-en)*	Schwester
Sessellift*(m,-en)*	Sessellift
Sessioun*(f,-en)*	Session
Sessioun*(f,-en)*	Sitzungsperiode
Sëtz vun enger Firma*(exp)*	Firmensitz
Sëtz*(m,-er)*	Sitz
Sëtz, hënneschte -*(exp)*	Rücksitz
Sëtz, viischte -*(exp)*	Vordersitz
sëtzebleiwen*(v)*	sitzenbleiben
setzen*(v)*	setzen
setzen*(v)*	stellen
sëtzen*(v)*	sitzen
sëtzen*(v)*	tagen
sëtzen, - bleiwen*(exp)*	sitzenbleiben
sëtzen, - goen*(exp)*	einsitzen
setzen, op d'Plaz -*(exp)*	zurechtweisen
setzen, sech -*(v)*	setzen, sich -
Setzer*(m,--)*	Schriftsetzer
Setzer*(m,--)*	Setzholz
Sëtzfleesch*(n,~)*	Sitzfleisch
Sëtzgeleeënheet*(f,-en)*	Sitzgelegenheit
Setzholz*(n,-hëlzer)*	Setzholz
Sëtzkëssen*(n,--)*	Sitzkissen
Sëtzplaz*(f,-en)*	Sitzplatz
Sëtzuerdnung*(f,-en)*	Sitzordnung
Sëtzung*(f,-en)*	Sitzung
Sëtzung*(f,-en)*	Versammlung
Seuch*(f,-en)*	Seuche
seufzen*(v)*	seufzen
Sex*(m,~)*	Sex
Sexfeindlechkeet*(f,-en)*	Sexophobie
sexistesch*(adj)*	sexistisch
Sexshop*(m,-pen)*	Sexshop
sexualiséieren*(v)*	sexualisieren
Sexualliewen*(n,~)*	Sexualleben
sexy*(adj)*	sexy
sezéieren*(v)*	sezieren
Shampooing*(m,-en)*	Shampoo
Sheriff*(m,-en)*	Sheriff
Short*(m,-en)*	Shorts
Show*(f,-en)*	Show
Showbusiness*(m,~)*	Showbusiness
Showmaster*(m,-en)*	Showmaster
si*(pr)*	sie
Sich*(f,-en)*	Suche
Sich, op der -*(exp)*	Suche, auf der -
Sichactioun*(f,-en)*	Suchaktion
sichen*(v)*	suchen
sichen, no engem -*(exp)*	suchen, jn -
Sicherei*(f,~)*	Sucherei
sickeren*(v)*	sickern
Siddel*(f,-en)*	Holzbank (mit hoher Rückenlehne)
siddeleg*(adj)*	sachte
siddeleg*(adj)*	sanft
siechzeg*(adj)*	sechzig
siechzéng*(adj)*	sechzehn
siedegen*(v)*	sättigen
Siff*(m,-er)*	Sieb
siffen*(v)*	sieben
Sift*(m,-er)*	Sieb
siften*(v)*	sieben
Sigel*(m,-en)*	Siegel
Sigellack*(m,~)*	Siegellack
Sigelrank*(m,-réng)*	Siegelring
sigen*(v)*	siegen
Siger*(m,-en)*	Sieger
signaléieren*(v)*	melden
signaléieren*(v)*	signalisieren
signaliséieren*(v)*	signalisieren
signéieren*(v)*	unterschreiben
Siicht*(f,~)*	Sicht
Silb*(f,-en)*	Silbe
Silbentrennung*(f,-en)*	Silbentrennung
Silhouett*(f,-en)*	Silhouette
Silvester*(m,~)*	Silvester
Simmer*(p)*	Septfontaines
simpel*(adj)*	einfach
Simulant*(m,-en)*	Simulant
Simulatioun*(f,-en)*	Simulation
Simulatioun*(f,-en)*	Vortäuschung
simuléieren*(v)*	simulieren
Sinfonie*(f,-n)*	Symphonie
sinistréiert*(adj)*	geschädigt
sinn*(v)*	sein
Sinnef*(m,~)*	Ackersenf
Sinus*(m,~)*	Sinus
Siphon*(m,-en)*	Siphon
Sipp*(f,-en)*	Sippe
Sippecht*(f,-en)*	Saufgelage
sippen*(v)*	trinken
Sippschaft*(f,-en)*	Sippschaft
Sir*(p)*	Surré
Sireen*(f,-en)*	Sirene
Siren*(p)*	Syren
Sirro*(m,-en)*	Sirup
Sirrop*(m,-en)*	Sirup
Sitten*(npl)*	Sitten
Sittlechkeet*(f,~)*	Sittlichkeit
Situatioun*(f,-en)*	Situation
Situatiounskomik*(f,~)*	Situationskomik
situéieren*(v)*	einordnen (Zeit, Raum)
siwen*(adj)*	sieben
siwenanachtzeg*(adj)*	siebenundachtzig
siwenanuechtzeg*(adj)*	siebenundachtzig
Siweschléifer*(m,--)*	Siebenschläfer
Siwestécher*(m,--)*	Libelle
Siwwenaler*(p)*	Siebenaler
siwwenzeg*(adj)*	siebzig
siwwenzéng*(adj)*	siebzehn
Sixième*(f,-n)*	Klasse, achte - (Schule)
Skala*(f,-en)*	Skala
Skalpell*(n,-er)*	Skalpell
Skandal*(m,-er)*	Skandal
skandaléis*(adj)*	skandalös
skandaliséieren*(v)*	skandalisieren
Skateboard*(n,-en)*	Skateboard
Skelett*(n,-er)*	Skelett
Skepsis*(f,~)*	Skepsis
Ski fueren*(exp)*	Ski fahren
Ski fueren*(exp)*	Ski laufen
Ski*(m,--)*	Ski
Ski, alpin -*(exp)*	Schilauf, alpine -
Skilaanglaf*(m,~)*	Skilanglauf
Skilift*(m,-er)*	Skilift
Skinhead*(m,-s)*	Skinhead
Skipist*(f,-en)*	Skipiste

Skischong *(m,--)* Skischuh
Skischung *(m,--)* Skischuh
Skisprangen *(n,~)* Skispringen
Skivakanz *(f,-en)* Skiurlaub
Skizz *(f,-en)* Skizze
Skizz *(f,-en)* Vorzeichnung
skizzéieren *(v)* skizzieren
skizzéieren *(v)* vorzeichnen
Sklav *(m,-en)* Sklave
Skleros *(f,-en)* Sklerose
Skrupel *(m,-en)* Skrupel
skrupellos *(adj)* skrupellos
Skulptur *(f,-en)* Skulptur
skurril *(adj)* skurril
Skyline *(f,-n)* Skyline
Slalom *(m,~)* Slalom
Slapstick *(m,~)* Slapstick
Slip *(m,-pen)* Slip
Slums *(npl)* Slums
Smaragd *(m,-en)* Smaragd
Smog *(m,~)* Smog
Smoking *(m,-en)* Smoking
Snobismus *(m,~)* Snobismus
Snowboard *(m,-en)* Snowboard
snowboarden *(v)* snowboarden
So *(f,-en)* Sage
Societéit *(f,-en)* Firma
Sockett *(f,-en)* Söckchen
soen *(v)* sagen
soen, engem wat gelift - *(exp)* sagen, jm die Meinung -
Soff *(m,~)* Suff
Soff *(m,Sëffer)* Säufer
Software *(f,~)* Software
Softwarefeeler *(m,--)* Softwarefehler
Softwarekonfiguratioun *(f,-en)* Softwarekonfiguration
soignéieren *(v)* pflegen
Soirée *(f,-ën)* Soirée
Sojazooss *(f,-zosen)* Sojasoße
Solarenergie *(f,~)* Sonnenenergie
Solarium *(m,Solarien)* Solarium
soldéieren *(v)* herabsetzen (Preis)
Solden *(npl)* Schlussverkauf
Sole *(f,-n)* Scholle
Sole *(f,-n)* Seezunge
Solfège *(m,~)* Notenunterricht
Solidarbäitrag *(m,-bäiträg)* Solidaritätsbeitrag
solidariséieren *(v)* solidarisieren
Solidaritéit *(f,-en)* Solidarität
Solist *(m,-en)* Solist
sollen *(v)* sollen
Soller *(p)* Sonlez

Solo *(m,-en)* Solo
Solodänzer *(m,--)* Solotänzer
Soloinstrument *(n,-er)* Soloinstrument
Solper *(n,~)* Salzlake
Solperbidden *(f,--)* Pökelwanne
solperen *(v)* einlegen, in Salz -
solperen *(v)* pökeln
Solschlëssel *(m,-en)* Violinschlüssel
Solweid *(f,-en)* Salweide
Som *(m,~)* Same
Somduch *(n,-dicher)* Saattuch
Sommet *(m,-en)* Gipfelkonferenz
Sommetskonferenz *(f,-en)* Gipfelkonferenz
Sondage *(m,-n)* Meinungsumfrage
sondéieren *(v)* befragen (Meinungsumfrage)
Sonn *(f,-en)* Sonne
Sonndeg *(m,-er)* Sonntag
Sonnden *(m,Sonndeger)* Sonntag
sonndes *(adv)* sonntags
Sonndesblietchen *(n,-bliedercher)* Sonntagsblatt
Sonndesmass *(f,-en)* Sonntagsmesse
sonndest Gezei *(exp)* Sonntagskleider
Sonneblumm *(f,-en)* Sonnenblume
Sonnebrand *(m,-bränn)* Sonnenbrand
Sonnebrëll *(m,-er)* Sonnenbrille
sonneg *(adj)* sonnig
sonnen, sech - *(v)* sonnen, sich -
Sonnenauer *(f,-en)* Sonnenuhr
Sonnenenergie *(f,-n)* Sonnenenergie
Sonnenënnergank *(m,-gäng)* Sonnenuntergang
Sonnenopgank *(m,-gäng)* Sonnenaufgang
Sonneprabbeli *(m,-en)* Sonnenschirm
Sonnepräbbeli *(m,-en)* Sonnenschirm
sonner *(adj)* eigen
Sonnestach *(m,-stéch)* Sonnenstich
Sonnestéch *(m,--)* Sonnenstich
Sonnestral *(m,-en)* Sonnenstrahl
Sonorisatioun *(f,-en)* Lautsprecheranlage
Sonorisatioun *(f,-en)* Tonqualität
Soonsligen *(f,--)* Notlüge
Sorbet *(m,-en)* Sorbet
sortéieren *(v)* sortieren
soss näischt *(exp)* sonst noch was
soss *(adv)* anderswo
soss *(adv)* früher
soss *(adv)* sonst
soss *(adv)* Übrigen, im -
sou genannt *(exp)* so genannt
sou *(adv)* so
soubal *(cn)* sobald
soubal *(cn)* sowie
Soud *(m,~)* Sodbrennen

soueren *(v)* nörgeln
soueren *(v)* surren
soueren *(v)* wimmern
Souffleur *(m,-en)* Souffleur
Souffleuse *(f,-n)* Souffleuse
souguer *(adv)* sogar
Soumissioun *(f,-en)* Angebotsabgabe
Soumissiounskommissioun *(f,-en)* Ausschreibungskommission
Sound *(m,~)* Ton
soupçonnéieren *(v)* verdächtigen
Souscriptioun *(f,-en)* Subskription
Sous-sol *(m,-en)* Untergeschoss
Sous-traitant *(m,-en)* Zulieferer
Souterrain *(m,-en)* Untergeschoss
Soutien *(m,-en)* Büstenhalter (BH)
Souverainitéit *(f,~)* Souveränität
Souveränitéit *(f,~)* Souveränität
souvill *(adv)* soviel
souwäit *(cn)* soweit
souwéisou *(adv)* sowieso
souwisou *(adv)* sowieso
souwuel *(cn)* sowohl
sozial *(adj)* sozial
Sozialfall *(m,-fäll)* Sozialfall
Sozialformatioun *(f,~)* Sozialausbildung
sozialiséieren *(v)* sozialisieren
Sozialissem *(m,~)* Sozialismus
Sozialist *(m,-en)* Sozialdemokrat
Sozialist *(m,-en)* Sozialist
sozialistesch *(adj)* sozialdemokratisch
sozialistesch *(adj)* sozialistisch
Sozialkohäsioun *(f,~)* soziale Kohäsion
Sozialkonventioun *(f,-en)* Sozialabkommen
Sozialleeschtungen *(npl)* Sozialleistungen
Sozialpartner *(m,--)* Sozialpartner
Sozialplang *(m,-pläng)* Sozialplan
Sozialrot *(m,-réit)* Sozialrat
Sozialunioun *(f,-en)* Sozialunion
Sozialwunnecht *(f,-en)* Sozialwohnung
Sozialwunneng *(f,-en)* Sozialwohnung
Soziolog *(m,-en)* Soziologe
Spaass *(m,~)* Freude
Spaass *(m,~)* Jux
Spaass *(m,~)* Scherz
Spaass *(m,~)* Spaß
spaasseg *(adj)* spaßhaft
spaasseg *(adj)* spaßig
spaassen *(v)* scherzen
spaassen *(v)* spaßen
Spachtel *(f,~)* Spachtel
Spachtel *(f,-en)* Spatel
spachtelen *(v)* spachteln

Spackelter *(m,--)*	Hagebutte
Spackeltertéi *(m,~)*	Hagebuttentee
spadséieren *(v)*	spazieren
spadséieren, - fueren *(exp)*	spazieren fahren
spadséieren, - goen *(exp)*	spazieren gehen
Spadséiergank *(m,-gäng)*	Spaziergang
Spagat *(m,-en)*	Spagat
Spagetti *(f,-en)*	Spaghetti
Späicher *(m,~)*	Speicherplatz (Computer)
Späicher *(m,-en)*	Dachboden
Späicher *(m,-en)*	Dachgeschoss
Späicher *(m,-en)*	Speicher
Späicherdier *(f,-en)*	Tür zum Dachboden
späicheren *(v)*	abspeichern (Computer)
späicheren *(v)*	sichern (Computer)
späicheren *(v)*	speichern
Späicherkapazitéit *(f,-en)*	Speicherkapazität
Späicherliicht *(f,-en)*	Dachfenster
Späicherliicht *(f,-en)*	Dachgaube
Späichertrap *(f,-en)*	Bodentreppe
Späichertrap *(f,-en)*	Dachbodentreppe
späizen *(v)*	spucken
Spalt *(f,-en)*	Spalte
spanen *(v)*	spannen
Spann *(f,-en)*	Spinne
Spann *(f,-en)*	Wäschespinne
spannen *(v)*	durchdrehen
spannen *(v)*	grübeln
spannen *(v)*	schnurren
spannen *(v)*	spannen (Bogen)
spannen *(v)*	spinnen (Faden)
spannend *(adj)*	spannend
Spannung *(f,-en)*	Spannung
Spär *(f,-en)*	Sperre
spären *(v)*	abschließen
spären *(v)*	schließen
spären *(v)*	sperren
Spargel *(f,-en)*	Spargel
spatz *(adj)*	kalt (Wind)
spatz *(adj)*	scharf
spatz *(adj)*	spitz
Spatz *(m,-en)*	Sperling
spatz, eng - Fieder *(exp)*	scharf, eine - Feder
Spaut *(m,~)*	Speichel
Spaut *(m,~)*	Spucke
Spaweck *(m,-en)*	Spinnwebe
Speaker *(m,-en)*	Ansager
Speaker *(m,-en)*	Moderator
Speakerin *(f,-nen)*	Ansagerin
Speakerin *(f,-nen)*	Moderatorin
Speakerin *(f,-nen)*	Speakerin
Specificitéit *(f,-en)*	Besonderheit
Speck *(m,~)*	Speck
Speck, more - *(exp)*	Speck, magere
Speckboun *(f,-en)*	Feuerbohne
speckeg *(adj)*	speckig
specken *(adj)*	Speck-
spécksen *(v)*	spitzen, die Ohren -
Spectateur *(m,-en)*	Zuschauer
Speech *(f,-en)*	Radspeiche
Speechel *(f,-en)*	Sommersprosse
Speis *(m,~)*	Mörtel
Speiseröhre *(f,-n)*	Speiseröhre
spéit *(adj)*	spät
spéit *(adj)*	verspätet
Spéitentwéckler *(m,--)*	Spätentwickler
spéitestens *(adv)*	spätestens
spéitowes *(adv)*	spätabends
spéitstens *(adv)*	spätestens
Spektakel *(m,-en)*	Aufregung
Spektakel *(m,-en)*	Spektakel
spektakulär *(adj)*	spektakulär
Spektiv *(f,-en)*	Fernglas
Spektrum *(n,-[m]en)*	Spektrum
Spekulateur *(m,-en)*	Spekulant
Spekulatioun *(f,-en)*	Spekulation
Spekulatiounsobjet *(m,-en)*	Spekulationsobjekt
spekuléieren *(v)*	spekulieren
spendabel *(adj)*	großzügig
Spëndchen *(f,Spënntercher)*	Speiseschrank
Spëndchen *(f,Spënntercher)*	Vorratskammer
spendéieren *(v)*	spendieren
spenden *(v)*	spenden
Spéngel *(f,-en)*	Stecknadel
spéngelen *(v)*	feststecken (mit Stecknadeln)
Spënnchen *(m,Spënntercher)*	Speiseschrank
Spënnchen *(m,Spënntercher)*	Vorratskammer
spënnen *(v)*	spinnen
Sperenzen *(npl)*	Torheiten
Sperrmüll *(m,~)*	Sperrmüll
spëttelen *(v)*	spötteln
Spëtteler *(m,--)*	Spötter
Spëtz *(f,-en)*	Spitze
Spëtzbouf *(m,-bouwen)*	Gauner
Spëtzbouf *(m,-bouwen)*	Nichtsnutz
Spëtzegeschwëndegkeet *(f,-en)*	Spitzengeschwindigkeit
spëtzen *(adj)*	Spitzen-
spëtzen *(v)*	spitzen
spëtzen, d'Ouere - *(exp)*	spitzen, die Ohren -
Spëtzequalitéit *(f,-en)*	Spitzenqualität
Spëtzesportler *(m,--)*	Spitzensportler
Spëtzfënnegkeet *(f,-en)*	Spitzfindigkeit
Spëtzmaus *(f,-mais)*	Spitzmaus
Spëtznumm *(m,-nimm)*	Spitzname
Spëtzt *(f,-en)*	Gipfel
Spëtzt *(f,-en)*	Spitze
Spezialausgab *(f,-en)*	Sonderausgabe
Spezialeditioun *(f,-en)*	Extrablatt
Spezialeditioun *(f,-en)*	Sonderausgabe
Spezialgebitt *(n,-er)*	Spezialgebiet
Spezialisatioun *(f,-en)*	Spezialisierung
spezialiséieren *(v)*	spezialisieren
Spezialist *(m,-en)*	Spezialist
Spezialist *(m,-n)*	Experte
Spezialitéit *(f,-en)*	Spezialität
Spezialoffer *(f,-en)*	Preishit
Spezialoffer *(f,-en)*	Sonderangebot
Spezialunitéit *(f,-en)*	Spezialeinheit
spezifesch *(adj)*	spezifisch
Spezifikatioun *(f,-en)*	Spezifizierung
spezifizéieren *(v)*	spezifizieren
Spezifizitéit *(f,-en)*	Spezifizität
Sphinx *(f,-en)*	Sphinx
Spidol *(n,Spideeler)*	Krankenhaus
Spiecht *(m,-en)*	Specht
Spier *(n,-en)*	Sperberbirne
Spierebam *(m,-beem)*	Speierling
spieren *(v)*	fühlen
spieren *(v)*	merken
spieren *(v)*	spüren
spieren *(v)*	tasten
Spierkel *(m,~)*	Februar
Spigel *(m,-en)*	Spiegel
Spigelee *(n,-ër)*	Spiegelei
spigelen *(v)*	spiegeln
spigelen, sech - *(v)*	spiegeln, sich -
Spiicht *(f,-en)*	Streich
Spiichten *(npl)*	Schabernack
Spill *(n,-er)*	Abstand
Spill *(n,-er)*	Spiel (auch: Sport)
Spill *(n,-er)*	Spielzeug
Spillbuttek *(m,-er)*	Spielzeugladen
spillen *(v)*	spielen
Spiller *(m,--)*	Spieler
Spillerei *(f,-en)*	Spielerei
Spillhal *(f,-en)*	Spielhalle
Spillplang *(m,-pläng)*	Spielplan
Spillplaz *(f,-en)*	Spielplatz
Spillregel *(f,-en)*	Spielregel
Spillsaach *(f,-en)*	Spielzeug
Spillschoul *(f,-en)*	Kindergarten
Spinat *(m,~)*	Spinat
spintiséieren *(v)*	phantasieren
Spionage *(f,~)*	Spionage
spionéieren *(v)*	spionieren
Spioun *(f,-en)*	Spion
Spiral *(f,-en)*	Spirale
spiritistesch *(adj)*	spiritistisch

Spiritualitéit(f,~) Spiritualität
Spläiter(f,-en) Splitter (im Finger)
spläiteren(v) splittern
Spléck(f,-en) Riss
Spléck(f,-en) Spalte
splécken(v) aufspalten
splécken(v) spalten
Splitter(m,--) Holzsplitter
Splitter(m,--) Splitter (Bombe, Granate)
Splittergrupp(f,-en) Splittergruppe
Spoiler(m,-en) Spoiler
sponseren(v) sponsern
Sponsor(m,-en) Sponsor
spontan(adj) spontan
spontan(adv) spontan
Spontanitéit(f,~) Spontaneität
sporadesch(adj) sporadisch
Sport maachen(exp) Sport treiben
Sport(m,~) Sport
Sportaart(f,-en) Sportart
Sportartikel(m,-en) Sportartikel
Sportgezei(n,~) Sportkleidung
sportlech(adj) sportlich
Sportler(m,--) Sportler
Sportsectioun(f,-en) Sportabteilung
Sportsektioun(f,-en) Sportabteilung
Sportsfederatioun(f,-en) Sportverband
Sportsgeschäft(n,-er) Sportgeschäft
Sportsleit(npl) Sportler
Sportsmanifestatioun(f,-en) Sportveranstaltung
Sportsmann(m,Sportsleit) Sportler
Sportsplaz(f,-en) Sportplatz
Sportsreportage(m,-n) Sportreportage
Sportssäit(f,-en) Sportseite
Sportsstrëmp(f,--) Kniestrumpf
Sportsveräin(m,-er) Sportverein
Sportswon(m,-ween) Sportwagen
Sportszäitschrëft(f,-en) Sportzeitschrift
spottbëlleg(adj) spottbillig
spöttelen(v) spötteln
Spottmécher(m,--) Spötter
Spottnumm(m,-nimm) Spottname
Spottpräis(m,-er) Spottpreis
Spottvull(m,-en) Gartenspötter
Spottvull(m,-en) Spötter
Spoun(m,Spéin) Span
Spoun(m,Spéin) Zündhölzchen
sprachlos(adj) sprachlos
Sprachwuert(n,-wierder) Sprichwort
Sprangbriet(n,-brieder) Sprungbrett
Sprangbur(m,-en) Springbrunnen
sprangen(v) springen
sprangen, am - Seel(exp) seilspringen
Sprangprëssessioun(f,-en) Springprozession (in Echternach)
Sprangseel(n,-er) Springseil
Sprass(m,-en) Sprosse
Sprass(m,-en) Stück (Holz)
Spray(m,-en) Spray
Spraydous(f,-en) Spraydose
sprayen(v) sprayen
Spréchelchen(m,Spréchelcher) Spruch
Spréchwuert(n,-wierder) Sprichwort
spreeden(v) ausbreiten
spreeden(v) streuen
spreeden(v) verbreiten
spreeën(v) ausbreiten
spreeën(v) streuen
spreeën(v) verbreiten
Spréif(f,Spréiwen) schmächtige Person
Spréif(f,Spréiwen) Star
sprengen(v) sprengen
Sprengkapp(m,-käpp) Sprengkopf
Spréngkeng(p) Sprinkange
Sprengkraaft(f,-kräften) Sprengkraft
sprënselen(v) sprenkeln
Sprenz(f,-en) Fischgräte
Sprënz(f,-en) Fischgräte
Sprëtz(f,-en) Injektion
Sprëtz(f,-en) Injektionsnadel
Sprëtz(f,-en) Spritze
sprëtzen(v) bespritzen
sprëtzen(v) besprühen
sprëtzen(v) injizieren
sprëtzen(v) spritzen
Sprëtzmëttel(n,-en) Insektenvernichtungsmittel
Sprëtzmëttel(n,-en) Unkrautvernichtungsmittel
spriechen(v) sprechen
Spriecher(m,--) Sprecher
Sprinkler(m,-en) Sprinkler
sprinselen(v) sprenkeln
Sprint(m,-en) Sprint
sprinten(v) sprinten
Spritt(m,~) Benzin
Spritt(m,~) Esprit
Sproch(m,Spréch) Spruch
sprock(adj) brüchig
sprock(adj) spröde
Spronk(m,Spréng) Sprung
Sprooch(f,-en) Sprache
Sproochelabo(m,-en) Sprachlabor
sproochen(v) plaudern
sproochen(v) unterhalten, sich -
Sproochesektioun(f,-en) Sprachabteilung
Sproochfeeler(m,--) Sprachfehler
Sproochgebrauch(m,--) Sprachgebrauch
Sproochgefill(n,--) Sprachgefühl
Sproochwëssenschaft(f,-en) Sprachwissenschaft
Spruddel(m,~) Sprudel
spruddeleg(adj) kohlensäurehaltig
spruddeleg(adj) sprudelnd
spruddelen(v) aufwallen
spruddelen(v) heraussprudeln
spruddelen(v) sprudeln
Spruddelwaasser(n,~) Sprudel
Sprungschanz(f,-en) Sprungschanze
Sprutz(f,-en) Spritze (Wasser)
sprutzen(v) bespritzen
sprutzen(v) besprühen
sprutzen(v) injizieren
sprutzen(v) spritzen
spuenesch(adj) spanisch
Spuenien(n,~) Spanien
Spuenier(m,--) Spanier
Spuenierin(f,-nen) Spanierin
Spuerbéchs(f,-en) Spardose
Spuerblumm(f,-en) Rittersporn
Spuerbuch(n,-bicher) Sparbuch
spueren(v) sparen
spueren(v) zurücklegen
Spuerk(m,Spierk) Stück Holz
Spuerk(m,Spierk) Zahnstumpf
Spuerkeess(f,-en) Sparkasse
Spuerkëscht(f,-en) Sparbüchse
Spuerpolitik(f,~) Sparpolitik
Spuersamkeet(f,~) Sparsamkeit
Spuerschwéngchen(n,-schwéngercher) Sparschwein
Spuervull(m,-en) Sperber
Spuet(m,Spueden) Spaten
Spull(f,~) Geschirr, abzuwaschendes -
Spull(f,-en) Spule
spullen(v) abspülen
spullen(v) abwaschen
Spulllomp(f,-en) Spüllappen
Spulllomp(f,-en) Spültuch
Spullmaschinn(f,-en) Geschirrspüler
Spullmëttel(n,-en) Spülmittel
Spullsteen(m,-en) Spülbecken
Spullwaasser(n,~) Blümchenkaffee
Spullwaasser(n,~) Spülwasser
Spund(n,Spunten) Grünschnabel
Spund(n,Spunten) Rekrut
Spunnes(m,~) Jux
Spunnes(m,~) Spott
Spur(f,-en) Spur
spurlos(adj) spurlos

Sputt hunn*(exp)*	Spiel haben
Sputt*(m,~)*	Leerzeichen
Sputt*(m,~)*	Spielraum
Squash*(m,~)*	Squash
Staang Zigaretten*(exp)*	Stange Zigaretten
Staang*(f,-en)*	Stab
Staang*(f,-en)*	Stange
staark*(adj)*	stark
Staat*(m,-en)*	Staat
staatlech*(adj)*	national
staatlech*(adj)*	staatlich
staatlechersäits*(adv)*	staatlicher Seite, von -
Staatsexamen*(m,--)*	Staatsexamen
Staatsgeheimnis*(n,-ser)*	Staatsgeheimnis
Staatsgrenz*(f,-en)*	Staatsgrenze
Staatsrot*(m,-réit)*	Staatsrat
Staatsstreech*(m,-er)*	Staatsstreich
Staatsvisite*(f,-n)*	Staatsbesuch
Stäbchen*(m,Stäbercher)*	Stäbchen
stabil*(adj)*	robust
stabil*(adj)*	stabil
stabiliséieren*(v)*	stabilisieren
Stabilitéit*(f,~)*	Stabilität
Stach*(m,~)*	Seitenstechen
Stach*(m,Stéch)*	Nadelstich
Stach*(m,Stéch)*	Stich
stachdäischter*(adj)*	stockdunkel
Stachel*(m,-en)*	Stachel
Stacheldrot*(m,-dréit)*	Stacheldraht
Stachelschwäin*(n,--)*	Stachelschwein
Stack*(m,Stäck)*	Baumstock
Stack*(m,Stäck)*	Stockwerk
Stack, éischte -*(exp)*	Etage, erste -
stackdaf*(adj)*	stocktaub
stackdäischter*(adj)*	stockdunkel
Stackem*(p)*	Stockem
Stackfësch*(m,--)*	Stockfisch
stackkathoulesch*(adj)*	erzkatholisch
Stackwuerzel*(f,-en)*	Pfahlwurzel
Stad*(f,Stied)*	Stadt
Stadbriedemes*(p)*	Stadtbredimus
Stadentwécklungscommissioun*(f,-en)*	Stadtentwicklungskommission
Stadentwécklungskommissioun*(f,-en)*	Stadtentwicklungskommission
Stadion*(m,-en)*	Stadion
Stadmauer*(f,-en)*	Stadtmauer
Stadplang*(m,-pläng)*	Stadtplan
Stadsverkéier*(m,~)*	Stadtverkehr
Stadzentrum*(m,-zentren)*	Stadtzentrum
stäerken*(v)*	stärken
Stafelter*(p)*	Staffelstein
Staffel*(f,-en)*	Staffel
Staffelei*(f,-en)*	Staffelei
Staffellaf*(m,-leef)*	Staffellauf
Stafhéichspronk*(m,~)*	Stabhochsprung
Stage*(m,-n)*	Praktikum
Stage*(m,-n)*	Probezeit
Stagiaire*(f,-n)*	Praktikantin
Stagiaire*(m,-n)*	Praktikant
Stagnatioun*(f,-en)*	Stagnation
stagnéieren*(v)*	stagnieren
Stäil*(m,-er)*	Pfeiler
Stäil*(m,-er)*	Säule
Stäip*(f,-en)*	Stützbalken
Stäip*(f,-en)*	Stütze
stäipen*(v)*	stützen
stäipen, sech -*(v)*	sträuben, sich -
stäipen, sech géint eppes -*(exp)*	wehren, sich gegen etw -
Stall*(m,Ställ)*	Stall
Stall*(ugs)(m,~)*	Hosenschlitz
stallhalen*(v)*	anhalten
stallhalen*(v)*	stehenbleiben
stallhalen*(v)*	stillhalten
Stallschmuewel*(f,-en)*	Rauchschwalbe
stamen*(v)*	stammen
Stamm*(m,Stämm)*	Baumstamm
Stamm*(m,Stämm)*	Stamm
Stammbam*(m,-beem)*	Stammbaum
Stammclient*(m,-en)*	Stammkunde
Stammcliente*(f,-ën)*	Stammkundin
Stammdësch*(m,-er)*	Stammtisch
Stammgaascht*(m,-gäscht)*	Stammgast
Stamminee*(m,-ën)*	Stammlokal
Stamminee*(m,-ën)*	Stammtisch
Stammlokal*(n,-er)*	Stammlokal
stamper*(adj)*	standfest
Stand*(m,~)*	Stand
Stand*(m,Stänn)*	Stand
Standard*(m,-en)*	Standard
standardiséieren*(v)*	standardisieren
Standauer*(f,-en)*	Standuhr
standber*(adj)*	standfest
standfest*(adj)*	standfest
Standfestegkeet*(f,~)*	Standfestigkeit
Standhaftegkeet*(f,~)*	Standhaftigkeit
Standluucht*(f,-en)*	Standlicht
Standluucht*(f,-en)*	Stehlampe
Standlut*(f,-en)*	Standlicht
Standlut*(f,-en)*	Stehlampe
Standpriedegt*(f,-en)*	Standpauke
Standpunkt*(m,-en)*	Standpunkt
stänneg*(adj)*	ständig
stänneg*(adv)*	dauernd
stappen*(v)*	stapfen
Star*(m,-en)*	Star
Stär*(m,-en)*	Stern
Stäreblumm*(f,-en)*	Sommeraster
Stäreschnäiz*(f,-en)*	Sternschnuppe
Start*(m,-en)*	Start
Startautorisatioun*(f,-en)*	Starterlaubnis
Startblock*(m,-bléck)*	Startblock
starten*(v)*	starten
Starthëllef*(f,-en)*	Starthilfe
Startkapital*(n,~)*	Startkapital
Startpositioun*(f,-en)*	Startposition
Stat*(m,-en)*	Staat
Stater*(adj)*	Stadt Luxemburg, die - betreffend
Stater*(m,--)*	Städter (Bürger der Stadt Luxemburg)
Statik*(f,-en)*	Statik
stationär*(adj)*	stationär
stationéieren*(v)*	parken
stationéieren*(v)*	stationieren
Statioun*(f,-en)*	Halteplatz
Statioun*(f,-en)*	Krankenhausstation
Statioun*(f,-en)*	Station
Statioun, lescht -*(exp)*	Endstation
Statist*(m,-en)*	Statist
Statistik*(m,-en)*	Statistik
Statistiker*(m,--)*	Statistiker
Stativ*(n,-en)*	Stativ
Statsadministratioun*(f,-en)*	Staatsverwaltung
Statsbeamten*(m,--)*	Staatsbeamte
Statsbeamtepensioun*(f,-en)*	Beamtenrente
Statsbesuch*(m,~)*	Staatsbesuch
Statschef*(m,-fen)*	Staatschef
Statskeess*(f,-en)*	Staatskasse
Statsmann*(m,-männer)*	Staatsmann
Statsminister*(m,-en)*	Staatsminister
Statsofhängegkeet*(f,~)*	Staatsabhängigkeit
Statsonofhängegkeet*(f,~)*	Staatsunabhängigkeit
Statsrot*(m,~)*	Staatsrat
Statu*(f,-en)*	Statue
statuéieren*(v)*	statuieren
Status*(m,~)*	Status
Statussymbol*(n,-er)*	Statussymbol
Statut*(m,-ten)*	Statut (Satzung)
Stau*(m,-en)*	Stau
Stau*(m,-en)*	Stausee
Staubsauger*(m,-en)*	Staubsauger
Staudamm*(m,-en)*	Staudamm
stauen*(v)*	stauen
Staumauer*(f,-en)*	Staumauer
staunen*(v)*	staunen
Stauséi*(m,-en)*	Stausee
Staut*(f,-en)*	Laune

Steak(*m,-en*)	Steak
Stëbs(*m,~*)	Staub
Stëbsbiischt(*f,-en*)	Handfeger
stëbseg(*adj*)	staubig
stëbsen(*v*)	stauben
stëbsen(*v*)	wischen, Staub -
stëbsen, eng -(*exp*)	anstellen, etw -
Stëbsfatz(*m,-en*)	Staubtuch
Stëbskär(*m,-en*)	Staubkörnchen
Stëbslomp(*f,-en*)	Staubtuch
Stëbsreen(*m,~*)	Sprühregen
Stëbssak(*m,-säck*)	Staubsaugerbeutel
Stéch(*m,--*)	Stich
Stéch, am - loossen(*exp*)	Stich, im - lassen
stéchelen(*v*)	sticheln
Stéchwahl(*f,-en*)	Stichwahl
Stéchwal(*f,-en*)	Stichwahl
Stéck Äis(*exp*)	Eiswürfel
Stéck(*n,-er*)	Exemplar
Stéck(*n,-er*)	Feld
Stéck(*n,-er*)	Flicken
Stéck(*n,-er*)	Stück
Steckdous(*f,-en*)	Steckdose
stéckelen(*v*)	mischen (Karten)
stéckelen(*v*)	stückeln
stécken(*v*)	sticken
stécken(*v*)	stückeln
Stecker(*m,-en*)	Stecker
Stéckerzocker(*m,~*)	Würfelzucker
stéckseg(*adj*)	muffig
stéckseg(*adj*)	stickig
stécksen(*v*)	schimmeln
Stee(*f,-ën*)	Baugerüst
Stee(*f,-ën*)	Versteigerung
Stee(*m,-ër*)	Steg
Steebrécken(*p*)	Pontpierre
Steebroch(*m,-bréch*)	Steinbruch
Steeën(*p*)	Stegen
steeën(*v*)	ersteigern
Steekaul(*f,-en*)	Steinbruch
Steekoup(*m,-kéip*)	Steinhaufen
Steekueb(*m,-en*)	Dohle
Steemetzer(*m,--*)	Maurer
Steemetzer(*m,--*)	Steinmetz
Steen(*m,Steng*)	Stein
Steen, aus -(*exp*)	Stein, aus -
Steenem(*p*)	Steinheim
steenhaart(*adj*)	steinhart
Steenuebst(*n,~*)	Steinobst
Steenueleg(*m,~*)	Petroleum
Steenzäit(*f,~*)	Steinzeit
Steesel(*p*)	Steinsel
Stëft(*m,-er*)	Bolzen

Stëft(*m,-er*)	Stift
stëften(*v*)	stiften
Stëftung(*f,-en*)	Stiftung
Stëftungsmass(*f,-en*)	Jahresgedächtnismesse, gestiftete -
Stëftzant(*m,-zänn*)	Stiftzahn
Steier(*f,-en*)	Abgabe
Steier(*f,-en*)	Steuer
Stéier(*m,-en*)	Stier
Steier(*n,-en*)	Steuerrad
Steier, direkt -(*exp*)	Steuer, direkte -
Steier, indirekt -(*exp*)	Steuer, indirekte -
Steierberoder(*m,--*)	Steuerberater
Steierbüro(*n,-en*)	Steueramt
steieren(*v*)	lenken
steieren(*v*)	steuern
stéieren(*v*)	stören
stéieren(*v*)	unterbrechen
Steiererklärung(*f,-en*)	Steuererklärung
Steiergerechtegkeet(*f,~*)	Steuergerechtigkeit
Steierhannerzéiung(*f,~*)	Steuerhinterziehung
Steiermoderatioun(*f,-en*)	Steuerermäßigung
Steiermoderatioun(*f,-en*)	Steuerminderung
Steierrad(*n,-rieder*)	Steuer
Steierrad(*n,-rieder*)	Steuerruder
Steierrecht(*n,~*)	Steuerrecht
Steierreduktioun(*f,-en*)	Steuerermäßigung
Steierreform(*f,-en*)	Steuerreform
Stéierung(*f,-en*)	Störung
Steierungsfunktioun(*f,-en*)	Steuerungsfunktion
Steierzueler(*m,--*)	Steuerzahler
steif(*adj*)	steif
Steif(*f,~*)	Stärke
Steif(*f,~*)	Stärkemehl
Stéifelteren(*npl*)	Stiefeltern
Stéifgeschwëster(*npl*)	Stiefgeschwister
Steifheet(*f,~*)	Steifheit
Stéifkand(*n,-kanner*)	Stiefkind
Stéifmamm(*f,-en*)	Stiefmutter
Stéifpapp(*m,-en*)	Stiefvater
steigeren(*v*)	erhöhen
steigeren(*v*)	steigern
Stéiluucht(*f,-en*)	Stehlampe
Stéilut(*f,-en*)	Stehlampe
Stéiplaz(*f,-en*)	Stehplatz
stéissweis(*adv*)	stoßweise
steiwen(*v*)	stärken
steiwen(*v*)	steifen
stëll(*adj*)	ruhig
stëll(*adj*)	still
stellen(*v*)	stellen
stëllen(*v*)	stillen
stellen, eng Fro -(*exp*)	stellen, eine Frage -

Stellewäert(*m,-er*)	Stellenwert
Stëllstand(*m,~*)	Stillstand
stëllstoen(*v*)	stillstehen
Stëmm(*f,-en*)	Stimme
Stëmm, ouni -(*exp*)	stimmlos
Stëmmbroch(*m,~*)	Stimmbruch
Stëmmchen(*m,Stëmmercher*)	Stummer
stëmmches(*adj*)	stumm
stëmmeg(*adj*)	beschlussfähig
stëmmeg(*adj*)	stimmig
stemmen(*v*)	stemmen
stemmen(*v*)	stemmen, Gewichte -
stëmmen(*v*)	stimmen
stëmmen(*v*)	stimmen (Musikinstrument)
Stëmmenthalung(*f,-en*)	Stimmenthaltung
Stëmmgafel(*f,-en*)	Stimmgabel
Stëmmrecht(*n,~*)	Stimmrecht
Stëmmung(*f,-en*)	Laune
Stëmmung(*f,-en*)	Stimmung
Stëmmungskanoun(*f,-en*)	Stimmungskanone
Stëmmziedel(*m,-en*)	Stimmzettel
Stempel(*m,-en*)	Bein (Möbel)
Stempel(*m,-en*)	Stempel
stempelen(*v*)	abstempeln
stempelen(*v*)	stempeln
stempelen, - goen(*exp*)	stempeln gehen
Steng(*npl*)	Steine
Stengefort(*p*)	Steinfort
stengeg(*adj*)	steinig
stengegen(*v*)	steinigen
stengen(*adj*)	steinern
Stengzäit(*f,~*)	Steinzeit
Sténkbomm(*f,-en*)	Stinkbombe
Sténkdéier(*n,-en*)	Stinktier
sténken(*v*)	riechen, übel -
sténken(*v*)	stinken
stenographéieren(*v*)	stenographieren
Stenotypist(*m,-en*)	Stenotypist
Stenotypistin(*f,-nen*)	Stenotypistin
stënterlech(*adv*)	Augenblick, jeden -
stënterlech(*adv*)	plötzlich
Stëppchen(*m,Stëppercher*)	Zäpfchen
Stëppches(*m,~*)	Versteckspiel
Steppdecken(*f,--*)	Steppdecke
Stëppel, op de leschte -(*exp*)	Augenblick, im letzten -
stëppeleg(*adj*)	Sticheleien, zu - geneigt
stëppelen(*v*)	aufstacheln
stëppelen(*v*)	aufziehen, jn -
stëppelen(*v*)	sticheln
stëppelen(*v*)	stochern
stëppelen(*v*)	stopfen (Strümpfe)
Stëppeler(*m,--*)	Spötter

steppen(v) steppen
Stereo(m,~) Stereo
Stereosanlag(f,-en) Stereoanlage
Sterilisatioun(f,-en) Sterilisation
Sterilisatioun(f,-en) Sterilisierung
steriliséieren(v) sterilisieren
Stethoskop(n,-en) Stethoskop
Steward(m,-en) Flugbegleiter
Steward(m,-en) Steward
Stewardess(f,-en) Flugbegleiterin
stibitzen(v) stibitzen
stiechen(v) stechen
stiechen(v) stecken
Stiedchen(n,Stietercher) Städtchen
stieds(adv) städtisch
Stiefesdag(m,~) Weihnachtsfeiertag, zweiter -
stielen(v) klauen
stielen(v) stehlen
Stierffall(m,-fäll) Sterbefall
Stierfhëllef(f,~) Sterbehilfe
stierflech(adj) sterblich
stierksen(v) starren
stiermen(v) stürmen
Stiermer(m,--) Stürmer
stiermesch(adj) stürmisch
stierwen(v) sterben
stierweskrank(adj) todkrank
stierzen(v) stürzen
stierzen, sech an eppes -(exp) hineinstürzen, sich in etw -
stieter(adj) städtisch
stiets(adj) stattlich
Stiffchen(n,Stiffercher) Stübchen
stigmatiséieren(v) stigmatisieren
stiichten(v) anstellen
stiichten, eng -(exp) anstellen, etw -
Stil(m,-er) Stil
stiliséieren(v) stilisieren
Still(m,--) Stängel
Still(m,--) Stiel
Still(npl) Stühle
Stillercher(npl) Kettenkarussell
stimuléieren(v) stimulieren
Stipendium(n,Stipendien) Stipendium
Stir(f,-en) Stirn
Stiwwel(m,-en) Stiefel
stiwwelen(v) stiefeln
Stock(m,-en) Stock
Stock(m,-en) Vorrat
stockéieren(v) lagern
stoen(v) stehen
stoen, - bleiwen(exp) stehen bleiben
stoen, - loossen(exp) stehen lassen
stoes Fouss(exp) stehenden Fußes
Stoff(m,Stëfter) Stoff
Stoffel(m,-en) Tölpel
stoffelzeg(adj) tölpelhaft
Stoffi(m,~) Quark
Stoft(m,Stëfter) Stoff
stoften(adj) Stoff-
Stol(m,~) Stahl
stolen(adj) Stahl-
Stolindustrie(f,-n) Stahlindustrie
stolperen(v) stolpern
stolséieren(v) stolzieren
Stolwierk(n,-er) Stahlwerk
stolz(adj) stattlich
stolz(adj) stolz
Stolz(m,~) Stolz
Stolzebuerg(p) Stolzembourg
stolzéieren(v) stolzieren
stomm(adj) stumm
Stomp(m,Stëmp) Baumstumpf
Stomp(m,Stëmp) Kippe
stompeg maachen(exp) abstumpfen
stompeg(adj) freudlos
stompeg(adj) stumpf
stompen(v) hineinpressen
Stonn(f,-en) Stunde
Stonnekilometer(m,--) Stundenkilometer
stonnelaang(adj) stundenlang
Stonneloun(m,-léin) Stundenlohn
Stonnenzär(m,-en) Stundenzeiger
Stonneplang(m,-pläng) Stundenplan
stoots(adj) stattlich
stop(adv) halt
Stopp(f,-en) Versteck
Stopp(f,Stëpp) Korken
Stopp(f,Stëpp) Pfropfen
Stopp(f,Stëpp) Schwimmer (Angeln)
Stopp(f,Stëpp) Verschluss (Flasche)
Stopp(f,Stëpp) Verstopfung (Rohr)
Stopp(m,-en) Stopp
Stoppauer(f,-en) Stoppuhr
Stoppches(n,~) Versteckspiel
stoppen(v) anhalten
stoppen(v) bedecken (Kleider)
stoppen(v) füllen
stoppen(v) stopfen (Strümpfe)
stoppen(v) stoppen
Stoppenzéier(m,--) Korkenzieher
Stoppschëld(n,-schëlter) Stoppschild
Storch(m,-en) Storch
Store(m,-n) Rollvorhang
stornéieren(v) stornieren
Story(f,-en) Geschichte
Stot(m,Stéit) Haushalt
Stot, de - maachen(exp) Haushalt, den - machen
stotteren(v) stottern
Stouss(m,Stéiss) Schlag
Stouss(m,Stéiss) steiler Weg
Stouss(m,Stéiss) Stoß
stoussen(v) angrenzen
stoussen(v) anrempeln
stoussen(v) stoßen
stoussen, sech un eppes -(exp) nehmen, an etw Anstoß -
Stoussstaang(f,-en) Stoßstange
Strack(m,Stréck) Strick
stracks(adj) straff
stracks(adv) geradewegs
straffen(v) straffen
sträichen(v) melken
sträichen(v) streichen
Sträif(f,-en) Streifen
sträifen(v) streifen
Straisschen(m,Straissercher) Sträußchen
Sträit am Stot(exp) Ehekrach
Sträit(m,~) Streit
Sträitgespréich(n,-er) Streitgespräch
Stral(m,-en) Strahl
stralen(v) strahlen
Stralung(f,~) Strahlung
stramm(adj) straff
stramm(adj) stramm
strämmen(v) spannen (Kleidung)
strämpelen(v) strampeln
Sträng, sech an d'- geheien(exp) loslegen, voll -
stranguléieren(v) strangulieren
Strank(m,Sträng) Strang
strapazéieren(v) strapazieren
Strapp Reen(exp) Regenguss
Strapp(m,Sträpp) Zeit (Dauer)
Strapp(m,Sträpp) Zug (Rauch)
sträppweis(adv) ab und zu
sträppweis(adv) stoßweise
Strass(f,-en) Kehle
Strategie(f,-n) Strategie
Strauch(m,Sträich) Strauch
Strauss(m,~) Richtkranz (beim fertigen Rohbau)
Strauss(m,-en) Strauß (Vogel)
Strauss(m,Straiss) Strauß (Blumen)
Strauss, d'- feieren(exp) Richtfest begehen
Stréch(m,-er) Linie
Stréch(m,-er) Strich
Stréch(m,-er) Zebrastreifen

Stréch, op de - goen*(exp)* Strich, auf den - gehen
Stréchel*(m,-en)* Geigenbogen
stréchelen*(v)* stricheln
Stréchponkt*(m,-en)* Strichpunkt
Stréchpunkt*(m,-en)* Strichpunkt
Streck*(f,~)* Bügelwäsche
Stréck*(f,~)* Strickzeug
Streck*(f,-en)* Strecke
Streck*(f,-en)* Wegstrecke
Stréck*(m,--)* Strick
Streckbriet*(n,-brieder)* Bügelbrett
Streckdësch*(m,-er)* Bügeltisch
Streckeisen*(n,--)* Bügeleisen
Stréckeisen*(n,--)* Stricknadel
Stréckel*(m,-en)* Dummkopf
Stréckel*(m,-en)* Schnürsenkel
strecken*(v)* bügeln
strécken*(v)* stricken
strecken, sech -*(v)* dehnen, sich -
strecken, sech -*(v)* strecken, sich -
streckeweis*(adv)* streckenweise
Stréckleeder*(f,-en)* Strickleiter
Strécknol*(f,-en)* Stricknadel
Streech*(m,--)* Stich (Kartenspiel)
Streech*(m,-er)* Landstrich
Streech*(npl)* Prügel
streeën*(v)* streuen
Stréi*(n,~)* Stroh
Stréiballen*(m,--)* Strohballen
Stréidaach*(m,-diech)* Strohdach
streiden*(v)* streiten
streidereg*(adj)* streitsüchtig
Streiderei*(f,-en)* Streitigkeiten
Stréifeier*(n,--)* Strohfeuer
Stréihallem*(m,-hällem)* Strohhalm
Stréihutt*(m,-hitt)* Strohhut
Streik*(m,-en)* Streik
Streik, wëlle -*(exp)* Streik, spontaner -
Streik, wëlle -*(exp)* Streik, wilder -
Streikaktioun*(f,-en)* Streikaktion
streiken*(v)* streiken
Streikposten*(m,--)* Streikposten
Streikrecht*(n,~)* Streikrecht
Streikukënnegung*(f,-en)* Streikankündigung
stréilen*(v)* bürsten (Tier)
stréilen*(v)* streicheln
Stréimatt*(f,-en)* Strohmatte
Stréimung*(f,-en)* Strömung
Streitegkeet*(f,-en)* Streitigkeiten
stremmen*(v)* spannen (Keidung)
Strëmp*(f,--)* Kniestrumpf
Strëmp*(f,--)* Strumpf

streng*(adj)* streng
Strenz*(f,-en)* Gießkanne
strenzen*(v)* gießen
strëppen*(v)* abstreifen (Beeren)
strëppen*(v)* abziehen (Haut)
strëppen*(v)* betrügen
strëppen*(v)* häuten (Kaninchen)
strëppen, sech -*(v)* ausziehen, sich -
stressen*(v)* stressen
Stresssituatioun*(f,-en)* Stresssituation
Stretching*(m,~)* Stretching
Strich*(m,-er)* Linie
Strich*(m,-er)* Strich
Strich*(m,-er)* Zebrastreifen
Strichpunkt*(m,-en)* Strichpunkt
striewen*(v)* streben
strigelen*(v)* striegeln
Striptease*(m,~)* Striptease
Strof*(f,-en)* Strafarbeit
Strof*(f,-en)* Strafe
Strof*(f,-en)* Strophe
Strof, d'- schenken*(exp)* Strafe, die - erlassen
strofen*(v)* bestrafen
strofen*(v)* strafen
Stroll*(f,-en)* Eiszapfen
Stroll*(f,-en)* Hundehaufen
Stroll*(f,-en)* wurstförmiges Objekt
Stronk*(m,Strénk)* Stiel (Besen)
Stronk*(m,Strénk)* Strunk
Strooss*(f,-en)* Landstraße
Strooss*(f,-en)* Straße
Stroossebeliichtung*(f,~)* Straßenbeleuchtung
Stroossekaart*(f,-en)* Straßenkarte
Stroossekierer*(m,--)* Straßenfeger
Stroosseluucht*(f,-en)* Straßenlaterne
Stroosselut*(f,-en)* Straßenlaterne
Stroossen*(p)* Strassen
Stroosseschëld*(m,-schëlter)* Straßenschild
Stroosseverkéier*(m,~)* Straßenverkehr
strotzen*(v)* strotzen
Stroum*(m,~)* Strom, elektrischer -
Stroum*(m,Stréim)* Strom
Stroumausfall*(m,-ausfäll)* Stromausfall
Stroumnetz*(n,-er)* Stromnetz
Stroumproduktioun*(f,~)* Stromerzeugung
Stroumrechnung*(f,-en)* Stromrechnung
Stroumverbrauch*(m,~)* Stromverbrauch
strubbelvoll*(adj)* rappelvoll
strueweleg*(adj)* zappelig
struewelen*(v)* anstrengen, sich -
struewelen*(v)* strampeln
Strueweler*(m,--)* Streber
Strueweler*(m,--)* Zappelphilipp

strukturell*(adj)* strukturell
Strull*(f,-en)* wurstförmiges Objekt
Strumm*(f,-en)* Schramme
strummen*(v)* herumlungern
strummen*(v)* herumziehen
Strummert*(m,-en)* Obdachloser
strunzen*(v)* pullern
struppeg*(adj)* struppig
stuckeleg*(adj)* holprig
stuckelen*(v)* rütteln
stuckelen*(v)* schütteln
studéieren*(v)* studieren
Student*(m,-en)* Student
Studentenorganisatioun*(f,-en)* Studentenvereinigung
Studentin*(f,-nen)* Studentin
Studien*(npl)* Studien
Studierees*(f,-en)* Studienreise
Studio*(m,-en)* Studio
Stuel*(m,-en)* Muster
Stuel*(m,-en)* Schnittmuster
stuerksen*(v)* starren
Stuerm*(m,~)* Angriff
Stuerm*(m,~)* Sturm (Sport)
Stuerm*(m,Stierm)* Sturm
Stuerz*(m,Stierz)* Sturz (Kappe)
stufen*(v)* stufen
Stuff*(f,-en)* Esszimmer
Stuff*(f,-en)* Wohnzimmer
Stuffeschaf*(m,-schief)* Wohnzimmerschrank
Stull*(m,~)* Stuhlgang
Stull*(m,Still)* Stuhl
Stullgank*(m,~)* Stuhlgang
Stuntman*(m,-männer)* Stuntman
Stupp*(m,-en)* Kosename (Ehepartner)
Stupp*(m,-en)* Stummel
Stupp*(m,-en)* Stummelschwanz
Stupp*(m,-en)* Stumpf
Stuppecht*(p)* Stuppicht
stuppeg*(adj)* gedrungen
Stupsnues*(f,-en)* Stupsnase
stur*(adj)* dickköpfig
stur*(adj)* stur
sturazeg*(adj)* ungestüm
sturazeg*(adj)* wild (Kinder)
Sturheet*(f,~)* Sturheit
stutzeg*(adj)* stutzig
stutzen*(v)* stutzen
stylen*(v)* stylen
Stylo*(m,-en)* Kugelschreiber
Su*(m,Sustécker)* Geldstück, altes -
Su, op de - goen*(exp)* nerven
Su, op de - goen*(exp)* Nerven, auf die - gehen

Subjekt*(n,-en)* Subjekt
subjektiv*(adj)* subjektiv
sublimééieren*(v)* sublimieren
Subside*(m,-n)* Zuschuss
subsidiéieren*(v)* bezuschussen
Substantiv*(n,-en)* Hauptwort
Substantiv*(n,-en)* Substantiv
substantiwéieren*(v)* substantivieren
Substanz*(f,-en)* Substanz
substituéieren*(v)* ersetzen
subtil*(adj)* subtil
subventionéieren*(v)* bezuschussen
subventionéieren*(v)* subventionieren
Subventioun*(f,-en)* Fördermittel
Subventioun*(f,-en)* Zuschuss
subversiv*(adj)* subversiv
Successioun*(f,-en)* Erbschaft
Successioun*(f,-en)* Nachfolge (Firma)
Successiounskonventioun*(f,-en)* Konvention über die Nachfolge
Sucher*(m,-en)* Sucher
Suchtrupp*(m,-en)* Suchtrupp
Suckel*(f,-en)* Schnuller
suckelen*(v)* lutschen
suckelen*(v)* saugen
suddelen*(v)* kleckern
Süden*(m,~)* Süden
südlech*(adj)* südlich
Südosten*(m,~)* Südosten
Südwesten*(m,~)* Südwesten
Suebel*(m,~)* Sand
suebeleg*(adj)* sandig
Suebelmouk*(f,-en)* Kreuzkröte
Suedel*(m,-en)* Sattel
suedelen*(v)* satteln
Suel*(f,-en)* Sohle
Suen*(npl)* Geld
Suerg*(f,-en)* Sorge
suergen*(v)* sorgen
Suergen, sech - maachen*(exp)* ängstigen, sich -
Suergen, sech - maachen*(exp)* Sorgen, sich - machen
suergfälteg*(adj)* sorgfältig
Suessem*(p)* Sanem
Suewelbur*(p)* Savelborn
süffisant*(adj)* süffisant
suggeréieren*(v)* vorschlagen
Suggestioun*(f,-en)* Vorschlag
suggestiv*(adj)* suggestiv
suicidéieren, sech -*(v)* umbringen, sich -
suivéieren*(v)* folgen
Sukkursal*(f,-en)* Filiale

summéieren*(v)* zusammenfassen
summen*(v)* summen
Summer*(m,-en)* Sommer
summereg*(adj)* sommerlich
Summergezei*(n,~)* Sommerkleidung
Summerkleed*(n,-er)* Sommerkleid
Summerkollektioun*(f,-en)* Sommerkollektion
Summerméint*(npl)* Sommermonate
Summerpaus*(f,-en)* Sommerpause
Summerpneu*(m,-en)* Sommerreifen
Summerrack*(m,-räck)* Sommerkleid
Summersolden*(npl)* Sommerschlussverkauf
Summervakanz*(f,-en)* Sommerferien
Summerwee*(m,-ër)* Randstreifen
Summerwieder*(n,~)* Sommerwetter
Summerzäit*(f,~)* Sommerzeit
summesch*(adv)* Sommer, den - über
Superlativ*(m,-en)* Superlativ
Supermarché*(m,-en)* Supermarkt
Supermuecht*(f,-en)* Supermacht
Superorganisatioun*(f,-en)* Superorganisation
Supervisioun*(f,~)* Aufsicht
Supervisiounsméiglechkeet*(f,-en)* Aufsichtsmöglichkeit
Supp*(f,~)* Gelände, sumpfiges -
suppeg*(adj)* sumpfig
suppel*(adj)* geschmeidig
Suppleant*(m,-en)* Ersatzmann
Supplement*(m,-en)* Beigabe
Supplement*(m,-en)* Ergänzung
Supporter*(m,-en)* Fan
Sûreté*(f,~)* Sicherheitsdienst, öffentlicher -
Surfbriet*(n,-brieder)* Surfbrett
Surfen*(n,~)* Surfen
surfen*(v)* surfen
Surfer*(m,--)* Surfer
Surrealismus*(m,~)* Surrealismus
Surveillant*(m,-en)* Aufseher
Surveillant*(m,-en)* Aufsicht
Surveillante*(f,-n)* Aufseherin
surveilléieren*(v)* beaufsichtigen
suspendéieren*(v)* suspendieren
Suspensioun*(f,-en)* Aufhängung
Sweatshirt*(n,-en)* Sweatshirt
Swimmingpool*(m,-en)* Schwimmbecken
swingen*(v)* swingen
Sylvester*(m,~)* Silvester
Sylvester*(m,~)* Silvesterabend
Symbol*(n,-er)* Symbol
symbolesch*(adj)* symbolisch
Symbolik*(f,-en)* Symbolik
symboliséieren*(v)* symbolisieren
Symmetrie*(f,-n)* Symmetrie

sympathesch*(adj)* sympathisch
Sympathie*(f,-n)* Sympathie
Sympathisant*(m,-en)* Mitläufer
Sympathisant*(m,-en)* Sympathisant
sympathiséieren*(v)* sympathisieren
Symptom*(m,-en)* Symptom
Symptom*(n,-er)* Symptom
Synagog*(f,-en)* Synagoge
synchroniséieren*(v)* synchronisieren
Syndrom*(n,-en)* Syndrom
Synonym*(m,-er)* Synonym
Syntax*(f,-en)* Syntax
Synthes*(f,-en)* Synthese
Syphilis*(f,~)* Syphilis
systematiséieren*(v)* systematisieren
Systemdatei*(f,-en)* Systemdatei
Systemsoftware*(f,~)* Systemsoftware

T

Taart*(f,-en)* Torte
Taarteschëpp*(f,-en)* Tortenheber
taaschten*(v)* abtasten
taaschten*(v)* betasten
taaschten, engem eng -*(exp)* ohrfeigen, jn -
Taass*(f,Tasen)* Tasse
Tabell*(f,-en)* Rangliste
Tabell*(f,-en)* Tabelle
tabelléieren*(v)* eingeben, Daten in eine Tabelle -
Tabellekalkulatioun*(f,-en)* Tabellenkalkulation
Tableau*(m,-en)* Gemälde
Tableau*(m,-en)* Tabelle
Tableau*(m,-en)* Tafel
Tableau-de-bord*(m,-en)* Armaturenbrett
Tablett*(f,-en)* Ablageplatte
Tablett*(f,-en)* Bücherbrett
Tablett*(f,-en)* Tafel (Schokolade)
Tabouret*(m,-en)* Hocker
tabu*(adj)* tabu
Tabu*(n,-en)* Tabu
tabuiséieren*(v)* tabuisieren
Tacho*(m,-en)* Tachometer
Tachtel*(f,-en)* Ohrfeige
tachtelen*(v)* ohrfeigen
taddelen*(v)* stammeln
tadellos*(adj)* tadellos
Tafel*(f,-en)* Tafel
Tagebuch*(n,-bicher)* Tagebuch
Taille*(f,-n)* Körpergröße
Taille*(f,-n)* Taille
Tailleur*(m,-en)* Kostüm
täisselen*(v)* herumschlendern
Takt*(m,Täkt)* Takt

taktéieren(v) taktieren
Taktfrequenz(f,-en) Taktfrequenz
Taktgefill(n,~) Taktgefühl
Taktgeschwëndegkeet(f,-en) Taktgeschwindigkeit
Taktik(f,-en) Taktik
Taktlosegkeet(f,-en) Taktlosigkeit
taktvoll(adj) taktvoll
Talent(n,-er) Talent
Talisman(m,-mannen) Glücksbringer
Talisman(m,-mannen) Talisman
Talkshow(f,-en) Talkshow
Tallek(m,-en) Schuhabsatz
Tallekeschong(m,--) Pumps
Tallekeschung(m,--) Pumps
Talleksschong(m,--) Pumps
Talleksschung(m,--) Pumps
Tallong(m,-en) Schuhabsatz
Talong(m,-en) Schuhabsatz
Talong, spatzen -(exp) Pfennigabsatz
talonnéieren(v) folgen (einer Person)
Tampon(m,-en) Tampon
tamponéieren(v) stempeln
tamponéieren(v) tupfen
Tamtam(m,~) Tamtam
Tandel(p) Tandel
tanguéieren(v) tangieren
Tank(m,-en) Tank
tanken(v) tanken
tanken(v) volltanken
Tanker(m,-en) Tanker
Tankstatioun(f,-en) Tankstelle
Tankwon(m,-ween) Tankwagen
Tapéit(f,-en) Tapete
Tapéit(f,-en) Tischdecke
Tapéit(f,-en) Wandteppich
tapezéieren(v) tapezieren
Tapis-plein(m,-en) Teppichboden
tapisséieren(v) ausschmücken
tapisséieren(v) tapezieren
Tapisserei(f,-en) Wandtapete
tappen(v) klopfen
tappen(v) pochen
Tarif(m,-fer) Tarif
Tarifautonomie(f,~) Tarifautonomie
tariféieren(v) festsetzen, Tarife -
Tarifkonflikt(m,-er) Tarifkonflikt
tarnen(v) tarnen
Tarnung(f,-en) Tarnung
Tartanpist(f,-en) Tartanbahn
Täsch(f,-en) Tasche
Täschebuch(m,-bicher) Taschenbuch
Täscheluucht(f,-en) Taschenlampe
Täschemesser(n,-en) Taschenmesser
Täschenauer(f,-en) Taschenuhr
Täschendéif(m,--) Taschendieb
Täscherechner(m,--) Taschenrechner
Tasenteller(m,-en) Unterteller
tässelen(v) aufschichten
tässelen(v) stapeln
tässelen, sech -(v) hinlegen, sich -
tässelen, sech -(v) senken, sich - (Gelände, Boden)
Tast(f,-en) Taste
Tastatur(f,-en) Tastatur
Tasteninstrument(n,-er) Tasteninstrument
tätegen(v) tätigen
tatenlos(adj) tatenlos
tätowéieren(v) tätowieren
Tatsaach(f,-en) Fakt
Tatsaach(f,-en) Tatsache
tatsächlech(adj) tatsächlich
Tatta(f,-en) Tante
Tatta(pej)(f,-en) Alte (pej)
Tatz(f,-en) Tatze
tauchen(v) tauchen
Taucher(m,--) Froschmann
Taucher(m,--) Taucher
Tauchstatioun(f,-en) Tauchstation
tauschen(v) tauschen
täuschen(v) täuschen
Tauschgeschäft(n,-er) Tauschgeschäft
Täuschungsgeschäft(n,-er) Täuschungsmanöver
Taxatioun(f,~) Taxierung
Taxe(f,-n) Gebühr
Taxe(f,-n) Zuschlag
taxéieren(v) abschätzen
taxéieren(v) taxieren
Taxi(m,-en) Taxi
Taxichauffer(m,-en) Taxifahrer
Taxisfederatioun(f,-en) Verband der Taxifahrer
Team(n,-en/-er) Team
Technik(f,-en) Technik
Techniker(m,--) Techniker
Technikerin(f,-nen) Technikerin
techniséieren(v) technisieren
Technologie(f,-n) Technologie
Technologietransfer(m,-en) Technologietransfer
técken(v) anstupsen
técken(v) stoßen
técken(v) ticken
Teddy(m,-en) Teddybär
Teenager(m,-en) Teenager
Téi(m,--) Kräutertee
Téi(m,--) Tee
Téik(f,-en) Theke
Téikrou(m,-kréi) Teekanne
téinen(v) prahlen
téinen(v) wichtigtun
téinen, déck -(exp) angeben
Téinert(m,-en) Angeber
Téinert(m,-en) Wichtigtuer
Teint(m,-en) Teint
Téisalon(m,-en) Teestube
Téiteng(p) Tétange
Téitsch(f,-en) Delle
téitschen(v) eindellen
téitschen(v) verbeulen
Telecopieur(m,-en) Kopierer
Tëlee(f,-ën) Fernsehen
Tëlee(f,-ën) Fernseher
Tëlee(f,-ën) Fernsehgerät
Telefon(m,-en) Telefon
telefonéieren(v) telefonieren
telefonesch(adj) telefonisch
Telefonsapparat(m,-er) Telefon
Telefonsauer(f,~) Zeitansage
Telefonsbuch(n,-bicher) Telefonbuch
Telefonsdrot(f,-dréit) Telefonkabel
Telefonsgespréich(n,-er) Telefongespräch
Telefonskabinn(f,-en) Fernsprechkabine
Telefonskabinn(f,-en) Telefonzelle
Telefonsnummer(f,-en) Telefonnummer
Telefonsrechnung(f,-en) Telefonrechnung
Telefonsschnouer(f,-schnéier) Telefonschnur
Telefonstaxe(f,-n) Telefongebühr
Telefonsuruff(m,-uriff) Telefonanruf
Telefonsuschloss(m,-schlëss) Telefonanschluss
Telefonswecker(m,-en) Weckruf
Telefonszentral(f,-en) Telefonzentrale
telegraféieren(v) telegrafieren
Telegramm(m,-en) Telegramm
Telekommunikatioun(f,~) Telekommunikation
Telematik(f,~) Telematik
Telepathie(f,~) Gedankenübertragung
Telepathie(f,~) Telepathie
Telephon(m,-en) Telefon
Teleskop(n,-en) Teleskop
Telespectateur(m,-en) Fernsehzuschauer
Televisioun(f,-en) Fernseher
Televisioun(f,-en) Fernsehgerät
Televisioun, faarweg -(exp) Farbfernseher
Televisioun, faarweg -(exp) Farbfernsehgerät
Televisiounsantenn(f,-en) Fernsehantenne
Televisiounsapparat(m,-en/-er) Fernsehgerät
Televisiounsdësch(m,-er) Fernsehtisch
Televisiounsstatioun(f,-en) Fernsehsender

Telex schécken*(exp)* Telex verschicken
Telex*(m,-en)* Telex
Teller*(m,-en)* Teller
Teller, déiwen -*(exp)* Suppenteller
Teller, flaachen -*(exp)* Teller
Teller, platten -*(exp)* Teller
Tellerchen*(m,Tellercher)* Unterteller
Tëmpchen*(m,~)* Nickerchen
Tëmpchen*(m,~)* Schläfchen
Temperament*(n,-er)* Temperament
Temperatur*(f,-en)* Temperatur
Temperaturschwankung*(f,-en)* Temperaturschwankung
temperéieren*(v)* temperieren
Tempolimit*(m,-ten)* Geschwindigkeitsbegrenzung
tendéieren*(v)* neigen
Tendenz*(f,-en)* Tendenz
tendenziell*(adj)* tendenziell
tendenziös*(adj)* tendenziös
Tennis*(m,~)* Tennis
Tennisaarm*(m,-äerm)* Tennisarm
Tennisfeld*(n,-er)* Tennisplatz
Tennismätsch*(m,-er)* Tennisspiel
Tennisplaz*(m,-en)* Tennisplatz
Tennisterrain*(m,-en)* Tennisplatz
Tënt*(f,~)* Tinte
Tentatioun*(f,-en)* Versuchung
Tëntefaass*(n,-fässer)* Tintenfass
Tëntefësch*(m,--)* Tintenfisch
tentéieren*(v)* bringen, in Versuchung -
tentéieren*(v)* reizen
Tënten*(p)* Tuntange
Teppech*(m,-er)* Bettvorleger
Teppech*(m,-er)* Teppich
tëppelen*(v)* tüpfeln
Term*(m,-en)* Begriff
Term*(m,-en)* Wort
Termäin*(m,-er)* Fälligkeitsdatum
Termäin*(m,-er)* Termin
Termin*(m,-er)* Termin
Terminal*(m,~)* Terminal
Terrain*(m,-en)* Gelände
Terrain*(m,-en)* Grundstück
Terrain*(m,-en)* Sportfeld
Terrass*(f,-en)* Terrasse
terrasséieren*(v)* niederstrecken
terribel*(adj)* schrecklich
territorial*(adj)* territorial
Territorium*(m,-en)* Territorium
terroriséieren*(v)* terrorisieren
Terrorist*(m,-en)* Terrorist
terroristesch*(adj)* terroristisch
Terrororganisatioun*(f,-en)* Terrororganisation
Tëschebemierkung*(f,-en)* Zwischenbemerkung
Tëschefall*(m,-fäll)* Zwischenfall
tëschelageren*(v)* zwischenlagern
tëschelanden*(v)* zwischenlanden
Tëschelandung*(f,-en)* Zwischenlandung
tëschemënschlech*(adj)* zwischenmenschlich
tëschenduerch*(adv)* zwischendurch
Tëschenhändler*(m,--)* Zwischenhändler
tëschent*(pp)* zwischen
Tëschenzäit*(f,~)* Zwischenzeit
Tëscheprüfung*(f,-en)* Zwischenprüfung
Tëscheraum*(m,-raim)* Zwischenraum
Tëscheresultat*(n,-er)* Zwischenergebnis
Tëschestopp*(m,-en)* Zwischenstopp
Tëschewand*(f,-wänn)* Zwischenwand
tëscht*(pp)* zwischen
Testament*(n,-er)* Testament
Testbild*(n,-biller)* Testbild
testéieren*(v)* testen
testen*(v)* testen
Testerei*(f,~)* Testerei
Testpersoun*(f,-en)* Testperson
Teststreck*(f,-en)* Teststrecke
Tetanusimpfung*(f,-en)* Tetanusimpfung
Text*(m,-er)* Text
Textdatei*(f,-en)* Textdatei
Textilindustrie*(f,-n)* Textilindustrie
Theater*(m,-en)* Theater
Theater, Stater -*(exp)* Stadttheater (in Luxemburg)
Theaterbilljee*(m,-ën)* Karte fürs Theater
Theaterbilljee*(m,-ën)* Theaterkarte
Theaterfederatioun*(f,-en)* Theaterverband
Theaterkaart*(f,-en)* Karte fürs Theater
Theaterkaart*(f,-en)* Theaterkarte
Theaterkritik*(f,-en)* Theaterkritik
Theaterowend*(m,-er)* Theaterabend
Theaterproductioun*(f,-en)* Theaterproduktion
Theaterproduktioun*(f,-en)* Theaterproduktion
Theatersaison*(f,-en)* Theatersaison
Theaterspiller*(n,--)* Schauspieler
Theaterstéck*(n,-er)* Theaterstück
Theaterzäitschrëft*(f,-en)* Theaterzeitschrift
theatralesch*(adj)* theatralisch
Thema*(m,-en)* Thema
Thema*(n,-en)* Thema
Thematik*(f,-en)* Thematik
thematiséieren*(v)* thematisieren
Theolog*(m,-en)* Theologe
theoretesch*(adj)* theoretisch
Theoretiker*(m,)* Theoretiker
theoretiséieren*(v)* theoretisieren
Theorie*(f,-n)* Theorie
Therapeut*(m,-en)* Therapeut
Therapiefräiheet*(f,~)* Freiheit, therapeutische -
Thermalbad*(m,-bieder)* Heilbad
Thermalbad*(n,-bieder)* Kurort
Thermometer*(m,-en)* Thermometer
Thermosfläsch*(f,-en)* Thermosflasche
Thon*(m,~)* Thunfisch
Thon*(m,~)* Tunfisch
Throunfolger*(m,-en)* Thronfolger
Thüringer*(m,-en)* Grillwurst
ticken*(v)* ticken
ticken*(v)* zucken
Ticket*(m,-en)* Fahrkarte
Ticket*(m,-en)* Ticket
Ticketsautomat*(m,-en)* Parkscheinautomat
Tie-Break*(m,-en)* Tiebreak
Tiefkühlkascht*(m,~)* Tiefkühlkost
Tiefkühltruh*(f,-en)* Gefriertruhe
Tiefkühltruh*(f,-en)* Tiefkühltruhe
Tierk*(m,-en)* Türke
tierkeleg*(adj)* schwindlig
tierkelen*(v)* schwanken
tierkelen*(v)* taumeln
tierkelen*(v)* torkeln
tierkesch*(adj)* türkisch
tiermen*(v)* grübeln
Tiger*(m,-en)* Tiger
Tiitchen*(f,Titercher)* Tütchen
Timber*(m,-en)* Briefmarke
Timber, en - oppechen*(exp)* frankieren
Timbersemissioun*(f,-en)* Briefmarkenausgabe
timbréieren*(v)* frankieren
timbréiert*(scherzh)(adj)* verrückt
timen*(v)* timen
Timing*(m,~)* Timing
Tipp*(m,-en)* Müllkippe
Tipp*(m,-en)* Schuttabladeplatz
tippen*(v)* abtippen
tippen*(v)* schreiben, Maschine -
tippen*(v)* tippen
Tippfeeler*(m,--)* Tippfehler
tipptopp*(adj)* einwandfrei
tipptopp*(adj)* tipptopp
Tirang*(m,-en)* Schublade
Tirang*(m,Tiräng)* Schublade
Tirebouchon*(m,-en)* Korkenzieher
Tirette*(f,-n)* Reißverschluss
Titel*(m,-en)* Titel
Titelsäit*(f,-en)* Titelseite
Titelverdeedeger*(m,--)* Titelverteidiger
tituléieren*(v)* anreden

Toast(m,-en)	Toast
toasten(v)	toasten
Toaster(m,-en)	Toaster
toben(v)	toben
tockeg(adj)	dickköpfig
tockeg(adj)	stur
Tockskapp(m,-käpp)	Dickkopf
Toile(f,~)	Leinen
Toilecirée(m,-ën)	Wachstuch
Toilette(f,-n)	Toilette
Toilette, laang -(exp)	Abendkleid, langes -
Toilettëbiischt(f,-en)	Klobürste
Toilettëpabeier(m,~)	Klopapier
Toilettëpabeier(m,~)	Toilettenpapier
Toleranz(f,~)	Toleranz
Toleranzgrenz(f,-en)	Toleranzgrenze
toleréieren(v)	dulden
toleréieren(v)	tolerieren
Tollwut(f,~)	Tollwut
Tomat(f,-en)	Tomate
Tomatejus(m,-en)	Tomatensaft
Tommel(m,~)	Bewusstlosigkeit
Tommel(m,~)	Schwindelanfall
tommelen, sech -(v)	beeilen, sich -
tompen(v)	dösen
tompen(v)	einnicken
tompen(v)	schlummern
tompen(v)	tunken
Tonn(f,-en)	Tonne
tonneweis(adv)	tonnenweise
Toodler(p)	Tadler
topeg(adj)	albern
topeg(adj)	doof
topeg(adj)	dumm
topeg(adj)	einfältig
Topegkeet(f,~)	Schwachsinn
Topegkeet(f,-en)	Einfältigkeit
topen(v)	herumtappen
topen, op eppes/een -(exp)	stoßen, auf jn/etw -
Toperei(f,-en)	Dummheit
Topert(m,-en)	Blödmann
Topert(m,-en)	Simpel
Topmanagement(n,~)	Topmanagement
Topographie(f,-n)	Topographie
Torf(m,~)	Torf
torpedéieren(v)	torpedieren
Torschong(m,-en)	Scheuertuch
Torschong(m,-en)	Wischtuch
Tortur(f,-en)	Folter
Tortur(f,-en)	Tortur
torturéieren(v)	foltern
torturéieren(v)	quälen
Tosch(m,~)	Tausch
totalitär(adj)	totalitär
Totalschued(m,-schied)	Totalschaden
Touche(f,-n)	Taste
touchéieren(v)	anrühren
touchéiert(adj)	gerührt
toufen(v)	brüskieren
Toun(m,Téin)	Klang
Toun(m,~)	Ton (Benehmen)
Toun(m,Téin)	Nuance
Toun(m,Téin)	Ton
Tounband(n,-bänner)	Tonband
Tounfilm(m,-en)	Tonfilm
Touningenieur(m,-en)	Toningenieur
Tounkapp(m,-käpp)	Tonabnehmer
Tounqualitéit(f,-en)	Tonqualität
Tounstéierung(f,-en)	Tonstörung
Tounzeechen(n,--)	Tonzeichen
Toupet(m,-en)	Haarteil
Tour(m,-en)	Tour
Tour(m,Tier)	Runde
Tour(m,Tier)	Rundstrecke
Tour(m,Tier)	Rundweg
Tourissem(m,~)	Tourismus
Tourist(m,-en)	Tourist
Touristebüro(m,-en)	Verkehrsamt
Touristeklass(f,-en)	Touristenklasse
Touristenattraktioun(f,-en)	Touristenattraktion
Tournée(f,-ën)	Runde
Tournée(f,-ën)	Tournee
Tournée, eng - ginn(exp)	Runde, eine - ausgeben
toxesch(adj)	giftig
toxesch(adj)	toxisch
Toxicitéit(f,~)	Giftigkeit
Toxicitéit(f,~)	Toxizität
Toz(f,-en)	Dummchen
tozen(v)	plauschen
tozen(v)	quasseln
tozen(v)	quatschen
traatschen(v)	stampfen
Trac(m,~)	Lampenfieber
tracasséieren(v)	plagen
Trach(m,Träch)	Futtertrog
Trach(m,Träch)	Trog
traditionell(adj)	traditionell
Traditioun(f,-en)	Tradition
Traficinformatioun(f,-en)	Verkehrsdurchsage
Trafik(m,~)	Verkehr
trafikéieren(pej)(v)	handeln (pej)
Trafikskapazitéit(f,-en)	Verkehrsleistungsfähigkeit
Tragedie(f,-n)	Tragödie
tragesch(adj)	tragisch
Tragik(f,~)	Tragik
trainéieren(v)	trainieren
Trainer(m,-en)	Coach
Trainer(m,-en)	Trainer
Training(m,~)	Training
Trainingskostüm(m,-er)	Trainingsanzug
Trainingslager(n,-en)	Trainingslager
Trainingsschong(m,--)	Sportschuh
Trainingsschung(m,--)	Sportschuh
Träip(f,-en)	Blutwurst
Träipen(npl)	Eingeweide
Träipen(npl)	Gedärm
traitéieren(v)	behandeln
Trajet(m,-en)	Weg
Trakt(m,-en)	Trakt
traktéieren(v)	traktieren
Trakter(m,-en)	Traktor
Tram(m,-men)	Straßenbahn
trampelen(v)	trampeln
Trampolin(m,-nen)	Trampolin
Trance(f,~)	Trance
Tranche(f,-n)	Scheibe
tranchéieren(v)	schneiden
Tranquilizer(m,-en)	Beruhigungsmittel
trans(pp)	durch
Transaktioun(f,-en)	Transaktion
transcrivéieren(v)	transkribieren
Transfer(m,-en)	Transfer
transferéieren(v)	transferieren
transferéieren(v)	übertragen
Transformatioun(f,-en)	Transformierung
Transformatioun(f,-en)	Umwandlung
Transformator(m,-en)	Transformator
transforméieren(v)	verwandeln
Transfusioun(f,-en)	Transfusion
Transister(m,-en)	Transistor
transitéieren(v)	durchführen
transitéieren(v)	passieren
Transitioun(f,-en)	Transition
Transitioun(f,-en)	Übergang
Transitverkéier(m,~)	Durchgangsverkehr
Transitverkéier(m,~)	Transitverkehr
Transkriptioun(f,-en)	Transkription
Transkriptioun(f,-en)	Umschrift
Transmissioun(f,-en)	Transmission
Transmissioun(f,-en)	Übertragung
Transparent(m,-en)	Transparent
Transparenz(f,~)	Transparenz
Transplantatioun(f,-en)	Transplantation
transplantéieren(v)	transplantieren
transponéieren(v)	transponieren
Transport(m,~)	Transport

transportabel*(adj)*	transportfähig
transportabel*(adj)*	transportierbar
Transportcapacitéit*(f,-en)*	Transportkapazität
transportéieren*(v)*	transportieren
Transportkapazitéit*(f,-en)*	Transportkapazität
Transportkommissioun*(f,-en)*	Transportkommission
Transportmëttel*(n,-en)*	Transportmittel
Transportmëttel*(n,-en)*	Verkehrsmittel
transposéieren*(v)*	transponieren
transposéieren*(v)*	übertragen
Transpositioun*(f,-en)*	Umsetzung
transsexuell*(adj)*	transsexuell
Transvestit*(m,-en)*	Transvestit
transzendéieren*(v)*	transzendieren
transzendental*(adj)*	transzendental
träntelen*(v)*	bummeln
träntelen*(v)*	trödeln
träntelen*(v)*	vertrödeln (Zeit)
Tränteler*(m,-en)*	Bummler
Trap*(f,-en)*	Treppe
trapaus*(adv)*	treppauf
Trapegelänner*(n,-en)*	Treppengeländer
Trapenhaus*(n,-haiser)*	Treppe
Trapenhaus*(n,-haiser)*	Treppenhaus
Trapez*(n,-er)*	Trapez
Trapezakrobat*(m,-en)*	Trapezkünstler
Trapp*(m,Träpp)*	Herde
Trapp*(m,Träpp)*	Menge
Trapp, am -*(exp)*	Trab, im -
Träppchen*(f,Träppercher)*	Trittleiter
trappen*(v)*	traben
Träpplek*(m,-en)*	Stufe (Treppe)
träppweis*(adv)*	haufenweise
trätschen*(v)*	zermanschen
trätschen*(v)*	zerquetschen
Tratt*(m,Trëtt)*	Treppenstufe
Tratt*(m,Trëtt)*	Tritt
Tratt*(m,Trëtt)*	Trittbrett
Tratten*(p)*	Troine
Trätterstrooss*(p)*	Troine-Route
trauen*(v)*	trauen
trauen, sech -*(v)*	trauen, sich -
Trauer*(f,~)*	Jammer
Trauer*(f,~)*	Trauer
trauereg*(adj)*	traurig
Traueregkeet*(f,~)*	Armseligkeit
Traueregkeet*(f,~)*	Jammer
Traueregkeet*(f,~)*	Traurigkeit
traueren*(v)*	trauern
Trauerfall*(m,-fäll)*	Trauerfall
Trauerfeier*(f,-en)*	Trauerfeier
Trauerspill*(n,-er)*	Tragödie
Trauerspill*(n,-er)*	Trauerspiel
Trauerweid*(f,-en)*	Trauerweide
Traufel*(f,-en)*	Kelle
traufelen*(v)*	Kelle, mit der - arbeiten
Trauma*(n,-en)*	Trauma
traumatiséieren*(v)*	traumatisieren
traureg*(adj)*	traurig
Trauregkeet*(f,~)*	Armseligkeit
Trauregkeet*(f,~)*	Jammer
Trauregkeet*(f,~)*	Traurigkeit
Trausch*(m,Traisch)*	Busch
Trausch*(m,Traisch)*	Strauch
Travellerscheck*(m,-en)*	Reisescheck
Treck*(m,-en)*	Konvoi
trëdden*(v)*	treten
treffen*(v)*	treffen
Treffpunkt*(m,-en)*	Treffpunkt
treffsécher*(adj)*	treffsicher
trei*(adj)*	treu
Trei*(f,~)*	Loyalität
Trei*(f,~)*	Treue
Trei, op gutt -*(exp)*	Glauben, im guten -
Tréier*(p)*	Trier
treihäerzeg*(adj)*	treuherzig
Treiheet*(f,~)*	Treue
Tréin*(f,-en)*	Träne
Tréinegas*(m,~)*	Tränengas
tréinen*(v)*	tränen
tréischten*(v)*	trösten
Trëllecht*(f,-en)*	Haufen (Menge)
trëllen*(v)*	hinfallen
trëllen*(v)*	stolpern
trëllen*(v)*	stürzen
Trëllert*(m,-en)*	Tollpatsch
Trenchcoat*(m,-en)*	Regenmantel
Trëndel*(m,-en)*	Wasserstrudel
Trëndel*(m,-en)*	Wirbel
Trendsetter*(m,-en)*	Trendsetter
trennen*(v)*	trennen
Trennlinn*(f,-en)*	Trennlinie
Trennung*(f,-en)*	Trennung
Trennungsstréch*(m,-er)*	Trennstrich
Trennwand*(f,-wänn)*	Trennwand
trentelen*(v)*	herumtrödeln
Trënten*(p)*	Trintange
Trënteng*(p)*	Trintange
trëppel*(exp)*	verschwinde
trëppelen*(v)*	spazieren gehen
trëppelen*(v)*	treten
Tresor*(m,-en)*	Tresor
Trëtt*(m,-er)*	Tritt
Trëttbriet*(m,-brieder)*	Trittbrett
Trëtz*(f,-en)*	Flechte
Trëtz*(f,-en)*	Zopf
trëtzen*(v)*	flechten
Triangel*(m,-en)*	Triangel
Triathlon*(m,-en)*	Triathlon
Tribün*(f,-en)*	Tribüne
Tribunal*(n,-en)*	Tribunal
Trick*(m,-en)*	Trick
Trickfilm*(m,-er)*	Trickfilm
tricksen*(v)*	tricksen
trieden*(v)*	treten
triéieren*(v)*	sortieren
Triichter*(m,-en)*	Trichter
triichteren*(v)*	indoktrinieren
Trikot*(m,-en)*	Badeanzug
Trikot*(m,-en)*	Trikot
Trilogie*(f,-n)*	Trilogie
Trimester*(n,-en)*	Trimester
trimmen*(v)*	drillen
Trio*(n,-en)*	Trio
tripléieren*(v)*	verdreifachen
Tripper*(m,~)*	Gonorrhöe
Tripper*(m,~)*	Tripper
tripsen*(v)*	zermatschen
tripsen*(v)*	zerquetschen
tripsen*(v)*	zerstoßen
Triumph*(m,-en)*	Triumph
triumphal*(adj)*	triumphal
triumphéieren*(v)*	triumphieren
trivial*(adj)*	trivial
triwwelen*(v)*	herumfummeln
triwwelen*(v)*	nesteln
triwwelen*(v)*	stochern (im Essen)
Triwweler*(m,-en)*	Fummler
Triwweler*(m,-en)*	Pfuscher
Triwwelesch*(f,-en)*	Fummlerin
trojanesch*(adj)*	trojanisch
Tromm*(f,-en)*	Trommel
Tromm, déck -*(exp)*	Trommel, große -
trommelen*(v)*	trommeln
Trommelfell*(n,-er)*	Trommelfell
trommen*(v)*	trommeln
Trommler*(m,-en)*	Trommler
Tromp*(f,Trëmp)*	Trumpf
Trompäss*(m,-en)*	Trumpfass
trompéieren, sech -*(v)*	irren, sich -
trompen*(v)*	trumpfen
Trompett*(f,-en)*	Trompete
Tropenhelm*(m,-er)*	Tropenhelm
Troter*(f,-en)*	Tröte
Troterbatti*(m,-en)*	Schwätzer
trotereg*(adj)*	gellend
troteren*(v)*	plappern
Trottinette*(f,-n)*	Roller

Trottoir(m,-en) Gehsteig
Trottoir(m,-en) Gehweg
trotz(pp) trotz
trotzdeems(adv) trotzdem
trotzdem(adv) trotzdem
trotzeg(adj) starrsinnig
trotzeg(adj) trotzig
trotzeg(adj) widerstrebend
trotzen(v) trotzen
Trotzreaktioun(f,-en) Trotzreaktion
Trouble(m,~) Ärger
troubléieren(v) verwirren
Troun(m,Tréin) Thron
trounen(v) thronen
Trouscht(m,~) Trost
trouschtmiddeg(adj) niedergeschlagen
Trouschtpräis(m,-ser) Trostpreis
trubbelen(v) trüben
Truecht(f,-en) Tracht
truechten(v) trachten
Trüff(f,-en) Trüffel
Truff(m,~) Torf
Trüffel(f,-en) Trüffel
Truffkaul(m,-en) Torfgrube
Truh(f,-en) Truhe
Trupp(f,-en) Truppe
Trupp(m,-en) Gruppe
Trupp, bei der - sinn(exp) Armee, bei der - sein
Truppenofzuch(m,-ofzich) Truppenabzug
trutschen(v) zusammenmanschen
Tschech(m,-en) Tschech
T-Shirt(m,-en) T-Shirt
Tüb(f,-en) Tube
Tubak(m,~) Tabak
Tubaksbuttek(m,-er) Tabakwarenhandlung
Tuberkulos(f,~) Tuberkulose
tucken(v) anstoßen
tucken(v) stoßen
tückesch(adj) tückisch
tuddelen(v) daherreden, dumm -
tuddelen(v) stottern
Tuddeler(m,-en) Schwätzer
Tuddeler(m,-en) Stammler
Tuddelesch(f,-en) Schwätzerin
Tuerm(m,Tierm) Turm
Tulp(f,-en) Tulpe
Tumor(m,-en) Tumor
Tuner(m,-en) Tuner
Tunnel(m,-len) Tunnel
tuppen(v) klopfen
tuppen(v) pochen
Tuppi(m,-en) Dutt
Tuppi(m,-en) Haarknoten
Turbin(f,-nen) Turbine
Turbot(m,-en) Steinbutt
turbulent(adj) turbulent
Turnbox(f,-en) Gymnastikhose
Turnbox(f,-en) Sporthose
Turnéier(m,--) Turnier
Turnen(n,~) Gymnastik
Turnen(n,~) Turnen
turnen(v) turnen
Turner(m,-en) Turner
Turngezei(n,~) Sportkleidung
Turnhal(f,-en) Turnhalle
Turnsall(m,-säll) Turnhalle
Turnschlapp(f,-en) Sportschuh
Turnschlapp(f,-en) Turnschuh
Turnveräin(m,-er) Turnverein
Tusch(f,~) Tusche
Tuschbic(m,-bicken) Filzstift
tuschéieren(v) anrühren
Tuschzeechnung(f,-en) Tuschezeichnung
Tuschzeechnung(f,-en) Tuschzeichnung
Tut(f,-en) Hupe
Tut(f,-en) Tüte
Tutebatti(m,-en) Schwätzer
tuten(v) hupen
Tuteur(m,-en) Lehrmeister
tuteweis(adv) tütenweise
TV(n,~) Fernsehen
TVA(f,~) Mehrwertsteuer
twisten(v) twisten
Typ(m,-en) Typ
Typ(m,-en) Type
typesch(adj) typisch
typescherweis(adv) typischerweise
Typhus(m,~) Typhus
Typographie(f,~) Typographie
Tyrann(m,-en) Tyrann
tyranniséieren(v) tyrannisieren

U

ubäissen(v) anbeißen
ubaken(v) anbacken (Kuchen)
ubändelen(v) anbandeln
ubannen(v) anbinden
ubauen(v) anbauen
ubauen(v) vergrößern (Gebäude)
ubaupsen(v) anschnauzen
ubehalen(v) anbehalten (Kleidung)
ubelaangen(v) betreffen
üben(v) üben
Ubezuelen(n,~) Anzahlung
ubezuelen(v) anzahlen
ubidden(v) anbieten
ubidden(v) feilbieten
ubiedelen(v) anbetteln
ubieden(v) anbeten
ubillen(v) anbellen
ubillen(v) anschnauzen
ubitzen(v) annähen
Ubléck(m,-er) Anblick
ublocken(v) abhauen
ublocken(v) weglaufen
U-Boot(m,-er) U-Boot
ubrëllen(v) anbrüllen
ubréngen(v) anbringen
ubrennen(v) anbrennen
ubriechen(v) anbrechen
ubroden(v) anbraten
Übung(f,-en) Übung
Uebst(n,~) Obst
Uebstbam(m,-beem) Obstbaum
Uebstbongert(m,-en) Obstgarten
Uebstgaart(m,-gäert) Obstgarten
Uebstjus(m,-en) Obstsaft
Uebstkuerf(m,-kierf) Obstkorb
Uebstpress(f,-en) Obstpresse
Uebstrat(f,-en) Siebenschläfer
Uebstzalot(f,-en) Obstsalat
Uecht don(exp) achtgeben
Uecht ginn(exp) achtgeben
Uecht, an - huelen(exp) Acht, in - nehmen
Uecht, eppes an - huelen(exp) bemerken, etw -
Uecht, sech an - huelen(exp) Acht, sich in - nehmen
uechten(v) achten
uechten(v) respektieren
uechter(pp) durch
uechter(pp) kreuz und quer durch
uechterall(adv) überall
uechtert(pp) durch
uechtginn(v) achtgeben
uechtzeg(adj) achtzig
uechtzéng(adj) achtzehn
Ueleg(m,-er) Öl
Ueleg, am - gemoolt(exp) Öl, in - gemalt
Uelegbild(n,-biller) Ölbild
uelegen(v) einfetten
Uelegfaarf(f,-faarwen) Ölfarbe
Uelegfilter(m,-en) Ölfilter
Ueleggäppchen(f,-gäppercher) Öllampe
Uelegkan(f,-en) Ölkanne
Uelegluucht(f,-en) Öllampe
uelegzeg(adj) ölig
Uelzecht(p) Alzette (Fluss)

Uelzecht, d'-_(p)_ Nationalhymne Luxemburgs
Uerden_(m,--)_ Orden
uerdentlech_(adj)_ ordentlich
Uerder_(m,-en)_ Befehl
uerderen_(v)_ anordnen
Uerdnung_(f,-en)_ Ordnung
uerg_(adj)_ arg
uerg_(adj)_ bissig (Hund)
uerg_(adj)_ bösartig
uerg_(adj)_ schlimm
uerg_(adv)_ ernsthaft (Krankheit)
uerg_(adv)_ sehr
uerg_(adv)_ stark
Uergel_(f,-en)_ Orgel
Uergelconcert_(m,-en)_ Orgelkonzert
Uergelpäif_(f,-en)_ Orgelpfeife
uersch_(adj)_ dreckig
Uerschdref_(p)_ Arsdorf
Uert_(m,lerter)_ Ort
Uert_(m,lerter)_ Platz
Uerteel_(n,-er)_ Urteil
Uerteel_(n,-er)_ Urteilsspruch
uerteelen_(v)_ urteilen
Uertschaft_(f,-en)_ Ortschaft
Uertsgespréich_(n,-er)_ Ortsgespräch
Uertstarif_(m,-fer)_ Ortstarif
Uerzekréimer_(m,-en)_ Kleinigkeitskrämer
Uespelt_(p)_ Aspelt
Uess_(f,-en)_ Tragjoch
Uess_(m,-en)_ Ochse
uessekäppeg_(adj)_ dickköpfig
Uesselscheier_(p)_ Asselscheuerhof
Uesselscheierhaff_(p)_ Asselscheuerhof
Uesweller_(p)_ Osweiler
ueter_(pp)_ durch
ueter_(pp)_ kreuz und quer durch
Uewegkeet_(f,-en)_ Obrigkeit
Uewegrill_(m,-er)_ Ofenrost
uewen erof_(exp)_ von oben herab
uewen erof, vun -_(exp)_ von oben herab
uewen_(adv)_ oben
Uewen_(m,lewen)_ Backofen
Uewen_(m,lewen)_ Herd
Uewen_(m,lewen)_ Ofen
uewenaus_(adv)_ nach oben
uewendriwwer_(adv)_ darüber
uewendrop_(adv)_ obendrauf
Uewenënn_(f,-en)_ Perlzwiebel
uewenop_(adv)_ oben
uewenzeg_(adj)_ obere
Uewepäif_(f,-en)_ Ofenrohr
Ueweraanwen_(p)_ Oberanven
Uewerdonwen_(p)_ Oberdonven
Uewereesbech_(p)_ Obereisenbach
Uewerfeelen_(p)_ Oberfeulen
Uewerglabech_(p)_ Oberglabach
Uewerkäerjeng_(p)_ Hautcharage
Uewerkolpech_(p)_ Colpach-Haut
Uewerkuer_(p)_ Oberkorn
Uewerpallen_(p)_ Oberpallen
Uewersauer_(p)_ Obersauer
Uewerwampech_(p)_ Oberwampach
Uewerwuermeldeng_(p)_ Wormeldange-Haut
ufalen_(v)_ anfallen
Ufällegkeet_(f,-en)_ Anfälligkeit
Ufänger_(m,--)_ Anfänger
Ufank_(m,Ufäng)_ Anfang
ufänken_(v)_ anknipsen
ufänken_(v)_ anzünden
ufänken_(v)_ beginnen
ufanks_(adv)_ anfangs
Ufanksbuschtaf_(m,-buschtawen)_ Anfangsbuchstabe
Ufanksgehalt_(f,-gehälter)_ Anfangsgehalt
Ufankspai_(f,-en)_ Anfangsgehalt
Ufanksstadium_(m,-stadien)_ Anfangsstadium
ufechten_(v)_ anfechten
ufeieren_(v)_ anfeuern
uféieren_(v)_ anführen
uféieren_(v)_ zitieren
Ufer_(n,-en)_ Ufer
ufidderen_(v)_ anfüttern
ufiichten_(v)_ befeuchten
ufillen, sech -_(v)_ anfühlen, sich -
ufléien_(v)_ anfliegen
ufréieren_(v)_ anfrieren
ufrënnen, sech -_(v)_ anfreunden, sich -
ufrieden, sech -_(v)_ anfühlen, sich -
ufriessen_(v)_ anfressen
Ufro_(f,-en)_ Anfrage
ufroen_(v)_ anfragen
ufuerderen_(v)_ anfordern
ufueren_(v)_ anfahren
uganks_(adv)_ anfangs
ugebass_(adj)_ angebissen
ugebonnen, kuerz - sinn_(exp)_ angebunden, kurz - sein
ugebuer_(adj)_ angeboren
Ugebuet_(m,-er)_ Angebot
ugedoen_(adj)_ angezogen
ugefault_(adj)_ angefault
ugegoss_(adj)_ angegossen
ugehéieren_(v)_ angehören
ugeholl_(adj)_ angenommen
ugeklot_(adj)_ angeklagt
Ugekloten_(m,--)_ Angeklagte
Ugeleeënheet_(f,-en)_ Angelegenheit
ugeschoss_(adj)_ angeschossen
ugesinn_(adj)_ angesehen
ugesinn_(v)_ ansehen
ugesinns, vun - kennen_(exp)_ Sehen, vom - kennen
ugestach_(adj)_ angeheitert
ugestach_(adj)_ infiziert
ugewinnen, sech -_(v)_ angewöhnen, sich -
ugezunn, et ass -_(exp)_ Bodenfrost, es hat - gegeben
uginn_(v)_ angeben
uginn_(v)_ anzeigen
uginn_(v)_ denunzieren
uginn_(v)_ prahlen
uginn, sech -_(v)_ anbieten, sich -
uglotzen_(v)_ anstarren
ugoen_(v)_ anspringen (Motor)
ugoen_(v)_ beginnen
ugoen_(v)_ betreffen
ugoen_(v)_ davonlaufen
ugoen_(v)_ einschalten, sich - (Gerät)
ugräifen_(v)_ angreifen
Ugräifer_(m,--)_ Angreifer
Ugrëff_(m,-er)_ Angriff
ugrëffeg_(adj)_ angriffslustig
Ugrëffer_(m,--)_ Angreifer
ugrenzen_(v)_ angrenzen
Uhu_(m,-en)_ Uhu
ukafen_(v)_ ankaufen
ukënnegen_(v)_ ankündigen
uketten_(v)_ anketten
ukierpen_(v)_ ankurbeln
uklameren, sech -_(v)_ anklammern, sich -
uklappen_(v)_ anklopfen (Tür)
uklappen, bei engem -_(exp)_ anklopfen, bei jm mit einer Bitte -
ukléngen_(v)_ anklingen
uklicken_(v)_ anklicken
ukliewen_(v)_ ankleben
Uklo_(f,-en)_ Anklage
ukloen_(v)_ anklagen
ukloen_(v)_ beschuldigen
uknabbelen_(v)_ anknabbern
uknäppen_(v)_ anknöpfen
uknëppen_(v)_ anknüpfen
ukommen_(v)_ ankommen
ukommen_(v)_ anwachsen (Pflanze)
ukommen_(v)_ eintreffen
ukommen_(v)_ kommen, in Gang -
ukommen, et op eppes - loossen_(exp)_ ankommen, es auf etw - lassen
ukräiden_(v)_ ankreiden

ukräizen(v) ankreuzen
ukrämpen(v) anhängen
ukréien(v) kriegen, ans Laufen - (Motor)
ukréien(v) reinpassen (Kleidung)
ukréien, d'Feier -(exp) anfachen, das Feuer -
ukucken(v) anschauen
ukuelen(v) verkohlen
ukuerbelen(v) ankurbeln
ulaachen(v) anlächeln
ulackelen(v) anziehen
ulackelen(v) bezirzen
Ulaf(n,Uleef) Anlauf
ulafen(v) anlaufen
Ulafschwieregkeet(f,-en) Startschwierigkeit
ulauschteren, sech eppes -(exp) anhören, sich etwas -
uleeden(v) anleiten
uleeën(v) anlegen
uleeën, sech -(v) anstellen, sich -
uléieren(v) anlernen
Uleies(n,~) Anliegen
uleimen(v) anleimen
uliesen(v) anlesen
Ulm(f,-en) Ulme
uloossen(v) anlassen (Licht, Gerät)
ultimativ(adj) ultimativ
Ultimatum(n,-en) Ultimatum
Ultrakuerzwell(f,-en) Ultrakurzwelle
Ultraschall(m,~) Ultraschall
ultraviolett(adj) ultraviolett
um/ëm(pp) um (Uhrzeit)
um/un dem(pp) an dem
um/un dem(pp) auf dem
umaachen(v) anzünden
umaachen(v) befestigen
umaachen(v) einschalten
umahnen(v) anmahnen
umailen(v) mailen
umaueren(v) anmauern
Umeldung(f,-en) Ankündigung
Umeldung(f,-en) Anmeldung
Umeldung(f,-en) Einschreibung
umellen(v) anmelden
umellen(v) einschreiben
umellen(v) melden (amtlich)
umierken(v) anmerken
umiessen(v) ausmessen
umoossen(v) anprobieren
umoossen, sech -(v) anmaßen, sich -
un sinn(exp) an sein
un(pp) an
un(pp) bei
un(pp) nahe
unafen(v) angaffen
Unanimitéit(f,~) Einstimmigkeit
Undeel(m,-er) Anteil
undeiten(v) andeuten
Undenken(m,--) Andenken
undoen(v) anziehen
undoen, engem eppes -(exp) antun, jm etwas -
undoen, sech -(v) anziehen, sich -
undoen, sech -(v) kleiden, sich -
undoen, sech eppes -(exp) antun, sich etwas -
undréchnen(v) antrocknen
undrécken(v) abhauen
undréien(v) ankurbeln
undréien(v) aufschwatzen
undréien(v) einschalten
undréien(v) festdrehen
undreiwen(v) antreiben
uneegenen(v) aneignen
uneekelen(v) anekeln
unenaner geroden(v) aneinandergeraten
unenaner hänken(v) aneinanderhängen
unenaner pechen(v) aneinanderkleben
unenaner strécken(v) aneinanderbinden
unenaner(adv) aneinander
unenee geroden(v) aneinandergeraten
unenee pechen(v) aneinanderkleben
unenee strécken(v) aneinanderbinden
uneneen hänken(v) aneinanderhängen
uneneneen(adv) aneinander
unerkennen(v) anerkennen
Unerkennung(f,-en) Anerkennung
unerzéien(v) anerziehen
Ungar(m,-en) Ungar
ungaresch(adj) ungarisch
Ungarin(f,-nen) Ungarin
Ungarn(n,~) Ungarn
unhalen(v) anbehalten
unhalen(v) anhalten
unhalen(v) festhalten
unhalen, sech -(v) festhalten, sich -
Unhaltspunkt(m,-en) Anhaltspunkt
Unhänger(m,-en) Anhänger
unhänglech(adj) anhänglich
Unhänglechkeet(f,-en) Anhänglichkeit
Unhank(m,~) Anhang
unhänken(v) anhängen
unhauchen(v) anhauchen
unhéieren, sech -(v) anhören, sich -
unhëtzen(v) anheizen
unhiewen(v) anheben
unhimmelen(v) anhimmeln
unhuelen(v) annehmen
unhunn(v) tragen (Kleidung)
uni(adj) einfarbig
Uniform(f,-en) Uniform
uniformiséieren(v) vereinheitlichen
Unikum(n,-en) Unikum
Unioun(f,-en) Union
Uniounspartei(f,-en) Unionspartei
Unitéit(f,-en) Einheit
universal(adj) universal
Universalitéit(f,~) Universalität
universell(adj) universell
Universitéit(f,-en) Universität
Universitéitsbibliothéik(f,-en) Universitätsbibliothek
Universitéitsklinik(f,-en) Universitätsklinik
Universitéitsstad(f,-stied) Universitätsstadt
Universum(m,~) Universum
unneelen(v) annageln
unneelen(v) festnageln
unnéien(v) annähen
unnieten(v) annieten
UNO(f,~) UNO
UNO-Resolutioun(f,-en) UNO-Resolution
UNO-Sécherheetsrot(f,~) UNO-Sicherheitsrat
Unterrécht(m,~) Religionsunterricht
Untert(m,-en) Enterich
untreffen(v) antreffen
untrëppelen(v) antreten
untrieden(v) antreten
untrieden(v) festtreten
unzeechnen(v) anzeichnen
unzéien(v) anziehen
unzéien(v) festdrehen (Schraube)
unzweiwelen(v) anzweifeln
upäifen(v) anpfeifen
Upäifen(n,~) Anpfiff
upaken(v) anfassen
upaken(v) helfen
upaken(v) zupacken
upassen(v) anpassen
Upassung(f,-en) Anpassung
Upassungsfäegkeet(f,-en) Anpassungsfähigkeit
updaten(v) aktualisieren
upechen(v) ankleben
uplanzen(v) anpflanzen
upöbelen(v) anpöbeln
uprangeren(v) anprangern
uprobéieren(v) anprobieren
uquatschen(v) anquatschen
uräissen(v) anreißen
uräissen(v) anritzen
ural(adj) uralt
uranzen(v) anfahren

uranzen*(v)* anschnauzen
urappen*(v)* loslegen
Urawunner*(m,--)* Ureinwohner
urbaniséieren*(v)* urbanisieren
Urbanissem*(m,~)* Urbanismus
Urbevëlkerung*(f,-en)* Urbevölkerung
urechnen*(v)* anrechnen
urécken*(v)* anrücken
ureegen*(v)* anregen
uréieren*(v)* anrühren
urennen*(v)* anstoßen
urëtzen*(v)* anritzen
Urgroussmamm*(f,-en)* Urgroßmutter
Urgrousspapp*(m,-en)* Urgroßvater
Uried*(f,-en)* Anrede
urieden*(v)* ansprechen
urieden, een -*(exp)* ansprechen, jn -
uriichten*(v)* anrichten
urinéieren*(v)* urinieren
Urkraaft*(f,-kräften)* Urkraft
Urkundefälschung*(f,-en)* Urkundenfälschung
Urlaub*(m,~)* Urlaub
Urmënsch*(m,-en)* Urmensch
Urn*(f,-en)* Urne
uroden*(v)* anraten
Urolog*(m,-en)* Urologe
Uropféierung*(f,-en)* Première (Theater)
Uropféierung*(f,-en)* Uraufführung
Ursaach*(f,-en)* Grund
Ursaach*(f,-en)* Ursache
Ursaach*(f,-en)* Vorwand
ursprénglech*(adj)* original
ursprénglech*(adj)* ursprünglich
Urspronk*(m,-spréng)* Ursprung
Urteelskraaft*(f,~)* Urteilskraft
Urteelssproch*(m,-spréch)* Urteilsspruch
Uruff*(m,-riff)* Anruf
uruffen*(v)* anrufen
urullen*(v)* anfahren
urullen*(v)* setzen, sich in Bewegung -
Urwald*(m,-wälder)* Urwald
Urzoustand*(m,-stänn)* Urzustand
usammelen, sech -*(v)* ansammeln, sich -
Usaz*(m,-sätz)* Ansatz
usazweis*(adv)* ansatzweise
uschafen*(v)* anschaffen
Uschafung*(f,-en)* Anschaffung
Uschäin*(m,~)* Anschein
uschäissen*(ugs)(v)* denunzieren
uschäissen*(ugs)(v)* linken
uschäissen*(ugs)(v)* reinlegen
uschalten*(v)* einschalten
uschéissen*(v)* anschießen
uschellen*(v)* anrufen
Uschlag*(m,Uschléi)* Anschlag
uschleefen*(v)* anschleppen
uschléissen*(v)* anschließen
uschleppen*(v)* anschleppen
uschloen*(v)* anschlagen
uschloen*(v)* salutieren
Uschloss*(m,Uschlëss)* Anschluss
uschmieren*(v)* denunzieren
uschmieren*(v)* linken
uschmieren*(v)* reinlegen
uschnallen*(v)* anschnallen
uschneiden*(v)* anschneiden
uschrauwen*(v)* anschrauben
uschreiwen*(v)* anschreiben
uschweessen*(v)* anschweißen
useeën*(v)* ansägen
uséien*(v)* ansäen
Useldeng*(p)* Useldange
User-Informatioun*(f,-en)* Benutzerinformation
usetzen*(v)* anfangen
usetzen*(v)* anfügen
usetzen*(v)* anpflanzen
usetzen*(v)* ansetzen
usetzen, sech -*(v)* ansetzen, sich -
usichen*(v)* belangen, gerichtlich -
usidelen*(v)* ansiedeln
Usiicht*(f,-en)* Ansicht
Usinn, dem - no*(exp)* Anschein, dem - nach
usoen*(v)* ansagen
uspanen*(v)* anspannen
uspéngelen*(v)* anstecken (mit Nadel)
uspillen*(v)* anspielen
usprangen*(v)* anspringen (Motor)
usprëtzen*(v)* anspritzen
uspriechen*(v)* ansprechen
Usproch*(m,-spréch)* Anspruch
Usprooch fannen*(exp)* Anklang finden
Usprooch kréien*(exp)* Beachtung finden
Usprooch*(f,-en)* Ansprache
ustachelen*(v)* anstacheln
ustëften*(v)* anstiften
Ustéisser*(m,-ten)* Grundstücksnachbar
ustellen*(v)* beauftragen
ustellen*(v)* einstellen
Ustellung*(f,-en)* Einstellung
ustëmmen*(v)* anstimmen
ustëppelen*(v)* anstacheln
ustiechen*(v)* anstecken
ustiechen*(v)* setzen, in Brand -
ustiechend*(adj)* ansteckend
ustiwwelen*(v)* anstiften
ustoussen*(v)* anstoßen
ustoussen*(v)* anfahren (mit dem Auto)
Ustrach*(m,-stréch)* Anstrich
ustrahlen*(v)* anstrahlen
usträichen*(v)* malen
Usträicher*(m,--)* Anstreicher
Usträicher*(m,--)* Malermeister
ustrécken*(v)* anbinden
ustrécken*(v)* festbinden
ustrécken*(v)* festmachen
ustrécken, sech eng -*(exp)* betrinken, sich -
ustrengen, sech -*(v)* anstrengen, sich -
ustrengend*(adj)* anstrengend
Ustrengung*(f,-en)* Anstrengung
Ustrengung*(f,-en)* Leistung
ustrëppen*(v)* anziehen, hastig -
ustriewen*(v)* anstreben
ustronzen*(v)* anraunzen
ustronzen*(v)* bespritzen
Utensil*(m,-ien)* Utensil
Utilisatioun*(f,-en)* Benutzung
utopesch*(adj)* utopisch
Utopie*(f,-n)* Utopie
Uucht*(f,-en)* Beisammensein am Abend
Uuchteblumm*(f,-en)* Herbstzeitlose
uvertrauen, engem eppes -*(exp)* anvertrauen, jm etw -
Uwänner*(npl)* Ufer
uweisen*(v)* anweisen
uweisen*(v)* anzeigen
Uweisung*(f,-en)* Angabe
Uweisung*(f,-en)* Anzeige
uwénkelen*(v)* anwinkeln
uwerfen*(v)* anwerfen (Putz)
uwiermen*(v)* anwärmen
uwinnen, sech eppes -*(exp)* angewöhnen, sich etw -
uwuerzelen*(v)* fassen, Wurzel -
uwuessen*(v)* anwachsen
Uwwer*(n,-en)* Ufer
Uwwer*(n,-en)* Uferböschung
Uz, den - mat engem dreiwen*(exp)* Narren, jn zum - halten
Uz, den - mat eppes/engem maachen*(exp)* Spott, den - mit jm/etw treiben
uzen*(v)* spötteln

V

vaccinéieren*(v)* impfen
vag*(adj)* vage
Vakanz*(f,-en)* Ferien
Vakanzenaktivitéit*(f,-en)* Ferienaktivität
Vakanzendestinatioun*(f,-en)* Urlaubsziel

Vakanzenduerf*(n,-dierfer)* Feriendorf
Vakuum*(n,~)* Vakuum
vakuumverpaakt*(adj)* vakuumverpackt
validéieren*(v)* bestätigen
validéieren*(v)* erklären, für gültig -
Valorisatioun*(f,-en)* Aufwertung
Valorisatioun*(f,-en)* Valorisierung
valoriséieren*(v)* aufwerten
valoriséieren*(v)* valorisieren
Vältesdag*(m,~)* Valentinstag
Vampir*(m,-en)* Vampir
Vandalissem*(m,~)* Vandalismus
Vanill*(m,~)* Vanille
Vanillsglace*(f,-n)* Vanilleeis
Vanillspudding*(f,-en)* Vanillepudding
Vanillszocker*(f,~)* Vanillezucker
variabel*(adj)* variabel
Variabel*(f,-en)* Variable
Variant*(f,-en)* Variante
Variatioun*(f,-en)* Abwandlung
Variatioun*(f,-en)* Variation
variéieren*(v)* variieren
Varieté*(m,-en)* Variété
Varietéssendung*(f,-en)* Variété-Sendung
Vas*(f,-en)* Vase
Vaterunser*(m,-en)* Vaterunser
Veen*(f,-en)* Vene
vegetaresch*(adj)* vegetarisch
Vegetarier*(m,--)* Vegetarier
Vegetatioun*(f,-en)* Vegetation
vegetativ*(adj)* vegetativ
vegetéieren*(v)* vegetieren
vehement*(adj)* vehement
Vehikel*(n,-en)* Klapperkasten
Vehikel*(n,-en)* Vehikel
Véi*(n,~)* Vieh
Veianen*(p)* Vianden
Véidokter*(m,-en)* Tierarzt
véier*(adj)* vier
véierafofzeg*(adj)* vierundfünfzig
véierdeelen*(v)* vierteilen
Véiereck*(m,-er)* Viereck
véiereckeg*(adj)* viereckig
Véierel*(m,-en)* Viertel
Véierelsfinale*(f,-finallen)* Viertelfinale
Véierelsnout*(f,-en)* Viertelnote
Véierelstonn*(f,-en)* Viertelstunde
Véierkantschlëssel*(m,-en)* Vierkantschlüssel
Véiertaktmotor*(m,-en)* Viertaktmotor
Véiertchen*(f,Véiertercher)* Vier
Véierten, am -*(exp)* Klasse, in der vierten -
véiertens*(adv)* viertens
véierzeg*(adj)* vierzig
Véierzegjäreg*(npl)* Vierzigjährigen
Véierzegjäregen*(m,-järeg)* Vierzigjähriger
Véierzegstonnewoch*(f,-en)* Vierzigstundenwoche
véierzéng*(adj)* vierzehn
Véirelstonn*(f,-en)* Viertelstunde
Véiziichter*(m,--)* Viehzüchter
Vëlkerrecht*(n,-er)* Völkerrecht
vëllechen*(adv)* reichlich
vëlleg*(adj)* reichlich
vëlleg*(adv)* genug
Vëlo fueren*(exp)* Rad fahren
Vëlo*(m,-en)* Fahrrad
Velomotor*(m,-en)* Mofa
Vëlosartist*(m,-en)* Radakrobat
Vëloscoureur*(m,-en)* Radrennfahrer
Vëloscourse*(f,-courssen)* Radrennen
Vëlosfuerer*(m,--)* Radfahrer
Vëlospist*(f,-en)* Fahrradweg
Vëlosschlass*(m,-schlässer)* Fahrradschloss
Vëlossport*(m,~)* Radsport
Vëlosstänner*(m,-en)* Fahrradständer
Vendeur*(m,-en)* Verkäufer
Vendeuse*(f,-n)* Verkäuferin
Ventil*(m,-len)* Ventil
Ventilatioun*(f,-en)* Belüftung
Ventilator*(m,-en)* Ventilator
ventiléieren*(v)* belüften
ventiléieren*(v)* ventilieren
Ventouse*(f,-n)* Sauger
veraarbechten*(v)* verarbeiten
veraarbechten, een -*(exp)* bearbeiten, jn -
veraarmen*(v)* verarmen
veraarschen*(v)* verarschen
veraarten*(v)* entarten
veraccordéieren*(v)* abmachen
veraccordéieren*(v)* übereinkommen
verafen*(v)* Gaffen, mit - verbringen
Veräin*(m,-er)* Club
Veräin*(m,-er)* Verein
Veräinshaus*(n,-haiser)* Vereinshaus
Veräinslokal*(n,-er)* Vereinslokal
Veräinsmember*(m,-en)* Vereinsmitglied
Veräinssall*(n,-säll)* Vereinssaal
verallgemengeren*(v)* verallgemeinern
Verallgemengerung*(f,-en)* Verallgemeinerung
verängschtegen*(v)* Angst, jm - machen
verängschtegen*(v)* ängstigen
verankeren*(v)* verankern
veränneren*(v)* verändern
veränнerlech*(adj)* unbeständig
veränнerlech*(adj)* veränderlich
Verännerung*(f,-en)* Veränderung
veräntweren*(v)* verantworten
verantwortlech*(adj)* verantwortlich
Verantwortlechkeet*(f,-en)* Verantwortlichkeit
Verantwortung*(f,-en)* Verantwortung
verantwortungslos*(adj)* verantwortungslos
verantwortungsvoll*(adj)* verantwortungsbewusst
verausgaben, sech -*(v)* verausgaben, sich -
Verb*(n,-en)* Verb
verbabbelen, sech -*(v)* verquatschen, sich -
verbäissen*(v)* beherrschen
verbäissen, sech -*(v)* festbeißen, sich -
verbäissen, sech -*(v)* versteifen, sich -
Verband*(m,Verbänn)* Organisation
Verband*(m,Verbänn)* Verband
Verbandskëscht*(f,-en)* Verbandskasten
verbanen*(v)* verbannen
verbannen*(v)* verbinden
verbannen, sech -*(v)* verbünden, sich -
verbarrikadéieren*(v)* verbarrikadieren
verbass*(adj)* verbissen
verbattert*(adj)* verbittert
verbatzt*(adj)* verdorben
verbauen*(v)* verbauen
verbauen*(v)* zubauen (Sicht, Gelände)
verbéien*(v)* verbiegen
verbéien*(v)* verrenken
verbéit*(adj)* verbogen
verbellen*(v)* verderben (Magen)
verbellen*(v)* verstauchen
verbëlzen*(v)* zerbeulen
verbesseren*(v)* korrigieren
verbesseren*(v)* verbessern
Verbesserungsvirschlag*(m,-virschléi)* Verbesserungsvorschlag
Verbëtz*(m,~)* Vergeudung
verbëtzelen*(v)* vergeuden
verbëtzen*(v)* vergeuden
verbidden*(v)* untersagen
verbidden*(v)* verbieten
verbiergen*(v)* verbürgen
Verbindlechkeet*(f,-en)* Verbindlichkeit
Verbindung*(f,-en)* Verbindung
verblatzen*(v)* verblassen
verblatzen*(v)* verbleichen
verblatzt*(adj)* verblasst
verbléien*(v)* verblühen
verbleiwen*(v)* verbleiben
verblenden*(v)* verblenden
verblennen*(v)* verblenden
verblöden*(v)* verblöden
verbludden*(v)* verbluten
verbocken*(v)* vermasseln

verbockt*(adj)* verdorben
Verbonnenheet*(f,~)* Verbundenheit
Verbotz*(m,~)* Putz
verbotzen*(v)* bewerfen
verbotzen*(v)* schelten
verbotzen*(v)* verputzen
verbratschen*(v)* verschmoren
Verbrauch*(m,~)* Verbrauch
verbrauchen*(v)* aufbrauchen
verbrauchen*(v)* verbrauchen
Verbraucher*(m,--)* Verbraucher
verbraucht*(adj)* aufgebraucht
verbraucht*(adj)* verbraucht
verbreeden*(v)* verbreiten
verbréngen*(v)* verbringen
verbrennen*(v)* verbrennen
verbrennen*(v)* verbrühen
verbrennen, sech -*(v)* verbrennen, sich -
Verbrennung*(f,-en)* Verbrennung
Verbriechen*(n,--)* Verbrechen
verbriechen*(v)* begehen, ein Verbrechen -
Verbriecher*(m,--)* Verbrecher
Verbriecherin*(f,-nen)* Verbrecherin
verbrigelen*(v)* verprügeln
verbrueden*(v)* verdrehen
verbruet*(adj)* halsstarrig
Verbruetheet*(f,~)* Vermessenheit
verbuchen*(v)* verbuchen
verbuddelen*(v)* verbuddeln
verbueden*(adj)* verboten
verbueden*(v)* verbieten
verbueren*(v)* verbohren
verbuergen*(adj)* verborgen
verbuert*(adj)* verbohrt
Verbuet*(m,Verbueder)* Verbot
Verbuetsschëld*(n,-schëlter)* Verbotsschild
verbummelen*(v)* verbummeln
verchroomt*(adj)* verchromt
verdaamt*(adj)* verdammt
Verdacht*(m,~)* Verdacht
Verdacht, een am - hunn*(exp)* verdächtigen, jn -
verdächteg*(adj)* verdächtig
verdächtegen*(v)* verdächtigen
verdadderen*(v)* verwirren
verdadderen*(v)* verwirren
verdäitlechen*(v)* klarmachen
verdäitlechen*(v)* verdeutlichen
verdäitschen*(v)* reden, Klartext -
verdäiwelen*(v)* verteufeln
verdäiwelt*(adj)* verdammt
verdäiwelt*(adj)* verteufelt
verdamen*(v)* verdammen
verdamen*(v)* verfluchen
verdämpen*(v)* verdampfen
verdangen*(v)* verdingen
verdanken*(v)* verdanken
verdauen*(v)* verdauen
Verdauung*(f,~)* Verdauung
verdecken*(v)* verdecken
verdeedegen*(v)* verteidigen
Verdeedeger*(m,--)* Verteidiger
Verdeedegung*(f,-en)* Verteidigung
Verdeedegungsministär*(m,-en)* Verteidigungsministerium
Verdeedegungsminister*(m,-en)* Verteidigungsminister
Verdeedegungsministère*(m,-n)* Verteidigungsministerium
verdeelen*(v)* verteilen
Verdeelung*(f,-en)* Verteilung
verdeieren*(v)* verteuern
verdéiwen*(v)* vertiefen
verdéngen*(v)* verdienen
Verdéngscht*(m,~)* Verdienst (Lohn)
Verdéngscht*(m,-er)* Verdienst
verdenken*(v)* verübeln
verdënnen*(v)* verdünnen
verdiebelen*(v)* verbiegen
verdiebelen*(v)* zerknittern
verdieren*(v)* verdörren
verdierwen*(v)* verderben
verdierwen*(v)* verpfuschen
verdierwen, et mat engem -*(exp)* verderben, es mit jm -
verdiischteren*(v)* verdursten
verdillegen*(v)* vertilgen
verdillegen*(v)* zerstören
verdillegen*(v)* zugrunde richten
verdinn*(v)* vertun
verdoen*(v)* vertun
verdommen*(v)* dumm werden
verdommen*(v)* verdummen
verdonkelen*(v)* verdunkeln
verdonneren*(v)* verdonnern
verdonsten*(v)* verdunsten
verdräifachen*(v)* verdreifachen
verdrängen*(v)* verdrängen
Verdrängung*(f,~)* Verdrängung
verdréchnen*(v)* vertrocknen
verdrécken*(v)* verdrücken
verdrécken, sech -*(v)* verdrücken, sich -
verdreckst*(adj)* verdreckt
verdreemen*(v)* verträumen
verdreemt*(adj)* verträumt
verdréien*(v)* verdrehen
Verdreifskäschten*(npl)* Vertriebskosten
verdréinen*(v)* verdrehen
verdreiwen*(v)* vertreiben
verdrësserlech*(adj)* traurig
verdrësserlech*(adj)* verdrießlich
verdrësslech*(adj)* traurig
verdrësslech*(adj)* verdrießlich
verdroen*(v)* vertragen
verdroen, näischt - kënnen*(exp)* empfindlich sein
verdroen, sech -*(v)* vertragen, sich -
verdross*(adj)* unzufrieden
Verdross*(m,~)* Verdruss
verdruddelen*(v)* zerknittern
verdruddelen*(v)* zerknüllen
verduebelen*(v)* verdoppeln
verduerwen*(adj)* verdorben
verduften*(v)* verduften
verdutzt*(adj)* verdutzt
veredelen*(v)* veredeln
vereedegen*(v)* vereidigen
vereelzen*(v)* älter werden
vereelzen*(v)* veralten
vereelzt*(adj)* altmodisch
vereelzt*(adj)* veraltet
vereenegen*(v)* vereinigen
vereenegt*(adj)* vereinigt
vereenen*(v)* vereinen
vereenzelt*(adj)* vereinzelt
verëffentlechen*(v)* veröffentlichen
Verëffentlechung*(f,-en)* Veröffentlichung
veréieren*(v)* verehren
vereinbaren*(v)* vereinbaren
vereinfachen*(v)* vereinfachen
veréiwegen*(v)* verewigen
verënnerlechen*(v)* verinnerlichen
verfaassen*(v)* verfassen
verfalen*(v)* ablaufen (Frist)
verfalen*(v)* auseinanderfallen
verfalen*(v)* verfallen
verfalen*(v)* verwahrlosen
Verfall*(m,~)* Verfall
Verfallsdatum*(m,-[m]en)* Verfallsdatum
verfälschen*(v)* verfälschen
verfänken*(v)* verfangen
verfänken*(v)* verheddern
Verfassungsrevisioun*(f,-en)* Verfassungsrevision
Verfassungswidregkeet*(f,-en)* Verfassungswidrigkeit
verfatzt*(adj)* zerfetzt
verfaulen*(v)* verderben
verfaulen*(v)* verfaulen

verfechten(*v*) verteidigen
verfeeën, sech -(*v*) davonmachen, sich -
verfeelen(*v*) verfehlen
verfeelen(*v*) verpassen
verféieren(*v*) verführen
Verféierer(*m,--*) Verführer
verféischteren(*v*) verzärteln
verfénkelen(*v*) fleckig werden
verfestegen(*v*) verfestigen
verfidderen(*v*) verfüttern
verfierwen, sech -(*v*) erröten
verfierwen, sech -(*v*) verfärben, sich -
verfilmen(*v*) verfilmen
verflappen, sech -(*v*) verplappern, sich -
verflechten(*v*) verflechten
verfleegen(*v*) verpflegen
verfléien(*v*) verfliegen
verfléien(*v*) verflüchtigen
verfléien, sech -(*v*) verfliegen, sich -
verflichten, sech -(*v*) verpflichten, sich -
verfloomt(*adj*) verschimmelt (Oberfläche eines Lebensmittels)
verfluchen(*v*) verfluchen
verflucht(*adj*) verflucht
Verfolgungsjuegd(*f,-juegten*) Verfolgungsjagd
Verfolleg, am -(*exp*) Folge, in der -
verfollegen(*v*) verfolgen
verfomfachen(*v*) vermasseln
verfomfachen(*v*) verpfuschen
Verformung(*f,-en*) Verformung
verfrachten(*v*) verfrachten
verfréien, sech -(*v*) verfrühen, sich -
verfriessen, sech -(*v*) vollfressen, sich -
verfroossen(*adj*) verfressen
verfuer(*adj*) vermasselt
verfueren(*v*) umgehen
verfueren, sech -(*v*) verfahren, sich -
verfügen(*v*) verfügen
Verfügung, zur - stoen(*exp*) Verfügung, zur - stehen
verfuschen(*v*) verpfuschen
verfuussen(*v*) verduften
vergaachelen(*v*) verführen
vergaangen(*adj*) vergangen
Vergaangenheet(*f,~*) Vergangenheit
Vergaangenheetsbewältegung(*f,~*) Vergangenheitsbewältigung
vergadderen(*v*) vergehen (vor Ungeduld, Langeweile)
vergaloppéieren, sech -(*v*) vergaloppieren, sich -
vergänglech(*adj*) vergänglich
vergänklech(*adj*) vergänglich
Vergänklechkeet(*f,~*) Vergänglichkeit
vergarrelen(*v*) verhunzen, durch Schneiden -
vergasen(*v*) vergasen
vergasen(*v*) vergehen (vor Langeweile o.ä.)
Vergaser(*m,-en*) Vergaser
vergëften(*v*) vergiften
Vergëftung(*f,-en*) Vergiftung
vergëllen(*v*) vergolden
vergënnen(*v*) vergönnen
vergëtteren(*v*) vergöttern
vergewaltegen(*v*) vergewaltigen
Vergewaltegung(*f,-en*) Vergewaltigung
vergewësseren, sech -(*v*) vergewissern, sich -
vergieflech(*adj*) vergeblich
Vergiess(*m,~*) Vergessenheit
vergiessen(*v*) vergessen
vergiessen, sech -(*v*) vergessen, sich -
vergiesserlech(*adj*) vergesslich
vergiewes(*adv*) vergeblich
verginn(*v*) vergeben
Vergissmeinnicht(*f,-en*) Vergissmeinnicht
vergitteren(*v*) vergittern
Verglach(*m,~*) Ähnlichkeit
Vergläich(*m,-er*) Vergleich
vergläichbar(*adj*) vergleichbar
vergläichen(*v*) vergleichen
Vergläichsméiglechkeet(*f,-en*) Vergleichsmöglichkeit
verglasen(*v*) verglasen
verglousen(*v*) verglimmen
vergoen(*v*) vergehen
vergoen(*v*) verkümmern
vergoen, sech un engem -(*exp*) vergehen, sich an jm -
vergonnen(*v*) gönnen
vergonnen(*v*) vergönnen
vergraatschen(*v*) auseinandertreten (Schuhe)
vergraff(*adj*) vergriffen
vergräifen, sech -(*v*) vergreifen, sich -
vergräifen, sech un engem -(*exp*) vergreifen, sich an jm -
vergréisseren(*v*) vergrößern
Vergréisserung(*f,-en*) Vergrößerung
Vergréisserungsglas(*n,-glieser*) Vergrößerungsglas
vergrimmelen(*v*) zerkrümeln
vergruewen(*v*) vergraben
verhaaspelen(*v*) verwirren (Unordnung)
verhaasst(*adj*) verhasst
verhäerden(*v*) ertragen
verhäerden(*v*) hart werden
verhaften(*v*) verhaften
Verhalen(*n,~*) Verhalten
verhalen(*v*) behalten
verhalen, sech -(*v*) verhalten, sich -
Verhalensfuerschung(*f,~*) Verhaltensforschung
Verhalt(*m,~*) Gedächtnis
Verhältnis(*n,-ser*) Verhältnis
verhandelen(*v*) verhandeln
Verhandlung(*f,-en*) Verhandlung
Verhandlungsbasis(*f,-basen/-sen*) Verhandlungsbasis
verhängnisvoll(*adj*) verhängnisvoll
verharmlosen(*v*) verharmlosen
verhätschelen(*v*) verhätscheln
verheelen(*v*) ausheilen
verheelen(*v*) verheilen
verheemlechen(*v*) verheimlichen
Verhéier(*n,--*) Verhör
verhéieren(*v*) verhören (befragen)
verhéieren, sech -(*v*) verhören, sich -
verhëllefen(*v*) verhelfen
verhéngeren(*v*) verhungern
verhënneren(*v*) vereiteln
verhënneren(*v*) verhindern
verherrlechen(*v*) verherrlichen
verhëtzen(*v*) verheizen (Brennstoff)
verhexen(*v*) verhexen
verhidden, eppes -(*exp*) verhüten, etw -
verhiewen, sech -(*v*) verheben, sich -
verhongeren(*v*) verhungern
verhonzen(*v*) verhunzen
verhonzen(*v*) verschwenden
verhoueren(*v*) verschwenden (durch Huren, schlechten Lebenswandel)
verhouert(*adj*) verhurt
verhouert(*adj*) verkommen (moralisch)
verhuddelen(*v*) verderben
verhuddelen(*v*) wertlos machen
Verhütungsmëttel(*n,-en*) Verhütungsmittel
verierwen(*v*) vererben
veriren(*v*) verirren
verjäert(*v*) verjährt
verjären(*v*) verjähren
verjéngt(*v*) verjüngt
verjoen(*v*) verjagen
verjuppen(*v*) verschwenden
verkabelen(*v*) verkabeln
verkachen(*v*) verkochen
Verkaf(*m,Verkeef*) Verkauf
verkafen(*v*) verkaufen
Verkafschef(*m,-fen*) Verkaufsleiter
verkalkuléieren, sech -(*v*) verrechnen, sich -
verkallen(*v*) verquatschen
verkannen(*v*) kindlich werden

verkasematuckelen, e Patt -*(exp)* trinken, ein Gläschen -
verkasematuckelen, een -*(exp)* führen, jn hinters Licht -
verkasematuckelen, een -*(exp)* vernaschen, jn -
verkasematuckelen, eppes -*(exp)* vertilgen, etw Essbares -
verkeefeg*(adj)* verkaufbar, leicht -
Verkeefer*(m,--)* Verkäufer
Verkeeferin*(f,-nen)* Verkäuferin
verkeeflech*(adj)* verkäuflich
Verkéier*(m,~)* Umlauf
Verkéier*(m,~)* Verkehr
Verkéierchaos*(n,~)* Verkehrschaos
verkéieren*(v)* verkehren
Verkéiersinsel*(f,-en)* Verkehrsinsel
Verkéiersintensitéit*(f,~)* Verkehrsaufkommen
Verkéierskombinatioun*(f,-en)* Verkehrskombination
Verkéierskommissioun*(f,-en)* Verkehrskommission
Verkéierskontroll*(f,-en)* Verkehrskontrolle
Verkéierskonzentratioun*(f,-en)* Verkehrsaufkommen
Verkéiersluucht*(f,-en)* Ampel
Verkéiersministär*(m,-en)* Transportministerium
Verkéiersministère*(m,-n)* Transportministerium
Verkéiersministère*(m,-n)* Verkehrsministerium
Verkéiersnetz*(n,-er)* Verkehrsnetz
Verkéiersoder*(f,-en)* Verkehrsader
Verkéierspolizist*(m,-en)* Verkehrspolizist
Verkéierssécherheet*(f,~)* Verkehrssicherheit
Verkéierszeechen*(n,--)* Verkehrsschild
verkéiert*(adj)* falsch
verkéiert*(adj)* verkehrt
verkeilen*(v)* verkeilen
verkeilen*(v)* verulken
verkëmmeren*(v)* verkümmern
verkënnegen*(v)* ankündigen
verkënnegen*(v)* verkündigen
verkennen*(v)* verkennen
verkënnen*(v)* dement werden
verkënnt*(adj)* dement
Verkettung*(f,-en)* Verkettung
verkierperen*(v)* verkörpern
verkierzen*(v)* verkürzen
verkitten*(v)* verkitten
Verkläertheet*(f,~)* Verklärtheit
verklappen*(v)* verkaufen
verklappen*(v)* verscherbeln
verklauschteren*(v)* verschließen, mit einem Schloss -
verklausuléieren*(v)* verklausulieren
verkleeden*(v)* überziehen
verkleeden*(v)* verkleiden
verkleeden, sech -*(v)* kostümieren, sich -
Verkleedung*(f,-en)* Verkleidung
verkléngen*(v)* verklingen
verklengeren*(v)* verkleinern
Verklengerung*(f,-en)* Verkleinerung
verkliewen*(v)* verkleben
verklimbimpelen*(v)* verplempern
verkloen*(v)* verklagen
verklompen*(v)* verklumpen
verkludderen*(v)* vertrödeln (Zeit, Geld)
verknallen, sech -*(v)* verknallen, sich -
verknascht*(adj)* verdreckt
verknaschten*(v)* verschmutzen
verknëppen*(v)* verknüpfen
verknetzelen*(v)* zerzausen (Haare)
verkniwwelen*(v)* zerknittern
verkniwwelt*(adj)* runzlig (Gesicht)
verkniwwelt*(adj)* zerknittert
verknorpelen*(v)* verknorpeln
verknujelen*(v)* zerknittern
verkolen*(v)* veralbern
verkolen, een -*(exp)* verdrehen, jm den Kopf -
verkomme loossen*(exp)* verkommen lassen
verkommen*(v)* verkommen
verkoppelen*(v)* verkuppeln
verkraachen*(v)* vereiteln
verkraften*(v)* verkraften
verkräichen, sech -*(v)* verkriechen, sich -
verkrämpelen*(v)* verkrampfen, ineinander -
verkrämpelen, sech -*(v)* verkrampfen, sich ineinander -
verkrämpen*(v)* verkrampfen, ineinander -
verkrämpen, sech -*(v)* verkrampfen, sich ineinander -
verkrampfen, sech -*(v)* verkrampfen, sich -
verkrasch*(adj)* verweint
verkrasch, -ent Gesiicht*(exp)* verweint, -es Gesicht
verkrauchen, sech -*(v)* verkriechen, sich -
verkrazen*(v)* verkratzen
verkrëmmen*(v)* verbiegen
verkrëppelen*(v)* verkrüppeln
verkrozelen*(v)* verkritzeln
verkucken, sech -*(v)* hinschauen, nicht richtig -
verkucken, sech an een -*(exp)* verlieben, sich in jn -
verkuebelen*(v)* durcheinanderbringen
verkuelen*(v)* verkohlen
verkuuschten*(v)* verkrusten
verlaangen*(v)* verlangen
verlaangeren*(v)* haben, Heimweh -
verlaangeren, no engem/eppes -*(exp)* sehnen, sich nach etw/jm -
Verlaf*(m,~)* Verlauf
verlafen*(v)* ablaufen
verlafen*(v)* verlaufen
verlafen*(v)* zerfließen
verlafen, sech -*(v)* verlaufen, sich -
Verlag*(m,-en)* Verlag
verlageren*(v)* verlagern
verlängeren*(v)* verlängern
Verlängerung*(f,-en)* Verlängerung
verläschen*(v)* Geschmack, an - verlieren
verläscht*(adj)* abgestanden (Wein)
verlauden, - loossen*(exp)* verlauten lassen
verlauschteren*(v)* verstehen, falsch -
verlaut*(pp)* gemäß
verleechenen*(v)* verleugnen
verleeden*(v)* verleiden
verleeden*(v)* verleiten
verleeën*(adj)* verlegen
verleeën*(v)* verlegen
verleeën, sech op eppes -*(exp)* verlegen, sich auf etw -
Verleeënheet*(f,~)* Verlegenheit
Verleeënheet*(f,-en)* Lage, schwierige -
verleemen*(v)* Stich, im - lassen
verleemen*(v)* verlassen
verléiden*(v)* verlöten
verléieren*(v)* verlernen
verléieren*(v)* verlieren
verléieren, sech -*(v)* verirren, sich -
Verléierer*(m,--)* Verlierer
verléift*(adj)* verliebt
Verléiftheet*(f,-en)* Verliebtheit
verléinen*(v)* verleihen
verléiwen, sech -*(v)* verlieben, sich -
verlëtzebuergeschen*(v)* übertragen, ins Luxemburgische -
verletzen, sech -*(v)* verletzen, sich -
verletzt*(adj)* verletzt
Verletzung*(f,-en)* Verletzung
Verletzungsgefor*(f,-en)* Verletzungsgefahr
Verleumdung*(f,-en)* Verleumdung
verlidderegen*(v)* verlottern lassen
verlieft*(adj)* verlebt
verliesen*(v)* verlesen
verloben*(v)* verloben
Verlobung*(f,-en)* Verlobung
Verlobungsrank*(m,-réng)* Verlobungsring
verlompen*(v)* draufmachen (Geld, Vermögen)
verlompen*(v)* versaufen

verloossen(v)	verlassen
Verloossenheet(f,~)	Verlassenheit
Verloscht(m,-er)	Verlust
Verloschtgeschäft(n,-er)	Verlustgeschäft
verlouderen(v)	verkommen
verlounen(v)	vermieten
verlousen(v)	verlosen
Verlousung(f,-en)	Verlosung
verlueden(v)	verladen
verluer(adj)	verloren
verlugen(adj)	verlogen
verluppen(v)	verpassen
vermaachen(v)	vererben
vermaarkten(v)	vermarkten
vermasselen(v)	vermasseln
vermautschen(v)	matschig werden (Obst)
vermeiden(v)	vermeiden
Verméigen(n,--)	Vermögen
Verméigenssteier(f,-en)	Vermögenssteuer
vermengt(adj)	eingebildet
vermengt(adj)	überheblich
Vermengtheet(f,~)	Überheblichkeit
vermëschen(v)	vermischen
vermessen(adj)	trotzig
vermessen(adj)	vermessen
vermëssen(v)	vermissen
Vermessenheet(f,~)	Anmaßung
Vermessenheet(f,~)	Vermessenheit
vermësst(adj)	vermisst
Vermëssten(f,--)	Vermisste
Vermëssten(m,Vermësst/--)	Vermisster
vermëttelen(v)	vermitteln
Vermiechtnes(n,-ser)	Vermächtnis
Vermierk(m,-er)	Vermerk
vermierken(v)	anmerken
vermiessen(adj)	trotzig
vermiessen(adj)	vermessen
vermiessen(v)	vermessen
vermiessen, sech -(v)	vermessen, sich -
verminnen(v)	verminen
vermiwwelen(v)	vermöbeln
vermoossen(v)	ausmessen
vermoossen, sech -(v)	vermessen, sich -
vermoschtert(v)	herausgeputzt
Vermuddung(f,-en)	Vermutung
vermuerschen(v)	vermodern
vermuuscht(adj)	morsch
vermuuscht(adj)	vermodert
vermuuschten(v)	vermodern
vernaart(adj)	vernarrt
vernäipen, sech -(v)	verneigen, sich -
vernaschelen(v)	naschen
verneelen(v)	vernageln
vernéieren(v)	firnissen
vernéieren(v)	lackieren
vernennen(v)	ausschimpfen
vernennen(v)	benennen, falsch -
vernennen(v)	schelten
vernichten(v)	vernichten
Vernis(m,-en)	Firnis
Vernis(m,-en)	Glasur
Vernis(m,-en)	Lack
Vernissage(m/f,-n)	Vernissage
vernoléissegen(v)	vernachlässigen
vernoléissegt(adj)	vernachlässigt
Vernonft(f,~)	Vernunft
veronglécken(v)	misslingen
veronglécken(v)	verunglücken
veronsécheren(v)	verunsichern
verontreien(v)	veruntreuen
verordonnéieren(v)	befehlen
verpachten(v)	verpachten
Verpackung(f,-en)	Verpackung
Verpackungsmaterial(n,-ien)	Verpackungsmaterial
verpafen(pej)(v)	klerikalisieren
verpaken(v)	verpacken
verpassen(v)	verfehlen
verpassen(v)	verpassen
verpassen(v)	versäumen
verpechen(v)	verkleben
verpechen(v)	zukleben
verpefferen(v)	pfeffern, zu stark -
verpennen(v)	verpennen
verpeschten(v)	verpesten
verpfuschen(v)	verpfuschen
verpinscht(adj)	verheult
verplanzen(v)	verpflanzen
verpléischteren(v)	versorgen (Wunde)
verplemperen(v)	vergeuden
verpolferen(v)	verpulvern
verpoppen(v)	verpuppen
verpoteren, sech -(v)	verquatschen, sich -
verpoufen(v)	verpuffen
verpreisst(pej)(adj)	prodeutsch
verpuffen(v)	verpuffen
verquëssen(v)	hinwegkommen, über etw -
verquëssen(v)	verzehren
verquëssen, net -(exp)	ausstehen, nicht - können
verräissen(v)	zerreißen
verrappen(v)	zerreißen
verrappen, sech -(v)	zerren, sich eine Sehne -
verrascht(adj)	verrostet
verraschten(v)	verrosten
verrauen, sech -(v)	grämen, sich -
verrechnen(v)	verrechnen
verrechnen, sech -(fig)(v)	irren, sich -
verrechnen, sech -(v)	verrechnen, sich -
Verrechnungsscheck(m,-en)	Verrechnungsscheck
verréckelen(v)	verrücken
verréckt(adj)	beknackt
verréckt(adj)	verrückt
Verrécktheet(f,-en)	Verrücktheit
verreent(adj)	verregnet
verreesen(v)	verreisen
Verréider(m,--)	Verräter
Verréidesch(f,-en)	Verräterin
verréieren(v)	verrühren
verreiwen(v)	verreiben
verréngeren(v)	verringern
verrenken(v)	auskugeln (Gelenk)
verrenken(v)	verrenken
Verrenkung(f,-en)	Verrenkung
verrennen, sech -(v)	verfahren, sich -
verrennen, sech -(v)	verlaufen, sich -
verrennen, sech -(v)	verrennen, sich -
verrigelen(v)	verriegeln
verroden(v)	verraten
verronschelen(v)	zerknittern
Verrot(m,~)	Verrat
verrouschten(v)	verrußen
verrubbelen(v)	verpfuschen, durch Hast -
verruckelst(adj)	unbedacht
Verruff(m,~)	Verruf
verrutscht(adj)	verrutscht
Vers(m,-en)	Vers
versabbelen(pej)(v)	vergeuden
versäckelen(v)	beschimpfen
versäckelen(v)	verhauen
versacken(v)	versacken
versaieren(v)	versäuern (Boden)
versalzen(fig)(v)	vergällen
versalzen(v)	versalzen
versammelen(v)	versammeln
versammelen, sech -(v)	versammeln, sich -
Versammlung(f,-en)	Versammlung
Versammlungsfräiheet(f,~)	Versammlungsfreiheit
versangen(v)	versingen
versauen(v)	versauen
versaueren(v)	versauern
versaufen(v)	versaufen
versaumen(v)	verpassen
versaumen(v)	versäumen
verschacheren(v)	verschachern
verschäerfen(v)	verschärfen
verschafen(v)	verschaffen

verschaffen*(v)* verarbeiten
verschaffen, sech -*(v)* überarbeiten, sich -
verschafft*(adj)* abgearbeitet (Hände, Mensch)
verschafft, gutt -*(exp)* verarbeitet, gut -
verschäichen*(v)* verscheuchen
verschäissen*(ugs)(v)* vermasseln
verschalen*(v)* verschalen (Bau)
verschampeléieren*(v)* verunstalten
verschampléieren*(v)* verunstalten
verschandelen*(v)* verunstalten
verschären*(v)* verscharren
verschass*(adj)* vergeigt
verschécken*(v)* abschicken
verschécken*(v)* absenden
verschëdden*(v)* verschütten
verscheeden*(v)* sterben
verscheeden*(v)* verscheiden
verscheet*(adj)* verschieden
verschéineren*(v)* verschönern
verschéissen*(v)* verbleichen (Farbe)
verschéissen*(v)* verschießen
Verschëldung*(f,-en)* Verschuldung
verschëllen*(v)* verschulden
verschëmmelen*(v)* wegschaffen, heimlich -
verschenken*(v)* verschenken
verschidden*(adj)* unterschiedlich
verschidden*(adj)* verschieden
Verschiddenheet*(f,-en)* Verschiedenheit
Verschiddenheet*(f,-en)* Vielfalt
verschimmelen*(v)* verschimmeln
verschimmt*(adj)* schüchtern
verschimmt*(adj)* verschämt
verschläimen*(v)* verschleimen
Verschlass*(m,~)* Abnutzung
Verschlass*(m,~)* Verschleiß
verschlechteren*(v)* verschlechtern
verschlechteren, sech -*(v)* verschlechtern, sich -
Verschlechterung*(f,-en)* Verschlechterung
verschlécken*(v)* herunterschlucken
verschlécken*(v)* verschlucken
verschlécken, sech -*(v)* verschlucken, sich -
verschleefen*(v)* fortschleppen
verschleefen*(v)* hinauszögern (unnötig)
verschleefen*(v)* verschleppen
verschleefen, eng Krankheet -*(exp)* auskurieren, eine Krankheit nicht -
verschleideren*(v)* verschleudern
verschléissen*(v)* abschließen
verschléissen*(v)* verschließen
verschlëmmeren*(v)* verschlimmern
verschléngen*(v)* verschlingen
verschloen, den Otem -*(exp)* verschlagen, den Atem -

verschlofen*(adj)* verschlafen
verschlofen*(v)* verschlafen
verschlofen, sech -*(v)* verschlafen
Verschloss*(m,Verschlëss)* Verschluss
verschluppen*(v)* vertrinken
verschmëlzen*(v)* schmelzen
verschmëlzen*(v)* zerschmelzen
verschmieren*(v)* verschmieren
verschmieren*(v)* zuschmieren
verschmotzen*(v)* verschmutzen
verschmotzt*(adj)* verschmutzt
verschnappt*(adj)* verschnupft
verschnauwen*(v)* verschnauben
verschneiden*(v)* verschneiden
verschneiden*(v)* verschneiden (Wein)
verschneiden*(v)* zerschneiden
verschnëppelen*(v)* zerschnippeln
verschoss*(adj)* verknallt
verschoteren*(v)* einschüchtern
verschoteren*(v)* verscheuchen
verschotert*(adj)* niedergeschlagen
verschotert*(adj)* scheu
verschounen*(v)* verschonen
verschréipen*(v)* zerschrammen
verschreiwen*(v)* verschreiben
verschrompelen*(v)* verschrumpeln
verschrotten*(v)* verschrotten
verschwannen*(v)* verschwinden
verschwätzen, sech -*(v)* verplappern, sich -
verschwätzen, sech -*(v)* versprechen, sich -
verschweesst*(adj)* verschwitzt
verschwenden*(v)* verschwenden
Verschwendung*(f,-en)* Verschwendung
verschwéngsen*(v)* verpfuschen
verschwéngsen*(v)* versauen
verschwéngsen*(v)* verschwenden
verschwennen*(v)* verschwenden
verschwommen*(adj)* verschwommen
versécheren*(v)* versichern
Versécherung*(f,-en)* Versicherung
Versécherungskaart*(f,-en)* Sozialversicherungsausweis
Versécherungsschutz*(m,~)* Versicherungsschutz
Versécherungsspéngel*(f,-en)* Sicherheitsnadel
Versécherungszomm*(f,-en)* Versicherungssumme
verséissen*(v)* versüßen
versëlweren*(v)* versilbern
versëlwert*(adj)* versilbert
Versement*(m,-en)* Einzahlung
Versement*(m,-en)* Zahlung
versëndegen, sech -*(v)* versündigen, sich -

versengen*(v)* versengen
versenken*(v)* versenken
versenken*(v)* versenken (Schrauben)
versénken*(v)* versinken
Versenkung*(f,-en)* Versenkung
versetzen*(v)* versetzen
Versetzung*(f,-en)* Versetzung
verseuchen*(v)* verseuchen
verseucht*(adj)* verseucht
Verseuchung*(f,-en)* Verseuchung
versichen*(v)* probieren
versichen*(v)* versuchen
versickeren*(v)* versickern
versielen*(v)* versohlen
versiess*(adj)* versessen
versigelen*(v)* versiegeln
Versinn*(n,~)* Versehen
versinn*(v)* versehen
versinn, sech -*(v)* irren, sich -
Versioun*(f,-en)* Version
versklaven*(v)* versklaven
versnobben*(v)* versnoben
Versoen*(n,~)* Versagen
versoen*(v)* ablehnen
versoen*(v)* versagen
versöhnen*(v)* versöhnen
verspären*(v)* versperren
verspéiden*(v)* verspäten
Verspéidung*(f,-en)* Verspätung
verspéinen*(v)* entwöhnen (Muttermilch)
verspéinen*(v)* vernachlässigen
verspieren*(v)* fühlen
verspillen*(v)* verspielen
versprach*(adj)* versprochen
Verspriechen*(n,--)* Versprechen
verspriechen*(v)* versprechen
verstaatlechen*(v)* verstaatlichen
verstäerken*(v)* verstärken
Verstäerker*(m,-en)* Verstärker
Verstäerkung*(f,-en)* Verstärkung
Verstand*(m,~)* Verstand
Verstand, mat -*(exp)* vernünftig
verständlech*(adj)* verständlich
verstanen*(adj)* verstanden
verstänneg*(adj)* vernünftig
verstännegen, sech -*(v)* verständigen, sich -
Verstännegkeet*(f,~)* Vernunft
verstauchen*(v)* verstauchen
Verstauchung*(f,-en)* Verstauchung
verstauen*(v)* verstauen
verstëbsen*(v)* verstauben
versteeën*(v)* versteigern
Versteesdemech*(m,~)* Verständnis

versteieren*(v)* versteuern
verstéiert*(adj)* verstört
verstéiert*(adj)* verwirrt
Versteigerung*(f,-en)* Versteigerung
verstellen*(v)* umstellen
verstellen*(v)* verrücken
verstellen*(v)* verstellen (Uhr)
verstellen, sech -*(v)* verstellen, sich -
verstëmmen*(v)* verstimmen
verstëmmt*(adj)* verstimmt
verstengeren*(v)* versteinern
verstengert*(adj)* versteinert
verstoen*(v)* verstehen
verstommen*(v)* verstummen
verstoppen*(v)* verbergen
verstoppen*(v)* verstecken
verstoppen*(v)* verstopfen
verstoppt*(adj)* versteckt
verstoppt*(adj)* verstopft
Verstouss*(m,Verstéiss)* Verstoß
verstoussen*(v)* verstoßen
verstralen*(v)* verstrahlen
verstrécken, sech -*(v)* verstricken, sich -
verstreeën*(v)* verbreiten
verstreeën*(v)* verstreuen
verstreeën*(v)* zerstreuen
verstréppen, sech -*(v)* verfangen, sich -
verstuel*(adj)* verstohlen
Verstuerwen*(f,--)* Verblichene
Verstuerwen*(f,--)* Verstorbene
Verstuerwenen*(m,Verstuerwen)* Verblichener
Verstuerwenen*(m,Verstuerwen)* Verstorbener
Versuchskanéngchen*(n,-kanéngercher)* Versuchskaninchen
Versuchung*(f,-en)* Versuchung
versuergen*(v)* aufbewahren
versuergen*(v)* aufheben
versuergen*(v)* betreuen
versuergen*(v)* pflegen
vertässelen*(v)* verlegen
vertauschen*(v)* vertauschen
vertauschen*(v)* verwechseln
vertelefonéieren*(v)* vertelefonieren
vertiermen*(v)* verträumen
vertikal*(adj)* vertikal
vertounen*(v)* vertonen
Vertrag*(m,Verträg)* Vertrag
Vertragsbroch*(m,-bréch)* Vertragsbruch
Vertrauen*(n,~)* Vertrauen
vertrauen*(v)* vertrauen
Vertrauensbasis*(f,~)* Vertrauensbasis
Vertrauensdokter*(m,-en)* Vertrauensarzt
Vertrauensfro*(f,-en)* Vertrauensfrage
Vertrauenssaach*(f,-en)* Vertrauenssache
vertraulech*(adj)* vertraulich
vertréischten*(v)* hinhalten
vertréischten*(v)* vertrösten
vertréllen*(v)* verkommen
vertrentelen*(v)* vertrödeln
vertréppelen*(v)* zertreten
vertréppelen, sech -*(v)* irren, sich -
vertréppelen, sech -*(v)* verstauchen, sich den Fuß -
vertréppelen, sech d'Been -*(exp)* vertreten, sich die Beine -
vertrieden*(v)* vertreten
Vertrieder*(m,--)* Vertreter
vertuddelen, sech -*(v)* verplappern, sich -
vertuschen*(v)* vertuschen
Veruecht*(m,~)* Verachtung
Veruecht*(m,~)* Verruf
veruechten*(v)* verachten
veruerdenen*(v)* verordnen
veruerteelen*(v)* verurteilen
verursaachen*(v)* verursachen
veruzen*(v)* verulken
Vervillfältegung*(f,-en)* Vervielfältigung
vervollstännegen*(v)* vervollständigen
verwackelt*(adj)* verwackelt
verwäerfen*(v)* verwerfen
verwäerten*(v)* verwerten
Verwäertungsméiglechkeet*(f,-en)* Verwertungsmöglichkeit
verwalen*(adj)* verwirren
verwallt*(adj)* verwirrt
Verwallung*(f,-en)* Verwirrung
verwalten*(v)* verwalten
Verwaltongsrot*(f,-réit)* Verwaltungsrat
Verwaltung*(f,-en)* Verwaltung
Verwaltungsbezierk*(m,-er)* Verwaltungsbezirk
Verwaltungsgebai*(n,-er)* Verwaltungsgebäude
Verwaltungsgeriichtsbarkeet*(f,~)* Verwaltungsgerichtsbarkeit
Verwaltungskäschten*(npl)* Verwaltungskosten
Verwaltungsrot*(f,-réit)* Verwaltungsrat
verwandelen*(v)* verwandeln
Verwandlung*(f,-en)* Verwandlung
verwannen*(v)* verwinden
verwarnen*(v)* verwarnen
Verwarnung*(f,-en)* Verwarnung
verwäsch*(adj)* verwaschen
verwäschen*(v)* verwaschen
verwässeren*(v)* verwässern
verwéckelen*(v)* verstricken
verwéckelen*(v)* verwickeln
Verwécklung*(f,-en)* Verwicklung
verweechlechen*(v)* verweichlichen
verweigeren*(v)* verweigern
verweisen*(v)* verweisen
Verwëllef*(n,--)* Gewölbe
verwëllefen*(v)* Gewölbe, mit einem - versehen
verwëllefen*(v)* wölben
verwëlleren*(v)* verwildern
verwennen, sech fir een -*(exp)* einsetzen, sich für jn -
verwënschen*(v)* verwünschen
verwerfen*(v)* ablehnen (Anfrage, Gesuch)
verwëschen*(v)* verwischen
verwetten*(v)* verwetten
verwielechen*(v)* verwelken
verwielechen*(v)* welken
verwielen*(v)* verwelken
verwielen*(v)* welken
verwieren*(v)* verwehren
verwierklechen*(v)* verwirklichen
Verwierklechung*(f,-en)* Verwirklichung
verwiesselen*(v)* verwechseln
Verwiesslung*(f,-en)* Verwechslung
verwinnen*(v)* verwöhnen
verwinnt*(adj)* verwöhnt
verwinnt*(adj)* verzogen
verwonnen*(v)* verwunden
verwonneren*(v)* wundern
verwonneren, sech -*(v)* staunen
verwonnerlech*(adj)* erstaunlich
verwonnert*(adj)* erstaunt
Verwonnerung*(f,~)* Verwunderung
verwonnt*(adj)* verwundet
Verwonnten*(f,--)* Verwundete
Verwonnten*(m,--)* Verwundeter
verwonsch*(adj)* verwunschen
verwot*(adj)* verwegen
verwuerelen*(v)* durcheinanderbringen
verwuerelen*(v)* verheddern
verwuerelt Gedanken*(npl)* Teigknötchen, in Öl gebackene -
verwuerelt*(adj)* verwirrt
Verwuerelter*(npl)* Teigknötchen, in Öl gebackene -
verwuerzelen*(v)* verwurzeln
verwuessen*(v)* auswachsen (Kleidung)
verwuessen*(v)* verwachsen (mit etwas)
verwuessen*(v)* zuwachsen
verwunnen*(v)* abnutzen, durch Bewohnen -
verwunnen*(v)* Miete, für - ausgeben
verwurrelen*(v)* durcheinanderbringen
verwurrelen*(v)* verheddern
Verwurreltheet*(f,~)* Verworrenheit
Verwurrenheet*(f,~)* Verworrenheit

verwurschtelen(v) verwursteln
Verwüstung(f,-en) Verwüstung
verzahnen(v) verzahnen
verzapen(v) erzählen (Blödsinn)
verzapen(v) verzapfen
verzapen(v) zapfen (Bier)
verzauberen(v) verzaubern
verzéckeren(v) überzuckern
verzéckert(adj) verzuckert
verzeechnen(v) verzeichnen
verzeien(v) verzeihen
verzéien(v) verzerren
verzéien(v) verziehen
verzéien, sech -(v) verformen, sich -
verzéien, sech -(v) verschwinden
verzéien, sech -(v) verziehen, sich -
Verzeiung(n,~) Vergebung
Verzeiung(n,~) Verzeihung
verzéngfachen(v) verzehnfachen
verzënsen(v) verzinsen
verzerren(v) verzerren
Verzicht(m,~) Verzicht
verzichten(v) verzichten
verziedelen, sech -(v) verzetteln, sich -
verzielen(v) erzählen
verzielen, sech -(v) verzählen, sich -
verzieren(v) verzehren
verzieren(v) verzieren
verzillen(v) erziehen, falsch -
verzipen(v) verzärteln
verzögeren(v) verzögern
verzollen(v) verzollen
verzweiwelen(v) verzweifeln
verzweiwelt(adj) verzweifelt
Verzweiwelung(f,~) Verzweiflung
Verzweiwlung(f,~) Verzweiflung
Vestiär(m,-en) Garderobe
Vestiär(m,-en) Umkleideraum
Vestibule(m,-n) Eingangshalle
Veteran(m,-en) Veteran
Veterinaire(m,-n) Tierarzt
Veterinairesinspectioun(f,-en) tierärztliche Kontrolle
Veterinairin(f,-nen) Tierärztin
Veterinär(m,-en) Tierarzt
Veterinärin(f,-nen) Tierärztin
Vetternwirtschaft(f,~) Vetternwirtschaft
Viadukt(m,-en) Viadukt
Vibratioun(f,-en) Schwingung
Vibratioun(f,-en) Vibration
vibréieren(v) schwingen
vibréieren(v) vibrieren
Victoire(f,-n) Sieg
Vidange(m,-n) Leergut
Vidange(m,-n) Ölwechsel
Videorekorder(m,-en) Videorekorder
Videoscassette(f,-n) Videokassette
Videosfilm(m,-er) Videofilm
Videoskamera(f,-en) Videokamera
Videoskassett(f,-en) Videokassette
Videospill(n,-er) Videospiel
Videosspill(n,-er) Videospiel
Vignette(f,-n) Vignette
Viichten(p) Vichten
viischt(adj) vorder
viischt(adj) vorderste
Viischtdier(f,-en) Eingangstür
Viischtdier(f,-en) Haustür
vijenzeg(adj) vorder
vijenzeg(adv) nach vorn
vijenzeg(adv) vorwärts
vill ze vill(exp) viel zu
vill ze vill(exp) viel zu sehr
vill ze vill(exp) viel zu viel
vill(adj) viel
vill(adv) sehr
Villa(f,-en) Villa
Villchen(m,Villercher) Vogel
Villfalt(f,~) Vielfalt
villmools Merci(exp) vielen Dank
villmools(adv) vielmals
villsäiteg(adj) vielseitig
Villzuel(f,-en) Vielzahl
Vinaigrette(f,-n) Vinaigrette
Violatioun(f,-en) Verletzung
violéieren(v) vergewaltigen
violett(adj) violett
Violonist(m,-en) Geigenspieler
Violonist(m,-en) Violinist
Vioul(f,-en) Veilchen
vir(adv) vorn
vir(pp) vor
viraals(adv) Zeit, in alter -
Viraarbechter(m,--) Vorarbeiter
virahnen(v) ahnen
viraus(adv) voraus
Viraus, am -(exp) Voraus, im -
virausbestëmmen(v) vorherbestimmen
virausgesat(adj) vorausgesetzt
virausgesinn(v) voraussehen
virausgoen(v) vorangehen
virauslafen(v) vorauslaufen
viraussetzen(v) voraussetzen
Viraussetzung(f,-en) Voraussetzung
Virausso(f,-en) Vorhersage
viraussoen(v) vorhersagen
viraussoen(v) vorhersehen
virbauen(v) vorbeugen
Virbedeitung(f,-en) Vorzeichen
virbehalen(v) vorbehalten
virbehandelen(v) vorbehandeln
Virbemierkung(f,-en) Vorbemerkung
virbereeden(v) vorbereiten
Virbereedung(f,-en) Vorbereitung
virbestellen(v) vorbestellen
virbestrooft(adj) vorbestraft
virbeugen(v) vorbeugen
virbieden(v) vorbeten
Virbild(n,Virbiller) Vorbild
Virbildfonktioun(f,-en) Vorbildfunktion
Virbildung(f,-en) Vorbildung
virbréngen(v) vorbringen
virbueren(v) vorbohren
virdanzen(v) vortanzen
Virdänzer(m,--) Vortänzer
virdatéieren(v) vordatieren
Virdeel(m,-er) Vorteil
virdeem(adv) vordem
virdeem(adv) vorher
virdrängen, sech -(v) vordrängen, sich -
Virdrock(m,Virdréck) Vordruck
virdroen(v) vorantragen
virdroen(v) vortragen
virdrun(adv) davor
virdrun(adv) vorher
vireg(adj) vorherig
Virelteren(npl) Vorfahren
Virement(m,-en) Überweisung
virenthalen(v) vorenthalten
Virentscheedung(f,-en) Vorentscheidung
vireran, vu -(exp) vornherein, von -
virewech(adv) vornherein, von -
Virfaart(f,~) Vorfahrt
Virfahrt(f,~) Vorfahrt
virfalen(v) vorfallen
virfannen(v) vorfinden
virféieren(v) vorführen
Virféierong(f,-en) Vorführung
virfinanzéieren(v) vorfinanzieren
Virfreed(f,~) Vorfreude
Virgäertchen(m,-gäertercher) Vorgarten
Virgänger(m,--) Vorgänger
virgaukelen(v) vorgaukeln
virgeheien(v) vorwerfen
virgeheien, engem eppes -(exp) vorwerfen, jm etw -
Virgeschicht(f,-en) Vorgeschichte
virgëscht(adv) vorgestern
virgëschter(adv) vorgestern

virgesinn*(v)* vorsehen
virgoen*(v)* vorangehen
virgoen*(v)* vorgehen
virgoen*(v)* vorgehen (Uhr)
virgräifen*(v)* vorgreifen
virhalen*(v)* vorhalten
Virhales*(n,~)* Vorhaltungen
virherrschen*(v)* vorherrschen
virhuelen*(v)* drannehmen, zuerst -
virhuelen, sech ee -*(exp)* vorknöpfen, sich jn -
virhuelen, sech eppes -*(exp)* vornehmen, sich etw -
virhunn*(v)* vorhaben
viriwwer*(adv)* vornüber
Virjor*(n,~)* Vorjahr
virknaen*(v)* vorkauen
virknäppen*(v)* vorknöpfen
virkommen*(v)* ereignen, sich -
virkommen*(v)* kommen, nach vorn -
virkommen*(v)* vorkommen
Virkommes*(n,~)* Vorkommnis
virlafen*(v)* vorlaufen
Virlag*(f,-en)* Vorlage
virleeën*(v)* vorlegen
virleefeg*(adj)* vorläufig
virleien*(v)* liegen, vorn -
virleien*(v)* vorliegen
Virléift*(f,-en)* Vorliebe
Virleschten*(m,Virlescht)* Vorletzter
virliesen*(v)* vorlesen
Virliesung*(f,-en)* Vorlesung
virliewen*(v)* vorleben
virloossen*(v)* vorlassen
virmaachen*(v)* täuschen
virmaachen*(v)* vormachen
Virmëtteg*(m,-er)* Vormittag
virmëttes*(adv)* vormittags
Virnumm*(m,Virnimm)* Vorname
virof*(adv)* vorab
Virowend*(m,-owenter)* Vorabend
virpriedegen*(v)* vorhalten
Virprogramm*(m,-en)* Vorprogramm
virprogramméieren*(v)* vorprogrammieren
Virrecht*(n,-er)* Vorrecht
virréckelen*(v)* vorrücken
Virried*(f,-en)* Vorrede
virsangen*(v)* vorsingen
virsätzlech*(adj)* vorsätzlich
Virsaz*(m,-sätz)* Vorsatz
virschaffen*(v)* vorarbeiten
virschaffen, sech -*(v)* vorarbeiten, sich -
Virschäin*(m,~)* Vorschein
virschécken*(v)* vorausschicken
virschéissen*(v)* vorschießen
Virschlag*(m,Virschléi)* Vorschlag
virschloen*(v)* vorschlagen
Virschoss*(m,Virschëss)* Vorschuss
Virschotz*(m,Virschëss)* Vorschuss
Virschrëft*(f,-en)* Vorschrift
virschreiwen*(v)* befehlen
virschreiwen*(v)* vorschreiben
virsiichteg*(adj)* vorsichtig
virsiichtshalber*(adv)* vorsichtshalber
Virsilb*(f,-en)* Vorsilbe
virsoen*(v)* vorsagen
virsoen*(v)* zuflüstern
Virspan*(m,-en)* Vorspann
Virspill*(n,-er)* Vorspiel
virspillen*(v)* vormachen
virspillen*(v)* vorspielen
virspriechen*(v)* vorsprechen
Virsprong*(m,Virspréng)* Vorsprung
Virspronk*(m,Virspréng)* Vorsprung
Virstad*(f,Virstied)* Vorstadt
virstellen*(v)* darstellen
virstellen*(v)* vorstellen
virstellen, sech -*(v)* vorstellen, sich -
Virstellung*(f,-en)* Vorführung
Virstellung*(f,-en)* Vorstellung
Virstellungsgespréich*(n,-er)* Vorstellungsgespräch
virstrecken*(v)* strecken, nach vorn -
virstrecken*(v)* vorstrecken
virsuergen*(v)* vorsorgen
Virtrag*(m,Virträg)* Vortrag
Virtuos*(m,-en)* Virtuose
viru kuerzem*(exp)* vor kurzem
virubestoen*(v)* fortbestehen
virubréngen*(v)* weiterbringen
Viruerteel*(n,-er)* Vorurteil
viruféieren*(v)* weiterführen
virufueren*(v)* weiterfahren
virufueren*(v)* weitermachen
virugoen*(v)* vorwärtsgehen
virugoen*(v)* weitergehen
viruleeden*(v)* weiterleiten
viruliewen*(v)* weiterleben
virumaachen*(v)* beeilen, sich -
virumaachen*(v)* weitermachen
virun allem*(exp)* vor allem
virun*(adv)* voran
virun*(adv)* vorwärts
virun*(adv)* weiter
virun*(pp)* vor
virundreiwen*(v)* vorwärtstreiben
virunhëllefen*(v)* weiterhelfen
viruntaaschten, sech -*(v)* vorantasten, sich -
virunzéien*(v)* vorwärtsziehen
virureesen*(v)* weiterreisen
Virus*(m,Viren)* Virus
viruschaffen*(v)* weiterarbeiten
virusetzen*(v)* verpflanzen
Virusinfektioun*(f,-en)* Virusinfektion
virusoen*(v)* weitersagen
viruverkafen*(v)* weiterverkaufen
Virverkaf*(m,~)* Vorverkauf
virverleeën*(v)* vorverlegen
virwäerfen*(v)* vorwerfen
Virwal*(f,-en)* Vorwahl
Virwäsch*(f,-en)* Vorwäsche
virweisen*(v)* vorweisen
Virweises hunn*(exp)* Ergebnisse aufweisen
virwerfen*(v)* vorwerfen
Virwëtz*(m,~)* Neugier
virwëtzeg*(adj)* neugierig
Virwëtzeg*(f,-er)* Neugierige
Virwëtzegen*(m,Virwëtzeg)* Neugieriger
Virwëtzegkeet*(f,~)* Neugier
virwëtzen*(v)* herumschnüffeln (aus Neugier)
Virwëtztut*(f,-en)* Wundertüte
Virwëtztut*(scherzh)(f,-en)* Neugierige
Virworf*(m,Virwërf)* Vorwurf
Virwuert*(n,Virwierder)* Vorwort
virzeechnen*(v)* vorzeichnen
virzéien*(v)* vorziehen
virzejor*(adv)* vor zwei Jahren
Virzëmmer*(n,-en)* Vorzimmer
Visa*(m,-en)* Visum
vis-à-vis*(pp)* gegenüber
viséieren*(v)* abzielen
viséieren*(v)* anstreben
Visibilitéit*(f,~)* Sicht
Visibilitéit*(f,~)* Sichtbarkeit
Visioun*(f,-en)* Vision
Visite*(f,-n)* Besuch
Visitëkaart*(f,-en)* Visitenkarte
Visitëkäertchen*(f,-käertercher)* Visitenkarte
Visittekaart*(f,-en)* Visitenkarte
Visittekäertchen*(f,-käertercher)* Visitenkarte
Viskos*(f,~)* Viskose
visuell*(adj)* visuell
vital*(adj)* vital
Vitalitéit*(f,~)* Vitalität
Vitamin*(f,-nen)* Vitamin
Vitesse*(f,-n)* Geschwindigkeit
Vitrine*(f,-n)* Glasschrank
Vitrine*(f,Vitrinnen)* Schaufenster
Viz*(m,~)* Apfelsaft
Viz*(m,~)* Apfelwein

Vizepresident(m,-en) Vizepräsident
vläicht(adv) vielleicht
vläit(adv) vielleicht
Vocatioun(f,-en) Berufung
Vokabel(f,-en) Vokabel
Vokabel(m,-en) Vokabel
Vokabular(m,-en) Vokabular
Vokal(m,-er) Vokal
Vokatioun(f,-en) Berufung
voll(adj) betrunken
voll(adj) gefüllt
voll(adj) voll
Vollbeschäftegung(f,~) Vollbeschäftigung
vollbliddeg(adj) heißblütig
vollbliddeg(adj) vollblütig
Vollbremsung(f,-en) Vollbremsung
vollbréngen(v) vollbringen
Vollek(n,-er) Volk
Volleksfest(n,-er) Volksfest
Vollekslaf(m,-leef) Volkslauf
Volleksmäerchen(m,-märercher) Volksmärchen
Volleksmusek(f,~) Volksmusik
Volleksrepublik(f,-en) Volksrepublik
Vollekssport(m,~) Volkssport
Volleksverdommung(f,~) Volksverdummung
Vollekszielung(f,-en) Volkszählung
Vollendung(f,~) Vollendung
Vollert(m,-en) Betrunkener
Volleyball(m,~) Volleyball
Volleyballsfederatioun(f,-en) Volleyball-Verband
vollféisseg(adj) plattfüßig
volljäreg(adj) volljährig
Vollkaskoversécherung(f,-en) Vollkaskoversicherung
Vollkommenheet(f,~) Vollkommenheit
Vollliicht(n,~) Vollmond
Vollmacht(f,-en) Ermächtigung
Vollmacht(f,-en) Vollmacht
Vollmound(m,-en) Vollmond
Vollpensioun(f,-en) Vollpension
vollpompelen(v) aufpumpen
vollpompelen(v) vollpumpen
vollsaufen, sech -(v) besaufen, sich -
vollschäissen(v) zuscheißen
vollschmieren(v) vollschmieren
vollstänneg(adj) vollständig
Vollstännegkeet(f,~) Vollständigkeit
vollstoppen(v) vollstopfen
vollstrecken(v) vollstrecken
Vollstreckung(f,-en) Vollstreckung
volltroteren(v) zulabern
Vollversammlung(f,-en) Vollversammlung
Vollversioun(f,-en) Vollversion
Volontariat(m,-er) Volontariat
Volt(m,--) Volt
Volume(m,-n) Umfang
Volumen(m,--) Volumen
voluminéis(adj) umfangreich
voluminéis(adj) voluminös
Votum(m,-[m]en) Votum
vreck, o -(exp) ach herrje!
vrecken(v) verrecken
vreckt(ugs)(adj) erledigt
vreckt(ugs)(adj) kaputt
vrecktbommen(ugs)(v) zerbomben
vrecktlaachen(ugs)(v) kaputtlachen
vrecktmaachen(ugs)(v) kaputtmachen
vrecktmaachen(ugs)(v) zerstören
vrecktschloen(v) totschlagen
vru kuerzem(exp) vor kurzem
vrum/virun deem(pp) vor
vrun/virun(pp) vor
vu gëschter(exp) gestrig
vu gëschter(exp) von gestern
vu mueres bis owes(exp) von morgens bis abends
vu virdrun(exp) von vorher
vu virdrun(exp) vorige
vu virof(exp) von Anfang an
Vuerwëtz(m,~) Neugier
Vugel(m,-en) Vogel
Vugel(m,Vigel) Vogel
vulgär(adj) vulgär
vulgariséieren(v) popularisieren
Vulkan(m,-en) Vulkan
vulkanesch(adj) vulkanisch
vulkaniséieren(v) vulkanisieren
Vull(vulg)(m,-en) Penis
Vullekiischt(f,-en) Vogelbeere
Vullenhaischen(n,-haisercher) Futterhäuschen
Vullenhaischen(n,-haisercher) Nistkasten
Vulleschaich(f,-en) Vogelscheuche
Vulleschutz(n,~) Vogelschutz
Vulnerabilitéit(f,-en) Verletzlichkeit
vum/vun deem(pp) vom
vun Dag zu Dag(exp) von Tag zu Tag
vun/vu(pp) von

W

w.e.g.(wann ech glift)(exp) bitte
waachen(v) wachen
waakreg ginn(exp) aufwachen
waakreg maachen(exp) wecken
waakreg rëselen(exp) wach rütteln
waakreg sinn(exp) wach sein
waakreg(adj) wach
Waalsdref(p) Walsdorf
waarden(v) warten
Waarken(p) Warken
waarm(adj) warm
waarm(adj) warmherzig
Waarmes, eppes -(exp) Warmes, etwas -
waarmhäerzeg(adj) warmherzig
Waarzel(f,-en) Warze
Waasser(n,~) Wasser
Waasserauer(f,-en) Wasseruhr
Waasserauer(f,-en) Wasserzähler
Waasserbëlleg(p) Wasserbillig
Waasserbett(n,-er) Wasserbett
waasserdicht(adj) undurchlässig
waasserdicht(adj) wasserdicht
Waasserfaarf(f,-en) Wasserfarbe
Waasserfall(m,-fäll) Wasserfall
Waasserfliger(m,-en) Wasserflugzeug
Waasserglas(n,-glieser) Wasserglas
Waasserkapp(m,-käpp) Wasserkopf
Waasserkessel(m,-en) Heizkessel
Waasserkessel(m,-en) Wasserkessel
Waasserkraaftwierk(n,-er) Wasserkraftwerk
Waasserkrou(m,-kréi) Wasserkrug
Waasserkulang(m,-en) Dachrinne
Waasserlanz(f,-en) Feuerspritze
Waasserleedung(f,-en) Wasserleitung
Waasserleitung(f,-en) Wasserleitung
Waassermangel(m,~) Wassermangel
Waassermeloun(f,-en) Wassermelone
Waassermillen(f,--) Wassermühle
Waasserpëppchen(f,-pëppercher) Libelle
Waasserpistoul(f,-en) Wasserpistole
Waasserplanz(f,-en) Wasserpflanze
Waasserpouken(npl) Windpocken
Waasserqualitéit(f,-en) Wasserqualität
Waasserquell(f,-en) Wasserquelle
Waasserrad(n,-rieder) Wasserrad
Waasserrat(f,-en) Wasserratte
Waasserrouer(n,-réier) Wasserrohr
waasserschei(adj) wasserscheu
Waasserschued(m,-schied) Wasserschaden
Waasserski(m,~) Wasserski
Waasserspigel(m,-en) Wasserspiegel
Waassersport(m,~) Wassersport
Waasserstand(m,-stänn) Wasserstand
Waassersteen(m,--) Spüle
Waasserstoff(m,~) Wasserstoff
Waasserstral(m,-en) Wasserstrahl
Waasserstrooss(f,-en) Wasserstraße

Waassertuerm(m,-tierm) Wasserturm
Waasserverbrauch(m,~) Wasserverbrauch
Waasserversuergung(f,-en) Wasserversorgung
Waasserwierk(n,-er) Wasserwerk
Waasserzeechen(n,--) Wasserzeichen
wabbeleg(adj) schwankend
wabbeleg(adj) wabbelig
wabbeleg(adj) wacklig
wabbelen(v) schwanken
wackeleg(adj) wacklig
wackelen(v) bewegen, sich -
wackelen(v) rühren, sich -
wackelen(v) wackeln
Wackelkontakt(m,-er) Wackelkontakt
wäerfen(v) werfen
Wäermt(f,~) Wärme
wäert sinn(exp) wert sein
wäert sinn(exp) wertvoll sein
Wäert(m,-er) Wert
Wäert, ouni -(exp) wertlos
wäerten(v) werden (Modalverb)
wäertes(adj) Werktags-
wäertes(adv) werktags
Wäertpabeier(m,-en) Wertpapier
Wäertsaach(f,-en) Wertsache
wäertvoll(adj) wertvoll
Waff(f,-en) Waffe
Waffebesëtz(m,~) Waffenbesitz
Waffegewalt, mat -(exp) Waffengewalt, mit -
Wäffelchen(f,Wäffelcher) Waffel
Waffenhandel(n,~) Waffenhandel
Waffenhändler(m,--) Waffenhändler
Waffeninspektioun(f,-en) Waffeninspektion
Wafferou(f,-en) Waffenruhe
Waffeschäin(m,-er) Waffenschein
Waffestëllstand(m,~) Waffenstillstand
Waggon(m,-en) Waggon
Wagon(m,-en) Waggon
Wagon-Restaurant(m,-en) Speisewagen
Wahnvirstellung(f,-en) Wahnvorstellung
wahrscheinlech(adv) wahrscheinlich
Wahrscheinlechkeet(f,-en) Wahrscheinlichkeit
Wahrscheinlechkeetsrechnung(f,-en) Wahrscheinlichkeitsrechnung
Währungsassociatioun(f,-en) Währungsassoziation
Währungseenheet(f,-en) Währungseinheit
Währungspolitik(f,-en) Währungspolitik
Währungsreform(f,-en) Währungsreform
Währungsspekulatioun(f,-en) Währungsspekulation
Währungssystem(m,-er) Währungssystem
Währungsunioun(f,-en) Währungsunion

Wäibau(m,~) Weinbau
Wäich(f,-en) Weiche
wäichen(v) weichen
Wäicherdang(p) Weicherdange
Wäifest(n,-er) Weinfest
Wäiglas(n,-glieser) Weinglas
Wäikaart(f,-en) Weinkarte
Wäikeller(m,-en) Weinkeller
Wäikenner(m,--) Weinkenner
Wäilies(f,-en) Traubenlese
Wäimount(m,-méint) Oktober
Wäin(m,-er) Wein
Wäintraditioun(f,-en) Weintradition
Wäinzoossiss(f,-en) Bratwurst
Wäiprouf(f,-prouwen) Weinprobe
Wäiraach(m,~) Weihrauch
Wäisheet(f,-en) Weisheit
Wäisheetszant(m,-zänn) Weisheitszahn
wäismaachen(v) weismachen
wäiss ginn(exp) erblassen
wäiss ginn(exp) erbleichen
wäiss ginn(exp) weiß werden
wäiss maachen(exp) weiß machen
wäiss wéi Schnéi(exp) schneeweiß
wäiss(adj) weiß
wäissen(v) weißen
wäisslech(adj) weißlich
Wäisst(n,~) Weiße
Wäisswampech(p) Weiswampach
wäit ewech(exp) weit entfernt
wäit(adj) weit
wäitaus(adv) weitaus
Wäitbléck(m,~) Weitblick
wäitem, vu -(exp) weitem, von -
wäitem, vu -(exp) Weitem, von -
wäitsiichteg(adj) weitsichtig
Wäitsiichtegkeet(f,~) Weitsichtigkeit
Wäitsprong(m,~) Weitsprung
Wäitspronk(m,~) Weitsprung
wäitverbreet(adj) weitverbreitet
Wäitwénkelobjektiv(n,-er) Weitwinkelobjektiv
Wäiwaasser(n,~) Weihwasser
Wäiwaasseschbiischt(f,-en) Weihwedel
Wäiwaasseschdëppchen(n,-dëppercher) Weihwassergefäß
Wak(m,-en) Kiesel
Wak(m,-en) Kieselstein
Wakelter(m,-en) Wacholderbeere
wakereg(adj) aufgeweckt
wakereg(adj) wach
Wal(f,-en) Wahl
Wal(f,-en) Wallung
Wal(m,-en) Wal

Walbedeelegung(f,-en) Wahlbeteiligung
Walbezierk(m,-er) Wahlbezirk
Waldbëlleg(p) Waldbillig
Waldbriedemes(p) Waldbredimus
Waldhaff(p) Waldhof
Walen(npl) Wahlen
Walfer(p) Walferdange
Walfësch(m,--) Walfisch
Walkabinn(f,-en) Wahlkabine
Walkampf(m,-kämpf) Wahlkampf
Walkommissioun(f,-en) Wahlkommission
walleg(adj) wirr (Haar)
wallemzen(v) qualmen
Wallfaart(f,-en) Wallfahrt
Wallfahrt(f,-en) Wallfahrt
Wallis(f,-sen) Koffer
Walprogramm(m,-er) Wahlprogramm
Walresultat(n,-er) Wahlergebnis
Walross(n,-en) Walross
Walter(p) Watrange
Walverspriechen(n,--) Wahlversprechen
Walz(f,-en) Dampfwalze
Walz(f,-en) Straßenwalze
Walz(f,-en) Walzer
walzen(v) walzen
Walziedel(m,-en) Stimmzettel
Wämperhaart(p) Wemperhardt
Wand(f,Wänn) Innenwand
Wand(f,Wänn) Wand
Wand(f,Wänn) Zwischenwand
Wand(m,~) Wind
Wand(m,Wënn) Wind (Darmwind)
Wandauer(f,-en) Wanduhr
Wandbeidel(m,-en) Schaumschläger
wandelen(v) wandeln
Wandenergie(f,-n) Windenergie
wanderen(v) reisen
wanderen(v) wandern
Wandhaff(p) Windhof
Wandkraaftwierk(n,-er) Windkraftwerk
Wandlaus(f,-lais) Wanze
Wandlung(f,-en) Metamorphose
Wandlung(f,-en) Verwandlung
Wandlung(f,-en) Wandlung
Wandmillen(f,--) Windmühle
Wandmillen(f,--) Windrad
Wandmolerei(f,-en) Wandmalerei
Wandschaf(m,-schief) Wandschrank
Wandschiet(m,~) Windschatten
Wandstouss(m,-stéiss) Windbö
Wandstouss(m,-stéiss) Windstoß
wandsweis(adv) Handumdrehen, im -
Wandteppech(m,-er) Wandteppich

Wangert(*m,-en*)	Weinberg
wankelmiddeg(*adj*)	wankelmütig
wann ech gelift(*exp*)	bitte
wann(*cn*)	wenn
Wann(*f,~*)	Ackerwinde
Wann(*f,-en*)	Winde
wannen(*v*)	gewinnen
wannen(*v*)	siegen
wannen(*v*)	winden
Wanseler(*p*)	Winseler
Wanter(*m,-en*)	Winter
wanteren(*v*)	wintern
Wantergaart(*m,-gäert*)	Wintergarten
Wantergezei(*n,~*)	Winterkleidung
Wantergréng(*n,~*)	Efeu
wanterhaart(*adj*)	winterhart
Wanterkollektioun(*f~,-en*)	Winterkollektion
Wantermantel(*m,-mäntel*)	Wintermantel
Wanterméint(*npl*)	Wintermonate
Wantermoulen(*npl*)	Winterhandschuhe
Wantermount(*m,~*)	November
Wanterpaus(*f,-en*)	Winterpause
Wanterpneu(*m,-en*)	Winterreifen
Wantersolden(*npl*)	Winterschlussverkauf
Wantersport(*m,~*)	Wintersport
Wantervakanz(*f,-en*)	Winterurlaub
Wanterzäit(*f,~*)	Winterzeit
wänzelen(*v*)	schlängeln
wänzelen(*v*)	wälzen
wänzelen, sech -(*v*)	wälzen, sich -
Wapp, de - goen(*exp*)	Angst haben
Wappes(*m,~*)	Atem
Wappes(*m,~*)	Energie
Wappes, kee - hunn(*exp*)	Energie, keine - haben
Wariss(*f,-en*)	Krampfader
Warnblinkanlag(*f,-en*)	Warnblinkanlage
Warndräieck(*m,-en*)	Warndreieck
warnen(*v*)	warnen
Warnkreesch(*m,--*)	Warnschrei
Warnschëld(*n,-schëlter*)	Warnschild
Warnsignal(*n,-er*)	Alarmsignal
Warnstreik(*m,-en*)	Warnstreik
Warnung(*f,-en*)	Warnung
warscheinlech(*adj*)	wahrscheinlich
Warscheinlechkeet(*f,-en*)	Wahrscheinlichkeit
Wartesall(*m,-säll*)	Wartesaal
Wartesall(*m,-säll*)	Wartezimmer
Wäsch(*f,~*)	Unterwäsche
Wäsch(*f,~*)	Wäsche
Wäschanlag(*f,-en*)	Waschanlage
Wäschbidden(*f,-en*)	Wäschebottich
Wäschbidden(*f,-en*)	Waschzuber
Wäschbier(*m,-en*)	Waschbär
Wäschbiischt(*f,-en*)	Schrubber
Wäschbur(*n,-en*)	Waschbrunnen
Wäschbur(*n,-en*)	Waschhaus
wäschen(*v*)	waschen
wäschen, sech -(*v*)	waschen, sich -
Wäscherei(*f,-en*)	Wäscherei
Wäschgeleeënheet(*f,-en*)	Waschgelegenheit
Wäschgeleeënheet(*f,-en*)	Waschraum
Wäschhändsch(*f,-en*)	Waschlappen
Wäschkichen(*f,--*)	Waschküche
Wäschklam(*f,-en*)	Wäscheklammer
Wäschkuerf(*m,-kierf*)	Waschkorb
Wäschléngt(*f,-en*)	Wäscheleine
Wäschmaschinn(*f,-en*)	Waschmaschine
Wäschpolver(*n,~*)	Waschpulver
Wäschschossel(*f,-en*)	Waschschüssel
wat gelift(*exp*)	bitte
wat gelift(*exp*)	wie bitte
wat/watt(*pr*)	was
Water-polo(*m,~*)	Wasserball
watschelen(*v*)	watscheln
Watt(*f,~*)	Watte
Watt(*m,--*)	Watt (Elektrizität)
watzeg(*adj*)	wirr
wech-/ewech-(*adv/v*)	ab-
wech-/ewech-(*adv/v*)	fort-
wech-/ewech-(*adv/v*)	weg-
wechbaatschen(*v*)	wegschlagen
wechbleiwen(*v*)	wegbleiben
wechblosen(*v*)	wegblasen
wechbréngen(*v*)	wegbringen
wechdrécken(*v*)	wegdrücken
wechdroen(*v*)	hinzulernen
wechdroen(*v*)	wegtragen
wechfalen(*v*)	wegfallen
wechfléien(*v*)	wegfliegen
wechfriessen(*v*)	wegfressen
wechfueren(*v*)	reißen (Seil)
wechfueren(*v*)	stieben (Funken)
wechfueren(*v*)	wegschleudern
wechgeheien(*v*)	wegwerfen
wechginn(*v*)	weggeben
wechglëtschen(*v*)	wegleiten
wechgoen(*v*)	weggehen
wechgoen, iwwer eppes -(*exp*)	hinweggehen, über etw -
wechhalen(*v*)	fernhalten
wechhuelen(*v*)	wegnehmen
wechhuwwelen(*v*)	abhobeln
wechjoen(*v*)	wegjagen
wechkucken(*v*)	wegschauen
wechleeën(*v*)	weglegen
wechloossen(*v*)	weglassen
wechmaachen(*v*)	wegmachen
wechpuchen(*v*)	wegschmeißen
wechrappen(*v*)	wegreißen
wechraséieren(*v*)	wegrasieren
wechrationaliséieren(*v*)	wegrationalisieren
wechraumen(*v*)	wegräumen
wechréckelen(*v*)	wegrücken
wechretuschéieren(*v*)	wegretuschieren
wechrullen(*v*)	wegrollen
wechrutschen(*v*)	wegrutschen
wechschécken(*v*)	wegschicken
wechschéissen(*v*)	wegschießen
wechschëppen(*v*)	wegschaufeln
wechschloen(*v*)	wegschlagen
wechsprengen(*v*)	absprengen
wechsprengen(*v*)	wegsprengen
wechspullen(*v*)	abspülen
wechspullen(*v*)	wegspülen
wechstiechen(*v*)	wegstecken
wechstiechen(*v*)	wegtun
wechstoussen(*v*)	wegstoßen
wechwäerfen(*v*)	wegwerfen
wechweisen(*v*)	abweisen
wechwëschen(*v*)	wegwischen
wechzauberen(*v*)	wegzaubern
wechzéien(*v*)	wegziehen
Weck(*m,-en*)	Keil
Weck(*m,-en*)	Klumpen (Butter)
Wéckel(*f,-en*)	Wickel
Wéckel(*f,-en*)	Windel
wéckelen(*v*)	einwickeln
wéckelen(*v*)	hereinlegen
wéckelen(*v*)	wickeln
Wecken(*npl*)	Murmeln
Wecker(*m,-en*)	Wecker
Wecker(*p*)	Wecker
weder ... nach(*cn*)	weder ... noch
Wee(*m,-ër*)	Weg
weech(*adj*)	weichherzig
Weech(*f,~*)	Einweichen
weech, engem - ginn(*exp*)	übel, jm - werden
weechen(*v*)	einweichen (Wäsche)
Weed(*f,-en*)	Weide
Weed(*f,-en*)	Weide (Baum)
Weekend(*m,-er*)	Wochenende
Ween(*npl*)	Wagen
ween/wien(*pr*)	wen
ween/wien(*pr*)	wer
Weenchen(*m,Weenercher*)	Karren
Weenchen(*m,Weenercher*)	Wägelchen
Weesekand(*n,-kanner*)	Waisenkind
Weess(*m,~*)	Getreide

Weess *(m,~)*	Weizen
Wegdichen *(p)*	Weidingen
wéi doen/dinn *(exp)*	wehtun
wéi hunn *(exp)*	Schmerzen haben
wéi laang *(exp)*	wie lange
wéi vill *(adv)*	wie viel
wéi *(adv)*	wie bitte
Wéi *(f,-en)*	Wiege
Wéi *(m,~)*	Schmerz
wéi/ewéi *(adv)*	wie
wéi/ewéi *(cn)*	als (im Vergleich)
weiblech *(adj)*	weiblich
Weiblechkeet *(f,~)*	Weiblichkeit
Weich *(f,-en)*	Weiche
Wéichen *(f,Wéiercher)*	Wiege, kleine -
Weid *(f,-en)*	Korbweide
Weid *(f,-en)*	Weide
Weid *(f,-en)*	Weidenbaum
weider *(adj)*	zusätzlich
weider *(adv)*	weiter
weider- *(adv/v)*	weiter-
weider, an esou - *(exp)*	weiter, und so -
weiderbauen *(v)*	weiterbauen
weiderbilden *(v)*	weiterbilden
Weiderbildung *(f,~)*	Weiterbildung
weiderbréngen *(v)*	weiterbringen
weiderbrennen *(v)*	weiterbrennen
weiderdämpen *(v)*	weiterdampfen
weiderdrécken *(v)*	weiterdrucken
weiderdréien *(v)*	weiterdrehen
weiderdréinen *(v)*	weiterdrehen
weiderdreiwen *(v)*	weitertreiben
weideremfielen *(v)*	weiterempfehlen
weiderempfielen *(v)*	weiterempfehlen
weiderentwéckelen *(v)*	weiterentwickeln
Weiderentwécklung *(f,-en)*	Weiterentwicklung
weiderfeieren *(v)*	weiterfeiern
weiderféieren *(v)*	weiterführen
weiderfléien *(v)*	weiterfliegen
weiderfueren *(v)*	fortfahren
weiderfueren *(v)*	weiterfahren
weidergesinn *(v)*	weitersehen
weiderginn *(v)*	weitergeben
weidergoen *(v)*	weitergehen
weiderhëllefen *(v)*	weiterhelfen
weiderkommen *(v)*	weiterkommen
weiderlafen *(v)*	weiterlaufen
weiderleeden *(v)*	weiterleiten
weiderliesen *(v)*	weiterlesen
weidermaachen *(v)*	fortfahren
weidermaachen *(v)*	weitermachen
weidermarschéieren *(v)*	weitermarschieren
weiderreechen *(v)*	weiterreichen
weiderreesen *(v)*	weiterreisen
weiderschaffen *(v)*	weiterarbeiten
weiderschécken *(v)*	weiterschicken
weiderschlofen *(v)*	weiterschlafen
weiderschwammen *(v)*	weiterschwimmen
weidersoen *(v)*	weitersagen
weidersoueren *(v)*	weiterjammern
weiderspillen *(v)*	weiterspielen
weidertuerkelen *(v)*	weitertorkeln
Weiderverkaf *(m,~)*	Weiterverkauf
weiderverlounen *(v)*	untervermieten
weiderwuessen *(v)*	weiterwachsen
weiderzéien *(v)*	weiterziehen
weiderzielen *(v)*	weitersagen
Weidig *(p)*	Weydig
wéidoen *(v)*	schmerzen
wéidoen *(v)*	wehtun
Wéien *(p)*	Wehen
weien *(v)*	abwiegen
wéien *(v)*	wiegen
Weier *(m,-en)*	Weiher
Weier *(p)*	Weyer
weigeren, sech - *(v)*	weigern, sich -
Weihbëschof *(m,-bëscheef)*	Auxiliarbischof
Weihbëschof *(m,-bëscheef)*	Weihbischof
weihen *(v)*	weihen
Weihwaasser *(n,~)*	Weihwasser
Weiler *(p)*	Weiler
Weilerbaach *(p)*	Weilerbach
Weiler-la-Tour *(p)*	Weiler-la-Tour
wéimeren *(v)*	stöhnen
Weimeschhaff *(p)*	Weimershof
Weimeschkierch *(p)*	Weimerskirch
wéineg *(adj)*	wenig
wéineger *(adv)*	weniger
Wéinegkeet *(f,-en)*	Wenigkeit
Wéinegst, dat - *(exp)*	Mindeste, das -
wéini *(adv)*	wann
wéinst *(pp)*	wegen
wéinstens *(adv)*	wenigstens
wéint *(pp)*	wegen
Weis *(f,~)*	Art und Weise
Weis *(f,-en)*	Art
Weis *(f,-en)*	Melodie
wéischt *(adj)*	bösartig
wéischt *(adj)*	schlimm
wéischt *(adj)*	ungezogen
weisen *(v)*	zeigen
Weisheet *(f,-en)*	Weisheit
weit und breet *(exp)*	weit und breit
weit *(adj)*	breit
weit *(adj)*	weit (Kleidung)
Weit *(f,~)*	Weite
wéitschen *(v)*	wedeln
wéitschen, engem eng - *(exp)*	ohrfeigen, jn -
Wëld *(n,~)*	Wild
Wëldpati *(m,-en)*	Wildpastete
Wëldspezialitéit *(f,-en)*	Wildspezialität
Wëldwaasser *(n,~)*	Wildbach
Wëldwaasser *(n,~)*	Wildwasser
wëll *(adj)*	wild
wëll *(adj)*	zornig
well *(cn)*	denn
well *(cn)*	weil
Well *(f,-en)*	Welle
Wëll *(npl)*	Wilden
Well, gréng - *(exp)*	Welle, grüne -
well/ewell *(adv)*	schon
Wellebriecher *(m,--)*	Wellenbrecher
wëlleg *(adj)*	willig
Wellelängt *(f,-en)*	Wellenlänge
wëllen *(adj)*	Woll-
wëllen *(adj)*	wollen
Wëllen *(m,--)*	Wille
Wëllen *(m,Wëller)*	Wilder
wëllen *(v)*	wollen
Wëllensfräiheet *(f,~)*	Willensfreiheit
Wëllenskraaft *(f,~)*	Willenskraft
wëllensschwaach *(adj)*	willensschwach
wëllensstaark *(adj)*	willensstark
Weller *(p)*	Weiler
wëlles *(adv)*	willens (sein)
wëlles, eng - hunn *(exp)*	aushecken, etw -
wëlles, eppes - hunn *(exp)*	vorhaben, etw -
Wellesteen *(p)*	Wellenstein
Wëllkuer *(n,~)*	Buchweizen
Wëllschwäin *(n,--)*	Wildschwein
Welschent *(p)*	Welscheid
Welsduerf *(p)*	Welsdorf
Welt *(f,-en)*	Welt
Welt, op d'- kommen *(v)*	Welt, auf die - kommen
Weltall *(m,~)*	Weltall
Weltausstellung *(f,-en)*	Weltausstellung
weltberühmt *(adj)*	weltberühmt
Weltbild *(n,-biller)*	Weltbild
Weltdeel *(m,-er)*	Erdteil
Weltdeel *(m,-er)*	Kontinent
Weltënnergang *(m,~)*	Weltuntergang
Welthandel *(m,~)*	Welthandel
Welthandelorganisatioun *(f,-en)*	Welthandelsorganisation
Weltkrich *(m,-er)*	Weltkrieg
Weltkrich, Éischte - *(exp)*	Weltkrieg, Erster -
Weltkrich, Zweete - *(exp)*	Weltkrieg, Zweiter -
weltlech *(adj)*	profan

weltlech(adj) weltlich
Weltliteratur(f,~) Weltliteratur
Weltmarché(m,-en) Markt, internationaler -
Weltmarché(m,-en) Weltmarkt
Weltmeeschter(m,-en) Weltmeister
Weltmeeschterschaft(f,-en) Weltmeisterschaft
Weltmuecht(f,-en) Weltmacht
Weltpopulatioun(f,~) Weltbevölkerung
Weltranglëscht(f,-en) Weltrangliste
Weltraum(m,~) Weltraum
Weltrees(f,-en) Weltreise
Weltrekord(m,-er) Weltrekord
Weltsécherheetsrot(m,~) Weltsicherheitsrat
Weltstad(f,-stied) Metropole
Weltstad(f,-stied) Weltstadt
weltwäit(adj) weltweit
Weltwiertschaft(f,~) Weltwirtschaft
Weltwonner(n,--) Weltwunder
Wëlwerdang(p) Wilwerdange
Wëlwerwolz(p) Wilwerwiltz
Wëmper(f,-en) Wimper
Wëmper(m,-en) Wimper
Wëndel(f,-en) Windel
Wendepunkt(m,-en) Wendepunkt
Wéngchen(m,Wéngercher) Wein, angenehmer -
Wéngert(m,-en) Weinberg
Wénkel(m,-en) Winkel
Wénkel, rechte -(exp) Winkel, rechter -
wénkeleg(adj) winklig
Wénkelmiesser(m,--) Winkelmesser
wénken(v) winken
wennen(v) wenden
wënnen(v) winden (Treppe)
wennen, sech un een/eppes -(exp) wenden, sich an jn/etw -
wënsch(adj) schief
wënsch(adj) windschief
wënschen(v) gratulieren
wënschen(v) wünschen
Wëntger(p) Wincrange
Wëntreng(p) Wintrange
wenzelen(v) schlängeln
wenzelen(v) wälzen
wenzelen, sech -(v) wälzen, sich -
Wënzer(m,--) Winzer
Werbeslogan(m,-en) Werbeslogan
Werdegang(m,~) Werdegang
werfen(v) werfen
Wësch(m,--) Bündel (Stroh, Kräuter)
Wësch(m,--) Wisch (abfällig für Schriftstück)
wëschen(v) abwischen
wëschen(v) eilig gehen
wesentlech(adj) wesentlich
Wëssen(n,~) Wissen
wëssen(v) wissen
Wëssenschaft(f,-en) Wissenschaft
wëssenschaftlech(adj) wissenschaftlich
Wëssenschaftler(m,--) Wissenschaftler
Wëssenschaftsfakultéit(f,-en) wissenschaftliche Fakultät
wëssentlech(adv) wissentlich
Westen(m,~) Westen
Western(m,--) Western
westlech(adj) westlich
Wett(f,-en) Wette
Wettbüro(m,-en) Wettbüro
wetten(v) setzen (bei Wette)
wetten(v) wetten
Wettrüsten(n,~) Wettrüsten
Wettsträit(m,~) Wettstreit
Wëtz(m,~) Verstand
Wëtz(m,~) Witz (Geist)
wëtzeg(adj) klug
wetzen(v) rennen
wetzen(v) wetzen
Wetzsteen(m,-steng) Wetzstein
Whiskey(m,~) Whisky
wibbeleg(adj) lebhaft
wibbeleg(adj) unruhig
wibbeleg(adj) zapplig
Wibbelegkeet(f,~) Unruhe
wibbelen(v) bewegen, sich -
wibbelen(v) rühren, sich -
wibbelen(v) unruhig sein
Wichs fir Schong(f,-en) Schuhcreme
wichsen(v) putzen (Schuhe)
wichteg(adj) wichtig
Wichtegkeet(f,-en) Bedeutung
Wick(f,-en) Docht
Wick(f,-en) Lunte
Wickreng(p) Wickrange
Widder(m,-en) Widder
widder(pp) gegen
widderfueren(utr)(v) widerfahren
widderhuelen(utr)(v) wiederholen
Widderhuelung(f,-en) Wiederaufführung
Widderhuelung(f,-en) Wiederholung
widderknuppen(tr)(v) zusammenstoßen
widderlafen(tr)(v) betrogen werden
widderleeën(utr)(v) widerlegen
widderrennen(tr)(v) aufprallen
Widderried(f,-en) Widerrede
widderrieden(utr)(v) widersprechen
widderruffen(utr)(v) widerrufen
Widderschäin(m,~) Widerschein
widdersetzen, sech -(utr)(v) widersetzen, sich -
widderspriechen(utr)(v) widersprechen
Widdersproch(m,Widdersprëch) Widerspruch
Widderstand leeschten(exp) Widerstand leisten
Widderstand(m,~) Widerstand
Widderstand(m,Widderstänn) Widerstand
Widderstandskämpfer(m,--) Widerstandskämpfer
widderstoen(utr)(v) widerstehen
widderstoussen(tr)(v) aneinanderstoßen
widderstoussen(tr)(v) zusammenstoßen
widdert(pp) gegen
Widdervereenegung(f,-en) Wiedervereinigung
Widderverwäertung(f,~) Wiederverwertung
Widderwëll(m,~) Widerwille
widderwëlleg(adj) widerwillig
widmen(v) widmen
Widmung(f,-en) Widmung
Wiechter(m,--) Wächter
Wiechter(m,--) Wärter
Wieder(n,~) Wetter
Wieder(n,-en) Unwetter
Wiederconditioun(f,-en) Wetterbedingung
wiedereg(adj) gewittrig
wiederen(v) schimpfen
Wiederhex(f,-en) Hexe, alte -
Wiederkaart(f,-en) Wetterkarte
Wiedermann(m,-männer) Meteorologe
Wiederprevisioun(f,-en) Wettervorhersage
Wiederregel(f,-en) Wetterregel
Wiedersituatioun(f,-en) Wetterlage
Wiederstatioun(f,-en) Wetterstation
Wiefstull(m,-still) Webstuhl
Wiel(f,~) Auswahl
Wiel(f,-en) Wahl
wielech(adj) verwelkt
wielen(v) auserwählen
wielen(v) wählen
Wieler(m,--) Wähler
Wielerstëmm(f,-en) Wählerstimme
Wielkabinn(f,-en) Wahlkabine
wiem/weem(pr) wem
Wier(m,~) Wehr
Wier(m,-en) Damm
wierbelen(v) wirbeln
Wierbelsail(f,-en) Wirbelsäule
Wierbelstuerm(m,-stierm) Wirbelsturm
wierdeg(adj) würdig
wierdegen(v) würdigen
Wierderbuchcommissioun(f,-en) Wörterbuchkommission
Wierderbuchkommissioun(f,-en) Wörterbuchkommission

wieren, sech - *(v)* wehren, sich -
wieren, sech géint eppes - *(exp)* wehren, sich gegen etw -
Wierfel *(m,-en)* Würfel
wierfelen *(v)* würfeln
Wierfelspill *(n,-er)* Würfelspiel
Wierfer *(m,--)* Werfer
wiergen *(v)* würgen
Wierk *(n,-er)* Werk
wierken *(v)* arbeiten
wierken *(v)* tätig sein
wierken *(v)* wirken
wierklech *(adj)* real
wierklech *(adj)* tatsächlich
wierklech *(adj)* wirklich
Wierklechkeet *(f,-en)* Realität
Wierklechkeet *(f,-en)* Wirklichkeit
wierksam *(adj)* wirksam
Wierkung *(f,-en)* Wirkung
Wiermchen *(m,Wiermercher)* Würmchen
wiermen *(v)* aufwärmen
wiermen *(v)* wärmen
Wiert *(m,-en)* Gastwirt
Wiert *(m,-en)* Wirt
wiertes *(adj)* Werktag-
wiertes *(adv)* werktags
wiertes *(adv)* Woche, unter der -
Wiertschaft *(f,-en)* Café
Wiertschaft *(f,-en)* Kneipe
Wiertschaft *(f,-en)* Wirtschaft
Wiertschaft *(f,-en)* Wirtshaus
wiertschaften *(v)* wirtschaften
wiertschaften *(v)* wirtschaften
Wiertschaftlechkeet *(f,~)* Wirtschaftlichkeit
Wiertschaftsgeld *(n,~)* Haushaltsgeld
Wiertschaftsgipfel *(m,-en)* Wirtschaftsgipfeltreffen
Wiertschaftshëllef *(f,~)* Wirtschaftshilfe
Wiertschaftsjoer *(n,-en)* Rechnungsjahr
Wiertschaftsjoer *(n,-en)* Wirtschaftsjahr
Wiertschaftskriminalitéit *(f,~)* Wirtschaftskriminalität
Wiertschaftskris *(f,-en)* Wirtschaftskrise
Wiertschaftskris *(f,-en)* Wirtschaftskrise
Wiertschaftslag *(f,-en)* Wirtschaftslage
Wiertschaftsofkommes *(n,-ofkommen)* Wirtschaftsvereinbarung
Wiertschaftsrelatiounen *(npl)* Wirtschaftsbeziehungen
Wiertschaftsrubrik *(f,-en)* Wirtschaftsteil
Wiertschaftssäit *(f,-en)* Wirtschaftsteil
Wiertschaftssituatioun *(f,-en)* Wirtschaftslage
Wiertschaftsunioun *(f,-en)* Wirtschaftsunion
Wiertschaftswuesstem *(m,~)* Wirtschaftswachstum
Wiertsfra *(f,-en)* Gastwirtin
Wiertsfra *(f,-en)* Wirtin
Wiertshaus *(n,-haiser)* Café
Wiertshaus *(n,-haiser)* Kneipe
Wiertshaus *(n,-haiser)* Wirtshaus
wierzen *(v)* würzen
Wiessel *(m,~)* Wechsel
Wiessel *(m,-en)* Wechsel (Bank)
Wiesselbezéiung *(f,-en)* Wechselbeziehung
wiesselen *(v)* umtauschen
wiesselen *(v)* wechseln
Wiesseljoren *(npl)* Wechseljahre
wiesselsäiteg *(adj)* wechselseitig
Wiesselwierkung *(f,-en)* Wechselwirkung
wiewen *(v)* weben
Wiewer *(m,--)* Weber
Wiewerei *(n,-en)* Weberei
Wieweschknuet *(m,-kniet)* Weberknoten
Wilwerdang *(p)* Wilwerdange
wimmelen *(v)* wimmeln
Wimper *(f,-en)* Wimper
Winker *(m,-en)* Blinker
Winker *(m,-en)* Winker
winnen *(v)* abrichten
winnen *(v)* erziehen
winnen *(v)* gewöhnen
winnen, sech un eppes - *(exp)* gewöhnen, sich an etw -
winzeg *(adj)* winzig
Wippchen *(m,Wippercher)* Stück, kleines -
Wippchen *(m,Wippercher)* Würstchen
Wirbel *(m,-en)* Wirbel
Wirbelwand *(m,~)* Wirbelwind
Wirschtchen *(m,Wirschtercher)* Würstchen
Wischer *(m,-en)* Scheibenwischer
Wisel *(m,-en)* Wiesel
Wiss *(f,Wisen)* Grasland
Wiss *(f,Wisen)* Wiese
Wissbam *(m,-beem)* Heubaum
Wissbei *(f,-en)* Hornisse
Wissbei *(f,-en)* Hummel
Witfra *(f,-en)* Witwe
Witmann *(m,-männer)* Witwer
witteren *(v)* wittern
Witz *(m,-en)* Schabernack
Witz *(m,-en)* Scherz
Witz *(m,-en)* Witz
witzeg *(adj)* amüsant
witzeg *(adj)* witzig
wivill/wéi vill *(adv)* wie viel
Wo *(f,-en)* Personenwaage
Wo *(f,-en)* Waage
Wobriet *(n,-brieder)* Waagschale
Woch *(f,-en)* Woche
Woch, d'lescht - *(exp)* Woche, letzte -
Wocheblat *(n,-blieder)* Wochenblatt
Wocheloun *(m,-léin)* Wochenlohn
Wochemaart *(m,-mäert)* Wochenmarkt
Wochenaarbechtszäit *(f,-en)* Wochenarbeitszeit
Wochendag *(n,-deeg)* Werktag
Wochendag *(n,-deeg)* Wochentag
Wochenzeitung *(f,-en)* Wochenzeitung
woen *(v)* wagen
Woll *(f,~)* Wolle
Wollef *(m,Wëllef)* Wolf
Wollefshond *(m,-hënn)* Schäferhund
wolleg *(adj)* wollig
Wollek *(f,-en)* Wolke
wollekeg *(adj)* wolkig
Wolpert *(p)* Wolper
Wolwen *(p)* Wolwelange
Wolz *(p)* Wiltz
Won *(m,Ween)* Auto
Won *(m,Ween)* Karren
Won *(m,Ween)* Wagen
Wonn *(f,-en)* Verletzung
Wonn *(f,-en)* Wunde
Wonner *(n,--)* Wunder
Wonner, blot - *(exp)* Wunder, blaues -
Wonner, kee - *(exp)* Wunder, kein -
wonnerbar *(adj)* wunderbar
wonneren *(v)* erstaunen
wonneren, sech - *(v)* wundern, sich -
Wonnerkand *(n,-kanner)* Wunderkind
wonnerlech *(adj)* eigenartig
wonnerlech *(adj)* wunderlich
wonnerschéin *(adj)* wunderschön
Wonnerwierk *(n,-er)* Wunderwerk
Wonsch *(m,Wënsch)* Wunsch
Wonschdenken *(n,-en)* Wunschdenken
Wonschdram *(m,-dreem)* Wunschtraum
Wonschvirstellung *(f,-en)* Wunschvorstellung
Wonschziedel *(m,-en)* Wunschzettel
wootlech *(adj)* lauwarm
Wopen *(n,--)* Wappen
Worf *(m,Wërf)* Wurf
wou *(pp)* wo
wouduerch *(pp)* wodurch
wouer *(adj)* wahr
Wouerecht *(f,-en)* Wahrheit
wouerhalen *(v)* empfinden, als wahr -
Wouerwuert *(n,-wierder)* Wahrwort
wouhier *(pp)* woher

woufir(*pp*) wofür
woumat(*pp*) womit
Wourecht(*f,-en*) Wahrheit
Wouscht(*m,~*) Abschaum
Wouscht(*m,~*) Gesindel
Wouscht(*m,~*) Unmenge
Wouscht(*m,~*) Unrat
Wouscht(*m,~*) Wust
wouvun(*pp*) wovon
Wrack(*m,-en*) Wrack
wucheren(*v*) wuchern
Wucht(*f,~*) Wucht
wudderen(*v*) hantieren
wudderen(*v*) legen, sich ins Zeug -
Wuecht halen(*exp*) Wache halten
Wuecht(*f,~*) Wache
Wuechtel(*f,-en*) Wachtel
Wuechthond(*m,-hënn*) Wachhund
Wuechttuerm(*m,-tierm*) Wachturm
Wued(*f,-en*) Wade
Wuel(*n,~*) Wohl
Wuel(*n,~*) Wohlsein
wuel, sech - fillen(*v*) wohl, sich - fühlen
Wuelenduerf-Bréck(*p*) Wallendorf-Pont
Wuelessen(*p*) Wahlhausen
Wuelstand(*m,~*) Wohlstand
Wuelstandsgesellschaft(*f,-en*) Wohlstandsgesellschaft
Wuer(*f,-en*) Ware
wuer(*pp*) wohin
wuerfir(*pp*) wofür
Wuerm(*m,Wierm*) Wurm
Wuermeldeng(*p*) Wormeldange
wuermen(*v*) wurmen
Wuermer(*p*) Wormeldange
Wuert(*n,Wierder*) Wort
wuertgetrei(*adj*) wortwörtlich
wuertgewalteg(*adj*) sprachgewaltig
wuertgewalteg(*adj*) wortgewandt
Wuertschaz(*m,~*) Wortschatz
Wuertspill(*n,-er*) Wortspiel
Wuertspillerei(*f,-en*) Wortspiel
wuertwiertlech(*adj*) wörtlich
wuertwiertlech(*adj*) wortwörtlich
Wuertwiessel(*m,-en*) Wortwechsel
Wuerzel(*f,-en*) Möhre
Wuerzel(*f,-en*) Wurzel
Wues(*m,~*) Rasen
Wues(*m,~*) Rasenfläche
Wuess(*m,~*) Wachs
Wuess(*m,~*) Wachstum
wuessen(*adj*) Wachs-
wuessen(*v*) anwachsen
wuessen(*v*) steigen
wuessen(*v*) wachsen
Wuesstem(*m,~*) Wachstum
Wull(*f,~*) Durcheinander
Wull(*f,~*) Gewühl
wullen(*v*) durchwühlen
wullen(*v*) wühlen
Wullmaus(*f,-mais*) Wühlmaus
Wunnconditioun(*f,-en*) Wohnverhältnis
Wunnecht(*f,-en*) Wohnung
wunnen(*v*) wohnen
wunnen, ënnena -(*exp*) wohnen, im Erdgeschoss -
Wunneng(*f,-en*) Mietwohnung
Wunneng(*f,-en*) Wohnung
Wunnengsbauminister(*m,-en*) Wohnungsbauminister
Wunnengsdier(*f,-en*) Eingangstür
Wunnengskris(*f,-en*) Wohnungsnot
Wunnengsnout(*f,~*) Wohnungsnot
Wunnengssich(*f,~*) Wohnungssuche
Wunngemeinschaft(*f,-en*) Wohngemeinschaft
Wunnkichen(*f,--*) Wohnküche
Wunnqualitéit(*f,~*) Wohnqualität
Wunnquartier(*m,-en*) Wohnviertel
Wunnsëtz(*m,-er*) Wohnsitz
Wupp(*m,-en*) Schlussstück
Wupp(*m,-en*) Zipfel
wuppen(*v*) mogeln
Wupptizitéit(*f,~*) Schwung
Wurscht(*f,-en*) Dauerwurst
Wurscht(*f,-en*) Wurst
wurschtelen(*v*) wursteln
Wüst(*f,-en*) Wüste
wutschen(*v*) entgleiten
wutschen(*v*) entwischen
Wutz(*m,-en*) Ende
Wutz(*m,-en*) Pferdeschwanz (Frisur)
Wutz(*m,-en*) Zipfel

X

X-Been(*npl*) X-Beine
x-belibeg(*adj*) x-beliebig
x-mol(*adv*) x-mal

Y

Yacht(*f,-en*) Jacht
Yacht(*f,-en*) Yacht
Yen(*m,--*) Yen
Yoga(*m,~*) Joga
Yoga(*m,~*) Yoga
Yoghurt(*m,-en*) Joghurt
Yoghurt(*m,-en*) Jogurt

Z

Zaang(*f,-en*) Kneifzange
Zaang(*f,-en*) Zange
zaart(*adj*) delikat
zaart(*adj*) schmächtig
zaart(*adj*) zart
zabbeleg(*adj*) zappelig
zabbelen(*v*) zappeln
Zacharin(*m,~*) Saccharin
Zack(*m,-en*) Zacken
Zack, op/um - sinn(*exp*) Draht, auf - sein
zackeg(*adj*) gezackt
zackeg(*adj*) schneidig
zackeg(*adj*) zackig
zackerdjëss(*adv*) verdammt
zackerdjëss(*adv*) verflucht
zackerdjëssen(*adj*) verdammt
zackerdjëssen(*adj*) verflucht
zackerlipopett(*adv*) Donnerwetter, zum -
zäertlech(*adj*) zärtlich
Zäertlechkeet(*f,-en*) Zärtlichkeit
Zafron(*m,~*) Safran
zafronegiel(*adj*) safrangelb
Zafroun(*m,~*) Safran
Zafuerer(*m,~*) Wirsing
Zäit gewannen(*exp*) Zeit gewinnen
Zäit(*f,-en*) Zeit
Zäitaarbecht(*f,~*) Zeitarbeit
Zäitalter(*f,--*) Zeitalter
Zäitandeelung(*f,-en*) Zeiteinteilung
Zäitbomm(*f,-en*) Zeitbombe
Zäitchen(*f,Zäitercher*) Weile
Zäitdokument(*n,-er*) Zeitdokument
Zäitdrock(*m,~*) Zeitdruck
Zäitdrock, ënner - sinn(*exp*) Zeitdruck, unter - stehen
zäitgeméiss(*adv*) zeitgemäß
Zäitgeschicht(*f,~*) Zeitgeschichte
Zäitgewënn(*m,~*) Zeitgewinn
zäitgläich(*adj*) zeitgleich
Zäitkaart(*f,-en*) Zeitkarte
Zäitlaang, eng -(*exp*) Zeitlang, eine -
zäitlech(*adj*) zeitig
zäitlech(*adj*) zeitlich
zäitliewens(*adv*) zeitlebens
Zäitlosegkeet(*f,~*) Zeitlosigkeit
Zäitlupp(*f,-en*) Zeitlupe
Zäitluppenopnam(*f,-en*) Zeitlupenaufnahme
Zäitmangel(*m,~*) Zeitmangel

Zäitopwand(m,~) Zeitaufwand
Zäitplang(m,-pläng) Zeitplan
Zäitpunkt(m,-en) Zeitpunkt
Zäitschrëft(f,-en) Zeitschrift
Zäitspan(f,-en) Zeitspanne
Zäitverdräif(m,~) Zeitvertreib
Zäitverdreif(m,~) Zeitvertreib
Zäitverloscht(m,~) Zeitverlust
Zäitverschibung(f,-en) Zeitverschiebung
Zäitverschwendung(f,~) Zeitverschwendung
Zäitvertrag(m,-verträg) Zeitvertrag
zäitweileg(adj) zeitweilig
zäitweis(adv) zeitweise
Zäitzeechen(n,--) Zeitzeichen
Zakrileg(m,-en) Sakrileg
Zakristei(f,-en) Sakristei
Zalättchen(f,Zalättercher) Salatschüssel, kleine -
Zaldot(m,-en) Soldat
Zaldotekierfech(m,-er) Militärfriedhof
Zalfei(m,~) Salbei
Zalot(f,-en) Salat
Zalot, gréng -(exp) Salat, grüner -
Zalotekomp(m,-këmp) Salatschüssel
Zalotenheed(m,-er) Salatkopf
Zalotenueleg(m,-er) Salatöl
Zaloteschleider(f,-en) Salatschleuder
Zaloteschossel(f,-en) Salatschüssel
Zalzifi(m,-en) Schwarzwurzel
zam(adj) gezähmt
zam(adj) zahm
Zam(m,~) Zaum
Zam(m,~) Zaumzeug
zämen(v) zähmen
zammeren(v) zimmern
Zammerkëscht(f,-en) Werkzeugkasten
Zammermann(m,-leit) Zimmermann
Zämung(f,-en) Zähmung
zänken(v) necken
Zänn, falsch -(exp) Gebiss
Zännbiischt(f,-en) Zahnbürste
Zänndokter(m,-en) Zahnarzt
Zännfleesch(n,~) Zahnfleisch
Zännglas(n,-glieser) Zahnputzglas
Zännkroun(f,-en) Zahnkrone
Zännpasta(f,~) Zahncreme
Zännrad(m,-rieder) Zahnrad
Zännradbunn(f,-en) Zahnradbahn
Zännseef(f,-en) Zahncreme
Zännstëppler(m,--) Zahnstocher
Zännwéi(n,~) Zahnschmerzen
Zännwuerzel(f,-en) Zahnwurzel
Zant(m,Zänn) Zahn
zanter éiweg(exp) seit jeher
zanter laangem(exp) seit langem
zanter wéini(exp) seit wann
zanter(pp) seit
Zantimeter(m,-en) Zentimeter
Zap(f,-en) Zäpfchen
Zap(f,-en) Zapfen
zapen(v) abzapfen
zapen(v) betreiben, ein Wirtshaus -
zapen(v) einzapfen
zapen(v) zapfen
Zapestreech(m,~) Zapfenstreich
Zapp(m,-en) Tunke
Zapp(m,-en) Zopf
Zäppchen(m,Zäppercher) Zäpfchen
zappen(v) eintauchen
zappen(v) tunken
zappen(v) zappen
zapristi(adv) verflixt
Zär(f,-en) Gewächshaus
Zär(m,-en) Zeiger (Uhr)
Zär, groussen -(exp) Zeiger, großer -
Zär, klengen -(exp) Zeiger, kleiner -
zäséieren(v) beschlagnahmen (gerichtlich)
Zatz, kleng -(exp) Kosewort für kleines Mädchen
zatzegutt(adj) verdammt gut
zatzevoll(adj) sternhagelvoll
Zauber(m,~) Zauber
Zauberdronk(m,~) Zaubertrank
Zauberei(f,~) Magie
Zauberei(f,~) Zauberei
zauberen(v) zaubern
Zauberer(m,--) Zauberer
Zauberkënschtler(m,--) Zauberkünstler
Zauberkëscht(f,-en) Zauberkasten
Zauberkraaft(f,-kräften) Zauberkraft
Zaubertrick(m,-en) Zaubertrick
zauselen(v) zerzauseln
zauselen(v) zupfen (an Kleidung, Ohr)
ze vill(exp) zu viel
ze wéineg(exp) zu wenig
ze(adv) zu
Zebra(m,-en) Zebra
Zebrasträif(f,-en) Zebrastreifen
zechen(v) zechen
Zechprellerei(f,-en) Zechprellerei
Zeck(f,-en) Zecke
Zéck(f,-en) Zecke
Zécken(n,~) Zögern
zecken(v) necken
zecken(v) reizen
zécken(v) zögern
zéckeren(v) zuckern
Zeder(m,-en) Zeder
Zeecheblock(m,-bléck) Zeichenblock
Zeechen(n,--) Anzeichen
Zeechen(n,--) Lebenszeichen
Zeechen(n,--) Merkmal
Zeechen(n,--) Signal
Zeechen(n,--) Zeichen
Zeechendräieck(m,-er) Winkelmaß
Zeechepabeier(m,~) Zeichenpapier
zeechnen(v) zeichnen
Zeechner(m,--) Zeichner
Zeechnerin(f,-nen) Zeichnerin
Zeechnung(f,-en) Zeichnung
zeemen(v) zähmen
Zeen(f,-en) Szene
zefridden(adj) zufrieden
Zefriddenheet(f,~) Zufriedenheit
zegrond(adv) zugrunde
zéi(adj) hartnäckig
zéi(adj) widerstandsfähig
zéi(adj) zäh
zéi(adj) zäh (Fleisch)
zeideg ginn(exp) reifen
zeideg(adj) reif
zeidegen(v) reifen
zéieg(adj) dehnbar
zéieg(adj) dickflüssig, sehr -
Zéiegkeet(f,-en) Zähigkeit
Zeien(m,--) Zeuge
zeien(v) bezeugen
zéien(v) ziehen
zéien, sech -(v) hinziehen, sich -
Zeienausso(f,-en) Zeugenaussage
Zéif Knuewelek(exp) Knoblauchzehe
Zéif Orange(exp) Schnitz Apfelsine
Zéif(f,Zéiwen) Zeh
zéiflësseg(adj) zähflüssig
Zeil(f,-en) Zeile
Zeilenofstand(m,-stänn) Zeilenabstand
Zéisseng(p) Cessange
Zeitung(f,-en) Zeitung
Zeitungsannonce(f,-n) Zeitungsinserat
Zeitungsartikel(m,-en) Zeitungsartikel
Zeitungsausschnëtt(m,-er) Zeitungsausschnitt
Zeitungsbuttek(m,-er) Zeitungsladen
Zeitungskiosk(m,-en) Zeitungskiosk
Zeitungsnotiz(f,-en) Kurzmeldung
Zeitungspabeier(m,~) Zeitungspapier
Zéiung(f,-en) Ziehung
Zéiwennol(m,-neel) Zehennagel
Zéiwespëtzt(f,-en) Zehenspitze
zejoer(adv) voriges Jahr

zelebréieren(v) feiern
Zell(f,-en) Zelle
Zelldeelung(f,-en) Zellteilung
Zelleri(m,~) Sellerie
Zelleriszopp(m,-en) Selleriesuppe
Zellmembran(f,-en) Zellmembran
Zellulitis(f,~) Zellulitis
Zelt(n,-er) Zelt
zelten(v) zelten
Zeltlager(n,-en) Zeltlager
Zeltplaz(f,-en) Zeltplatz
Zeltstaang(f,-en) Zeltstange
Zement(m,~) Zement
zementéieren(v) zementieren
Zementstut(f,-en) Zementsack
Zëmmer mat zwee Better(exp) Doppelzimmer
Zëmmer(n,-en) Kammer
Zëmmer(n,-en) Zimmer
Zëmmermann(m,-leit) Zimmerer
Zëmmermann(m,-leit) Zimmermann
Zëmmermeedchen(n,-meedercher) Zimmermädchen
Zëmmernummer(f,-en) Zimmernummer
Zëmmerplanz(f,-en) Zimmerpflanze
Zëmmerpräis(m,-ser) Zimmerpreis
Zëmmerservice(m,-r) Zimmerservice
zemol(cn) vor allem da
zemol(cn) zumal
zemools(cn) umso mehr als
zëmperlech(adj) zimperlich
zéng(adj) zehn
Zéngkampf(m,~) Zehnkampf
Zéngtchen(f,Zéngtercher) Zehn
Zéngtel(m,--) Zehntel
Zéngten(m,~) Zehnte
zéngtens(adv) zehntens
Zéngter(m,--) Zehner
Zénk(m,~) Zink
Zënn(m,~) Zinn
zënnen(adj) Zinn-
Zenner(m,-en) Zentner
zennerweis(adv) zentnerweise
Zëns(m,-en) Zins
Zens(p) Cents
zenséieren(v) zensieren
Zënseszëns(m,-en) Zinseszins
Zënsfouss(m,~) Zinsfuß
Zënssaz(m,-sätz) Zinssatz
Zënssécherheet(f,-en) Zinssicherheit
Zënssubventioun(f,-en) Zinssubvention
Zensur(f,~) Zensur
Zensur(f,-en) Zeugnis
zensuréieren(v) zensieren
Zenter(m,-en) Zentrum
zënter(pp) seit
zënterhier(adv) seither
Zentigramm(n,-en) Zentigramm
Zentimeter(m,-en) Zentimeter
zentimeterweis(adv) zentimeterweise
zentral(adj) zentral
Zentraleenheet(f,-en) Zentraleinheit
Zentralgewalt(f,-en) Zentralgewalt
Zentralheizung(f,-en) Zentralheizung
Zentralisatioun(f,-en) Zentralisierung
zentraliséieren(v) zentralisieren
Zentralismus(m,Zentralismen) Zentralismus
zentréieren(v) zentrieren
Zentrifugalkraaft(f,-kräften) Zentrifugalkraft
zentrifugéieren(v) zentrifugieren
Zentrum(m,Zentren) Zentrum
Zepter(m,-en) Zepter
zerbäissen(v) zerbeißen
zerbalegen, sech -(v) balgen, sich - (Kinder)
zerbalegen, sech -(v) plagen, sich -
zerbaschten(v) auseinanderspringen
zerbaschten(v) zerbersten
zerbëlzen(v) zerbeulen
zerbommen(v) zerbomben
zerbréckelen(v) zerbröckeln
zerbriechen(v) zerbrechen
zerbrigelen, sech -(v) prügeln, sich -
zerdämmeren(v) zertreten
zerdiebelen(v) verknittern (Papier, Karton)
zerdrécken(v) zerdrücken
zerdruddelen(v) zerknautschen
zerdruddelen(v) zerknüllen
zeréck-/zréck-(adv/v) hannescht -
zeréck-/zréck-(adv/v) zurück-
zeréckbehalen(v) zurückbehalten
zeréckbéien(v) zurückbiegen
zeréckbezuelen(v) zurückerstatten
zeréckbezuelen(v) zurückzahlen
zeréckblécken(v) zurückblicken
zeréckbleiwen(v) zurückbleiben
zeréckbréngen(v) zurückbringen
zeréckdatéieren(v) zurückdatieren
zeréckdenken(v) erinnern, sich -
zeréckdenken(v) zurückdenken
zeréckdrécken(v) zurückdrücken
zeréckdréien(v) zurückdrehen
zeréckdréinen(v) zurückdrehen
zeréckerwaarden(v) zurückerwarten
zeréckfalen(v) zurückfallen
zeréckfannen(v) zurückfinden (Weg)
zeréckféieren(v) zurückführen
zeréckfueren(v) zurückfahren
zeréckgräifen(v) zurückgreifen
zeréckhalen(v) zurückhalten
zeréckhuelen(v) zurückholen
zeréckhuelen(v) zurücknehmen
zeréckkafen(v) zurückkaufen
zeréckklappen(v) zurückklappen
zeréckkommen(v) zurückkommen
zeréckkréien(v) zurückkriegen
zeréckkucken(v) zurückblicken
zerécklafen(v) zurücklaufen
zeréckleeën(v) zurücklegen
zeréckleien(v) zurückliegen
zerécklоossen(v) zurücklassen
zeréckmailen(v) zurückmailen
zeréckpäifen(v) zurückpfeifen
zeréckruffen(v) zurückrufen
zeréckschécken(v) zurückschicken
zeréckschéissen(v) zurückschießen
zeréckschloen(v) zurückschlagen
zeréckschrecken(v) zurückschrecken
zeréckschreiwen(v) zurückschreiben
zeréckspigelen(v) zurückspiegeln
zerécksprangen(v) zurückspringen
zeréckstoussen(v) zurückstoßen
zerécktrieden(v) zurücktreten
zeréckweisen(v) zurückweisen
zeréckwénken(v) zurückwinken
zeréckzéien(v) zurückziehen
Zeremonie(f,-n) Zeremonie
Zeremoniell(m,~) Zeremoniell
zerfachen(v) verhauen
zerfalen(v) zerfallen
Zerfall(m,-) Zerfall
zerfatzen(v) zerfetzen
zerfleeschen(v) zerfleischen
zerfränjelen(v) zerfransen
zerfriessen(v) zerfressen
zerfueren(v) auseinanderplatzen
zergoen(v) vergehen
zergrimmelen(v) zerkrümeln
zerguttst(adv) ordentlich
zerguttstert(adj) korrekt
zerguttstert(adj) ordentlich
zerhaen(v) zerschlagen
Zerjant(m,-en) Sergeant
Zerjant(m,-en) Zwinge
zerkazen, sech -(v) balgen, sich -
zerkëssen, sech -(v) abküssen, sich -
zerklappen, sech -(v) prügeln, sich -
zerklengeren(v) zerkleinern
zerklengeren(v) zerlegen, in Stücke -
zerknabberen(v) zerknabbern
zerknauteren(v) zerknautschen

zerkniwwelen*(v)* zerknittern
zerknujelen*(v)* zerknittern
zerkraazt*(adj)* zerkratzt
zerkrazen*(v)* zerkratzen
zerkrozelen*(v)* verkritzeln
zerkuederen, sech -*(v)* balgen, sich -
zerlafen*(v)* zerlaufen
zerleeën*(v)* zerlegen
zerlompt*(adj)* zerlumpt
zermëlzen*(v)* zermalmen
zermuelen*(v)* zermahlen
zermujelen*(v)* zermalmen
zermürben*(v)* zermürben
zerpechen*(v)* zukleben
zerpicken*(v)* zerlöchern
zerpicken*(v)* zerstechen
zerpicken, sech -*(v)* streiten, sich -
zerquetschen*(v)* zerquetschen
zerräissen*(v)* zerreißen
zerrappen*(v)* zerreißen
zerrass*(adj)* zerrissen
zerreiwen*(v)* zerreiben
zerrieden*(v)* zerreden
zersäbelen*(v)* zersäbeln
zerschannt*(adj)* zerschunden
zerschauteren*(v)* verschleißen (Stoff, Kleidung)
zerschloen*(v)* prügeln
zerschloen*(v)* zerschlagen
zerschloen, sech -*(v)* schlagen, sich -
zerschneiden*(v)* zerlegen (Tier)
zerschneiden*(v)* zerschneiden
zerschnëppelen*(v)* zerschnippeln
zerschnëppelen*(v)* zerstückeln
zerseeën*(v)* zersägen
zerspläiteren*(v)* zersplittern
zersplitteren*(v)* zersplittern
zersprangen*(v)* zerspringen
zerstéckelen*(v)* zerstückeln
zerstéieren*(v)* zerstören
zerstéiert*(adj)* zerstört
Zerstéierung*(f,-en)* Zerstörung
zerstiechen*(v)* zerstechen
zerstoussen*(v)* zerstampfen
zerstoussen*(v)* zerstoßen
zerstreeën*(v)* verstreuen
zerstreeën*(v)* zerstreuen
zerstreet*(adj)* zerstreut
zerstreiden*(v)* streiten
zerstreiden, sech -*(v)* streiten, sich -
zertéitschen*(v)* zerbeulen
zerträppelen*(v)* zertreten
zertrieden*(v)* zertreten
zertripsen*(v)* zerquetschen

zerwéieren*(v)* bedienen (Restaurant)
zerwéieren*(v)* servieren
Zerwéit*(f,-en)* Serviette
zerwullen*(v)* durchwühlen
zerwullen*(v)* zerwühlen
zerzäit*(adv)* rechtzeitig
zerzauselen*(v)* zerzauseln
zerzauselt*(adj)* zerzauselt
zesoen*(adv)* sozusagen
zëssen*(v)* beruhigen
zëssen*(v)* beschwichtigen
zesummebannen*(v)* zusammenbinden
zesummebauen*(v)* zusammenbauen
zesummebitzen*(v)* zusammennähen
zesummebleiwen*(v)* zusammenbleiben
zesummebrauen*(v)* zusammenbrauen
zesummebréngen*(v)* zusammenbringen
zesummebriechen*(v)* zusammenbrechen
zesummebriechen*(v)* zusammenfallen
zesummefaassen*(v)* zusammenfassen
Zesummefaassung*(f,-en)* Zusammenfassung
zesummefalen*(v)* zusammenfallen
zesummefalen*(v)* zusammenfallen (zeitlich)
zesummefalen*(v)* zusammenfalten
zesummefannen*(v)* zusammenfinden, sich -
zesummeféieren*(v)* zusammenführen
zesummeflécken*(v)* zusammenflicken
zesummefléissen*(v)* zusammenfließen
zesummefueren*(v)* zusammenschrecken
zesummegeheien*(v)* zusammenwerfen
zesummegehéieren*(v)* zusammengehören
zesummegoen*(v)* zusammenschrumpfen
zesummekieren*(v)* zusammenfegen
zesummeklappen*(v)* zusammenklappen
zesummeklompen*(v)* zusammenklumpen
zesummekludderen*(v)* zusammenhängen
zesummeknécken*(v)* zusammenknicken
zesummekrämpen, sech -*(v)* krümmen, sich -
zesummekréien*(v)* zusammenkriegen
zesummekrozelen*(v)* zusammenkritzeln
zesummelafen*(v)* zusammenlaufen
zesummeleeën*(v)* zusammenlegen
zesummeliewen*(v)* zusammenleben
zesummen*(adv)* zusammen
Zesummenaarbecht*(f,~)* Zusammenarbeit
zesummendinn*(v)* zusammentun
zesummendoen*(v)* zusammentun
zesummendrécken*(v)* zusammendrücken
zesummendreiwen*(v)* zusammentreiben
zesummendruddelen*(v)* zusammenknüllen
zesummenhalen*(v)* zusammenhalten
Zesummenhalt*(m,~)* Zusammenhalt
Zesummenhang*(m,-häng)* Zusammenhang

zesummenhänken*(v)* zusammenhängen
zesummenhuelen, sech -*(v)* zusammenreißen, sich -
zesummenneelen*(v)* zusammennageln
zesummentrommelen*(v)* zusammentrommeln
zesummenzéien*(v)* zusammenziehen
zesummenzielen*(v)* zusammenzählen
zesummenzucken*(v)* zusammenzucken
zesummepaken*(v)* zusammenpacken
zesummepechen*(v)* kleben
zesummepressen*(v)* zusammenpressen
zesummerafen*(v)* auflesen
zesummerappen, sech -*(v)* zusammenreißen, sich -
zesummerechnen*(v)* zusammenzählen
zesummeréckelen*(v)* zusammenrücken
zesummereimen*(v)* zusammenreimen
zesummeruffen*(v)* beisammenrufen
zesummeruffen*(v)* zusammenrufen
zesummerullen*(v)* zusammenrollen
zesummesacken*(v)* zusammensacken
zesummeschären*(v)* zusammenscharren
zesummeschëdden*(v)* zusammenschütten
zesummeschloen*(v)* kaputtschlagen
zesummeschloen*(v)* zusammenschlagen
Zesummeschloss*(n,-schlëss)* Zusammenschluss
zesummeschrauwen*(v)* zusammenschrauben
zesummeschreiwen*(v)* zusammenschreiben
zesummeschrompelen*(v)* schrumpfen
zesummeschrompen*(v)* schrumpeln
zesummesetzen*(v)* zusammensetzen
zesummesichen*(v)* zusammensuchen
zesummespéngelen*(v)* zusammenstecken (mit Nadel)
zesummespueren*(v)* zusammensparen
zesummestellen*(v)* zusammenstellen
zesummestoen*(v)* zusammenstehen
zesummestoussen*(v)* zusammenstoßen
zesummestrécken*(v)* aneinanderbinden
zesummestréimen*(v)* zusammenfließen
zesummewierfelen*(v)* zusammenwürfeln
zesummewierken*(v)* zusammenwirken
zesummewuessen*(v)* zusammenwachsen
zesummewunnen*(v)* zusammenwohnen
Zëtteg*(p)* Zittig
zewee bréngen*(v)* zustandebringen
zewee kommen*(v)* zurechtkommen
ziddereg*(adj)* zitternd
ziddereg*(adj)* zittrig
Zidderen*(n,~)* zittern
zidderen*(v)* erzittern
zidderen*(v)* schlottern

Ziedel(*m,-en*) Blatt Papier
Ziedel(*m,-en*) Notizblatt
Ziedel(*m,-en*) Zettel
zielen(*v*) erzählen
zielen(*v*) zählen
zielen, op een/eppes -(*exp*) zählen, auf jn/etw -
zieren(*v*) zehren
Zierkel(*m,-en*) Zirkel
Ziffer(*f,-en*) Ziffer
Zifferblat(*n,-blieder*) Zifferblatt
Zigar(*f,-en*) Zigarre
Zigarett(*f,-en*) Zigarette
Zigarettenautomat(*m,-en*) Zigarettenautomat
Zigarettepaus(*f,-en*) Zigarettenpause
Zigeiner(*m,-en*) Zigeuner
Zigeinermusek(*f,~*) Zigeunermusik
ziichten(*v*) züchten
Ziichter(*m,--*) Züchter
Ziichterei(*f,-en*) Züchterei
Zil(*n,-er*) Ziel
zilen(*v*) zielen
Zilgrupp(*f,-en*) Zielgruppe
Zilinder(*m,-en*) Zylinder
Zill(*f,-en*) Ziegel
Zillebäcker(*m,-en*) Ziegelbrenner
Zillebäcker(*pej*)(*m,-en*) Belgier
Zillebäckerei(*f,-en*) Ziegelbrennerei
Zillekonstruktioun(*f,-en*) Backsteinbau
zillen(*v*) erziehen
zillen(*v*) züchten
Zillendaach(*m,-diech*) Ziegeldach
Zillinn(*f,-en*) Ziellinie
Zilscheif(*f,-scheiwen*) Zielscheibe
zimlech(*adv*) eher
zimlech(*adv*) ziemlich
Zirkulatioun(*f,~*) Kreislauf
Zirkulatioun(*f,~*) Verkehr
Zirkulatioun(*f,-en*) Zirkulation
zirkuléieren(*v*) zirkulieren
Zirkus(*m,-ssen*) Zirkus
Zirkuszelt(*n,-er*) Zirkuszelt
Zirup(*m,-en*) Sirup
zischen(*v*) zischen
ziseléieren(*v*) ziselieren
Zitat(*n,-er*) Zitat
zitéieren(*v*) zitieren
Zitronad(*f,-en*) Zitronenlimonade
Zitronad(*f,-en*) Zitronenwasser
Zitroun(*f,-en*) Zitrone
Zitrounejus(*m,-en*) Zitronensaft
Zitrounepress(*f,-en*) Zitronenpresse
Zitrouneschuel(*f,-en*) Zitronenschale

Zivilbevëlkerung(*f,-en*) Zivilbevölkerung
Zivilcourage(*m,~*) Zivilcourage
Zivildéngscht(*m,~*) Zivildienst
Zivilgeriichtsbarkeet(*f,-en*) Zivilgerichtsbarkeit
Zivilisatioun(*f,-en*) Zivilisation
Zivilisatiounskrankheet(*f,-en*) Zivilisationskrankheit
ziviliséieren(*v*) zivilisieren
Zivilist(*m,-en*) Zivilist
Zivilprozess(*m,-er*) Zivilprozess
Zivilschutz(*m,~*) Zivilschutz
Ziwwi(*m,-en*) Hasenpfeffer
Zoch(*m,Zich*) Schluck
Zock(*m,~*) Fertigkeit (Trick)
Zock, am - hunn(*exp*) Angewohnheit, die - haben
Zock, an engem -(*exp*) Zug, in einem -
Zock, den - kennen(*exp*) Trick, den - kennen
Zock, den - kennen(*exp*) Übung, die - haben
Zocker(*m,~*) Zucker
Zockerboun(*f,-en*) Bonbon
Zockerboun(*f,-en*) Zuckerbohne
Zockerdëppchen(*n,-dëppercher*) Zuckerdose
zockerkrank(*adj*) zuckerkrank
Zockerkuch(*m,-en*) Zuckerkuchen
Zockermailchen(*f,-mailercher*) Naschkatze
zockerséiss(*adj*) zuckersüß
Zockerstaang(*f,-en*) Zuckerstange
Zockerwatt(*f,-en*) Zuckerwatte
Zockerzaang(*f,-en*) Zuckerzange
Zodi schloen(*exp*) Krach machen
Zodi(*m,~*) Durcheinander
Zodi(*m,~*) Krach
zolidd(*adj*) kräftig
zolidd(*adj*) solide
Zoll(*m,--*) Zoll
Zollunioun(*f,~*) Zollunion
Zollveräin(*m,~*) Zollverein
Zolwer(*p*) Soleuvre
Zomm(*f,-en*) Summe
Zong(*f,-en*) Zunge
Zongebriecher(*m,--*) Zungenbrecher
Zonk(*m,-en*) Zaun
Zoo(*m,-en*) Zoo
Zoom(*m,-en*) Zoom
Zooss(*f,-en*) Soße
Zoossiss(*f,-en*) Dauerwurst
Zopp(*f,-en*) Suppe
Zoppefleesch(*n,~*) Suppenfleisch
Zoppekomp(*m,-këmp*) Suppenschüssel
Zoppeläffel(*m,-en*) Esslöffel
Zoppeläffel(*m,-en*) Suppenkelle
zoppennaass(*adj*) patschnass

Zoppenteller(*m,-en*) Suppenteller
zoppnaass(*adj*) klatschnass
Zort(*f,-en*) Sorte
zortéieren(*v*) einsortieren
zortéieren(*v*) sortieren
zou(*adj*) geschlossen
zou(*pp*) zu
zoubäissen(*v*) zubeißen
zoubannen(*v*) zubinden
zoubauen(*v*) zubauen
zoubetonéieren(*v*) zubetonieren
zoudecken(*v*) zudecken
zoudrécken(*v*) zudrücken
zoudréien(*v*) zudrehen
zoudréinen(*v*) zudrehen
Zoudrénglechkeet(*f,-en*) Zudringlichkeit
zouerkennen(*v*) zuerkennen
zoufächeren(*v*) zufächern
zoufalen(*v*) zufallen
Zoufall(*m,-fäll*) Zufall
zoufälleg(*adj*) zufällig
zoufällegerweis(*adv*) zufälligerweise
zouféieren(*v*) zuführen
zoufléien(*v*) zufliegen (Tür)
zoufréieren(*v*) zufrieren
zoufügen(*v*) zufügen
zougänglech(*adj*) zugänglich
Zougank hunn(*exp*) Zutritt haben
Zougank(*m,-gäng*) Zugang
Zougank(*n,-gäng*) Eingang
Zougehéieregkeet(*f,-en*) Zugehörigkeit
zougestoen(*v*) zugestehen
zouginn(*v*) draufgeben
zouginn(*v*) eingestehen
zouginn(*v*) zugeben
zougipsen(*v*) zugipsen
zougoudronéieren(*v*) teeren
zougoudronnéieren(*v*) teeren
zougräifen(*v*) zugreifen
Zougrëffszäit(*f,-en*) Zugriffszeit
zouhalen(*v*) halten, geschlossen -
zouhalen, engem -(*exp*) ergreifen, Partei - für
Zouhälter(*m,-en*) Zuhälter
zouheelen(*v*) zuheilen
Zouhuelen(*n,~*) Zunahme
zouhuelen(*v*) zunehmen
zoukënfteg(*adj*) zukünftig
zouklaken(*v*) zuknallen
zouklappen(*v*) zuklappen
zoukliewen(*v*) zukleben
zouknallen(*v*) zuknallen
zouknäppen(*v*) zuknöpfen
zouknuppen(*v*) zuknallen

zoukollen(v)	zukleben
zoukommen(v)	zukommen
zoukréien(v)	zubekommen
zoulaachen(v)	zulächeln
Zoulaf(m,~)	Zulauf
Zoulag(f,-en)	Zulage
zouléisseg(adj)	zulässig
zouloossen(v)	erlauben
zouloossen(v)	zulassen
zoumaachen(v)	schließen
zoumaachen(v)	schließen (Aufgabe eines Geschäfts)
zoumaueren(v)	zumauern
zoumudden(v)	zumuten
Zoumuddung(f,-en)	Zumutung
zouneelen(v)	zunageln
zoupaken(v)	zupacken
zoupechen(v)	zukleben
zoupëtzen(v)	zukneifen (Augen, Mund)
zoupléischteren(v)	ausbessern
zoupléischteren(v)	verkleben (unordentlich)
zouprosten(v)	zuprosten
zoupudderen(v)	zupudern
zouquetschen(v)	zuquetschen
zouquëtschen(v)	zudrücken
zourechnen(v)	zurechnen
zourechnungsfäeg(adj)	zurechnungsfähig
Zourechnungsfäegkeet(f,~)	Zurechnungsfähigkeit
zouriichten(v)	zurichten
zouruffen(v)	zurufen
zousätzlech(adj)	zusätzlich
Zousazpensioun(f,-en)	Zusatzrente
zouschären(v)	zuscharren
zouschécken(v)	zuschicken
zouschëdden(v)	zuschütten
zouschiben(v)	zuschieben
zouschloen(v)	zuschlagen
zouschmieren(v)	zuschmieren
zouschnapen(v)	zuschnappen
zouschnëssen(v)	zulabern
zouschousteren(v)	zuschustern
zousécheren(v)	zusichern
Zouso(f,-en)	Zusage
zousoen(v)	zusagen
zouspachtelen(v)	zuspachteln
zouspären(v)	absperren
zouspären(v)	zuschließen
zouspillen(v)	zuspielen
Zousproch(m,~)	Zuspruch
Zoustand(m,-stänn)	Zustand
Zoustännegkeet(f,-en)	Zuständigkeit
zoustëmmen(v)	zustimmen
Zoustëmmung(f,~)	Zustimmung
zoustoen(v)	zustehen
zoustoppen(v)	verstopfen
zoustoussen(v)	zustoßen
zoustrécken(v)	zubinden
zoutässelen(v)	zustapeln
zoutippen(v)	zutippen
Zoutrauen(n,~)	Zutrauen
zoutrauen(v)	zutrauen
zoutreffen(v)	zutreffen
zouuerdnen(v)	zuordnen
zouverlässeg(adj)	zuverlässig
Zouverlässegkeet(f,~)	Zuverlässigkeit
zouversiichtlech(adj)	zuversichtlich
zouwanderen(v)	zuwandern
zouweisen(v)	zuweisen
zouwénken(v)	zuwinken
zouwennen(v)	zuwenden
Zouwuess(m,~)	Zuwachs
Zouwuesstaux(m,-en)	Zuwachsrate
zouzéien(v)	zuziehen
zréck/zeréck(adv)	zurück
zréckbehalen(v)	zurückbehalten
zréckbéien(v)	zurückbiegen
zréckbezuelen(v)	zurückerstatten
zréckbezuelen(v)	zurückzahlen
zréckblécken(v)	zurückblicken
zréckbleiwen(v)	zurückbleiben
zréckbréngen(v)	zurückbringen
zréckdatéieren(v)	zurückdatieren
zréckdenken(v)	erinnern, sich -
zréckdrécken(v)	zurückdrücken
zréckdréien(v)	zurückdrehen
zréckdréinen(v)	zurückdrehen
zréckdreiwen(v)	zurücktreiben
zréckfalen(v)	zurückfallen
zréckféieren(v)	zurückführen
zréckfléien(v)	zurückfliegen
zréckfueren(v)	zurückfahren
zréckgestallt(adj)	zurückgestellt
zréckgräifen(v)	zurückgreifen
zréckhalen(v)	zurückhalten
zréckhuelen(v)	zurückholen
zréckkafen(v)	zurückkaufen
zréckklappen(v)	zurückklappen
zréckkommen(v)	zurückkommen
zréckleeën(v)	zurücklegen
zréckloossen(v)	zurücklassen
zréckmailen(v)	zurückmailen
zréckpäifen(v)	zurückpfeifen
zréckruffen(v)	zurückrufen
zréckschalten(v)	zurückschalten
zréckschécken(v)	zurückschicken
zréckschéissen(v)	zurückschießen
zréckschloen(v)	zurückschlagen
zrécksetzen(v)	zurücksetzen
zréckspringen(v)	zurückspringen
zréckstellen(v)	zurückstellen
zréckstoussen(v)	zurückstoßen
zrécktrieden(v)	zurücktreten
zréckweisen(v)	zurückweisen
zréckwénken(v)	zurückwinken
zréckzéien(v)	zurückziehen
zu dräi(exp)	zu dritt
zu drëtt(exp)	zu dritt
zu(pp)	zu
Zuch(m,Zich)	Zug
Zuch, elektreschen -(exp)	Zug, elektrischer -
Zuchaccident(n,-er)	Zugunglück
Zuchbréck(f,-en)	Zugbrücke
Zuchnummer(f,-en)	Zugnummer
Zuchpersonal(n,~)	Zugpersonal
Züchtung(f,-en)	Züchtung
Zuchverbindung(f,-en)	Zugverbindung
Zuchverkéier(m,~)	Zugverkehr
zucken(v)	zucken
Zuckung(f,-en)	Zuckung
Zuel(f,-en)	Zahl
Zuelekombinatioun(f,-en)	Zahlenkombination
zueleméisseg(adj)	zahlenmäßig
Zuelen(npl)	Zahlenmaterial
zugläich(adv)	zugleich
zukënfteg(adj)	zukünftig
Zukunft(f,~)	Zukunft
Zukunftsinvestitioun(f,-en)	Investition in die Zukunft
zum Beispill(exp)	zum Beispiel
zum Beschte ginn, een -(exp)	ausgeben, einen -
zum Deel(exp)	zum Teil
zum Schluss(exp)	zum Schluss
zünden(v)	zünden
Zündkäerz(f,-en)	Zündkerze
Zündschlëssel(m,-en)	Zündschlüssel
Zündschnouer(f,-schnéier)	Zündschnur
Zündung(f,-en)	Zündung
zur Zäit(exp)	zu Zeiten
Zuucht(f,~)	Züchterei
Zuucht(f,-en)	Wurf (Schweine)
Zuucht(pej)(f,-en)	Sippschaft
zwaffen(ugs)(v)	herumbasteln
zwaffen(v)	zusammenschustern
Zwang(m,Zwäng)	Zwang
zwangen(v)	zwingen
Zwangsaarbecht(f,-en)	Zwangsarbeit
Zwangsjackett(f,-en)	Zwangsjacke

zwangsleefeg*(adj)* zwangsläufig
zwangsrekrutéieren*(v)* zwangsrekrutieren
Zwangsversteigerung*(f,-en)* Zwangsversteigerung
zwanzeg*(adj)* zwanzig
zwar*(adv)* zwar
Zwéck*(f,-en)* Klemme
Zweck*(m,-er)* Zweck
zwecklos*(adj)* zwecklos
zweckméisseg*(adj)* zweckmäßig
Zwéckmillchen*(f,-millercher)* Zwickmühle
zwee*(adj)* zwei
zwee*(n/m)(adj)* zwei
zweeandrësseg*(adj)* zweiunddreißig
zweeanenhallwen*(adj)* zweieinhalb
zweeanzwanzeg*(adj)* zweiundzwanzig
zweedäiteg*(adj)* zweideutig
zweedeeleg*(adj)* zweiteilig
zweedeelen*(v)* zweiteilen
zweediereg*(adj)* zweitürig
zweedimensional*(adj)* zweidimensional
Zweedrëttelmajoritéit*(f,-en)* Zweidrittelmehrheit
zweeërlee*(adj)* zweierlei
Zweefamilljenhaus*(n,-haiser)* Zweifamilienhaus
zweemol*(adv)* zweimal
zweesäiteg*(adj)* bilateral
zweesäiteg*(adj)* zweiseitig
zweeschneideg*(adj)* zweischneidig
Zweesëtzer*(m,--)* Zweisitzer
zweesproocheg*(adj)* zweisprachig
zweestäckeg*(adj)* zweistöckig
zweestelleg*(adj)* zweistellig
zweestëmmeg*(adj)* zweistimmig
zweetbescht*(adj)* zweitbeste
Zweetchen*(f,Zweetercher)* Zwei
zweeten*(adj)* zweiten
Zweeten*(m,~)* Zweite
zweetens*(adv)* zweitens
Zweeter*(m,--)* Zwei
Zweeter*(m,--)* Zweier
zweetrangeg*(adj)* zweitrangig
zweigen*(v)* zweigen
zwéin*(m)(adj)* zwei
Zweiwel*(m,-en)* Zweifel
zweiwelen*(v)* zweifeln
zweiwelhaft*(adj)* zweifelhaft
zweiwellos*(adj)* zweifellos
Zweiwelsfall, am -*(exp)* Zweifelsfall, im -
zwéngen*(v)* nötigen
zwéngen*(v)* zwingen
Zwerchfell*(n,-er)* Zwerchfell
Zwerg*(m,-en)* Zwerg
Zwëschefall*(m,-fäll)* Zwischenfall
zwëschelageren*(v)* zwischenlagern
zwëschelanden*(v)* zwischenlanden
Zwëschelandung*(f,-en)* Zwischenlandung
Zwëschenhandel*(m,-en)* Zwischenhandel
Zwëscheresultat*(n,-er)* Zwischenergebnis
Zwëschespill*(n,-er)* Zwischenspiel
Zwëschestéck*(n,-er)* Zwischenstück
zwibbelen*(v)* denken, sich -
Zwicker*(n,--)* Zwicker
zwielef*(adj)* zwölf
Zwieleffangerdaarm*(m,-däerm)* Zwölffingerdarm
Zwieleftounmusek*(f,~)* Zwölftonmusik
Zwillingen*(npl)* Zwillinge
Zwillingsbrudder*(m,-bridder)* Zwillingsbruder
Zwillingsschwëster*(f,-en)* Zwillingsschwester
Zwir*(m,-en)* Zwirn
Zwirkinnek*(m,-en)* Duodezfürst
Zwirkinnek*(m,-en)* Trinker
Zwirkinnek*(m,-en)* Zaunkönig
Zwirschësser*(m,-en)* Korinthenkacker
zwitscheren*(v)* zwitschern
Zwitter*(m,--)* Zwitter
Zwiwwel*(f,-en)* Blumenzwiebel
Zwiwwel*(f,-en)* Zwiebel
zwiwwelen*(v)* denken, sich -
zwou*(f)(adj)* zwei
Zyankali*(m,~)* Zyankali
zyklesch*(adj)* zyklisch
Zyklus*(m,-sen)* Zyklus
Zylinder*(m,-en)* Zylinder
zynesch*(adj)* zynisch
Zynismus*(m,~)* Zynismus
Zypress*(f,-en)* Zypresse
Zyst*(m,-en)* Zyste

Luxdico
Deutsch > Luxemburgisch

A

à à*(pp)*
A (Buchstabe) A*(m,~)*
Aal Éil*(m/f,-en)*
Aal Laangfësch*(m,--)*
aalglatt aalglat*(adj)*
ab néier*(adv)*
ab of*(adv)*
ab rof/erof*(adv)*
ab- wech-/ewech-*(adv/v)*
ab und zu etlechmol*(adv)*
ab und zu heiansdo*(adv)*
ab und zu sträppweis*(adv)*
abändern amendéieren*(v)*
abändern änneren*(v)*
abändern ofänneren*(v)*
abbauen ofbauen*(v)*
abbauen ofmontéieren*(v)*
abbeißen erofbäissen*(v)*
abbeißen ofbäissen*(v)*
abbeißen rofbäissen*(v)*
abbeizen decapéieren*(v)*
abbeizen dekapéieren*(v)*
abbekommen ofkréien*(v)*
abbestellen ofbestellen*(v)*
abbetteln gotzelen*(v)*
abbetteln, jm etw - ofgammsen, engem eppes -*(exp)*
abbetteln, jm etw - ofgotzelen, engem eppes -*(exp)*
abbezahlen ofbezuelen*(v)*
abbiegen ofbéien*(v)*
abblasen ofblosen*(v)*
abblättern ofbliederen*(v)*
abblenden ofblenden*(v)*
abblocken ofblocken*(v)*
abbrechen ofbriechen*(v)*
abbremsen ofbremsen*(v)*
abbrennen ofbrennen*(v)*
abbringen ofbréngen*(v)*
abbröckeln ofbréckelen*(v)*
abbröckeln (in Krümeln) ofgrimmelen*(v)*
Abbruch Ofbroch*(m,~)*
abbürsten ofbiischten*(v)*
abchecken ofchecken*(v)*
ABC-Schütze I-Butz*(m,-en)*
abdanken abdiquéieren*(v)*
abdanken ofdanken*(v)*
Abdankung Demissioun*(f,-en)*
abdecken couvréieren*(v)*
abdecken ofdecken*(v)*
abdichten dicht maachen*(exp)*
abdichten dichten*(v)*
abdichten dichtmaachen*(v)*
abdichten ofdichten*(v)*
abdrehen ofdréien*(v)*
abdrehen (Wasser, Gas) ofdréinen*(v)*
abdrucken ofdrécken*(v)*
abdrücken ofdrécken*(v)*
Abend Owend*(m,Owenter)*
Abend, guten - Bonsoir*(exp)*
Abendbrot Kaffi*(m,~)*
Abendessen Nuechtiessen*(n,--)*
Abendessen Nuetiessen*(n,--)*
Abendessen Owendiessen*(n,--)*
Abendessen Owesiessen*(n,--)*
Abendkleid, langes - Toilette, laang -*(exp)*
Abendkurs Owescours*(m,-en)*
Abendprogramm Owesprogramm*(m,-er)*
abends owends*(adv)*
abends owens*(adv)*
abends owes*(adv)*
Abendsegen Andacht*(f,-en)*
Abendstern Owesstär*(m,-en)*
Abenteuer Aventure*(f,-n)*
abenteuerlich abenteuerlech*(adj)*
Abenteuerroman Abenteuerroman*(m,-er)*
Abenteurer Aventurier*(m,-en)*
aber awer/ower*(cn)*
aber ma*(cn)*
aber mä*(cn)*
aber ower*(cn)*
aber doch ma dach*(exp)*
aber ja gewëss*(adv)*
aber ja ma dach*(exp)*
aber klar ma sécher*(exp)*
aber natürlich a sécher*(exp)*
aber nein ma neen*(exp)*
aber sicher ma jo*(exp)*
aber sicher majo*(exp)*
Aberglauben Awerglaf*(m,~)*
Aberglauben Awerglawen*(m,~)*
abergläubig awergleeweg*(adj)*
Abfahrt Depart*(m,-en)*
Abfall Gedrecks*(n,~)*
Abfall Offall*(m,~)*
Abfalleimer Dreckskëscht*(f,-en)*
abfallen (Blätter) offalen*(v)*
abfällig offälleg*(adj)*
Abfallproduktion Offallproduktioun*(f,~)*
Abfallreduzierung Offallreduktioun*(f,~)*
Abfallwirtschaft Offallgestioun*(f,~)*
abfangen offänken*(v)*
abfärben offierwen*(v)*
abfärben (Stoff) auszeechnen*(v)*
abfedern offiederen*(v)*
abfeilen offeilen*(v)*
abfinden, sich mit etw - offannen, sech mat eppes -*(exp)*
abflauen noloossen*(v)*
abfließen offléissen*(v)*
Abflug machen ewechmaachen, sech -*(v)*
Abfluss Offloss*(m,-flëss)*
Abflusskanal Egout*(m,-en)*
abfragen offroen*(v)*
abfragen opfroen*(v)*
abfressen offriessen*(v)*
abführen offéieren*(v)*
abfüllen offëllen*(v)*
Abgabe Steier*(f,-en)*
Abgang Ofgank*(m,-gäng)*
Abgas Ofgas*(m,-en)*
abgearbeitet (Hände, Mensch) verschafft*(adj)*
abgeben ofginn*(v)*
abgedankt abdiquéiert*(adj)*
abgehen (Knopf, Farbe) ofgoen*(v)*
abgelaufen ofgelaf*(adj)*
abgelaufen sein (Zeit) ëm sinn*(exp)*
abgenutzt abiméiert*(adj)*
abgenutzt ofgenotzt*(adj)*
Abgeordneter Deputéierten*(m,Deputéiert)*
abgerissen agerass*(adj)*
abgerundet ofgerënnt*(adj)*
abgerundet ronn*(adj)*
abgeschlossen fäerdeg*(adj)*
abgesehen davon ofgesinn dovun*(exp)*
abgestanden (Getränk) läpseg*(adj)*
abgestanden (Wein) verläscht*(adj)*
abgestempelt gestempelt*(adj)*
abgestorben ofgestuerwen*(adj)*
abgestumpft blaséiert*(adj)*
Abgott Abgott*(m,-gëtter)*
abgöttisch abgëttesch*(adj)*
abgrasen ofgrasen*(v)*
abhacken ofhaen*(v)*
abhalten, jn von etw - ofhalen, ee vun eppes -*(exp)*
abhandeln ofhandelen*(v)*
abhängen deconnectéieren*(v)*
abhängen ofhänken*(v)*
abhängig ofhängeg*(adj)*
Abhängigkeit Ofhängegkeet*(f,-en)*
abhärten ofhäerden*(v)*
abhauen ublocken*(v)*
abhauen undrécken*(v)*
abhauen, schnell - schmieren, d'Schung -*(exp)*
abhäuten ofzéien*(v)*

abheben ofhiewen*(v)*
Abhilfe schaffen remediéieren*(v)*
abhobeln ewechhuwwelen*(v)*
abhobeln ofhuwwelen*(v)*
abhobeln wechhuwwelen*(v)*
abholzen deboiséieren*(v)*
abhören lauschteren*(v)*
abhören oflauschteren*(v)*
abhören ophéieren*(v)*
Abhören (Untersuchung) Auscultatioun*(f,-en)*
Abitur, jd mit - Première, een deen d'- huet*(exp)*
abkämmen ofkämmen*(v)*
abkapseln lasskapselen*(v)*
abkapseln, sich - ofkapselen, sech -*(v)*
abkaufen ofkafen*(v)*
abkehren, sich - ofkéieren, sech -*(v)*
abklemmen ofklemmen*(v)*
abklopfen (Staub, Gebiet) ofklappen*(v)*
Abknabbern (von Knochen beim Essen) Gelecks*(n,~)*
abknallen ofknallen*(v)*
abknicken ofknécken*(v)*
abknöpfen ofknäppen*(v)*
abkommandieren detachéieren*(v)*
Abkommen Ofkommes*(n,Ofkommen)*
abkommen (Weg, Thema) ofkommen*(v)*
abkoppeln ofkoppelen*(v)*
abkoppeln (Anhänger) auskrämpen*(v)*
abkratzen ofkrazen*(v)*
abkriegen rofkréien*(v)*
abkühlen ofkillen*(v)*
abkürzen abregéieren*(v)*
abkürzen ofkierzen*(v)*
Abkürzung Ofkierzung*(f,-en)*
abküssen, sich - zerkëssen, sech -*(v)*
abladen oflueden*(v)*
Ablageplatte Tablett*(f,-en)*
Ablass Ablass*(m,Abläss)*
ablaufen oflafen*(v)*
ablaufen verlafen*(v)*
ablaufen (Frist) expiréieren*(v)*
ablaufen (Frist) verfalen*(v)*
Ablecken Leckerei*(f,-en)*
ablecken oflecken*(v)*
ablecken oflutschen*(v)*
ablegen néierleeën*(v)*
ablegen ofleeën*(v)*
ablegen (Hose, Strümpfe) rofstréppen*(v)*
ablegen, Eid - schwieren*(v)*
ablehnen oflehnen*(v)*
ablehnen opposéieren*(v)*
ablehnen refuséieren*(v)*

ablehnen versoen*(v)*
ablehnen (Anfrage, Gesuch) verwerfen*(v)*
ableiten ofleeden*(v)*
ablenken oflenken*(v)*
ablesen erofliesen*(v)*
abliefern ofliwweren*(v)*
ablösen ofléisen*(v)*
abluchsen ofruckelen*(v)*
abmachen ofmaachen*(v)*
abmachen rofmaachen*(v)*
abmachen veraccordéieren*(v)*
abmachen (Schale, Verpackung) erofmaachen*(v)*
abmagern gouereg ginn*(exp)*
abmähen ofméien*(v)*
abmarschieren ofmarschéieren*(v)*
abmelden, sich - ofmellen, sech -*(v)*
abmessen ofmoossen*(v)*
abmessen opmoossen*(v)*
abmontieren demontéieren*(v)*
abmühen, sich - schënnen, sech -*(v)*
abnehmen dënn ginn*(exp)*
abnehmen noloossen*(v)*
abnehmen ofhuelen*(v)*
abnehmen (Hut) ofdinn*(v)*
abnehmen (Hut) ofdoen*(v)*
Abneigung Aversioun*(f,-en)*
Abneigung Muck*(f,-en)*
abnutzen ofnotzen*(v)*
abnutzen, durch Bewohnen - verwunnen*(v)*
Abnutzung Verschlass*(m,~)*
Abonnement Abonnement*(n,-er)*
Abonnent Abonnent*(m,-en)*
Abonnentin Abonnentin*(f,-nen)*
abonnieren abonéieren*(v)*
abonnieren abonnéieren*(v)*
Abordnung Delegatioun*(f,-en)*
abpausen calquéieren*(v)*
abpausen fuschen*(v)*
abpausen offuschen*(v)*
Abpfiff Ofpäifen*(n,~)*
abpflücken erofplécken*(v)*
abpflücken ofplécken*(v)*
abpflücken rofplécken*(v)*
abquälen, sich - ofquälen, sech -*(v)*
abrackern, sich - ploen, sech -*(v)*
abrackern, sich - rackeren*(v)*
abrasieren ofraséieren*(v)*
abrasieren schueren*(v)*
abraten ofroden*(v)*
abräumen ofraumen*(v)*
abreagieren defouléieren*(v)*
abrechnen ofrechnen*(v)*

abreiben ofreiwen*(v)*
abreißen erofrappen*(v)*
abreißen ofbriechen*(v)*
abreißen ofrappen*(v)*
abreißen rofräissen*(v)*
abreißen rofrappen*(v)*
abrichten winnen*(v)*
abriegeln ofrigelen*(v)*
abrinnen ofrënnen*(v)*
Abriss Demolitioun*(f,-en)*
abrollen ofrullen*(v)*
abrunden ofrënnen*(v)*
abrunden rënnen*(v)*
abrunden (Kante) oprënnen*(v)*
abrüsten ofrüsten*(v)*
Abrüstung Ofrëschtung*(f,~)*
Abrüstung Ofrüstung*(f,-en)*
abrutschen erofrëtschen*(v)*
ABS (Antiblockiersystem) ABS*(m,~)*
Absage Ofso*(f,-en)*
absagen ofmellen*(v)*
absagen ofsoen*(v)*
absägen ofseeën*(v)*
Absatz Alinea*(m,-en)*
Absatz Debit*(m,-en)*
Absatz Ofsaz*(m,Ofsätz)*
Absatz Paragraph*(m,-en)*
Absatzmarkt Debouché*(m,-en)*
Absatzmöglichkeiten Debouchéen*(npl)*
abschaffen ofschafen*(v)*
Abschaffung Ofschafung*(f,~)*
abschalten deconnectéieren*(v)*
abschalten ofschalten*(v)*
abschalten (Radio, Gas) ausdréien*(v)*
abschalten (Radio, Gas) ausdréinen*(v)*
abschätzen ofschätzen*(v)*
abschätzen taxéieren*(v)*
abschauen ofkucken*(v)*
Abschaum Räbbi*(m,~)*
Abschaum Wouscht*(m,~)*
Abscheu Eekel*(m,~)*
Abscheu Grauel*(m,~)*
Abscheu Graul*(m,~)*
Abscheu vor etw empfinden Graul, de - an eppes hunn*(exp)*
abscheulich abscheuleg*(adj)*
Abscheulichkeit Abscheilegkeet*(f,-en)*
abschicken verschécken*(v)*
abschicken (Brief) ageheien*(v)*
Abschied Abschid*(m,-er)*
Abschied Awar*(m,~)*
abschießen lassschéissen*(v)*
abschirmen ofschiermen*(v)*

abschlachten	ofschluechten*(v)*
abschlachten	schluechten*(v)*
abschlagen	ofschloen*(v)*
abschleifen	ofschläifen*(v)*
abschleifen	poncéieren*(v)*
abschleppen	depannéieren*(v)*
abschleppen	ofschleefen*(v)*
abschleppen	remorquéieren*(v)*
Abschleppwagen	Depanneuse*(f,-n)*
abschließen	ofschléissen*(v)*
abschließen	spären*(v)*
abschließen	verschléissen*(v)*
abschließen (Bilanz)	clôturéieren*(v)*
abschließen (Vertrag)	contractéieren*(v)*
Abschluss (Bilanz)	Clôture*(f,~)*
Abschlussbericht	Schlussrapport*(m,-en)*
abschmecken	ofschmaachen*(v)*
abschminken	ofschminken*(v)*
abschmücken	ofrëschten*(v)*
abschneiden	erofsäbelen*(v)*
abschneiden	erofschneiden*(v)*
abschneiden	ofschneiden*(v)*
abschneiden (mühsam)	erofgarrelen*(v)*
abschneiden, Pflanzenspitzen -	këppen*(v)*
abschneiden, unfachmännisch -	garrelen*(v)*
abschnippeln	ofschnëppelen*(v)*
Abschnitt	Abschnitt*(m,-er)*
abschöpfen	ofschäffen*(v)*
abschrauben	erofschrauwen*(v)*
abschrecken	ofschrecken*(v)*
abschreiben	knäipen*(v)*
abschreiben	ofknäipen*(v)*
abschreiben	ofkucken*(v)*
abschreiben	ofschreiwen*(v)*
abschreiben (Steuern)	amortiséieren*(v)*
abschreiben, jn -	luppen, ee - loossen*(exp)*
Abschreibung	Amortiséierung*(f,-en)*
Abschreibung	Amortissement*(m,-er)*
abschreiten	schrécken*(v)*
abschrubben	ofschruppen*(v)*
abschuppen	schuppen*(v)*
abschüssig sein (Gelände)	hänken*(v)*
Abschüssigkeit	Declivitéit*(f,-en)*
abschütteln	ofrëselen*(v)*
abschwächen	ofschwächen*(v)*
abschwellen	ofschwëllen*(v)*
abschwellen	schrampelen*(v)*
abschwellen	schrompelen*(v)*
abseifen	ofseefen*(v)*
abseilen	ofseelen*(v)*
abseits	abseits*(adv)*
Abseits (Sport)	Abseits*(m/n,~)*
absenden	verschécken*(v)*
Absender	Absender*(m,--)*
absetzen	nidderleeën*(v)*
absetzen	ofsetzen*(v)*
Absetzung (Steuer)	Deductioun*(f,-en)*
absichern	ofsécheren*(v)*
Absicht	Absicht*(f,-en)*
Absicht	Absiicht*(f,-en)*
Absicht	Intentioun*(f,-en)*
Absicht, mit -	express*(adv)*
absichtlich	express*(adj)*
absitzen (Strafe)	brommen*(v)*
absitzen (Strafe)	ofsëtzen*(v)*
absolut	absolutt*(adj)*
absolut	absolutt*(adv)*
absolut fremd	hondsfriem*(adj)*
Absolution	Absolutioun*(f,-en)*
absolvieren	absolvéieren*(v)*
absorbieren	absorbéieren*(v)*
abspeichern	ofspäicheren*(v)*
abspeichern (Computer)	späicheren*(v)*
absperren	ofdréien*(v)*
absperren	ofspären*(v)*
absperren	zouspären*(v)*
abspielen	ofspillen*(v)*
abspielen, sich -	ofspillen, sech -*(v)*
absplittern	ofspläiteren*(v)*
absprechen	ofspriechen*(v)*
absprechen, sich -	beschwätzen, sech -*(v)*
absprengen	wechsprengen*(v)*
abspringen	ofsprangen*(v)*
abspulen	ofspullen*(v)*
abspülen	ausspullen*(v)*
abspülen	ofschwenken*(v)*
abspülen	spullen*(v)*
abspülen	wechspullen*(v)*
abstammen	ofstamen*(v)*
Abstand	Ofstand*(m,-stänn)*
Abstand	Spill*(n,-er)*
abstauben	ausstëbsen*(v)*
abstauben	ofstëbsen*(v)*
abstecken	jalonnéieren*(v)*
abstecken (mit Pfählen)	auspéilen*(v)*
Absteckpfahl	Jalon*(m,-en)*
abstellen	bäisetzen*(v)*
abstellen	deponéieren*(v)*
abstellen	nidderloossen*(v)*
abstellen	ofstellen*(v)*
abstellen (Auto)	garéieren*(v)*
Abstellraum	Debarras*(m,-en)*
abstempeln	ofstempelen*(v)*
abstempeln	stempelen*(v)*
absterben	ofstierwen*(v)*
Abstieg, soziale -	Ofstig, sozialen -*(exp)*
abstimmen	ofstëmmen*(v)*
Abstimmung	Konzertatioun*(f,-en)*
Abstimmung	Ofstëmmung*(f,-en)*
Abstimmung (mit)	Concertatioun*(f,-en)*
abstoßen	ofstoussen*(v)*
abstoßend	ruckelzeg*(adj)*
abstrahieren	abstraéieren*(v)*
abstrakt	abstrakt*(adj)*
abstreifen	erofstrëppen*(v)*
abstreifen	rofstrëppen*(v)*
abstreifen (Beeren)	strëppen*(v)*
abstreiten	ofstreiden*(v)*
abstrus	abstrus*(adj)*
Abstufung	Gradatioun*(f,-en)*
abstumpfen	ofstompen*(v)*
abstumpfen	stompeg maachen*(exp)*
abstützen	ofstäipen*(v)*
absurd	absurd*(adj)*
Abszess	Abcès*(m,Abcèsen)*
Abszess	Schwier*(m,-en)*
Abt	Abt*(m,Äbt)*
abtasten	oftaaschten*(v)*
abtasten	taaschten*(v)*
Abtei	Abtei*(f,-en)*
Abteil	Kompartiment*(n,-er)*
Abteil (Zug)	Coupé*(m,-en)*
Abteilung	Abteilung*(f,-en)*
Abteilung	Rayon*(m,-en)*
Abteilung	Sectioun*(f,-en)*
Abteilung	Sektioun*(f,-en)*
Abteilung	Service*(m,-r)*
abtippen	antippen*(v)*
abtippen	tippen*(v)*
abtragen	ofdecken*(v)*
abtragen (Kleidung)	ofdroen*(v)*
abtransportieren	oftransportéieren*(v)*
abtreiben	ofdreiwen*(v)*
Abtreibung	Avortement*(n,-er)*
Abtreibung	Ofdreiwung*(f,-en)*
abtrennen	ofrappen*(v)*
abtreten	cedéieren*(v)*
abtreten	oftrieden*(v)*
abtrocknen	ofdréchnen*(v)*
abtrocknen	ofreiwen*(v)*
abtrocknen (Geschirr)	ofbotzen*(v)*
abtropfen	ofdrëpsen*(v)*
abtun	bakléieren*(v)*
abwählen	ofwielen*(v)*
abwandeln	ofwandelen*(v)*
Abwandlung	Variatioun*(f,-en)*
abwarten	ofwaarden*(v)*
abwärts	ofwäerts*(adv)*
abwaschen	ofwäschen*(v)*

abwaschen spullen*(v)*
abwechseln ofwiesselen*(v)*
Abwechslung Ofwiesselung*(f,-en)*
abwehren ofwieren*(v)*
abwehren (Schlag) opfänken*(v)*
abweichen ofwäichen*(v)*
Abweiler Obeler*(p)*
abweisen ofweisen*(v)*
abweisen wechweisen*(v)*
abweisen (jn) expediéieren*(v)*
abweisen (Klage) deboutéieren*(v)*
abwerben (Arbeiter) debauchéieren*(v)*
abwerten devaluéieren*(v)*
abwerten ofwäerten*(v)*
Abwertung Devaluatioun*(f,-en)*
Abwertung Ofwäertung*(f,-en)*
abwesend sein net do sinn*(exp)*
Abwesenheit Absence*(f,-n)*
Abwesenheit Absenz*(f,-en)*
abwickeln ofwéckelen*(v)*
abwickeln (Spule) lasswéckelen*(v)*
abwiegen ofweien*(v)*
abwiegen weien*(v)*
abwimmeln ofwimmelen*(v)*
abwinken ofwénken*(v)*
abwischen ofbotzen*(v)*
abwischen ofwëschen*(v)*
abwischen wëschen*(v)*
abzählen ofzielen*(v)*
abzahlen (Schuld) ofdroen*(v)*
abzapfen ofzapen*(v)*
abzapfen zapen*(v)*
abzeichnen ofmolen*(v)*
abzeichnen ofzeechnen*(v)*
Abziehbild Absebild*(n,-biller)*
Abziehbild Abzebild*(n,-biller)*
Abziehbild Abzéibild*(n,-biller)*
abziehen (Haut) streppen*(v)*
abziehen (Kosten, Steuern) deduzéieren*(v)*
abziehen (Messer) ofzéien*(v)*
abziehen (Truppen) ofzéien*(v)*
abzielen viséieren*(v)*
abzielen (auf jn) cibléieren*(v)*
abzocken beidelen*(v)*
Abzug (Finanz) Deductioun*(f,-en)*
abzweigen ofzweigen*(v)*
ach du meine Güte mei, o -*(exp)*
ach herrje! vreck, o -*(exp)*
ach so a sou*(exp)*
Achse Achs*(f,-en)*
acht aacht*(adj)*
Acht Aachter*(m,-en)*
Acht (Spielkarte) Aachtchen*(f,Aachtercher)*
Acht (Ziffer) Aacht*(f,-en)*
Acht, in - nehmen Uecht, an - huelen*(exp)*
Acht, sich in - nehmen Uecht, sech an - huelen*(exp)*
Achteck Aachteck*(m,-er)*
achteckig aachteckeg*(adj)*
Achtel Aachtel*(m,--)*
Achtelfinale Aachtelsfinale*(f,-finallen)*
Achtelnote Aachtelnout*(f,-en)*
Achtelnote Aachtelsnout*(f,-en)*
achten uechten*(v)*
achtens aachtens*(adv)*
Achter (Rad) Aachtchen*(f,Aachtercher)*
Achterbahn Achterbunn*(f,-en)*
achtfach aachtfach*(adj)*
achtgeben Uecht don*(exp)*
achtgeben Uecht ginn*(exp)*
achtgeben uechtginn*(v)*
Achtstundentag Aachtstonnendag*(m,-deeg)*
achtunddreißig aachtandrësseg*(adj)*
achtundfünfzig aachtafofzeg*(adj)*
achtundneunzig aachtannonzeg*(adj)*
achtundsechzig aachtasiechzeg*(adj)*
achtundsiebzig aachtasiwwenzeg*(adj)*
achtundvierzig aachtavéierzeg*(adj)*
achtundzwanzig aachtanzwanzeg*(adj)*
Achtung Achtung*(f,~)*
Achtung Considératioun*(f,-en)*
Achtung Respekt*(m,~)*
Achtung! opgepasst*(adj)*
achtzehn uechtzéng*(adj)*
achtzig achtzeg*(adj)*
achtzig achzeg*(adj)*
achtzig uechtzeg*(adj)*
Achtzigjähriger Achtzegjäregen*(m,Achtzegjäreg)*
Achtzylindermotor Aachtzilindermotor*(m,-en)*
Achtzylindermotor Aachtzylindermotor*(m,-en)*
ächzen keimen*(v)*
ächzen këmmen*(v)*
Acker Aker*(m,--)*
Ackerland Ackerland*(n,~)*
Ackerland Gewan*(f,-en)*
ackern ackeren*(v)*
ackern akeren*(v)*
Ackersenf Sinnef*(m,~)*
Ackerwinde Wann*(f,~)*
Acryl Acryl*(m,~)*
Acrylfarbe Acrylfaarf*(f,-faarwen)*
Adaptation Adaptatioun*(f,-en)*
Adapter Adapter*(m,-en)*
adaptieren adaptéieren*(v)*
adäquat adequat*(adj)*
addieren addéieren*(v)*
addiert addéiert*(adj)*
Addition Additioun*(f,-en)*
Adel Adel*(m,~)*
Ader Oder*(f,-en)*
Adieu Äddi*(m,-en)*
Adjektiv Adjektiv*(n,-er/-en)*
adjektivisieren adjektivéieren*(v)*
Adjutant Adjutant*(m,-en)*
Adler Adler*(m,--)*
adlig adeleg*(adj)*
administrativ administrativ*(adj)*
adoptieren adoptéieren*(v)*
adoptiert adoptéiert*(adj)*
Adoption Adoptioun*(f,-en)*
Adoptiveltern Adoptivelteren*(npl)*
Adoptivkind Adoptivkand*(n,-kanner)*
Adoptivsohn Adoptivjong*(m,-en)*
Adoptivtochter Adoptivmeedchen*(f,-meedercher)*
Adresse Adress*(f,-en)*
Adresse Adresse*(f,-n)*
adressieren adresséieren*(v)*
adressiert adresséiert*(adj)*
adriatisch adriatesch*(adj)*
Advent Advent*(m,-er)*
Adverb Adverb*(n,-en)*
Aerodynamik Aerodynamik*(f,~)*
Affäre Affär*(f,-en)*
Affe Af*(m,-en)*
Affekt Affekt*(m,~)*
affektiert pupeg*(adj)*
Affenhitze Afenhëtzt*(f,~)*
Affenliebe Afeléift*(f,-en)*
Affinität Affinitéit*(f,-en)*
afghanisch afganistanesch*(adj)*
afghanisch afghanesch*(adj)*
Afrika Afrika*(p)*
Afrikaner Afrikaner*(m,--)*
afrikanisch afrikanesch*(adj)*
Aftershave After-shave*(m,~)*
Agenda Agenda*(m,-en)*
Agent Agent*(m,-en)*
Agententätigkeit Agententätegkeet*(f,-en)*
Aggression Aggressioun*(f,-en)*
aggressiv aggressiv*(adj)*
Aggressivität Aggressivitéit*(f,~)*
agieren agéieren*(v)*
Agonie Agonie*(f,-n)*
Agrarpolitik Landwirtschaftspolitik*(f,~)*
ah a*(adv)*
aha aha*(exp)*
Ahn Ohn*(p)*

ähneln gläichen *(v)*
ahnen ahnen *(v)*
ahnen virahnen *(v)*
ähnlich ähnlech *(adj)*
ähnlich nämmelech *(adj)*
Ähnlichkeit Ähnlechkeet *(f,-en)*
Ähnlichkeit Glach *(m,--)*
Ähnlichkeit Verglach *(m,~)*
Ahnung Ahnung *(f,~)*
Ahnung, keine - haben Ahnung, keng - hunn *(exp)*
Ahnung, keine - haben Anung, keng - hunn *(exp)*
ahnungslos anungslos *(adj)*
Ahnungslosigkeit Anungslosegkeet *(f,~)*
Ähre Éi *(f,-en)*
Aids Aids *(m,~)*
Airbag Airbag *(m,-en)*
Airbus (Flugzeug) Airbus *(m,-sen)*
Akademie Akademie *(f,-n)*
akademisch akademesch *(adj)*
Akazie Akazia *(f,Akazien)*
Akazie Akazie *(f,-n)*
Akklamation Acclamatioun *(f,-en)*
akklimatisieren acclimatéieren *(v)*
akklimatisieren akklimatiséieren *(v)*
akklimatisieren aklimatiséieren *(v)*
akklimatisiert acclimatéiert *(adj)*
akklimatisiert aklimatiséiert *(adj)*
Akkord Akkord *(m,~)*
Akkordeon Accordeon *(m,-en)*
Akkordlohn Akkordloun *(m,-léin)*
akkreditieren accreditéieren *(v)*
Akkreditierung Accreditatioun *(f,-en)*
Akku Akku *(m,-en)*
Akkumulator Accu *(m,-en)*
Akkumulierung Akkumulatioun *(f,-en)*
akribisch akribesch *(adj)*
Akrobat Akrobat *(m,-en)*
Akrobatik Akrobatik *(f,-en)*
akrobatisch akrobatesch *(adj)*
Akt Akt *(m,-en)*
Akt, männlicher - Akt, männlechen - *(exp)*
Akt, weiblicher - Akt, weiblechen - *(exp)*
Aktbild Aktbild *(n,-biller)*
Akte Dossier *(m,-en)*
Aktenkoffer Mapp *(f,-en)*
aktenkundig aktekundeg *(adj)*
Aktennotiz, eine - machen aktéieren *(v)*
Akteur Acteur *(m,-en)*
Aktie Aktie *(f,-n)*
Aktienbesitz Aktiebesëtz *(m,~)*
Aktiengesellschaft Aktiegesellschaft *(f,-en)*
Aktienkurs Aktiecours *(m,-en)*
Aktienmarkt Aktiemaart *(m,-mäert)*
Aktion Actioun *(f,-en)*
Aktion Aktioun *(f,-en)*
Aktionär Aktionär *(m,-en)*
Aktionärsversammlung Aktionärsversammlung *(f,-en)*
Aktionsfreiheit Aktiounsfräiheet *(f,~)*
aktiv aktiv *(adj)*
aktivieren aktivéieren *(v)*
Aktivität Aktivitéit *(f,-en)*
aktualisieren aktualiséieren *(v)*
aktualisieren updaten *(v)*
Aktualität Aktualitéit *(f,-en)*
aktuell aktuell *(adj)*
Akupunkteur Akupunkteur *(m,-en)*
Akupunkteurin Akupunktrice *(f,-n)*
Akupunktur Akupunktur *(f,-en)*
Akustik Akustik *(f,-en)*
akustisch akustesch *(adj)*
akut akut *(adj)*
Akzent Accent *(m,-en)*
Akzent Akzent *(m,-en)*
akzentfrei akzentfräi *(adj)*
akzeptabel akzeptabel *(adj)*
akzeptieren acceptéieren *(v)*
akzeptieren akzeptéieren *(v)*
Akzeptierung Akzeptatioun *(f,-en)*
Alabaster Alabaster *(m,~)*
Alarm Alarm *(m,-en)*
Alarmanlage Alarmanlag *(f,-en)*
Alarmbereitschaft Alarmbereetschaft *(f,-en)*
alarmieren alarméieren *(v)*
alarmieren alertéieren *(v)*
alarmiert alarméiert *(adj)*
alarmiert alertéiert *(adj)*
Alarmsignal Alarmsignal *(n,-er)*
Alarmsignal Warnsignal *(n,-er)*
Albaner Albaner *(m,--)*
albanisch albanesch *(adj)*
albern topeg *(adj)*
Album Album *(m,-um[m]en)*
Alge Alg *(f,-en)*
Algebra Algeber *(f,~)*
Algebra Algebra *(f,~)*
Algebrastunde Algebrastonn *(f,-en)*
algerisch algeresch *(adj)*
Algorithmus Algorithmus *(m,-rithmen)*
alias alias *(adv)*
Alibi Alibi *(m,-en)*
Alibifunktion Alibifunktioun *(f,-en)*
Aliment Aliment *(n,-er)*
alkalisch alkalesch *(adj)*
Alkohol Alkohol *(m,-er)*
alkoholabhängig alkoholofhängeg *(adj)*
Alkoholgehalt Alkoholgehalt *(m,~)*
Alkoholiker Alkoholiker *(m,--)*
alkoholisch alkoholesch *(adj)*
alkoholisieren alkoholiséieren *(v)*
alkoholisiert alkoholiséiert *(adj)*
Alkoholismus Alkoholismus *(m,~)*
Alkoholismus Alkoholissem *(m,~)*
Alkoholtest Alkoholstest *(m,-er)*
Alkoholvergiftung Alkoholvergëftung *(f,-en)*
allabendlich allowendlech *(adj)*
allabendlich allowes *(adv)*
alle all *(art)*
alle all *(dét)*
alle alleguer *(pr)*
alle beide alle béid *(exp)*
alle möglichen allméiglech *(adj)*
Allee Allee *(f,-ën)*
Allee Avenue *(f,-n)*
Allegorie Allegorie *(f,-n)*
allegorisch allegoresch *(adj)*
Allegretto Allegretto *(n,-en)*
allein eleng *(adj)*
allenfalls allefalls *(adv)*
allerbest houbescht *(adj)*
Allerborn Allerbur *(p)*
allerdings allerdéngs *(adv)*
Allergie Allergie *(f,-n)*
Allergiker Allergiker *(m,--)*
allergisch allergesch *(adj)*
allerhand allerhand *(adj)*
Allerheiligen Allerhellgen *(n,~)*
Allerheiligen Allerhellgendag *(m,~)*
allerlei allerlee *(dét)*
allermeiste allermeescht *(adj)*
Allernötigste Allernéidegst *(n,~)*
Allerseelen Allerséilen *(n,~)*
Allerseelen Allerséilendag *(n,~)*
alles alles *(pr)*
alles in allem alles an allem *(exp)*
Allesschneider Broutmaschinn *(f,-en)*
allgemein allgemeng *(adj)*
Allgemeinbildung Allgemengbildung *(f,~)*
Allgemeines Allgemenges *(n,~)*
allgemeingültig allgemenggëlteg *(adj)*
Allgemeinheit Allgemengheet *(f,~)*
Allgemeinmedizin Allgemengmedezin *(f,~)*
Allgemeinmediziner Generalist *(m,-en)*
allgemeinverständlich allgemengverständlech *(adj)*
Allgemeinwissen Allgemengwëssen *(n,--)*
Allgemeinwohl Allgemengwuel *(n,~)*

Allianz	Alliance*(f,-n)*
Allianz	Allianz*(f,-en)*
allianzfähig	allianzfäeg*(adj)*
Alligator	Alligator*(m,-en)*
alliieren	alliéieren*(v)*
alliiert	alliéiert*(adj)*
Alliierte	Alliéiert*(npl)*
Alliierter	Alliéierten*(m,Alliéiert)*
Alliterationen bilden	aliteréieren*(v)*
alljährlich	alljäerlech*(adj)*
alljährlich	alljährlech*(adj)*
allmächtig	allmächteg*(adj)*
Allmächtiger	Allmächtegen*(m,Allmächteg)*
allmählich	lues a lues*(adv)*
allmorgendlich	allmueres*(adv)*
allseits	allsäits*(adv)*
Alltag	Alldag*(m,~)*
alltäglich	alldeeglech*(adj)*
Alltäglichkeit	Alldeeglechkeet*(f,~)*
Allüren	Allüren*(npl)*
Allwissenheit	Allwëssenheet*(f,~)*
allzu groß	allzegrouss*(adj)*
allzu oft	allzedacks*(adv)*
Alm	Alm*(f,-en)*
Almeroth	Aalmert*(p)*
Almosen	Almosen*(n,--)*
Alpenveilchen	Alpenveilchen*(n,-veilercher)*
Alpenveilchen	Alpeveilchen*(n,-veilercher)*
Alphabet	Abc*(m,-en)*
Alphabet	Alphabet*(n,-en)*
alphabetisch	alphabetesch*(adj)*
alphabetisieren	alphabetiséieren*(v)*
Alphabetisierung	Alphabetisatioun*(f,-en)*
Alptraum	Alpdram*(m,-dreem)*
Alptraum	Cauchemar*(m,-en)*
als	als*(adv)*
als (im Vergleich)	wéi/ewéi*(cn)*
Alscheid	Alschent*(p)*
also	also*(adv)*
Alsterwasser	Panaché*(m,-en)*
alt	al*(adj)*
alt sein	al sinn*(exp)*
alt werden	al ginn*(exp)*
Altar	Altor*(m,Altär)*
Altarraum	Altorraum*(m,-raim)*
altbacken	al*(adj)*
Alte (pej)	Tatta*(pej)(f,-en)*
alte Frau	Ditti*(f,-en)*
alte Frau	Gued*(f,Gied)*
älter	eeler*(adj)*
Alter (alter Mensch)	Alen*(m,Al)*
Alter (das)	Alter*(m,~)*
älter werden	vereelzen*(v)*
altern	al ginn*(exp)*
altern	eelzen*(v)*
alternativ	alternatif*(adj)*
alternativ	alternativ*(adj)*
Alternative	Alternativ*(f,-en)*
alternieren	alternéieren*(v)*
Altersgrenze	Altersgrenz*(f,-en)*
Altersgruppe	Altersgrupp*(f,-en)*
Altersheim	Altersheim*(n,-er)*
Altersklasse	Altersklass*(f,-en)*
Altersrente	Alterspensioun*(f,-en)*
Altersrente	Altersrent*(f,-en)*
Altersunterschied	Altersënnerscheed*(m,-er)*
Altertum	Altertum*(m,~)*
Altes Testament	Aalt Testament*(n,~)*
Älteste (das/die)	Eelst*(n,--)*
Ältester	Eelsten*(m,Eelst)*
altgriechisch	algriichesch*(adj)*
Altkleidersammlung	Alkleedersammlung*(f,-en)*
Altlinster	Allënster*(p)*
altmodisch	almoudesch*(adj)*
altmodisch	vereelzt*(adj)*
Altrier	Altréier *(op der Schanz)(p)*
altrussisch	alrussesch*(adj)*
Altstadt	Alstad*(f,-stied)*
alttestamentarisch	altestamentlech*(adj)*
Altwies	Altwis*(p)*
Alufolie	Alufolie*(f,-n)*
Aluminium	Aluminium*(m,~)*
Alzette (Fluss)	Uelzecht*(p)*
Alzingen	Alzeng*(p)*
am Abend	owes*(adv)*
am höchsten	héchsten, am -*(exp)*
am meisten	am meeschten*(exp)*
am Morgen	mueres*(adv)*
Amateur	Amateur*(m,-en)*
Amateursportler	Amateursportler*(m,--)*
Ambiente	Ambiente*(m, ~)*
Ambiguität	Ambiguitéit*(f,-en)*
Amboss	Amboss*(m,-en)*
Ameise	Omes*(f,-sen)*
Ameise	Seechomes*(f,-sen)*
Ameisenhaufen	Seechomessekoup*(m,-kéip)*
Ameisennest	Seechomessennascht*(n,-näschter)*
Amerika	Amerika*(p)*
Amerikaner	Amerikaner*(m,--)*
amerikanisch	amerikanesch*(adj)*
Amethyst	Amethyst*(m,~)*
Aminosäure	Aminosaier*(f,-sairen)*
Ammoniak	Ammoniak*(m,~)*
Amnestie	Amnestie*(f,-n)*
amnestieren	amnestéieren*(v)*
Amok	Amok*(m,~)*
Amok laufen	Amok lafen*(exp)*
Amoklauf	Amoklaf*(m,-leef)*
amortisieren (Steuern)	amortiséieren*(v)*
Amortisierung	Amortiséierung*(f,-en)*
Amortisierung	Amortissement*(m,-er)*
Ampel	Verkéiersluucht*(f,-en)*
amphibisch	amphibesch*(adj)*
Ampulle	Ampull*(f,-en)*
Amputation	Amputatioun*(f,-en)*
amputieren	amputéieren*(v)*
Amsel	Märel*(f,-en)*
amtieren	amtéieren*(v)*
Amtsniederlegung	Demissioun*(f,-en)*
Amulett	Amulett*(n,-er)*
amüsant	amusant*(adj)*
amüsant	witzeg*(adj)*
Amüsement	Amusement*(m,-er)*
amüsieren	ameséieren*(v)*
amüsieren, sich -	ameséieren, sech -*(v)*
an	un*(pp)*
an dem	um/un dem*(pp)*
an sein	un sinn*(exp)*
Anabolikum	Anabolikum*(n,-bolika)*
Anachronismus	Anachronismus*(m,-nismen)*
anachronistisch	anachronistesch*(adj)*
anal	anal*(adj)*
analog	analog*(adj)*
Analogie	Analogie*(f,-n)*
Analphabet	Analphabet*(m,-en)*
Analyse	Analys*(f,-en)*
analysieren	analyséieren*(v)*
analytisch	analytesch*(adj)*
Anämie	Anemie*(f,-n)*
Ananas	Ananas*(f,-sen)*
Anarchie	Anarchie*(f,-n)*
anarchisch	anarchesch*(adj)*
Anarchist	Anarchist*(m,-en)*
Anästhesie	Anästhesie*(f,-n)*
Anästhesie	Anesthesie*(f,-n)*
anästhesieren	anästheséieren*(v)*
Anästhesist	Anästhesist*(m,-en)*
Anatom	Anatom*(m,-en)*
Anatomie	Anatomie*(f,-n)*
anbacken (Kuchen)	ubaken*(v)*
anbaggern	draguéieren*(v)*
anbandeln	ubändelen*(v)*
Anbau	Annexe*(f,-n)*
anbauen	adosséieren*(v)*
anbauen	bäibauen*(v)*
anbauen	erausbauen*(v)*
anbauen	ubauen*(v)*
anbehalten	unhalen*(v)*

anbehalten (Kleidung) ubehalen*(v)*
anbeißen ubäissen*(v)*
anbellen ubillen*(v)*
anbeten ubieden*(v)*
anbetteln ubiedelen*(v)*
anbiedern, sich - noperen*(v)*
anbieten gebidden*(v)*
anbieten offréieren*(v)*
anbieten ubidden*(v)*
anbieten, sich - uginn, sech -*(v)*
anbinden ubannen*(v)*
anbinden ustrécken*(v)*
Anblick Ubléck*(m,-er)*
anbraten ubroden*(v)*
anbrechen ubriechen*(v)*
anbrennen ubrennen*(v)*
anbringen ubréngen*(v)*
anbringen, Holzlatten - (Dach, Fußboden) dillen*(v)*
anbrüllen ubrëllen*(v)*
Anchovis Anchois*(f,-en)*
Andacht Andacht*(f,-en)*
andauernd andauernd*(adj)*
Andenken Undenken*(m,--)*
andere aner*(dét)*
andere anert*(adj)*
andererseits anerersäits*(adv)*
andererseits anersäits*(adv)*
anderes, etwas - aneschtes, eppes -*(exp)*
ändern änneren*(v)*
ändern modifiéieren*(v)*
ändern modifizéieren*(v)*
andernfalls anerefalls*(adv)*
anders anescht*(adv)*
anders aneschters*(adv)*
anders sein anescht sinn*(exp)*
anders werden anescht ginn*(exp)*
anderswo ailleurs*(adv)*
anderswo anerwäerts*(adv)*
anderswo soss*(adv)*
Änderung Ännerung*(f,-en)*
Änderung Modifikatioun*(f,-en)*
Änderungsantrag Amendement*(n,-en/-er)*
Änderungsantrag Ännerungsantrag*(m,-träg)*
andeuten undeiten*(v)*
aneignen assimiléieren*(v)*
aneignen uneegenen*(v)*
aneinander unenaner*(adv)*
aneinander uneneneen*(adv)*
aneinanderbinden unenaner strécken*(v)*
aneinanderbinden unenee strécken*(v)*
aneinanderbinden zesummestrécken*(v)*
aneinandergeraten unenaner geroden*(v)*
aneinandergeraten unenee geroden*(v)*
aneinanderhängen unenaner hänken*(v)*
aneinanderhängen uneneen hänken*(v)*
aneinanderkleben unenaner pechen*(v)*
aneinanderkleben unenee pechen*(v)*
aneinanderreihen juxtaposéieren*(v)*
aneinanderstoßen widderstoussen*(tr)(v)*
Anekdote Anekdot*(f,-en)*
anekeln degoûtéieren*(v)*
anekeln uneekelen*(v)*
Anemone Anemon*(f,-en)*
anerkennen appreciéieren*(v)*
anerkennen unerkennen*(v)*
anerkennen (amtlich, gerichtlich) patentéieren*(v)*
Anerkennung Appreciatioun*(f,-en)*
Anerkennung Unerkennung*(f,-en)*
anerziehen unerzéien*(v)*
anfachen, das Feuer - ukréien, d'Feier -*(exp)*
anfahren ufueren*(v)*
anfahren uranzen*(v)*
anfahren urullen*(v)*
anfahren (mit dem Auto) ustoussen*(v)*
anfallen ufalen*(v)*
Anfälligkeit Ufällegkeet*(f,-en)*
Anfang Ufank*(m,Ufäng)*
anfangen lassgoen*(v)*
anfangen usetzen*(v)*
anfangen (Aufgabe) entaméieren*(v)*
Anfänger Ufänger*(m,--)*
anfangs ufanks*(adv)*
anfangs uganks*(adv)*
Anfangsbuchstabe Ufanksbuschtaf*(m,-buschtawen)*
Anfangsgehalt Ufanksgehalt*(f,-gehälter)*
Anfangsgehalt Ufankspai*(f,-en)*
Anfangsstadium Ufanksstadium*(m,-stadien)*
anfassen upaken*(v)*
anfassen (berühren) frieden*(v)*
anfechten kontestéieren*(v)*
anfechten ufechten*(v)*
Anfechtung Contestatioun*(f,-en)*
anfeuern ufeieren*(v)*
anfliegen ufléien*(v)*
anfordern ufuerderen*(v)*
Anfrage Demande*(f,-n)*
Anfrage Ufro*(f,-en)*
Anfrage (Politik) Interpellatioun*(f,-en)*
anfragen ufroen*(v)*
anfressen ufriessen*(v)*
anfreunden, sich - ufrënnen, sech -*(v)*
anfrieren ufréieren*(v)*
anfügen apposéieren*(v)*
anfügen usetzen*(v)*
anfühlen, sich - ufillen, sech -*(v)*
anfühlen, sich - ufrieden, sech -*(v)*
anführen uféieren*(v)*
Anführer Kapphär*(m,-en)*
anfüttern ufidderen*(v)*
Angabe Uweisung*(f,-en)*
angaffen unafen*(v)*
angeben bretzen, sech -*(v)*
angeben téinen, déck -*(exp)*
angeben uginn*(v)*
Angeber Bretzert*(m,-en)*
Angeber Téinert*(m,-en)*
Angeberei Gebretz*(n,~)*
Angeberin Bretzesch*(f,-en)*
angeberisch bretzeg*(adj)*
angebissen ugebass*(adj)*
angeboren ugebuer*(adj)*
Angebot Offer*(f,-en)*
Angebot Offerte*(f,-n)*
Angebot Offre*(f,-n)*
Angebot Ugebuet*(m,-er)*
Angebot, im - Reklamm, an der -*(exp)*
Angebotsabgabe Soumissioun*(f,-en)*
angebunden, kurz - sein ugebonnen, kuerz - sinn*(exp)*
angefault ugefault*(adj)*
angegossen ugegoss*(adj)*
angegriffen (auch verbal) aggresséiert*(adj)*
angeheitert ugestach*(adj)*
angehen (etwas) abordéieren*(v)*
angehören ugehéieren*(v)*
angeklagt accuséiert*(adj)*
angeklagt ugeklot*(adj)*
Angeklagte Ugekloten*(m,--)*
Angel (Tür) Jarnéier*(f,-en)*
Angelegenheit Ugeleeënheet*(f,-en)*
angelehnt (Tür, Fenster) bäi*(adj)*
angeln fëschen*(v)*
angeln gehen fëschen, - goen*(exp)*
Angelrute Aangel*(f,-en)*
Angelrute Fëschrutt*(f,-en)*
Angelrute Rutt*(f,-en)*
Angelsberg Aangelsbierg*(p)*
Angelus Nuetsklack*(f,-en)*
angemessen dezent*(adj)*
angenehm agreabel*(adj)*
angenehm molleg*(adj)*
angenehm schéin*(adj)*
angenommen ugeholl*(adj)*
angepasst accommodéiert*(adj)*
angepasst adaptéiert*(adj)*
angeschossen ugeschoss*(adj)*

angeschwollen sein opgelaf sinn*(exp)*
angesehen ugesinn*(adj)*
Angestellte Employée*(f,-ën)*
Angestellter Employé*(m,-en)*
Angestellter Kader*(m,-en)*
angetrunken séileg*(adj)*
angewidert degoûtéiert*(adj)*
angewöhnen, sich - ugewinnen, sech -*(v)*
angewöhnen, sich etw - uwinnen, sech eppes -*(exp)*
Angewohnheit, die - haben Zock, am - hunn*(exp)*
angezogen ugedoen*(adj)*
Angina Angine*(f,Anginnen)*
angliedern affiliéieren*(v)*
Angorakatze Angorakaz*(f,-en)*
Angorawolle Angorawoll*(f,-en)*
angreifen attackéieren*(v)*
angreifen ugräifen*(v)*
angreifen (auch verbal) aggresséieren*(v)*
Angreifer Ugräifer*(m,--)*
Angreifer Ugrëffer*(m,--)*
angrenzen grenzen, un eppes -*(exp)*
angrenzen stoussen*(v)*
angrenzen ugrenzen*(v)*
Angriff Attack*(f,-en)*
Angriff Attaque*(f,-n)*
Angriff Militärinterventioun*(f,-en)*
Angriff Stuerm*(m,~)*
Angriff Ugrëff*(m,-er)*
angriffslustig ugrëffeg*(adj)*
Angst Angscht*(f,Ängscht)*
Angst Frousse*(f,-n)*
Angst haben Wapp, de - goen*(exp)*
Angst, er hat - Dronkenellen, d'- ginn him aus*(exp)*
Angst, jm - machen verängschtegen*(v)*
Angsthase Dadderaarsch*(vulg)(m,-äersch)*
Angsthase Fäertaarsch*(vulg)(m,-äersch/-en)*
Angsthase Fäertaasch*(vulg)(m,-äersch/-en)*
Angsthase Fäertert*(m,-en)*
ängstigen verängschtegen*(v)*
ängstigen, sich - Suergen, sech - maachen*(exp)*
ängstlich ängschterlech*(adj)*
ängstlich ängschtlech*(adj)*
ängstlich ängstlech*(adj)*
ängstlich anxiéis*(adj)*
ängstlich fäertereg*(adj)*
Ängstlichkeit Anxiétéit*(f,~)*
Angstschrei Angschtkreesch*(m,--)*
Angstschweiß Angschtschweess*(m,~)*
Angstschweiß Doudschweess*(m,~)*
Angstzustände Angschtzoustänn*(npl)*
anhalten halen*(v)*
anhalten immobiliséieren*(v)*
anhalten stallhalen*(v)*
anhalten stoppen*(v)*
anhalten unhalen*(v)*
Anhalter, per - Autostopp, mat -*(exp)*
Anhaltspunkt Unhaltspunkt*(m,-en)*
Anhang Unhank*(m,~)*
anhängen ukrämpen*(v)*
anhängen unhänken*(v)*
anhängen (Wohnwagen) akrämpen*(v)*
Anhänger Adepte*(m,-n)*
Anhänger Partisan*(m,-en)*
Anhänger Remorque*(f,-n)*
Anhänger Unhänger*(m,-en)*
anhänglich unhänglech*(adj)*
anhänglich (mutterbezogen) mammereg*(adj)*
Anhänglichkeit Unhänglechkeet*(f,-en)*
anhauchen unhauchen*(v)*
anhäufen accumuléieren*(v)*
anhäufen amasséieren*(v)*
anhäufen cumuléieren*(v)*
Anhäufung Akkumulatioun*(f,-en)*
anheben unhiewen*(v)*
anheizen unhëtzen*(v)*
anhimmeln unhimmelen*(v)*
Anhöhe Knupp*(f,-en)*
Anhöhe Kopp*(f,-en)*
anhören, sich - unhéieren, sech -*(v)*
anhören, sich etwas - ulauschteren, sech eppes -*(exp)*
animalisch animalesch*(adj)*
Animateur Animateur*(m,-en)*
Animation Animatioun*(f,-en)*
animieren animéieren*(v)*
Anis Anäis*(m,~)*
ankaufen ukafen*(v)*
Anker Anker*(m,-en)*
ankern ankeren*(v)*
anketten uketten*(v)*
Anklage Accusatioun*(f,-en)*
Anklage Uklo*(f,-en)*
anklagen accuséieren*(v)*
anklagen ukloen*(v)*
anklammern, sich - uklameren, sech -*(v)*
Anklang finden Usprooch fannen*(exp)*
ankleben ukliewen*(v)*
ankleben upechen*(v)*
anklicken uklicken*(v)*
anklingen ukléngen*(v)*
anklopfen (Tür) uklappen*(v)*
anklopfen, bei jm mit einer Bitte - uklappen, bei engem -*(exp)*
anknabbern uknabbelen*(v)*
anknipsen ufänken*(v)*
anknöpfen uknäppen*(v)*
anknüpfen uknëppen*(v)*
ankommen ukommen*(v)*
ankommen, es auf etw - lassen ukommen, et op eppes - loossen*(exp)*
ankommen, gegen etw - opkommen, géint eppes -*(exp)*
ankommt, wenn es darauf - gëllt, wann et -*(exp)*
ankreiden ukräiden*(v)*
ankreuzen ukräizen*(v)*
ankündigen annoncéieren*(v)*
ankündigen aviséieren*(v)*
ankündigen ukënnegen*(v)*
ankündigen verkënnegen*(v)*
ankündigen, sich - mellen, sech -*(v)*
Ankündigung Umeldung*(f,-en)*
Ankunft Arrivée*(f,-ën)*
ankurbeln ukierpen*(v)*
ankurbeln ukuerbelen*(v)*
ankurbeln undréien*(v)*
anlächeln ulaachen*(v)*
Anlage (Brief) Bäiluecht*(f,~)*
anlassen (Licht, Gerät) uloossen*(v)*
Anlauf Ulaf*(n,Uleef)*
anlaufen ulafen*(v)*
anlegen uleeën*(v)*
anlegen (Graben) opwäerfen*(v)*
Anlegestelle Quai*(m,-en)*
anlehnen adosséieren*(v)*
anlehnen (Tür) bäimaachen*(v)*
anlehnen (Tür) bäistoussen*(v)*
anleimen uleimen*(v)*
anleiten uleeden*(v)*
anlernen uléieren*(v)*
anlesen uliesen*(v)*
Anliegen Uleies*(n,~)*
anlocken lackelen*(v)*
anmahnen umahnen*(v)*
anmaßen, sich - umoossen, sech -*(v)*
anmaßend affrontéiert*(adj)*
anmaßend agebilt*(adj)*
Anmaßung Vermessenheet*(f,~)*
anmauern umaueren*(v)*
anmelden umellen*(v)*
anmelden (Internet) aloggen*(v)*
Anmeldung Umeldung*(f,-en)*
anmerken umierken*(v)*
anmerken vermierken*(v)*
Anmerkung Bemierkung*(f,-en)*
annageln unneelen*(v)*

annähen ubitzen*(v)*
annähen unnéien*(v)*
annähernd ongeféier*(adv)*
Annalen Annalen*(npl)*
annehmbar acceptabel*(adj)*
annehmbar passabel*(adj)*
annehmen acceptéieren*(v)*
annehmen akzeptéieren*(v)*
annehmen presuméieren*(v)*
annehmen presüméieren*(v)*
annehmen unhuelen*(v)*
annehmen (Verantwortung) assuméieren*(v)*
annehmen, Gestalt - concretiséieren*(v)*
Annehmlichkeit Commoditéit*(f,-en)*
annektieren annektéieren*(v)*
annektieren annexéieren*(v)*
Annexion Annexioun*(f,-en)*
annieten unnieten*(v)*
annullieren annuléieren*(v)*
annullieren annulléieren*(v)*
Annullierung Annulatioun*(f,-en)*
Anomalie Anomalie*(f,-n)*
Anomalie Anomalitéit*(f,-en)*
anonym anonym*(adj)*
Anonymität Anonymitéit*(f,~)*
Anorak Anorak*(m,-en)*
anordnen agencéieren*(v)*
anordnen dekretéieren*(v)*
anordnen uerderen*(v)*
anormal anormal*(adj)*
anormal onnormal*(adj)*
anpassen adaptéieren*(v)*
anpassen konforméieren*(v)*
anpassen upassen*(v)*
anpassen, sich einer Sache - accommodéieren*(v)*
Anpassung Adaptatioun*(f,-en)*
Anpassung Upassung*(f,-en)*
Anpassungsfähigkeit Upassungsfäegkeet*(f,-en)*
anpfeifen Upäifen*(n,~)*
Anpfiff Upäifen*(n,~)*
anpflanzen uplanzen*(v)*
anpflanzen usetzen*(v)*
anpöbeln upöbelen*(v)*
anprangern uprangeren*(v)*
anprobieren umoossen*(v)*
anprobieren uprobéieren*(v)*
anquatschen uquatschen*(v)*
anraten uroden*(v)*
anraunzen ustronzen*(v)*
anrechnen urechnen*(v)*
Anrede Uried*(f,-en)*
Anrede für Lehrerinnen Joffer*(f,-en)*
anreden tituléieren*(v)*
anregen ureegen*(v)*
anreißen uräissen*(v)*
anreizen excitéieren*(v)*
anrempeln stoussen*(v)*
Anrichte Schaf*(m,Schief)*
anrichten uriichten*(v)*
anritzen rëtzen*(v)*
anritzen uräissen*(v)*
anritzen urëtzen*(v)*
anrücken urécken*(v)*
Anruf Uruff*(m,-riff)*
Anrufbeantworter Repondeur*(m,-en)*
anrufen uruffen*(v)*
anrufen uschellen*(v)*
anrühren touchéieren*(v)*
anrühren tuschéieren*(v)*
anrühren uréieren*(v)*
anrühren (und dadurch u.U. beschädigen) drugoen*(v)*
ansäen useien*(v)*
ansagen usoen*(v)*
ansägen useeën*(v)*
Ansager Speaker*(m,-en)*
Ansagerin Speakerin*(f,-nen)*
ansammeln amasséieren*(v)*
ansammeln, sich - usammelen, sech -*(v)*
Ansammlung (Lebewesen) Hickecht*(f,-en)*
Ansammlung von Menschen Kludder*(f,-en)*
Ansatz Usaz*(m,-sätz)*
ansatzweise usazweis*(adv)*
anschaffen uschafen*(v)*
Anschaffung Acquisitioun*(f,-en)*
Anschaffung Uschafung*(f,-en)*
anschauen bekucken*(v)*
anschauen ukucken*(v)*
Anschein Schäin*(m,~)*
Anschein Uschäin*(m,~)*
Anschein, dem - nach Usinn, dem - no*(exp)*
Anschein, den - haben schéngen*(v)*
anscheinend anscheinend*(adv)*
anschießen uschéissen*(v)*
Anschlag Uschlag*(m,Uschléi)*
anschlagen uschloen*(v)*
Anschlagzettel Affiche*(f,-n)*
Anschlagzettel Affisch*(f,-en)*
anschleppen erbäischleefen*(v)*
anschleppen uschleefen*(v)*
anschleppen uschleppen*(v)*
anschließen affiliéieren*(v)*
anschließen uschléissen*(v)*
anschließen (an etw) druschléissen*(v)*
anschließend duerno*(adv)*
anschließend herno*(adv)*
Anschluss Uschloss*(m,Uschlëss)*
anschmiegen, sich - kuschelen, sech -*(v)*
anschmiegen, sich - nëschelen, sech -*(v)*
anschnallen uschnallen*(v)*
anschnauzen ubaupsen*(v)*
anschnauzen ubillen*(v)*
anschnauzen uranzen*(v)*
anschneiden uschneiden*(v)*
anschrauben uschrauwen*(v)*
Anschreiben Schreiwes*(n,Schreiwen)*
anschreiben uschreiwen*(v)*
anschreien baupsen*(v)*
Anschuldigung Accusatioun*(f,-en)*
anschweißen uschweessen*(v)*
anschwellen schwëllen*(v)*
ansehen bekucken*(v)*
Ansehen Konsideratioun*(f,~)*
Ansehen Prestige*(m,~)*
Ansehen Reputatioun*(f,-en)*
Ansehen Ruff*(f,~)*
ansehen ugesinn*(v)*
ansehen, jm etw - ofgesinn, engem eppes -*(exp)*
Ansembourg Aansebuerg*(p)*
ansetzen usetzen*(v)*
ansetzen, sich - usetzen, sech -*(v)*
Ansicht Meenung*(f,-en)*
Ansicht Usiicht*(f,-en)*
ansiedeln implantéieren*(v)*
ansiedeln usidelen*(v)*
anspannen uspanen*(v)*
anspielen uspillen*(v)*
Anspielung Allusioun*(f,-en)*
Ansprache Usprooch*(f,-en)*
ansprechen urieden*(v)*
ansprechen uspriechen*(v)*
ansprechen, jn - urieden, een -*(exp)*
anspringen (Motor) ugoen*(v)*
anspringen (Motor) usprangen*(v)*
anspritzen usprëtzen*(v)*
Anspruch Exigenz*(f,-en)*
Anspruch Pretentioun*(f,-en)*
Anspruch Usproch*(m,-spréch)*
anspruchsvoll exigent*(adj)*
anspruchsvoll glott*(adj)*
anstacheln ustachelen*(v)*
anstacheln ustëppelen*(v)*
Anstalt Anstalt*(f,-en)*
Anstand Éier*(f,-en)*
anständig anstänneg*(adj)*
anständig éierlech*(adj)*
anständig fair*(adj)*

anstandslos	anstandslos*(adj)*
anstarren	beafen*(v)*
anstarren	uglotzen*(v)*
anstatt	anstatt*(pp)*
anstecken	infizéieren*(v)*
anstecken	kontaminéieren*(v)*
anstecken	opspéngelen*(v)*
anstecken	ustiechen*(v)*
anstecken (Krankheit)	contaminéieren*(v)*
anstecken (mit Nadel)	uspéngelen*(v)*
ansteckend	ustiechend*(adj)*
Ansteckplakette	Plakett*(f,-en)*
anstelle	amplaz*(pp)*
anstelle	aplaz*(pp)*
anstellen	stiichten*(v)*
anstellen, etw -	stëbsen, eng -*(exp)*
anstellen, etw -	stiichten, eng -*(exp)*
anstellen, sich -	uleeën, sech -*(v)*
anstiften	incitéieren*(v)*
anstiften	ustëften*(v)*
anstiften	ustiwwelen*(v)*
Anstiftung	Incitatioun*(f,-en)*
anstimmen	ustëmmen*(v)*
anstoßen	prosten*(v)*
anstoßen	tucken*(v)*
anstoßen	urennen*(v)*
anstoßen	ustoussen*(v)*
anstoßen (prosten)	schocken*(v)*
anstößig	schokant*(adj)*
anstrahlen	ustrahlen*(v)*
anstreben	erstriewen*(v)*
anstreben	ustriewen*(v)*
anstreben	viséieren*(v)*
Anstreicher	Usträicher*(m,--)*
anstrengen, sich -	buggeren*(v)*
anstrengen, sich -	druginn, sech -*(v)*
anstrengen, sich -	struewelen*(v)*
anstrengen, sich -	ustrengen, sech -*(v)*
anstrengend	ustrengend*(adj)*
Anstrengung	Effort*(m,-en)*
Anstrengung	Ustrengung*(f,-en)*
Anstrich	Ustrach*(m,-stréch)*
anstupsen	técken*(v)*
Antarktis	Antarktis*(f,~)*
antarktisch	antarktesch*(adj)*
Anteil	Undeel*(m,-er)*
Antenne	Antenn*(f,-en)*
Anthologie	Anthologie*(f,-n)*
Anthrazit	Anthrazit*(m,~)*
Anthropologie	Anthropologie*(f,-n)*
Antialkoholiker	Antialkoholiker*(m,--)*
Antibabypille	Antibabypëll*(f,-en)*
Antibiotika	Antibiotika*(npl)*
Antibiotikum	Antibiotique*(m,-n)*
antifaschistisch	antifaschistesch*(adj)*
antik	antik*(adj)*
Antike	Altertum*(m,~)*
Antilope	Antilop*(f,-en)*
antimilitaristisch	Antimilitarist*(m,-en)*
Antipathie	Antipathie*(f,-n)*
antiquarisch	antiquaresch*(adj)*
Antiquität	Antikitéit*(f,-en)*
Antiquitäten	Antiquitéiten*(npl)*
Antiquitätenhändler	Antiquaire*(m,-n)*
antisemitisch	antisemitesch*(adj)*
Antisemitismus	Antisemetissem*(m,~)*
Antisemitismus	Antisemitismus*(m,~)*
Anti-Terror-Koalition	Anti-Terror-Koalitioun*(f,-en)*
antreffen	untreffen*(v)*
antreiben	animéieren*(v)*
antreiben	baatschen*(v)*
antreiben	undreiwen*(v)*
antreten	unträppelen*(v)*
antreten	untrieden*(v)*
antrinken, sich einen -	knätzelen, sech eng -*(exp)*
antrocknen	undréchnen*(v)*
antun, jm etwas -	undoen, engem eppes -*(exp)*
antun, sich etwas -	undoen, sech eppes -*(exp)*
Antwort	Äntwert*(f,-en)*
Antwort, patzige - geben	erëmäntweren*(v)*
antworten	äntweren*(v)*
anvertrauen, jm etw -	uvertrauen, engem eppes -*(exp)*
anwachsen	uwuessen*(v)*
anwachsen	wuessen*(v)*
anwachsen (Pflanze)	ukommen*(v)*
Anwalt	Affekot*(m,-en)*
anwärmen	uwiermen*(v)*
Anwärter	Aspirant*(m,-en)*
anweisen	ordonnéieren*(v)*
anweisen	uweisen*(v)*
Anweisung	Consigne*(f,-n)*
Anweisung	Instructioun*(f,-en)*
Anweisung	Instruktioun*(f,-en)*
anwenden	applizéieren*(v)*
Anwendung	Applicatioun*(f,-en)*
Anwendung	Applikatioun*(f,-en)*
anwerben	rekrutéieren*(v)*
anwerfen (Putz)	uwerfen*(v)*
Anwesen	Proprietéit*(f,-en)*
anwidern	degoûtéieren*(v)*
anwinkeln	uwénkelen*(v)*
anzahlen	ubezuelen*(v)*
Anzahlung	Acompte*(m,-n)*
Anzahlung	Ubezuelen*(n,~)*
Anzeichen	Zeechen*(n,--)*
anzeichnen	unzeechnen*(v)*
Anzeige	Annonce*(f,-n)*
Anzeige	Denonciatioun*(f,-en)*
Anzeige	Denunziatioun*(f,-en)*
Anzeige	Uweisung*(f,-en)*
anzeigen	denoncéieren*(v)*
anzeigen	denunzéieren*(v)*
anzeigen	mellen*(v)*
anzeigen	uginn*(v)*
anzeigen	uweisen*(v)*
Anzeigenblatt	Annoncëblietchen*(n,-bliedercher)*
anziehen	lackelen*(v)*
anziehen	ulackelen*(v)*
anziehen	undoen*(v)*
anziehen	unzéien*(v)*
anziehen (Schraube)	bäidréien*(v)*
anziehen (Schraube)	bäidréinen*(v)*
anziehen, geschmacklos -	kluffen, sech -*(v)*
anziehen, hastig -	ustréppen*(v)*
anziehen, sich -	undoen, sech -*(v)*
anziehend	lackeleg*(adj)*
Anzug	Costume*(m,-r/-n)*
Anzug	Kostüm*(m,-en)*
anzünden	ufänken*(v)*
anzünden	umaachen*(v)*
anzweifeln	bezweiwelen*(v)*
anzweifeln	unzweiwelen*(v)*
Apartheid	Apartheid*(f,~)*
Apathie	Apathie*(f,-n)*
apathisch	apathesch*(adj)*
Aperitif	Aperitif*(m,-fer)*
Apfel	Apel*(m,Äppel)*
Apfelbaum	Äppelbam*(m,-beem)*
Apfelblüte	Äppelbléi*(f,-en)*
Apfelgelee	Äppeljelli*(m,-en)*
Apfelmost	Äppelviz*(m,~)*
Apfelmus	Äppelkompott*(m,~)*
Apfelsaft	Äppeljus*(m,-en)*
Apfelsaft	Viz*(m,~)*
Apfelsaft (frischer)	Äppelviz*(m,~)*
Apfelschnaps	Äppeldrëpp*(f,-en)*
Apfelsine	Orange*(f,-n)*
Apfeltasche	Äppelklatz*(f,-klätz)*
Apfeltasche	Äppeltäsch*(f,-en)*
Apfeltorte	Äppeltaart*(f,-en)*
Apfelwein	Viz*(m,~)*
aphrodisisch	aphrodisesch*(adj)*
Apokalypse	Apokalyps*(f,-en)*

apokalyptisch apokalyptesch*(adj)*
Apostel Apostel*(m,-en)*
apostolisch apostolesch*(adj)*
Apostroph Apostroph*(m,-en)*
Apotheke Apdikt*(f,-en)*
Apotheker Apdikter*(m,--/-en)*
Apothekerin Apdiktesch*(f,-en)*
Apothekerschrank Apdiktsschaf*(m,-schief)*
Apparat Apparat*(m,-en/-er)*
Apparatschik Apparatschik*(m,-en)*
Apparatur Apparatur*(f,~)*
Appell Appell*(m,-er)*
appellieren appeléieren*(v)*
appellieren appelléieren*(v)*
Appetit Appetit*(m,~)*
appetitlich appetitlech*(adj)*
Appetitlosigkeit Appetitlosegkeet*(f,~)*
applaudieren acclaméieren*(v)*
applaudieren applaudéieren*(v)*
applaudieren klappen, an d'Hänn -*(exp)*
Applaus Applaus*(m,~)*
apportieren apportéieren*(v)*
Apposition Appositioun*(f,-en)*
Approbation Approbatioun*(f,-en)*
Après-Ski Après-Ski*(m,~)*
Aprikose Abricot*(m,-en)*
Aprikose Abrikos*(m,-en)*
Aprikose Aprikos*(m,-en)*
Aprikosenbaum Abrikosebam*(m,-beem)*
Aprikosenbaum Aprikosebam*(m,-beem)*
aprikosenfarbig abricot*(adj)*
Aprikosenmarmelade Aprikosegebeess*(n, ~)*
April Abréll*(m,~)*
Aprilmond Abréllsliicht*(n,-er)*
Aprilwetter Abréllswieder*(n,~)*
apropos à propos*(adv)*
Aquaplaning Aquaplaning*(m,~)*
Aquarell Aquarell*(m,-en)*
Aquarellfarbe Aquarellfaarf*(f,-faarwen)*
Aquarellmalerei Aquarellmolerei*(f,-en)*
Aquarium Aquarium*(m,Aquarien)*
Äquator Äquator*(m,~)*
Äquatorial- äquatorial*(adj)*
Ar Ar*(m,--)*
Araber Araber*(m,--)*
arabisch arabesch*(adj)*
arabisieren arabiséieren*(v)*
Arbeit Aarbecht*(f,-en)*
Arbeit Schaff*(f,~)*
Arbeit, harte - Muerks*(f,-en)*
Arbeit, harte - Murks*(f,-en)*
arbeiten schaffen*(v)*
arbeiten wierken*(v)*
arbeiten (fleißig) druginn, sech -*(v)*
arbeiten (kraftvoll, ohne Pause) duerfueren*(v)*
arbeiten (kraftvoll, ohne Pause) duermaachen*(v)*
arbeiten, hart - muerksen*(v)*
arbeiten, hart - murksen*(v)*
arbeiten, ungenau - raiberen*(v)*
Arbeiter Aarbechter*(m,--)*
Arbeiter Aarbechtsleit*(npl)*
Arbeiterbewegung Aarbechterbewegung*(f,-en)*
Arbeiterklasse Aarbechterklass*(f,-en)*
Arbeiterpartei Aarbechterpartei*(f,-en)*
Arbeiterviertel Aarbechtervéierel*(m,--)*
Arbeiterviertel Aarbechtervéirel*(m,--)*
Arbeitgeber Patron*(m,-en)*
Arbeitgeberverband Patronatsorganisatioun*(f,-en)*
Arbeitgebervereinigung Patronatsorganisatioun*(f,-en)*
Arbeitsablauf Aarbechtsoflaf*(m,-ofleef)*
Arbeitsamt Aarbechtsamt*(n,~)*
Arbeitsanfang Aarbechtsufank*(m,-ufäng)*
Arbeitsaufteilung Aarbechtsandeelung*(f,-en)*
Arbeitsausfall Aarbechtsausfall*(m,-ausfäll)*
Arbeitsbedingung Aarbechtsbedéngung*(f,-en)*
Arbeitsbedingung Aarbechtscconditioun*(f,-en)*
Arbeitsbedingung Aarbechtskonditioun*(f,-en)*
Arbeitsbereich Aarbechtsberäich*(m,-er)*
Arbeitsbeziehung Aarbechtsrelatioun*(f,-en)*
Arbeitsdauer Aarbechtszäit*(f,-en)*
Arbeitseifer Gedriffs*(n,~)*
Arbeitseinteilung Aarbechtsandeelung*(f,-en)*
Arbeitserlaubnis Aarbechtserlaabnes*(f,-ser)*
Arbeitserlaubnis Aarbechtserlaabnis*(f,-ser)*
Arbeitsessen Aarbechtsiessen*(m,--)*
arbeitsfähig aarbechtsfäeg*(adj)*
Arbeitsgericht Aarbechtsgeriicht*(n,-er)*
Arbeitshemd Muerkstricko*(m,-en)*
Arbeitshemd Murkstricko*(m,-en)*
Arbeitskampf Aarbechtskampf*(m,-kämpf)*
Arbeitskampf Aarbechtskonflikt*(m,-er)*
Arbeitskittel Schipp*(f,-en)*
Arbeitskleidung Aarbechtsgezei*(n,~)*
Arbeitskleidung Aarbechtskleedung*(f,-en)*
Arbeitsklima Aarbechtsklima*(n,-en)*
Arbeitskollege Aarbechtskolleg*(m,-en)*
Arbeitskollege Kolleg*(m,-en)*
Arbeitskraft Aarbechtskraaft*(f,-kräften)*
Arbeitskräfte Main d'oeuvre*(f,~)*
Arbeitskreis Aarbechtskrees*(m,-ser)*
Arbeitsleistung Aarbechtsleeschtung*(f,-en)*
Arbeitsleistung Main d'oeuvre*(f,~)*
Arbeitslohn Aarbechtsloun*(m,-léin)*
arbeitslos aarbechtslos*(adj)*
arbeitslos arbeitslos*(adj)*
Arbeitsloser Aarbechtslosen*(m,Aarbechtslos)*
Arbeitsloser Chômeur*(m,-en)*
Arbeitslosigkeit Aarbechtslosegkeet*(f,~)*
Arbeitslosigkeit Chômage*(m,~)*
Arbeitsmarkt Aarbechtsmaart*(m,-mäert)*
Arbeitsmarkterweiterung Aarbechtsmaartexpansioun*(f,-en)*
arbeitsmarktpolitisch aarbechtsmaartpolitesch*(adj)*
Arbeitsmethode Aarbechtsmethod*(f,-en)*
Arbeitsmonat Aarbechtsmount*(m,-méint)*
Arbeitsorganisation Aarbechtsorganisatioun*(f,-en)*
Arbeitsoverall Combinaison*(f,-en)*
Arbeitspapier Aarbechtspabeier*(m,-en)*
Arbeitspferd Schaffpäerd*(n,--)*
Arbeitsplan Aarbechtsoflaf*(m,-ofleef)*
Arbeitsplatz Aarbechtsplaz*(f,-en)*
Arbeitsplatz Plaz*(f,-en)*
Arbeitsplatz Schaff*(f,~)*
arbeitsrechtlich aarbechtsrechtlech*(adj)*
Arbeitsschuh Aarbechtsschong*(m,--)*
Arbeitsschuh Aarbechtsschung*(m,--)*
Arbeitsstelle Aarbechtsplaz*(f,-en)*
Arbeitsstunde Aarbechtsstonn*(f,-en)*
Arbeitstag Aarbechtsdag*(m,-deeg)*
Arbeitstag Schaffdag*(m,-deeg)*
Arbeitstier Schaffert*(m,-en)*
Arbeitsunfall Aarbechtsakzident*(m,-er)*
arbeitsunlustig flemmzeg*(adj)*
Arbeitsunterlage Aarbechtsënnerlag*(f,-en)*
Arbeitsvertrag Aarbechtskontrakt*(m,-er)*
Arbeitszeit Aarbechtszäit*(f,-en)*
Arbeitszeitorganisation Aarbechtszäitorganisatioun*(f,-en)*
Arbeitszeitverkürzung Aarbechtszäitverkierzung*(f,-en)*
Arbeitszimmer Aarbechtszëmmer*(n,-en)*
Archäologe Archeolog*(m,-en)*
Archäologie Archeologie*(f,~)*
Archetyp Archetyp*(m,-en)*
Archipel Archipel*(m,-en)*
Architekt Architekt*(m,-en)*
Architektenbüro Architektebüro*(m,-en)*
architektonisch architektonesch*(adj)*
Architektur Architektur*(f,-en)*
Archiv Archiv*(n,-en)*
archivieren archivéieren*(v)*
arg uerg*(adj)*
Ärger Ierger*(m,~)*

Ärger	Trouble*(m,~)*
ärgerlich	iergerlech*(adj)*
ärgern	exteren*(v)*
ärgern	iergeren*(v)*
ärgern	rosen, - maachen*(exp)*
ärgern, sich -	iergeren, sech -*(v)*
arglos	naiv*(adj)*
Argument	Argument*(n,-er)*
Argumentation	Argumentatioun*(f,-en)*
argumentieren	argumentéieren*(v)*
argumentieren	ergotéieren*(v)*
argumentieren	räsonéieren*(v)*
Arie	Arie*(f,-n)*
Aristokrat	Aristokrat*(m,-en)*
Aristokratie	Aristokratie*(f,-n)*
Arithmetik	Arithmetik*(f,-en)*
Arlon	Arel*(p)*
arm	aarm*(adj)*
Arm	Aarm*(m,Äerm)*
Armaturen	Armaturen*(npl)*
Armaturenbrett	Armaturebriet*(n,-brieder)*
Armaturenbrett	Tableau-de-bord*(m,-en)*
Armband	Aarmband*(m,-bänner)*
Armband	Bracelet*(m,-en)*
Armband	Braceli*(m,-en)*
Armband	Brasseli*(m,-en)*
Armbanduhr	Aarmbandauer*(f,-en)*
Armbanduhr	Auer*(f,-en)*
armdick	aarmsdéck*(adj)*
Armdicke	Aarmsdéckt*(f,-en)*
Armee	Arméi*(f,-en)*
Armee, bei der - sein	Trupp, bei der - sinn*(exp)*
Ärmel	Aarm*(m,Äerm)*
Ärmelkanal	Ärmelkanal*(m,~)*
Armer	Aarmen*(m,Aarm)*
armlang	aarmlaang*(adj)*
Armlänge	Aarmlängt*(f,-en)*
armselig	aarmséileg*(adj)*
armselig	daierlech*(adj)*
armselig	miserabel*(adj)*
armselig	schappeg*(adj)*
Armseligkeit	Aarmséilegkeet*(f,-en)*
Armseligkeit	Schappegkeet*(f,~)*
Armseligkeit	Traueregkeet*(f,~)*
Armseligkeit	Trauregkeet*(f,~)*
Armut	Aarmutt*(f,~)*
Armvoll	Aarbel*(f,Äerbel)*
Armvoll	Aarmvoll*(m,~)*
Aroma	Aroma*(m,Aromen)*
aromatisieren	aromatiséieren*(v)*
arrangieren	arrangéieren*(v)*
Arrest	Klemmes*(m,~)*
arretieren	arrêtéieren*(v)*
arrogant	arrogant*(adj)*
Arroganz	Arroganz*(f,~)*
Arsch	Aarsch*(m,Äersch)*
Arsch	Aasch*(m,Äesch)*
Arschkriecher	Aaschkrécher*(m,--)*
Arschkriecher	Aaschlecker*(m,--)*
Arschkriecherei	Aarschkrécherei*(f,-en)*
Arschloch	Aarschlach*(n,-lächer)*
Arschloch	Aaschlach*(m,-lächer)*
Arsdorf	Uerschdref*(p)*
Art	Aart*(f,-en)*
Art	Weis*(f,-en)*
Art und Weise	Aart a Weis*(exp)*
Art und Weise	Manéier*(f,~)*
Art und Weise	Weis*(f,~)*
Arterie	Arterie*(f,-n)*
Arterie	Oder*(f,-en)*
arteriell	arteriell*(adj)*
Arteriosklerose	Arteriokleros*(f,~)*
Arthritis	Arthrite*(f,-n)*
Arthritis	Arthritis*(f,~)*
Arthrose	Arthros*(f,-en)*
artig sein	schécken, sech -*(v)*
Artikel	Artikel*(m,-en)*
Artikulation	Artikulatioun*(f,-en)*
artikulieren	artikuléieren*(v)*
Artillerie	Artillerie*(f,-n)*
Artischocke	Artichaut*(m,-en)*
Artischocke	Artischock*(f,-en)*
Artist	Artist*(m,-en)*
artistisch	artistesch*(adj)*
Arzt	Dokter*(m,-en)*
Ärzteverband	Dokteschassociatioun*(f,-en)*
Ärztin	Doktesch*(f,-en)*
ärztliche Hilfe häufig benötigen	dokteren*(v)*
Arztpraxis	Praxis*(f,-sen)*
Asbest	Asbest*(m,~)*
Asbeststaub	Asbeststëbs*(m,~)*
Aschen	Äschen*(npl)*
Aschenbecher	Äschebächer*(m,-en)*
Aschenbecher	Äschenteller*(m,-en)*
Aschenputtel	Äschepuddel*(n,~)*
Aschermittwoch	Äschermëttwoch*(m,~)*
ASCII (American Standard Code for Information Interchange)	ASCII*(m,~)*
asexuell	asexuell*(adj)*
Asiate	Asiat*(m,-en)*
asiatisch	asiatesch*(adj)*
Asien	Asien*(p)*
Asket	Askeet*(m,-en)*
asketisch	askeetesch*(adj)*
asozial	asozial*(adj)*
Aspekt	Aspekt*(m,-er)*
Aspelt	Uespelt*(p)*
asphaltieren	asphaltéieren*(v)*
Aspirin	Aspirin*(m,~)*
Aspirintablette	Aspirin*(f,-nen)*
Aspirintablette	Aspro*(f,-en)*
Ass	Ass*(m,-en)*
Assel	Aassel*(p)*
Asselborn	Aasselbur*(p)*
Asselscheuer	Aasselscheier*(p)*
Asselscheuerhof	Uesselscheier*(p)*
Asselscheuerhof	Uesselscheierhaff*(p)*
Assimilation	Assimilatioun*(f,-en)*
assimilieren	assimiléieren*(v)*
Assistent	Assistent*(m,-en)*
Assistentin	Assistentin*(f,-nen)*
assistieren	assistéieren*(v)*
assistieren	secondéieren*(v)*
assoziieren, etw mit etw -	associéieren, eppes mat eppes -*(exp)*
Ast	Aascht*(m,Äscht)*
Aster	Aster*(f,-en)*
Astgabel	Gafel*(f,-en)*
Ästhetik	Ästhetik*(f,~)*
ästhetisch	ästhetesch*(adj)*
ästhetisch	esthetesch*(adj)*
Asthma	Asthma*(m,~)*
Astrologe	Astrolog*(m,-en)*
Astrologie	Astrologie*(f,~)*
Astronaut	Astronaut*(m,-en)*
Astronomie	Astronomie*(f,~)*
Astrophysik	Astrophysik*(f,~)*
Asyl	Asyl*(m,-er)*
Asylbewerber	Asilant*(m,-en)*
Asylbewerber	Asylant*(m,-en)*
Asylrecht	Asilrecht*(m,-er)*
Asymmetrie	Asymmetrie*(f,-n)*
Aszendent	Aszendent*(m,-en)*
Atelier	Atelier*(m,-en)*
Atem	Hauch*(m,~)*
Atem	Otem*(m,~)*
Atem	Wappes*(m,~)*
Atempause	Otempaus*(f,-en)*
Atheismus	Atheismus*(m,~)*
Atheist	Atheist*(m,-en)*
atheistisch	atheistesch*(adj)*
Athenäum (in Luxemburg-Stadt)	Kolléisch*(m,~)*
Athlet	Athlet*(m,-en*
Athletik	Athletissem*(m,~)*
Atlantik	Atlantik*(m,~)*
atmen	ootmen*(v)*
atmen	otemen*(v)*

Atmosphäre Ambiance *(f,~)*
Atmosphäre Atmosphär *(f,-en)*
Atmung Ootmung *(f,~)*
Atom Atom *(m,-er)*
Atombombe Atombomm *(f,-en)*
Atomenergie Atomenergie *(f,~)*
Atomkraft Atomkraaft *(f,~)*
Atomkraftgegner Atomgéigner *(m,--)*
Atomkraftwerk Atomkraaftwierk *(n,-er)*
Atomkrieg Atomkrich *(m,-er)*
Atommacht Atommuecht *(f,-en)*
Atomrakete Atomrakéit *(f,-en)*
Atomschutzbunker Atomschutzbunker *(m,-en)*
Atomstrom Atomstroum *(m,~)*
Atomwaffe Atomwaff *(f,-en)*
Attacke Attack *(f,-en)*
Attacke Attaque *(f,-n)*
attackieren attackéieren *(v)*
Attentat Attentat *(n,-er)*
Attest Attest *(m,-er)*
Attraktion Attraktioun *(f,-en)*
Attraktivität Attraktivitéit *(f,-en)*
Aubergine Aubergine *(f,Auberginnen)*
auch och *(adv)*
Audienz Audienz *(f,-en)*
auf om = op dem *(pp)*
auf op *(adv)*
auf op *(pp)*
auf dem op dem *(pp)*
auf dem op dem, um, om *(pp)*
auf dem um/un dem *(pp)*
auf der Stelle racksdeg *(adv)*
auf einmal op eemol *(exp)*
auf sein op sinn *(exp)*
auf Wiedersehen awar, äddi *(exp)*
aufarbeiten opschaffen *(v)*
aufatmen opootmen *(v)*
aufbaggern opbaggeren *(v)*
aufbauen opbauen *(v)*
aufbegehren revoltéieren *(v)*
aufbewahren versuergen *(v)*
aufbinden, jm einen Bären - kréckelen, engem eng - *(exp)*
aufbinden, jm einen Bären - ophänken, engem eng - *(exp)*
aufblähen gonfléieren *(v)*
aufblasen opblosen *(v)*
aufblasen, sich - opblosen, sech - *(v)*
aufbleiben (abends nicht schlafen gehen) opbleiwen *(v)*
aufbohren opbueren *(v)*
aufbrauchen opbrauchen *(v)*
aufbrauchen verbrauchen *(v)*
aufbrechen erbriechen *(v)*
aufbrechen opbriechen *(v)*
aufbrechen opsprangen *(v)*
aufbringen opbréngen *(v)*
aufbrummen opbrommen *(v)*
aufbrummen opbrummen *(v)*
aufbügeln opstrecken *(v)*
aufdecken opdecken *(v)*
aufdonnern moschteren *(v)*
aufdrängen imposéieren *(v)*
aufdrängen opdrängen *(v)*
aufdrehen opdréien *(v)*
aufdrehen opdréinen *(v)*
aufdringlich opdränglech *(adj)*
aufdringlich opdrénglech *(adj)*
aufeinanderstapeln openeentässelen *(v)*
Aufenthalt Openthalt *(m,~)*
auferlegen operleeën *(v)*
Auferlegung Impositioun *(f,-en)*
auferstehen operstoen *(v)*
Auferstehung Resurrectioun *(f,-en)*
aufessen opiessen *(v)*
aufessen, nicht - Bëtz maachen *(exp)*
auffallen opfalen *(v)*
auffällig opfälleg *(adj)*
auffangen (Ball) opfänken *(v)*
auffassen opfaassen *(v)*
auffassen ophuelen *(v)*
auffliegen opfléien *(v)*
auffordern opfuerderen *(v)*
auffressen opfriessen *(v)*
auffrischen (Kenntnisse) opfrëschen *(v)*
aufführen opféieren *(v)*
Aufführung Opféierung *(f,-en)*
auffüllen nofëllen *(v)*
auffüllen noschëdden *(v)*
auffüllen opfëllen *(v)*
auffüllen opschëdden *(v)*
auffüttern opfidderen *(v)*
Aufgabe Aufgab *(f,-en)*
aufgabeln oplammelen *(v)*
aufgeben opginn *(v)*
aufgebracht opbruecht *(adj)*
aufgebraucht verbraucht *(adj)*
aufgedonnert opgedonnert *(adj)*
aufgehen (Sonne) opgoen *(v)*
aufgehen (Teig) opgoen *(v)*
aufgeilen opgäilen *(v)*
aufgeräumt geraumt *(adj)*
aufgeregt nervös *(adj)*
aufgeregt opgereegt *(adj)*
aufgeschlossen opgeschloss *(adj)*
aufgeweckt aläert *(adj)*
aufgeweckt wakereg *(adj)*
aufgraben opgruewen *(v)*
aufgreifen opgräifen *(v)*
aufhaben (Hut) ophunn *(v)*
aufhalten, sich - ophalen, sech - *(v)*
aufhängen ophänken *(v)*
aufhängen (Kleider, in Schrank) anhänken *(v)*
Aufhängung Suspensioun *(f,-en)*
aufhäufen opkéipen *(v)*
aufheben ophiewen *(v)*
aufheben oprafen *(v)*
aufheben versuergen *(v)*
aufheben (für jn) ewechsetzen *(v)*
aufheben (Versammlung, Vereinbarung) ophiewen *(v)*
Aufhebung Ofschafung *(f,~)*
aufhelfen ophëllefen *(v)*
aufhetzen montéieren *(v)*
aufholen (Zeit) ophuelen *(v)*
aufhören ginn, sech - *(v)*
aufhören ophalen *(v)*
aufhören ophéieren *(v)*
aufhören (Spiel, Essen) passen *(v)*
aufkaufen opkafen *(v)*
aufklaren kléieren *(v)*
aufklären opklären *(v)*
aufkleben opkliewen *(v)*
aufkleben oppechen *(v)*
Aufkleber Autocollant *(m,-en)*
aufknöpfen lassknäppen *(v)*
aufknöpfen opknäppen *(v)*
aufkommen opkommen *(v)*
aufkommen (bezahlen) bekennen *(v)*
aufkommen für jn erhalen, een - *(exp)*
aufkommen, für jn - opkommen, fir een - *(exp)*
aufkriegen opkréien *(v)*
aufladen alueden *(v)*
aufladen oplueden *(v)*
Auflage Oplo *(f,-en)*
auflauern oplaueren *(v)*
aufleben opliewen *(v)*
auflegen (Hörer) anhänken *(v)*
auflehnen, sich - rebelléieren *(v)*
auflesen rafen *(v)*
auflesen zesummerafen *(v)*
aufliegen opleien *(v)*
auflisten Lëscht, eng - maachen *(exp)*
auflisten oplëschten *(v)*
auflockern oplackeren *(v)*
auflockern oplockeren *(v)*
auflösen opléisen *(v)*
auflösen (Konto) liquidéieren *(v)*
Auflösung Opléisung *(f,-en)*

Auflösung (Konto, Unternehmen) Liquidatioun *(f,-en)*
Aufmachung Opmaachung *(f,-en)*
aufmerksam opmierksam *(adj)*
aufmerksam sein oppassen *(v)*
Aufmerksamkeit Opmierksamkeet *(f,-en)*
aufmuntern opmonteren *(v)*
aufnageln opneelen *(v)*
aufnehmen aglidderen *(v)*
aufnehmen (Foto) ophuelen *(v)*
aufnehmen (Gäste) ophuelen *(v)*
aufnehmen (Ton, Film) ophuelen *(v)*
aufopfernd devouéiert *(adj)*
aufpäppeln oppäppelen *(v)*
aufpäppeln oppeppelen *(v)*
aufpassen oppassen *(v)*
aufpflügen opplouen *(v)*
aufpfropfen droppraffen *(v)*
aufplatzen opbaschten *(v)*
aufplatzen opsprangen *(v)*
aufprallen widderrennen *(tr)(v)*
aufpumpen oppompelen *(v)*
aufpumpen vollpompelen *(v)*
aufräumen opraumen *(v)*
aufräumen raumen *(v)*
aufrechterhalten oprechterhalen *(v)*
aufregen opreegen *(v)*
aufregen, sich - Luucht, an d'- goen *(exp)*
Aufregung Opreegung *(f,-en)*
Aufregung Spektakel *(m,-en)*
aufreihen alignéieren *(v)*
aufreihen reien *(v)*
aufreißen opräissen *(v)*
aufreißen oprappen *(v)*
aufrichten opriichten *(v)*
aufrichtig oprichteg *(adj)*
Aufrichtigkeit Opriichtegkeet *(f,~)*
aufrollen oprullen *(v)*
aufrufen opruffen *(v)*
Aufruhr Onrou *(f,-en)*
Aufruhr Oprouer *(f,-en)*
Aufrüstung Oprüstung *(f,-en)*
Aufsagen Opsoen *(n,~)*
aufsagen rezitéieren *(v)*
aufsägen opseeën *(v)*
aufsammeln ophiewen *(v)*
aufsässig rebellesch *(adj)*
Aufsatz Aufsatz *(m,-sätz)*
Aufsatz Dissertatioun *(f,-en)*
aufsaugen opsaugen *(v)*
aufsaugen (Löschpapier) opsuckelen *(v)*
aufscheuchen (Wild) opdreiwen *(v)*
aufscheuchen (Wild) opjoen *(v)*
aufschichten tässelen *(v)*
aufschieben opschuppen *(v)*
Aufschlag (Tennis) Opschlag *(m,-schléi)*
aufschnappen opschnapen *(v)*
aufschneiden opschneiden *(v)*
aufschrecken opfueren *(v)*
aufschreiben opschreiwen *(v)*
Aufschub Delai *(m,-en)*
aufschwatzen undréien *(v)*
aufschwemmen (durch Regen) ausplätschen *(v)*
Aufschwung Opschwong *(m,~)*
Aufseher Moniteur *(m,-en)*
Aufseher Oppassert *(m,-en)*
Aufseher Surveillant *(m,-en)*
Aufseherin Surveillante *(f,-n)*
aufsetzen (Hut) opdinn *(v)*
aufsetzen (Hut) opdoen *(v)*
aufsetzen, ein Stockwerk - opstacken *(v)*
aufsetzen, korrekt - (Text) libelléieren *(v)*
Aufsicht Opsiicht *(f,~)*
Aufsicht Supervisioun *(f,~)*
Aufsicht Surveillant *(m,-en)*
Aufsichtsbehörde Inspectioun *(f,-en)*
Aufsichtsbehörde Inspektioun *(f,-en)*
Aufsichtsmöglichkeit Supervisiounsméiglechkeet *(f,-en)*
Aufsichtsrat Opsiichtsrot *(m,-réit)*
aufspalten opsplécken *(v)*
aufspalten splécken *(v)*
aufspeichern opspäicheren *(v)*
aufsperren opspären *(v)*
aufspringen opsprangen *(v)*
aufspüren depistéieren *(v)*
aufstacheln inzitéieren *(v)*
aufstacheln opstëppelen *(v)*
aufstacheln stëppelen *(v)*
Aufstand Opstand *(m,-stänn)*
Aufstand Rebellioun *(f,-en)*
aufstehen lichen, sech - *(v)*
aufstehen opstoen *(v)*
aufstellen opstellen *(v)*
Aufstieg Opstig *(m,~)*
Aufstieg Promotioun *(f,-en)*
aufstocken opstocken *(v)*
aufstoßen eropstoussen *(v)*
aufstoßen opstoussen *(v)*
aufstoßen ropstoussen *(v)*
auftakeln fizen *(v)*
auftanken optanken *(v)*
auftauchen opdauchen *(v)*
auftauchen optauchen *(v)*
auftauen entdeeën *(v)*
aufteilen deelen *(v)*
aufteilen opdeelen *(v)*
auftischen opdëschen *(v)*
Auftrag Opdrag *(m,Opträg)*
Auftrag Optrag *(m,-träg)*
auftreiben ausbuddelen *(v)*
auftreiben opdreiwen *(v)*
auftreten optrëdden *(v)*
auftreten optrieden *(v)*
Auftritt Optrëtt *(m,-er)*
auftürmen optiermen *(v)*
aufwachen erwächen *(v)*
aufwachen waakreg ginn *(exp)*
aufwachsen opwuessen *(v)*
aufwallen spruddelen *(v)*
aufwärmen opwiermen *(v)*
aufwärmen wiermen *(v)*
aufwarten opwaarden *(v)*
aufweisen opweisen *(v)*
aufwenden consacréieren *(v)*
aufwerfen (Frage) opwäerfen *(v)*
aufwerten opwäerten *(v)*
aufwerten revaloriséieren *(v)*
aufwerten valoriséieren *(v)*
Aufwertung Revalorisatioun *(f,-en)*
Aufwertung Valorisatioun *(f,-en)*
aufwickeln opwéckelen *(v)*
aufwiegeln opstëppelen *(v)*
aufwischen opbotzen *(v)*
aufwischen opwëschen *(v)*
aufwühlen opwullen *(v)*
aufzählen opzielen *(v)*
aufzeichnen opzeechnen *(v)*
Aufzeichnung Enregistrement *(m,~)*
Aufzeichnung Opzeechnung *(f,-en)*
aufziehen opzillen *(v)*
aufziehen (Uhr) opdréien *(v)*
aufziehen (Uhr) opdréinen *(v)*
aufziehen (Uhr) opzéien *(v)*
aufziehen, jn - stëppelen *(v)*
aufzwingen opzwangen *(v)*
aufzwingen opzwéngen *(v)*
Auge A *(n,-en)*
Augenarzt Aendokter *(m,-en)*
Augenblick Ablack *(m,~)*
Augenblick Abléck *(m,-er)*
Augenblick Ament *(m,-er)*
Augenblick Moment *(m,-er)*
Augenblick, im letzten - Stëppel, op de leschte - *(exp)*
Augenblick, jeden - stënterlech *(adv)*
augenblicklich ablécklech *(adj)*
Augenbraue Aperhoer *(n,--)*

Augenbraue Aperhor*(n,--)*
Augenbutter Aeblatz*(m,~)*
Augenbutter Blatz*(m,~)*
Augendeckel Aendeckel*(m,-en)*
Augenkrankheit Aekrankheet*(f,-en)*
Augenlid Aendeckel*(m,-en)*
Augenmaß Aemooss*(f,~)*
Augenoperation Aenoperatioun*(f,-en)*
Augensalbe Aesaleft*(f,-en)*
Augenzeuge Aenzeien*(m,--)*
August August*(m,~)*
August Huewermount*(m,-méint)*
August, dummer - August, dommen -*(exp)*
Augustiner Augustiner*(m,-en)*
Au-pair-Mädchen Au-pair-Meedchen*(n,-Meedercher)*
aus aus*(adv)*
aus aus*(pp)*
aus sein auf etw aussinn, op eppes -*(exp)*
ausarbeiten ausschaffen*(v)*
ausarten ausaarten*(v)*
ausatmen ausootmen*(v)*
ausatmen ausotemen*(v)*
ausatmen exhaléieren*(v)*
Ausatmung Exhalatioun*(f,-en)*
ausbalancieren ausbalancéieren*(v)*
Ausbau Ausbau*(m,~)*
ausbauen ausbauen*(v)*
ausbauen erausmontéieren*(v)*
ausbeißen ausbäissen*(v)*
ausbessern ausbesseren*(v)*
ausbessern zoupléischteren*(v)*
ausbeulen ausbëlzen*(v)*
ausbeulen austéitschen*(v)*
ausbeulen debosseléieren*(v)*
ausbeulen erausbëlzen*(v)*
ausbeulen erausmaachen, Téitschen -*(exp)*
ausbeuten ausbeuten*(v)*
ausbeuten exploitéieren*(v)*
Ausbeutung Exploitatioun*(f,-en)*
ausbezahlen ausbezuelen*(v)*
ausbilden ausbilden*(v)*
ausbilden forméieren*(v)*
Ausbilder Ausbilder*(m,--)*
Ausbildung Ausbildung*(f,-en)*
Ausbildung Educatioun*(f,-en)*
Ausbildung Formatioun*(f,-en)*
Ausbildungsdauer Ausbildungszäit*(f,-en)*
ausblasen ausblosen*(v)*
ausbleiben ausbleiwen*(v)*
ausblenden ausblenden*(v)*
ausbohren ausbueren*(v)*
ausbomben ausbommen*(v)*
ausbrechen ausbriechen*(v)*
Ausbrecher Ausbriecher*(m,--)*
ausbreiten ausbreeden*(v)*
ausbreiten ausspreeden*(v)*
ausbreiten spreeden*(v)*
ausbreiten spreeën*(v)*
ausbrennen ausbrennen*(v)*
Ausbruch Ausbroch*(m,Ausbréch)*
Ausbruchsversuch Ausbrochsversuch*(m,-versich)*
ausbrüten ausbréien*(v)*
ausbuddeln ausbuddelen*(v)*
Ausdauer Ausdauer*(f,~)*
ausdehnen ausdehnen*(v)*
ausdenken ausdenken*(v)*
ausdiskutieren ausdiskutéieren*(v)*
Ausdruck Ausdrock*(m,Ausdréck)*
ausdrucken ausdrécken*(v)*
ausdrücken ausdrécken*(v)*
ausdrücklich express*(adj)*
ausdrücklich expressis verbis*(exp)*
Ausdrucksmittel Ausdrocksmëttel*(n,-en)*
Ausdrucksweise Ausdrocksweis*(f,-en)*
ausdünsten ausdënsten*(v)*
Ausdünstung Emanatioun*(f,-en)*
auseinander auserneen*(adv)*
auseinanderbauen demontéieren*(v)*
auseinanderbrechen auserneebriechen*(v)*
auseinanderbrechen auserneefueren*(v)*
auseinanderbrechen duerchfueren*(tr)(v)*
auseinanderbrechen duerchgoen*(tr)(v)*
auseinanderbrechen futtifueren*(v)*
auseinanderfallen verfalen*(v)*
auseinanderlegen, jm etw - auserneeleeën, engem eppes -*(exp)*
auseinandernehmen auserneenhuelen*(v)*
auseinanderplatzen zerfueren*(v)*
auseinanderreißen duerchfueren*(tr)(v)*
auseinanderreißen duerchgoen*(tr)(v)*
Auseinandersetzung Ausernanersetzung*(f,-en)*
auseinanderspringen zerbaschten*(v)*
auseinandertreten (Schuhe) vergraatschen*(v)*
auserwählen wielen*(v)*
Ausfahrt Ausfaart*(f,-en)*
Ausfahrt Ausfahrt*(f,-en)*
ausfallen ausfalen*(v)*
ausfallen flaachfalen*(v)*
ausfallen (Haare) ausgoen*(v)*
ausfechten ausfechten*(v)*
ausfegen auskieren*(v)*
ausfliegen ausfléien*(v)*
ausflippen ausflippen*(v)*
Ausflug Ausfluch*(m,Ausflich)*
Ausflug Excursioun*(f,-en)*
Ausflug machen Ausfluch maachen*(exp)*
ausformulieren ausformuléieren*(v)*
ausforschen ausfuerschen*(v)*
ausforsten aushaen*(v)*
ausfragen ausfroen*(v)*
ausfransen fënselen*(v)*
ausfressen ausfriessen*(v)*
ausfugen ausfouen*(v)*
ausführen ausféieren*(v)*
Ausführung Ausféierung*(f,-en)*
ausfüllen ausfëllen*(v)*
Ausgabe (Buch) Ausgab*(f,-en)*
Ausgabe (Geld) Ausgab*(f,-en)*
Ausgang Ausgank*(m,Ausgäng)*
Ausgang (einer Geschichte) Enn*(n,-er)*
ausgangs ausganks*(adv)*
Ausgangssituation Ausgankslag*(f,-en)*
Ausgangssituation Ausganksituatioun*(f,-en)*
ausgeben ausginn*(v)*
ausgeben (Geld) ewechginn*(v)*
ausgeben, einen - zum Beschte ginn, een -*(exp)*
ausgebucht ausverkaaft*(adj)*
ausgebufft ausgebufft*(adj)*
ausgeglichen ausgeglach*(adj)*
ausgehen ausgoen*(v)*
ausgehen (zechen) lompen*(v)*
ausgehen, miteinander - freien*(v)*
ausgehungert auserhéngert*(adj)*
ausgelassen sein Jumm, am - sinn*(exp)*
Ausgelassenheit Ausgeloossenheet*(f,~)*
Ausgelassenheit Muttwëll*(m,~)*
ausgelaugt ausgelaugt*(adj)*
ausgemessen ausgemooss*(adj)*
ausgemustert ausgemustert*(adj)*
ausgeprägt markant*(adj)*
ausgerechnet ausgerechent*(adv)*
ausgerichtet alignéiert*(adj)*
ausgeschlossen ausgeschloss*(adj)*
ausgesetzt exposéiert*(adj)*
ausgestattet ageriicht*(adj)*
ausgestoßen ausgestouss*(adj)*
ausgewachsen ausgewuess*(adj)*
ausgezeichnet ausgezeechent*(adj)*
ausgezeichnet dekoréiert*(adj)*
Ausgleich Ausgläich*(m,-er)*
Ausgleich Compensatioun*(f,-en)*
Ausgleich Kompensatioun*(f,-en)*
ausgleichen ausgläichen*(v)*
ausgleichen equilibréieren*(v)*
ausgleichen (Sport) egaliséieren*(v)*
ausgliedern ausglidderen*(v)*

ausgliedern filialiséieren*(v)*
ausgraben ausgruewen*(v)*
Ausgrabung Ausgruewung*(f,-en)*
Ausgrabungsarbeit Ausgruewungsaarbecht*(f,-en)*
aushaken auskrämpen*(v)*
aushalten aushalen*(v)*
aushalten packen*(v)*
Aushang Affiche*(f,-n)*
Aushang Affisch*(f,-en)*
aushängen affichéieren*(v)*
aushängen affischéieren*(v)*
aushängen panneautéieren*(v)*
aushängen (Fahne, Wäsche) aushänken*(v)*
aushauchen aushauchen*(v)*
ausheben aushiewen*(v)*
aushecken, etw - wëlles, eng - hunn*(exp)*
ausheilen ausheelen*(v)*
ausheilen verheelen*(v)*
aushelfen aushëllefen*(v)*
aushelfen depannéieren*(v)*
Aushilfe Aushëllef*(f,-en)*
aushöhlen aushielegen*(v)*
aushöhlen aushillegen*(v)*
aushöhlen ënnerhielechen*(utr)(v)*
aushöhlen hillegen*(v)*
Aushub Excavatioun*(f,-en)*
aushungern auserhéngeren*(v)*
auskämmen auskämmen*(v)*
auskennen, sich - auskennen, sech -*(v)*
auskippen auskippen*(v)*
ausklammern ausklameren*(v)*
ausklingen auskléngen*(v)*
ausklingen ausklénken*(v)*
ausklügeln ausklügelen*(v)*
ausknipsen ausknipsen*(v)*
auskochen auskachen*(v)*
auskommen auskommen*(v)*
Auskommen Auskommes*(n,~)*
auskommen (mit Geld) erauskommen*(v)*
auskoppeln auskoppelen*(v)*
auskratzen auskrazen*(v)*
auskugeln (Gelenk) verrenken*(v)*
auskundschaften ausschnoffelen*(v)*
Auskunft Renseignement*(n,-er)*
auskurieren auskuréieren*(v)*
auskurieren, eine Krankheit nicht - verschleefen, eng Krankheet -*(exp)*
auslachen auslaachen*(v)*
ausladen auslueden*(v)*
Ausland Ausland*(n,~)*
Ausländer Auslänner*(m,--)*
ausländerfeindlich auslännerfeindlech*(adj)*
Ausländerfeindlichkeit Auslännerfeindlechkeet*(f,~)*
Ausländerhass Auslännerhaass*(m,~)*
Ausländerin Auslännerin*(f,-nen)*
Ausländerkommission Friemecommissioun*(f,-en)*
Ausländerkommission Friemekommissioun*(f,-en)*
ausländisch auslännesch*(adj)*
Auslandsaufenthalt Auslandsopenthalt*(m,-er)*
Auslandsgespräch Auslandsgespréich*(n,-er)*
Auslandskorrespondent Auslandskorrespondent*(m,-en)*
Auslandsreise Auslandsrees*(f,-en)*
auslassen ausloossen*(v)*
auslassen, sich lang und breit - (über etw) discouréieren*(v)*
Auslassung Omissioun*(f,-en)*
auslasten auslaaschten*(v)*
auslaufen rauslafen*(v)*
auslaufen (leer werden) auslafen*(v)*
auslaufen (Schiff) auslafen*(v)*
Ausläufer Ausleefer*(m,--)*
auslegen (Ware) ausleeën*(v)*
ausleihen ausléinen*(v)*
Ausleihen Prêt*(m,-en)*
auslernen ausléieren*(v)*
ausleuchten ausliichten*(v)*
ausliefern ausliwweren*(v)*
ausliefern extradéieren*(v)*
Auslieferung Ausliwwerung*(f,-en)*
auslöffeln ausläffelen*(v)*
auslöschen ausläschen*(v)*
auslosen auslousen*(v)*
auslösen ausléisen*(v)*
auslösen declenchéieren*(v)*
Auslöser Ausléiser*(m,--)*
Auslosung Auslousung*(f,-en)*
ausmachen ausmaachen*(v)*
ausmalen ausmolen*(v)*
Ausmaß Ausmooss*(f,-en)*
ausmerzen exterminéieren*(v)*
ausmessen umiessen*(v)*
ausmessen vermoossen*(v)*
ausmisten mëschten*(v)*
ausmontieren erausmontéieren*(v)*
ausmustern ausmusteren*(v)*
Ausnahme Ausnahm*(f,-en)*
Ausnahme Ausnam*(f,-en)*
Ausnahme Exceptioun*(f,-en)*
Ausnahmefall Ausnahmefall*(m,-fäll)*
Ausnahmezustand Ausnahmezoustand*(m,-zoustänn)*
ausnahmsweise ausnahmsweis*(adv)*
ausnutzen ausnëtzen*(v)*
ausnutzen ausnotzen*(v)*
ausnützen abuséieren*(v)*
auspacken auspaken*(v)*
auspacken deballéieren*(v)*
auspfeifen auspäifen*(v)*
ausplündern plëmmen*(v)*
auspolstern auspolsteren*(v)*
ausposaunen ausposaunen*(v)*
ausposaunen posaunen*(v)*
auspressen ausdrécken*(v)*
auspressen auspressen*(v)*
ausprobieren ausprobéieren*(v)*
ausprobieren probéieren*(v)*
Auspuffgase Auspuffgas*(m,-en)*
Auspuffgase Autoofgasen*(npl)*
Auspuffrohr Auspuff*(m,-en)*
auspumpen auspompelen*(v)*
ausputzen ausbotzen*(v)*
ausquartieren ausquartéieren*(v)*
ausquartieren delogéieren*(v)*
ausquetschen ausquetschen*(v)*
ausquetschen ausquëtschen*(v)*
ausradieren ausradéieren*(v)*
ausrangieren ausrangéieren*(v)*
ausrauben ausraiberen*(v)*
ausräuchern ausreecheren*(v)*
ausräumen ausraumen*(v)*
ausrechnen ausrechnen*(v)*
ausrechnen rechnen*(v)*
Ausrede Ausried*(f,-en)*
ausreden ausrieden*(v)*
ausreden ausschwätzen*(v)*
ausreifen lassen mautschen*(v)*
Ausreise Ausrees*(f,-en)*
ausreisen ausreesen*(v)*
ausreißen ausräissen*(v)*
ausreißen erausrappen*(v)*
ausreiten ausreiden*(v)*
ausrenken ausrenken*(v)*
ausrichten ajustéieren*(v)*
ausrichten alignéieren*(v)*
ausrichten axéieren*(v)*
ausrichten (Auftrag) ausriichten*(v)*
ausrichten (zustande bringen) ausriichten*(v)*
ausrollen ausrullen*(v)*
ausrotten exstirpéieren*(v)*
Ausrottung Ausrottung*(f,-en)*
ausrücken ausrécken*(v)*
ausrufen ausruffen*(v)*
Ausrufezeichen Ausrufezeechen*(m,--)*
ausruhen (kurz Luft holen) erblosen*(v)*

ausruhen, sich - ausrouen, sech -*(v)*
ausruhen, sich - raschten*(v)*
ausrüsten ausrüsten*(v)*
Ausrüstung Ausrüstung*(f,-en)*
ausrutschen ausrëtschen*(v)*
ausrutschen ausrutschen*(v)*
ausrutschen schëppen*(v)*
Ausrutscher Ausrutscher*(m,--)*
Aussage Ausso*(f,-en)*
Aussage (Gericht) Depositioun*(f,-en)*
aussagen aussoen*(v)*
aussaugen aussaugen*(v)*
ausschachten ausschachten*(v)*
ausschalten ausmaachen*(v)*
ausschalten ausschalten*(v)*
ausschauen, sich die Augen - auskucken, sech d'An -*(exp)*
Ausscheidung Ausscheedung*(f,-en)*
Ausscheidungsspiel Ausscheedungsspill*(n,-er)*
ausschimpfen ramasséieren*(v)*
ausschimpfen vernennen*(v)*
ausschlachten ausschluechten*(v)*
ausschlafen ausschlofen*(v)*
Ausschlag Ausschlag*(m,~)*
ausschlagen ausschloen*(v)*
ausschlagen (Pflanzen) ausschéissen*(v)*
ausschleifen (Brille, Spiegel) huelschläifen*(v)*
ausschließen ausschléissen*(v)*
ausschließen (was deutsch ist) ausdäitschen*(v)*
ausschlürfen ausschluppen*(v)*
Ausschluss Exklusioun*(f,-en)*
ausschmücken tapisséieren*(v)*
ausschneiden ausschneiden*(v)*
ausschneiden erausschneiden*(v)*
Ausschnitt Ausschnëtt*(m,-er)*
Ausschnitt (Kleid) Decolleté*(m,-en)*
ausschöpfen ausschäffen*(v)*
ausschöpfen ausschöpfen*(v)*
ausschreiben ausschreiwen*(v)*
Ausschreibung Ausschreiwung*(f,-en)*
Ausschreibungskommission Soumissiounskommissioun*(f,-en)*
ausschütteln ausrëselen*(v)*
ausschütten ausgéissen*(v)*
ausschütten ausschëdden*(v)*
ausschütten hikippen*(tr)(v)*
ausschwärmen schwäermen*(v)*
ausschweifen ausschwäifen*(v)*
ausschwitzen erausschweessen*(v)*
ausschwitzen rausschweessen*(v)*
Aussehen Ausgesinn*(n,~)*
aussehen ausgesinn*(v)*
aussehen erausgesinn*(v)*
aussehen rausgesinn*(v)*
aussehen, gut - Minn, eng gutt - hunn*(exp)*
außen baussen*(adv)*
Außen- baussecht*(adj)*
Außenaufnahmen Baussenopnahmen*(npl)*
Außenbeziehung Ausserelatioun*(f,-en)*
Außendienst Aussendéngscht*(m,-er)*
Außenhandel Aussenhandel*(m,~)*
Außenminister Ausseminister*(m,-en)*
Außenministerium Ausseministär*(m,-en)*
Außenministerium Ausseministère*(m,-n)*
Außenpolitik Aussepolitik*(f,-en)*
Außenseiter Aussesäiter*(m,-en)*
Außenseiter Outsider*(m,-en)*
Außenspiegel Aussespigel*(m,-en)*
Außenspiegel Baussespigel*(m,-en)*
Außentemperatur Aussentemperatur*(f,-en)*
außer ausser*(pp)*
außer bis op*(pp)*
äußere baussecht*(adj)*
äußere baussenzeg*(adj)*
außergewöhnlich aussergewéinlech*(adj)*
außerhalb baussent*(pp)*
außerhalb der Hauptverkehrszeiten Niewestonn*(f,-en)*
Außerirdischer Ausserierdeschen*(m,Ausserierdesch)*
äußern, sich lobend - beluewen*(v)*
äußerst ongeroden*(adv)*
aussetzen (Kind, Tier) aussetzen*(v)*
Aussicht Aussiicht*(f,-en)*
Aussichtslosigkeit Aussiichtslosegkeet*(f,-en)*
Aussichtspunkt Aussiichtspunkt*(m,-en)*
aussieden ausgreewen*(v)*
aussondern sënneren*(v)*
aussorgen aussuergen*(v)*
aussortieren aussënneren*(v)*
aussortieren aussortéieren*(v)*
ausspachteln ausspachtelen*(v)*
ausspannen ausspanen*(v)*
aussperren ausspären*(v)*
ausspielen ausspillen*(v)*
ausspionieren ausspionéieren*(v)*
Aussprache Aussprooch*(f,-en)*
aussprechen ausschwätzen*(v)*
aussprechen ausspriechen*(v)*
aussprechen prononcéieren*(v)*
ausspucken auswerfen*(v)*
ausspucken erausspäizen*(v)*
ausspülen ausspullen*(v)*
ausstatten ariichten*(v)*
ausstatten ausstafféieren*(v)*
ausstatten dotéieren*(v)*
ausstatten equipéieren*(v)*
ausstechen ausstiechen*(v)*
ausstehen ausstoen*(v)*
ausstehen häerden*(v)*
ausstehen, nicht - können verquëssen, net -*(exp)*
aussteigen erausklammen*(v)*
ausstellen ausstellen*(v)*
ausstellen exposéieren*(v)*
Aussteller Aussteller*(m,~)*
Ausstellung Expositioun*(f,-en)*
Ausstellung (auch: Messe) Ausstellung*(f,-en)*
Ausstellungshalle Ausstellungshal*(f,-en)*
Ausstellungskatalog Ausstellungskatalog*(m,-en)*
Ausstellungsstück Ausstellungsstéck*(n,-er)*
aussterben ausstierwen*(v)*
ausstopfen opstoppen*(v)*
ausstoßen ausstoussen*(v)*
ausstrahlen ausstralen*(v)*
Ausstrahlung Ausstralung*(f,-en)*
ausstrecken allongéieren*(v)*
ausstrecken ausstrecken*(v)*
ausstreichen ausstäichen*(v)*
ausstreuen ausstreeën*(v)*
ausströmen degagéieren*(v)*
aussuchen aussichen*(v)*
aussuchen eraussichen*(v)*
aussuchen raussichen*(v)*
Austausch Austausch*(m,~)*
Austausch Austosch*(m,~)*
austauschen austauschen*(v)*
Austauschmotor Austauschmotor*(m,-en)*
austeilen ausdeelen*(v)*
Auster Auster*(f,-en)*
Austernmesser Austeremesser*(n,-en)*
austragen ausdroen*(v)*
Australien Australien*(p)*
austreiben ausdreiwen*(v)*
austreiben (Geister) exorciséieren*(v)*
austreiben (Geister) exorzéieren*(v)*
austreiben (Geister) exorziséieren*(v)*
austreten austrëppelen*(v)*
austreten (abnutzen) austrieden*(v)*
austreten (aus Verein) austrieden*(v)*
austricksen austricksen*(v)*
austrinken ausdrénken*(v)*
Austritt Austrëtt*(m,-er)*
austrocknen ausdréchnen*(v)*
ausüben ausüben*(v)*
ausufern ausufern*(v)*
Ausverkauf Ausverkaf*(m,~)*

Ausverkauf	Ausverkaf*(m,-keef)*
Ausverkauf	Liquidatioun*(f,-en)*
ausverkaufen	ausverkafen*(v)*
ausverkauft	ausverkaaft*(adj)*
auswachsen	auswuessen*(v)*
auswachsen (Kleidung)	verwuessen*(v)*
Auswahl	Auswiel*(f,~)*
Auswahl	Selectioun*(f,-en)*
Auswahl	Selektioun*(f,-en)*
Auswahl	Wiel*(f,~)*
auswählen	aussichen*(v)*
auswählen	auswielen*(v)*
auswählen	erauswielen*(v)*
auswählen	selectionéieren*(v)*
Auswanderer	Auswanderer*(m,--)*
Auswanderer	Emigrant*(m,-en)*
auswandern	auswanderen*(v)*
Auswanderung	Auswanderung*(f,-en)*
Auswanderung	Emigratioun*(f,-en)*
auswärts	auswäerts*(adv)*
auswärts	baussen*(adv)*
Auswärtsspiel	Auswäertsspill*(n,-er)*
auswaschen	auswäschen*(v)*
auswaschen	erauswäschen*(v)*
auswechseln	auswiesselen*(v)*
Ausweg	Auswee*(m,-ër)*
ausweichen	auswäichen*(v)*
ausweinen, sich -	auskräischen, sech -*(v)*
ausweisen	ausweisen*(v)*
ausweisen	expulséieren*(v)*
Ausweisung	Ausweisung*(f,-en)*
Ausweisung	Expulsioun*(f,-en)*
ausweiten	ausweiten*(v)*
auswendig	auswenneg*(adv)*
auswerten	auswäerten*(v)*
auswirken	auswierken*(v)*
auswirken, sich -	repercutéieren*(v)*
Auswirkung	Auswierkung*(f,-en)*
Auswirkung	Repercussioun*(f,-en)*
auswischen	auswëschen*(v)*
auswringen	ausdréien*(v)*
auswringen	ausdréinen*(v)*
auswuchten	auswuchten*(v)*
auszählen	auszielen*(v)*
Auszählung	Auszielung*(f,-en)*
auszeichnen	auszeechnen*(v)*
auszeichnen	dekoréieren*(v)*
auszeichnen, sich -	ervirdoen, sech -*(v)*
Auszeichnung	Auszeechnung*(f,-en)*
Auszeichnung	Dekoratioun*(f,-en)*
Auszeichnung	Gielchen*(m,Gielercher)*
ausziehen (Kleidung)	ausdoen*(v)*
ausziehen (Strümpfe, Hosen)	erofstréppen*(v)*
ausziehen, sich -	stréppen, sech -*(v)*
Ausziehtisch	Kulissendësch*(m,-er)*
Auszug	Auszoch*(m,Auszich)*
Auszug	Auszuch*(m,Auszich)*
Auszug (Text)	Passage*(m,-n)*
authentisch	authentesch*(adj)*
autistisch	autistesch*(adj)*
Auto	Auto*(m,-en)*
Auto	Won*(m,Ween)*
Autoabgase	Auspuffgas*(m,-en)*
Autobahn	Autobunn*(f,-en)*
Autobahnabfahrt	Autobunnssortie*(f,-n)*
Autobahnauffahrt	Autobunnsopfaart*(f,-en)*
Autobahnauffahrt	Autobunnsopfahrt*(f,-en)*
Autobahnausfahrt	Ausfaartsstrooss*(f,-en)*
Autobahnausfahrt	Ausfahrtsstrooss*(f,-en)*
Autobahnausfahrt	Autobunnsausfaart*(f,-en)*
Autobahnausfahrt	Autobunnsausfahrt*(f,-en)*
Autobahnkreuz	Autobunnskräiz*(n,-er)*
Autobahnnetz	Autobunnsreseau*(m,-en)*
Autobahntankstelle	Autobunnstankstell*(f,-en)*
Autobiographie	Autobiografie*(f,-n)*
Autobiographie	Autobiographie*(f,-n)*
autobiographisch	autobiographesch*(adj)*
Autobombe	Autobomm*(f,-en)*
Autobus	Autobus*(m,-sen)*
Autodidakt	Autodidakt*(m,-en)*
Autofahren	Autofueren*(n,~)*
Autofahrer	Autofuerer*(m,--)*
Autofahrerin	Automobilist*(m,-en)*
Autofahrerin	Automobilistin*(f,-nen)*
autogen	autogen*(adj)*
Autogesellschaft	Autoszivilisatioun*(f,-en)*
Autogramm	Autogramm*(m,-en/-er)*
Autohändler	Autohändler*(m,--)*
Autokennzeichen	Autosnummer*(f,-en)*
Autokolonne	Autoskolonn*(f,-en)*
Automat	Automat*(m,-en)*
Automatik	Automatik*(f,-en)*
automatisch	automatesch*(adj)*
automatisieren	automatiséieren*(v)*
Automatisierung	Automatiséierung*(f,-en)*
Automatismus	Automatismus*(m,-issem)*
Automobilindustrie	Autoindustrie*(f,-n)*
Automobilindustrie	Autosindustrie*(f,-n)*
Automobilsport	Autosport*(m,~)*
autonom	autonom*(adj)*
Autonomie	Autonomie*(f,-n)*
Autopsie	Autopsie*(f,-n)*
Autopsie	Obduktioun*(f,-en)*
Autor	Auteur*(m,-en)*
Autor	Autor*(m,-en)*
Autoradio	Autoradio*(m,-en)*
Autoradio	Autosradio*(m,-en)*
Autoreifen	Autospneu*(m,-en)*
Autorennen	Autoscourse*(f,-courssen)*
Autorenrechte	Autorerecht*(n,-er)*
Autorin	Auteurin*(f,-nen)*
Autorisation	Autorisatioun*(f,-en)*
autorisieren	autoriséieren*(v)*
autoritär	autoritär*(adj)*
Autorität	Autoritéit*(f,-en)*
Autoschlange	Autosschlaang*(f,-en)*
Autoschlüssel	Autosschlëssel*(m,-en)*
Autoscooter	Knuppauto*(m,-en)*
Autosuggestion	Autosuggestioun*(f,-en)*
Autotelefon	Autostelefon*(m,-en)*
Autounfall	Autosaccident*(n,-er)*
Autoverkehr	Autosverkéier*(m,~)*
Autowerkstatt	Garage*(f/m,-n)*
Autozubehör	Autosaccessoiren*(npl)*
Autozug	Autoszuch*(m,-zich)*
Auxiliarbischof	Weihbëschof*(m,-bëscheef)*
Avantgarde	Avantgarde*(f,-n)*
Ave Maria	Ave Maria*(m,~)*
Aversion	Aversioun*(f,-en)*
Avocado	Avocado*(f,-en)*
Axt	Aax*(f,-en)*
Axt	Aaxt*(f,-en)*
Axtblatt	Aaxeneisen*(m,--)*
Axtstiel	Aaxestill*(m,-er)*
Azalee	Azalee*(f,-ën)*

B

Baby	Bëbee*(m,-ën)*
Baby	Pippelchen*(m,Pippelcher)*
Baby	Puppelchen*(m,Puppelcher)*
Babyjahr	Bëbeesjoer*(n,-en)*
Babylaufgerät	Juppela*(f,-en)*
Babysitter	Babysitter*(m,--)*
Bach	Baach*(f,-en)*
Bachforelle	Baachfrell*(f,-en)*
Bächlein	Bächelchen*(f,Bächelcher)*
Bächlein, ein - machen	Bächelchen, eng - maachen*(exp)*
Bachstelze	Panestäerchen*(m,-stärercher)*
Bachstelze	Panewippchen*(m,-wippercher)*
Backblech	Bakblech*(m,-er)*
Backe	Bak*(m,-en)*
Backe, geschwollene -	Jick*(scherzh)(f,-en)*
backen	baken*(v)*
Backenzahn	Bakenzant*(m,-zänn)*
Backenzahn	Bakzant*(m,-zänn)*
Bäcker	Bäcker*(m,-en)*
Bäckerei	Bäckerei*(f,-en)*

Bäckersfrau Bäckesch*(f,-en)*
Background Background*(m,~)*
Backofen Bakuewen*(m,--)*
Backofen Schäffchen*(m,Schäffercher)*
Backofen Uewen*(m,Iewen)*
Backofenfüllung Bakecht*(f,-en)*
Backpulver Bakpolver*(n,~)*
Backsteinbau Zillekonstruktioun*(f,-en)*
Backtrog Bakmull*(f,-en)*
Backtrog Mull*(f,-en)*
Bad Bad*(n,Bieder)*
Badeanzug Buedkostüm*(m,-er)*
Badeanzug Maillot*(m,-en)*
Badeanzug Trikot*(m,-en)*
Badehose Schwammbox*(f,-en)*
Bademantel Buedmantel*(m,-mäntel)*
baden bueden*(v)*
Badetuch Buedduch*(n,-dicher)*
Badewanne Bidden*(f,--)*
Badewanne Buedbidden*(f,--)*
Badezimmer Buedzëmmer*(m,-en)*
Badge Badge*(m,-n)*
Badge Plakett*(f,-en)*
Badminton Badminton*(m,~)*
Badteppich Buedzëmmerteppech*(m,-er)*
Bagage Bagage*(m,~)*
Bagatelle Bagatelle*(f,-n)*
Bagatelle Eefällegkeet*(f,-en)*
bagatellisieren bagatelliséieren*(v)*
Bagger Bagger*(m,-en)*
baggern baggeren*(v)*
Baggerschiff Schwammbagger*(m,-en)*
Baguette Baguette*(f,-n)*
Bahn Bunn*(f,-en)*
Bahngleis Gleis*(n,-er)*
Bahnhof Gare*(f,-n)*
Bahnhofsvorsteher Chef de gare*(m,Chef-de-garen)*
Bahnsteig Quai*(m,-en)*
Baisse (Börse) Baisse*(f,-n)*
balancieren balancéieren*(v)*
bald geschwënn*(adv)*
balgen, sich - kesselen, sech -*(v)*
balgen, sich - rolzen*(v)*
balgen, sich - zerkazen, sech -*(v)*
balgen, sich - zerkuederen, sech -*(v)*
balgen, sich - (Kinder) zerbalegen, sech -*(v)*
Balken Dunn*(f,-en)*
Balkon Balcon*(m,-en)*
Balkon Balkon*(m,-en)*
Ball Ball*(m,Bäll)*
Ball Ballon*(m,-en)*
Ball (Fest) Bal*(m,-er)*
Ballade Ballad*(f,-en)*
Ballast Ballast*(m,~)*
Ballen Ball*(f,-en)*
Ballerina Ballerina*(f,-en)*
Ballett Ballet*(m,-en)*
Balletttröckchen Balletsräckelchen*(m,-räckelcher)*
Ballettschuh Balletsschong*(m,--)*
Balletttänzer Balletsdänzer*(m,--)*
Balletttänzerin Balletsdänzerin*(f,-nen)*
Ballkleid Balkleed*(n,-er)*
Ballon Ballon*(m,-en)*
Ballungsraum Agglomeratioun*(f,-en)*
Bambus Bambus*(m,~)*
banal banal*(adj)*
banalisieren banaliséieren*(v)*
Banalität Banalitéit*(f,-en)*
Banane Banann*(f,-en)*
Banause Banaus*(m,-en)*
Band Band*(m,Bänner)*
Band (Buch) Band*(n,Bänn)*
Band (Streifen Stoff, Papier) Band*(n,Bänn)*
Bandbreite Bandbreet*(f,-en)*
Bändchen Bändchen*(m,Bännercher)*
Bande Band*(n,-en)*
Banderole Banderole*(f,-n)*
Bänderriss Bännerrass*(m,-rëss)*
Bänderzerrung Bännerzerrung*(f,-en)*
bändigen bändegen*(v)*
bändigen bännegen*(v)*
Bandmaß Bandmooss*(n,-en)*
Bandscheibe Bandscheif*(f,-scheiwen)*
Bandwurm Bandwuerm*(m,-wierm)*
bange baang*(adj)*
bangen baangen*(v)*
Banjo Banjo*(m,-en)*
Bank (Geldinstitut) Bank*(f,-en)*
Bank (Sitz-) Bänk*(f,-en)*
Banker Banquier*(m,-en)*
Bankett Banquet*(m,-en)*
Bankfiliale Agence*(f,-n)*
Bankgeheimnis Bankgeheimnis*(n,~)*
Bankgeschäft Bankoperatioun*(f,-en)*
Bankkaufmann Banquier*(m,-en)*
Bankkonto Bankkonto*(n,-en)*
Bankkosten Bankkäschten*(npl)*
Bankleitung Bankdirectioun*(f,-en)*
Bankräuber Bankraiber*(m,--)*
bankrott bankrott*(adj)*
Bankrott Bankrott*(m,-er)*
bankrott gehen krups goen*(ugs)(exp)*
bankrott sein eran sinn*(exp)*
bankrott sein krups sinn*(ugs)(exp)*
Bankspesen Bankspesen*(npl)*
Bannhüter Bannhidder*(m,--)*
Bannhüter Bannpréiter*(m,-en)*
Bannhüter Préiter*(m,-en)*
Banzelt Banzelt*(p)*
bar boer*(adj)*
bar bor*(adj)*
Bär Bier*(m,-en)*
Bar (Nachtbar) Bar*(m/f,-en)*
bar bezahlen boer bezuelen*(exp)*
Baracke Brak*(f,-en)*
Barbar Barbar*(m,-en)*
barbarisch barbaresch*(adj)*
Barbe Baarf*(n,Baarwen)*
barfuß baarbes*(adv)*
barfuß baarfouss*(adv)*
barfuß buerbes*(adv)*
barfuß buerféiss*(adv)*
barfuß buerfouss*(adv)*
Bargeld Boergeld*(n,~)*
Barhocker Barhocker*(m,-en)*
Barke Naachen*(m,--)*
Barkeeper Barkeeper*(m,--)*
Barmann Barman*(m,~)*
barmherzig baarmhäerzeg*(adj)*
Barmherzigkeit Baarmhäerzegkeet*(f,-en)*
barock barock*(adj)*
Barpreis Barpräis*(m,-ser)*
Barrel Barrel*(m,--)*
Barren Barren*(m,--)*
Barriere Barrière*(f,-n)*
Barrikade Barrikad*(f,-en)*
barsch baupseg*(adj)*
Barsch Piisch*(f,Pijen)*
Barscheck Barscheck*(m,-en)*
Bart Baart*(m,Bäert)*
Barthaare Baarthoer*(n,--)*
Basar Basar*(m,-en)*
Basbellain Kierchen*(p)*
Bascharage Nidderkäerjeng*(p)*
Baschleiden Baschelt*(p)*
Baseball Baseball*(m,~)*
basieren baséieren*(v)*
basieren, auf etw - foussen, op eppes -*(exp)*
Basilika Basilika*(f,-en)*
Basilikum Basilikum*(m,~)*
Basis Basis*(f,-sen)*
Basisdemokratie Basisdemokratie*(f,-n)*
Basketball Basketball*(m,~)*
Bass (Musik) Bass*(m,Bäss)*
Basse-Yutz Jäiz*(p)*
Bassstimme Bassstëmm*(f,-en)*
Bast Bast*(m,~)*

Bastard	Baaschtert *(m,-en)*
basteln	bastelen *(v)*
basteln	bricoléieren *(v)*
Bastendorf	Baastenduerf *(p)*
Bastler	Bastler *(m,--)*
Bastler	Knécheler *(m,--)*
Bastler	Koschterer *(pej)(m,--)*
Bastlerei	Bastlerei *(f,-en)*
Bataillon	Batailloun *(m,-en)*
Batterie	Batterie *(f,-n)*
Batterie	Pill *(f,-en)*
Bau	Bau *(m,~)*
Bauaufsicht	Bauopsiicht *(f,-en)*
Baubranche	Baubranche *(f,-n)*
Bauch	Bauch *(m,Baich)*
bauchig	baucheg *(adj)*
bauchig	bompeg *(adj)*
Bauchlandung	Bauchlandung *(f,-en)*
Bäuchlein	Bäichelchen *(m,Bäichelcher)*
Bauchschmerzen	Bauchwéi *(m,~)*
Bauchspeicheldrüse	Pankreas *(m,~)*
Bauchtanz	Bauchdanz *(m,~)*
bauen	bauen *(v)*
Bauer	Bauer *(m,-en)*
Bäuerin	Baurefra *(f,-en)*
Bauernaufstand 1798 in den Ardennen	Kléppelkrich *(m,~)*
Bauernfängerei	Baurefänkerei *(f,~)*
Bauernhaus	Baurenhaus *(n,-haiser)*
Bauernhof	Bauerenhaff *(m,-häff)*
Bauernhof	Baurenhaff *(m,-häff)*
Bauernjunge	Baurejong *(m,-en)*
Bauernmöbel	Bauremiwwel *(m,-en)*
Bauernschinken	Baurenham *(f,-en)*
baufällig	baufällig *(adj)*
Baugenehmigung	Baugenehmegung *(f,-en)*
Baugerüst	Stee *(f,-ën)*
Baugrundstück	Bauterrain *(m,-en)*
Bauholz	Gehëlz *(n,~)*
Baukasten	Baukasten *(m,--)*
Bauland	Bauland *(n,~)*
Baulichkeit	Baulechkeet *(f,-en)*
Baum	Bam *(m,Beem)*
Baumaterial	Baumaterial *(n,~)*
baumeln	bampelen *(v)*
baumeln	bommelen *(v)*
baumeln	bompelen *(v)*
Baumkuchen	Bamkuch *(m,-en)*
Baumschule	Bamschoul *(f,-en)*
Baumstamm	Bamstamm *(m,-stämm)*
Baumstamm	Stamm *(m,Stämm)*
Baumstock	Stack *(m,Stäck)*
Baumstumpf	Stomp *(m,Stëmp)*
Baumwolle	Coton *(m,~)*
Baumwolle	Kotteng *(m,~)*
Bauplan	Bauplang *(m,-pläng)*
bauschig	bauscheg *(adj)*
Bausparen	Bauspueren *(n,~)*
Bausparplan	Bauspuerplang *(m,-pläng)*
Baustelle	Chantier *(m,-en)*
Baustil	Baustil *(m,-er)*
Bautenkommission	Bautekommissioun *(f,-en)*
Bauunternehmen	Bauentreprise *(f,-n)*
Bazille	Bazill *(m/f,-en)*
beabsichtigen	envisagéieren *(v)*
beabsichtigen	plangen *(v)*
beachten	anuechthuelen *(v)*
beachten	beuechten *(v)*
beachten	considéréieren *(v)*
Beachtung finden	Usprooch kréien *(exp)*
Beamtenrente	Statsbeamtepensioun *(f,-en)*
Beamtenvertretung	Beamtendelegatioun *(f,-en)*
Beamter	Beamten *(m,--)*
Beamter, kleiner -	Lampist *(m,-n)*
Beamtin	Beamtin *(f,-nen)*
beanstanden	reklaméieren *(v)*
Beanstandung	Reklamatioun *(f,-en)*
beantworten	beäntweren *(v)*
bearbeiten	beaarbechten *(v)*
bearbeiten, jn -	veraarbechten, een - *(exp)*
beatmen	beootmen *(v)*
Beaufort	Beefort *(p)*
beaufsichtigen	surveilléieren *(v)*
beauftragen	beoptragen *(v)*
beauftragen	chargéieren *(v)*
beauftragen	commissionéieren *(v)*
beauftragen	mandatéieren *(v)*
beauftragen	ustellen *(v)*
Beauftragter	Mandataire *(m,-n)*
bebauen	bebauen *(v)*
Bech	Bech *(p)*
Becher	Becher *(m,-en)*
Becher	Gubbeli *(m,-en)*
bechern	patten *(v)*
bechern	schluppen *(v)*
Bech-Kleinmacher	Bech-Maacher *(p)*
Becken	Becken *(m,--)*
Beckerich	Biekerech *(p)*
bedächtig	bedächteg *(adj)*
bedanken	bedanken *(v)*
bedanken, sich -	Merci soen *(exp)*
bedauerlich	bedauerlech *(adj)*
Bedauern	Bedaueren *(n,--)*
bedauern	bedaueren *(v)*
bedauern	regrettéieren *(v)*
bedecken	bedecken *(v)*
bedecken (Kleider)	stoppen *(v)*
bedeckt	bedeckt *(adj)*
Bedenken	Bedenken *(n,--)*
bedenken	bedenken *(v)*
bedenklich	bedenklech *(adj)*
Bedenkzeit	Bedenkzäit *(f,-en)*
bedeuten	bedeiten *(v)*
bedeuten	connotéieren *(v)*
bedeutend	bedäitend *(adj)*
bedeutend	bedeitend *(adj)*
bedeutend	faméis *(adj)*
bedeutend	famous *(adj)*
Bedeutung	Bedeitung *(f,-en)*
Bedeutung	Sënn *(m,~)*
Bedeutung	Wichtegkeet *(f,-en)*
bedeutungslos	bedeitungslos *(adj)*
bedienen	bedéngen *(v)*
bedienen	servéieren *(v)*
bedienen (Restaurant)	zerwéieren *(v)*
bedienen, sich -	duergräifen *(v)*
Bedienung	Service *(m,~)*
bedingen	bedéngen *(v)*
Bedingung	Bedéngung *(f,-en)*
Bedingung	Conditioun *(f,-en)*
Bedingung	Konditioun *(f,-en)*
bedrängen	bedrängen *(v)*
bedrohen	bedreeën *(v)*
bedrohen	menacéieren *(v)*
bedrohlich	bedreelech *(adj)*
bedrücken	bedrécken *(v)*
Bedürfnis	Bedierfnes *(m,-ser)*
Bedürfnis	Besoin *(m,-en)*
beeidigen	assermentéieren *(v)*
beeilen, sich -	begannen, sech - *(v)*
beeilen, sich -	fläissen, sech - *(v)*
beeilen, sich -	rennen *(v)*
beeilen, sich -	tommelen, sech - *(v)*
beeilen, sich -	virumaachen *(v)*
beeilen, sich sehr -	hetzen, sech - *(v)*
beeindrucken	beandrocken *(v)*
beeindrucken	imponéieren *(v)*
beeindrucken	impressionéieren *(v)*
beeindruckend	impressionant *(adj)*
beeinflussen	beaflossen *(v)*
beeinflussen	influencéieren *(v)*
beeinträchtigen	beeinträchtegen *(v)*
beenden	finaliséieren *(v)*
beerdigen	begruewen *(v)*
Beerdigung	Begriefnes *(n,-ser)*
Beere	Bier *(f,-en)*
Beere (einzelne)	Kär *(m,-en)*
befähigen	befäegen *(v)*
befähigen	befähegen *(v)*

befahren befueren*(v)*
befallen befalen*(v)*
befassen befaassen*(v)*
Befehl Uerder*(m,-en)*
befehlen befielen*(v)*
befehlen commandéieren*(v)*
befehlen gebidden*(v)*
befehlen kommandéieren*(v)*
befehlen verordonnéieren*(v)*
befehlen virschreiwen*(v)*
befestigen befestegen*(v)*
befestigen fixéieren*(v)*
befestigen umaachen*(v)*
Befestigung Fixatioun*(f,-en)*
Befestigung zum Aufhängen Hänk*(f,-en)*
befeuchten ufiichten*(v)*
befinden befannen*(v)*
beflissen beflass*(adj)*
befolgen befollegen*(v)*
befördert werden avancéieren*(v)*
Beförderung Promotioun*(f,-en)*
Beförderung (von Sachen) Expeditioun*(f,-en)*
befragen interrogéieren*(v)*
befragen konsultéieren*(v)*
befragen (Meinungsumfrage) sondéieren*(v)*
Befragung Ëmfro*(f,-en)*
befreien befreien*(v)*
befreien (durch Wühlen) lasswullen*(v)*
Befreiung Befreiung*(f,-en)*
Befreiung Exemptioun*(f,-en)*
Befreiung (von Abgaben, Pflichten) Exoneratioun*(f,-en)*
befriedigen befriddegen*(v)*
befriedigend befriddegend*(adj)*
Befruchtung Befruchtung*(f,-en)*
Befruchtung Fecondatioun*(f,~)*
befürworten, etw - plädéieren, fir eppes -*(exp)*
begabt begaabt*(adj)*
begabt sein lass, eppes - hunn*(exp)*
Begabung Begabung*(f,-en)*
Begebenheit Begiewenheet*(f,-en)*
begegnen begéinen*(v)*
begehen begoen*(v)*
begehen, ein Verbrechen - verbriechen*(v)*
begehen, Selbstmord - suicidéieren*(v)*
begehren begieren*(v)*
begeistern begeeschteren*(v)*
begeistern passionéieren*(v)*
begeistern, sich - extaséieren*(v)*
begeistert begeeschtert*(adj)*
Begeisterung Begeeschterung*(f,-en)*
Beggen Beggen*(p)*
beginnen ufänken*(v)*
beginnen ugoen*(v)*
beglaubigen accreditéieren*(v)*
beglaubigen beglaubegen*(v)*
begleichen acquittéieren*(v)*
begleiten accompagnéieren*(v)*
begleiten begleeden*(v)*
begleiten matgoen*(v)*
begleiten (führen) geleeden*(v)*
begleiten, nach Hause - heembegleeden*(tr)(v)*
Begleiter des Nikolaus in Luxemburg Housécker*(m,-en)*
Begleiterscheinung Begleiterscheinung*(f,-en)*
begleitet begleet*(adj)*
Begleitung, in - accompagnéiert*(adj)*
beglücken beglécken*(v)*
beglückwünschen felicitéieren*(v)*
beglückwünschen komplimentéieren*(v)*
begnadigen begnadegen*(v)*
begnadigen begnodegen*(v)*
begraben begruewen*(v)*
begreifen begräifen*(v)*
begreifen bekäppen*(v)*
begrenzen agrenzen*(v)*
Begrenzung Begrenzung*(f,-en)*
Begrenzung Limite*(f,Limitten)*
Begriff Begrëff*(m,-er)*
Begriff Notioun*(f,-en)*
Begriff Term*(m,-en)*
Begriff, im - sein amgaang sinn*(exp)*
begründen begrënnen*(v)*
begründen fundéieren*(v)*
begründen justifizéieren*(v)*
begrüßen begréissen*(v)*
Begrüßung Begréissung*(f,-en)*
begünstigen avantagéieren*(v)*
begünstigen begënschtegen*(v)*
begünstigen begënstegen*(v)*
begutachten begutachten*(v)*
begutachten expertiséieren*(v)*
behaart, stark - bewuess*(adj)*
Behäbigkeit Schwéierfällegkeet*(f,~)*
behalten behalen*(v)*
behalten halen*(v)*
behalten verhalen*(v)*
Behälter Behälter*(m,--)*
behände behänn*(adj)*
behandeln behandelen*(v)*
behandeln traitéieren*(v)*
behandeln, mit nassen Umschlägen - plätschen*(v)*
Behändigkeit Gewierwegkeet*(f,-en)*
Behandlung Behandelung*(f,-en)*
beharren, darauf - obstinéieren, sech -*(v)*
behauen behaen*(v)*
behaupten affirméieren*(v)*
behaupten behaapten*(v)*
behaupten, sich in etw - (gegen jd anders) iwwerstreiden*(utr)(v)*
Behauptung Affirmatioun*(f,-en)*
Behauptung Behaaptung*(f,-en)*
beheben behiewen*(v)*
behelfen, sich - behëllefen, sech-*(v)*
beherbergen, jn - logéieren, ee -*(exp)*
beherrschen beherrschen*(v)*
beherrschen maîtriséieren*(v)*
beherrschen Meeschter ginn*(exp)*
beherrschen meeschteren*(v)*
beherrschen verbäissen*(v)*
Beherrschung Beherrschung*(f,-en)*
beherzigen behäerzegen*(v)*
behilflich behëlleflech*(adj)*
behindern behënneren*(v)*
behindern genéieren*(v)*
behindern handicapéieren*(v)*
behindern jenéieren*(v)*
behindert handicapéiert*(adj)*
behindert handikapéiert*(adj)*
Behindertensport Behënnertesport*(m,~)*
Behinderung Handicap*(n,-pen)*
Behinderung Handikap*(n,-pen)*
Behörde Autoritéit*(f,-en)*
behüten behidden*(v)*
bei bäi*(pp)*
bei bei*(pp)*
bei un*(pp)*
beibehalten bäibehalen*(v)*
beibehalten (Tempo, Rhythmus) bäihalen*(v)*
beibringen bäibréngen*(v)*
Beichte Beicht*(f,-en)*
beichten beichten*(v)*
Beichtgeheimnis Beichtgeheimnis*(n,-ser)*
Beichtstuhl Beichtstull*(m,-still)*
Beichtvater Beichthär*(m,-en)*
beide béid*(dét)*
beiderseits béidersäits*(adv)*
beides béides*(pr)*
Beidweiler Beidler*(p)*
beieinander beieneen*(adv)*
Beifahrersitz Beifahrersëtz*(m,-er)*
Beifall Bäifall*(m,~)*
Beifallsruf Acclamatioun*(f,-en)*
Beigabe Supplement*(m,-en)*
beige beige*(adj)*
beigeben, klein - bäiginn, kleng -*(exp)*
Beigeschmack Bäigeschmaach*(m,~)*
Beihilfe Bäihëllef*(f,-en)*

Beihilfe (finanziell) Allocatioun *(f,-en)*
Beil Beil *(m,-en)*
Beil Beilen *(n,--)*
Beilage Bäilag *(f,-en)*
Beilage Bäiluecht *(f,~)*
Beilage (Essen) Garnitur *(f,-en)*
beiläufig bäileefeg *(adv)*
beilegen bäileeën *(v)*
Beileid Bäileed *(n,~)*
Beileidskarte Bäileedskaart *(f,-en)*
Beiler Beeler *(p)*
beiliegen bäileien *(v)*
beimessen bäimoossen *(v)*
beimischen bäimëschen *(v)*
Bein Been *(n,--)*
Bein (Möbel) Stempel *(m,-en)*
beinahe nobäi *(adv)*
beinahe séierno *(adv)*
Beinbruch Beebroch *(m,-bréch)*
Beine, auf den -n sein Been, op de - sinn *(exp)*
beinhalten beinhalten *(v)*
beisammenrufen zesummeruffen *(v)*
Beisammensein am Abend Uucht *(f,-en)*
Beisammensein, das sich in die Länge zieht Hänk *(f,~)*
Beispiel Beispill *(n,-er)*
beispielhaft beispillhaft *(adj)*
beispiellos beispilllos *(adj)*
beispielsweise beispillsweis *(adv)*
beißen bäissen *(v)*
beißend schaarf *(adj)*
Beißzange Pëtzzaang *(f,-en)*
beistehen assistéieren *(v)*
beistehen bäistoen *(v)*
beisteuern bäiginn *(v)*
beisteuern bäisteieren *(v)*
Beitrag Bäitrag *(m,Bäiträg)*
Beitrag Contributioun *(f,-en)*
Beitrag Cotisatioun *(f,-en)*
Beitrag Kontributioun *(f,-en)*
Beitrag Kotisatioun *(f,-en)*
Beitrag einzahlen kotiséieren *(v)*
beitragen bäidroen *(v)*
beitragen contribuéieren *(v)*
Beitragszahlung Cotisatioun *(f,-en)*
beitreten adheréieren *(v)*
beitreten bäitrieden *(v)*
beitreten Member ginn *(exp)*
Beitritt Adhesioun *(f,-en)*
Beitrittserklärung Bäitrëttserklärung *(f,-en)*
beiwohnen bäiwunnen *(v)*
beizen beezen *(v)*
bejahen bejozen *(v)*
bekämpfen bekämpfen *(v)*
bekannt bekannt *(adj)*
bekannt prominent *(adj)*
bekannt machen affichéieren *(v)*
bekannt machen affischéieren *(v)*
Bekannte Bekannten *(f,--)*
Bekanntenkreis Bekanntekrees *(m,-er)*
Bekannter Bekannten *(m,--)*
Bekannter Kënnegen *(m,Kënneg)*
bekanntgeben notifiéieren *(v)*
Bekanntheit Notoriétéit *(f,-en)*
Bekanntheitsgrad Bekanntheetsgrad *(m,-en)*
bekanntmachen panneautéieren *(v)*
Bekanntschaft Bekanntschaft *(f,-en)*
bekehren bekéieren *(v)*
bekennen bekennen *(v)*
Bekenntnis Bekenntnis *(m,-ser)*
bekifft drogéiert *(adj)*
beklagen bekloen *(v)*
beklagen, sich - bekloen, sech - *(v)*
bekleckern begladderen *(v)*
Bekleidungsgeschäft Kleedergeschäft *(n,-er)*
bekloppt schausseg *(adj)*
beknackt verréckt *(adj)*
bekommen kréien *(v)*
bekommen (vertragen) bekommen *(v)*
bekömmlich bekëmmlech *(adj)*
beköstigen bekäschtegen *(v)*
bekräftigen bekräftegen *(v)*
bekreuzigen bekräizegen *(v)*
bekriegen bekrichen *(v)*
bekümmern bekëmmeren *(v)*
bekümmern chagrinéieren *(v)*
beladen belueden *(v)*
Belag Belag *(m,Beleeg)*
belagern belageren *(v)*
belagern beleeëren *(v)*
Belair Belair *(p)*
belangen, gerichtlich - usichen *(v)*
belasten belaaschten *(v)*
belasten (Konto) debitéieren *(v)*
belasten, hypothekarisch - hypothekéieren *(v)*
belästigen aggresséieren *(v)*
belästigen belästegen *(v)*
belästigen importunéieren *(v)*
Belastung Belaaschtung *(f,-en)*
belauern belaueren *(v)*
belaufen belafen *(v)*
beleben beliewen *(v)*
belegen beleeën *(v)*
belegen (vollständig) beleeëren *(v)*
belehren beléieren *(v)*
Belehrung Beléierung *(f,-en)*
beleidigen beleedegen *(v)*
beleidigen beleidegen *(v)*
beleidigt beleidegt *(adj)*
beleidigt pickéiert *(adj)*
beleidigt pikéiert *(adj)*
Beleidigung Beleidegung *(f,-en)*
beleuchten beliichten *(v)*
Beleuchtung Beliichtung *(f,-en)*
Beleuchtung Geliichts *(n,~)*
Belgien Belsch, d'- *(p)*
Belgier Belsch *(m,--)*
Belgier Belschen *(m,Belsch)*
Belgier Zillebäcker *(pej)(m,-en)*
belgisch belsch *(adj)*
belichten beliichten *(v)*
Belichtung Beliichtung *(f,-en)*
Belichtungszeit Beliichtungszäit *(f,-en)*
beliebig belibeg *(adj)*
beliebt beléift *(adj)*
Beliebtheit Beléiftheet *(f,~)*
Beliebtheit Popularitéit *(f,~)*
beliefern beliwweren *(v)*
Bellen Billen *(n,~)*
bellen billen *(v)*
Belletristik Belletristik *(f,~)*
belohnen belounen *(v)*
Belohnung Belounung *(f,-en)*
belüften belëften *(v)*
belüften ventiléieren *(v)*
Belüftung Belëftung *(f,-en)*
Belüftung Ventilatioun *(f,-en)*
belügen beléien *(v)*
belustigen ameséieren *(v)*
Belvaux Bieles *(p)*
bemalen bemolen *(v)*
Bemalung Bemolung *(f,-en)*
bemängeln bemängelen *(v)*
bemerkbar bemierkbar *(adj)*
bemerken bemierken *(v)*
bemerken mierken *(v)*
bemerken registréieren *(v)*
bemerken remarquéieren *(v)*
bemerken, etw - Uecht, eppes an - huelen *(exp)*
bemerkenswert bemierkenswäert *(adj)*
bemerkenswert prestigiéis *(adj)*
Bemerkung Bemierk *(m,-en)*
Bemerkung Bemierkung *(f,-en)*
Bemerkung Remarque *(f,-n)*
bemessen bemoossen *(v)*
bemitleiden Matleed hu mat *(exp)*
bemühen beméien *(v)*
Bemühung Beméiung *(f,-en)*

Bemühungen Konschten*(npl)*
bemustern bemusteren*(v)*
bemutternd kluckseg*(adj)*
benachrichtigen avertéieren*(v)*
benachrichtigen benoriichtegen*(v)*
Benachrichtigung Notifikatioun*(f,-en)*
benachteiligen benodeelegen*(v)*
benachteiligen defavoriséieren*(v)*
benachteiligen desavantagéieren*(v)*
benebelt beniwwelt*(adj)*
Benediktiner Benediktiner*(m,--)*
Benefizkonzert Benefizconcert*(m,-en)*
Benehmen Behuelen*(n,~)*
benehmen, sich - behuelen, sech -*(v)*
benehmen, sich - schécken, sech -*(v)*
beneiden beneiden*(v)*
Benelux-Länder Benelux-Länner*(npl)*
benennen attitréieren*(v)*
benennen benennen*(v)*
benennen nennen*(v)*
benennen, falsch - vernennen*(v)*
Benennung Benennung*(f,-en)*
Bengel Bengel*(m,-en)*
benoten Punkten, - ginn*(exp)*
benutzen benotzen*(v)*
benutzerfreundlich benotzerfrëndlech*(adj)*
Benutzerinformation User-Informatioun*(f,-en)*
Benutzung Utilisatioun*(f,-en)*
Benzin Bensin*(m,~)*
Benzin Benzin*(m,~)*
Benzin Spritt*(m,~)*
Benzin, bleifreies - Bensin, bläifräie -*(exp)*
Benzinpanne Bensinspanne*(f,-n)*
Benzinpanne Benzinspanne*(f,-n)*
Benzinpreis Bensinspräis*(m,-er)*
Benzinpreis Benzinspräis*(m,-er)*
Benzintank Bensinstank*(m,-en)*
beobachten beobachten*(v)*
Beobachtermission Observatiounsmissioun*(f,-en)*
Beobachtung Observatioun*(f,-en)*
beordern beuerderen*(v)*
bepflanzen beplanzen*(v)*
bepinkeln beseechen*(vulg)(v)*
bequem bequem*(adj)*
bequem confortabel*(adj)*
bequem kammoud*(adj)*
bequem kommoud*(adj)*
bequem, es sich - machen bequeemen, sech -*(v)*
Bequemlichkeit Bequemlechkeet*(f,-en)*
Bequemlichkeit Kammoudheet*(f,-en)*
Bequemlichkeit (Mensch) Kammouditéit*(f,~)*
beraten beroden*(v)*
beraten conséilléieren*(v)*
beraten deliberéieren*(v)*
beratschlagen berotschloen*(v)*
Beratung Berodung*(f,-en)*
Beratung Deliberatioun*(f,-en)*
Beratung, ärztliche - Konsultatioun*(f,-en)*
berauscht bedämpt*(adj)*
Berbourg Bäerbuerg*(p)*
Berchem Bierchem*(p)*
Berdorf Baërdref*(p)*
berechnen berechnen*(v)*
berechnen kalkuléieren*(v)*
berechnen rechnen*(v)*
Berechnung Berechnung*(f,-en)*
Berechnung Rechnung*(f,-en)*
berechtigen berechtegen*(v)*
berechtigt berechtegt*(adj)*
Berechtigung Berechtegong*(f,-en)*
bereden berieden*(v)*
Bereich Domän*(m,-en)*
bereichern beräicheren*(v)*
bereinigen (klären) berengegen*(v)*
bereisen bereesen*(v)*
bereit bereet*(adj)*
bereit fäerdeg*(adj)*
bereit prett*(adj)*
bereit sein prett sinn*(exp)*
bereiten bereeden*(v)*
bereithalten bereethalen*(v)*
bereitstellen bereetstellen*(v)*
bereitwillig bereetwëlleg*(adj)*
Bereldange Bäreldeng*(p)*
bereuen bedenken, sech -*(v)*
bereuen bereien*(v)*
Berg Bierg*(m,-er)*
Berg Bierg*(p)*
Bergarbeiter Biergaarbechter*(m,--)*
Bergarbeiter Minettsdapp*(m,-däpp)*
Bergbau Biergbau*(m,--)*
Bergbaurevier in Luxemburg Minett*(m,~)*
Bergem Biergem*(p)*
Berggipfel Biergspëtzt*(f,-en)*
Bergpfad Biergpad*(m,-pied)*
Bergpredigt Biergpriedegt*(f,-en)*
Bergsport Biergsport*(m,~)*
Bergwerk Biergwierk*(n,-er)*
Bergwerk Minière*(f,-n)*
Bericht Bericht*(m,-er)*
Bericht Rapport*(m,-en)*
Bericht Reportage*(m,-n)*
Berichterstatter Reporter*(m,-en)*
berichtigen redresséieren*(v)*
berichtigen rektifizéieren*(v)*
beringen beréngen*(v)*
Beringen Biereng*(p)*
Berlé Bärel*(p)*
Berschbach Bierschbech*(p)*
bersten ausbaschten*(v)*
bersten baschten*(v)*
Bertrange Bartreng*(p)*
berücksichtigen berécksichtegen*(v)*
berücksichtigen berücksichtegen*(v)*
Beruf Beruff*(m,-er)*
Beruf Professioun*(f,-en)*
berufen beruffen*(v)*
Berufsarmee Beruffsarméi*(f,-en)*
Berufsfeuerwehr Beruffspompjee*(m,-ën)*
Berufskrankheit Beruffskrankheet*(f,-en)*
Berufsleben Beruffsliewen*(n,--)*
Berufsorganisation Beruffsorganisatioun*(f,-en)*
Berufsrisiko Beruffsrisiko*(m,-risiken)*
Berufsschule Beruffsschoul*(f,-en)*
Berufssoldat Beruffszaldot*(m,-en)*
Berufstätiger Beruffstätegen*(m,Beruffstäteg)*
Berufsverkehr Beruffsverkéier*(m,~)*
Berufung Vocatioun*(f,-en)*
Berufung Vokatioun*(f,-en)*
beruhen berouen*(v)*
beruhigen berouegen*(v)*
beruhigen calméieren*(v)*
beruhigen damen*(v)*
beruhigen rassuréieren*(v)*
beruhigen zëssen*(v)*
beruhigen, nicht - können (z.B. Kinder) aushidden, net -*(exp)*
Beruhigungsmittel Berouegungsmëttel*(n,-en)*
Beruhigungsmittel Tranquilizer*(m,-en)*
berühmt berühmt*(adj)*
berühren beréieren*(v)*
berühren nogoen*(v)*
Berührungspunkt Beréierungspunkt*(m,-en)*
Besatzung Besatzung*(f,-en)*
Besatzung Occupatioun*(f,-en)*
Besatzung (Schiff, Flugzeug) Crew*(f,~)*
besaufen, sich - besaufen, sech -*(v)*
besaufen, sich - vollsaufen, sech -*(v)*
beschädigen abiméieren*(v)*
beschädigen beschiedegen*(v)*
beschädigen laidéieren*(v)*
beschädigen ramponéieren*(v)*
beschädigt abiméiert*(adj)*
beschädigt accidentéiert*(adj)*
beschaffen beschafen*(v)*
beschaffen prokuréieren*(v)*
Beschaffenheit Beschafenheet*(f,-en)*

beschäftigen beschäftegen *(v)*
beschäftigen, sich - hantéieren *(v)*
beschäftigen, sich mit etw - ofginn, sech mat eppes - *(exp)*
beschäftigt sein beschäftegt sinn *(exp)*
Beschäftigtsein Preoccupatioun *(f,-en)*
Beschäftigung Beschäftegung *(f,-en)*
Beschäftigungserweiterung Beschäftegungsexpansioun *(f,-en)*
Beschäftigungsmöglichkeit Beschäftegungsméiglechkeet *(f,-en)*
Beschäftigungssituation Beschäftegungssituatioun *(f,-en)*
Beschäftigungstherapie Beschäftegungstherapie *(f,-n)*
beschämen beschimmen *(v)*
beschämt genéiert *(adj)*
Beschaulichkeit Beschaulechkeet *(f,-en)*
Bescheid Avis *(m,-en)*
Bescheid Bescheed *(m,~)*
Bescheid geben Bescheed ginn *(exp)*
Bescheid geben bescheeden *(v)*
Bescheid sagen Bescheed soen *(exp)*
Bescheid wissen Bescheed wëssen *(exp)*
bescheiden bescheiden *(adj)*
Bescheidenheit Bescheidenheet *(f,-en)*
bescheinigen attestéieren *(v)*
bescheinigen beschäinegen *(v)*
bescheinigen bescheinegen *(v)*
bescheinigen certifiéieren *(v)*
Bescheinigung Attest *(m,-er)*
Bescheinigung Bescheinegung *(f,-en)*
bescheißen beschäissen *(v)*
beschenken beschenken *(v)*
beschichten beschichten *(v)*
beschießen beschéissen *(v)*
beschimpfen versäckelen *(v)*
beschlagen beschloen *(v)*
beschlagnahmen beschlagnahmen *(v)*
beschlagnahmen confisquéieren *(v)*
beschlagnahmen sequestéieren *(v)*
beschlagnahmen (gerichtlich) zäséieren *(v)*
beschleunigen acceleréieren *(v)*
beschleunigen beschleunegen *(v)*
Beschleunigung Acceleratioun *(f,-en)*
beschließen beschléissen *(v)*
beschlussfähig stëmmeg *(adj)*
beschmieren beschmieren *(v)*
beschmutzen bedrecksen *(v)*
beschmutzen beklaken *(v)*
beschmutzen beknaschten *(v)*
beschmutzen beschmotzen *(v)*
beschneiden beschneiden *(v)*
beschnippeln beschnëppelen *(v)*
beschnüffeln beschnoffelen *(v)*
beschnuppern beschnupperen *(v)*
beschränken beschränken *(v)*
beschränken limitéieren *(v)*
beschränken, auf ein Minimum - minimaliséieren *(v)*
beschränkt bornéiert *(adj)*
Beschränktheit Beschränktheet *(f,-en)*
Beschränkung Beschränkung *(f,-en)*
beschreiben beschreiwen *(v)*
Beschreibung Beschreiwung *(f,-en)*
beschriften beschrëften *(v)*
beschriften beschrëften *(v)*
Beschriftung Beschrëftung *(f,-en)*
beschuhen chausséieren *(v)*
beschuldigen accuséieren *(v)*
beschuldigen beschëllegen *(v)*
beschuldigen culpabibliséieren *(v)*
beschuldigen ukloen *(v)*
beschuldigt accuséiert *(adj)*
beschummeln beschummelen *(v)*
beschützen beschützen *(v)*
beschweren beschwéieren *(v)*
beschwerlich beschwéierlech *(adj)*
beschwichtigen zëssen *(v)*
beschwindeln beschwindelen *(v)*
beschwören beschwieren *(v)*
besehen inspizéieren *(v)*
beseitigen ecartéieren *(v)*
beseitigen eliminéieren *(v)*
beseitigen ofschafen *(v)*
Beseitigung Eliminatioun *(f,-en)*
Besen Biesem *(m,-en)*
Besenschrank Biesemsschaf *(m,-schief)*
besessen benzeg *(adj)*
besessen besiess *(adj)*
besetzen occupéieren *(v)*
besetzen (auch: militärisch) besetzen *(v)*
besetzt besat *(adj)*
Besetzung Besetzung *(f,-en)*
besichtigen besiichtegen *(v)*
besichtigen, etw - kucken, eppes - goen *(exp)*
besiedeln besidelen *(v)*
besiegeln besigelen *(v)*
besiegen Meeschter ginn *(exp)*
besiegen, jn - klappen, ee - *(exp)*
besingen besangen *(v)*
besinnen besënnen *(v)*
besitzen besëtzen *(v)*
Besitzer Besëtzer *(m,--)*
Besitzer Eegentemer *(m,--)*
Besitzer Proprietaire *(m,-n)*
Besitzerin Besëtzerin *(f,-nen)*
besoffen besoff *(adj)*
besondere apaart *(adj)*
Besonderheit Aart *(f,-en)*
Besonderheit Besonderheet *(f,-en)*
Besonderheit Particularitéit *(f,-en)*
Besonderheit Partikularitéit *(f,-en)*
Besonderheit Specificitéit *(f,-en)*
besonders absëns *(adv)*
besonders absents *(adv)*
besonders apaart *(adv)*
besonders besonnesch *(adv)*
besonders extra *(adv)*
besorgen besuergen *(v)*
besorgt sein um jn bekëmmert, fir ee - sinn *(exp)*
Besorgung Commissioun *(f,-en)*
Besorgung, -en machen Commissioun, -e maachen *(exp)*
Besorgungen Kommissiounen *(npl)*
besprechen bespriechen *(v)*
besprengen arroséieren *(v)*
bespritzen besprutzen *(v)*
bespritzen sprëtzen *(v)*
bespritzen sprutzen *(v)*
bespritzen ustronzen *(v)*
besprühen sprëtzen *(v)*
besprühen sprutzen *(v)*
besser besser *(adj)*
bessern, sich - besseren, sech - *(v)*
Besserung Besserung *(f,~)*
beständig bestänneg *(adj)*
Beständigkeit Bestännegkeet *(f,-en)*
Bestandteil Bestanddeel *(m,-er)*
bestätigen affirméieren *(v)*
bestätigen bestätegen *(v)*
bestätigen confirméieren *(v)*
bestätigen konfirméieren *(v)*
bestätigen validéieren *(v)*
Bestätigung Affirmatioun *(f,-en)*
Bestätigung Bestätegung *(f,-en)*
Bestätigung Confirmatioun *(f,-en)*
Bestätigung Konfirmatioun *(f,-en)*
bestäuben bestäuben *(v)*
bestechen bestiechen *(v)*
bestechen schmieren *(v)*
bestechlich bestiechlech *(adj)*
Bestechung Bestiechung *(f,-en)*
Besteck Couvert *(n,-en)*
Besteck lessgeschir *(n,--)*
Besteck Läffelsgeschir *(n,~)*
bestehen bestoen *(v)*
bestehen (Prüfung) packen *(v)*

bestehen auf	dropphalen*(v)*
bestehen, auf etw -	insistéieren, op eppes -*(exp)*
bestehlen	beschuppen*(v)*
bestehlen	bestielen*(v)*
besteigen	dropklammen*(v)*
bestellen	bestellen*(v)*
Bestellschein	Bestellziedel*(m,-en)*
Bestellung	Bestellung*(f,-en)*
Bestellung	Commande*(f,-n)*
besten, am -	beschten, am -*(exp)*
bestenfalls	allerbeschtens*(adv)*
bestenfalls	beschtefalls*(adv)*
besteuern	besteieren*(v)*
besteuern	fiscaliséieren*(v)*
bestimmen	bestëmmen*(v)*
bestimmen	designéieren*(v)*
bestimmen	determinéieren*(v)*
bestimmt	bestëmmt*(adj)*
Bestimmtheit	Bestëmmtheet*(f,~)*
Bestimmung	Bestëmmung*(f,-en)*
Bestimmung	Determinatioun*(f,-en)*
Bestleistung	Beschtleeschtung*(f,-en)*
bestrafen	bestrofen*(v)*
bestrafen	penaliséieren*(v)*
bestrafen	sanktionéieren*(v)*
bestrafen	strofen*(v)*
bestrahlen	bestralen*(v)*
Bestreben	Bestriewen*(n,~)*
bestreben	bestriewen*(v)*
bestrebt	bestrieft*(adj)*
bestreiten	bestreiden*(v)*
bestreiten	kontestéieren*(v)*
bestreiten	negéieren*(v)*
bestreuen	bestreeën*(v)*
bestreuen	pudderen*(v)*
Bestsellerliste	Bestsellerlëscht*(f,-en)*
Bestürzung	Bestierzung*(f,~)*
Besuch	Besuch*(m,~)*
Besuch	Visite*(f,-n)*
besuchen	besichen*(v)*
besuchen, jn -	Besuch, bei een op - goen*(exp)*
besudeln	bemokelen*(v)*
besudeln	besabbelen*(v)*
besudeln	besuddelen*(v)*
betagt	eeler*(adj)*
betasten	betaaschten*(v)*
betasten	taaschten*(v)*
betätigen	betätegen*(v)*
betäuben	entschlofen*(v)*
Bete, Rote -	Betterav*(f,-en)*
Bete, rote -	Ribb, rout -*(exp)*
beteiligen	bedeelegen*(v)*
beteiligen, sich finanziell -	bäileeën*(v)*
beten	bieden*(v)*
Betglocke	Bietklack*(f,-en)*
betiteln	betitelen*(v)*
Beton	Bëtong*(m,~)*
betonen	betounen*(v)*
betonen	ervirsträichen*(v)*
betonieren	betonéieren*(v)*
Betonkonstruktion	Bëtongskonstruktioun*(f,-en)*
Betonkonstruktion	Betonskonstruktioun*(f,-en)*
Betonung	Betounung*(f,-en)*
Betracht, in - ziehen	envisagéieren*(v)*
Betrag	Betrag*(m,Beträg)*
betreffen	betreffen*(v)*
betreffen	concernéieren*(v)*
betreffen	ubelaangen*(v)*
betreffen	ugoen*(v)*
betreiben	bedreiwen*(v)*
betreiben, ein Wirtshaus -	zapen*(v)*
Betreiber	Gerant*(m,-en)*
betreten	betrieden*(v)*
betreuen	betreien*(v)*
betreuen	chaperonéieren*(v)*
betreuen	encadréieren*(v)*
betreuen	versuergen*(v)*
Betrieb	Betrib*(m,-er)*
Betrieb, in - sein	Betrib, a - sinn*(exp)*
Betriebsklima	Betribsklima*(n,~)*
Betriebsleiter	Chef d'entreprise*(m,Chef-d'entreprisen)*
Betriebsrat	Betribsrot*(m,-réit)*
betrinken	bedrénken*(v)*
betrinken, sich -	beduselen, sech -*(v)*
betrinken, sich -	drénken, sech voll -*(exp)*
betrinken, sich -	ustrécken, sech eng -*(exp)*
betroffen	konsternéiert*(adj)*
betrogen werden	bäilafen*(v)*
betrogen werden	widderlafen*(tr)(v)*
Betrug	Bedroch*(m,~)*
Betrug	Bedruch*(m,~)*
betrügen	arnaquéieren*(v)*
betrügen	aseefen*(v)*
betrügen	bedréien*(v)*
betrügen	beducksen*(v)*
betrügen	bedupsen*(v)*
betrügen	belemmeren*(v)*
betrügen	beluxen*(v)*
betrügen	beschäissen*(ugs)(v)*
betrügen	düpéieren*(v)*
betrügen	strëppen*(v)*
Betrüger	Bedréier*(m,--)*
Betrüger	Fauteler*(m,-en)*
Betrügerei	Näischnotzegkeet*(f,-en)*
Betrügerin	Bedréiesch*(f,-en)*
betrügerisch	frauduléis*(adj)*
betrunken	beniwwelt*(adj)*
betrunken	blo*(adj)*
betrunken	sat*(adj)*
betrunken	voll*(adj)*
betrunken sein	schiel sinn*(scherzh)(exp)*
Betrunkener	Vollert*(m,-en)*
Betstuhl	Bietstull*(m,-still)*
Bett	Bett*(n,-er)*
Bett, ins - gehen (Kindersprache)	Dada, an d'- goen*(exp)*
Bett, zu - gehen	Nascht, an d'- goen*(exp)*
Bettange-sur-Mess	Betten op der Mess*(p)*
Bettbezug	Bettzich*(f,-en)*
Bettborn	Bieberech*(p)*
Bettdecke	Bettdecken*(f,-en)*
Bettel	Bëttel*(p)*
Bettelgesindel	Heeschepak*(m,~)*
Bettelkind	Heeschekand*(n,-kanner)*
betteln	biedelen*(v)*
betteln	gotzelen*(v)*
betteln	heeschen*(v)*
Bettembourg	Beetebuerg*(p)*
Bettendorf	Bettenduerf*(p)*
Bettgestell	Bettgestell*(n,-er)*
Bettlaken	Läilech*(n,-er)*
Bettlaken	Läinduch*(n,-dicher)*
Bettlaken	Läinduch, ënnescht -*(exp)*
Bettlaken	Läinduch, iewescht -*(exp)*
Bettler	Heeschemann*(m,-männer)*
Bettlerin	Heeschefra*(f,-en)*
Bettnässer	Bettpissert*(m,-en)*
Bettrost	Ressort*(m,-en)*
Bettvorleger	Teppech*(m,-er)*
Bettwäsche	Bettwäsch*(f,-en)*
Bettzeug	Bettgeschir*(n,~)*
Bettzeug	Bettgezei*(n,~)*
betupfen	betuppen*(v)*
Betzdorf	Betzder*(p)*
beugen, sich -	näipen*(v)*
Beule	Bëlz*(f,-en)*
Beule	Boss*(f,-en)*
Beule	Knupp*(f,-en)*
Beule, kleine -	Knippchen*(f,Knippercher)*
beunruhigen	beonrouegen*(v)*
beunruhigend	beonrouegend*(adj)*
beurlauben	congediéieren*(v)*
beurteilen	beuerteelen*(v)*
beurteilen	jugéieren*(v)*
Beutel	Beidel*(m,-en)*

beuteln beidelen*(v)*
bevölkern bevëlkeren*(v)*
bevölkern peupléieren*(v)*
Bevölkerung Bevëlkerung*(f,-en)*
Bevölkerung Populatioun*(f,-en)*
Bevollmächtigung Bevollmächtegung*(f,-en)*
bevor éi*(cn)*
bevor éier*(cn)*
bevor ier*(cn)*
bevormunden bemomperen*(v)*
bevormunden gängelen*(v)*
bevorschussen avancéieren*(v)*
bevorstehen bevirstoen*(v)*
bevorteilen bevirdeelegen*(v)*
bevorzugen privilegéieren*(v)*
bewachen bewaachen*(v)*
bewachsen bewuess*(adj)*
bewaffnen arméieren*(v)*
bewaffnen bewaffnen*(v)*
bewähren bewären*(v)*
bewältigen bewältegen*(v)*
bewandert beschloen*(adj)*
bewässern bewässeren*(v)*
Bewässerung Bewässerung*(f,-en)*
bewegen bewegen*(v)*
bewegen bewegen*(v)*
bewegen, sich - réieren, sech -*(v)*
bewegen, sich - wackelen*(v)*
bewegen, sich - wibbelen*(v)*
Beweglichkeit Beweeglechkeet*(f,-en)*
Bewegung Bewegung*(f,-en)*
Bewegungsfreiheit Bewegungsfräiheet*(f,-en)*
bewegungslos bewegungslos*(adj)*
Beweis Bewäis*(m,-er)*
Beweis Beweis*(m,-er)*
Beweis Prouf*(f,Prouwen)*
beweisen beweisen*(v)*
Beweismaterial Bewäismaterial*(n,-er)*
Beweismaterial Beweismaterial*(n,-er)*
Beweisstück Bewäisstéck*(m,-er)*
bewerben, sich - mellen, sech -*(v)*
bewerben, sich - um postuléieren*(v)*
bewerfen bewäerfen*(v)*
bewerfen bewierfen*(v)*
bewerfen verbotzen*(v)*
bewerten bewäerten*(v)*
bewerten cotéieren*(v)*
bewerten evaluéieren*(v)*
Bewertung Bewäertung*(f,-en)*
Bewertung Evaluatioun*(f,-en)*
bewilligen accordéieren*(v)*
bewilligen bewëllegen*(v)*
bewilligen octroyéieren*(v)*
bewilligt accordéiert*(adj)*
bewirken bewierken*(v)*
bewirten bewierten*(v)*
bewohnen bewunnen*(v)*
Bewohner aus der Minettgegend Minettsdapp*(m,-däpp)*
bewohnt bewunnt*(adj)*
Bewunderer Bewonnerer*(m,--)*
bewundern bewonneren*(v)*
Bewunderung Bewonnerung*(f,-en)*
Bewurf Bewo rf*(m,Bewërf)*
bewusst bewosst*(adj)*
bewusst bewosst*(adv)*
Bewusstlosigkeit Tommel*(m,~)*
Bewusstsein Bewosstsinn*(n,~)*
Beyren Beyeren*(p)*
bezahlen acquittéieren*(v)*
bezahlen berappen*(v)*
bezahlen berécken*(v)*
Bezahlen Bezuelen*(n,--)*
bezahlen bezuelen*(v)*
bezahlen blechen*(v)*
bezahlen remuneréieren*(v)*
bezahlen (ungern) bedalen*(v)*
Bezahlkarte Bezuelkaart*(f,-en)*
Bezahlung Bezuelung*(f,-en)*
Bezahlung Remuneratioun*(f,-en)*
bezähmen bezämen*(v)*
bezaubern bezauberen*(v)*
bezeichnen bezeechnen*(v)*
bezeichnen designéieren*(v)*
Bezeichnung Bezeechnung*(f,-en)*
Bezeichnung Designatioun*(f,-en)*
bezeugen bezeien*(v)*
bezeugen zeien*(v)*
beziehen bezéien*(v)*
Beziehung Bezéiung*(f,-en)*
Beziehung Relatioun*(f,-en)*
beziehungsweise respektiv*(adv)*
beziffern chiffréieren*(v)*
Bezirk Bezierk*(m,-er)*
bezirzen ulackelen*(v)*
Bezugsperson Bezuchspersoun*(f,-en)*
bezuschussen subsidiéieren*(v)*
bezuschussen subventionéieren*(v)*
bezwecken bezwecken*(v)*
bezweifeln bezweiwelen*(v)*
bezwingen bezwéngen*(v)*
Bibel Bibel*(f,-en)*
Biber Biber*(m,-en)*
Bibliographie Bibliographie*(f,-n)*
bibliographisch bibliographesch*(adj)*
Bibliothek Bibliothéik*(f,-en)*
Bibliothekar Bibliothecaire*(m,-n)*
Bibliothekar Bibliothekar*(m,-en)*
Bidet Biddi*(m,-en)*
Bidet Bidet*(m,-en)*
biegen béien*(v)*
biegen, nach oben - eropdiebelen*(v)*
biegsam flexibel*(adj)*
biegsam schmank*(adj)*
Biene Bei*(f,-en)*
Bienenhonig Beienhunneg*(m,~)*
Bienenkönigin Beiekinnigin*(f,-nen)*
Bienenkorb Beienhäip*(f,-en)*
Bienenkorb Häip*(f,-en)*
Bienennest Beiennascht*(n,-näschter)*
Bienenstand Beiebick*(m,-er)*
Bienenstich Beiestach*(m,-stéch)*
Bienenstock Beiestack*(m,-stäck)*
Bier Béier*(m,--)*
Bier, gespritztes - Panaché*(m,-en)*
Bierbauch Béierbauch*(m,-bäich)*
Bierbauch Béierpanz*(pej)(n,-pänz)*
Bierdeckel Béierdeckel*(m,-en)*
Bierglas Béierglas*(n,-glieser)*
Bierzelt Béierzelt*(n,-er)*
Bieswurm Aangelsbass*(m,-bëss)*
bieten bidden*(v)*
Bigamie Bigamie*(f,-n)*
Bigelbach Bigelbaach*(p)*
Bigonville Bungeref*(p)*
Bilanz Bilan*(m,-en)*
Bilanz Bilanz*(f,-en)*
bilateral bilateral*(adj)*
bilateral zweesäiteg*(adj)*
Bild Bild*(n,Biller)*
bilden bilden*(v)*
bilden forméieren*(v)*
bilden formen*(v)*
bilden konstituéieren*(v)*
Bilder Biller*(npl)*
Bilderbuch Billerbuch*(n,-bicher)*
Bildergeschichte Billergeschicht*(f,-en)*
Bildschärfe Bildschäerft*(f,-en)*
Bildschirm Bildschierm*(m,-er)*
Bildschirm Ecran*(m,-en)*
Bildung Bildung*(f,-en)*
Bildung Formatioun*(f,-en)*
Bildungsgang (Schule) Filière*(f,-n)*
Bildungspolitik Bildungspolitik*(f,~)*
Bill Bill*(p)*
Billard Billard*(m,~)*
Billardkugel Billardskugel*(f,-en)*
Billett Billjee*(m,-ën)*
billig bëlleg*(adj)*

Billigproduktion	Bëllegproduktioun *(f,-en)*
Billion	Billioun *(f,-en)*
Bilsdorf	Bilschdref *(p)*
Binärcode	Binärcode *(m,-n)*
Binde	Bandage *(m,-n)*
binden	bannen *(v)*
binden	liéieren *(v)*
binden, einen Knoten -	schlëppen *(v)*
Bindestrich	Bindestréch *(m,-er)*
Bindewort	Konjunktioun *(f,-en)*
Bindfaden	Ficelle *(f,-n)*
Bindfaden	Schnouer *(f,Schnéier)*
binnen	bannent *(pp)*
Binnenmarkt	Bannemaart *(m,-mäert)*
Binsfeld	Bënzelt *(p)*
Binzrath	Bënzert *(p)*
Biochemiker	Biochemiker *(m,--)*
Biogas	Biogas *(m,-en)*
Biographie	Biographie *(f,-n)*
Biologe	Biolog *(m,-en)*
Biologie	Biologie *(f,-n)*
Biophysik	Biophysik *(f,-en)*
Bioqualität	Bioqualitéit *(f,-en)*
Biorhythmus	Biorhythmus *(m,~)*
bipolar	bipolar *(adj)*
Birke	Bierk *(f,-en)*
Birkelt	Bierkelt *(p)*
Birnbaum	Birebam *(m,-beem)*
Birne	Bir *(f,-en)*
Birtrange	Biertreng *(p)*
bis	bis *(pp)*
bis auf	bis op *(pp)*
bis bald	bis geschwënn *(exp)*
bis nach	bis op *(pp)*
bis nachher	gläich, bis - *(exp)*
Bischof	Bëschof *(m,Bëscheef)*
Bischofskonferenz	Bëschofskonferenz *(f,-en)*
Bischofssitz	Bëschofssëtz *(m,-er)*
bisexuell	bisexuell *(adj)*
Biskuitkuchen	Bond *(m,Bonten)*
Biskuitküchlein	Bëndchen *(m,Bënnercher)*
Bison	Bison *(m,-en)*
Biss	Bass *(m,Bëss)*
bisschen	bësschen *(adv)*
bisschen	bëssen *(adv)*
bisschen, ein -	bësselchen, e - *(adv)*
bisschen, ein -	bëssen, e - *(adv)*
Bissen	Biissen *(p)*
Bissen	Maufel *(m,-en)*
bissig	bësseg *(adj)*
bissig (Hund)	uerg *(adj)*
Bissigkeit	Bëssegkeet *(f,-en)*
Bistro	Bistro *(m,-en)*
Bistro	Café *(m,-en)*
Bistum	Bistum *(m,Bistümer)*
bitte	w.e.g. *(wann ech glift)(exp)*
bitte	wann ech gelift *(exp)*
bitte	wat gelift *(exp)*
bitte?	gelift? *(exp)*
bitten, sich nicht - lassen	fléiwen, sech net - loossen *(exp)*
bitter	batter *(adj)*
Bittschrift	Petitioun *(f,-en)*
Bivange	Béiweng *(p)*
Bivels	Biwels *(p)*
Biwer	Biwer *(p)*
Biwisch	Biwwesch *(p)*
Bizeps	Bizeps *(m,-en)*
Blabla	Blabla *(n,~)*
Black-out	Blackout *(m,-en)*
blähen	oplafen *(v)*
Blähung	Blähung *(f,-en)*
Blamage	Blamage *(f,-n)*
blamieren	blaméieren *(v)*
blamieren, sich -	blaméieren, sech - *(v)*
blanchieren	blanchéieren *(v)*
blank	blank *(adj)*
Blaschette	Blaaschent *(p)*
Blase	Bloder *(f,-en)*
Blase (Luft)	Blos *(f,-en)*
Blasebalg	Balleg *(m,-en)*
blasen	blosen *(v)*
Bläser	Bléiser *(m,--)*
Blasinstrument	Blosinstrument *(n,-er)*
Blaskapelle	Fanfare *(f,-n)*
Blasmusik	Blosmusek *(f,~)*
Blasorchester	Harmonie *(f,-n)*
Blasphemie	Blasphemie *(f,-n)*
blass	blatzeg *(adj)*
Blatt	Blat *(n,Blieder)*
Blatt Papier	Ziedel *(m,-en)*
Blättchen	Blietchen *(n,Bliedercher)*
blättern	bliederen *(v)*
Blätterteig	Bliederdeeg *(m,--)*
Blätterteig	Feuilleté *(m,~)*
Blätterteig	Fëltgesdeeg *(m,~)*
Blätterteigpastete	Bliederdeegpaschtéit *(f,-en)*
Blattlaus	Blatlaus *(f,-lais)*
Blattwerk (von Gemüse)	Geleef *(n,~)*
blau	blo *(adj)*
Blaubeere	Molbier *(f,-en)*
blaugrau	blogro *(adj)*
Blauhelm	Blohelm *(m,-en)*
bläulich	bloelzeg *(adj)*
Blaulicht	Bloliicht *(n,-er)*
blaumachen	blomaachen *(v)*
Blausucht	Blozecht *(f,-en)*
Blech	Blech *(m,~)*
Blech-	blechen *(adj)*
Blechdose	Blechdous *(f,-en)*
blechen	blechen *(v)*
blechen	hibliederen *(tr)(v)*
blechern	blechen *(adj)*
Blechmusik	Blechmusek *(f,-en)*
Blechschaden	Blechschued *(m,-schied)*
Blechschüssel (für Essen)	Gamelle *(f,-n)*
Bleesbruck	Bleesbréck *(p)*
Blei	Bläi *(m,~)*
Bleibe	Openthalt *(m,~)*
bleiben	bleiwen *(v)*
bleiben, zu Hause -	doheembleiwen *(v)*
bleich	blatzeg *(adj)*
bleich	bleech *(adj)*
Bleiche	Bleech *(f,-en)*
bleichen	bleechen *(v)*
Bleichgesicht	Blatzkueder *(scherzh)(m,-en)*
Bleistift	Bläistëft *(m,-en)*
Bleistift	Kräijong *(m,-en)*
Bleistiftmine	Minn *(f,-en)*
Bleistiftspitzer	Bläistëftspëtzer *(m,-en)*
Blende	Blend *(f,-en)*
blenden	blenden *(v)*
blenden	blennen *(v)*
Blesse	Bless *(f,-en)*
Bleuel	Bleil *(m,-en)*
Blick	Bléck *(m,-er)*
Blick	Kuck *(f,-en)*
Blickpunkt	Bléckpunkt *(m,-en)*
blind	blann *(adj)*
blind sein	schiel sinn *(scherzh)(exp)*
Blinddarm	Blinddarm *(m,-en)*
Blinddarmentzündung	Blinddarmentzündung *(f,-en)*
Blindenschrift	Blanneschrëft *(f,-en)*
Blinder	Blannen *(m,Blanner)*
Blindgänger	Blindgänger *(m,--)*
Blindheit	Blannheet *(f,-en)*
blindlings	blannemännches *(adv)*
blindlings	blannemännerches *(adv)*
Blinker	Winker *(m,-en)*
blinzeln	blënzelen *(v)*
blinzeln	blinzelen *(v)*
Blitz	Blëtz *(m,-er)*
Blitzableiter	Blëtzableiter *(m,-en)*
Blitzableiter	Blitzableiter *(m,-en)*
Blitzeis	Glëtz *(m,--)*
blitzen	blëtzen *(v)*
Blitzkrieg	Blëtzkrich *(m,-er)*
Block (Stein, Häuser)	Block *(m,Bléck)*

Blockade Blockad*(f,-en)*
blocken blocken*(v)*
blockieren blockéieren*(v)*
Blockschrift Blockschrëft*(f,-en)*
blöd blöd*(adj)*
blöd dabozeg*(adj)*
Blödheit Blödheet*(f,-en)*
Blödheit Dabozegkeet*(f,-en)*
Blödian Dabo*(m,-en)*
Blödmann Topert*(m,-en)*
Blödsinn Blödsinn*(m,~)*
blond blond*(adj)*
blondieren blondéieren*(v)*
Blondine Blondine*(f,-n)*
bloß blouss*(adv)*
Blöße Bléisst*(f,-en)*
bloßstellen bloussstellen*(v)*
Blouson Blouson*(m,-en)*
blubbern blubberen*(v)*
Blues Blues*(m,~)*
Bluff Bluff*(m,-en)*
bluffen bluffen*(v)*
blühen bléien*(v)*
blühen floréieren*(v)*
Blümchen Blimmchen*(f,Blimmercher)*
Blümchenkaffee Spullwaasser*(n,~)*
Blume Blumm*(f,-en)*
Blumendekoration Blummendekoratioun*(f,-en)*
Blumenkasten Jardinière*(f,-n)*
Blumenkohl Choufleur*(m,-en)*
Blumenladen Blummebuttek*(m,-er)*
Blumenrabatte Blummemassiv*(m,-er)*
Blumenstrauß Blummebouquet*(m,-en)*
Blumenstrauß Bucki*(m,)*
Blumenthal Blummendall*(p)*
Blumentopf Blummendëppen*(n,--)*
Blumenvase Blummevas*(f,-en)*
Blumenzwiebel Zwiwwel*(f,-en)*
Bluse Blus*(f,-en)*
Blut Blutt*(n,~)*
Blut Geblitt*(n,~)*
Blutanalyse Bluttanalys*(f,-en)*
blutarm bluttaarm*(adj)*
Blutarmut Bluttaarmut*(f,-en)*
blutbefleckt bluddeg*(adj)*
Blutbild Bluttbild*(n,-biller)*
Blutblase Quëtschbloder*(f,-en)*
Blutdruck Bluttdrock*(m,~)*
Blüte Bléi*(f,-en)*
Blutegel Bluttsëffer*(m,-en)*
bluten bludden*(v)*
Blütenblatt Blummeblat*(n,-blieder)*
Bluterguss Blutterguss*(m,-en)*
Blutfleck Bluttfleck*(m,-en)*
Blutgerinnsel Bluttgerinsel*(n,-en)*
Blutgruppe Bluttgrupp*(f,-en)*
blutig bluddeg*(adj)*
Blutkörperchen Bluttkierpercher*(npl)*
Blutkreislauf Bluttkreeslaf*(m,-leef)*
Blutplasma Bluttplasma*(m,-en)*
Blutprobe Bluttprouf*(f,-prouwen)*
blutrot bluttrout*(adj)*
Blutspender Bluttspender*(m,--)*
Bluttransfusion Blutttransfusioun*(f,-en)*
Blutung Bluddung*(f,-en)*
Blutvergiftung Bluttvergëftung*(f,-en)*
Blutverlust Bluttverloscht*(m,-er)*
Blutwurst Träip*(f,-en)*
Blutwurz Aarmedill*(m/n,~)*
Bock Bock*(m,Béck)*
Bockholtz Boukels*(p)*
Bockholtz Buckels*(p)*
bockig bockeg*(adj)*
Bockspringen Bocksprangen*(n,--)*
Boden Grond*(m,Grënn)*
Bodenfrost, es hat - gegeben ugezunn, et ass -*(exp)*
Bodenpersonal Buedempersonal*(n,~)*
Bodenplatte Dalle*(n,-n)*
Bodenschätze Naturschätz*(npl)*
Bodentreppe Späichertrap*(f,-en)*
Boevange Béigen*(p)*
Boevange Béiwen*(p)*
Boevange-sur-Atert Béiwen-Atert*(p)*
Bofferdange Boufer*(p)*
Bogen Bou*(m,Béi)*
Bogenschießen Bouschéissen*(n,--)*
Bohle Madrill*(f,-en)*
Böhmen Béimen*(p)*
böhmisch béimesch*(adj)*
böhmische Dörfer béimesch Dierfer*(exp)*
Bohne Boun*(f,-en)*
Bohne, grüne - Boun, gréng -*(exp)*
Bohnenstange Bounestaang*(f,-en)*
Bohnensuppe Bouneschlupp*(f,-en)*
bohren bueren*(v)*
Bohrer Buer*(n,-en)*
Bohrer Buermaschinn*(f,-en)*
Bohrinsel Buerinsel*(f,-en)*
Bohrplattform Buerplattform*(f,-en)*
Bohrturm Buertuerm*(m,-tierm)*
Bollendorf-Pont Bollendorferbréck*(p)*
Bolzen Bullong*(m,-en)*
Bolzen Stëft*(m,-er)*
bombardieren bombardéieren*(v)*
Bombardierung Bombardement*(n,-er)*
bombastisch bombastesch*(adj)*
Bomben Bomm*(f,-en)*
Bombenangriff Bombardement*(n,-er)*
Bombenangriff Bommenugrëff*(m,-er)*
Bombenexplosion Bommenexplosioun*(f,-en)*
Bombenstimmung Bommestëmmung*(f,-en)*
Bomber Bommefliger*(m,-en)*
Bonbon Bonbon*(m,-en)*
Bonbon Kamell*(f,-en)*
Bonbon Zockerboun*(f,-en)*
Bonnal Bommel*(p)*
Bonnevoie Bouneweg*(p)*
Bonus Bonifikatioun*(f,-en)*
Boom Boom*(m,-en)*
Boom Opschwong*(m,~)*
boomen boomen*(v)*
Boot Boot*(n,-er)*
Boot Bot*(n,-er)*
Boot Naachen*(m,--)*
bordeauxrot bordeauxrout*(adj)*
Bordell Puff*(m,-en)*
Borkenkäfer Holzbock*(m,-béck)*
Born Bur*(p)*
Börse Bourse*(f,-n)*
Börsenindex Börsenindex*(m,-er)*
Borte Gallon*(m,-en)*
bösartig béisaarteg*(adj)*
bösartig uerg*(adj)*
bösartig wéischt*(adj)*
bösartig (Krebs) canceréis*(adj)*
Bösartigkeit Béisaartegkeet*(f,-en)*
Böschung Rampli*(m,-en)*
böse béis*(adj)*
Böse Béist*(n,~)*
boshaft (Person) schro*(adj)*
Boshaftigkeit Béisheet*(f,-en)*
bosnisch bosnesch*(adj)*
Boss Boss*(m,-en)*
Boss Patron*(m,-en)*
böswillig béiswëlleg*(adj)*
Botanik Botanik*(f,-en)*
botanisch botanesch*(adj)*
Bote Buet*(m,-er)*
Botschaft Botschaft*(f,-en)*
Botschafter Ambassadeur*(m,-en)*
Bottich Bidden*(f,--)*
Bottich, kleiner - Biitchen*(f,Bitercher)*
Boudler Buddeler*(p)*
Boudlerbach Buddelerbaach*(p)*
Bouillon Bouillon*(m,-en)*
Boulaide Baaschelt*(p)*
Boulaide Bauschelt*(p)*
Boulevard Boulevard*(m,-en)*

Bour	Bur*(p)*
Bourgeoisie	Bourgeoisie*(f,-n)*
Bourglinster	Buerglënster*(p)*
Bourscheid	Buerschent*(p)*
Bourscheid-Moulin	Buerschtermillen*(p)*
Boursdorf	Buerschdref*(p)*
Bous	Bus*(p)*
Boutique	Boutique*(m,-n)*
bowlen	bowlen*(v)*
Bowling	Bowling*(m,~)*
Boxen	Boxen*(n,~)*
boxen	boxen*(v)*
Boxer	Boxer*(m,--)*
Boxhandschuh	Boxhändsch*(f,-en)*
Boxhandschuh	Boxmoul*(f,-en)*
Boxhandschuh	Moul*(f,-en)*
Boxhorn	Boxer*(p)*
Boxkampf	Boxmatch*(m,-er)*
Boykott	Boykott*(m,-er)*
boykottieren	boykottéieren*(v)*
brach	brooch*(adj)*
Brache	Brooch*(f,-en)*
Brachfeld	Brooch*(f,-en)*
Brachland	Dréisch*(m,-en)*
brachlegen	broochleeën*(tr)(v)*
brachliegen	broochleien*(v)*
Brachtenbach	Braachtebaach*(p)*
Brachtenbach	Bruechtebaach*(p)*
Brainstorming	Brainstorming*(m,-en)*
Brand	Brand*(m,Bränn)*
Brandenbourg	Branebuerg*(p)*
Brandstifter	Brandstëfter*(m,-en)*
Brandwunde	Brandwonn*(f,-en)*
Branntwein	Branntewäin*(m,-er)*
braten	broden*(v)*
Braten	Brot*(m,Broden)*
Bratofen	Schäffchen*(m,Schäffercher)*
Bratsche	Braatsch*(f,-en)*
Brattert	Brattert*(p)*
Bratwurst	Wäinzoossiss*(f,-en)*
Brauch	Brauch*(m,Bräich)*
brauchbar	brauchbar*(adj)*
brauchen	brauchen*(v)*
brauen	brauen*(v)*
Brauerei	Brauerei*(f,-en)*
braun	brong*(adj)*
braungebrannt	brong*(adj)*
braungebrannt	bronzéiert*(adj)*
Brause	Braus*(f,-en)*
Braut	Braut*(f,Bräit)*
Bräutigam	Bräitchemann*(m,-männer)*
Brautkleid	Brautkleed*(n,-er)*
Brautpaar	Brautpuer*(n,-en)*
brav	brav*(adj)*
brechen	briechen*(v)*
brechen	fracturéieren*(v)*
Brechreiz empfinden	gierksen*(v)*
Brechstange	Briecheisen*(m,--)*
Brechstange	Briechstaang*(f,-en)*
Brei	Bräi*(m,~)*
Breidfeld	Breedelt*(p)*
Breidweiler	Präiteler*(p)*
Breinert	Breinert*(p)*
breit	breet*(adj)*
breit	weit*(adj)*
breitbeinig gehen	graatschen*(v)*
Breite	Breet*(f,-en)*
Breitengrad	Breedegrad*(m,-en)*
breitschlagen	breetschloen*(v)*
breittreten	breetträppelen*(v)*
Bremse	Brems*(f,-en)*
Bremse (Insekt)	Beel*(f,-en)*
bremsen	bremsen*(v)*
Bremsflüssigkeit	Bremsflëssegkeet*(f,-en)*
Bremslicht	Bremsluucht*(f,-en)*
Bremspedal	Bremspedall*(f,-en)*
Bremsscheibe	Bremsscheif*(f,-en)*
Bremsspur	Bremsspur*(f,-en)*
Bremsweg	Bremswee*(m,-ër)*
Brennelement	Brennelement*(n,-er)*
brennen	brennen*(v)*
brennen	flamen*(v)*
brennen (Haut)	picken*(v)*
brennen, weiß -	blanchéieren*(v)*
Brenner	Brenner*(m,--)*
Brennerei	Brennerei*(f,-en)*
Brennholz	Brennholz*(n,~)*
Brennnessel	Brennnessel*(f,-en)*
brenzlig	brenzeleg*(adj)*
Brett	Briet*(n,Brieder)*
Brett	Dill*(m,-en)*
Bretterbude	Bud*(f,-en)*
Bretzel	Bratzel*(f,-en)*
Bridel	Briddel*(p)*
Brief	Bréif*(f,Bréiwer)*
Briefbombe	Bréifbomm*(f,-en)*
Briefgeheimnis	Bréifgeheimnis*(n,~)*
Briefkasten	Bréifboîte*(f,-n)*
Briefkasten	Bréifkëscht*(f,-en)*
Briefkopf	Bréifkapp*(m,-käpp)*
Briefmarke	Käppchen*(m,Käppercher)*
Briefmarke	Timber*(m,-en)*
Briefmarkenausgabe	Timbersemissioun*(f,-en)*
Briefpapier	Bréifpabeier*(n,~)*
Briefsachen	Post*(f,~)*
Brieftasche	Portefeuille*(m,-n)*
Brieftasche	Portmonni*(m,-en)*
Brieftaube	Bréifdauf*(f,-dauwen)*
Briefträger	Bréifdréier*(m,--)*
Briefträger	Facteur*(m,-en)*
Briefumschlag	Enveloppe*(f,-n)*
Briefwahl	Bréifwal*(f,-en)*
Briefwechsel	Bréifwiessel*(m,--)*
Brigade	Brigad*(f,-en)*
Brikett	Brickett*(f,-en)*
Brille	Bréll*(m,-er)*
Brillenetui	Bréllenetui*(m,-en)*
Brillenfassung	Gestell vum Bréll*(exp)*
Brimborium	Gedeessems*(n,~)*
bringen	bréngen*(v)*
bringen, in Versuchung -	tentéieren*(v)*
bringen, nach Hause -	heembréngen*(tr)(v)*
bringen, zu Wege -	schafen*(v)*
Brisanz	Brisanz*(f,~)*
bröckeln	bréckelen*(v)*
Brocken, dicker -	Batz, décke -*(exp)*
Brocken, dicker - (auch fig)	Badetti*(m,-en)*
brodeln	braddelen*(v)*
Broderbour	Broderbur*(p)*
Brokkoli	Broccoli*(m,~)*
Brokkoli	Brokkoli*(m,~)*
Brombeere	Päerdsbier*(n,~)*
Brombeere	Schwaarzbier*(n,~)*
Brombeerranke	Bréim*(f,-en)*
Brombeerstrauch	Bréimelheck*(f,-en)*
Brombeerstrauch	Schwaarzbiersheck*(f,-en)*
Bronchitis	Braddeler*(m,~)*
Bronchitis	Bronchite*(f,Bronchitten)*
Bronze	Bronz*(f,-en)*
Bronze-	bronzen*(adj)*
Bronzemedaille	Bronzemedaill*(f,-en)*
Brosche	Brosch*(f,-en)*
broschiert	brochéiert*(adj)*
broschiert	broschéiert*(adj)*
Broschüre	Broschür*(f,-en)*
Brot	Brout*(n,--)*
Brot, übriggebliebenes Stück -	Huesebrout*(n,~)*
Brötchen	Bréidercher*(npl)*
Brötchen	Bréitchen*(f,Bréidercher)*
Brötchen	Mëtsch*(f,-en)*
Brotkante	Bootsch*(f,-en)*
Brotkante	Knaus*(f,Knaisercher)*
Brotkorb	Broutkuerf*(m,-kierf)*
Brotlaib	Broutruecht*(m,-en)*
Brotlaib	Ruecht*(m,-en)*
Brotmesser	Broutmesser*(n,--)*
Brotschieber	Broutschéiss*(f,-en)*
Brotwürfel, gerösteter -	Kiischtchen*(f,Kiischtercher)*

Brouch	Bruch*(p)*
Bruch	Broch*(m,Bréch)*
Bruchbude	Brak*(f,-en)*
brüchig	sprock*(adj)*
Bruchlandung	Bruchlandung*(f,-en)*
Bruchstück	Brochstéck*(n,-er)*
Bruchteil	Brochdeel*(m,-er)*
Bruchzahl	Broch*(m,Bréch)*
Brücke	Bréck*(f,-en)*
Bruder	Brudder*(m,Bridder)*
brüderlich	bridderlech*(adj)*
Brüderlichkeit	Bridderlechkeet*(f,-en)*
Brühe	Britt*(f,-en)*
brüllen	bierelen*(v)*
brüllen	birelen*(v)*
brüllen	blären*(v)*
brüllen	brëllen*(v)*
brüllen	huerelen*(v)*
brummeln	knadderen*(v)*
brummen	brommen*(v)*
brummen	brummen*(v)*
brummen	grommelen*(v)*
brummen	knouteren*(v)*
Brunch	Brunch*(m,~)*
Brunnen	Bur*(m,-en)*
Brunnen	Pëtz*(m,-er)*
brünstig	kuedereg*(adj)*
brüsk	brüsk*(adj)*
brüskieren	brüskéieren*(v)*
brüskieren	toufen*(v)*
Brust	Broscht*(f,Brëscht)*
Brustbein	Broschtbeen*(n,~)*
Brustkorb	Broschtkuerf*(m,-kierf)*
Brustkrebs	Broschtkriibs*(m,~)*
Brustschwimmen	Brasse*(f,~)*
Brustschwimmen	Broschtschwammen*(n,~)*
Brustton	Broschttoun*(m,-téin)*
Brüstung	Balustrade*(f,-n)*
brutal	brutal*(adj)*
brutaler Mensch	Brute*(f,Brutten)*
Brutalität	Brutalitéit*(f,-en)*
brüten	bréien*(v)*
brüten	brucken*(v)*
Bruthenne	Kluck*(f,-en)*
brutto	brutto*(adj)*
Bruttoeinkommen	Bruttoakommes*(n,--)*
Bruttogewicht	Bruttogewiicht*(n,-er)*
Bruttolohn	Bruttoloun*(m,-léin)*
brutzeln	brutzelen*(v)*
Bübchen	Béifchen*(m,Béiwercher)*
Bube	Bouf*(m,Bouwen)*
Bube (Kartenspiel)	Bauer*(m,Baier)*
Buch	Buch*(n,Bicher)*
Buche	Bich*(f,-en)*
Buchecker	Buvaker*(f,-en)*
buchen	buchen*(v)*
buchen	comptabiliséieren*(v)*
Buchenholz, aus -	bichen*(adj)*
Bücherbrett	Tablett*(f,-en)*
Bücherfreund	Bicherfrënd*(m,-frënn)*
Bücherliebhaber	Bibliophile*(m,--)*
Büchermarkt	Bichermaart*(m,-mäert)*
Bücherregal	Bicherbriet*(n,-brieder)*
Bücherregal	Bicherstellage*(n,-n)*
Bücherschrank	Bicherschaf*(m,-schief)*
Buchfink	Poufank*(m,-en)*
Buchführung	Kontabilitéit*(f,-en)*
Buchhalter	Comptabel*(m,-en)*
Buchhaltung	Comptabilitéit*(f,-en)*
Buchhändler	Buchhändler*(m,-en)*
Buchholtz	Buchholz*(p)*
Buchillustration	Buchillustratioun*(f,-en)*
Buchladen	Bicherbuttek*(m,-er)*
Buchladen	Librairie*(f,-n)*
Büchlein	Bichelchen*(m,Bichelcher)*
Buchsbaum	Pällem*(m,~)*
Buchsbaumzweig	Pällem*(m,~)*
Buchstabe	Buschtaf*(m,Buschtawen)*
buchstabieren	buschtawéieren*(v)*
Bucht	Bucht*(f,-en)*
Buchweizen	Wëllkuer*(n,~)*
Buckel	Bockel*(m,-en)*
bücken	bécken*(v)*
Bücken	Gebécks*(n,~)*
bucklig	bockeleg*(adj)*
Bückling	Béckerlek*(m,-en)*
Bückling	Bécklek*(m,-en)*
buddeln	buddelen*(v)*
Budget	Budget*(m,-en)*
budgetieren	budgetéieren*(v)*
Buederscheid	Bitscht*(p)*
büffeln	béchsen*(v)*
büffeln	bécksen*(v)*
büffeln	büffelen*(v)*
büffeln	drummen*(v)*
Buffet	Buffet*(m,-en)*
Bügel	Bigel*(m,-en)*
Bügelbrett	Streckbriet*(n,-brieder)*
Bügeleisen	Streckeisen*(n,--)*
bügeln	strecken*(v)*
Bügeltisch	Streckdësch*(m,-er)*
Bügelwäsche	Streck*(f,~)*
bugsieren	bugséieren*(v)*
bugsieren	buxéieren*(v)*
Bühne	Bühn*(f,-en)*
Bukett	Bouquet*(m,-en)*
Bulldogge	Bulldogg*(f,-en)*
Bumerang	Bumerang*(m,-en)*
bummeln	bommelen*(v)*
bummeln	bummelen*(v)*
bummeln	pendelen*(v)*
bummeln	träntelen*(v)*
Bummelstreik	Bummelstreik*(m,-er)*
Bummelzug	Bummelzuch*(m,-zich)*
Bummler	Tränteler*(m,-en)*
bumsen	bummsen*(v)*
Bündel (Stroh, Kräuter)	Wësch*(m,--)*
Bündelchen	Bëndelchen*(m,Bëndelcher)*
bündeln	bündelen*(v)*
bündelweise	schappeweis*(adv)*
Bungalow	Bungalow*(m,-en)*
bunt	faarweg*(adj)*
bunt	fuerweg*(adj)*
Buntstift	Faarfstëft*(m,-er)*
Buntstifte	Bläistëftfaarwen*(npl)*
Burden	Bierden*(p)*
Burg	Buerg*(f,-en)*
Bürge	Bierg*(m,--)*
Bürger	Bierger*(m,--)*
Bürgerinitiative	Biergerinitiativ*(f,-en)*
Bürgerkrieg	Biergerkrich*(m,-er)*
Bürgermeister	Buergermeeschter*(m,-en)*
Bürgermeisteramt	Märei*(f,-en)*
Bürgermeisterin	Buergermeeschtesch*(f,-en)*
Burmerange	Biermereng*(p)*
Büro	Büro*(m,-en)*
Büroangestellter	Bürosbeamten*(m,--)*
Büroarbeit	Bürosaarbecht*(f,-en)*
Büroklammer	Bürosklamer*(f,-en)*
Bürokommunikation	Bürotik*(f,-en)*
Bürokrat	Bürokrat*(m,-en)*
Bürokratie	Bürokratie*(f,-n)*
Büromaterial	Bürosmaterial*(n,~)*
Bürschchen	Kadettchen*(m,Kadettercher)*
Bursche	Borscht*(m,-en)*
Bursche	Fissi*(pej)(m,~)*
Bursche	Fiston*(pej)(m,~)*
Bursche	Kadett*(m,-en)*
burschikos	burschikos*(adj)*
Bürste	Biischt*(f,-en)*
bürsten	biischten*(v)*
bürsten (Tier)	stréilen*(v)*
Bürstenhaarschnitt	Brosse*(f,-n)*
Bus	Bus*(m,-sen)*
Busbahnhof	Autobusgare*(f,-n)*
Busch	Trausch*(m,Traisch)*
Buschdorf	Bëschdref*(p)*
Büschel (Haar)	Putsch*(m,Pitsch)*
büschelweise	pitschweis*(adv)*

buschig bauscheg *(adj)*
buschig plauscheg *(adj)*
Buschrodt Bëschrued *(p)*
Busen Broscht *(f,Brëscht)*
Busfahrer Buschauffer *(m,-en)*
Busfahrkarte Busbilljee *(m,-ën)*
Bushäuschen Bushaischen *(n,-haisercher)*
Bussard Bussard *(m,-en)*
Bussard Héngerdéif *(m,--)*
Buße Bouss *(f,-en)*
büßen béissen *(v)*
büßen für etw ausbäissen, eppes - *(exp)*
Busspur Busspur *(f,-en)*
Büste Büst *(f,-en)*
Büstenhalter (BH) Soutien *(m,-en)*
Butter Botter *(m,~)*
Butterbrot Botterschmier *(f,-en)*
Butterbrot Schmier *(f,-en)*
Butterbrotpapier Pergamentspabeier *(n,~)*
Butterfass Rompfaass *(m,-fässer)*
Buttermilch Bottermëllech *(f,-en)*
buttern botteren *(v)*
Bypass Bypass *(m,-päss/-en)*

C

Cabaret Cabaret *(m,-en)*
Cabriolet Cabriolet *(m,-en)*
Caddie Akafsweenchen *(m,-weenercher)*
Cadmium Cadmium *(n,~)*
Café Café *(m,-en)*
Café Kaffi *(m,-en)*
Café Wiertschaft *(f,-en)*
Café Wiertshaus *(n,-haiser)*
Cafeteria Cafeteria *(f,-en)*
Callgirl Callgirl *(n,-s/-en)*
Calmus Kaalmes *(p)*
Camembert Camembert *(m,-en)*
Camp Camp *(m,-en)*
campen campéieren *(v)*
campen campen *(v)*
Camper Camper *(m,--)*
Camping Camping *(m,-en)*
Campingausrüstung Campingsequipement *(n,-er)*
Campingplatz Campingplaz *(f,-plazen)*
Campus Campus *(m,-sen)*
Canach Kanech *(p)*
Cap Kap *(p)*
Capellen Kapellen *(p)*
catchen catchen *(v)*
Cayennepfeffer Cayennepeffer *(m,~)*
CD CD *(m/f,-en)*
CD-Player CD-Player *(m,-)*
CD-ROM CD-ROM *(f,-en)*
Cellist Cellist *(m,-en)*
Cello Cello *(m,-en)*
Cents Zens *(p)*
Cessange Zéisseng *(p)*
Chalet Chalet *(m,-en)*
Chamäleon Chamäleon *(n,-en)*
Champagner Champagner *(m,~)*
Champagner Schampes *(m,~)*
Champignon Champignon *(m,-en)*
Champion Champion *(m,-en)*
Chance Chance *(f,-n)*
Chancengleichheit Chancëgläichheet *(f,-en)*
Chancengleichheitskommission Chancëgläichheetskommissioun *(f,-en)*
Chaos Chaos *(m,~)*
Chaot Chaot *(m,-en)*
chaotisch chaotesch *(adj)*
Charakter Charakter *(m,-en)*
Charakter Gemitt *(n,Gemidder)*
charakterisieren charakteriséieren *(v)*
Charakteristik Charakteristik *(f,-en)*
charakteristisch charakteristesch *(adj)*
charakterlos charakterlos *(adj)*
charakterlos laddreg *(adj)*
Charakterzug Charakterzuch *(m,-zich)*
Charisma Charisma *(m,Charismen)*
charmant charmant *(adj)*
Charme Charme *(m,~)*
Charta Charta *(f,-en)*
Charter Charter *(m,-en)*
Charterflug Charterfluch *(m,-flich)*
Charterflugzeug Chartermaschinn *(f,-en)*
chartern charteren *(v)*
Charts Charts *(npl)*
Chassis Chassis *(m,-en)*
chatten chatten *(v)*
Chauffeur Chauffer *(m,-en)*
Chauvi Chauvi *(m,-en)*
Chauvinismus Chauvinismus *(m,Chauvinismen)*
checken checken *(v)*
Chef Chef *(m,-fen)*
Chef Patron *(m,-en)*
Chefetage Chefetage *(f,-n)*
Chefredakteur Chefredakter *(m,-en)*
Chemie Chemie *(f,~)*
Chemie Chimie *(f,~)*
Chemiker Chemiker *(m,--)*
chemisch chemesch *(adj)*
Chemotherapie Chemotherapie *(f,-n)*
chic schick *(adj)*
Chicorée Andéif *(f,Andéiwen)*
Chicorée Chicon *(m,-en)*
Chicorée Chicorée *(m/f,~)*
chiffrieren chiffréieren *(v)*
China China *(p)*
Chinese Chinees *(m,-en)*
Chinesin Chineesin *(f,-nen)*
chinesisch chineesesch *(adj)*
Chip Chip *(m,-pen)*
Chipkarte Chipkaart *(f,-en)*
Chips Chips *(f,-en)*
Chirurg Chirurg *(m,-en)*
Chirurgie Chirurgie *(f,-n)*
chloren chloren *(v)*
chloroformieren chloroforméieren *(v)*
cholerisch choleresch *(adj)*
Cholesterin Cholesterol *(m,~)*
Chor Chouer *(m,Chéier)*
Choreograph Choreograph *(m,-en)*
Choreographie Choreographie *(f,-n)*
Christ Chrëscht *(m,-en)*
christdemokratisch chrëscht-demokratesch *(adj)*
Christentum Chrëschtentom *(n,~)*
Christi Geburt Gebuert Christi *(exp)*
Christi Himmelfahrt Himmelsfahrtsdag *(m,~)*
christianisieren christianiséieren *(v)*
Christkind Chrëschtkand *(n,~)*
Christkind Chrëschtkëndchen *(n,-kënnercher)*
christlich chrëschtlech *(adj)*
christliche Aktion Chrëschtactioun *(f,-en)*
christliche Aktion Chrëschtaktioun *(f,-en)*
Christmette Mëtternuechtsmass *(f,-en)*
Christnach Chrëschtnech *(p)*
Christnacht Chrëschtnuecht *(f,-en)*
Christstollen Këndel *(m,-en)*
Christus Christus *(p)*
Chrom Chrom *(m,~)*
Chromosom Chromosom *(m,-en)*
Chronik Chronik *(f,-en)*
chronisch chronesch *(adj)*
Chronologie Chronologie *(f,-n)*
chronologisch chronologesch *(adj)*
Chronometer Chronometer *(m,-en)*
Chrysantheme Allerhellgeblumm *(f,-en)*
Chrysantheme Chrysantème *(f,-n)*
Chrysantheme Chrysanthem *(f,-en)*
ciao ciao *(adv)*
Cinqfontaines Pafemillen *(p)*
circa circa *(adv)*
Clausen Clausen *(p)*
Clemency Kënzeg *(p)*
Clervaux Klierf *(p)*
clever clever *(adj)*

Clinch Clinch *(m,-en)*
Clinch, im - liegen mit jm Clinch, am - si mat engem *(exp)*
Clip Clip *(m,-pen)*
Clique Clique *(f,-n)*
Clou Clou *(m,~)*
Clown Clown *(m,-en)*
Club Club *(m,Clibb)*
Club Veräin *(m,-er)*
CO-Ausstoß CO-Emissioun *(f,-en)*
CO2-Emission CO2-Emissioun *(f,-en)*
Coach Trainer *(m,-en)*
coachen coachen *(v)*
Cocker Cocker *(m,-en)*
Cocktail Cocktail *(m,-en)*
Code Code *(m,-n)*
Cognac Cognac *(m,-c(k)en)*
Colbette Kolwent *(p)*
Collage Collage *(m,-n)*
Colmar-Berg Kolmar-Bierg *(p)*
Colpach Kolpech *(p)*
Colpach-Bas Nidderkolpech *(p)*
Colpach-Haut Uewerkolpech *(p)*
Comeback Comeback *(m,~)*
Computer Computer *(m,-en)*
Computer PC *(m,-ën)*
Computeranimation Computeranimatioun *(f,-en)*
Computerausdruck Computerausdrock *(m,-ausdréck)*
computergesteuert computergesteiert *(adj)*
computerisieren ëmstellen, op Computer - *(tr)(v)*
Computerkriminalität Computerkriminalitéit *(f,~)*
Computerspiel Computerspill *(n,-er)*
Computervirus Computervirus *(m,-viren)*
Conférencier Conferencier *(m,-en)*
Consdorf Konsdref *(p)*
Consthum Konstem *(p)*
Container Container *(m,-en)*
Containerschiff Containerschëff *(n,-er)*
Contern Konter *(p)*
cool cool *(adj)*
Cornflakes Cornflakes *(npl)*
Couch Canapé *(m,-en)*
Countdown Countdown *(m,-en)*
Country-Musik Country-Musek *(f,-en)*
Coupon Coupon *(m,-en)*
Cousin Cousin *(m,-en)*
Cousin Koseng *(m,-en)*
Cover Cover *(m,-en)*
Cowboy Cowboy *(m,-en)*
Crauthem Krautem *(p)*
Crawl Kraul *(m,~)*
crawlen crowlen *(v)*
crawlen kraulen *(v)*
Crème Crème *(f,-n)*
Crendal Kréindel *(p)*
Crew Crew *(f,~)*
Croupier Croupier *(m,-en)*
Croupière Croupière *(f,-n)*
Cruchten Kruuchten *(p)*
Curriculum vitae Curriculum vitae *(m,Curricula vitae)*
Curry Curry *(m/n,~)*
Cursor Cursor *(m,-en)*

D

da do *(adv)*
da oben do uewen *(adv)*
da schau her! hei elei *(exp)*
da sein do sinn *(exp)*
da unten do ënnen *(adv)*
dabehalten dohalen *(v)*
dabei derbäi *(adv)*
dabei dobäi *(adv)*
dabei sein derbäi sinn *(exp)*
dabei, gerade - sein (etw zu tun) amgaang sinn *(exp)*
dabeibleiben dobäibleiwen *(v)*
dabeihaben dobäihunn *(v)*
dableiben dobleiwen *(v)*
Dach Daach *(m,Diech)*
Dachboden Späicher *(m,-en)*
Dachbodentreppe Späichertrap *(f,-en)*
Dachdecker Daachdecker *(m,--)*
Dachdecker Leeëndecker *(m,--)*
Dachfenster Liicht *(f,-en)*
Dachfenster Späicherliicht *(f,-en)*
Dachgaube Späicherliicht *(f,-en)*
Dachgebälk Daachgespär *(n,-en)*
Dachgeschoss Späicher *(m,-en)*
Dachkammer Juck *(m,-en)*
Dachluke Daachliicht *(f,-en)*
Dachorganisation Daachorganisatioun *(f,-en)*
Dachrinne Kulang *(m,-en)*
Dachrinne Waasserkulang *(m,-en)*
Dachs Dachs *(m,-en)*
Dachsbau Dachsenhiel *(f,-en)*
Dachstube Mansardekummer *(f,-en)*
Dachstuhl Daachstull *(m,-still)*
Dachziegel Daachzill *(f,-en)*
Dackel Dackel *(m,-en)*
Dadaismus Dadaismus *(m,~)*
dadurch doduerch *(adv)*
dafür dofir *(adv)*
dafür duerfir *(adj)*
dafür halten derfir halen *(v)*
dagegen dergéint *(adv)*
dagegen derwidder *(adv)*
daheim doheem *(adv)*
daher dohier *(adv)*
daherreden, dumm - tuddelen *(v)*
daherspazieren dohierspazéieren *(v)*
dahin dohin *(adv)*
dahin dohinner *(adv)*
dahin duer *(adv)*
dahin duer *(adv)*
dahinten dohannen *(adv)*
dahinter derhannert *(adv)*
dahinter hannendrun *(adv)*
dahinterkommen dohannertkommen *(v)*
Dahl Dol *(p)*
Dahlem Duelem *(p)*
Dalheim Duelem *(p)*
damals deemools *(adv)*
damals fréier *(adv)*
Damast, aus - herstellen damasséieren *(v)*
Dame Damm *(f,-en)*
Damenbekleidung Dammekonfektioun *(f,-en)*
Damen-Einzel Dammeneenzel *(m,-en)*
Damenfrisör Dammecoiffer *(m,-en)*
Damenhose Dammebox *(f,-en)*
Damenstrümpfe Dammestrëmp *(f,--)*
Damenunterhose Dammeslip *(m,-pen)*
Damenunterwäsche Dammewäsch *(f,--)*
damit dermat *(adv)*
damit domat *(adv)*
damit fir dass *(cn)*
damit fir datt *(cn)*
Damm Barrage *(m,-n)*
Damm Damm *(m,Dämm)*
Damm Wier *(m,-en)*
dämmern Mueren, - ginn *(exp)*
dämmern Owend ginn *(exp)*
Dampf Damp *(m,~)*
dampfen dämpen *(v)*
dämpfen dämpfen *(v)*
dämpfen dëmpen *(v)*
Dampfer Dampschëff *(n,-er)*
Dampfmaschine Dampmaschinn *(f,-en)*
Dampfwalze Walz *(f,-en)*
danach dernoten *(adv)*
danach dono *(adv)*
danach duerno *(adv)*
danach dunn *(adv)*
danach hannendrop *(adv)*

daneben derlaanscht *(pp)*
daneben dernieft *(adv)*
daneben donieft *(adv)*
daneben niewebäi *(adv)*
danebengreifen (auch: Fehlgriff) derlaanscht gräifen *(exp)*
danebengreifen (auch: Fehlgriff) derniewent gräifen *(exp)*
danebenschütten laanschtschédden *(v)*
Dänemark Dänemark *(p)*
dänisch dänesch *(adj)*
Dank Dank *(m,~)*
Dank, vielen - Merci villmools *(exp)*
dankbar dankber *(adj)*
Dankbarkeit Dankbarkeet *(f,-en)*
danken danken *(v)*
Dankeschön Merci *(m,-en)*
dann dann *(adv)*
dann dunn *(adv)*
daran dodrun *(adv)*
daran drun *(adv)*
daran vorbei derlaanscht *(pp)*
darauf dorobber *(adv)*
darauf dorop *(adv)*
darauf drop *(adv)*
daraufhin dorops *(adv)*
daraufstoßen dropstoussen *(v)*
daraus dodraus *(adv)*
daraus doraus *(adv)*
darlegen duerleeën *(v)*
darlegen exposéieren *(v)*
darlegen, ausführlich - detailléieren *(v)*
Darlehen Prêt *(m,-en)*
Darm Daarm *(m,Däerm)*
Darmflora Daarmflora *(f,~)*
darstellen constituéieren *(v)*
darstellen duerstellen *(v)*
darstellen representéieren *(v)*
darstellen virstellen *(v)*
Darsteller Duersteller *(m,--)*
Darstellung Duerstellung *(f,-en)*
darüber doriwwer *(adv)*
darüber driwwer *(adv)*
darüber uewendriwwer *(adv)*
darüber hinaus iwwerdees *(adv)*
darum dodrëms *(adv)*
darum dorëms *(adv)*
darum drëm *(adv)*
darunter nidder *(adv)*
darunterfahren drënnerfueren *(v)*
darunterfallen drënnerfalen *(v)*
daruntermischen draméschen *(v)*
das dat *(pr)*
das da dat doten *(pr)*
das fehlte noch abbee jo! *(exp)*
das fehlte noch abee jo *(exp)*
das hier dat heiten *(pr)*
Dasbourg Doosber-Bréck *(p)*
dass dass/datt *(cn)*
dass datt *(cn)*
dasselbe datselwecht *(adj)*
dasselbe datselwecht *(pr)*
dasselbe Nämmlecht, dat - *(exp)*
Datei Datei *(f,-en)*
Daten Daten *(npl)*
Datenbank Datebank *(f,-en)*
Datenbogen Fiche *(f,-n)*
datieren datéieren *(v)*
Dattel Dattel *(f,-en)*
Datum Datum *(m,-[m]en)*
Dauer Dauer *(f,~)*
dauerhaft permanent *(adj)*
Dauerkarte (Bus) Buskaart *(f,-en)*
dauern daueren *(v)*
dauern schleefen *(pej)(v)*
dauernd stänneg *(adv)*
dauerparken dauerparken *(v)*
Dauerwelle Permanente *(f,-n)*
Dauerwurst Wurscht *(f,-en)*
Dauerwurst Zoossiss *(f,-en)*
Dauerzustand Dauerzoustand *(m,-stänn)*
Däumchen Daimchen *(m,Daimercher)*
Daumen Daum *(m,-en)*
Däumling Daimerlek *(m,-en)*
davon däers *(pr)*
davon dervun *(adv)*
davon dovun *(adv)*
davon dovunner *(adv)*
davon es *(pr)*
davonkommen dervukommen *(v)*
davonlassen dervuloossen *(v)*
davonlaufen ugoen *(v)*
davonmachen, sich - verfeeën, sech - *(v)*
davor virdrun *(adv)*
dazu bäi *(adv)*
dazu derzou *(adv)*
dazu dobäi *(adv)*
dazu dozou *(adv)*
dazu duerzou *(adv)*
dazugehören derzougehéieren *(v)*
dazukommen (zeitlich) dozoukommen *(v)*
dazulernen derbäiléieren *(v)*
dazulernen dobäiléieren *(v)*
dazuzählen dozourechnen *(v)*
dazwischen dertëschent *(adv)*
dazwischenfahren dotëschentfueren *(v)*
dazwischenfahren drënnerfueren *(v)*
dazwischenfragen dotëschentfroen *(v)*
dazwischenfunken dotëschentfunken *(v)*
dazwischenkommen dotëschentkommen *(v)*
dazwischenquasseln draschnëssen *(v)*
dazwischenreden dramaulen *(v)*
dazwischenreden drarieden *(v)*
dazwischenschieben dotëschendrécken *(v)*
dazwischenschieben intercaléieren *(v)*
Dealer Dealer *(m,-en)*
Debakel Debakel *(n,-en)*
Debatte Debatt *(f,-en)*
Dechant Dechen *(m,--)*
Deck Deck *(m,-er)*
Deckblatt Deckblat *(n,-blieder)*
Deckel Deckel *(m,-en)*
Decken Decken *(f,--)*
decken (Dach, Tisch, Farbe) decken *(v)*
Deckenverzierung Plafongsdekoratioun *(f,-en)*
Deeskalation Deseskalatioun *(f,-en)*
defäkieren exkrementéieren *(v)*
defekt defekt *(adj)*
Defekt Defekt *(m,-er)*
defilieren defiléieren *(v)*
definieren definéieren *(v)*
Definition Definitioun *(f,-en)*
Defizit Defizit *(m,-er)*
defizitär defizitär *(adj)*
deformieren deforméieren *(v)*
Deformierung Deformatioun *(f,-en)*
degenerieren degeneréieren *(v)*
Degenerierung Degeneratioun *(f,-en)*
degradieren degradéieren *(v)*
dehnbar zéieg *(adj)*
dehnen ausdehnen *(v)*
dehnen dehnen *(v)*
dehnen, sich - strecken, sech - *(v)*
Deich Däich *(m,-en)*
deichseln deichselen *(v)*
Deiffelt Deewelt *(p)*
dein däin *(dét)*
dein deng *(dét)*
Deinstallation Desinstallatioun *(f,-en)*
deinstallieren desinstalléieren *(v)*
dekadent dekadent *(adj)*
dekantieren dekantéieren *(v)*
dekapieren dekapéieren *(v)*
deklassieren deklasséieren *(v)*
deklinieren deklinéieren *(v)*
dekodieren decodéieren *(v)*
Dekolleté Dekolleté *(n,-en)*
dekomprimieren (Daten) dekompriméieren *(v)*
dekontaminieren decontaminéieren *(v)*

Deutsch	Luxemburgisch
Dekontaminierung	Decontaminatioun *(f,-en)*
Dekor	Decor *(m,-en)*
Dekor	Dekor *(m,-en)*
Dekorateur	Dekorateur *(m,-en)*
Dekoration	Decoratioun *(f,-en)*
Dekoration	Dekoratioun *(f,-en)*
dekorieren	dekoréieren *(v)*
dekorieren	rëschten *(v)*
dekoriert	dekoréiert *(adj)*
Dekret	Dekret *(m,-er)*
dekretieren	dekretéieren *(v)*
delegieren	delegéieren *(v)*
delektieren, sich -	regaléieren *(v)*
Delfin	Delphin *(m,-er)*
delikat	delikat *(adj)*
delikat	zaart *(adj)*
Delikatesse	Delikatess *(f,-en)*
Delikt	Delikt *(m,-er)*
Delle	Téitsch *(f,-en)*
Dellen	Dellen *(p)*
Delta	Delta *(m,-en)*
Demagoge	Demagog *(m,-en)*
demaskieren	demaskéieren *(v)*
dement	verkënnt *(adj)*
dement werden	verkënnen *(v)*
Dementi	Dementi *(m,-en)*
dementieren	dementéieren *(v)*
demissionieren	demissionéieren *(v)*
demnach	deemno *(adv)*
demobilisieren	demobiliséieren *(v)*
Demographie	Demographie *(f,-n)*
Demokratie	Demokratie *(f,-n)*
Demonstrant	Demonstrant *(m,-en)*
Demonstrant	Manifestant *(m,-en)*
Demonstration	Demonstratioun *(f,-en)*
Demonstration	Manifestatioun *(f,-en)*
demonstrieren	demonstréieren *(v)*
demonstrieren	manifestéieren *(v)*
demoralisieren	demoraliséieren *(v)*
Demoskopie	Demoskopie *(f,-n)*
Demotivation	Demotivatioun *(f,-en)*
demotivieren	demotivéieren *(v)*
Demoversion	Demoversioun *(f,-en)*
demütig	deemiddeg *(adj)*
demütig	déimiddeg *(adj)*
Demütigung	Affront *(m,-en)*
Demütigung	Humiliatioun *(f,-en)*
denaturieren	denaturéieren *(v)*
denen, von -	där do *(exp)*
denkbar	denkbar *(adj)*
Denken	Denken *(n,--)*
denken	denken *(v)*
denken	mengen *(v)*
denken, sich -	zwibbelen *(v)*
denken, sich -	zwiwwelen *(v)*
Denkfehler	Denkfeeler *(m,--)*
Denkmal	Denkmal *(n,-er)*
Denkmalschutz	Denkmalschutz *(m,~)*
Denkspiel	Denkspill *(n,-er)*
Denkzettel	Denkziedel *(m,-en)*
denn	well *(cn)*
denunzieren	denoncéieren *(v)*
denunzieren	denunzéieren *(v)*
denunzieren	uginn *(v)*
denunzieren	uschäissen *(ugs)(v)*
denunzieren	uschmieren *(v)*
Denunzierung	Denonciatioun *(f,-en)*
Denunzierung	Denunziatioun *(f,-en)*
Deodorant	Deodorant *(m,-en)*
Deodorant	Desodorisant *(m,-en)*
Deponie	Deponie *(f,-n)*
deponieren	deponéieren *(v)*
deportieren	deportéieren *(v)*
Deportierung	Deportatioun *(f,-en)*
Depp	Blani *(m,-en)*
Depression	Depressioun *(f,-en)*
deprimieren	depriméieren *(v)*
der	den *(art)*
der	dien *(pr)*
Derby	Derby *(n,-en)*
deregulieren	dereguléieren *(v)*
Derenbach	Déierbech *(p)*
derer	där *(pr)*
dermaßen	däermoossen *(adv)*
Dermatologe	Dermatolog *(m,-en)*
Dermatologe	Hautspezialist *(m,-en)*
derselbe	deeselwechten *(art)*
derselbe	deeselwechten *(pr)*
Desaster	Desaster *(m,-en)*
desertieren	desertéieren *(v)*
deshalb	dofir *(adv)*
Design	Design *(m,~)*
Desillusion	Desillusioun *(f,-en)*
desillusionieren	desillusiounéieren *(v)*
desinfizieren	aseptiséieren *(v)*
desinfizieren	desinfizéieren *(v)*
Desinformation	Desinformatioun *(f,-en)*
desinteressiert, völlig - sein	futtéieren, sech - *(v)*
deskriptiv	deskriptiv *(adj)*
desolat	desolat *(adj)*
desorganisiert	desorganiséiert *(adj)*
Despot	Despot *(m,-en)*
dessen	es *(pr)*
Dessert	Dessert *(m,-en)*
Dessertlöffel	Dessertsläffel *(m,-en)*
Dessertteller	Dessertsteller *(m,-en)*
destabilisieren	destabiliséieren *(v)*
destillieren	destilléieren *(v)*
destillieren	distilléieren *(v)*
Destilliermenge	Brennkapassitéit *(f,-en)*
Detail	Detail *(m,-er)*
Detailänderung	Detailmodifikatioun *(f,-en)*
Detailinformation	Detailinformatioun *(f,-en)*
detailliert	detailléiert *(adj)*
detektieren	detectéieren *(v)*
detektieren	detektéieren *(v)*
Detektiv	Detektiv *(m,-en)*
Detonation	Detonatioun *(f,-en)*
deuten	deiten *(v)*
deutlich	däitlech *(adj)*
Deutlichkeit	Däitlechkeet *(f,~)*
deutsch	däitsch *(adj)*
Deutscher	Däitschen *(m,Däitsch)*
Deutscher	Preiss *(m,Preisen)*
Deutschland	Däitschland *(n,~)*
Devise	Devise *(f,-n)*
devitalisieren	devitaliséieren *(v)*
Dezember	Dezember *(m,-en)*
dezent	dezent *(adj)*
dezentralisieren	dezentraliséieren *(v)*
Dezentralisierung	Dezentraliséierung *(f,-en)*
dezimieren	deziméieren *(v)*
Dia	Dia *(m,-en)*
Diabetiker	Diabetiker *(m,--)*
diachronisch	diachronesch *(adj)*
Diagnose	Diagnos *(f,-en)*
diagonal	diagonal *(adj)*
Diagramm	Diagramm *(m,-en)*
Dialekt	Dialekt *(m,-er)*
Dialog	Dialog *(m,-en)*
Dialogbereitschaft	Dialogbereetschaft *(f,-en)*
Dialyse	Dialys *(f,-en)*
Diamant	Diamant *(m,-en)*
Diät	Regime *(m,-r)*
Diätkost	Diätkascht *(m,~)*
dich	dech *(pr)*
dicht	dicht *(adj)*
Dichte	Densitéit *(f,-en)*
dichten	dichten *(v)*
Dichter	Dichter *(m,--)*
Dichtersänger	Dichtersänger *(m,--)*
Dichtung	Dichtung *(f,-en)*
dick	bonzeleg *(adj)*
dick	déck *(adj)*
dick werden	déck ginn *(exp)*
Dickdarm	Aaschdaarm *(m,-däerm)*
Dicke (Breite, Durchmesser)	Déckt *(f,-en)*
dicke Frau	Braatsch *(pej)(f,-en)*

dicker werden empeg, ëmmer méi - ginn*(scherzh)(exp)*
dickflüssig déckflësseg*(adj)*
dickflüssig, sehr - zéieg*(adj)*
Dickicht Déckt*(f,-en)*
Dickkopf Far*(m,-en)*
Dickkopf Klatzkapp*(m,-käpp)*
Dickkopf Tockskapp*(m,-käpp)*
dickköpfig déckkäppeg*(adj)*
dickköpfig klatzkäppeg*(adj)*
dickköpfig stur*(adj)*
dickköpfig tockeg*(adj)*
dickköpfig uessekäppeg*(adj)*
Dickschädel Déckkapp*(m,-käpp)*
Dickschädel, kleiner - Krappert*(n,-en)*
Dickweiler Dickweiler*(p)*
Didaktik Didaktik*(f,-en)*
die déi*(pr)*
die meisten déi meescht*(dét)*
die/das d'*(art)*
Dieb Déif*(m,Déiwen)*
diebisch déiwech*(adj)*
Diebstahl Déifstall*(m,-ställ)*
diebstahlsicher Antivol*(m,~)*
Diekirch Dikrech*(p)*
dienen déngen*(v)*
Diener Dénger*(m,--)*
Dienst Service*(m,-r)*
Dienstag Dënschdeg*(m,-er)*
Dienstag Dënschden*(m,Dënschdeger)*
Dienstag nach Fastnacht Fuesdënschdeg*(m,-er)*
dienstags dënschdes*(adv)*
Dienstalter Déngschtalter*(m,-en)*
dienstbeflissen abberdéngeg*(adj)*
Diensteifer Abberdéngegkeet*(f,-en))*
Dienstfunktion Déngschtfunktioun*(f,-en)*
Dienstfunktion Dingschtfunktioun*(f,-en)*
Dienstgeheimnis Déngschtgeheimnis*(n,-er)*
Dienstherr Déngschthär*(m,-en)*
Dienstleistung Déngscht*(m,-er)*
Dienstleistung Déngschtleeschtung*(f,-en)*
Dienstleistung Service*(m,-r)*
Dienstmädchen Mod*(f,-en)*
dies und jenes dëst an dat*(pr)*
diese déi*(dét)*
diese dës*(dét)*
Diesel Diesel*(m,~)*
Diesel Gasoil*(m,~)*
dieselbe déiselwecht*(art)*
dieselbe déiselwecht*(pr)*
dieser deen*(dét)*
dieser dësen*(dét)*
dieser Tage dësdeeg*(adv)*
dieses dëst*(dét)*
diffamieren diffaméieren*(v)*
diffamieren erofmaachen*(v)*
Differdange Déifferdeng*(p)*
Differenz Differenz*(f,-en)*
differenzieren differenzéieren*(v)*
differenzieren distinguéieren*(v)*
digital digital*(adj)*
Diktat Diktat*(n,-er)*
Diktator Diktator*(m,-en)*
Diktatur Diktatur*(f,-en)*
diktieren diktéieren*(v)*
Diktion Dictioun*(f,-en)*
Dilemma Dilemma*(n,-en)*
Dilettant Dilettant*(m,-en)*
Dill Dëll*(m,~)*
Dill Kornischongskraut*(n,~)*
Dillingen Déiljen*(p)*
Dimension Dimensioun*(f,-en)*
Ding Déngen*(n,--)*
Ding, armes - Louder, aarme -*(exp)*
dinieren dînéieren*(v)*
Dinosaurier Dinosaurier*(m,--)*
Diplom Diplom*(m,-en)*
Diplomarbeit Diplomaarbecht*(f,-en)*
Diplomatie Diplomatie*(f,-n)*
diplomatisch diplomatesch*(adj)*
diplomieren diploméieren*(v)*
Dippach Dippech*(p)*
dir dir*(pr)*
Dirbach Dierbech*(p)*
direkt direkt*(adj)*
direkt direkt*(adv)*
Direktion Direktioun*(f,-en)*
Direktor Direkter*(m,-en)*
Dirigent Dirigent*(m,-en)*
dirigieren dirigéieren*(v)*
Dirigismus Dirigissem*(m,~)*
Disco Disko*(f,-en)*
Diskette Diskett*(f,-en)*
Diskothek Discothéik*(f,-en)*
diskreditieren diskreditéieren*(v)*
Diskrepanz Diskrepanz*(f,-en)*
diskret diskret*(adj)*
Diskretion Discrétioun*(f,-en)*
Diskretion Diskretioun*(f,-en)*
diskriminieren diskriminéieren*(v)*
Diskriminierung Discriminatioun*(f,-en)*
Diskriminierung Diskriminatioun*(f,-en)*
Diskussion Discussioun*(f,-en)*
Diskussion Diskussioun*(f,-en)*
Diskussionsrunde Diskussiounsronn*(f,-en)*
Diskuswerfen Diskuswerfen*(n,--)*
diskutieren debattéieren*(v)*
diskutieren diedegen*(v)*
diskutieren diskutéieren*(v)*
dispensieren dispenséieren*(v)*
disqualifizieren disqualifizéieren*(v)*
Dissertation Dissertatioun*(f,-en)*
Distanz Distanz*(f,-en)*
distanzieren distanzéieren*(v)*
Distel Dëschtel*(f,-en)*
Distelfink Dëschtelfénk*(m,-en)*
Disziplin Disziplin*(f,~)*
Disziplin (Sport) Disziplin*(f,-nen)*
disziplinieren disziplinéieren*(v)*
Diva Diva*(f,-en)*
Divergenz Divergenz*(f,-en)*
divers divers*(adj)*
diversifizieren diversifiéieren*(v)*
diversifizieren diversifizéieren*(v)*
Diversifizierung Diversificatioun*(f,-en)*
Diversifizierung Diversifikatioun*(f,-en)*
Dividende Dividend*(f,-en)*
dividieren dividéieren*(v)*
Division Divisioun*(f,-en)*
Diwan Couche*(f,-n)*
doch dach*(adv)*
doch! dach*(exp)*
Docht Wick*(f,-en)*
Doennange Diänjen*(p)*
Dogma Dogma*(n,Dogmen)*
Dohle Steekueb*(m,-en)*
Dokument Akt*(m,-en)*
Dokument Dokument*(n,-er)*
Dokumentation Dokumentatioun*(f,-en)*
dokumentieren dokumentéieren*(v)*
Dolch Dolch*(m,-er)*
Dolch Dollech*(m,-er)*
Dollar Dollar*(m,-en)*
dolmetschen dolmetschen*(v)*
Dolmetscher Dolmetscher*(m,--)*
Dolmetscherin Dolmetscherin*(f,-nen)*
Dom Doum*(m,-en)*
Dominanz Dominatioun*(f,-en)*
dominieren dominéieren*(v)*
domizilieren domiciliéieren*(v)*
Domizilierung Domiciliatioun*(f,-en)*
Dommeldange Dummeldeng*(p)*
Dompteur Dompteur*(m,-en)*
Doncols Donkels*(p)*
Dondelange Dondel*(p)*
Donner Donner*(m,--)*
donnern dimmeren*(v)*
donnern donneren*(v)*

Donnern	Gedonners*(n,~)*
donnern (Gewitter)	rubbelen*(v)*
Donnerschlag	Dimmer*(m,--)*
Donnerschlag	Donnerschlag*(m,-schléi)*
Donnerstag	Donneschdeg*(m,-er)*
Donnerstag	Donneschden*(m,Donneschdeger)*
donnerstags	donneschdes*(adv)*
Donnerwetter, zum -	zackerlipopett*(adv)*
doof	topeg*(adj)*
Doofi	Hänni*(m,-en)*
dopen	dopen*(v)*
Dopingkontrolle	Dopingkontroll*(f,-en)*
Doppel	Doubel*(m,-en)*
Doppel, gemischtes -	Doubel, gemëschten -*(exp)*
Doppelgänger	Doppelgänger*(m,--)*
Doppelhaus	duebelt Haus*(exp)*
Doppelpunkt	Doppelpunkt*(m,-en)*
doppelt	duebel*(adj)*
Doppelverglasung	duebel Fënster*(exp)*
Doppelzimmer	Doppelzëmmer*(n,--)*
Doppelzimmer	Duebelzëmmer*(n,-en)*
Doppelzimmer	Zëmmer mat zwee Better*(exp)*
Dorf	Duerf*(n,Dierfer)*
Dorfbewohner	Duerfbewunner*(m,--)*
Dorffest	Däppefest*(m,-er)*
Dorffest	Duerffest*(n,-er)*
Dorn	Dar*(m,Där)*
Dorn	Pick*(f,-en)*
Dornengebüsch	Gedäers*(n,~)*
dornig	däreg*(adj)*
dornig	pickeg*(adj)*
dörren	dieren*(v)*
Dorscheid	Duerscht*(p)*
dort	do*(adv)*
dorthin	duer*(adv)*
Dose	Béchs*(f,-en)*
Dose	Dous*(f,-en)*
dösen	tompen*(v)*
Dosenfleisch	Béchsefleesch*(n,~)*
Dosenöffner	Béchsenëffner*(m,--)*
Dosenöffner	Béchsenöffner*(m,--)*
dosieren	doséieren*(v)*
Dosis	Dos*(f,-en)*
Dosis	Dosis*(f,-sen)*
Dosis	Quantum*(m,-en)*
dotieren	dotéieren*(v)*
Dotierung	Dotatioun*(f,-en)*
Dotter	Dueder*(m,-en)*
doubeln	doubelen*(v)*
downloaden	eroflueden*(v)*
Dozent	Dozent*(m,-en)*
Drache	Draach*(m,-en)*
Drachenfliegen	Draachefléien*(n,--)*
Dragee	Dragée*(f,-en)*
Draht	Drot*(m,Dréit)*
Draht-	droten*(adj)*
Draht, auf - sein	Zack, op/um - sinn*(exp)*
Draht, aus -	droten*(adj)*
Drahtschere	Schéier*(f,-en)*
Drahtseil	drote Seel*(exp)*
drakonisch	drakonesch*(adj)*
Drama	Drama*(n,-en)*
dramatisch	dramatesch*(adj)*
dramatisieren	dramatiséieren*(v)*
dranbleiben	drubleiwen*(v)*
Drängelei	Gedrécks*(n,~)*
drängeln	bengelen*(v)*
drängeln	drängelen*(v)*
drängen	drängen*(v)*
drängen	forcéieren*(v)*
drangsalieren	dirängelen*(v)*
drangsalieren	drangsaléieren*(v)*
dranhalten	drunhalen*(v)*
dranhalten, sich -	drunhalen, sech -*(v)*
dranhängen	drunhänken*(v)*
drankleben	drupechen*(v)*
drankommen	drukommen*(v)*
dranmachen	drumaachen*(v)*
drannehmen, zuerst -	virhuelen*(v)*
drapieren	drapéieren*(v)*
drastisch	drastesch*(adj)*
drauf	drop*(adv)*
Drauffelt	Draufelt*(p)*
draufgeben	dropginn*(v)*
draufgeben	zouginn*(v)*
draufgehen	dropgoen*(v)*
draufkleben	droppechen*(v)*
draufknallen	dropknuppen*(v)*
draufkommen	dropkommen*(v)*
draufkriegen	dropkréien*(v)*
drauflegen	dropleeën*(v)*
drauflosgehen	dropgoen*(v)*
draufmachen	dropmaachen*(v)*
draufmachen (Geld, Vermögen)	verlompen*(v)*
draufschießen	dropschéissen*(v)*
draufschlagen	dropfachen*(v)*
draufschlagen	dropschloen*(v)*
draufschreiben	dropschreiwen*(v)*
draufschütten	dropschëdden*(v)*
draufspringen	dropsprangen*(v)*
draufstehen	dropstoen*(v)*
draufstellen	dropstellen*(v)*
draußen	dobaussen*(adv)*
drechseln	dréischelen*(v)*
Dreck	Dreck*(m,~)*
Dreck	Knascht*(m,~)*
dreckig	dreckeg*(adj)*
dreckig	knaschteg*(adj)*
dreckig	schmotzeg*(adj)*
dreckig	schmuddeleg*(adj)*
dreckig	uersch*(adj)*
dreckig machen	knaschteg maachen*(v)*
Drecksack	Drecksak*(m,-säck)*
Drecksack	Knaschtsak*(m,-säck)*
Dreharbeiten	Dréiaarbechten*(npl)*
Drehbuch	Dréibuch*(m,-bicher)*
Drehbuchautor	Dréibuchauteur*(m,-en)*
drehen	dréien*(v)*
drehen	dréinen*(v)*
drehen, an einer Kurbel -	kierpen*(v)*
Dreher	Dréier*(m,--)*
Drehorgel	Dréiuergel*(f,-en)*
Drehzange	Dréizaang*(f,-en)*
drei	dräi*(adj)*
Dreiborn	Dräibur*(p)*
Dreieck	Dräieck*(m,-er)*
dreieckig	dräieckeg*(adj)*
dreierlei	dräierlee*(dét)*
dreifach	dräifach*(adj)*
Dreifache	Dräifacht*(n,~)*
Dreifaltigkeit	Dräifaltegkeet*(f,~)*
Dreikäsehoch	Butzi*(m,-en)*
Dreikönige	Dräikinneksdag*(m,~)*
dreimal	dräimol*(adv)*
dreinschauen	drakucken*(v)*
dreinschießen	draschéissen*(v)*
dreinschlagen	draschloen*(v)*
dreinschlagen	rafachen*(v)*
dreinschlagen	raschloen*(v)*
Dreirad	Dräirad*(m,-rieder)*
dreisprachig	dräisproocheg*(adj)*
Dreisprung	Dräispronk*(m,~)*
dreißig	drësseg*(adj)*
Dreistigkeit	Culot*(m,~)*
dreiundvierzig	dräiavéierzeg*(adj)*
Dreiviertel	Dräivéierel*(m,~)*
dreizehn	dräizéng*(adj)*
dreschen	dreschen*(v)*
Dreschmaschine	Dreschmaschinn*(f,-en)*
dressieren	dresséieren*(v)*
Dressing	Dressing*(m,-en)*
dribbeln	dribbelen*(v)*
drillen	drillen*(v)*
drillen	exerzéieren*(v)*
drillen	trimmen*(v)*
Drillinge	Drillingen*(npl)*
dringend	dréngend*(adj)*
Dringlichkeit	Drénglechkeet*(f,-en)*

Drinklange Drénkelt*(p)*
drinlassen draloossen*(v)*
drinliegen draleien*(v)*
drinnen bannen*(adv)*
drinnen dobannen*(adv)*
drinnen dran*(adv)*
drinstecken drastiechen*(v)*
drinstehen drastoen*(v)*
dritte drëtten*(adj)*
Dritte Welt Drëtt Welt*(exp)*
Drittel Drëttel*(m,--)*
drittens drëttens*(adv)*
Dritter Drëtten*(m,Drëtt)*
Droge Drog*(f,-en)*
Drogen nehmen drogéieren*(v)*
Drogen, auf - drogéiert*(adj)*
Drogenabhängiger Drogenofhängegen*(m,-hängeg)*
Drogenabhängigkeit Drogenofhängegkeet*(f,~)*
Drogenhandel Drogenhandel*(m,~)*
drogensüchtig drogesüchteg*(adj)*
Drogerie Droguerie*(f,-n)*
drohen dreeën*(v)*
dröhnen (dumpf) bummsen*(v)*
Drohung Dreeung*(f,-en)*
drollig droleg*(adj)*
Drossel Dréischel*(f,-en)*
Drossel Kiischtevull*(m,-en)*
drosseln drosselen*(v)*
drüben doiwwer*(adv)*
drüberfahren driwwerfueren*(v)*
drüberharken driwwerschären*(v)*
Druck Drock*(m,~)*
Druck Pressioun*(f,-en)*
Druck Prëssioun*(f,-en)*
Druck wegnehmen (einer Sache) dekompriméieren*(v)*
drucken drécken*(v)*
drucken erausdrécken*(v)*
drucken printen*(v)*
drücken drécken*(v)*
drücken quëtschen*(v)*
drucken lassen drécke loossen*(v)*
drücken, die Türklinke - klenschen*(v)*
drucken, fett - fettdrécken*(v)*
drücken, nach oben - ropdrécken*(v)*
Drucker Drécker*(m,--)*
Druckerei Dréckerei*(f,-en)*
Druckfehler Drockfeeler*(m,--)*
Druckknopf Drockknapp*(m,-knäpp)*
Druckknopf Knicks*(m,-en)*
Druckmittel Drockmëttel*(n,-en)*
Drucksache Drécksaach*(f,-en)*
Drucksache Imprimé*(m,-en)*
Drucksachen Gedrécks*(n,~)*
Drucksachen Gedrécktes*(n,~)*
Drumherum Drëm an Drun*(n,~)*
Drumherum Ëmgeréits*(n,~)*
drunter drënner*(adv)*
drunter und drüber drënner an driwwer*(exp)*
Drüse Drüs*(f,-en)*
du de*(pr)*
du du*(pr)*
Dübel Dübel*(m,-en)*
dubios dubios*(adj)*
ducken duckelen*(v)*
ducken ducken*(v)*
Dudelange Diddeleng*(p)*
Dudelsack Duddelsak*(m,-säck)*
Duft Doft*(m,Dëft)*
duften doften*(v)*
duften richen, gutt -*(exp)*
duftig dofteg*(adj)*
dulden dulden*(v)*
dulden toleréieren*(v)*
dumm domm*(adj)*
dumm topeg*(adj)*
dumm sein Dommeniksmillen, vun der - sinn*(exp)*
dumm werden verdommen*(v)*
Dummchen Toz*(f,-en)*
Dummer Dommen*(m,Domm)*
dummerweise dommerweis*(adv)*
Dummheit Dabozegkeet*(f,-en)*
Dummheit Dommheet*(f,-en)*
Dummheit Eefällegkeet*(f,-en)*
Dummheit Eefalt*(m,-en)*
Dummheit Kueberei*(f,-en)*
Dummheit Rëndvéizegkeet*(f,-en)*
Dummheit Toperei*(f,-en)*
Dummkopf Bauz*(scherzh)(m,-en)*
Dummkopf Dräibiz*(m,-en)*
Dummkopf Hännes*(m,-sen)*
Dummkopf Klautchen*(m,Klautercher)*
Dummkopf Stréckel*(m,-en)*
Dummschwätzerei Gebraddels*(n,~)*
dumpf dompeg*(adj)*
Dumpingpreis Dumpingpräis*(m,-ser)*
Düne Dün*(f,-en)*
düngen mëschten*(v)*
düngen mit Jauche piffen*(v)*
Dünger Dünger*(m,-en)*
Dünger Mëscht*(f,-en)*
dunkel däischter*(adj)*
dunkel donkel*(adj)*
dunkelblau donkelblo*(adj)*
Dunkelheit Däischtert*(f,~)*
Dunkelheit Donkelheet*(f,--)*
dunkeln däischteren*(v)*
dunkelrot däischterrout*(adj)*
Dunkelziffer Donkelziffer*(f,-en)*
dünken dénken*(v)*
Dunkrodt Dénkert*(p)*
dünn dënn*(adj)*
dünn schmuel*(adj)*
dünn (Person) gouereg*(adj)*
Dünndarm Dünndaarm*(m,-däerm)*
dünnflüssig läfeg*(adj)*
dünnflüssig läfereg*(adj)*
Dunst Donscht*(m,~)*
Dunst Donst*(m,~)*
dunstig donschteg*(adj)*
Duodezfürst Zwirkinnek*(m,-en)*
durch duerch*(pp)*
durch trans*(pp)*
durch uechter*(pp)*
durch uechtert*(pp)*
durch ueter*(pp)*
durch sein derduerch sinn*(exp)*
durchackern duerchackeren*(tr)(v)*
durcharbeiten duerchschaffen*(tr)(v)*
durcharbeiten erduerchhuelen*(v)*
durchatmen duerchootmen*(tr)(v)*
durchaus duerchaus*(adv)*
durchbekommen duerchkréien*(tr)(v)*
durchblättern duerchbliederen*(tr/utr)(v)*
durchblicken duerchblécken*(tr/utr)(v)*
Durchblutung Duerchbluddung*(f,-en)*
durchbohren duerchbueren*(tr)(v)*
durchbohren percéieren*(v)*
durchbrechen duerchbriechen*(tr)(v)*
durchbrennen duerchbrennen*(tr)(v)*
durchbringen duerchbréngen*(tr)(v)*
durchchecken duerchchecken*(tr)(v)*
durchdacht duerchduecht*(adj)*
durchdenken duerchdenken*(tr/utr)(v)*
durchdiskutieren duerchdiskutéieren*(tr)(v)*
durchdrehen duerchdréinen*(tr)(v)*
durchdrehen panikéieren*(v)*
durchdrehen spannen*(v)*
durchdringen duerchdréngen*(tr/utr)(v)*
durcheinander doruechter*(adv)*
durcheinander duercherneen*(adv)*
Durcheinander Duercherneen*(m,~)*
Durcheinander Klimbim*(m,~)*
Durcheinander Kuddelmuddel*(m,~)*
Durcheinander Wull*(f,~)*
Durcheinander Zodi*(m,~)*
durcheinanderbringen duerchernee bréngen*(v)*

durcheinanderbringen duercherneebréngen*(v)*
durcheinanderbringen verkuebelen*(v)*
durcheinanderbringen verwuerelen*(v)*
durcheinanderbringen verwurrelen*(v)*
durcheinanderlaufen duerchernee lafen*(v)*
durcheinanderpurzeln duerchernee bonzelen*(v)*
durcheinanderpurzeln duercherneebonzelen*(v)*
durcheinanderwerfen duerchernee geheien*(v)*
durchfahren duerchfueren*(tr/utr)(v)*
Durchfall Duerchfall*(m,~)*
Durchfall Schësser*(m,~)*
durchfallen duerchfalen*(tr)(v)*
durchfallen lassen duerchgeheien*(tr)(v)*
Durchfluss Debit*(m,-en)*
durchfragen duerchfroen*(tr)(v)*
durchführen duerchféieren*(tr)(v)*
durchführen transitéieren*(v)*
Durchgang Passage*(m,-n)*
Durchgangsverkehr Transitverkéier*(m,~)*
durchgehen duerchgoen*(tr/utr)(v)*
durchgehen (Pferde) duerchgoen*(tr)(v)*
durchgreifen duerchgräifen*(tr)(v)*
durchkämmen duerchkämmen*(tr)(v)*
durchkämpfen, sich - duerchklappen, sech -*(tr)(v)*
durchkommen duerchkommen*(tr)(v)*
durchkorrigieren duerchcorrigéieren*(tr)(v)*
durchkreuzen (Pläne) contrariéieren*(v)*
durchkreuzen (Pläne) contrecarréieren*(v)*
durchkreuzen (Pläne) konterkaréieren*(v)*
durchlassen duerchloossen*(tr)(v)*
Durchlässigkeit Duerchlässegkeet*(f,-en)*
durchlaufen duerchlafen*(tr/utr)(v)*
durchleben duerchliewen*(tr)(v)*
durchlesen duerchliesen*(tr/utr)(v)*
durchleuchten duerchliichten*(tr)(v)*
durchlöchern percéieren*(v)*
durchmachen duerchmaachen*(tr)(v)*
durchnässen bleechen*(v)*
durchnässt klätschnaass*(adj)*
durchnehmen duerchhuelen*(tr)(v)*
durchrechnen duerchcalculéieren*(tr)(v)*
Durchsage Duerchso*(f,-en)*
durchsagen duerchsoen*(tr)(v)*
durchschimmern duerchschimmeren*(tr)(v)*
durchschlagen duerchschloen*(tr)(v)*
durchschlagen, sich - duerchschloen, sech -*(tr)(v)*
durchschlagen, sich - erduerchschloen, sech -*(v)*
Durchschlupf Schloff*(m,Schlëff)*
durchschneiden duerchschneiden*(tr)(v)*

Durchschnitt Duerchschnëtt*(m,-er)*
Durchschnitt Moyenne*(f,-n)*
durchschnittlich duerchschnëttlech*(adj)*
Durchschnittsgeschwindigkeit Duerchschnëttsgeschwëndegkeet*(f,-en)*
Durchschnittsgeschwindigkeit Duerchschnëttsvitesse*(f,-n)*
durchsetzen, sich - duerchsetzen, sech -*(tr)(v)*
durchsichtig duerchsiichteg*(adj)*
durchsichtig kloer*(adj)*
durchstechen percéieren*(v)*
durchstöbern moschteren*(v)*
durchstreichen ausstäichen*(v)*
durchstreichen duerchsträichen*(tr)(v)*
durchstudieren duerchstudéieren*(tr)(v)*
durchsuchen duerchsichen*(utr)(v)*
durchsuchen ofsichen*(v)*
durchsuchen perquisitionéieren*(v)*
Durchsuchung Duerchsichen*(n,--)*
Durchsuchung Duerchsichung*(f,-en)*
Durchsuchung Perquisitioun*(f,-en)*
durchtrainieren duerchtrainéieren*(tr)(v)*
durchtrainiert duerchtrainéiert*(adj)*
Durchwahl (Telefon) Extensioun*(f,-en)*
durchwegs duerchwees*(adv)*
durchwühlen duerchwullen*(tr/utr)(v)*
durchwühlen wullen*(v)*
durchwühlen zerwullen*(v)*
durchziehen duerchzéien*(tr/utr)(v)*
Durchzug Duerchzoch*(m,~)*
Durchzug Duerchzuch*(m,~)*
dürfen däerfen*(v)*
dürfen dierfen*(v)*
dürfen duerfen*(v)*
dürr dier*(adj)*
Durst Duuscht*(m,~)*
Durst, brennender - Hellecht*(f,-en)*
durstig duuschtereg*(adj)*
Dusche Douche*(f,-n)*
Dusche Dusch*(f,-en)*
duschen duschen*(v)*
düster donkel*(adj)*
Dutt Tuppi*(m,-en)*
Dutzend Dosen*(f,--)*
Dutzend, im - Dosen, an der -*(exp)*
dutzendweise doseweis*(adv)*
duzen duzen*(v)*
Dynamik Dynamik*(f,-en)*
dynamisieren dynamiséieren*(v)*
Dynamit Dynamit*(m,~)*
Dynamo Dynamo*(m,-en)*
Dynastie Dynastie*(f,-n)*

E

Eau de Toilette Eau de toilette*(n,Eau-de-toiletten)*
Ebbe und Flut Ebbe a Flut*(exp)*
eben eben*(adv)*
eben grad*(adv)*
Eber Béier*(m,--)*
Eberraute Raut*(f,-en)*
ebnen egaliséieren*(v)*
echt echt*(adj)*
echt reell*(adj)*
Echternach Iechternach*(p)*
Eckball Corner*(m,-en)*
Eckball Eckball*(m,-bäll)*
Ecke Eck*(m,-en)*
eckig eckeg*(adj)*
Eckzahn Eckzant*(m,-zänn)*
Edelmetall Edelmetall*(n,-er)*
Edelstein Edelsteen*(m,-steng)*
editieren editéieren*(v)*
Efeu Wantergréng*(n,~)*
Effekt Effekt*(m,-en)*
Effekt Effet*(m,-en)*
effilieren effiléieren*(v)*
Effizienz Effikassitéit*(f,~)*
Effizienz Effizienz*(f,~)*
egal egal*(adj)*
egal kif kif*(exp)*
egal nämmelech*(adj)*
egal sein (bei Auswahl) enges sinn*(adv)*
egalisieren egaliséieren*(v)*
Egalität Egalitéit*(f,~)*
Egge Éig*(f,-en)*
eggen éigen*(v)*
Ego Ego*(m,-en)*
Egoismus Egoissem*(m,~)*
Egoist Egoist*(m,-en)*
egoistisch egoistesch*(adj)*
egozentrisch egozentresch*(adj)*
ehe éi*(cn)*
ehe éier*(cn)*
ehe iert*(cn)*
Ehebruch Adultère*(m,-n)*
Ehefrau Fra*(f,-en)*
Ehekrach Sträit am Stot*(exp)*
ehemalig al*(adj)*
Ehemann Mann*(m,Männer)*
eher éischter*(adv)*
eher zimlech*(adv)*
Ehering Brautrank*(m,-réng)*
Ehescheidung Divorce*(m,-n)*
Ehlange Éileng*(p)*

Ehlerange	Éilereng*(p)*
Ehnen	Éinen*(p)*
Ehner	Éiner*(p)*
ehrbar	éierbar*(adj)*
Ehre	Éier*(f,-en)*
ehren	éieren*(v)*
Ehrenamtlichkeit	Benevolat*(m,~)*
Ehrenbürger	Éierebierger*(m,--)*
Ehrengast	Éieregaascht*(m,-gäscht)*
Ehrenjungfrau	Éierejoffer*(f,-en)*
Ehrenmitglied	Éieremember*(m,-en)*
Ehrenrunde	Éiereronn*(f,-en)*
Ehrensache	Éieresaach*(f,-en)*
Ehrenwort	Éierewuert*(n,~)*
Ehrgeiz	Ambitioun*(f,-en)*
Ehrgeiz	Éiergäiz*(m,~)*
ehrgeizig	ambitiéis*(adj)*
ehrgeizig	ambitionéiert*(adj)*
ehrgeizig	ambitiös*(adj)*
ehrgeizig	éiergäizeg*(adj)*
ehrlich	éierlech*(adj)*
ehrlich	offen*(adj)*
Ehrlichkeit	Éierlechkeet*(f,-en)*
Ehrung	Éierong*(f,-en)*
Ei	Ee*(n,-ër)*
Eich	Eech*(p)*
Eiche	Eech*(f,-en)*
Eichel	Eechel*(f,-en)*
Eichelhäher	Maarkollef*(m,-en)*
eichen	eichen*(v)*
Eichen-	eechen*(adj)*
Eichenholz, aus -	eechen*(adj)*
Eichenrinde	Lou*(f,~)*
Eichenstämmchen, geschältes -	Loukléppel*(m,-en)*
Eichhörnchen	Kaweechelchen*(n,Kaweechelcher)*
Eid	Eed*(m,-er)*
Eidechse	Eidechs*(f,-en)*
Eidechse	Omes*(f,-sen)*
Eierbecher	Eeërdëppchen*(n,-dëppercher)*
Eierschale	Eeërschuel*(f,-en)*
Eierstock	Eeërstack*(m,-stäck)*
Eifer	Äifer*(m,~)*
Eifer	Roserei*(f,-en)*
Eifersucht	Jalousheet*(f,~)*
Eifersucht	Jalousie*(f,~)*
Eifersucht	Näid*(m,~)*
eifersüchtig	jalous*(adj)*
eifrig	äerdeg*(adj)*
eifrig	äifreg*(adj)*
eifrig beschäftigt sein	Jumm, am - sinn*(exp)*
Eigelb	Eegiel*(f,-er)*
eigen	eegen*(adj)*
eigen	sonner*(adj)*
Eigenart	Eegenaart*(f,-en)*
Eigenart	Particularitéit*(f,-en)*
Eigenart	Partikularitéit*(f,-en)*
eigenartig	eegenaarteg*(adj)*
eigenartig	wonnerlech*(adj)*
Eigenbedarf	Eegebedarf*(m,~)*
eigenhändig	eegenhänneg*(adj)*
Eigenheit	Eegenheet*(f,-en)*
Eigenkreation	Privatspezialitéit*(f,-en)*
Eigenschaft	Eegeschaft*(f,-en)*
eigensinnig	buuschteg*(adj)*
eigensinnig	eegesënneg*(adj)*
eigensinnig	käppeg*(adj)*
eigensinnig	klatzkäppeg*(adj)*
Eigenständigkeit	Eegestännegkeet*(f,-en)*
eigentlich	eegentlech*(adv)*
eigentlich	eigentlech*(adv)*
Eigentor	Selbstgoal*(m,-er)*
Eigentum	Eegentum*(n,~)*
Eigentum	Proprietéit*(f,-en)*
Eigentümer	Besëtzer*(m,--)*
Eigentümer	Eegentemer*(m,--)*
Eigentümer	Proprietaire*(m,-n)*
Eigentümerin	Besëtzerin*(f,-nen)*
Eigentümlichkeit	Apaartegkeet*(f,-en)*
eignen, sich -	eegenen, sech -*(v)*
Eilbrief	Expressbréif*(m,-bréiwer)*
eilen	brennen*(v)*
eilen	presséieren*(v)*
eilen, nach Hause -	heemrennen*(tr)(v)*
eilig gehen	wëschen*(v)*
eilig, es - haben	prësséieren*(v)*
eilt, es -	brennt, et -*(exp)*
Eimer	Eemer*(m,-en)*
eimerweise	eemereweis*(adv)*
eimerweise	plättelweis*(adv)*
ein	een*(art)*
ein paar	e puer*(art)*
ein paarmal	e puer Mol*(adv)*
einander	enaner*(pr)*
einarbeiten	eraschaffen*(v)*
einarbeiten	raschaffen*(v)*
einatmen	anootmen*(v)*
einatmen	inhaléieren*(v)*
einbalsamieren	abalsaméieren*(v)*
Einband	Aband*(m,Abänn)*
einbauen	abauen*(v)*
Einbauküche	Abaukichen*(f,--)*
einbegreifen	abegräifen*(v)*
einbegreifen	komportéieren*(v)*
Einbehalten (Geld)	Retenue*(f,-n)*
einberechnen	matrechnen*(v)*
einberufen	aberuffen*(v)*
einbetonieren	abetonéieren*(v)*
einbetoniert	abetonéiert*(adj)*
einbetten	abetten*(v)*
einbeziehen	abezéien*(v)*
Einbeziehung	Inclusioun*(f,-en)*
einbiegen	abéien*(v)*
einbilden, sich -	abillen, sech -*(v)*
einbilden, sich -	abilden, sech -*(exp)*
einbilden, sich etw -	bemengen, sech -*(v)*
einbilden, sich etwas -	mengen, sech -*(v)*
Einbildung	Abildung*(f,~)*
einbinden	abannen*(v)*
einblenden	ablennen*(v)*
einbrechen	abriechen*(v)*
Einbrecher	Abriecher*(m,--)*
einbrennen	abrennen*(v)*
einbrennen	drabrennen*(v)*
einbrocken	abrocken*(v)*
Einbruch	Abroch*(m,Abréch)*
einbuddeln	abuddelen*(v)*
einbürgern	abiergeren*(v)*
einbüßen	abéissen*(v)*
eincremen	acrèmen*(v)*
eincremen	aschmieren*(v)*
eincremen	crèmen*(v)*
eindecken	andecken*(v)*
eindecken	approvisionéieren*(v)*
eindecken, sich - mit (Lebensmittel)	aleeën, eppes -*(exp)*
eindellen	téitschen*(v)*
eindicken (Sauce, Marmelade)	décksen*(v)*
eindrehen	andréien*(v)*
eindrehen	andréinen*(v)*
eindringen	andréngen*(v)*
Eindringen	Penetratioun*(f,-en)*
Eindruck	Androck*(m,-dréck)*
Eindruck	Impressioun*(f,-en)*
eindrücken	andrécken*(v)*
eindrücken	randrécken*(v)*
eine	eng*(art)*
eine/eines (Neutrum)	eent*(pr)*
eineinhalb	annerhallef*(adj)*
einen, die -	eng, déi -*(npl)*
einengen	anengen*(v)*
einerseits	engersäits*(adv)*
eines Tages	enges Daags*(exp)*
einfach	einfach*(adj)*
einfach	einfach*(adv)*
einfach	simpel*(adj)*
Einfachheit	Einfachheet*(f,~)*
einfädeln	afädelen*(v)*

einfädeln areien*(v)*
einfahren (Auto) rodéieren*(v)*
einfahren (Motor) arodéieren*(v)*
Einfall, einen - haben Iddi, eng - hunn*(exp)*
einfallen bäifalen*(v)*
einfallen (Gebäude) antrëllen*(v)*
einfallen (Idee) afalen*(v)*
einfältig topeg*(adj)*
Einfältigkeit Topegkeet*(f,-en)*
Einfaltspinsel Eefalt*(m,-en)*
Einfaltspinsel Haalwerweis*(m,-en)*
einfangen afänken*(v)*
einfärben afierwen*(v)*
einfarbig eefaarweg*(adj)*
einfarbig uni*(adj)*
einfassen afaassen*(v)*
Einfassung Rumm*(f,-en)*
einfetten afetten*(v)*
Einfetten Fetten*(n,~)*
einfetten uelegen*(v)*
einfließen afléissen*(v)*
einflößen (Furcht) ajoen*(v)*
Einfluss Afloss*(m,Aflëss)*
einfrieden (mit Pfählen) péilen*(v)*
einfrieren afréieren*(v)*
einfrieren déiffréieren*(v)*
einfrieren frigorifiéieren*(v)*
einfügen afügen*(v)*
einfügen rafügen*(v)*
einführen aféieren*(v)*
Einführung Introduktioun*(f,-en)*
einfüllen afëllen*(v)*
einfüllen aschëdden*(v)*
Eingang Agank*(m,Agäng)*
Eingang Entrée*(f,-ën)*
Eingang Zougank*(n,-gäng)*
Eingangshalle Vestibule*(m,-n)*
Eingangstür Viischtdier*(f,-en)*
Eingangstür Wunnengsdier*(f,-en)*
eingeben aginn*(v)*
eingeben, Daten in eine Tabelle - tabelléieren*(v)*
eingebildet agebilt*(adj)*
eingebildet houfreg*(adj)*
eingebildet pupeg*(adj)*
eingebildet vermengt*(adj)*
Eingeborener Agebuerenen*(m,Agebueren)*
eingeflossen agefloss*(adj)*
eingefressen (Rost, Dreck) agefriess*(adj)*
eingefroren agefruer*(adj)*
eingegossen agegoss*(adj)*
eingehen (Tiere) agoen*(v)*
Eingekochtes Agemaachtes*(n,~)*
eingerichtet ageriicht*(adj)*
eingerissen agerass*(adj)*
eingeschlossen ageschloss*(adj)*
eingeschrieben ageschriwwen*(adj)*
eingesessen agesiess*(adj)*
Eingeständnis Ageständnes*(n,-ser)*
eingestehen agestoen*(v)*
eingestehen zouginn*(v)*
Eingeweide Gedäerms*(n,~)*
Eingeweide Geträips*(n,~)*
Eingeweide Träipen*(npl)*
eingewilligt agewëllegt*(adj)*
eingießen agéissen*(v)*
eingliedern aglidderen*(v)*
eingraben agruewen*(v)*
eingravieren agravéieren*(v)*
eingreifen agräifen*(v)*
eingreifen intervenéieren*(v)*
eingrenzen agrenzen*(v)*
Eingrenzung Limitatioun*(f,-en)*
Eingriff Interventioun*(f,-en)*
einhaken anhaken*(v)*
einhalten anhalen*(v)*
einhängen akrämpen*(v)*
einhauchen anhauchen*(v)*
Einheimischer Agebuerenen*(m,Agebueren)*
einheiraten abestueden*(v)*
Einheit Eenheet*(f,-en)*
Einheit Unitéit*(f,-en)*
einheitlich eenheetlech*(adj)*
einholen erëmkréien*(v)*
einhüllen abokelen*(v)*
einig eeneg*(adj)*
einig, sich - sein eens, sech - sinn*(exp)*
einige etlech, en -*(exp)*
einige puer*(dét)*
einigen eenegen*(v)*
einigen, sich - arrangéieren, sech -*(v)*
einigen, sich - eenegen, sech -*(v)*
Einigung (gütlich) Arrangement*(n,-er)*
einimpfen animpfen*(v)*
einkalkulieren acalculéieren*(v)*
einkalkulieren akalkuléieren*(v)*
einkalkuliert acalculéiert*(adj)*
einkapseln akapselen*(v)*
Einkassieren Akasséieren*(n,~)*
einkassieren akasséieren*(v)*
Einkauf Achat*(m,-en)*
Einkauf Akaf*(m,Akeef)*
einkaufen akafen*(v)*
einkaufen Kommissiounen, - maachen*(exp)*
einkaufen, sich - (in etw) bäikafen, sech -*(v)*
Einkaufskorb Akafskuerf*(m,-kierf)*
Einkaufswagen Akafsweenchen*(m,-weenercher)*
Einkaufswagen Caddy*(m,-en)*
Einkaufszentrum Geschäftszentrum*(m,-zentren)*
Einkehr (religiös) Andacht*(f,~)*
einkehren akéieren*(v)*
einkellern akelleren*(v)*
einkellern (Proviant) aleeën*(v)*
Einkerbung Schnatt*(m,Schnëtt)*
einkesseln akesselen*(v)*
einklagen (Recht) akloen*(v)*
einklassieren aklasséieren*(v)*
einkleben akliewen*(v)*
einkleben apapen*(v)*
einkleben apechen*(v)*
einkleiden akleeden*(v)*
einkleistern apapen*(v)*
einklemmen aklemmen*(v)*
einknicken aknécken*(v)*
einkochen akachen*(v)*
Einkommen Akommes*(n,~)*
Einkommenserklärung Akommesdeklaratioun*(f,-en)*
Einkommenssituation Akommessituatioun*(f,-en)*
Einkommensteuer Akommessteier*(f,-en)*
einkreisen akreesen*(v)*
einladen alueden*(v)*
einladen invitéieren*(v)*
Einladung Invitatioun*(f,-en)*
Einlage Depot*(m,-en)*
einlagern alageren*(v)*
einlaufen alafen*(v)*
einlaufen (Kleidung) agoen*(v)*
einlaufen (Zug, Schiff) eralafen*(v)*
einläuten alauden*(v)*
einleben, sich - aliewen, sech -*(v)*
einlegen, in Salz - solperen*(v)*
einlegen, Lockenwickler - aleeën, d'Hoer -*(exp)*
einleiten aleeden*(v)*
Einleitung Aleedung*(f,-en)*
einlenken alenken*(v)*
einleuchten aliichten*(v)*
einliefern aliwweren*(v)*
einlochen alachen*(v)*
einloggen aloggen*(v)*
einlösen (Scheck, Versprechen) aléisen*(v)*
Einmachglas Bokal*(m,-en)*
einmal eemol*(adv)*
einmal, auf - eemol, op -*(exp)*
einmalig eemoleg*(adj)*

einmarschieren amarschéieren*(v)*
einmarschieren eramarschéieren*(v)*
einmauern amaueren*(v)*
einmeißeln ameesselen*(v)*
einmischen meléieren*(v)*
einmischen, sich - amëschen, sech -*(v)*
einmummen anduckelen*(v)*
einnähen abitzen*(v)*
Einnahme Recette*(f,-n)*
Einnahmestelle Recettëbüro*(m,-en)*
einnebeln anniwwelen*(v)*
einnehmen (Geld) erakréien*(v)*
einnehmen (Medikament) anhuelen*(v)*
einnicken annäipen*(v)*
einnicken antompen*(v)*
einnicken entnäipen*(v)*
einnicken enttompen*(v)*
einnicken tompen*(v)*
einnicken (Schlaf) enttompen*(v)*
einölen anuelegen*(v)*
einordnen klasséieren*(v)*
einordnen (Zeit, Raum) situéieren*(v)*
Einordnung Klassement*(n,-er)*
einpacken apaken*(v)*
einpacken paken*(v)*
einparken parken*(v)*
einpauken apauken*(v)*
einpferchen apierchen*(v)*
Einpflanzung Implantatioun*(f,-en)*
einplanen aplangen*(v)*
einprogrammieren aprogramméieren*(v)*
einprügeln lassklappen*(v)*
einquartieren aquartéieren*(v)*
einrahmen arummen*(v)*
einrammen apéilen*(v)*
einräumen (wegpacken) araumen*(v)*
einrechnen arechnen*(v)*
einreden arieden*(v)*
einreiben areiwen*(v)*
einreiben, mit Schnee - aseefen*(v)*
einreichen areechen*(v)*
einreichen rareechen*(v)*
einreisen areesen*(v)*
einreißen (Gewohnheit werden) aräissen*(v)*
einreiten areiden*(v)*
einrenken arenken*(v)*
einrennen arennen*(v)*
einrichten amenagéieren*(v)*
einrichten ariichten*(v)*
Einrichtung Ariichtung*(f,-en)*
Einrichtungshaus Miwwelgeschäft*(n,-er)*
einritzen aritzen*(v)*
einrosten araschten*(v)*
einrücken arécken*(v)*
einrühren aréieren*(v)*
Eins Eent*(f,-en)*
einsacken (Boden) asacken*(v)*
einsägen aseeën*(v)*
einsam eleng*(adj)*
Einsamkeit Einsamkeet*(f,~)*
einsammeln asammelen*(v)*
einsammeln rafen*(v)*
einsammeln ramasséieren*(v)*
einsammeln sammelen*(v)*
Einsatz Asaz*(m,-sätz)*
Einsatz Mise*(f,-n)*
einsäumen abäerden*(v)*
einschalten aschalten*(v)*
einschalten umaachen*(v)*
einschalten undréien*(v)*
einschalten uschalten*(v)*
einschalten, sich - (Gerät) ugoen*(v)*
Einschaltquote Ascholtquot*(f,-en)*
einschärfen aschäerfen*(v)*
einschätzen aschätzen*(v)*
einschätzen evaluéieren*(v)*
einschätzen schätzen*(v)*
einschenken aschëdden*(v)*
einschenken aschenken*(v)*
einschenken erausschëdden*(v)*
einschieben intercaléieren*(v)*
einschießen, sich - aschéissen, sech -*(v)*
einschiffen aschëffen*(v)*
einschlafen aschlofen*(v)*
einschlafen entschlofen*(v)*
einschläfern aschléiferen*(v)*
einschläfern entschlofen*(v)*
einschlagen afachen*(v)*
einschlagen anhaen*(v)*
einschlagen (Blitz) aschloen*(v)*
einschleichen, sich - aschläichen, sech -*(v)*
einschleppen aschleefen*(v)*
einschleusen aschleisen*(v)*
einschließen aschléissen*(v)*
einschmeicheln, sich - aschmeechelen, sech -*(v)*
einschmeicheln, sich - bäischmieren, sech -*(v)*
einschmelzen aschmëlzen*(v)*
einschmieren aschmieren*(v)*
einschmuggeln aschmuggelen*(v)*
einschmuggeln raschmuggelen*(v)*
einschneiden aschneiden*(v)*
Einschnitt Schnatt*(m,Schnëtt)*
Einschnitt (Stufe) Krack*(m,-en)*
einschränken aschränken*(v)*
Einschränkung Limitatioun*(f,-en)*
Einschränkung Restriktioun*(f,-en)*
Einschränkung (durch Verpflichtung) Contrainte*(f,-n)*
einschrauben aschrauwen*(v)*
Einschreiben ageschriwwene Bréif*(exp)*
einschreiben androen*(v)*
einschreiben aschreiwen*(v)*
einschreiben immatriculéieren*(v)*
Einschreiben Recommandé*(m,-en)*
einschreiben umellen*(v)*
Einschreibung Inscriptioun*(f,-en)*
Einschreibung Umeldung*(f,-en)*
einschüchtern aschüchteren*(v)*
einschüchtern intimidéieren*(v)*
einschüchtern verschoteren*(v)*
Einschüchterung Intimidatioun*(f,-en)*
einsehen agesinn*(v)*
einseifen aseefen*(v)*
einseifen seefen*(v)*
einseitig eesäiteg*(adj)*
einsenden aschécken*(v)*
einsetzen, sich für etw - plaidéieren, fir eppes -*(exp)*
einsetzen, sich für jn - verwennen, sech fir een -*(exp)*
einsickern asickeren*(v)*
Einsiedler Einsiidler*(m,--)*
einsingen, sich - asangen, sech -*(v)*
einsitzen asëtzen*(v)*
einsitzen sëtzen, - goen*(exp)*
einsortieren zortéieren*(v)*
einspannen aspanen*(v)*
einsparen aspueren*(v)*
einsperren aspären*(v)*
einspringen, für jn - asprangen, fir een -*(exp)*
einstanzen astanzen*(v)*
einstecken asäckelen*(v)*
einstecken astiechen*(v)*
einsteigen aklammen*(v)*
einsteigen draklammen*(v)*
einsteigen eraklammen*(v)*
einstellen justéieren*(v)*
einstellen nostellen*(v)*
einstellen regléieren*(v)*
einstellen riichten*(v)*
einstellen ustellen*(v)*
einstellen (Arbeitsplatz) embauchéieren*(v)*
einstellen (Betrieb, Personal, Maschine) astellen*(v)*
einstellen (Maschine) ajustéieren*(v)*
Einstellung Astellung*(f,-en)*
Einstellung Reglage*(m,-n)*
Einstellung Ustellung*(f,-en)*

Einstellungsgespräch Astellungsgespréich*(n,-er)*
einstimmig eestëmmeg*(adj)*
Einstimmigkeit Eestëmmegkeet*(f,-en)*
Einstimmigkeit Unanimitéit*(f,~)*
einstoßen astoussen*(v)*
einstudieren aprouwen*(v)*
einstudieren astudéieren*(v)*
einstufen astufen*(v)*
einstürzen afalen*(v)*
eintätowieren antätowéieren*(v)*
eintauchen zappen*(v)*
einteilen andeelen*(v)*
Einteilung Dispositioun*(f,-en)*
eintragen androen*(v)*
eintragen enregistréieren*(v)*
Eintragung Enregistrement*(m,~)*
eintrainieren antrainéieren*(v)*
eintreffen ukommen*(v)*
eintreiben andreiwen*(v)*
eintreten agoen*(v)*
eintreten (Verein) antrieden*(v)*
eintrichtern antriichteren*(v)*
Eintritt Entrée*(f,-ën)*
Eintrittskarte Billjee*(m,-ën)*
Eintrittspreis Entrée*(f,-ën)*
eintrocknen andréchnen*(v)*
einüben anüben*(v)*
einundzwanzig eenanzwanzeg*(adj)*
einverstanden averstanen*(adj)*
einverstanden d'accord*(exp)*
einverstanden eens*(adv)*
Einverständnis Accord*(m,-en)*
einwachsen awuessen*(v)*
Einwand Awand*(m,Awänn)*
Einwand Objektioun*(f,-en)*
Einwanderer Awanderer*(m,--)*
Einwanderer Immigrant*(m,-en)*
Einwanderer, illegaler - Awanderer, illegalen -*(exp)*
einwandern awanderen*(v)*
einwandern immigréieren*(v)*
Einwanderung Awanderung*(f,-en)*
Einwanderung Immigratioun*(f,-en)*
einwandfrei tipptopp*(adj)*
einwechseln awiesselen*(v)*
einwecken akachen*(v)*
einwecken amaachen*(v)*
einwecken awecken*(v)*
Einweckglas Amaachglas*(n,-glieser)*
einweichen aweechen*(v)*
Einweichen Weech*(f,~)*
einweichen (Wäsche) mautschen*(v)*
einweichen (Wäsche) opweechen*(v)*
einweichen (Wäsche) weechen*(v)*
einweihen aweien*(v)*
einweihen inauguréieren*(v)*
Einweihung Aweiung*(f,-en)*
Einweihungsfeierlichkeit Aweiungsfeierlechkeet*(f,-en)*
einweisen, in ein Krankenhaus - hospitaliséieren*(v)*
einwenden awennen*(v)*
einwerfen (Brief, Fenster) awerfen*(v)*
einwerfen (Fenster) ageheien*(v)*
einwickeln awéckelen*(v)*
einwickeln wéckelen*(v)*
einwilligen awëllegen*(v)*
Einwilligung Accord*(m,-en)*
Einwilligung Awëllegung*(f,-en)*
einwirken awierken*(v)*
Einwohner Awunner*(m,--)*
Einwohner aus der Moselgegend Miseler*(m,--)*
Einwohnerin Awunnerin*(f,-nen)*
Einwohnerzahl Awunnerzuel*(f,-en)*
Einzahl Eenzuel*(f,~)*
einzahlen abezuelen*(v)*
Einzahlung Versement*(m,-en)*
einzapfen zapen*(v)*
einzeichnen anzeechnen*(v)*
Einzel (Sport) Eenzel*(m,--)*
Einzelgänger Eenzelgänger*(m,--)*
Einzelhändler Eenzelhändler*(m,--)*
Einzelhaus eenzelt Haus*(exp)*
Einzelheit Detail*(m,-er)*
Einzelheit Eenzelheet*(f,-en)*
einzelne eenzel*(adj)*
Einzelzimmer Eenzelzëmmer*(n,-en)*
einzementieren anzementéieren*(v)*
einziehen escamotéieren*(v)*
einziehen raplënneren*(v)*
einziehen (aus dem Verkehr ziehen) anzéien*(v)*
einziehen (hineinziehen) anzéien*(v)*
einziehen (Soldaten) anzéien*(v)*
einziehen (Steuern) erhiewen*(v)*
einziehen (Wohnung) eraplënneren*(v)*
einzig eenzeg*(adj)*
einzig und allein eenzeg an eleng*(exp)*
Einziger Eenzegen*(m,Eenzeg)*
Eis Äis*(n,~)*
Eisbahn Äispist*(f,-en)*
Eisbahn Gleis*(f,-en)*
Eisbär Äisbier*(m,-en)*
Eischen Äischen*(p)*
Eisen Eisen*(n,--)*
Eisen- eisen*(adj)*
Eisenbach Eesbech*(p)*
Eisenbahn Eisebunn*(f,-en)*
Eisenbahnbeamter Eisebunner*(m,--)*
Eisenbahnbeamter Eisebunnert*(m,-en)*
Eisenbahnschwelle Schwell*(f,-en)*
Eisenborn Eesebur*(p)*
Eisenerz Eisenäerz*(n,~)*
Eisenhütte Schmelz*(f,-en)*
Eisenindustrie Eisenindustrie*(f,-n)*
Eisenpforte Eisepäertchen*(f,-päertercher)*
Eisenwarenhandlung Quincaillerie*(f,-n)*
Eisenwerk Schmelz*(f,-en)*
Eisheiliger Äishellegen*(m,-helleg)*
Eishockey Äishockey*(m,~)*
eisig äiseg*(adj)*
eisige Kälte Hondskeelt*(f,~)*
eiskalt äiskal*(adj)*
Eiskrem Glace*(f,-n)*
Eiskunstlauf Äiskonschtlaf*(m,~)*
eislaufen Schlittschung fueren*(exp)*
Eisregen Glëtz*(m,--)*
Eiswürfel Stéck Äis*(exp)*
Eiszapfen Äisstroll*(f,-en)*
Eiszapfen Äiszack*(f,-en)*
Eiszapfen Äiszapp*(f,-en)*
Eiszapfen Kaachel*(f,-en)*
Eiszapfen Klénk*(f,-en)*
Eiszapfen Stroll*(f,-en)*
Eiter Eeter*(m,~)*
Eiterbläschen Pouk*(f,-en)*
eitern eeteren*(v)*
Eitern Gëeeters*(n,~)*
Eiweiß Eewäiss*(n,-er)*
Eizelle Eezell*(f,-en)*
ejakulieren ejakuléieren*(v)*
Ekel Eekel*(m,~)*
Ekel Ekel*(m,~)*
ekelhaft eekeleg*(adj)*
ekelhaft ekelhaft*(adj)*
ekelhaft ekelzeg*(adj)*
ekeln eekelen*(v)*
Ekeln Gëeekels*(n,~)*
Eklat Eklat*(m,-en)*
eklatant eklatant*(adj)*
eklig eekeleg*(adj)*
ekliger Mensch Eekel*(m,-en)*
Ekstase Extas*(f,-en)*
Elan Elan*(m,~)*
elastisch elastesch*(adj)*
Elastizität Elastizitéit*(f,~)*
Elefant Elefant*(m,-en)*

elegant chic*(adj)*
elegant elegant*(adj)*
Eleganz Eleganz*(f,~)*
elektrifizieren elektrifizéieren*(v)*
Elektriker Elektriker*(m,--)*
elektrisch elektresch*(adj)*
elektrisieren elektriséieren*(v)*
Elektrizität Elektrizitéit*(f,~)*
Elektromagnet Elektromagnéit*(f,-en)*
Elektromotor Elektromotor*(m,-en)*
Elektronik Elektronik*(f,-en)*
elektronisch elektronesch*(adj)*
elektronische Post Mailbox*(f,-en)*
Elektrotechnik Elektrotechnik*(f,-en)*
Element Element*(n,-er)*
elementar elementar*(adj)*
elementar elementär*(adj)*
Elend Elend*(n,~)*
Elend Misär*(m,~)*
elf eelef*(adj)*
Elfenbein Elfebeen*(n,~)*
Elfmeter Eelefmeter*(m,-en)*
eliminieren eliminéieren*(v)*
Eliminierung Eliminatioun*(f,-en)*
elitär elitär*(adj)*
Elite Elite*(f,-n)*
Eliteuniversität Eliteuniversitéit*(f,-en)*
Ell Ell*(p)*
Ellange Elleng*(p)*
Ellenbogen Ielebou*(m,Ielebéi)*
Eloquenz Eloquenz*(f,~)*
Elritze Ellerchen*(f,Ellercher)*
Elsass Elsass*(p)*
elsässisch elsässesch*(adj)*
Elster Kréi*(f,-en)*
Eltern Elteren*(npl)*
Elternabend Elterenowend*(m,-owenter)*
Elternurlaub Congé parental*(m,~)*
Elternurlaub Elterecongé*(m,-en)*
Elternvereinigung Elterenassociatioun*(f,-en)*
Eltz Elz*(p)*
Elvange Elweng*(p)*
Elvange Ielwen*(p)*
E-Mail E-Mail*(m,-en)*
Emaille Email*(m/n,-en)*
emaillieren emailléieren*(v)*
Emanation Emanatioun*(f,-en)*
Emanzipation Emanzipatioun*(f,-en)*
emanzipieren emanzipéieren*(v)*
Embargo Embargo*(m,-en)*
Emblem Emblem*(m,-en)*
Embolie Embolie*(f,-n)*
Embryo Embryo*(m,-en)*
Emerange Éimereng*(p)*
emeritieren emeritéieren*(v)*
Emigrant Emigrant*(m,-en)*
Emigration Emigratioun*(f,-en)*
emigrieren emigréieren*(v)*
Eminenz Eminenz*(f,-en)*
Emotion Emotioun*(f,-en)*
Empfang Accueil*(m,-en)*
Empfang Ëmfang*(m,Ëmfäng)*
Empfang Emfank*(m,Emfäng)*
Empfang Ëmpfang*(m,Ëmpfäng)*
Empfang Ëmpfank*(m,Ëmpfäng)*
Empfang Receptioun*(f,-en)*
Empfang Rezeptioun*(f,-en)*
empfangen emfänken*(utr)(v)*
empfangen empfänken*(utr)(v)*
empfangen (Sendung, Wellen) captéieren*(v)*
Empfänger Destinataire*(m,-n)*
Empfänglichkeit Empfänglechkeet*(f,-en)*
Empfängnisverhütung Contraceptioun*(f,~)*
Empfängnisverhütung Empfängnisverhütung*(f,-en)*
Empfangsbescheinigung Quittung*(f,-en)*
Empfangsbestätigung Accusé de réception*(m)*
Empfangsbestätigungen *Accusé-de-réceptionen(plu)*
Empfangschef Receptionniste*(m,-n)*
Empfangsdame Receptionnistin*(f,-nen)*
empfehlen empfeelen*(utr)(v)*
empfehlen prekoniséieren*(v)*
empfehlen recommandéieren*(v)*
empfehlen rekommandéieren*(v)*
Empfehlung Recommandatioun*(f,-en)*
Empfehlung Rekommandatioun*(f,-en)*
empfinden emfannen*(utr)(v)*
empfinden, als wahr - wouerhalen*(v)*
empfindlich emfindlech*(adj)*
empfindlich empfindlech*(adj)*
empfindlich pipeg*(adj)*
empfindlich sensibel*(adj)*
empfindlich sein verdroen, näischt - kënnen*(exp)*
Empfindlichkeit Empféndlechkeet*(f,-en)*
Empfindung Empfindung*(f,-en)*
empirisch empiresch*(adj)*
Empore (Kirche) Duxall*(m,Duxäll)*
empört indignéiert*(adj)*
EM-Qualifikation EM-Qualifikatioun*(f,-en)*
Emulsion Emulsioun*(f,-en)*
Ende Enn*(n,-er)*
Ende Schluss*(m,~)*
Ende Wutz*(m,-en)*
Ende der Woche Enn der Woch*(exp)*
enden ophalen*(v)*
enden (in) aboutisséieren*(v)*
Endergebnis Endresultat*(f,-er)*
endgültig definitiv*(adj)*
Endlagerung Endlagerung*(f,-en)*
endlich endlech*(adv)*
Endspiel Finale*(f,Finallen)*
Endspurt Endspurt*(m,-en)*
Endstation Endstatioun*(f,-en)*
Endstation Statioun, lescht -*(exp)*
Endung Endung*(f,-en)*
Energie Energie*(f,-n)*
Energie Wappes*(m,~)*
Energie (jd hat Energie) Driff*(m,~)*
Energie, alternative - Alternativenergie*(f,-n)*
Energie, keine - haben Wappes, kee - hunn*(exp)*
Energiekrise Energiekris*(f,-en)*
Energieproduktion Energieproduktioun*(f,-en)*
Energiequelle Energiequell*(f,-en)*
energisch energesch*(adj)*
eng enk*(adj)*
Engagement Engagement*(n,-er)*
engagieren engagéieren*(v)*
Engel Engel*(m,-en)*
Engelchen Engelchen*(m,Engelcher)*
Engelsgeduld Engelsgedold*(f,~)*
enger Raum Schloff*(m,Schlëff)*
England England*(n,~)*
Engländer Englänner*(m,--)*
Engländerin Englännerin*(f,-nen)*
englisch englesch*(adj)*
Enkel Enkel*(m,-en)*
Enkelin Enkelin*(f,-nen)*
Enkelkinder Enkelkanner*(npl)*
Enkelkinder Kandskanner*(npl)*
enorm enorm*(adj)*
Enscherange Äischer*(p)*
Ensemble Ensembel*(m,-en)*
entarten auswuessen*(v)*
entarten veraarten*(v)*
entbehren mëssen*(v)*
entbinden accouchéieren*(v)*
entbinden entbannen*(v)*
Entbindung Accouchement*(n,-er)*
Entbindungsstation Maternité*(f,-en)*
entblößt blouss*(adj)*
entdecken detectéieren*(v)*
entdecken detektéieren*(v)*
entdecken entdecken*(v)*
Entdeckung Entdeckung*(f,-en)*
Ente Int*(f,-en)*
enteignen enteegnen*(v)*

enterben entierwen*(v)*
Enterich Untert*(m,-en)*
Entertainer Entertainer*(m,--)*
entfachen entfachen*(v)*
entfahren entfueren*(v)*
entfallen entfalen*(v)*
Entfaltungsmöglichkeit Entfaltungsméiglechkeet*(f,-en)*
entfärben dekoloréieren*(v)*
entfernen ewechmaachen*(v)*
Entfernung Entfernung*(f,-en)*
entführen entféieren*(v)*
entführen kidnappen*(v)*
Entführer Entféierer*(m,--)*
Entführung Entféierung*(f,-en)*
entgegen entgéint*(adv)*
entgegenarbeiten contrecarréieren*(v)*
entgegenarbeiten konterkaréieren*(v)*
entgegenkommen entgéintkommen*(tr)(v)*
entgegennehmen entgéinthuelen*(tr)(v)*
entgegenrufen entgéintruffen*(tr)(v)*
entgegensehen entgéintkucken*(tr)(v)*
entgegensetzen opposéieren*(v)*
entgegentreten entgéinttrieden*(tr)(v)*
entgegenwirken entgéintwierken*(tr)(v)*
entgegenwirken (ärgern) kontrariéieren*(v)*
entgegnen, frech - rëmäntweren*(v)*
entgehen entgoen*(v)*
entgeistert entgeeschtert*(adj)*
entgiften decontaminéieren*(v)*
entgiften entgëften*(v)*
entgleisen entgleisen*(v)*
entgleiten entglëtschen*(v)*
entgleiten entwëtschen*(v)*
entgleiten wutschen*(v)*
entgräten desosséieren*(v)*
enthaaren depiléieren*(v)*
enthaaren epiléieren*(v)*
Enthaarung Depilatioun*(f,-en)*
enthalten enthalen*(v)*
enthalten, sich - enthalen, sech -*(v)*
Enthaltsamkeit Enthaltsamkeet*(f,-en)*
Enthaltung Abstentioun*(f,-en)*
Enthaltung Enthalung*(f,-en)*
entheben enthiewen*(v)*
Enthusiasmus Enthusiasmus*(m,~)*
Entität Entitéit*(f,-en)*
entjungfern entjungferen*(v)*
entkalken entkalleken*(v)*
entkommen entkommen*(v)*
Entkommen Evasioun*(f,-en)*
entladen auslueden*(v)*
entladen entlueden*(v)*
entladen kippen*(v)*
Entladung (Elektrizität) Decharge*(f,-n)*
entlang derlaanscht*(pp)*
entlang laanscht*(pp)*
entlarven demaskéieren*(v)*
entlarven entlarven*(v)*
entlassen entloossen*(v)*
entlassen werden Kont, de - kréien*(exp)*
Entlassung Entloossung*(f,-en)*
Entlassung Kont*(m,~)*
entlasten dechargéieren*(v)*
entlasten entlaaschten*(v)*
Entlastung Decharge*(f,-n)*
entlaufen entlafen*(v)*
entledigen entleedegen*(v)*
entledigen, sich einer Sache - lassginn, enger Saach -*(exp)*
entledigen, sich einer Sache - lassmaachen, sech vun eppes -*(exp)*
Entlein Intchen*(f,Intercher)*
entlüften (Heizung) purgéieren*(v)*
Entlüftungsöffnung Entlëftungslach*(n,-lächer)*
entmilitarisieren entmilitariséieren*(v)*
entmutigen decouragéieren*(v)*
entmutigt decouragéiert*(adj)*
entnazifizieren entnazifizéieren*(v)*
entnervt entnervt*(adj)*
entpuppen entpuppen*(v)*
Entrecote Entrecôte*(f,-n)*
entreißen enträissen*(v)*
entrinden schielen*(v)*
entrinden (Holz) schläissen*(v)*
entrüsten, sich - entrüsten, sech -*(v)*
entsagen entsoen*(v)*
entschädigen dedommagéieren*(v)*
entschädigen entschiedegen*(v)*
entschädigen indemniséieren*(v)*
Entschädigung Entschiedegung*(f,-en)*
Entschädigung Indemnitéit*(f,-en)*
entschärfen entschäerfen*(v)*
entscheiden decidéieren*(v)*
entscheiden entscheeden*(v)*
entscheiden optéieren*(v)*
Entscheidung Decisioun*(f,-en)*
entschließen entschléissen*(v)*
Entschließung Resolutioun*(f,-en)*
entschlossen entschloss*(adj)*
Entschlossenheit Determinatioun*(f,-en)*
Entschlossenheit Entschlossenheet*(f,~)*
entschlüsseln decodéieren*(v)*
entschlüsseln dekodéieren*(v)*
entschlüsseln entschlësselen*(v)*
entschuldigen entschëllegen*(v)*
entschuldigen excuséieren*(v)*
entschuldigen, sich - entschëllegen, sech -*(v)*
Entschuldigung Entschëllegung*(f,-en)*
Entschuldigung Excuse*(f,-n)*
entsenden entsenden*(v)*
Entsetzen Entsetzen*(n,~)*
entsetzlich fierchterlech*(adj)*
entsetzt entsat*(adj)*
entsichern entsécheren*(v)*
entsorgen entsuergen*(v)*
entspannen entspanen*(v)*
entspannen relaxéieren*(v)*
Entspannung Entspanung*(f,-en)*
entsprechen entspriechen*(v)*
entstehen entstoen*(v)*
Entstehung Formatioun*(f,-en)*
entstellen entstellen*(v)*
enttäuschen enttäuschen*(v)*
enttäuscht enttäuscht*(adj)*
Enttäuschung Deceptioun*(f,-en)*
Enttäuschung Enttäuschung*(f,-en)*
entwachsen entwuessen*(v)*
entwachsen (den Kleidern) auswuessen*(v)*
entwarnen entwarnen*(v)*
Entwarnung Entwarnung*(f,-en)*
entwässern drainéieren*(v)*
entweder ... oder entweder...oder*(cn)*
entweihen profanéieren*(v)*
entwerfen entwäerfen*(v)*
entwerfen entwerfen*(v)*
entwerten (Fahrkarte) pëtzen*(v)*
Entwertung Devaluatioun*(f,-en)*
entwickeln developpéieren*(v)*
entwickeln entwéckelen*(v)*
entwickeln, sich - gedeien*(v)*
entwickeln, sich - (Situation) evoluéieren*(v)*
Entwicklung Entwécklung*(f,-en)*
Entwicklung Evolutioun*(f,-en)*
Entwicklungshilfe Entwécklungshëllef*(f,~)*
entwirren entwurrelen*(v)*
entwischen entwëschen*(v)*
entwischen entwëtschen*(v)*
entwischen entwutschen*(v)*
entwischen wutschen*(v)*
entwöhnen entwinnen*(v)*
entwöhnen (Muttermilch) verspéinen*(v)*
Entwurf Entworf*(m,Entwërf)*
Entwurf Konzept*(n,-er)*
Entwurf Konzeptioun*(f,-en)*
Entwurf Maquette*(f,-n)*
entziehen entzéien*(v)*
entziffern dechiffréieren*(v)*
entziffern entzifferen*(v)*

entzückt charméiert*(adj)*
entzünden entzünden*(v)*
Entzündung Entzündung*(f,-en)*
Enzyklopädie Enzyklopädie*(f,-n)*
Enzyklopädie Enzyklopedie*(f,-n)*
Enzym Enzym*(n,-er)*
Epidemie Epidemie*(f,-n)*
Epistel Epistel*(f,-en)*
Eppeldorf Eppelduerf*(p)*
er hien*(pr)*
er (unbetont) en*(pr)*
erarbeiten elaboréieren*(v)*
erarbeiten erschaffen*(v)*
erbarmen, sich - erbaarmen, sech -*(v)*
Erbe Ierwen*(m,--)*
erben ierwen*(v)*
erbetteln erbiedelen*(v)*
Erbgroßherzog Ierfgroussherzog*(m,-en)*
Erbgroßherzogin Ierfgroussherzogin*(f,-nen)*
erblassen wäiss ginn*(exp)*
erbleichen wäiss ginn*(exp)*
erblich ierflech*(adj)*
erblicken erbléckSen*(v)*
erblühen erbléien*(v)*
Erbprinz Ierfprënz*(m,-en)*
erbrechen briechen*(v)*
Erbrechen Erbriechen*(n,--)*
erbrechen, sich - bekatzen, sech -*(ugs)(v)*
erbrechen, sich - erbriechen, sech -*(v)*
erbrechen, sich - iwwerginn, sech -*(utr)(v)*
erbrechen, sich - iwwerschëdden, sech -*(utr)(v)*
Erbschaft Ierfschaft*(f,-en)*
Erbschaft Successioun*(f,-en)*
Erbschaftsstreit Ierfschaftsstreiderei*(f,-en)*
Erbse Ierbes*(f,-sen)*
Erbse Ierz*(f,-en)*
Erbseneintopf Ierbsebulli*(m,~)*
Erbsensuppe Ierbsenzopp*(f,-en)*
Erbsenzähler Ierbsenzieler*(m,--)*
Erbstück Ierfstéck*(n,-er)*
Erbsünde Ierfsënn*(f,-en)*
Erbteil Ierfdeel*(m,-er)*
Erdbeben Äerdbiewen*(n,--)*
Erdbeere, eine - Äerdbier, e Kär -*(f,~)*
Erdbeeren Äerdbier*(f,~)*
Erdboden Äerdbuedem*(m,~)*
Erdboden Buedem*(m,~)*
Erde Äerd*(f,~)*
erden äerden*(v)*
erden ierden*(adj)*
Erdgas Äerdgas*(m,-en)*
Erdgeschoss ënneschte Stack*(exp)*
Erdgeschoss Rez-de-chaussée*(m,-ën)*
Erdkugel Äerdkugel*(f,-en)*
Erdkugel Klatz*(scherzh)(f,-en)*
Erdnuss Afennoss*(m,-nëss)*
Erdnuss Kakuett*(f,-en)*
Erdnussöl Nëssueleg*(m,-er)*
Erdöl Pëtrol*(m,~)*
erdreisten, sich - erkéngen, sech -*(v)*
erdrücken accabléieren*(v)*
erdrücken erdrécken*(v)*
erdrücken ermëlzen*(v)*
erdrückt accabléiert*(adj)*
Erdrutsch Äerdrutsch*(m,~)*
Erdteil Äerddeel*(m,-er)*
Erdteil Weltdeel*(m,-er)*
erdulden leiden*(v)*
ereignen, sich - geschéien*(v)*
ereignen, sich - virkommen*(v)*
erfahren gewuer ginn*(exp)*
Erfahrung Erfahrung*(f,-en)*
Erfahrung Experienz*(f,-en)*
erfassen cernéieren*(v)*
erfassen enregistréieren*(v)*
erfassen erfaassen*(v)*
erfassen fichéieren*(v)*
erfassen saiséieren*(v)*
erfinden erfannen*(v)*
Erfindung Erfindung*(f,-en)*
Erfolg Erfolleg*(m,-er)*
Erfolg haben reusséieren*(v)*
erfordern erfuerderen*(v)*
erforschen erfuerschen*(v)*
erforschen exploréieren*(v)*
Erforschung Exploratioun*(f,-en)*
erfreulicherweise erfreelecherweis*(adv)*
erfrieren erfréieren*(v)*
erfrieren erkalen*(v)*
erfrischen erfrëschen*(v)*
erfroren erkaalt*(adj)*
erfüllen erfëllen*(v)*
ergänzen komplementéieren*(v)*
Ergänzung Supplement*(m,-en)*
ergattern ergadderen*(v)*
ergeben ënnerdon*(adj)*
ergeben resultéieren*(v)*
ergeben, sich - erginn, sech -*(v)*
ergeben, sich - (aufgeben) beginn, sech -*(v)*
Ergebnis Resultat*(n,-er)*
Ergebnisse aufweisen Virweises hunn*(exp)*
ergehen ergoen*(v)*
ergötzen ergëtzen*(v)*
ergreifen ergräifen*(v)*
ergreifen saiséieren*(v)*
ergreifen, Partei - für zouhalen, engem -*(exp)*
ergründen ergrënnen*(v)*
erhalten erhalen*(adj)*
erhalten kréien*(v)*
erhalten präservéieren*(v)*
erhalten (konservieren) erhalen*(v)*
erhalten, über Beziehungen - pistonéieren*(v)*
Erhaltung Erhalung*(f,-en)*
erhängen erhänken*(v)*
erheben erhiewen*(v)*
erhellen hell man*(exp)*
erhoffen erhoffen*(v)*
erhöhen erhéijen*(v)*
erhöhen heijen*(v)*
erhöhen steigeren*(v)*
Erhöhung Augmentatioun*(f,-en)*
Erhöhung Erhéijung*(f,-en)*
Erhöhung Majoratioun*(f,-en)*
erholen, sich - erhuelen, sech -*(v)*
erholen, sich - (von Krankheit, Tiefschlag) erkrabbelen, sech -*(v)*
erholen, sich - (von Krankheit, Tiefschlag) erkréien, sech -*(v)*
Erholung Erhuelung*(f,~)*
erhören erhéieren*(v)*
erhören exaucéieren*(v)*
erinnern, an etw - rappeléieren, eppes -*(exp)*
erinnern, sich - entsënnen, sech -*(v)*
erinnern, sich - erënneren, sech -*(v)*
erinnern, sich - zeréckdenken*(v)*
erinnern, sich - zréckdenken*(v)*
Erinnerung Erënnerung*(f,-en)*
Erinnerung, aus der - entschwunden ausdenkeg*(adj)*
erkälten, sich - erkalen, sech -*(v)*
erkältet erkaalt*(adj)*
Erkältung Erkältung*(f,-en)*
erkämpfen erkämpfen*(v)*
erkennen depistéieren*(v)*
erkennen erkennen*(v)*
erkenntlich erkenntlech*(adj)*
Erkenntlichkeit Erkenntlechkeet*(f,-en)*
Erkenntnis Erkenntnis*(f,-ser)*
Erkennungszeichen Erkennungszeechen*(n,--)*
erklären declaréieren*(v)*
erklären deiten*(v)*
erklären deklaréieren*(v)*
erklären erklären*(v)*
erklären explizéieren*(v)*
erklären proklaméieren*(v)*
erklären, für gültig - validéieren*(v)*
Erklärung Declaratioun*(f,-en)*
Erklärung Deklaratioun*(f,-en)*
Erklärung Erklärung*(f,-en)*

Erklärung Explicatioun*(f,-en)*
Erklärung Explikatioun*(f,-en)*
Erklärung, mit der - Bemierk, mat dem -*(exp)*
erklimmen eskaladéieren*(v)*
erklingen erkléngen*(v)*
erkunden exploréieren*(v)*
erkundigen, sich - ëmfroen, sech -*(utr)(v)*
Erkundung Exploratioun*(f,-en)*
erlassen erloossen*(v)*
erlauben erlaben*(v)*
erlauben zouloossen*(v)*
Erlaubnis Erlaabnes*(f,-ser)*
Erlaubnis Permissioun*(f,-en)*
Erlaubnisschein Permis*(m,-en)*
erlaubt erlaabt*(adj)*
Erle Eller*(f,-en)*
erleben erliewen*(v)*
Erlebnis Erliefnes*(n,-ser)*
erledigen erleedegen*(v)*
erledigen erliedegen*(v)*
erledigen färdeg maachen*(exp)*
erledigen (hastig, ruckweise) haaspelen*(v)*
erledigt groggy*(adj)*
erledigt vreckt*(ugs)(adj)*
erledigt (müde) futti*(adj)*
erlegen erleeën*(v)*
erleichtern allegéieren*(v)*
erleichtern erliichteren*(v)*
Erleichterung Erliichterung*(f,-en)*
Erleichterung Facilitéit*(f,-en)*
erleiden erleiden*(v)*
Erlös Erléis*(m,-er)*
erlöschen (Feuer) erläschen*(v)*
erlöschen (Flamme) ausgoen*(v)*
erlösen erléisen*(v)*
Erlöser Erléiser*(m,--)*
Ermächtigung Vollmacht*(f,-en)*
ermahnen ermunnen*(v)*
ermahnen exhortéieren*(v)*
Ermäßigung Reductioun*(f,-en)*
Ermäßigung Reduktioun*(f,-en)*
ermitteln ermëttelen*(v)*
Ermittlung Ermëttelung*(f,-en)*
ermöglichen erméiglechen*(v)*
ermorden ermëlzen*(v)*
ermorden ermuerden*(v)*
ermorden ermuerksen*(v)*
Ermsdorf lermsdref*(p)*
ermüdend ermiddend*(adj)*
ermuntern ermonteren*(v)*
ermutigen encouragéieren*(v)*
ermutigen, jn - Mutt, engem - maachen*(exp)*
ernähren ernieren*(v)*
ernähren nieren*(v)*
ernähren, jn - können erduerchhuelen, ee mat -*(exp)*
ernähren, sich - ernieren, sech -*(v)*
Ernährung Ernährung*(f,~)*
ernennen ernennen*(v)*
ernennen nominéieren*(v)*
Ernennung Ernennung*(f,-en)*
erneuern erneieren*(v)*
erneuern renouvelléieren*(v)*
erneuern (Anstrich) opfrëschen*(v)*
erniedrigen ernidderegen*(v)*
Erniedrigung Affront*(m,-en)*
Erniedrigung Ernidderegung*(f,-en)*
ernst eescht*(adj)*
Ernst Eescht*(m,~)*
ernst seriéis*(adj)*
ernst serieux*(adj)*
ernst seriös*(adj)*
ernst (sehr) eeschtlech*(adv)*
Ernster lernster*(p)*
ernsthaft eescht*(adj)*
ernsthaft (Krankheit) uerg*(adv)*
Ernte Rekolt*(f,-en)*
Ernte (Getreide) Karschnatz*(m,~)*
Erntegerät Pléck*(f,-en)*
ernten recoltéieren*(v)*
ernten rekoltéieren*(v)*
Ernzen lernzen*(p)*
erobern erueweren*(v)*
Eroberung Conquête*(f,-n)*
Eroberung Eruewerung*(f,-en)*
eröffnen (Geschäft) opmaen*(v)*
Eröffnung Eréffnung*(f,-en)*
Eröffnung Ouverture*(f,-n)*
Erosion Erosioun*(f,-en)*
erotisieren erotiséieren*(v)*
Erpeldange lerpeldeng*(p)*
erpicht, auf etw - sein aussinn, op eppes -*(exp)*
erpressen (Geld) rackettéieren*(v)*
Erpresserschreiben Erpresserbréif*(m,-bréiwer)*
Erpressung Erpressung*(f,-en)*
Erpressungsversuch Erpressungsversuch*(m,-versich)*
erraten erroden*(v)*
erraten roden*(v)*
erregen excitéieren*(v)*
erregt opgereegt*(adj)*
Erregung Opreegung*(f,-en)*
erreichbar erreechbar*(adj)*
Erreichbarkeit Accessibilitéit*(f,-en)*
erreichen erreechen*(v)*
errichten instauréieren*(v)*
errichten opriichten*(v)*
erröten rout ginn*(exp)*
erröten verfierwen, sech -*(v)*
Ersange lerseng*(p)*
Ersatz Ersatz*(m,~)*
Ersatzmann Suppleant*(m,-en)*
Ersatzrad Ersatzrad*(n,-rieder)*
Ersatzspieler Reservespiller*(m,--)*
Ersatzteil Ersatzdeel*(n,-er)*
Ersatzteil Ersatzstéck*(n,-er)*
ersaufen ersaufen*(v)*
erschaffen erschafen*(v)*
erschallen kléngen*(v)*
Erscheinen Apparitioun*(f,-en)*
erscheinen erschéngen*(v)*
erscheinen opdauchen*(v)*
Erscheinung Apparitioun*(f,-en)*
erschießen erschéissen*(v)*
erschlagen erschloen*(v)*
erschließen erschléissen*(v)*
erschöpfen extenuéieren*(v)*
erschöpft dätsch*(adj)*
Erschöpfung Erschöpfung*(f,-en)*
erschrecken erféieren*(v)*
erschrecken erschrecken*(v)*
erschrecken, sich - entwutzen, sech -*(v)*
erschrecken, sich - erschrecken, sech -*(v)*
erschrocken erféiert*(adj)*
erschüttern nogoen*(v)*
erschüttern rëselen*(v)*
erschweren erschwéieren*(v)*
erschweren komplizéieren*(v)*
ersetzen ersetzen*(v)*
ersetzen remplacéieren*(v)*
ersetzen substituéieren*(v)*
ersparen erspueren*(v)*
Ersparnisse Erspuertes*(n,~)*
erspüren rausspieren*(v)*
erst eréischt*(adv)*
Erstarren der Finger bei strenger Kälte Neelchen*(m,Neelercher)*
erstatten, sich etw - lassen erëmfroen, sech eppes -*(exp)*
Erstaufführung Éischtopféierung*(f,-en)*
erstaunen erstaunen*(v)*
erstaunen wonneren*(v)*
erstaunlich verwonnerlech*(adj)*
erstaunlicherweise erstaunlecherweis*(adv)*
erstaunt paff*(adj)*
erstaunt verwonnert*(adj)*
Erstausgabe Éischtausgab*(f,-en)*
erste alleréischt*(adj)*

erste éischt*(adj)*
Erste Hilfe Nouthëllef*(f,~)*
erstechen erstiechen*(v)*
erstehen erstoen*(v)*
ersteigern erstoen*(v)*
ersteigern steeën*(v)*
ersten, zum - Mal éischt, fir d'-*(exp)*
erstens éischtens*(adv)*
Erstgeborener Éischtgebuerenen*(m,-gebueren)*
Erstgeburt Éischtgebuert*(f,-en)*
Ersticken Erstécken*(n,~)*
ersticken erstécken*(v)*
Erstkommunion Éischtkommioun*(f,-en)*
Erstkommunion Éischtkommunioun*(f,-en)*
Erstkommunion Kommioun, Éischt -*(exp)*
erstrecken erstrecken*(v)*
ertappen ertappen*(v)*
erteilen, Zuschlag - adjugéieren*(v)*
Ertrag Ertrag*(m,Erträg)*
Ertrag Rendement*(m,-en)*
ertragen erdroen*(v)*
ertragen verhäerden*(v)*
ertränken erdränken*(v)*
ertrinken erdrénken*(v)*
erwachsen erwuessen*(adj)*
erwachsen grouss*(adj)*
erwachsen maans*(adj)*
erwachsen werden grouss ginn*(exp)*
Erwachsenenbildung Erwuessenebildung*(f,~)*
Erwachsener Erwuessenen*(m,Erwuessen)*
erwähnen ernimmen*(v)*
erwähnen erwähnen*(v)*
erwähnen erwänen*(v)*
erwähnen evoquéieren*(v)*
erwähnen mentionéieren*(v)*
erwarten erwaarden*(v)*
Erwartung Erwaardung*(f,-en)*
erwartungsgemäß erwaardungsgeméiss*(adv)*
erwehren, sich - erwieren, sech -*(v)*
erweichen erweechen*(v)*
erweisen erweisen*(v)*
erweitern erweideren*(v)*
Erweiterung Erweiderung*(f,-en)*
Erweiterung Extensioun*(f,-en)*
Erweiterungsbau Ausbau*(m,~)*
Erwerb Acquisitioun*(f,-en)*
erwerben erwerben*(v)*
erwirtschaften erwirtschaften*(v)*
erwischen erwëschen*(v)*
erwischen pëtzen*(v)*
erwischen schnapen*(v)*
erwünschen erwënschen*(v)*
erwürgen erwiergen*(v)*
Erz Äerz*(n,~)*
Erz mit niedrigem Eisengehalt Minett*(f,~)*
erzählen erzielen*(v)*
erzählen verzielen*(v)*
erzählen zielen*(v)*
erzählen (Blödsinn) verzapen*(v)*
Erzählung Erzielung*(f,-en)*
Erzbergbau Minettsexploitatioun*(f,-en)*
erzeugen generéieren*(v)*
erziehen erzéien*(v)*
erziehen winnen*(v)*
erziehen zillen*(v)*
erziehen, falsch - verzillen*(v)*
Erzieher Educateur*(m,-en)*
Erzieherin Educatrice*(f,-n)*
Erziehung Educatioun*(f,~)*
Erziehung Erzéiung*(f,~)*
erzittern zidderen*(v)*
erzkatholisch stackkathoulesch*(adj)*
erzwingen erzwéngen*(v)*
es et*(pr)*
es sei denn à moins*(exp)*
Esch-Alzette Esch-Uelzecht*(p)*
Eschdorf Eschduerf*(p)*
Esche Esch*(f,-en)*
Eschette Eschent*(p)*
Esch-Sauer Esch am Lach*(p)*
Esch-Sauer Esch-Sauer*(p)*
Eschweiler Eeschweller*(p)*
Eschweiler Eschweiler*(p)*
Esel Iesel*(m,-en)*
Eselborn Eeselbur*(p)*
Eselei Ieselzegkeet*(f,-en)*
Eselsarbeit (Routine) Ieselsaarbecht*(f,-en)*
Eskalation Eskalatioun*(f,-en)*
eskalieren eskaladéieren*(v)*
eskalieren eskaléieren*(v)*
eskortieren eskortéieren*(v)*
Esprit Spritt*(m,~)*
Essay Essay*(m,-en)*
Essecke Iesseck*(m,-en)*
Essen Iessen*(n,--)*
essen iessen*(v)*
Essen Kascht*(m,~)*
Essen im Übermaß Gefréiss*(n,~)*
essen, sich satt - iessen, sech sat -*(exp)*
essen, sich satt - sat, sech - iessen*(exp)*
essen, zu Abend - Kaffi drénken*(exp)*
Essensreste Gereschters*(n,~)*
Essenz Essenz*(f,~)*
Essenz Essenz*(f,-en)*
Esser Éisser*(m,--)*
Esser Iesser*(m,--)*
Essgelage Friess*(f,-en)*
Essgeschirr Service*(m,-r)*
Essgeschirr (Blech) Gamelle*(f,-n)*
Essig Esseg*(m,~)*
Essingen Essen*(p)*
Esslöffel Iessläffel*(m,-en)*
Esslöffel Zoppeläffel*(m,-en)*
Esszimmer Iesszëmmer*(n,-en)*
Esszimmer Salle à manger*(f,Salle-à-mangeren)*
Esszimmer Stuff*(f,-en)*
Estrich Schapp*(m,Schappen)*
etablieren, sich - etabléieren, sech -*(v)*
Etage, erste - Stack, éischte -*(exp)*
Ethik Ethik*(f,~)*
ethisch ethesch*(adj)*
ethnisch ethnesch*(adj)*
Etikett Etikett*(f,-en)*
Etikett Schëld*(n,Schëlter)*
etikettieren etikettéieren*(v)*
Ettelbruck Ettelbréck*(p)*
Etui Etui*(m,-en)*
Etui (Brille) Scheek*(f,-en)*
etwa éieren/iren*(adv)*
etwa ieren*(adv)*
etwa ongeféier*(adv)*
etwas eppes*(pr)*
Etymologie Etymologie*(f,-n)*
etymologisch etymologesch*(adj)*
euch iech*(pr)*
Eucharistie Eucharistie*(f,-n)*
EU-Kommission EU-Commissioun*(f,-en)*
EU-Kommission EU-Kommissioun*(f,-en)*
Eule Ëchel*(f,-en)*
Eule Eil*(f,-en)*
Euphorie Euphorie*(f,-n)*
euphorisch euphoresch*(adj)*
euphorisch machen euphoriséieren*(v)*
eure är*(dét)*
Euro Euro*(m,-en)*
Eurokompatibilität Eurocompatibilitéit*(f,-en)*
Europa Europa*(p)*
europäisch europäesch*(adj)*
Europäische Union Europäesch Unioun*(exp)*
europäisieren europäiséieren*(v)*
Europameisterschaft Europameeschterschaft*(f,-en)*
Europaparlament Europaparlament*(n,~)*
Europarat Europarot*(m,~)*
Euro-Universität Euro-Universitéit*(f,-en)*
Euter Auder*(m,-en)*
Eva Éiv*(p)*

evakuieren	evakuéieren *(v)*
Evakuierung	Evakuatioun *(f,-en)*
evangelisch	evangelesch *(adj)*
evangelisieren	evangeliséieren *(v)*
Evangelium	Evangelium *(n,Evangelien)*
eventuell	allefalls *(adv)*
eventuell	eventuell *(adj)*
Everlange	lewerleng *(p)*
Evolution	Evolutioun *(f,~)*
ewig	éiweg *(adj)*
Ewigkeit	Éiwegkeet *(f,~)*
exakt	exakt *(adj)*
exakt	richteg *(adj)*
exaltieren	exaltéieren *(v)*
Exaltiertheit	Exaltatioun *(f,-en)*
Examen	Examen *(m,--)*
exekutieren	exekutéieren *(v)*
Exekution	Exekutioun *(f,-en)*
Exekutive	Exekutiv *(f,-en)*
Exekutivgewalt	exekutiv Gewalt *(exp)*
Exemplar	Stéck *(n,-er)*
Exemplar, stattliches -	Kadett *(m,-en)*
exhumieren	exhuméieren *(v)*
Exil	Exil *(n,-er)*
Exil, ins - schicken	exiléieren *(v)*
exilieren	exiléieren *(v)*
Existentialismus	Existentialismus *(m,~)*
existentiell	existentiell *(adj)*
Existenz	Existenz *(f,-en)*
Existenzangst	Existenzangscht *(f,-ängscht)*
Existenzminimum	Existenzminimum *(m,-minima)*
existieren	existéieren *(v)*
exklusiv	exklusiv *(adj)*
Exklusivität	Exklusivitéit *(f,-en)*
exkommunizieren	exkommunizéieren *(v)*
Exkrement	Dreck *(m,-er)*
Exkurs	Exkurs *(m,-en)*
exotisch	exotesch *(adj)*
expandieren	expandéieren *(v)*
Expansion	Expansioun *(f,-en)*
expatriieren	expatriéieren *(v)*
Expedition	Expeditioun *(f,-en)*
experimentell	experimentell *(adj)*
experimentieren	experimentéieren *(v)*
Experte	Expert *(m,-en)*
Experte	Fachmann *(m,-männer)*
Experte	Spezialist *(m,-n)*
Experten	Fachleit *(npl)*
Expertise	Expertise *(f,-n)*
explizit	explizit *(adj)*
explodieren	explodéieren *(v)*
explodieren	platzen *(v)*
Explosion	Explosioun *(f,-en)*
Explosionsgefahr	Explosiounsgefor *(f,-en)*
explosiv	explosiv *(adj)*
Export	Export *(m,-en/-er)*
Exportartikel	Exportartikel *(m,-en)*
Exporteur	Exportateur *(m,-en)*
Exporteur	Exporteur *(m,-en)*
exportieren	ausféieren *(v)*
exportieren	exportéieren *(v)*
exquisit	exquisit *(adj)*
extra	extra *(adj)*
Extrablatt	Spezialeditioun *(f,-en)*
Extraktion	Extractioun *(f,-en)*
extrapolieren	extrapoléieren *(v)*
extravagant	extravagant *(adj)*
extrem	extrem *(adj)*
extrem	extrem *(adv)*
Extremist	Extremist *(m,-en)*
Extremität	Extremitéit *(m,-en)*
exzellent	exzellent *(adj)*
exzentrisch	exzentresch *(adj)*
Exzess	Exzess *(m,-er)*

F

Fabel	Fabel *(f,-en)*
Fabrik	Fabréck *(f,-en)*
Fabrikant	Fabrikant *(m,-en)*
Fabrikarbeiter	Fabrécksaarbechter *(m,--)*
Fabrikation	Fabrikatioun *(f,-en)*
fabrizieren	fabrizéieren *(v)*
fabulieren	fabuléieren *(v)*
Fach	Case *(f,-n)*
Fach	Fach *(n,Fächer)*
Fach	Gefaach *(n,-er)*
Facharbeiter	Fachaarbechter *(m,--)*
fächeln	fächelen *(v)*
Fachleute	Fachleit *(npl)*
Fachmann	Expert *(m,-en)*
Fachmann	Fachmann *(m,-männer)*
Fachrichtung	Fachrichtung *(f,-en)*
fachsimpeln	fachsimpelen *(v)*
Fachsprache	Fachsprooch *(f,-en)*
Fachsprache	Jargon *(m,-en)*
Fachwerk	Fachwierk *(n,~)*
Fachwissen	Fachwëssen *(n,--)*
Fachzeitschrift	Fachzäitschrëft *(f,-en)*
Fackel	Fakel *(f,-en)*
fackeln, nicht lange -	Chichi, kee - maachen *(exp)*
Fackelzug	Fakelzuch *(m,-zich)*
fad	fad *(adj)*
fade	ouni Goût *(exp)*
fade (Essen)	papeg *(adj)*
Faden	Fuedem *(m,Fiedem)*
Faden, roter -	Fuedem, roude - *(exp)*
fähig	fäeg *(adj)*
fähig	kapabel *(adj)*
Fähigkeit	Fäegkeet *(f,-en)*
Fahne	Fändel *(m,-en)*
Fahne	Fuendel *(m,Fiendel/-en)*
Fahnenstange	Fändelstaang *(f,-en)*
Fahrbahn	Chaussée *(f,-ën)*
Fahrbahn	Pist *(f,-en)*
Fähre	Fär *(f,-en)*
fahren	fueren *(v)*
fahren (Auto, Rad)	renkelen *(v)*
fahren (Auto, Rad)	rénkelen *(v)*
fahren (Auto, Rad)	renken *(v)*
fahren (Auto, Rad)	rénken *(v)*
fahren (jn)	chaufféieren *(v)*
fahren, nach Hause -	heemféieren *(tr)(v)*
fahren, nach Hause -	heemfueren *(tr)(v)*
fahren, Wagen zu Schrott -	bäikéieren, en Auto - *(exp)*
Fahrenheit	Fahrenheit *(n,~)*
Fahrer	Chauffer *(m,-en)*
Fahrerflucht	Fahrerflucht *(f,~)*
Fahrgestell	Chassis *(m,-en)*
fahrig	haseleg *(adj)*
Fahrkarte	Ticket *(m,-en)*
Fahrkartenkontrolleur	Buskontroller *(m,-en)*
fahrlässig	fahrlässeg *(adj)*
Fahrplan	Fahrplan *(m,-pläng)*
Fahrplan	Fuerplang *(m,-pläng)*
Fahrrad	Vëlo *(m,-en)*
Fahrradschloss	Vëlosschlass *(m,-schlässer)*
Fahrradständer	Vëlosstänner *(m,-en)*
Fahrradweg	Vëlospist *(f,-en)*
Fahrschein	Billjee *(m,-ën)*
Fahrschule	Fahrschoul *(f,-en)*
Fahrstuhl	Lift *(m,-en)*
Fahrt	Faart *(f,-en)*
Fahrt mit Hindernissen	Himmelfahrt *(m,~)*
Fährte	Fäert *(f,-en)*
Fährte	Fiert *(f,-en)*
fair	fair *(adj)*
fairerweise	fairerweis *(adj)*
fairerweise	gerechterweis *(adv)*
fäkal	fäkal *(adj)*
Faksimile herstellen	faksimiléieren *(v)*
Fakt	Fait *(m,-en)*
Fakt	Tatsaach *(f,-en)*
Faktizität	Faktizitéit *(f,-en)*
fakturieren	fakturéieren *(v)*
Fakultät	Fakultéit *(f,-en)*

fakultativ fakultativ *(adj)*
Falke Fallek *(m,-en)*
Fall Cas *(m,-en)*
Fall Fall *(m,Fäll)*
Falle Fal *(f,-en)*
Fälle, auf alle - Fall, op jidfer - *(exp)*
fallen falen *(v)*
fallen, zu Tode - doutfalen *(v)*
fällig fälleg *(adj)*
Fälligkeitsdatum Echéance *(n,-n)*
Fälligkeitsdatum Termäin *(m,-er)*
falls falls *(cn)*
Fallschirm Fallschierm *(m,-er)*
Fallschirmspringen Fallschiermsprangen *(n,~)*
Fallschirmspringer Fallschiermsprénger *(m,--)*
falsch falsch *(adj)*
falsch verkéiert *(adj)*
fälschen fälschen *(v)*
fälschen falsifiéieren *(v)*
Fälscher Fälscher *(m,--)*
Falschgeld Falschgeld *(n,~)*
Falschheit Falschheet *(f,~)*
fälschlicherweise fälschlecherweis *(adv)*
Falschspieler Fuddeler *(m,--)*
Falschspieler Fuddler *(m,--)*
Fälschung Fälschung *(f,-en)*
falsifizieren falsetéieren *(v)*
falsifizieren falsifiéieren *(v)*
Falte Fal *(f,-en)*
Falte Kniwwel *(f,-en)*
Falte Rompel *(f,-en)*
Falte Ronschel *(f,-en)*
falten diebelen *(v)*
falten falen *(v)*
familiär familiär *(adj)*
familiarisieren familiariséieren *(v)*
Familie Famill *(f,-en)*
Familie Famill *(f,-jen)*
Familienanzeige Faire-part *(m,-en)*
Familienbeirat Familljecommissioun *(f,-en)*
Familienbetrieb Familljebetrib *(m,-er)*
Familienbuch Familljebuch *(n,-bicher)*
Familienfeier Familljefeier *(f,-en)*
Familienfeier Familljefest *(n,-er)*
Familienleben Familljeliewen *(n,--)*
Familienpension Familljepensioun *(f,-en)*
Familiensituation Familljesituatioun *(f,-en)*
Familienvater Familljepapp *(m,-päpp)*
Familienverhältnis Familljerelatioun *(f,-en)*
famos faméis *(adj)*
famos famous *(adj)*
Fan Fan *(m,Fännen)*
Fan Supporter *(m,-en)*
Fanatiker Fanatiker *(m,--)*
fanatisch fanatesch *(adj)*
fanatisieren fanatiséieren *(v)*
Fanclub Fanclub *(m,-clibb)*
Fang Fank *(m,~)*
fang(t) an (auch: zu essen) fuer *(t)* duer *(exp)*
fangen fänken *(v)*
Fangen spielen Fänkches spillen *(exp)*
Fangen spielen Fänkes spillen *(exp)*
Fantasie Fantasie *(f,-n)*
Fantasie Phantasie *(f,-n)*
fantasieren fantaséieren *(v)*
fantasieren phantaséieren *(v)*
fantastisch fantastesch *(adj)*
Farbe Faarf *(f,Faarwen)*
Farbe Fuerf *(f,Fuerwen)*
färben fierwen *(v)*
farbenblind faarweblann *(adj)*
Färberei Fierwerei *(f,-en)*
Farbfernseher Televisioun, faarweg - *(exp)*
Farbfernsehgerät Televisioun, faarweg - *(exp)*
Farbfilm Faarffilm *(m,-er)*
Farbfoto Photo, faarweg *(exp)*
farbig faarweg *(adj)*
Farbstift Faarfstëft *(m,-er)*
Farbtopf Faarfdëppen *(n,--)*
Farce Farce *(f,-n)*
farcieren farcéieren *(v)*
farinieren farinéieren *(v)*
Farn Far *(m,-en)*
Fasan Fasan *(m,-en)*
Faschismus Faschissem *(m,~)*
Faschist Faschist *(m,-en)*
faschistisch faschistesch *(adj)*
faseln radotéieren *(v)*
Faser Faser *(f,-en)*
Faser Fësem *(f,-en)*
Faser Fisem *(f,-en)*
Fass Faass *(n,Fässer)*
Fassade Fassad *(f,-en)*
fassen faassen *(v)*
fassen, Wurzel - uwuerzelen *(v)*
Fassung, aus der - bringen demontéieren *(v)*
Fassungsvermögen Capacitéit *(f,-en)*
Fassungsvermögen Fassungsverméigen *(n,~)*
fast bal *(adv)*
fasten faaschten *(v)*
Fastenbohnen Faaschtebounen *(npl)*
Fastensonntag, erster - Fakelsonndeg *(m,-er)*
Fastenzeit Faaschten *(npl)*
Fastenzeit Faaschtenzäit *(f,-en)*
Fastnacht Fuesent *(f,-en)*
Fastnachtsball Fuesbal *(m,-er)*
Fastnachtsgebäck Fuesentsbréitchen *(n,-bréidercher)*
Fastnachtsgebäck Fueskichelcher *(npl)*
Fastnachtskrapfen Nonnefascht *(m,-fäscht)*
Fastnachtsmaske Fuesbok *(m,-en)*
Fastnachtsmontag Fuesméindeg *(m,-er)*
Fastnachtssonntag Fuessonndeg *(m,-er)*
Faszination Faszinatioun *(f,-en)*
faszinieren faszinéieren *(v)*
fatal fatal *(adj)*
Fatalismus Fatalismus *(m,~)*
fatalistisch fatalistesch *(adj)*
Fatalität Fatalitéit *(f,-en)*
fauchen fauchen *(v)*
faul faul *(adj)*
faul faulenzeg *(adj)*
faul liddereg *(adj)*
faul muedebëtzeg *(adj)*
faulenzen faulenzen *(v)*
faulenzen lidderen *(v)*
Faulenzer Faulenzer *(m,--)*
Faulenzerei Gelidders *(n,~)*
Faulheit Faulheet *(f,~)*
Faulheit Lidderegkeet *(f,-en)*
Faulpelz Lidderegen *(m,Liddereg)*
Faulpelz Lidderhanes *(m,-sen)*
Faust Fauscht *(f,Fäischt)*
Fäustling Moul *(f,-en)*
Faustregel Fauschtregel *(f,-en)*
Fauxpas Gaffe *(f,-n)*
favorisieren favoriséieren *(v)*
Favorit Favorit *(m,-en)*
Fax Fax *(m,-en)*
Fax schicken Fax schécken *(exp)*
faxen faxen *(v)*
Faxen machen Faxen, - maachen *(npl)*
Februar Februar *(m,~)*
Februar Spierkel *(m,~)*
Fechten Fechten *(n,~)*
fechten fechten *(v)*
Feder Fieder *(f,-en)*
Feder Plaum *(f,-en)*
Feder Plomm *(f,-en)*
Federbett Diwwi *(m,-en)*
federn fiederen *(v)*
Federweißer Fiederwäissen *(m,~)*
Fee Fee *(f,-ën)*
Feedback Feedback *(m,~)*
Feeling Feeling *(m,~)*
Fegefeuer Feegfeier *(n,~)*
Fegefeuer Fegfeier *(n,~)*
fegen feeën *(v)*
fegen kieren *(v)*

fehl feel*(adj)*
fehlen feelen*(v)*
Fehler Feeler*(m,--)*
Fehler Fehler*(m,--)*
Fehler, einen - machen Feeler, e - maachen*(exp)*
Fehlgeburt Fausse-couche*(f,-n)*
Fehlgeburt Feelgebuert*(f,-en)*
Fehlgriff Feelgréff*(m,-er)*
Fehlinterpretation Feelinterpretatioun*(f,-en)*
fehlinterpretieren feelinterpretéieren*(v)*
fehlschlagen feelschloen*(v)*
Fehlschuss Feelschotz*(m,-schëtz)*
Fehlstart Feelstart*(m,-en)*
Fehltritt Feeltrëtt*(m,--/-er)*
Feier Feier*(n,-en)*
Feier Party*(f,-en)*
Feierabend Feierowend*(m,-owenter)*
feierlich feierlech*(adj)*
Feierlichkeit Feierlechkeet*(f,-en)*
feiern begéissen*(v)*
feiern celebréieren*(v)*
feiern feieren*(v)*
feiern zelebréieren*(v)*
Feiertag Feierdag*(m,-deeg)*
feige feig*(adj)*
Feige Fig*(f,-en)*
Feigheit Feigheet*(f,~)*
Feigling Feigling*(m,-en)*
feilbieten ubidden*(v)*
Feile Feil*(f,-en)*
feilen feilen*(v)*
feilschen feilschen*(v)*
feilschen focken*(v)*
fein fäin*(adj)*
fein fein*(adj)*
fein reng*(adj)*
Feind Feind*(m,-en)*
Feindin Feindin*(f,-nen)*
feindlich feindlech*(adj)*
Feindlichkeit Feindlechkeet*(f,~)*
feindselig feindséileg*(adj)*
Feingebäck Pâtisserie*(f,-n)*
Feinheit Fäinheet*(f,~)*
Feinheiten, mit allen - Raffinessen, mat alle -*(exp)*
Feinschmecker Feinschmecker*(m,--)*
Feld Feld*(n,-er)*
Feld Gewan*(f,-en)*
Feld Stéck*(n,-er)*
Feld (auf Spielbrett) Case*(f,-n)*
Feldbett Feldbett*(n,-er)*
Feldblume Feldblumm*(f,-en)*
Feldchampignon Dréischel*(f,-en)*
Feldmaus Feldmaus*(f,-mais)*
Feldsalat Mâche*(m,~)*
Feldsalat Mauséierchen*(m,~)*
Feldsalat Mauséiercheszalot*(f,-en)*
Feldweg Feldwee*(m,-ër)*
Felge Felg*(f,-en)*
Fell Pelz*(m,~)*
Fels Lee*(f,-ën)*
Felsen Fiels*(m,-en)*
felsenfest felsefest*(adj)*
felsig fielseg*(adj)*
Feminismus Feminismus*(m,~)*
Feminist Feminist*(m,-en)*
Feministin Feministin*(f,-nen)*
feministisch feministesch*(adj)*
Fenchel Fenschel*(m,~)*
Fennange Fenneng*(p)*
Fenster Fënster*(f,-en)*
Fenster über einer Tür Iwwerliicht*(f,-er)*
Fensterbrett Fënsterbriet*(n,-brieder)*
Fensterglas Fënsterglas*(n,~)*
Fensterladen Lued*(f,-en)*
Fensterleder Fënsterlieder*(f,-en)*
Fensterputzer Fënsterbotzer*(m,--)*
Fensterrahmen Fënsterrumm*(f,-en)*
Fensterscheibe Raut*(f,-en)*
Fentange Fenteng*(p)*
Ferien Vakanz*(f,-en)*
Ferienaktivität Vakanzenaktivitéit*(f,-en)*
Feriendorf Vakanzenduerf*(n,-dierfer)*
Ferkel Fierkel*(n,-en)*
Ferkelzucht Fierkelsziichterei*(f,-en)*
fern fären*(adj)*
fernbleiben ewechbleiwen*(v)*
Ferngespräch Ferngespréich*(m,-er)*
Fernglas Spektiv*(f,-en)*
fernhalten ewechhalen*(v)*
fernhalten wechhalen*(v)*
Fernsehanstalt Sender*(m,-en)*
Fernsehantenne Televisiounsantenn*(f,-en)*
Fernsehdiskussion Diskussioun op der TV*(f,-en)*
Fernsehen Tëlee*(f,-ën)*
Fernsehen TV*(n,~)*
Fernseher Tëlee*(f,-ën)*
Fernseher Televisioun*(f,-en)*
Fernsehgerät Fernseh*(m,-en)*
Fernsehgerät Tëlee*(f,-ën)*
Fernsehgerät Televisioun*(f,-en)*
Fernsehgerät Televisiounsapparat*(m,-en/-er)*
Fernsehkanal Programm*(m,-er)*
Fernsehprogramm Fernsehprogramm*(m,-er)*
Fernsehprogramm Programm*(m,-er)*
Fernsehsender Televisiounsstatioun*(f,-en)*
Fernsehtisch Televisiounsdësch*(m,-er)*
Fernsehzuschauer Telespectateur*(m,-en)*
Fernsprechkabine Telefonskabinn*(f,-en)*
fernsteuern fernsteieren*(v)*
Fernsteuerung Fernsteierung*(f,-en)*
Fernstudium Fernstudium*(n,-studien)*
Ferse Feescht*(f,-en)*
fertig fäerdeg*(adj)*
fertig bringen fäerdeg bréngen*(exp)*
fertig machen fäerdeg maachen*(exp)*
Fertigerzeugnis Produkt, fäerdegt -*(exp)*
Fertigkeit (Trick) Zock*(m,~)*
Fertigprodukt Produkt, fäerdegt -*(exp)*
fertigstellen finaliséieren*(v)*
Fertigstellung Finalisatioun*(f,-en)*
Fertigung Fabrikatioun*(f,~)*
fesseln fesselen*(v)*
fesseln ficeléieren*(v)*
Fest Feier*(n,-en)*
fest ferm*(adj)*
fest fest*(adj)*
fest fest*(adj)*
Fest Fest*(f,-er)*
fest fix*(adj)*
festangestellt festugestallt*(adj)*
festbeißen festbäissen*(tr)(v)*
festbeißen, sich - verbäissen, sech -*(v)*
Festbeleuchtung Illuminatioun*(f,-en)*
festbinden ustrécken*(v)*
festdrehen undréien*(v)*
festdrehen (Schraube) unzéien*(v)*
feste Umarmung Gedrécks*(n,~)*
Festessen Festiessen*(n,--)*
festfahren festfueren*(tr)(v)*
festfrieren festfréieren*(tr)(v)*
festhalten festhalen*(tr)(v)*
festhalten unhalen*(v)*
festhalten, sich - unhalen, sech -*(v)*
festigen festegen*(v)*
festigen konsolidéieren*(v)*
Festigkeit Festegkeet*(f,-en)*
Festivität Festivitéit*(f,-en)*
festkeilen calléieren*(v)*
festkeilen kalléieren*(v)*
festklammern festklameren*(tr)(v)*
festklammern festkrämpen*(tr)(v)*
festklammern, sich - ergräifen, sech -*(v)*
festklumpen (von Erde) lammelen*(v)*
festlegen festleeën*(tr)(v)*
festlich festlech*(adj)*
Festlichkeit Festlechkeet*(f,-en)*

festliegen festleien*(tr)(v)*
festmachen festmaachen*(tr)(v)*
festmachen fixéieren*(v)*
festmachen ustrécken*(v)*
festnageln festneelen*(tr)(v)*
festnageln péilen*(v)*
festnageln unneelen*(v)*
Festnahme Interpellatioun*(f,-en)*
festnehmen arrêtéieren*(v)*
festnehmen festhuelen*(tr)(v)*
festnehmen inhaftéieren*(v)*
Festpreis Festpräis*(m,-ser)*
Festrede Festried*(f,-en)*
festschreiben festschreiwen*(tr)(v)*
Festschrift Festschrëft*(f,-en)*
festsetzen festsëtzen*(tr)(v)*
festsetzen, Tarife - tariféieren*(v)*
feststampfen dammen*(v)*
feststecken hänken*(v)*
feststecken (mit Stecknadeln) spéngelen*(v)*
feststehen feststoen*(tr)(v)*
feststellen constatéieren*(v)*
feststellen feststellen*(tr)(v)*
feststellen konstatéieren*(v)*
Feststellung Feststellung*(f,-en)*
festtreten untrieden*(v)*
Festungen Festung*(f,-en)*
Festungsmauer Festungsmauer*(f,-en)*
Festzug Cortège*(m,-n)*
festzurren guerden*(v)*
Fetischist Fetischist*(m,-en)*
Fetschenhof Fetschenhaff*(p)*
fett fett*(adj)*
Fett Fett*(f,-er)*
fettarm fettaarm*(adj)*
Fettauge (Suppe) Kräll*(f,-en)*
Fettdruck Fettdrock*(m,~)*
fetten schmieren*(v)*
Fettfleck Fettfleck*(m,-en)*
fettig fetteg*(adj)*
fettig schmiereg*(adj)*
Fettpölsterchen Bourrelet*(m,-en)*
Fetzen Fatz*(f,-en)*
feucht fiicht*(adj)*
feuchte Wohnung Onkekaul*(scherzh)(f,-en)*
feuchte Wohnung Onkelach*(scherzh)(n,-lächer)*
Feuchtigkeit Fiichtegkeet*(f,~)*
Feuchtigkeit Nätzt*(f,~)*
feudal feudal*(adj)*
Feuer Feier*(n,~)*
Feueralarm Feieralarm*(m,-en)*
Feuerbohne Speckboun*(f,-en)*
feuerfest feierfest*(adj)*
Feuergefahr Feiergefor*(f,-en)*
Feuerlöscher Feierläscher*(m,--)*
feuerrot feierrout*(adj)*
Feuersalamander Feieromes*(f,-sen)*
Feuerspritze Waasserlanz*(f,-en)*
Feuerversicherung Feierversécherung*(f,-en)*
Feuerwache Pompjeeskasär*(f,-en)*
Feuerwehrfahrzeug Pompjeesauto*(m,-en)*
Feuerwehrfahrzeug Pompjeeswon*(m,-ween)*
Feuerwehrhelm Pompjeeshelm*(m,-er)*
Feuerwehrleiter Pompjeesleeder*(f,-en)*
Feuerwehrmann Pompjee*(m,-ën)*
Feuerwehrsirene Pompjeeszireen*(f,-en)*
Feuerwehrverband Pompjeesfederatioun*(f,-en)*
Feuerwerk Feierwierk*(n,-er)*
Feuerwerk Freedefeier*(m,-en)*
Feuerzeug Bricki*(m,-en)*
Feuerzeug Briquet*(m,-en)*
Feulen Feelen*(p)*
feurig feiereg*(adj)*
Fiasko Fiasko*(m,-en)*
ficken buppen*(vul)(v)*
ficken fécken*(v)*
Fieber Féiwer*(n,~)*
fiebrig féiwereg*(adj)*
Figur Figur*(f,-en)*
Figur Personnage*(m,-n)*
figurativ figurativ*(adj)*
figurieren figuréieren*(v)*
Fiktion Fiktioun*(f,-en)*
fiktiv fiktiv*(adj)*
Filet Filet*(m,-en)*
Filiale Filial*(f,-en)*
Filiale Sukkursal*(f,-en)*
Film Film*(m,-er)*
Filmbranchen Filmbranche*(f,-n)*
filmen filmen*(v)*
Filmfreund Filmfrënd*(m,-frënn)*
Filmkamera Filmkamera*(f,-en)*
Filmkritiker Filmkritiker*(m,--)*
Filmmusik Filmmusek*(f,-en)*
Filmproduzent Filmproduzent*(m,-en)*
Filmstar Filmstar*(m,-en)*
Filmuniversität Filmuniversitéit*(f,-en)*
Filmzeitschrift Filmzäitschrëft*(f,-en)*
Filsdorf Fëlschdref*(p)*
Filter Filter*(m,-en)*
filtern filteren*(v)*
filtrieren filtréieren*(v)*
Filz Feuter*(m,~)*
Filz Filz*(m,~)*
Filz- filzen*(adj)*
Filzstift Filzstëft*(m,-er)*
Filzstift Tuschbic*(m,-bicken)*
Finale Finale*(f,Finallen)*
Finalität Finalitéit*(f,-en)*
finanziell finanziell*(adj)*
finanzieren finanzéieren*(v)*
Finanzierungsnotwendigkeit Finanzéierungsnoutwendegkeet*(f,-en)*
Finanzinformation Finanzinformatioun*(f,-en)*
Finanzkapazität Finanzkapassitéit*(f,-en)*
Finanzkommission Finanzkommissioun*(f,-en)*
Finanzkriminalität Finanzkriminalitéit*(f,-en)*
Finanzminister Finanzminister*(m,-en)*
Finanzoperation Geldoperatioun*(f,-en)*
Finanzpolitik Finanzpolitik*(f,-en)*
Finanzsituation Finanzsituatioun*(f,-en)*
Findel (auch: Flughafen) Findel*(p)*
finden fannen*(v)*
finden reperéieren*(v)*
Finger Fanger*(m,-en)*
Fingerabdruck Fangerofdrock*(m,-dréck)*
Fingerhut Fangerhutt*(m,-hitt)*
Fingerhut (Pflanze) Händscheblumm*(f,-en)*
fingern féngeren*(v)*
Fingerspitzengefühl Fangerspëtzegefill*(n,~)*
Fingig Féngeg*(p)*
Finne Finn*(m,-en)*
finnisch finnesch*(adj)*
Finnland Finnland*(p)*
Finsternis Däischtert*(f,~)*
Finsterthal Fënsterdall*(p)*
Firma Entreprise*(f,-n)*
Firma Firma*(f,-en)*
Firma Societéit*(f,-en)*
firmen fiermen*(v)*
firmen firmen*(v)*
Firmensitz Sëtz vun enger Firma*(exp)*
Firmung Firmung*(f,-en)*
Firnis Vernis*(m,-en)*
firnissen vernéieren*(v)*
Fisch Fësch*(m,--)*
Fisch, kleiner - Gipp*(m,-en)*
Fischbach Fëschbech*(p)*
fischen fëschen*(v)*
Fischer Fëscher*(m,--)*
Fischerboot Fëscherboot*(n,-er)*
Fischerei Fëscherei*(f,~)*
Fischereihafen Fëscherhafen*(m,-häfen)*
Fischfang Fëschfank*(m,~)*
Fischgeschäft Fëschbuttek*(m,-er)*
Fischgräte Sprenz*(f,-en)*
Fischgräte Sprënz*(f,-en)*
Fischlein Fëschelchen*(m,Fëschelcher)*

Fischmarkt Fëschmaart*(m,-mäert)*
Fischstäbchen Fëschstäbchen*(m,-stäbercher)*
Fischsuppe Fëschzopp*(f,-en)*
Fiskus Fiskus*(m,~)*
fit fit*(adj)*
Fitness Fitness*(f,~)*
fix fix*(adj)*
fix und fertig féxfäerdeg*(adj)*
fixen fixen*(v)*
Fixierung Fixatioun*(f,-en)*
flach flaach*(adj)*
flach platt*(adj)*
flachdrücken flaachdrécken*(v)*
Fläche Fläch*(f,-en)*
flachfallen flaachfalen*(v)*
Flachs Fluess*(m,~)*
flackern flackeren*(v)*
flackernd flackereg*(adj)*
Fladen (Tortenboden) Flued*(m,Flueden)*
flambieren flambéieren*(v)*
Flame Flammänner*(m,--)*
Flämin Flammännerin*(f,-nen)*
flämisch flämesch*(adj)*
Flamme Flam*(f,-en)*
flanieren flanéieren*(v)*
flankieren flanquéieren*(v)*
Fläschchen Fläschelchen*(f,Fläschelcher)*
Flasche Fläsch*(f,-en)*
Flaschenöffner Fläscheschlëssel*(m,-en)*
flattern fladderen*(v)*
flattern flanteren*(v)*
flattern flatteren*(v)*
flattrig fladdereg*(adj)*
Flatzbour Flatzbur*(p)*
Flaum Flom*(m,~)*
flauschig flauscheg*(adj)*
Flaute Flaut*(f,-en)*
Flaxweiler Fluesswëller*(p)*
Flebour Fléiber*(p)*
Flechte Trëtz*(f,-en)*
flechten flechten*(v)*
flechten trëtzen*(v)*
Fleck Fleck*(m,-en)*
Flecken machen flecken*(v)*
Fleckentferner Fleckeseef*(f,-en)*
fleckig fleckeg*(v)*
fleckig werden verfénkelen*(v)*
Fledermaus Flantermaus*(f,-mais)*
Fledermaus Flëntermaus*(f,-mais)*
Fledermaus Fliedermaus*(f,-mais)*
Flegel Lëmmel*(m,-en)*
Flegelei Lëmmelzegkeet*(f,-en)*
Fleisch Fleesch*(n,~)*
Fleisch, Vorrat an geräuchertem - Haascht*(f,-en)*
Fleischbrühe Bouillon*(m,-en)*
Fleischbrühe Fleeschbritt*(f,-en)*
Fleischerfachgeschäft Metzlerei*(f,-en)*
fleischfarben fleeschfaarweg*(adj)*
Fleischproduktion Fleeschproduktioun*(f,~)*
Fleischwolf Fleeschmillen*(f,--)*
Fleischwolf Fleeschwollef*(m,~)*
Fleischwurst Lioner*(f,~)*
Fleiß Fläiss*(m,~)*
fleißig fläisseg*(adj)*
flektieren konjugéieren*(v)*
flennen pinschen*(v)*
flexibel flexibel*(adj)*
flexibilisieren flexibiliséieren*(v)*
Flexibilität Flexibilitéit*(f,-en)*
Flickarbeit Gefléck*s(n,~)*
flicken flécken*(v)*
flicken rafistoléieren*(v)*
Flicken Stéck*(n,-er)*
Flieder Neelchesbam*(m,-beem)*
Flieder Neelchesblumm*(f,-en)*
Fliege Méck*(f,-en)*
Fliege Schlips*(m,-en)*
fliegen fléien*(v)*
fliegen, in die - fliegen Luucht, an d'- fléien*(exp)*
fliegen, nach Hause - heemfléien*(tr)(v)*
Fliegenklatsche Méckebaatsch*(f,-en)*
Fliegerei Aviatioun*(f,~)*
Fliegerei Figerei*(f,~)*
Fliese Plättchen*(f,Plättercher)*
fliesen dallen*(v)*
Fliesen Plättercher*(npl)*
Fließband Fléissband*(n,-bänner)*
fließen fléissen*(v)*
fließendes Wasser fléisse Waasser*(exp)*
fließendes Wasser fléissend Waasser*(exp)*
flimmern flimmeren*(v)*
flink aläert*(adj)*
flink fléck*(adj)*
flink flénk*(adj)*
flink gewierweg*(adj)*
flink monter*(adj)*
Flinte Béchs*(f,-en)*
Flinte Flënt*(f,-en)*
flippen flippen*(v)*
Flipper Flipper*(m,-en)*
Flirt Flirt*(m,-en)*
flirten flirten*(v)*
flitzen flitzen*(v)*
Flocke Flack*(f,-en)*
flockig flackeg*(adj)*
Floh Flou*(f,Fléi)*
Flohmarkt Floumaart*(m,-mäert)*
Flor (Trauer) Flouer*(m,~)*
Flora Planzewelt*(f,-en)*
florieren floréieren*(v)*
Flosse Floss*(f,-en)*
Flöte Flaut*(f,-en)*
Flöte Flûte*(f,-n)*
Flöte Flütt*(f,-en)*
flöten gehen flöten, - goen*(exp)*
flott schëtzeg*(adj)*
Flotte Flott*(f,-en)*
Fluch Fluch*(m,Flich)*
fluchen fluchen*(v)*
Flucht Flucht*(f,~)*
Flucht (gerade Reihe) Flucht*(f,-en)*
flüchten flüchten*(v)*
Flüchtling Flüchtling*(m,-en)*
Flüchtlingslager Flüchtlingslager*(m,-en)*
Flüchtlingsrat Flüchtlingsrot*(m,-réit)*
Fluchtversuch Fluchtversuch*(m,-sich)*
Fluchtweg Fluchtwee*(m,-ër)*
Flug Fluch*(m,Flich)*
Flug (Bienen, Vögel) Flock*(m,-en)*
Flugbegleiter Steward*(m,-en)*
Flugbegleiterin Airhostess*(f,-en)*
Flugbegleiterin Stewardess*(f,-en)*
Flugblatt Fluchblat*(n,-blieder)*
Flügel Figel*(m,-en)*
Flügel Flillek*(m,-en)*
flügge fléck*(adj)*
Flughafen Fluchhafen*(m,-häfen)*
Flugticket Fluchbilljee*(m,-ën)*
Flugwesen Aviatioun*(f,~)*
Flugzettel Fluchziedel*(m,-en)*
Flugzeug Figer*(m,-en)*
Flugzeugführerschein Piloteschäin*(m,-er)*
Flugzeugunglück Figeraccident*(m,-er)*
Fluktuation Fluktuatioun*(f,-en)*
Flur Flouer*(m,~)*
Flurname Flouernumm*(m,-nimm)*
Fluss Floss*(m,Flëss)*
Flussfisch, kleiner - Gif*(m,Giwen)*
Flussfische, gebackene - Friture*(f,-n)*
flüssig flësseg*(adj)*
Flüssigkeit Flëssegkeet*(f,-en)*
Flüstern Gepëspers*(n,~)*
flüstern nurelen*(v)*
flüstern pësperen*(v)*
fluten fluten*(v)*
Foetz Féiz*(p)*
Fohlen Fillen*(n,--)*

Fohlen	Fuel *(m,-en)*
Föhn	Föhn *(m,-en)*
föhnen	föhnen *(v)*
fokussieren	fokusséieren *(v)*
Folge	Folleg *(f,-en)*
Folge, in der -	Verfolleg, am - *(exp)*
folgen	follegen *(v)*
folgen	nogoen *(v)*
folgen	suivéieren *(v)*
folgen (einer Person)	talonnéieren *(v)*
folgen können	nokommen *(v)*
folgern	deduzéieren *(v)*
folgern	schléissen *(v)*
Folkendange	Folkendeng *(p)*
Folklore	Folklor *(m,~)*
folkloristisch	folkloristesch *(adj)*
Folschette	Folschent *(p)*
Folschette	Folscht *(p)*
Folter	Folter *(f,~)*
Folter	Tortur *(f,-en)*
foltern	folteren *(v)*
foltern	torturéieren *(v)*
Fond-de-Gras	Fond-de-Gras *(p)*
Fonds	Fong *(m,-en)*
Fondue	Fondue *(f,-n)*
Football	Football *(m,~)*
Footing	Footing *(m,-en)*
Fördermittel	Subventioun *(f,-en)*
fordern	exigéieren *(v)*
fordern	fuerderen *(v)*
fordern	revendiquéieren *(v)*
fördern	förderen *(v)*
fördern	promovéieren *(v)*
Forderung	Revendicatioun *(f,-en)*
Forderung	Revendikatioun *(f,-en)*
Förderung (Mineralien, Erdöl)	Extractioun *(f,-en)*
Forelle	Frell *(f,-en)*
Form	Form *(f,-en)*
formalisieren	formaliséieren *(v)*
Formalität	Formalitéit *(f,-en)*
Format	Format *(m,-er)*
formatieren	formatéieren *(v)*
Formel	Formel *(f,-en)*
formell	formell *(adj)*
formen	formen *(v)*
Formfehler	Formfeeler *(m,--)*
Formsache	Formsaach *(f,~)*
Formular	Formulär *(m,-en)*
formulieren	formuléieren *(v)*
Formulierung	Formulatioun *(f,-en)*
forschen	forschen *(v)*
forschen	fuerschen *(v)*
Forscher	Forscher *(m,--)*
Forscher	Fuerscher *(m,--)*
Forschung	Forschung *(f,~)*
Forschung	Fuerschung *(f,-en)*
Forschungsinstitut	Forschungsinstitut *(m,-er)*
Förster	Fierschter *(m,--/-en)*
fort	derduerch *(adv)*
fort	ewech *(adv)*
fort	fort *(adv)*
fort-	wech-/ewech- *(adv/v)*
fortbestehen	virubestoen *(v)*
fortbewegen	fortbewegen *(v)*
fortbewegen, sich -	deplacéieren, sech - *(v)*
fortbewegen, sich mühsam -	jabelen *(v)*
fortbleiben	fortbleiwen *(v)*
fortfahren	weiderfueren *(v)*
fortfahren	weidermaachen *(v)*
fortführen	fortféieren *(v)*
fortgehen	fortgoen *(v)*
fortjagen	lichen *(v)*
fortlaufen	fortlafen *(v)*
Fortpflanzung	Fortplanzung *(f,-en)*
fortschleppen	verschleefen *(v)*
Fortschreiten	Progressioun *(f,-en)*
Fortschritt	Fortschrëtt *(m,-er)*
Fortsetzung	Continuatioun *(f,~)*
Fortsetzungsroman	Fortsetzungsroman *(m,-en)*
forttragen	fortdroen *(v)*
fortziehen	fortzéien *(v)*
Foto	Foto *(f,-en)*
Foto	Photo *(f,-en)*
Fotoalbum	Fotoalbum *(m,-[m]en)*
Fotoapparat	Fotoapparat *(m,-er)*
Fotoapparat	Photosapparat *(m,-er/-en)*
Fotograf	Fotograf *(m,-en)*
Fotograf	Photograph *(m,-en)*
Fotografie	Photographie *(f,-n)*
fotografieren	fotograféieren *(v)*
fotografieren	knipsen *(v)*
fotografieren	photographéieren *(v)*
Fotokopie	Fotokopie *(f,-n)*
fotokopieren	fotokopéieren *(v)*
Fotomodell	Fotomodell *(n,-er)*
Fotze	Mutsch *(vulg)(f,-en)*
Fouhren	Furen *(p)*
foulen	rippen *(v)*
Fousbann	Fousbann *(p)*
Fracht	Fracht *(f,-en)*
Frachtschiff	Cargo *(m,-en)*
Frage	Fro *(f,-en)*
Frage	Questioun *(f,-en)*
fragen	froen *(v)*
fragen, um Rat -	consultéieren *(v)*
Fragezeichen	Froenzeechen *(m,--)*
Fragment	Fragment *(n,-er)*
fragmentieren	fragmentéieren *(v)*
fragwürdig	louche *(adj)*
Fraktion	Fraktioun *(f,-en)*
Fraktion der Grünen	Fraktioun, gréng - *(exp)*
Franken	Frang *(m,-en)*
frankieren	frankéieren *(v)*
frankieren	Timber, en - oppechen *(exp)*
frankieren	timbréieren *(v)*
Frankreich	Frankräich *(n,-)*
Franse	Fränjel *(f,-en)*
Franzose	Fransous *(m,-en)*
Franzose (aus Grenzgebiet)	Heckefransous *(ugs)(m,-en)*
Französin	Franséisch, eng - *(exp)*
französisch	franséisch *(adj)*
Fraß	Gefréiss *(n,~)*
Frau	Fra *(f,-en)*
Frau	Framënsch *(abw)(n,~)*
Frau (Anrede)	Madame *(f,~)*
Frau (Anrede)	Madamm *(f,~)*
Frauchen	Frächen *(f,--)*
Frauenarzt	Fraendokter *(m,-en)*
Frauenbeteiligung	Fraeparticipatioun *(f,-en)*
Frauenkommission	Fraekommissioun *(f,-en)*
Frauenorganisation	Fraenorganisatioun *(f,-en)*
Frauenrat	Fraerot *(m,-réit)*
Frauenzeitschrift	Fraenzäitschrëft *(f,-en)*
Fräulein	Joffer *(f,-en)*
Fräulein, kleines -	Joffer, kleng - *(exp)*
frech	frech *(adj)*
Frechheit	Frechheet *(f,-en)*
Frechheit	Impertinenz *(f,~)*
Freckeisen	Freckeisen *(p)*
frei	fräi *(adj)*
frei	leedeg *(adj)*
frei	liedeg *(adj)*
frei bleiben	fräibleiwen *(v)*
Freibad	Schwämm, oppe - *(exp)*
freibekommen	fräikréien *(v)*
Freiberufler	Fräiberuffler *(m,--)*
Freibier	Fräibéier *(m,~)*
Freibrief	Fräibréif *(m,-bréiwer)*
freie Stellen	fräi Plazen- *(expl)*
Freien, im -	Fräien, am - *(exp)*
Freien, im -	Fräien, am - *(exp)*
Freier	Freier *(m,-en)*
freigeben	deblockéieren *(v)*
freigeben	fräiginn *(v)*
freigebig	large *(adj)*
Freigeist	Fräigeescht *(m,-er)*

freihaben fräisinn*(v)*
freihalten fräihalen*(v)*
Freiheit Fräiheet*(f,-en)*
Freiheit, therapeutische - Therapiefräiheet*(f,~)*
freiheraus fräieraus*(adv)*
Freikarte Fräibilljee*(m,-ën)*
freikommen fräikommen*(v)*
freilassen fräiloossen*(v)*
Freilauf Fräilaf*(m,-leef)*
freilegen fräileeën*(v)*
freiliegend (Zähne im Zahnfleisch) dechausséiert*(adj)*
freimachen degagéieren*(v)*
freimachen fräimaachen*(v)*
freimachen (Brief) frankéieren*(v)*
freinehmen fräihuelen*(v)*
Freischwimmer, den - ablegen fräischwammen*(v)*
freispielen fräispillen*(v)*
freisprechen exkulpéieren*(v)*
freisprechen fräispriechen*(v)*
Freisprechung Exkulpatioun*(f,-en)*
Freispruch Fräisproch*(m,-er)*
freistellen fräistellen*(v)*
Freistellung Exemptioun*(f,-en)*
Freistil Fräistil*(m,~)*
Freistoß Fräistouss*(m,-stéiss)*
Freitag Freideg*(m,-er)*
Freitag Freiden*(m,Freideger)*
Freitag mittags freidesmëttes*(adv)*
Freitag nachmittags freidesnomëttes*(adv)*
freitags freides*(adv)*
Freitod Fräidoud*(m,~)*
freiwillig fräiwëlleg*(adj)*
Freizeit Fräizäit*(f,~)*
Freizeit Fräizäit*(f,~)*
Freizeitaktivität Fräizäitaktivitéit*(f,-en)*
Freizeitgestaltung Fräizäitgestaltung*(f,-en)*
Freizügigkeit Fräizügegkeet*(f,-en)*
fremd auslännesch*(adj)*
fremd friem*(adj)*
Fremdarbeiter Friemaarbechter*(m,--)*
Fremde Friem*(f,--)*
Fremde, in der - Friemd, an der -*(exp)*
Fremdenfeindlichkeit Friemefeindlechkeet*(f,-en)*
Fremdenlegion Friemelegioun*(f,-en)*
Fremder Friemen*(m,Friem)*
Fremdkörper Friemkierper*(m,-er)*
Fremdsprache Friemsprooch*(f,-en)*
Fremdwort Friemwuert*(n,-wierder)*
Frequenz Frequenz*(f,-en)*
Fressen Friessen*(n,~)*
fressen friessen*(v)*
Fresserei Gefréiss*(n,~)*
Fresssack Fréisser*(m,--)*
Freude Freed*(f,-en)*
Freude Gellecht*(f,-en)*
Freude Spaass*(m,~)*
freudlos stompeg*(adj)*
freuen, sich - freeën, sech -*(v)*
Freund Frënd*(m,Frënn)*
Freund, kein - sein von etw Frënd, kee - vun eppes sinn*(exp)*
Freundin Copine*(f,Copinnen)*
Freundin Frëndin*(f,-nen)*
freundlich frëndlech*(adj)*
freundlich héiflech*(adj)*
freundlicherweise frëndlecherweis*(adv)*
Freundlichkeit Frëndlechkeet*(f,-en)*
Freundschaft Frëndschaft*(f,-en)*
freundschaftlich frëndschaftlech*(adj)*
Freundschaftsspiel Frëndschaftsspill*(n,-er)*
Frevel Frevel*(m,-en)*
Frieden Fridden*(m,~)*
Frieden schließen Fridden, - schléissen*(exp)*
Frieden, sozialer - Fridden, soziale -*(exp)*
Friedenskonferenz Friddenskonferenz*(f,-en)*
Friedensmission Friddensmissioun*(f,-en)*
Friedensrichter Friddensriichter*(m,-en)*
Friedensunion Friddensunioun*(f,-en)*
Friedensvertrag Friddensvertrag*(m,-verträg)*
friedfertig friddlech*(adj)*
Friedhof Fridhaff*(p)*
Friedhof Kierfech*(m,-er)*
Friedhof Kierfecht*(m,-er)*
friedlich friddlech*(adj)*
frieren fréieren*(v)*
frieren räifen*(v)*
Frikadelle Boulette*(f,-n)*
Frikadelle Bullett*(f,-en)*
Frikadelle Frikadell*(f,-en)*
Frikassee Frikassee*(m,-ën)*
Friktion Friktioun*(f,-en)*
Frisange Fréiseng*(p)*
Frisbee Frisbee*(m,-ën)*
frisch frësch*(adj)*
frisch machen opfrëschen*(v)*
frischmachen, sich - frësch, sech - maachen*(exp)*
Friseur Coiffer*(m,-en)*
Friseuse Coiffeuse*(f,-n)*
frisieren coifféieren*(v)*
frisieren friséieren*(v)*
Frisiersalon Coiffersalon*(m,-en)*
Frist Delai*(m,-en)*
Frisur Frisur*(f,-en)*
Fritteuse Frittendëppen*(m,--)*
froh frou*(adj)*
fröhlich lëschteg*(adj)*
fröhlich monter*(adj)*
Fröhlichkeit Monterkeet*(f,-en)*
fromm fromm*(adj)*
fromme Lüge Noutligen*(f,--)*
frömmelnd quiseleg*(adj)*
Frömmigkeit Devotioun*(f,-en)*
Frömmlerin Quisel*(f,-en)*
Fronleichnam Erläichendag*(f,~)*
Fronleichnam Härläichendag*(m,~)*
Front Front*(f,-en)*
frontal frontal*(adj)*
Frontalzusammenstoß Frontalkollisioun*(m,-en)*
Frosch Fräsch*(m,-en)*
Froschlaich Fräschebruck*(f,~)*
Froschmann Fräschmann*(m,-männer)*
Froschmann Taucher*(m,--)*
Froschschenkel Fräschenham*(f,-en)*
Frost Frascht*(m,~)*
Frostbeule Fraschtknupp*(f,-en)*
frösteln schnadderen*(v)*
frösteln schudderen*(v)*
Frostgefahr Fraschtgefor*(f,-en)*
Frottee- epongen*(adj)*
Frucht Fruucht*(f,Friichten)*
fruchtbar fruchtbar*(adj)*
fruchtbar machen fertiliséieren*(v)*
Fruchtbarkeit Fruchtbarkeet*(f,~)*
früh fréi*(adj)*
Frühbeet Kautsch*(f,-en)*
früher fréier*(adv)*
früher soss*(adv)*
frühestens fréistens*(adv)*
Frühgeburt Fréigebuert*(f,-en)*
Frühjahr Fréijoer*(n,~)*
Frühjahrskollektion Fréijoerskollektioun*(f,-en)*
frühlingshaft fréijoerzeg*(adj)*
frühmorgens fréimueres*(adv)*
Frühschicht Mueresschicht*(f,-en)*
Frühschoppen Aperitif*(m,-fer)*
Frühstück Muereskaffi*(m,~)*
Frühstück Muereszopp*(f,-en)*
frühstücken Kaffi drénken*(exp)*
Frühstücksschale Jatte*(f,-n)*
Frust Frust*(m,~)*
Frustration Frustratioun*(f,-en)*
frustrieren frustréieren*(v)*
Fuchs Fochs*(m,Féchs)*
Fuchs Fuuss*(m,Fiiss)*
Fuchs, junger - Fiisschen*(m,Fiissercher)*

Fuchsbau	Hiel *(f,-en)*
fuchsteufelswild	kloerrosen *(adj)*
fuchsteufelswild	klorrosen *(adj)*
fuchsteufelswild	schwäirosen *(adj)*
fuchsteufelswild	schwäiwëll *(adj)*
fuchteln	fuchtelen *(v)*
Fuder	Fudder *(n,~)*
fuderweise	fudderweis *(v)*
Fuge	Fou *(f,-en)*
fugen	fouen *(v)*
fügen	fügen *(v)*
fügen, sich -	erginn, sech - *(v)*
fühlen	fillen *(v)*
fühlen	spieren *(v)*
fühlen	verspieren *(v)*
fühlen, sich -	fillen, sech - *(v)*
Fuhre	Fouer *(f,-en)*
führen	féieren *(v)*
führen (Flugzeug)	pilotéieren *(v)*
führen, jn hinters Licht -	verkasematuckelen, een - *(exp)*
Führerschein	Führerschäin *(m,-er)*
Führerschein	Permis *(m,-en)*
Führungsetage	Chefetage *(f,-n)*
Führungsgremium	Direktiounskomitee *(m,-ën)*
Führungskraft	Kader *(m,-en)*
Führungskraft	Kader, ieweschte - *(exp)*
Führungsposition	Führungspositioun *(f,-en)*
Fülle, in -	sat *(adj)*
füllen	fëllen *(v)*
füllen	stoppen *(v)*
füllen, in Flaschen -	anzapen *(v)*
Füller	Féllfieder *(f,-en)*
Füller	Füllfieder *(f,-en)*
Füllfeder	Féllfieder *(f,-en)*
fummeln	fummelen *(v)*
fummeln, an etw -	knätzelen *(v)*
Fummler	Triwweler *(m,-en)*
Fummlerin	Triwwelesch *(f,-en)*
Fundament	Fëllement *(m,-er)*
Fundament	Fundament *(n,-er)*
fundamental	fundamental *(adj)*
fünf	fënnef *(adj)*
fünfundsechzig	fënnefasiechzeg *(adj)*
fünfzehn	fofzéng *(adj)*
fünfzig	fofzeg *(adj)*
Fünfziger	Fofzeger *(m,--)*
fungieren	fungéieren *(v)*
Funke	Quonk *(m,-en)*
funkeln	fénkelen *(v)*
funkeln	fonkelen *(v)*
funkeln	krällen *(v)*
funkelnagelneu	fonkelnoolsnei *(adj)*
funkelnagelneu	fuschnei *(adj)*
funkelnd	fénkeleg *(adj)*
Funken	Fonk *(m,-en)*
Funken	Fonken *(n,--)*
funken	funken *(v)*
Funktion	Fonctioun *(f,-en)*
Funktion	Funktioun *(f,-en)*
funktionalisieren	funktionaliséieren *(v)*
Funktionalität	Funktionalitéit *(f,-en)*
funktionieren	fonctionnéieren *(v)*
funktionieren	fonktionnéieren *(v)*
funktionieren	funktionéieren *(v)*
Funktionsfähigkeit	Funktiounsfäegkeet *(f,-en)*
Funktionsstörung	Dysfunktioun *(f,-en)*
Funkverbindung	Funkverbindung *(f,-en)*
für	fir *(pp)*
für	pro *(pp)*
Furche	Fuer *(f,-en)*
Furcht	Angscht *(f,Ängscht)*
furchtbar	fuerchtbar *(adj)*
fürchten, sich -	fäerten *(v)*
fürchten, sich - vor etw	fäerten, eppes - *(exp)*
fürchterlich	fierchterlech *(adj)*
fürchterlich	freeschlech *(adj)*
Furie	Furie *(f,-n)*
Furunkel	Bluttschwier *(m,-en)*
Furz	Fascht *(m,Fäscht)*
Furz	Fuerz *(m,-er)*
furzen	faschten *(v)*
furzen	fuerzen *(v)*
furzen	pupen *(ugs)(v)*
Fusion	Fusioun *(f,-en)*
fusionieren	fusionéieren *(v)*
Fuß	Fouss *(m,Féiss)*
Fuß fassen	foussen *(v)*
Fuß, zu -	Fouss, ze - *(exp)*
Fuß, zu -	Fouss, zu - *(exp)*
Fußball	Football *(m,~)*
Fußball	Foussball *(m,~)*
Fußball	Foussball *(m,-bäll)*
Fußballfeld	Foussballsterrain *(m,-en)*
Fußballliga	Foussballdivisioun *(f,-en)*
Fußballmannschaft	Foussballsequipe *(f,-n)*
Fußball-Nationalliga	Football-Nationaldivisioun *(f,-en)*
Fußball-Nationalliga	Foussball-Nationaldivisioun *(f,-en)*
Fußballspiel	Foussballmatch *(m,-mätcher)*
Fußballspiel	Foussballsspill *(m,-er)*
Fußballverein	Foussballsveräin *(m,-er)*
Fußbank	Bänkelchen *(f,Bänkelcher)*
Fußboden	Buedem *(m,Biedem)*
Fußgänger	Foussgänger *(m,--)*
Fußgängerin	Foussgängerin *(f,-nen)*
Fußgängerzone	Foussgängerzon *(f,-en)*
Fußgelenk	Foussgelenk *(n,-er)*
Fußhalter	Fousshalter *(m,-er)*
Fußmatte	Paillasson *(m,-en)*
Fußpflege	Pedicure *(f,-n)*
Fußteppich	Foussteppech *(m,-er)*
Futter	Fudder *(n,~)*
Futterhäuschen	Vullenhaischen *(n,-haisercher)*
Futterkrippe	Krëpp *(f,-en)*
futtern	erafeieren *(v)*
futtern	jicken *(v)*
futtern	rafeieren *(v)*
füttern	fidderen *(v)*
füttern (mit dem Löffel)	päppelen *(v)*
Futtertrog	Trach *(m,Träch)*
futuristisch	futuristesch *(adj)*

G

Gabe	Gof *(f,Gowen)*
Gabel	Forschett *(f,-en)*
Gabel	Forschette *(f,-n)*
Gabel (Fahrrad)	Gafel *(f,-en)*
gackern	gackeren *(v)*
gackern	gaken *(v)*
gackern	kackelen *(v)*
gaffen	afen *(v)*
gaffen	gafen *(v)*
gaffen	maulafen *(v)*
Gaffen, mit - verbringen	verafen *(v)*
gähnen	gaapsen *(v)*
Gähnen	Gegaaps *(n,~)*
Gaichel	Gäichel *(p)*
galant	galant *(adj)*
Galerie	Galerie *(f,-n)*
Galgen	Gaalgen *(m,--)*
Galionsfigur	Galiounsfigur *(f,-en)*
Galle	Gal *(f,-en)*
Gallenstein	Galesteen *(m,-steng)*
Galopp	Galopp *(m,~)*
galoppieren	galoppéieren *(v)*
Galosche	Galosch *(f,-en)*
galvanisieren	galvaniséieren *(v)*
Galvanisierung	Galvanisatioun *(f,~)*
Gang (bei Tisch)	Plat *(m,-en)*
Gang (Schaltung, Speisefolge)	Gank *(m,Gäng)*
Gang, ein schwerer -	Gank, e béise - *(exp)*
Gang, in - bringen	declenchéieren *(v)*
Gangart	Schratt *(m,Schrëtt)*
gängig	gäng *(adj)*
Gangschaltung	Gangschaltung *(f,-en)*
Gangster	Gangster *(m,-en)*

Gans Gäns*(f,-en)*
Gänseblümchen Maargréitchen*(f,-gréidercher)*
Gänseblümchen Margréitchen*(f,-gréidercher)*
Gänsefüßchen Gänseféissercher*(npl)*
Gänsehaut Héngerhaut*(f,~)*
Gänsehaut Schudderengen*(npl)*
Gänseleber Gänseliewer*(f,-en)*
Gänsemarsch Gänsemarsch*(m,~)*
ganz ganz*(adj)*
ganz allein ganz eleng*(exp)*
ganz sicher a jo*(exp)*
ganz und gar ganz a guer*(exp)*
Ganze, das - Ganzt, dat -*(exp)*
gänzlich racks*(adv)*
gar mëll*(adj)*
gar guer*(adv)*
gar nicht iwwerhaapt net*(exp)*
gar nichts glat näischt*(exp)*
gar nichts guer näischt*(exp)*
gar nichts iwwerhaapt näischt*(exp)*
Garage Garage*(f,-n)*
garantieren garantéieren*(v)*
Garantieschein Garantieschäin*(m,-er)*
Garbe Botte*(f,-n)*
Garderobe Mantelbriet*(n,-brieder)*
Garderobe Vestiär*(m,-en)*
Garderobenständer Portemanteau*(m,-en)*
Gardine Rido*(m,-en)*
Gardinenstange Ridosstaang*(f,-en)*
gären gären*(v)*
Garnich Garnech*(p)*
garnieren garnéieren*(v)*
Garnison Garnisoun*(f,-en)*
garstig gaschteg*(adj)*
Garten Gaart*(m,Gäert)*
Gartenerde Gaardebuedem*(m,~)*
Gartengeräte Gaardegeschir*(n,~)*
Gartenhacke Ha*(m,Hee)*
Gartenhäuschen Gaardenhaischen*(n,-haisercher)*
Gartenschere Gaardeschéier*(f,-en)*
Gartenschlauch Gaardeschlauch*(m,-schläich)*
Gartenspötter Spottvull*(m,-en)*
Gärtner Gäertner*(m,--)*
Gärtner (Spottname) Muertenträppler*(m,--)*
Gärtnerei Gäertnerei*(f,-en)*
Gas Gas*(m,-en)*
Gas geben Gas ginn*(exp)*
Gasexplosion Gasexplosioun*(f,-en)*
Gasflasche Gasfläsch*(f,-en)*
Gashahn Gaskrunn*(m,-krinn)*
Gasheizung Gasheizung*(f,-en)*
Gasherd Gas*(m,~)*
Gaskocher Gaskocher*(m,--)*
Gasperich Gaasperech*(p)*
Gaspistole Gaspistoul*(f,-en)*
Gasrohr Gasrouer*(m,-réier)*
Gasse Gaass*(f,-en)*
Gasse Gässel*(f,-en)*
Gassenjunge Gaassebouf*(m,-bouwen)*
Gast Gaascht*(m,Gäscht)*
Gast (Hotel) Client*(m,-en)*
Gastronomie Gastronomie*(f,-n)*
Gaststättengewerbe Restauratioun*(f,-en)*
Gastwirt Wiert*(m,-en)*
Gastwirtin Wiertsfra*(f,-en)*
Gaszähler Gasauer*(f,-en)*
Gauklerei Gauklerei*(f,-en)*
Gaul Gaul*(m,Gail)*
Gaumen Gomm*(m,-en)*
Gaumen Gumm*(m,-en)*
Gauner Gauner*(m,-en)*
Gauner Näischtert*(m,-en)*
Gauner Spëtzbouf*(m,-bouwen)*
Gaunerei Gaunerei*(f,-en)*
geärgert, das hat mich - gehäit, dat huet mech -*(exp)*
Gebäck in Form einer Acht Aachtchen*(f,Aachtercher)*
Gebäck in Form eines Männchens Boxemännchen*(m,-männercher)*
Gebäck in Form eines Männchens Kuchemännchen*(m,-männercher)*
Gebälk Gespär*(n,~)*
Gebärde Gest*(m,-en)*
Gebastel Gebastels*(n,~)*
Gebäude Bau*(m,~)*
Gebäude Gebai*(n,-er)*
Gebäude Gebailechkeet*(f,-en)*
Gebell Gebills*(n,~)*
geben ginn*(v)*
Geben, falsches - (Kartenspiel) Maldonne*(f,~)*
Gebet Gebiet*(n,Gebieder)*
Gebetbuch Gebietbuch*(n,-bicher)*
Gebetsreform Gebietsreform*(f,-en)*
Gebiet Gebitt*(n,Gebidder)*
Gebietsabgrenzung Perimeter*(m,-en)*
gebildet gebilt*(adj)*
Gebimmel Gebimmels*(n,--)*
Gebiss Gebéck*(n,-er)*
Gebiss Gebëss*(n,-er)*
Gebiss Zänn, falsch -*(exp)*
Geblüt Geblitt*(n,~)*
geboren sein gebuer sinn*(exp)*
geboren werden gebuer ginn*(exp)*
Geborgenheit Gebuergenheet*(f,~)*
Gebot Gebot*(n,-er)*
gebraten gebroden*(adj)*
Gebrauch Gebrauch*(m,~)*
Gebräuche Gebräicher*(npl)*
gebrauchen gebrauchen*(v)*
gebräuchlich gebräichlech*(adj)*
Gebrauchsanweisung Gebrauchsuweisung*(f,-en)*
Gebrauchtwagen Occasioun*(f,-en)*
Gebrauchtwagen Occasiounswon*(m,-ween)*
gebrechlich gebrécherlech*(adj)*
gebrechlich gebriechlech*(adj)*
gebrochen gebrach*(adj)*
Gebrüll Gehurels*(n,~)*
Gebühr Taxe*(f,-n)*
gebührenfrei Porto, ouni -*(exp)*
gebunden gebonnen*(adj)*
Geburt Gebuert*(f,-en)*
Geburtenkontrolle Gebuertekontroll*(f,-en)*
Geburtstag Gebuertsdag*(f,-deeg)*
Geburtstagskarte Gebuertsdagskaart*(f,-en)*
Geburtstagskuchen Gebuertsdagskuch*(m,-en)*
Geburtsurkunde Gebuertsakt*(f,-en)*
Gebüsch Gesträich*(n,~)*
Gebüsch Gesträichs*(n,~)*
Gebüsch Gestrëpp*(n,~)*
Gedächtnis Gedächtnes*(n,-ser)*
Gedächtnis Gediechtnes*(n,-ser)*
Gedächtnis Verhalt*(m,~)*
Gedanke Gedanken*(m,--)*
Gedanke Iddi*(f,-en)*
gedankenlos gedankelos*(adj)*
Gedankenübertragung Gedankeniwwerdroung*(f,-en)*
Gedankenübertragung Telepathie*(f,~)*
Gedärm Gedäerms*(npl)*
Gedärm Geträips*(n,~)*
Gedärm Träipen*(npl)*
gedeckt gedeckt*(adj)*
gedeihen aarten, sech -*(v)*
gedeihen gedeien*(v)*
gedenken gedenken*(v)*
Gedenken Gediechtnes*(n,~)*
Gedenkfeier Commemoratioun*(f,-en)*
Gedenkfeier Feierstonn*(f,-en)*
Gedenkminute Gedenkminutt*(f,-en)*
Gedenktafel Gedenktafel*(f,-en)*
Gedicht Gedicht*(n,-er)*
Gedichtband Gedichtband*(m,-bänn)*
gedruckt gedréckt*(adj)*
gedrungen ënnersat*(adj)*
gedrungen stuppeg*(adj)*
Geduld Gedold*(f,~)*

gedulden, sich - gedëllegen, sech - *(v)*
geduldig gedam *(adj)*
geduldig gedëlleg *(adj)*
Geduldsprobe Gedoldsprouf *(f,-prouwen)*
geeignet bedéngt *(adj)*
geeignet gëeegent *(adj)*
Gefahr Gefor *(f,-en)*
Gefahrensituation Geforesituatioun *(f,-en)*
gefährlich geféierlech *(adj)*
Gefährliches Geféierleches *(n,~)*
Gefährlichkeit Geféierlechkeet *(f,~)*
Gefährt Gefier *(n,-er)*
Gefallen Faveur *(f,-en)*
Gefallen Gefalen *(m,--)*
gefallen gefalen *(v)*
gefallen, im Krieg - gefall, am Krich - *(exp)*
gefällig abberdéngeg *(adj)*
gefällig gefälleg *(adj)*
Gefälligkeit Gefällegkeet *(f,-en)*
gefällt, das - ihr hires, dat ass - *(exp)*
gefangen nehmen gefaangen huelen *(exp)*
gefangen werden gefaangen, - ginn *(exp)*
Gefangener Gefaangenen *(m,Gefaangen)*
Gefangener Prisonéier *(m,--)*
Gefangenschaft Gefaangeschaft *(f,~)*
Gefängnis Prisong *(m,-en)*
Gefängniswärter Giischtchen *(m,Giischtercher)*
gefärbt gefierft *(adj)*
Gefasel Gefasel *(n,~)*
gefasst, auf etw - sein gefaasst, op eppes - sinn *(exp)*
Gefecht Gefecht *(n,-er)*
Geflimmer Geflimmers *(n,~)*
Geflügel Gefligel *(n,~)*
gefräßig gefréisseg *(adj)*
gefräßig gourmangseg *(adj)*
Gefräßigkeit Gefréissegkeet *(f,~)*
gefressen gefriess *(adj)*
Gefrierfach Gefréierfach *(n,-fächer)*
Gefriertruhe Tiefkühltruh *(f,-en)*
Gefühl Gefill *(n,-er)*
Gefühlsleben Gefillsliewen *(n,--)*
gefühlvoll gefillvoll *(adj)*
gefüllt geféllt *(adj)*
gefüllt voll *(adj)*
gegen géint *(pp)*
gegen widder *(pp)*
gegen widdert *(pp)*
Gegenbeweis Géigebeweis *(m,-er)*
Gegend Géigend *(f,-en)*
gegeneinander géinteneen *(adv)*
Gegenfrage Géigefro *(f,-en)*
Gegengift Géigegëft *(n,-er)*
Gegenleistung Géigeleeschtung *(f,-en)*
Gegenpartei Konterpartei *(f,-en)*
Gegenreaktion Géigereaktioun *(f,-en)*
Gegenrichtung Géigerichtung *(f,-en)*
Gegenseite Géigesäit *(f,-en)*
Gegenseitigkeit Géigesäitegkeet *(f,-en)*
Gegenstimme Géigestëmm *(f,-en)*
Gegenstimme Neestëmm *(f,-en)*
Gegenstück Guet *(m,-en)*
Gegenstück Konterparti *(f,-en)*
Gegenstück Pendant *(m,-en)*
Gegenteil Contraire *(m,-n)*
Gegenteil Géigendeel *(m,-er)*
Gegenteil Konträr *(m,-en)*
gegenüber géintiwwer *(pp)*
gegenüber vis-à-vis *(pp)*
gegenüberstellen géigeniwwerstellen *(tr)(v)*
gegenüberstellen géintiwwerstellen *(v)*
Gegenüberstellung Géigeniwwerstellung *(f,-en)*
Gegenverkehr Géigeverkéier *(m,~)*
gegenzeichnen contresignéieren *(v)*
Gegner Géigner *(m,--)*
gehackt gehaakt *(adj)*
Gehalt Gehalt *(n,Gehälter)*
Gehalt Pai *(f,-en)*
gehaltlos schwaach *(adj)*
Gehängter Gehaangenen *(m,Gehaangen)*
gehässig gehässeg *(adj)*
Gehässigkeit Gehässegkeet *(f,-en)*
geheftet geheft *(adj)*
Gehege Perch *(f,-en)*
geheilt geheelt *(adj)*
geheim geheim *(adj)*
Geheimnis Geheimnes *(n,-ser)*
Geheimnis Geheimnis *(n,-ser)*
Geheimniskrämerei Heemlechkeet *(f,-en)*
Geheimnummer Geheimnummer *(f,-en)*
Geheimorganisation Geheimorganisatioun *(f,-en)*
Gehen Goen *(n,~)*
gehen goen *(v)*
gehen kutschéieren *(scherzh)(v)*
gehen, hin und her - hiergoen, hin- an - *(tr)(exp)*
gehen, in Rente - goen, a Pensioun - *(exp)*
gehen, nach Hause - heemgoen *(tr)(v)*
geheuer, nicht - kauscher, net - *(exp)*
Gehirn Gehir *(n,-er)*
Gehirnaktivität Gehiraktivitéit *(f,-en)*
Gehirnerschütterung Gehirerschütterung *(f,-en)*
Gehirnfunktion Gehirfunktioun *(f,-en)*
gehirnlos Geescht, ouni - *(exp)*
Gehirnmasse Hiren *(npl)*
Gehirnschlag Hireschlag *(m,~)*
Gehirnwäsche Gehirwäsch *(f,-en)*
Gehölz Gehëlz *(n,~)*
Gehör Gehéier *(n,~)*
gehorchen follechen *(v)*
gehorchen paréieren *(v)*
gehören gehéieren *(v)*
gehörig gehéiereg *(adj)*
gehörig gehéierlech *(adj)*
Gehsteig Trottoir *(m,-en)*
Gehupe Getuuts *(n,~)*
Gehweg Trottoir *(m,-en)*
Geier Geier *(m,-en)*
Geifer Sabbel *(f,-en)*
Geige Gei *(f,-en)*
geigen geien *(v)*
Geigenbogen Stréchel *(m,-en)*
Geigenspieler Violonist *(m,-en)*
Geilheit Gäilheet *(f,~)*
Geisel Geisel *(f,-en)*
Geiseldrama Geiseldrama *(n,-en)*
geißeln gäisselen *(v)*
Geist Geescht *(m,-er)*
Geisterbahn Geeschterbunn *(f,-en)*
Geisterbahn Geisterbahn *(f,-en)*
Geisterfahrer Geisterfahrer *(m,--)*
geistern geeschteren *(v)*
geistig geeschteg *(adv)*
geistig geeschtlech *(adj)*
geistlich geeschtlech *(adj)*
Geistlicher Geeschtlechen *(m,Geeschtlecher)*
Geiz Gäiz *(m,~)*
Geiz Geiregkeet *(f,-en)*
Geiz Knéckegkeet *(f,~)*
Geiz Kuuschtegkeet *(f,~)*
Geizhals Gäizert *(m,-en)*
Geizhals Gäizhals *(m,-häls)*
Geizhals Knéckert *(m,-en)*
Geizhals Knéckjang *(m,-en)*
Geizhals Kuuschtert *(m,-en)*
geizig gäizeg *(adj)*
geizig geiereg *(adj)*
geizig knéckeg *(adj)*
geizig kuuschteg *(adj)*
Gejammer Gejéimers *(n,~)*
Gejammer Gejirimiris *(n,~)*
Geklopfe Gekläpps *(n,~)*
gekocht gekacht *(adj)*
gekräuselt gekrauselt *(adj)*
gekringelt gekréngelt *(adj)*
gekünstelt affektéiert *(adj)*
gekünstelt gekënschtelt *(adj)*
Gelächter Gelaachs *(n,~)*
Gelächter Laach *(f,-en)*

Gelächter, kreischendes - Knall*(m,Knäll)*
geladen gelueden*(adj)*
gelähmt gelähmt*(adj)*
Gelände Gewan*(f,-en)*
Gelände Terrain*(m,-en)*
Gelände, sumpfiges - Supp*(f,~)*
Geländer Balustrade*(f,-n)*
Geländer Gelänner*(m,-en)*
Geländer Glänner*(n,--)*
gelassen geloossen*(adj)*
Gelassenheit Geloossenheet*(f,~)*
Gelatine Gelatine*(f,~)*
gelaunt gemutt*(adj)*
gelb giel*(adj)*
Gelbe, das - vom Ei Gielt, dat - vum Ee*(exp)*
gelblich gielzeg*(adj)*
Gelbsucht Gielzecht*(f,-en)*
Geld Geld*(n,-er)*
Geld Goss*(ugs)(m,~)*
Geld Mënz*(f,-en)*
Geld Monéiten*(npl)*
Geld Suen*(npl)*
Geldanleihe Prêt*(m,-en)*
Geldautomat Geldautomat*(m,-en)*
Geldbeutel Beidel*(m,-en)*
Geldbeutel Portmonni*(m,-en)*
Geldmittel Fongen*(npl)*
Geldschein Geldschäin*(m,-er)*
Geldschein Schäin*(m,-er)*
Geldstrafe Bouss*(f,-en)*
Geldstrafe Geldbouss*(f,-en)*
Geldstrafe Geldstrof*(f,-en)*
Geldstück Geldstéck*(n,-er)*
Geldstück von einem Franken Frangstéck*(n,-er)*
Geldstück, altes - Su*(m,Sustécker)*
Gelee Jelli*(m,-en)*
gelegen giedlech*(adj)*
gelegen kommen geleeë kommen*(exp)*
Gelegenheit Geleeënheet*(f,-en)*
Gelegenheit Occasioun*(f,-en)*
Gelehrter Geléierten*(m,Geléiert)*
Gelenk Gelenk*(n,-er)*
Gelenkentzündung Gelenkentzündung*(f,-en)*
gelenkig gewierweg*(adj)*
Gelenkigkeit Gewierwegkeet*(f,-en)*
Gelenkkrankheit Gelenkkrankheet*(f,-en)*
Geliebte Maîtresse*(f,-n)*
gelingen geléngen*(v)*
gelingen geroden*(v)*
gelingen glécken*(v)*
gelingen reusséieren*(v)*
gellend trotereg*(adj)*
gelten gëllen*(v)*
geltend machen invoquéieren*(v)*
gelungen gegléckt*(adj)*
gelüsten geléschten*(v)*
gelüsten gléschten*(v)*
gemächlich gemächlech*(adj)*
gemächlich gemälleg*(adj)*
Gemälde Tableau*(m,-en)*
gemäß geméiss*(pp)*
gemäß verlaut*(pp)*
gemäßigt moderéiert*(adj)*
gemein gaschteg*(adj)*
gemein gemeng*(adj)*
gemein ordinär*(adj)*
Gemeinde Gemeng*(f,-en)*
Gemeindearbeiter Gemengenaarbechter*(m,--)*
Gemeindefusion Gemengefusioun*(f,-en)*
Gemeindegärtnerei Gemengegäertnerei*(f,-en)*
Gemeindekommission Gemengekommissioun*(f,-en)*
Gemeinderat Gemengeconseiller*(m,-en)*
Gemeinderat Gemengekonselljee*(m,-ën)*
Gemeinderat Gemengekonzelljee*(m,-ën)*
Gemeinderat Gemengerot*(m,-réit)*
Gemeinderatswahlen Gemengewal*(f,-en)*
Gemeindesteuer Gemengesteier*(f,-en)*
Gemeindeverwaltung Gemeng*(f,-en)*
Gemeinheit Gemengheet*(f,-en)*
gemeinhin allgemeng*(adv)*
gemeinhin gemenkerhand*(adv)*
gemeinsam gemeinsam*(adj)*
Gemeinsamkeit Gemeinsamkeet*(f,-en)*
Gemeinschaft Communautéit*(f,-en)*
Gemeinschaftsantenne Gemeinschaftsantenn*(f,-en)*
Gemeinschaftsraum Foyer*(m,-en)*
Gemischtwarenhändler Epicier*(m,-en)*
Gemischtwarenladen Epicerie*(f,-n)*
Gemüse Geméis*(n,~)*
Gemüsegarten Geméisgaart*(m,-gäert)*
Gemüsehändler Geméishändler*(m,--)*
Gemüsemesser Knäipchen*(m,Knäipercher)*
Gemüsesuppe Geméiszopp*(f,-en)*
Gemüt Gemitt*(n,Gemidder)*
gemütlich gemittlech*(adj)*
gemütlich heemeleg*(adj)*
gemütlich molleg*(adj)*
Gemütlichkeit Gemittlechkeet*(f,~)*
Gemütszustand Gemittszoustand*(m,-stänn)*
Gen Gen*(m,-en)*
genau bannen, vu baussen a vu -*(exp)*
genau genee*(adj)*
genau genee*(adv)*
genau just*(adj)*
genau präzis*(adj)*
genau richteg*(adj)*
Genauigkeit Exaktheet*(f,-en)*
Genauigkeit Genauegkeet*(f,-en)*
Genauigkeit Geneeëgkeet*(f,-en)*
Genauigkeit Präzisioun*(f,-en)*
genaustens genauestens*(adv)*
Gendarm Jämpi*(scherzh)(m,-en)*
Gendarm Jandaarm*(m,-en)*
Gendarmerie Gendarmerie*(f,-n)*
Gendarmerie Jandaarmerie*(f,-n)*
genehmigen autoriséieren*(v)*
genehmigen genehmegen*(v)*
Genehmigung Autorisatioun*(f,-en)*
Genehmigung Genehmegung*(f,-en)*
General Generol*(m,Genereel)*
Generaldirektion Generaldirektioun*(f,-en)*
Generaldirektor P.D.G.*(Président-directeur général)*
Generalprobe Generalprouf*(f,-prouwen)*
Generalsekretär Generalsekretär*(m,-en)*
Generalstab Etat major*(m,~)*
Generalstreik Generalstreik*(m,-en)*
Generation Generatioun*(f,-en)*
Generationskonflikt Generatiounskonflikt*(m,-er)*
Generationswechsel Generatiounswiessel*(m,-en)*
Generator Generator*(m,-en)*
Generve Geklibbers*(n,--)*
Genetik Genetik*(f,~)*
genetisch genetesch*(adj)*
Genfer Abkommen Genfer Ofkommes*(n,~)*
Genick Genéck*(n,-er)*
Genie Genie*(m,-n)*
genieren, sich - genéieren, sech -*(v)*
genieren, sich - jenéieren, sech -*(v)*
genießen genéissen*(v)*
genießerisch genësseg*(adj)*
Genitalbereich Genitalberäich*(m,-er)*
Genitalien Genitalien*(npl)*
Genitiv Genitiv*(m,-er)*
Genmanipulation Genmanipulatioun*(f,-en)*
genmanipuliert genmanipuléiert*(adj)*
Genre Genre*(m,-n)*
Gentleman Gentleman*(m,-männer)*
genug genuch*(adv)*
genug välleg*(adv)*
genügend genügend*(adj)*
Genugtuung Satisfactioun*(f,-en)*
Genuss Genoss*(m,~)*
genutzt haben gedéngt hunn*(exp)*
geöffnet sein/haben (Geschäft) ophunn*(v)*

Geographie Geographie*(f,~)*
Geologie Geologie*(f,~)*
Geometer Geometer*(m,-en)*
Geophysik Geophysik*(f,~)*
Gepäck Bagage*(m,-n)*
Gepäck Gepäck*(n,~)*
Gepäckkontrolle Gepäckkontroll*(f,-en)*
Gepäcknetz Gepäcknetz*(n,-er)*
Gepäckträger Gepäckdréier*(m,--)*
gepfeffert gepeffert*(adj)*
gepflegt gefleegt*(adj)*
geplagt sein gehäit sinn*(exp)*
geplatzt geplatzt*(adj)*
gerade grued*(adj)*
gerade just*(adv)*
gerade riicht*(adj)*
gerade rit*(adj)*
gerade eben éinescht, d'-*(adv)*
gerade gegenüber riichteriwwer*(adv)*
gerade jetzt grad elo*(exp)*
gerade richten riichten*(v)*
geradeaus riichtaus*(adv)*
geradeheraus riichteraus*(adv)*
geradewegs riichteweg*(adv)*
geradewegs stracks*(adv)*
Geranie Geranie*(f,-n)*
Gerät Maschinn*(f,-en)*
geraten, in Verzug - hannendran, - geroden*(exp)*
geräuchert geräächert*(adj)*
geräuchert gereezt*(adj)*
geräumig geraimeg*(adj)*
geräumt geraumt*(adj)*
Geräusch Geräisch*(n,-er)*
gerben gierwen*(v)*
gerecht gerecht*(adj)*
gerechterweise gerechterweis*(adv)*
Gerechtigkeit Gerechtegkeet*(f,-en)*
Gerechtigkeit, ausgleichende - Equitéit*(f,-en)*
Gerede Geschwätz*(n,~)*
Gerede, müßiges - armer Leute Aarmeleitsgeschwätz*(n,~)*
gereichen gereechen*(v)*
gereizt gereizt*(adj)*
gereuen rauen*(v)*
Gericht Geriicht*(n,-er)*
Gerichtsbarkeit Geriichtsbarkeet*(f,~)*
Gerichtsgebäude Geriichtsgebai*(n,-er)*
Gerichtshof Geriichtshaff*(m,-häff)*
Gerichtskanzlei Greff*(m,-en)*
Gerichtsmediziner Geriichtsdokter*(m,-en)*
Gerichtsmediziner Läichendokter*(m,-en)*
Gerichtsschreiber Geriichtsschreiwer*(m,-en)*
Gerichtsschreiber Greffier*(m,-en)*
Gerichtsvollzieher Dierwiechter*(m,-en)*
gerieben geriwwen*(adj)*
gerinnen gerënnen*(v)*
gerissen raffinéiert*(adj)*
Gerissenheit Raffiness*(f,-en)*
Germanist Germanist*(m,-en)*
gern gär*(adv)*
gerne gären*(adv)*
Gerste Geescht*(m/f,~)*
Geruch Geroch*(m,~)*
Geruchssinn Geroch*(m,~)*
Gerücht Gerücht*(n,-er)*
Gerücht, unbegründetes - Leitsgeschwätz*(n,~)*
gerührt touchéiert*(adj)*
Gerümpel Geräbbels*(n,~)*
gerunzelt raddereg*(adj)*
gesalzen gesalzt*(adj)*
gesammelte Werke gesammelt Wierker*(npl)*
Gesamtausgabe Gesamtausgab*(f,-en)*
Gesamtbetrag Gesamtmontant*(m,-en)*
Gesamtfinanzsituation Gesamtfinanzsituatioun*(f,-en)*
Gesamtposition Gesamtpositioun*(f,-en)*
Gesang Gesank*(m,Gesäng)*
Gesangverein Gesangveräin*(m,-er)*
geschädigt sinistréiert*(adj)*
Geschäft Buttek*(m,-er)*
Geschäft Geschäft*(f,-er)*
Geschäft (Kaufhaus) Commerce*(m,~)*
Geschäftigkeit Geméch*(n,~)*
Geschäftigkeit Geméchs*(n,~)*
geschäftlich geschäftlech*(adj)*
Geschäftsbeziehung Geschäftsrelatioun*(f,-en)*
Geschäftsfrau Geschäftsfra*(f,-en)*
Geschäftsführer Gerant*(m,-en)*
Geschäftsführer Patron*(m,-en)*
Geschäftsjahr Rechnungsjoer*(n,-en)*
Geschäftsjahr Rechnungsjor*(n,-en)*
Geschäftsleute Geschäftsleit*(npl)*
Geschäftsmann Geschäftsmann*(m,-männer)*
Geschäftsstraße Geschäftsstrooss*(f,-en)*
Geschäftszeiten Büroszäit*(f,-en)*
geschehen geschéien*(v)*
geschehen passéieren*(v)*
gescheit gescheit*(adj)*
Geschenk Cadeau*(m,-en)*
Geschenk Geschenk*(n,-er)*
Geschenk Kaddo*(m,-en)*
Geschichte Geschicht*(f,-en)*
Geschichte Story*(f,-en)*
geschichtlich geschichtlech*(adj)*
Geschicklichkeit Geschéckerlechkeet*(f,~)*
Geschicklichkeit Geschécklechkeet*(f,~)*
geschickt geschéckerlech*(adj)*
geschieden gescheet*(adj)*
Geschirr Geschir*(n,~)*
Geschirr, abzuwaschendes - Spull*(f,~)*
Geschirrspüler Spullmaschinn*(f,-en)*
Geschlecht Geschlecht*(n,-er)*
Geschlechtskrankheit Geschlechtskrankheet*(f,-en)*
geschleift geschleeft*(adj)*
geschleppt geschleeft*(adj)*
geschlossen zou*(adj)*
Geschmack Geschmaach*(m,~)*
Geschmack Goût*(m,-en)*
Geschmack, an - verlieren verläschen*(v)*
Geschmack, anspruchsvoller - Glottheet*(f,~)*
Geschmack, leicht verdorbener - (Lebensmittel) Schmécksert*(m,-en)*
Geschmacklosigkeit Geschmacklosegkeet*(f,-en)*
geschmeidig suppel*(adj)*
geschmiert, wie - geschmiert, wéi -*(exp)*
Geschoss Projektil*(n,-er)*
Geschrei Gebläers*(n,~)*
Geschrei Gejäiz*(n,--)*
Geschrei Kreesch*(m,~)*
geschriebene Sprache geschriwwe Sprooch*(exp)*
geschürft geschannt*(adj)*
geschüttelt geréselt*(adj)*
geschützt geschützt*(adj)*
Geschwader Geschwader*(n,-en)*
Geschwindigkeit Geschwëndegkeet*(f,-en)*
Geschwindigkeit Vitesse*(f,-n)*
Geschwindigkeitsbegrenzung Tempolimit*(m,-ten)*
Geschwindigkeitsmesser Compteur*(m,-en)*
Geschwister Geschwëster*(npl)*
geschwollen geschwollen*(adj)*
geschwollen (Körperteile) déck*(adj)*
Geschworener Geschwuerenen*(m,Geschwueren)*
Geschwulst Geschwill*(n,-er)*
Geschwulst Knupp*(f,-en)*
Geschwür Geschwier*(n,-er)*
Geschwür Schwier*(m,-en)*
Geselle Gesell*(m,-en)*
Geselle Komper*(m,-en)*
Gesellenprüfung Gesellepriifung*(f,-en)*
Geselligkeit Gesellegkeet*(f,~)*
Gesellin Kompesch*(f,-en)*
Gesellschaft Gesellschaft*(f,-en)*
gesellschaftlich gesellschaftlech*(adj)*

Gesellschaftskritik Gesellschaftskritik*(f,-en)*
Gesellschaftsspiel Gesellschaftspill*(n,-er)*
gesengt gesengt*(adj)*
Gesetz Gesetz*(n,-er)*
Gesetzbuch Gesetzbuch*(n,-bicher)*
Gesetze erlassen legiferéieren*(v)*
Gesetze erlassen legisléieren*(v)*
Gesetzesentwurf Gesetzespropositioun*(f,-en)*
Gesetzesentwurf Gesetzesvirlag*(f,-en)*
Gesetzesvorlage Gesetzespropositioun*(f,-en)*
Gesetzesvorlage Gesetzesvirlag*(f,-en)*
gesetzgebende Gewalt legislativ Gewalt*(exp)*
Gesetzgeber Gesetzgeber*(m,--)*
Gesetzgebung Gesetzgebung*(f,-en)*
Gesetzgebung Legislatioun*(f,-en)*
gesetzlich gesetzlech*(adj)*
Gesetzmäßigkeit Legalitéit*(f,-en)*
gesetzwidrig abusiv*(adj)*
Gesicht Binnett*(f,-en)*
Gesicht Gesiicht*(n,-er)*
Gesicht, ein dummes - machen Binnett, eng domm - maachen*(exp)*
Gesichtsausdruck Gesiichtsausdrock*(m,-dréck)*
Gesichtsausdruck Minn*(f,-en)*
Gesichtscreme Gesiichtscrème*(f,-n)*
Gesindel Wouscht*(m,~)*
gespannt gespaant*(adj)*
gespannt sein gespaant sinn*(exp)*
Gespenst Gespenst*(n,-er)*
gesperrt gespaart*(adj)*
Gespräch Gespréich*(n,-er)*
Gespräch Konversatioun*(f,-en)*
gesprächig gespréicheg*(adj)*
Gesprächspartner Gespréichspartner*(m,--)*
Gesprächsthema Gespréichsthema*(n,-en)*
gestalten façonnéieren*(v)*
gestalten forméieren*(v)*
gestalten gestalten*(v)*
gestalten modeléieren*(v)*
Gestaltung Conceptioun*(f,-en)*
Gestaltung Konzeptioun*(f,-en)*
Geständnis Geständnes*(n,-ser)*
Geständnis Geständnis*(n,-ser)*
Gestank Gestank*(m,~)*
Geste Gest*(m,-en)*
Geste Geste*(m,-n)*
Gesteck (Blumen) Arrangement*(n,-er)*
gestehen gestoen*(v)*
Gestell Gestell*(n,-er)*
gestempelt gestempelt*(adj)*
gestern gëscht*(adv)*
gestern gëschter*(adv)*
Gestik Gestik*(f,-en)*
gestikulieren gestikuléieren*(v)*
gestohlen geklaut*(adj)*
gestorben sein gestuerwe sinn*(exp)*
gestört gestéiert*(adj)*
gestreift gesträift*(adj)*
gestrig vu gëschter*(exp)*
Gestrüpp Gehecks*(n,~)*
gesucht gesicht*(adj)*
gesund gesond*(adj)*
gesund und munter gesond a monter*(exp)*
gesund werden gesond ginn*(exp)*
Gesundheit Gesondheet*(f,~)*
Gesundheitsbehörde Gesondheetsinspektioun*(f,-en)*
Gesundheitszustand Gesondheetszoustand*(m,-zoustänn)*
getan gedoen*(adj)*
geteilt durch dividéiert duerch*(exp)*
Getrampel Gedämmels*(n,~)*
Getränk Gedrénks*(n,~)*
Getränk (Gastronomie) Consommatioun*(f,-en)*
Getränkekasten Cageot*(m,-en)*
Getratsche Klabberen*(n,~)*
Getreide Fruucht*(f,~)*
Getreide Kar*(n,~)*
Getreide Weess*(m,~)*
getrennt auserneen*(adv)*
getrennt sein auseranee sinn*(exp)*
Getriebe Gedriffs*(n,~)*
Getto Getto*(m,-en)*
Getue Gedéngels*(n,~)*
Getue Gejirimiris*(n,~)*
Getue, sinnloses - Larifari*(m,~)*
Gevatter Gevueder*(m,-en)*
Gevatter Komper*(m,-en)*
Gevatterin Gevuedesch*(f,-en)*
gewachsen gewuess*(adj)*
gewachsen, jm - sein Bass, engem de - halen*(exp)*
Gewächshaus Zär*(f,-en)*
gewagt gewot*(adj)*
gewähren, jn - lassen gewäerden, ee - loossen*(exp)*
Gewalt Gewalt*(f,~)*
Gewalt Muecht*(f,-en)*
Gewaltaktion Gewaltaktioun*(f,-en)*
gewaltig gewalteg*(adj)*
gewalttätig gewalttäteg*(adj)*
Gewalttätigkeit Gewalttätegkeet*(f,-en)*
Gewaltverbrechen Gewaltverbriechen*(n,--)*
Gewebe, grobes - Sakduch*(n,~)*
Gewehr Gewier*(n,-er)*
Geweih Gewei*(n,-er)*
Gewerkschaft Gewerkschaft*(f,-en)*
Gewerkschaftler Gewerkschaftler*(m,-en)*
gewerkschaftlich gewerkschaftlech*(adj)*
Gewerkschaftsmitglied Gewerkschaftsmember*(m,-en)*
Gewicht Gewiicht*(n,-er)*
gewichten ponderéieren*(v)*
Gewichtheben Gewiichterhiewen*(n,~)*
Gewichtung Ponderatioun*(f,-en)*
Gewinn Boni*(m,-en)*
Gewinn Gewënn*(m,-er)*
Gewinn Gewonn*(m,Gewënner)*
Gewinn Profit*(m,-ter)*
Gewinn Renggewënn*(m,~)*
Gewinnbeteiligung Gewënnbedeelegung*(f,-en)*
gewinnen gewannen*(v)*
gewinnen wannen*(v)*
Gewinner Gewënner*(m,--)*
Gewinnspanne Marge*(f,-n)*
gewiss a dach*(exp)*
gewiss allemol*(adv)*
gewiss bestëmmt*(adv)*
gewiss gewëss*(adv)*
gewiss sécher*(adv)*
Gewissen Gewëssen*(n,~)*
gewissenhaft gewëssenhaft*(adj)*
Gewissenhaftigkeit Gewëssenhaftegkeet*(f,~)*
Gewissenlosigkeit Gewësselosegkeet*(f,~)*
Gewissensbisse Gewëssensbëss*(npl)*
Gewissensfreiheit Gewëssensfräiheet*(f,~)*
Gewissheit Gewëssheet*(f,~)*
Gewitter Donnerwieder*(n,-en)*
gewittrig schmeier*(adj)*
gewittrig wiedereg*(adj)*
gewöhnen gewinnen*(v)*
gewöhnen winnen*(v)*
gewöhnen, sich an etw - gewinnen, sech un eppes -*(exp)*
gewöhnen, sich an etw - winnen, sech un eppes -*(exp)*
Gewohnheit Gewunnecht*(f,-en)*
gewöhnlich gewéinlech*(adj)*
gewöhnt gewinnt*(adj)*
Gewölbe Verwëllef*(n,--)*
Gewölbe, mit einem - versehen verwëllefen*(v)*
Gewühl Gedrécks*(n,~)*
Gewühl Gewulls*(n,~)*
Gewühl Wull*(f,~)*
Gewürz Gewierz*(n,-er)*
Gewürz Gewürz*(n,-er)*
gewürzt schaarf*(adj)*
Geyershof Geieschhaff*(p)*
gezackt zackeg*(adj)*

gezähmt gezeemt*(adj)*
gezähmt zam*(adj)*
gezielt cibléiert*(adj)*
gezögert, nicht lange - gefaxt, net -*(exp)*
Gicht Giicht*(f,--)*
Giebel Giewel*(m,-en)*
gieren, nach etw - gammsen, op eppes -*(exp)*
gierig geiereg*(adj)*
gierig giereg*(adj)*
gierig gourmangseg*(adj)*
gießen géissen*(v)*
gießen nätzen*(v)*
gießen strenzen*(v)*
gießen (Regen) schiffen*(ugs)(v)*
Gießer Géisser*(m,--)*
Gießerei Géisserei*(f,-en)*
Gießkanne Strenz*(f,-en)*
Gift Gëft*(n,-er)*
Giftgas Gëftgas*(n,-en)*
giftig gëfteg*(adj)*
giftig toxesch*(adj)*
Giftigkeit Toxicitéit*(f,~)*
Giftmischer Gëftmëscher*(m,--)*
Giftpilz Kochel, gëfteg -*(exp)*
Giftschlange Gëftschlaang*(f,-en)*
Giftspritze (Mensch) Gëftbeidel*(m,-en)*
Giftzahn Gëftzant*(m,-zänn)*
Gigant Gigant*(m,-en)*
gigantisch riseg*(adj)*
Gigolo Gigolo*(m,-en)*
Gilet Jilli*(m,-en)*
Gilsdorf Gilsdref*(p)*
Ginster Gëns*(m,~)*
Gipfel Spëtzt*(f,-en)*
Gipfelkonferenz Gipfelkonferenz*(f,-en)*
Gipfelkonferenz Sommet*(m,-en)*
Gipfelkonferenz Sommetskonferenz*(f,-en)*
Gipfeltreffen Gipfeltreffen*(n,--)*
Gips Gips*(m,--)*
Gips- gipsen*(adj)*
Gipsarbeit Gipsaarbecht*(f,-en)*
gipsen gipsen*(v)*
gipsen plafonéieren*(v)*
Gipser Gipser*(m,--)*
Giraffe Giraff*(f,-en)*
Girlande Girland*(f,-en)*
Girst Giischt*(p)*
Girsterklause Giischterklaus*(p)*
Gitarre Gittar*(f,-en)*
Gitter Gitter*(n,--)*
Givenich Giwenech*(p)*
Glanz Glanz*(m,~)*
glänzen blénken*(v)*
glänzen glënneren*(v)*
glänzen schéngen*(v)*
glänzend blank*(adj)*
glänzend blénkeg*(adj)*
Glanzleistung Glanzleeschtung*(f,-en)*
glanzlos blatzeg*(adj)*
Glas Glas*(n,Glieser)*
Glas- gliesen*(adj)*
Glas (von 20 cl) Patt*(m,Pätt)*
Glas Bier Humpen*(m,--)*
Glas Bier (25 cl) Mini Humpen*(exp)*
Glas Bier (25 cl) Mini*(m,-en)*
Glas Wein Patt*(m,Pätt)*
Glas Wein Pättchen*(m,Pättercher)*
Glasbläserei Glasbléiserei*(f,-en)*
gläsern gliesen*(adj)*
glasieren glaséieren*(v)*
Glasperle Kräll*(f,-en)*
Glasschrank Vitrine*(f,-n)*
Glasur Vernis*(m,-en)*
glatt glat*(adj)*
glatt rutscheg*(adj)*
Glatteis Glatäis*(n,~)*
Glatze Glatz*(f,-en)*
Glatze Plakapp*(m,-käpp)*
glatzköpfig plakäppeg*(adj)*
Glaube Glaf*(m,~)*
glauben gleewen*(v)*
Glauben, im guten - Trei, op gutt -*(exp)*
glauben, jm etw - gutthalen, engem eppes -*(exp)*
Glaubensbekenntnis Glawensbekenntnes*(n,-ser)*
Glaubensbekenntnis Glawensbekenntnis*(n,-ser)*
Glaubensfreiheit Glawensfräiheet*(f,-en)*
gläubig gleeweg*(adj)*
Gläubiger Creancier*(m,-en)*
Glaubwürdigkeit Credibilitéit*(f,-en)*
Glaubwürdigkeit Glafwierdegkeet*(f,~)*
Glaubwürdigkeit Kredibilitéit*(f,~)*
gleich gläich*(adj)*
gleich gläich*(adv)*
gleich nämmelech*(adj)*
gleich selwecht*(adj)*
gleichaltrig gläichaltreg*(adj)*
gleichberechtigt gläichberechtigt*(adj)*
Gleichberechtigung Gläichberechtegung*(f,~)*
gleichfalls gläichfalls*(adv)*
Gleichgewicht Balance*(f,-n)*
Gleichgewicht Gläichgewiicht*(n,~)*
Gleichgewicht, aus dem - bringen desequilibréieren*(v)*
gleichgültig egal*(adj)*
gleichgültig gläichevill*(adj)*
gleichgültig gläichgëlteg*(adj)*
gleichgültig gläichvill*(adj)*
Gleichgültigkeit Gläichgëltegkeet*(f,--)*
Gleichheit Egalitéit*(f,~)*
Gleichheit Gläichheet*(f,~)*
Gleichheitsprinzip Gläichheetsprinzip*(n,-ien)*
Gleichmacherei Gläichmaacherei*(f,-en)*
gleichmäßig gläichméisseg*(adj)*
Gleichmäßigkeit Gläichméissegkeet*(f,-en)*
gleichschalten gläichschalten*(v)*
Gleichstand (Sport) Egalitéit*(f,~)*
gleichstellen gläichstellen*(v)*
Gleichstrom Gläichstroum*(m,-stréim)*
Gleichung Equatioun*(f,-en)*
gleichzeitig an engems*(exp)*
gleichzeitig engems, an -*(exp)*
gleichzeitig mit etw anderem erledigen engems, dat geet an -*(exp)*
gleiten (auf Eis) glëtschen*(v)*
gleiten (Eisenbahn, Schlittschuhe) gleisen*(v)*
Gleitflugzeug Segelfliger*(m,-en)*
Gletscher Gletscher*(m,-en)*
Glied Glidd*(m,-er)*
gliedern glidderen*(v)*
glimmen glousen*(v)*
glitzern (Edelsteine) karfénkelen*(v)*
globalisieren globaliséieren*(v)*
globalisieren mondialiséieren*(v)*
Globalisierung Globaliséierung*(f,-en)*
Globalisierung Mondialisatioun*(f,-en)*
Globetrotter Globetrotter*(m,-en)*
Globus Globus*(m,Globen/-sen)*
Glocke Klack*(f,-en)*
Glockenspiel Klackespill*(n,-er)*
Glockenturm Klackentuerm*(m,-tierm)*
glotzen glotzen*(v)*
Glück Chance*(f,~)*
Glück Dusel*(m,~)*
Glück Gléck*(n,~)*
gluckern glucksen*(v)*
glücklich glécklech*(adj)*
glücklicherweise gléckIecherweis*(adv)*
Glücksbringer Talisman*(m,-mannen)*
glückselig gléckséileg*(adj)*
glückselig séileg*(adj)*
glucksen klucksen*(v)*
Glücksfall Glécksfall*(m,-fäll)*
Glückspilz Gläcksvull*(m,-en)*
Glücksrad Gläcksrad*(n,-rieder)*
Glücksspiel Geldspill*(n,-er)*
Glücksspiel Gläcksspill*(n,-er)*

Glückwunsch	Felicitatioun *(f,-en)*
Glückwunsch	Gléckwonsch *(m,-wënsch)*
Glühbirne	Bir *(f,-en)*
Glühbirne	Bir, elektresch - *(exp)*
glühen	glousen *(v)*
glühend heiß	gliddeg *(adj)*
Glühwein	gliddege Wäin *(exp)*
Glühwein	Glühwäin *(m,-er)*
Glühwürmchen	Gehaansfénkelchen *(m,-fénkelcher)*
Glut	Glous *(f,-en)*
Gnade	Gnod *(f,-en)*
Gnadenstoß	Gnodestouss *(m,-stéiss)*
Godbrange	Guedber *(p)*
Goebelsmühle	Giewelsmillen *(p)*
Goeblange	Giewel *(p)*
Goedange	Géidgen *(p)*
Goesdorf	Géisdref *(p)*
Goetzingen	Gëtzen *(p)*
Gold	Gold *(n,~)*
golden	gëllen *(adj)*
Goldfisch	Goldfësch *(m,--)*
goldgelb	goldegiel *(adj)*
Goldhamster	Goldhamster *(m,-en)*
goldig	goldeg *(adj)*
Goldwaage	Goldwo *(f,-en)*
Golf	Golf *(m,~)*
Golfcaddy	Golfcaddy *(m,-en)*
Golfplatz	Golfterrain *(m,-en)*
Golfregion	Golfregioun *(f,-en)*
Golfspieler	Golfspiller *(m,--)*
gondeln	gondelen *(v)*
Gonderange	Gonnereng *(p)*
gönnen	gënnen *(v)*
gönnen	gonnen *(v)*
gönnen	vergonnen *(v)*
Gonorrhöe	Tripper *(m,~)*
Gorilla	Gorilla *(m,-en)*
Gosseldange	Gousseldeng *(p)*
Gostingen	Gouschteng *(p)*
gotisch	gothesch *(adj)*
Gott	Gott *(m,Gëtter)*
Gott sei Dank	Gott sei dank *(exp)*
Gottesdienst	Gottesdéngscht *(m,-er)*
Gottesdienst	Mass *(f,-en)*
Gotteslästerung	Gotteslästerung *(f,-en)*
Gottheit	Gottheet *(f,-en)*
göttlich	gëttlech *(adj)*
gottverlassen	gottverloossen *(adj)*
Gouache	Gouache *(f,-n)*
Gouverneur	Gouverneur *(m,-en)*
Grab	Graf *(n,Griewer)*
Graben	Gruef *(m,Grief)*

graben	gruewen *(v)*
Grad	Grad *(m,-en)*
Grad (Stufe)	Krack *(m,-en)*
graduieren	graduéieren *(v)*
Graffiti	Graffitti *(m,-en)*
Grafik	Grafik *(f,-en)*
Grafik	Graphik *(f,-en)*
Grafikprogramm	Grafiksprogramm *(m,-er)*
Gralingen	Grooljen *(p)*
grämen, sich -	entwutzen, sech - *(v)*
grämen, sich -	verrauen, sech - *(v)*
Gramm	Gramm *(m,~)*
Grammatik	Grammaire *(f,-n)*
Grammatik	Grammatik *(f,-en)*
Granatapfel	Grenadine *(f,-n)*
Granaten	Granat *(f,-en)*
grandios	grandios *(adj)*
grantig	granzeg *(adj)*
granulieren	granuléieren *(v)*
Grapefruit	Pampelmousse *(f,-n)*
Gras	Gras *(n,~)*
Gräser	Grieser *(npl)*
Grashalm	Grashallem *(m,-hällem)*
Grasland	Wiss *(f,Wisen)*
Grass	Grass *(p)*
Gratifikation	Gratifikatioun *(f,-en)*
gratinieren	gratinéieren *(v)*
gratis	fir näischt *(exp)*
gratis	gratis *(adj)*
gratis	gratis *(adv)*
Gratisvorstellung	Gratisvirstellung *(f,-en)*
Gratulation	Gratulatioun *(f,-en)*
gratulieren	felicitéieren *(v)*
gratulieren	gratuléieren *(v)*
gratulieren	wënschen *(v)*
grau	gro *(adj)*
grauen	grujelen *(v)*
graulen, sich -	graulen, sech - *(v)*
gräulich	groelzeg *(adj)*
Graulinster	Grolënster *(p)*
grausam	grausam *(adj)*
Grausamkeit	Grausamkeet *(f,-en)*
grauweiß	growäiss *(adj)*
gravieren	gravéieren *(v)*
Gravität	Gravitéit *(f,~)*
Grazie	Grazie *(f,-n)*
grazil	grazil *(adj)*
Greenhorn	Greenhorn *(n,-en)*
greifen	gräifen *(v)*
greifen, sich jn -	kropen, sech ee - *(exp)*
greinen	gréngen *(v)*
greinen	grunschen *(v)*
Greisch	Gräisch *(p)*

Greiveldange	Greiweldeng *(p)*
grell	grell *(adj)*
grell (Farbe)	jäizeg *(adj)*
Gremium	Gremium *(m,Gremien)*
Grentzingen	Grentzen *(p)*
Grenze	Grenz *(f,-en)*
Grenzfall	Grenzfall *(m,-fäll)*
Grenzgänger	Grenzgänger *(m,--)*
Grenzgebiet	Grenzregioun *(f,-en)*
Grenzschutz	Grenzschutz *(m,~)*
Grevels	Gréiwels *(p)*
Grevenknapp	Gréiweknapp *(p)*
Grevenmacher	Gréiwemaacher *(p)*
Grieche	Griich *(m,-en)*
Griechenland	Griicheland *(n,~)*
griechisch	griichesch *(adj)*
Grieß	Schmull *(m,~)*
Griff	Gréff *(m,-er)*
Grill	Rouscht *(m,-en)*
Grille	Himmelchen *(f,Himmelcher)*
grillen	grillen *(v)*
Grillwurst	Thüringer *(m,-en)*
Grimasse	Grimass *(f,-en)*
Grindhausen	Grandsen *(p)*
grinsen	grinsen *(v)*
Grippe	Gripp *(f,-en)*
Grips	Grips *(m,~)*
grob	affrontéiert *(adj)*
grob	graff *(adj)*
grob	onmanéierlech *(adj)*
grob (Person)	ongemiddelt *(adj)*
Grog	Grog *(m,-en)*
Grosbous	Groussbus *(p)*
groß	grouss *(adj)*
großartig	groussaarteg *(adj)*
großartig	immens *(adj)*
Größe	Gréisst *(f,-en)*
Großeltern	Grousselteren *(npl)*
Größenunterschied	Gréissenënnerscheed *(m,-er)*
Größenverhältnis	Proportioun *(f,-en)*
Größenwahn	Gréissewahn *(m,~)*
Größenwahn	Gréissewan *(m,~)*
Großhandel	Gros *(m,~)*
Großhandel, im -	Grossist, beim - *(exp)*
Großhändler	Grossist *(m,-en)*
Großherzog	Groussherzog *(m,-en)*
Großherzogin	Groussherzogin *(f,-nen)*
Großherzogtum	Grand-Duché *(m,-en)*
Großindustrie	Groussindustrie *(f,-n)*
Großmutter	Bom *(f,-en)*
Großmutter	Ditti *(f,-en)*
Großmutter	Groussmamm *(f,-en)*

Großregion Groussregioun*(f,-en)*
Großschreibung Groussschreiwung*(f,~)*
Großstadt Groussstad*(f,-stied)*
größtenteils gréisstendeels*(adv)*
Großvater Bop*(m,-en)*
Großvater Grousspapp*(m,-päpp/-en)*
großziehen grousszéien*(v)*
großziehen grousszillen*(v)*
großziehen opzillen*(v)*
großzügig generéis*(adj)*
großzügig mëtschgéiweg*(adj)*
großzügig spendabel*(adj)*
Großzügigkeit Generositéit*(f,~)*
Großzügigkeit Mëtschgiewegkeet*(f,-en)*
Grotte Grott*(f,-en)*
Grube Grouf*(f,Grouwen)*
Grube, flache - Kaul*(f,-en)*
grübeln huckelen*(v)*
grübeln hucken*(v)*
grübeln kalenneren*(v)*
grübeln laboréieren*(v)*
grübeln spannen*(v)*
grübeln tiermen*(v)*
Grubenarbeiter Biergaarbechter*(m,--)*
Grubengang Galerie*(f,-n)*
Grubengas Grouwegas*(m,-en)*
Grubengasexplosion Grouwegasexplosioun*(f,-en)*
Grubenlampe Galeriesluucht*(f,-en)*
Gruemelscheid Grëmmelescht*(p)*
Gruft Gruft*(f,-en)*
Grufti Grufti*(m,-en)*
grün gréng*(adj)*
Grund Grond*(m,Grënn)*
Grund Gronn *(Stadgronn)(p)*
Grund Gronn*(m,Grënn)*
Grund Ursaach*(f,-en)*
Grund (Boden) Fong*(m,~)*
Grundausbildung Basisformatioun*(f,-en)*
Grundausbildung Grondausbildung*(f,-en)*
Grundbegriff Grondbegrëff*(m,-er)*
Grundbuch Kadaster*(m,-en)*
Grunde, im - Fong, am -*(exp)*
Grunde, im - genommen Fong, am - geholl*(exp)*
gründen fondéieren*(v)*
gründen fundéieren*(v)*
gründen grënnen*(v)*
Gründer Grënner*(m,--)*
Grundhof Grondhaff*(p)*
Grundkenntnis Grondkenntnis*(f,-ser)*
gründlich grëndlech*(adj)*
Gründlichkeit Grëndlechkeet*(f,-en)*
Gründling Gif*(m,Giwen)*
Gründling Gipp*(m,-en)*
Grundrecht Grondrecht*(n,-er)*
grundsätzlich grondsätzlech*(adj)*
Grundschule Primärschoul*(f,-en)*
Grundsteuer Grondsteier*(f,-en)*
Grundstück Bauplaz*(f,-en)*
Grundstück Terrain*(m,-en)*
Grundstücksnachbar Ustéisser*(m,-ten)*
Grundton Grondtoun*(m,-téin)*
Gründung Grënnung*(f,-en)*
Grundwasser Grondwaasser*(n,~)*
grünen gréngen*(v)*
Grünen, die - (Partei) Gréng, déi -*(exp)*
Grüner Gréngen*(m,Gréng)*
Grünfutter einsammeln krauden*(v)*
grünlich gréngelzeg*(adj)*
Grünschnabel Krappschass*(m,-en)*
Grünschnabel Spund*(n,Spunten)*
Grünspan Gréngespoun*(m,~)*
grunzen grunzen*(v)*
Grünzeug Gréngs*(n,--)*
Gruppe Grupp*(m/f,-en)*
Gruppe Trupp*(m,-en)*
Gruppe (Lebewesen) Hickecht*(f,-en)*
Gruppe zusammenhängender Dinge (Früchte, Schlüssel) Kludder*(f,-en)*
Gruppenaktivität Gruppenaktivitéit*(f,-en)*
Gruppenarbeit Gruppenaarbecht*(f,-en)*
Gruppendynamik Gruppendynamik*(f,~)*
Gruppenleiterin Cheftaine*(f,-n)*
Gruppenreise Grupperees*(f,-en)*
Gruppensex Gruppesex*(m,~)*
Gruppenzwang Gruppenzwang*(m,-zwäng)*
gruppieren gruppéieren*(v)*
gruselig grujeleg*(adj)*
Gruß Bonjour*(m,-en)*
Gruß Grouss*(m,Gréiss)*
Gruß Salut*(m,-en)*
Grüße, schöne - Gréiss, schéi -*(exp)*
grüßen gréissen*(v)*
Guerilla-Aktion Guerilla-Aktioun*(f,-en)*
guillotinieren guillotinéieren*(v)*
Gülle Piff*(m,~)*
gültig gëlteg*(adj)*
gültig sein gëllen*(v)*
Gültigkeit Gültegkeet*(f,~)*
Gummi Gummi*(m,-en)*
Gummiball Gummiball*(m,-bäll)*
Gummiband Lastik*(m,-en)*
gummieren gomméieren*(v)*
Gummihandschuh Gummishändsch*(f,-en)*
Gummischieber Raclette*(f,-n)*
Gummistiefel Gummistiwwel*(m,-en)*
Gunst Gonscht*(f,-en)*
günstig bëlleg*(adj)*
günstig gënschteg*(adj)*
günstig präiswäert*(adj)*
Gurgel Guergel*(f,-en)*
gurgeln guergelen*(v)*
Gurke Cornichon*(f,-en)*
Gurke Kornischong*(f,-en)*
gurren ruckelen*(v)*
Gürtel Guert*(m,-en)*
Gürtel Rimm*(m,-en)*
Gürtelschnalle Block*(f,-en)*
Gusseisen Goss*(m,~)*
Gussform Mull*(f,-en)*
gut gutt*(adj)*
Gut Gutt*(n,Gidder)*
gut aufgehoben gutt versuergt*(exp)*
gut gehen gutt dru sinn*(exp)*
gut so! heure, à la bonne -*(exp)*
Gutachten Expertise*(f,-n)*
gutartig guttaarteg*(adj)*
gutbezahlt guttbezuelt*(adj)*
Güte Guttheet*(f,~)*
gute Nacht gutt Nuecht*(exp)*
gute Nacht gutt Nuet*(exp)*
guten Abend gudden Owend*(exp)*
guten Morgen gudde Moien*(exp)*
Güter Gidder*(npl)*
Güterzug Gidderzuch*(m,-zich)*
Güterzug Güterzuch*(m,-zich)*
Gutes Gutts*(n,~)*
Gütesiegel Qualitéitslabel*(m,-en)*
Gütezeichen Qualitéitslabel*(m,-en)*
gutgelaunt gelaunt, gutt -*(exp)*
Gutgläubigkeit Credulitéit*(f,-en)*
gutheißen agreéieren*(v)*
gutheißen approuvéieren*(v)*
gutheißen guttheeschen*(v)*
gutmütig guttmiddeg*(adj)*
Gutmütigkeit Guttmiddegkeet*(f,~)*
Gutschein Bong*(m,-en)*
gutschreiben kreditéieren*(v)*
gutsituiert guttsituéiert*(adj)*
gutwillig guttwëlleg*(adj)*
Gymnasiast Lycéesschüler*(m,--)*
Gymnasiastin Lycéesschülerin*(f,-nen)*
Gymnasium Lycée*(m,-ën)*
Gymnasium, technisches - Lycée technique*(exp)*
Gymnastik Turnen*(n,~)*
Gymnastikhose Turnbox*(f,-en)*
Gynäkologe Gynäkolog*(m,-en)*

Gyros	Gyros*(m,~)*

H

Haar	Hor*(n,--)*
Haarband	Putsch*(m,Pitsch)*
Haarbürste	Hoerbiischt*(f,-en)*
Haarbüschel	Fliicht*(f,-en)*
Haare	Buuschten*(npl)*
Haare	Hoer*(npl)*
Haare waschen	Kapp, de - wäschen*(exp)*
haargenau	horgenee*(adj)*
haarig	buuschteg*(adj)*
haarig	hoereg*(adj)*
haarig	horeg*(adj)*
Haarknoten	Tuppi*(m,-en)*
Haarnadel	Hoerspéngel*(f,-en)*
Haarteil	Toupet*(m,-en)*
Habay-la-Neuve (Belgien)	Habech*(p)*
haben	hunn*(v)*
haben, Heimweh -	verlaangeren*(v)*
Habenichts	Hongerlidder*(m,--)*
Habilitation	Habilitatioun*(f,-en)*
habilitieren	habilitéieren*(v)*
Hachiville	Helzen*(p)*
Hacke	Heel*(m,-en)*
hacken	hacken*(v)*
hacken	haken*(v)*
hacken (Erde)	kappen*(v)*
hacken (Garten)	këppen*(v)*
Hackfleisch	Gehacktes*(n,~)*
Hackfleisch	Hachis*(m,~)*
Hacksteak, rohes -	Filet américain*(m,-en)*
Hafen	Hafen*(m,Häfen)*
Hafer	Huewer*(f,~)*
Haferbrei	Huewerbräi*(m,~)*
Haft	Haft*(f,~)*
haftbar machen	responsabiliséieren*(v)*
haften	haften*(v)*
Häftling	Prisonéier*(m,--)*
Hagebutte	Spackelter*(m,--)*
Hagebuttentee	Spackeltertéi*(m,~)*
Hagedorn	Bottel*(f,-en)*
Hagelkorn	Kléppelsteen*(m,~)*
Hagelkörner	Knëppelsteng*(npl)*
Hagelsdorf	Haastert*(p)*
Hagen	Hoen*(p)*
Hagestolz	Jonggesell, ale -*(exp)*
Hahn	Hunn*(m,-en)*
Hähnchen	Hinnchen*(m,Hinnercher)*
Hähnchen	Poulet*(m,-en)*
Hähnchenschlegel	Pouletshämmchen*(f,-hämmercher)*
Hahnenfuß	Botterblumm*(f,-en)*
Hahnenschrei	Hunnekreesch*(m,--)*
Haifisch	Haifësch*(m,--)*
Hainbuche	Hobich*(f,-en)*
Häkchen	Kreepchen*(m,Kreepercher)*
häkeln	heekelen*(v)*
Haken	Kramp*(m,Krämp)*
Haken	Krop*(m,Kreep)*
Hakenkreuz	Hakekräiz*(n,-er)*
halb	hallef*(adj)*
halb vier (Uhr)	hallwer véier*(exp)*
halbautomatisch	hallefautomatesch*(adj)*
Halbbruder	Hallefbrudder*(m,-bridder)*
halbe Liter	Schappen*(f,--)*
halbe Portion	Hallefportioun*(f,-en)*
halbe Stunde	hallef Stonn*(exp)*
Halber	Hallwen*(m,Hallwer)*
halber Tag	hallwen Dag*(exp)*
halber Zentner	hallwen Zenner*(exp)*
halbes Pfund	halleft Pond*(exp)*
Halbfasten	Halleffaaschten*(npl)*
Halbfinale	Halleffinale*(f,-finallen)*
Halbmesser	Hallefmiesser*(m,--)*
Halbmond	Hallefmount*(m,~)*
Halbpension	Hallefpensioun*(f,~)*
Halbschwester	Hallefschwëster*(f,-en)*
halbstündlich	hallef, all - Stonn*(exp)*
halbtags	hallefdaags*(adv)*
halbtrocken	dréchen, hallef -*(adj)*
Hälfte	Hallschent*(f,-en)*
Hälfte	Halschecht*(f,-en)*
Hälfte	Halschent*(f,-en)*
Halle	Hal*(f,-en)*
hallen	halen*(v)*
Hallenbad	Schwämm, gedeckte -*(exp)*
Haller	Haler*(p)*
hallo (Telefon)	allo*(exp)*
Halluzination	Hallucinatioun*(f,-en)*
Halluzination	Halluzinatioun*(f,-en)*
halluzinieren	Männercher gesinn*(exp)*
Halm	Hallem*(m,Hällem)*
Halogenlampe	Halogeensluucht*(f,-en)*
Halogenlampe	Halogenslut*(f,-en)*
Hals	Hals*(m,Häls)*
Halsausschnitt	Dekolleté*(n,-en)*
Halsband	Halsband*(n,-bänner)*
Halsband (Hund)	Kolli*(m,-en)*
Halsentzündung	Halsentzündung*(f,-en)*
Halskette	Collier*(m,-en)*
Halsschmerzen	Halswéi*(m,~)*
halsstarrig	verbruet*(adj)*
Halstuch	Fischi*(m,-en)*
Halstuch	Foulard*(m,-en)*
halt	stop*(adv)*
Halt (Stütze)	Halt*(f,~)*
halt, es ist - so	alt, et ass - esou*(exp)*
Haltbarkeit	Haltbarkeet*(f,~)*
halten	halen*(v)*
halten, beieinander - (zum Vergleich)	bäihalen*(v)*
halten, geschlossen -	zouhalen*(v)*
halten, offen -	ophalen*(v)*
Halteplatz	Statioun*(f,-en)*
Haltestelle	Halt*(f,~)*
Haltung	Astellung*(f,-en)*
Hamburger	Hamburger*(m,--)*
Hamiville	Heesdref*(p)*
Hamm	Hamm*(p)*
Hammel	Hammel*(m,-en)*
Hammelfleisch	Hämmelfleesch*(n,~)*
Hammer	Hummer*(m,-en/Himmer)*
Hammer (schwerer)	Ha*(m,Hee)*
hämmern	hummeren*(v)*
Hammerwerfen	Hammerwäerfen*(n,~)*
Hammerwerfen	Hummerwerfen*(n,~)*
Hammerwurf	Hummerwerfen*(n,~)*
Hampelmann	Hampelmann*(m,-männer)*
hampeln	hampelen*(v)*
Hamster	Hamster*(m,-en)*
hamstern	hamsteren*(v)*
Hand	Hand*(f,Hänn)*
Hand, die - aufhalten	Grapp, de - ophalen*(exp)*
Hand, in die - nehmen	Grapp, an de - huelen*(exp)*
Hand, jm die - reichen	Hand, engem d'- ginn*(exp)*
Hand, jm die - reichen	Hand, engem d'- reechen*(exp)*
Handarbeit	Handaarbecht*(f,-en)*
Handball	Handball*(m,-bäll)*
Handbreite	Handbreet*(f,--)*
Handbremse	Handbrems*(f,-en)*
Handbuch	Handbuch*(m,-bicher)*
Handbürste	Handbiischt*(f,-en)*
Händchen	Hänni*(f,-en)*
Hände schütteln	klécken*(v)*
Handel	Commerce*(m,~)*
Handel	Handel*(m,-en)*
handeln	agéieren*(v)*
handeln	handelen*(v)*
handeln (pej)	trafikéieren*(pej)(v)*
handeln, sich - um	handelen, sech - ëm*(exp)*
Handelserlaubnis	Handelsautorisatioun*(f,-en)*
Handelshafen	Handelshafen*(m,-häfen)*
Handelskammer	Chambre de commerce*(f,Chambre-de-commercen)*

Handelskammer	Handelskammer *(f,-en)*
Handelsregister	Handelsregëschter *(m,-en)*
Handelsverband	Handelsconfederatioun *(f,-en)*
Handelsvertreter	Reesender *(m,--)*
Handfeger	Handbiischt *(f,-en)*
Handfeger	Stëbsbiischt *(f,-en)*
Handgelenk	Handgelenk *(n,-er)*
Handgreiflichkeit	Handgräiflechkeet *(f,-en)*
Handgriff	Handgrëff *(m,-er)*
handhaben	handhaben *(v)*
Handikap	Handicap *(n,-pen)*
Handikap	Handikap *(n,-pen)*
Handkarren	Jabel *(m,-en)*
Handkoffer	Mallette *(f,-n)*
Handlanger	Handlaanger *(m,--)*
Händler	Händler *(m,--)*
handlich	handgrëffeg *(adj)*
handlich	handlech *(adj)*
Handlung	Handlung *(f,-en)*
Handlungsfreiheit	Handlungsfräiheet *(f,-en)*
Handlungsmöglichkeit	Handlungsméiglechkeet *(f,-en)*
Handmesser	Knäip *(m,-en)*
Handsäge	Handsee *(f,-ën)*
Handschellen	Handschellen *(npl)*
Handschrift	Handschrëft *(f,-en)*
Handschuh	Händsch *(f,-en)*
Handspiel	Hands *(m,~)*
Handtasche	Posch *(f,-en)*
Handtuch	Duch *(n,Dicher)*
Handtuch	Handduch *(n,-dicher)*
Handumdrehen, im -	wandsweis *(adv)*
Handvoll	Gaaschel *(f,-en)*
Handvoll	Grapp *(m,Gräpp)*
Handvoll	Handvoll *(f,~)*
Handwagen	Käerchen *(f,Kärercher)*
Handwerk	Handwierk *(n,-er)*
Handwerker	Handwierker *(m,--)*
Handwerker	Handwierksleit *(npl)*
Handwerker	Handwierksmann *(m,-leit)*
Handwerkerfamilie	Handwierkerfamill *(f,-en)*
Handwerkszeug	Handwierksgeschir *(n,~)*
Handy	Handy *(m,-en)*
Hanf	Hunnef *(m,~)*
Hänfling	Fluessfénkelchen *(m,-fénkelcher)*
Hang	Hang *(m,Häng)*
Hang	Hank *(m,Häng)*
Hängematte	Hängematt *(f,-en)*
hängen	hänken *(v)*
hängen	ophänken *(v)*
hängen, an jm -	attachéieren, sech - *(v)*
hängenbleiben	hänke bleiwen *(exp)*
hanneschte -	zeréck-/zréck- *(adv/v)*

hänseln	hänselen *(v)*
hantieren	hantéieren *(v)*
hantieren	kromen *(v)*
hantieren	wudderen *(v)*
hapern	happeren *(v)*
Häppchen	Mäifelchen *(m,Mäifelcher)*
häppchenweise	häppcheweis *(adv)*
häppchenweise	häpperchesweis *(adv)*
Happen	Maufel *(m,-en)*
Hardware	Hardware *(f,~)*
Harfe	Harf *(f,-en)*
Harlange	Harel *(p)*
harmlos	harmlos *(adj)*
Harmlosigkeit	Harmlosegkeet *(f,-en)*
Harmonie	Harmonie *(f,-n)*
harmonieren	harmonéieren *(v)*
Harmonika	Harmonika *(f,-en)*
harmonisieren	harmoniséieren *(v)*
Harmonisierung	Harmonisatioun *(f,-en)*
Harmonium	Harmonium *(n,-en)*
Harnblase	Blos *(f,-en)*
hart	haart *(adj)*
hart gekochtes Ei	haart gekachtent Ee *(exp)*
hart werden	verhäerden *(v)*
härten	häerden *(v)*
hartherzig	haarthäerzeg *(adj)*
hartnäckig	mordicus *(adv)*
hartnäckig	zéi *(adj)*
Hartriegel	Kierelter *(m,--)*
Harz	Haarz *(m,~)*
harzig	haarzeg *(adj)*
Haschisch	Haschisch *(m,~)*
Hase	Hues *(m,-en)*
Haselnuss	Hieselnoss *(f,-nëss)*
Haselnussstrauch	Hieselter *(m,--)*
Haselnussstrauch	Nëssheck *(f,-en)*
Hasenfuß	Boxeschësser *(m,--)*
Hasenpfeffer	Huesenziwwi *(m,-en)*
Hasenpfeffer	Ziwwi *(m,-en)*
Hass	Haass *(m,~)*
Hassel	Haassel *(p)*
hassen	haassen *(v)*
hässlich	ellen *(adj)*
hastig	haseleg *(adj)*
hastig handeln	broselen *(v)*
Haube	Hauf *(f,Hauwen)*
Hauch	Hauch *(m,~)*
hauchen	hauchen *(v)*
hauen	haen *(v)*
hauen	hoen *(v)*
hauen	schloen *(v)*
Häufchen	Kéipchen *(m,Kéipercher)*
häufchenweise	kéipercherswels *(adv)*

Haufen	Koup *(m,Kéip)*
häufen	heefen *(v)*
häufen	kéipen *(v)*
Haufen (Heu, Stroh)	Happ *(m,Häpp)*
Haufen (Menge)	Tréllecht *(f,-en)*
haufenweise	kéipweis *(adv)*
haufenweise	koupweis *(adv)*
haufenweise	träppweis *(adv)*
häufig	dacks *(adv)*
häufig	heefeg *(adj)*
häufig	oft *(adv)*
Häufigkeit	Heefegkeet *(f,-en)*
Hauptaktionär	Haaptactionnaire *(m,-n)*
Hauptaktivität	Haaptaktivitéit *(f,-en)*
Hauptattraktion	Haaptattraktioun *(f,-en)*
Hauptausbildung	Haaptformatioun *(f,-en)*
Hauptaussage	Haaptexpressioun *(f,-en)*
Hauptdarsteller	Protagonist *(m,-en)*
Hauptfächer	Haaptfach *(n,-fächer)*
Hauptgang	Haaptplat *(m,-en)*
Hauptmahlzeit	Haaptmoolzecht *(f,-en)*
Hauptperson	Haaptmann *(m,Haaptleit)*
Hauptperson	Haaptpersoun *(f,-en)*
Hauptrolle	Haaptroll *(f,-en)*
Hauptsache	Haaptsaach *(f,-en)*
hauptsächlich	haaptsächlech *(adj)*
Hauptsaison	Haaptsaison *(f,-en)*
Hauptschlüssel	Passepartout *(m,-en)*
Hauptschuldiger	Haaptschëllegen *(m,-schëlleg)*
Hauptspezialität	Haaptspezialitéit *(f,-en)*
Hauptstadt	Haaptstad *(f,-stied)*
Hauptstraße	Haaptstrooss *(f,-en)*
Hauptteil	Haaptdeel *(m,-er)*
Hauptversammlung	Haaptversammlung *(f,-en)*
Hauptverwaltung	Haaptadministratioun *(f,-en)*
Hauptwort	Substantiv *(n,-en)*
Haus	Haus *(n,Haiser)*
Hausangestellte	Déngschtmeedchen *(f,-meedercher)*
Hausarbeit	Hausaarbecht *(f,~)*
Hausarrest	Hausarrest *(m,~)*
Hausarzt	Hausdokter *(m,-en)*
Häuschen	Haischen *(n,Haisercher)*
hausen	hausen *(v)*
Häuserblock	Haiserblock *(m,-bléck)*
Hausflur	Gank *(m,-en)*
Hausfrau	Hausfra *(f,-en)*
Hausgehilfin	Mod *(f,-en)*
hausgemacht	hausmaacher *(adj)*
Haushalt	Stot *(m,Stéit)*
Haushalt, den - machen	Stot, de - maachen *(exp)*
Haushaltsgeld	Wiertschaftsgeld *(n,~)*

Haushaltskommission Budgetskommissioun*(f,-en)*
Haushaltsvorlage Budgetspresentatioun*(f,-en)*
Hausherrin Meeschtesch*(f,-en)*
hausieren hauséieren*(v)*
Hausmeister Concierge*(m,-n)*
Hausmeister Portier*(m,-en)*
Hausnummer Hausnummer*(f,-en)*
Hausschlüssel Hausschlëssel*(m,-en)*
Haustelefon Haustelefon*(m,-en)*
Haustier Hausdéier*(n,-en)*
Haustür Hausdier*(f,-en)*
Haustür Viischtdier*(f,-en)*
Haut Haut*(f,Häit)*
Hautarzt Hautspezialist*(m,-en)*
Hautbellain Beesslek*(p)*
Hautcharage Uewerkäerjeng*(p)*
Hautcreme Hautcrème*(f,-n)*
häuten ofzéien*(v)*
häuten (Kaninchen) strëppen*(v)*
Hautfarbe Hautfaarf*(f,-faarwen)*
Hautkrankheit Hautkrankheet*(f,-en)*
Haxe Héiss*(f,-en)*
Haxe Jarret*(m,-en)*
Hebamme Hiefamm*(f,-en)*
Hebamme Hiefann*(f,-en)*
Hebel Hiewel*(m,-en)*
heben hiewen*(v)*
heben, sich - hiewen, sech -*(v)*
Heber (Ballsport) Lob*(m,-en)*
Hecht Hiecht*(m,-en)*
Hecke Heck*(f,-en)*
Heckenrose Hondsrous*(f,-en)*
Heckscheibe Heckscheif*(f,-scheiwen)*
Hefe Hief*(f,~)*
Hefeteig Hiefdeeg*(m,~)*
Hefetorte Flued*(m,Flueden)*
Heffingen Hiefenech*(p)*
Heft Heft*(n,-er)*
heften heften*(v)*
Hefter Agrafeuse*(f,-n)*
Hefter Pëtzmaschinn*(f,-en)*
Heftklammer Agrafe*(f,Agraffen)*
Heftklammer Agraff*(f,-en)*
Heftpflaster Plooschter*(f,-en)*
Hehler Hieler*(m,--)*
Heide Heed*(m,-en)*
Heidekraut Heed*(f,~)*
Heidelandschaft Heed*(f,~)*
Heidelbeere Molbier*(f,-en)*
Heidenarbeit Heedenaarbecht*(f,-en)*
Heidenkind Heedekand*(n,-kanner)*
Heiderscheid Heischent*(p)*
Heiderscheidergrund Heischtergronn*(p)*
heikel kriddeleg*(adj)*
Heilbad Thermalbad*(m,-bieder)*
heilen heelen*(v)*
heilen kuréieren*(v)*
heilig helleg*(adj)*
Heiligabend hellegen Owend*(exp)*
Heilige Jungfrau Maria Mutter Gottes*(f,-en)*
heiligen sanktifiéieren*(v)*
Heiligenschein Hellegeschäin*(m,-er)*
Heiliger Hellegen*(m,Helleg)*
Heiliger Geist hellege Geescht*(exp)*
Heiligkeit Hellegkeet*(f,-en)*
heiligsprechen kanoniséieren*(v)*
Heiligtum Hellegtum*(n,-tümer)*
Heilung Heelung*(f,-en)*
Heilungsprozess Heelungsprozess*(m,-er)*
heim heem*(adv)*
Heim Heem*(n,-er)*
Heimat Heemecht*(f,~)*
Heimatland Heemechtsland*(n,-länner)*
Heimkehr Retour*(m,-en)*
heimlich Diwwi, ënner dem -*(exp)*
heimlich hanneneräm*(adv)*
heimlich heemlech*(adj)*
Heimlichkeit Heemlechkeet*(f,-en)*
heimreisen heemreesen*(tr)(v)*
heimtückisch hannerwenneg*(adj)*
Heinerscheid Hengescht*(p)*
Heirat Bestietnes*(n,-ser)*
Heirat, arrangierte - Hellecht*(f,-en)*
heiraten bestueden*(v)*
heiraten wollen freien*(v)*
heiratslustig bestieterlech*(adj)*
Heiratsvermittler Hellechtsmécher*(m,--)*
Heiratsvermittlerin Hellechtsméchesch*(f,-en)*
Heisdorf Heeschdref*(p)*
heiser hees*(adj)*
Heispelt Heeschpelt*(p)*
heißblütig vollbliddeg*(adj)*
heißen heeschen*(v)*
heißen nennen*(v)*
Heißhunger Honger, géien -*(exp)*
heizen heizen*(v)*
heizen hëtzen*(v)*
Heizgas Heizgas*(m,~)*
Heizkessel Chaudière*(f,-n)*
Heizkessel Waasserkessel*(m,-en)*
Heizkissen Heizkëssen*(n,--)*
Heizkörper Heizkierper*(m,-en)*
Heizkörper Radiateur*(m,-en)*
Heizkosten Heizkäschten*(npl)*
Heizöl Masutt*(m,~)*
Heizung Heizung*(f,-en)*
Heizungsinstallation Heizungsinstallatioun*(f,-en)*
Hektar Hektar*(m,-en)*
Hektar, ein paar - Hektar, e puer -*(exp)*
helfen bäisprangen*(v)*
helfen hëllefen*(v)*
helfen upaken*(v)*
Helfent Helfent*(p)*
Helfenterbruck Helfenterbréck*(p)*
hell hell*(adj)*
Hellange Helleng*(p)*
hellblau hellblo*(adj)*
hellblau lasurblo*(adj)*
Helligkeit Hellegkeet*(f,-en)*
Helm Casque*(m,-n)*
Helm Helm*(m,-er)*
Helmdange Hielem*(p)*
Helmsange Helsem*(p)*
Hemd Hiem*(n,-er)*
Hemd Läpp*(m,-er)*
Hemdzipfel Läpp*(m,-er)*
hemmen complexéieren*(v)*
hemmen komplexéieren*(v)*
Hemmschwelle Hemmschwell*(f,-en)*
Hemmung Hemmung*(f,-en)*
hemmungslos hemmungslos*(adj)*
Hemstal Hemstel*(p)*
Henkelkrug Konkel*(f,-en)*
Henker Henker*(m,--)*
Hepatitis Hepatitis*(f,~)*
herab erof/rof*(adv)*
herab-/hinab rof/erof*(adv)*
herab-/hinabsteigen erofklammen*(v)*
herabschießen erofschéissen*(v)*
herabsetzen (Preis) demarkéieren*(v)*
herabsetzen (Preis) soldéieren*(v)*
heranbringen erubréngen*(v)*
herangehen (an etwas) abordéieren*(v)*
heranmachen, sich - erumaachen, sech -*(v)*
heranrücken eruréckelen*(v)*
heranrücken erurécken*(v)*
heranschleichen eruschläichen*(v)*
herantreten eruntrieden*(v)*
heranziehen erunzéien*(v)*
heranziehen kropen*(v)*
heranzüchten erunzillen*(v)*
herauf erop/rop*(adv)*
herauf-/hinaufbringen eropbréngen*(v)*
herauf-/hinauffahren eropfueren*(v)*
herauf-/hinauffallen eropfalen*(v)*
herauf-/hinauffliegen eropfléien*(v)*
herauf-/hinaufführen eropféieren*(v)*

herauf-/hinaufheben erophiewen *(v)*
herauf-/hinaufkeuchen eropkäichen *(v)*
herauf-/hinaufklettern eropklammen *(v)*
herauf-/hinaufkommen eropkommen *(v)*
herauf-/hinauflaufen eroplafen *(v)*
herauf-/hinaufschauen eropkucken *(v)*
herauf-/hinauftragen eropdroen *(v)*
herauf-/hinaufziehen eropzéien *(v)*
heraufarbeiten erofschaffen *(v)*
heraufbringen ropbréngen *(v)*
heraufladen eroplueden *(v)*
heraufschleppen ropschleefen *(v)*
heraufstufen eropstufen *(v)*
heraufziehen ropzéien *(v)*
heraus eraus/raus *(adv)*
heraus/hinaus raus/eraus *(adv)*
heraus-/hinausbringen erausbréngen *(v)*
heraus-/hinausbringen rausbréngen *(v)*
heraus-/hinausfahren erausfueren *(v)*
heraus-/hinausfallen erausfalen *(v)*
heraus-/hinausfallen rausfalen *(v)*
heraus-/hinausfliegen erausfléien *(v)*
heraus-/hinausfliegen rausfléien *(v)*
heraus-/hinausfließen erausfléissen *(v)*
heraus-/hinausflutschen rausflutschen *(v)*
heraus-/hinausführen erausféieren *(v)*
heraus-/hinauskriechen erauskrauchen *(v)*
heraus-/hinauskriechen rauskrauchen *(v)*
heraus-/hinauslassen erausloossen *(v)*
heraus-/hinauslassen rausloossen *(v)*
heraus-/hinauslaufen erauslafen *(v)*
heraus-/hinauslocken erauslackelen *(v)*
heraus-/hinauslugen erausluussen *(v)*
heraus-/hinauslugen rausluussen *(v)*
heraus-/hinausreichen rausreechen *(v)*
heraus-/hinausrollen rausrullen *(v)*
heraus-/hinausschauen erauskucken *(v)*
heraus-/hinausschauen rauskucken *(v)*
heraus-/hinausschicken erausschécken *(v)*
heraus-/hinausschicken rausschécken *(v)*
heraus-/hinausschleichen erausschläichen *(v)*
heraus-/hinausschleppen erausschleefen *(v)*
heraus-/hinausschleppen rausschleppen *(v)*
heraus-/hinausschleudern erausschleideren *(v)*
heraus-/hinausspringen erausssprangen *(v)*
heraus-/hinaustragen erausdroen *(v)*
heraus-/hinaustragen rausdroen *(v)*
heraus-/hinaustreten eraustrieden *(v)*
heraus-/hinauswagen rauswoen *(v)*
heraus-/hinauswerfen erausgeheien *(v)*
heraus-/hinauswollen rauswëllen *(v)*
heraus-/hinausziehen rauszéien *(v)*
herausarbeiten erausschaffen *(v)*

herausbaggeren rausbaggeren *(v)*
herausbaggern erausbaggeren *(v)*
herausbauen rausbauen *(v)*
herausbekommen rauskréien *(v)*
herausblasen rausblosen *(v)*
herausbuddeln rausbuddelen *(v)*
herausdrücken erausdrécken *(v)*
herausdrücken rausdrécken *(v)*
herausfiltern erausfilteren *(v)*
herausfiltern rausfilteren *(v)*
herausfinden erausfannen *(v)*
herausfinden rausfannen *(v)*
herausfischen erausfëschen *(v)*
herausfischen erauskropen *(v)*
herausfischen rausfëschen *(v)*
herausfließen rausfléissen *(v)*
herausfordern erausfuederen *(v)*
herausfordern fuerderen *(v)*
herausfordern opfuerderen *(v)*
herausfordern rausfuerderen *(v)*
herausfordern reizen *(v)*
Herausforderung Erausfuerderung *(f, -en)*
herausgeben erausginn *(v)*
herausgeben rausginn *(v)*
herausgeben (Buch) editéieren *(v)*
Herausgeber Editeur *(m, -en)*
herausgehen (auch: Flecken) erausgoen *(v)*
herausgehen, aus sich - exterioriséieren *(v)*
herausgeputzt vermoschtert *(v)*
herausgreifen erausgräifen *(v)*
herausgreifen rausgräifen *(v)*
heraushalten eraushalen *(v)*
heraushängen eraushänken *(v)*
heraushängen raushänken *(v)*
heraushauen eraushaen *(v)*
herausholen eraushuelen *(v)*
herausholen raushalen *(v)*
herausholen raushuelen *(v)*
heraushören erausheieren *(v)*
heraushören raushéieren *(v)*
herauskehren erauskéieren *(v)*
herauskehren rauskéieren *(v)*
herausklauben rauskromen *(v)*
herausklauben rauskropen *(v)*
herausklettern rausklammen *(v)*
herausklopfen erausklappen *(v)*
herauskommen erauskommen *(v)*
herauskommen rauskommen *(v)*
herauskramen auskromen *(v)*
herauskramen erauskromen *(v)*
herauskriegen erauskréien *(v)*
herauskristallisieren erauskristalliséieren *(v)*
herauskristallisieren rauskristalliséieren *(v)*

herauslesen erausliesen *(v)*
herauslesen rausliesen *(v)*
herauslösen, Knochen - desosséieren *(v)*
herausnehmen eraushuelen *(v)*
herausoperieren erausoperéieren *(v)*
herauspflücken rausplécken *(v)*
herauspicken erauspicken *(v)*
herauspicken erausplécken *(v)*
herauspicken erauswielen *(v)*
herausplatzen erausplatzen *(v)*
herausputzen, sich - erausfizen, sech - *(v)*
herausputzen, sich - erausmaachen, sech - *(v)*
herausputzen, sich - fizen, sech - *(v)*
herausquellen rausquëllen *(v)*
herausreden, sich - erausrieden, sech - *(v)*
herausreißen ausrappen *(v)*
herausreißen erausräissen *(v)*
herausreißen erausrappen *(v)*
herausreißen extirpéieren *(v)*
herausreißen rausrappen *(v)*
herausrennen rausrennen *(v)*
herausrücken erausréckelen *(v)*
herausrücken erausrécken *(v)*
herausrücken rausréckelen *(v)*
herausrücken rausrécken *(v)*
herausrufen rausruffen *(v)*
herausrutschen erausrëtschen *(v)*
herausrutschen erausrutschen *(v)*
herausrutschen rausrëtschen *(v)*
herausrutschen rausrutschen *(v)*
herausschaffen rausschaffen *(v)*
herausschälen erausschielen *(v)*
herausscharren erausschären *(v)*
herausscharren rausschären *(v)*
herausschaufeln rausschëppen *(v)*
herausschießen erausschéissen *(v)*
herausschlagen erausschloen *(v)*
herausschlagen rausschloen *(v)*
herausschneiden erausschneiden *(v)*
herausschneiden rausschneiden *(v)*
herausschnippeln erausschnëppelen *(v)*
herausschnippeln rausschnëppelen *(v)*
herausschöpfen erausschäffen *(v)*
herausschöpfen rausschäffen *(v)*
herausschütten rausschëdden *(v)*
herausschweißen erausschweessen *(v)*
herausschweißen rausschweessen *(v)*
herausspringen raussprangen *(v)*
heraussprudeln erausspruddelen *(v)*
heraussprudeln rausspruddelen *(v)*
heraussprudeln spruddelen *(v)*
herausspüren erausspieren *(v)*
herausstechen (aus Masse) erausfalen *(v)*

herausstehen rausstoen*(v)*
herausstellen erausstellen*(v)*
herausstellen rausstellen*(v)*
herausstrecken erausstrecken*(v)*
herausstrecken rausstrecken*(v)*
herausstreichen erausstäichen*(v)*
herausstreichen rausstäichen*(v)*
heraustreiben erausschéissen*(v)*
heraustreten raustrieden*(v)*
herauswachsen erauswuessen*(v)*
herauswälzen erauswenzelen*(v)*
herauswühlen erausbuddelen*(v)*
herauswürgen erauswiergen*(v)*
herauswürgen rauswiergen*(v)*
herausziehen erauszéien*(v)*
herbei erbäi*(adv)*
herbeibringen erbäibréngen*(v)*
herbeieilen erbäifléien*(v)*
herbeiführen erbäiféieren*(v)*
herbeiholen erbäihuelen*(v)*
herbeiholen erbäisichen*(v)*
herbeikommen noperen*(v)*
herbeilaufen erbäilafen*(v)*
herbeischaffen erbäischafen*(v)*
herbeispringen erbäisprangen*(v)*
herbeiwünschen erbäiwënschen*(v)*
herbeiwünschen erëmwënschen*(v)*
herbeizaubern erbäizauberen*(v)*
herbeiziehen erbäizéien*(v)*
Herborn Hierber*(p)*
herbringen bréngen*(v)*
herbringen matbréngen*(v)*
Herbst Hierscht*(m,~)*
Herbstblume Hierschtblumm*(f,-en)*
Herbstferien Hierschtvakanz*(f,-en)*
Herbstkollektion Hierschtkollektioun*(f,-en)*
Herbstsaat Hierschtsot*(f,-en)*
Herbstwetter Hierschtwieder*(n,~)*
Herbstzeitlose Hierschtblumm*(f,-en)*
Herbstzeitlose Luuchteblumm*(f,-en)*
Herbstzeitlose Uuchteblumm*(f,-en)*
Herd Kachmaschinn*(f,-en)*
Herd Uewen*(m,Iewen)*
Herde Trapp*(m,Träpp)*
herein eran/ran*(adv)*
herein- era-*(adv)*
herein-/hineinfahren rafueren*(v)*
herein-/hineinflattern rafladderen*(v)*
herein-/hineinfliegen rafléien*(v)*
herein-/hineinflutschen raflutschen*(v)*
herein-/hineinführen raféieren*(v)*
herein-/hineingaffen ranafen*(v)*
herein-/hineingeben raginn*(v)*
herein-/hineinholen eranhuelen*(v)*
herein-/hineinkommen erakommen*(v)*
herein-/hineinlaufen ralafen*(v)*
herein-/hineinlocken ralackelen*(v)*
herein-/hineinmarschieren ramarschéieren*(v)*
herein-/hineinreichen erareechen*(v)*
herein-/hineinrollen erarullen*(v)*
herein-/hineinrollen rarullen*(v)*
herein-/hineinrufen eraruffen*(v)*
herein-/hineinrutschen erarëtschen*(v)*
herein-/hineinschauen rakucken*(v)*
herein-/hineinscheinen raschéngen*(v)*
herein-/hineinschicken eraschécken*(v)*
herein-/hineinschleppen eraschleefen*(v)*
herein-/hineinschleppen raschleefen*(v)*
herein-/hineinschneien eraschneien*(v)*
herein-/hineinspazieren eraspadséieren*(v)*
herein-/hineinstecken rastiechen*(v)*
herein-/hineinstellen rastellen*(v)*
herein-/hineinstolpern erantrëllen*(v)*
herein-/hineinstolzieren erastolzéieren*(v)*
herein-/hineinstolzieren rastolzéieren*(v)*
herein-/hineinstoßen rastoussen*(v)*
herein-/hineinstrecken rastrecken*(v)*
herein-/hineinstürmen eraschéissen*(v)*
herein-/hineintorkeln rantrëllen*(v)*
herein-/hineintreiben erandreiwen*(v)*
herein-/hineinwagen rawoen*(v)*
herein-/hineinwollen rawëllen*(v)*
herein-/hineinziehen ranzéien*(v)*
hereinbringen erabréngen*(v)*
hereinfallen (auf jn, etw) erafalen*(v)*
hereinfallen (getäuscht werden) rafalen*(v)*
hereinflattern erafladderen*(v)*
hereinfliegen erafléien*(v)*
hereinholen ranhuelen*(v)*
hereinkommen rakommen*(v)*
hereinlassen eraloossen*(v)*
hereinlegen wéckelen*(v)*
hereinlegen (betrügen) eraleeën*(v)*
hereinlegen (getäuscht werden) raleeën*(v)*
hereinlegen, jn - Lisett, ee bei d'- loossen*(exp)*
hereinlocken eralackelen*(v)*
hereinplatzen eraplatzen*(v)*
hereinrufen raruffen*(v)*
herfallen hierfalen*(tr)(v)*
hergeben hierginn*(tr)(v)*
hergehen, hoch - dimmeren*(v)*
herhalten duerhalen*(v)*
herhalten hierhalen*(tr)(v)*
Hering Héierek*(m,-er)*
Hering Héierenk*(m,-er)*
Hering Hierk*(m,-en)*
herkommen hierkommen*(tr)(v)*
Herkunft Origine*(f,Originnen)*
hermachen, sich über etw - hiermaachen, sech iwwer eppes -*(tr)(exp)*
hermetisch hermetesch*(adj)*
hernehmen hierhuelen*(tr)(v)*
hernehmen hierkréien*(tr)(v)*
Heroin Heroin*(m,~)*
Herr Här*(m,-en)*
Herr Meeschter*(m,-en)*
Herrendoppel Härendoubel*(m,-en)*
Herreneinzel Häreneenzel*(m,~)*
Herrenfrisör Härecoiffer*(m,-en)*
Herrenhaus Härenhaus*(n,-haiser)*
Herrgott Hägott*(m,~)*
Herrgott Herrgott*(m,~)*
Herrgottsfrühe Herrgottsfréi*(f,~)*
herrichten amenagéieren*(v)*
herrichten noeneen, - maachen*(exp)*
Herrlichkeit Herrlechkeet*(f,-en)*
Herrschaften Herrschaften*(npl)*
herrschen herrschen*(v)*
herrschen regéieren*(v)*
Hersberg Heeschbrech*(p)*
herstammen hierstamen*(tr)(v)*
herstellen hierstellen*(tr)(v)*
herüber eriwwer*(adv)*
herüber-/hinüber-/rüber- riwwer-/eriwwer-*(adv)*
herüberkommen eriwwerkommen*(v)*
herübernehmen iwwerhuelen*(tr)(v)*
herüberwinken eriwwerwénken*(v)*
Herumalbern Gegecks*(n,~)*
herumbalgen rëmballegen*(v)*
herumbalgen, sich - erëmballegen, sech -*(v)*
herumbasteln kniwwelen*(v)*
herumbasteln zwaffen*(ugs)(v)*
herumdoktern pléischteren*(v)*
herumfummeln piddelen*(v)*
herumfummeln triwwelen*(v)*
herumfummeln, an etw - fréckelen, un eppes-*(exp)*
herumhantieren chipotéieren*(v)*
herumhantieren hantéieren*(v)*
herumhantieren knéchelen*(v)*
herumhantieren koschteren*(v)*
herumhantieren ronderëmhantéieren*(v)*
herumklettern kloteren*(v)*
herumkommandieren ronderëmkommandéieren*(v)*
herumkramen ramoschteren*(v)*
herumkutschieren rondrëmkutschéieren*(v)*
herumlungern strummen*(v)*

herumplagen, sich - baalgen, sech -*(v)*
herumpoltern ramoueren*(v)*
herumpoltern rumoueren*(v)*
herumposaunen posaunen*(v)*
herumreichen erëmreechen*(v)*
herumschlagen erëmschloen*(v)*
herumschlagen, sich - erëmklappen, sech -*(v)*
herumschlendern täisselen*(v)*
herumschnüffeln (aus Neugier) virwëtzen*(v)*
herumsprechen, sich - erëmschwätzen, sech -*(v)*
herumstöbern kruewelen*(v)*
herumstöbern ramoschteren*(v)*
herumstochern piddelen*(v)*
herumtappen topen*(v)*
herumtollen rolzen*(v)*
herumtreiben, sich - erëmdreiwen, sech -*(v)*
herumtreiben, sich lärmend - jachtelen*(v)*
herumtrödeln trentelen*(v)*
herumwerkeln knätzelen*(v)*
herumwüten (in Örtlichkeit) hausen*(v)*
herumziehen fändelen*(v)*
herumziehen strummen*(v)*
herunter erof/rof*(adv)*
herunter-/hinunterfahren eroffueren*(v)*
herunter-/hinunterfallen eroffalen*(v)*
herunter-/hinunterflattern eroffladderen*(v)*
herunter-/hinunterkommen erofkommen*(v)*
herunter-/hinunterlassen erofloossen*(v)*
herunter-/hinunterlaufen eroflafen*(v)*
herunter-/hinunterrutschen erofrutschen*(v)*
herunter-/hinunterschauen erofkucken*(v)*
herunter-/hinunterspringen erofsprangen*(v)*
herunter-/hinunterwerfen erofgeheien*(v)*
herunter-/hinunterwerfen erofwäerfen*(v)*
herunter-/hinunterziehen erofzéien*(v)*
herunterbaumeln, lose - kludderen*(v)*
herunterbeten rofbieden*(v)*
herunterbringen erofbréngen*(v)*
herunterfallen roffalen*(v)*
herunterfallen roftrëllen*(v)*
herunterflattern roffladderen*(v)*
herunterhängen erofhänken*(v)*
herunterholen erofhuelen*(v)*
herunterholen rofhuelen*(v)*
herunterkriegen erofkréien*(v)*
herunterladen downloaden*(v)*
herunterladen eroflueden*(v)*
herunterladen roflueden*(v)*
herunterlassen rofloossen*(v)*
herunterleiern erofbieden*(v)*
herunterleiern erofleieren*(v)*
herunterleiern rofleieren*(v)*
herunterlesen rofliesen*(v)*
heruntermachen denigréieren*(v)*
herunternehmen erofhuelen*(v)*
herunterreißen erofräissen*(v)*
heruntersäbeln rofsäbelen*(v)*
herunterscharren erofschären*(v)*
herunterschießen rofschéissen*(v)*
herunterschlucken verschlécken*(v)*
herunterschneiden rofschneiden*(v)*
herunterschrauben rofschrauwen*(v)*
heruntersetzen erofsetzen*(v)*
heruntersingen rofsangen*(v)*
herunterspielen erofspillen*(v)*
herunterspielen rofspillen*(v)*
herunterstufen erofstufen*(v)*
herunterstufen rofstufen*(v)*
herunterwerfen rofdicksen*(v)*
herunterwürgen erofwiergen*(v)*
herunterwürgen rofwiergen*(v)*
hervorgehen ervirgoen*(v)*
hervorheben erausstäichen*(v)*
hervorheben ervirhiewen*(v)*
hervorkommen ervirkommen*(v)*
hervorquellen bëlzen*(v)*
hervorragend exzellent*(adj)*
hervorragend prestigiéis*(adj)*
hervorrufen ervirruffen*(v)*
hervorstechen ervirstiechen*(v)*
hervorstehen erausstoen*(v)*
hervortreten ervirtrieden*(v)*
hervortun, sich - ervirdoen, sech -*(v)*
Herz Häerz*(n,-er)*
Herz (Zentrum) Kär*(m,-en)*
herzallerliebst häerzallerléifst*(adj)*
Herzchen Häerzchen*(m,Häerzercher)*
Herzchen Häerzi*(m,-en)*
Herzensangelegenheit Häerzensugeleeënheet*(f,-en)*
herzhaft gehäerzt*(adj)*
herziehen über (jn) beklaatschen*(v)*
herziehen, über jn - lassfueren, géint ee -*(exp)*
herzig häerzeg*(adj)*
Herzinfarkt Häerzinfarkt*(m,-er)*
herzkrank häerzkrank*(adj)*
herzlich häerzlech*(adj)*
Herzlichkeit Häerzlechkeet*(f,-en)*
Herzlosigkeit Häerzlosegkeet*(f,-en)*
Herzmassage Häerzmassage*(f,-n)*
Herzoperation Häerzoperatioun*(f,-en)*
Herzschlag Häerzschlag*(m,-schléi)*
Herzschmerz Häerzpéng*(npl)*
Herzschrittmacher Häerzschrittmacher*(m,--)*
Herzspezialist Häerzspezialist*(m,-en)*
Herzstillstand Häerzstëllstand*(m,~)*
Hesperange Hesper*(p)*
heterogen heterogen*(adj)*
Heterogenität Heterogenitéit*(f,~)*
heterosexuell heterosexuell*(adj)*
Hettange-Grande (Lothringen) Hetten*(p)*
Hetze Hetz*(f,~)*
hetzen hetzen*(v)*
Hetzjagd Hetzjuegd*(f,-juegten)*
Hetzkampagne Hetzkampagn*(f,-en)*
Heu Hee*(n,~)*
Heuballen Botte Hee*(exp)*
Heubaum Wissbam*(m,-beem)*
Heuchler Heuchler*(m,--)*
Heuhaufen Heehapp*(f,-häpp)*
heulen brëllen*(v)*
heulen haulen*(v)*
heulen pinschen*(v)*
Heuraufe Raf*(f,-en)*
Heuraufe Raf*(m,-en)*
Heuschnupfen Heeschnapp*(m,~)*
Heuschrecke Heesprénger*(m,--)*
heute haut*(adv)*
heute Abend haut den Owend*(adv)*
heute Mittag haut de Mëtteg*(adv)*
heute Nachmittag haut den Nomëtteg*(adv)*
heute Nacht hënt*(adv)*
heutzutage hautdesdaags*(adv)*
heutzutage hautzedaags*(adv)*
Hexe Hex*(f,-en)*
Hexe, alte - Wiederhex*(f,-en)*
hexen hexen*(v)*
Hexenmeister Hexemeeschter*(m,-en)*
Hexenschuss Hexeschoss*(m,-schëss)*
Hexerei Hexerei*(f,-en)*
Hieb Ha*(m,Hee)*
hier elei*(adv)*
hier hei*(adv)*
hier draußen heibaussen*(adv)*
hier drinnen heibannen*(adv)*
hier in der Gegend heirëmmer*(adv)*
hier und dort elei an elo*(exp)*
hier unten heinidden*(adv)*
Hierarchie Hierarchie*(f,-n)*
hierbleiben heibleiwen*(tr)(v)*
hierfür heifir*(adv)*
hiergegen heigéint*(adv)*
Hierheck Hierheck*(p)*
hierher heihin*(adv)*
hierher hier*(adv)*
hiervon heivun*(adv)*
High Society High Society*(f,~)*
Hightech Hightech*(m,~)*

Hilfe	Hëllef *(f,~)*
Hilfe!	Hëllef! *(exp)*
hilflos	hilflos *(adj)*
hilfreich	hëllefräich *(adj)*
hilfsbereit	hëllefsbereet *(adj)*
Hilfskraft	Hëllefskraaft *(f,-kräften)*
Hilfsorganisation	Hëllefsorganisatioun *(f,-en)*
Hilfsverb	Hëllefsverb *(n,-en)*
Himbeere	Hambier *(n,~)*
Himbeere, eine -	Hambier, e Kär - *(exp)*
Himmel	Himmel *(m,-en)*
himmelblau	himmelblo *(adj)*
himmlisch	himmlesch *(adj)*
hin und her	hin an hier *(exp)*
hinab	erof/rof *(adv)*
hinab	nidder *(adv)*
hinabfahren	roffueren *(v)*
hinabfließen	roffléissen *(v)*
hinabführen	offéieren *(v)*
hinabhängen	rofhänken *(v)*
hinabklettern	rofklammen *(v)*
hinabrollen	erofrullen *(v)*
hinabsegeln	rofseegelen *(v)*
hinabtragen	erofdroen *(v)*
hinabtreiben	erofdreiwen *(v)*
hinauf	erop/rop *(adv)*
hinauf/herauf	rop/erop *(adv)*
hinaufdrücken	eropdrécken *(v)*
hinaufdrücken	ropdrécken *(v)*
hinauffahren	ropfueren *(v)*
hinauffliegen	ropfléien *(v)*
hinaufführen	ropféieren *(v)*
hinaufgehen	eropgoen *(v)*
hinaufgehen	ropgoen *(v)*
hinaufheben	rophiewen *(v)*
hinaufkeuchen	ropkäichen *(v)*
hinaufklettern	opklammen *(v)*
hinaufklettern	ropklammen *(v)*
hinauflaufen	roplafen *(v)*
hinaufschauen	ropkucken *(v)*
hinaufsteigen	opklammen *(v)*
hinauftragen	ropdroen *(v)*
hinaufzeigen	eropweisen *(v)*
hinaufzeigen	ropweisen *(v)*
hinaus	eraus/raus *(adv)*
hinausbrüllen	erausbrëllen *(v)*
hinausbrüllen	rausbrëllen *(v)*
hinausekeln	erausekelen *(v)*
hinausfahren	rausfueren *(v)*
hinausfegen	erauskieren *(v)*
hinausfegen	rauskieren *(v)*
hinausfließen	rausfléissen *(v)*
hinausführen	rausféieren *(v)*
hinausgehen	erausgoen *(v)*
hinausgehen	rausgoen *(v)*
hinausjagen	erausdämpen *(v)*
hinauskomplimentieren	erauskomplimentéieren *(v)*
hinauslaufen	rauslafen *(v)*
hinausragen	depasséieren *(v)*
hinausrennen	erausrennen *(v)*
hinausrollen	erausrullen *(v)*
hinausschmeißen	erausklaken *(v)*
hinausschmeißen	erauspuchen *(v)*
hinausschmeißen	erauswäerfen *(v)*
hinausschreien	erausruffen *(v)*
hinauswachsen	rauswuessen *(v)*
hinauswachsen (Pflanzen)	iwwerwucheren *(utr)(v)*
hinauswagen, sich -	erauswoen, sech - *(v)*
hinauswählen	rauswielen *(v)*
hinauswerfen	lanteren *(v)*
hinauswerfen	rausgeheien *(v)*
hinauswerfen	rauswäerfen *(v)*
hinausziehen, sich -	erauszéien, sech - *(v)*
hinauszögern (unnötig)	verschleefen *(v)*
hinblättern	hibliederen *(tr)(v)*
hinbringen	hibréngen *(tr)(v)*
hindern	contrariéieren *(v)*
hindern	hënneren *(v)*
Hindernis	Accroc *(m,-en)*
hindurch	derduerch *(adv)*
hindurchschauen	duerchkucken *(tr)(v)*
hindurchschlüpfen	duerchschlëppen *(tr)(v)*
hinein	dran *(adv)*
hinein	eran/ran *(adv)*
hinein-	era- *(adv)*
hinein-/hereinschicken	raschécken *(v)*
hineinbekommen	rakréien *(v)*
hineinbohren	erabueren *(v)*
hineindrehen	erandréien *(v)*
hineindrehen	randréien *(v)*
hineindrücken	erandrécken *(v)*
hineindrücken	randrécken *(v)*
hineinfahren	erafueren *(v)*
hineinfallen	drafalen *(v)*
hineinfallen	erafalen *(v)*
hineinfallen	rafalen *(v)*
hineinfressen	erafriessen *(v)*
hineinfressen	rafriessen *(v)*
hineinfressen, in sich -	erafriessen, an sech - *(exp)*
hineinführen	eraféieren *(v)*
hineingehen	eragoen *(v)*
hineingehen	ragoen *(v)*
hineingeraten	erageroden *(v)*
hineingeraten	rageroden *(v)*
hineinhören	eranhéieren *(v)*
hineinhören	ralauschteren *(v)*
hineinklettern	raklammen *(v)*
hineinköpfen	rakäppen *(v)*
hineinkriechen	akräichen *(v)*
hineinkriechen	drakrauchen *(v)*
hineinkriechen	erakrauchen *(v)*
hineinkriechen	rakrauchen *(v)*
hineinlaufen	eralafen *(v)*
hineinlegen	draleeën *(v)*
hineinlegen	eraleeën *(v)*
hineinlegen	erawerfen *(v)*
hineinlegen	raleeën *(v)*
hineinmanövrieren	eramanövréieren *(v)*
hineinmanövrieren	ramanövréieren *(v)*
hineinpassen	erapassen *(v)*
hineinpassen	rapassen *(v)*
hineinpressen	stompen *(v)*
hineinquetschen	eraquëtschen *(v)*
hineinrennen	drarennen *(v)*
hineinrutschen	drarëtschen *(v)*
hineinrutschen	drarutschen *(v)*
hineinrutschen	eraglëtschen *(v)*
hineinrutschen	raglëtschen *(v)*
hineinrutschen	rarëtschen *(v)*
hineinschauen	erakucken *(v)*
hineinschaufeln	aschëppen *(v)*
hineinschaufeln	eraschëppen *(v)*
hineinschaufeln	raschëppen *(v)*
hineinschießen	eraschéissen *(v)*
hineinschlagen	drafachen *(v)*
hineinschmeißen	drageheien *(v)*
hineinschmuggeln	eraschmuggelen *(v)*
hineinschreiben	raschreiwen *(v)*
hineinschütten	draschëdden *(v)*
hineinschütten	eraschëdden *(v)*
hineinschütten	raschëdden *(v)*
hineinspringen	drasprangen *(v)*
hineinstarren	eranafen *(v)*
hineinstechen	drastiechen *(v)*
hineinstechen	erastiechen *(v)*
hineinstellen	drastellen *(v)*
hineinstellen	erastellen *(v)*
hineinstoßen	erastoussen *(v)*
hineinstürzen, sich in etw -	stierzen, sech an eppes - *(exp)*
hineintreiben	randreiwen *(v)*
hineintreten	erantréppelen *(v)*
hineintreten	rantréppelen *(v)*
hineintunken	dranzappen *(v)*
hineinwachsen	rawuessen *(v)*
hineinwählen	rawielen *(v)*

hineinwerfen	erawerfen(v)
hineinwühlen	rawullen(v)
hineinziehen (in eine Sache)	eranzéien(v)
hineinzwängen	raquëtschen(v)
hinfahren	hifueren(tr)(v)
hinfallen	trëllen(v)
hinfallen, der Länge nach -	dohifalen(v)
hinfliegen	hifléien(tr)(v)
hinführen	hiféieren(tr)(v)
hingehen	higoen(tr)(v)
hingehören	higehéieren(tr)(v)
hinhalten	hinhalen(tr)(v)
hinhalten	vertréischten(v)
hinhocken, sich -	huppen, sech -(v)
Hinkel	Hénkel(p)
hinken	hippelen(v)
hinken	hippen(v)
hinken	schlamm goen(exp)
hinkend	schlamm(adj)
hinknien	hiknéien(tr)(v)
hinkommen	hikommen(tr)(v)
hinkriegen	hikréien(tr)(v)
hinlaufen	hilafen(tr)(v)
hinlegen	hileeën(tr)(v)
hinlegen, sich -	hileeën, sech -(tr)(v)
hinlegen, sich -	leeën, sech -(v)
hinlegen, sich -	nidderleeën, sech -(v)
hinlegen, sich -	tässelen, sech -(v)
hinreißen	hiräissen(tr)(v)
hinrichten	hiriichten(tr)(v)
Hinrichtung	Exekutioun(f,-en)
hinschauen, nicht richtig -	verkucken, sech -(v)
hinschleichen	hischläichen(v)
hinschleifen	hischleefen(v)
hinschleudern	puchen(v)
hinschmeißen	dohiklaken(v)
hinschmeißen	duergeheien(v)
hinschmeißen	hiklaken(tr)(v)
hinschmeißen	jummen(v)
Hinsicht	Hisiicht(f,-en)
hinstecken	histiechen(v)
hinstellen	dohistellen(v)
hinstellen	histellen(v)
hinsteuern	histeieren(v)
hinten	hannen(adv)
hinten (in Raum, Gebäude)	hannenaus(adv)
hinten herum	hannenerëm(adv)
hinten, ganz -	hannenaus, ganz -(exp)
hintendrauf	hannendrop(adv)
hintenrum	hannelaanscht(adv)
hinter	hanner(pp)
hinter	hannert(pp)
hinter	hannerun(pp)
hinter/hinterst	hënnescht(adj)
hinterbringen	erëmsoen(v)
hinterbringen	rapportéieren(v)
hintereinander	hannereneen(adv)
hintereinander	hannerteneen(adv)
Hintergedanken	Hannergedanken(m,--)
hintergehen	beducksen(v)
hintergehen	bedupsen(v)
hintergehen	beduxen(v)
hintergehen	hannergoen(utr)(v)
hintergehen, jn -	luppen, engem eng -(exp)
Hintergrund	Fong(m,~)
Hintergrund	Hannergrond(m,-grënn)
Hintergrundgeräusch	Niewegeräisch(n,-er)
Hinterhassel	Hannerhaassel(p)
hinterher	hannerno(adv)
hinterherschmeißen	nowäerfen(v)
hinterhertrippeln	nodabberen(v)
hinterherwatscheln	nowackelen(v)
hinterlassen	hannerloossen(utr)(v)
hinterlegen	hannerleeën(utr)(v)
hinterlegen (Testament)	deponéieren(v)
Hinterlist	Affekotekniff(f,-en)
Hinterlist	Affekotentrick(m,-en)
Hinterlist	Nidderträchtegkeet(f,-en)
hinterlistig	hannerlëschteg(adv)
hinterlistig	nidderträchteg(adj)
Hintern	Aaschtiitchen(vulg)(f,-titercher)
Hintern	Aaschtut(vulg)(f,-en)
Hintern	Deckel(scherzh)(m,-en)
Hintern	Hënner(m,-en)
Hintern, dicker -	Këscht, déck -(exp)
Hinterrad	Rad, hënnescht -(exp)
hintertreiben	hannerdreiwen(utr)(v)
Hintertür	Hënnerdier(f,-en)
Hintertür	hënnescht Dier(exp)
hinterziehen	hannerzéien(utr)(v)
hinüber	eriwwer(adv)
hinüberfahren	eriwwerfueren(v)
hinübergeben	iwwerginn(tr)(v)
hinübergehen	eriwwergoen(v)
hinübergehen	iwwergoen(tr)(v)
hinüberretten	eriwwerretten(v)
hinüberschauen	eriwwerkucken(v)
hinüberwinken	eriwwerwénken(v)
hinüberziehen	eriwwerzéien(v)
hinunter	erof/rof(adv)
hinunterblicken	rofkucken(v)
hinunterbringen	ofbréngen(v)
hinunterdrücken	erofdrécken(v)
hinunterdrücken	rofdrécken(v)
hinunterfegen	rofschären(v)
hinunterfließen	erofflléissen(v)
hinuntergehen	erofgoen(v)
hinuntergehen	ofgoen(v)
hinuntergehen	rofgoen(v)
hinunterkommen	rofkommen(v)
hinunterlaufen	roflafen(v)
hinunterrennen	rofrennen(v)
hinunterrollen	rofrullen(v)
hinunterrutschen	ofrutschen(v)
hinunterrutschen	rofrëtschen(v)
hinunterrutschen	rofrutschen(v)
hinunterschleichen	erofschläichen(v)
hinunterschleichen	rofschläichen(v)
hinunterschlendern	erofträppelen(v)
hinunterschlucken	ofschlécken(v)
hinuntersegeln	erofseegelen(v)
hinunterspringen	erofsprangen(v)
hinunterspringen	rofsprangen(v)
hinuntertreiben	erofdreiwen(v)
hinuntertreiben	rofdreiwen(v)
hinunterwerfen	rofgeheien(v)
hinunterwürgen	ofwiergen(v)
hinunterziehen	ënnerzéien(tr)(v)
hinunterziehen	erofzéien(v)
hinweggehen, über etw -	wechgoen, iwwer eppes -(exp)
hinwegkommen, über etw -	verquëssen(v)
Hinweis	Indikatioun(f,-en)
hinweisen	hindeiten(tr)(v)
hinweisen	hiweisen(tr)(v)
hinweisen, auf etw -	hiweisen, op eppes -(tr)(exp)
Hinweisschild	Schëld(n,Schëlter)
hinziehen (Umzug)	hiplënneren(tr)(v)
hinziehen, sich -	zéien, sech -(v)
hinzu	bäi(adv)
hinzu	derbäi(adv)
hinzu	derzou(adv)
hinzubekommen	bäikréien(v)
hinzufügen	bäiflécken(v)
hinzufügen	bäifügen(v)
hinzufügen	dobäimaachen(v)
hinzugeben (Lohn)	bäisetzen(v)
hinzukommen	bäikommen(v)
hinzukommen	dobäikommen(v)
hinzulegen	dropginn(v)
hinzulernen	bäiléieren(v)
hinzulernen	ewechdroen(v)
hinzulernen	wechdroen(v)
hinzupacken	bäipaken(v)
hinzurechnen	bäizéien(v)
hinzurufen	erbäiruffen(v)
hinzusetzen	derbäisetzen(v)
hinzusetzen	dobäisëtzen(v)

hinzuwählen	cooptéieren(v)
Hiobsbotschaft	Hiobsbotschaft(f,-en)
Hippe	Kromm(f,-en)
Hirnhautentzündung	Hirnhautentzündung(f,-en)
hirnlos	gehirlos(adj)
hirnverbrannt	hirwenneg(adj)
Hirsch	Hirsch(m,-en)
Hirschkuh	Hirschkou(f,-kéi)
Hirse	Hiergem(m,~)
Hirte	Hiert(m,-en)
historisch	historesch(adj)
Hitparade	Charts(npl)
Hitparade	Hitparad(f,-en)
Hitze	Hëtzt(f,-en)
Hitzewelle	Hëtzewell(f,-en)
hitzig	hëtzeg(adj)
Hivange	Héiweng(p)
Hobby	Hobby(n,-en)
Hobbykoch	Hobbykach(m,-käch)
Hobel	Huwwel(m,-en)
hobeln	huwwelen(v)
Hobelspäne	Huwwelspéin(npl)
Hobscheid	Habscht(p)
hoch	héi(adj)
hoch	héich(adj)
hoch aufgeschossen	gakeg(adj)
Hochamt	Houmass(f,-en)
hocharbeiten	ermaachen, sech -(v)
hocharbeiten, sich -	eropschaffen, sech -(v)
hocharbeiten, sich -	ropschaffen, sech -(v)
hochbleiben	héichbleiwen(tr)(v)
Hochburg	Citadelle(f,-n)
Hochdeutsch	Héichdäitsch(n,~)
Hochdruck	Héichdrock(m,~)
Hochdruckgebiet	Héichdrockgebitt(n,-er)
Hochfrequenz	Héichfrequenz(f,-en)
hochgeschossen	gebeemt(scherzh)(adj)
hochgestochen	pretentiéis(adj)
hochhalten	héichhalen(tr)(v)
Hochhaus	Héichhaus(n,-haiser)
hochheben	héichhiewen(tr)(v)
hochheben	lichen(v)
hochkrempeln (Ärmel)	eropdiebelen(v)
hochkrempeln (Ärmel)	ropschloen(v)
Hochmut	Abildung(f,~)
hochmütig	groussaarteg(adj)
hochnäsig	blaséiert(adj)
Hochnäsigkeit	Houfert(m,~)
Hochofen	Héichuewen(m,-iewen)
hochprozentig	héichprozenteg(adj)
hochrechnen	héichrechnen(tr)(v)
Hochrechnung	Héichrechnung(f,-en)
hochschrauben	eropschrauwen(v)
hochschrauben	ropschrauwen(v)
Hochschulreife	Premièresexamen(f,--)
Hochsprung	Héichspronk(m,-spréng)
hochstellen	héichstellen(tr)(v)
höchstenfalls	héchstefalls(adv)
höchstens	allefalls(adv)
höchstens	allerbeschtens(adv)
höchstens	allerhéchstens(adv)
höchstens	héchstens(adv)
Höchstform	Héchstform(f,~)
Höchstgeschwindigkeit	Héchstgeschwëndegkeet(f,-en)
Höchstgrenze	Limite(f,Limitten)
Hochwasser	Héichwaasser(n,~)
Hochwassergebiet	Héichwaasserregioun(f,-en)
Hochwassersituation	Héichwaassersituatioun(f,-en)
Hochzeit	Hochzäit(f,-en)
Hochzeit, goldene -	Hochzäit, gëllen -(exp)
Hochzeitsanzug	Brautkostüm(m,-er)
Hochzeitsessen	Hochzäitsiessen(n,--)
Hochzeitsfestlichkeit	Hochzäitsfestivitéit(f,-en)
Hochzeitsgeschenk	Hochzäitsgeschenk(n,-er)
Hochzeitskleid	Hochzäitskleed(n,-er)
Hochzeitsnacht	Brautnuecht(f,-en)
Hochzeitsnacht	Hochzäitsnuecht(f,-en)
Hochzeitsreise	Hochzäitsrees(f,-en)
Hochzeitstag	Hochzäitsdag(m,-deeg)
hochziehen (Kleidung)	ropstréppen(v)
hochziehen (Strümpfe, Hosen)	eropstréppen(v)
Hocke	Hupp(f,-en)
Hocke, in der -	Hippercher, op den -(exp)
Hocke, in der -	Huppen, op den -(exp)
hocken	hocken(v)
hocken	huckelen(v)
hocken	hucken(v)
hocken (Geflügel)	jucken(v)
Hocker	Hocker(m,-en)
Hocker	Tabouret(m,-en)
Hoesdorf	Héischdref(p)
Hof	Haff(m,Häff)
Hoffelt	Houfelt(p)
hoffen	hoffen(v)
hoffentlich	hoffentlech(adv)
Hoffnung	Hoffnung(f,-en)
hoffnungslos	hoffnungslos(adj)
Hoffnungslosigkeit	Hoffnungslosegkeet(f,-en)
hoffnungsvoll	hoffnungsvoll(adj)
höflich	héiflech(adj)
Höflichkeit	Héiflechkeet(f,-en)
Höhe	Héicht(f,-en)
Höhepunkt erreichen	kulminéieren(v)
hoher Beamter	héije Beamten(exp)
hohl	huel(adj)
Höhle	Hiel(f,-en)
Höhle	Hielecht(f,-en)
Höhle	Hillecht(f,-en)
Hohlweg	Griecht(f,-en)
Hohlweg	Hiel(f,-en)
Hohlweg	Huelwee(m,-ër)
Holdinggesellschaft	Holdingsgesellschaft(f,-en)
Hold-up	Hold-up(m,-pen)
holen	huelen(v)
holen, nach Hause -	heemhuelen(tr)(v)
Holland	Holland(p)
Holländer	Hollänner(m,--)
Holländerin	Hollännerin(m,-nen)
holländisch	hollännesch(adj)
Hölle	Häll(f,-en)
Hollenfels	Huelmes(p)
Holler	Holler(p)
Hollerich	Hollerech(p)
Holocaust	Holocaust(m,~)
holperig	knubbeleg(adj)
holprig	raddereg(adj)
holprig	stuckeleg(adj)
Holtz	Holtz(p)
Holunder	Hielenner(m,~)
Holunder	Hielenter(m,~)
Holz	Holz(n,~)
Holz-	hëlzen(adj)
Holz-	holzen(adj)
Holzbalken	Käffer(m,-en)
Holzbank (mit hoher Rückenlehne)	Siddel(f,-en)
Holzblasinstrument	Holzblosinstrument(n,-er)
Holzbock	Bëschzéck(f,-en)
Holzbock (Gestell)	Bock(m,Béck)
Holzem	Holzem(p)
Holzkohle	Holzkuel(f,-en)
Holzkugel	Klatz(f,-en)
Holzlatte	Dill(m,-en)
Holzreiser	Reiser(npl)
Holzsplitter	Splitter(m,--)
Holzstich	Holzstéch(m,--)
Holzthum	Holztem(p)
Holzweg	Holzwee(m,~)
Holzweg, auf dem - sein	Holzwee, um - sinn(exp)
Holzwolle	Holzwoll(f,~)
Holzwurm	Holzmued(m,-en)
Holzwurm	Holzwuerm(m,-wierm)
Homepage	Homepage(f,-n)
Hometrainer	Home-Trainer(m,-en)
homogenisieren	homogeniséieren(v)

Homogenität	Homogenitéit *(f,-en)*
homologieren	homologéieren *(v)*
homologieren	homologuéieren *(v)*
Homologierung	Homologatioun *(f,-en)*
Homosexualität	Homosexualitéit *(f,~)*
homosexuell	homosexuell *(adj)*
Homosexueller	Homo *(m,-en)*
Homosexueller	Lénksen *(m,-er)*
Honig	Hunneg *(m,~)*
Honigbiene	Hunnegbei *(f,-en)*
Honorar	Honorairen *(npl)*
honorieren	honoréieren *(v)*
Hopfen	Happ *(m,~)*
hopfen	happen *(v)*
hoppeln	hoppelen *(v)*
hops gehen	hops goen *(exp)*
hör mal!	allons *(exp)*
horchen	lauschteren *(v)*
Horcher	Lauschterer *(m,--)*
hören	héieren *(v)*
hören, Radio -	lauschteren, de Radio - *(exp)*
Hörer (Telefon)	Hörer *(m,--)*
Hörfehler	Hörfeeler *(m,--)*
Horizont	Horizont *(m,-en)*
horizontal	horizontal *(adj)*
Horn	Har *(n,-en)*
Hörnchen	Croissant *(m,-en)*
Hornhaut (Schwielen)	Houf *(m,~)*
Hornhaut (Schwielen)	Huff *(m,~)*
Hornisse	Hujel *(f,-en)*
Hornisse	Wissbei *(f,-en)*
Hortensie	Kommiounsblumm *(f,-en)*
Hoscheid	Houschent *(p)*
Hoscheid-Dickt	Houschter-Déckt *(p)*
Hoscheiderhof	Houschterhaff *(p)*
Hose	Box *(f,-en)*
Hosenanzug	Boxekostüm *(m,-er)*
Hosenbein	Boxebeen *(n,--)*
Hosenschlitz	Boxegueder *(m,-en)*
Hosenschlitz	Boxekueder *(m,-en)*
Hosenschlitz	Stall *(ugs)(m,~)*
Hosentasche	Boxentäsch *(f,-en)*
Hosenträger	Bretellen *(npl)*
Hosingen	Housen *(p)*
Hostert	Hueschtert *(p)*
Hostess	Hostess *(f,-en)*
Hostie	Hostchen *(f,Hostercher)*
Hostie	Hostie *(f,-n)*
Hotel	Hotel *(m,-len)*
Hotelbar	Hotelsbar *(f,-en)*
Hotelgewerbe	Hôtellerie *(f,~)*
Hotelpersonal	Hotelspersonal *(n,~)*
Hotelrechnung	Hotelsrechnung *(f,-en)*
Hotelzimmer	Hotelszëmmer *(n,-en)*
Hovelange	Huewel *(p)*
Howald	Houwald *(p)*
hübsch	flott *(adj)*
Hubschrauber	Helikopter *(m,-en)*
Huf	Houf *(m,--)*
Huf	Huff *(m,--)*
Hufeisen	Houfeisen *(n,--)*
Hufeisen	Huffeisen *(n,--)*
Hüfte	Hëff *(f,-en)*
Hüfte	Hëft *(f,-en)*
Hüftgelenk	Hëftgelenk *(n,-er)*
Hügel	Hiwwel *(m,-en)*
hügelig	hiwweleg *(adj)*
Huhn	Dickelchen *(n,Dickelcher)*
Huhn	Hong *(n,Hénger)*
Huhn	Poulet *(m,-en)*
Huhn, junges -	Pëll *(f,-en)*
Hühnchen	Pëll *(f,-en)*
Hühnerauge	Kréiena *(n,-n)*
Hühnerei	Héngeree *(n,-ër)*
Hühnerschlag	Héngerjuck *(m,-en)*
Hühnerschlag	Juck *(m,-en)*
Hühnerstall	Héngerstall *(m,-ställ)*
Hühnerzucht	Héngerziichterei *(f,-en)*
Huldange	Huldang *(p)*
Hülle	Schiel *(f,-en)*
Hülse	Hüls *(f,-en)*
Hülse	Scheek *(f,-en)*
Humanist	Humanist *(m,-en)*
humanistisch	humanistesch *(adj)*
humanitär	humanitär *(adj)*
Humanität	Humanitéit *(f,~)*
Humanwissenschaftliche Fakultät	Humanwëssenschafts-Fakultéit *(f,-en)*
Hummel	Bommel *(f,-en)*
Hummel	Hujel *(f,-en)*
Hummel	Hummel *(f/m,-en)*
Hummel	Wissbei *(f,-en)*
Hummer	Homard *(m,-en)*
Hummer	Hummer *(m,-en)*
Humor	Humor *(m,~)*
humoristisch	humoristesch *(adj)*
humpeln	hoppelen *(v)*
humpeln	humpelen *(v)*
Humus	Humus *(m,~)*
Huncherange	Hënchereng *(p)*
Hund	Hond *(m,Hënn)*
Hund	Mupp *(m,-en)*
Hündchen	Mippchen *(m,Mippercher)*
Hündchen	Mippi *(m,-en)*
Hundefraß	Hondsfriessen *(n,--)*
Hundehaufen	Stroll *(f,-en)*
Hundehütte	Hondshaischen *(n,-haisercher)*
Hundeleben	Hondsliewen *(n,~)*
Hundeleine	Hondsléngt *(f,-en)*
hundert	honnert *(adj)*
hunderteins	honnerteent *(adj)*
Hunderter	Honnerter *(m,--)*
hundertfach	honnertfach *(adj)*
Hundert-Meter-Lauf	Honnert-Meter-Laf *(m,-Leef)*
hundertzwei	honnertzwee *(adj)*
Hündin	Mudder *(f,-en)*
Hundsgemeinheit	Hondsgemengheet *(f,-en)*
hundsgewöhnlich	hondsgewéinlech *(adj)*
hundsmiserabel	hondsmiserabel *(adj)*
Hundsrose	Heckerous *(f,-en)*
Hundstage	Hondsdeeg *(npl)*
Hunger	Honger *(m,~)*
Hungerlohn	Hongerloun *(m,-léin)*
hungern	héngeren *(v)*
Hungersnot	Hongersnout *(f,-néit)*
Hungerstreik	Hongerstreik *(m,-en)*
hungrig	hongereg *(adj)*
hungrig sein	hongereg sinn *(exp)*
Hunsdorf	Hënsdref *(p)*
Hupe	Klaxon *(v)*
Hupe	Tut *(f,-en)*
hupen	tuten *(v)*
hüpfen	hopsen *(v)*
Hupperdange	Hëpperdang *(p)*
Hürdenlauf	Hürdelaf *(m,~)*
Hure	Houer *(f,-en)*
huren	houeren *(v)*
hurtig	hellewech *(adj)*
hurtig	huerteg *(adj)*
huschen	huschen *(v)*
hüsteln	hëmsen *(v)*
Husten	Houscht *(m,~)*
husten	houschten *(v)*
husten (stark, auch mit Auswurf)	katzen *(v)*
Hustenanfall	Houschtattack *(f,-en)*
Hut	Dunn *(scherzh)(f,-en)*
Hut	Hutt *(m,Hitt)*
hüten	hidden *(v)*
hüten, sich -	hidden, sech - *(v)*
Huttange	Hitten *(p)*
Hütte	Häip *(f,-en)*
Hütte	Heip *(f,-en)*
Hüttermühle	Hettermillen *(p)*
Hyazinthe	Jacinthe *(f,-n)*
hybrid	hybrid *(adj)*
Hydrant	Hydrant *(m,-en)*
Hydraulik	Hydraulik *(f,-en)*
hydraulisch	hydraulesch *(adj)*

Hydrokultur	Hydrokultur*(f,-en)*
hygienisch	hygienesch*(adj)*
Hyperaktivität	Hyperaktivitéit*(f,~)*
Hypnose	Hypnos*(f,-en)*
Hypnotiseur	Hypnotiseur*(m,-en)*
hypnotisieren	hypnotiséieren*(v)*
Hypochonder	Hypochonder*(m,--)*
Hypothek	Hypothéik*(f,-en)*
Hypothese	Hypothe*(e)s(f,-en)*
Hysterie	Hysterie*(f,-n)*
Hysteriker	Hysteriker*(m,~)*
hysterisch	hysteresch*(adj)*

I

iahen	iaen*(v)*
ich	ech*(pr)*
ideal	ideal*(adj)*
Ideal	Ideal*(n,-er)*
idealisieren	idealiséieren*(*
Idealismus	Idealismus*(m,~)*
Idealist	Idealist*(m,-en)*
Idee	Iddi*(f,-en)*
identifizieren	identifizéieren*(v)*
Identifizierung	Identifikatioun*(f,-en)*
identisch	nämmelech*(adj)*
Identität	Identitéit*(f,-en)*
Ideologie	Ideologie*(f,-n)*
Idiom	Idiom*(n,-en)*
idiomatisch	idiomatesch*(adj)*
Idiot	Idiot*(m,-en)*
Idyll	Idyll*(f,-en)*
Igel	Däreldéier*(m,-en)*
Igel	Igel*(m,-en)*
Igel	Kéisecker*(m,-en)*
ignorant	domm*(adj)*
Ignoranz	Ignoranz*(f,~)*
ignorieren	ignoréieren*(v)*
ihm	him*(pr)*
ihm (unbetont)	em*(pr)*
ihn	hien*(pr)*
ihn (unbetont)	en*(pr)*
ihnen	hinnen*(pr)*
Ihnen	lech*(pr)*
ihr	hir*(dét)*
Ihr(e)	Är*(dét)*
ihre	äert*(dét)*
ihrerseits	hirersäits*(adv)*
illegal	illegal*(adj)*
Illegalität	Illegalitéit*(f,-en)*
illegitim	illegitim*(adj)*
Illusion	Illusioun*(f,-en)*
Illustration	Illustratioun*(f,-en)*
illustrieren	illustréieren*(v)*
illustriert	illustréiert*(adj)*
Illustrierte	Illustréiert*(f,-en)*
im, in dem	am, an deem*(pp)*
Imbissbude	Frittebud*(f,-en)*
Imbringen	Amber*(p)*
Imitation	Imitatioun*(f,-en)*
immatrikulieren	immatriculéieren*(v)*
immer	ëmmer*(adv)*
immer noch	nach ëmmer*(exp)*
immerhin	ëmmerhin*(adv)*
Immobilie	Immobilie*(f,-n)*
Immobilienagentur	Immobilienagence*(f,-n)*
Immobilienagentur	Immobilière*(f,-n)*
immobilisieren	immobiliséieren*(v)*
immun	immun*(adj)*
immunisieren	immuniséieren*(v)*
Immunität	Immunitéit*(f,-en)*
Imperativ	Imperativ*(m,-en/er)*
impfen	impfen*(v)*
impfen	vaccinéieren*(v)*
Impfpass	Impfpass*(m,-päss)*
Impfung	Impfung*(f,-en)*
implantieren	implantéieren*(v)*
implementieren	implementéieren*(v)*
Implementierung	Implementatioun*(f,-en)*
implizieren	implizéieren*(v)*
implodieren	implodéieren*(v)*
Import	Import*(m,-er)*
importieren	importéieren*(v)*
imposant	imposant*(adj)*
imprägnieren	impregnéieren*(v)*
Improvisation	Improvisatioun*(f,-en)*
improvisieren	improviséieren*(v)*
Impuls	Impuls*(m,-er)*
imstande sein	amstand sinn*(exp)*
in	an*(pp)*
in der Mitte von	matzen an*(pp)*
in der Tat	nawell*(adv)*
inaktiv	inaktiv*(adj)*
inakzeptabel	inakzeptabel*(adj)*
Inbegriff	Inkarnatioun*(f,-en)*
indem	andeems*(cn)*
Inder	Inder*(m,--)*
Index	Index*(m,-en)*
indexieren	indexéieren*(v)*
Indianer	Indianer*(m,--)*
Indifferenz	Indifferenz*(f,-en)*
Indikation	Indikatioun*(f,-en)*
Indikativ	Indikativ*(m,-en/er)*
indisch	indesch*(adj)*
indiskret	indiskret*(adj)*
individualisieren	individualiséieren*(v)*
Individualist	Individualist*(m,-en)*
individuell	individuell*(adj)*
Individuum	Individuum*(m,Individuen)*
indoktrinieren	endoktrinéieren*(v)*
indoktrinieren	indoktrinéieren*(v)*
indoktrinieren	triichteren*(v)*
industrialisieren	industrialiséieren*(v)*
Industrialisierung	Industrialisatioun*(f,-en)*
Industrialisierung	Industrialiséierung*(f,-en)*
Industrie	Industrie*(f,-n)*
Industriegebiet	Industriegebitt*(f,-er)*
Industrieller	Industriellen*(m,Industriell)*
Industrienation	Industrienatioun*(f,-en)*
Industriestaat	Industriestat*(m,-en)*
Industriezone	Industriezon*(f,-en)*
Industriezweig	Industriebranche*(f,-n)*
induzieren	induzéieren*(v)*
ineinander	aneneen*(adv)*
infam	infam*(adj)*
infam	schänterlech*(adj)*
Infanterie	Infanterie*(f,-n)*
Infarkt	Infarkt*(m,-en/-er)*
Infektion	Infektioun*(f,-en)*
Infektionsfreiheit	Infektiounsfräiheet*(f,~)*
Infektionsgefahr	Infektiounsgefor*(f,-en)*
Infektionskrankheit	Infektiounskrankheet*(f,-en)*
infektiös	infektiös*(adj)*
Infiltration	Infiltratioun*(f,-en)*
infiltrieren	infiltréieren*(v)*
Infinitiv	Infinitiv*(m,-en/-er)*
infizieren	infizéieren*(v)*
infiziert	ugestach*(adj)*
Inflation	Inflatioun*(f,-en)*
Inflationsrate	Inflatiounstaux*(f,-en)*
Informatik	Informatik*(f,~)*
Informatiker	Informatiker*(m,--)*
Informatikerinnen	Informatikerin*(f,-nen)*
Information	Informatioun*(f,-en)*
Informationsmaterial	Informatiounsmaterial*(n,~)*
Informationsquelle	Informatiounsquell*(f,-en)*
Informationsversammlung	Informatiounsreunioun*(f,-en)*
informatisieren	informatiséieren*(v)*
Informatisierung	Informatisatioun*(f,-en)*
informieren	ënnerriichten*(utr)(v)*
informieren	informéieren*(v)*
informieren	instruéieren*(v)*
informieren	renseignéieren*(v)*
Infrastruktur	Infrastruktur*(f,-en)*
Ingeldorf	Angelduerf*(p)*
Ingenieur	Ingenieur*(m,-en)*
Ingenieurin	Ingenieurin*(f,-nen)*

Ingwer Geimer*(m,~)*
inhaftieren inhaftéieren*(v)*
Inhaftierung Inhaftéierung*(f,-en)*
inhalieren inhaléieren*(v)*
Inhalt Contenu*(m,-en)*
Initiator Initiator*(m,-en)*
initiieren initiéieren*(v)*
Injektion Sprëtz*(f,-en)*
Injektionsnadel Sprëtz*(f,-en)*
injizieren asprëtzen*(v)*
injizieren sprëtzen*(v)*
injizieren sprutzen*(v)*
Inkarnation Inkarnatioun*(f,-en)*
inkompatibel inkompatibel*(adj)*
Inkompetenz Inkompetenz*(f,-en)*
Inkonsequenz Inkonsequenz*(f,-en)*
Inland Inland*(n,~)*
Innenarchitekt Innenarchitekt*(m,-en)*
Innenaufnahmen Bannenopnamen*(npl)*
Innenhof Bannenhaff*(m,-häff)*
Innenminister Inneminister*(m,-en)*
Innenwand Wand*(f,Wänn)*
inner banneschte*(adj)*
innere bannenzeg*(adj)*
Innere, das - Bannenst, dat -*(exp)*
Innereien (Fleischgericht) Gehäck*(n,--)*
innerhalb bannen*(adv)*
innerhalb bannent*(pp)*
innerlich ënnerlech*(adj)*
Innovation Innovatioun*(f,-en)*
innovativ innovativ*(adj)*
innovieren innovéieren*(v)*
Innung Corporatioun*(f,-en)*
inoffiziell inoffiziell*(adj)*
Input Input*(m,~)*
Inquisition Inquisitioun*(f,-en)*
Insekt Insekt*(n,-en)*
Insektenvernichtungsmittel Insektizid*(m,-en)*
Insektenvernichtungsmittel Sprëtzmëttel*(n,-en)*
Insektizid Insektizid*(m,-en)*
Insel Insel*(f,-en)*
Insenborn Ënsber*(p)*
inserieren inseréieren*(v)*
Insider Insider*(m,--)*
insistieren insistéieren*(v)*
Insolvenz Insolvabilitéit*(f,-en)*
Inspektion Inspectioun*(f,-en)*
Inspektion Inspektioun*(f,-en)*
Inspektor Inspekter*(m,-en)*
Inspiration Inspiratioun*(f,-en)*
inspirieren inspiréieren*(v)*
inspizieren inspizéieren*(v)*
instabil instabil*(adj)*
Instabilität Onstabilitéit*(f,-en)*
Installateur Installateur*(m,-en)*
Installation Installatioun*(f,-en)*
installieren installéieren*(v)*
Instandhaltung Entretien*(m,~)*
Instinkt Instinkt*(m,-er)*
instinktiv instinktiv*(adj)*
Institut Institut*(m,-en)*
Institut Institut*(n,-er)*
Institution Institutioun*(f,-en)*
Instrument Instrument*(n,-er)*
instrumentalisieren instrumentaliséieren*(v)*
instrumentieren orchestréieren*(v)*
inszenieren inszenéieren*(v)*
intakt intakt*(adj)*
Integration Integratioun*(f,-en)*
integrieren integréieren*(v)*
Integrität Integritéit*(f,~)*
intellektuell intellektuell*(adj)*
intelligent intelligent*(adj)*
Intelligenz Intelligenz*(f,~)*
Intendant Intendant*(m,-en)*
Intensität Intensitéit*(f,-en)*
intensivieren intensivéieren*(v)*
Intensivkurs Intensivcours*(m,-en)*
Intensivstation Intensivstatioun*(f,-en)*
Intention Intentioun*(f,-en)*
Interaktion Interaktioun*(f,-en)*
Interaktivität Interaktivitéit*(f,-en)*
interdisziplinär interdisziplinär*(adj)*
interessant interessant*(adj)*
interessant intressant*(adj)*
Interesse Intressi*(m,-en)*
Interesse verlieren desinteresséieren*(v)*
interessieren interesséieren*(v)*
interessieren intresséieren*(v)*
interkontinental interkontinental*(adj)*
interkulturell interkulturell*(adj)*
Intermezzo Intermezzo*(m,-en)*
intern intern*(adj)*
Internat Internat*(n,-er)*
Internationalität Internationalitéit*(f,~)*
Internet Internet*(m,~)*
Internetgeneration Internetgeneratioun*(f,-en)*
Internetseite Internetsäit*(f,-en)*
internieren internéieren*(v)*
Internierung Internéierung*(f,-en)*
Interpellation Interpellatioun*(f,-en)*
interpellieren interpelléieren*(v)*
Interpret Interpret*(m,-en)*
Interpretation Interpretatioun*(f,-en)*
interpretieren interpretéieren*(v)*
interpretieren opfaassen*(v)*
Interpunktion Interpunktioun*(f,-en)*
Interpunktion Punktuatioun*(f,-en)*
Intervall Intervall*(m,-en)*
intervenieren intervenéieren*(v)*
Intervention Interventioun*(f,-en)*
Interview Interview*(m,-en)*
interviewen interviewen*(v)*
intim intim*(adj)*
Intimität Intimitéit*(f,-en)*
Intimsphäre Intimsphär*(f,-en)*
intolerant intolerant*(adj)*
intonieren intonéieren*(v)*
intransitiv intransitiv*(adj)*
Intrige Intrig*(f,-en)*
intrigieren intrigéieren*(v)*
introvertiert introvertéiert*(adj)*
Intuition Intuitioun*(f,-en)*
Invalidenrente Invalidepensioun*(f,-en)*
Invalidenrente Invaliderent*(f,-en)*
Invalidität Invaliditéit*(f,-en)*
Invasion Invasioun*(f,-en)*
Inventar Inventar*(m,-en)*
investieren dranhänken*(v)*
investieren investéieren*(v)*
investieren, wieder - reinvestéieren*(v)*
Investition Investissement*(n,-er)*
Investition Investitioun*(f,-en)*
Investition in die Zukunft Zukunftsinvestitioun*(f,-en)*
inwendig bannenzeg*(adj)*
inwendig banneschte*(adj)*
Inzest Inzest*(m,-er)*
irdisch irdesch*(adj)*
irgend iergend*(pr)*
irgend so etwas iergend esou eppes*(pr)*
irgendein iergendeen*(pr)*
irgendeine iergendeng*(pr)*
irgendeines iergendeent*(pr)*
irgendetwas iergendeppes*(pr)*
irgendwo doruechter*(adv)*
irgendwo éierens*(adv)*
irgendwo éierewou*(adv)*
irgendwo enzwousch*(adv)*
irgendwo iergendanzwousch*(adv)*
irgendwo iergendwou*(adv)*
irgendwo iergendzwousch*(adv)*
irisch iresch*(adj)*
Irland Irland*(p)*
Ironie Ironie*(f,~)*
ironisch ironesch*(adj)*
irrational irrational*(adj)*
irreleiten irleeden*(v)*

irren iren*(v)*
irren, sich - feelgoen*(v)*
irren, sich - trompéieren, sech -*(v)*
irren, sich - verrechnen, sech -*(fig)(v)*
irren, sich - versinn, sech -*(v)*
irren, sich - verträppelen, sech -*(v)*
Irrenhaus Geckenhaus*(n,-haiser)*
irreparabel irreparabel*(adj)*
irrereden phantaséieren*(v)*
irritieren irritéieren*(v)*
Irrlicht Drauliicht*(n,-er)*
Irrtum lertum*(m,lertëmer)*
Irrtum Mëssel*(m,-en)*
Ischias Sciatique*(f,-n)*
islamisch islamesch*(adj)*
islamisieren islamiséieren*(v)*
Isolation Isolatioun*(f,-en)*
Isolierband Isoléierband*(m/n,~)*
isolieren isoléieren*(v)*
isolieren marginaliséieren*(v)*
Isolierung Isoléierung*(f,-en)*
Italien Italien*(p)*
Italiener Italiener*(m,--)*
Italiener (Spottname) Maccaronisfréisser*(m,--)*
Italienerin Italienerin*(f,-nen)*
italienisch italienesch*(adj)*
Itzig Izeg*(p)*

J

ja ja*(adv)*
ja jo*(adv)*
Jacht Yacht*(f,-en)*
Jacke Blouson*(m,-en)*
Jacke Jackett*(f,-en)*
Jackett Paltong*(m,-en)*
Jagd Juegd*(f,Juegten)*
Jagdhund Juegdhond*(m,-hënn)*
Jagdschein Juegdschäin*(m,-er)*
jagen joen*(v)*
Jäger Jeeër*(m,--)*
jäh géi*(adj)*
Jahr Joer*(n,Joren/--)*
Jahr Jor*(n,-en/Joer)*
jahrein jahraus joraus joran*(exp)*
jahrelang jorelaang*(adj)*
jähren, sich - bejären, sech -*(v)*
Jahresabschluss Joresbilan*(m,-en)*
Jahresabschluss Joresofschloss*(m,-ofschlëss)*
Jahresbericht Joresrapport*(m,-en)*
Jahresbilanz Joresbilan*(m,-en)*
Jahreseinkommen Joresakommes*(n,-akommen)*
Jahresgedächtnismesse, gestiftete - Stëftungsmass*(f,-en)*
Jahresgewinn Joresgewënn*(m,-er)*
Jahrestreffen Konveniat*(m,-en)*
Jahreswechsel Joreswiessel*(m,~)*
Jahreszahl Joreszuel*(f,-en)*
Jahreszeit Joreszäit*(f,-en)*
Jahreszeit Saison*(f,-en)*
Jahrgang Joergank*(m,-gäng)*
Jahrgedächtnismesse Jordéngscht*(m,~)*
Jahrhundert Joerhonnert*(n,-en)*
Jahrhundert Jorhonnert*(n,-en)*
jährlich jäerlech*(adj)*
Jahrmarkt Fouer*(f,-en)*
Jahrtausend Joerdausend*(n,-en)*
Jahrzehnt Joerzéngt*(n,-en/-er)*
Jalousie Jalousie*(f,-n)*
Jammer Jomer*(m,~)*
Jammer Schan*(f,~)*
Jammer Trauer*(f,~)*
Jammer Traueregkeet*(f,~)*
Jammer Trauregkeet*(f,~)*
jämmerlich lamentabel*(adj)*
jammern jéimeren*(v)*
jammern jomeren*(v)*
jammern lamentéieren*(v)*
Januar Haartmount*(m,-méint)*
Januar Januar*(m,-en)*
Japan Japan*(p)*
Japaner Japaner*(m,--)*
Japanerin Japanerin*(f,-nen)*
japanisch japanesch*(adj)*
jäten gieden*(v)*
Jauche Piff*(m,~)*
Jauchegrube Maschtepull*(m,-pill)*
Jauchegrube Mëschtepull*(m,-pill)*
Jauchegrube Piffkaul*(f,-en)*
Jazz Jazz*(m,~)*
Jazz spielen jazzen*(v)*
Jeans Bluejeans*(f,-en)*
Jeans Jeans*(f,--)*
jede jidder*(dét)*
jeden Mittag allmëttes*(adv)*
jedenfalls allemol*(adv)*
jedenfalls jiddefalls*(adv)*
jedenfalls jiddwerfalls*(adv)*
jeder jiddereen*(pr)*
jeder jiddwereen*(pr)*
jedermann all Mënsch*(exp)*
jedermann Hippches an Happches*(exp)*
jedermann Jänni a Männi*(exp)*
jedes Mal all Kéier*(exp)*
jedoch iewel*(cn)*
jedoch iewer*(cn)*
jemals je(e)*(adv)*
jemals jeemools*(adv)*
jenseits déisäit*(pp)*
jenseits déisäits*(adv)*
Jenseits Jensäits*(n,~)*
jenseits, von - der Grenze doiwwer, vun -*(adv)*
Jesuit Jesuit*(m,-en)*
Jesuskind Jesuskand*(n,-kanner)*
Jesuskind Jesuskëndchen*(n,-kënnercher)*
jetten jetten*(v)*
jetzt elo*(adv)*
jetzt ewell*(adv)*
jetzt lo/elo*(adv)*
jetzt nun*(adv)*
jeweils jeeweils*(adv)*
jobben jobben*(v)*
jodeln jodelen*(v)*
Joga Yoga*(m,~)*
Joggen Joggen*(n,~)*
joggen joggen*(v)*
Joghurt Joghurt*(m,-en)*
Joghurt Yoghurt*(m,-en)*
Jogurt Yoghurt*(m,-en)*
Johannisbeere Kréischel*(f,-en)*
Johannisbeere, rote - Gehaanskréischel*(f,-en)*
Johannisbeere, rote - Kréischel, rout -*(exp)*
Johannisbeere, schwarze - Kréischel, schwaarz -*(exp)*
Johannisbeerstrauch Kréischelsheck*(f,-en)*
Johannisblume Koublumm*(f,-en)*
Johannistag (24. Juni) Gehaansdag*(m,~)*
Joker Joker*(m,-en)*
Jongleur Jongleur*(m,-en)*
jonglieren jongléieren*(v)*
Journalismus Journalissem*(m,~)*
Journalist Journalist*(m,-en)*
Journalistin Journalistin*(f,-nen)*
journalistisch journalistesch*(adj)*
Jovialität Jovialitéit*(f,-en)*
Joystick Joystick*(m,-en)*
jubeln jubelen*(v)*
jubilieren jubiléieren*(v)*
jucken bäissen*(v)*
jucken kribbelen*(v)*
jucken picken*(v)*
Juckreiz Bäissen*(n,~)*
Juckreiz Bass*(m,~)*
Jude Judd*(m,-en)*
Judikative Geriichtsgewalt*(f,~)*
jüdisch jiddisch*(adj)*
Judo Judo*(m,~)*
Judoka Judoka*(m,-en)*

Jugend	Jonktem*(f,~)*
Jugend	Jugend*(f,-en)*
Jugendabteilung	Jugendsectioun*(f,-en)*
Jugendabteilung	Jugendsektioun*(f,-en)*
Jugendaktivität	Jugendaktivitéit*(f,-en)*
Jugendamt	Jugendamt*(n,-ämter)*
Jugendarbeitslosigkeit	Jugendaarbechtslosegkeet*(f,~)*
Jugenddienst	Jugenddéngscht*(m,-er)*
Jugendhaus	Jugendhaus*(n,-haiser)*
Jugendherberge	Jugendherberg*(f,-en)*
Jugendkommission	Jugendcommissioun*(f,-en)*
Jugendkommission	Jugendkommissioun*(f,-en)*
Jugendorganisation	Jugendorganisatioun*(f,-en)*
Jukebox	Jukebox*(f,-en)*
Juli	Heemount*(m,-méint)*
Juli	Juli*(m,-en)*
Jumbotasse	Boll*(f,-en)*
jung	jonk*(adj)*
Junge	Bouf*(m,Bouwen)*
Junge	Jong*(m,-en)*
Junge kriegen	jéngeren*(v)*
Jungfer, alte -	Joffer, al -*(exp)*
Jungfrau	Jongfra*(f,-en)*
Junggeselle	Jonggesell*(m,-en)*
Junggesellenbude	Jonggesellebud*(f,-en)*
Junggesellin	Jonggesellin*(f,-nen)*
Junglinster	Jonglënster*(p)*
Jüngste, der -	Krappegen, de -*(exp)*
Jüngste, die -	Krappegt, dat -*(exp)*
Jüngster	Jéngsten*(m,Jéngst)*
jüngster Bruder	jéngste Brudder*(exp)*
Jüngstes Gericht	Jéngst Geriicht*(n,~)*
jungverheiratet	jongbestuet*(adj)*
Juni	Juni*(m,-en)*
Juni (Rosenmonat)	Rousemount*(m,~)*
Junior	Junior*(m,-en)*
Junkie	Junkie*(m,-n)*
Jura	Jura*(m,~)*
Jurist	Jurist*(m,-en)*
juristisch	juristesch*(adj)*
Jury	Jury*(m,-en)*
justieren	ajustéieren*(v)*
justieren	justéieren*(v)*
Justizkommission	Justizcommissioun*(f,-en)*
Justizkommission	Justizkommissioun*(f,-en)*
Justizminister	Justizminister*(m,-en)*
Justizministerin	Justizministesch*(f,-en)*
Justizministerium	Justizministär*(n,-en)*
Justizministerium	Justizministère*(n,-n)*
Juwelier	Bijoutier*(m,-en)*
Juwelierladen	Bijouterie*(f,-n)*
Jux	Jux*(m,~)*
Jux	Spaass*(m,~)*
Jux	Spunnes*(m,~)*

K

Kabarett	Kabarett*(m,~)*
Kabarettist	Kabarettist*(m,-en)*
Kabbelei	Reiwerei*(f,-en)*
Kabel	Kabel*(m,-en)*
Kabelfernsehen	Kabelfernseh*(m,~)*
Kabeljau	Cabillaud*(m,-en)*
kabeln	cabléieren*(v)*
Kabine	Cabine*(f,Cabinnen)*
Kadaver	Kadaver*(m,-en)*
Kader	Kader*(m,-en)*
Kadmium	Kadmium*(m,--)*
Kaesfurt	Kéisfuert*(p)*
Käfer	Päerdskrécher*(m,-en)*
Käfer	Päerdskriwweler*(m,-en)*
Kaffee	Kaffi*(m,~)*
Kaffee (Tasse)	Kaffi*(m,-en)*
Kaffeekanne	Kaffisbiz*(m,-en)*
Kaffeekanne	Kaffiskrou*(m,-kréi)*
Kaffeelöffel	Kaffisläffel*(m,-en)*
Kaffeemühle	Kaffismillen*(f,--)*
Kaffeepause	Kaffispaus*(f,-en)*
Kaffeestückchen	Kaffiskichelchen*(m,-kichelcher)*
Kaffeetante	Kaffistut*(f,-en)*
Kaffeetasse	Kaffistaass*(f,-tasen)*
Kaffeeteilchen	Mëtsch*(f,-en)*
Käfig	Käfeg*(m,-er)*
kahl	plakäppeg*(adj)*
Kahler	Koler*(p)*
kahlköpfig	plakäppeg*(adj)*
Kahn	Schëff*(n,-er)*
Kai	Quai*(m,-en)*
Kaiser	Keeser*(m,-en)*
Kajak	Kaijak*(n,-en)*
Kakao	Kakao*(m,~)*
Kaktus	Kaktus*(m,-sen)*
Kalb	Bauz*(m,-en)*
Kalb	Kallef*(n,Kaalwer)*
Kälbchen	Bäizchen*(m,Bäizercher)*
kalben	kaalwen*(v)*
Kälber	Kaalwer*(npl)*
Kalbfleisch	Kalleffleesch*(n,~)*
Kalborn	Kaalber*(p)*
Kalbsbraten	Kallefsbrot*(m,-broden)*
Kalbsbries	Kallefspujel*(f,-en)*
Kalbsbries	Pujel*(m,~)*
Kalbshirn (Gastronomie)	Hiren*(npl)*
Kalbskotelett	Kallefskotlett*(f,-en)*
Kalbsnieren	Kallefséiercher*(npl)*
Kalbsschnitzel	Kallefsschnëtzel*(m,-en)*
Kalbsschnitzel	Kallefsschnitzel*(m,-en)*
Kalender	Kalenner*(m,-en)*
Kaliber	Kaliber*(m,-en)*
kalibrieren	calibréieren*(v)*
kalibrieren	kalibréieren*(v)*
Kalk	Kallek*(m,~)*
Kalk, mit - beizen/düngen/tünchen	kalleken*(v)*
Kalkesbach	Kalkesbaach*(p)*
kalkhaltig	kallekzeg*(adj)*
kalkulieren	calculéieren*(v)*
kalorienarm	allegéiert*(adj)*
kalorienreich	Kalorien, mat vill -*(exp)*
kalt	kal*(adj)*
kalt (Wind)	spatz*(adj)*
kaltblütig	kalbliddeg*(adj)*
Kaltblütigkeit	Kalbliddegkeet*(f,-en)*
Kälte	Keelt*(f,~)*
kaltstellen	kalstellen*(v)*
Kalzium	Calzium*(m,~)*
Kalzium	Kalzium*(m,~)*
Kamel	Kaméil*(n,-er)*
Kamera	Kamera*(f,-en)*
Kamerad	Komerod*(m,-en)*
Kameradschaft	Komerodschaft*(f,-en)*
Kamerafrau	Kamerafra*(f,-en)*
Kameramann	Kameramann*(m,-leit)*
Kamille	Kaméileblumm*(f,-en)*
Kamillentee	Kaméilentéi*(m,-er)*
Kamillentee	Kanéilentéi*(m,~)*
Kamin	Cheminee*(f,-ën)*
Kamin	Kamäin*(m,-er)*
Kamin	Schminni*(m,-en)*
Kamin, offener -	Cheminee*(f,-ën)*
Kamm	Kamp*(m,Kämm)*
kämmen	kämmen*(v)*
Kammer	Zëmmer*(n,-en)*
Kammer (Abgeordneten-, Handels-)	Chamber*(f,-en)*
Kampagne	Campagne*(f,-n)*
Kampf	Kampf*(m,Kämpf)*
kämpfen	kämpfen*(v)*
Kämpfer	Kämpfer*(m,--)*
Kampfhund	Kampfhond*(m,-hënn)*
Kampfrichter	Kampfriichter*(m,--)*
Kanal	Kanal*(m,Kanäl/-en)*
Kanalisation	Kanalisatioun*(f,-en)*
kanalisieren	kanaliséieren*(v)*
Kanapee	Canapé*(m,-en)*
Kanapee	Kanapee*(m,-ën)*
Kanarienvogel	Kanarievillchen*(m,-villercher)*
Kanarienvogel	Kanarievull*(m,-en)*

Kandidat Kandidat *(m,-en)*
Kandidatur Kandidatur *(f,-en)*
kandidieren kandidéieren *(v)*
Kandiszucker Houschtzocker *(m,~)*
Känguru Känguru *(n,-en)*
Kaninchen Kanéngchen *(n,Kanéngercher)*
Kanister Biddong *(m,-en)*
Kännchen Kännchen *(f,Kännercher)*
Kanne Biz *(m,-en)*
Kanne Kan *(f,-en)*
Kanone Kanoun *(f,-en)*
Kanonenfutter Kanounefudder *(n,~)*
Kanonenkugel Kanounekugel *(f,-en)*
kanonisch kanounesch *(adj)*
Kante Kant *(f,-en)*
Kantine Kantin *(f,-nen)*
Kantinenessen Kantinsiessen *(n,--)*
Kanton Kanton *(m,-en)*
Kanu Kanu *(m,-en)*
Kanzel Priedegtstull *(f,-still)*
Kapazität Capacitéit *(f,-en)*
Kapazität Kapazitéit *(f,-en)*
Kapelle Kapell *(f,-en)*
Kapenacker Kapenaker *(p)*
Kaper Kaper *(f/m,-en)*
kapern kaperen *(v)*
kapieren kapéieren *(v)*
Kapital Kapital *(n,~)*
kapitalisieren kapitaliséieren *(v)*
Kapitalisierung Capitalisatioun *(f,-en)*
Kapitalismus Kapitalissem *(m,~)*
Kapitalist Kapitalist *(m,-en)*
Kapitalmarkt Kapitalmaart *(m,-mäert)*
Kapitän Kapitän *(m,-en)*
Kapitel Kapitel *(n,-en)*
Kapitulation Kapitulatioun *(f,-en)*
kapitulieren kapituléieren *(v)*
Kaplan Kaploun *(m,Kapléin)*
Kappe Kap *(f,-en)*
Kappe Mutz *(f,-en)*
Kapriolen machen Konschten, - maachen *(exp)*
Kapsel Kapsel *(f,-en)*
kaputt huddelafatz *(adj)*
kaputt kapott *(adj)*
kaputt vreckt *(ugs)(adj)*
kaputt (Sache) futti *(adj)*
kaputt drücken futti drécken *(exp)*
kaputt machen futti maachen *(exp)*
kaputt machen kapott kréien *(exp)*
kaputt machen kapott maachen *(exp)*
kaputt schlagen futti schloen *(exp)*
kaputtgehen futtifueren *(v)*
kaputtgehen futtigoen *(v)*
kaputtlachen vrecktlaachen *(ugs)(v)*
kaputtmachen himmelen *(v)*
kaputtmachen vrecktmaachen *(ugs)(v)*
kaputtschlagen zesummeschloen *(v)*
Kapuze Kaputz *(f,-en)*
Kapweiler Kapweiler *(p)*
Karaffe Karaff *(f,-en)*
karamellisieren caramelliséieren *(v)*
karamellisieren karamelliséieren *(v)*
Karate Karate *(m,~)*
Kardinal Kardinol *(m,Kardinäl)*
Kardiologe Kardiolog *(m,-en)*
Karfreitag Karfreideg *(m,-er)*
kariert karéiert *(adj)*
kariert karozeg *(adj)*
Karikatur Karikatur *(f,-en)*
Karikaturist Karikaturist *(m,-en)*
karikieren karikéieren *(v)*
Karnevalsbesucher, verkleideter - Fuesbok *(m,-en)*
Karnevalskostüm Fueskostüm *(m,-er)*
Karo (Spielkarte) Rauten *(f,~)*
Karo-Ass Rautenäss *(m,-er)*
Karosserie Carrosserie *(f,-n)*
Karosserie Karosserie *(f,-n)*
Karotte Muert *(f,-en)*
Karottensaft Muertejus *(m,-en)*
Karpfen Kaarp *(m,-en)*
Karren Käerchen *(f,Kärercher)*
Karren Kar *(f,-en)*
Karren Weenchen *(m,Weenercher)*
Karren Won *(m,Ween)*
Karriere Carrière *(f,-n)*
Karsamstag Karsamschdeg *(m,-er)*
Karte Kaart *(f,-en)*
Karte fürs Theater Theaterbilljee *(m,-ën)*
Karte fürs Theater Theaterkaart *(f,-en)*
Kartenspiel Kaartespill *(n,-er)*
Kartoffel Gromper *(f,-en)*
Kartoffelmehl Gromperemiel *(n,~)*
Kartoffelpuffer Gromperekichelchen *(m,-kichelcher)*
Kartoffelpüree Gromperepurée *(m,-ën)*
Kartoffelsack Gromperesak *(m,-säck)*
Kartoffelsalat Gromperenzalot *(f,-en)*
kartographieren kartographéieren *(v)*
kartoniert kartonéiert *(adj)*
Karwoche Karwoch *(f,-en)*
Käse Kéis *(m,~)*
Käse, Schweizer - Kéis, Schwäizer - *(exp)*
käsebleich schasseg *(adj)*
Käseplatte Kéisplat *(m,-en)*
Käsereibe Kéisrapp *(f,-en)*
Kaserne Kasär *(f,-en)*
Kassation Cassatioun *(f,~)*
Kassation Kassatioun *(f,-en)*
Kasse Keess *(f,-en)*
Kassette Cassette *(f,-n)*
Kassette Kassett *(f,-en)*
Kassettenrekorder Cassetterecorder *(m,-en)*
Kassettenrekorder Kassetterekorder *(m,-en)*
kassieren casséieren *(v)*
kassieren kasséieren *(v)*
Kassiererin Caissière *(f,-n)*
Kastanie Käscht *(f,-en)*
Kastanienbaum Käschtebam *(m,-beem)*
Kästchen Cartouche *(f,-n)*
Kasten, ein - Bier Cageot, e - Béier *(exp)*
kastrieren kastréieren *(v)*
Katalog Katalog *(m,-en)*
katalogisieren katalogéieren *(v)*
katalogisieren katalogiséieren *(v)*
katalysieren katalyséieren *(v)*
katapultieren katapultéieren *(v)*
Katasteramt Kadaster *(m,~)*
katastrophal desastréis *(adj)*
katastrophal katastrofal *(adj)*
Katastrophe Desaster *(m,-en)*
Katastrophe Katastrof *(f,-en)*
Katastrophenlage Katastrofesituatioun *(f,-en)*
Katechismus Katchëssem *(m,~)*
Katechismus Katechismus *(m,~)*
Kategorie Kategorie *(f,-n)*
kategorisieren kategoriséieren *(v)*
Kater Kueder *(m,-en)*
Kathedrale Kathedral *(f,-en)*
Katholik Katholik *(m,-en)*
katholisch kathoulesch *(adj)*
Katholizismus Katholizissem *(m,~)*
katzbuckeln schmalzbiedelen *(v)*
Kätzchen Miisschen *(f,Miissercher)*
Katze Kaz *(f,-en)*
Katze Kulangshues *(m,-en)*
Katzenmusik Kazemusek *(f,~)*
Katzensprung Kazespronk *(m,-spréng)*
Katzenwäsche Kazewäsch *(f,-en)*
Kauderwelsch Jargon *(m,-en)*
kauen knaen *(v)*
kauen (Nägel) ofbäissen *(v)*
kauen, Kaugummi - knätschen *(v)*
Kauf Kaf *(m,Keef)*
kaufen kafen *(v)*
Käufer Keefer *(m,--)*
Käuferin Keefesch *(f,-en)*
Kaufhaus grousst Geschäft *(exp)*
Kaufladen Epicerie *(f,-n)*

kaufmännische Angestellte Handelsemployée*(m,-ën)*
kaufmännischer Angestellter Handelsemployé*(m,-en)*
Kaugummi Knätsch*(m,-en)*
Kaulquappe Kauzekapp*(m,-käpp)*
kaum kaum*(adv)*
kaum knapps*(adv)*
kaum knaps*(adv)*
Kaundorf Kauneref*(p)*
Kausalität Kausalitéit*(f,-en)*
Kautabak Jick*(f,-en)*
Kautenbach Kautebaach*(p)*
Kaution Kautioun*(f,-en)*
Kautschuk Gummi*(m,~)*
Kauz Kauz*(m,Käiz)*
Kauz, ein komischer - Kauz, e komesche -*(exp)*
Kavalier Kavaléier*(m,--)*
Kavaliersdelikt Kavaléiersdelikt*(n,-en)*
Kaviar Kaviar*(m,~)*
Kayl Keel*(p)*
Kegel Keel*(f,-en)*
Kegelbahn Dill*(m,-en)*
Kegelbahn Keelebunn*(f,-en)*
Kegelkugel Keeleklatz*(f,-en)*
kegeln Keele spillen*(exp)*
Kegelspiel Keelespill*(n,-er)*
Kehle Guergel*(f,-en)*
Kehle Schléck*(f,-en)*
Kehle Strass*(f,-en)*
Kehlen Kielen*(p)*
Kehmen Kiemen*(p)*
Kehrbesen Kierbiischt*(f,-en)*
kehren kieren*(v)*
kehren (in eine Richtung) kéieren*(v)*
Keil Käil*(m,-er)*
Keil Weck*(m,-en)*
Keil (zum Stoppen) Kall*(f,-en)*
keilen käilen*(v)*
Keilriemen Käilrimm*(m,-en)*
keimen keimen*(v)*
keimen kéngen*(v)*
keimen kingen*(v)*
kein keen*(dét)*
kein keng*(art)*
kein bisschen Fatz, kee -*(exp)*
keiner keen*(pr)*
keiner mehr kee méi*(pr)*
keinesfalls kengesfalls*(adv)*
keineswegs kengeswees*(adj)*
keins keent*(pr)*
Keispelt Keespelt*(p)*
Keks Kichelchen*(m,Kichelcher)*
Kelch Kielech*(m,-er)*
Kelle Louche*(f,-n)*
Kelle Traufel*(f,-en)*
Kelle, mit der - arbeiten traufelen*(v)*
Keller Keller*(m,-en)*
Kellerassel Kellerschwéngchen*(f,-schwéngercher)*
Kellerei Kellerei*(f,-en)*
Kellerfenster Kellerfënster*(f,-en)*
Kellerluke Kellerliicht*(f,-en)*
Kellertreppe Kellertrap*(f,-en)*
Kellertür Kellerdier*(f,-en)*
Kellner Garçon*(m,-en)*
Kellnerin Serveuse*(f,-n)*
Kelter Kelter*(m,-en)*
keltern kelteren*(v)*
kennen kennen*(v)*
kennenlernen kenneléieren*(v)*
kennenlernen, jn - Bekanntschaft, eng - maachen*(exp)*
Kenner Kenner*(m,--)*
Kennerblick Kennerbléck*(m,-er)*
Kenntnis Kennes*(n,~)*
Kenntnis Kennschaaft*(f,-en)*
Kenntnis Kenntnes*(f,-er)*
Kenntnis, in - setzen instruéieren*(v)*
Kennzeichen Kennzeechen*(n,--)*
Kennziffer Kennziffer*(f,-en)*
Kerbe Ha*(m,Hee)*
Kerbel Kierwel*(m,~)*
Kerl Borscht*(m,-en)*
Kerl Bugger*(m,-en)*
Kerl Kärel*(m,-en)*
Kerl, grobschlächtiger - Loukléppel*(m,-en)*
Kerl, hinterlistiger - Knaschtbeidel*(m,-en)*
Kerlchen Dapp*(m,Däpp)*
Kern (Obst) Kär*(m,-en)*
Kernbeißer Kiischteknäpper*(m,-en)*
Kernexplosion Atomexplosioun*(f,-en)*
Kernfunktion Kärfunktioun*(f,-en)*
Kernfusion Kernfusioun*(f,-en)*
Kerngehäuse (Obst) Batz*(m,Bätz)*
kerngesund kärgesond*(adj)*
Kernkraftwerk Atomzentral*(f,-en)*
Kerosin Kerosin*(m,~)*
Kerze Bougie*(f,-n)*
Kerze Käerz*(f,-en)*
kerzengerade poulriicht*(adj)*
Kessel Kessel*(m,-en)*
Kette Ketten*(f,--)*
ketten ketten*(v)*
Kettenbrief Kettebréif*(m,-bréiwer)*
Kettenkarussell Stillercher*(npl)*
Kettenreaktion Kettereaktioun*(f,-en)*
Ketzerei Ketzerei*(f,-en)*
keuchen käichen*(v)*
Keule (Reh) Hämmchen*(f,Hämmercher)*
keusch keusch*(adj)*
Keuschheit Keuschheet*(f,~)*
Keyboard Keyboard*(m,-en)*
Kfz-Markt Autosmark*(f,-en)*
Kfz-Papiere Autospabeieren*(npl)*
Kfz-Versicherung Autosassurance*(f,-n)*
Kfz-Versicherung Autosversécherung*(f,-en)*
kichern kickelen*(v)*
kicken (Fußball) kicken*(v)*
kidnappen kidnappen*(v)*
Kiesel Kisel*(m,~)*
Kiesel Wak*(m,-en)*
Kiesel, mit - bestreuen kiselen*(v)*
Kieselstein Kiselsteen*(m,-steng)*
Kieselstein Wak*(m,-en)*
kiffen haschen*(v)*
kiffen kiffen*(v)*
killen killen*(v)*
Killer Killer*(m,--)*
Kilo Kilo*(m,-en)*
Kilobyte Kilobyte*(n,-s)*
Kilogramm Kilogramm*(m,--)*
Kilometer Kilometer*(m,--)*
Kilometergeld Kilometergeld*(n,~)*
kiloweise kiloweis*(adv)*
Kind Kand*(n,Kanner)*
Kind, mit - und Kegel Kënn, mat Këss a -*(exp)*
Kindchen (Kindersprache) Kënni*(m,-en)*
Kinderarzt Kannerdokter*(m,-en)*
Kinderbett Kannerbett*(n,-er)*
Kinderbuch Kannerbuch*(n,-bicher)*
Kinderei Kannerei*(f,-en)*
Kindergarten Pippelchersschoul*(f,-en)*
Kindergarten Puppelchersschoul*(f,-en)*
Kindergarten Spillschoul*(f,-en)*
Kindergeld Kannergeld*(n,~)*
Kindergottesdienst Kannermass*(f,-en)*
Kinderkrankheit Kannerkrankheet*(f,-en)*
Kinderkrippe Crèche*(f,-n)*
Kinderlähmung Kannerlähmung*(f,~)*
kinderleicht kannerliicht*(adj)*
Kindersitz Kannersëtz*(m,-er)*
Kinderspiel Kannerspill*(n,-er)*
Kindersterblichkeit Kannerstierflechkeet*(f,~)*
Kinderwagen Kannerkutsch*(f,-en)*
Kinderwagen Poussette*(f,-n)*
Kinderzimmer Kannerzëmmer*(n,-en)*
Kindheit Kandheet*(f,-en)*

kindisch kannereg*(adj)*
kindisch kannerzeg*(adj)*
kindlich kannereg*(adj)*
kindlich kannerzeg*(adj)*
kindlich werden verkannen*(v)*
Kindtaufe Kanddaf*(m,-en)*
Kinn Kënn*(m,--)*
Kino Kino*(m,-en)*
Kinoprogramm Kinoprogramm*(m,-er)*
Kippe Stomp*(m,Stëmp)*
kippen hikippen*(tr)(v)*
kippen kippen*(v)*
Kirchberg Kierchbierg*(p)*
Kirche Kierch*(f,-en)*
Kirchenchor Kierchechouer*(m,-chéier)*
Kirchenchor Kierchegesank*(m,~)*
Kirchendieb Kielechdéif*(m,-déiwen)*
Kirchenfenster Kierchefënster*(f,-en)*
Kirchengemeinde Par*(f,-en)*
Kirchengemeinde Por*(f,-en)*
Kirchenmusik Kierchemusek*(f,~)*
kirchlich kierchlech*(adj)*
Kirchturm Kierchtuerm*(m,-tierm)*
Kirchweih Kiermes*(f,-sen)*
Kirmes Kiermes*(f,-en)*
Kirmesbude Kiermesbud*(f,-en)*
Kirschbaum Kiischtebam*(m,-beem)*
Kirsche Kiischt*(f,-en)*
Kirsche, kleine - Kiischtchen*(f,Kiischtercher)*
Kirschtorte Kiischtentaart*(f,-en)*
Kissen Coussin*(m,-en)*
Kissen Këssen*(n,--)*
Kissen Pillem*(m,-en)*
Kiste Këscht*(f,-en)*
kistenweise këschteweis*(adv)*
Kitsch Kitsch*(m,~)*
kitschig kitscheg*(adj)*
kitschig schmalzeg*(adj)*
Kitt Mastik*(m,~)*
Kittel Kiddel*(m,-en)*
kitten kitten*(v)*
kitzeln këddelen*(v)*
kitzeln kribbelen*(v)*
kitzlig këddeleg*(adj)*
kläffen kläffen*(v)*
Klage Contestatioun*(f,-en)*
Klage Klo*(f,-en)*
klagen keimen*(v)*
klagen kloen*(v)*
klagen lamentéieren*(v)*
Klammer Klamer*(f,-en)*
Klammer Klammer*(f,-en)*
Klammer (Wäsche) Klam*(f,-en)*
klammern klameren*(v)*
Klang Toun*(m,Téin)*
klanglos klanglos*(adj)*
Klappe Klapp*(f,-en)*
klappen klappen*(v)*
klappen klawéieren*(v)*
Klapper Klibber*(f,-en)*
Klapperkasten Aaschkläpper*(m,-en)*
Klapperkasten Vehikel*(n,-en)*
Klappern Geklibbers*(n,--)*
Klappern Klabberen*(n,~)*
klappern klabberen*(v)*
klappern klapperen*(v)*
klappern klibberen*(v)*
klappern rabbelen*(v)*
klappernd rabbeleg*(adj)*
Klapplade Klapplued*(f,-en)*
klapprig rabbeleg*(adj)*
Klappsitz Klappsëtz*(m,-er)*
Klappstuhl Klappstull*(m,-still)*
Klapptisch Klappdësch*(m,-er)*
Klaps, einen - auf den Hintern bekommen hannenop, eng - kréien*(exp)*
klar kléier*(adj)*
klar kloer*(adj)*
klar doch ma ja*(exp)*
Kläranlage Kläranlag*(f,-en)*
klären klären*(v)*
klären (Wein) dekantéieren*(v)*
klären (Wein, Schnaps) läiteren*(v)*
Klarheit Kloerheet*(f,~)*
Klarinette Klarinett*(f,-en)*
klarkommen duerkommen*(v)*
klarmachen kloermaachen*(v)*
klarmachen verdäitlechen*(v)*
klarstellen kloerstellen*(v)*
Klasse Classe*(f,-n)*
Klasse Klass*(f,-en)*
Klasse, achte - (Schule) Sixième*(f,-n)*
Klasse, in der vierten - Véierten, am -*(exp)*
Klasse, siebte - (Schule) Septième*(f,-n)*
Klassenkamerad Klassekomerod*(m,-en)*
Klassenkampf Klassekampf*(m,-kämpf)*
Klassensaal Klassesall*(m,-säll)*
klassieren klasséieren*(v)*
klassieren sënneren*(v)*
Klassifikation Klassement*(n,-er)*
klassifizieren klassifizéieren*(v)*
klassisch klassesch*(adj)*
Klatsch Geklaaps*(n,~)*
Klatsch Klaatsch*(m,~)*
Klatschbase Klaatsch*(f,-en)*
klatschen (Beifall) klappen*(v)*
klatschen (Regen) klatschen*(v)*
Klatschmaul (der über Leute lästert) Leitsbeschësser*(m,--)*
Klatschmohn Feierblumm*(f,-en)*
Klatschmohn Klatschblumm*(f,-en)*
Klatschmohn Patscheblumm*(f,-en)*
klatschnass mëschtnaass*(adj)*
klatschnass plätschnaass*(adj)*
klatschnass zoppnaass*(adj)*
Klaue Klo*(f,-en)*
klauen klauen*(v)*
klauen schuppen*(ugs)(v)*
klauen stielen*(v)*
Klavier Piano*(m,-en)*
Klebeband Pechpabeier*(m,~)*
kleben kliewen*(v)*
kleben kollen*(v)*
kleben papen*(v)*
kleben pechen*(v)*
kleben zesummepechen*(v)*
Kleber Koll*(m,-en)*
Kleberei Pecherei*(f,-en)*
klebrig knätscheg*(adj)*
klebrig kolleg*(adj)*
klebrig papeg*(adj)*
klebrig pecheg*(adj)*
kleckern suddelen*(v)*
Klee Kléi*(m,~)*
Kleeblatt Kléiblat*(n,-blieder)*
Kleiber Bamleefer*(m,-en)*
Kleiber Kuesleefer*(m,--)*
Kleid Kleed*(n,-er)*
Kleid Rack*(m,Räck)*
Kleidchen Kleedchen*(n,Kleedercher)*
kleiden kleeden*(v)*
kleiden, sich - undoen, sech -*(v)*
Kleider Kleeder*(npl)*
Kleiderablage Plaz fir d'Kleeder*(exp)*
Kleiderbügel Kleederbigel*(m,-en)*
Kleiderbürste Kleederbiischt*(f,-en)*
Kleiderreinigung Kleederbotzerei*(f,-en)*
Kleiderschrank Kleederschaf*(m,-schief)*
Kleiderstange Kleederstaang*(f,-en)*
Kleidung Gezei*(n,~)*
Kleidung Kleedung*(f,-en)*
Kleie Krësch*(m,~)*
klein kleng*(adj)*
Kleinanzeigen Annoncen, kleng -*(exp)*
Kleinbettingen Klengbetten*(p)*
Kleinbürger Klengbierger*(m,--)*
kleine Schaufel Schëppchen*(f,Schëppercher)*
kleiner Strauch Plausch*(m,Pläisch)*
Kleingeld Geräbbels*(n,~)*

Kleingeld Mënz*(f,-en)*
kleingewachsen krappeg*(adj)*
Kleinheit Klengheet*(f,-en)*
Kleinhoscheid Klenghouschent*(p)*
Kleinigkeit Grëtz*(f,~)*
Kleinigkeit Klengegkeet*(f,-en)*
Kleinigkeitskrämer Uerzekréimer*(m,-en)*
Kleinkind Kéndchen*(n,Kënnercher)*
Kleinkind Kënnchen*(n,Kënnercher)*
kleinkriegen klengkréien*(v)*
kleinkriegen, jn - packen, ee -*(exp)*
kleinlich klenglech*(adj)*
kleinlicher Mensch Kriddelschass*(m,-en)*
kleinschreiben klengschreiwen*(v)*
Kleintransporter Camionnette*(f,-n)*
Kleinwüchsiger Dibbelchen*(m,Dibbelcher)*
Kleister Koll*(m,-en)*
Kleister Pap*(m,~)*
kleistern papen*(v)*
Klemme Bretz*(f,-en)*
Klemme Klamer*(f,-en)*
Klemme Klemm*(f,-en)*
Klemme Patsch*(f,-en)*
Klemme Quëtsch*(f,-en)*
Klemme Zwéck*(f,-en)*
klemmen klemmen*(v)*
klemmen quëtschen*(v)*
Klempner Blechschléier*(m,-en)*
Klempner Installateur*(m,-en)*
Klepper, alter - Biddi, ale -*(exp)*
Kleptomanie Kleptomanie*(f,~)*
klerikalisieren verpafen*(pej)(v)*
Klettern Klammen*(n,~)*
klettern klammen*(v)*
klettern kloteren*(v)*
klicken klicken*(v)*
Klima Klima*(n,~)*
Klimaanlage Klimaanlag*(f,-en)*
Klimaanlage Klimatisatioun*(f,~)*
klimatisieren klimatiséieren*(v)*
Klimbim Klimbim*(m,~)*
klimpern klimperen*(v)*
Klinge Kléng*(f,-en)*
Klingel Schell*(f,-en)*
klingeln schellen*(v)*
klingeln (Wecker) rabbelen*(v)*
klingen kléngen*(v)*
Klinik Clinique*(f,-n)*
Klinik Klinik*(f,-en)*
klinisch klinesch*(adj)*
Klinken putzen Klenschen drécken*(exp)*
Klippen Klippen*(npl)*
klirren klirren*(v)*
Klischee Klischee*(f,-ën)*
Klo Schäisshaischen*(vulg)(n,-haisercher)*
Klobürste Toilettëbiischt*(f,-en)*
klonen klonen*(v)*
Klopapier Toilettëpabeier*(m,~)*
klopfen klappen*(v)*
klopfen schloen*(v)*
klopfen tappen*(v)*
klopfen tuppen*(v)*
klopfen (Teppich) ausklappen*(v)*
Klößchen (Mehl) Kniddel*(f,-en)*
Klößchen (Mehl) Kniedelen*(npl)*
Kloster Klouschter*(n,-en)*
Klotz Klatz*(f,-en)*
klug schlau*(adj)*
klug wëtzeg*(adj)*
Klugheit Gescheitheet*(f,~)*
Klümpchen (Teig) Knapp*(m,Knäpp)*
Klumpen Batz*(m,Bätz)*
Klumpen Klomp*(m,Klëmp/-en)*
klumpen klompen*(v)*
Klumpen Knoll*(f,-en)*
Klumpen (Butter) Weck*(m,-en)*
knabbern knabbelen*(v)*
knabbern knabberen*(v)*
knabbern nabbelen*(v)*
Knabenkraut, gemeines - Käerzeblumm*(f,-en)*
knacken knacken*(v)*
Knacker, alter - Bock, ale -*(exp)*
Knacks Knacks*(m,~)*
Knall Eklat*(m,-en)*
Knall Klak*(f,-en)*
Knall Knall*(m,Knäll)*
knallen klaken*(v)*
knallen knallen*(v)*
knallen kraachen*(v)*
knallen poufen*(v)*
knallen rubbelen*(v)*
knallen (dumpf) knuppen*(v)*
Knallerbse Klakierbes*(f,-sen)*
Knaphoscheid Knapphouschent*(p)*
knapp knapp*(adj)*
knapp knapp*(adv)*
knapp neelech*(adv)*
Knast Bing*(m,--)*
Knäuel Plott*(f,-en)*
Knäuel nicht zu entwirrender Fäden Knujel*(f,-en)*
knauserig knausereg*(adj)*
knausern knausen*(v)*
knausern knécken*(v)*
knautschen knutschen*(v)*
knebeln kniewelen*(v)*
Knecht Kniecht*(m,-en)*
kneifen pëtzen*(v)*
Kneifzange Zaang*(f,-en)*
Kneipe Wiertschaft*(f,-en)*
Kneipe Wiertshaus*(n,-haiser)*
Knete Plastilin*(m,~)*
kneten knieden*(v)*
Knetmasse Plastilin*(m,~)*
Knicks Knécks*(m,-en)*
Knie Knéi*(m,-en)*
Kniegelenk Knéigelenk*(n,-er)*
knien knéien*(v)*
knien, sich - knéien, sech -*(v)*
Kniescheibe Knéischeif*(f,-scheiwen)*
Kniestrumpf Sportsstrëmp*(f,--)*
Kniestrumpf Strëmp*(f,--)*
Kniff Kniff*(m,-er)*
knifflig kniwweleg*(adj)*
knirschen grätschen*(v)*
knirschen schrupsen*(v)*
knistern knisteren*(v)*
knistern kréckelen*(v)*
Knitter Rompel*(f,-en)*
knittern knujelen*(v)*
knittern ronschelen*(v)*
knittern (Stoff) kniwwelen*(v)*
Knoblauch Knuewelek*(m,~)*
Knoblauchzehe Zéif Knuewelek*(exp)*
Knöchel Enkel*(m,-en)*
Knöchel Knéchel*(m,-en)*
Knochen Knach*(f,-en)*
Knochen Schank*(f,-en)*
Knochenmark Knachemuerch*(m,~)*
Knochenmark Schankemuerch*(m,~)*
knochig knacheg*(adj)*
knochig schankeg*(adj)*
Knock-out Knockout*(m,-en)*
Knödel (Mehl) Kniddelen*(npl)*
Knöllchen Protekoll*(m,-er)*
Knolle Knoll*(f,-en)*
Knopf (an Gerät) Knäppchen*(m,Knäppercher)*
Knopf (Kleider) Knapp*(m,Knäpp)*
knöpfen knäppen*(v)*
Knopfloch Knäpplach*(n,-lächer)*
Knorpel Krippchen*(n,~)*
Knorpel Krupp*(f,~)*
knorpelig kruppeg*(adj)*
Knorpelknochen Kruppschank*(f,-en)*
Knospe Knapp*(m,Knäpp)*
Knospe Knosp*(f,-en)*
Knötchen Knietchen*(m,Knietercher)*
Knötchen (auch: Haar) Knätzel*(f,-en)*
knoten knäppen*(v)*

knoten knieten*(v)*
Knoten Knuet*(m,Kniet)*
knotig (Holz) kniedeg*(adj)*
Know-how Know-how*(m,--)*
knüllen knujelen*(v)*
knüpfen knëppen*(v)*
Knüppel Klëppel*(n,-en)*
Knüppel Knëppel*(m,-en)*
knuspern krupsen*(v)*
knusprig kruppseg*(adj)*
knutschen knutschen*(v)*
knutschen knuutschen*(v)*
Knutscherei Gelecks*(ugs)(n,~)*
koagulieren koaguléieren*(v)*
Koalition Coalitioun*(f,-en)*
Koalition Koalitioun*(f,-en)*
Kobenbour Kuebebur*(p)*
Koch Kach*(m,Käch)*
Kochbuch Kachbuch*(n,-bicher)*
köcheln brätschen*(v)*
köcheln brutschelen*(v)*
köcheln brutschen*(v)*
Kochen Kachen*(n,~)*
kochen kachen*(v)*
kochen (langsam) mijotéieren*(v)*
kochend kache*(adj)*
kochendes Wasser kache Waasser*(exp)*
kochendheiß kachegliddeg*(adj)*
Kocherei Gekachs*(n,--)*
Kochgelegenheit Kachgeleeënheet*(f,-en)*
Köchin Kächen*(f,--)*
Kochkäse gekachte Kéis*(exp)*
Kochkäse Kachkéis*(m,~)*
Kochlöffel Bräiläffel*(m,-en)*
Kochlöffel Kachläffel*(m,-en)*
Kochrezept Kachrezept*(n,-er)*
Kochsalz Kachsalz*(n,~)*
Kochtopf Kachdëppen*(n,--)*
Kochtopf Marmite*(f,Marmitten)*
Kockelscheuer Kockelscheier*(p)*
Köder Köder*(m,-en)*
kodieren codéieren*(v)*
kodifizieren codifizéieren*(v)*
kodifizieren cryptéieren*(v)*
Koedange Kéideng*(p)*
Koedukation Mixitéit*(f,-en)*
Koeffizient Koeffizient*(m,-en)*
Koerich Käerch*(p)*
Koetschette Kietscht*(p)*
Koexistenz Koexistenz*(f,-en)*
koexistieren coexistéieren*(v)*
Koffer Wallis*(f,-sen)*
Kofferradio Kofferradio*(m,-en)*
Kofferraum Malle*(f,-n)*
kofinanzieren cofinanzéieren*(v)*
kohärent kohärent*(adj)*
Kohäsion Cohesioun*(f,~)*
Kohäsion Kohesioun*(f,-en)*
Kohl Kabes*(m,-sen)*
Kohle Kuel*(f,-en)*
Kohlekraftwerk Kuelekraaftwierk*(n,-er)*
Kohlengrube Kuelegrouf*(f,-grouwen)*
kohlensäurehaltig spruddeleg*(adj)*
Köhler Kuelebrenner*(m,--)*
Kohlestaub Kuelestëbs*(m,~)*
Kohlkopf Kabesheed*(m,-er)*
Kohlmeise Schielmees*(f,-en)*
Kohlsuppe Kabeszopp*(f,-en)*
Kohlweißling Kabesfrësser*(m,--)*
Kokain Kokain*(n,~)*
kokett kokett*(adj)*
kokettieren coquetéieren*(v)*
kokettieren kokettéieren*(v)*
Kokon Insektepopp*(f,-en)*
Kokosnuss Kokosnoss*(f,-nëss)*
Koks Kock*(m,~)*
Kolben Kollef*(m,Kolwen)*
Kollaborateur (Krieg) Collaborateur*(m,-en)*
Kollegialität Kollegialitéit*(f,-en)*
Kollegin Kollegin*(f,-nen)*
Kollektion Kollektioun*(f,-en)*
kollektiv kollektiv*(adj)*
Kolloquium Colloque*(m,-quien)*
Kolonialismus Kolonialismus*(m,~)*
Kolonie Kolonie*(f,-n)*
kolonisieren koloniséieren*(v)*
kolorieren koloréieren*(v)*
kolportieren kolportéieren*(v)*
Kombination Kombinatioun*(f,-en)*
kombinieren combinéieren*(v)*
kombinieren kombinéieren*(v)*
Komet Komet*(m,-en)*
Komiker Komiker*(m,--)*
komisch gelungen*(adj)*
komisch komesch*(adj)*
komischerweise komescherweis*(adv)*
Komitee Comité*(m,-en)*
Komma Komma*(m,-en)*
kommen kommen*(v)*
kommen, an die Reihe - bäikommen*(v)*
kommen, in Gang - ukommen*(v)*
kommen, nach Hause - heemkommen*(tr)(v)*
kommen, nach vorn - virkommen*(v)*
Kommentar Commentaire*(m,-n)*
Kommentar Kommentar*(m,-en)*
kommentieren kommentéieren*(v)*
kommerzialisieren kommerzialiséieren*(v)*
Kommerzialisierung Kommerzialisatioun*(f,-en)*
Kommissar Commissaire*(m,-n)*
Kommissar Kommissär*(m,-en)*
Kommission Kommissioun*(f,-en)*
Kommission, parlamentarische - Chamberskommissioun*(f,-en)*
Kommmission, parlamentarische - Chamberkommissioun*(f,-en)*
Kommode Kammoud*(f,-en)*
Kommode Kommoud*(f,-en)*
Kommunalbehörde Gemengenautoritéit*(f,-en)*
Kommunalpolitik Kommunalpolitik*(f,~)*
Kommunikation Kommunikatioun*(f,~)*
Kommunikationsmöglichkeit Kommunikatiounsméiglechkeet*(f,-en)*
Kommunion Kommioun*(f,-en)*
Kommunion Kommunioun*(f,-en)*
Kommunionsfeier Kommiounsfeier*(f,-en)*
Kommunismus Kommunissem*(m,~)*
Kommunist Kommunist*(m,-en)*
kommunizieren kommunizéieren*(v)*
Komödie Kaméidisstéck*(n,-er)*
Komödie Koméidistéck*(n,-stécker)*
kompakt kompakt*(adj)*
Komparativ Komparativ*(m,-er)*
Komparativ, zur Bildung des -s méi*(adv)*
Kompass Kompass*(m,-en)*
kompatibel kompatibel*(adj)*
Kompatibilität Kompatibilitéit*(f,-en)*
Kompensation Kompensatioun*(f,-en)*
kompensieren kompenséieren*(v)*
Kompensierung Compensatioun*(f,-en)*
kompetent kompetent*(adj)*
Kompetenz Kompetenz*(f,-en)*
Kompetenzstreitigkeit Kompetenzstreidegkeet*(f,-en)*
Komplementarität Complementaritéit*(f,-en)*
komplett komplett*(adj)*
komplettieren finaliséieren*(v)*
Komplettierung Finalisatioun*(f,-en)*
komplex komplex*(adj)*
Komplex Komplex*(m,-er)*
Komplexität Komplexitéit*(f,-en)*
Komplikation Accroc*(m,-en)*
Komplikation Complicatioun*(f,-en)*
Komplikation Komplikatioun*(f,-en)*
Kompliment Kompliment*(f,-er)*
Komplimente machen complimentéieren*(v)*
Komplize Kompliss*(m,-er)*
kompliziert komplizéiert*(adj)*
Komplott schmieden complotéieren*(v)*
Komplott schmieden komplottéieren*(v)*

komponieren composéieren*(v)*
komponieren komponéieren*(v)*
Komponist Komponist*(m,-en)*
Komposition Compositioun*(f,-en)*
Komposition Kompositioun*(f,-en)*
kompostieren compostéieren*(v)*
kompostieren kompostéieren*(v)*
Kompott Kompott*(m,-en)*
Kompresse Kompress*(f,-en)*
komprimieren kompaktéieren*(v)*
komprimieren kompriméieren*(v)*
kompromittieren kompromettéieren*(v)*
kondensieren kondenséieren*(v)*
Kondensstreifen Kondenssträif*(f,-en)*
Kondenswasser Kondenswaasser*(n,~)*
Konditional Konditionel*(m,-ler)*
konditionieren konditionéieren*(v)*
konditionieren konditionnéieren*(v)*
Konditor Pâtissier*(m,-en)*
Konditorei Pâtisserie*(f,-n)*
kondolieren kondoléieren*(v)*
Kondom Gummi*(m,~)*
Kondom Kapëttchen*(f,Kapëttercher)*
Kondom Kapott*(f,-en)*
Kondom Kondom*(m,-en)*
Kondom Präservativ*(m,-en)*
Konfektion Konfektioun*(f,-en)*
Konferenz Konferenz*(f,-en)*
Konferenzschaltung Konferenzschaltung*(f,-en)*
Konferenztisch Konferenzdësch*(m,-er)*
konferieren konferéieren*(v)*
Konfetti Konfetti*(m,~)*
Konfiguration Configuratioun*(f,-en)*
Konfiguration Konfiguratioun*(f,-en)*
konfiszieren konfiskéieren*(v)*
Konflikt Konflikt*(m,-en)*
Konfliktregion Konfliktregioun*(f,-en)*
Konfliktsituation Konfliktsituatioun*(f,-en)*
Konfliktvermeidung Konfliktpreventioun*(f,-en)*
Konfrontation Konfrontatioun*(f,-en)*
konfrontieren confrontéieren*(v)*
konfrontieren konfrontéieren*(v)*
konfus konfus*(adj)*
Kongregation Congrégatioun*(f,-en)*
Kongress Kongress*(m,-er)*
König Kinnek*(m,-en)*
Königin Kinnigin*(f,-nen)*
Königinpastete Paschtéit*(f,-en)*
königlich kinneklech*(adj)*
Königreich Kinnekräich*(n,-er)*
Königskerze Käerzeblumm*(f,-en)*
Konjugation Konjugatioun*(f,-en)*
konjugieren konjugéieren*(v)*
Konjunktion Konjunktioun*(f,-en)*
Konjunktiv Konjunktiv*(m,-en/-er)*
Konjunktur Konjunktur*(f,-en)*
konjunkturell konjunkturell*(adj)*
konkretisieren concretiséieren*(v)*
konkretisieren konkretiséieren*(v)*
Konkurrenz Konkurrenz*(f,~)*
konkurrenzfähig kompetitiv*(adj)*
konkurrenzfähig konkurrenzfäeg*(adj)*
konkurrieren concurrencéieren*(v)*
konkurrieren konkurréieren*(v)*
Konkurs Faillite*(f,Faillitten)*
Konkurssituation Faillitesituatioun*(f,-en)*
können kënnen*(v)*
Konnotation Connotatioun*(f,-en)*
Konsens Konsens*(m,-er)*
konsequent konsequent*(adj)*
Konsequenz Konsequenz*(f,-en)*
konservativ konservativ*(adj)*
Konservativer Konservativen*(m,Konservativ)*
Konserven Konserven*(npl)*
Konservendose Béchs*(f,-en)*
Konservendose Konservebéchs*(f,-en)*
konservieren konservéieren*(v)*
Konservierung Conservatioun*(f,~)*
Konsistenz Konsistenz*(f,~)*
konsolidieren konsolidéieren*(v)*
Konsonant Konsonant*(m,-en)*
konspirieren konspiréieren*(v)*
Konstellation Konstellatioun*(f,-en)*
konstituieren konstituéieren*(v)*
Konstitution Konstitutioun*(f,-en)*
konstruieren konstruéieren*(v)*
Konstruktion Constructioun*(f,-en)*
Konstruktion Konstruktioun*(f,-en)*
konstruktiv konstruktiv*(adj)*
Konsul Konsul*(m,-en)*
Konsulat Konsulat*(n,-er)*
konsultieren konsultéieren*(v)*
Konsum Konsum*(m,~)*
Konsument Konsument*(m,-en)*
Konsumgenossenschaft Koperativ*(f,-en)*
Konsumgesellschaft Konsumgesellschaft*(f,-en)*
konsumieren konsuméieren*(v)*
Kontakt Kontakt*(m,-er)*
Kontakt aufnehmen kontaktéieren*(v)*
kontaktfreudig kontaktfreedeg*(adj)*
kontaktieren kontaktéieren*(v)*
Kontaktlinse Kontaktlëns*(f,-en)*
Kontaktschlüssel Kontaktschlëssel*(m,-en)*
Kontamination Contaminatioun*(f,-en)*
kontern konteren*(v)*
kontern ripostéieren*(v)*
Kontext Context*(m,-er)*
Kontinent Kontinent*(m,-en)*
Kontinent Weltdeel*(m,-er)*
Kontinuität Continuitéit*(f,-en)*
Kontinuität Kontinuitéit*(f,~)*
Konto Kont*(m,-en)*
Konto Konto*(n,-en)*
Kontoauszug Kontosextrait*(m,-en)*
Kontonummer Kontosnummer*(f,-en)*
Kontrabass Konterbass*(m,-bäss)*
Kontraindikation Konterindicatioun*(f,-en)*
Kontrakt eingehen (mit jm) kontraktéieren*(v)*
Kontrast Kontrast*(m,-en)*
Kontrollabschnitt Coupon*(m,-en)*
Kontrolleur Kontroller*(m,-en)*
Kontrollfunktion Kontrollfunktioun*(f,-en)*
kontrollieren iwwerpréiwen*(utr)(v)*
kontrollieren kontrolléieren*(v)*
kontrollieren préiwen*(v)*
Kontrollliste Checkléscht*(f,-en)*
Kontrollmöglichkeit Kontrollméiglechkeet*(f,-en)*
Kontrollstation Kontrollstatioun*(f,-en)*
Kontrollturm Kontrolltuerm*(m,-tierm)*
kontrovers kontrovers*(adj)*
Konvention Conventioun*(f,-en)*
Konvention über die Nachfolge Successiounskonventioun*(f,-en)*
konvergieren konvergéieren*(v)*
konvertieren konvertéieren*(v)*
Konvertierung Konversioun*(f,-en)*
Konvoi Treck*(m,-en)*
Konzentration Konzentratioun*(f,~)*
Konzentrationsfähigkeit Konzentratiounsfäegkeet*(f,~)*
konzentrieren konzentréieren*(v)*
Konzept Konzept*(n,-er)*
Konzern Konzern*(m,-er)*
Konzert Concert*(m,-en)*
Konzert Konzert*(m,-en)*
Konzertsaal Concertssall*(m,-säll)*
konzipieren konzipéieren*(v)*
Kooperation Cooperatioun*(f,-en)*
Kooperation Kooperatioun*(f,-en)*
kooperieren cooperéieren*(v)*
kooperieren kooperéieren*(v)*
kooptieren cooptéieren*(v)*
Koordination Koordinatioun*(f,-en)*
Koordinationsschwierigkeit Koordinatiounsschwieregkeet*(f,-en)*
koordinieren coordinéieren*(v)*
koordinieren koordinéieren*(v)*
Koordinierung Coordinatioun*(f,-en)*

Kopf Bëlz*(scherzh)(f,-en)*
Kopf Kapp*(m,Käpp)*
Kopf Klatz*(scherzh)(f,-en)*
Kopf Kopp*(f,-en)*
Kopf Schierbel*(scherzh)(f,-en)*
Kopf (Salat) Heed*(m,-er)*
Kopf, den - verlieren Kapp, de - verléieren*(exp)*
Köpfchen Käppi*(m,-en)*
köpfen käppen*(v)*
köpfen, ins Tor - erakäppen*(v)*
Kopfhörer Kapphörer*(m,--)*
Kopfkissen Kappkëssen*(n,--)*
Kopfkissen Pillem*(n,-en)*
Kopfkissenüberzug Kappzich*(f,-en)*
Kopfrechnen Kapprechnen*(n,~)*
Kopfsalat Heederzalot*(f,-en)*
Kopfsalat Laitue*(f,-n)*
Kopfschmerzen Kappwéi*(m,~)*
Kopfsprung Kappsprong*(m,-spréng)*
Kopfsteinpflaster Pawee*(m,-ën)*
kopfüber bonz ënne bonz uewen*(exp)*
Kopfweide Kappweid*(f,-en)*
Kopie Copie*(f,-n)*
Kopie Kopie*(f,-n)*
kopieren kopéieren*(v)*
kopieren ofknäipen*(v)*
Kopierer Telecopieur*(m,-en)*
Kopierschutz Kopéierschutz*(m,~)*
Kopilot Copilot*(m,-en)*
Kopilot Kopilot*(m,-en)*
Koppel Perch*(f,-en)*
Kopplung Kopplung*(f,-en)*
Koprozessor Coprozessor*(m,-en)*
Kopstal Koplescht*(p)*
kopulieren copuléieren*(v)*
kopulieren kopuléieren*(v)*
Koralle Korall*(f,-en)*
Korb Kuerf*(m,Kierf)*
Körbchen Kierfchen*(m,Kierwercher)*
Korbflechter Kierfmécher*(m,--)*
Korbweide Weid*(f,-en)*
korbweise kierfweis*(adv)*
Korinthe Korintchen*(f,Korintercher)*
Korinthenkacker Zwirschësser*(m,-en)*
Kork Kork*(m,~)*
Korken Stopp*(f,Stëpp)*
Korkenzieher Stoppenzéier*(m,--)*
Korkenzieher Tirebouchon*(m,-en)*
Korn (Getreide, Pfeffer) Kär*(m,-en)*
Kornblume Karblumm*(f,-en)*
Kornbranntwein Fruuchtdrëpp*(f,-en)*
Körper Kierper*(m,--)*
Körpergröße Gréisst*(f,-en)*
Körpergröße Taille*(f,-n)*
Körperproportion Kierperproportioun*(f,-en)*
Korporal Kaprol*(m,-en)*
Korporation Corporatioun*(f,-en)*
korpulent korpulent*(adj)*
korrekt korrekt*(adj)*
korrekt zerguttstert*(adj)*
Korrektur Korrektur*(f,-en)*
korrelieren correléieren*(v)*
Korrespondenz Schreiwereien*(npl)*
korrespondieren korrespondéieren*(v)*
korrigieren korrigéieren*(v)*
korrigieren verbesseren*(v)*
Korrosion Korrosioun*(f,~)*
korrupt korrupt*(adj)*
Korruption Korruptioun*(f,~)*
Kosak Kosack*(m,-en)*
Kosename (Ehepartner) Stupp*(m,-en)*
Kosewort für kleines Mädchen Zatz, kleng -*(exp)*
Kosmetik Kosmetik*(f,~)*
Kosmetikerin Estheticienne*(f,-n)*
Kosmonaut Kosmonaut*(m,-en)*
Kosmos Kosmos*(m,~)*
Kost lessekascht*(m,~)*
Kost Kascht*(m,~)*
Kost, magere - Aarmeleitskascht*(f,~)*
Kostbarkeit Kostbarkeet*(f,-en)*
Kosten Fraisen*(npl)*
Kosten Käschten*(npl)*
kosten kaschten*(v)*
kosten schmaachen*(v)*
Kostenexplosion Käschtenexplosioun*(f,-en)*
Kostenplan Käschteplang*(m,-pläng)*
Kostenvoranschlag Devis*(m,-en)*
Kostgänger Kaschtgänger*(m,--)*
Kostprobe Degustatioun*(f,-en)*
Kostprobe Schmaach*(f,-en)*
Kostüm Kostüm*(m,-en)*
Kostüm Tailleur*(m,-en)*
kostümieren, sich - verkleeden, sech -*(v)*
Kot Kacka*(m,~)*
Kot Schäissdreck*(m,-er)*
Kotelett Kotlett*(f,-en)*
kotieren cotéieren*(v)*
kotzen katzen*(v)*
Krabbe Crevette*(f,-n)*
krabbeln krabbelen*(v)*
krabbeln kruebelen*(v)*
krabbeln kruewelen*(v)*
Krach Zodi*(m,~)*
Krach machen Zodi schloen*(exp)*
krachen kraachen*(v)*
Kraft Kraaft*(f,Kräften)*
Kraftfahrzeugmechaniker Garagist*(m,-en)*
Kraftfahrzeugmechaniker Mecanicien*(m,-en)*
Kraftfahrzeugschein Kaart, gro -*(exp)*
kräftig ferm*(adj)*
kräftig kräfteg*(adj)*
kräftig zolidd*(adj)*
kraftlos lappeg*(adj)*
kraftlos mackeg*(adj)*
kraftlos schwaach*(adj)*
Kraftstoffpumpe Bensinspompel*(f,-en)*
Kraftstoffpumpe Benzinspompel*(f,-en)*
Kragen Col*(m,-len)*
Kragen Koll*(m,-en)*
Kragen Kolli*(m,-en)*
Krähe Kueb*(m,-en)*
krähen (Hahn) kréinen*(v)*
krakeelen kregéilen*(v)*
Kralle Krall*(f,-en)*
krallen krallen*(v)*
Kram Krom*(m,~)*
Krämer Epicier*(m,-en)*
Krämer Kréimer*(m,-en)*
Krampf Kramp*(m,Krämp)*
Krampf Krämpchen*(m,Krämpercher)*
Krampfader Wariss*(f,-en)*
Kran Kran*(m,-en)*
Kranich Hoergäns*(f,-en)*
krank krank*(adj)*
krank im Bett liegen aleien*(v)*
krank werden krank ginn*(v)*
kränkeln kränkelen*(v)*
Krankengeld Krankegeld*(n,~)*
Krankenhaus Spidol*(n,Spideeler)*
Krankenhausstation Statioun*(f,-en)*
Krankenkasse Krankekeess*(f,-en)*
Krankenpfleger Infirmier*(m,-en)*
Krankenpflegerin Infirmière*(f,-n)*
Krankenschein Krankenziedel*(m,-en)*
Krankenschein Krankeschäin*(m,-er)*
Krankenschwester Krankeschwëster*(f,-en)*
Krankenversicherung Krankeversécherung*(f,-en)*
Krankenwagen Ambulanz*(f,-en)*
Kranker Kranken*(m,Krank)*
Krankheit Krankheet*(f,-en)*
Krankheit Kränkt*(f,-en)*
Krankheitskeim Krankheetskeim*(m,-er)*
kränklich kränklech*(adj)*
krankmachen krank maachen*(v)*
krankmelden krank mellen*(v)*
krankmelden krankmellen*(tr)(v)*
Kranz Kranz*(m,Kränz)*

krass krass *(v)*
kratzen krazen *(v)*
kratzen rëffelen *(v)*
Kratzer Schrumm *(f,-en)*
kraulen crawlen *(v)*
kraulen crowlen *(v)*
kraus krauseleg *(adj)*
kräuseln krauselen *(v)*
kräuseln kréngelen *(v)*
Kraut Kraut *(n,Kraider)*
Kräutchen Kräitchen *(n,~)*
Kräuter Kraider *(npl)*
Kräuterbündel, gesegnetes - Krautwësch *(m,-er)*
Kräutertee Téi *(m,--)*
Krawatte Cravate *(f,-n)*
Krawatte Krawatt *(f,-en)*
kraxeln kraxelen *(v)*
Kreativität Kreativitéit *(f,~)*
Krebs Kriibs *(m,~)*
Krebs Kriibs *(m,-en)*
krebsartig canceréis *(adj)*
Krebserkrankung Kriibskrankheet *(f,-en)*
Kredit Credit *(m,-en)*
Kredit Kredit *(m,-ter)*
kreditieren kreditéieren *(v)*
Kreditkarte Kreditkaart *(f,-en)*
Kreide Kräid *(f,~)*
kreieren kreéieren *(v)*
Kreis Krees *(m,-er)*
Kreis Rondel *(m,-en)*
Kreisel Dapp *(m,Däpp)*
Kreisel Dillendapp *(m,-däpp)*
Kreislauf Bluttzirkulatioun *(f,-en)*
Kreislauf Circulatioun *(f,-en)*
Kreislauf Zirkulatioun *(f,~)*
Kreissäge Seemaschinn *(f,-en)*
Kreisverkehr Kreesverkéier *(m,~)*
Kreisverkehr Rondel *(m,-en)*
Krempel Bataklang *(m,~)*
Krempel Geméch *(n,~)*
Krempel Geméchs *(n,~)*
krepieren krepéieren *(v)*
Kreuz Kräiz *(n,-er)*
Kreuz (Spielkarte) Kräizer *(n,~)*
kreuz und quer kräiz a quier *(exp)*
kreuz und quer durch uechter *(pp)*
kreuz und quer durch ueter *(pp)*
kreuzen kräizen *(v)*
Kreuzfahrt Croisière *(f,-n)*
kreuzigen kräizegen *(v)*
Kreuzigung Kräizegung *(f,-en)*
Kreuzkröte Suebelmouk *(f,-en)*
Kreuzspinne Kräizspann *(f,-en)*
Kreuzung Kräizung *(f,-en)*
Kreuzverhör Kräizfeier *(n,-en)*
Kreuzverhör, jn ins - nehmen Kräizfeier, een an d'- huelen *(exp)*
Kreuzweg Kräizwee *(m,-ër)*
kribbeln kriwwelen *(v)*
kribbeln kruewelen *(v)*
kriechen kräichen *(v)*
kriechen krauchen *(v)*
kriechen schläichen *(v)*
Krieg Krich *(m,-er)*
Krieg erklären Krich erklären *(exp)*
Krieg führen krichen *(v)*
Krieg, der Kalte - Krich, de kale - *(exp)*
kriegen, ans Laufen - (Motor) ukréien *(v)*
Kriegsdenkmal Krichsmonument *(n,-er)*
Kriegsgericht Krichsgeriicht *(n,-er)*
Kriegsopfer Krichsaffer *(npl)*
Kriegsregion Krichsregioun *(f,-en)*
Kriegsschaden Krichsschued *(m,-schied)*
Kriegsverbrechen Krichsverbriechen *(n,--)*
Kriegsverbrecher Krichsverbriecher *(m,--)*
Kriegswitwe Krichswitfra *(f,-en)*
Krimi Krimi *(m,-en)*
kriminalisieren kriminaliséieren *(v)*
Kriminalität Kriminalitéit *(f,~)*
Kriminalroman Kriminalroman *(m,-er)*
kriminell kriminell *(adj)*
Krimineller Kriminellen *(m,Kriminell)*
Krimineller (Dieb) Brigang *(m,-en)*
Krippe (Weihnachten) Kréppchen *(f,Kréppercher)*
kriseln kriselen *(v)*
Krisenmanagement Krisegestioun *(f,-en)*
Krisenregion Kriseregioun *(f,-en)*
Krisensituation Krisesituatioun *(f,-en)*
Kristall Kristall *(m,-er)*
kristallisieren kristalliséieren *(v)*
Kritik Kritik *(f,-en)*
kritisch kritesch *(adj)*
kritisieren kritiséieren *(v)*
kritisieren kritizéieren *(v)*
kritzeln kritzelen *(v)*
kritzeln krozelen *(v)*
Krokodil Krokodil *(m,-len)*
Krokodilstränе Krokodilstréin *(f,-en)*
Krokus Krokus *(f,-sen)*
Krone Kroun *(f,-en)*
krönen kréinen *(v)*
Kropf Krapp *(m,Kräpp)*
Kröte Mouk *(f,-en)*
Krücke Krätsch *(f,-en)*
Krücke Kretsch *(f,-en)*
Krug Krou *(m,Kréi)*
Krug, kleiner - Kréichen *(m,Kréiercher)*
Krüge Kréi *(npl)*
Krümel Grimmel *(f,-en)*
krümeln grimmelen *(v)*
krumm kromm *(adj)*
krumm ongrued *(adj)*
krümmen krëmmen *(v)*
krümmen, sich - zesummekrämpen, sech - *(v)*
Krümmung Krëmmt *(f,-en)*
krüpplig krëppeleg *(adj)*
Kruste Bootsch *(f,-en)*
Kruste Kuuscht *(f,-en)*
Kruste (Wunde) Roff *(m,Rëff)*
Krusten bilden bootschen *(v)*
Kruzifix Kruzifix *(n,-er)*
Kübel Kiwwel *(m,-en)*
Kubikmeter Kibb, Meter - *(exp)*
Kubikmeter Kubikmeter *(m,--)*
Kubikmeter Meter Kibb *(exp)*
Kubikmeter, zwei - Kouert *(f,-en)*
Kubikmeter, zwei - Holz Kouert Holz *(exp)*
Kuborn Kéiber *(p)*
Kubus Küb *(m,-en)*
Küche Kichen *(f,--)*
Kuchen Kuch *(m,-en)*
Küchenbrett Kichebriet *(n,-brieder)*
Kuchenform Kucheform *(f,-en)*
Kuchengitter Hierdchen *(f,Hiertercher)*
Küchenschabe Kakerlack *(f,-en)*
Küchenschrank Kicheschaf *(m,-schief)*
Küchenschürze Kicheschiertech *(n,-er)*
Kuchenteig Kuchendeeg *(m,~)*
Küchentisch Kichendësch *(m,-er)*
Küchentuch Kichenduch *(n,-dicher)*
Küchenuhr Kichenauer *(m,-en)*
Küchenwaage Kichewo *(f,-en)*
Kuckuck Guckuck *(m,-en)*
Kuckucksuhr Guckucksauer *(f,-en)*
Küfer Kéifer *(m,--)*
Küferei Kéiferei *(f,-en)*
Kugel Boule *(f,Bullen)*
Kugel Bull *(f,-en)*
Kugel Kugel *(f,-en)*
Kügelchen Kniddel *(f,-en)*
kugeln, sich - kugelen, sech - *(v)*
Kugelschreiber Bic *(m,Bicken)*
Kugelschreiber Stylo *(m,-en)*
Kugelstoßen Kugelstoussen *(n,~)*
Kuh Kou *(f,Kéi)*
Kuhfladen Flapp *(m,Fläpp)*
Kuhfladen Kéiflapp *(m,-fläpp)*

Kuhfladen	Kouflapp*(m,-fläpp)*
Kuhhandel	Kouhandel*(m,-en)*
kühl	kill*(adj)*
kühl (Temperatur)	frësch*(adj)*
Kühle	Killzecht*(f,-en)*
kühlen	killen*(v)*
kühlen	killzen*(v)*
kühlen, in Eis - (Wein)	frappéieren*(v)*
Kühler	Radiateur*(m,-en)*
Kühlschrank	Äisschaf*(m,-schief)*
Kühlschrank	Frigidaire*(m,-n)*
Kühlschrank	Frigo*(m,-en)*
Kühlschrank	Killschaf*(m,-schief)*
Kühltasche	Killtäsch*(f,-en)*
Kühlturm	Killtuerm*(m,-tierm)*
Kühlwasser	Killwaasser*(n,~)*
kühn	hardi*(adj)*
kühn	kéng*(adj)*
kühn	king*(adj)*
Kühnheit	Kéngheet*(f,~)*
Kuhscheiße	Kéidreck*(m,-er)*
Kuhstall	Kéistall*(m,-ställ)*
Kuhstall	Koustall*(m,-ställ)*
Küken	Dickelchen*(n,Dickelcher)*
Küken	Hénkel*(n,-en)*
Küken	Jippelchen*(n,Jippelcher)*
kulinarisch	kulinaresch*(adj)*
Kulisse	Kulisse*(f,-n)*
kulminieren	kulminéieren*(v)*
Kult	Kult*(m,-en)*
kultivieren	kultivéieren*(v)*
kultiviert	kultivéiert*(adj)*
Kultur	Kultur*(f,-en)*
Kulturkommission	Kulturkommissioun*(f,-en)*
kümmern, sich um etw -	këmmeren, sech ëm eppes -*(exp)*
Kumpel	Copain*(m,-en)*
Kumpel	Kolleg*(m,-en)*
kumulieren	cumuléieren*(v)*
kumulieren	kumuléieren*(v)*
Kunde	Client*(m,-en)*
Kunde	Konn*(f,-en)*
Kundenwerbung	Prospektioun*(f,-en)*
Kundgebung	Manifestatioun*(f,-en)*
kündigen	kënnegen*(v)*
kündigen	lanteren*(v)*
kündigen (Vertrag)	opsoen*(v)*
kündigen, jn -	kënnegen, engem -*(exp)*
Kündigung	Kënnegung*(f,-en)*
Kundin	Cliente*(f,-ën)*
Kundschaft	Clientèle*(f,-n)*
Kundschaft	Konnschaft*(f,~)*
künftig	kënfteg*(adj)*
Kunst	Konscht*(f,~)*
Kunst, abstrakte -	Konscht, abstrakt -*(exp)*
Kunst, figurative -	Konscht, figurativ -*(exp)*
Kunstakademie	Konschtakademie*(f,-n)*
Kunstausstellung	Konschtausstellung*(f,-en)*
Kunstfehler	Konschtfeeler*(m,--)*
Kunstgeschichte	Konschtgeschicht*(f,~)*
Kunsthändler	Konschthändler*(m,--)*
Künstler	Kënschtler*(m,--)*
Künstler	Künstler*(m,--)*
Künstlername	Kënschtlernumm*(m,-nimm)*
künstlich	kënschtlech*(adj)*
Kunstliebhaber	Konschtfrënd*(m,-frënn)*
Kunstsammler	Konschtsammler*(m,--)*
Kunstsammlung	Konschtsammlung*(f,-en)*
Kunststoff	Plastik*(m,~)*
Kunststück	Konschtstéck*(n,-stécker)*
Kunstwerk	Konschtwierk*(n,-er)*
Kupfer	Koffer*(m,~)*
kupferfarben	kofferfaarweg*(adj)*
Kupferpfanne	Kofferpan*(f,-en)*
Kupplung	Kupplung*(f,-en)*
Kur	Kur*(f,-en)*
Kurbel	Kierb*(f,-en)*
Kurbel	Kierp*(f,-en)*
kurbeln	kierpen*(v)*
kurbeln	kuerbelen*(v)*
Kürbis	Kalbass*(f,-en)*
kurios	kuriéis*(adj)*
Kuriosität	Kuriositéit*(f,-en)*
Kuriositäten	Kuriositéiten*(npl)*
Kuriosum	Kuriositéit*(f,-en)*
Kurort	Thermalbad*(n,-bieder)*
Kurs	Cours*(m,-en)*
kursieren (Gerüchte)	courséieren*(v)*
Kurssteigerung	Hausse*(f,-n)*
Kurve	Kéier*(f,-en)*
Kurve (Geometrie)	Kurv*(f,-en)*
kurz	kuerz*(adj)*
kurz danach	kuerz derno*(adv)*
kurz danach	kuerz duerno*(adv)*
Kurzarbeit	Kuerzaarbecht*(f,~)*
kürzen	kierzen*(v)*
kurzfassen	kuerz faassen*(v)*
Kurzfilm	Kuerzfilm*(m,-er)*
kürzlich	dëslescht*(adv)*
kürzlich	kierzlech*(adv)*
kürzlich	lescht, d'-*(exp)*
kürzlich	leschter, d'-*(exp)*
Kurzmeldung	Zeitungsnotiz*(f,-en)*
kurzschließen	kuerz schléissen*(v)*
Kurzschluss	Kuerzen*(m,Kuerzer)*
Kurzschluss	Kurzschluss*(m,-en)*
kurzsichtig	bäisiichteg*(adj)*
kurzsichtig	kuerzsiichteg*(adj)*
Kurzsichtigkeit	Bäisiichtigkeet*(f,~)*
Kurzsichtigkeit	Nosiichtegkeet*(f,-en)*
Kürzung	Kierzung*(f,-en)*
Kurzwellen	Kuerzwellen*(npl)*
Kurzzeitgedächtnis	Kuerzzäitgedächtnes*(n,-er)*
kuscheln	kuschelen*(v)*
kuscheln	nujelen*(v)*
kuscheln, sich -	duckelen, sech -*(v)*
kuschen	kuschen*(v)*
Kusine	Cousine*(f,Cousinnen)*
Kusine	Kusin*(f,-nen)*
Kuss	Bees*(f,-en)*
Kuss	Kuss*(m,-en)*
küssen	Bees, eng - ginn*(exp)*
küssen	këssen*(v)*
Küste	Côte*(f,-n)*
Küsten	Küst*(f,-en)*
Küster	Koschter*(m,-en)*
Kutsche	Kutsch*(f,-en)*
Kutscher	Kitschener*(m,--)*
kutschieren	kutschéieren*(v)*
Kutteln	Kuddelfleck*(m,-er)*

L

laben, sich -	ergäerden, sech -*(v)*
labil	labil*(adj)*
Labor	Labo*(m,-en)*
Labor	Labor*(m,-en)*
Laborant	Laborant*(m,-en)*
Laborantin	Laborantin*(f,-nen)*
Laboratorium	Laboratoire*(m,-n)*
laborieren (an einer Krankheit)	laboréieren*(v)*
laborieren, an einer Krankheit -	brucken, un eppes -*(exp)*
Labyrinth	Labyrinth*(n,-en)*
lächeln	lächelen*(v)*
Lachen	Laach*(f,-en)*
Lachen	Laachen*(n,~)*
lachen	laachen*(v)*
lachen, sich scheckig -	krommlaachen, sech -*(tr)(v)*
lächerlich	lächerlech*(adj)*
lächerlich machen	ridiculiséieren*(v)*
Lächerlichkeit	Lächerlechkeet*(f,-en)*
Lachs	Salem*(m,Saalmen)*
Lack	Lack*(m,-en)*
Lack	Vernis*(m,-en)*
Lack-	lacken*(adj)*
lackieren	lackéieren*(v)*
lackieren	vernéieren*(v)*

Lade Lued*(f,-en)*
Laden Buttek*(m,-er)*
laden lueden*(v)*
Ladenöffnungszeit Geschäftszäit*(f,-en)*
Ladenstraße Geschäftsstrooss*(f,-en)*
Ladung Charge*(f,-n)*
Lady Lady*(f,-en)*
Lage Lag*(f,-en)*
Lage Lo*(f,-en)*
Lage, schwierige - Verleeënheet*(f,-en)*
Lager Camp*(m,-en)*
Lager Depot*(m,-en)*
Lager Lager*(n,-en)*
Lager Magazin*(n,-en)*
Lagerarbeiter Lageraarbechter*(m,--)*
Lagerhaus Entrepôt*(m,-en)*
lagern lageren*(v)*
lagern stockéieren*(v)*
Lagerschuppen Schapp*(m,Schäpp)*
Lagerung Lagerung*(f,-en)*
Lagerverwalter Magasinier*(m,-en)*
lahm schlamm*(adj)*
lähmen lämen*(v)*
Laich (Frosch) Bruck*(m,-en)*
Laie Laien*(m,--)*
laienhaft amateurhaft*(adj)*
lakonisch lakonesch*(adj)*
Lakritze Mokuch*(m,~)*
Lallange Lalleng*(p)*
Lamadelaine Rolleng*(p)*
Lametta Lametta*(m,~)*
Lamm Lamm*(n,Lämmer)*
Lämmchen Lämmchen*(n,Lämmercher)*
Lämpchen Liitchen*(f,Litercher)*
Lampe Lut*(f,-en)*
Lampen Luten*(npl)*
Lampen Luuchten*(npl)*
Lampenfieber Trac*(m,~)*
Lampenschirm Abat-jour*(m,-en)*
Lampenschirm Luuchteschierm*(m,-er)*
lancieren lancéieren*(v)*
Land Land*(n,~)*
Land Land*(n,Länner)*
Land, auf dem - Land, um -*(exp)*
Land, in ein - einfallen Land, e - iwwerfalen*(exp)*
Land, kleines Stück - Këpp*(m,-en)*
Landarbeiter Landaarbechter*(m,--)*
Landebahn Landebunn*(f,-en)*
landen landen*(v)*
Landeplatz Landeplaz*(f,-en)*
Landesgrenze Landesgrenz*(f,-en)*
Landeshauptstadt Landeshaaptstad*(f,-stied)*
Landessprache Landessprooch*(f,-en)*
Landgemeinde Landgemeng*(f,-en)*
Landhaus Landhaus*(n,-haiser)*
Landkarte Kaart*(f,-en)*
Landkarte Landkaart*(f,-en)*
ländlich ländlech*(adj)*
Landschaft Landschaft*(f,-en)*
Landschaftsmaler Landschaftsmoler*(m,-en)*
Landscheid Laaschent*(p)*
Landstraße Landstrooss*(f,-en)*
Landstraße Strooss*(f,-en)*
Landstreicher Landsträicher*(m,--)*
Landstrich Streech*(m,-er)*
Landung Landung*(f,-en)*
Landwirt Bauer*(m,-en)*
Landwirtschaft Agriculture*(f,-n)*
Landwirtschaft Akerbau*(m,~)*
Landwirtschaft Landwirtschaft*(f,~)*
Landwirtschaft, die - betreffend agrarspezifesch*(adj)*
Landwirtschaftsbetrieb Bauerewiesen*(n,--)*
lang laang*(adj)*
lang laang*(adv)*
lang laangeg*(adv)*
lang(t) zu fuer*(t) duer(exp)*
Länge Längt*(f,-en)*
Länge, sich in die - ziehen Schleef, eng - ginn*(exp)*
langen reechen*(v)*
längen längen*(v)*
langen, jm eine - flätschen, engem eng -*(exp)*
Langeweile Langweil*(m,~)*
Langlauf Laanglaf*(m,~)*
länglich längelzeg*(adj)*
längs laanscht*(pp)*
langsam gemittlech*(adj)*
langsam lues*(adj)*
langsamer lues, méi -*(exp)*
längstens längst*(adv)*
Langstreckenlauf Laangstreckelaf*(m,-leef)*
Languste Langust*(f,-en)*
langweilen langweilen*(v)*
langweilig langweileg*(adj)*
Langwellen Laangwellen*(npl)*
Lannen Lannen*(p)*
Lanze Lanz*(f,-en)*
Lappen Läpp*(m,-er)*
Lappen Lomp*(f,-en)*
Lappen, kleiner - Lëmpchen*(f,--)*
Laptop Laptop*(m,-pen)*
Lärm Kaméidi*(m,~)*
Lärm Koméidi*(n,~)*
lärmen ramoueren*(v)*
lärmen rumoueren*(v)*
Larochette Fiels*(p)*
Larochette, in - Fiels, an der*(exp)*
Lasagne Lasagne*(f,-n)*
Lasauvage Lasauvage*(p)*
Laserdrucker Laserdrécker*(m,--)*
Laserdrucker Laserimprimante*(f,-n)*
lasieren laséieren*(v)*
lassen loossen*(v)*
lassen, im Stich - loossen, am Stéch -*(exp)*
lassen, zu Hause - doheemloossen*(v)*
Lässigkeit Lässegkeet*(f,~)*
Lasso Lasso*(m,-en)*
Last Laascht*(m,Läscht/-en)*
Laster Laster*(n,-en)*
lästern lästeren*(v)*
lästig iwwerläschteg*(adj)*
lästig lästeg*(adj)*
lästig onkammoud*(adj)*
lästig penibel*(adj)*
lästig, jm - werden iwwerläschteg, engem - falen*(exp)*
Lastkahn Peniche*(f,-n)*
Lastkahn Schëff*(n,-er)*
Lastkraftwagen Camion*(m,-en)*
Latein Latäin*(n,~)*
lateinisch laténgesch*(adj)*
Lateinklasse (Gymnasium) Latäinsektioun*(f,-en)*
Lateinklasse besuchen (Gymnasium) Latäin, op - sinn*(exp)*
latent latent*(adj)*
Laterne Lanter*(f,-en)*
Latschen Laatschen*(npl)*
latschen laatschen*(v)*
Latte Lat*(f,-en)*
Latte, obere - Lat, iewescht -*(exp)*
Lätzchen Sabbelduch*(n,-dicher)*
Laub Laf*(n,~)*
Lauch Porrett*(f,-en)*
Lauer Lauer*(f,~)*
Lauer, auf der - Lauer, op der -*(exp)*
lauern laueren*(v)*
Lauf Laf*(m,Leef)*
Lauf (Gewehr) Laf*(m,Leef)*
Laufbahn Carrière*(f,-n)*
Laufbahn Filière*(f,-n)*
Laufbursche Laufbursch*(m,-en)*
Laufen Lafen*(n,~)*
laufen lafen*(v)*
laufen rennen*(v)*
laufen (Nase) schnuddelen*(v)*
laufen, auseinander - ausenaner rennen*(v)*

laufen, hin und her - hierrennen, hin an hier -*(tr)(exp)*
laufen, nach Hause - heemlafen*(tr)(v)*
Laufenwehr Lafewier*(p)*
Läufer Leefer*(m,--)*
Lauferei Lafes*(n,~)*
Lauferei Leeferei*(f,~)*
Laune Laun*(f,-en)*
Laune Lo*(f,-en)*
Laune Muck*(f,-en)*
Laune Staut*(f,-en)*
Laune Stëmmung*(f,-en)*
Laune, guter - sein Déng, gudder - sinn*(exp)*
Launen Naupen*(npl)*
launenhaft naupeg*(adj)*
launisch launesch*(adj)*
Laus Laus*(f,Lais)*
Lausbube Lausbouf*(m,-bouwen)*
Lausbube Lausert*(m,-en)*
Lausbübin Knätzel*(f,-en)*
Lausdorn Lausduer*(p)*
lauslichten (Pflanzen) läiteren*(v)*
laut haart*(adj)*
Laut Laut*(m,-er)*
laut laut*(pp)*
laut no*(pp)*
laut lesen haart liesen*(exp)*
läuten bimmelen*(v)*
läuten lauden*(v)*
läuten (Glocke) pénken*(v)*
läuten, zum letzten Mal - oflauden*(v)*
Lauterborn Lauterbur*(p)*
läutern läiteren*(v)*
Lautsprecher Lautsprecher*(m,--)*
Lautsprecheranlage Sonorisatioun*(f,-en)*
Lautstärke Lautstäerkt*(f,-en)*
lauwarm wootlech*(adj)*
Lavendel Lavendel*(m,-en)*
lavieren lavéieren*(v)*
Lawine Lawin*(f,-en)*
Layout Layout*(m,-en)*
Lazarett Lazarett*(n,-er)*
leasen leasen*(v)*
Leben Liewen*(n,--)*
leben liewen*(v)*
lebendig lieweg*(adj)*
Lebensbedingung Liewensconditioun*(f,-en)*
Lebensform Liewensform*(f,-en)*
lebensgefährlich liewesgeféierlech*(adj)*
Lebenskraft Lieweskraaft*(f,-kräften)*
lebenslänglich liewenslänglech*(adj)*
Lebenslauf Liewenslaf*(m,~)*
Lebensmittel lesswueren*(npl)*
Lebensmittel Liewensmëttel*(n,-en)*
Lebensmittelproduktion Liewensmëttelproduktioun*(f,-en)*
Lebensmittelsicherheit Liewensmëttelsécherheet*(f,-en)*
lebensmüde liewesmidd*(adj)*
Lebensqualität Liewensqualitéit*(f,-en)*
Lebensraum Liewesraum*(m,-raim)*
Lebenssituation Liewenssituatioun*(f,-en)*
Lebensstandard Liewensstandard*(m,-en)*
Lebensunterhalt Liewensënnerhalt*(m,~)*
Lebensversicherung Liewensversécherong*(f,-en)*
Lebensweise Liewensweis*(f,-en)*
Lebensweisheit Liewenswäisheet*(f,-en)*
Lebenszeichen Liewenszeechen*(n,--)*
Lebenszeichen Zeechen*(n,--)*
Leber Liewer*(f,-en)*
Leber (Stück zum Braten) Liewerbifdeck*(m,-en)*
Leberkäse Liewerkéis*(m,-en)*
Leberknödel Liewerkniddel*(f,-en)*
Leberkrise Liewerkris*(f,-en)*
Leberpastete Liewerpati*(m,-en)*
Leberwurst Liewerwurscht*(f,-en)*
lebhaft schmasseg*(adj)*
lebhaft wibbeleg*(adj)*
Lebhaftigkeit Monterkeet*(f,-en)*
Lebkuchen Liefkuch*(m,-en)*
leblos doudeg*(adj)*
Leck (Leitung) Fuite*(f,-n)*
lecken lecken*(v)*
lecken (Gefäß) rënnen*(v)*
lecker delikat*(adj)*
Leckerei Leckerei*(f,-en)*
Leder Lieder*(n,~)*
ledern lieder*(adj)*
Lederstiefel Liederstiwwelen*(npl)*
ledig leedeg*(adj)*
ledig liedeg*(adj)*
leer eidel*(adj)*
leer leedeg*(adj)*
Leergut Vidange*(m,-n)*
leer sein (Batterie, Reifen) platt sinn*(exp)*
leer stehen eidel stoen*(v)*
Leerlauf Ralenti*(m,~)*
leersaugen aussuckelen*(v)*
Leerzeichen Sputt*(m,~)*
legal legal*(adj)*
legalisieren legaliséieren*(v)*
Legalisierung Legalisatioun*(f,-en)*
Legalität Legalitéit*(f,-en)*
legen leeën*(v)*
legen, sich - leeën, sech -*(v)*
legen, sich ins Zeug - wudderen*(v)*
legendär legendär*(adj)*
Legende Legend*(f,-en)*
Legende Seechen*(f,--)*
Legendenbuch Legend*(f,-en)*
Legion Legioun*(f,-en)*
Legionärskrankheit Legionärskrankheet*(f,-en)*
Legislative Legislativ*(f,-en)*
Legislaturperiode Legislaturperiod*(f,-en)*
legitimieren legitiméieren*(v)*
Legitimität Legitimitéit*(f,-en)*
Lehm Leem*(m,~)*
Lehrbuch Léierbuch*(n,-bicher)*
Lehre Léier*(f,-en)*
lehren bäibréngen*(v)*
lehren léieren*(v)*
Lehrer Moniteur*(m,-en)*
Lehrer Schoulmeeschter*(m,-en)*
Lehrer an der Sekundarschule Professer*(m,-en)*
Lehrerin Léierin*(f,-innen)*
Lehrhof Léierhaff*(p)*
Lehrling Léierbouf*(m,-bouwen)*
Lehrling Léierjong*(m,-en)*
Lehrmädchen Léiermeedchen*(n,-meedercher)*
Lehrmeister Tuteur*(m,-en)*
lehrreich léierräich*(adj)*
Leib Läif*(m,Läiwer)*
Leib, im - Leif, am -*(exp)*
Leiche Läich*(f,-en)*
Leichenwagen Doudewon*(m,-ween)*
Leichenzug Läichenzuch*(m,-zich)*
leicht liicht*(adj)*
leicht liichterdéngs*(adv)*
Leichtathlet Liichtathlet*(m,-en)*
leichter (als normal) allegéiert*(adj)*
Leichtgewicht Liichtgewiicht*(n,-er)*
leichtgläubig liichtgleeweg*(adj)*
Leichtigkeit Facilitéit*(f,-en)*
Leichtigkeit Liichtegkeet*(f,-en)*
Leichtsinn Liichtfank*(m,~)*
Leichtsinn Liichtfank*(m,-en)*
leichtsinnig liichtfankeg*(adj)*
leichtsinnig liichtschaz*(adj)*
leichtsinniger Mensch Lazert*(m,-en)*
leichtsinniger Mensch Liichtfank*(m,-en)*
Leid Leed*(n,~)*
leid, es tut mir - Leed, et deet mer -*(exp)*
leiden leiden*(v)*
Leiden Péng*(f,-en)*
leiden, jn nicht - können leiden, een net - kënnen*(exp)*
Leidenschaft Leidenschaft*(f,-en)*

Leidenschaft Passioun*(f,-en)*
leidenschaftlich leidenschaftlech*(adj)*
Leidensweg Leidenswee*(m,-ër)*
leider leider*(adv)*
leidtun Leed doen*(exp)*
Leier Leier*(f,-en)*
Leier Refrain*(m,-en)*
leiern leieren*(v)*
leihen léinen*(v)*
leimen leimen*(v)*
Leine Léngt*(f,-en)*
Leinen Léngent*(n,~)*
Leinen Toile*(f,~)*
Leinen- léngen*(adj)*
Leisbach Léisbech*(p)*
leise lues*(adj)*
leiser lues, méi -*(exp)*
Leiste Leescht*(f,-en)*
leisten leeschten*(v)*
leisten, sich etw - leeschten, sech eppes -*(exp)*
Leistung Leeschtung*(f,-en)*
Leistung Prestatioun*(f,-en)*
Leistung Ustrengung*(f,-en)*
Leistung, eine - erbracht haben Opweises, eppes - hunn*(exp)*
Leistungsfähigkeit Leeschtungsfäegkeet*(f,-en)*
leistungsorientiert leeschtungsorientéiert*(adj)*
Leistungsprinzip Leeschtungsprinzip*(m,-er)*
Leistungssport Leeschtungssport*(m,~)*
Leitartikel Leitartikel*(m,-en)*
leiten geréieren*(v)*
leiten leeden*(v)*
Leiter Leeder*(f,-en)*
Leithum Leetem*(p)*
Leitmotiv Leitmotiv*(n,-er)*
Leitrange Läitreng*(p)*
Leitung Gestioun*(f,-en)*
Leitung Leitung*(f,-en)*
Leitungswasser Krunnewaasser*(n,~)*
Leitungswasser Leitungswaasser*(n,~)*
Lektion Lektioun*(f,-en)*
Lellig Lelleg*(p)*
Lellingen Lellgen*(p)*
Lendenstück Filetsstéck*(n,-er)*
lenken fueren*(v)*
lenken guidéieren*(v)*
lenken lenken*(v)*
lenken renkelen*(v)*
lenken rénkelen*(v)*
lenken renken*(v)*
lenken rénken*(v)*
lenken steieren*(v)*
Lenker Giddong*(m,-en)*
Lenkrad Giddong*(m,-en)*
Lenkstange Giddong*(m,-en)*
Lenningen Lenneng*(p)*
Lentzweiler Lenzweiler*(p)*
Leopard Leopard*(m,-en)*
Lepra Aussaz*(m,~)*
Lerche Léierchen*(f,Léiercher)*
Lerche Léiweckelchen*(m,Léiweckelcher)*
lernen léieren*(v)*
Lernspiel Léierspill*(n,-er)*
Lesbarkeit Liesbarkeet*(f,-en)*
Lesbe Lesbienne*(f,-n)*
lesbisch lesbesch*(adj)*
Lese Lies*(f,-en)*
Lesebrille Liesbréll*(m,-er)*
Lesen Liesen*(n,~)*
lesen liesen*(v)*
Leser Lieser*(m,--)*
Leseratte Liesesch*(f,-en)*
leserlich lieserlech*(adj)*
Lesesaal Liessall*(m,-säll)*
Lesfunktion Liesfonktioun*(f,-en)*
lethargisch lethargesch*(adj)*
Lettner Duxall*(m,Duxäll)*
letzt lescht*(adj)*
letzte Nacht hënt*(adv)*
letztens dëslescht*(adv)*
Letzter Leschten*(m,Lescht)*
Leuchte Luucht*(f,-en)*
Leuchte, hintere - (Pkw) Luucht, hënnescht -*(exp)*
leuchten liichten*(v)*
leuchten, hell - fakelen*(v)*
Leuchtreklame Liichtreklamm*(f,-en)*
Leuchtturm Liichttuerm*(m,-tierm)*
Leudelange Leideleng*(p)*
leugnen desavouéieren*(v)*
leugnen leechnen*(v)*
leugnen ofstreiden*(v)*
Leukämie Leukämie*(f,~)*
Leute Leit*(npl)*
Leutnant Leitnant*(m,-en)*
Levelange Liewel*(p)*
Leviten, jm die - lesen Levitten, engem d'- liesen*(exp)*
Libelle Libell*(f,-en)*
Libelle Siwestécher*(m,--)*
Libelle Waasserpëppchen*(f,-pëppercher)*
liberal liberal*(adj)*
Liberaler Liberalen*(m,-er)*
liberalisieren liberaliséieren*(v)*
Liberalismus Liberalissem*(m,~)*
Licht Liicht*(n,~)*
Licht Lut*(f,-en)*
Licht Luucht*(f,-en)*
Licht, kleines - Gäppchen*(f,Gäppercher)*
Lichteffekt Liichteffekt*(m,-en)*
Lichter Luten*(npl)*
Lichter Luuchten*(npl)*
Lichterprozession Liichterprëssessioun*(f,-en)*
Lichtgeschwindigkeit Liichtgeschwëndegkeet*(f,~)*
Lichtmess Liichtmëss*(n,~)*
Lichtschalter Luteschalter*(m,-en)*
Lichtschalter Luuchteschalter*(m,-en)*
Lichtstärke Liichtstäerkt*(f,--)*
lieb léif*(adj)*
Liebe Léift*(f,~)*
Liebelei Freierei*(f,-en)*
lieben gär hunn*(exp)*
lieben, jn - frou, - si mat engem*(exp)*
lieber léiwer*(adv)*
liebesbedürftig (mutterbezogen) mammereg*(adj)*
Liebesroman Liebesroman*(m,-er)*
Liebesverhältnis Liaison*(f,-en)*
Liebhaber Amant*(m,-en)*
liebkosen häerzen*(v)*
liebkosen hätschelen*(v)*
Lieblingsessen Liiblingsiessen*(n,--)*
Lieblingsschüler (des Lehrers) Fiffi*(m,-en)*
Lied Lidd*(n,-er)*
Lieferant Liwwerant*(m,-en)*
liefern ausféieren*(v)*
liefern liwweren*(v)*
liefern, ins Haus - ausliwweren*(v)*
liefern, nach Hause - heemliwweren*(tr)(v)*
Lieferung Ausliwwerung*(f,-en)*
Lieferung Liwwerung*(f,-en)*
Lieferwagen Camionnette*(f,-n)*
Lieferwagen Liwwerwon*(m,-ween)*
Liefrange Léifreg*(p)*
liegen leien*(v)*
liegen, an jm - leien, un engem -*(exp)*
liegen, im Sterben - leien, um Stierwe -*(exp)*
liegen, in der - leien, an der Sonn -*(exp)*
liegen, jm - leien, engem -*(exp)*
liegen, vorn - virleien*(v)*
Liegestuhl Chaiselongue*(f,-n)*
Liegestuhl Ligestull*(m,-still)*
Lieler Léiler*(p)*
liften liften*(v)*
Likör Likör*(m,-en)*
lila lila*(adj)*
lila mauve*(adj)*
Lilie Liljen*(f,--)*

Lilien Liljen*(p)*
Liliputaner Liliputaner*(m,-en)*
Limonade Limonad*(f,-en)*
Limpach Lampech*(p)*
Limpertsberg Lampertsbierg*(p)*
Linde Lann*(f,-en)*
Lindenbaum Lannebam*(m,-beem)*
Lindenblütentee Lannentéi*(m,-er)*
lindern déiden*(v)*
lindern lënneren*(v)*
Lineal Lineal*(m,-en)*
Linger Lénger*(p)*
Linguist Linguist*(m,-en)*
Linguistik Linguistik*(f,~)*
Linie Linn*(f,-en)*
Linie Rei*(f,-en)*
Linie Stréch*(m,-er)*
Linie Strich*(m,-er)*
Linie, gerade - Linn, riicht -*(exp)*
Linienflugzeug Linnefliger*(m,-en)*
linken uschäissen*(ugs)(v)*
linken uschmieren*(v)*
links lénks*(adv)*
Linksdrehung Lénksdréiung*(f,-en)*
Linkshänder Lénkshänner*(m,--)*
Linkspolitiker Lénken*(m,-er)*
Linkspolitiker Lénksen*(m,-er)*
Linse Lëns*(f,-en)*
Lintgen Lëntgen*(p)*
Lippe Lëps*(f,-en)*
Lippenstift Lëppestëft*(m,-er)*
Lipperscheid Lëppschent*(p)*
Liquidität Liquiditéit*(f,-en)*
Liste Lëscht*(f,-en)*
listig fuusseg*(adj)*
Litanei Litanei*(f,-en)*
Liter Liter*(m,--)*
literarisch literaresch*(adj)*
literarische Zeitschrift literaresch Revue*(exp)*
Literatur Literatur*(f,-en)*
Literaturfakultät Literatur-Fakultéit*(f,-en)*
Literaturpreis Literaturpräis*(m,-er)*
Literflasche Liteschfläsch*(f,-en)*
Lithographie Lithographie*(f,-n)*
Livange Léiweng*(p)*
live live*(adj)*
Live-Reportage Livereportage*(m,-n)*
Lizenz Lizenz*(f,-en)*
Lkw-Fahrer Camionschauffer*(m,-en)*
Lob Luef*(m,~)*
Lob Luef*(n,~)*
lobben (Ball) lobben*(v)*
Lobby Lobby*(f,-en)*
loben luewen*(v)*
Loch Lach*(m,Lächer)*
lochen knipsen*(v)*
lochen pëtzen*(v)*
Locher Locher*(m,-en)*
löchern lächeren*(v)*
Löckchen Kraiselchen*(f,Kraiselcher)*
Locke Krausel*(f,-en)*
locker labber*(adj)*
lockerlassen, nicht - drunhalen, sech -*(v)*
lockern lackeren*(v)*
lockig krauseleg*(adj)*
lockig lockeg*(adj)*
lodern flamen*(v)*
Löffel Läffel*(m,-en)*
löffeln läffelen*(v)*
Logbuch Logbuch*(n,-bicher)*
Loge Loge*(f,-n)*
logisch logesch*(adj)*
logischerweise logescherweis*(adv)*
Lohe Lou*(f,~)*
Lohhecke Louheck*(f,-en)*
Lohn Loun*(m,Léin)*
Lohn Pai*(f,-en)*
Lohnausfall Lounausfall*(m,-fäll)*
lohnen lounen*(v)*
Lohnforderung Lounfuerderung*(f,-en)*
Lohnindex Lounindex*(m,-en)*
Lohnsteuer Lounsteier*(f,-en)*
Lohnstopp Lounstopp*(m,-en)*
Lokal Lokal*(m,-er)*
Lokalanästhesie Lokalanästhesie*(f,-n)*
lokalisieren lokaliséieren*(v)*
Lokalisierung Lokalisatioun*(f,-en)*
Lokalnachrichten Lokales*(n,~)*
Lokalnachrichten Lokalnoriichten*(npl)*
Lokalpresse Lokalpress*(f,~)*
Lokalpresse Regionalpress*(f,~)*
Lokomotive Lokomotiv*(f,-en)*
Lokomotivführer Lokomotivführer*(m,--)*
Longsdorf Longsdref*(p)*
Lorbeerblatt Lorberblat*(n,-blieder)*
Lore Buggi*(m,-en)*
Lore Lorri*(m,-en)*
Lorentzweiler Luerenzweiler*(p)*
los lass*(adj)*
los lass*(adv)*
Los Lous*(n,-en)*
los müssen ewechmaachen, sech -*(v)*
Los, das große - Lous, d'grousst -*(exp)*
losbinden lassbannen*(v)*
losbrechen lassbriechen*(v)*
Löschblatt Lëschblat*(n,-blieder)*
löschen läschen*(v)*
Löschfahrzeug Pompjeesauto*(m,-en)*
Löschfahrzeug Pompjeeswon*(m,-ween)*
Löschpapier Läschpabeier*(m,~)*
losdrehen lassdréinen*(v)*
lose labber*(adj)*
lose Lassenen, am -*(exp)*
Lösegeld Léisegeld*(n,-er)*
losen lousen*(v)*
lösen léisen*(v)*
lösen, sich - lassgoen*(v)*
lösen, sich plötzlich - (Knoten, Befestigung) lassfueren*(v)*
losgehen (Gewehr) lassgoen*(v)*
losgehen, auf etw/jn - lassgoen, op eppes/ee -*(exp)*
loskommen detachéieren*(v)*
loskommen lasskommen*(v)*
loskommen ofkommen*(v)*
loskoppeln lasskoppelen*(v)*
loskoppeln lasskrämpen*(v)*
loskriegen lasskréien*(v)*
loslassen laaschéieren*(v)*
loslassen lassloossen*(v)*
loslegen urappen*(v)*
loslegen, mit etw - lancéieren*(v)*
loslegen, voll - Sträng, sech an d'- geheien*(exp)*
löslich léislech*(adj)*
losmachen detachéieren*(v)*
losmachen lassmaachen*(v)*
losmarschieren lassmarschéieren*(v)*
losreißen lassräißen*(v)*
losreißen lassrappen*(v)*
losrennen lassrennen*(v)*
losschießen lassschéissen*(v)*
losschlagen (auf) dropklappen*(v)*
losschlagen (Teil von etw) lassklappen*(v)*
losschlagen, aufeinander - openeefachen*(v)*
losschneiden lassschneiden*(v)*
losschrauben lassschrauwen*(v)*
lossprechen lassspriechen*(v)*
lospringen lasssprangen*(v)*
losstürmen lassstiermen*(v)*
lostreten lasstrieden*(v)*
Lösung Léisung*(f,-en)*
Lösungsmittel Léisungsmëttel*(n,-en)*
loswerden lassginn*(v)*
löten léiden*(v)*
Lothringen Lottrengen*(p)*
Lotion Lotioun*(f,-en)*
Lotterie Lotterie*(f,-n)*
Lotterielos Lotteriesbilljee*(m,-ën)*
Löwe Léiw*(m,-en)*

Löwen/Louvain	Léiwen*(p)*
Löwenzahn	Bettseechesch*(f,-en)*
Löwenzahnsalat	Bettseecheschzalot*(f,-en)*
Loyalität	Trei*(f,~)*
Luchs	Luuss*(m,-en)*
Lücke	Lacune*(f,Lacunnen)*
Luder	Louder*(f,-en)*
Luft	Loft*(f,~)*
Luft, in der -	Luucht, an der -*(exp)*
Luftballon	Loftballon*(m,-en)*
Lüftchen	Lëftchen*(f,Lëftercher)*
Luftdruck	Loftdrock*(m,~)*
lüften	lëften*(v)*
Luftfeuchtigkeit	Loftfiichtegkeet*(f,~)*
Luftkampf	Loftkampf*(m,-kämpf)*
Luftloch	Loftlach*(n,-lächer)*
Luftmatratze	Loftmatrass*(f,-en)*
Lüftung	Lüftung*(f,-en)*
Lüftungsöffnung	Lëftungslach*(n,-lächer)*
Lüge	Ligen*(f,--)*
lugen	luussen*(v)*
lügen	léien*(v)*
Lügner	Ligebatti*(scherzh)(m,-en)*
Lügner	Ligener*(m,--)*
Lügnerin	Ligenesch*(f,-en)*
Luke	Liicht*(f,-en)*
Lullange	Lëllgen*(p)*
Lultzhausen	Lëlz*(p)*
Lümmel	Flantes*(m,-sen)*
Lümmel	Lëmmel*(m,-en)*
lümmelhaft	lëmmelzeg*(adj)*
lümmeln	lëmmelen*(v)*
Lump	Fatzbeidel*(m,-en)*
Lump	Lompekréimer*(pej)(m,--)*
Lumpen	Fatz*(f,-en)*
lumpen, sich nicht - lassen	lompen, sech net - loossen*(exp)*
Lumpensammler	Lompekréimer*(m,--)*
Lunge	Long*(f,-en)*
Lungenentzündung	Longenentzündung*(f,-en)*
Lungenfacharzt	Longespezialist*(m,-en)*
Lungenkrebs	Longekriibs*(m,~)*
lungern	lungeren*(v)*
Lunte	Wick*(f,-en)*
Lupe	Lupp*(f,-en)*
Lust	Loscht*(f,~)*
Lust auf etw Süßes haben	gläschten, eppes Séisses -*(exp)*
Lust haben	Iddi hunn*(exp)*
Lust haben	Loscht hunn*(exp)*
Lüster	Lüster*(m,-en)*
lustig	lëschteg*(adj)*
lustwandeln	lustwandelen*(v)*
lutschen	latzen*(v)*
lutschen	lutschen*(v)*
lutschen	suckelen*(v)*
Lutscher	Lutsch*(f,-en)*
Lüttich	Léck*(p)*
Luxemburg	Lëtzebuerg*(p)*
Luxemburger	Lëtzebuerger*(m,--)*
Luxemburgerin	Lëtzebuergerin*(f,-nen)*
luxemburgisch	lëtzebuergesch*(adj)*
Luxemburgische	Lëtzebuergescht*(n,~)*
luxuriös	luxuös*(adj)*
luxuriös	luxuréis*(adj)*
luxuriös	luxuriéis*(adj)*
Luxus	Luxus*(m,~)*
Luxusartikel	Luxusartikel*(m,-en)*
Luxusausgabe	Luxusausgab*(f,-en)*
Lymphdrüse	Lymphdrüs*(f,-en)*
lynchen	lynchen*(v)*
Lyrik	Lyrik*(f,~)*

M

mach hinne!	luppen, looss et -!*(exp)*
machen	maachen*(v)*
machen	man*(v)*
machen, sich schön -	maachen, sech schéi -*(exp)*
Macherlohn	Maacherloun*(m,-léin)*
Macht	Muecht*(f,-en)*
mächtig	mächteg*(adj)*
Machtkampf	Muechtkampf*(m,-kämpf)*
machtlos	machtlos*(adj)*
Machtum	Meechtem*(p)*
Madämmchen	Madämmchen*(f,-dämmercher)*
Mädchen	Jëfferchen*(scherzh)(f,Jëffercher)*
Mädchen	Meedchen*(n,Meedercher)*
Mädchen, durchtriebenes -	Butsch*(f,-en)*
Mädchen, süßes -	Dickelchen, léift -*(exp)*
Mädchenname	Meederchesnumm*(m,-nimm)*
Made	Mued*(m,-en)*
Magen	Mo*(m,Mee)*
Magenbitter	Buff*(m,-en)*
Magengrube	Mokailchen*(f,-kailercher)*
Magenverstimmung	Indigestioun*(f,-en)*
mager	gouereg*(adj)*
mager	moer*(adj)*
mager	schmuel*(adj)*
mager (Person,Haustier)	razeg*(adj)*
mager, sehr -	rappeg*(adj)*
Magerkeit	Gouereegkeet*(f,~)*
Magie	Zauberei*(f,~)*
Magnesium	Magnesium*(m,~)*
Magnet	Magnéit*(f,-en)*
Magnetband	Magnéitband*(n,-bänner)*
Magnetfeld	Magnéitfeld*(n,-er)*
Mahagoni	Acajou*(m,~)*
Mahagoni-	acajous*(adj)*
Mahagoniholz	Acajou*(m,~)*
Mahagoniholz, aus -	acajous*(adj)*
Mähdrescher	Méidrescher*(m,--)*
mähen	méien*(v)*
mahlen	muelen*(v)*
Mahlzeit	Iessen*(n,--)*
Mahlzeit	Moolzecht*(f,-en)*
mahnen	mahnen*(v)*
Mahnung	Mahnung*(f,-en)*
Mahnung	Rappel*(m,-len)*
Mai	Mee*(m,~)*
Maiglöckchen	Meeréischen*(f,-réisercher)*
Maikäfer	Kiewerlek*(m,-en)*
Maikäfer	Meedéier*(n,-en)*
Maikäfer	Meekiewerlek*(m,-en)*
Maikranz	Meekranz*(m,-kränz)*
Mailbox	Mailbox*(f,-en)*
Mailbox	Mailkëscht*(f,-en)*
mailen	mailen*(v)*
mailen	umailen*(v)*
Mais	Mais*(m,~)*
Majestät	Majestéit*(f,-en)*
makellos	Feel, ouni -*(exp)*
Makrele	Makréil*(f,-en)*
makrobiotisch	makrobiotesch*(adj)*
Makrone	Makroun*(f,-en)*
mal	emol*(adv)*
Mal	Kéier*(f,-en)*
Mal, ein -	Kéier, eng -*(exp)*
Mal, ein anderes -	Kéier, eng aner -*(exp)*
Mal, ein zweites -	bis*(adv)*
malen	molen*(v)*
malen	usträichen*(v)*
Maler	Moler*(m,--)*
Malerei	Molerei*(f,-en)*
Malermeister	Usträicher*(m,--)*
Malkasten	Faarwekëscht*(f,-en)*
malochen	derbäi maachen*(exp)*
Malz	Malz*(m,~)*
Mama	Mama*(f,~)*
Mama	Mami*(f,~)*
Mamer	Mamer*(p)*
mampfen	frippen*(v)*
man	een*(pr)*
Management	Gestioun*(f,-en)*
Management	Management*(n,-er)*
managen	managen*(v)*
manch	muench*(dét)*
manch	munch*(dét)*

manch	munnech*(adj)*
manche	munnech*(dét)*
manches	munches*(pr)*
manchmal	etlechmol*(adv)*
manchmal	heiansdo*(adv)*
manchmal	mol*(adv)*
manchmal	munnechmol*(adv)*
Mandarine	Mandarin*(f,-nen)*
Mandat	Mandat*(m,-er)*
Mandel	Mandel*(f,-en)*
Mandelentzündung	Mandelentzündung*(f,-en)*
Mandern	Manderen*(p)*
Mandolinenverein	Mandolinneclub*(m,-clib)*
Manege	Manéisch*(m,-en)*
Mangel	Manktem*(m,~)*
Mangel, jn in der - haben	Geschir, een am - hunn*(exp)*
Manier	Fassong*(f,-en)*
Manieren	Manéieren*(npl)*
manierlich	manéierlech*(adj)*
Manifest	Manifest*(n,-er)*
Manifestation	Manifestatioun*(f,-en)*
Maniküre	Manikür*(f,-en)*
Manipulation	Manipulatioun*(f,-en)*
manipulieren	manipuléieren*(v)*
manipulieren, genetisch -	genmanipuléieren*(v)*
manisch	maniaque*(adj)*
manisch-depressiv	manesch-depressiv*(adj)*
Manko	Manko*(n,-en)*
Mann	Maansbéischt*(scherzh)(m,-en)*
Mann	Maanskärel*(m,-en)*
Mann	Mann*(m,Männer)*
Mann, alter -	Pätter*(m,-en)*
Mannequin	Fotomodell*(n,-er)*
Mannequin	Mannequin*(m,-en)*
Männer	Maansleit*(npl)*
Männerchor	Männerchouer*(m,-chéier)*
Männerkleidung	Maanskleed*(n,-er)*
Männerkleidung	Maansleitsgezei*(n,~)*
Männersache	Männersaach*(f,-en)*
Männerunterhose	Kalzong*(m,-en)*
Männlein	Männi*(m,-en)*
männlich	maans*(adj)*
männlich	männlech*(adj)*
Männlichkeit	Männlechkeet*(f,~)*
Mannschaft	Equipe*(f,Equippen)*
Mannschaftsgeist	Mannschaftsgeescht*(m,~)*
Mannschaftssport	Mannschaftssport*(m,~)*
Manometer	Manometer*(m,-en)*
Manöver	Manöver*(n,-en)*
manövrieren	manövréieren*(v)*
Mansarde	Mansard*(f,-en)*
Mantel	Mantel*(m,Mäntel)*
Manternach	Manternach*(p)*
Manufaktur	Fabréck*(f,-en)*
Manuskript	Manuskript*(n/m,-er)*
Mappe	Mapp*(f,-en)*
Marathon	Marathon*(m,-en)*
Märchen	Kannermäerchen*(n,-märercher)*
Märchen	Mäerchen*(f,Märercher)*
Marder	Muerdéier*(n,-en)*
Margerite	Maargréitchen*(f,-gréidercher)*
Margerite	Margréit*(f,-en)*
Maria Himmelfahrt	Krautwëschdag*(m,~)*
Marienkäfer	Herrgottsdéierchen*(n,-déiercher)*
Marienkäfer	Himmelsdéierchen*(n,-déiercher)*
Marienthal	Mariendall*(p)*
Marihuana	Marihuana*(m,~)*
marinieren	abeezen*(v)*
marinieren	marinéieren*(v)*
Marionette	Marionett*(f,-en)*
Mark	Muerch*(m,)*
Marke	Mark*(f,-en)*
Markenzeichen entfernen	demarkéieren*(v)*
Marketing	Marketing*(m,~)*
markieren	markéieren*(v)*
markig	muercheg*(adj)*
Markstein	Maarksteen*(m,-steng)*
Markt	Maart*(m,Mäert)*
Markt, internationaler -	Weltmarché*(m,-en)*
Marktlücke	Maartlück*(f,-en)*
Marktplatz	Maartplaz*(f,-en)*
Marktpreis	Maartpräis*(m,-ser)*
Marmelade	Gebeess*(n,~)*
Marmeladenglas	Gebeessglas*(n,-glieser)*
Marmor	Marber*(m,~)*
Marmor	Marmor*(m,~)*
marmoriert	marbréiert*(adj)*
Marnach	Maarnech*(p)*
Marotte	Marotte*(f,-n)*
Marsch	Marsch*(m,Märsch)*
Marschall	Marschall*(m,-en)*
Marscherwald	Marscherwald*(p)*
marschieren	marschéieren*(v)*
Marschlied zur Kirchweih	Hämmelsmarsch*(m,~)*
Marschmusik	Marschmusek*(f,-en)*
Martelange	Maartel(eng)*(p)*
Martelange-Haut	Op de Leekollen*(Uewermaarteleng)(p)*
martern	martillechen*(v)*
martern	martyriséieren*(v)*
Marxismus	Marxissem*(m,~)*
Marxist	Marxist*(m,-en)*
März	Lenz*(m,~)*
März	Mäerz*(m,~)*
Marzipan	Marzipan*(m,~)*
Masche	Masch*(f,-en)*
Maschine	Maschinn*(f,-en)*
Maschinenbau	Maschinnebau*(m,~)*
Maschinenführer	Maschinnist*(m,-en)*
Maschinengewehr	Maschinnegewier*(n,-er)*
Masern	Riedelen*(npl)*
Maske	Bok*(m,-en)*
Maske	Maquillage*(m,~)*
Maske	Mask*(f,-en)*
Maskenball	Maskebal*(m,-er)*
Maskenbildnerin	Maquilleuse*(f,-n)*
Maskerade	Maskerad*(f,-en)*
maskieren	maskéieren*(v)*
Maskottchen	Maskottchen*(n,-kottercher)*
maskulin	maskulin*(adj)*
Masochist	Masochist*(m,-en)*
Maß	Mooss*(f,-en)*
Massage	Massage*(f,-n)*
Massaker	Massaker*(m,-en)*
Massaker	Massaker*(n,-en)*
Masse	Mass*(f,-en)*
Maßeinheit	Moosseenheet*(f,-en)*
Masseler	Masseler*(p)*
Massenarbeitslosigkeit	Massenaarbechtslosegkeet*(f,~)*
Massengrab	Massegraf*(n,-griewer)*
massenhaft	masseg*(adj)*
Massenmedien	Massemedien*(npl)*
Massenmedien	Medien*(npl)*
Massenproduktion	Masseproductioun*(f,-en)*
Massenspeicher	Massespäicher*(m,-en)*
massenweise	amass*(adv)*
Masseur	Masseur*(m,-en)*
Masseurin	Masseuse*(f,-n)*
massieren	knieden*(v)*
massieren	masséieren*(v)*
massiv	massiv*(adj)*
maßlos	maasslos*(adj)*
Maßnahme	Moossnam*(f,-en)*
Mast	Mast*(m,-en)*
Mastdarm	Aaschdaarm*(m,-däerm)*
mästen	mäschten*(v)*
mästen	opfidderen*(v)*
masturbieren	masturbéieren*(v)*
Match (Sport)	Mätsch*(m,-er)*
Material	Material*(n,-ien)*
Materialfehler	Materialfeeler*(m,--)*
Materialismus	Materialissem*(m,~)*
Materialkosten	Materialkäschten*(npl)*
Materialschaden	Materialschued*(m,-schied)*
Mathematik	Mathematik*(f,~)*
Matratze	Matrass*(f,-en)*

Matrose Matrous *(m,-en)*
Matsch Matsch *(m,~)*
matschig werden (Obst) vermautschen *(v)*
matt matt *(adj)*
Mattscheibe Mattscheif *(f,-scheiwen)*
Mauer Mauer *(f,-en)*
Mäuerchen Maierchen *(f,Maiercher)*
Mauereidechse Eibes *(f,-sen)*
mauern maueren *(v)*
Maul Maul *(f,Mailer)*
Maul Sabbel *(pej)(f,-en)*
Maul Schnëss *(f,-er)*
maulen maulen *(v)*
Maulheld Braddeler *(m,--)*
Maulkorb Maulkuerf *(m,-kierf)*
Maulwurf Maulef *(m,-en)*
Maulwurfshügel Maulefskoup *(m,-kéip)*
Maurer Steemetzer *(m,--)*
Maus Maus *(f,Mais)*
mauscheln mauschelen *(v)*
Mäuschen Maischen *(f,Maisercher)*
Mäusebussard Huer *(m,-en)*
mausen mausen *(v)*
mausern, sich mauseren, sech - *(v)*
Maut Peage *(m,-n)*
maximal maximal *(adj)*
Maximalwert Maximalwäert *(m,-er)*
maximieren maximéieren *(v)*
Maximum Maximum *(m,~)*
Mayonnaise Mayonnaise *(f,-n)*
Mechanik Mechanik *(f,-en)*
Mechaniker Mecanicien *(m,-en)*
Mechanismus Mechanismus *(m,-men)*
Mecher Mecher *(p)*
meckern meckeren *(v)*
Medaille Gielchen *(m,Gielercher)*
Medaille Medail *(f,-en)*
Medaillon Medaillon *(m,-en)*
Medernach Miedernach *(p)*
Medien Medien *(npl)*
Medikament Medikament *(n,-er)*
Medikamente schlucken dokteren *(v)*
Medingen Méideng *(p)*
Meditation Meditatioun *(f,~)*
meditieren meditéieren *(v)*
Medizin Medezin *(f,~)*
Meer Mier *(n,-er)*
Meeresluft Séiloft *(f,~)*
Meeresspiegel Mieresspigel *(m,-en)*
Meerschweinchen Mierschwéngchen *(n,-schwéngercher)*
Meerwasser Mierwaasser *(n,~)*
Mehl Miel *(n,~)*
Mehlbeere Mullebutz *(m,-en)*
mehr méi *(adv)*
mehr davon däers méi *(exp)*
mehr davon dees méi *(exp)*
mehrfach multipel *(adj)*
Mehrfamilienhaus Appartementshaus *(n,-haiser)*
Mehrfamilienhaus Residenz *(f,-en)*
mehrfarbig méifaarweg *(adj)*
Mehrheit Gros *(m,~)*
Mehrheit Majoritéit *(f,-en)*
Mehrheit Méizuel *(f,-en)*
mehrstimmig méistëmmeg *(adj)*
Mehrwertsteuer TVA *(f,~)*
Mehrzahl Mehrzahl *(f,-en)*
Mehrzahl Méizuel *(f,~)*
meiden meiden *(v)*
mein mäin *(dét)*
mein meng *(dét)*
meine meng *(dét)*
meinen mengen *(v)*
meinerseits mengersäits *(adv)*
meinetwegen! dajee alt *(exp)*
meinige menges *(pr)*
Meinung Avis *(m,-en)*
Meinung Meenung *(f,-en)*
Meinung Opfaassung *(f,-en)*
Meinungsaustausch Meenungsaustosch *(m,~)*
Meinungsfreiheit Meenungsfräiheet *(f,-en)*
Meinungsumfrage Meenungsëmfro *(f,-en)*
Meinungsumfrage Sondage *(m,-n)*
Meinungsverschiedenheit Meenungsverschiddenheet *(f,-en)*
Meinungsverschiedenheit Mëssel *(m,-en)*
Meise Mees *(f,-en)*
Meispelt Meespelt *(p)*
Meißel Meessel *(m,-en)*
Meißel Schloper *(m,-en)*
meißeln meesselen *(v)*
meißeln schloperen *(v)*
meisten, die - meescht, déi - *(exp)*
meistens allermeeschtens *(adv)*
meistens meeschtens *(adv)*
Meister Meeschter *(m,-en)*
Meister (Sport) Champion *(m,-en)*
Meisterprüfung Meeschterprüfung *(f,-en)*
Meisterschaft (Sport) Championnat *(n,-en)*
Meisterwerk Meeschterwierk *(n,-er)*
melancholisch melancholesch *(adj)*
melden melden *(v)*
melden mellen *(v)*
melden signaléieren *(v)*
melden (amtlich) umellen *(v)*
melden, sich - mellen, sech - *(v)*
Meldung Meldung *(f,-en)*
melken sträichen *(v)*
Melodie Melodie *(f,-n)*
Melodie Weis *(f,-en)*
melodramatisch melodramatesch *(adj)*
Melone Meloun *(f,-en)*
Membrane Membran *(f,-en)*
Memorandum Memorandum *(n,-den)*
Memorieren Memorisatioun *(f,-en)*
Menagerie Menagerie *(f,-n)*
Menge Bataillioun *(scherzh)(m,-en)*
Menge Trapp *(m,Träpp)*
Menge (ohne Ordnung) Hällewull *(f,~)*
Meniskus Meniskus *(m,Menisken)*
Mensch Mënsch *(m,-en)*
Mensch, verlauster - (Schimpfwort) Laisbock *(m,-béck)*
Menschenfresser Mënschefrësser *(m,-)*
Menschenrechte Mënscherechter *(npl)*
Menschenrechtserklärung Mënscherechtsdeklaratioun *(f,-en)*
Menschenrechtskommission Mënscherechtskommissioun *(f,-en)*
Menschenrechtsorganisation Mënscherechtsorganisatioun *(f,-en)*
Menschenrechtssituation Mënscherechtssituatioun *(f,-en)*
Menschenrechtsverletzung Mënscherechtsviolatioun *(f,-en)*
Menschenschinderei Mënscheschënnerei *(f,-en)*
Menschenverstand, gesunder Mënscheverstand, gesonde - *(exp)*
Menschheit Mënschheet *(f,-en)*
menschlich mënschlech *(adj)*
Menschlichkeit Matmënschlechkeet *(f,~)*
Menschlichkeit Mënschlechkeet *(f,-en)*
Mensdorf Menster *(p)*
Menstruation Menstruatioun *(f,-en)*
Menstruation Period *(f,-en)*
Mentalität Mentalitéit *(f,-en)*
Menü Menu *(m,-en)*
Menü Menü *(m,-en)*
merken spieren *(v)*
merken, sich - behalen *(v)*
Merkholtz Mäerkels *(p)*
Merkmal Kennzeechen *(n,--)*
Merkmal Mark *(f,-en)*
Merkmal Zeechen *(n,--)*
merkwürdig konterbosseg *(adj)*
merkwürdig kuriéis *(adj)*
Merkzettel Fiche *(f,-n)*

Merl Märel*(p)*
Merlan Merlan*(m,-en)*
Mersch Miersch*(p)*
Merscheid Merscheet*(p)*
Merscheid Mierschent*(p)*
Mertert Mäertert*(p)*
Mertzig Mäerzeg*(p)*
Messancy Mierzeg*(p)*
Messbuch Massbuch*(n,-bicher)*
Messdiener Massdénger*(m,--)*
Messdiener Massendénger*(m,--)*
Messdiener (ersetzt die Glocken in der Karwoche mit einer Klibber) Klibberjong*(m,-en)*
Messe Foire*(f,-n)*
Messe Fouer*(f,-en)*
Messe, stille - Mass, stëll -*(exp)*
messen miessen*(v)*
messen moossen*(v)*
Messer Messer*(n,-en)*
messerscharf messerschaarf*(adj)*
Messerstecherei Messerpickerei*(f,-en)*
Messstation Miessstatioun*(f,-en)*
Messung Miessen*(n,~)*
Metall Metall*(n,-er)*
Metall- Metall, aus -*(exp)*
Metallarbeiter Metallaarbechter*(m,--)*
Metallurgie Metallindustrie*(f,-n)*
Metamorphose Metamorphos*(f,-en)*
Metamorphose Wandlung*(f,-en)*
Meteorologe Meteorolog*(m,-en)*
Meteorologe Wiedermann*(m,-männer)*
Meter Meter*(m,-en)*
meterdick meterdéck*(adj)*
meterweise meterweis*(adv)*
Methode Method*(f,-en)*
methodisch methodesch*(adj)*
Metronom Metronom*(m,-en)*
Metropole Metropol*(f,-en)*
Metropole Weltstad*(f,-stied)*
Mette Metten*(npl)*
Mettwurst Mettwurscht*(f,-en)*
Metzgerei Metzlerei*(f,-en)*
Meuterei Meuterei*(f,-en)*
Meysembourg Meesebuerg*(p)*
miauen miauen*(v)*
mich mech*(pr)*
Michelau Méchela*(p)*
Michelbouch Méchelbuch*(p)*
Michelshof Michelshaff*(p)*
mickrig kleespereg*(adj)*
Miesmuscheln Mullen*(npl)*
Miete Loyer*(m,-en)*
Miete, für - ausgeben verwunnen*(v)*
Mieter Locataire*(m,-n)*
Mietkaution Loyerskautioun*(f,-en)*
Mietvertrag Mietvertrag*(f,-verträg)*
Mietvertrag (Geschäft) Bail*(m,-en)*
Mietwohnung Logement*(m,-en)*
Mietwohnung Wunneng*(f,-en)*
Mieze Miss*(f,-en)*
Miezekatze Muuss*(f,-en)*
Migräne Midderchen*(f,~)*
Migräne Migrän*(f,-en)*
Mikrobe Mikrob*(m,-en)*
Mikrochip Mikrochip*(m,-pen)*
Mikroelektronik Mikro-Elektronik*(f,~)*
Mikrofon Mikro*(m,-en)*
Mikrokosmos Mikrokosmos*(m,-kosmen)*
Mikroprozessor Mikro-Prozesser*(m,-en)*
Mikrowelle Mikrowell*(f,-en)*
Milch Mëllech*(f,~)*
Milchbrötchen Mëllechbréitchen*(n,-bréidercher)*
Milchhandlung Mëllechbuttek*(m,-er)*
Milchkrug Mëllechkrou*(m,-kréi)*
Milchstraße Mëllechstrooss*(f,-en)*
Milchzahn Maiszant*(m,-zänn)*
Milchzahn Mëllechzant*(m,-zänn)*
mild mëll*(adj)*
mildern allegéieren*(v)*
Militäraktion Militäraktioun*(f,-en)*
Militärfriedhof Zaldotekierfech*(m,-er)*
militärische Operation Militäroperatioun*(f,-en)*
Militärkommission Militärkommissioun*(f,-en)*
Militärmusik Militärmusek*(f,-en)*
Militärregierung Militärregierung*(f,-en)*
Milliardär Milliardär*(m,-en)*
Milliarde Milliard*(f,-en)*
Millimeter Millimeter*(m,--)*
Million Millioun*(f,-en)*
Milz Mëlz*(f,-en)*
minderjährig mannerjäreg*(adj)*
Minderwertigkeitskomplex Mannerwäertegkeetskomplex*(m,-er)*
Mindeste, das - Wéinegst, dat -*(exp)*
mindestens mannst, op d'-*(exp)*
mindestens mindestens*(adv)*
Mindestlohn Mindestloun*(m,-léin)*
Mine Minn*(f,-en)*
minimieren minimiséieren*(v)*
Minister Minister*(m,-en)*
Minister Ministerin*(f,-nen)*
Minister für Arbeit Aarbechtsminister*(m,-en)*
Ministerin Ministesch*(f,-en)*
Ministerium Ministär*(m,-en)*
Ministerium Ministère*(m,-n)*
Ministerium für Arbeit Aarbechtsministär*(m,-en)*
Ministerium für Arbeit Aarbechtsministère*(m,-n)*
Ministerrat Ministerrot*(m,-réit)*
ministrieren ministréieren*(v)*
Minorität Minoritéit*(f,-en)*
Minuspunkt Minuspunkt*(m,-en)*
Minute Minutt*(f,-en)*
Minutenzähler Minuttenzieler*(m,--)*
mir mer*(pr)*
mir mir*(pr)*
Mirabelle Mirabell*(f,-en)*
Mirabellenbaum Mirabellebam*(m,-beem)*
mischen melangéieren*(v)*
mischen meléieren*(v)*
mischen mëschen*(v)*
mischen mitigéieren*(v)*
mischen panachéieren*(v)*
mischen (Karten) stéckelen*(v)*
Mischling (Hund) Baaschtert*(m,-en)*
Mischmaschine Mixer*(m,--)*
Mischung Mëschung*(f,-en)*
Mischung der Geschlechter Mixitéit*(f,-en)*
missachten mëssuechten*(v)*
Missbildung Mëssbildung*(f,-en)*
missbilligen desapprouvéieren*(v)*
Missbilligung Desapprobatioun*(f,-en)*
Missbrauch Abus*(n,-en)*
Missbrauch Mëssbrauch*(m,-bräich)*
missbrauchen abuséieren*(v)*
missbrauchen mëssbrauchen*(v)*
missen mëssen*(v)*
Misserfolg Echec*(m,Echecken)*
Misserfolg Mësserfolleg*(m,-er)*
Missgeburt Mëssgebuert*(f,-en)*
Missgeschick Mëssgeschéck*(n,-er)*
Missgeschick Ongléck*(n,-er)*
missgestimmt granzeg*(adj)*
Missgunst Abgascht*(m,~)*
missgünstig abgaschteg*(adj)*
missgünstig neidesch*(adj)*
misshandeln brutaliséieren*(v)*
misshandeln maltraitéieren*(v)*
misshandeln mësshandelen*(v)*
Mission Missioun*(f,-en)*
missionarische Tätigkeit Missiounstätegkeet*(f,-en)*
missklingend schaddereg*(adj)*
misslingen verongléckenl*(v)*
Missmut Grand*(m,~)*
missmutige Person Grand*(m,~)*
Misstrauen Mësstrauen*(n,~)*

misstrauen mësstrauen *(v)*
Misstrauen Ontreiheet *(f,~)*
Misstrauensantrag Mësstrauensvotum *(n,-votten)*
Misstrauensvotum Mësstrauensvotum *(n,-vottem)*
misstrauisch mësstrauesch *(adj)*
missverstehen mëssverstoen *(v)*
Mist Mëscht *(f,-en)*
Mist, ein richtiger - Schäisserei, eng richteg - *(ugs)(exp)*
Mistel Mëschpel *(m,-en)*
Mistel Mëspel *(m,-en)*
Mistgabel Greef *(m,-er)*
Misthaufen Mëschtekaul *(f,-en)*
Misthaufen Mëschtekoup *(m,-kéip)*
mit mat *(pp)*
mit dem mam *(pp)*
Mitarbeit Collaboratioun *(f,-en)*
mitarbeiten matschaffen *(v)*
Mitarbeiter Collaborateur *(m,-en)*
Mitarbeiter Mataarbechter *(m,--)*
mitbauen matbauen *(v)*
mitbekommen matkréien *(v)*
mitbestimmen matbestëmmen *(v)*
Mitbestimmung Cogestioun *(f,-en)*
Mitbestimmungsrecht Matbestëmmungsrecht *(n,-er)*
mitbringen matbréngen *(v)*
Mitbürger Matbierger *(m,--)*
mitdiskutieren matdiskutéieren *(v)*
miteinander mateneen *(pr)*
miteinander materneen *(pr)*
miteinbeziehen matabezéien *(v)*
miteinbinden matabannen *(v)*
miterleben materliewen *(v)*
mitessen matiessen *(v)*
mitfahren matfueren *(v)*
mitfliegen matfléien *(v)*
mitfühlen matfillen *(v)*
mitfühlend matleedeg *(adj)*
mitgeben matginn *(v)*
Mitgefühl Matgefill *(n,~)*
Mitgefühl Matmënschlechkeet *(f,~)*
mitgehen matgoen *(v)*
mitgehen (beim Kartenspiel) mathalen *(v)*
mitgenommen matgeholl *(adj)*
mitgenommen (Person) laidéiert *(adj)*
Mitgift Aussteier *(f,-en)*
Mitgift Matgëft *(n,~)*
Mitglied werden Member ginn *(exp)*
Mitgliederausbildung Memberformatioun *(f,-en)*
Mitgliedervereinigung Membersassociatioun *(f,-en)*
mithalten mathalen *(v)*
mithelfen mathëllefen *(v)*
Mithilfe Mathëllef *(f,~)*
mitklatschen matklappen *(v)*
mitkommen matkommen *(v)*
mitlaufen matlafen *(v)*
Mitläufer Matleefer *(m,--)*
Mitläufer Sympathisant *(m,-en)*
Mitleid Dauer *(m,~)*
Mitleid Matleed *(n,~)*
Mitleid erregen daueren *(v)*
Mitleid erregend daierlech *(adj)*
mitleidig matleedeg *(adj)*
mitliefern matliwweren *(v)*
mitmachen matmaachen *(v)*
Mitmenschen Matmënschen *(npl)*
mitmischen matmëschen *(v)*
mitnehmen mathuelen *(v)*
mitnehmen (beim Umzug) matplënneren *(v)*
mitreden matschwätzen *(v)*
mitreißen maträissen *(v)*
mitreißen matrappen *(v)*
mitschauen matkucken *(v)*
mitschicken matschécken *(v)*
mitschleppen matschleefen *(v)*
mitschreiben matschreiwen *(v)*
mitsingen matsangen *(v)*
mitspielen matspillen *(v)*
mitstimmen matstëmmen *(v)*
Mittag Mëtteg *(m,-er)*
Mittag Mëtten *(m,Mëtteger)*
Mittagessen Mëttegiessen *(n,--)*
mittags mëttes *(adv)*
Mittagspause Mëttespaus *(f,-en)*
Mittagsschlaf Mëttesrascht *(f,-en)*
Mittagsschlaf Mëttesschlof *(m,~)*
Mittagsschläfchen Näipchen *(m,Näipercher)*
Mitte Mëtt *(f,-en)*
mitteilen matdeelen *(v)*
mitteilen (mit Kommunikationsmittel) kommunikéieren *(v)*
Mitteilung Matdeelung *(f,-en)*
Mitteilung Meldung *(f,-en)*
Mitteilung Message *(m,-n)*
Mitteilungsblatt Bulletin *(m,-en)*
Mittel Mëttel *(n,~)*
Mittel Mëttelen *(npl)*
Mittel Ressource *(f,-n)*
Mittelalter Mëttelalter *(n,~)*
Mittelfinger Mëttelfanger *(m,-en)*
mittelgroß mëttelgrouss *(adj)*
mittellos mëttellos *(adj)*
mittelmäßig mëttelméisseg *(adj)*
Mittelmäßigkeit Mediocritéit *(f,-en)*
Mittelohrentzündung Mëttelohrentzündung *(f,-en)*
Mittelohrentzündung Ouerenentzündung *(f,-en)*
Mittelpunkt (Person) Hinnchen *(m,~)*
Mittelstand Mëttelstand *(m,~)*
Mittelstürmer Mëttelstiermer *(m,--)*
Mittelwellen Mëttelwellen *(npl)*
mitten in matzen an *(pp)*
mittendrin matzen dran *(adv)*
Mitternacht Hallefnuecht *(f,-en)*
Mitternacht Mëtternuecht *(f,-en)*
Mittfastensonntag Bratzelsonndeg *(m,-er)*
Mittlerer Mëttelsten *(m,Mëttelst)*
mittragen matdroen *(v)*
mittrinken matdrénken *(v)*
Mittwoch Mëttwoch *(m,-er)*
mittwochs mëttwochs *(adv)*
mitunterzeichnen matënnerschreiwen *(v)*
mitversichern matversécheren *(v)*
mitwählen matstëmmen *(v)*
mitwirken kollaboréieren *(v)*
mitwirken matwierken *(v)*
mitzählen matzielen *(v)*
mixen mixen *(v)*
Mixer Mixer *(m,--)*
Möbel Miwwel *(npl)*
Möbelgeschäft Miwwelbuttek *(m,-er)*
Möbelgeschäft Miwwelgeschäft *(n,-er)*
Möbelstück Miwwelstéck *(n,-er)*
Möbelwagen Miwwelwon *(m,-ween)*
mobil mobil *(adj)*
mobilisieren mobiliséieren *(v)*
Mobilisierung Mobiliséierung *(f,-en)*
Mobilität Mobilitéit *(f,-en)*
möblieren miwléieren *(v)*
möblieren miwweléieren *(v)*
möbliert miwwléiert *(adj)*
Modalität Modalitéit *(f,-en)*
Mode Moud *(f,-en)*
Mode, aus der - gekommen demodéiert *(adj)*
Modell Maquette *(f,-n)*
Modell Modell *(m,-er)*
Modellauto Modellauto *(m,-en)*
Modellbau Modelbau *(m,~)*
Modelleisenbahn Modellzuch *(m,-zich)*
modellieren modeléieren *(v)*
Modem Modem *(m,-er)*
Modemagazin Moudenzäitschrëft *(f,-en)*
Modenschau Moudendéfilé *(m,-en)*
Modepüppchen Moudepëppchen *(f,-pëppercher)*
Moderation Moderatioun *(f,-en)*

Moderator	Moderator *(m,-en)*
Moderator	Speaker *(m,-en)*
Moderatorin	Speakerin *(f,-nen)*
moderieren	moderéieren *(v)*
modern	modern *(adj)*
modern	moudesch *(adj)*
modernisieren	moderniséieren *(v)*
Modernisierung	Modernisatioun *(f,-en)*
Modernität	Moderniteit *(f,-en)*
modifizieren	modifiéieren *(v)*
modifizieren	modifizéieren *(v)*
Modistin	Modist *(f,-en)*
modulieren	moduléieren *(v)*
Moersdorf	Méischdref *(p)*
Moesdorf	Miesdref *(p)*
Moestroff	Méischtref *(p)*
Mofa	Velomotor *(m,-en)*
mogeln	fautelen *(v)*
mogeln	fuddelen *(v)*
mogeln	wuppen *(v)*
mögen	gär hunn *(exp)*
mögen, jn -	leiden, ee - kënnen *(exp)*
Mogler	Fuddeler *(m,--)*
Mogler	Fuddler *(m,--)*
möglich	méigelech *(adj)*
möglich	méiglech *(adj)*
möglich, wenn -	méiglech, wa - *(exp)*
möglicherweise	méiglecherweis *(adv)*
Möglichkeit	Méiglechkeet *(f,-en)*
Mohr	Mouer *(m,-en)*
Möhre	Wuerzel *(f,-en)*
Molekül	Molekül *(f,-en)*
Molkerei	Molkerei *(f,-en)*
mollig	mockeleg *(adj)*
Molotowcocktail	Molotowcocktail *(m,-en)*
Moment	Ament *(m,-er)*
Momentaufnahme	Momentopnam *(f,-en)*
Mompach	Mompech *(p)*
Monarch	Monarch *(m,-en)*
Monarchie	Monarchie *(f,-n)*
Monat	Mount *(m,Méint)*
Monat, letzten -	Mount, de leschte - *(exp)*
monatelang	méintlaang *(adj)*
Monatsgehalt	Monatssalaire *(m,-n)*
Monatskarte	Monatskaart *(f,-en)*
Monatslohn	Loun vum Mount *(exp)*
Monatsrate	Mensualitéit *(f,-en)*
Mond	Mound *(m,-en)*
Mondercange	Monnerech *(p)*
Mondfinsternis	Mounddäischtert *(f,-en)*
Mondlandung	Moundlandung *(f,-en)*
Mondorf-les-Bains	Munneref *(p)*
Mondrakete	Moundrakéit *(f,-en)*
Mondschein	Moundliicht *(n,~)*
Mondsichel	Moundséchel *(f,-en)*
Moneten	Monéiten *(npl)*
Monogramm	Monogramm *(n,-er)*
Monolog	Monolog *(m,-en)*
Monopol	Monopol *(m,-en)*
Monster	Monster *(m,-en)*
Monster	Monstrum *(n,Monstren)*
Monstrosität	Monstrositéit *(f,-en)*
Montag	Méindeg *(m,-er)*
Montag	Méinden *(m,Méindeger)*
Montage	Montage *(m,-n)*
montags	méindes *(adv)*
Montenach	Montlech *(p)*
montieren	montéieren *(v)*
Monument	Monument *(n,-er)*
Moor	Mouer *(n,-en)*
Moor	Muer *(m,-en)*
Moos	Moos *(m,~)*
Moos	Moss *(n,~)*
Moped	Moto *(f,-en)*
Moral	Moral *(f,~)*
moralisch	moralesch *(adj)*
Mord	Mord *(m,-en)*
Mord	Muerd *(m,~)*
morden	muerden *(v)*
Mörder	Mäerder *(m,--)*
mörderisch	mäerderesch *(adj)*
Mordkommission	Mordkommissioun *(f,-en)*
Mordsspaß haben	Risespaass hunn *(exp)*
morgen	mar *(adv)*
Morgen	Moien *(m,-ter)*
morgen	muer *(adv)*
Morgen	Mueren *(m,~)*
Morgen, früh am -	mueres fréi *(exp)*
Morgen, guten -	Moien *(exp)*
Morgenmüdigkeit	Mueresmiddegkeet *(f,~)*
Morgenrock	Robe de chamber *(f,Robe-de-chamberen)*
morgens	moies *(adv)*
morgens	mueres *(adv)*
Morgensonne	Mueressonn *(f,-en)*
Morgenstunde	Mueresstonn *(f,-en)*
morsch	vermuuscht *(adj)*
Mörtel	Speis *(m,~)*
Mosaik	Mosaik *(n,-en)*
Moschee	Moschee *(f,-ën)*
Mosel (Fluss)	Musel *(p)*
Moselwein	Miseler *(m,--)*
Moselwein	Muselgreechen *(m,~)*
Moselwein	Muselwäin *(m,-er)*
Moskito	Moskito *(m,-en)*
Moslem	Mohammedaner *(m,--)*
Moslem	Muselmann *(m,-männer)*
Most	Moscht *(m,~)*
Most	Most *(m,~)*
Motion	Motioun *(f,-en)*
Motiv	Motiv *(m,-er)*
Motivation	Motivatioun *(f,-en)*
motivieren	motivéieren *(v)*
Motor	Motor *(m,-en)*
Motorboot	Motorboot *(n,-er)*
Motorhaube	Capot *(m,-en)*
motorisieren	motoriséieren *(v)*
Motorisierung	Motorisatioun *(f,-en)*
Motoröl	Motorueleg *(m,-er)*
Motorrad	Moto *(f,-en)*
Motorrad	Motocyclette *(f,-n)*
Motorrad	Motorrad *(n,-rieder)*
Motorsport	Motorsport *(m,~)*
Motte	Matt *(f,-en)*
Mottengift	Mattegëft *(n,-er)*
Motto	Devise *(f,-n)*
Mountainbike	Mountainbike *(m,-n)*
Moutfort	Mutfert *(p)*
Möwe	Méiw *(f,-en)*
Mucks	Mucks *(m,-en)*
müde	kuschereg *(adj)*
müde	midd *(adj)*
Müdigkeit	Middegkeet *(f,-en)*
Muellendorf	Mölleref *(p)*
Muenschecker	Mënjecker *(p)*
müffeln	mipsen *(v)*
muffig	muffeg *(adj)*
muffig	stéckseg *(adj)*
muffig riechen	greezen *(v)*
Mühe	Méi *(f,~)*
Mühe, sich - geben	Effort, en - maachen *(exp)*
muhen	muen *(v)*
Mühle	Millen *(f,--)*
Mühlenbach	Millebaach *(p)*
Mühlstein	Millesteen *(m,-steng)*
Mühsal	Beschwéiernes *(n,-ser)*
Mühsal	Plo *(f,-en)*
mühsam	méisem *(adj)*
Mulde (Landschaft)	Kaul *(f,-en)*
Müll	Offall *(m,~)*
Müller	Méller *(m,-en)*
Müller	Miller *(m,--)*
Mullerthal	Mëllerdall *(p)*
Müllhalde	Dreckstipp *(m,-en)*
Müllkippe	Tipp *(m,-en)*
Mülltonne	Dreckskëscht *(f,-en)*
Mülltüte	Dreckstut *(f,-en)*
Müllwagen	Drecksauto *(m,-en)*
Multidisziplinarität	Multidisciplinaritéit *(f,-en)*

Multimillionär	Multimillionär *(m,-en)*
Multiplikation	Multiplikatioun *(f,-en)*
multiplizieren	multiplizéieren *(v)*
mumifizieren	mumifizéieren *(v)*
Mummelgreis	Pätterchen *(m,Pättercher)*
Mumps	Mumps *(m,~)*
Mund	Mond *(m,Mënner)*
Mund, den - halten	Klabber, d'- halen *(exp)*
Mund, den - halten	Mond, de - halen *(exp)*
Mundart	Mondaart *(f,-en)*
Mündchen	Mëndchen *(m,Mënnercher)*
Munddusche	Monddusch *(f,-en)*
Mündel	Momperkand *(m,-kanner)*
Mundharmonika	Mondharmonika *(f,-en)*
Mundharmonika	Mondmusek *(f,-en)*
Mundharmonika	Mondspill *(n,-er)*
mündig	mënneg *(adj)*
mündlich	mëndlech *(adj)*
mündliche Prüfung	Mëndlecht *(n,~)*
Mundstück	Babbel *(f,-en)*
Mundstück	Mondstéck *(n,-er)*
Mündung	Mündung *(f,-en)*
Mundwerk	Gabber *(f/m,-en)*
Mundwerk	Klabber *(f,-en)*
Mundwerk	Klibber *(f,-en)*
Mundwerk	Mondstéck *(n,-er)*
Mundwinkel	Mondwénkel *(m,-en)*
Munition	Munitioun *(f,-en)*
munkeln	mierwelen *(v)*
munkeln	monkelen *(v)*
Munsbach	Mënsbech *(p)*
Munshausen	Munzen *(p)*
munter	monter *(adj)*
Münze	Mënz *(f,-en)*
Münze (geringer Wert)	Dubbel *(m,-en)*
murksen	muerksen *(v)*
Murmel	Jick *(f,-en)*
murmeln	nurelen *(v)*
Murmeln	Wecken *(npl)*
Murren	Gegrommels *(n,~)*
murren	grommelen *(v)*
murren	knouteren *(v)*
mürrisch	knaddereg *(adj)*
mürrisch	knatzeg *(adj)*
mürrisch	knoutereg *(adj)*
mürrisch	monkeg *(adj)*
mürrisch	schamper *(adj)*
Muschel	Muschel *(f,-en)*
Museum	Musée *(m,-ën)*
Musik	Musek *(f,-en)*
musikalisch	musikalesch *(adj)*
Musiker	Museker *(m,--)*
Musikgeschäft	Museksgeschäft *(n,-er)*
Musikhochschule	Conservatoire *(m,-n)*
Musikinstrument	Museksinstrument *(n,-er)*
Musikkorps	Musek *(f,-en)*
Musikliebhaber	Museksfrënd *(m,-frënn)*
Musiknote	Nout *(f,-en)*
Musikschule	Museksschoul *(f,-en)*
Musiksendung	Musekssendung *(f,-en)*
musizieren	musizéieren *(v)*
Muskat	Muskat *(m,~)*
Muskat	Muskot *(m,~)*
Muskel	Muskel *(m,-en)*
Muskelkater	Muskelkater *(m,-en)*
Muskeltraining	Muskeltraining *(m,~)*
Müsli	Müsli *(m,-en)*
müssen	mussen *(v)*
müßig	méisseg *(adj)*
müßig gehen	flemmzen *(v)*
Muster	Muster *(n,-en)*
Muster	Prouf *(f,Prouwen)*
Muster	Stuel *(m,-en)*
Muster (Stoff)	Dessin *(m,-en)*
Musterbeispiel	Musterbeispill *(n,-er)*
Musterbeispiel	Paradebeispill *(n,-er)*
mustern	musteren *(v)*
Mut	Courage *(m,~)*
Mut	Mutt *(m,~)*
Mutation	Mutatioun *(f,-en)*
mutig	couragéiert *(adj)*
mutig	daper *(adj)*
Mutter	Mamm *(f,-en)*
Mutter (Schraube)	Mudder *(f,-en)*
Muttergottes	Mutter Gottes *(f,-en)*
Muttergottesprozession in Luxemburg	Octavesprozessioun *(f,-en)*
Muttermal	Läinzeechen *(n,--)*
Muttermal	Mol *(m,-en)*
Muttermilch	Mammemëllech *(f,~)*
Mutterschaft	Maternitéit *(f,~)*
Mutterschaftsurlaub	Congé de maternité *(m,~)*
Mutterschraube	Mudderschrauf *(f,-schrauwen)*
mutterseelenallein	mudderséilenelengj *(adj)*
Muttersprache	Mammesprooch *(f,-en)*
Muttertag	Mammendag *(m,~)*
Mütze	Käppi *(m,-en)*
Mütze	Mutz *(f,-en)*
mysteriös	mysteriéis *(adj)*
mystifizieren	mystifizéieren *(v)*
Mystik	Mystik *(f,-en)*
Mythologie	Mythologie *(f,-n)*
Mythos	Mythos *(m,Mythen)*

N

na danke!	abbee merci! *(exp)*
na danke!	abee merci *(exp)*
na gut	nujee *(adv)*
Nabe	Nuef *(f/m,Nuewen)*
Nabel	Nuebel *(m,-en)*
Nabelschnur	Nuebelband *(m,-bänner)*
Nabelschnur	Nuebelschnouer *(f,-schnéier)*
nach	no *(adv)*
nach	no *(pp)*
nach dem	no dem *(pp)*
nach dem	nom, no dem *(pp)*
nach hinten	no hannen *(exp)*
nach links	no lénks *(adv)*
nach oben	uewenaus *(adv)*
nach rechts	no riets *(exp)*
nach und nach	no an no *(exp)*
nach vorn	no vir *(exp)*
nach vorn	vijenzeg *(adv)*
nachäffen	noäffen *(v)*
nachahmen	imitéieren *(v)*
nachahmen	nomaachen *(v)*
nachahmen	noman *(v)*
Nachahmung	Imitatioun *(f,-en)*
Nachbar	Noper *(m,-en)*
Nachbarin	Nopesch *(f,-en)*
Nachbarregion	Nopeschregioun *(f,-en)*
Nachbarschaft	Noperschaft *(f,-en)*
nachbessern	nobesseren *(v)*
nachbessern	retouchéieren *(v)*
nachbessern	retuschéieren *(v)*
Nachbesserung	Retouche *(f,-n)*
nachbestellen	nobestellen *(v)*
Nachbildung	Reproduktioun *(f,-en)*
nachbohren	nobueren *(v)*
nachbringen	nobréngen *(v)*
nachdatieren	nodatéieren *(v)*
nachdem	nodeems *(cn)*
nachdenken	nodenken *(v)*
nachdenken	raisonéieren *(v)*
nachdenklich	nodenklech *(adj)*
nachdrucken	nodrécken *(v)*
nacheifern	noäiferen *(v)*
nacheinander	noeneen *(adv)*
Nachen	Aacher *(m,-en)*
nachfahren	nofueren *(v)*
nachfärben	nofierwen *(v)*
Nachfolge (Firma)	Successioun *(f,-en)*
nachforschen	nofuerschen *(v)*
Nachfrage	Nofro *(f,-en)*
nachfragen	erfroen *(v)*
nachfragen	nofroen *(v)*

nachfüllen nofëllen *(v)*
nachfüllen opschëdden *(v)*
nachgeben noginn *(v)*
nachgehen (Uhr) nogoen *(v)*
Nachgeschmack Nogeschmaach *(m,~)*
nachhaltig wirken nohalen *(v)*
Nachhaltigkeit Nohaltegkeet *(f,~)*
nachhelfen nohëllefen *(v)*
nachher hanneno *(adv)*
nachher hannerno *(adv)*
nachher herno *(adv)*
Nachhilfe geben nohëllefen *(v)*
nachholen nohuelen *(v)*
nachholen rattrapéieren *(v)*
nachkommen nokommen *(v)*
nachkontrollieren nokontrolléieren *(v)*
Nachkriegszeit Nokrichszäit *(f,-en)*
Nachlass Prozenter *(npl)*
Nachlass Rabatt *(m,-er)*
Nachlass Remise *(f,-n)*
nachlassen lappen *(v)*
nachlassen noloossen *(v)*
nachlässig noléisseg *(adj)*
Nachlässigkeit Noléissegkeet *(f,-en)*
nachlaufen nolafen *(v)*
nachlaufen norennen *(v)*
nachlegen noleeën *(v)*
nachlesen noliesen *(v)*
nachliefern noliwweren *(v)*
nachmachen fälschen *(v)*
nachmachen nomaachen *(v)*
nachmachen noman *(v)*
Nachmittag Nomëtteg *(m,-er)*
nachmittags mëttes *(adv)*
nachmittags nomëttes *(adv)*
Nachmittagsaktivität Nomëttegaktivitéit *(f,-en)*
Nachname Familljennumm *(m,-nimm)*
nachplappern noplapperen *(v)*
nachprüfen nopréiwen *(v)*
nachprüfen noverifiéieren *(v)*
nachrechnen norechnen *(v)*
Nachrede, üble - Beklakerei *(f,-en)*
Nachrede, üble - Beschass *(m,~)*
Nachricht Nouvelle *(f,-n)*
Nachrichten News *(npl)*
Nachrichtenagentur Noriichtenagentur *(f,-en)*
Nachrichtensendung Noriichten *(npl)*
nachrücken noréckelen *(v)*
nachrücken norécken *(v)*
Nachruf Noruff *(m,-riff)*
nachrufen noruffen *(v)*
nachrutschen norëtschen *(v)*
nachrutschen norutschen *(v)*
nachsagen nosoen *(v)*
nachsagen, jm etw - nosoen, engem eppes - *(exp)*
nachschießen noschéissen *(v)*
nachschlagen nokucken *(v)*
nachschlagen noschloen *(v)*
nachschleppen noschleefen *(v)*
nachschreiben (Test) noschreiwen *(v)*
nachschütten noschëdden *(v)*
nachsehen nokucken *(v)*
Nachsehen, das - haben Nokuckes hunn *(exp)*
nachsenden noschécken *(v)*
nachsinnen reflektéieren *(v)*
Nachsitzen Retenue *(f,-n)*
nachspionieren nospionéieren *(v)*
nachstarren nostuerken *(v)*
nächste Woche nächst Woch *(exp)*
Nächste, der - Nootsten, den - *(exp)*
Nächsten, die - Nootst, déi - *(exp)*
Nächstenliebe Nächsteléift *(f,~)*
nächstens nächstens *(adv)*
Nächster Nächsten *(m,Nächst)*
nachsuchen nosichen *(v)*
Nacht Nuecht *(f,-en)*
Nacht Nuet *(f,-en)*
Nachtaktion Nuetsaktioun *(f,-en)*
Nachtarbeit Nuetsaarbecht *(f,-en)*
Nachtclub Cabaret *(m,-en)*
Nachteil Nodeel *(m,-er)*
nächtelang nuechtelaang *(adj)*
Nachthemd Nuetshiem *(n,-er)*
Nachthemd Nuetsläpp *(m,-er)*
Nachtigall Nuechtegailchen *(f,-gailercher)*
Nachtisch Dessert *(m,-en)*
Nachtleben Nuetsliewen *(n,~)*
Nachtlokal Cabaret *(m,-en)*
Nachtmanderscheid Nuechtmanescht *(p)*
Nachtportier Nuetsportier *(m,-en)*
nachtragen nodroen *(v)*
nachtragen nohalen *(v)*
nachträglich nodréiglech *(adj)*
nachtrauern notraueren *(v)*
nachtreten notrëppelen *(v)*
nachts nuets *(adv)*
Nachtschicht Nuetsschicht *(f,-en)*
Nachtschwärmer Nuetseil *(f,-en)*
Nachttisch Nuetsdësch *(m,-er)*
Nachttischlampe Nuetsdëschluucht *(f,-en)*
Nachttopf Nuetsdëppen *(n,--)*
Nachttopf Potschamp *(m,-en)*
Nachttopf Potti *(m,-en)*
Nachtwächter Nuetswiechter *(m,-en)*
nachvollziehen novollzéien *(v)*
nachvollziehen retracéieren *(v)*
nachwachsen nowuessen *(v)*
nachweinen nokräischen *(v)*
nachweisen noweisen *(v)*
nachwerfen nogeheien *(v)*
Nachwuchs Nowuess *(m,~)*
nachzählen nozielen *(v)*
nachzeichnen ofzeechnen *(v)*
nachziehen nozéien *(v)*
Nacken Akaul *(f,-en)*
Nacken Laiskaul *(scherzh)(f,-en)*
nackt nakeg *(adj)*
nackt plakeg *(adj)*
Nackten Plakeg *(npl)*
Nackter Plakegen *(m,Plakeg)*
Nacktschnecke Schleek *(m,-en)*
Nadel Nol *(f,-en)*
Nadelöhr Nolelach *(n,-lächer)*
Nadelstich Stach *(m,Stéch)*
Nadelwald Dännebësch *(m,-er)*
Nagel Nol *(m,Neel)*
Nagelbürste Neelbiischt *(f,-en)*
Nagelclipper Neelpëtz *(f,-en)*
Nagelfeile Neelfeil *(f,-en)*
Nagellack Neellack *(m,-en)*
nageln neelen *(v)*
nagelneu fonkelnei *(adj)*
Nagelschere Neelschéier *(f,-en)*
Nagem Nojem *(p)*
nah no *(adj)*
nahe bäi *(adv)*
nahe un *(pp)*
Nähe Proximitéit *(f,-en)*
nahe bei no *(pp)*
Nähe, aus der - nobäi, vun - *(exp)*
Nähe, in der - nobäi *(adv)*
nähen bitzen *(v)*
nähen néien *(v)*
nähen (mit Heftstichen provisorisch) fooschen *(v)*
näher kommen avancéieren *(v)*
Näherin Néidesch *(f,-en)*
Näherin Néiesch *(f,-en)*
nähern raproschéieren *(v)*
nahestehen nostoen *(v)*
Nähmaschine Bitzmaschinn *(f,-en)*
Nähmaschinenfaden Nolenzwir *(m,-en)*
Nähnadel Bitznol *(f,-en)*
Nahrung Nahrung *(f,~)*
Nähseide Néiseid *(n,~)*
Naht Nout *(f,Néit)*
naiv naiv *(adj)*
Naivität Naivitéit *(f,~)*

Naivling Chrëschtkëndchen*(n,-kënnercher)*
Name Numm*(m,Nimm)*
Namensschild Schëld mam Numm*(exp)*
nämlich näämlech*(cn)*
nämlich nämlech*(cn)*
Nancy Nanzeg*(p)*
Narbe Cicatrice*(f,-n)*
Narbe Läinzeechen*(f,--)*
Narbe Narb*(f,-en)*
Narkose Anästhesie*(f,-n)*
Narkose Anesthesie*(f,-n)*
Narkose Narkos*(f,-en)*
Narkosearzt Anästhesist*(m,-en)*
Narr Geck*(m,-en)*
Narren, jn zum - halten Uz, den - mat engem dreiwen*(exp)*
Narrenfreiheit Narrefräiheet*(f,~)*
Narrensitzung Kapesëtzung*(f,-en)*
Narzisse, gelbe - Lorblumm*(f,-en)*
naschen naschelen*(v)*
naschen schneeken*(v)*
naschen vernaschelen*(v)*
naschhaft gladdereg*(adj)*
naschhaft nascheleg*(adj)*
naschhaft schneekeg*(adj)*
Naschkatze Zockermailchen*(f,-mailercher)*
Naschzeug Schneekegkeet*(f,-en)*
Naschzeug Schneekerei*(f,-en)*
Nase Känki*(scherzh)(m,-en)*
Nase Nues*(f,-en)*
Nasenbein Nuesbeen*(n,--)*
Nasenbluten Nuesbludden*(n,~)*
Nasenloch Nueslach*(f,-lächer)*
Nasenschleim Schnuddel*(f,-en)*
Nashorn Nashorn*(n,-hörner)*
nass naass*(adj)*
Nässe Nätzt*(f,~)*
Nation Natioun*(f,-en)*
national national*(adj)*
national staatlech*(adj)*
nationale Liga (Sport) Nationaldivisioun*(f,-en)*
Nationalfeiertag Nationalfeierdag*(m,-deeg)*
Nationalhymne Nationalhymn*(f,-en)*
Nationalhymne Luxemburgs Heemecht, d'-*(exp)*
Nationalhymne Luxemburgs Uelzecht, d'-*(p)*
nationalisieren nationaliséieren*(v)*
Nationalisierung Nationalisatioun*(f,-en)*
Nationalismus Nationalissem*(m,~)*
nationalistisch nationalistesch*(adj)*
Nationalität Nationalitéit*(f,-en)*
Nationalmannschaft Nationalequipe*(f,-equippen)*
Nationalrat Nationalrot*(m,-réit)*
NATO NATO*(f,~)*
Natron Natron*(n,~)*
Natter Adder*(f,-en)*
Natter Natter*(f,-en)*
Natur Natur*(f,~)*
naturalisieren naturaliséieren*(v)*
Naturalisierung Naturalisatioun*(f,-en)*
Naturalisierung Naturaliséierung*(f,-en)*
Naturalismus Naturalismus*(m,~)*
naturbelassen naturell*(adj)*
naturgemäß naturgeméiss*(adv)*
natürlich natierlech*(adj)*
natürlich natierlech*(adv)*
natürlich naturell*(adj)*
Natürliches Natierleches*(n,~)*
Naturprodukt Naturprodukt*(m,-en)*
Naturschutzgebiet Naturschutzgebitt*(n,-er)*
Naturwissenschaft Naturwëssenschaft*(f,-en)*
Navigation Navigatioun*(f,~)*
navigieren navigéieren*(v)*
Nazi Nazi*(m,-en)*
Nazibesatzung Nazi-Occupatioun*(f,-en)*
Nebel Niewel*(m,~)*
Nebel Niwwel*(m,~)*
neben nieft*(pp)*
neben niewent*(pp)*
nebenan niewendrun*(adv)*
Nebenarbeit Niewenaarbecht*(f,-en)*
Nebenausgang Niewenausgank*(m,-gäng)*
nebenbei niewebäi*(adv)*
nebenbei niewelaanscht*(adv)*
nebenberuflich nieweberufflech*(adj)*
Nebenbeschäftigung Niewebeschäftegung*(f,-en)*
Nebenbeschäftigung, einer - nachgehen niewelaanscht schaffen*(exp)*
nebeneinander niewenteneen*(pr)*
Nebeneinkommen Niewenakommes*(n,~)*
Nebenerzeugnis Nieweproduit*(m,-en)*
Nebenfrage Niewefro*(f,-en)*
Nebengebäude Niewegebai*(n,-er)*
Nebenkosten Niewekäschten*(npl)*
Nebenraum Nieweraum*(m,-raim)*
Nebenrolle Niewenroll*(f,-en)*
Nebensache Niewesaach*(f,-en)*
Nebensächlichkeit Niewesächlechkeet*(f,-en)*
Nebensatz Niewesaz*(m,-sätz)*
Nebenstraße Niewestrooss*(f,-en)*
Nebenstraße Säitestrooss*(f,-en)*
Nebenverdienst Nieweverdéngscht*(m,-er)*
neblig niwweleg*(adj)*
nebulös nebulös*(adj)*
Necessaire Necessaire*(m,-n)*
necken lästeren*(v)*
necken zänken*(v)*
necken zecken*(v)*
necken, jn - Geck, de - mat engem maachen*(exp)*
Neffe Neveu*(m,-en)*
Neffe Nëwwi*(m,-en)*
Negation Negatioun*(f,-en)*
Negativ Negativ*(m,-en)*
Negerkuss Negerkuss*(m,-en)*
negieren negéieren*(v)*
nehmen huelen*(v)*
nehmen, an etw Anstoß - stoussen, sech un eppes -*(exp)*
nehmen, in Beschlag - accaparéieren*(v)*
nehmen, mit nach Hause - huelen, mat Heem -*(exp)*
Neid Gascht*(m,~)*
Neid Näid*(m,~)*
Neider Neider*(m,--)*
Neidhausen Näidsen*(p)*
neidisch neidesch*(adj)*
neigen tendéieren*(v)*
neigen, sich - näipen*(v)*
Neigung Faibel*(m,~)*
Neigung (Hang zu etw) Dispositioun*(f,-en)*
nein neen*(adv)*
Nelke Oeillet*(f,-en)*
Nelke (Gewürz) Neelcheskapp*(m,-käpp)*
nennen nennen*(v)*
nennenswert nenneswäert*(adj)*
Nennwert Nennwäert*(m,-er)*
Neonazi Neonazi*(m,-en)*
neonazistisch neonazistesch*(adj)*
Nepotismus Nepotissem*(m,~)*
Nerv Nerv*(m,-en)*
nerven embêtéieren*(v)*
nerven emmerdéieren*(v)*
nerven nerven*(v)*
nerven nerwen*(v)*
nerven opreegen*(v)*
nerven Su, op de - goen*(exp)*
Nervensäge Nerwesee*(f,-ën)*
Nerven, auf die - gehen Su, op de - goen*(exp)*
nervenkrank nerwekrank*(adj)*
Nervensystem Nervensystem*(m,-er)*
Nervenzusammenbruch Nervenzesummebroch*(m,-bréch)*
nervös nervös*(adj)*
nervös machen nervös maachen*(exp)*
nervös machen nervös man*(exp)*
Nervosität Nervositéit*(f,-en)*

Nest Nascht*(n,Näschter)*
nesteln triwwelen*(v)*
nett léif*(adj)*
netto netto*(adv)*
Nettoeinkommen Nettoakommes*(n,~)*
Nettogewicht Nettogewiicht*(n,-er)*
Nettolohn Nettoloun*(m,-léin)*
Netz Filet*(m,-en)*
Netz Netz*(n,-er)*
Netzhaut Netzhaut*(f,-hait)*
Netzkarte Netzkaart*(f,-en)*
neu nei*(adj)*
Neuauflage Neioplo*(f,-en)*
Neubaugebiet Cité*(f,-en)*
Neubrasilien Neibrasilien*(p)*
Neudorf Neiduerf*(p)*
Neue Testament Neit Testament*(n,~)*
neuer Wein Fiederwäissen*(m,~)*
neuerdings neierdéngs*(adv)*
Neuerung Innovatioun*(f,-en)*
Neuerung Neierung*(f,-en)*
Neues Neies*(n,~)*
Neues, auf ein - Neits, op en -*(exp)*
Neues, was gibt's - Neits, wat gëtt et -*(exp)*
Neugier Virwëtz*(m,~)*
Neugier Virwëtzegkeet*(f,~)*
Neugier Vuerwëtz*(m,~)*
neugierig virwëtzeg*(adj)*
Neugierige Virwëtzeg*(f,-er)*
Neugierige Virwëtztut*(scherzh)(f,-en)*
Neugieriger Virwëtzegen*(m,Virwëtzeg)*
Neuhäusgen Neihaischen*(p)*
Neuheit Neiegkeet*(f,-en)*
Neuheit Neies*(n,~)*
Neuigkeit Neiegkeet*(f,-en)*
Neuigkeit Noriicht*(f,-en)*
Neuigkeit Nouvelle*(f,-n)*
Neuinstallation Neiinstallatioun*(f,-en)*
Neujahr Neijoersdag*(m,-deeg)*
Neujahr Neijooschdag*(m,-deeg)*
Neujahrstag Neijooschdag*(m,-deeg)*
Neujahrswunsch Neijooschwonsch*(m,-wënsch)*
neulich lescht, dës lescht*(exp)*
neulich neelech*(adv)*
neumodisch neimoudesch*(adj)*
Neumond Neimound*(m,~)*
neun néng*(adj)*
Neun Néngtchen*(f,Néngtercher)*
Neunhausen Néngsen*(p)*
neuntens néngtens*(adv)*
Neunter Néngten*(m,Néngt)*
neunzehn nonzéng*(adj)*
neunzig nonzeg*(adj)*
neuordnen reamenagéieren*(v)*
Neuorganisation Neiorganisatioun*(f,-en)*
Neurologe Nervendokter*(m,-en)*
Neurose Neuros*(f,-en)*
Neurotiker Neurotiker*(m,--)*
neurotisch neurotesch*(adj)*
neutral neutral*(adj)*
neutralisieren neutraliséieren*(v)*
Neutralität Neutralitéit*(f,~)*
Neuwahl Neiwal*(f,-en)*
nicht net*(adv)*
nicht einmal mol net*(adv)*
nicht gelungen net gegléckt*(adj)*
nicht mehr net méi*(adv)*
nicht wahr gelldiert/geldiert*(exp)*
nicht wahr gelldir/geldir*(exp)*
nicht wahr gelt*(exp)*
nicht wahr nediert*(exp)*
nicht wahr nedu*(exp)*
Nichte Niess*(f,-en)*
nichtig (geringe Bedeutung) eefälleg*(adj)*
Nichtigkeit Nullitéit*(f,-en)*
nichts näischt*(pr)*
nichts als elauter*(adv)*
nichts als lauter*(adv)*
nichts anderes näischt anescht*(exp)*
nichts anderes übrig näischt aneschtes iwwereg*(exp)*
nichts sagen näischt soen*(exp)*
nichts tun näischt maachen*(exp)*
Nichtsnutz Näischnotz*(m,-en)*
Nichtsnutz Näischtert*(m,-en)*
Nichtsnutz Spëtzbouf*(m,-bouwen)*
nichtsnutzig näischnotzeg*(adj)*
nichtsnutzig näischtnotz*(adj)*
Nichtsnutzigkeit Näischnotzegkeet*(f,-en)*
Nickerchen Tëmpchen*(m,~)*
nie keemools*(adv)*
nie kees*(adv)*
nie ni*(adv)*
nieder néier*(adv)*
Niederanven Nidderaanwen*(p)*
niederbiegen nidderbéien*(v)*
niederbrennen nidderbrennen*(v)*
Niederdonven Nidderdonwen*(p)*
niederdrücken nidderdrécken*(v)*
niederfallen nidderfalen*(v)*
Niederfeulen Nidderfeelen*(p)*
niedergedrückt getouft*(adj)*
niedergehen agoniséieren*(v)*
niedergeschlagen trouschtmiddeg*(adj)*
niedergeschlagen verschotert*(adj)*
niedergeschlagen sein Lappen, d'- hänke loossen*(exp)*
niedergeschlagen sein Läppen, d'- hänke loossen*(exp)*
Niederglabach Nidderglabech*(p)*
niederknien nidderknéien*(v)*
Niederkorn Nidderkuer*(p)*
niederkriegen nidderkréien*(v)*
Niederlage Nidderlag*(f,-en)*
Niederlande Holland*(p)*
Niederländer Hollänner*(m,--)*
Niederländerin Hollännerin*(m,-nen)*
niederländisch hollännesch*(adj)*
niederländisch nidderlännesch*(adj)*
niederlassen, sich - nidderloossen, sech -*(v)*
Niederlassung Implantatioun*(f,-en)*
niederlegen deposéieren*(v)*
niederlegen néierleeën*(v)*
niederlegen nidderleeën*(v)*
niedermachen metzelen*(v)*
niedermetzeln massakréieren*(v)*
niedermetzeln metzelen*(v)*
niedermetzeln néiermetzelen*(v)*
niedermetzeln niddermetzelen*(v)*
Niederpallen Nidderpallen*(p)*
niederreißen aräissen*(v)*
Niederschlag Nidderschlag*(m,-schléi)*
niederschlagen nidderschloen*(v)*
niederstrecken terrasséieren*(v)*
niederträchtig nidderträchteg*(adj)*
Niederträchtigkeit Nidderträchtegkeet*(f,-en)*
Niederwampach Nidderwampech*(p)*
niederwerfen nidderschmäissen*(v)*
niedlich aartelech*(adj)*
niedlich aartlech*(adj)*
niedrig niddereg*(adj)*
niemals nimools*(adv)*
niemand keen*(pr)*
Niere Nier*(f,-en)*
Nieren (bei Tieren) Éierchen*(m,Éiercher)*
Nierenentzündung Nierenentzündung*(f,-en)*
Nierenstein Nieresteen*(m,-steng)*
nieseln fënselen*(v)*
nieseln fiselen*(v)*
nieseln fisemen*(v)*
nieselnd fiseleg*(adj)*
Nieselregen Fiselreen*(m,~)*
Nieselregen Gefisems*(n,~)*
Nieselregen Sabbelreen*(m,~)*
niesen néitschen*(v)*
niesen néitsen*(v)*
niesen néizen*(v)*
Niet Nitt*(f,-en)*

Nikolaus	Kleeschen*(m,Kleesercher)*
Nilpferd	Nilpäerd*(n,--)*
Nimmersatt	Fripong*(m,-en)*
nippen	läpsen*(v)*
nirgends	bäi, weder - nach no*(exp)*
nirgends	néierens*(adv)*
nirgendwo	néierenzwousch*(adv)*
nirgendwo	néierewou*(adv)*
Nistkasten	Vullenhaischen*(n,-haisercher)*
Niveau	Niveau*(m,-en)*
nivellieren	niwweléieren*(v)*
nobel	nobel*(adj)*
Nobelrestaurant	Nobelrestaurant*(m,-en)*
noch	nach*(adv)*
noch einmal	nach eng Kéier*(exp)*
noch einmal	nammel*(adv)*
noch einmal	nees eng Kéier*(exp)*
noch lange nicht	nach laang net*(exp)*
noch nie	nani*(adv)*
Nocher	Nacher*(p)*
Noerdange	Näerden*(p)*
Noertrange	Näertreg*(p)*
Noertzange	Näerzeng*(p)*
Nominalwert	Nominalwäert*(m,-er)*
Nominativ	Nominativ*(m,-er)*
nominieren	nominéieren*(v)*
Nominierung	Nominatioun*(f,-en)*
Nommern	Noumer*(p)*
Nonne	Nonn*(f,-en)*
Norden	Norden*(m,~)*
nördlich	nërdlech*(adj)*
Nordpol	Nordpol*(m,-en)*
Nordwind	Nordwand*(m,-wänn)*
nörgeln	chipotéieren*(v)*
nörgeln	gréngen*(v)*
nörgeln	grommelen*(v)*
nörgeln	knadderen*(v)*
nörgeln	mëffelen*(v)*
nörgeln	mëfferen*(v)*
nörgeln	nasteren*(v)*
nörgeln	soueren*(v)*
nörgeln (mürrisch)	granzen*(v)*
normal	normal*(adj)*
Normalbenzin	Normalbensin*(m,~)*
normalerweise	normalerweis*(adv)*
Normalfall	Normalfall*(m,-fäll)*
Normalgewicht	Normalgewiicht*(n,-er)*
normalisieren	normaliséieren*(v)*
Normalisierung	Normalisatioun*(f,-en)*
Normalität	Normalitéit*(f,-en)*
Normalzustand	Normalzoustand*(m,-stänn)*
normieren	normen*(v)*
norwegisch	norwegesch*(adj)*
Nospelt	Nouspelt*(p)*
Not	Nout*(f,~)*
Not	Péng*(f,--)*
Notar	Notär*(m,-en)*
Notausgang	Noutausgank*(m,-gäng)*
Notbremse	Noutbrems*(f,-en)*
Notbremse ziehen	noutbremsen*(v)*
Notdienst	Noutdéngscht*(m,-er)*
Note	Nott*(f,-en)*
Note	Nout*(f,-en)*
Note, eine ganze -	Nout, eng ganz -*(exp)*
Note, eine halbe -	Nout, eng hallef -*(exp)*
Notenpapier	Noutepabeier*(m,~)*
Notenunterricht	Solfège*(m,~)*
Notfall	Noutfall*(m,-fäll)*
notfalls	noutfalls*(adv)*
Nothum	Noutem*(p)*
notieren	notéieren*(v)*
nötigen	forcéieren*(v)*
nötigen	néidegen*(v)*
nötigen	zwéngen*(v)*
Nötigste, das -	Néidegst, dat -*(exp)*
Notizblatt	Ziedel*(m,-en)*
Notizblock	Notizblock*(m,-bléck)*
Notizbuch	Calepin*(m,-en)*
Notizbuch	Notizbuch*(n,-bicher)*
Notizheft	Carnet*(m,-en)*
Notizzettel	Notizziedel*(m,-en)*
notlanden	noutlanden*(v)*
Notlandung	Noutlandong*(f,-en)*
Notlösung	Noutléisung*(f,-en)*
Notlüge	Noutligen*(f,--)*
Notlüge	Soonsligen*(f,--)*
notoperieren	noutoperéieren*(v)*
Notrufsituation	Noutruffssituatioun*(f,-en)*
Notsituation	Noutsituatioun*(f,-en)*
Notsitz	Noutsëtz*(m,-er)*
notwendig	néideg*(adj)*
notwendig	noutwenneg*(adj)*
notwendig, bitter -	bluttnéideg*(adj)*
notwendigerweise	noutwennegerweis*(adv)*
Notwendigkeit	Necessitéit*(f,-en)*
Notwendigkeit	Néidegkeet*(f,-en)*
Notwendigkeit	Noutwennegkeet*(f,-en)*
Novelle	Novell*(f,-en)*
November	Allerhellgemount*(m,-méint)*
November	November*(m,-en)*
November	Wantermount*(m,~)*
Nuance	Nuance*(f,-n)*
Nuance	Toun*(m,Téin)*
nuancieren	nuancéieren*(v)*
nüchtern	aniichter*(adj)*
nüchtern	anniichter*(adj)*
nüchtern	enniichter*(adj)*
nüchtern	niichter*(adj)*
nüchtern sein	anniichter sinn*(exp)*
nuckeln	nujelen*(v)*
Nudel	Nuddel*(f,-en)*
Nudelsalat	Nuddelszalot*(f,-en)*
nuklear	nuklear*(adj)*
Nuklearwaffe	Nuklearwaff*(f,-en)*
null	null*(dét)*
null Komma nichts	Null Komma näischt*(exp)*
Nulllösung	Nullléisung*(f,-en)*
Nullpunkt	Nullpunkt*(m,-en)*
Nulltarif, zum -	Nulltarif, zum -*(exp)*
Nullwachstum	Nullwuesstem*(m,~)*
Numerus clausus	Numerus clausus*(m,-sen)*
Nummer	Numero*(f,-en)*
Nummer	Nummer*(f,-en)*
nummerieren	nummeréieren*(v)*
nummerieren	paginéieren*(v)*
nummerieren, neu -	renummeréieren*(v)*
nummeriert	nummeréiert*(adj)*
Nummernscheibe	Nummerescheif*(f,-scheiwen)*
nun	elo*(adv)*
nun	nun*(adv)*
nun denn	abbee*(exp)*
nun denn	abee*(exp)*
nun los	dajee*(adv)*
nun mach mal!	dalli!*(adv)*
nur	lauter*(adv)*
nur	nëmmen*(adv)*
Nuss	Noss*(f,Nëss)*
Nussbaum	Nëssert*(m,-en)*
Nussbaum	Nossbam*(m,-beem)*
Nussknacker	Nosskréck*(f,-en)*
Nussschokolade	Nëssschockela*(m,~)*
nutzen	exploitéieren*(v)*
Nutzen	Notzen*(m,~)*
nutzen	notzen*(v)*
Nutzen	Profit*(m,~)*
nützlich	nëtzlech*(adj)*
Nützlichkeit	Nëtzlechkeet*(f,-en)*
Nutznießer	Notznéisser*(m,-en)*
Nutzung	Exploitatioun*(f,-en)*
Nylon	Nylon*(m,~)*
Nylonstrumpf	Nylonsstrëmp*(f,--)*
Nymphomanin	Maansgeck*(m,-en)*

O

ob	ob*(cn)*
Obdachloser	Ënnerdaach, een ouni -*(exp)*
Obdachloser	Strummert*(m,-en)*

Obelisk Obelisk*(m,-en)*
oben uewen*(adv)*
oben uewenop*(adv)*
obendrauf uewendrop*(adv)*
Oberanven Ueweraanwen*(p)*
Oberdonven Uewerdonwen*(p)*
obere uewenzeg*(adj)*
Obereisenbach Iwwereesbech*(p)*
Obereisenbach Uewereesbech*(p)*
Oberfeulen Uewerfeelen*(p)*
Oberfläche Fläch*(f,-en)*
oberflächlich iwwerflächlech*(adj)*
oberflächlich versorgen (Wunde) pléischteren*(v)*
oberflächlich versorgen (Wunde) plooschteren*(v)*
Oberglabach Uewerglabech*(p)*
Oberin (Kloster) Mutter*(f,-en)*
Oberkorn Uewerkuer*(p)*
Oberpallen Uewerpallen*(p)*
Obersauer Uewersauer*(p)*
oberst iewescht*(adj)*
Oberst Kolonel*(m,-len)*
oberste ieweschten*(adj)*
Oberwampach Uewerwampech*(p)*
objektiv objektiv*(adj)*
objektivieren objektivéieren*(v)*
Objektivität Objektivitéit*(f,~)*
Objektivität Sachlechkeet*(f,-en)*
obliegen obleien*(v)*
Obligation Obligatioun*(f,-en)*
obligatorisch obligatoresch*(adj)*
Obrigkeit Autoritéit*(f,-en)*
Obrigkeit Uewegkeet*(f,-en)*
observieren observéieren*(v)*
obskur obskur*(adj)*
Obst Uebst*(n,~)*
Obstbaum Uebstbam*(m,-beem)*
Obstgarten Bongert*(m,-en)*
Obstgarten Uebstbongert*(m,-en)*
Obstgarten Uebstgaart*(m,-gäert)*
Obstkorb Uebstkuerf*(m,-kierf)*
Obstpresse Uebstpress*(f,-en)*
Obstsaft Uebstjus*(m,-en)*
Obstsalat Uebstzalot*(f,-en)*
Obstwiese Päsch*(m,-en)*
obwohl obschonn*(cn)*
obwohl obschonns*(cn)*
obwohl obwuel*(cn)*
Ochse Ochs*(m,-en)*
Ochse Uess*(m,-en)*
Ochsenkopf (störrischer Mensch) Ochsekapp*(m,-käpp)*
Ochsenschwanzbrühe Ochseschwanzbritt*(f,-en)*
Ochsenschwanzsuppe Ochseschwanzzopp*(f,-en)*
oder oder*(cn)*
Ödipuskomplex Ödipuskomplex*(m,-er)*
Oetrange Éiter*(p)*
Ofen Uewen*(m,lewen)*
Ofenrohr Uewepäif*(f,-en)*
Ofenrost Uewegrill*(m,-er)*
offen op*(adj)*
offen oppen*(adj)*
offen (nicht abgepackt: Schüttgut, Wein) Lassenen, am -*(exp)*
offen (Person) offen*(adj)*
offen lassen oploossen*(v)*
offen liegen opleien*(v)*
offen sein op sinn*(exp)*
Offenbarungseid Offenbarungseed*(m,-en)*
Offenheit Offenheet*(f,~)*
Offenheit Oppenheet*(f,-en)*
offenkundig operluecht*(adj)*
offensichtlich offesiichtlech*(adj)*
öffentlich ëffentlech*(adj)*
öffentlich publik*(adj)*
öffentliches Gebäude ëffentlecht Gebai*(exp)*
Offizier Offizéier*(m,--)*
Offline-Version Offline-Versioun*(f,-en)*
öffnen (Flasche) ofkapselen*(v)*
öffnen opmaachen*(v)*
öffnen, sich - opgoen*(v)*
Öffnungszeit Geschäftszäit*(f,-en)*
Öffnungszeiten Ëffnungszäiten*(npl)*
oft dacks*(adv)*
oft heefeg*(adv)*
ohne ouni*(pp)*
ohne ouns*(pp)*
ohne ounst*(pp)*
ohne einen Heller ouni ee Wak*(exp)*
ohne Fehl ouni Feel*(exp)*
ohnedies ounideems*(adv)*
ohnmächtig werden schwaach falen*(exp)*
Ohr Ouer*(n,-en)*
Ohrenschmalz Ouereschmalz*(m,~)*
Ohrfeige Tachtel*(f,-en)*
ohrfeigen erofmiddelen*(v)*
ohrfeigen erofmoossen*(v)*
ohrfeigen fluppen*(v)*
ohrfeigen tachtelen*(v)*
ohrfeigen, jn - deckelen, engem eng -*(exp)*
ohrfeigen, jn - dicksen, engem eng -*(*
ohrfeigen, jn - jauwen, engem eng -*(exp)*
ohrfeigen, jn - kropen, engem eng -*(exp)*
ohrfeigen, jn - lausen, engem eng –*(exp)*
ohrfeigen, jn - rofmoossen, engem eng -*(exp)*
ohrfeigen, jn - taaschten, engem eng -*(exp)*
ohrfeigen, jn - wéitschen, engem eng -*(exp)*
Ohrläppchen Ouerläppchen*(n,-läppercher)*
Ohrring Ouerrank*(m,-réng)*
Ohrringe Ouerréng*(npl)*
Ohrwurm Ouereschlëffer*(m,--)*
ok d'accord*(exp)*
Ökologe Ekologist*(m,-en)*
ökologisch ökologesch*(adj)*
ökologischer Landwirt Ökobauer*(m,-en)*
Oktave Oktav*(f,-en)*
Oktave, Monat der - in Luxemburg Oktavmount*(m,~)*
Oktober Gromperemount*(m,-méint)*
Oktober Oktober*(m,~)*
Oktober Wäimount*(m,-méint)*
Oktoberfest Oktoberfest*(n,-er)*
Oktoberrevolution Oktoberrevolutioun*(f,-en)*
oktogonal aachtkanteg*(adj)*
Öl Ueleg*(m,-er)*
Öl, in - gemalt Ueleg, am - gemoolt*(exp)*
Ölbild Uelegbild*(n,-biller)*
Oleander Laurier-rose*(m,-en)*
Ölfarbe Uelegfaarf*(f,-faarwen)*
Ölfilter Uelegfilter*(m,-en)*
ölig uelegzeg*(adj)*
Olingen Ouljen*(p)*
Olive Oliv*(f,-en)*
Olivenöl Bamueleg*(m,~)*
Olivenöl Olivenueleg*(m,-er)*
Ölkanne Uelegkan*(f,-en)*
Öllampe Gäppchen*(f,Gäppercher)*
Öllampe Ueleggäppchen*(f,-gäppercher)*
Öllampe Uelegluucht*(f,-en)*
Olm Ollem*(p)*
Öltanker Pëtrolstanker*(m,-en)*
Ölwechsel Vidange*(m,-n)*
Olympiasieger Olympiameeschter*(m,-en)*
Olympische Spiele Olympesch Spiller*(npl)*
Oma Boma*(f,-en)*
Oma Boma*(f,-en)*
Omelette Omelett*(f,-en)*
Omi Bomi*(f,-en)*
ominös ominéis*(adj)*
Omnibus Omnibus*(m,-sen)*
omnipotent allmächteg*(adj)*
onanieren onanéieren*(v)*
Onkel Monni*(m,-en)*
Onkel Monnonk*(m,-en)*
Onlineversion Online-Versioun*(f,-en)*
Opa Bopa*(m,-en)*

Openthalt	Openthalt*(p)*
Oper	Oper*(f,-en)*
Operation	Operatioun*(f,-en)*
Operationssaal	Operatiounssall*(m,-säll)*
Operette	Operett*(f,-en)*
operieren	operéieren*(v)*
Opernsänger	Opernsänger*(m,--)*
Opfer	Affer*(n,--)*
Opfergabe (Kirche)	Affer*(m,-en)*
opfern	afferen*(v)*
opfern	opferen*(v)*
opfern	sacrifiéieren*(v)*
Opferstock	Afferstack*(m,-stäck)*
Opi	Bopi*(m,-en)*
Opportunist	Opportunist*(m,-en)*
Opposition	Oppositioun*(f,-en)*
oppositionell	oppositionell*(adj)*
optieren	optéieren*(v)*
Optiker	Optiker*(m,--)*
optimal	optimal*(adj)*
optimieren	optimiséieren*(v)*
Optimismus	Optimissem*(m,~)*
optimistisch	optimistesch*(adj)*
Option	Optioun*(f,-en)*
optisch	optesch*(adj)*
Orakel	Orakel*(n,-en)*
orange	orange*(adj)*
Orangensaft	Orangëjus*(m,-en)*
Orang-Utan	Orang-Utan*(m,-en)*
Oratorium	Oratorium*(n,-[m]en)*
Orchester	Orchester*(m,-en)*
orchestrieren	orchestréieren*(v)*
Orchidee	Orchidee*(f,-ën)*
Orden	Uerden*(m,--)*
Ordensschwester	Schwëster*(f,-en)*
ordentlich	anstänneg*(adj)*
ordentlich	propper*(adj)*
ordentlich	uerdentlech*(adj)*
ordentlich	zerguttst*(adv)*
ordentlich	zerguttstert*(adj)*
Ordinalzahl	Ordinalzuel*(f,-en)*
ordinär	gewéinlech*(adj)*
ordnen	rangéieren*(v)*
Ordner	Classeur*(m,-en)*
Ordnung	Uerdnung*(f,-en)*
Ordnung, in -	Rei, an der -*(exp)*
Ordnung, in - bringen	arrangéieren*(v)*
Ordnung, in - sein	Rei, an der - sinn*(exp)*
Organ	Organ*(n,-er)*
Organisation	Organisatioun*(f,-en)*
Organisation	Verband*(m,Verbänn)*
organisatorisch	organisatoresch*(adj)*
organisch	organesch*(adj)*
organisieren	organiséieren*(v)*
Organismus	Organismus*(m,-men)*
Organist	Organist*(m,-en)*
Organspender	Organspender*(m,--)*
Orgasmus	Orgasmus*(m,-men)*
Orgel	Uergel*(f,-en)*
Orgelkonzert	Uergelconcert*(m,-en)*
Orgelpfeife	Uergelpäif*(f,-en)*
orientalisch	orientalesch*(adj)*
orientieren	orientéieren*(v)*
Orientierung	Orientatioun*(f,-en)*
Orientierungshilfe	Orientéierungshëllef*(f,-en)*
Orientierungslosigkeit	Orientéierungslosegkeet*(f,~)*
Orientteppich	Orientteppech*(m,-er)*
Original	Original*(n,-er)*
original	ursprénglech*(adj)*
Originalaufnahme	Originalopnam*(f,-en)*
originalgetreu	originalgetrei*(adj)*
Originalität	Originalitéit*(f,~)*
Originaltext	Originaltext*(m,-er)*
Originalverpackung	Originalverpackung*(f,-en)*
originell	originell*(adj)*
Ornament	Ornament*(n,-er)*
Ort	Uert*(m,Ierter)*
Ort, vor - sein	Plaz, op der - sinn*(exp)*
orthodox	orthodox*(adj)*
Orthographie	Orthographie*(f,~n)*
orthopädisch	orthopädesch*(adj)*
örtlich	plazeweis*(adv)*
örtliche Abteilung	Lokalsektioun*(f,-en)*
Örtlichkeit	Lokalitéit*(f,-en)*
Ortschaft	Lokalitéit*(f,-en)*
Ortschaft	Uertschaft*(f,-en)*
Ortsgespräch	Uertsgespréich*(n,-er)*
Ortstarif	Uertstarif*(m,-fer)*
ortsvertraut	kënneg*(adj)*
Ösling	Éislek*(p)*
Ösling (Norden Luxemburgs)	Hondséislek*(n,~)*
Öslinger	Éisleker*(adj)*
Öslinger	Éisleker*(m,--)*
Ospern	Osper*(p)*
Osten	Osten*(m,~)*
Osterei	Ouschteree*(n,-ër)*
Osterhase	Ouschterhues*(m,-en)*
Osterlamm	Ouschterlämmchen*(n,-lämmercher)*
Ostermontagmarkt mit Verkauf von Tonvögeln	Éimaischen*(f,~)*
Ostern	Ouschteren*(npl)*
Österreich	Éisterräich*(p)*
österreichisch	éisträichesch*(adj)*
östlich	ëstlech*(adj)*
Ostregion	Ostregioun*(f,-en)*
Osweiler	Uesweller*(p)*
Outfit	Outfit*(m,-ten)*
Output	Output*(m,~)*
oval	oval*(adj)*
Ovation	Ovatioun*(f,-en)*
Overheadprojektor	Overheadprojekter*(m,-en)*
oxidieren	oxydéieren*(v)*
Ozean	Ozean*(m,-en)*
Ozon	Ozon*(m,~)*
Ozonloch	Ozonlach*(n,-lächer)*
Ozonschicht	Ozonschicht*(f,-en)*

P

Paar	Koppel*(f,-en)*
Paar	Puer*(n,--)*
paaren, sich -	pueren, sech -*(v)*
Pacht	Pacht*(f,-en)*
Pacht	Pacht*(m,-en)*
Pacht	Piecht*(m,-en)*
Pacht	Puecht*(f,-en)*
pachten	pachten*(v)*
Pächter	Pächter*(m,--)*
Pächter	Piechter*(m,--)*
Pachtvertrag	Puecht*(m,-en)*
Pack	Pak*(m,~)*
Päckchen	Päckelchen*(m,Päckelcher)*
packen (Koffer)	paken*(v)*
Packung	Pak*(m,Päck)*
Pädagoge	Pädagog*(m,-en)*
Pädagogik	Pädagogik*(f,~)*
pädagogisch	pädagogesch*(adj)*
Paddel	Paddel*(f,-en)*
Paddelboot	Paddelboot*(n,-booter)*
Paddelboot	Paddelbot*(n,-boter)*
paddeln	paddelen*(v)*
paffen	paffen*(v)*
Paillette	Paillette*(f,-n)*
Paket	Pak*(m,Päck)*
paketweise	päckweis*(adv)*
paktieren	paktéieren*(v)*
Palast	Palais*(m,-en)*
Palästinenser	Palästinenser*(m,--)*
palavern	palaveren*(v)*
Palette	Palette*(f,-n)*
Palette (Produkte)	Gamme*(f,-n)*
Palliativstation	Palliativstatioun*(f,-en)*
Palmsonntag	Pällemsonndeg*(m,-er)*
Panda	Panda*(m,-en)*
panieren	panéieren*(v*
Paniermehl	Panéiermiel*(n,-er)*
Panik	Panik*(f,-en)*

Panik, in - geraten panikéieren*(v)*
Panikmacherei Panikmaacherei*(f,-en)*
Panne Pann*(f,-en)*
panschen panschen*(v)*
Pantoffel Schlapp*(f,-en)*
Pantomime Pantomim*(f,-en)*
Panzer Panzer*(m,-en)*
Panzerdivision Panzerdivisioun*(f,-en)*
Panzerfahrzeug Panzerwon*(m,-ween)*
Panzerglas Panzerglas*(n,~)*
Papagei Papagei*(m,-en)*
Papier Pabeier*(m,~)*
Papiere (Ausweis) Pabeieren*(npl)*
Papiere (Unterlagen) Pabeieren*(npl)*
Papierkorb Pabeierkuerf*(m,-kierf)*
Papierkram Gepabeiers*(n,~)*
Papierkrieg Pabeierkrich*(m,~)*
Papierserviette Pabeierszerwéit*(f,-en)*
Papiertaschentuch Pabeiersnuesschnappech*(n,-er)*
Papiertüte Pabeierstut*(f,-en)*
Pappe Kartong*(m,~)*
Pappel Pëppel*(f,-en)*
päppeln peppelen*(v)*
Pappnase Hännes*(m,-sen)*
pappsatt sein pupsat sinn*(v)*
Pappschachtel Kartongskëscht*(f,-en)*
Paprika Paprika*(m,-en)*
Papst Poopst*(m,Peepst)*
Parabolantenne Parabolsantenne*(f,-n)*
parabolisch parabolesch*(adj)*
Paradebeispiel Paradebeispill*(n,-er)*
Paradies Paradäis*(n,-er)*
Paradies Paradis*(n,-er)*
paradiesisch paradisesch*(adj)*
Paradigma Paradigma*(n,-en)*
paradox paradox*(adj)*
Paragraf Paragraph*(m,-en)*
Paragraph Paragraph*(m,-en)*
Parameter Parameter*(m,-en)*
paramilitärisch paramilitäresch*(adj)*
paraphieren paraphéieren*(v)*
paraphrasieren paraphraséieren*(v)*
Parasit Parasit*(m,-ten)*
Paravent Paravent*(m,-en)*
Pärchen Këppelchen*(f,Këppelcher)*
Pärchen Pierchen*(n,--)*
Parcours Parcours*(m,-en)*
Parfum Parfum*(m,-en)*
Parfümerie Parfümerie*(f,-n)*
parfümieren parfüméieren*(v)*
Paris Paräis*(p)*
Pariser Paräisser*(m,--)*
Parität Paritéit*(f,-en)*
paritätisch paritätesch*(adj)*
Park Park*(m,-en)*
Park-and-ride-System Park-and-ride-System*(m,-er)*
parken parken*(v)*
parken stationéieren*(v)*
Parkett (Theater) Parquet*(m,-en)*
Parkettfußboden Parquet*(m,~)*
Parkhaus Parkhaus*(n,-haiser)*
Parkmöglichkeit Parkingsméiglechkeet*(f,-en)*
Parkmöglichkeit Parkméiglechkeet*(f,-en)*
Parkplatz Parkplaz*(f,-en)*
Parkscheibe Disk*(m,-en)*
Parkscheibe Disque*(m,-n)*
Parkscheinautomat Ticketsautomat*(m,-en)*
Parkuhr Parkauer*(f,-en)*
Parkverbot Parkverbuet*(n,-er)*
Parlament Parlament*(n,-er)*
Parlamentarier Parlamentarier*(m,--)*
parlamentarisch parlamentaresch*(adj)*
parlamentarische Kommission Parlamentsausschoss*(m,-ausschëss)*
parlamentarische Verhandlungen Parlamentsdebatt*(f,-en)*
Parlamentswahlen Parlamentswahl*(f,-en)*
Parlamentswahlen Parlamentswal*(f,-en)*
Parmesan Parmesanskéis*(m,~)*
Parodie Parodie*(f,-n)*
parodieren parodéieren*(v)*
Parodontose Parodontos*(f,-en)*
Partei Partei*(f,-en)*
Parteiaktivität Parteiaktivitéit*(f,-en)*
Parteichef Parteichef*(m,-fen)*
Parteiführung Parteicomité*(m,-en)*
parteiisch parteiesch*(adj)*
Parteimitglied Parteimember*(m,-en)*
Parteiprogramm Parteiprogramm*(m,-er)*
Parteistreitigkeiten Parteistreiderei*(f,-en)*
Parteivorstand Parteicomité*(m,-en)*
Partie (Spiel) Manche*(f,-n)*
Partikel Partikel*(n,-en)*
Partisan Partisan*(m,-en)*
Partitur Partitur*(f,-en)*
Partner Partner*(m,--)*
Partnerschaft (Städte) Jumelage*(m,-n)*
Partnerstadt Partnerstad*(f,-stied)*
Party Party*(f,-en)*
Parzelle Parzell*(f,-en)*
parzellieren lotisséieren*(v)*
parzellieren parzelléieren*(v)*
Parzellierung Lotissement*(f,-er)*
Pascha Pascha*(m,-en)*
Pass Pass*(m,Päss)*
Pass (Fußball) Pass*(f,-en)*
Pass (Gebirge) Col*(m,-len)*
Passagier Passagéier*(m,-en)*
Passagierflugzeug Passagéierfliger*(m,-en)*
Passagierschiff Passagéierschëff*(n,-er)*
Passant Passant*(m,-en)*
Passbild Passfoto*(f,-en)*
Passbild Passphoto*(f,-en)*
passen passen*(v)*
passen reimen, sech -*(v)*
passend giedlech*(adj)*
passend (wie es sich gehört) geschéckerlech*(adj)*
passend sein passen*(v)*
Passepartout Passepartout*(m,-en)*
passieren geschéien*(v)*
passieren transitéieren*(v)*
Passion Passioun*(f,-en)*
Passion (Leiden Christi) Passioun*(f,~)*
Passionssonntag Ellesonndeg*(m,~)*
passiv passiv*(adj)*
Passiv Passiv*(m,~)*
Passivität Passivitéit*(f,~)*
Passkontrolle Passkontroll*(f,-en)*
passt, das - dir denges, dat ass -*(exp)*
Pastellfarbe Pastellfaarf*(f,-faarwen)*
pastellfarben pastell*(adj)*
Pastete Paschtéit*(f,-en)*
Pastete Pati*(m,-en)*
pasteurisieren pasteuriséieren*(v)*
Pastille Pastill*(f,-en)*
Pastoralrat Parrot*(m,-réit)*
Pastoralrat Porrot*(m,-réit)*
Patenkind Giedelchen*(f,Giedelcher)*
Patenkind Pätter*(m,-en)*
Patenkind Pätterchen*(m,Pättercher)*
Patensohn Pätterchen*(m,Pättercher)*
Patent Brevet*(m,-en)*
Patent Patent*(n,-er)*
Patent, gewerbliches Patent*(n,-er)*
patentieren brevetéieren*(v)*
patentieren patentéieren*(v)*
Patentlösung Patentléisung*(f,-en)*
Paternoster Paternoster*(m,-en)*
pathetisch pathetesch*(adj)*
pathologisch pathologesch*(adj)*
Pathos Pathos*(m,~)*
Patient Patient*(m,-en)*
Patin Gued*(f,Gied)*
patinieren patinéieren*(v)*
Patriarch Patriarch*(m,-en)*
Patriot Patriot*(m,-en)*

patriotisch	patriotesch *(adj)*
Patriotismus	Patriotissem *(m,~)*
Patrone	Patroun *(f,-en)*
Patrone (Munition, Tinte)	Cartouche *(f,-n)*
Patronentasche	Patrounentäsch *(f,-en)*
Patrouille	Patrull *(f,-en)*
patrouillieren	patrulléieren *(v)*
patrouillieren	patrulléieren *(v)*
Patsche	Patsch *(f,-en)*
patschnass	klätschnaass *(adj)*
patschnass	plätschnaass *(adj)*
patschnass	zoppennaass *(adj)*
Pauschalreise	Pauschalrees *(f,-en)*
Pause	Paus *(f,-en)*
Pause, eine - einlegen	Halt maachen *(exp)*
pausieren	pausen *(v)*
Pazifist	Pazifist *(m,-en)*
PC	PC *(m,-ën)*
Pech	Mëssgeschéck *(n,-er)*
Pech	Pech *(m,~)*
pechschwarz	pechschwaarz *(adj)*
Pechsituation	Pechsituatioun *(f,-en)*
Pechvogel	Pechvull *(m,-en)*
Pedal	Pedall *(f,-en)*
Pedal, in die -e treten	pedalléieren *(v)*
Pedant	Pedant *(m,-en)*
pedantisch	maniaque *(adj)*
pedantisch	pedantesch *(adj)*
Pediküre	Pedicure *(f,-n)*
Pegel	Pegel *(m,-en)*
peinigen	pisaken *(v)*
peinlich	penibel *(adj)*
Peinlichkeit	Peinlechkeet *(f,-en)*
Peitsche	Baasch *(f,-en)*
Peitsche	Baatsch *(f,-en)*
Peitsche	Gäissel *(f,-en)*
peitschen	baatschen *(v)*
peitschen	gäisselen *(v)*
pejorativ	pejorativ *(adj)*
Pelikan	Pelikan *(m,-en)*
Pellkartoffeln	Gromperen, gequellte - *(exp)*
Pelz	Pelz *(m,-er)*
Pelzmantel	pelze Mantel *(exp)*
Pelzmantel	Pelzmantel *(m,-mäntel)*
Pelzmäntel	pelz Mäntel *(exp)*
Pendant	Pendant *(m,-en)*
Pendel	Pendel *(m,-en)*
Pendelverkehr	Navette *(f,-n)*
penetrant	penetrant *(adj)*
Penis	Penis *(m,-sen)*
Penis	Vull *(vulg)(m,-en)*
Penizillin	Penizillin *(m,~)*
pennen	pennen *(v)*
pensionieren	pensionéieren *(v)*
pensioniert	pensionéiert *(adj)*
Pensum	Pensum *(m,~)*
Penthouse	Penthaus *(n,-haiser)*
Penthouse	Penthouse *(n,-haiser)*
Peppange	Peppeng *(p)*
perfekt	perfekt *(adj)*
Perfektion	Perfektioun *(f,-en)*
perfektionieren	perfektionéieren *(v)*
perforieren	perforéieren *(v)*
Pergament	Pergamentspabeier *(n,~)*
Periode	Period *(f,-en)*
periodisch	periodesch *(adj)*
Periodizität	Periodizitéit *(f,-en)*
Peripherie	Peripherie *(f,-n)*
Perle	Pärel *(f,-en)*
perlen	krällen *(v)*
Perlenkette	Pärelscollier *(m,-en)*
Perlhuhn	Pärelhong *(n,-hénger)*
Perlzwiebel	Uewenënn *(f,-en)*
permanent	permanent *(adj)*
Perserteppich	Perserteppech *(m,-er)*
persiflieren	persifléieren *(v)*
Person	Persoun *(f,-en)*
Personal	Personal *(n,~)*
Personalabbau	Personalofbau *(m,~)*
Personalausweis	Identitéitskaart *(f,-en)*
Personalchef	Personalchef *(m,-fen)*
Personalcomputer	Mikroordinateur *(m,-en)*
Personalien	Personalien *(npl)*
personalisieren	personaliséieren *(v)*
Personalkosten	Personalkäschten *(npl)*
Personalsituation	Personalsituatioun *(f,-en)*
Personalvertretung	Personaldelegatioun *(f,-en)*
Personenbeschreibung	Persounebeschreiwung *(f,-en)*
Personenkult	Persounekult *(m,~)*
Personenwaage	Wo *(f,-en)*
Personenwagen	Persounewon *(m,-ween)*
Personenzug	Persounenzuch *(m,-zich)*
personifizieren	personifizéieren *(v)*
persönlich	perséinlech *(adj)*
Persönlichkeit	Perséinlechkeet *(f,-en)*
Persönlichkeit	Personalitéit *(f,-en)*
Persönlichkeit	Personnage *(m,-n)*
Perspektive	Perspektiv *(f,-en)*
Perücke	Parréck *(f,-en)*
pervers	pervers *(adj)*
pervertieren	pervertéieren *(v)*
Pessimismus	Pessimissem *(m,~)*
pessimistisch	pessimistesch *(adj)*
Pest	Pescht *(f,~)*
Pestizid	Pestizid *(m,-en)*
Pétange	Péiteng *(p)*
Petersilie	Péiterséileg *(m,~)*
Petition	Petitioun *(f,-en)*
Petitionsausschuss	Petitiounskommissioun *(f,-en)*
Petitionskommission	Petitiounskommissioun *(f,-en)*
Petit-Nobressart	Kleng-Elcher *(p)*
Petroleum	Pëtrol *(m,~)*
Petroleum	Steenueleg *(m,~)*
Petroleumlampe (schlechte Beleuchtung)	Känki *(m,-en)*
Pettingen	Pëtten *(p)*
Petze	Klaatsch *(f,-en)*
Petze	Klap *(f,-en)*
petzen	klaatschen *(v)*
petzen	klapen *(v)*
Petzer	Klapert *(m,-en)*
Pfad	Pad *(m,Pied)*
Pfad, kleiner -	Piedchen *(m,Piedercher)*
Pfadfinder	Scout *(m,-en)*
Pfadfinderin	Guide *(m,-en)*
Pfaffe)	Paf *(m,-en)*
Pfaffenthal	Pafendall *(p)*
Pfahl	Poul *(m,Péil)*
Pfahlwurzel	Stackwuerzel *(f,-en)*
Pfand	Pand *(m,Pänn)*
Pfanne	Pan *(f,-en)*
Pfannenfüllung	Bakecht *(f,-en)*
Pfannkuchen	Paangech *(m,-er)*
Pfannkuchen	Panech *(m,-er)*
Pfannkuchen	Pangkech *(m,-er)*
Pfannkuchen	Pankech *(m,-er)*
Pfarrer	Paschtouer *(m,Paschtéier)*
Pfarrgemeinde	Par *(f,-en)*
Pfarrgemeinde	Por *(f,-en)*
Pfarrhaus	Härenhaus *(n,-haiser)*
Pfarrhaus	Paschtoueschhaus *(n,-haiser)*
Pfarrkirche	Porkierch *(f,-en)*
Pfau	Pohunn *(n,-en)*
Pfeffer	Peffer *(m,~)*
Pfefferminze	Peffermënz *(f,~)*
Pfefferminztee	Peffermanztéi *(m,~)*
Pfefferminztee	Peffermënztéi *(m,~)*
Pfeffermühle	Peffermillen *(f,--)*
pfeffern	pefferen *(v)*
pfeffern, zu stark -	verpefferen *(v)*
Pfeife	Päif *(f,-en)*
pfeifen	fleeten *(v)*
pfeifen	päifen *(v)*
pfeifen, auf etw -	fleeten, op eppes - *(exp)*
Pfeil	Feil *(m,-er)*
Pfeiler	Feiler *(m,--)*

Pfeiler Stäil *(m,-er)*
Pfennigabsatz Talong, spatzen - *(exp)*
Pferd Päerd *(n,--)*
Pferdchen Biddi *(m,-en)*
Pferdefleisch Päerdsfleesch *(n,~)*
Pferderennen Päerdscourse *(f,-courssen)*
Pferdesattel Päerdssuedel *(m,-en)*
Pferdeschwanz Päerdsschwanz *(m,-schwänz)*
Pferdeschwanz (Frisur) Wutz *(m,-en)*
Pferdestall Päerdsstall *(m,-ställ)*
pfiffig fiffeg *(adj)*
Pfingsten Päischten *(npl)*
Pfingsten Péngschten *(npl)*
Pfingstmonat Päischtmount *(m,-méint)*
Pfingstrose Päischtrous *(f,-en)*
Pfirsich Piisch *(f,Pijen)*
Pflanzaktion Planzaktioun *(f,-en)*
Pflanze Planz *(f,-en)*
pflanzen planzen *(v)*
Pflanzenkeim (Kartoffeln) Kéng *(f,-en)*
Pflanzentrieb, junger - King *(m,-en)*
Pflanzenwelt Planzewelt *(f,-en)*
pflastern paweeën *(v)*
Pflaume Praum *(f,-en)*
Pflaume Promm *(f,-en)*
Pflegeheim Fleegeheem *(n,-er)*
Pflegekind Fleegekand *(n,-kanner)*
pflegen fleegen *(v)*
pflegen soignéieren *(v)*
pflegen versuergen *(v)*
Pflegepersonal Fleegepersonal *(n,~)*
Pflegeversicherung Fleegeversécherung *(f,-en)*
Pflicht Flicht *(f,-en)*
pflichtbewusst sein Fouss beim Mol halen *(exp)*
Pflichtfach Pflichtfach *(n,-fächer)*
Pflücken Plécken *(n,~)*
pflücken plécken *(v)*
Pflug Plou *(m,-en)*
pflügen plouen *(v)*
Pforte Paart *(f,-en)*
Pförtner Concierge *(m,-n)*
Pfosten Poteau *(m,-en)*
Pfosten Poul *(m,Péil)*
Pfote Patt *(f,-en)*
pfropfen praffen *(v)*
Pfropfen Stopp *(f,Stëpp)*
Pfropfmesser Praffmesser *(n,-en)*
Pfropfung Praff *(f,-en)*
Pfund Pond *(n,Ponn)*
Pfusch Maacherei *(f,-en)*
Pfusch Muerks *(f,-en)*
Pfusch Murks *(f,-en)*
pfuschen bâcléieren *(v)*
pfuschen bousilléieren *(v)*
pfuschen fuschen *(v)*
pfuschen huddelen *(v)*
pfuschen muerksen *(v)*
pfuschen murksen *(v)*
Pfuscher Triwweler *(m,-en)*
Pfütze Pull *(m,Pill)*
Phänomen Phänomen *(n,-er)*
phänomenal phänomenal *(adj)*
Phantasie Phantasie *(f,-n)*
phantasieren fuebelen *(v)*
phantasieren phantaséieren *(v)*
phantasieren spintiséieren *(v)*
Phantom Phantom *(n,-er)*
Phantombild Phantombild *(n,-biller)*
Pharao Pharao *(m,-en)*
Pharmaindustrie Pharmaindustrie *(f,-n)*
Philatelie Philatelie *(f,~)*
Philharmonie Philharmonie *(f,-n)*
Philologie Philologie *(f,-n)*
Philosophie Philosophie *(f,-n)*
philosophieren philosophéieren *(v)*
philosophisch philosophesch *(adj)*
phlegmatisch phlegmatesch *(adj)*
Phonetik Phonetik *(f,-en)*
phonetisch phonetesch *(adj)*
Phosphat Phosphat *(m,-er)*
Photoapparat Photosapparat *(m,-er/-en)*
Photograph Photograph *(m,-en)*
Photographie Photographie *(f,-n)*
photographieren photographéieren *(v)*
Physik Physik *(f,~)*
Physiologie Physiologie *(f,-n)*
physiologisch physiologesch *(adj)*
physisch physesch *(adj)*
Pianist Pianist *(m,-en)*
Piano Piano *(m,-en)*
Pickel Eess *(f,-en)*
picken picken *(v)*
Picknick Picknick *(m,-en)*
picknicken Picknick maachen *(exp)*
picknicken picknicken *(v)*
pieksen pécken *(v)*
piepen piipsen *(v)*
piepen pipen *(v)*
piepen (Vögel) jiipsen *(v)*
piepen (Vögel) jipsen *(v)*
piepsig piipseg *(adj)*
piesacken pisacken *(v)*
piesacken pisaken *(v)*
Pietät Pietéit *(f,~)*
Pigment Pigment *(n,-er)*
pigmentieren pigmentéieren *(v)*
Pik Schëppen *(n,~)*
pikant pikant *(adj)*
pikieren pickéieren *(v)*
pikieren repikéieren *(v)*
Piktogramm Piktogramm *(n,-en)*
Pilger Pilger *(m,--)*
Pilgerfahrt Pilgerfahrt *(f,-en)*
pilgern pilgeren *(v)*
Pilgerstätte Pilgerplaz *(f,-en)*
Pille Pëll *(f,-en)*
Pilot Pilot *(m,-en)*
Pilotenschein Piloteschäin *(m,-er)*
pilotieren pilotéieren *(v)*
Pilotprojekt Pilotprojet *(m,-en)*
Pilz Kochel *(f,-en)*
Pilz Pilz *(m,-er)*
Piment Piment *(m,~)*
Pimmel Bunnes *(m,-sen)*
Pinguin Pinguin *(m,-en)*
pinkeln pissen *(v)*
pinkeln schiffen *(vulg)(v)*
pinkeln seechen *(vulg)(v)*
pinkeln, auf etw - bepissen, eppes - *(exp)*
Pinsel Pënsel *(m,-en)*
Pinsel Pinsel *(m,-en)*
pinseln pinselen *(v)*
Pintsch Pënsch *(p)*
Pinwand Pinnwand *(f,-wänn)*
Pionier Pionéier *(m,--)*
Pioniergeist Pionéiergeescht *(m,~)*
Pipeline Pipeline *(f,-n)*
Piratensender Piratesender *(m,-en)*
pirschen pirschen *(v)*
Pissange Piisseng *(p)*
Pistazie Pistache *(f,-n)*
Piste Pist *(f,-en)*
Pistole Pistoul *(f,-en)*
pitschenass plätschnaass *(adj)*
pittoresk pittoresk *(adj)*
Pizza Pizza *(f,-en)*
Pizzeria Pizzeria *(f,-en)*
Plackerei Ploerei *(f,-en)*
Plackerei Schäisserei *(ugs)(f,~)*
Plackerei Schënn *(f,~)*
plädieren plädéieren *(v)*
plädieren plaidéieren *(v)*
Plädoyer Plädoyer *(n,-en)*
Plage Plo *(f,-en)*
Plagegeist Plo *(f,-en)*
Plagegeist Plogeescht *(m,-er)*
plagen dillegen *(v)*
plagen dirängelen *(v)*
plagen exteren *(v)*

plagen	kristillegen*(v)*
plagen	tracasséieren*(v)*
plagen, sich -	geheien, sech -*(v)*
plagen, sich -	ploen, sech -*(v)*
plagen, sich -	zerbalegen, sech -*(v)*
Plakat	Affiche*(f,-n)*
Plakat	Affisch*(f,-en)*
Plakat	Plakat*(m,-er/-en)*
Plakat	Pouster*(m,-en)*
Plakataktion	Pechaktioun*(f,-en)*
Plan	Plang*(m,Pläng)*
Plan	Projet*(m,-en)*
Plane	Baasch*(f,-en)*
Plane (Zelt)	Baasch*(f,-en)*
Plane (Zelt)	Baatsch*(f,-en)*
planen	plangen*(v)*
Planet	Planéit*(m,-en)*
planieren	planéieren*(v)*
Plantage	Plantatioun*(f,-en)*
plantschen	puddelen*(v)*
Planung	Planifikatioun*(f,-en)*
Planwirtschaft	Planwirtschaft*(f,-en)*
Plappermäulchen	Babbel*(f,-en)*
plappern	babbelen*(v)*
plappern	schnabbelen*(v)*
plappern	troteren*(v)*
Plappertasche	Schnabbelgréit*(f,-en)*
plastifizieren	plastifizéieren*(v)*
plastifizieren	plastikéieren*(v)*
Plastik	Plastik*(f,-en)*
Plastik	Plastik*(m,~)*
Plastikbecher	Pabeiersbecher*(m,-en)*
Plastiktüte	Plastikstut*(f,-en)*
Plastikwanne	Biitchen*(f,Bitercher)*
Platane	Platan*(f,-en)*
Platen	Platen*(p)*
platschen	klätschen*(v)*
platt	platt*(adj)*
Plättchen	Paillette*(f,-n)*
plattdrücken	platt drécken*(exp)*
plattdrücken	platt maachen*(exp)*
plattdrücken	platt man*(exp)*
Platte	Plack*(f,-en)*
Platte	Plättel*(m,-en)*
Platte (Musik)	Plack*(f,-en)*
Platten	Platten*(m,--)*
Plattenspieler	Plackespiller*(m,--)*
Plattform	Plattform*(f,-en)*
Plattfuß	Plattféisser*(m,--)*
plattfüßig	vollféisseg*(adj)*
Plattitüde	Plattheet*(f,-en)*
Platz	Plaz*(f,-en)*
Platz	Raum*(m,~)*

Platz	Uert*(m,Ierter)*
Platz machen	réckelen*(v)*
Platz machen	récken*(v)*
Platzangst	Platzangscht*(f,~)*
Plätzchen	Kichelchen*(m,Kichelcher)*
platzen	baschten*(v)*
platzen	platzen*(v)*
platzieren	placéieren*(v)*
platzieren	plazéieren*(v)*
Platzierung	Placement*(n,-er)*
Platzierung	Plazéierung*(f,-en)*
Platzmangel	Plazmangel*(m,~)*
Platzregen	Schloreen*(m,~)*
plaudern	gabberen*(v)*
plaudern	jadderen*(v)*
plaudern	kosen*(v)*
plaudern	poteren*(v)*
plaudern	quatschen*(v)*
plaudern	schnëssen*(v)*
plaudern	sproochen*(v)*
Plaudertasche	Gabber*(f,-en)*
plauschen	tozen*(v)*
plausibel	plausibel*(adj)*
Play-back	Playback*(m,-en)*
Playboy	Playboy*(m,-en)*
Pleite machen	Faillite maachen*(exp)*
pleitegehen	Faillite maachen*(exp)*
Plenarsaal	Plenarsall*(m,-säll)*
Plenum	Plenum*(m,~)*
plissieren	plisséieren*(v)*
Plombe	Plomb*(m,Plëmp)*
plombieren	plombéieren*(v)*
plötzlich	eemol, op -*(exp)*
plötzlich	op eemol*(exp)*
plötzlich	stënterlech*(adv)*
Plumeau	Plimmi*(m,-en)*
Plumeau	Plumeau*(m,-en)*
plump	flappeg*(adj)*
plump	plomp*(adj)*
plumps	flatsch*(adv)*
plumps	flupsdech*(adv)*
plumpsen	plompsen*(v)*
Plunder	Gelëmps*(n,~)*
Plunder	Kreemchen*(m,~)*
Plunder	Krëppeng*(m,~)*
plündern	plaimen*(v)*
plündern	plëmmen*(v)*
pluralisieren	pluraliséieren*(v)*
pluralistisch	pluralistesch*(adj)*
Pluralität	Pluralitéit*(f,-en)*
plus	plus*(adv)*
Plüsch-	plüschen*(adj)*
Plüschtier	Plüschdéier*(m,-en)*

Pobacke	Aarschbak*(m,-en)*
Pobacke	Aaschbak*(m,-en)*
Pöbel	Rapp a Klapp*(exp)*
pöbeln	pöbelen*(v)*
pochen	pochen*(v)*
pochen	tappen*(v)*
pochen	tuppen*(v)*
Pocken	Pouken*(npl)*
pockennarbig	poukeg*(adj)*
pockig	poukeg*(adj)*
Podiumsdiskussion	Podiumsdiskussioun*(f,-en)*
Poesie	Poesie*(f,~)*
Poesiealbum	Poesiealbum*(m,-[m]en)*
poetisch	poetesch*(adj)*
pointiert	pointéiert*(adj)*
Pokal	Pokal*(m,-en)*
Pokalspiel	Pokalspill*(n,-er)*
pökeln	solperen*(v)*
Pökelwanne	Solperbidden*(f,--)*
Pol	Pol*(m,-en)*
Polarität	Polaritéit*(f,-en)*
Polarkreis	Polarkrees*(m,-er)*
Polarlicht	Polarliicht*(n,-er)*
Polarstern	Polarstär*(m,-en)*
Pole	Pol*(m,-en)*
Polemik	Polemik*(f,-en)*
polemisieren	polemiséieren*(v)*
Polen	Polen*(p)*
polieren	poléieren*(v)*
Politesse	Pechert*(m,-en)*
Politgespräch	Politikerdiskussioun*(f,-en)*
Politik	Politik*(f,-en)*
Politiker	Politiker*(m,--)*
Politikerin	Politikerin*(f,-nen)*
politisch	politesch*(adj)*
politische Rubrik	politesch Rubrik*(f,-en)*
politisieren	politiséieren*(v)*
Politologie	Politologie*(f,~)*
Polizei	Polizei*(f,~)*
Polizeihund	Polizeihond*(m,-hënn)*
Polizeiinspektor	Policeinspekter*(m,-en)*
Polizeiinspektor	Polizeiinspekter*(m,-en)*
Polizeirevier	Policebüro*(m,-en)*
Polizeirevier	Policestatioun*(f,-en)*
Polizeirevier	Polizeirevéier*(n,-en)*
Polizeischutz	Polizeischutz*(m,~)*
Polizeistreife	Polizeipatrull*(f,-en)*
Polizist	Polizist*(m,-en)*
Polizistin	Polizistin*(f,-nen)*
polnisch	polnesch*(adj)*
Polohemd	Poloshiem*(f,-er)*
Polster	Polster*(m,-en)*
polstern	polsteren*(v)*

Polsterung Polster*(m,-en)*
poltern dubberen*(v)*
poltern rubbelen*(v)*
Polygamie Polygamie*(f,~)*
Pommerloch Pommerlach*(p)*
Pommes (frites) Fritten*(npl)*
pompös pompös*(adj)*
Pontpierre Steebrécken*(p)*
Pony Pony*(m,-en)*
Popcorn Popcorn*(m,~)*
Popel Koz*(m,-en)*
poppen biischten*(v)*
popularisieren populariséieren*(v)*
popularisieren vulgariséieren*(v)*
Pornofilm Pornofilm*(m,-er)*
Portal Portal*(f,-en)*
Portier Portier*(m,-en)*
Portion Portioun*(f,-en)*
Portion (Topf) Kachecht*(f,-en)*
Porto Porto*(m,~)*
portofrei Porto, ouni -*(exp)*
Porträt Portrait*(m,-en)*
Portugal Portugal*(p)*
Portugiese Portugis*(m,-en)*
portugiesisch portugisesch*(adj)*
Porzellan Parzeläin*(m,~)*
Porzellan Porzelläin*(m,~)*
posieren poséieren*(v)*
Position Positioun*(f,-en)*
positionieren positionéieren*(v)*
Positionslicht Positiounsluucht*(n,-en)*
Posse Farce*(f,-n)*
Post Courrier*(m,-en)*
Post Post*(f,~)*
Postamt Post*(f,~)*
Postamt Postbüro*(m,-en)*
Postanweisung Postmandat*(m,-er)*
Postbeamter Postbeamten*(m,--)*
Postbote Bréifdréier*(m,--)*
Postbotin Bréifdréiesch*(f,-en)*
Poster Pouster*(m,-en)*
Postfach Postfach*(n,-fächer)*
Postkarte Postkaart*(f,-en)*
postlagernd Poste restante*(exp)*
Postleitzahl Code postal*(m,Code-postallen)*
Postleitzahl Postleetzuel*(f,-en)*
Postleitzahl Postleitzuel*(f,-en)*
postmodern postmodern*(adj)*
Postscheck Postscheck*(m,-en)*
Postscheckkonto Postscheckkonto*(m,-en)*
Poststempel Poststempel*(m,-en)*
Potential Potential*(n,~)*
Potpourri Potpourri*(m,-en)*

Präambel Präambel*(f,-en)*
Pracht Pruecht*(f,-en)*
Prachtexemplar Prachtexemplar*(n,-en)*
prächtig prächteg*(adj)*
prachtvoll prächteg*(adj)*
prädestinieren predestinéieren*(v)*
Präfix Präfix*(m,-en)*
prägen prägen*(v)*
pragmatisch pragmatesch*(adj)*
prägnant prägnant*(adj)*
prahlen téinen*(v)*
prahlen uginn*(v)*
Prahlerin Bretz*(f,-en)*
prahlerisch bretzeg*(adj)*
Prahlhans Bretzaarsch*(m,-äersch)*
Praktikant Praktikant*(m,-en)*
Praktikant Stagiaire*(m,-n)*
Praktikantin Praktikantin*(f,-nen)*
Praktikantin Stagiaire*(f,-n)*
Praktikum Praktikum*(n,-en)*
Praktikum Stage*(m,-n)*
praktisch praktesch*(adj)*
Praktisches, etwas - Praktesches, eppes -*(exp)*
praktizieren practiquéieren*(v)*
praktizieren praktizéieren*(v)*
Praline Knippchen*(f,Knippercher)*
prallen gegen drarennen*(v)*
prallen, - gegen perkutéieren*(v)*
prallen, aufeinander - knuppen, openee -*(exp)*
prämieren präméieren*(v)*
prämieren priméieren*(v)*
Präparat Präparat*(n,-er)*
Präposition Prepositioun*(f,-en)*
Präsens Präsens*(n,~)*
präsent präsent*(adj)*
Präsenz Präsenz*(f,-en)*
Präservativ Kapëttchen*(f,Kapëttercher)*
Pratz Proz*(p)*
Prävention Präventioun*(f,-en)*
Praxis Praktik*(f,-en)*
Präzedenzfall Präzedenzfall*(m,-fäll)*
präzise präzis*(adj)*
präzisieren präziséieren*(v)*
präzisieren preziséieren*(v)*
Präzision Präzisioun*(f,-en)*
Präzisionsarbeit Präzisiounsaarbecht*(f,-en)*
predigen priedegen*(v)*
Prediger Priedeger*(m,--)*
Predigt Priedegt*(f,-en)*
Preis Präis*(m,-er)*
Preis für ein Abonnement Abonnementspräis*(m,-ser)*
Preisentwicklung Präisevolutioun*(f,-en)*

Preiserhöhung Hausse*(f,-n)*
Preisfreiheit Präisfräiheet*(f,-en)*
Preishit Spezialoffer*(f,-en)*
Preisliste Präislëscht*(f,-en)*
Preisstabilität Präisstabilitéit*(f,-en)*
preiswert präiswäert*(adj)*
prekär prekär*(adj)*
Premiere Première*(f,-n)*
Première (Theater) Uropféierung*(f,-en)*
Premierminister Premier*(m,-en)*
Premierminister Premierminister*(m,-en)*
Presbyter Presbyter*(m,-en)*
Presse (Medien) Press*(f,~)*
Presse (Presswerkzeug) Press*(f,-en)*
Pressefreiheit Pressefräiheet*(f,-en)*
Pressekonferenz Pressekonferenz*(f,-en)*
pressen pressen*(v)*
Presseschau Presserevue*(f,-n)*
Presslufthammer Presslofthummer*(m,-en)*
Prestigeverlust Prestigeverloscht*(m,-er)*
Prettingen Pretten*(p)*
Preuße Preiss*(m,Preisen)*
Prima (Abschlussklasse des Gymnasiums) Première*(f,-n)*
Primaballerina Primaballerina*(f,-en)*
primär primär*(adj)*
Primel Primmel*(f,-en)*
primitiv primitiv*(adj)*
Prinz Prënz*(m,-en)*
Prinzessin Prinzessin*(f,-nen)*
Prinzip Prinzip*(m,-ien)*
prinzipiell prinzipiell*(adj)*
Priorität Prioritéit*(f,-en)*
Priorität, pastorale - Pastoralprioritéit*(f,-en)*
Prise Péitchen*(f,Péitercher)*
Prise Pouz*(f,-en)*
Prise Schnupftabak Schnauf*(f,Schnauwen)*
Prisma Prisma*(n,-en)*
Privatadresse Privatadress*(f,-en)*
Privatangelegenheit Privatugeleeënheet*(f,-en)*
Privatdetektiv Privatdetektiv*(m,-en)*
Privatdozent Privatdozent*(m,-en)*
Privatgespräch Privatgespréich*(n,-er)*
Privatinitiative Privatinitiativ*(f,-en)*
privatisieren privatiséieren*(v)*
Privatisierung Privatiséierung*(f,-en)*
Privatorganisation Privatorganisatioun*(f,-en)*
Privatperson Privatpersoun*(f,-en)*
Privatschule Privatschoul*(f,-en)*
Privatunternehmen Privatbetrib*(m,-er)*
Privileg Privileg*(m,-en)*
Privilegierter Priviligéierten*(m,Privilegéiert)*
Probe Prouf*(f,Prouwen)*

Probe (Muster) Echantillon *(m,-en)*
proben aprouwen *(v)*
proben prouwen *(v)*
Proben (Theater) Prouwen *(npl)*
Probezeit Stage *(m,-n)*
probieren ausprobéieren *(v)*
probieren versichen *(v)*
Problem Problem *(m,-er)*
Problem, aktuelles - Problem, aktuelle - *(exp)*
problematisch problematesch *(adj)*
problemlos Gedeessems, ouni - *(exp)*
prodeutsch verpreisst *(pej)(adj)*
Produkt Produit *(n,-en)*
Produkt Produkt *(n,-er)*
Produktion Produktioun *(f,-en)*
Produktionskapazität Produktiounskapazitéit *(f,-en)*
Produktivität Produktivitéit *(f,-en)*
Produzent Produzent *(m,-en)*
produzieren produzéieren *(v)*
profan weltlech *(adj)*
Profession Professioun *(f,-en)*
professionalisieren professionaliséieren *(v)*
professionell professionell *(adj)*
Professor Professer *(m,-en)*
Professorin Professesch *(f,-en)*
profilieren profiléieren *(v)*
Profispieler Profispiller *(m,--)*
Profit Benefice *(m,-r)*
profitieren profitéieren *(v)*
Prognose Previsioun *(f,-en)*
Prognose Prognos *(f,-en)*
prognostizieren pronostikéieren *(v)*
Programm Programm *(m,-er)*
Programmgestaltung Programmatioun *(f,-en)*
programmieren programméieren *(v)*
Programmierer Programmeur *(m,-en)*
Programmiersprache Programméiersprooch *(f,-en)*
Programmierung Programmatioun *(f,-en)*
Projekt Projekt *(m,-er)*
Projekt Projet *(m,-en)*
Projektierung Projektioun *(f,-en)*
Projektil Projektil *(n,-er)*
Projektion Projektioun *(f,-en)*
Projektor Projekter *(m,-en)*
projizieren projezéieren *(v)*
projizieren projizéieren *(v)*
Proletariat Proletariat *(n,~)*
proletarisch proletaresch *(adj)*
Promille Promill *(m,~)*
prominent prominent *(adj)*
Prominenz Prominenz *(f,~)*

promovieren promovéieren *(v)*
prompt prompt *(adj)*
Pronomen Pronom *(m,-en)*
Propaganda Propaganda *(f,~)*
Prophet Prophéit *(f,-en)*
prophezeien profezeien *(v)*
Prosa Prosa *(f,~)*
Prosit Prost *(m,~)*
Prospekt Prospekt *(m,-en)*
Prost prost *(exp)*
Prostituierte Prostituéiert *(f,-er)*
Prostituierte Prostituéiert *(npl)*
Prostitution Prostitutioun *(f,-en)*
Protagonist Protagonist *(m,-en)*
protegieren patronéieren *(v)*
Protektionismus Protektionissem *(m,~)*
Protest Protest *(m,-er)*
Protestaktion Protestaktioun *(f,-en)*
Protestant Protestant *(m,-en)*
Protestbewegung Protestbewegung *(f,-en)*
protestieren protestéieren *(v)*
Protokoll aufnehmen Protekoll maachen *(exp)*
Prototyp Prototyp *(m,-en)*
Proviant Proviant *(m,~)*
Provinz Provinz *(f,-en)*
Provision Provisioun *(f,-en)*
Provokation Provokatioun *(f,-en)*
provozieren provozéieren *(v)*
Provozierung Provokatioun *(f,-en)*
Prozedur Prozedur *(f,-en)*
Prozent Prozent *(m,-er)*
Prozentsatz Prozentsaz *(m,-sätz)*
prozentual prozentual *(adj)*
Prozess Prozess *(m,-er)*
prozessieren prozesséieren *(v)*
Prozession Prossessioun *(f,-en)*
Prozession Prëssessioun *(f,-en)*
Prozesskosten Prozesskäschten *(npl)*
Prozessor Prozessor *(m,-en)*
prüfen checken *(v)*
prüfen examinéieren *(v)*
prüfen préiwen *(v)*
prüfen prouwen *(v)*
Prüfung Examen *(m,--)*
Prüfung Prüfung *(f,-en)*
Prüfung, eine - ablegen Examen, en - maachen *(exp)*
Prüfungskommission Examenskommissioun *(f,-en)*
Prügel Streech *(npl)*
prügeln zerschloen *(v)*
prügeln, sich - zerbrigelen, sech - *(v)*
prügeln, sich - zerklappen, sech - *(v)*

Psalm Psalm *(m,-en)*
Pseudonym Kënschtlernumm *(m,-nimm)*
Pseudonym Pseudonym *(m,-er)*
Psychiater Psychiater *(m,-en)*
Psychiatrie Psychiatrie *(f,-n)*
psychisch psychesch *(adj)*
Psychoanalyse Psychoanalys *(f,-en)*
psychoanalysieren psychanalyséieren *(v)*
Psychologe Psycholog *(m,-en)*
psychologisch psychologesch *(adj)*
Psychoterror Psychoterror *(m,~)*
Psychotherapie Psychotherapie *(f,-n)*
Pubertät Pubertéit *(f,~)*
Publicity Publicity *(f,~)*
Publicity Publizitéit *(f,-en)*
Publikum Publikum *(n,~)*
publizieren publizéieren *(v)*
Publizist Publizist *(m,-en)*
Pudel Puddel *(m,-en)*
Pudel Puddelhond *(m,-hënn)*
Puder Pudder *(m,~)*
Puderdose Pudderdous *(f,-en)*
pudern pudderen *(v)*
Puderzucker Pudderzocker *(m,~)*
pullern strunzen *(v)*
Pullover Plower *(m,-er)*
Pullover Pullover *(m,-en)*
Puls Bols *(m,~)*
pulsieren pulséieren *(v)*
Pult Pult *(n,-en)*
Pulver Polver *(m,~)*
Pulverschnee Polverschnéi *(m,~)*
pummelig mockeleg *(adj)*
Pumpe Pompel *(f,-en)*
pumpen pompelen *(v)*
pumpen (Geld) puffen *(v)*
Pumps Tallekeschong *(m,--)*
Pumps Talleksschong *(m,--)*
Pumps Tallekeschung *(m,--)*
Pumps Talleksschung *(m,--)*
Punk Punker *(m,-en)*
Punkt Punkt *(m,-en)*
Punkt, wunder - Ponkt, wonne - *(exp)*
punktgleich punktgläich *(adj)*
punktieren (Skulptur) sabléieren *(v)*
pünktlich pénkterlech *(adj)*
pünktlich pénktlech *(adj)*
Pünktlichkeit Pénktlechkeet *(f,~)*
Püppchen Pëppchen *(f,Pëppercher)*
Puppe Popp *(f,-en)*
Puppenhaus Poppenhaus *(n,-haiser)*
Puppenstube Poppenhaus *(n,-haiser)*
pur pur *(adj)*

Püree Purée*(m,~)*
Purzelbaum Kopplabunz*(m,-en)*
purzeln bonzelen*(v)*
Pute Schnuddelhong*(n,-hénger)*
Putsch Putsch*(m,-en)*
Putscheid Pëtschent*(p)*
Putschist Putschist*(m,-en)*
Putz Botz*(m,~)*
Putz Verbotz*(m,~)*
Putzaktion Botzaktioun*(f,-en)*
Putzen Botz*(f,-en)*
putzen botzen*(v)*
putzen schaueren*(v)*
putzen (Gemüse) feeën*(v)*
putzen (Schuhe) wichsen*(v)*
Putzerei Botzerei*(f,-en)*
Putzfrau Botzfra*(f,-en)*
Putzmittel Botzmëttel*(n,-en)*
Pyjama Pijama*(m,-en)*
Pyjama Pyjama*(m,-en)*
Pyjamahemd Pyjamaspaltong*(m,-en)*
Pyjamahose Pyjamasbox*(f,-en)*
Pyramide Pyramid*(f,-en)*
Python Python*(f,-en)*

Q

quacksalbern oppléischteren*(v)*
Quadrat Quadrat*(m,-er/-en)*
Quadratkilometer Quadratkilometer*(m,--)*
Quadratmeter Quadratmeter*(m,--)*
quadratmeterweise metercarréweis*(adv)*
quaken quaken*(v)*
quaken quaksen*(v)*
Qual Qual*(f,-en)*
quälen dirängelen*(v)*
quälen kujenéieren*(v)*
quälen péngechen*(v)*
quälen péngegen*(v)*
quälen pisaken*(v)*
quälen ploen*(v)*
quälen quälen*(v)*
quälen torturéieren*(v)*
Quälerei Gedirängels*(n,~)*
Quälerei Quälerei*(f,-en)*
Qualifikation Qualifikatioun*(f,-en)*
qualifizieren qualifizéieren*(v)*
Qualifizierung Qualifikatioun*(f,-en)*
Qualität Qualitéit*(f,-en)*
qualitativ qualitativ*(adj)*
Qualm Gallem*(m,~)*
qualmen wallemzen*(v)*
qualmen (stickig riechen) gallemen*(*
qualmen (stickig riechen) gallemzen*(*
Quäntchen Quentchen*(n,Quentercher)*
Quantität Quantitéit*(f,-en)*
Quantum Quantum*(m,-en)*
Quark Kéis, wäisse -*(exp)*
Quark Stoffi*(m,~)*
Quartett Quartett*(m/n,-er)*
quasseln quaselen*(v)*
quasseln tozen*(v)*
Quatsch Quatsch*(m,~)*
Quatsch, völliger - sein Kabes sinn*(exp)*
quatschen braddelen*(v)*
quatschen poteren*(v)*
quatschen quatschen*(v)*
quatschen tozen*(v)*
Quelle Quell*(f,-en)*
quellen quellen*(v)*
quer schacks*(adv)*
quer schif*(adv)*
querköpfig belsch*(adj)*
querliegend queesch*(adv)*
querliegend quiesch*(adv)*
Querulant Querulant*(m,-en)*
quetschen quëtschen*(v)*
Quetschung Quetschung*(f,-en)*
quieken quiiksen*(v)*
quieken quiitschen*(v)*
quietschen jiipsen*(v)*
Quietschen Quiitschen*(n,~)*
quietschen quiitschen*(v)*
Quintessenz Quintessenz*(f,-en)*
quitt kitt*(adj)*
Quittengelee Quiddegebeess*(n,~)*
Quittung Quittung*(f,-en)*
Quiz Quiz*(m,-en)*
Quizmaster Quizmaster*(m,-en)*
Quotenregelung Quoteregelung*(f,-en)*
Quotient Quotient*(m,-en)*
quotieren kotéieren*(v)*
quotieren quotéieren*(v)*

R

Rabatt Rabatt*(m,-er)*
Rabatt Remise*(f,-n)*
Rabbiner Rabbiner*(m,--)*
Rabe Kueb*(m,-en)*
rächen, sich - rächen, sech -*(v)*
Raclette Raclette*(f,-n)*
Rad Rad*(n,Rieder)*
Rad fahren Vëlo fueren*(exp)*
Radakrobat Vëlosartist*(m,-en)*
Radar Radar*(m,-en)*
Radarkontrolle Radarskontroll*(f,-en)*
Radau Radau*(m,~)*
rädern riederen*(v)*
Radfahrer Cyclist*(m,-en)*
Radfahrer Vëlosfuerer*(m,--)*
radieren gomméieren*(v)*
radieren radéieren*(v)*
Radierung Radéierung*(f,-en)*
Radieschen Réidchen*(m,Réidercher)*
Radieschen Réidercher*(npl)*
radikal radikal*(adj)*
radikalisieren radikaliséieren*(v)*
Radikalismus Radikalismus*(m,~)*
Radio Radio*(m,-en)*
Radioaktivität Radioaktivitéit*(f,~)*
Radiokommunikation Radiokommunikatioun*(f,~)*
Radioreporter Radiosreporter*(m,--)*
Radiosender Radiosstatioun*(f,-en)*
Radiosender Radiostatioun*(f,-en)*
Radiosendung Radiosemissioun*(f,-en)*
Radiowecker Radioswecker*(m,-en)*
Radiowerbung Radiospublicitéit*(f,~)*
Radler Panaché*(m,-en)*
Radrennen Vëloscourse*(f,-courssen)*
Radrennfahrer Vëloscoureur*(m,-en)*
Radspeiche Speech*(f,-en)*
Radsport Cyclissem*(m,~)*
Radsport Vëlossport*(m,~)*
raffen, etwas an sich - rafléieren*(v)*
Raffinerie Raffinerie*(f,-n)*
raffinieren raffinéieren*(v)*
raffiniert raffinéiert*(adj)*
Ragout Ragoût*(m,-en)*
Rahm Rahm*(f/m,~)*
Rahm Ram*(f/m,~)*
Rahm Schmant*(m,~)*
Rahmen Kader*(m,-en)*
Rahmen Rumm*(f,-en)*
Rakete Rakéit*(f,-en)*
Rallyefahrer Rallyefuerer*(m,--)*
Rambrouch Rammerech*(p)*
Rameldange Rammeldang*(p)*
Rampe Ramp*(f,-en)*
Rand Bord*(m,-en)*
Rand Rand*(m,Ränner)*
randalieren randaléieren*(v)*
Randbemerkung Randbemierkung*(f,-en)*
Randfigur Randfigur*(f,-en)*
Randgruppe Randgrupp*(f,-en)*
Randstreifen Summerwee*(m,-ër)*
Rang Rang*(m,Räng)*
Rangfolge Ranking*(m,-en)*

Rangliste	Tabell*(f,-en)*
Rangordnung	Ranguerdnung*(f,-en)*
rankommen	drukommen*(v)*
ranzig	ranzeg*(adj)*
ranzig schmecken	greezen*(v)*
rappelvoll	strubbelvoll*(adj)*
Raps	Raps*(m,~)*
Rarität	Raretéit*(f,-en)*
Rarität	Raritéit*(f,-en)*
rascheln	raschelen*(v)*
rasen	jauwen*(v)*
Rasen	Wues*(m,~)*
Rasenfläche	Wues*(m,~)*
Rasenmäher	Méimaschinn*(f,-en)*
Rasierapparat	Baartapparat*(m,-er)*
Rasierapparat	Raséierapparat*(m,-er)*
rasieren	raséieren*(v)*
rasieren, sich -	Baart, de - maachen*(exp)*
Rasierklinge	Gilette*(f,-n)*
Rasiermesser	Baartmesser*(m,-en)*
Rasierpinsel	Baartbiischt*(f,-en)*
Rasierschaum	Raséierschaum*(m,~)*
Rasierseife	Baartseef*(f,-en)*
Rasierseife	Raséierseef*(f,-en)*
Raspel	Raaspel*(f,-en)*
Raspel	Rapp*(f,-en)*
raspeln	raaspelen*(v)*
raspeln	rappen*(v)*
raspeln	raspelen*(v)*
Rasse	Rass*(f,-en)*
Rassel	Rësel*(f,-en)*
Rasseln	Gerabbels*(n,~)*
Rassendiskriminierung	Rassendiskriminéierung*(f,-en)*
Rassentrennung	Rassentrennung*(f,-en)*
Rassenunruhen	Rassenonrouen*(npl)*
rassig	rasseg*(adj)*
Rassismus	Rassissem*(m,~)*
rassistisch	rassistesch*(adj)*
Rasur	Rasur*(f,-en)*
Rat	Rot*(m,Réit)*
raten	roden*(v)*
Rathaus	Gemeng*(f,-en)*
Rathaus	Märei*(f,-en)*
ratifizieren	ratifizéieren*(v)*
Ratifizierung	Ratifikatioun*(f,-en)*
Ration	Ratioun*(f,-en)*
rationalisieren	rationaliséieren*(v)*
rationieren	rationéieren*(v)*
Rätsel	Rätsel*(n,-en)*
rätselhaft	rätselhaft*(adj)*
rätseln	rätselen*(v)*
Ratte	Rat*(f/m,-en)*
Rattengift	Rategëft*(n,~)*
rau	krazeg*(adj)*
rau	raddereg*(adj)*
rau	rau*(adj)*
rau	schaddereg*(adj)*
rau (Oberfläche)	geraddereg*(adj)*
Räuber	Raiber*(m,--)*
räubern	raiberen*(v)*
Rauch	Damp*(m,~)*
Rauch (in der Räucherkammer)	Reez*(m,~)*
Rauch, nach - schmecken	reezen*(v)*
rauchen	fëmmen*(v)*
rauchen	flutschen*(ugs)(v)*
Rauchen	Gefëmms*(n,~)*
Rauchen	Raachen*(n,~)*
rauchen	raachen*(v)*
rauchen	reezen*(scherzh)(v)*
Raucher	Fëmmert*(m,-en)*
Raucher	Raachert*(m,-en)*
Räucherkammer	Reezhaischen*(n,-haisercher)*
räuchern	reecheren*(v)*
räuchern (Fleisch)	reezen*(v)*
Rauchfang	Haascht*(f,-en)*
Rauchfang	Schaaschtech*(m,-er)*
Rauchschwalbe	Stallschmuewel*(f,-en)*
Raufasertapete	Rauhfasertapéit*(f,-en)*
Raufbold	Kläpper*(m,--)*
Raufe	Raf*(f,-en)*
Raufe	Raf*(m,-en)*
Raum	Raum*(m,Raim)*
Raum über der Tenne (Scheune)	Genn*(f,-en)*
Raumforschung	Raumfuerschung*(f,~)*
Raumkapsel	Raumkapsel*(f,-en)*
Räumlichkeit	Raimlechkeet*(f,-en)*
Raumschiff	Raumschëff*(n,-er)*
Raupe	Raup*(f,-en)*
Raupe	Raup*(m,-en)*
Raureif	Bromä*(m,~)*
Raureif	Bromee*(m,~)*
Raureif	Räif*(m,~)*
rauschen	dauschen*(v)*
Rauschgift	Rauschgëft*(n,-er)*
Rauschgifthandel	Rauschgëfthandel*(m,~)*
Rauschgiftsüchtiger	Drogéierten*(m,Drogéiert)*
rausschmeißen	rausklaken*(v)*
Raute	Losange*(m,-en)*
Raute	Raut*(f,-en)*
Ravioli	Ravioli*(f,-en)*
Razzia	Razzia*(f,-en)*
Reagenzglas	Reagenzglas*(n,-glieser)*
reagieren	reagéieren*(v)*
Reaktion	Reaktioun*(f,-en)*
Reaktionsvermögen	Reaktiounsverméigen*(n,~)*
reaktivieren	reaktivéieren*(v)*
Reaktor	Reakter*(m,-en)*
reaktualisieren	reaktualiséieren*(v)*
real	wierklech*(adj)*
Realeinkommen	reaalt Akommes*(exp)*
realisieren	realiséieren*(v)*
realistisch	realistesch*(adj)*
Realität	Realitéit*(f,-en)*
Realität	Wierklechkeet*(f,-en)*
Rebe	Drauwestack*(m,-stäck)*
Rebe	Rief*(f,Riewen)*
rebellieren	rebelléieren*(v)*
Rebellion	Rebellioun*(f,-en)*
rebellisch	rebellesch*(adj)*
Rebhuhn	Feldhong*(m,-hénger)*
Rechen	Reech*(m,-er)*
rechen	reechen*(v)*
rechen	schären*(v)*
Rechenaufgabe	Rechenaufgab*(f,-en)*
Rechenzentrum	Rechenzentrum*(m,-[m]en)*
Recherche	Recherche*(f,-n)*
recherchieren	recherchéieren*(v)*
Rechnen	Rechnen*(n,~)*
rechnen	rechnen*(v)*
Rechnung	Facture*(f,-n)*
Rechnung	Kalkulatioun*(f,-en)*
Rechnung	Rechnung*(f,-en)*
Rechnung, auf eigene -	Kont, op eegene -*(exp)*
Rechnungsjahr	Rechnungsjoer*(n,-en)*
Rechnungsjahr	Rechnungsjor*(n,-en)*
Rechnungsjahr	Wiertschaftsjoer*(n,-en)*
Recht	Droit*(m,~)*
Recht	Recht*(n,~)*
Recht haben	Recht hunn*(exp)*
Rechteck	Rechteck*(m,-er)*
rechteckig	rechteckeg*(adj)*
rechtfertigen	justifiéieren*(v)*
rechtfertigen	rechtfäerdegen*(v)*
rechtmäßig	rechtméisseg*(adj)*
Rechtmäßigkeit	Legitimitéit*(f,-en)*
rechts	rechts*(adv)*
rechts	riets*(adv)*
Rechtsabteilung	Contentieux*(m,-en)*
Rechtsanspruch	Rechtsusproch*(m,-spréch)*
Rechtschreibung	Orthographie*(f,~)*
Rechtschreibung	Schreifweis*(f,-en)*
Rechtshänder	Rietshänner*(m,--)*
Rechtskurve	Rietskéier*(f,-en)*
Rechtsprechung	Juridictioun*(f,-en)*
Rechtsprechung	Juridiktioun*(f,-en)*
Rechtssicherheit	Rechtssécherheet*(f,~)*
rechtzeitig	mat Zäit*(exp)*
rechtzeitig	matzäiten*(adv)*

rechtzeitig zerzäit*(adv)*
Reck Reck*(m,-en)*
Reckange Recken*(p)*
Reckange-sur-Mess Reckeng op der Mess*(p)*
Reckenthal Reckendall*(p)*
Recyclingpapier Recyclingspabeier*(n,~)*
Redakteur Redakter*(m,-en)*
Redaktion Redaktioun*(f,-en)*
Redange-sur-Attert Réiden-Atert*(p)*
Rede Ried*(f,-en)*
Rede halten rieden*(v)*
reden rieden*(v)*
reden schwätzen*(v)*
reden, Klartext - verdäitschen*(v)*
Redewendung Riedensaart*(f,-en)*
redlich éierbar*(adj)*
Redner Riedner*(m,--)*
reduzieren reduzéieren*(v)*
Reduzierung Reductioun*(f,-en)*
Reduzierung Reduktioun*(f,-en)*
reell reell*(adj)*
Refektorium Refectoire*(m,-n)*
Referat Referat*(n,-er)*
Referendum Referendum*(m,-en)*
Referenz Referenz*(f,-en)*
referieren referéieren*(v)*
reflektieren reflektéieren*(v)*
Reform Reform*(f,-en)*
Reform der Gehaltsstruktur Gehälterrevisioun*(f,-en)*
Reformdebatte Reformsdiskussioun*(f,-en)*
reformieren reforméieren*(v)*
Refrain Refrain*(m,-en)*
Regatta Regatta*(f,-en)*
Regel Regel*(f,-en)*
regelmäßig regelméisseg*(adj)*
regelmäßig réigelméisseg*(adj)*
Regelmäßigkeit Regelméissegkeet*(f,-en)*
regeln reegelen*(v)*
regeln regelen*(v)*
regeln regléieren*(v)*
Regelung Reglementatioun*(f,-en)*
Regelung Regulatioun*(f,-en)*
Regelwerk Regelwierk*(n,-er)*
regelwidrig regelwiddereg*(adj)*
Regen Reen*(m,~)*
Regenbogen Reebou*(m,-béi)*
regenerieren regeneréieren*(v)*
Regenguss Strapp Reen*(exp)*
Regenmantel Reemantel*(m,-mäntel)*
Regenmantel Trenchcoat*(m,-en)*
Regenmantel, wasserdichter - Impermeabel*(m,Impermeablen)*
Regenschauer Schauer*(f,-en)*
Regenschauer Schluet*(m,Schliet)*
Regenschirm Prabbeli*(m,-en)*
Regenschirm Präbbeli*(m,-en)*
Regenschirm Präbbli*(m,-en)*
Regenseite Reesäit*(f,-en)*
Regenseite Reeschlag*(m,~)*
Regentropfen Reendréps*(f,-en)*
Regenwasser Reewaasser*(n,~)*
Regenwind Reewand*(m,~)*
Regenwurm Reewuerm*(m,-wierm)*
Regieanweisung Regieuweisung*(f,-en)*
regieren gouvernéieren*(v)*
regieren regéieren*(v)*
Regierung Gouvernement*(m,-er)*
Regierung Regierung*(f,-en)*
Regierungserklärung Regierungsdeklaratioun*(f,-en)*
Regierungserklärung Regierungserklärung*(f,-en)*
Regierungsform Regierungsform*(f,-en)*
Regierungskoalition Regierungskoalitioun*(f,-en)*
Regierungskrise Regierungskris*(f,-en)*
Regierungspartei Regierungspartei*(f,-en)*
Regierungsposition Regierungspositioun*(f,-en)*
Regiment Regiment*(n,-er)*
Region Regioun*(f,-en)*
regional regional*(adj)*
regionalisieren regionaliséieren*(v)*
Regionalrat Regionalrot*(f,-réit)*
registrieren fichéieren*(v)*
registrieren registréieren*(v)*
registrieren (beim Katasteramt) kadastréieren*(v)*
Registrierung Immatrikulatioun*(n,-en)*
Registrierung Registréierung*(f,-en)*
reglementieren reglementéieren*(v)*
Reglementierung Reglementatioun*(f,-en)*
regnen reenen*(v)*
regnen (heftig) plätschen*(v)*
regnen, leicht - sabbelen*(v)*
regnerisch reeneg*(adj)*
regnerisch reenereg*(adj)*
regnerisch reenzeg*(adj)*
regnerisch (Wetter) sabbeleg*(adj)*
Regression Regressioun*(f,-en)*
regulär regulär*(adj)*
regularisieren regulariséieren*(v)*
Regularisierung Regularisatioun*(f,-en)*
regulieren reguléieren*(v)*
Regulierung Reguléierung*(f,-en)*
Reh Réi*(n,--)*
Rehabilitation Rehabilitatioun*(f,-en)*
Rehabilitationszentrum Rehazenter*(m,-zentren)*
rehabilitieren rehabilitéieren*(v)*
Reibe Rapp*(f,-en)*
reiben rëffelen*(v)*
reiben reiwen*(v)*
reiben schauteren*(v)*
Reiberei Reiwerei*(f,-en)*
Reibung Friktioun*(f,-en)*
reibungslos reibungslos*(adj)*
reich räich*(adj)*
reichen duergoen*(v)*
reichen (Hand, Arm) reechen*(v)*
reichen, jetzt reicht es duergoen, elo geet et duer*(exp)*
Reicher Räichen*(m,Räich)*
Reichlange Räichel*(p)*
reichlich déck*(adj)*
reichlich déckevoll*(adj)*
reichlich déckevoll*(adv)*
reichlich gräppweis*(adv)*
reichlich largement*(adv)*
reichlich vëllechen*(adv)*
reichlich vëlleg*(adj)*
reicht, es - duer, et geet -*(exp)*
Reichtum Räichtum*(m,-tümer)*
Reif Frascht*(m,~)*
reif zeideg*(adj)*
reifen ausräifen*(v)*
Reifen Pneu*(m,-en)*
reifen räifen*(v)*
Reifen Reef*(m,-er)*
reifen zeideg ginn*(exp)*
reifen zeidegen*(v)*
Reihe Rei*(f,-en)*
Reihe (von Fahrzeugen) Kolonn*(f,-en)*
Reihenfolge Rei*(f,-en)*
Reihenfolge Reiefolleg*(f,-en)*
reihenweise reieweis*(adv)*
Reim Reim*(m,-en)*
Reimberg Rëmmereg*(p)*
reimen reimen*(v)*
rein gelleg*(adj)*
rein ran*(adv)*
rein reng*(adj)*
reinbeißen drabäissen*(v)*
reinbeißen rabäissen*(v)*
reinbohren rabueren*(v)*
reinbringen rabréngen*(v)*
Reinfarbe Faarf, reng -*(exp)*
reingehören drageh éieren*(v)*
reinhängen dranhänken*(v)*
reinhauen (Essen) erafachen*(v)*

reinhauen (essen) eraschloen*(v)*
reinhauen (Essen) rafeieren*(v)*
Reinheit Rengheet*(f,~)*
reinigen rengegen*(v)*
Reinigung (Textil) Botzerei*(f,-en)*
Reinigung, zur - bringen Botz, an d'- droen*(exp)*
Reinkarnation Reinkarnatioun*(f,--)*
reinkommen drakommen*(v)*
reinlegen uschäissen*(ugs)(v)*
reinlegen uschmieren*(v)*
reinpassen drapassen*(v)*
reinpassen (Kleidung) ukréien*(v)*
reinrassig rengrasseg*(adj)*
reinschleudern raschleideren*(v)*
reintun dramaachen*(v)*
Reis Räis*(m,~)*
Reisdorf Reisduerf*(p)*
Reise Rees*(f,-en)*
Reisebegleiter Reesbegleeder*(m,--)*
Reisebüro Agence*(f,-n)*
Reisebüro Reesbüro*(m,-en)*
Reiseführer Guide*(m,-en)*
Reisekatalog Reeskatalog*(m,-en)*
Reisekoffer (großer) Koffer*(m,-en)*
Reisekosten Reeskäschten*(npl)*
Reisemobil Campingcar*(m,-en)*
reisen reesen*(v)*
reisen wanderen*(v)*
Reisepass Pass*(m,Päss)*
Reisepass Reespass*(m,-päss)*
Reiseprospekt Reesprospekt*(m,-en)*
Reisescheck Travellerscheck*(m,-en)*
Reisetasche Reessak*(f,-säck)*
Reisewecker Reeswecker*(m,-en)*
Reiskuchen Räistaart*(f,-en)*
reißen räissen*(v)*
reißen rappen*(v)*
reißen (Seil) wechfueren*(v)*
Reißnagel Pünäs*(f,-en)*
Reißverschluss Tirette*(f,-n)*
Reißzwecke Pünäs*(f,-en)*
reiten reiden*(v)*
Reiter Reider*(m,--)*
Reiterdenkmal Reiterstatu*(f,-en)*
Reiterstandbild Reiterstatu*(f,-en)*
Reitlehrer Reitmeeschter*(m,--)*
Reitpferd Reitpäerd*(n,--)*
Reitsport Reitsport*(m,--)*
reizen reizen*(v)*
reizen tentéieren*(v)*
reizen zecken*(v)*
reizend lackeleg*(adj)*
rekapitulieren rekapituléieren*(v)*
rekonstruieren rekonstruéieren*(v)*
Rekonstruktion Rekonstruktioun*(f,-en)*
Rekord Rekord*(m,-er)*
Rekorder Magnetophon*(m,-en)*
Rekrut Rekrut*(m,-en)*
Rekrut Spund*(n,Spunten)*
rekrutieren recrutéieren*(v)*
rekrutieren rekrutéieren*(v)*
Rektor Recteur*(v)*
Relais Relais*(m,-en)*
relativ relativ*(adj/adv)*
relativieren relativéieren*(v)*
Relativität Relativitéit*(f,-en)*
Relevanz Relevanz*(f,-en)*
Relief Relief*(m,-er)*
Religion Religioun*(f,-en)*
Religion Relioun*(f,-en)*
Religionsunterricht Reliounsunterrecht*(m,--)*
Religionsunterricht Reliounsunterricht*(m,--)*
Religionsunterricht Unterrécht*(m,~)*
religiös reliéis*(adj)*
Remerschen Rëmerschen*(p)*
Remerschen Rëmeschen*(p)*
Remich Réimech*(p)*
Remix Remix*(m,-en)*
rempeln rippen*(v)*
renaturieren renaturéieren*(v)*
Reneklode Réngglott*(f,-en)*
Rennen Course*(f,Courssen)*
rennen rennen*(v)*
rennen wetzen*(v)*
Rennpferd Rennpäerd*(n,--)*
Rennrad Coursevëlo*(m,-en)*
Rennsport Rennsport*(m,~)*
Rennstrecke Circuit*(m,-en)*
Rennstrecke Rennpist*(f,-en)*
Rennstrecke Rennstreck*(f,-en)*
renommiert renoméiert*(adj)*
renommiert renomméiert*(adj)*
renovieren renovéieren*(v)*
renovieren retapéieren*(v)*
Renovierung Renovatioun*(f,-en)*
Renovierung Renovéierung*(f,-en)*
rentabel rentabel*(adj)*
rentabilisieren rentabiliséieren*(v)*
Rentabilität Rentabilitéit*(f,~)*
Rente Pensioun*(f,-en)*
Rente Rent*(f,-en)*
Rentenanpassung Rentenadaptatioun*(f,-en)*
Rentenrevision Pensiounsrevisioun*(f,-en)*
Rentier Renndéier*(n,-en)*
rentieren rentéieren*(v)*
Rentner Pensionär*(m,-en)*
Reorganisation Reorganisatioun*(f,-en)*
reorganisieren reorganiséieren*(v)*
Reparatur Reparatioun*(f,-en)*
Reparatur Reparatur*(f,-en)*
reparieren flécken*(v)*
reparieren flicken*(v)*
reparieren reparéieren*(v)*
Repertoire Repertoire*(m,-n)*
Reportage Reportage*(m,-n)*
Reporter Reporter*(m,-en)*
repräsentativer Charakter Representativitéit*(f,~)*
Repräsentativität Representativitéit*(f,~)*
repressiv repressiv*(adj)*
Reproduktion Reproduktioun*(f,-en)*
reproduzieren reproduzéieren*(v)*
Reptil Reptil*(n,-er)*
Republik Republik*(f,-en)*
Republikaner Republikaner*(m,--)*
republikanisch republikanesch*(adj)*
Requiem Requiem*(m,-en)*
Requisit Requisit*(n,-en)*
Reserve Reserve*(f,-n)*
Reserverad Reserverad*(n,-rieder)*
reservieren reservéieren*(v)*
Reservierung Reservatioun*(f,-en)*
Reservierung Reservéierung*(f,-en)*
Reservist Reservist*(m,-en)*
Residenz Residenz*(f,-en)*
Resignation Resignatioun*(f,-en)*
resignieren resignéieren*(v)*
resigniert resignéiert*(v)*
resistent resistent*(adj)*
Resistenz Resistenz*(f,-en)*
resolut resolut*(adj)*
Resolution Resolutioun*(f,-en)*
Resonanz Resonanz*(f,-en)*
resozialisieren resozialiséieren*(v)*
Respekt Respekt*(m,~)*
respektieren respektéieren*(v)*
respektieren uechten*(v)*
Respektlosigkeit Respektlosegkeet*(f,-en)*
Respektsperson Respektspersoun*(f,-en)*
respektvoll respektvoll*(adj)*
Ressort Ressort*(m,-en)*
Ressource Ressource*(f,-n)*
Rest Batz*(m,Bëtz)*
Rest Rescht*(m,-er)*
Restaurant Restaurant*(m,-en)*
restaurieren restauréieren*(v)*
Reste Gereschters*(n,~)*
Reste, kleine - Gebëtzels*(n,~)*

Retortenbaby Retortebëbee*(n,-ën)*
Retrospektive Retrospektiv*(f,-en)*
retten retten*(v)*
Retter Retter*(m,--)*
Rettung Rettung*(f,-en)*
Rettungsboot Rettungsboot*(n,-er)*
Rettungsdienst Rettungsdéngscht*(m,-er)*
Rettungsgürtel Rettungsrimm*(m,-en)*
Rettungsring Rettungsrank*(m,-réng)*
Rettungsweste Rettungswest*(f,-en)*
retuschieren retouchéieren*(v)*
retuschieren retuschéieren*(v)*
Reue Rei*(f,~)*
Reuland Reiland*(p)*
Reuler Reiler*(p)*
reumütig reimiddeg*(adj)*
revalorisieren revaloriséieren*(v)*
Revalorisierung Revalorisatioun*(f,-en)*
Revanche Revanche*(f,-n)*
revanchieren revanchéieren*(v)*
Revier Revéier*(m,--)*
Revision Revisioun*(f,-en)*
revitalisieren revitaliséieren*(v)*
Revolte Revolt*(f,-en)*
revoltieren revoltéieren*(v)*
Revolution Revolutioun*(f,-en)*
revolutionär revolutionär*(adj)*
revolutionieren revolutionéieren*(v)*
Revolver Revolver*(m,-en)*
Rezension Rezensioun*(f,-en)*
Rezept Rezept*(n,-er)*
Rezession Rezessioun*(f,-en)*
rezitieren opsoen*(v)*
rezitieren recitéieren*(v)*
Rezitieren Rezitatioun*(f,-en)*
rezitieren rezitéieren*(v)*
Rham-Plateau (früher Waisenanstalt) Rumm*(p)*
Rhetorik Rhetorik*(f,-en)*
Rheuma Rheuma*(m,~)*
rheumatisch rheumatesch*(adj)*
Rhinozeros Nashorn*(n,-hörner)*
Rhythmus Rhythmus*(m,-en)*
richten riichten*(v)*
Richter Riichter*(m,--)*
Richterstand Magistratur*(f,~)*
Richtfest begehen Strauss, d'- feieren*(exp)*
richtig, das ist genau - für mich menges, dat ass -*(exp)*
Richtigkeit Richtegkeet*(f,~)*
richtigstellen beriichten*(v)*
Richtkranz (beim fertigen Rohbau) Strauss*(m,~)*

riechen richen*(v)*
riechen riechen*(v)*
riechen, gut - richen, gutt -*(exp)*
riechen, übel - sténken*(v)*
Riegel Reedel*(m,-en)*
Riegel (Schokolade) Räpp*(f,-en)*
Riemen Rimm*(m,-en)*
Riese Ris*(m,-en)*
Riesenerfolg Risenerfolleg*(m,-er)*
Riesenerfolg Risesuccès*(m,-en)*
riesengroß risegrouss*(adj)*
Riesenrad Riserad*(n,-rieder)*
Riesenslalom Riseslalom*(m,~)*
riesig riseg*(adj)*
Riesling Riesling*(m,~)*
Rieslingpastete Réislengspaschtéit*(f,-en)*
Rieslingpastete Rieslingspaschtéit*(f,-en)*
rigoros riguros*(adj)*
Rille Rill*(f,-en)*
Rind Bauz*(m,-en)*
Rind Rand*(n,Ranner)*
Rind Randbéischt*(n,-en)*
Rinderbraten Rëndsbrot*(m,-broden)*
Rinderbrühe Britt*(f,-en)*
Rinderbrühe Rëndsbritt*(f,-en)*
Rinderbrühe Rëndszopp*(f,-en)*
Rinderfett Rëndsfett*(n,~)*
Rinderfilet Rëndsfilet*(m,-en)*
Rindersteak Bifdeck*(m,-er)*
Rindertalg Ënzelt*(m,~)*
Rinderzunge Rëndszong*(f,-en)*
Rindfleisch Randfleesch*(n,~)*
Rindfleisch Rëndfleesch*(n,~)*
Rindfleisch (Bug) Buch*(m,~)*
Rindfleischbrühe Rëndszopp*(f,-en)*
Rindfleischsalat Feierstengszalot*(f,-en)*
Rindschleiden Randschelt*(p)*
Ring Rank*(m,Réng)*
Ring Reef*(m,-er)*
Ring Rénk*(m,Réng)*
Ringe um die Augen Reefer ëm d'Aen*(exp)*
Ringel Réngel*(p)*
ringeln kréngelen*(v)*
ringeln réngelen*(v)*
ringen réngen*(v)*
Ringen Ringen*(n,~)*
ringen, mit dem Tod - agoniséieren*(v)*
Ringfinger Rankfanger*(m,-en)*
Ringlein Réngelchen*(m,Réngelcher)*
rinnen rënnen*(v)*
Rinnstein Kulang*(m,-en)*
Rippe Räpp*(f,-en)*
Rippenstück Entrecôte*(f,-n)*

Rippenstück Räppestéck*(n,-er)*
Rippig Rippeg*(p)*
Rippweiler Rippweiler*(p)*
Risiko Risiko*(m,Risiken)*
Risiko Risk*(m,-en)*
Risikogruppe Risikogrupp*(m,-en)*
riskant riskant*(adj)*
riskieren reskéieren*(v)*
riskieren riskéieren*(v)*
Riss Bascht*(f,-en)*
Riss Rass*(m,Räss)*
Riss Ratz*(m/f,-en)*
Riss Spléck*(f,-en)*
Risse Räss*(npl)*
Rittersporn Spuerblumm*(f,-en)*
Ritual Ritual*(m,-en)*
rituell rituell*(adj)*
ritzen rëtzen*(v)*
rivalisieren rivaliséieren*(v)*
Rivalität Rivalitéit*(f,-en)*
Roboter Roboter*(m,-en)*
robust stabil*(adj)*
Rock Jupe*(f,Juppen)*
rocken rocken*(v)*
Rockmusik Rockmusek*(f,~)*
Rockschoß Läpp*(m,-er)*
Rodange Rodange*(p)*
Rodenbourg Roudemer*(p)*
Roder Rueder*(p)*
Rodershausen Roudersen*(p)*
Roedgen Riedgen*(p)*
Roedt Ried*(p)*
Roeser Réiser*(p)*
Roggen Kar*(n,~)*
Roggen Kuer*(n,~)*
Roggenmehl Karmiel*(n,~)*
roh réi*(adj)*
roh (brutal) rabiat*(adj)*
Rohmaterial Réimaterial*(n,-ien)*
Rohr Rouer*(m,Réier)*
Rohrbruch Rouerbroch*(m,-bréch)*
Rohrstock Rutt*(f,-en)*
Rohrzange Rouerzaang*(f,-en)*
Rohstoff Réistoff*(m,-er)*
Rolle Roll*(f,-en)*
rollen brullen*(v)*
rollen rullen*(v)*
Rollenspiel Rollespill*(n,-er)*
Rollenverteilung Rolleverdeelung*(f,-en)*
Roller Trottinette*(f,-n)*
Rolling Rolleng*(p)*
Rollingen Rollengen*(p)*
Rollingergrund Rollengergronn*(p)*

Rollladen Lued*(f,-en)*
Rollladen Rolllued*(f,-en)*
Rollschuhe Rollschong*(npl)*
Rollschuhe Rollschung*(npl)*
Rollstuhl Rollstull*(m,-still)*
Rollvorhang Store*(m,-n)*
Rom Roum*(p)*
Roman Roman*(m,-er)*
romanisch romanesch*(adj)*
Romanistik Romanistik*(f,~)*
Romanschriftsteller Romanschréftsteller*(m,--)*
romantisch romantesch*(adj)*
Romanze Romanz*(f,-en)*
Rombach-Martelange Rombech-Maarteleng*(p)*
Römer Réimer*(m,--)*
Römerstraße Réimerstrooss*(f,-en)*
Römerweg Kiem*(m,-en)*
römisch réimesch*(adj)*
Röntgenaufnahme Röntgenopnam*(f,-en)*
Röntgenstrahlen Röntgestralen*(npl)*
Roodt Rued*(p)*
Roodt-sur-Syre Rued-Sir*(p)*
Roost Rouscht*(p)*
rosa rosa*(adj)*
rosarot rosarout*(adj)*
Röschen Réischen*(f,Réisercher)*
Rose Rous*(f,-en)*
Rosenkohl Brockelchen*(m,Brockelcher)*
Rosenkohl Broklien*(npl)*
Rosenkranz Rousekranz*(m,-kränz)*
Rosenkranzprozession Rousekranzprëssessioun*(f,-en)*
Rosenstock Rousestack*(m,-stäck)*
Rosenstrauch Rousestack*(m,-stäck)*
Rosenzüchter Rousenziichterei*(f,-en)*
Rosine Roséng*(f,-en)*
Rosmarin Romarin*(m,~)*
Rosport Rouspert*(p)*
Rost Rascht*(m,~)*
rosten raschten*(v)*
rösten réischteren*(v)*
Rostfraß Eisefrësserei*(f,-en)*
rot rout*(adj)*
Rotation Rotatioun*(f,-en)*
Rotauge Routa*(n,-n)*
Rotbuche Buck*(f,-en)*
Röteln Friselen*(npl)*
Röteln Riselen*(npl)*
rotfärben routfierwen*(v)*
rotieren rotéieren*(v)*
Rotkehlchen Routbrëschtchen*(f/n,-brëschtercher)*
Rotkohl Kabes, roude -*(exp)*
rötlich roudelzeg*(adj)*
Rotschwänzchen Routschwänzchen*(m,-schwänzercher)*
Rotz Schnuddel*(f,-en)*
Roulade (Fleisch) Roulade*(f,-n)*
Roulette Roulette*(n,~)*
Roullingen Rulljen*(p)*
Routine Routine*(f,~)*
Routineuntersuchung Routinekontroll*(f,-en)*
Rübe Ribb*(f,-en)*
Rübe Rommel*(f,-en)*
rüberrutschen eriwwerréckelen*(v)*
Rubin Rubin*(m,-en)*
Rückblick Réckbléck*(m,-er)*
Rücken Réck*(m,-er)*
Rückenlehne Réck vum Stull*(exp)*
Rückerstattung Remboursement*(m,-en)*
Rückfall Réckfall*(m,-fäll)*
rückfällig réckfälleg*(adj)*
rückführen rapatriéieren*(v)*
Rückgang Baisse*(f,-n)*
Rückgrat Réckgrat*(n,-er)*
Rückhalt Réckhalt*(m,~)*
Rückhand Réckhand*(f,~)*
Rückkopplung Réckkoppelung*(f,-en)*
Rucksack Rucksak*(m,-säck)*
Rückschritt Regressioun*(f,-en)*
Rücksendung Retour*(m,-en)*
Rücksicht Récksiicht*(f,~)*
Rücksicht Rücksicht*(f,~)*
rücksichtslos rabiat*(adj)*
rücksichtslos Récksiicht, ouni -*(exp)*
rücksichtslos récksiichtslos*(adj)*
Rücksitz Sëtz, hënneschte -*(exp)*
Rückspiegel Réckspigel*(m,-en)*
Rückstrahler Reflekter*(m,-en)*
rückwärts hannerrécks*(adv)*
rückwärts hannertzeg*(adv)*
rückwärts hannerzeg*(adv)*
rückwärts no hannen*(exp)*
rückwärtsfahren hannertzegfueren*(tr)(v)*
rückwärtsfahren hannerzegfueren*(tr)(v)*
rückwärtsgehen hannertzeggoen*(tr)(v)*
rückwärtsgehen hannerzeggoen*(tr)(v)*
rückwirkend réckwierkend*(adj)*
Rückwirkung Retroaktivitéit*(f,-en)*
Ruder Rudder*(n,-en)*
Ruderboot Rudderboot*(n,-er)*
Ruderboot Rudderbot*(n,-er)*
rudern paddelen*(v)*
Rudern Rudderen*(n,~)*
rudern rudderen*(v)*
Ruderstange Rudderstaang*(f,-en)*
Ruf Ruff*(m,Riff)*
rufen ruffen*(v)*
Rufen, wiederholtes - Geriffs*(n,~)*
Rugby Rugby*(m,~)*
Rüge Rappecht*(f,-en)*
Ruhe Rascht*(f,~)*
Ruhe Rou*(f,~)*
ruhen rouen*(v)*
Ruhestand, im - pensionéiert*(adj)*
Ruhetag Roudag*(m,-deeg)*
ruhig roueg*(adj)*
ruhig stëll*(adj)*
ruhig sein roueg sinn*(exp)*
rühren réieren*(v)*
rühren, sich - bougéieren*(v)*
rühren, sich - mucksen*(v)*
rühren, sich - réieren, sech -*(v)*
rühren, sich - wackelen*(v)*
rühren, sich - wibbelen*(v)*
rührig äerdeg*(adj)*
Rührschaufel (Mörtelbereitung) Gâche*(f,-n)*
Ruine Ruin*(f,-en)*
ruinieren ruinéieren*(v)*
rülpsen räpsen*(v)*
rülpsen repsen*(v)*
Rumäne Rumän*(m,-en)*
Rumänin Rumänin*(f,-nen)*
rumänisch rumänesch*(adj)*
Rumelange Rëmeleng*(p)*
rumhantieren scharjeekelen*(v)*
Rumlange Rëmeljen*(p)*
rumnörgeln schnuddelen*(v)*
rumoren ramoueren*(v)*
rumoren rumoueren*(v)*
Rumpelkammer Rompelkummer*(f,-en)*
rümpfen (Nase) réngelen*(v)*
rümpfen (Nase) rompelen*(v)*
rumschlagen rëmschloen*(v)*
rund ronn*(adj)*
rund ronn*(adv)*
runddrehen ronderëmdréien*(v)*
Runde Tour*(m,Tier)*
Runde Tournée*(f,-ën)*
Runde, eine - ausgeben Tournée, eng - ginn*(exp)*
Rundgespräch Diskussiounsronn*(f,-en)*
rundherum ronderëm*(adv)*
Rundreise Rondrees*(f,-en)*
Rundschreiben Circulaire*(m,-n)*
Rundstrecke Tour*(m,Tier)*
Rundtischgespräch Podiumsdiskussioun*(f,-en)*
Rundweg Circuit*(m,-en)*
Rundweg Tour*(m,Tier)*

runterdrehen rofdréinen*(v)*
Runzel Ronschel*(f,-en)*
runzeln fronzen*(v)*
runzeln (Stirn) rompelen*(v)*
runzlig rompeleg*(adj)*
runzlig ronzeleg*(adj)*
runzlig (Gesicht) verkniwwelt*(adj)*
Rüpel Raudi*(m,-en)*
rüpelhaft flantesseg*(adj)*
rupfen plaimen*(v)*
rupfen plëmmen*(v)*
rupfen ruppen*(v)*
Russ Rouscht*(m,~)*
Russe Russ*(m,-en)*
Rüssel Rüssel*(m,-en)*
Russin Russin*(f,-nen)*
russisch russesch*(adj)*
rüsten rüsten*(v)*
rustikal rustikal*(adj)*
Rute Rutt*(f,-en)*
rutsch mir den Buckel runter klibber mech*(exp)*
Rutsche Rutschbahn*(f,-en)*
rutschen glëtschen*(v)*
rutschen rëtschen*(v)*
rutschen rutschen*(v)*
rutschig glëtscheg*(adj)*
rutschig rëtscheg*(adj)*
Rutschpartie Rutsch*(f,~)*
rütteln stuckelen*(v)*

S

Saal Sall*(m,Säll)*
Saattuch Séinduch*(n,-dicher)*
Saattuch Somduch*(n,-dicher)*
Sabber Sabbel*(f,-en)*
sabberig sabbeleg*(adj)*
sabbern gladderen*(v)*
sabbern sabbelen*(v)*
Sabotage Sabotage*(f,-n)*
sabotieren sabotéieren*(v)*
Saccharin Zacharin*(m,~)*
Sache Déngen*(n,--)*
Sache Saach*(f,-en)*
sachlich sachlech*(adj)*
sächlich sächlech*(adj)*
Sachlichkeit Sachlechkeet*(f,-en)*
sacht duuss*(adv)*
sacht duusseg*(adv)*
sachte siddeleg*(adj)*
sachte! lues, maach -*(exp)*
Sachverhalt Geschicht*(f,-en)*
Sack Sak*(m,Säck)*
Sackgasse Gässelchen*(f,Gässelcher)*
Sackgasse Sakgaass*(f,-en)*
Sadismus Sadismus*(m,~)*
säen aséien*(v)*
säen aséinen*(v)*
säen ausséien*(v)*
säen ausséinen*(v)*
säen séien*(v)*
säen séinen*(v)*
Saeul Säll*(p)*
Safe Kofferfort*(m,-en)*
Safe Safe*(m,-n)*
Safran Zafron*(m,~)*
Safran Zafroun*(m,~)*
safrangelb zafronegiel*(adj)*
Saft Jus*(m,-en)*
Saft Saaft*(m,~)*
saftig säfteg*(adj)*
Sage Seechen*(f,--)*
Sage So*(f,-en)*
Säge See*(f,-ën)*
Säge Seemaschinn*(f,-en)*
Sägebock Holzbock*(m,-béck)*
Sägemehl Seemiel*(n,~)*
sagen soen*(v)*
sägen seeën*(v)*
sagen, jm die Meinung - soen, engem wat gelift -*(exp)*
Sägerei Seeërei*(f,-en)*
Sahne Schmant*(m,~)*
Saison Saison*(f,-en)*
Saisonarbeiter Saisonnier*(m,-en)*
Saite Säit*(f,-en)*
Sakko Paltong*(m,-en)*
Sakko Sakko*(m,-en)*
Sakrament Sakrament*(n,-er)*
Sakrileg Zakrileg*(m,-en)*
Sakristei Zakristei*(f,-en)*
säkularisieren säkulariséieren*(v)*
Salamitaktik Salamitaktik*(f,-en)*
Salat Zalot*(f,-en)*
Salat, grüner - Zalot, gréng -*(exp)*
Salatgurke Cornichon*(f,-en)*
Salatkopf Zalotenheed*(m,-er)*
Salatöl Zalotenueleg*(m,-er)*
Salatschleuder Zaloteschleider*(f,-en)*
Salatschüssel Zalotekomp*(m,-këmp)*
Salatschüssel Zaloteschossel*(f,-en)*
Salatschüssel, kleine - Zalättchen*(f,Zalättercher)*
Salatseiher Seibecken*(f,--)*
Salbe Salef*(f,-en)*
Salbe Sallef*(f,-en)*
Salbe Schmier*(n,-en)*
Salbei Zalfei*(m,~)*
salben salben*(v)*
Saldo Saldo*(m,-en)*
Salmonellen Salmonellen*(npl)*
salutieren salutéieren*(v)*
salutieren uschloen*(v)*
Salweide Solweid*(f,-en)*
Salz Salz*(n,~)*
salzen salzen*(v)*
Salzfässchen Salzdëppen*(n,--)*
salzig salzeg*(adj)*
Salzlake Solper*(n,~)*
Salzsäure Salzsaier*(f,-en)*
Salzstreuer Salzdëppchen*(n,-dëppercher)*
Salzwasser Salzwaasser*(n,~)*
Salzwüste Salzwüst*(f,-en)*
Sämaschine Séimaschinn*(f,-en)*
Samba Samba*(f,-en)*
Same Som*(m,~)*
Samenhandel Séimerei*(f,-en)*
Sämereien Geseems*(n,~)*
sammeln sammelen*(v)*
sammeln (Regenwasser) opfänken*(v)*
Sammelsurium Sammelsurium*(n,~)*
Sammler Sammler*(m,--)*
Sammlung Collectioun*(f,-en)*
Sammlung Kollektioun*(f,-en)*
Sammlung Sammlung*(f,-en)*
Sammlung (einsammeln) Sammelactioun*(f,-en)*
Sammlung (einsammeln) Sammelaktioun*(f,-en)*
Samstag Samschdeg*(m,-er)*
Samstag Samschden*(m,Samschdeger)*
samstags samschdes*(adv)*
Samt Samett*(m,~)*
Samt- sametten*(adj)*
samtig sametteg*(adj)*
Sand Sand*(m,~)*
Sand Suebel*(m,~)*
Sandale Sandal*(f,-en)*
Sandburg Sandbuerg*(f,-en)*
sandig suebeleg*(adj)*
Sandkasten Sandkaul*(f,-en)*
Sandkasten Sandkëscht*(f,-en)*
Sandmännchen Sandmännchen*(m,-männercher)*
Sandplatz Sandplaz*(f,-en)*
Sanduhr Sandauer*(f,-en)*
Sandweiler Sandweiler*(p)*
Sandwich Sandwich*(m,-en)*

Sanem Suessem*(p)*
sanft duuss*(adj)*
sanft duusseg*(adv)*
sanft mëll*(adj)*
sanft siddeleg*(adj)*
Sanftheit Duussheet*(f,-en)*
Sänger Sänger*(m,--)*
Sängerin Sängerin*(f,-nen)*
sanieren sanéieren*(v)*
Sanitäter Sanitäter*(m,-en)*
Sankt Nikolaus Nekleeschen*(m,-kleesercher)*
Sankt Nikolaus Nikleeschen*(m,-kleesercher)*
Sankt Nimmerleinstag Mokuchsdag*(m,~)*
Sanktion Sanctioun*(f,-en)*
Sanktion Sanktioun*(f,-en)*
sanktionieren sanktionéieren*(v)*
Saphir Saphir*(m,-en)*
Sardelle Anchois*(f,-en)*
Sardine Sardin*(f,-nen)*
Sardinenbüchse Sardinnebéchs*(f,-en)*
Sarg Doudelued*(f,-en)*
Sarg Lued*(f,-en)*
Sarg, im - liegen Këscht, an der - leien*(pej)(exp)*
Sarkasmus Sarkasmus*(m,Sarkasmen)*
Sassel Saassel*(p)*
Satan Satan*(m,-en)*
Satellit Satellit*(m,-ten)*
Satellitenfernsehen Satelittefernseh*(m,~)*
Satin Satin*(m,~)*
satt sat*(adj)*
Sattel Suedel*(m,-en)*
satteln suedelen*(v)*
sättigen bäihalen*(v)*
sättigen siedegen*(v)*
Satz Saz*(m,Sätz)*
Satz (Schraubenschlüssel) Garnitur*(f,-en)*
Satz (Tennis) Saz*(m,Sätz)*
Satzzeichen Sazzeechen*(n,--)*
Sau Sau*(f,Sai)*
sauber propper*(adj)*
Sauberkeit Proppertéit*(f,~)*
Säuberung Epuratioun*(f,-en)*
Saubohne Gaardeboun*(f,-en)*
Saubohnen Dullessen*(npl)*
Sauce Sauce*(f,-n)*
sauer sauer*(adj)*
Sauer Sauer*(p)*
sauer werden (Milch) ëmgoen*(tr)(v)*
Sauerampfer Sauerampel*(m,~)*
Sauerei Sauerei*(f,-en)*
Sauerkirsche Sauerkiischt*(f,-en)*
Sauerklee Huesebrout*(n,~)*
Sauerklee Huesekléi*(m,~)*
Sauerkraut Choucroute*(f,-n)*
Sauerkraut Sauerkraut*(n,~)*
Sauerkraut Sauermous*(n,~)*
Sauermilch Brach*(n,~)*
säuern saieren*(v)*
Sauerstoff Sauerstoff*(m,~)*
Sauerstoff, mit - behandeln oxygenéieren*(v)*
Sauerstoffflasche Sauerstoffläsch*(f,-en)*
Sauerteig Deessem*(m,~)*
saufen saufen*(v)*
Säufer Saufpanz*(vulg)(f,-pänz)*
Säufer Sëffer*(m,--)*
Säufer Soff*(m,Sëffer)*
Sauferei Sëffecht*(f,-en)*
Saufgelage Sippecht*(f,-en)*
saufrech saufrech*(ugs)(adj)*
saugen saugen*(v)*
saugen suckelen*(v)*
Sauger Ventouse*(f,-n)*
saukalt saukal*(adj)*
saukalt schwäikal*(adj)*
Säule Sail*(f,-en)*
Säule Stäil*(m,-er)*
Saum Sam*(m,Seem)*
saumäßig sauméisseg*(adj)*
säumen saumen*(v)*
Sauna Sauna*(f,-en)*
Säure Saier*(f,-en)*
Saus und Braus, in - Floribus, am -*(exp)*
Saus und Braus, in - Gellecht, an der -*(exp)*
sausen flitzen*(v)*
sausen jausen*(v)*
sausen sausen*(v)*
sausen, etw - lassen luppen, eppes - loossen*(exp)*
Saustall Saustall*(m,-ställ)*
Sauwetter Sauwieder*(n,~)*
Savelborn Suewelbur*(p)*
Saxofon Saxophon*(m,-en)*
Saxophon Saxophon*(m,-en)*
scannen scannen*(v)*
Scanner Scanner*(m,-en)*
schaben racléieren*(v)*
schaben schappen*(v)*
schaben schrappen*(v)*
Schaber Raclette*(f,-n)*
Schabernack Flaut*(f,-en)*
Schabernack Spiichten*(npl)*
Schabernack Witz*(m,-en)*
schäbig rappeg*(adj)*
schäbig ruppeg*(adj)*
schäbig schamper*(adj)*
schäbig schappeg*(adj)*
Schach Schach*(n,~)*
Schachbrett Schachbriet*(n,-brieder)*
schachmatt schachmatt*(adj)*
Schachspiel Schachspill*(n,-er)*
Schachspieler Schachspiller*(m,--)*
Schacht Schacht*(m,Schächt)*
Schachtel Lued*(f,-en)*
Schachtel Schachtel*(f,-en)*
Schachtelhalm Kazeschwanz*(m,~)*
schade schued*(adv)*
Schädel Hirschuel*(f,-en)*
Schaden Schued*(m,Schied)*
schaden schueden*(v)*
Schäden Schied*(npl)*
schädigen schiedegen*(v)*
schädigen (Organ, Gesundheit) erbellen*(v)*
schädlich schiedlech*(adj)*
Schädlinge Ongeziwwer*(n,~)*
Schädlingsbekämpfungsmittel Pestizid*(m,-en)*
Schaf Schof*(n,--)*
Schafbock Schofsbock*(m,-béck)*
Schäfchen Scheefchen*(n,Scheewercher)*
Schäfchen (Kindersprache) Scheewi*(n,-en)*
Schäfer Schéifer*(m,--)*
Schäferhund Schäferhond*(m,-hënn)*
Schäferhund Wollefshond*(m,-hënn)*
schaffen erduerchkréien*(v)*
schaffen packen*(v)*
schaffen schafen*(v)*
schaffen, nicht - packen, eppes net -*(exp)*
schaffen, sich zu - machen boschelen*(v)*
Schaffleisch Schofsfleesch*(n,~)*
Schaffner Kontroller*(m,-en)*
Schaffner (Bus, Zug) Kaartepëtzert*(m,-en)*
Schaffung Creatioun*(f,-en)*
Schafskäse Schofskéis*(m,~)*
schäkern kolen*(v)*
Schal Schal*(m,-en)*
schal (Wein) läpseg*(adj)*
Schale Schiel*(f,-en)*
Schale Schuel*(f,-en)*
schälen schielen*(v)*
schälen, sich - schielen, sech -*(v)*
schalkhaft näischnotzeg*(adj)*
Schalkhaftigkeit Muttwëll*(m,~)*
Schalkhaftigkeit Näischnotzegkeet*(f,-en)*
Schall Schall*(m,~)*
schallen schalen*(v)*
Schallmauer Schallmauer*(f,-en)*
Schallplatte Disk*(m,-en)*
Schallplatte Disque*(m,-n)*

Schälmesser	Knäip*(m,-en)*
Schalotte	Schallott*(f,-en)*
schalten (Gang)	schalten*(v)*
Schalter	Guichet*(m,-en)*
Schalter	Schalter*(m,-en)*
Schalthebel	Schalthiewel*(m,-en)*
Schaltjahr	Schaltjoer*(n,-joren)*
Schaltkreis	Schaltkrees*(m,-er)*
Schaltpult	Schaltpult*(n,-er)*
schämen, sich -	schummen, sech -*(v)*
Schamgefühl	Schimt*(f,~)*
Schamhaftigkeit	Schimt*(f,~)*
schämt euch / schäm dich!	abbee jo!*(exp)*
schämt euch / schäm dich!	abee jo!*(exp)*
Schande	Schan*(f,~)*
Schandel	Schandel*(p)*
schänden	schännen*(v)*
Schandfleck	Schandfleck*(m,-en)*
schändlich	schänterlech*(adj)*
scharf	schaarf*(adj)*
scharf	spatz*(adj)*
scharf (Bild)	schaarf*(adj)*
scharf, eine - Feder	spatz, eng - Fieder*(exp)*
Schärfe	Schäerft*(f,~)*
Schärfe	Schneid*(f,~)*
schärfen	schäerfen*(v)*
Scharfsinn	Perspicacitéit*(f,-en)*
scharfwinklig	schaarf*(adj)*
Scharlach	Scharlach*(m,~)*
Scharnier	Jarnéier*(f,-en)*
scharren	schären*(v)*
schartig	schaardeg*(adj)*
schartig	schaarteg*(adj)*
scharwenzeln	scharwenzelen*(v)*
scharwenzeln	schwänzelen*(v)*
scharwenzeln	schwanzréngelen*(v)*
Schatten	Schiet*(m,--)*
Schatulle	Cassette*(f,-n)*
Schatz	Schatz*(m,Schätz)*
Schatz	Schaz*(m,Schätz)*
schätzen	appreciéieren*(v)*
schätzen	estiméieren*(v)*
schätzen	schätzen*(v)*
Schätzung	Estimatioun*(f,-en)*
Schätzung	Schätzung*(f,-en)*
Schau, zur - stellen	arboréieren*(v)*
Schauder	Schudder*(m,-en)*
Schaudern	Grujelen*(npl)*
schaudern	grujelen*(v)*
schaudern	schudderen*(v)*
schauen	kucken*(v)*
schauen, drüber -	kucken, driwwer -*(exp)*
Schauer	Reeschauer*(f,-en)*
Schaufel	Schëpp*(f,-en)*
schaufeln	schëppen*(v)*
Schaufenster	Fënster*(f,-en)*
Schaufenster	Vitrine*(f,Vitrinnen)*
Schaukel	Klunsch*(f,-en)*
schaukeln	juppelen*(v)*
schaukeln	klunschelen*(v)*
schaukeln	klunschen*(v)*
schaukeln	schaukelen*(v)*
Schaukelpferd	Schaukelpäerd*(n,--)*
Schaukelstuhl	Schaukelstull*(m,-still)*
Schaum	Schaum*(m,~)*
schäumen	schaimen*(v)*
schaumig	schaimeg*(adj)*
Schaumlöffel	Schaumläffel*(m,-en)*
Schaumschläger	Wandbeidel*(m,-en)*
Schaumstoff	Schaumstoff*(m,--)*
Schaumwein	Schaumwäin*(m,-er)*
Schauspieler	Schauspiller*(m,--)*
Schauspieler	Theaterspiller*(n,--)*
Schauspielerin	Schauspillerin*(f,-nen)*
Scheck	Scheck*(m,-en)*
Scheckheft	Scheckbuch*(n,-bicher)*
Scheckheft	Scheckheft*(n,-er)*
scheel	schiel*(adj)*
Scheibe	Disk*(m,-en)*
Scheibe	Disque*(m,-n)*
Scheibe	Scheif*(f,Scheiwen)*
Scheibe	Tranche*(f,-n)*
Scheibe Brot	Kuuscht*(f,-en)*
Scheibe, runde -	Rondel*(m,-en)*
Scheibenwischer	Wischer*(m,-en)*
Scheidel	Scheedel*(p)*
scheiden, sich - lassen	divorcéieren*(v)*
scheiden, sich - lassen	scheeden, sech - loossen*(exp)*
Scheidgen	Scheedgen*(p)*
Scheidung	Scheedung*(f,-en)*
Scheidungsprozess	Scheedungsprozess*(m,-er)*
Schein	Fassong*(f,-en)*
Schein	Schäin*(m,-er)*
scheinen	schéngen*(v)*
scheinen, in etw hinein -	eraschéngen*(v)*
scheinheilig	bigott*(adj)*
scheinheilig	schäinhelleg*(adj)*
Scheinwerfer	Phare*(m,-n)*
Scheinwerfer	Scheinwerfer*(m,--)*
Scheiße	Schäissdreck*(m,~)*
scheißen	kacken*(v)*
scheißen	schäissen*(v)*
Scheit	Scheet*(n,-er)*
Scheitel (Haare)	Scheed*(m,-en)*
Scheitern	Echec*(m,~)*
scheitern	scheiteren*(v)*
Schelm	Schellem*(m,-en)*
schelten	verbotzen*(v)*
schelten	vernennen*(v)*
Schema	Schema*(n,-en)*
schematisieren	schematiséieren*(v)*
Schengen	Schengen*(p)*
Schenkel	Schenkel*(m,-en)*
schenken	schenken*(v)*
Scheppern	Gerabbels*(n,~)*
Scherbe	Schierbel*(f,-en)*
Schere	Schéier*(f,-en)*
scheren (Schaf)	schieren*(v)*
scheren (Schaf)	schueren*(v)*
scheren, sich einen Dreck - (um etw)	foutéieren, sech -*(v)*
Scherz	Spaass*(m,~)*
Scherz	Witz*(m,-en)*
scherzen	gecken*(v)*
scherzen	spaassen*(v)*
scherzhaft	juxeg*(adj)*
scheu	schei*(adj)*
Scheu	Schei*(f,~)*
Scheu	Scheiheet*(f,~)*
scheu	verschotert*(adj)*
scheuen	scheien*(v)*
scheuen, sich -	genéieren, sech -*(v)*
scheuern	schaueren*(v)*
scheuern	schauteren*(v)*
Scheuertuch	Torschong*(m,-en)*
Scheune	Scheier*(f,-en)*
scheußlich	gräisslech*(adj)*
Scheußlichkeit	Gräisslechkeet*(f,-en)*
Schicht	Couche*(f,-n)*
Schicht	Lo*(f,-en)*
Schicht (Arbeit)	Schicht*(f,-en)*
Schicht (Lage)	Schicht*(f,-en)*
Schichtarbeit	Schichtaarbecht*(f,~)*
Schichtwechsel	Schichtwiessel*(m,-en)*
schick	chic*(adj)*
schicken, nach Hause -	heemschécken*(tr)(v)*
schicken, sich nicht -	passen, sech net -*(exp)*
schicklich	schéckerlech*(adj)*
Schicksal	Schicksal*(n,-er)*
Schicksalsschlag	Schicksalsschlag*(m,-schléi)*
Schicksalsschlag	Schlag*(m,Schléi)*
Schiebedach	Schibedaach*(m,-diech)*
schieben	schuppen*(v)*
schieben	schupsen*(v)*
Schiedsrichter	Arbitter*(m,-en)*
Schiedsrichter	Schiidsrichter*(m,-en)*
Schiedsrichter sein	arbitréieren*(v)*

schief queesch*(adj)*
schief quiesch*(adj)*
schief schacks*(adj)*
schief schif*(adj)*
schief wënsch*(adj)*
Schieferdach Leeëndaach*(m,-diech)*
Schieferplatte Lee*(f,-ën)*
schiefgehen feelgoen*(v)*
schieflachen, sich - laachen, sech futti –*(exp)*
schielen balucken*(v)*
schielen barlucken*(v)*
Schienbein Schinnbeen*(n,--)*
Schiene Schinn*(f,-en)*
Schieren Schieren*(p)*
Schießbude Schéissbud*(f,-en)*
Schießen Schéissen*(n,~)*
schießen schéissen*(v)*
schießen, in die Höhe - beemen*(v)*
Schießerei Schéisserei*(f,-en)*
Schießübung Schéissübung*(f,-en)*
Schiff Schëff*(n,-er)*
Schiffer Schëffsmann*(m,-männer)*
Schifffahrt Schëffahrt*(f,-en)*
Schifflange Schëffleng*(p)*
Schiffsverkehr Schëffsverkéier*(m,~)*
schikanieren schikanéieren*(v)*
Schikoree-Salat Schigriszalot*(f,-en)*
Schilauf, alpine - Schi, alpin -*(exp)*
Schilauf, alpine - Ski, alpin -*(exp)*
Schild Schëld*(n,Schëlter)*
Schilddrüse Schilddrüs*(f,-en)*
Schildkröte Deckelsmouk*(f,-en)*
Schildkröte Schildkröt*(f,-en)*
Schilfrohr Lësch*(f,-en)*
Schilfrohr Lëtsch*(f,-en)*
schilpen schipsen*(v)*
Schiltzberg Schiltzbierg*(p)*
Schimmel Schimmel*(m,~)*
Schimmel (Pferd) Schëmmel*(m,~)*
schimmelig schimmeleg*(adj)*
schimmeln schimmelen*(v)*
schimmeln stécksen*(v)*
Schimmelpilz Schimmelpilz*(m,-er)*
Schimpach Schëmpech*(p)*
schimpfen wiederen*(v)*
schinden schënnen*(v)*
schinden schënnen*(v)*
Schinderei Schënnerei*(f,-en)*
Schinken Ham*(f,-en)*
Schinkenbrot Hameschmier*(f,-en)*
Schinkenspeck Hamespeck*(m,~)*
Schirm Schierm*(m,-er)*
Schirmständer Präbblisstänner*(m,-en)*
schizophren schizophren*(adj)*
Schlacht Schluecht*(f,-en)*
schlachten schluechten*(v)*
Schlachtfeld Schluechtfeld*(n,-er)*
Schlachthaus Schluechthaus*(n,-haiser)*
Schlachthof Schluechthaus*(n,-haiser)*
Schlachtmesser Schluechtmesser*(n,-en)*
Schlackenhalde Schlakentipp*(m,-en)*
Schlaf Schlof*(f,~)*
Schlaf nachholen noschlofen*(v)*
Schlafanzug Pijama*(m,-en)*
Schläfchen Näip*(f,-en)*
Schläfchen Tëmpchen*(m,~)*
schlafen schlofen*(v)*
schlafen gehen schlofen, - goen*(exp)*
Schläfer Schléifer*(m,--)*
Schläferin Schléiferin*(f,-nen)*
schlaff flatscheg*(adj)*
schlaff labber*(adj)*
Schlafgelegenheit Schlofgeleeënheet*(f,-en)*
Schlaflied Schloflidd*(n,-er)*
schlaflos Schlof, ouni*(exp)*
Schlafmittel Schlofmëttel*(n,-en)*
schläfrig schléifreg*(adj)*
Schlafsack Schlofsak*(m,-säck)*
schlaftrunken schléifreg*(adj)*
Schlafwagen Schlofwon*(m,-ween)*
Schlafwagenplatz Couchette*(f,-n)*
Schlafzimmer Kummer*(f,-en)*
Schlafzimmer Schlofkummer*(f,-en)*
Schlafzimmer Schlofzëmmer*(n,-en)*
Schlag Stouss*(m,Stéiss)*
Schlag, einen - Sahne Flapp, e - Schlagsan*(exp)*
Schlaganfall Schlag*(m,Schléi)*
schlagen beetschen*(v)*
schlagen dicksen*(v)*
schlagen fachen*(v)*
schlagen flaatschen*(v)*
schlagen flätschen*(v)*
schlagen haen*(v)*
schlagen hoen*(v)*
schlagen klappen*(v)*
schlagen nécken*(v)*
schlagen schloen*(v)*
schlagen (auf den Kopf) dunnen*(v)*
schlagen (Kindersprache) batschen*(v)*
schlagen (Uhr) schloen*(v)*
schlagen, in zwei Teile - duerchschloen*(tr)(v)*
schlagen, sich - zerschloen, sech -*(v)*
Schlager Schlager*(m,-en)*
Schläger Kläpper*(m,--)*
Schläger (Sport) Rackett*(f,-en)*
Schlägerei Kläpperei*(f,-en)*
Schlagholz Blëll*(m,--)*
Schlagholz Kläpper*(m,--)*
Schlagring Doutschléier*(m,--)*
Schlagsahne Klappschmant*(m,~)*
Schlagsahne Schlagsahn*(f,~)*
Schlagzeile Schlagzeil*(f,-en)*
Schlagzeug Perkussioun*(f,-en)*
Schlamassel Schlamassel*(m,-en)*
Schlamm Brulli*(m,~)*
Schlamm Bulli*(m,~)*
Schlamm Schlamm*(m,~)*
schlammig (Weg) knätscheg*(adj)*
Schlampe Schlupp*(f,-en)*
Schlamperei Schlamperei*(f,-en)*
Schlange Schlaang*(f,-en)*
Schlange stehen Schlaang, an der - stoen*(v)*
schlängeln schlängelen*(v)*
schlängeln wänzelen*(v)*
schlängeln wenzelen*(v)*
schlank schlank*(adj)*
schlank schmank*(adj)*
schlapp flemmseg*(adj)*
schlau clever*(adj)*
schlau raffinéiert*(adj)*
schlau schlau*(adj)*
Schlauch Schlauch*(m,Schläich)*
Schlauchboot Schlauchboot*(n,-er)*
Schläue Lousheet*(f,~)*
schlecht infekt*(adj)*
schlecht krott*(adj)*
schlecht schlecht*(adj)*
schlecht erzogen schlecht gezillt*(exp)*
schlecht gelaunt krazeg*(adj)*
schlecht gelaunt schoupeg*(adj)*
Schlechte Schlecht*(n,~)*
schlechtgelaunt gelaunt, schlecht -*(exp)*
schlechtgelaunt sein queesch sinn*(exp)*
Schlechtheit Schlechtegkeet*(f,~)*
Schlegel Hämmchen*(f,Hämmercher)*
Schlehe Schléif*(f,Schléiwen)*
Schlehendestillat Schléiwendrëpp*(f,-en)*
Schlehenhecke Schléiwenheck*(f,-en)*
schleichen schläichen*(v)*
schleichen schlaufen*(v)*
schleichen schoteren*(v)*
Schleie Schlei*(f,-en)*
Schleier Schleier*(m,-en)*
Schleif Schleef*(p)*
Schleife Putsch*(m,Pitsch)*
Schleife Schlapp*(n,Schläpp)*
Schleife (Band) Flätsch*(f,-en)*
schleifen schläifen*(v)*

Schleifmaschine Schläifmaschinn *(f,-en)*
Schleifstein Schläifsteen *(m,-steng)*
schleimen schläimen *(v)*
Schleimer Paltongszéier *(m,--)*
schlendern laatschen *(v)*
schlendern pendelen *(v)*
schlendern schlenteren *(v)*
schlendern, nach Hause - heemtréppelen *(tr)(v)*
schleppen schleefen *(v)*
schleppen, nach Hause - heemschleefen *(tr)(v)*
Schleuder Schleider *(f,-en)*
schleudern derapéieren *(v)*
schleudern schleideren *(v)*
Schleuse Schleis *(f,-en)*
Schlichtung Conciliatioun *(f,-en)*
Schlick Schlamm *(m,~)*
schließen schléissen *(v)*
schließen spären *(v)*
schließen zoumaachen *(v)*
schließen (Aufgabe eines Geschäfts) zoumaachen *(v)*
schließen, mit einem Haken - krämpen *(v)*
Schließfach Schliessfach *(n,-fächer)*
Schließfach Schlissfach *(f,-fächer)*
schließlich schliisslech *(adv)*
schlimm schlëmm *(adj)*
schlimm schro *(adj)*
schlimm uerg *(adj)*
schlimm wéischt *(adj)*
schlimmer schlëmmer *(adj)*
Schlimmste, das - Schlëmmst, dat - *(exp)*
Schlindermanderscheid Schlënnermanescht *(p)*
Schlingel Näischnotz *(m,-en)*
Schlips Schlips *(m,-en)*
Schlitten Schlitt *(m,-er)*
Schlitten fahren Schlitt, mam - fueren *(exp)*
schlittern schlidderen *(v)*
Schlittschuh Äisschong *(m,--)*
Schlittschuh Äisschung *(m,--)*
Schlittschuh Schlittschung *(m,--)*
Schlittschuhbahn Äispist *(f,-en)*
Schlittschuhlaufen Äisschongfueren *(n,~)*
Schlittschuhlaufen Äisschungfueren *(n,~)*
Schlitz Schlitz *(m,-er)*
schlitzen schlitzen *(v)*
Schlitzohr Luussert *(m,-en)*
Schloss Schlass *(n,Schlässer)*
Schloss (Gebäude) Schlass *(n,Schlässer)*
Schlosser Schlässer *(m,-en)*
Schlosserei Schlässerei *(f,-en)*
Schlosserei Schlësselschläiferei *(f,-en)*
Schlossherr Schlasshär *(m,-en)*
schlottern schladderen *(v)*
schlottern schnadderen *(v)*
schlottern zidderen *(v)*
schluchzen schlacksen *(v)*
Schluchzer Schlacksert *(m,-en)*
Schluck Schlupp *(f,-en)*
Schluck Zoch *(m,Zich)*
Schluckauf Hick *(m,-er)*
Schluckauf haben hicken *(v)*
Schlückchen Schlippchen *(f,Schlippercher)*
schlucken schlécken *(v)*
schluckweise schlipperchesweis *(adv)*
schludern huddelen *(v)*
Schlummer Schlof *(m,~)*
schlummern näipen *(v)*
schlummern schlummeren *(v)*
schlummern tompen *(v)*
schlüpfen (Tier) ausschluppen *(v)*
Schlupfwinkel Schloff *(m,Schlëff)*
schlurfen schappen *(v)*
schlurfen schlappen *(v)*
schlurfen schluppen *(v)*
schlürfen schluppen *(v)*
Schluss Schluss *(m,~)*
Schlussbemerkung Schlussbemierkung *(f,-en)*
Schlüssel Schlëssel *(m,-en)*
Schlüsselbein Schlësselbeen *(n,--)*
Schlüsselblume Guckucksblumm *(f,-en)*
Schlüsselblume Schlësselblumm *(f,-en)*
Schlüsselloch Schlëssellach *(n,-lächer)*
schlussfolgern schlussfolgeren *(v)*
Schlussfolgerung Conclusioun *(f,-en)*
Schlussfolgerung Konklusioun *(f,-en)*
Schlussfolgerung Schlussfolgerung *(f,-en)*
Schlussprozession der Marien-Wallfahrt Schlussprëssessioun *(f,-en)*
Schlussprozession der Marien-Wallfahrt Schlussprossessioun *(f,-en)*
Schlusspunkt Schlusspunkt *(m,-en)*
Schlussstrich Schlussstréch *(m,-er)*
Schlussstück Wupp *(m,-en)*
Schlussverkauf Solden *(npl)*
schmächtig kleesper *(adj)*
schmächtig razeg *(adj)*
schmächtig zaart *(adj)*
schmächtige Person Spréif *(f,Spréiwen)*
schmal enk *(adj)*
schmal schmuel *(adj)*
Schmalz Schmalz *(m,~)*
schmalzig schmalzeg *(adj)*
schmarotzen parasitéieren *(v)*
Schmarotzer Schmarotzer *(m,--)*
schmatzen (beim Kauen) knätschen *(v)*
schmausen nammsen *(v)*
Schmeichelei Geschmeechels *(n,~)*
schmeicheln blimmelen *(v)*
schmeicheln flattéieren *(v)*
schmeicheln schmeechelen *(v)*
Schmeichler Schmantnéckel *(m,-en)*
schmeißen geheien *(v)*
schmeißen jummen *(v)*
schmeißen schmäissen *(v)*
schmelzen schmëlzen *(v)*
schmelzen verschmëlzen *(v)*
Schmerz Péng *(f,--)*
Schmerz Wéi *(m,~)*
schmerzen pefferen *(v)*
schmerzen wéidoen *(v)*
Schmerzen haben Péng hunn *(exp)*
Schmerzen haben wéi hunn *(exp)*
Schmetterling Méllerchen *(m,Méllercher)*
Schmetterling Millermoler *(m,--)*
Schmetterling Päiperlek *(m,-en)*
Schmetterlingssammlung Päiperlekskollektioun *(f,-en)*
Schmied Schmadd *(m,Schmëdd/Schmatten)*
Schmiede Schmëdd *(f,Schmëtten)*
Schmiede Schmëdd *(p)*
Schmiede Schmelz *(f,-en)*
schmieren ausschmieren *(v)*
Schmierfett Schmier *(n,~)*
schmierig schmiereg *(adj)*
schmierig (Mensch) papeg *(adj)*
Schmierung Fetten *(n,~)*
Schminke Maquillage *(m,~)*
schminken maquilléieren *(v)*
schminken schménken *(v)*
schminken schminken *(v)*
schminken, sich - fierwen, sech - *(v)*
Schmirgelpapier Glaspabeier *(m,~)*
Schmirgelpapier Sandpabeier *(m,~)*
Schmirgelpapier Schläifpabeier *(m,~)*
schmökern bouquinéieren *(v)*
schmollen motzen *(v)*
schmollen muffen *(v)*
schmollende Frau Motzesch *(f,en)*
schmollender Mann Motzert *(m,en)*
schmoren dëmpen *(v)*
Schmuck Bijou *(m,-en)*
Schmuck Quincaillerie *(scherzh)(f,~)*
schmücken opréschten *(v)*
schmücken réschten *(v)*
Schmuckstück Bijou *(m,-en)*
schmuddelig schmuddeleg *(adj)*
Schmuggel Schmoggel *(m,~)*
schmuggeln fraudéieren *(v)*
schmuggeln schmockelen *(v)*

schmuggeln schmoggelen(v)
schmuggeln schmuggelen(v)
Schmuggler Schmuggler(m,-en)
schmunzeln schmonzen(v)
schmunzeln schmunzelen(v)
schmunzeln schmunzen(v)
schmusen schmuussen(v)
Schmutz Knascht(m,~)
schmutzen schmotzen(v)
Schmutzfink Knaschthammel(m,-en)
Schmutzfink, kleiner - Knäschtchen(m,Knäschtercher)
Schmutzfink, kleiner - Knaschtpiddelchen(m,-piddelcher)
schmutzig knaschteg(adj)
schmutzig ruckelzeg(adj)
schmutzig (durch nasse Erde) lammelzeg(adj)
Schnabel Schniewel(m,-en)
schnallen boucléieren(v)
schnalzen schnalzen(v)
schnappen schnapen(v)
schnappen, nach Luft - japsen(v)
schnappen, nach Luft - schnapen, no Loft -(exp)
Schnaps Dräpp(f,-en)
Schnaps Dräpp, ugemaachten -(f,-en)
Schnaps Schnaps(m,-en)
Schnapsidee Schnapsiddi(f,-en)
schnarchen ronken(v)
schnarchen schnaarchen(v)
schnattern jadderen(v)
schnattern schnadderen(v)
schnauben (Pferd) schnauwen(v)
schnaufen këmmen(v)
Schnauze Sabbel(pej)(f,-en)
schnäuzen, sich - schnäizen(v)
Schnecke Schleek(m,-en)
Schneckengabel Schleekeforschett(f,-en)
Schneckenhaus Schleekenhaischen(n,-haisercher)
Schneckenzange Schleekepëtz(f,-en)
Schnee Schnéi(m,~)
Schneeball Klatz(f,-en)
Schneeball Schnéiklatz(f,-en)
Schneebesen Schnéibiesem(m,-en)
Schneeflocke Schnéiflack(f,-en)
Schneeglöckchen Schnéikläckelchen(f,-kläckelcher)
Schneemann Schnéimann(m,-männer)
Schneemann Schnéimännchen(m,-männercher)
Schneeregen Schnéireen(m,~)
Schneeschauer Schnéischauer(f,-en)
Schneesturm Schnéistuerm(m,-stierm)
Schneewehe Schnéiwick(f,-en)
schneeweiß schluetwäiss(adj)
schneeweiß schnéiwäiss(adj)
schneeweiß wäiss wéi Schnéi(exp)
Schneewittchen Schneewittchen(n,-wittercher)
Schneide Schneid(f,-en)
schneiden schneiden(v)
schneiden tranchéieren(v)
schneiden (Kurve) schnëppelen(v)
schneiden, die Nägel - schneiden, d'Neel -(exp)
schneiden, klein - schnëppelen(v)
schneidend schaarf(adj)
Schneider Schneider(m,-en)
Schneider Schneiderin(f,-nen)
schneidern schneideren(v)
schneidig zackeg(adj)
schneien schneien(v)
Schneise Schneis(f,-en)
schnell flénk(adj)
schnell flott(adj)
schnell huerteg(adj)
schnell schëtzeg(adj)
schnell schnell(adj)
schnell séier(adj)
schnell schlagen (Herz) bubberen(v)
schnell und einfach Gedeessems, ouni -(exp)
Schnelligkeit Rapiditéit(f,~)
Schnelligkeit Schnellegkeet(f,~)
Schnellkochtopf Dampdëppen(m,--)
Schnellkochtopf Schnellkachdëppen(n,--)
Schnellzug Schnellzuch(m,-zich)
schniefen schnoffelen(v)
Schnitt Montage(m,-n)
Schnitt (Butter) Schnatt(m,--)
Schnitt (Butter) Schnatz(m,--)
Schnitt (Butter) Schnëtz(m,--)
Schnittlauch Bratzelen(npl)
Schnittmuster Stuel(m,-en)
Schnittstelle Jonctioun(f,-en)
Schnittwunde Schnatt(m,Schnëtt)
Schnitz Apfelsine Zéif Orange(exp)
Schnitzel Schnitzel(m,-en)
Schnitzel, paniertes - Schnëtzel, panéierte -(exp)
Schnitzel, paniertes - Schnitzel, panéierte -(exp)
schnitzen schnëtzelen(v)
schnitzen schnëtzen(v)
schnuckelig schnuckeleg(adj)
schnüffeln schnoffelen(v)
Schnuller Lutsch(f,-en)
Schnuller Suckel(f,-en)
Schnupfen Schnapp(m,-en)
schnupfen schnauwen(v)
schnuppern schnauwen(v)
schnuppern schnoffelen(v)
schnuppern schnupperen(v)
Schnur Ficelle(f,-n)
Schnur Schnouer(f,Schnéier)
Schnurrbart Schnauz(m,Schnäiz)
Schnurrbart Schnurres(m,-sen)
schnurren schnuren(v)
schnurren spannen(v)
Schnürsenkel Schongstréckel(m,-en)
Schnürsenkel Schungstréckel(m,-en)
Schnürsenkel Stréckel(m,-en)
schnurstracks poulriicht(adv)
Schobermesse Schueberfouer(f,~)
Schock Schock(m,-en)
schockieren schockéieren(v)
Schoenfels Schëndels(p)
Schöffe Schäffen(m,--)
Schöffenkollegium Schäfferot(m,-réit)
Schokolade Schockela(m,~)
Schokolade, heiße - Schockelaskaffi(m,~)
Schokoladen- schockelas(adj)
Schokoladengeschmack Schockelasgoût(m,~)
Scholle Sole(f,-n)
schon ewell(adv)
schon schonn(adv)
schon schonns(adv)
schon well/ewell(adv)
schön schéin(adj)
schon (mal) (abschwächend) alt(adv)
schön (sehr) schéineg(adj)
schon wieder nees(adv)
schon, komm - alt, komm -(exp)
schonen menagéieren(v)
schonen schounen(v)
Schönes, viel - Schéins, vill -(exp)
Schönheit Schéinheet(f,-en)
Schönheitsfehler Schéinheetsfeeler(m,--)
Schönheitsfleck Schéinheetsfleck(m,-en)
schönschreiben schéischreiwen(v)
schöntun blimmelen(v)
Schönwetterperiode Schéiwiederperiod(f,-en)
Schonzeit Schounzäit(f,-en)
Schoos Schous(p)
Schopf Buuscht(m,-en)
schöpfen schäffelen(v)
schöpfen schäffen(v)
schöpfen (Wasser) erausschäffen(v)
Schöpfkelle Louche(f,-n)
Schöpfkelle Schäffläffel(m,-en)
Schöpfung Kreatioun(f,-en)

schoppenweise (trinken) schappeweis *(adv)*
Schorf (Wunde) Roff *(m,Réff)*
Schornstein Cheminee *(f,-ën)*
Schornstein Kamäin *(m,-er)*
Schornstein Schaarstech *(m,-er)*
Schornstein Schaaschtech *(m,-er)*
Schornsteinfeger Schaarchtechbotzer *(m,-en)*
Schornsteinfeger Schaarchtechbotzert *(m,-en)*
Schoß Schouss *(m,Schéiss)*
schossen (Pflanzen) beemen *(v)*
Schoßhündchen Schoussmippchen *(m,-mippercher)*
Schösslinge abbrechen (Pflanzen) gäizen *(v)*
Schote Scheek *(f,-en)*
Schotte Schott *(m,-en)*
schottern macadamiséieren *(v)*
Schottland Schottland *(p)*
Schouweiler Schuller *(p)*
schraffieren hachéieren *(v)*
schräg schréi *(adj)*
Schramme Schréip *(f,-en)*
Schramme Schréips *(f,-en)*
Schramme Schrumm *(f,-en)*
Schramme Strumm *(f,-en)*
Schramme (Haut) Bless *(f,-en)*
schrammen schréipsen *(v)*
Schrank Schaf *(m,Schief)*
Schrank für Schuhe Schongschaf *(m,-schief)*
Schrank für Schuhe Schungschaf *(m,-schief)*
Schränkchen Schiefchen *(m,Schiewercher)*
Schranke Barrière *(f,-n)*
Schrassig Schraasseg *(p)*
Schraube Schrauf *(f,Schrauwen)*
schrauben schrauwen *(v)*
Schraubenmutter Schrauwemudder *(f,-en)*
Schraubenschlüssel Schrauweschlëssel *(m,-en)*
Schraubenzieher Schrauwenzéier *(m,-en)*
Schraubstock Schraufstack *(m,-stäck)*
Schrecken Schreck *(m,~)*
schreckhaft fäertereg *(adj)*
schrecklich grujeleg *(adj)*
schrecklich schrecklech *(adj)*
schrecklich terribel *(adj)*
Schrecksekunde Schrecksekonn *(f,-en)*
Schrei Kreesch *(m,~)*
Schreibarbeiten Schreiwereien *(npl)*
Schreibblock Block *(m,Bléck)*
schreiben schreiwen *(v)*
Schreiben Schreiwes *(n,Schreiwen)*
schreiben, Maschine - tippen *(v)*
Schreibfehler Schreiffeeler *(m,--)*
Schreibkraft Dactylo *(f,-en)*
Schreibmaschine Schreifmaschinn *(f,-en)*
Schreibtisch Schreifdësch *(m,-er)*
Schreibweise Schreifweis *(f,-en)*
schreien jäizen *(v)*
Schreiner Schräiner *(m,-en)*
Schreinerei Schräinerei *(f,-en)*
schreinern schräineren *(v)*
schreiten schrécken *(v)*
Schrift Schrëft *(f,-en)*
Schrift, Heilige - Schrëft, Hëlleg - *(exp)*
schriftlich schrëftlech *(adj)*
Schriftsetzer Setzer *(m,--)*
Schriftsteller Schrëftsteller *(m,-en)*
schrill jäizeg *(adj)*
Schritt Schratt *(m,Schrëtt)*
Schritt Schrëtt *(m,--)*
Schrondweiler Schrondweiler *(p)*
Schrott Schrott *(m,~)*
Schrottplatz Schrottplaz *(f,-en)*
schrubben schruppen *(v)*
Schrubber Schruppert *(m,-en)*
Schrubber Wäschbiischt *(f,-en)*
schrumpeln zesummeschrompen *(v)*
schrumpfen schrampelen *(v)*
schrumpfen schrompelen *(v)*
schrumpfen zesummeschrompelen *(v)*
Schubkarre Schubkar *(f,-en)*
Schublade Tirang *(m,-en)*
Schublade Tirang *(m,Tiräng)*
schüchtern bléid *(adj)*
schüchtern schei *(adj)*
schüchtern schimmeg *(adj)*
schüchtern verschimmt *(adj)*
Schüchternheit Schei *(f,~)*
Schuh Schong *(m,--)*
Schuh Schung *(m,--)*
Schuhabsatz Tallek *(m,-en)*
Schuhabsatz Tallong *(m,-en)*
Schuhabsatz Talong *(m,-en)*
Schuhanzieher Schongläffel *(m,-en)*
Schuhanzieher Schungläffel *(m,-en)*
Schuhbürste Schongbiischt *(f,-en)*
Schuhbürste Schungbiischt *(f,-en)*
Schuhcreme Schungwichs *(f,-en)*
Schuhcreme Wichs fir Schong *(f,-en)*
Schuhgeschäft Schonggeschäft *(n,-er)*
Schuhgeschäft Schunggeschäft *(n,-er)*
Schuhgröße Schonggréisst *(f,-en)*
Schuhgröße Schongnummer *(f,-en)*
Schuhgröße Schunggréisst *(f,-en)*
Schuhgröße Schungnummer *(f,-en)*
Schuhlöffel Schongläffel *(m,-en)*
Schuhlöffel Schungläffel *(m,-en)*
Schuhsenkel Lacet *(m,-en)*
Schuhsohle Schungsuel *(f,-en)*
Schulaktivität Schoulaktivitéit *(f,-en)*
Schulanfang Schoulufank *(m,~)*
Schulbehörde Schoulautoritéit *(f,-en)*
Schulbehörde Schoulkommissioun *(f,-en)*
Schulbildung Schoulbildung *(f,~)*
Schulbuch Schoulbuch *(m,-bicher)*
Schuld Schold *(f,~)*
schulden schëlleg sinn *(v)*
Schulden Schold *(f,~)*
Schuldgefühl Scholdgefill *(n,-er)*
schuldig schëlleg *(adj)*
schuldig, etw - sein schëlleg, eppes - sinn *(exp)*
Schuldigen Schëlleg *(npl)*
Schuldiger Schëllegen *(m,Schëlleg)*
Schuldigkeit Schëllegkeet *(f,~)*
Schuldlosigkeit Onschold *(f,~)*
Schuldner Debiteur *(m,-en)*
Schuldschein Scholdschäin *(m,-er)*
Schule Schoul *(f,-en)*
schulen schoulen *(v)*
Schüler Elève *(m/f,-n)*
Schüler Schüler *(m,--)*
Schülerin Schülerin *(m,-nen)*
Schülertreffen Konveniat *(m,-en)*
Schülerzeitung Schülerzeitung *(f,-en)*
Schulfernsehen Schoulfernseh *(m,~)*
Schulfreund Kolleg *(m,-en)*
Schulfunk Schoulradio *(m,~)*
Schulhof Schoulhaff *(m,-häff)*
Schulkamerad Komerod *(m,-en)*
Schulkamerad Schoulkomerod *(m,-en)*
Schulkommission Schoulkommissioun *(f,-en)*
Schulleitung Schouldirektioun *(f,-en)*
schulmeistern schoulmeeschteren *(v)*
Schulorganisation Schoulorganisatioun *(f,-en)*
Schulranzen Schoulsak *(m,-säck)*
Schulstunde Schoulstonn *(f,-en)*
Schulsystem Schoulsystem *(m,-er)*
Schultag Schouldag *(m,-deeg)*
Schulter Schëller *(f,-en)*
Schulter, auf die leichte - nehmen Schëller, op d'liicht - huelen *(exp)*
Schulterblatt Schëllerblat *(n,-blieder)*
Schulterklappe Polette *(f,-n)*
Schulterpolster Polette *(f,-n)*
Schulzeit Schoulzäit *(f,-en)*
Schulzeit Scolaritéit *(f,~)*
schummrig schimmeleg *(adj)*
schummrig schimmereg *(adj)*
Schuppe Roff *(m,Réff)*
Schuppe Schupp *(f,-en)*

Schuppe (Fisch) Schupp *(f,Schéip)*
Schuppen Remise *(f,-n)*
Schuppen Schapp *(m,Schäpp)*
Schuppen Schubber *(m,~)*
schuppig schaddereg *(adj)*
schürfen (Haut) schënnen *(v)*
Schürfprobe Prospektioun *(f,-en)*
Schürhaken Feierkrop *(m,-kreep)*
Schürze Schiertech *(n,-er)*
Schüssel Schossel *(f,-en)*
Schüssel (große) Komp *(m,-këmp)*
Schusswechsel Schosswiessel *(m,-en)*
Schuster Schouschter *(m,-en)*
Schuster Schouster *(m,-en)*
Schusterleiste Leescht *(m,-en)*
schustern schousteren *(v)*
Schuttabladeplatz Tipp *(m,-en)*
Schüttburg Schibbereg *(p)*
Schüttelfrost Schüttelfrost *(m,~)*
schütteln rëselen *(v)*
schütteln stuckelen *(v)*
schütten géissen *(v)*
schütten schëdden *(v)*
Schuttrange Schëtter *(p)*
Schutz Protectioun *(f,~)*
Schutz Protektioun *(f,~)*
Schutzblech Schutzblech *(m,-er)*
schützen protegéieren *(v)*
schützen schützen *(v)*
Schutzengel Schutzengel *(m,-en)*
Schutzgelderpressung Racket *(m,~)*
Schutzmaßnahme Präventivmoossnam *(f,-en)*
Schutzumschlag Schutzëmschlag *(m,-ëmschléi)*
schwabbeln schwabbelen *(v)*
schwabbelnd labbereg *(adj)*
schwach mackeg *(adj)*
schwach schwaach *(adj)*
Schwäche Schwächt *(f,-en)*
Schwäche, eine - haben für etw/jn Faibel, e - hu fir eppes/een *(exp)*
schwächen devitaliséieren *(v)*
schwächen schwächen *(v)*
schwachköpfig debil *(adj)*
schwächlich krappeg *(adj)*
schwächlich pipeg *(adj)*
Schwachsinn Topegkeet *(f,~)*
Schwadron Schwadroun *(m,-en)*
schwadronieren schwadronéieren *(v)*
Schwager Schwoer *(m,-en)*
Schwägerin Schwéiesch *(f,-en)*
Schwalbe Schmuebel *(f,-en)*
Schwalbe Schmuelef *(f,-en)*
Schwalbe Schmuewel *(f,-en)*
Schwamm Schwamm *(m,Schwämm)*
Schwamm Schwamp *(m,Schwämm)*
Schwan Schwan *(m,-en)*
schwanger Ëmstänn, an aneren - *(exp)*
schwanger enceinte *(adj)*
schwanger sein anescht sinn *(exp)*
schwängern schwängeren *(v)*
Schwangerschaft Schwangerschaft *(f,-en)*
schwanken balancéieren *(v)*
schwanken schwanken *(v)*
schwanken tierkelen *(v)*
schwanken wabbelen *(v)*
schwankend wabbeleg *(adj)*
Schwanz Schwanz *(m,Schwänz)*
schwappen schlabberen *(v)*
Schwarm (Bienen, Vögel) Flock *(m,-en)*
schwärmen schwäermen *(v)*
Schwärmerei Schwäermerei *(f,-en)*
Schwarte Schwaart *(f,-en)*
schwarz schwaarz *(adj)*
schwärzen schwaarz maachen *(exp)*
schwärzen schwäerzen *(v)*
Schwarzmarkt Schwaarzmaart *(m,~)*
schwarzsehen onken *(v)*
schwarzsehen schwaarz gesinn *(v)*
schwarzweiß schwaarzwäiss *(adj)*
Schwarz-Weiß-Film Schwaarz-Wäiss-Film *(m,-er)*
Schwarz-Weiß-Foto Schwaarz-Wäiss-Photo *(f,-en)*
Schwarzwurzel Zalzifi *(m,-en)*
schwatzen braddelen *(v)*
schwatzen jausen *(v)*
schwatzen plättelen *(v)*
schwatzen sabbelen *(v)*
Schwätzer Braddeler *(m,--)*
Schwätzer Maulert *(m,-en)*
Schwätzer Sabbeler *(m,--)*
Schwätzer Schnëssbatti *(m,-en)*
Schwätzer Schnësser *(m,--)*
Schwätzer Schnëssert *(m,-en)*
Schwätzer Schwätzert *(m,-en)*
Schwätzer Troterbatti *(m,-en)*
Schwätzer Tuddeler *(m,-en)*
Schwätzer Tutebatti *(m,-en)*
Schwätzerin Maulesch *(f,-en)*
Schwätzerin Sabbelesch *(f,-en)*
Schwätzerin Schnëssesch *(f,-en)*
Schwätzerin Tuddelesch *(f,-en)*
schwatzhaft braddeleg *(adj)*
schwatzhaft mauleg *(adj)*
schwatzhaft schnësseg *(adj)*
Schwebach Schweebech *(p)*
schweben schwiewen *(v)*
Schwebsange Schwéidsbeng *(en)(p)*
Schweden Schweden *(p)*
schwedisch schwedesch *(adj)*
Schwefel Schwiewel *(m,~)*
Schweich Schweech *(p)*
schweigen Mond, de - halen *(exp)*
schweigen näischt soen *(exp)*
Schwein Giss *(n,-en)*
Schwein Schwäin *(m,--)*
Schwein, kleines - Brilléck *(m,-en)*
Schweinchen Gisschen *(m,Gisserchen)*
Schweinchen Schwéngchen *(n,Schwéngercher)*
Schweinebraten Schwéngsbrot *(m,-broden)*
Schweinefleisch Schwéngefleesch *(n,~)*
Schweinefraß Schwéngsfriessen *(n,~)*
Schweinehaxe Schwéngshéiss *(f,-en)*
Schweinekamm, geräucherter - Judd *(m,-en)*
Schweinekotelett Schwéngskotelett *(f,-en)*
Schweineleder Schwéngslieder *(n,~)*
Schweineproduktion Schwéngsproduktioun *(f,-en)*
Schweinerei Dreckserei *(f,-en)*
Schweinerei Schwéngerei *(f,-en)*
Schweinerippe Schwéngsrëpp *(f,-en)*
Schweinestall Schwäistall *(m,-ställ)*
Schweinesülze Fierkelsjelli *(m,~)*
Schweinesülze Schwéngsjelli *(m,~)*
Schweinezucht Schwéngsziichterei *(f,-en)*
schweinisch, sich - benehmen schwéngsen *(v)*
Schweiß Schweess *(m,~)*
schweißen schweessen *(v)*
Schweißnaht Schweess *(f,-en)*
schweißnass schweessnaass *(adj)*
Schweiz, die - Schwäiz, d' - *(p)*
Schweizer Schwäizer *(m,--)*
Schweizer Käse Schwäizer Kéis *(exp)*
Schwelle Schwell *(f,-en)*
schwenken schwenken *(v)*
schwer schwéier *(adj)*
schwerfällig schwéierfälleg *(adj)*
Schwerfälligkeit Schwéierfällegkeet *(f,~)*
Schwerindustrie Schwéierindustrie *(f,-n)*
Schwerverbrecher Schwéierverbriecher *(m,--)*
schwerverdaulich schwéierverdaulech *(adj)*
Schwerverletzte Schwéierblesséiert *(npl)*
Schwerverletzter Schwéierblesséierten *(m,-blesséierter)*
Schwester Schwëster *(f,-en)*
Schwester Sëschter *(f,-en)*

Schwesternschaft Schwësterkongregatioun*(f,-en)*
Schwiedelbrouch Schwiddelbruch*(p)*
Schwiegereltern Schwéierelteren*(npl)*
Schwiegereltern Schwéierleit*(npl)*
Schwiegermutter Schwéiermamm*(f,-en)*
Schwiegersohn Eedem*(m,-en)*
Schwiegertochter Schnauer*(f,-en)*
Schwiegervater Schwéierpapp*(m,-en)*
Schwiele Huff*(m,~)*
schwierig schwéier*(adj)*
schwierig schwiereg*(adj)*
schwierig (empfindlich) däreg*(adj)*
Schwierigkeit Schwieregkeet*(f,-en)*
Schwierigkeitsgrad Schwieregkeetsgrad*(m,-en)*
Schwimmbad Piscine*(f,-n)*
Schwimmbad Schwämm*(f,-en)*
Schwimmbecken Baseng*(m,-en)*
Schwimmbecken Swimmingpool*(m,-en)*
Schwimmblase (Fisch) Fëschblos*(f,-en)*
Schwimmclub Schwammveräin*(m,-er)*
Schwimmen Schwammen*(n,~)*
schwimmen schwammen*(v)*
Schwimmer Schwëmmer*(m,--)*
Schwimmer (Angeln) Stopp*(f,Stëpp)*
Schwimmerin Schwëmmerin*(f,-nen)*
Schwimmstunde Schwammlektioun*(f,-en)*
Schwimmweste Schwammwest*(f,-en)*
Schwindelanfall Tommel*(m,~)*
Schwindelgefühl Dronkenellen*(npl)*
Schwindelgefühl Dusel*(m,~)*
schwindeln schwindelen*(v)*
Schwindler Schwindler*(m,--)*
schwindlig dronkeg*(adj)*
schwindlig dronken*(adj)*
schwindlig tierkeleg*(adj)*
schwingen schwéngen*(v)*
schwingen vibréieren*(v)*
Schwingung Vibratioun*(f,-en)*
schwitzen schweessen*(v)*
schwören schwieren*(v)*
schwül dompeg*(adj)*
schwül schmeier*(adj)*
schwül sein damen*(v)*
Schwuler Lénksen*(m,-er)*
Schwung Elan*(m,~)*
Schwung Schwonk*(m,~)*
Schwung Wupptizitéit*(f,~)*
Schwung, in - sein Flock, am - sinn*(exp)*
Science-Fiction Science-Fiction*(f,~)*
sechs sechs*(adj)*
Sechs (Note) Datz*(f,-en)*
sechsten sechsten*(adj)*
sechzehn siechzéng*(adj)*
sechzig sechzeg*(adj)*
sechzig siechzeg*(adj)*
Secondhandshop Secondhandshop*(m,-pen)*
Sediment Sediment*(n,-er)*
See Séi*(m,-en)*
Seebad Mierbad*(n,-bieder)*
Seehund Séihond*(m,-hënn)*
Seekarte Séikaart*(f,-en)*
seekrank séikrank*(adj)*
Seekrankheit Séikrankheet*(f,~)*
Seele Séil*(f,-en)*
Seelenleben Séileliewen*(n,--)*
seelenruhig séilerouег*(adj)*
Seepferdchen Séipäerdchen*(n,-päerdercher)*
Seeschlacht Séischluecht*(f,-en)*
Seestern Mierstär*(m,-en)*
Seezunge Sole*(f,-n)*
Segel Segel*(m,-en)*
Segelboot Segelboot*(n,-er)*
Segelfliegen Segelfléien*(n,~)*
Segelflugzeug Segelfliger*(m,-en)*
segeln segelen*(v)*
Segelschiff Segelschëff*(n,-er)*
Segelsport Segelsport*(m,~)*
Segeltuch Segelduch*(n,-dicher)*
Segen Segen*(m,~)*
Segler Segler*(m,--)*
Segment Segment*(n,-er)*
segmentieren segmentéieren*(v)*
segnen aseenen*(v)*
segnen seenen*(v)*
sehen gesinn*(v)*
Sehen, vom - her Gesinns, vu -*(exp)*
Sehen, vom - kennen ugesinns, vun - kennen*(exp)*
Sehne Seen*(f,-en)*
Sehne (im Fleisch) Fiess*(f,--)*
sehnen sehnen*(v)*
sehnen, sich nach etw/jm - verlaangeren, no engem/eppes -*(exp)*
Sehnenentzündung Sehnenentzündung*(f,-en)*
sehr béis*(adv)*
sehr dichteg*(adv)*
sehr fatzeg*(adv)*
sehr féng*(adv)*
sehr ferm*(adv)*
sehr ganz*(adv)*
sehr gutt*(adv)*
sehr immens*(adv)*
sehr uerg*(adv)*
sehr vill*(adv)*
sehr gut ganz gutt*(exp)*
sehr nett ganz léif*(exp)*
sehr viel alleg*(adj)*
Sehschwäche Séischwächt*(f,~)*
Seide Seid*(f,~)*
Seiden- seiden*(adj)*
Seidenpapier Seidepabeier*(m,--)*
Seife Seef*(f,-en)*
seifen seefen*(v)*
Seifenblase Seefeblos*(f,-en)*
Seifenpulver Seefepolver*(n,~)*
Seiher Seibecken*(f,--)*
Seiher Seidech*(f,-en)*
Seihtuch Seiduch*(n,-dicher)*
Seil Seel*(f,-er)*
Seilbahn Seelbunn*(f,-en)*
seilspringen sprangen, am - Seel*(exp)*
Seiltänzer Seeldänzer*(m,--)*
sein säin*(dét)*
sein seng*(dét)*
sein sinn*(v)*
sein, störrisch - maachen, Männercher -*(exp)*
seiner senges*(pr)*
seinerseits sengersäits*(adv)*
Seismograph Seismograph*(m,-en)*
seit zanter*(pp)*
seit zënter*(pp)*
seit jeher zanter éiweg*(exp)*
seit langem zanter laangem*(exp)*
seit wann zanter wéini*(exp)*
Seite Säit*(f,-en)*
Seite (Aspekt) Facette*(f,-n)*
Seitenanzahl Säitenzuel*(f,-en)*
Seitenausgang Niewenausgank*(m,-gäng)*
Seitenausgang Säitenausgank*(m,-ausgäng)*
Seitenblick Säitebléck*(m,-er)*
Seiteneingang Säitenagank*(m,-agäng)*
Seitenfläche Facette*(f,-n)*
seitens säitens*(pp)*
Seitensprung Säitesprong*(m,-spréng)*
Seitenstechen Stach*(m,~)*
Seitenstraße Säitestrooss*(f,-en)*
Seitenwechsel Säitewiessel*(m,-en)*
Seitenzahl Säitenzuel*(f,-en)*
seither zënterhier*(adv)*
seitlich säitlech*(adj)*
seitwärts säitwäerts*(adv)*
Sekretär Sekretär*(m,-en)*
Sekretariat Sekretariat*(n,-er)*
Sekretärin Sekretärin*(f,-nen)*
Sekt, Glas - Schampescoupe*(n,~)*
Sekt, zu - verarbeiten champagniséieren*(v)*
Sekte Sekt*(f,-en)*

Sektglas Schampesglas(n,~)
Sektion Sectioun(f,-en)
Sektion Sektioun(f,-en)
Sektkellerei Schampeskellerei(f,-en)
Sekunde Sekonn(f,-en)
Sekundenzähler Sekonnenzär(m,-en)
selb selwecht(dét)
selber selwer(adv)
selbst selwer(adv)
Selbstbedienung Selfservice(n,-n)
Selbstbeherrschung Selbstbeherrschung(f,~)
Selbstbewusstsein Selbstbewosstsäin(n,~)
Selbstgespräch Selbstgespréich(n,~)
Selbstjustiz Selbstjustiz(f,~)
selbstkritisch selbstkritesch(adj)
selbstlos selbstlos(adj)
Selbstmitleid Selbstmatleed(n,~)
Selbstmord Selbstmord(m,~)
Selbstporträt Selbstportrait(m,-en)
Selbstsicherheit Selbstsécherheet(f,~)
selbstständig selbstänneg(adj)
Selbstständiger Independant(m,-en)
Selbstständigkeit Selbstständlechkeet(f,-en)
Selbstverständlichkeit Selbstverständlechkeet(f,~)
Selbstverteidigung Selbstverdeedegung(f,~)
Selbstvertrauen Selbstvertrauen(n,~)
Selbstzweck Selbstzweck(m,-er)
selig séileg(adj)
Seligkeit Séilegkeet(f,~)
seligsprechen beatifiéieren(v)
Sellerie Zelleri(m,~)
Selleriesuppe Zelleriszopp(m,-en)
Selscheid Selschent(p)
selten rar(adj)
selten seelen(adj)
Seltenheit Seelenheet(f,~)
seltsam droleg(adj)
seltsam gelungen(adj)
seltsamerweise gelungenerweis(adv)
seltsamerweise seltsamerweis(adv)
Selz Selz(p)
Semantik Semantik(f,~)
Semester Semester(n,-en)
Semikolon Semikolon(m,-en)
Seminarist Seminarist(m,-en)
Senat Senat(m,-er)
senden schécken(v)
senden senden(v)
Sendepause Sendepaus(f,-en)
Sender Sender(m,-en)
Sendeschluss Sendeschluss(m,~)
Sendezeit Sendezäit(f,-en)
Sendung Sendung(f,-en)
Sendung (TV, Radio) Emissioun(f,-en)
Senf Moschter(m,~)
Senf Moschter(m,~)
Senf Moschtert(m,~)
sengen ofbrennen(v)
sengen sengen(v)
Senior Senior(m,-en)
Senioren Senioren(npl)
Seniorenheim Seniorenheem(n,-er)
Seniorenkarte Seniorepass(m,-päss)
Seniorenwohnheim Altersheem(n,-er)
senken senken(v)
senken, sich - (Boden) sacken(v)
senken, sich - (Gelände, Boden) tässelen, sech -(v)
Senningen Senneng(p)
Senningerberg Sennengerbierg(p)
Sensation Sensatioun(f,-en)
sensationell sensationell(adj)
Sense Séissel(f,-en)
sensibel empfindlech(adj)
sensibel sensibel(adj)
sensibilisieren sensibiliséieren(v)
Sensibilisierung Sensibilisatioun(f,-en)
Sensibilität Sensibilitéit(f,-en)
sensitiv sensitiv(adj)
Sensor Sensor(m,-en)
sentimental sentimental(adj)
Sentimentalität Sentimentalitéit(f,-en)
separat separat(adj)
Separatismus Separatissem(m,~)
Separatistenorganisation Separatisten-Organisatioun(f,-en)
September Hierschtmount(m,-méint)
September September(m,~)
Septfontaines Simmer(p)
Sequenz Sequenz(f,-en)
Sergeant Serjant(m,-en)
Sergeant Zerjant(m,-en)
Serie Serie(f,-n)
serienmäßig serieméisseg(adj)
seriös seriéis(adj)
seriös serieux(adj)
seriös seriös(adj)
Seriosität Seriositéit(f,~)
Serpentine Lacet(m,-en)
servieren servéieren(v)
servieren zerwéieren(v)
Serviette Zerwéit(f,-en)
Sessel Fotell(f,-en)
Sessellift Sessellift(m,-en)
Session Sessioun(f,-en)
setzen setzen(v)
setzen (bei Wette) wetten(v)
setzen, außer Betrieb - inaktivéieren(v)
setzen, etw in Gang - luppen, eppes - loossen(exp)
setzen, in Brand - ustiechen(v)
setzen, sich - setzen, sech -(v)
setzen, sich in Bewegung - urullen(v)
Setzholz Setzer(m,--)
Setzholz Setzholz(n,-hëlzer)
setzt, jetzt - es was gëtt, elo - et der(exp)
Seuche Seuch(f,-en)
seufzen seufzen(v)
Sex Sex(m,~)
sexistisch sexistesch(adj)
Sexophobie Sexfeindlechkeet(f,-en)
Sexshop Sexshop(m,-pen)
sexualisieren sexualiséieren(v)
Sexualleben Sexualliewen(n,~)
sexy sexy(adj)
sezieren sezéieren(v)
Shampoo Shampooing(m,-en)
Sheriff Sheriff(m,-en)
Shorts Short(m,-en)
Show Show(f,-en)
Showbusiness Showbusiness(m,~)
Showmaster Showmaster(m,-en)
sich sech(pr)
sich beschweren reklaméieren(v)
Sichel Kromm(f,-en)
Sichel Séchel(f,-en)
sicher gewëss(adv)
sicher sécher(adj)
sicher nicht a neen(exp)
sicher sein sécher sinn(exp)
Sicherheit Sécherheet(f,~)
Sicherheit Securitéit(f,~)
Sicherheitsdienst, öffentlicher - Sûreté(f,~)
Sicherheitsglas Sécherheetsglas(n,~)
Sicherheitsgurt Sécherheetsgurt(m,-en)
Sicherheitsgurt Sécherheetsrimm(m,-en)
Sicherheitsnadel Sécherheetsspéngel(f,-en)
Sicherheitsnadel Versécherungsspéngel(f,-en)
Sicherheitsrat Sécherheetsrot(m,-réit)
sicherlich sécher(adv)
sichern sécheren(v)
sichern (Computer) spächeren(v)
sicherstellen sécherstellen(v)
Sicherung Sécherung(f,-en)
Sicht Siicht(f,~)
Sicht Visibilitéit(f,~)
Sichtbarkeit Visibilitéit(f,~)
sickern rënnen(v)

sickern sickeren*(v)*
Sie Dir*(pr)*
sie si*(pr)*
sie (geduzte Frauen) hatt*(pr)*
Sieb Passette*(f,-n)*
Sieb Siff*(m,-er)*
Sieb Sift*(m,-er)*
sieben siffen*(v)*
sieben siften*(v)*
sieben siwen*(adj)*
Siebenaler Siwwenaler*(p)*
Siebenschläfer Siweschléifer*(m,--)*
Siebenschläfer Uebstrat*(f,-en)*
siebenundachtzig siwenanachtzeg*(adj)*
siebenundachtzig siwenanuechtzeg*(adj)*
siebzehn siwwenzéng*(adj)*
siebzig siwwenzeg*(adj)*
Sieg Victoire*(f,-n)*
Siegel Sigel*(m,-en)*
Siegellack Sigellack*(m,~)*
Siegelring Sigelrank*(m,-réng)*
siegen gewannen*(v)*
siegen sigen*(v)*
siegen wannen*(v)*
Sieger Siger*(m,-en)*
siezen dierzen*(v)*
Signal Zeechen*(n,--)*
signalisieren signaléieren*(v)*
signalisieren signaliséieren*(v)*
Silbe Silb*(f,-en)*
Silbentrennung Silbentrennung*(f,-en)*
Silber Sëlwer*(n,~)*
Silberfischchen Fëschelchen*(m,Fëschelcher)*
Silberhochzeit Sëlwerhochzäit*(f,-en)*
silbern sëlwer*(adj)*
silbern sëlwereg*(adj)*
Silhouette Silhouett*(f,-en)*
Silvester Silvester*(m,~)*
Silvester Sylvester*(m,~)*
Silvesterabend Sylvester*(m,~)*
Simpel Topert*(m,-en)*
Simulant Simulant*(m,-en)*
Simulation Simulatioun*(f,-en)*
simulieren simuléieren*(v)*
singen sangen*(v)*
Sinn Sënn*(m,-er)*
Sinnen, von - onsandels*(adj)*
Sinnesorgan Sënnesorgan*(n,-er)*
sinnieren sënnen*(v)*
Sinnlichkeit Sënnlechkeet*(f,~)*
sinnlos sënnlos*(adj)*
Sinnlosigkeit Sënnlosegkeet*(f,~)*
sinnvoll sënnvoll*(adj)*
Sinnwidrigkeit Absurditéit*(f,-en)*
Sinus Sinus*(m,~)*
Siphon Siphon*(m,-en)*
Sippe Sipp*(f,-en)*
Sippschaft Sippschaft*(f,-en)*
Sippschaft Zuucht*(pej)(f,-en)*
Sirene Sireen*(f,-en)*
Sirup Sirro*(m,-en)*
Sirup Sirrop*(m,-en)*
Sirup Zirup*(m,-en)*
Sitten Sitten*(npl)*
Sittich Perruche*(f,-n)*
Sittlichkeit Sittlechkeet*(f,~)*
Situation Situatioun*(f,-en)*
Situation der Frauen Fraesituatioun*(f,-en)*
Situationskomik Situatiounskomik*(f,~)*
Sitz Sëtz*(m,-er)*
Sitz im Parkett Parquetssëtz*(m,-er)*
Sitzbank Banquette*(m,-n)*
Sitzbecken Biddi*(m,-en)*
sitzen sëtzen*(v)*
sitzenbleiben sëtzebleiwen*(v)*
sitzenbleiben sëtzen, - bleiwen*(exp)*
Sitzfleisch Sëtzfleesch*(n,~)*
Sitzgelegenheit Sëtzgeleeënheet*(f,-en)*
Sitzkissen Sëtzkëssen*(n,--)*
Sitzordnung Sëtzuerdnung*(f,-en)*
Sitzplatz Plaz*(f,-en)*
Sitzplatz Sëtzplaz*(f,-en)*
Sitzung Sëtzung*(f,-en)*
Sitzungsperiode Chambersessioun*(f,-en)*
Sitzungsperiode Sessioun*(f,-en)*
Skala Skala*(f,-en)*
Skalpell Skalpell*(n,-er)*
Skandal Skandal*(m,-er)*
skandalisieren skandaliséieren*(v)*
skandalös skandaléis*(adj)*
Skateboard Skateboard*(n,-en)*
Skelett Skelett*(n,-er)*
Skepsis Skepsis*(f,~)*
Ski Schi*(m,--)*
Ski Ski*(m,--)*
Ski fahren Schi fueren*(exp)*
Ski fahren schifueren*(v)*
Ski fahren Ski fueren*(exp)*
Ski laufen Schi fueren*(exp)*
Ski laufen Ski fueren*(exp)*
Skilanglauf Schilaanglaf*(m,~)*
Skilanglauf Skilaanglaf*(m,~)*
Skilift Schilift*(m,-er)*
Skilift Skilift*(m,-er)*
Skinhead Skinhead*(m,-s)*
Skipiste Schipist*(f,-en)*
Skipiste Skipist*(f,-en)*
Skischuh Schischong*(m,--)*
Skischuh Schischung*(m,--)*
Skischuh Skischong*(m,--)*
Skischuh Skischung*(m,--)*
Skispringen Schisprangen*(n,~)*
Skispringen Skisprangen*(n,~)*
Skistock Schibengel*(m,-en)*
Skiurlaub Schivakanz*(f,-en)*
Skiurlaub Skivakanz*(f,-en)*
Skizze Skizz*(f,-en)*
skizzieren esquisséieren*(v)*
skizzieren skizzéieren*(v)*
Sklave Sklav*(m,-en)*
Sklerose Skleros*(f,-en)*
Skonto Remise*(f,-n)*
Skrupel Skrupel*(m,-en)*
skrupellos skrupellos*(adj)*
Skulptur Skulptur*(f,-en)*
skurril skurril*(adj)*
Skyline Skyline*(f,-n)*
Slalom Slalom*(m,~)*
Slapstick Slapstick*(m,~)*
Slip Slip*(m,-pen)*
Slums Slums*(npl)*
Smaragd Smaragd*(m,-en)*
Smog Smog*(m,~)*
Smoking Smoking*(m,-en)*
Snobismus Snobismus*(m,~)*
Snowboard Snowboard*(m,-en)*
snowboarden snowboarden*(v)*
so esou*(adv)*
so sou*(adv)*
so genannt sou genannt*(exp)*
so viel esou vill*(adv)*
so viel esou vill*(dét)*
sobald esoubal*(cn)*
sobald soubal*(cn)*
Söckchen Séckchen*(f,Séckercher)*
Söckchen Sockett*(f,-en)*
Socke Séckchen*(f,Séckercher)*
Sodbrennen Soud*(m,~)*
Sofa Couche*(f,-n)*
Sofa Kanapee*(m,-ën)*
Sofa Kautsch*(f,-en)*
sofort eenzock*(adv)*
sofort gaangs*(adv)*
Software Software*(f,~)*
Softwarefehler Softwarefeeler*(m,--)*
Softwarekonfiguration Softwarekonfiguratioun*(f,-en)*
sogar esouguer*(adv)*
sogar seguer/souguer*(adv)*

sogar souguer*(adv)*
Sohle Suel*(f,-en)*
Sohn Fils*(m,Fissen)*
Sohn Fiss*(m,-en)*
Sohn Fiston*(m,~)*
Sohn Jong*(m,-en)*
Sohn und Tochter haben Këppelchen, si hunn eng -*(exp)*
Söhnchen Jéngelchen*(m,Jéngelcher)*
Soirée Soirée*(f,-ën)*
Sojasoße Sojazooss*(f,-zosen)*
Solarium Solarium*(m,Solarien)*
Soldat Zaldot*(m,-en)*
Soleuvre Zolwer*(p)*
solidarisieren solidariséieren*(v)*
Solidarität Solidaritéit*(f,-en)*
Solidaritätsbeitrag Solidarbäitrag*(m,-bäiträg)*
solide zolidd*(adj)*
Solist Solist*(m,-en)*
Soll Debit*(m,-en)*
sollen sollen*(v)*
Solo Solo*(m,-en)*
Soloinstrument Soloinstrument*(n,-er)*
Solotänzer Solodänzer*(m,--)*
Sommer Summer*(m,-en)*
Sommer, den - über summesch*(adv)*
Sommeraster Stäreblumm*(f,-en)*
Sommerferien Summervakanz*(f,-en)*
Sommerkleid Summerkleed*(n,-er)*
Sommerkleid Summerrack*(m,-räck)*
Sommerkleidung Summergezei*(n,~)*
Sommerkollektion Summerkollektioun*(f,-en)*
sommerlich summereg*(adj)*
Sommermonate Summerméint*(npl)*
Sommerpause Summerpaus*(f,-en)*
Sommerreifen Summerpneu*(m,-en)*
Sommerschlussverkauf Summersolden*(npl)*
Sommersprosse Speechel*(f,-en)*
Sommerwetter Summerwieder*(n,~)*
Sommerzeit Summerzäit*(f,~)*
Sonderangebot Spezialoffer*(f,-en)*
Sonderausgabe Spezialausgab*(f,-en)*
Sonderausgabe Spezialeditioun*(f,-en)*
Sonderausstattung Accessoire*(m,-n)*
sonderbar aarteleg*(adj)*
sonderbar aartleg*(adj)*
sonderbar droleg*(adj)*
sonderbar koppeg*(adj)*
Sonderregelung Derogatioun*(f,-en)*
Sonlez Soller*(p)*
Sonne Sonn*(f,-en)*
sonnen, sich - sonnen, sech -*(v)*
Sonnenaufgang Sonnenopgank*(m,-gäng)*
Sonnenblume Sonneblumm*(f,-en)*
Sonnenbrand Sonnebrand*(m,-bränn)*
Sonnenbrille Sonnebréll*(m,-er)*
Sonnenenergie Solarenergie*(f,~)*
Sonnenenergie Sonnenenergie*(f,-n)*
Sonnenschirm Sonneprabbeli*(m,-en)*
Sonnenschirm Sonnepräbbeli*(m,-en)*
Sonnenstich Sonnestach*(m,-stéch)*
Sonnenstich Sonnestéch*(m,--)*
Sonnenstrahl Sonnestral*(m,-en)*
Sonnenuhr Sonnenauer*(f,-en)*
Sonnenuntergang Sonnenënnergank*(m,-gäng)*
sonnig sonneg*(adj)*
Sonntag Sonndeg*(m,-er)*
Sonntag Sonnden*(m,Sonndeger)*
sonntags sonndes*(adv)*
Sonntagsblatt Sonndesblietchen*(n,-bliedercher)*
Sonntagskind Gléckskand*(n,-kanner)*
Sonntagskleider sonndest Gezei*(exp)*
Sonntagsmesse Sonndesmass*(f,-en)*
sonst soss*(adv)*
sonst noch was soss näischt*(exp)*
sonst wo enzwousch, soss -*(exp)*
Sorbet Sorbet*(m,-en)*
Sorge Suerg*(f,-en)*
sorgen suergen*(v)*
Sorgen, sich - machen Suergen, sech - maachen*(exp)*
sorgfältig minutiéis*(adj)*
sorgfältig suergfälteg*(adj)*
Sorte Zort*(f,-en)*
sortieren assortéieren*(v)*
sortieren sortéieren*(v)*
sortieren triéieren*(v)*
sortieren zortéieren*(v)*
Soße Sauce*(f,-n)*
Soße Zooss*(f,-en)*
Souffleur Souffleur*(m,-en)*
Souffleuse Souffleuse*(f,-n)*
Souveränität Souverainitéit*(f,~)*
Souveränität Souveränitéit*(f,~)*
soviel souvill*(adv)*
soweit souwäit*(cn)*
sowie soubal*(cn)*
sowieso souwéisou*(adv)*
sowieso souwisou*(adv)*
sowohl souwuel*(cn)*
sozial sozial*(adj)*
Sozialabkommen Sozialkonventioun*(f,-en)*
Sozialamt Aarmebüro*(m,-en)*
Sozialausbildung Sozialformatioun*(f,~)*
Sozialdemokrat Sozialist*(m,-en)*
sozialdemokratisch sozialistesch*(adj)*
soziale Kohäsion Sozialkohäsioun*(f,~)*
Sozialfall Sozialfall*(m,-fäll)*
sozialisieren sozialiséieren*(v)*
Sozialismus Sozialissem*(m,~)*
Sozialist Sozialist*(m,-en)*
sozialistisch sozialistesch*(adj)*
Sozialleistungen Sozialleeschtungen*(npl)*
Sozialpartner Sozialpartner*(m,--)*
Sozialplan Sozialplang*(m,-pläng)*
Sozialrat Sozialrot*(m,-réit)*
Sozialreform Reform, sozial -*(exp)*
Sozialunion Sozialunioun*(f,-en)*
Sozialversicherungsausweis Versécherungskaart*(f,-en)*
Sozialwohnung Sozialwunnecht*(f,-en)*
Sozialwohnung Sozialwunneng*(f,-en)*
Soziologe Soziolog*(m,-en)*
sozusagen esouzesoen*(adv)*
sozusagen zesoen*(adv)*
Spachtel Spachtel*(f,~)*
spachteln spachtelen*(v)*
Spagat Spagat*(m,-en)*
Spaghetti Spagetti*(f,-en)*
spähen luussen*(v)*
Spalte Bascht*(f,-en)*
Spalte Kolonn*(f,-en)*
Spalte Rass*(m,Röss)*
Spalte Spalt*(f,-en)*
Spalte Spléck*(f,-en)*
spalten räissen*(v)*
spalten splécken*(v)*
Span Spoun*(m,Spéin)*
Spanien Spuenien*(n,~)*
Spanier Spuenier*(m,--)*
Spanierin Spuenierin*(f,-nen)*
spanisch spuenesch*(adj)*
spannen spanen*(v)*
spannen (Bogen) spannen*(v)*
spannen (Keidung) stremmen*(v)*
spannen (Kleidung) strämmen*(v)*
spannend spannend*(adj)*
Spannung Spannung*(f,-en)*
Sparbuch Spuerbuch*(n,-bicher)*
Sparbüchse Spuerkëscht*(f,-en)*
Spardose Spuerbéchs*(f,-en)*
sparen spueren*(v)*
Spargel Spargel*(f,-en)*
Sparkasse Spuerkeess*(f,-en)*
Sparpolitik Spuerpolitik*(f,~)*
Sparsamkeit Spuersamkeet*(f,~)*
Sparschwein Spuerschwéngchen*(n,-schwéngercher)*
Spaß Spaass*(m,~)*

spaßen gecksen*(v)*
spaßen juxen*(v)*
spaßen spaassen*(v)*
spaßhaft spaasseg*(adj)*
spaßig spaasseg*(adj)*
spät spéit*(adj)*
spät, wie - ist es? Auer, wéi vill - ass et?*(exp)*
spätabends spéitowes*(adv)*
Spatel Spachtel*(f,-en)*
Spaten Spuet*(m,Spueden)*
Spätentwickler Spéitentwéckler*(m,--)*
spätestens spéitestens*(adv)*
spätestens spéitstens*(adv)*
Spatz Karmësch*(f,-en)*
Spatz Mësch*(f,-en)*
spazieren spadséieren*(v)*
spazieren fahren spadséieren, - fueren*(exp)*
spazieren gehen spadséieren, - goen*(exp)*
spazieren gehen tréppelen*(v)*
Spaziergang Spadséiergank*(m,-gäng)*
Speakerin Speakerin*(f,-nen)*
Specht Spiecht*(m,-en)*
Speck Speck*(m,~)*
Speck- specken*(adj)*
Speck, magere Speck, more -*(exp)*
speckig speckeg*(adj)*
Speichel Spaut*(m,~)*
Speichelleckerei Paltongszéierei*(f,-en)*
Speicher Späicher*(m,-en)*
Speicherkapazität Späicherkapazitéit*(f,-en)*
speichern späicheren*(v)*
Speicherplatz (Computer) Späicher*(m,~)*
Speierling Spierebam*(m,-beem)*
Speisefett Frittefett*(n,~)*
Speisekarte Menu*(m,-en)*
Speisekarte Menü*(m,-en)*
Speisekarte Menuskaart*(f,-en)*
Speisekarte Menüskaart*(f,-en)*
Speiseröhre Schléck*(f,-en)*
Speiseröhre Speiseröhre*(f,-n)*
Speiseschrank Spëndchen*(f,Spënntercher)*
Speiseschrank Spënnchen*(m,Spënntercher)*
Speisewagen Wagon-Restaurant*(m,-en)*
Spektakel Spektakel*(m,-en)*
spektakulär spektakulär*(adj)*
Spektrum Spektrum*(n,-[m]en)*
Spekulant Spekulateur*(m,-en)*
Spekulation Spekulatioun*(f,-en)*
Spekulationsobjekt Spekulatiounsobjet*(m,-en)*
spekulieren spekuléieren*(v)*
Spende Don*(m,-en)*
spenden afferen*(v)*
spenden spenden*(v)*
spenden (in der Kirche) afferen*(v)*
spendieren spendéieren*(v)*
Sperber Spuervull*(m,-en)*
Sperberbirne Spier*(n,-en)*
Sperling Mësch*(f,-en)*
Sperling Spatz*(m,-en)*
Sperre Barrage*(m,-n)*
Sperre Spär*(f,-en)*
sperren spären*(v)*
Sperrmüll Sperrmüll*(m,~)*
Spezialeinheit Spezialunitéit*(f,-en)*
Spezialgebiet Spezialgebitt*(n,-er)*
spezialisieren spezialiséieren*(v)*
Spezialisierung Spezialisatioun*(f,-en)*
Spezialist Spezialist*(m,-en)*
Spezialität Spezialitéit*(f,-en)*
spezifisch spezifesch*(adj)*
spezifizieren spezifizéieren*(v)*
Spezifizierung Spezifikatioun*(f,-en)*
Spezifizität Spezifizitéit*(f,-en)*
Sphinx Sphinx*(f,-en)*
spicken knäipen*(v)*
Spiegel Spigel*(m,-en)*
Spiegelei Spigelee*(n,-ër)*
spiegeln spigelen*(v)*
spiegeln, sich - spigelen, sech -*(v)*
Spiel Parti*(f,-en)*
Spiel (auch: Sport) Spill*(n,-er)*
Spiel (Sport) Match*(m,-er)*
Spiel haben Sputt hunn*(exp)*
Spiel, aufs - setzen Schanz, an d'- schéissen*(exp)*
Spiel, internationales - Match, internationalen -*(exp)*
spielen spillen*(v)*
spielen, Karten - kaarten*(v)*
spielen, unfair - raiberen*(v)*
Spieler Spiller*(m,--)*
Spielerei Spillerei*(f,-en)*
Spielhalle Spillhal*(f,-en)*
Spielkarte Kaart*(f,-en)*
Spielplan Spillplang*(m,-pläng)*
Spielplatz Spillplaz*(f,-en)*
Spielraum Sputt*(m,~)*
Spielregel Spillregel*(f,-en)*
Spielzeug Spill*(n,-er)*
Spielzeug Spillsaach*(f,-en)*
Spielzeugladen Spillbuttek*(m,-er)*
Spinat Päinetsch*(m,~)*
Spinat Spinat*(m,~)*
Spinne Spann*(f,-en)*
spinnen spënnen*(v)*
spinnen (Faden) spannen*(v)*
Spinnwebe Spaweck*(m,-en)*
Spion Spioun*(f,-en)*
Spionage Spionage*(f,~)*
spionieren spionéieren*(v)*
Spirale Spiral*(f,-en)*
spiritistisch spiritistesch*(adj)*
Spiritualität Spiritualitéit*(f,~)*
spitz spatz*(adj)*
Spitze Pick*(f,-en)*
Spitze Spëtz*(f,-en)*
Spitze Spëtzt*(f,-en)*
spitzen spëtzen*(v)*
Spitzen- spëtzen*(adj)*
spitzen, die Ohren - spécksen*(v)*
spitzen, die Ohren - spëtzen, d'Ouere -*(exp)*
Spitzengeschwindigkeit Spëtzegeschwëndegkeet*(f,-en)*
Spitzenqualität Spëtzequalitéit*(f,-en)*
Spitzensportler Spëtzesportler*(m,--)*
Spitzfindigkeit Spëtzfënnegkeet*(f,-en)*
Spitzhacke Pioche*(f,-n)*
Spitzmaus Spëtzmaus*(f,-mais)*
Spitzname Spëtznumm*(m,-nimm)*
Splitter (Bombe, Granate) Splitter*(m,--)*
Splitter (im Finger) Spläiter*(f,-en)*
Splittergruppe Splittergrupp*(f,-en)*
splittern spläiteren*(v)*
splitternackt potzpuddelplakeg*(adj)*
Spoiler Spoiler*(m,-en)*
sponsern sponseren*(v)*
Sponsor Sponsor*(m,-en)*
spontan spontan*(adj)*
spontan spontan*(adv)*
Spontaneität Spontanitéit*(f,~)*
sporadisch sporadesch*(adj)*
Sport Sport*(m,~)*
Sport treiben Sport maachen*(exp)*
Sportabteilung Sportsectioun*(f,-en)*
Sportabteilung Sportsektioun*(f,-en)*
Sportart Sportaart*(f,-en)*
Sportartikel Sportartikel*(m,-en)*
Sportfeld Terrain*(m,-en)*
Sportgeschäft Sportsgeschäft*(n,-er)*
Sporthose Turnbox*(f,-en)*
Sportkleidung Sportgezei*(n,~)*
Sportkleidung Turngezei*(n,~)*
Sportler Sportler*(m,--)*
Sportler Sportsleit*(npl)*
Sportler Sportsmann*(m,Sportsleit)*
sportlich sportlech*(adj)*
Sportplatz Sportsplaz*(f,-en)*
Sportreportage Sportsreportage*(m,-n)*
Sportschuh Trainingsschong*(m,--)*

Sportschuh Trainingsschung*(m,--)*
Sportschuh Turnschlapp*(f,-en)*
Sportseite Sportssäit*(f,-en)*
Sportveranstaltung Sportsmanifestatioun*(f,-en)*
Sportverband Sportsfederatioun*(f,-en)*
Sportverein Sportsveräin*(m,-er)*
Sportwagen Sportswon*(m,-ween)*
Sportwagen (Kinder) Poussette*(f,-n)*
Sportzeitschrift Sportszäitschrëft*(f,-en)*
Spott Spunnes*(m,~)*
Spott, den - mit jm/etw treiben Uz, den - mat eppes/engem maachen*(exp)*
spottbillig spottbëlleg*(adj)*
spötteln spëttelen*(v)*
spötteln spöttelen*(v)*
spötteln uzen*(v)*
Spötter Spëtteler*(m,--)*
Spötter Spottmécher*(m,--)*
Spötter Spottvull*(m,-en)*
Spötter Stëppeler*(m,--)*
Spottname Spottnumm*(m,-nimm)*
Spottpreis Spottpräis*(m,-er)*
Sprachabteilung Sproochesektioun*(f,-en)*
Sprache Sprooch*(f,-en)*
Sprachfehler Sproochfeeler*(m,--)*
Sprachgebrauch Sproochgebrauch*(m,--)*
Sprachgefühl Sproochgefill*(n,--)*
sprachgewaltig wuertgewalteg*(adj)*
Sprachlabor Sproochelabo*(m,-en)*
sprachlos sprachlos*(adj)*
sprachlos sein platt sinn*(exp)*
Sprachwissenschaft Sproochwëssenschaft*(f,-en)*
Spray Spray*(m,-en)*
Spraydose Spraydous*(f,-en)*
sprayen sprayen*(v)*
sprechen schwätzen*(v)*
sprechen spriechen*(v)*
sprechen, miteinander - dialogéieren*(v)*
Sprecher Spriecher*(m,--)*
Sprechstunde Consultatioun*(f,-en)*
Sprechstunde Konsultatioun*(f,-en)*
Sprechweise (ironisch) Langaasch*(scherzh)(m,~)*
sprengen sprengen*(v)*
Sprengkopf Sprengkapp*(m,-käpp)*
Sprengkraft Sprengkraaft*(f,-kräften)*
sprenkeln sprënselen*(v)*
sprenkeln sprinselen*(v)*
Spreu Kuef*(m,~)*
Sprichwort Riedensaart*(f,-en)*
Sprichwort Sprachwuert*(n,-wierder)*
Sprichwort Spréchwuert*(n,-wierder)*
Springbrunnen Sprangbur*(m,-en)*
springen sprangen*(v)*
Springprozession (in Echternach) Sprangprëssessioun*(f,-en)*
Springseil Sprangseel*(n,-er)*
Sprinkange Spréngkeng*(p)*
Sprinkler Sprinkler*(m,-en)*
Sprint Sprint*(m,-en)*
sprinten sprinten*(v)*
Spritze Sprëtz*(f,-en)*
Spritze (Wasser) Sprutz*(f,-en)*
spritzen sprëtzen*(v)*
spritzen sprutzen*(v)*
spröde sprock*(adj)*
Sprosse Sprass*(m,-en)*
Spruch Spréchelchen*(m,Spréchelcher)*
Spruch Sproch*(m,Spréch)*
Sprudel Spruddel*(m,~)*
Sprudel Spruddelwaasser*(n,~)*
sprudeln spruddelen*(v)*
sprudelnd spruddeleg*(adj)*
Sprühregen Stëbsreen*(m,~)*
Sprung Saz*(m,Sätz)*
Sprung Spronk*(m,Spréng)*
Sprung, einen - in der Schüssel haben Broutschéiss, eng mat der - hunn*(exp)*
Sprungbrett Sprangbriet*(n,-brieder)*
Sprungschanze Sprungschanz*(f,-en)*
Spucke Spaut*(m,~)*
spucken rotzen*(vulg)(v)*
spucken späizen*(v)*
Spülbecken Spullsteen*(m,-en)*
Spule Bobine*(f,Bobinnen)*
Spule Spull*(f,-en)*
Spüle Waassersteen*(m,--)*
spülen (mit klarem Wasser) schwenken*(v)*
Spüllappen Spulllomp*(f,-en)*
Spülmittel Spullmëttel*(n,-en)*
Spültuch Spulllomp*(f,-en)*
Spülwasser Spullwaasser*(n,~)*
Spur Fäert*(f,-en)*
Spur Fiert*(f,-en)*
Spur Spur*(f,-en)*
spüren spieren*(v)*
spurlos spurlos*(adj)*
sputen, sich - bäimaachen, sech -*(v)*
Squash Squash*(m,~)*
Staat Staat*(m,-en)*
Staat Stat*(m,-en)*
staatlich staatlech*(adj)*
staatlicher Seite, von - staatlechersäits*(adv)*
Staatsabhängigkeit Statsofhängegkeet*(f,~)*
Staatsanwalt Procureur*(m,-en)*
Staatsanwaltschaft Parquet*(m,~)*
Staatsbeamte Statsbeamten*(m,--)*
Staatsbesuch Staatsvisite*(f,-n)*
Staatsbesuch Statsbesuch*(m,~)*
Staatsbürgerschaft Citoyennetéit*(f,~)*
Staatschef Statschef*(m,-fen)*
Staatsexamen Staatsexamen*(m,--)*
Staatsform Regime*(m,-r)*
Staatsgeheimnis Staatsgeheimnis*(n,-ser)*
Staatsgrenze Staatsgrenz*(f,-en)*
Staatskasse Statskeess*(f,-en)*
Staatsmann Statsmann*(m,-männer)*
Staatsminister Statsminister*(m,-en)*
Staatsrat Staatsrot*(m,-réit)*
Staatsrat Statsrot*(m,~)*
Staatsstreich Staatsstreech*(m,-er)*
Staatsunabhängigkeit Statsonofhängegkeet*(f,~)*
Staatsverwaltung Statsadministratioun*(f,-en)*
Stab Staang*(f,-en)*
Stäbchen Stäbchen*(m,Stäbercher)*
Stabhochsprung Stafhéichspronk*(m,~)*
stabil stabil*(adj)*
stabilisieren stabiliséieren*(v)*
Stabilität Stabilitéit*(f,~)*
Stabreim, in Form von -en aliteréiert*(adj)*
Stachel Stachel*(m,-en)*
Stachel (Biene) Aangel*(m,-en)*
Stacheldraht Drot, pickegen -*(exp)*
Stacheldraht Stacheldrot*(m,-dréit)*
stachelig pickeg*(adj)*
Stachelschwein Stachelschwäin*(n,--)*
Stadion Stadion*(m,-en)*
Stadt Stad*(f,Stied)*
Stadt Luxemburg, die - betreffend Stater*(adj)*
Stadtbredimus Stadbriedemes*(p)*
Städtchen Stiedchen*(n,Stietercher)*
Stadtentwicklungskommission Stadentwécklungscommissioun*(f,-en)*
Stadtentwicklungskommission Stadentwécklungskommissioun*(f,-en)*
Städter (Bürger der Stadt Luxemburg) Stater*(m,--)*
städtisch stieds*(adv)*
städtisch stieter*(adj)*
Stadtmauer Rempart*(m,-en)*
Stadtmauer Stadmauer*(f,-en)*
Stadtplan Stadplang*(m,-pläng)*
Stadttheater (in Luxemburg) Theater, Stater -*(exp)*
Stadttor Paart vun der Stad*(exp)*
Stadtverkehr Stadsverkéier*(m,~)*
Stadtzentrum Stadzentrum*(m,-zentren)*

Staffel	Staffel *(f,-en)*
Staffelei	Staffelei *(f,-en)*
Staffellauf	Staffellaf *(m,-leef)*
Staffelstein	Stafelter *(p)*
Stagnation	Stagnatioun *(f,-en)*
stagnieren	stagnéieren *(v)*
Stahl	Stol *(m,~)*
Stahl-	stolen *(adj)*
Stahlbürste	Drotbiischt *(f,-en)*
Stahlbürste	drote Biischt *(exp)*
Stahlindustrie	Stolindustrie *(f,-n)*
Stahlwerk	Stolwierk *(n,-er)*
Stall	Stall *(m,Ställ)*
Stallmeister	Reitmeeschter *(m,--)*
Stamm	Stamm *(m,Stämm)*
Stammbaum	Stammbam *(m,-beem)*
stammeln	hackelen *(v)*
stammeln	taddelen *(v)*
stammen	stamen *(v)*
Stammgast	Stammgaascht *(m,-gäscht)*
Stammkunde	Stammclient *(m,-en)*
Stammkundin	Stammcliente *(f,-ën)*
Stammler	Tuddeler *(m,-en)*
Stammlokal	Stamminee *(m,-ën)*
Stammlokal	Stammlokal *(n,-er)*
Stammtisch	Stammdësch *(m,-er)*
Stammtisch	Stamminee *(m,-ën)*
stampfen	traatschen *(v)*
Stand	Stand *(m,~)*
Stand	Stand *(m,Stänn)*
Standard	Standard *(m,-en)*
standardisieren	standardiséieren *(v)*
standfest	stamper *(adj)*
standfest	standber *(adj)*
standfest	standfest *(adj)*
Standfestigkeit	Standfestegkeet *(f,~)*
Standhaftigkeit	Standhaftegkeet *(f,~)*
standhalten	duerhalen *(v)*
ständig	stänneg *(adj)*
Standlicht	Standluucht *(f,-en)*
Standlicht	Standlut *(f,-en)*
Standpauke	Priedegt *(f,-en)*
Standpauke	Standpriedegt *(f,-en)*
Standpunkt	Standpunkt *(m,-en)*
Standuhr	Standauer *(f,-en)*
Stange	Staang *(f,-en)*
Stange Zigaretten	Staang Zigaretten *(exp)*
Stängel	Still *(m,--)*
stapeln	tässelen *(v)*
stapfen	flatschen *(v)*
stapfen	stappen *(v)*
stapfen (im Schlamm)	patschen *(v)*
stapfen (Kinder)	dabberen *(v)*
stapfen (wacker, bei Kindern)	dappen *(v)*
Star	Spréif *(f,Spréiwen)*
Star	Star *(m,-en)*
Star (Augenkrankheit)	Aestar *(m,~)*
stark	maans *(adj)*
stark	staark *(adj)*
stark	uerg *(adv)*
Stärke	Steif *(f,~)*
Stärkemehl	Steif *(f,~)*
stärken	renforcéieren *(v)*
stärken	stäerken *(v)*
stärken	steiwen *(v)*
starren	stierksen *(v)*
starren	stuerksen *(v)*
starrköpfig	rabbelkäppeg *(adj)*
starrsinnig	trotzeg *(adj)*
Start	Depart *(m,-en)*
Start	Start *(m,-en)*
Startblock	Startblock *(m,-bléck)*
starten	demarréieren *(v)*
starten	lassfueren *(v)*
starten	starten *(v)*
Starterlaubnis	Startautorisatioun *(f,-en)*
Starthilfe	Starthëllef *(f,-en)*
Startkapital	Startkapital *(n,~)*
Startposition	Startpositioun *(f,-en)*
Startschwierigkeit	Demarrageschwieregkeet *(f,-en)*
Startschwierigkeit	Ulafschwieregkeet *(f,-en)*
Statik	Statik *(f,-en)*
Station	Statioun *(f,-en)*
stationär	stationär *(adj)*
stationieren	stationéieren *(v)*
Statist	Statist *(m,-en)*
Statistik	Statistik *(m,-en)*
Statistiker	Statistiker *(m,--)*
Stativ	Stativ *(n,-en)*
stattlich	stiets *(adj)*
stattlich	stolz *(adj)*
stattlich	stoots *(adj)*
stattlich (Person)	houfreg *(adj)*
Statue	Statu *(f,-en)*
statuieren	statuéieren *(v)*
Status	Status *(m,~)*
Statussymbol	Statussymbol *(n,-er)*
Statut (Satzung)	Statut *(m,-ten)*
Stau	Stau *(m,-en)*
Staub	Stëbs *(m,~)*
stauben	stëbsen *(v)*
staubig	stëbseg *(adj)*
Staubkörnchen	Stëbskär *(m,-en)*
Staubsauger	Staubsauger *(m,-en)*
Staubsaugerbeutel	Stëbssak *(m,-säck)*
Staubtuch	Stëbsfatz *(m,-en)*
Staubtuch	Stëbslomp *(f,-en)*
Staudamm	Staudamm *(m,-en)*
stauen	stauen *(v)*
Staumauer	Staumauer *(f,-en)*
staunen	staunen *(v)*
staunen	verwonneren, sech - *(v)*
Stausee	Stau *(m,-en)*
Stausee	Stauséi *(m,-en)*
Steak	Steak *(m,-en)*
stechen	pécken *(v)*
stechen	picken *(v)*
stechen	stiechen *(v)*
Stechmücke	Moustique *(f,-n)*
Stechuhr	Kontrollauer *(f,-en)*
Steckdose	Steckdous *(f,-en)*
stecken	stiechen *(v)*
stecken, ins Gefängnis -	asetzen *(v)*
Stecker	Stecker *(m,-en)*
Stecknadel	Spéngel *(f,-en)*
Steg	Stee *(m,-ër)*
Stegen	Steeën *(p)*
stehen	stoen *(v)*
stehen bleiben	stoen, - bleiwen *(exp)*
stehen lassen	stoen, - loossen *(exp)*
stehenbleiben	stallhalen *(v)*
stehenden Fußes	stoes Fouss *(exp)*
Stehlampe	Standluucht *(f,-en)*
Stehlampe	Standlut *(f,-en)*
Stehlampe	Stéiluucht *(f,-en)*
Stehlampe	Stéilut *(f,-en)*
stehlen	klauen *(v)*
stehlen	stielen *(v)*
Stehplatz	Stéiplaz *(f,-en)*
steif	steif *(adj)*
steifen	steiwen *(v)*
Steifheit	Steifheet *(f,~)*
steigen	klammen *(v)*
steigen	wuessen *(v)*
steigen (Preise)	Luucht, an d'- goen *(exp)*
steigen, aufs Pferd -	klammen, op d'Päerd - *(exp)*
steigern	steigeren *(v)*
steil	géi *(adj)*
steiler Weg	Hiel *(f,-en)*
steiler Weg	Stouss *(m,Stéiss)*
Stein	Steen *(m,Steng)*
Stein, aus -	Steen, aus - *(exp)*
Steinbruch	Carrière *(f,-n)*
Steinbruch	Steebroch *(m,-bréch)*
Steinbruch	Steekaul *(f,-en)*
Steinbutt	Turbot *(m,-en)*
Steine	Steng *(npl)*

Deutsch	Luxemburgisch
steinern	stengen*(adj)*
Steinfort	Stengefort*(p)*
steinhart	steenhaart*(adj)*
Steinhaufen	Steekoup*(m,-kéip)*
Steinheim	Steenem*(p)*
steinig	stengeg*(adj)*
steinigen	stengegen*(v)*
Steinkauz	Doudevull*(m,-en)*
Steinmetz	Steemetzer*(m,--)*
Steinobst	Steenuebst*(n,~)*
Steinsel	Steesel*(p)*
Steinzeit	Steenzäit*(f,~)*
Steinzeit	Stengzäit*(f,~)*
Steißbein	Aaschkrippchen*(f,-krippercher)*
Steißbein	Aaschkrupp*(f,-en)*
Stelle	Plaz*(f,-en)*
Stelle, nicht von der - kommen	Fleck, net vum - kommen*(exp)*
Stelle, zur - sein	Dill, um - sinn*(exp)*
Stelle, zur - sein	Plaz, op der - sinn*(exp)*
stellen	setzen*(v)*
stellen	stellen*(v)*
stellen (Maschine)	schalten*(v)*
stellen (Uhr)	riichten*(v)*
stellen, eine Frage -	stellen, eng Fro -*(exp)*
Stellen, freie -	Plazen, fräi -*(exp)*
Stellenangebot	Plazen, fräi -*(exp)*
Stellenwert	Stellewäert*(m,-er)*
stemmen	stemmen*(v)*
stemmen, Gewichte -	stemmen*(v)*
Stempel	Stempel*(m,-en)*
stempeln	stempelen*(v)*
stempeln	tamponéieren*(v)*
stempeln gehen	stempelen, - goen*(exp)*
stenographieren	stenographéieren*(v)*
Stenotypist	Stenotypist*(m,-en)*
Stenotypistin	Stenotypistin*(f,-nen)*
Steppdecke	Steppdecken*(f,--)*
steppen	steppen*(v)*
Sterbebett	Doudebett*(n,-er)*
Sterbefall	Stierffall*(m,-fäll)*
Sterbehilfe	Stierfhëllef*(f,~)*
sterben	ewechfalen*(v)*
sterben	stierwen*(v)*
sterben	verscheeden*(v)*
sterblich	stierflech*(adj)*
Stereo	Stereo*(m,~)*
Stereoanlage	Stereosanlag*(f,-en)*
Sterilisation	Sterilisatioun*(f,-en)*
sterilisieren	steriliséieren*(v)*
Sterilisierung	Sterilisatioun*(f,-en)*
Stern	Stär*(m,-en)*
sternhagelvoll	zatzevoll*(adj)*
Sternschnuppe	Stäreschnäiz*(f,-en)*
Stethoskop	Stethoskop*(n,-en)*
stets	andauernd*(adv)*
Steuer	Steier*(f,-en)*
Steuer	Steierrad*(n,-rieder)*
Steuer (Auto)	Renkel*(f,-en)*
Steuer, direkte -	Steier, direkt -*(exp)*
Steuer, indirekte -	Steier, indirekt -*(exp)*
Steueramt	Steierbüro*(n,-en)*
Steuerberater	Steierberoder*(m,--)*
Steuereinnehmer	Perzepter*(m,-en)*
Steuererklärung	Akommesdeklaratioun*(f,-en)*
Steuererklärung	Steiererklärung*(f,-en)*
Steuerermäßigung	Steiermoderatioun*(f,-en)*
Steuerermäßigung	Steierreduktioun*(f,-en)*
Steuergerechtigkeit	Steiergerechtegkeet*(f,~)*
Steuerhinterziehung	Steierhannerzéiung*(f,~)*
Steuerminderung	Steiermoderatioun*(f,-en)*
steuern	renkelen*(v)*
steuern	rénkelen*(v)*
steuern	renken*(v)*
steuern	rénken*(v)*
steuern	steieren*(v)*
steuern (Flugzeug)	pilotéieren*(v)*
Steuerrad	Steier*(n,-en)*
Steuerrecht	Steierrecht*(n,~)*
Steuerreform	Steierreform*(f,-en)*
Steuerruder	Rudder*(n,-en)*
Steuerruder	Steierrad*(n,-rieder)*
Steuerungsfunktion	Steierungsfunktioun*(f,-en)*
Steuerwesen	Fiskalitéit*(f,~)*
Steuerzahler	Steierzueler*(m,--)*
Steward	Steward*(m,-en)*
stibitzen	stibitzen*(v)*
Stich	Stach*(m,Stéch)*
Stich	Stéch*(m,--)*
Stich (Kartenspiel)	Streech*(m,--)*
Stich, im - lassen	Stéch, am - loossen*(exp)*
Stich, im - lassen	verleemen*(v)*
Sticheleien	Gestëppels*(n,~)*
Sticheleien, zu - geneigt	stëppeleg*(adj)*
sticheln	pécken*(v)*
sticheln	stéchelen*(v)*
sticheln	stëppelen*(v)*
Stichwahl	Stéchwahl*(f,-en)*
Stichwahl	Stéchwal*(f,-en)*
sticken	brodéieren*(v)*
sticken	stécken*(v)*
stickig	dompeg*(adj)*
stickig	stéckseg*(adj)*
stieben (Funken)	wechfueren*(v)*
Stiefel	Stiwwel*(m,-en)*
stiefeln	stiwwelen*(v)*
Stiefeltern	Stéifelteren*(npl)*
Stiefgeschwister	Stéifgeschwëster*(npl)*
Stiefkind	Stéifkand*(n,-kanner)*
Stiefmutter	Stéifmamm*(f,-en)*
Stiefmütterchen	Pensée*(f,-ën)*
Stiefvater	Stéifpapp*(m,-en)*
Stiel	Still*(m,--)*
Stiel (Besen)	Stronk*(m,Strénk)*
Stieltopf	Casserole*(f,-n)*
Stieltopf	Kasseroll*(f,-en)*
Stieltopf	Kassroll*(f,-en)*
Stier	Far*(m,-en)*
Stier	Stéier*(m,-en)*
Stift	Stëft*(m,-er)*
stiften	stëften*(v)*
Stiftung	Fondatioun*(f,-en)*
Stiftung	Stëftung*(f,-en)*
Stiftzahn	Stëftzant*(m,-zänn)*
stigmatisieren	stigmatiséieren*(v)*
Stil	Stil*(m,-er)*
stilisieren	stiliséieren*(v)*
still	roueg*(adj)*
still	stëll*(adj)*
still sein	roueg sinn*(exp)*
Stille	Rou*(f,~)*
stillen	nieren*(v)*
stillen	stëllen*(v)*
stillen (Durst)	läschen*(v)*
stillhalten	stallhalen*(v)*
Stillleben	Nature morte*(f,-n)*
Stillstand	Stëllstand*(m,~)*
stillstehen	stëllstoen*(v)*
Stimmbruch	Stëmmbroch*(m,~)*
Stimme	Stëmm*(f,-en)*
stimmen	stëmmen*(v)*
stimmen (Musikinstrument)	stëmmen*(v)*
Stimmenthaltung	Stëmmenthalung*(f,-en)*
Stimmgabel	Stëmmgafel*(f,-en)*
stimmig	stëmmeg*(adj)*
stimmlos	ouni Stëmm*(exp)*
stimmlos	Stëmm, ouni -*(exp)*
Stimmrecht	Stëmmrecht*(n,~)*
Stimmung	Ambiance*(f,~)*
Stimmung	Stëmmung*(f,-en)*
Stimmungskanone	Stëmmungskanoun*(f,-en)*
Stimmzettel	Stëmmziedel*(m,-en)*
Stimmzettel	Walziedel*(m,-en)*
stimulieren	stimuléieren*(v)*
Stinkbombe	Sténkbomm*(f,-en)*
stinken	fachen*(v)*
stinken	mëffen*(v)*
stinken	mipsen*(v)*
stinken	sténken*(v)*

Stinkfüße Kéiskëschten *(scherzh)(npl)*
Stinktier Sténkdéier *(n,-en)*
Stipendium Bourse *(f,-n)*
Stipendium Stipendium *(n,Stipendien)*
Stirn Stir *(f,-en)*
stochern stëppelen *(v)*
stochern (im Essen) triwwelen *(v)*
stochern, im Essen - chipotéieren *(v)*
Stock Bengel *(m,-en)*
Stock Klëppel *(n,-en)*
Stock Stock *(m,-en)*
stockdunkel stachdäischter *(adj)*
stockdunkel stackdäischter *(adj)*
Stockem Stackem *(p)*
Stockfisch Stackfësch *(m,--)*
stocktaub stackdaf *(adj)*
Stockwerk Stack *(m,Stäck)*
Stoff Duch *(n,~)*
Stoff Stoff *(m,Stëfter)*
Stoff Stoft *(m,Stëfter)*
Stoff- stoften *(adj)*
Stoff, Stück - Fatz *(f,-en)*
Stofffetzen Lomp *(f,-en)*
stöhnen jiipsen *(v)*
stöhnen keimen *(v)*
stöhnen këmmen *(v)*
stöhnen wéimeren *(v)*
stolpern flatteren *(v)*
stolpern stolperen *(v)*
stolpern trëllen *(v)*
Stolz Houfert *(m,~)*
stolz houfreg *(adj)*
stolz stolz *(adj)*
Stolz Stolz *(m,~)*
Stolzembourg Stolzebuerg *(p)*
stolzieren paradéieren *(v)*
stolzieren stolséieren *(v)*
stolzieren stolzéieren *(v)*
stopfen (Strümpfe) stëppelen *(v)*
stopfen (Strümpfe) stoppen *(v)*
Stopp Stopp *(m,-en)*
stoppen stoppen *(v)*
stoppen, Zeit - chronometréieren *(v)*
Stoppschild Stoppschëld *(n,-schëlter)*
Stoppuhr Chronometer *(m,-en)*
Stoppuhr Stoppauer *(f,-en)*
Storch Storch *(m,-en)*
stören derangéieren *(v)*
stören hënneren *(v)*
stören perturbéieren *(v)*
stören stéieren *(v)*
stornieren stornéieren *(v)*
Stornierung Annulatioun *(f,-en)*
störrisch déckkäppeg *(adj)*
Störung Derangement *(m,-er)*
Störung Perturbatioun *(f,-en)*
Störung Stéierung *(f,-en)*
Stoß Stouss *(m,Stéiss)*
Stoßdämpfer Amortisseur *(m,-en)*
stoßen dicksen *(v)*
stoßen nécken *(v)*
stoßen poufen *(v)*
stoßen stoussen *(v)*
stoßen técken *(v)*
stoßen tucken *(v)*
stoßen, auf jn/etw - topen, op eppes/een - *(exp)*
Stoßstange Parechoc *(m,-chocken)*
Stoßstange Pare-choc *(m,-chocken)*
Stoßstange Stousssstaang *(f,-en)*
stoßweise stéissweis *(adv)*
stoßweise sträppweis *(adv)*
stottern stotteren *(v)*
stottern tuddelen *(v)*
Strafanstalt Prisong *(m,-en)*
Strafarbeit Strof *(f,-en)*
Strafe Penalitéit *(f,-en)*
Strafe Sanktioun *(f,-en)*
Strafe Strof *(f,-en)*
Strafe, die - erlassen Strof, d'- schenken *(exp)*
strafen pëtzen *(v)*
strafen strofen *(v)*
straff stracks *(adj)*
straff stramm *(adj)*
straffen straffen *(v)*
straffrei machen depenaliséieren *(v)*
Strafmandat ausstellen protokolléieren *(v)*
Strafpredigt Priedegt *(f,-en)*
Strafregister Casier *(m,~)*
Strafzettel Protekoll *(m,-er)*
Strahl Stral *(m,-en)*
strahlen stralen *(v)*
Strahlenschutz Radioprotectioun *(f,~)*
Strahlung Radiatioun *(f,-en)*
Strahlung Stralung *(f,~)*
stramm stramm *(adj)*
strampeln strämpelen *(v)*
strampeln struewelen *(v)*
Strand Plage *(f,-n)*
Strang Strank *(m,Sträng)*
strangulieren stranguléieren *(v)*
strapazieren strapazéieren *(v)*
strapazierfähig resistent *(adj)*
Straße Strooss *(f,-en)*
Strassen Stroossen *(p)*
Straßenbahn Tram *(m,-men)*
Straßenbeleuchtung Stroossebeliichtung *(f,~)*
Straßenfeger Stroossekierer *(m,--)*
Straßenkarte Stroossekaart *(f,-en)*
Straßenlaterne Stroosseluucht *(f,-en)*
Straßenlaterne Stroosselut *(f,-en)*
Straßenname (meist im Ortskern) Groussgaass *(f,-en)*
Straßenschild Stroosseschëld *(m,-schëlter)*
Straßenverkauf (mit Ausverkauf) Braderie *(f,-n)*
Straßenverkehr Stroosseverkéier *(m,~)*
Straßenverkehrsordnung Code de la route *(m,~)*
Straßenwalze Walz *(f,-en)*
Strategie Strategie *(f,-n)*
sträuben, sich - stäipen, sech - *(v)*
Strauch Strauch *(m,Sträich)*
Strauch Trausch *(m,Traisch)*
Sträucher Gesträich *(n,~)*
Sträucher Gesträichs *(n,~)*
Strauß (Blumen) Bouquet *(m,-en)*
Strauß (Blumen) Strauss *(m,Straiss)*
Strauß (Blumen, Kräuter) Putsch *(m,Pitsch)*
Strauß (Vogel) Strauss *(m,-en)*
Sträußchen Straisschen *(m,Straisserchen)*
Streben Aspiratioun *(f,-en)*
streben striewen *(v)*
Streber Schaffert *(m,-en)*
Streber Strueweler *(m,--)*
Strecke Parcours *(m,-en)*
Strecke Streck *(f,-en)*
strecken, nach vorn - virstrecken *(v)*
strecken, sich - strecken, sech - *(v)*
streckenweise streckeweis *(adv)*
Streich Spiicht *(f,-en)*
streicheln eizen *(v)*
streicheln heemelen *(v)*
streicheln stréilen *(v)*
streichen sträichen *(v)*
streichen (Butterbrot) schmieren *(v)*
streichen mit dem Pinsel pinselen *(v)*
Streichholz Fixholz *(n,-)*
Streichholz Fixspoun *(m,-spéin)*
Streichhölzer Fixfeier *(n,-)*
Streichung Radiatioun *(f,-en)*
Streife (Polizei) Patrull *(f,-en)*
Streifen Sträif *(f,-en)*
streifen sträifen *(v)*
Streifenwagen Policeauto *(m,-en)*
Streifenwagen Polizeiauto *(m,-en)*
Streik Streik *(m,-en)*
Streik, spontaner - Streik, wëlle - *(exp)*
Streik, wilder - Streik, wëlle - *(exp)*
Streikaktioun Streikaktioun *(f,-en)*

Streikankündigung Streikukënnegung*(f,-en)*
streiken streiken*(v)*
Streikender Greviste*(m,-n)*
Streikposten Streikposten*(m,--)*
Streikrecht Streikrecht*(n,~)*
Streit Kaméidi*(m,~)*
Streit Klimbim*(m,~)*
Streit Koméidi*(n,~)*
Streit Sträit*(m,~)*
Streit haben Kaméidi hunn*(exp)*
streiten streiden*(v)*
streiten zerstreiden*(v)*
streiten, sich - zerpicken, sech -*(v)*
streiten, sich - zerstreiden, sech -*(v)*
Streitfrage Kontrovers*(n,-en)*
Streitgespräch Sträitgespréich*(n,-er)*
Streitigkeit Accroc*(m,~)*
Streitigkeiten Onstëmmegkeeten*(npl)*
Streitigkeiten Streiderei*(f,-en)*
Streitigkeiten Streitegkeet*(f,-en)*
streitsüchtig däreg*(adj)*
streitsüchtig kauper*(adj)*
streitsüchtig streidereg*(adj)*
streitsüchtiger Mensch Kregéiler*(m,--)*
streng kamëss*(adj)*
streng schaarf*(adj)*
streng streng*(adj)*
stressen stressen*(v)*
Stresssituation Stresssituatioun*(f,-en)*
Stretching Stretching*(m,~)*
streuen spreeden*(v)*
streuen spreeën*(v)*
streuen streeën*(v)*
Strich Stréch*(m,-er)*
Strich Strich*(m,-er)*
Strich, auf den - gehen Stréch, op de - goen*(exp)*
stricheln stréchelen*(v)*
Strichpunkt Stréchponkt*(m,-en)*
Strichpunkt Stréchpunkt*(m,-en)*
Strichpunkt Strichpunkt*(m,-en)*
Strick Strack*(m,Stréck)*
Strick Stréck*(m,--)*
stricken strécken*(v)*
Strickleiter Stréckleeder*(f,-en)*
Stricknadel Stréckeisen*(n,--)*
Stricknadel Strécknol*(f,-en)*
Strickzeug Stréck*(f,~)*
striegeln strigelen*(v)*
Striptease Striptease*(m,~)*
strittig litigiéis*(adj)*
Stroh Stréi*(n,~)*
Strohballen Stréiballen*(m,--)*
Strohblume Éiwegblimmchen*(f,-blimmercher)*
Strohdach Stréidaach*(m,-diech)*
Strohfeuer Stréifeier*(n,--)*
Strohhalm Chalumeau*(m,-en)*
Strohhalm Stréihallem*(m,-hällem)*
Strohhut Stréihutt*(m,-hitt)*
Strohmatte Stréimatt*(f,-en)*
Strolch Rowdy*(m,-en)*
Strom Elektrescht*(n,~)*
Strom Stroum*(m,Stréim)*
Strom, elektrischer - Stroum*(m,~)*
Stromausfall Stroumausfall*(m,-ausfäll)*
Stromerzeugung Stroumproduktioun*(f,~)*
Stromnetz Stroumnetz*(n,-er)*
Stromproduktion aus erneuerbaren Energien Alternativstroumproductioun*(f,-en)*
Stromrechnung Stroumrechnung*(f,-en)*
Stromschlag Schlag*(m,Schléi)*
Stromschlag, einen - bekommen elektrokutéieren*(v)*
Strömung Stréimung*(f,-en)*
Stromverbrauch Stroumverbrauch*(m,~)*
Stromzähler elektresche Compteur*(exp)*
Strophe Strof*(f,-en)*
strotzen strotzen*(v)*
strukturell strukturell*(adj)*
Strumpf Hues*(f,-en)*
Strumpf Strëmp*(f,--)*
Strumpfband Huesebändel*(m,-en)*
Strumpfhalter Jartelle*(f,-n)*
Strumpfhose Collant*(m,-en)*
Strunk Stronk*(m,Strénk)*
struppig ruppeg*(adj)*
struppig struppeg*(adj)*
Stübchen Stiffchen*(n,Stiffercher)*
Stube, gute Salon*(m,-en)*
Stück Stéck*(n,-er)*
Stück (Holz) Sprass*(m,-en)*
Stück Holz Spuerk*(m,Spierk)*
Stück, größeres - (von etw) Flaatsch*(f,-en)*
Stück, kleines - Wippchen*(m,Wippercher)*
Stückchen (Schinken, Brot) Schnëppel*(m,-en)*
stückeln stéckelen*(v)*
stückeln stécken*(v)*
Student Student*(m,-en)*
Studentenblume Houfert, sténkegen -*(exp)*
Studentenbude Bud*(f,-en)*
Studentenvereinigung Studentenorganisatioun*(f,-en)*
Studentin Studentin*(f,-nen)*
Studie Etude*(f,-n)*
Studien Studien*(npl)*
Studienreise Studierees*(f,-en)*
studieren studéieren*(v)*
Studio Studio*(m,-en)*
Stufe (Treppe) Träpplek*(m,-en)*
stufen stufen*(v)*
Stuhl Stull*(m,Still)*
Stühle Still*(npl)*
Stuhlgang Stull*(m,~)*
Stuhlgang Stullgank*(m,~)*
stumm stëmmches*(adj)*
stumm stomm*(adj)*
Stummel Stupp*(m,-en)*
Stummelschwanz Stupp*(m,-en)*
Stummelschwänzchen Rupp*(m,-en)*
Stummer Stëmmchen*(m,Stëmmercher)*
Stümper Knujeler*(m,-en)*
stumpf stompeg*(adj)*
Stumpf Stupp*(m,-en)*
stumpfsinnig abrütéiert*(adj)*
Stunde Stonn*(f,-en)*
Stundenkilometer Stonnekilometer*(m,--)*
stundenlang stonnelaang*(adj)*
Stundenlohn Stonneloun*(m,-léin)*
Stundenplan Stonneplang*(m,-pläng)*
Stundenzeiger Stonnenzär*(m,-en)*
Stuntman Stuntman*(m,-männer)*
Stuppicht Stuppecht*(p)*
Stupsnase Stupsnues*(f,-en)*
stur stur*(adj)*
stur tockeg*(adj)*
Sturheit Sturheet*(f,~)*
Sturm Stuerm*(m,Stierm)*
Sturm (Sport) Stuerm*(m,~)*
stürmen stiermen*(v)*
Stürmer Stiermer*(m,--)*
stürmisch stiermesch*(adj)*
Sturz (Kappe) Stuerz*(m,Stierz)*
stürzen stierzen*(v)*
stürzen trëllen*(v)*
Stute Mier*(f,-en)*
Stützbalken Stäip*(f,-en)*
Stütze Stäip*(f,-en)*
stutzen stutzen*(v)*
stützen stäipen*(v)*
stutzig stutzeg*(adj)*
stutzig machen frappéieren*(v)*
stylen stylen*(v)*
Subjekt Subjekt*(n,-en)*
subjektiv subjektiv*(adj)*
sublimieren subliméieren*(v)*
Subskription Souscriptioun*(f,-en)*
Substantiv Substantiv*(n,-en)*
substantivieren substantiwéieren*(v)*
Substanz Substanz*(f,-en)*

subtil subtil*(adj)*
subventionieren subventionéieren*(v)*
subversiv subversiv*(adj)*
Suchaktion Sichactioun*(f,-en)*
Suche Sich*(f,-en)*
Suche, auf der - Sich, op der -*(exp)*
suchen sichen*(v)*
suchen, jn - sichen, no engem -*(exp)*
Sucher Sucher*(m,-en)*
Sucherei Sicherei*(f,~)*
Suchtrupp Suchtrupp*(m,-en)*
Süden Süden*(m,~)*
südlich südlech*(adj)*
Südosten Südosten*(m,~)*
Südwesten Südwesten*(m,~)*
Suff Soff*(m,~)*
süffisant süffisant*(adj)*
suggestiv suggestiv*(adj)*
Sultanine Roséng*(f,-en)*
Sülze Jelli*(m,-en)*
Summe Zomm*(f,-en)*
summen summen*(v)*
sumpfig suppeg*(adj)*
Sünde Sënd*(f,-en)*
Sünde Sënn*(f,-en)*
sündigen sëndegen*(v)*
Superlativ Superlativ*(m,-en)*
Supermacht Supermuecht*(f,-en)*
Supermarkt Supermarché*(m,-en)*
Superorganisation Superorganisatioun*(f,-en)*
Suppe Zopp*(f,-en)*
Suppenfleisch Zoppefleesch*(n,~)*
Suppenkelle Zoppeläffel*(m,-en)*
Suppenschüssel Zoppekomp*(m,-këmp)*
Suppenteller Teller, déiwen -*(exp)*
Suppenteller Zoppenteller*(m,-en)*
Suppenwürfel Küb*(m,-en)*
Suppenwürze (Maggi) Maggi*(m,~)*
Suppenwürze (Maggi) Maji*(m,~)*
Surfbrett Surfbriet*(n,-brieder)*
Surfen Surfen*(n,~)*
surfen surfen*(v)*
Surfer Surfer*(m,--)*
Surré Sir*(p)*
Surrealismus Surrealismus*(m,~)*
surren soueren*(v)*
suspendieren suspendéieren*(v)*
süß séiss*(adj)*
Süße Séissheet*(f,~)*
süßen séissen*(v)*
Süßes, etw - Séisses, eppes -*(exp)*
Süßigkeit Séissegkeet*(f,-en)*
Sweatshirt Sweatshirt*(n,-en)*
swingen swingen*(v)*
Symbol Symbol*(n,-er)*
Symbolik Symbolik*(f,-en)*
symbolisch symbolesch*(adj)*
symbolisieren symboliséieren*(v)*
Symmetrie Symmetrie*(f,-n)*
Sympathie Sympathie*(f,-n)*
Sympathisant Sympathisant*(m,-en)*
sympathisch sympathesch*(adj)*
sympathisieren sympathiséieren*(v)*
Symphonie Sinfonie*(f,-n)*
Symptom Symptom*(m,-en)*
Symptom Symptom*(n,-er)*
Synagoge Synagog*(f,-en)*
synchronisieren synchroniséieren*(v)*
Syndrom Syndrom*(n,-en)*
Synonym Synonym*(m,-er)*
Syntax Syntax*(f,-en)*
Synthese Synthes*(f,-en)*
Syphilis Syphilis*(f,~)*
Syren Siren*(p)*
systematisieren systematiséieren*(v)*
Systemdatei Systemdatei*(f,-en)*
Systemsoftware Systemsoftware*(f,~)*
Szene Zeen*(f,-en)*

T

Tabak Tubak*(m,~)*
Tabakwarenhandlung Tubaksbuttek*(m,-er)*
Tabelle Tabell*(f,-en)*
Tabelle Tableau*(m,-en)*
Tabellenkalkulation Tabellekalkulatioun*(f,-en)*
Tablette Pëll*(f,-en)*
tabu tabu*(adj)*
Tabu Tabu*(n,-en)*
tabuisieren tabuiséieren*(v)*
Tachometer Tacho*(m,-en)*
tadellos tadellos*(adj)*
tadeln erbäihuelen*(v)*
Tadler Toodler*(p)*
Tafel Tableau*(m,-en)*
Tafel Tafel*(f,-en)*
Tafel (Schokolade) Tablett*(f,-en)*
Tafel (Schreiben) Lee*(f,-ën)*
Tafelsilber Sëlwer*(n,~)*
Tafelsilber Sëlwergeschir*(n,~)*
Tafelwein Dëschwäin*(m,-er)*
Tag Dag*(m,Deeg)*
Tag für Tag Dag fir Dag*(exp)*
Tag werden Dag ginn*(exp)*
Tag, an dem - Dag, deen -*(exp)*
Tag, den ganzen - Dag, de ganzen -*(exp)*
Tag, freier - Dag, fräien -*(exp)*
Tag, guten - Bonjour*(exp)*
Tag, guten - Moien*(exp)*
Tag, jeden - Broutdag, all gudde -*(exp)*
Tag, jeden - Dag, all -*(exp)*
Tag, schönen - (Gruß) Dag, schéinen -*(exp)*
Tagebuch Tagebuch*(n,-bicher)*
tagelang deeglaang*(adj)*
Tagelohn Doloun*(m,-léin)*
Tagelöhner Doléiner*(m,--)*
Tagelöhnerin Doléinesch*(f,-en)*
tagen sëtzen*(v)*
Tagesdecke Bettspree*(f,-ën)*
Tagesdecke Bettspreet*(f,-en)*
Tageseinnahmen Dagesakommes*(n,--)*
Tageslicht Doliicht*(n,~)*
Tageslichtprojektor Overheadprojekter*(m,-en)*
Tagespendler Dagespendler*(m,--)*
Tageszeitung Dageszeitung*(f,-en)*
Tagetes Houfert, sténkegen -*(exp)*
tageweise deegweis*(adv)*
täglich deeglech*(adj)*
tagsüber daagsiwwer*(adv)*
tagsüber Dag, am -*(exp)*
tagsüber Do, am -*(exp)*
tagtäglich dagdeeglech*(adj)*
tagtäglich dagdeeglech*(adv)*
Taille Taille*(f,-n)*
Takt Takt*(m,Täkt)*
Taktfrequenz Taktfrequenz*(f,-en)*
Taktgefühl Taktgefill*(n,~)*
Taktgeschwindigkeit Taktgeschwëndegkeet*(f,-en)*
taktieren taktéieren*(v)*
Taktik Taktik*(f,-en)*
Taktlosigkeit Taktlosegkeet*(f,-en)*
taktvoll taktvoll*(adj)*
Tal Dall*(m,Däll)*
Tälchen Dällchen*(m,Dällercher)*
Talent Talent*(n,-er)*
talentiert douéiert*(adj)*
Talisman Talisman*(m,-mannen)*
Talkshow Talkshow*(f,-en)*
Tampon Tampon*(m,-en)*
Tamtam Tamtam*(m,~)*
Tandel Tandel*(p)*
tangieren tanguéieren*(v)*
Tank Tank*(m,-en)*
tanken tanken*(v)*
Tanker Tanker*(m,-en)*
Tankstelle Bensinsstatioun*(f,-en)*
Tankstelle Pompelstatioun*(f,-en)*
Tankstelle Tankstatioun*(f,-en)*

Tankwagen Tankwon*(m,-ween)*
Tanne Dänn*(f,-en)*
Tannenbaum Dännebam*(m,-beem)*
Tannenstrauß Dännestreiss*(npl)*
Tannenwald Dännebësch*(m,-er)*
Tante Mattant*(f,-en)*
Tante Tatta*(f,-en)*
Tanz Danz*(m,Dänz)*
Tanz, klassischer - Danz, klasseschen -*(exp)*
Tanzabend Danzowend*(m,-owenter)*
tanzen danzen*(v)*
Tänzer Dänzer*(m,--)*
Tänzerin Dänzerin*(f,-nen)*
Tänzerin Dänzesch*(f,-en)*
Tanzmusik Danzmusek*(f,~)*
Tanzpiste Danzpist*(f,-en)*
Tanzschule Danzschoul*(f,-en)*
Tanzstunde Danzstonn*(f,-en)*
Tapete Tapéit*(f,-en)*
Tapetenkleister Pap*(m,~)*
tapezieren tapezéieren*(v)*
tapezieren tapisséieren*(v)*
tapfer daper*(adj)*
Tapferkeit Daperkeet*(f,~)*
Tarchamps lischpelt*(p)*
Tarif Tarif*(m,-fer)*
Tarifautonomie Tarifautonomie*(f,~)*
Tarifkonflikt Tarifkonflikt*(m,-er)*
tarnen camoufléieren*(v)*
tarnen tarnen*(v)*
Tarnung Tarnung*(f,-en)*
Tartanbahn Tartanpist*(f,-en)*
Tasche Kuerf*(m,Kierf)*
Tasche Sak*(m,Säck)*
Tasche Täsch*(f,-en)*
Taschenbuch Täschebuch*(m,-bicher)*
Taschendieb Täschendéif*(m,--)*
Taschenlampe Täscheluucht*(f,-en)*
Taschenmesser Täschemesser*(n,-en)*
Taschenrechner Rechemaschinn*(f,-en)*
Taschenrechner Täscherechner*(m,--)*
Taschentuch Nuesschnappech*(n,-er)*
Taschentuch Sakduch*(n,-dicher)*
Taschentuch Schnäizduch*(n,-dicher)*
Taschentuch Schnappech*(n,-er)*
Taschenuhr Täschenauer*(f,-en)*
Tasse Taass*(f,Tasen)*
Tastatur Clavier*(m,-en)*
Tastatur Tastatur*(f,-en)*
Taste Tast*(f,-en)*
Taste Touche*(f,-n)*
tasten spieren*(v)*
Tasteninstrument Tasteninstrument*(n,-er)*
Tastentelefon Knäpperchestelefon*(m,-en)*
Tat Dot*(f,-en)*
Tat, auf frischer - Dot, op fräscher -*(exp)*
tatenlos tatenlos*(adj)*
tätig sein wierken*(v)*
tätigen tätegen*(v)*
Tätigkeitsbereich Aarbechtsberäich*(m,-er)*
Tätigkeitserklärung Aktivitéitsdeclaratioun*(f,-en)*
tätowieren tätowéieren*(v)*
Tatsache Fait*(m,-en)*
Tatsache Tatsaach*(f,-en)*
tatsächlich effektiv*(adv)*
tatsächlich faktesch*(adv)*
tatsächlich tatsächlech*(adj)*
tatsächlich wierklech*(adj)*
Tatsächlichkeit Faktizitéit*(f,-en)*
Tatze Klo*(f,-en)*
Tatze Tatz*(f,-en)*
Tau Da*(m,~)*
taub daf*(adj)*
Täubchen Daifchen*(f,Daiwercher)*
Taube Dauf*(f,-wen)*
Taubenschlag Dauweschlag*(m,-schléi)*
Tauber Dawen*(m,Daf)*
Taubheit Dafheet*(f,~)*
taubstumm dafstomm*(adj)*
Tauchanzug Daucherkostüm*(m,-er)*
Tauchen Dauchen*(n,~)*
tauchen dauchen*(v)*
tauchen tauchen*(v)*
Taucher Daucher*(m,--)*
Taucher Taucher*(m,--)*
Tauchstation Tauchstatioun*(f,-en)*
tauen daen*(v)*
Taufe Daf*(f,-en)*
taufen deefen*(v)*
Taufpate Dafpätter*(m,-en)*
Taufpate Pätter*(m,-en)*
Taufpatin Dafgiedel*(f,-en)*
Taufpatin Giedel*(f,-en)*
taugen daachen*(v)*
taumeln tierkelen*(v)*
Tausch Tosch*(m,~)*
tauschen echangéieren*(v)*
tauschen tauschen*(v)*
täuschen mystifizéieren*(v)*
täuschen täuschen*(v)*
täuschen virmaachen*(v)*
tauschen (Sachgegenstände) koppelen*(v)*
Tauschgeschäft Tauschgeschäft*(n,-er)*
Täuschungsmanöver Täuschungsgeschäft*(n,-er)*
tausend dausend*(adj)*
Tausende Dausenden*(npl)*
Taxi Taxi*(m,-en)*
taxieren taxéieren*(v)*
Taxierung Taxatioun*(f,~)*
Taxifahrer Taxichauffer*(m,-en)*
Team Team*(n,-en/-er)*
Technik Technik*(f,-en)*
Techniker Techniker*(m,--)*
Technikerin Technikerin*(f,-nen)*
technisieren techniséieren*(v)*
Technologie Technologie*(f,-n)*
Technologietransfer Technologietransfer*(m,-en)*
Teddybär Teddy*(m,-en)*
Tee Téi*(m,--)*
Teekanne Téikrou*(m,-kréi)*
Teenager Teenager*(m,-en)*
Teer Godrong*(m,~)*
Teer Goudron*(m,~)*
teeren goudronnéieren*(v)*
teeren macadamiséieren*(v)*
teeren zougoudronéieren*(v)*
teeren zougoudronnéieren*(v)*
Teestube Téisalon*(m,-en)*
Teig Deeg*(m,~)*
Teigknötchen, in Öl gebackene - verwuerelt Gedanken*(npl)*
Teigknötchen, in Öl gebackene - Verwuerelter*(npl)*
Teigwaren Deegwueren*(npl)*
Teil Deel*(m,-er)*
Teil Parti*(f,-en)*
Teilbereich Deelberäich*(m,-er)*
teilen deelen*(v)*
teilen dividéieren*(v)*
teilen partagéieren*(v)*
Teilhaber Associé*(m,-en)*
Teilnahme Participatioun*(f,-en)*
Teilnahme Partizipatioun*(f,-en)*
teilnehmen deelhuelen*(v)*
teilnehmen participéieren*(v)*
Teilung Deelung*(f,-en)*
Teilung Divisioun*(f,-en)*
Teilverantwortlichkeit Deelresponsabilitéit*(f,-en)*
teilweise deelweis*(adv)*
Teilzeitarbeit Deelzäitaarbecht*(f,-en)*
Teint Teint*(m,-en)*
Telefon Telefon*(m,-en)*
Telefon Telefonsapparat*(m,-er)*
Telefon Telephon*(m,-en)*
Telefonanruf Telefonsuruff*(m,-uriff)*

Telefonanschluss Telefonsuschloss *(m,-schlëss)*
Telefonbuch Telefonsbuch *(n,-bicher)*
Telefongebühr Telefonstaxe *(f,-n)*
Telefongespräch Telefonsgespréich *(n,-er)*
telefonieren telefonéieren *(v)*
telefonisch telefonesch *(adj)*
Telefonkabel Telefonsdrot *(f,-dréit)*
Telefonnummer Telefonsnummer *(f,-en)*
Telefonrechnung Telefonsrechnung *(f,-en)*
Telefonschnur Telefonsschnouer *(f,-schnéier)*
Telefonzelle Telefonskabinn *(f,-en)*
Telefonzentrale Telefonszentral *(f,-en)*
telegrafieren telegraféieren *(v)*
Telegramm Telegramm *(m,-en)*
Telekommunikation Telekommunikatioun *(f,~)*
Telematik Telematik *(f,~)*
Telepathie Telepathie *(f,~)*
Teleskop Teleskop *(n,-en)*
Telex Telex *(m,-en)*
Telex verschicken Telex schécken *(exp)*
Teller Teller *(m,-en)*
Teller Teller, flaachen - *(exp)*
Teller Teller, platten - *(exp)*
Tellermütze Berri *(m,-en)*
Temperament Temperament *(n,-er)*
Temperatur Temperatur *(f,-en)*
Temperaturschwankung Temperaturschwankung *(f,-en)*
temperieren chambréieren *(v)*
temperieren temperéieren *(v)*
Tendenz Tendenz *(f,-en)*
tendenziell tendenziell *(adj)*
tendenziös tendenziös *(adj)*
Tennis Tennis *(m,~)*
Tennisarm Tennisaarm *(m,-äerm)*
Tennisplatz Tennisfeld *(n,-er)*
Tennisplatz Tennisplaz *(m,-en)*
Tennisplatz Tennisterrain *(m,-en)*
Tennisspiel Tennismätsch *(m,-er)*
Teppich Teppech *(m,-er)*
Teppichboden Moquette *(f,-n)*
Teppichboden Tapis-plein *(m,-en)*
Teppichklopfer Kläpper *(m,--)*
Termin Rendez-vous *(m,-en)*
Termin Termäin *(m,-er)*
Termin Termin *(m,-er)*
Terminal Terminal *(m,~)*
Terrasse Terrass *(f,-en)*
Terrasse in den Weinbergen Bänk *(f,-en)*
territorial territorial *(adj)*
Territorium Territorium *(m,-en)*
terrorisieren terroriséieren *(v)*
Terrorist Terrorist *(m,-en)*
terroristisch terroristesch *(adj)*
Terrororganisation Terrororganisatioun *(f,-en)*
Test Prüfung *(f,-en)*
Testament Testament *(n,-er)*
Testbild Testbild *(n,-biller)*
testen testéieren *(v)*
testen testen *(v)*
Testerei Testerei *(f,~)*
Testperson Testpersoun *(f,-en)*
Teststrecke Teststreck *(f,-en)*
Tétange Téiteng *(p)*
Tetanusimpfung Tetanusimpfung *(f,-en)*
teuer deier *(adj)*
Teuerung Deiercht *(f,-en)*
Teufel Däiwel *(m,-en)*
Teufel Satan *(m,-en)*
Teufel, was zum - Jomer, wat der - *(exp)*
Teufel, wo zum - Jomer, wou der - *(exp)*
Teufelskerl Daiwelskärel *(m,-en)*
Teufelskreis Deiwelskrees *(m,-er)*
Text Text *(m,-er)*
Textdatei Textdatei *(f,-en)*
Textilindustrie Textilindustrie *(f,-n)*
Theater Theater *(m,-en)*
Theaterabend Theaterowend *(m,-er)*
Theaterkarte Theaterbilljee *(m,-ën)*
Theaterkarte Theaterkaart *(f,-en)*
Theaterkritik Theaterkritik *(f,-en)*
Theaterproduktion Theaterproductioun *(f,-en)*
Theaterproduktion Theaterproduktioun *(f,-en)*
Theaterrevue Revue *(f,-n)*
Theatersaison Theatersaison *(f,-en)*
Theaterstück Theaterstéck *(n,-er)*
Theaterverband Theaterfederatioun *(f,-en)*
Theaterzeitschrift Theaterzäitschrëft *(f,-en)*
theatralisch theatralesch *(adj)*
Theke Téik *(f,-en)*
Thema Thema *(m,-en)*
Thema Thema *(n,-en)*
Thematik Thematik *(f,-en)*
thematisieren thematiséieren *(v)*
Theologe Theolog *(m,-en)*
Theoretiker Theoretiker *(m,)*
theoretisch theoretesch *(adj)*
theoretisieren theoretiséieren *(v)*
Theorie Theorie *(f,-n)*
Therapeut Therapeut *(m,-en)*
Thermometer Thermometer *(m,-en)*
Thermosflasche Thermosfläsch *(f,-en)*
Thron Troun *(m,Tréin)*
thronen trounen *(v)*
Thronfolger Throunfolger *(m,-en)*
Thunfisch Thon *(m,~)*
ticken técken *(v)*
ticken ticken *(v)*
Ticket Ticket *(m,-en)*
Ticketblock (Bus, Theater) Carnet *(m,-en)*
Tiebreak Tie-Break *(m,-en)*
tief déif *(adj)*
Tiefe Déift *(f,-en)*
tiefkühlen afréieren *(v)*
tiefkühlen déifkillen *(v)*
tiefkühlen frigorifiéieren *(v)*
Tiefkühlfach Freezer *(m,-en)*
Tiefkühlkost Tiefkühlkascht *(m,~)*
Tiefkühltruhe Déifkiller *(m,-en)*
Tiefkühltruhe Killtruh *(f,-en)*
Tiefkühltruhe Tiefkühltruh *(f,-en)*
Tiefstand Déifstand *(m,-stänn)*
Tier Béischt *(m,-en)*
Tier Déier *(m,-en)*
Tierarzt Déierendokter *(m,-en)*
Tierarzt Véidokter *(m,-en)*
Tierarzt Veterinaire *(m,-n)*
Tierarzt Veterinär *(m,-en)*
Tierärztin Veterinairin *(f,-nen)*
Tierärztin Veterinärin *(f,-nen)*
tierärztliche Kontrolle Veterinairesinspectioun *(f,-en)*
Tiergarten Déieregaart *(m,-gäert)*
Tierquälerei Déierequälerei *(f,-en)*
Tierschutzverein Déiereschutzassociatioun *(f,-en)*
Tierversuch Déiereversuch *(m,-versich)*
Tierwelt Déierewelt *(f,-en)*
Tiger Tiger *(m,-en)*
timen timen *(v)*
Timing Timing *(m,~)*
Tinte Tënt *(f,~)*
Tintenfass Tëntefaass *(n,-fässer)*
Tintenfisch Tëntefësch *(m,--)*
Tipp Rot *(m,Réit)*
tippen kippen *(v)*
tippen tippen *(v)*
tippen (Maschineschreiben) antippen *(v)*
Tippfehler Tippfeeler *(m,--)*
tipptopp tipptopp *(adj)*
Tisch Dësch *(m,-er)*
Tischchen Dëschelchen *(m,Dëschelcher)*
Tischdecke Nappe *(f,-n)*
Tischdecke Tapéit *(f,-en)*
Tischfußball Dëschfoussball *(m,~)*
Tischkarte Dëschkaart *(f,-en)*
Tischnachbar Dëschnoper *(m,-en)*
Tischtennis Dëschtennis *(m,~)*
Tischtennis Ping-Pong *(m,~)*

Tischtuch Dëschelduch *(n,-dicher)*
Titel Titel *(m,-en)*
Titelseite Titelsäit *(f,-en)*
Titelverteidiger Titelverdeedeger *(m,--)*
Titte Nenn *(vulg)(f,-en)*
tja ja *(adv)*
Toast Toast *(m,-en)*
toasten toasten *(v)*
Toaster Broutréischter *(m,-en)*
Toaster Toaster *(m,-en)*
toben rosen *(v)*
toben toben *(v)*
Tochter Duechter *(f,-en)*
Tod Doud *(m,~)*
Tode, sich zu - ärgern douds, sech ze - iergeren *(exp)*
Tode, zu - douds *(adv)*
Todesangst Doudangscht *(f,-ängschten)*
Todesanzeige Doudesannonce *(f,-n)*
Todesgefahr Doudsgefor *(f,-en)*
Todeskampf Agonie *(f,-n)*
Todesopfer Doudesaffer *(n,--)*
Todesursache Doudesursaach *(f,-en)*
Todfeind Doudfeind *(m,-en)*
todkrank doudkrank *(adj)*
todkrank stierweskrank *(adj)*
tödlich déidlech *(adj)*
todmüde doudmidd *(adj)*
todschick doudschick *(adj)*
todsicher doudsécher *(adj)*
Todsünde Doudsënn *(f,-en)*
Todsünde Haaptsënn *(f,-en)*
todunglücklich doudonglécklech *(adj)*
Toilette Cabinet *(m,-en)*
Toilette Toilette *(f,-n)*
Toilettenpapier Cabinetspabeier *(m,~)*
Toilettenpapier Toilettëpabeier *(m,~)*
Toleranz Toleranz *(f,~)*
Toleranzgrenze Toleranzgrenz *(f,-en)*
tolerieren toleréieren *(v)*
toll flott *(adj)*
toll immens *(adj)*
Tollpatsch Bëlles *(m,-sen)*
Tollpatsch Dëlpes *(m,-sen)*
Tollpatsch Plättel *(m,-en)*
Tollpatsch Trëllert *(m,-en)*
Tollwut Tollwut *(f,~)*
Tölpel Hauli *(m,-en)*
Tölpel Stoffel *(m,-en)*
tölpelhaft stoffelzeg *(adj)*
Tomate Tomat *(f,-en)*
Tomatensaft Tomatejus *(m,-en)*
Ton Sound *(m,~)*
Ton Toun *(m,Téin)*
Ton (Benehmen) Toun *(m,~)*
Tonabnehmer Tounkapp *(m,-käpp)*
Tonband Tounband *(n,-bänner)*
Tonfilm Tounfilm *(m,-en)*
Tongefäße Aulegeschir *(n,~)*
Toningenieur Touningenieur *(m,-en)*
Tonne Tonn *(f,-en)*
tonnenweise tonneweis *(adv)*
Tonqualität Sonorisatioun *(f,-en)*
Tonqualität Tounqualitéit *(f,-en)*
Tonstörung Tounstéierung *(f,-en)*
Tonzeichen Tounzeechen *(n,--)*
Topf Dëppen *(n,--)*
Töpfchen Dëppchen *(n,Dëppercher)*
Töpfer Aulebäcker *(m,--)*
Töpferware Aulegeschir *(n,~)*
Topfpflanze Blummestack *(m,-stäck)*
Topmanagement Topmanagement *(n,~)*
Topographie Topographie *(f,-n)*
Tor Paart *(f,-en)*
Tor (Sport) Goal *(m,-er)*
Toreinfahrt Paart *(f,-en)*
Torf Torf *(m,~)*
Torf Truff *(m,~)*
Torfgrube Truffkaul *(m,-en)*
Torheiten Sperenzen *(npl)*
töricht bauzeg *(adj)*
töricht eefälleg *(adj)*
torkeln tierkelen *(v)*
torpedieren torpedéieren *(v)*
Torschuss Schoss op de Goal *(exp)*
Torte Taart *(f,-en)*
Tortenheber Taarteschëpp *(f,-en)*
Tortur Tortur *(f,-en)*
Torwart Goalkeeper *(m,-en)*
tot doudeg *(adj)*
tot dout *(adj)*
tot (Tier) futti *(adj)*
totalitär totalitär *(adj)*
Totalschaden Totalschued *(m,-schied)*
töten dout maachen *(exp)*
töten (Nerv) déiden *(v)*
Totenamt Doudemass *(f,-en)*
Totenglocke Péis *(f,~)*
Totengräber Doudegriewer *(m,--)*
Totenkopf Doudekapp *(m,-käpp)*
Totenschein Doudeschäin *(m,-er)*
Toter Doudegen *(m,Doudeger)*
totlachen, sich - doutlaachen, sech- *(v)*
totlachen, sich - futtilaachen, sech - *(v)*
Totschlag Muerd *(m,~)*
totschlagen doutschloen *(v)*
totschlagen vrecktschloen *(v)*
Tour Tour *(m,-en)*
Tourismus Tourissem *(m,~)*
Tourist Tourist *(m,-en)*
Touristenattraktion Touristenattraktioun *(f,-en)*
Touristenklasse Touristeklass *(f,-en)*
Tournee Tournée *(f,-ën)*
toxisch toxesch *(adj)*
Toxizität Toxicitéit *(f,~)*
Trab, im - Trapp, am - *(exp)*
traben trappen *(v)*
Tracht Truecht *(f,-en)*
trachten truechten *(v)*
Tradition Traditioun *(f,-en)*
traditionell traditionell *(adj)*
Tragbahre Bier *(f,-en)*
Tragbahre Brëtsch *(f,-en)*
Tragbahre Drobier *(f,-en)*
träge (nicht arbeiten wollen) flemmzeg *(adj)*
tragen droen *(v)*
tragen (Kleidung) unhunn *(v)*
tragen können (Gewicht) packen *(v)*
Träger Dréier *(m,--)*
Tragik Tragik *(f,~)*
tragisch tragesch *(adj)*
Tragjoch Uess *(f,-en)*
Tragkorb (Weinlese) Hatt *(f,-en)*
Tragödie Tragedie *(f,-n)*
Tragödie Trauerspill *(n,-er)*
Trainer Trainer *(m,-en)*
trainieren trainéieren *(v)*
Training Training *(m,~)*
Trainingsanzug Trainingskostüm *(m,-er)*
Trainingslager Trainingslager *(n,-en)*
Trakt Trakt *(m,-en)*
traktieren traktéieren *(v)*
Traktor Trakter *(m,-en)*
Trampel Plattféisser *(m,--)*
trampeln trampelen *(v)*
Trampolin Trampolin *(m,-nen)*
Trance Trance *(f,~)*
Träne Tréin *(f,-en)*
tränen tréinen *(v)*
Tränengas Tréinegas *(m,~)*
tränken dränken *(v)*
Transaktion Transaktioun *(f,-en)*
Transfer Transfer *(m,-en)*
transferieren transferéieren *(v)*
Transformator Transformator *(m,-en)*
Transformierung Transformatioun *(f,-en)*
Transfusion Transfusioun *(f,-en)*
Transistor Transister *(m,-en)*
Transition Transitioun *(f,-en)*

Transitverkehr Transitverkéier*(m,~)*
transkribieren transcrivéieren*(v)*
Transkription Transkriptioun*(f,-en)*
Transmission Transmissioun*(f,-en)*
Transparent Transparent*(m,-en)*
Transparenz Duerchsichtegkeet*(f,~)*
Transparenz Transparenz*(f,~)*
Transplantation Transplantatioun*(f,-en)*
transplantieren transplantéieren*(v)*
transponieren transponéieren*(v)*
transponieren transposéieren*(v)*
Transport Transport*(m,~)*
transportfähig transportabel*(adj)*
transportierbar transportabel*(adj)*
transportieren transportéieren*(v)*
Transportkapazität Transportcapacitéit*(f,-en)*
Transportkapazität Transportkapazitéit*(f,-en)*
Transportkommission Transportkommissioun*(f,-en)*
Transportministerium Verkéiersministär*(m,-en)*
Transportministerium Verkéiersministère*(m,-n)*
Transportmittel Transportmëttel*(n,-en)*
transsexuell transsexuell*(adj)*
Transvestit Transvestit*(m,-en)*
transzendental transzendental*(adj)*
transzendieren transzendéieren*(v)*
Trapez Trapez*(n,-er)*
Trapezkünstler Trapezakrobat*(m,-en)*
tratschen klaatschen*(v)*
tratschen klabberen*(v)*
Traube Drauf*(f,Drauwen)*
Traubenlese Wäilies*(f,-en)*
Traubensaft Drauwejus*(m,-en)*
Traubensaft Drauwesaaft*(m,--)*
traubenweise drauweweis*(adv)*
Traubenzucker Drauwenzocker*(m,~)*
trauen trauen*(v)*
trauen, sich - trauen, sech -*(v)*
Trauer Trauer*(f,~)*
Trauerfall Trauerfall*(m,-fäll)*
Trauerfeier Trauerfeier*(f,-en)*
Trauerkranz Doudekranz*(m,-kränz)*
trauern traueren*(v)*
Trauerspiel Trauerspill*(n,-er)*
Trauerweide Trauerweid*(f,-en)*
Traufe Drëpsschlag*(m,-schléi)*
Traum Dram*(m,Dreem)*
Trauma Trauma*(n,-en)*
traumatisieren traumatiséieren*(v)*
träumen dreemen*(v)*
Träumerei Dreemerei*(f,-en)*
Träumerei Gedreems*(n,~)*
Traumfrau Dramfra*(f,-en)*
Traummann Drammann*(m,-männer)*
traurig trauereg*(adj)*
traurig traureg*(adj)*
traurig verdrësserlech*(adj)*
traurig verdrësslech*(adj)*
Traurigkeit Traueregkeet*(f,~)*
Traurigkeit Trauregkeet*(f,~)*
Trauring Brautrank*(m,-réng)*
Trauung, kirchliche - Hochzäit an der Kierech*(exp)*
Trauung, standesamtliche - Hochzäit op der Gemeng*(exp)*
Treberwein Péck*(m,~)*
treffen treffen*(v)*
treffen (Ziel) geroden*(v)*
Treffpunkt Treffpunkt*(m,-en)*
treffsicher treffsécher*(adj)*
treiben dreiwen*(v)*
treiben, in den Keller - (Preise) erofdreiwen*(v)*
treiben, nach Hause - heemdreiwen*(tr)(v)*
treiben, Sport - dreiwen, Sport -*(exp)*
Treiber Dreiwer*(m,--)*
Treiber (Jagd) Kläpper*(m,--)*
Treibgas Dreifgas*(m,-en)*
Treibjagd Dreifjuegd*(f,-en)*
Treibjagd Klappjuegd*(f,-juegten)*
Trendsetter Trendsetter*(m,-en)*
Trennbalken Schwell*(f,-en)*
trennen separéieren*(v)*
trennen trennen*(v)*
trennen, sich - auserneegoen*(v)*
trennen, sich - scheeden, sech -*(v)*
Trennlinie Trennlinn*(f,-en)*
Trennstrich Trennungsstréch*(m,-er)*
Trennung Separatioun*(f,-en)*
Trennung Trennung*(f,-en)*
Trennwand Trennwand*(f,-wänn)*
treppauf trapaus*(adv)*
Treppe Trap*(f,-en)*
Treppe Trapenhaus*(n,-haiser)*
Treppenabsatz Palier*(m,-en)*
Treppengeländer Trapegelänner*(n,-en)*
Treppenhaus Trapenhaus*(n,-haiser)*
Treppenstufe Tratt*(m,Trëtt)*
Tresen Comptoir*(m,-en)*
Tresor Safe*(m,-n)*
Tresor Tresor*(m,-en)*
treten trëdden*(v)*
treten trëppelen*(v)*
treten trieden*(v)*
treten (Pfad) austrëppelen*(v)*
treu trei*(adj)*
Treue Trei*(f,~)*
Treue Treiheet*(f,~)*
treuherzig treihäerzeg*(adj)*
Triangel Triangel*(m,-en)*
Triathlon Triathlon*(m,-en)*
Tribunal Tribunal*(n,-en)*
Tribüne Tribün*(f,-en)*
Trichter Triichter*(m,-en)*
Trick Kniff*(m,-er)*
Trick Trick*(m,-en)*
Trick, den - kennen Zock, den - kennen*(exp)*
Trickfilm Trickfilm*(m,-er)*
Tricks Konschten*(npl)*
tricksen tricksen*(v)*
Trieb Driff*(m,~)*
Trieb, junger - Kéng*(f,-en)*
Trier Tréier*(p)*
Trikot Hiemchen*(n,Hiemercher)*
Trikot Trikot*(m,-en)*
Trilogie Trilogie*(f,-n)*
Trimester Trimester*(n,-en)*
trinken drénken*(v)*
Trinken Dronk*(m,~)*
trinken sippen*(v)*
trinken (Tiere) saufen*(v)*
trinken, ein Gläschen - verkasematuckelen, e Patt -*(exp)*
trinken, zusammen Alkohol - pouzen*(v)*
Trinker Schluppert*(scherzh)(m,-en)*
Trinker Schluppjang*(scherzh)(m,-en)*
Trinker Zwirkinnek*(m,-en)*
Trinkflasche Biddong*(m,-en)*
Trinkgelage Säffecht*(f,-en)*
Trinkgeld Drénkgeld*(n,-er)*
Trinkschale Boll*(f,-en)*
Trinkschale Jatte*(f,-n)*
Trinkwasser Drénkwaasser*(n,~)*
Trintange Trënten*(p)*
Trintange Trënteng*(p)*
Trio Trio*(n,-en)*
Tripper Tripper*(m,~)*
Tritt Tratt*(m,Trëtt)*
Tritt Trëtt*(m,-er)*
Trittbrett Tratt*(m,Trëtt)*
Trittbrett Trëttbriet*(m,-brieder)*
Trittleiter Träppchen*(f,Träppercher)*
Triumph Triumph*(m,-en)*
triumphal triumphal*(adj)*
triumphieren triumphéieren*(v)*
trivial trivial*(adj)*
trocken dréchen*(adj)*
trocken (wie ein Furz) fuerzdréchen*(adj)*
Trockenheit Dréchent*(f,-en)*
Trockenheit Drécht*(f,-en)*

trockenschleudern schleideren*(v)*
trocknen dréchenen*(v)*
trocknen dréchnen*(v)*
Trockner Dréchemaschinn*(f,-en)*
Trockner Dréchner*(m,--)*
trödeln driibsen*(v)*
trödeln träntelen*(v)*
Trog Trach*(m,Träch)*
Troine Tratten*(p)*
Troine-Route Trätterstrooss*(p)*
Troisvierges Ëlwen*(p)*
trojanisch trojanesch*(adj)*
Trommel Tromm*(f,-en)*
Trommel, große - Tromm, déck -*(exp)*
Trommelfell Trommelfell*(n,-er)*
trommeln trommelen*(v)*
trommeln trommen*(v)*
Trommler Trommler*(m,-en)*
Trompete Trompett*(f,-en)*
Tropenhelm Tropenhelm*(m,-er)*
tröpfchenweise drëpsweis*(adv)*
tröpfeln drëpsen*(v)*
Tropfen Drëps*(f,-en)*
tropfen drëpsen*(v)*
Trost Aentrouscht*(m,~)*
Trost Trouscht*(m,~)*
trösten tréischten*(v)*
Trostpreis Trouschtpräis*(m,-ser)*
Tröte Troter*(f,-en)*
Trotz Expressegkeet*(f,-en)*
trotz trotz*(pp)*
Trotz, zum - fräcks, zu -*(exp)*
trotzdem dach*(adv)*
trotzdem nawell*(adv)*
trotzdem trotzdeems*(adv)*
trotzdem trotzdem*(adv)*
trotzen trotzen*(v)*
trotzig trotzeg*(adj)*
trotzig vermessen*(adj)*
trotzig vermiessen*(adj)*
Trotzreaktion Trotzreaktioun*(f,-en)*
trüb dréif*(adj)*
trüb dréiwelzeg*(adj)*
trüb (Wetter) bronkeg*(adj)*
trüben trubbelen*(v)*
Trübsal Driibsal*(f,-en)*
trübsinnig driibseg*(adj)*
trübsinnig driibséileg*(adj)*
Trüffel Trüff*(f,-en)*
Trüffel Trüffel*(f,-en)*
Truhe Truh*(f,-en)*
Trumpf Tromp*(f,Trëmp)*
Trumpfass Trompäss*(m,-en)*
trumpfen trompen*(v)*
Trunkenheit Dronk*(m,~)*
Truppe Trupp*(f,-en)*
Truppenabzug Truppenofzuch*(m,-ofzich)*
Truthahn Schnuddelhong*(n,-hénger)*
Tscheche Tschech*(m,-en)*
tschüss äddi*(exp)*
T-Shirt T-Shirt*(m,-en)*
Tube Tüb*(f,-en)*
Tuberkulose Tuberkulos*(f,~)*
Tuch Duch*(n,Dicher)*
tüchtig dichteg*(adj)*
tückisch tückesch*(adj)*
Tuff Plausch*(m,Pläisch)*
tüfteln kalenneren*(v)*
Tüftler Bastler*(m,--)*
Tugend Dugend*(f,-en)*
Tulpe Tulp*(f,-en)*
Tumor Tumor*(m,-en)*
Tümpel Dëmpel*(m,-en)*
Tümpel Onkekaul*(f,-en)*
Tümpel Onkelach*(n,-lächer)*
Tümpel Pull*(m,Pill)*
tun dinn*(v)*
tun doen*(v)*
Tuner Tuner*(m,-en)*
Tunfisch Thon*(m,~)*
Tunke Zapp*(m,-en)*
tunken tompen*(v)*
tunken zappen*(v)*
Tunnel Tunnel*(m,-len)*
Tuntange Tënten*(p)*
tüpfeln tëppelen*(v)*
tupfen tamponéieren*(v)*
Tür Dier*(f,-en)*
Tür zum Dachboden Späicherdier*(f,-en)*
Turbine Turbin*(f,-nen)*
turbulent turbulent*(adj)*
Türke Tierk*(m,-en)*
türkisch tierkesch*(adj)*
Türklingel Hausschell*(f,-en)*
Türklingel Schell*(f,-en)*
Türklinke Klensch*(f,-en)*
Turm Tuerm*(m,Tierm)*
Turnen Turnen*(n,~)*
turnen turnen*(v)*
Turner Turner*(m,-en)*
Turnhalle Turnhal*(f,-en)*
Turnhalle Turnsall*(m,-säll)*
Turnier Turnéier*(m,--)*
Turnschuh Turnschlapp*(f,-en)*
Turnverein Turnveräin*(m,-er)*
Tusche Tusch*(f,~)*
tuscheln mëmmelen*(v)*
Tuschezeichnung Tuschzeechnung*(f,-en)*
Tuschzeichnung Tuschzeechnung*(f,-en)*
Tütchen Tiitchen*(f,Titercher)*
Tüte Tut*(f,-en)*
tütenweise tuteweis*(adv)*
twisten twisten*(v)*
Typ Typ*(m,-en)*
Type Typ*(m,-en)*
Typenprüfung Homologatioun*(f,-en)*
Typhus Typhus*(m,~)*
typisch typesch*(adj)*
typischerweise typescherweis*(adv)*
Typographie Typographie*(f,~)*
Tyrann Tyrann*(m,-en)*
tyrannisieren tyranniséieren*(v)*

U

U-Bahnstation Metrosstatioun*(f,-en)*
übel iwwel*(adj)*
Übel Iwwel*(m,--)*
übel iwwelzeg*(adj)*
übel, jm - werden weech, engem - ginn*(exp)*
Übelkeit Iwwelzegkeet*(f,-en)*
üben antrainéieren*(v)*
üben exerzéieren*(v)*
üben prouwen*(v)*
üben üben*(v)*
über iwwer*(pp)*
über iwwert*(pp)*
über Nacht iwwer Nuet*(exp)*
überall allenenn*(adv)*
überall allenennen*(adv)*
überall iwwerall*(adv)*
überall uechterall*(adv)*
überanstrengen iwwerustrengen*(tr)(v)*
überanstrengen, sich - baschten, sech -*(v)*
Überanstrengung Iwwerustrengung*(f,-en)*
überarbeiten iwwerschaffen*(utr)(v)*
überarbeiten, sich - verschaffen, sech -*(v)*
überarbeitet iwwerschafft*(adj)*
überaus iwweraus*(adv)*
überbacken iwwerbaken*(utr)(v)*
Überbau Iwwerbau*(m,--)*
überbelasten iwwerbelaaschten*(utr)(v)*
überbelichten iwwerbeliichten*(utr)(v)*
überbesteuert iwwerbesteiert*(adj)*
überbewertet iwwerbewäert*(adj)*
überbieten iwwerbidden*(utr)(v)*
Überblick Iwwerbléck*(m,~)*
überblicken iwwerkucken*(utr)(v)*
überbringen iwwerbréngen*(utr)(v)*

überbrücken iwwerbrécken*(utr)(v)*
überdauern iwwerdaueren*(utr)(v)*
überdecken iwwerdecken*(utr)(v)*
überdecken iwwerleeën*(utr)(v)*
überdenken iwwerdenken*(utr)(v)*
überdimensioniert iwwerdimensionéiert*(adj)*
überdosieren iwwerdoséieren*(utr)(v)*
überdrehen iwwerdréinen*(utr)(v)*
Überdruck Iwwerdrock*(m,~)*
Überdruss Flemmsegkeet*(f,~)*
Überdruss Iwwerdross*(m,~)*
überdrüssig iwwerdrësseg*(adj)*
überdrüssig, aller Dinge - sein Flemm, d'- hunn*(exp)*
überdrüssig, einer Sache - sein sat, eppes - sinn*(exp)*
übereilt haseleg*(adj)*
übereinander iwwereneen*(pr)*
übereinkommen concertéieren*(v)*
übereinkommen veraccordéieren*(v)*
Übereinkommen über Menschenrechte Mënscherechtskonventioun*(f,-en)*
Übereinkunft Konventioun*(f,-en)*
Übereinkunft Ofkommes*(n,Ofkommen)*
übereinstimmen concordéieren*(v)*
übereinstimmen harmonéieren*(v)*
übereinstimmen iwwereneestëmmen*(tr)(v)*
übereinstimmen iwwerteneestëmmen*(tr)(v)*
überfahren iwwerfueren*(tr)(v)*
überfahren iwwerfueren*(utr)(v)*
überfahren iwwerrennen*(utr)(v)*
Überfall Iwwerfall*(m,-fäll)*
überfallen aggresséieren*(v)*
überfallen aggresséiert*(adj)*
überfallen iwwerfalen*(utr)(v)*
überfällig iwwerfälleg*(adj)*
überfliegen iwwerfléien*(utr)(v)*
überfließen iwwerlafen*(tr)(v)*
Überfluss Abondance*(f,-n)*
Überfluss Iwwerfloss*(m,~)*
überflüssig iwwerflësseg*(adj)*
Überflüssigkeit Iwwerflëssegkeet*(f,-en)*
überfordern iwwerfuerderen*(utr)(v)*
überfremden iwwerfriemen*(v)*
Überfremdung Iwwerfriemung*(f,-en)*
überfressen, sich - iwwerfriessen, sech -*(utr)(v)*
überführen iwwerféieren*(tr/utr)(v)*
überfüllen iwwerfëllen*(utr)(v)*
überfüllt iwwerfëllt*(adj)*
überfüllt kluddervoll*(adj)*
überfüttern iwwerfidderen*(tr)(v)*
Übergang Transitioun*(f,-en)*
Übergangslösung Iwwergangsléisung*(f,-en)*
Übergangsregelung Iwwergangsregelung*(f,-en)*
Übergangsregierung Iwwergangsregierung*(f,-en)*
Übergangszeit Iwwergangszäit*(f,-en)*
übergeben iwwerginn*(utr)(v)*
übergehen escamotéieren*(v)*
übergehen iwwergoen*(utr)(v)*
Übergepäck Iwwergepäck*(n,~)*
Übergewicht Iwwergewiicht*(n,~)*
übergreifen iwwergräifen*(tr)(v)*
übergroß iwwergrouss*(adj)*
überhand iwwerhand*(adv)*
überhand nehmen iwwerhand huelen*(exp)*
Überhand, die - nehmen Iwwerhand, d'- huelen*(exp)*
überhängen iwwerhänken*(tr)(v)*
überhäufen iwwerheefen*(utr)(v)*
überhaupt iwwerhaapt*(adv)*
überhaupt nicht guer net*(exp)*
überheblich iwwerhieflech*(adj)*
überheblich vermengt*(adj)*
Überheblichkeit Iwwerhieflechkeet*(f,~)*
Überheblichkeit Vermengtheet*(f,~)*
überhitzen iwwerhëtzen*(utr)(v)*
überholen iwwerhuelen*(utr)(v)*
Überholspur Iwwerhuelspur*(f,-en)*
Überholung Revisioun*(f,-en)*
Überholverbot Iwwerhuelverbuet*(n,-verbueder)*
überhören iwwerhéieren*(utr)(v)*
überkleben iwwerkliewen*(utr)(v)*
überkleben iwwerpechen*(utr)(v)*
überkochen iwwerkachen*(tr)(v)*
überkommen iwwerkommen*(utr)(v)*
überladen iwwerlueden*(utr)(v)*
überlassen iwwerloossen*(utr)(v)*
überlasten iwwerlaaschten*(utr)(v)*
überlaufen iwwerlafen*(tr)(v)*
überlaufen, zur Gegenseite - iwwerlafen*(tr)(v)*
überlaufen, zur Gegenseite - iwwerschwenken*(tr)(v)*
überleben iwwerliewen*(utr)(v)*
überlebensgroß iwwerliewensgrouss*(adj)*
überlebensgroß iwwermaansgrouss*(adj)*
Überlebenskampf Existenzkampf*(m,-kämpf)*
Überlebensnotwendigkeit Iwwerliewensnoutwendegkeet*(f,-en)*
Überlebensration Iwwerliewensratioun*(f,-en)*
überlegen iwwerleeën*(utr)(v)*
überlegen, sich - bedenken, sech -*(v)*
Überlegenheit Iwwerleeënheet*(f,-en)*
Überlegung Iwwerleeës*(n,~)*
Überlegung Iwwerleeung*(f,-en)*
Überlegung Konsideratioun*(f,-en)*
Überlegung Reflexioun*(f,-en)*
überlesen iwwerliesen*(utr)(v)*
überliefern iwwerliwweren*(utr)(v)*
Übermacht Iwwermuecht*(f,-en)*
Übermaß Iwwermooss*(n,~)*
übermäßig abusiv*(adj)*
übermäßig affrontéiert*(adj)*
übermäßig iwwerméisseg*(adj)*
übermenschlich iwwermënschlech*(adj)*
übermitteln iwwermëttelen*(utr)(v)*
übermorgen iwwermar*(adv)*
übermorgen iwwermuer*(adv)*
übermüdet iwwermidd*(adj)*
Übermut Iwwermutt*(m,~)*
übermütig iwwermiddeg*(adj)*
übermütig muttwëlleg*(adj)*
übernächste iwwernächst*(adj)*
übernachten iwwernuechten*(utr)(v)*
Übernachtung Iwwernuechtung*(f,-en)*
übernatürlich iwwernatierlech*(adj)*
übernehmen iwwerhuelen*(utr)(v)*
übernehmen, sich - iwwerhuelen, sech -*(utr)(v)*
überparteilich iwwerparteilech*(adj)*
Überproduktion Iwwerproduktioun*(f,-en)*
überprüfen iwwerpréiwen*(utr)(v)*
überprüfen nokucken*(v)*
Überprüfung durch das Gesundheitsamt Santésinspectioun*(f,-en)*
überqualifizieren iwwerqualifizéieren*(utr)(v)*
überqualifiziert iwwerqualifizéiert*(adj)*
überquellen iwwerquellen*(tr)(v)*
überqueren iwwerquieren*(utr)(v)*
überraschen iwwerraschen*(utr)(v)*
überrascht iwwerrascht*(adj)*
Überraschung Iwwerraschung*(f,-en)*
überreagieren iwwerreagéieren*(utr)(v)*
überreden berieden*(v)*
überreden iwwerrieden*(utr)(v)*
überreden, zu etw - fléiwen*(v)*
überregional iwwerregional*(adj)*
überreichen iwwerreechen*(utr)(v)*
überreif iwwerzeideg*(adj)*
überreizen iwwerdréinen*(tr)(v)*
Überrepräsentierung Iwwerrepresentatioun*(f,-en)*
Überrest Iwwerescht*(m,-er)*
überrumpeln iwwerrompelen*(utr)(v)*
überrumpeln iwwerrumpelen*(utr)(v)*
überrunden iwwerronnen*(utr)(v)*
Überschallgeschwindigkeit Iwwerschallgeschwëndegkeet*(f,-en)*
überschätzen iwwerschätzen*(utr)(v)*
überschauen iwwerblécken*(utr)(v)*

überschauen iwwerkucken*(utr)(v)*
überschauen iwwersinn*(utr)(v)*
überschlagen iwwerschloen*(utr)(v)*
überschnappen iwwerschnapen*(tr)(v)*
überschnappen iwwerschnappen*(tr)(v)*
überschreiben iwwerschreiwen*(utr)(v)*
überschreiten iwwerschreiden*(utr)(v)*
Überschrift Iwwerschrëft*(f,-en)*
Überschuh Galosch*(f,-en)*
Überschuss Boni*(m,-en)*
Überschuss Iwwerschoss*(m,-schëss)*
überschüssig iwwerschësseg*(adj)*
überschwemmen iwwerschwemmen*(utr)(v)*
Überschwemmung Inondatioun*(f,-en)*
Überschwemmung Iwwerschwemmung*(f,-en)*
übersehen iwwersinn*(utr)(v)*
übersenden iwwersenden*(utr)(v)*
übersetzen iwwersetzen*(tr/utr)(v)*
Übersetzer Iwwersetzer*(m,--)*
Übersetzung Iwwersetzung*(f,-en)*
Übersicht Iwwersiicht*(f,-en)*
übersiedeln iwwersiddelen*(tr)(v)*
übersommern iwwersummeren*(utr)(v)*
überspannen iwwerspanen*(utr)(v)*
überspielen iwwerspillen*(utr)(v)*
überspitzt iwwerspëtzt*(adj)*
überspringen iwwersprangen*(utr)(v)*
übersprudeln iwwersprudelen*(tr)(v)*
überstehen iwwerstoen*(utr)(v)*
übersteigen depasséieren*(v)*
überstimmen iwwerstëmmen*(utr)(v)*
überstrahlen iwwerstralen*(utr)(v)*
überstrapazieren iwwerstrapazéieren*(utr)(v)*
überstülpen iwwersträppen*(tr)(v)*
Überstunde Iwwerstonn*(f,-en)*
überstürzen iwwerrubbelen*(utr)(v)*
überstürzen iwwerstierzen*(utr)(v)*
überstürzt iwwerstierzt*(adj)*
übertölpeln, jn - erageheien, een -*(exp)*
übertönen iwwertéinen*(utr)(v)*
übertragen iwwerdroen*(utr)(v)*
übertragen transferéieren*(v)*
übertragen transposéieren*(v)*
übertragen, ins Luxemburgische - verlëtzebuergeschen*(v)*
Übertragung Iwwerdroung*(f,-en)*
Übertragung Transmissioun*(f,-en)*
übertreffen iwwerdubberen*(utr)(v)*
übertreffen iwwertreffen*(utr)(v)*
übertreiben exageréieren*(v)*
übertreiben iwwerdreiwen*(utr)(v)*
übertreiben, es - bont, et - dreiwen*(exp)*
Übertreibung Exageratioun*(f,-en)*
Übertreibung Iwwerdreiwung*(f,-en)*
übertreten iwwertrieden*(utr)(v)*
übertrumpfen iwwertrompen*(utr)(v)*
überversichern iwwerversécheren*(utr)(v)*
überwachen iwwerwaachen*(utr)(v)*
überwachsen iwwerwuessen*(v)*
Überwachung Iwwerwaachung*(f,-en)*
überwältigen iwwerwältegen*(utr)(v)*
überwechseln iwwerwiesselen*(tr)(v)*
überweisen iwwerweisen*(utr)(v)*
Überweisung Iwwerweisung*(f,-en)*
Überweisung Virement*(m,-en)*
Überweisungsformular Iwwerweisungsformular*(n,-en)*
überwerfen, sich - iwwerwerfen, sech -*(utr)(v)*
überwinden iwwerwannen*(utr)(v)*
überwintern iwwerwanteren*(utr)(v)*
überwuchern iwwerwucheren*(utr)(v)*
Überzahl Iwwerhand*(f,~)*
überzeugen iwwerzeegen*(utr)(v)*
Überzeugung Iwwerzeegung*(f,-en)*
Überzeugung Konviktioun*(f,-en)*
überziehen iwwerzéien*(tr)(v)*
überziehen verkleeden*(v)*
überziehen, mit Zuckerguss - glacéieren*(v)*
überzuckern verzéckeren*(v)*
Überzug (Kissen) Housse*(f,-n)*
U-Boot U-Boot*(m,-er)*
übrig bleiben iwwereg bleiwen*(exp)*
übrig sein iwwereg sinn*(v)*
Übrigen, im - soss*(adv)*
übrigens iwweregens*(adv)*
übrigens iwwregens*(adv)*
Übung Exercice*(m,-n)*
Übung Übung*(f,-en)*
Übung, die - haben Zock, den - kennen*(exp)*
Uebersyren Iwwersiren*(p)*
Ufer Bord*(m,-en)*
Ufer Ufer*(n,-en)*
Ufer Uwänner*(npl)*
Ufer Uwwer*(n,-en)*
Uferböschung Uwwer*(n,-en)*
U-Haft Ënnersuchungshaft*(f,~)*
Uhr Auer*(f,-en)*
Uhrengeschäft Aurebuttek*(n,-en)*
Uhrglas Auerglas*(n,-glieser)*
Uhrmacher Auermécher*(m,--)*
Uhrzeiger Auerenzär*(m,-en)*
Uhrzeit Auer*(f,~)*
Uhu Uhu*(m,-en)*
Ulme Ulm*(f,-en)*
ultimativ ultimativ*(adj)*
Ultimatum Ultimatum*(n,-en)*
Ultrakurzwelle Ultrakuerzwell*(f,-en)*
Ultraschall Ultraschall*(m,~)*
ultraviolett ultraviolett*(adj)*
um ëm*(pp)*
um (Uhrzeit) um/ëm*(pp)*
um zu fir ze + Infinitiv*(exp)*
umändern ëmänneren*(tr)(v)*
Umänderung Retouche*(f,-n)*
umarmen emäerbelen*(utr)(v)*
Umarmung Ëmaarmung*(f,-en)*
Umarmungen Ëmäerbels*(f,--)*
Umbau Ëmbau*(m,~)*
umbauen ëmbauen*(tr/utr)(v)*
umbenennen ëmbenennen*(tr)(v)*
umbetten ëmbetten*(tr)(v)*
umbiegen diebelen*(v)*
umbiegen ëmbéien*(tr)(v)*
umbiegen rabéien*(v)*
umbiegen ropdiebelen*(v)*
umbilden ëmbilden*(tr)(v)*
Umbildung Ëmbildung*(f,-en)*
umbinden ëmbannen*(tr)(v)*
umblasen ëmblosen*(tr)(v)*
umblättern ëmbliederen*(tr)(v)*
umbringen ëmbréngen*(tr)(v)*
umbringen, sich - ëmbréngen, sech -*(tr)(v)*
umbringen, sich - suicidéieren, sech -*(v)*
umbuchen ëmbuchen*(tr)(v)*
umdenken ëmdenken*(tr)(v)*
umdisponieren ëmdisponéieren*(tr)(v)*
umdrehen ëmdréien*(tr)(v)*
umdrehen erëmdréien*(v)*
umdrehen rëmdréien*(v)*
umfahren contournéieren*(v)*
umfahren ëmfueren*(utr)(v)*
Umfahrung Deviatioun*(f,-en)*
umfallen ëmfalen*(tr)(v)*
umfallen ëmtrëllen*(tr)(v)*
umfallen erëmfalen*(v)*
umfallen kippen*(v)*
Umfang Ëmfang*(m,~)*
Umfang Ëmfank*(m,~)*
Umfang Volume*(m,-n)*
umfangreich voluminéis*(adj)*
umfassen ëmfaassen*(utr)(v)*
umfassen englobéieren*(v)*
umfliegen ëmfléien*(tr/utr)(v)*
umformen ëmformen*(tr)(v)*
umformulieren ëmformuléieren*(tr)(v)*
Umfrage Ëmfro*(f,-en)*
umfragen, sich - erfroen, sech -*(v)*
umfunktionieren ëmfonktionéieren*(tr)(v)*

Umgang	Ëmgang*(m,~)*
Umgang	Ëmgank*(m,~)*
Umgangssprache	Ëmgangssprooch*(f,-en)*
umgeben	ëmginn*(utr)(v)*
Umgebung	Emgéigend*(f,-en)*
Umgebung, in der -	Géigend, an der -*(exp)*
umgehen	contournéieren*(v)*
umgehen	ëmgoen*(tr/utr)(v)*
umgehen	verfueren*(v)*
umgekehrt	ëmgekéiert*(adj)*
umgestalten	ëmgestalten*(tr)(v)*
umgießen	ëmgéissen*(tr)(v)*
umgießen	ëmschëdden*(tr)(v)*
umgraben	ëmgruewen*(tr)(v)*
umgruppieren	ëmgruppéieren*(tr)(v)*
umhacken	ëmkappen*(tr)(v)*
umhängen	ëmhänken*(tr)(v)*
umherdrehen	ronderëmdréinen*(v)*
umherfahren	ronderëmfueren*(v)*
umherfuchteln	ronderëmfuchtelen*(v)*
umherkrabbeln	ronderëmkrabbelen*(v)*
umherkriechen	erëmkrauchen*(v)*
umherkriechen	rëmkrauchen*(v)*
umherlaufen	ronderëmlafen*(v)*
umherlaufen, unruhig -	bëselen*(v)*
umherlungern	marodéieren*(v)*
umherschlendern	scharjeekelen*(v)*
umhertreiben	ronderëmdreiwen*(v)*
umhüllen	drapéieren*(v)*
Umkehr	Retour*(m,-en)*
umkehren	ëmkéieren*(tr)(v)*
Umkehrung	Inversioun*(f,-en)*
umkippen	ëmkippen*(tr)(v)*
umklammern	ëmklameren*(utr)(v)*
Umkleideraum	Vestiär*(m,-en)*
umknicken	ëmknécken*(tr)(v)*
umkommen	ëmkommen*(tr)(v)*
Umkreis	Ëmkrees*(m,-er)*
Umkreis	Peripherie*(f,-n)*
umkreisen	ëmkreesen*(utr)(v)*
umkrempeln	ëmkrempelen*(tr)(v)*
umladen	ëmlueden*(tr)(v)*
Umlauf	Circulatioun*(f,-en)*
Umlauf	Verkéier*(m,~)*
Umlauf, im - sein	circuléieren*(v)*
Umlaufbahn	Ëmlafbunn*(f,-en)*
umlaufen	ëmlafen*(tr)(v)*
Umlaut	Ëmlaut*(m,-er)*
umlegen	ëmleeën*(tr)(v)*
umlegen (Mantel)	ëmdoen*(tr)(v)*
umleiten	deviéieren*(v)*
umleiten	ëmleeden*(tr)(v)*
Umleitung	Deviatioun*(f,-en)*
Umleitung	Ëmleedung*(f,-en)*
Umleitungsmöglichkeit	Deviatiounsméiglechkeet*(f,-en)*
umlernen	ëmléieren*(tr)(v)*
umliegen	ëmleien*(tr)(v)*
ummelden, sich -	ëmmellen, sech -*(tr)(v)*
Umorganisation	Ëmorganisatioun*(f,-en)*
umpflanzen	ëmplanzen*(tr)(v)*
umpflügen	ëmplouen*(tr)(v)*
umprogrammieren	ëmprogramméieren*(tr)(v)*
umquartieren	ëmquartéieren*(tr)(v)*
umräumen	ëmraumen*(tr)(v)*
umrechnen	ëmrechnen*(tr)(v)*
umreißen	ëmräissen*(utr/tr)(v)*
umrennen	ëmfueren*(tr)(v)*
Umriss	Ëmrëss*(m,-er)*
umrühren	réieren*(v)*
umsatteln	ëmsuedelen*(tr)(v)*
Umsatz	Ëmsaz*(m,Ëmsätz)*
umschalten	ëmschalten*(tr)(v)*
Umschlag	Ëmschlag*(m,Ëmschléi)*
Umschlag	Enveloppe*(f,-n)*
umschlagen (Ärmel)	eropschloen*(v)*
umschließen	cernéieren*(v)*
umschreiben	ëmschreiwen*(tr/utr)(v)*
Umschrift	Transkriptioun*(f,-en)*
umschulen	ëmschoulen*(tr)(v)*
umschwärmen	ëmschwäermen*(utr)(v)*
umsegeln	ëmse(e)gelen*(utr)(v)*
umsehen, sich -	ëmkucken, sech-*(tr)(v)*
umsehen, sich -	ëmsinn, sech-*(tr)(v)*
umsetzen	duerchféieren*(tr)(v)*
umsetzen	ëmsetzen*(tr)(v)*
Umsetzung	Transpositioun*(f,-en)*
umsichtig	ëmsiichteg*(adj)*
umsiedeln	ëmsiddelen*(tr)(v)*
umsiedeln	ëmsidelen*(tr)(v)*
umso besser	ëmsou besser*(exp)*
umso mehr als	zemools*(cn)*
umsonst	ëmsoss*(adv)*
umsonst	fir näischt*(exp)*
umspannen	ëmspannen*(utr)(v)*
umspielen	ëmspillen*(utr)(v)*
umspringen	ëmsprangen*(tr)(v)*
umspülen	ëmspullen*(utr)(v)*
Umstand	Ëmstand*(m,Ëmstänn)*
Umstände	Chichi*(m,~)*
Umstände	Ëmstänn*(npl)*
Umstände	Fassongen*(npl)*
Umstände	Schischi*(m,~)*
Umstände machen	Chichi maachen*(exp)*
Umstände, keine großen - machen	Fisematente, keng - man*(exp)*
Umstände, sich - machen	Schischi maachen*(exp)*
umständlich	ëmständlech*(adj)*
Umstandskleid	Ëmstandskleed*(n,-er)*
umsteigen	ëmklammen*(tr)(v)*
umstellen	ëmstellen*(tr)(v)*
umstellen	réckelen*(v)*
umstellen	verstellen*(v)*
umstellen (umzingeln)	ëmstellen*(utr)(v)*
Umstellung	Ëmstellung*(f,-en)*
Umstellung	Rekonversioun*(f,-en)*
umstimmen	ëmstëmmen*(tr)(v)*
umstoßen	ëmpuchen*(tr)(v)*
umstoßen	ëmstoussen*(tr)(v)*
umstritten	controvers*(adj)*
umstritten	ëmstridden*(adj)*
umstrukturieren	ëmstrukturéieren*(tr)(v)*
umstrukturieren	restrukturéieren*(v)*
Umstrukturierung	Restrukturatioun*(f,-en)*
umtaufen	ëmdeefen*(tr)(v)*
Umtausch	Ëmtausch*(m,~)*
Umtausch	Ëmtosch*(m,~)*
umtauschen	ëmtauschen*(tr)(v)*
umtauschen	wiesselen*(v)*
umtippen	ëmtippen*(tr)(v)*
umtopfen	ëmdëppen*(tr)(v)*
umverpacken	ëmpaken*(tr)(v)*
Umwandlung	Konversioun*(f,-en)*
Umwandlung	Transformatioun*(f,-en)*
umwechseln	ëmwiesselen*(tr)(v)*
Umweg	Ëmwee*(m,-ër)*
Umweg, einen - machen	Ëmwee, en - maachen*(exp)*
Umwelt	Ëmwelt*(f,~)*
Umweltbelastung	Ëmweltbelaaschtung*(f,-en)*
umweltbewusst	ëmweltbewosst*(adj)*
umweltfreundlich	ëmweltfrëndlech*(adj)*
Umweltkommission	Ëmweltkommissioun*(f,-en)*
Umweltminister	Ëmweltminister*(m,-en)*
Umweltschützer	Ekologist*(m,-en)*
Umweltschützer	Ëmweltschützer*(m,--)*
Umweltschutzorganisation	Ëmweltschutzorganisatioun*(f,-en)*
Umweltverschmutzer	Ëmweltverschmotzer*(m,--)*
Umweltverschmutzung	Ëmweltverschmotzung*(f,-en)*
umwerben	courtiséieren*(v)*
umwerfen	ëmgeheien*(tr)(v)*
umwerfen	ëmwerfen*(tr)(v)*
umwickeln	drëmwéckelen*(v)*
umwickeln	ëmwéckelen*(utr)(v)*
Umzäunung	Clôture*(f,-n)*

umziehen ëmzéien*(tr)(v)*
umziehen plënneren*(v)*
umziehen, sich - anescht, sech - undinn*(exp)*
Umzug Plënneren*(n,~)*
Umzugswagen Miwwelwon*(m,-ween)*
Umzugswagen Plënnerwon*(m,-ween)*
unabhängig onofhängeg*(adj)*
Unabhängigkeit Onofhängegkeet*(f,-en)*
Unachtsamkeit Onuechtsamkeet*(f,-en)*
unangenehm desagreabel*(adj)*
unangenehm katzeg*(adj)*
Unannehmlichkeit Onannehmlechkeet*(f,-en)*
unanständig onanstänneg*(adj)*
unanständig ongehéiereg*(adj)*
Unanständigkeit Onanstännegkeet*(f,-en)*
unappetitlich onappetitlech*(adj)*
unartig ongezunn*(adj)*
unästhetisch onästhetesch*(adj)*
unauffällig genëschelt*(adj)*
unaufmerksam onopmierksam*(adj)*
unbarmherzig onbaarmhäerzeg*(adj)*
unbarmherzig ouni Matleed*(exp)*
unbedacht verruckelst*(adj)*
unbedingt onbedéngt*(adv)*
unbegreiflich onbegräiflech*(adj)*
unbehaglich ongemälleg*(adj)*
unbeholfen onbehollef*(adj)*
unbekannt onbekannt*(adj)*
unbekümmert onbekëmmert*(adj)*
unbeliebt onbeléift*(adj)*
unbeliebt onpopulär*(adj)*
unbequem onbequeem*(adj)*
unbequem ongemälleg*(adj)*
unbequem onkammoud*(adj)*
Unbequemlichkeit Onkammoudheet*(f,-en)*
unbeschwert onbeschwéiert*(adj)*
unbesorgt onbesuergt*(adj)*
unbeständig onbestänneg*(adj)*
unbeständig verännerlech*(adj)*
unbestechlich onbestiechlech*(adj)*
unbestimmt onbestëmmt*(adj)*
unbetont onbetount*(adj)*
unbewohnbar onbewunnbar*(adj)*
unbewohnt net bewunnt*(adj)*
unbewusst onbewosst*(adj)*
unbrauchbar onbrauchbar*(adj)*
und a/an*(cn)*
und an*(cn)*
und was noch? a wat nach?*(exp)*
undankbar ondankbar*(adj)*
Undankbarkeit Ondankbarkeet*(f,-en)*
undenkbar ondenkbar*(adj)*
undeutlich ondäitlech*(adj)*
undurchlässig waasserdicht*(adj)*
uneben bockeleg*(adj)*
uneben knubbeleg*(adj)*
Unebenheit Kaul*(f,-en)*
Unehre Onéier*(f,-en)*
unehrlich näischnotzeg*(adj)*
unehrlich onéierlech*(adj)*
Unehrlichkeit Onéierlechkeet*(f,-en)*
uneinig oneeneg*(adj)*
Uneinigkeit Oneenegkeet*(f,-en)*
uneins oneens*(adv)*
unendlich onendlech*(adj)*
Unendlichkeit Onendlechkeet*(f,-en)*
Unentschieden Remis*(m,-en)*
unentschlossen onentschloss*(adj)*
unentschuldigt onentschëllegt*(adj)*
unerfahren eefälleg*(adj)*
unerfahren onerfuer*(adj)*
unerfreulich onerfreelech*(adj)*
unerfüllt onerfëllt*(adj)*
unerhört allerhand*(adj)*
unerhört onerhéiert*(adj)*
unerkannt onerkannt*(adj)*
unerlaubt onerlaabt*(adj)*
unermesslich onermiesslech*(adj)*
unerreicht onerreecht*(adj)*
unerschrocken frech*(adj)*
unerwartet onerwaart*(adj)*
unerwartet onverhofft*(adj)*
unerwartet onversins*(adv)*
unerwünscht onerwënscht*(adj)*
unerzogen ongezillt*(adj)*
unerzogen ongezunn*(adj)*
unfähig onfäeg*(adj)*
Unfähigkeit Inkapazitéit*(f,-en)*
unfair onfair*(adj)*
Unfall Accident*(m,-er)*
Unfall Akzident*(n,-er)*
Unfall Onfall*(m,-fäll)*
Unfall Ongléck*(n,-er)*
Unfall Onglécksfall*(m,-fäll)*
Unfall, einen - haben (Auto) arennen*(v)*
Unfall, nuklearer - Accident, nukleaart -*(exp)*
Unfallversicherung Onfallversécherung*(f,-en)*
unförmig ongemiddelt*(adj)*
unfreiwillig onfräiwëlleg*(adj)*
unfreundlich onfrëndlech*(adj)*
unfruchtbar onfruchtbar*(adj)*
Ungar Ungar*(m,-en)*
Ungarin Ungarin*(f,-nen)*
ungarisch ungaresch*(adj)*
Ungarn Ungarn*(n,~)*
ungebildet ongebilt*(adj)*
ungeboren ongebuer*(adj)*
ungedeckt (Scheck) ongedeckt*(adj)*
Ungeduld Ongedold*(f,~)*
ungeduldig ongedëlleg*(adj)*
ungefähr ongeféier*(adv)*
ungefähr hundert eng honnert*(exp)*
ungefähr zehn eng zéng*(exp)*
ungeheuerlich ongeheierlech*(adj)*
ungehobelt lazeg*(adj)*
ungehobelt ongehuwwelt*(adj)*
ungehörig ongehéiereg*(adj)*
ungekocht réi*(adj)*
ungelernt ongeléiert*(adj)*
ungelogen ongelunn*(adj)*
ungenau flu*(adj)*
ungenau ongenee*(adj)*
Ungenauigkeit Ongenauegkeet*(f,-en)*
ungenießbar ongenéissbar*(adj)*
ungenügende Note Datz*(f,-en)*
ungerade ongrued*(adj)*
ungerecht ongerecht*(adj)*
ungerechtfertigt onmotivéiert*(adj)*
Ungerechtigkeit Ongerechtegkeet*(f,-en)*
Ungerechtigkeit Ongerechtheet*(f,-en)*
ungereimt ongereimt*(adj)*
Ungereimtheit Ongereimtheet*(f,-en)*
ungern ongär*(adv)*
ungeschickt ongeschécklech*(adj)*
ungeschickt ongeschéckt*(adj)*
ungeschickt ongläcklech*(adj)*
Ungeschicktheit Ongeschéckerlechkeet*(f,-en)*
Ungeschicktheit Ongeschécklechkeet*(f,-en)*
ungeschminkt ongeschménkt*(adj)*
ungeschützt ongeschützt*(adj)*
ungesetzlich ongesetzlech*(adj)*
ungestüm sturazeg*(adj)*
ungesund ongesond*(adj)*
ungeteilt (Erbschaft) indivis*(adj)*
ungewiss ongewëss*(adj)*
Ungewissheit Ongewëssheet*(f,-en)*
ungewöhnlich ongewéinlech*(adj)*
ungewöhnlich ongewinnt*(adj)*
ungewohnt ongewinnt*(adj)*
ungewollt ongewollt*(adj)*
Ungeziefer Gedéiesch*(n,--)*
Ungeziefer Ongeziwwer*(n,~)*
ungezogen ondugen*(adj)*
ungezogen queesch*(adj)*
ungezogen wéischt*(adj)*
ungezwungen ongezwongen*(adj)*
Unglaube Onglaf*(m,~)*
ungläubig ongleeweg*(adj)*

unglaublich ongleeflech *(adj)*
ungleich ongläich *(adj)*
Ungleichheit Inegalitéit *(f,-en)*
Ungleichheit Ongläichheet *(f,-en)*
ungleichmäßig ongläichméisseg *(adj)*
Ungleichung Inequatioun *(f,-en)*
Unglück Ongléck *(n,-er)*
Unglück Pech *(m,~)*
unglücklich ongléckIech *(adj)*
unglücklicherweise ongléckIecherweis *(adv)*
Ungnade Ongnod *(f,~)*
Ungnade, in - fallen Ongnod, an - falen *(exp)*
ungnädig ongneedeg *(adj)*
ungültig ongëlteg *(adj)*
Ungültigkeit Invaliditéit *(f,-en)*
ungünstig ongënschteg *(adj)*
unhaltbar onhalbar *(adj)*
Unheil Calamitéit *(f,-en)*
Unheil Plo *(f,-en)*
unheilbar onheelbar *(adj)*
unheimlich onheemlech *(adj)*
unheimlich onheemlech *(adv)*
unhöflich grobb *(adj)*
unhöflich ongemeng *(adj)*
unhöflich onhéiflech *(adj)*
Unhöflichkeit Onhéiflechkeet *(f,-en)*
unhygienisch onhygienesch *(adj)*
Uniform Uniform *(f,-en)*
Unikum Unikum *(n,-en)*
uninteressant oninteressant *(adj)*
Union Unioun *(f,-en)*
Unionspartei Uniounspartei *(f,-en)*
universal universal *(adj)*
Universalerbe Légataire universel *(m,~)*
Universalität Universalitéit *(f,~)*
universell universell *(adj)*
Universität Universitéit *(f,-en)*
Universitätsbibliothek Universitéitsbibliothéik *(f,-en)*
Universitätsklinik Universitéitsklinik *(f,-en)*
Universitätsstadt Universitéitsstad *(f,-stied)*
Universum Universum *(m,~)*
Unkenntlichkeit Onkenntlechkeet *(f,~)*
unklar onkloer *(adj)*
Unklarheit Onkloerheet *(f,-en)*
unkompliziert onkomplizéiert *(adj)*
unkontrollierbar onkontrolléierbar *(adj)*
unkontrolliert onkontrolléiert *(adj)*
unkonventionell onkonventionell *(adj)*
unkonzentriert onkonzentréiert *(adj)*
Unkosten Fraisen *(npl)*
Unkosten Käschten *(npl)*
Unkraut Onkraut *(n,~)*
Unkrautvernichtungsmittel Sprëtzmëttel *(n,-en)*
unkritisch onkritesch *(adj)*
unlesbar onlieserlech *(adj)*
unleserlich kropeleg *(adj)*
unleserlich onlieserlech *(adj)*
unlogisch onlogesch *(adj)*
Unlust Flemm *(f,~)*
Unlust Flemmsegkeet *(f,~)*
unmanierlich onmanéierlech *(adj)*
Unmenge Onmass *(f,-en)*
Unmenge Wouscht *(m,~)*
unmenschlich onmënschlech *(adj)*
unmessbar onmiessbar *(adj)*
unmissverständlich onmëssverständlech *(adj)*
unmodern (Kleider, Möbel) demodéiert *(adj)*
unmöglich onméiglech *(adj)*
Unmöglichkeit Onméiglechkeet *(f,-en)*
unmoralisch onmoralesch *(adj)*
unmotiviert onmotivéiert *(adj)*
unmusikalisch onmusikalesch *(adj)*
unnatürlich onnatierlech *(adj)*
unnötig muttwëlleg *(adj)*
unnötig muttwëlles *(adv)*
unnötig onnéideg *(adj)*
unnötigerweise onnëtzerweis *(adv)*
unnütz onnëtz *(adj)*
UNO UNO *(f,~)*
Unordnung Mëscht *(f,-en)*
Unordnung Onuerdnung *(f,~)*
Unordnung, in - bringen desorganiséieren *(v)*
UNO-Resolution UNO-Resolutioun *(f,-en)*
unorganisch onorganesch *(adj)*
UNO-Sicherheitsrat UNO-Sécherheetsrot *(f,~)*
unparteiisch onparteiesch *(adj)*
unpersönlich onperséinlech *(adj)*
unpolitisch onpolitesch *(adj)*
unpraktisch onpraktesch *(adj)*
unproblematisch onproblematesch *(adj)*
Unrat Wouscht *(m,~)*
unrecht onrecht *(adj)*
Unrecht tun Ongläich dinn *(exp)*
unregelmäßig onregelméisseg *(adj)*
Unregelmäßigkeit Irregularitéit *(f,-en)*
Unregelmäßigkeit Onregelméissegkeet *(f,-en)*
unrentabel onrentabel *(adj)*
Unruh (Uhr) Onrou *(f,-en)*
Unruhe Onrou *(f,-en)*
Unruhe Opreegung *(f,-en)*
Unruhe Wibbelegkeet *(f,~)*
Unruhen Onrouen *(npl)*
Unruhen, soziale - Onrouen, sozial - *(exp)*
unruhig onroueg *(adj)*
unruhig wibbeleg *(adj)*
unruhig (in Bewegung) bëseleg *(adj)*
unruhig sein fréckelen *(v)*
unruhig sein wibbelen *(v)*
uns äis, eis, ons *(pr)*
uns eis *(dét)*
uns eis *(pr)*
uns ons, äis, eis *(pr)*
unschädlich onschiedlech *(adj)*
Unschädlichkeit Onschiedlechkeet *(f,-en)*
unscharf ondäitlech *(adj)*
unscharf onschaarf *(adj)*
unschätzbar onschätzbar *(adj)*
unschön onschéin *(adj)*
Unschuld Onschold *(f,~)*
unschuldig onschëlleg *(adj)*
unser äis, eis, ons *(dét)*
unser eiser *(pr)*
unser eises *(pr)*
unser ons-, äis-, eis- *(dét)*
unsereiner onsereen *(pr)*
unsereiner/unsereins eisereen *(pr)*
unsereins onsereen *(pr)*
unsererseits eisersäits *(adv)*
unseriös onseriéis *(adv)*
unsicher ongewëss *(adj)*
unsicher onsécher *(adj)*
unsicher quokeleg *(adj)*
Unsicherheit Onsécherheet *(f,-en)*
Unsicherheitsfaktor Onsécherheetsfacteur *(m,-en)*
unsichtbar onsichtbar *(adj)*
unsozial onsozial *(adj)*
unsportlich onsportlech *(adj)*
Unstimmigkeit Onstëmmegkeet *(f,-en)*
unsympathisch antipathesch *(adj)*
unsympathisch onsympathesch *(adj)*
unten ënnen *(adv)*
unten ënnenan *(adv)*
unten ënnenof *(adv)*
unter ënner *(pp)*
unter ënnert *(pp)*
unter ënnert *(pp)*
unterbelichtet ënnerbeliicht *(adj)*
Unterbeschäftigung Ënnerbeschäftegung *(f,-en)*
unterbewerten ënnerbewäerten *(utr)(v)*
unterbezahlt ënnerbezuelt *(adj)*
unterbieten ënnerbidden *(utr)(v)*
unterbinden ënnerbannen *(utr)(v)*
unterbrechen ënnerbriechen *(utr)(v)*
unterbrechen stéieren *(v)*
Unterbrechung Interruptioun *(f,-en)*

unterbreiten ënnerbreeden*(utr)(v)*
unterbringen ënnerbréngen*(tr)(v)*
unterbringen (Quartier, Arbeit) caséieren*(v)*
unterbringen, wieder - reloger*(v)*
unterbuddeln aschären*(v)*
unterdrücken ënnerdrécken*(utr)(v)*
unterdrücken nidderschloen*(v)*
unterdrücken (niederdrücken) ënnerdrécken*(tr)(v)*
Unterdrückung Oppressioun*(f,-en)*
Unterdrückung Repressioun*(f,-en)*
unterentwickelt ënnerentwéckelt*(adj)*
unterernährt ënnererniert*(adj)*
Unterfutter (Kleidung) Fudderduch*(n,~)*
Untergang Ënnergank*(m,-gäng)*
untergebracht ënnerdag*(adj)*
untergehen ënnergoen*(tr)(v)*
Untergeschoss Sous-sol*(m,-en)*
Untergeschoss Souterrain*(m,-en)*
Untergewicht Ënnergewiicht*(n,~)*
untergraben ënnergruewen*(tr)(v)*
Untergrundorganisation Ënnergrondorganisatioun*(f,-en)*
Unterhalt Ënnerhalt*(m,~)*
unterhalten ënnerhalen*(utr)(v)*
unterhalten, sich - sproochen*(v)*
unterhalten, sich eingehend - über etw ergoen, sech iwwer eppes -*(exp)*
Unterhaltung Distraktioun*(f,-en)*
Unterhaltung Konversatioun*(f,-en)*
Unterhaltungselektronik Ënnerhaltungselektronik*(f,~)*
unterhandeln parlementéieren*(v)*
Unterhändler Ënnerhändler*(m,--)*
Unterhemd Hiemchen*(n,Hiemercher)*
Unterhemd Kleedchen*(n,Kleedercher)*
Unterholz Ënnergehëlz*(n,-er)*
unterirdisch ënnerierdesch*(adj)*
Unterkellerung Excavatioun*(f,-en)*
Unterkiefer Kënnbak*(m,-en)*
unterkommen ënnerkommen*(tr)(v)*
unterkriechen ënnerkrauchen*(tr)(v)*
unterkriegen ënnerkréien*(tr)(v)*
unterkühlt ënnerkillt*(adj)*
Unterkunft Ënnerdaach*(m,~)*
Unterlage Ënnerlag*(f,-en)*
unterlassen ënnerloossen*(utr)(v)*
unterlassen loossen*(v)*
unterlegen ënnerleeën*(adj)*
Unterlegenheit Ënnerleeënheet*(f,-en)*
Unterleib Ënnerläif*(m,~)*
Unterleib Ënnerleif*(m,~)*
unterliegen ënnerleien*(utr)(v)*
untermauern consolidéieren*(v)*
untermauern ënnermaueren*(utr)(v)*
untermischen ënnermëschen*(tr)(v)*
unternehmen ënnerhuelen*(utr)(v)*
Unternehmen Entreprise*(f,-n)*
unternehmen, etw - (Initiative ergreifen) begannen, sech -*(v)*
Unternehmer Entreprener*(m,-en)*
Unteroffizier Ënneroffizéier*(m,--)*
unterordnen ënneruerdnen*(tr)(v)*
Unterorganisation Ënnerorganisatioun*(f,-en)*
Unterproduktion Ënnerproduktioun*(f,-en)*
Unterredung Entrevue*(f,-n)*
unterrepräsentieren ënnerrepresentéieren*(utr)(v)*
Unterrepräsentierung Ënnerrepresentatioun*(f,-en)*
unterrichten enseignéieren*(v)*
unterrichten Schoul halen*(exp)*
unterrichten schoulmeeschteren*(v)*
Unterrichtsstunde Schoulstonn*(f,-en)*
Unterrock Combinaison*(f,-en)*
Unterrock Jupon*(m,-en)*
untersagen verbidden*(v)*
unterschätzen ënnerschätzen*(utr)(v)*
unterscheiden distinguéieren*(v)*
unterscheiden ënnerscheeden*(utr)(v)*
Unterschied Ënnerscheed*(m,-er)*
unterschiedlich ënnerschiddlech*(adj)*
unterschiedlich verschidden*(adj)*
unterschlagen ënnerschloen*(utr)(v)*
Unterschlinder Ënnerschlënner*(p)*
unterschreiben ënnerschreiwen*(utr)(v)*
unterschreiben signéieren*(v)*
Unterschrift Ënnerschrëft*(f,-en)*
Unterschriftenaktion Ënnerschrëftenaktioun*(f,-en)*
Unterschriftensammlung Ënnerschrëftesammlung*(f,-en)*
untersetzt ënnersat*(adj)*
unterst ënnescht*(adj)*
Unterstand Abri*(m,-en)*
unterstellen, sich - ënnerstellen, sech -*(tr)(v)*
unterstreichen ënnersträichen*(utr)(v)*
unterstützen ënnerstëtzen*(utr)(v)*
Unterstützung Ënnerstëtzung*(f,-en)*
untersuchen ënnersichen*(utr)(v)*
untersuchen (auch gerichtlich) enquêtéieren*(v)*
Untersuchung Ënnersichung*(f,-en)*
Untersuchung Investigatioun*(f,-en)*
Untersuchung (auch gerichtlich) Enquête*(f,-n)*
Untersuchungshaft Ënnersuchungshaft*(f,~)*
Untersuchungskommission Enquêtëkommissioun*(f,-en)*
untertan ënnerdon*(adj)*
untertänig abberdéngeg*(adj)*
untertänig ënnerdéngeg*(adj)*
untertauchen ënnerdauchen*(tr)(v)*
unterteilen ofdeelen*(v)*
Unterteller Tasenteller*(m,-en)*
Unterteller Tellerchen*(m,Tellercher)*
Untertitel Ënnertitel*(m,-en)*
Unterton Ënnertoun*(m,-téin)*
untertunneln ënnertunnelen*(utr)(v)*
untervermieten weiderverlounen*(v)*
Unterwäsche Ënnergezei*(n,~)*
Unterwäsche Ënnerwäsch*(f,--)*
Unterwäsche Wäsch*(f,~)*
unterwegs ënnerwee*(adv)*
Unterwelt Ënnerwelt*(f,-en)*
unterwerfen ënnerwerfen*(utr)(v)*
unterwerfen (einer Sache) assujettéieren*(v)*
unterwürfig ënnerwierfeg*(adj)*
unterzeichnen ënnerzeechnen*(utr)(v)*
unterziehen, sich - ënnerzéien, sech -*(utr)(v)*
untief niddereg*(adj)*
untreu ontrei*(adj)*
unüberlegt oniwwerluecht*(adj)*
unübersichtlich oniwwersiichtlech*(adj)*
unumgänglich onëmgänglech*(adj)*
ununterbrochen onënnerbrach*(adj)*
unverantwortlich onverantworlech*(adj)*
unverarbeitet réi*(adj)*
unverbesserlich onverbesserlech*(adj)*
unverblümt riichteraus*(adv)*
unverdaulich onverdaulech*(adj)*
unverdient onverdéngt*(adj)*
unverdorben onverduerwen*(adj)*
Unvereinbarkeit Incompatibilitéit*(f,-en)*
unverfälscht onverfälscht*(adj)*
unvergesslich onvergiesslech*(adj)*
unverheiratet net bestuet*(adj)*
unverhofft onverhofft*(adj)*
unverletzt onverletzt*(adj)*
Unvermögen Onfäegkeet*(f,-en)*
unverschämt ongenéiert*(adj)*
unverschämt onverschimt*(adj)*
Unverschämtheit Onverschimtheet*(f,-en)*
unversehens onversins*(adv)*
Unverstand Onverstand*(m,~)*
unverwechselbar onverwiesselbar*(adj)*
unverwüstlich onverwüstlech*(adj)*
unverzeihlich onverzeilech*(adj)*
unvollkommen onvollkommen*(adj)*
unvorsichtig onvirsiichteg*(adj)*
Unvorsichtigkeit Onvirsiichtegkeet*(f,-en)*
unweigerlich onweigerlech*(adj)*

unwesentlich onwiesentlech*(adj)*
Unwetter Wieder*(n,-en)*
unwiederbringlich irreparabel*(adj)*
unwirksam ineffektiv*(adj)*
unwirksam ineffikass*(adj)*
unwirksam onwierksam*(adj)*
unwirtschaftlich onwiertschaftlech*(adj)*
Unwissenheit Onwëssenheet*(f,-en)*
unwohl ellen*(adj)*
Unwohlsein Malaise*(m,-n)*
Unwohlsein (Frauen) Midderchen*(f,~)*
unwürdig onwierdeg*(adj)*
unwürdig schänterlech*(adj)*
unzerbrechlich onzerbriechlech*(adj)*
unzertrennlich onzertrennlech*(adj)*
unzufrieden onzefridden*(adj)*
unzufrieden verdross*(adj)*
Unzufriedenheit Onzefriddenheet*(f,-en)*
Unzulässigkeit Irrecevabilitéit*(f,-en)*
unzurechnungsfähig onzourechnungsfäeg*(adj)*
Unzurechnungsfähigkeit Onzourechnungsfäegkeet*(f,-en)*
unzuverlässig onzouverléisseg*(adj)*
Üppigkeit Pruecht*(f,-en)*
uralt ural*(adj)*
Uraufführung Uropféierung*(f,-en)*
urbanisieren urbaniséieren*(v)*
Urbanismus Urbanissem*(m,~)*
Urbevölkerung Urbevëlkerung*(f,-en)*
Ureinwohner Urawunner*(m,--)*
Urgroßmutter Urgroussmamm*(f,-en)*
Urgroßvater Urgrousspapp*(m,-en)*
Urheberrecht Copyright*(m,-en)*
Urin Seech*(vulg)(f,~)*
urinieren pissen*(v)*
urinieren urinéieren*(v)*
Urkraft Urkraaft*(f,-kräften)*
Urkunde Akt*(m,-en)*
Urkundenfälschung Urkundefälschung*(f,-en)*
Urlaub Congé*(m,-en)*
Urlaub Urlaub*(m,~)*
Urlaub, bezahlter - Congé, bezuelte -*(exp)*
Urlaubsziel Vakanzendestinatioun*(f,-en)*
Urmensch Urmënsch*(m,-en)*
Urne Urn*(f,-en)*
Urologe Urolog*(m,-en)*
Ursache Ursaach*(f,-en)*
Urspelt Ischpelt*(p)*
Ursprung Urspronk*(m,-spréng)*
ursprünglich ursprénglech*(adj)*
Urteil Uerteel*(n,-er)*
urteilen uerteelen*(v)*
Urteilskraft Urteelskraaft*(f,~)*
Urteilsspruch Uerteel*(n,-er)*
Urteilsspruch Urteelssproch*(m,-spréch)*
Urwald Urwald*(m,-wälder)*
Urzustand Urzoustand*(m,-stänn)*
Useldange Useldeng*(p)*
Utensil Utensil*(n,-ien)*
Utopie Utopie*(f,-n)*
utopisch utopesch*(adj)*

V

vag flu*(adj)*
vage vag*(adj)*
Vakuum Vakuum*(n,~)*
vakuumverpackt vakuumverpaakt*(adj)*
Valentinstag Vältesdag*(m,~)*
valorisieren valoriséieren*(v)*
Valorisierung Valorisatioun*(f,-en)*
Vampir Vampir*(m,-en)*
Vandalismus Vandalissem*(m,~)*
Vanille Vanill*(m,~)*
Vanilleeis Vanillsglace*(f,-n)*
Vanillepudding Vanillspudding*(f,-en)*
Vanillezucker Vanillszocker*(f,~)*
variabel variabel*(adj)*
Variable Variabel*(f,-en)*
Variante Variant*(f,-en)*
Variation Variatioun*(f,-en)*
Variété Varieté*(m,-en)*
Variété-Sendung Varietéssendung*(f,-en)*
variieren variéieren*(v)*
Vase Vas*(f,-en)*
Vater Papp*(m,-en/Päpp)*
Vatertag Pappendag*(m,-deeg)*
Vaterunser Vaterunser*(m,-en)*
Vegetarier Vegetarier*(m,--)*
vegetarisch vegetaresch*(adj)*
Vegetation Vegetatioun*(f,-en)*
vegetativ vegetativ*(adj)*
vegetieren vegetéieren*(v)*
vehement vehement*(adj)*
Vehikel Vehikel*(n,-en)*
Veilchen Vioul*(f,-en)*
Vene Oder*(f,-en)*
Vene Veen*(f,-en)*
Ventil Ventil*(m,-len)*
Ventilator Ventilator*(m,-en)*
ventilieren ventiléieren*(v)*
Verabredung Rendez-vous*(m,-en)*
verabreichen administréieren*(v)*
verabschieden, sich - awar soen*(exp)*
verachten veruechten*(v)*
Verachtung Veruecht*(m,~)*
veralbern verkolen*(v)*
verallgemeinern generaliséieren*(v)*
verallgemeinern verallgemengeren*(v)*
Verallgemeinerung Verallgemengerung*(f,-en)*
veralten vereelzen*(v)*
veraltet vereelzt*(adj)*
veränderlich verännerlech*(adj)*
verändern änneren*(v)*
verändern changéieren*(v)*
verändern veränneren*(v)*
Veränderung Ännerung*(f,-en)*
Veränderung Verännerung*(f,-en)*
verankern verankeren*(v)*
veranlassen inzitéieren*(v)*
veranschaulichen exemplifizéieren*(v)*
Veranstalter Organisateur*(m,-en)*
verantworten veräntweren*(v)*
verantwortlich responsabel*(adj)*
verantwortlich verantwortlech*(adj)*
verantwortlich machen responsabiliséieren*(v)*
Verantwortlichkeit Verantwortlechkeet*(f,-en)*
Verantwortung Responsabilitéit*(f,-en)*
Verantwortung Verantwortung*(f,-en)*
verantwortungsbewusst responsabel*(adj)*
verantwortungsbewusst verantwortungsvoll*(adj)*
verantwortungslos verantwortungslos*(adj)*
verarbeiten veraarbechten*(v)*
verarbeiten verschaffen*(v)*
verarbeitet, gut - verschafft, gutt -*(exp)*
verärgert béis*(adj)*
verärgert rosen*(adj)*
verarmen veraarmen*(v)*
verarschen veraarschen*(v)*
verausgaben, sich - verausgaben, sech -*(v)*
Verb Verb*(n,-en)*
verbal mëndlech*(adj)*
Verband Bandage*(m,-n)*
Verband Verband*(m,Verbänn)*
Verband (Vereinigung) Confederatioun*(f,-en)*
Verband (Zusammenschluss) Federatioun*(f,-en)*
Verband der Taxifahrer Taxisfederatioun*(f,-en)*
Verbandskasten Verbandskëscht*(f,-en)*
verbannen verbanen*(v)*
verbarrikadieren verbarrikadéieren*(v)*
verbauen verbauen*(v)*
verbergen verstoppen*(v)*
verbessern corrigéieren*(v)*
verbessern verbesseren*(v)*
Verbesserungsvorschlag Verbesserungsvirschlag*(m,-virschléi)*
Verbeugung Näip*(f,-en)*

verbeulen téitschen*(v)*
verbiegen verbéien*(v)*
verbiegen verdiebelen*(v)*
verbiegen verkrëmmen*(v)*
verbieten prohibéieren*(v)*
verbieten verbidden*(v)*
verbieten verbueden*(v)*
verbinden bandagéieren*(v)*
verbinden connectéieren*(v)*
verbinden jumeléieren*(v)*
verbinden verbannen*(v)*
verbinden (paarweise) koppelen*(v)*
verbinden, etw mit etw - associéieren, eppes mat eppes -*(exp)*
Verbindlichkeit Verbindlechkeet*(f,-en)*
Verbindung Connectioun*(f,-en)*
Verbindung Verbindung*(f,-en)*
Verbindungspunkt Jonctioun*(f,-en)*
verbissen verbass*(adj)*
verbittert verbattert*(adj)*
verblassen verblatzen*(v)*
verblasst verblatzt*(adj)*
verbleiben verbleiwen*(v)*
verbleichen verblatzen*(v)*
verbleichen (Farbe) verschéissen*(v)*
verblenden verblenden*(v)*
verblenden verblennen*(v)*
Verblichene Verstuerwen*(f,--)*
Verblichener Verstuerwenen*(m,Verstuerwen)*
verblöden verblöden*(v)*
verblüfft paff*(adj)*
verblüfft perplex*(adj)*
verblühen verbléien*(v)*
verbluten verbludden*(v)*
verbogen verbéit*(adj)*
verbohren verbueren*(v)*
verbohrt verbuert*(adj)*
verborgen verbuergen*(adj)*
Verbot Interdictioun*(f,-en)*
Verbot Verbuet*(m,Verbueder)*
verboten verbueden*(adj)*
Verbotsschild Verbuetsschëld*(n,-schëlter)*
Verbrauch Consommatioun*(f,-en)*
Verbrauch Verbrauch*(m,~)*
verbrauchen consomméieren*(v)*
verbrauchen konsuméieren*(v)*
verbrauchen opbrauchen*(v)*
verbrauchen verbrauchen*(v)*
Verbraucher Client*(m,-en)*
Verbraucher Konsument*(m,-en)*
Verbraucher Verbraucher*(m,--)*
verbraucht verbraucht*(adj)*
Verbrechen Verbriechen*(n,--)*
Verbrecher Verbriecher*(m,--)*
Verbrecherin Verbriecherin*(f,-nen)*
verbreiten colportéieren*(v)*
verbreiten propagéieren*(v)*
verbreiten spreeden*(v)*
verbreiten spreeën*(v)*
verbreiten verbreeden*(v)*
verbreiten verstreeën*(v)*
Verbreitung Diffusioun*(f,-en)*
Verbreitung Propagatioun*(f,-en)*
Verbreitung finden opkommen*(v)*
verbrennen anäscheren*(v)*
verbrennen verbrennen*(v)*
verbrennen, sich - verbrennen, sech -*(v)*
Verbrennung Verbrennung*(f,-en)*
verbringen verbréngen*(v)*
verbrühen verbrennen*(v)*
verbuchen comptabiliséieren*(v)*
verbuchen verbuchen*(v)*
verbuddeln verbuddelen*(v)*
verbummeln verbummelen*(v)*
verbummeln, die Zeit miteinander - kludderen*(v)*
verbünden alliéieren*(v)*
verbünden confederéieren*(v)*
verbünden federaliséieren*(v)*
verbünden, sich - verbannen, sech -*(v)*
Verbundenheit Verbonnenheet*(f,~)*
verbündet alliéiert*(adj)*
verbürgen verbiergen*(v)*
verchromen chroméieren*(v)*
verchromt verchroomt*(adj)*
Verdacht Verdacht*(m,~)*
verdächtig verdächteg*(adj)*
verdächtigen soupçonnéieren*(v)*
verdächtigen verdächtegen*(v)*
verdächtigen, jn - Verdacht, een am - hunn*(exp)*
verdammen verdamen*(v)*
verdammt verdaamt*(adj)*
verdammt verdäiwelt*(adj)*
verdammt zackerdjëss*(adv)*
verdammt zackerdjëssen*(adj)*
verdammt gut zatzegutt*(adj)*
verdammt! Nondikass!*(exp)*
verdampfen evaporéieren*(v)*
verdampfen verdämpen*(v)*
verdanken verdanken*(v)*
verdauen digeréieren*(v)*
verdauen verdauen*(v)*
Verdauung Verdauung*(f,~)*
verdecken verdecken*(v)*
verderben verdierwen*(v)*
verderben verfaulen*(v)*
verderben verhuddelen*(v)*
verderben (Magen) verbellen*(v)*
verderben, es mit jm - verdierwen, et mat engem -*(exp)*
verdeutlichen verdäitlechen*(v)*
verdienen verdéngen*(v)*
Verdienst Pai*(f,-en)*
Verdienst Verdéngscht*(m,-er)*
Verdienst (Lohn) Verdéngscht*(m,~)*
verdingen verdangen*(v)*
verdonnern verdonneren*(v)*
verdoppeln doubléieren*(v)*
verdoppeln verduebelen*(v)*
verdorben mierf*(adj)*
verdorben verbatzt*(adj)*
verdorben verbockt*(adj)*
verdorben verduerwen*(adj)*
verdorben sein (Lebensmittel) ëm sinn*(exp)*
verdörren verdieren*(v)*
verdrängen verdrängen*(v)*
Verdrängung Verdrängung*(f,~)*
verdreckt verdreckst*(adj)*
verdreckt verknascht*(adj)*
verdrehen verbrueden*(v)*
verdrehen verdréien*(v)*
verdrehen verdréinen*(v)*
verdrehen, jm den Kopf - verkolen, een -*(exp)*
verdreifachen tripléieren*(v)*
verdreifachen verdräifachen*(v)*
verdrießlich verdrësserlech*(adj)*
verdrießlich verdrësslech*(adj)*
verdrücken verdrécken*(v)*
verdrücken, sich - verdrécken, sech -*(v)*
Verdruss Misär*(m,~)*
Verdruss Verdross*(m,~)*
verduften verduften*(v)*
verduften verfuussen*(v)*
verdummen verdommen*(v)*
verdunkeln verdonkelen*(v)*
verdünnen dënnen*(v)*
verdünnen verdënnen*(v)*
verdunsten evaporéieren*(v)*
verdunsten verdonsten*(v)*
verdursten erdiischteren*(v)*
verdursten verdiischteren*(v)*
verdutzt paff*(adj)*
verdutzt verdutzt*(adj)*
veredeln veredelen*(v)*
verehren veréieren*(v)*
vereidigen assermentéieren*(v)*
vereidigen vereedegen*(v)*
Verein Veräin*(m,-er)*

vereinbaren conciliéieren*(v)*
vereinbaren konventionéieren*(v)*
vereinbaren vereinbaren*(v)*
Vereinbarung Conventioun*(f,-en)*
vereinen vereenen*(v)*
vereinfachen vereinfachen*(v)*
vereinheitlichen uniformiséieren*(v)*
vereinigen federéieren*(v)*
vereinigen vereenegen*(v)*
vereinigt vereenegt*(adj)*
Vereinigung Associatioun*(f,-en)*
Vereinshaus Veräinshaus*(n,-haiser)*
Vereinslokal Veräinslokal*(n,-er)*
Vereinsmitglied Veräinsmember*(m,-en)*
Vereinssaal Veräinssall*(n,-säll)*
vereinzelt vereenzelt*(adj)*
vereiteln verhënneren*(v)*
vereiteln verkraachen*(v)*
vererben verierwen*(v)*
vererben vermaachen*(v)*
verewigen veréiwegen*(v)*
verfahren, sich - verfueren, sech -*(v)*
verfahren, sich - verrennen, sech -*(v)*
Verfall Verfall*(m,~)*
verfallen periméieren*(v)*
verfallen verfalen*(v)*
Verfallsdatum Verfallsdatum*(m,-[m]en)*
verfälschen verfälschen*(v)*
Verfälschung Falsifikatioun*(f,-en)*
verfangen verfänken*(v)*
verfangen, sich - verstréppen, sech -*(v)*
verfänglich quokeleg*(adj)*
verfärben, sich - verfierwen, sech -*(v)*
verfassen nidderschreiwen*(v)*
verfassen redigéieren*(v)*
verfassen verfaassen*(v)*
Verfassung Konstitutioun*(f,-en)*
Verfassung (körperlich, Gesetz) Constitutioun*(f,-en)*
Verfassungsmäßigkeit Konstitutionalitéit*(f,~)*
Verfassungsrevision Verfassungsrevisioun*(f,-en)*
Verfassungswidrigkeit Verfassungswidregkeet*(f,-en)*
verfaulen faulen*(v)*
verfaulen verfaulen*(v)*
verfehlen mankéieren*(v)*
verfehlen ratéieren*(v)*
verfehlen verfeelen*(v)*
verfehlen verpassen*(v)*
verfestigen verfestegen*(v)*
verfilmen verfilmen*(v)*
verflechten verflechten*(v)*
verfliegen verfléien*(v)*
verfliegen, sich - verfléien, sech -*(v)*
verflixt zapristi*(adv)*
verfluchen verdamen*(v)*
verfluchen verfluchen*(v)*
verflucht verflucht*(adj)*
verflucht zackerdjëss*(adv)*
verflucht zackerdjëssen*(adj)*
verflüchtigen verfléien*(v)*
verfolgen poursuivéieren*(v)*
verfolgen verfollegen*(v)*
Verfolgung Persecutioun*(f,-en)*
Verfolgungsjagd Verfolgungsjuegd*(f,-juegten)*
verformen deforméieren*(v)*
verformen, sich - verzéien, sech -*(v)*
Verformung Deformatioun*(f,-en)*
Verformung Verformung*(f,-en)*
verfrachten verfrachten*(v)*
verfressen verfroossen*(adj)*
verfrühen, sich - verfréien, sech -*(v)*
verfügbar disponibel*(adj)*
Verfügbarkeit Disponibilitéit*(f,-en)*
verfügen verfügen*(v)*
Verfügung (über etw) Dispositioun*(f,-en)*
Verfügung, zur - stehen Verfügung, zur - stoen*(exp)*
verführen begaachelen*(v)*
verführen verféieren*(v)*
verführen vergaachelen*(v)*
Verführer Verféierer*(m,--)*
Verführung Seductioun*(f,-en)*
verfüttern verfidderen*(v)*
vergällen versalzen*(fig)(v)*
vergaloppieren, sich - vergaloppéieren, sech -*(v)*
vergangen vergaangen*(adj)*
Vergangenheit Vergaangenheet*(f,~)*
Vergangenheitsbewältigung Vergaangenheetsbewältegung*(f,~)*
vergänglich vergänglech*(adj)*
vergänglich vergänklech*(adj)*
Vergänglichkeit Vergänklechkeet*(f,~)*
vergasen vergasen*(v)*
Vergaser Vergaser*(m,-en)*
vergeben verginn*(v)*
vergeblich vergieflech*(adj)*
vergeblich vergiewes*(adv)*
Vergebung Pardon*(m,~)*
Vergebung Verzeiung*(n,~)*
Vergehen Infractioun*(f,-en)*
vergehen vergoen*(v)*
vergehen zergoen*(v)*
vergehen (vor Hitze) quaksen*(v)*
vergehen (vor Langeweile o.ä.) vergasen*(v)*
vergehen (vor Ungeduld, Langeweile) vergadderen*(v)*
vergehen, sich an jm - vergoen, sech un engem -*(exp)*
vergeigt verschass*(adj)*
Vergeltung Revanche*(f,-n)*
vergessen vergiessen*(v)*
vergessen, sich - vergiessen, sech -*(v)*
Vergessenheit Vergiess*(m,~)*
vergesslich vergiesserlech*(adj)*
vergeuden verbëtzelen*(v)*
vergeuden verbëtzen*(v)*
vergeuden verplemperen*(v)*
vergeuden versabbelen*(pej)(v)*
Vergeudung Verbëtz*(m,~)*
vergewaltigen vergewaltegen*(v)*
vergewaltigen violéieren*(v)*
Vergewaltigung Vergewaltegung*(f,-en)*
vergewissern, sich - vergewësseren, sech -*(v)*
vergiften vergëften*(v)*
Vergiftung Vergëftung*(f,-en)*
vergipsen plafonéieren*(v)*
Vergissmeinnicht Vergissmeinnicht*(f,-en)*
vergittern vergitteren*(v)*
verglasen verglasen*(v)*
Vergleich Vergläich*(m,-er)*
vergleichbar vergläichbar*(adj)*
vergleichen vergläichen*(v)*
Vergleichsmöglichkeit Vergläichsméiglechkeet*(f,-en)*
verglimmen verglousen*(v)*
Vergnügen Pléséier*(m,~)*
Vergnügung Amüsement*(m,-er)*
vergolden vergëllen*(v)*
vergönnen vergënnen*(v)*
vergönnen vergonnen*(v)*
vergöttern vergëtteren*(v)*
vergraben agruewen*(v)*
vergraben vergruewen*(v)*
vergreifen, sich - vergräifen, sech -*(v)*
vergreifen, sich an jm - vergräifen, sech un engem -*(exp)*
vergriffen vergraff*(adj)*
vergrößern vergréisseren*(v)*
vergrößern (Gebäude) ubauen*(v)*
Vergrößerung Vergréisserung*(f,-en)*
Vergrößerungsglas Vergréisserungsglas*(n,-glieser)*
Vergünstigung Faveur*(f,-en)*
vergüten bonifizéieren*(v)*
Vergütung Bonifikatioun*(f,-en)*
Vergütung Remuneratioun*(f,-en)*

verhaften verhaften*(v)*
Verhalten Verhalen*(n,~)*
verhalten, sich - verhalen, sech -*(v)*
Verhaltensforschung Verhalensfuerschung*(f,~)*
Verhältnis Proportioun*(f,-en)*
Verhältnis Verhältnis*(n,-ser)*
verhandeln negociéieren*(v)*
verhandeln verhandelen*(v)*
verhandeln, neu - renegociéieren*(v)*
Verhandlung Negociatioun*(f,-en)*
Verhandlung Verhandlung*(f,-en)*
Verhandlungsbasis Verhandlungsbasis*(f,-basen/-sen)*
verhängnisvoll fatal*(adj)*
verhängnisvoll verhängnisvoll*(adj)*
verharmlosen verharmlosen*(v)*
verhasst verhaasst*(adj)*
verhätscheln verhätschelen*(v)*
verhauen versäckelen*(v)*
verhauen zerfachen*(v)*
verheben, sich - verhiewen, sech -*(v)*
verheddern verfänken*(v)*
verheddern verwuerelen*(v)*
verheddern verwurrelen*(v)*
verheilen verheelen*(v)*
verheimlichen verheemlechen*(v)*
verheiraten bestueden*(v)*
verheiratet bestuet*(adj)*
verheizen (Brennstoff) verhëtzen*(v)*
verhelfen verhëllefen*(v)*
verherrlichen verherrlechen*(v)*
verheult verpinscht*(adj)*
verhexen verhexen*(v)*
verhindern empêchéieren*(v)*
verhindern verhënneren*(v)*
Verhör Verhéier*(n,--)*
verhören interrogéieren*(v)*
verhören (befragen) verhéieren*(v)*
verhören, sich - verhéieren, sech -*(v)*
verhungern aushéngeren*(v)*
verhungern erhéngeren*(v)*
verhungern erhingeren*(v)*
verhungern verhéngeren*(v)*
verhungern verhongeren*(v)*
verhunzen verhonzen*(v)*
verhunzen, durch Schneiden - vergarrelen*(v)*
verhurt verhouert*(adj)*
verhüten, etw - verhidden, eppes -*(exp)*
Verhütung Kontrazeptioun*(f,-en)*
Verhütungsmittel Verhütungsmëttel*(n,-en)*
verinnerlichen verënnerlechen*(v)*
Verinnerlichung Assimilatioun*(f,-en)*
verirren veriren*(v)*
verirren, sich - verléieren, sech -*(v)*
verjagen verjoen*(v)*
verjagen (mit einem Schlag) ewechbaatschen*(v)*
verjähren verjären*(v)*
verjährt verjäert*(v)*
verjüngt verjéngt*(v)*
verkabeln verkabelen*(v)*
verkapseln kapselen*(v)*
Verkauf Verkaf*(m,Verkeef)*
verkaufbar, leicht - verkeefeg*(adj)*
verkaufen liquidéieren*(v)*
verkaufen verkafen*(v)*
verkaufen verklappen*(v)*
Verkäufer Vendeur*(m,-en)*
Verkäufer Verkeefer*(m,--)*
Verkäuferin Vendeuse*(f,-n)*
Verkäuferin Verkeeferin*(f,-nen)*
verkäuflich verkeeflech*(adj)*
Verkaufsleiter Verkafschef*(m,-fen)*
Verkehr Trafik*(m,~)*
Verkehr Verkéier*(m,~)*
Verkehr Zirkulatioun*(f,~)*
verkehren verkéieren*(v)*
verkehren, mit jm - hantéieren, mat engem -*(ugs)(exp)*
Verkehrsader Verkéiersoder*(f,-en)*
Verkehrsampeln rout Luten*(npl)*
Verkehrsampeln rout Luuchten*(npl)*
Verkehrsamt Touristebüro*(m,-en)*
Verkehrsaufkommen Verkéiersintensitéit*(f,~)*
Verkehrsaufkommen Verkéierskonzentratioun*(f,-en)*
Verkehrschaos Verkéierchaos*(n,~)*
Verkehrsdurchsage Traficinformatioun*(f,-en)*
Verkehrsinsel Verkéiersinsel*(f,-en)*
Verkehrskombination Verkéierskombinatioun*(f,-en)*
Verkehrskommission Verkéierskommissioun*(f,-en)*
Verkehrskontrolle Verkéierskontroll*(f,-en)*
Verkehrsleistungsfähigkeit Trafikskapazitéit*(f,-en)*
Verkehrsministerium Verkéiersministère*(m,-n)*
Verkehrsmittel Transportmëttel*(n,-en)*
Verkehrsnetz Verkéiersnetz*(n,-er)*
Verkehrspolizist Verkéierspolizist*(m,-en)*
Verkehrsschild Verkéierszeechen*(n,--)*
Verkehrssicherheit Verkéierssécherheet*(f,~)*
verkehrt hannevir*(adv)*
verkehrt verkéiert*(adj)*
verkeilen verkeilen*(v)*
verkennen verkennen*(v)*
Verkettung Verkettung*(f,-en)*
verkitten verkitten*(v)*
verklagen verkloen*(v)*
Verklärtheit Verkläertheet*(f,~)*
verklausulieren verklausuléieren*(v)*
verkleben verkliewen*(v)*
verkleben verpechen*(v)*
verkleben (unordentlich) zoupléischteren*(v)*
verkleiden verkleeden*(v)*
Verkleidung Verkleedung*(f,-en)*
verkleinern verklengeren*(v)*
Verkleinerung Verklengerung*(f,-en)*
verklingen verkléngen*(v)*
verklumpen verklompen*(v)*
verknallen, sich - verknallen, sech -*(v)*
verknallt verschoss*(adj)*
verknittern (Papier, Karton) zerdiebelen*(v)*
verknorpeln verknorpelen*(v)*
verknüpfen verknëppen*(v)*
verkochen verkachen*(v)*
verkohlen karboniséieren*(v)*
verkohlen ukuelen*(v)*
verkohlen verkuelen*(v)*
verkommen erofkomm*(adj)*
verkommen verkommen*(v)*
verkommen verlouderen*(v)*
verkommen vertrëllen*(v)*
verkommen (moralisch) verhouert*(adj)*
verkommen lassen verkomme loossen*(exp)*
verkörpern verkierperen*(v)*
verkraften verkraften*(v)*
verkrampfen contractéieren*(v)*
verkrampfen, ineinander - verkrämpelen*(v)*
verkrampfen, ineinander - verkrämpen*(v)*
verkrampfen, sich - verkrampfen, sech -*(v)*
verkrampfen, sich ineinander - verkrämpelen, sech -*(v)*
verkrampfen, sich ineinander - verkrämpen, sech -*(v)*
verkratzen schréipsen*(v)*
verkratzen verkrazen*(v)*
verkriechen, sich - verkräichen, sech -*(v)*
verkriechen, sich - verkrauchen, sech -*(v)*
verkritzeln verkrozelen*(v)*
verkritzeln zerkrozelen*(v)*
verkrüppeln estropéieren*(v)*
verkrüppeln verkréppelen*(v)*
verkrusten verkuuschten*(v)*
verkümmern vergoen*(v)*
verkümmern verkëmmeren*(v)*
verkünden proklaméieren*(v)*
verkünden prononcéieren*(v)*
verkündigen verkënnegen*(v)*

verkuppeln verkoppelen*(v)*
verkürzen verkierzen*(v)*
verladen verlueden*(v)*
Verlag Editioun*(f,-en)*
Verlag Verlag*(m,-en)*
verlagern verlageren*(v)*
verlangen exigéieren*(v)*
verlangen verlaangen*(v)*
verlängern allongéieren*(v)*
verlängern prolongéieren*(v)*
verlängern verlängeren*(v)*
verlängert allongéiert*(adj)*
Verlängerung Prolongatioun*(f,-en)*
Verlängerung Verlängerung*(f,-en)*
verlassen verleemen*(v)*
verlassen verloossen*(v)*
Verlassenheit Verloossenheet*(f,~)*
Verlauf Verlaf*(m,~)*
Verlauf, im - Gefolleg, am -*(exp)*
verlaufen verlafen*(v)*
verlaufen, sich - verlafen, sech -*(v)*
verlaufen, sich - verrennen, sech -*(v)*
verlauten lassen verlauden, - loossen*(exp)*
verlebt verlieft*(adj)*
verlegen bredulleg*(adj)*
verlegen verleeën*(adj)*
verlegen verleeën*(v)*
verlegen vertässelen*(v)*
verlegen (Buch) editéieren*(v)*
verlegen, sich auf etw - verleeën, sech op eppes -*(exp)*
Verlegenheit Verleeënheet*(f,~)*
Verleger Editeur*(m,-en)*
verleiden verleeden*(v)*
verleihen verléinen*(v)*
verleiten verleeden*(v)*
verlernen verléieren*(v)*
verlesen verliesen*(v)*
verletzen blesséieren*(v)*
verletzen, sich - verletzen, sech -*(v)*
Verletzlichkeit Vulnerabilitéit*(f,-en)*
verletzt verletzt*(adj)*
Verletzte Blesséiert*(npl)*
Verletzung Verletzung*(f,-en)*
Verletzung Violatioun*(f,-en)*
Verletzung Wonn*(f,-en)*
Verletzungsgefahr Verletzungsgefor*(f,-en)*
verleugnen verleechenen*(v)*
verleumden beklaken*(v)*
verleumden erofmaachen*(v)*
Verleumdung Beschass*(m,~)*
Verleumdung Verleumdung*(f,-en)*
verlieben, sich - verléiwen, sech -*(v)*
verlieben, sich in jn - verkucken, sech an een -*(exp)*
verliebt verléift*(adj)*
Verliebtheit Verléiftheet*(f,-en)*
verlieren verléieren*(v)*
Verlierer Verléierer*(m,--)*
verloben fiancéieren*(v)*
verloben verloben*(v)*
Verlobte Freiesch*(f,-en)*
Verlobter Freier*(m,-en)*
Verlobung Verlobung*(f,-en)*
Verlobungsring Verlobungsrank*(m,-réng)*
verlockend lackeleg*(adj)*
verlogen verlugen*(adj)*
verloren verluer*(adj)*
verloren gehen fleeten, - goen*(exp)*
verlosen verlousen*(v)*
Verlosung Verlousung*(f,-en)*
verlöten verléiden*(v)*
verlottern lassen verlidderegen*(v)*
Verlust Verloscht*(m,-er)*
Verlustgeschäft Verloschtgeschäft*(n,-er)*
verluxemburgischen alëtzebuergeschen*(v)*
Vermächtnis Vermiechtnes*(n,-ser)*
vermarkten vermaarkten*(v)*
vermasseln verbocken*(v)*
vermasseln verfomfachen*(v)*
vermasseln vermasselen*(v)*
vermasseln verschäissen*(ugs)(v)*
vermasselt verfuer*(adj)*
vermeiden evitéieren*(v)*
vermeiden vermeiden*(v)*
Vermerk Mentioun*(f,-en)*
Vermerk Vermierk*(m,-er)*
vermessen ausmiessen*(v)*
vermessen ausmoossen*(v)*
vermessen vermessen*(adj)*
vermessen vermiessen*(adj)*
vermessen vermiessen*(v)*
vermessen, sich - vermiessen, sech -*(v)*
vermessen, sich - vermoossen, sech -*(v)*
Vermessenheit Verbruetheet*(f,~)*
Vermessenheit Vermessenheet*(f,~)*
vermieten verlounen*(v)*
Vermietung Locatioun*(f,-en)*
verminen verminnen*(v)*
vermischen vermëschen*(v)*
vermissen mëssen*(v)*
vermissen vermëssen*(v)*
vermisst vermësst*(adj)*
Vermisste Vermëssten*(f,--)*
Vermisster Vermëssten*(m,Vermësst/--)*
vermitteln vermëttelen*(v)*
Vermittler Mëttelsmann*(m,-männer)*
Vermittlung Mediatioun*(f,-en)*
vermöbeln vermiwwelen*(v)*
vermodern vermuerschen*(v)*
vermodern vermuuschten*(v)*
vermodert vermuuscht*(adj)*
Vermögen Verméigen*(n,--)*
Vermögenssteuer Verméigenssteier*(f,-en)*
vermummen abokelen*(v)*
vermummen, sich - amummen, sech -*(v)*
Vermutung Vermuddung*(f,-en)*
vernachlässigen mëssuechten*(v)*
vernachlässigen negligéieren*(v)*
vernachlässigen vernoléissegen*(v)*
vernachlässigen verspéinen*(v)*
vernachlässigt hutzeleg*(adj)*
vernachlässigt vernoléissegt*(adj)*
vernageln verneelen*(v)*
vernarben cicatriséieren*(v)*
vernarrt vernaart*(adj)*
vernaschen, jn - verkasematuckelen, een -*(exp)*
verneigen, sich - vernäipen, sech -*(v)*
vernichten liquidéieren*(v)*
vernichten vernichten*(v)*
Vernichtung Extirpatioun*(f,-en)*
vernieten nitten*(v)*
Vernissage Vernissage*(m/f,-n)*
Vernunft Vernonft*(f,~)*
Vernunft Verstännegkeet*(f,~)*
vernünftig Verstand, mat -*(exp)*
vernünftig verstänneg*(adj)*
veröffentlichen veréffentlechen*(v)*
Veröffentlichung Publikatioun*(f,-en)*
Veröffentlichung Veréffentlechung*(f,-en)*
verordnen ordonnéieren*(v)*
verordnen veruerdenen*(v)*
Verordnung Dekret*(m,-er)*
verpachten verpachten*(v)*
verpacken apaken*(v)*
verpacken awéckelen*(v)*
verpacken verpaken*(v)*
Verpackung Emballage*(m,-n)*
Verpackung Verpackung*(f,-en)*
Verpackungsmaterial Verpackungsmaterial*(n,-ien)*
verpassen luppen*(v)*
verpassen verfeelen*(v)*
verpassen verluppen*(v)*
verpassen verpassen*(v)*
verpassen versaumen*(v)*
verpennen verpennen*(v)*
verpesten verpeschten*(v)*
verpflanzen verplanzen*(v)*

verpflanzen virusetzen *(v)*
verpflegen verfleegen *(v)*
verpflichten obligéieren *(v)*
verpflichten, sich - verflichten, sech - *(v)*
Verpflichtung Engagement *(n,-er)*
Verpflichtung Obligatioun *(f,-en)*
verpfuschen verdierwen *(v)*
verpfuschen verfomfachen *(v)*
verpfuschen verfuschen *(v)*
verpfuschen verpfuschen *(v)*
verpfuschen verschwéngsen *(v)*
verpfuschen, durch Hast - verrubbelen *(v)*
verplappern, sich - verflappen, sech - *(v)*
verplappern, sich - verschwätzen, sech - *(v)*
verplappern, sich - vertuddelen, sech - *(v)*
verplempern verklimbimpelen *(v)*
verprügeln beetschen *(v)*
verprügeln erduerchhuelen *(v)*
verprügeln ergäerden *(v)*
verprügeln ersielen *(v)*
verprügeln kléppelen *(v)*
verprügeln lasszéien *(v)*
verprügeln noneemaachen *(v)*
verprügeln verbrigelen *(v)*
verpuffen verpoufen *(v)*
verpuffen verpuffen *(v)*
verpulvern verpolferen *(v)*
verpuppen verpoppen *(v)*
verputzen verbotzen *(v)*
verputzen (Mauer) pléischteren *(v)*
verquatschen verkallen *(v)*
verquatschen, sich - verbabbelen, sech - *(v)*
verquatschen, sich - verpoteren, sech - *(v)*
verquer iwwereck *(adv)*
verramschen bradéieren *(v)*
Verrat Verrot *(m,~)*
verraten verroden *(v)*
Verräter Verréider *(m,--)*
Verräterin Verréidesch *(f,-en)*
verrechnen verrechnen *(v)*
verrechnen, sich - verkalkuléieren, sech - *(v)*
verrechnen, sich - verrechnen, sech - *(v)*
Verrechnungsscheck Verrechnungsscheck *(m,-en)*
verrecken vrecken *(v)*
verregnet verreent *(adj)*
verreiben verreiwen *(v)*
verreisen verreesen *(v)*
verrenken verbéien *(v)*
verrenken verrenken *(v)*
Verrenkung Verrenkung *(f,-en)*
verrennen, sich - verrennen, sech - *(v)*
verriegeln rigelen *(v)*
verriegeln verrigelen *(v)*
verringern diminuéieren *(v)*
verringern verréngeren *(v)*
verringern (zurückgehen) resorbéieren *(v)*
Verringerung Diminutioun *(f,-en)*
verrosten verraschten *(v)*
verrostet raschteg *(adj)*
verrostet verrascht *(adj)*
verrücken deplacéieren *(v)*
verrücken verréckelen *(v)*
verrücken verstellen *(v)*
verrückt geckeg *(adj)*
verrückt timbréiert *(scherzh)(adj)*
verrückt verréckt *(adj)*
verrückt nach etwas benzeg op eppes *(exp)*
Verrücktheit Geckegkeet *(f,-en)*
Verrücktheit Verrécktheet *(f,-en)*
Verruf Verruff *(m,~)*
Verruf Veruecht *(m,~)*
verrühren verréieren *(v)*
verrußen verrouschten *(v)*
verrutscht verrutscht *(adj)*
Vers Vers *(m,-en)*
versacken versacken *(v)*
Versagen Versoen *(n,~)*
versagen versoen *(v)*
versalzen versalzen *(v)*
versammeln rassembléieren *(v)*
versammeln versammelen *(v)*
versammeln, sich - versammelen, sech - *(v)*
Versammlung Reunioun *(f,-en)*
Versammlung Sëtzung *(f,-en)*
Versammlung Versammlung *(f,-en)*
Versammlungsfreiheit Versammlungsfräiheet *(f,~)*
versauen versauen *(v)*
versauen verschwéngsen *(v)*
versauern versaueren *(v)*
versäuern (Boden) versaieren *(v)*
versaufen verlompen *(v)*
versaufen versaufen *(v)*
versäumen verpassen *(v)*
versäumen versaumen *(v)*
verschachern verschacheren *(v)*
verschaffen verschafen *(v)*
verschalen (Bau) verschalen *(v)*
verschämt schimmeg *(adj)*
verschämt verschimmt *(adj)*
verschärfen verschäerfen *(v)*
verscharren verschären *(v)*
verscheiden verscheeden *(v)*
verschenken verschenken *(v)*
verscherbeln verklappen *(v)*
verscheuchen verschäichen *(v)*
verscheuchen verschoteren *(v)*
verschicken schécken *(v)*
verschicken, eine E-Mail - mailen *(v)*
verschieben ajournéieren *(v)*
verschieben réckelen *(v)*
verschieden divers *(adj)*
verschieden ongläich *(adj)*
verschieden verscheet *(adj)*
verschieden verschidden *(adj)*
Verschiedenheit Verschiddenheet *(f,-en)*
verschießen verschéissen *(v)*
verschimmeln verschimmelen *(v)*
verschimmelt (Oberfläche eines Lebensmittels) verfloomt *(adj)*
verschlafen verschlofen *(adj)*
verschlafen verschlofen *(v)*
verschlafen verschlofen, sech - *(v)*
Verschlag Kabaischen *(f, Kabaiserchер)*
verschlagen cloisonnéieren *(v)*
verschlagen, den Atem - verschloen, den Otem - *(exp)*
verschlechtern verschlechteren *(v)*
verschlechtern, sich - verschlechteren, sech - *(v)*
Verschlechterung Verschlechterung *(f,-en)*
verschleimen verschläimen *(v)*
Verschleiß Verschlass *(m,~)*
verschleißen (Stoff, Kleidung) zerschauteren *(v)*
verschleppen verschleefen *(v)*
verschleudern bradéieren *(v)*
verschleudern verschleideren *(v)*
verschließen verschléissen *(v)*
verschließen, mit einem Schloss - verklauschteren *(v)*
verschlimmern aggravéieren *(v)*
verschlimmern verschlëmmeren *(v)*
verschlimmern, sich - méi schlëmm ginn *(exp)*
verschlimmern, sich - schlëmm, méi - ginn *(exp)*
verschlingen maufelen *(v)*
verschlingen verschléngen *(v)*
verschlingen (Essen) baffen *(v)*
verschlossen (Mensch) bronkeg *(adj)*
verschlucken aschlécken *(v)*
verschlucken verschlécken *(v)*
verschlucken, sich - verschlécken, sech - *(v)*
Verschluss Verschloss *(m, Verschlëss)*
Verschluss (Flasche) Stopp *(f,Stëpp)*
verschlüsseln codéieren *(v)*
verschlüsselt chiffréiert *(adj)*
verschmieren verschmieren *(v)*
verschmitzt luusseg *(adj)*

Verschmitztheit Luussegkeet*(f,~)*
verschmoren verbratschen*(v)*
verschmutzen dreckeg maachen*(exp)*
verschmutzen polluéieren*(v)*
verschmutzen verknaschten*(v)*
verschmutzen verschmotzen*(v)*
verschmutzt verschmotzt*(adj)*
Verschmutzung Pollutioun*(f,-en)*
verschnauben verschnauwen*(v)*
verschneiden verschneiden*(v)*
verschneiden (Wein) verschneiden*(v)*
verschnupft verschnappt*(adj)*
verschnüren ficeléieren*(v)*
verschonen schounen*(v)*
verschonen verschounen*(v)*
verschönern esthetiséieren*(v)*
verschönern maachen, schéi -*(exp)*
verschönern verschéineren*(v)*
verschreiben verschreiwen*(v)*
verschrotten verschrotten*(v)*
verschrumpeln verschrompelen*(v)*
verschulden verschëllen*(v)*
Verschuldung Verschëldung*(f,-en)*
verschütten sabbelen*(v)*
verschütten verschëdden*(v)*
verschwenden verhonzen*(v)*
verschwenden verjuppen*(v)*
verschwenden verschwenden*(v)*
verschwenden verschwéngsen*(v)*
verschwenden verschwennen*(v)*
verschwenden (durch Huren, schlechten Lebenswandel) verhoueren*(v)*
Verschwendung Verschwendung*(f,-en)*
verschwinde tréppel*(exp)*
verschwinde von hier erausmaachen, maach dech eraus elei*(exp)*
verschwinden Bascht, sech duerch d'- maachen*(exp)*
Verschwinden Disparitioun*(f,-en)*
verschwinden verschwannen*(v)*
verschwinden verzéien, sech -*(v)*
verschwitzt verschweesst*(adj)*
verschwommen verschwommen*(adj)*
verschwören complotéieren*(v)*
verschwören conspiréieren*(v)*
verschwunden sein husch sinn*(exp)*
Versehen Versinn*(n,~)*
versehen versinn*(v)*
Versenden Envoi*(m,-en)*
versenden expédiéieren*(v)*
versengen versengen*(v)*
versenken versenken*(v)*
versenken (Schrauben) versenken*(v)*
Versenkung Versenkung*(f,-en)*
versessen versiess*(adj)*
versetzen repikéieren*(v)*
versetzen versetzen*(v)*
versetzen (Pflanzen) pickéieren*(v)*
Versetzung Versetzung*(f,-en)*
verseuchen contaminéieren*(v)*
verseuchen kontaminéieren*(v)*
verseuchen verseuchen*(v)*
verseucht verseucht*(adj)*
Verseuchung Verseuchung*(f,-en)*
versichern assuréieren*(v)*
versichern versécheren*(v)*
Versicherung Assurance*(f,-n)*
Versicherung Versécherung*(f,-en)*
Versicherung auf Gegenseitigkeit Mutualitéit*(f,-en)*
Versicherungsschutz Versécherungsschutz*(m,~)*
Versicherungssumme Versécherungszomm*(f,-en)*
Versicherungsvertreter Agent*(m,-en)*
versickern versickeren*(v)*
versiegeln versigelen*(v)*
versilbern versëlweren*(v)*
versilbert versëlwert*(adj)*
versingen versangen*(v)*
versinken versénken*(v)*
Version Versioun*(f,-en)*
versklaven versklaven*(v)*
versnoben versnobben*(v)*
versohlen versielen*(v)*
versohlen, den Hintern - feeën*(v)*
versöhnen versöhnen*(v)*
Versöhnung Reconciliatioun*(f,-en)*
Versöhnung Rekonziliatioun*(f,-en)*
versorgen (Proviant) ravitailléieren*(v)*
versorgen (Wunde) verpléischteren*(v)*
versorgen, mit Proviant - proviantéieren*(v)*
verspäten verspéiden*(v)*
verspäten, sich - hänke bleiwen*(exp)*
verspätet spéit*(adj)*
Verspätung Verspéidung*(f,-en)*
versperren verspären*(v)*
verspielen verspillen*(v)*
verspotten persifléieren*(v)*
Versprechen Verspriechen*(n,--)*
versprechen verspriechen*(v)*
versprechen, sich - verschwätzen, sech -*(v)*
versprochen versprach*(adj)*
verstaatlichen verstaatlechen*(v)*
Verstand Geescht*(m,~)*
Verstand Verstand*(m,~)*
Verstand Wëtz*(m,~)*
verstanden verstanen*(adj)*
verständigen aviséieren*(v)*
verständigen, sich - verstännegen, sech -*(v)*
verständlich verständlech*(adj)*
Verständnis Begrëff*(m,~)*
Verständnis Versteesdemech*(m,~)*
verstärken renforcéieren*(v)*
verstärken verstäerken*(v)*
Verstärker Verstäerker*(m,-en)*
Verstärkung Verstäerkung*(f,-en)*
verstauben verstëbsen*(v)*
verstauchen verbellen*(v)*
verstauchen verstauchen*(v)*
verstauchen, sich den Fuß - vertréppelen, sech -*(v)*
Verstauchung Verstauchung*(f,-en)*
verstauen verstauen*(v)*
Versteck Stopp*(f,-en)*
verstecken verstoppen*(v)*
verstecken, sich - ducken, sech -*(v)*
Versteckspiel Stëppches*(m,~)*
Versteckspiel Stoppches*(n,~)*
versteckt verstoppt*(adj)*
verstehen begräifen*(v)*
verstehen checken*(ugs)(v)*
verstehen verstoen*(v)*
verstehen, falsch - verlauschteren*(v)*
versteifen, sich - verbäissen, sech -*(v)*
versteigern versteeën*(v)*
Versteigerung Stee*(f,-ën)*
Versteigerung Versteigerung*(f,-en)*
versteinern verstengeren*(v)*
versteinert verstengert*(adj)*
verstellen (Uhr) verstellen*(v)*
verstellen, sich - verstellen, sech -*(v)*
versteuern declaréieren*(v)*
versteuern versteieren*(v)*
verstimmen verstëmmen*(v)*
verstimmt verstëmmt*(adj)*
verstohlen verstuel*(adj)*
verstopfen constipéieren*(v)*
verstopfen verstoppen*(v)*
verstopfen zoustoppen*(v)*
verstopft verstoppt*(adj)*
Verstopfung Constipatioun*(f,-en)*
Verstopfung (Rohr) Stopp*(f,Stëpp)*
Verstorbene Verstuerwen*(f,--)*
Verstorbener Verstuerwenen*(m,Verstuerwen)*
verstört verstéiert*(adj)*
Verstoß Derogatioun*(f,-en)*
Verstoß Infractioun*(f,-en)*
Verstoß Verstouss*(m,Verstéiss)*

verstoßen verstoussen*(v)*
verstrahlen verstralen*(v)*
verstreuen verstreeën*(v)*
verstreuen zerstreeën*(v)*
verstricken verwéckelen*(v)*
verstricken, sich - verstrécken, sech -*(v)*
verstummen verstommen*(v)*
versuchen probéieren*(v)*
versuchen versichen*(v)*
Versuchskaninchen Versuchskanéngchen*(n,-kanéngercher)*
Versuchung Tentatioun*(f,-en)*
Versuchung Versuchung*(f,-en)*
versündigen, sich - versëndegen, sech -*(v)*
versüßen verséissen*(v)*
vertauschen vertauschen*(v)*
verteidigen verdeedegen*(v)*
verteidigen verfechten*(v)*
Verteidiger Verdeedeger*(m,--)*
Verteidigung Verdeedegung*(f,-en)*
Verteidigungsminister Verdeedegungsminister*(m,-en)*
Verteidigungsministerium Verdeedegungsministär*(m,-en)*
Verteidigungsministerium Verdeedegungsministère*(m,-n)*
verteilen verdeelen*(v)*
Verteilung Repartitioun*(f,-en)*
Verteilung Verdeelung*(f,-en)*
vertelefonieren vertelefonéieren*(v)*
verteuern verdeieren*(v)*
verteufeln verdäiwelen*(v)*
verteufelt verdäiwelt*(adj)*
vertiefen verdéiwen*(v)*
Vertiefung, schmale - Kiel*(m,-en)*
vertikal vertikal*(adj)*
vertilgen verdillegen*(v)*
vertilgen, etw Essbares - verkasematuckelen, eppes -*(exp)*
vertonen vertounen*(v)*
Vertrag Kontrakt*(m,-er)*
Vertrag Vertrag*(m,Verträg)*
vertragen komportéieren*(v)*
vertragen verdroen*(v)*
vertragen, sich - verdroen, sech -*(v)*
Vertragsbruch Vertragsbroch*(m,-bréch)*
Vertrauen Vertrauen*(n,~)*
vertrauen vertrauen*(v)*
Vertrauensarzt Vertrauensdokter*(m,-en)*
Vertrauensbasis Vertrauensbasis*(f,~)*
Vertrauenserklärung Decharge*(f,-n)*
Vertrauensfrage Vertrauensfro*(f,-en)*
Vertrauenssache Vertrauenssaach*(f,-en)*

vertraulich vertraulech*(adj)*
verträumen verdreemen*(v)*
verträumen vertiermen*(v)*
verträumt verdreemt*(adj)*
vertreiben verdreiwen*(v)*
vertreten ersetzen*(v)*
vertreten representéieren*(v)*
vertreten vertrieden*(v)*
vertreten, sich die Beine - ergoen*(v)*
vertreten, sich die Beine - verträppelen, sech d'Been -*(exp)*
Vertreter Vertrieder*(m,--)*
Vertretung Representatioun*(f,-en)*
Vertriebskosten Verdreifskäschten*(npl)*
vertrinken verschluppen*(v)*
vertrocknen verdréchnen*(v)*
vertrödeln vertrentelen*(v)*
vertrödeln (Zeit) träntelen*(v)*
vertrödeln (Zeit, Geld) verkludderen*(v)*
vertrösten vertréischten*(v)*
vertun verdinn*(v)*
vertun verdoen*(v)*
vertuschen ënnerdrécken*(utr)(v)*
vertuschen vertuschen*(v)*
verübeln verdenken*(v)*
verulken verkeilen*(v)*
verulken veruzen*(v)*
verunglimpfen beschäissen*(ugs)(v)*
verunglücken veronglécken*(v)*
verunglücken (Autounfall) accidentéieren*(v)*
verunglücken (mit Fahrzeug) bäigoen*(v)*
verunglückt accidentéiert*(adj)*
Verunreinigung Contaminatioun*(f,-en)*
verunsichern destabiliséieren*(v)*
verunsichern veronsécheren*(v)*
verunstalten entstellen*(v)*
verunstalten verschampeléieren*(v)*
verunstalten verschampléieren*(v)*
verunstalten verschandelen*(v)*
veruntreuen verontreien*(v)*
verursachen verursaachen*(v)*
verurteilen comdamnéieren*(v)*
verurteilen condamnéieren*(v)*
verurteilen veruerteelen*(v)*
Verurteilter, zum Tode - Aarmesënner*(m,--)*
Verurteilung Condamnatioun*(f,-en)*
vervielfältigen ofzéien*(v)*
vervielfältigen polykopéieren*(v)*
Vervielfältigung Vervillfältegung*(f,-en)*
vervollständigen completéieren*(v)*
vervollständigen kompletéieren*(v)*
vervollständigen vervollstännegen*(v)*
verwachsen (mit etwas) verwuessen*(v)*

verwackelt verwackelt*(adj)*
verwahrlosen verfalen*(v)*
verwalten administréieren*(v)*
verwalten geréieren*(v)*
verwalten verwalten*(v)*
Verwaltung Administratioun*(f,-en)*
Verwaltung Gestioun*(f,-en)*
Verwaltung Verwaltung*(f,-en)*
Verwaltungs- administrativ*(adj)*
Verwaltungsbezirk Verwaltungsbezierk*(m,-er)*
Verwaltungsgebäude Verwaltungsgebai*(n,-er)*
Verwaltungsgerichtsbarkeit Verwaltungsgeriichtsbarkeet*(f,~)*
Verwaltungskosten Verwaltungskäschten*(npl)*
verwaltungsmäßig administrativ*(adj)*
Verwaltungsrat Verwaltongsrot*(f,-réit)*
Verwaltungsrat Verwaltungsrot*(f,-réit)*
verwandeln transforméieren*(v)*
verwandeln verwandelen*(v)*
Verwandlung Verwandlung*(f,-en)*
Verwandlung Wandlung*(f,-en)*
verwandt sein Famill sinn*(exp)*
Verwandtschaft Famill*(f,-en)*
Verwandtschaft Famill*(f,-jen)*
verwarnen verwarnen*(v)*
Verwarnung Verwarnung*(f,-en)*
verwaschen verwäsch*(adj)*
verwaschen verwäschen*(v)*
verwässern verwässeren*(v)*
verwechseln vertauschen*(v)*
verwechseln verwiesselen*(v)*
Verwechslung Verwiesslung*(f,-en)*
verwegen kéng*(adj)*
verwegen king*(adj)*
verwegen verwot*(adj)*
verwehren verwieren*(v)*
verweiblichen effeminéieren*(v)*
verweichlichen verweechlechen*(v)*
verweigern refuséieren*(v)*
verweigern verweigeren*(v)*
verweint verkrasch*(adj)*
verweint, -es Gesicht verkrasch, -ent Gesiicht*(exp)*
Verweis Schnäiz*(f,-en)*
Verweis, einen - bekommen Schnäiz, eng - kréien*(exp)*
verweisen relegéieren*(v)*
verweisen verweisen*(v)*
verweisen, des Landes - expatriéieren*(v)*
verwelken verwielechen*(v)*
verwelken verwielen*(v)*
verwelkt wielech*(adj)*
Verwendung Affektatioun*(f,-en)*

verwerfen ausschloen*(v)*
verwerfen verwäerfen*(v)*
verwerflich abominabel*(adj)*
verwerten accommodéieren*(v)*
verwerten verwäerten*(v)*
Verwertungsmöglichkeit Verwäertungsméiglechkeet*(f,-en)*
verwetten verwetten*(v)*
verwickeln verwéckelen*(v)*
verwickelt komplizéiert*(adj)*
Verwicklung Verwécklung*(f,-en)*
verwildern verwälleren*(v)*
verwinden iwwerwannen*(utr)(v)*
verwinden verwannen*(v)*
verwirklichen konkretiséieren*(v)*
verwirklichen verwierklechen*(v)*
Verwirklichung Verwierklechung*(f,-en)*
verwirren troubléieren*(v)*
verwirren verdadderen*(v)*
verwirren verdadderen*(v)*
verwirren verwalen*(adj)*
verwirren (irreführen) deroutéieren*(v)*
verwirren (Unordnung) verhaaspelen*(v)*
verwirrt verstéiert*(adj)*
verwirrt verwallt*(adj)*
verwirrt verwuerelt*(adj)*
Verwirrung Confusioun*(f,-en)*
Verwirrung Konfusioun*(f,-en)*
Verwirrung Verwallung*(f,-en)*
verwischen verwëschen*(v)*
verwöhnen verwinnen*(v)*
verwöhnt verwinnt*(adj)*
Verworrenheit Verwurreltheet*(f,~)*
Verworrenheit Verwurrenheet*(f,~)*
verwunden verwonnen*(v)*
Verwunderung Verwonnerung*(f,~)*
verwundet verwonnt*(adj)*
Verwundete Verwonnten*(f,--)*
Verwundeter Verwonnten*(m,--)*
verwunschen verwonsch*(adj)*
verwünschen verwënschen*(v)*
verwursteln verwurschtelen*(v)*
verwurzeln verwuerzelen*(v)*
Verwüstung Verwüstung*(f,-en)*
verzählen, sich - verzielen, sech -*(v)*
verzahnen verzahnen*(v)*
verzapfen verzapen*(v)*
verzärteln verféischteren*(v)*
verzärteln verzipen*(v)*
verzaubern verzauberen*(v)*
verzehnfachen verzéngfachen*(v)*
Verzehr Consommatioun*(f,-en)*
verzehren consomméieren*(v)*
verzehren eranhuelen*(v)*
verzehren verquëssen*(v)*
verzehren verzieren*(v)*
verzeichnen repertoréieren*(v)*
verzeichnen verzeechnen*(v)*
Verzeichnis Repertoire*(m,-n)*
verzeihen verzeien*(v)*
Verzeihung Pardon*(m,~)*
Verzeihung Verzeiung*(n,~)*
verzerren verzéien*(v)*
verzerren verzerren*(v)*
Verzerrung Distorsioun*(f,-en)*
verzetteln, sich - verziedelen, sech -*(v)*
Verzicht Verzicht*(m,~)*
verzichten opginn*(v)*
verzichten renoncéieren*(v)*
verzichten verzichten*(v)*
verziehen verzéien*(v)*
verziehen, sich - verzéien, sech -*(v)*
verzieren verzieren*(v)*
verzinsen verzënsen*(v)*
verzogen verwinnt*(adj)*
verzögern verzögeren*(v)*
verzollen declaréieren*(v)*
verzollen verzollen*(v)*
verzuckert verzéckert*(adj)*
verzweifeln verzweiwelen*(v)*
verzweifelt verzweiwelt*(adj)*
Verzweiflung Verzweiwelung*(f,~)*
Verzweiflung Verzweiwlung*(f,~)*
verzweigen, sich - gafelen*(v)*
verzwickt knécheleg*(adj)*
Veteran Veteran*(m,-en)*
Vetternwirtschaft Nepotissem*(m,~)*
Vetternwirtschaft Vetternwirtschaft*(f,~)*
Viadukt Viadukt*(m,-en)*
Vianden Veianen*(p)*
Vibration Vibratioun*(f,-en)*
vibrieren vibréieren*(v)*
Vichten Viichten*(p)*
Videofilm Videosfilm*(m,-er)*
Videokamera Videoskamera*(f,-en)*
Videokassette Videoscassette*(f,-n)*
Videokassette Videoskassett*(f,-en)*
Videorekorder Videorekorder*(m,-en)*
Videospiel Videospill*(n,-er)*
Videospiel Videosspill*(n,-er)*
Vieh Béischten*(npl)*
Vieh Véi*(n,~)*
Viehtränke Dränk*(f,-en)*
Viehzüchter Véiziichter*(m,--)*
viel sëllech*(adj)*
viel vill*(adj)*
viel zu vill ze vill*(exp)*
viel zu sehr vill ze vill*(exp)*
viel zu viel vill ze vill*(exp)*
vielen Dank villmools Merci*(exp)*
Vielfalt Diversitéit*(f,-en)*
Vielfalt Multiplizitéit*(f,-en)*
Vielfalt Verschiddenheet*(f,-en)*
Vielfalt Villfalt*(f,~)*
Vielfraß Fréisser*(m,--)*
vielleicht éieren/iren*(adv)*
vielleicht vläicht*(adv)*
vielleicht vläit*(adv)*
vielmals villmools*(adv)*
vielseitig villsäiteg*(adj)*
Vielweiberei Polygamie*(f,~)*
Vielzahl Abberzuel*(f,-en)*
Vielzahl Villzuel*(f,-en)*
vier véier*(adj)*
Vier Véiertchen*(f,Véiertercher)*
Viereck Karo*(m,-en)*
Viereck Véiereck*(m,-er)*
viereckig véiereckeg*(adj)*
Vierkantschlüssel Véierkantschlëssel*(m,-en)*
Viertaktmotor Véiertaktmotor*(m,-en)*
vierteilen véierdeelen*(v)*
Viertel Véierel*(m,-en)*
Viertelfinale Véierelsfinale*(f,-finallen)*
Viertelnote Véierelsnout*(f,-en)*
Viertelstunde Véierelstonn*(f,-en)*
Viertelstunde Véirelstonn*(f,-en)*
viertens véiertens*(adv)*
vierundfünfzig véierafofzeg*(adj)*
vierzehn véierzéng*(adj)*
vierzig véierzeg*(adj)*
Vierzigjährigen Véierzegjäreg*(npl)*
Vierzigjähriger Véierzegjäregen*(m,-järeg)*
Vierzigstundenwoche Véierzegstonnewoch*(f,-en)*
Vignette Vignette*(f,-n)*
Vikar Kaploun*(m,Kapléin)*
Villa Villa*(f,-en)*
Vinaigrette Vinaigrette*(f,-n)*
violett mof*(adj)*
violett violett*(adj)*
Violinist Violonist*(m,-en)*
Violinschlüssel Solschlëssel*(m,-en)*
Virtuose Virtuos*(m,-en)*
Virus Virus*(m,Viren)*
Virusinfektion Virusinfektioun*(f,-en)*
Vision Visioun*(f,-en)*
Visitenkarte Visitëkaart*(f,-en)*
Visitenkarte Visitëkäertchen*(f,-käertercher)*
Visitenkarte Visittekaart*(f,-en)*

Visitenkarte Visittekäertchen*(f,-käertercher)*
Viskose Viskos*(f,~)*
visuell visuell*(adj)*
Visum Visa*(m,-en)*
vital vital*(adj)*
Vitalität Vitalitéit*(f,~)*
Vitamin Vitamin*(f,-nen)*
Vizepräsident Vizepresident*(m,-en)*
Vogel Villchen*(m,Villercher)*
Vogel Vugel*(m,-en)*
Vogel Vugel*(m,Vigel)*
Vogelbeere Vullekiischt*(f,-en)*
Vögelchen, aus Ton gebranntes - Péckvillchen*(m,-villercher)*
Vogelscheuche Vulleschaich*(f,-en)*
Vogelschutz Vulleschutz*(n,~)*
Vokabel Vokabel*(f,-en)*
Vokabel Vokabel*(m,-en)*
Vokabular Vokabular*(m,-en)*
Vokal Vokal*(m,-er)*
Volk Vollek*(n,-er)*
Völkerrecht Vëlkerrecht*(n,-er)*
Volksfest Volleksfest*(n,-er)*
Volkslauf Volleksiaf*(m,-leef)*
Volksmärchen Volleksmäerchen*(m,-märercher)*
Volksmusik Volleksmusek*(f,~)*
Volksrepublik Volleksrepublik*(f,-en)*
Volkssport Vollekssport*(m,~)*
Volksverdummung Volleksverdommung*(f,~)*
Volkszählung Vollekszielung*(f,-en)*
voll voll*(adj)*
Vollbeschäftigung Vollbeschäftegung*(f,~)*
vollblütig vollbliddeg*(adj)*
Vollbremsung Vollbremsung*(f,-en)*
vollbringen leeschten*(v)*
vollbringen vollbréngen*(v)*
vollenden absolvéieren*(v)*
Vollendung Vollendung*(f,~)*
Volleyball Volleyball*(m,~)*
Volleyball-Verband Volleyballsfederatioun*(f,-en)*
vollfressen, sich - verfriessen, sech -*(v)*
vollgesabbert sabbeleg*(adj)*
völlig racks*(adv)*
volljährig groussjäreg*(adj)*
volljährig volljäreg*(adj)*
Vollkaskoversicherung Vollkaskoversécherung*(f,-en)*
Vollkommenheit Vollkommenheet*(f,~)*
volllaufen, sich - lassen saufen, sech voll -*(exp)*
Vollmacht Pouvoir*(m,-en)*
Vollmacht Prokuratioun*(f,-en)*
Vollmacht Vollmacht*(f,-en)*
Vollmond Vollliicht*(n,~)*
Vollmond Vollmound*(m,-en)*
Vollpension Vollpensioun*(f,-en)*
vollpumpen vollpompelen*(v)*
vollschmieren vollschmieren*(v)*
vollständig komplett*(adj)*
vollständig vollstänneg*(adj)*
Vollständigkeit Vollstännegkeet*(f,~)*
vollstopfen vollstoppen*(v)*
vollstrecken vollstrecken*(v)*
Vollstreckung Vollstreckung*(f,-en)*
volltanken tanken*(v)*
Vollversammlung Vollversammlung*(f,-en)*
Vollversion Vollversioun*(f,-en)*
Volontariat Volontariat*(m,-er)*
Volt Volt*(m,--)*
Volumen Volumen*(m,--)*
voluminös voluminéis*(adj)*
vom vum/vun deem*(pp)*
von vun/vu*(pp)*
von anderen anerleits*(adv)*
von Anfang an vu virof*(exp)*
von daher dohier*(adv)*
von gestern vu gëschter*(exp)*
von morgens bis abends vu mueres bis owes*(exp)*
von oben herab uewen erof, vun -*(exp)*
von Tag zu Tag vun Dag zu Dag*(exp)*
von vorher vu virdrun*(exp)*
vor vir*(pp)*
vor virun*(pp)*
vor vrum/virun deem*(pp)*
vor vrun/virun*(pp)*
vor allem virun allem*(exp)*
vor allem da zemol*(cn)*
vor kurzem viru kuerzem*(exp)*
vor kurzem vru kuerzem*(exp)*
vor zwei Jahren virzejor*(adv)*
vorab virof*(adv)*
Vorabend Virowend*(m,-owenter)*
Vorahnung Ahnung*(f,-en)*
Vorahnung Anung*(f,-en)*
voran virun*(adv)*
vorangehen virausgoen*(v)*
vorangehen virgoen*(v)*
vorangehen, flott - fluppen*(exp)*
vorangehen, zügig - flutschen*(v)*
vorankommen ermaachen, sech -*(v)*
vorantasten, sich - viruntaaschten, sech -*(v)*
vorantragen virdroen*(v)*
vorarbeiten virschaffen*(v)*
vorarbeiten, sich - virschaffen, sech -*(v)*
Vorarbeiter Viraarbechter*(m,--)*
voraus viraus*(adv)*
Voraus, im - Viraus, am -*(exp)*
vorausgesetzt virausgesat*(adj)*
vorauslaufen virauslafen*(v)*
voraussagen prognostizéieren*(v)*
vorausschicken virschécken*(v)*
voraussehen virausgesinn*(v)*
voraussetzen viraussetzen*(v)*
Voraussetzung Viraussetzung*(f,-en)*
Vorauszahlung Acompte*(m,-n)*
Vorauszahlung Akkont*(m,-en)*
vorbehalten ausbedéngen*(v)*
vorbehalten ausbehalen*(v)*
vorbehalten virbehalen*(v)*
vorbehandeln virbehandelen*(v)*
vorbei aus*(adv)*
vorbei eriwwer*(adv)*
vorbei laangscht*(adv)*
vorbei sein erduerch sinn*(exp)*
vorbei sein eriwwer sinn*(exp)*
vorbeibringen laanschtbréngen*(v)*
vorbeidonnern laanschtdonneren*(v)*
vorbeifahren laangschtfueren*(v)*
vorbeifahren laanschtfueren*(v)*
vorbeifahren passéieren*(v)*
vorbeifliegen laanschtfléien*(v)*
vorbeiführen laanschtféieren*(v)*
vorbeigehen laanschtgoen*(v)*
vorbeigehen laanschttréppelen*(v)*
vorbeigehen passéieren*(v)*
vorbeihuschen jitzen*(v)*
vorbeikommen laanschtkommen*(v)*
vorbeikommen passéieren*(v)*
vorbeilassen laanschtloossen*(v)*
vorbeilaufen laanschtlafen*(v)*
vorbeimarschieren defiléieren*(v)*
vorbeirauschen laanschtjauwen*(v)*
vorbeirennen laanschtrennen*(v)*
vorbeischauen, bei jm - laanschtgoen, bei engem -*(exp)*
vorbeischicken laanschtschécken*(v)*
vorbeischießen laanschtschéissen*(v)*
vorbeisurren schnurren*(v)*
Vor-Beitritt Preadhesioun*(f,-en)*
vorbeiziehen laanschtzéien*(v)*
Vorbemerkung Virbemierkung*(f,-en)*
vorbereiten präparéieren*(v)*
vorbereiten preparéieren*(v)*
vorbereiten riichten*(v)*
vorbereiten virbereeden*(v)*
Vorbereitung Preparatioun*(f,-en)*
Vorbereitung Virbereedung*(f,-en)*
Vorbescheid Preavis*(m,-en)*
vorbestellen virbestellen*(v)*

vorbestimmen predestinéieren*(v)*
vorbestraft virbestrooft*(adj)*
vorbeten virbieden*(v)*
vorbeugen prävenéieren*(v)*
vorbeugen virbauen*(v)*
vorbeugen virbeugen*(v)*
vorbeugend präventiv*(adj)*
Vorbeugung Präventioun*(f,-en)*
Vorbild Virbild*(n,Virbiller)*
Vorbildfunktion Virbildfonktioun*(f,-en)*
Vorbildung Virbildung*(f,-en)*
vorbohren virbueren*(v)*
vorbringen virbréngen*(v)*
vordatieren virdatéieren*(v)*
vordem virdeem*(adv)*
vorder viischt*(adj)*
vorder vijenzeg*(adj)*
Vorderrad Rad, viischt -*(exp)*
Vordersitz Sëtz, viischte -*(exp)*
vorderste viischt*(adj)*
vordrängen, sich - virdrängen, sech -*(v)*
Vordruck Virdrock*(m,Virdréck)*
vorenthalten virenthalen*(v)*
Vorentscheidung Virentscheedung*(f,-en)*
Vorfahren Virelteren*(npl)*
Vorfahrt Virfaart*(f,~)*
Vorfahrt Virfahrt*(f,~)*
vorfallen passéieren*(v)*
vorfallen virfalen*(v)*
vorfertigen prefabrizéieren*(v)*
vorfinanzieren virfinanzéieren*(v)*
vorfinden virfannen*(v)*
Vorfreude Virfreed*(f,~)*
vorführen demonstréieren*(v)*
vorführen virféieren*(v)*
Vorführung Demonstratioun*(f,-en)*
Vorführung Representatioun*(f,-en)*
Vorführung Viréierong*(f,-en)*
Vorführung Virstellung*(f,-en)*
Vorgänger Virgänger*(m,--)*
Vorgarten Virgäertchen*(m,-gäertercher)*
vorgaukeln virgaukelen*(v)*
vorgeben ervirgin*(v)*
vorgeben pretendéieren*(v)*
vorgehen virgoen*(v)*
vorgehen (Uhr) virgoen*(v)*
Vorgehensweise Demarche*(f,-n)*
Vorgeschichte Virgeschicht*(f,-en)*
vorgestern virgëscht*(adv)*
vorgestern virgëschter*(adv)*
vorgreifen virgräifen*(v)*
vorhaben aplangen*(v)*
vorhaben plangen*(v)*
vorhaben virhunn*(v)*
vorhaben, etw - wëlles, eppes - hunn*(exp)*
Vorhalte machen duerbaupsen*(v)*
vorhalten virhalen*(v)*
vorhalten virpriedegen*(v)*
Vorhaltungen Virhales*(n,~)*
Vorhängeschloss Klauschter*(m,-en)*
vorher virdeem*(adv)*
vorher virdrun*(adv)*
vorherbestimmen virausbestëmmen*(v)*
vorherig vireg*(adj)*
vorherrschen virherrschen*(v)*
Vorhersage Previsioun*(f,-en)*
Vorhersage Virausso*(f,-en)*
vorhersagen viraussoen*(v)*
vorhersehen viraussoen*(v)*
vorhin éinescht*(er)(adv)*
vorige vu virdrun*(exp)*
voriges Jahr zejoer*(adv)*
Vorjahr Virjor*(n,~)*
vorkauen virknaen*(v)*
Vorkehrung Präventivmoossnam*(f,-en)*
vorknöpfen virknäppen*(v)*
vorknöpfen, sich jn - virhuelen, sech ee -*(exp)*
vorkommen figuréieren*(v)*
vorkommen virkommen*(v)*
Vorkommnis Virkommes*(n,~)*
vorladen convoquéieren*(v)*
Vorladung Convocatioun*(f,-en)*
Vorlage Virlag*(f,-en)*
vorlassen virloossen*(v)*
vorlaufen virlafen*(v)*
vorläufig virleefeg*(adj)*
vorleben virliewen*(v)*
vorlegen virleeën*(v)*
vorlesen virliesen*(v)*
Vorlesung Virliesung*(f,-en)*
Vorletzter Virleschten*(m,Virlescht)*
Vorliebe Virléift*(f,-en)*
vorliegen virleien*(v)*
vormachen virmaachen*(v)*
vormachen virspillen*(v)*
vormachen, jm etw - düpéieren, een -*(exp)*
Vormittag Virmëtteg*(m,-er)*
vormittags moies*(adv)*
vormittags virmëttes*(adv)*
Vormund Momper*(m,-en)*
vorn vir*(adv)*
Vorname Virnumm*(m,Virnimm)*
vornehm distinguéiert*(adj)*
vornehmen, sich etw - virhuelen, sech eppes -*(exp)*
vornehmen, sich jn - kropen, sech ee -*(exp)*
vornherein, von - vireran, vu -*(exp)*
vornherein, von - virewech*(adv)*
vornüber viriwwer*(adv)*
Vorprogramm Virprogramm*(m,-en)*
vorprogrammieren virprogramméieren*(v)*
Vorrat Stock*(m,-en)*
Vorratskammer Spëndchen*(f,Spënntercher)*
Vorratskammer Spënnchen*(m,Spënntercher)*
Vorraum Hall*(f,-en)*
Vorrecht Virrecht*(n,-er)*
Vorrede Virried*(f,-en)*
vorrücken virréckelen*(v)*
vorsagen virsoen*(v)*
Vorsatz Virsaz*(m,-sätz)*
vorsätzlich virsätzlech*(adj)*
Vorschein Virschäin*(m,~)*
vorschießen virschéissen*(v)*
Vorschlag Propos*(f,-en)*
Vorschlag Propositioun*(f,-en)*
Vorschlag Suggestioun*(f,-en)*
Vorschlag Virschlag*(m,Virschléi)*
vorschlagen proposéieren*(v)*
vorschlagen roden*(v)*
vorschlagen suggeréieren*(v)*
vorschlagen virschloen*(v)*
vorschreiben virschreiwen*(v)*
Vorschrift Reglement*(n,-er)*
Vorschrift Virschrëft*(f,-en)*
vorschriftsmäßig regulär*(adj)*
Vorschuss Akkont*(m,-en)*
Vorschuss Avance*(f,-n)*
Vorschuss Virschoss*(m,Virschëss)*
Vorschuss Virschotz*(m,Virschëss)*
vorsehen virgesinn*(v)*
vorsehen, sich - ëmsinn, sech-*(utr)(v)*
Vorsicht Precautioun*(f,-en)*
vorsichtig virsiichteg*(adj)*
vorsichtshalber virsiichtshalber*(adv)*
Vorsilbe Virsilb*(f,-en)*
vorsingen virsangen*(v)*
Vorsitz führen presidéieren*(v)*
Vorsitzender President*(m,-en)*
vorsorgen virsuergen*(v)*
Vorspann Virspan*(m,-en)*
Vorspeise Entrée*(f,-ën)*
Vorspeise Hors-d'oeuvre*(m,-n)*
Vorspiel Virspill*(n,-er)*
vorspielen virspillen*(v)*
vorsprechen virspriechen*(v)*
Vorsprung Avance*(f,-n)*
Vorsprung Virsprong*(m,Virspréng)*
Vorsprung Virspronk*(m,Virspréng)*
Vorstadt Faubourg*(m,-en)*

Vorstadt Virstad*(f, Virstied)*
Vorstand Direktiounskomitee*(m, -ën)*
Vorsteher eines Postamts Postperzepter*(m, --)*
vorstellen presentéieren*(v)*
vorstellen representéieren*(v)*
vorstellen virstellen*(v)*
vorstellen, sich - virstellen, sech -*(v)*
Vorstellung Konzeptioun*(f, -en)*
Vorstellung Presentatioun*(f, -en)*
Vorstellung Virstellung*(f, -en)*
Vorstellungsgespräch Virstellungsgespréich*(n, -er)*
Vorstellungskraft Imaginatioun*(f, -en)*
vorstrecken virstrecken*(v)*
vortanzen virdanzen*(v)*
Vortänzer Virdänzer*(m, --)*
Vortäuschung Simulatioun*(f, -en)*
Vorteil Avantage*(m, -n)*
Vorteil Benefice*(m, -r)*
Vorteil Notzen*(m, ~)*
Vorteil Virdeel*(m, -er)*
Vortrag Virtrag*(m, Virträg)*
vortragen referéieren*(v)*
vortragen virdroen*(v)*
vortragen (kunstvoll) deklaméieren*(v)*
Vorurteil Viruerteel*(n, -er)*
Vorverkauf Virverkaf*(m, ~)*
vorverlegen virverleeën*(v)*
Vorwahl Virwal*(f, -en)*
Vorwand Ursaach*(f, -en)*
vorwärts vijenzeg*(adv)*
vorwärts virun*(adv)*
vorwärtsgehen virugoen*(v)*
vorwärtstreiben virundreiwen*(v)*
vorwärtsziehen virunzéien*(v)*
Vorwäsche Virwäsch*(f, -en)*
vorweisen opweisen*(v)*
vorweisen virweisen*(v)*
vorwerfen duergeheien*(v)*
vorwerfen duerstoussen*(v)*
vorwerfen reprochéieren*(v)*
vorwerfen reproschéieren*(v)*
vorwerfen virgeheien*(v)*
vorwerfen virwäerfen*(v)*
vorwerfen virwerfen*(v)*
vorwerfen, jm etw - virgeheien, engem eppes -*(exp)*
Vorwort Virwuert*(n, Virwierder)*
Vorwurf Virworf*(m, Virwërf)*
Vorzeichen Virbedeitung*(f, -en)*
vorzeichnen skizzéieren*(v)*
vorzeichnen virzeechnen*(v)*
Vorzeichnung Skizz*(f, -en)*
vorzeigen exhibéieren*(v)*
vorziehen léiwer hunn*(v)*
vorziehen virzéien*(v)*
Vorzimmer Virzëmmer*(n, -en)*
vorzugsweise allerléifts*(adv)*
Votum Votum*(m, -[m]en)*
vulgär ordinär*(adj)*
vulgär vulgär*(adj)*
Vulkan Vulkan*(m, -en)*
vulkanisch vulkanesch*(adj)*
vulkanisieren vulkaniséieren*(v)*

W

Waage Wo*(f, -en)*
Waagschale Wobriet*(n, -brieder)*
wabbelig wabbeleg*(adj)*
wach monter*(adj)*
wach waakreg*(adj)*
wach wakereg*(adj)*
wach rütteln waakreg rëselen*(exp)*
wach sein op sinn*(exp)*
wach sein waakreg sinn*(exp)*
Wache Wuecht*(f, ~)*
Wache halten Wuecht halen*(exp)*
wachen waachen*(v)*
Wachhund Wuechthond*(m, -hënn)*
Wacholderbeere Wakelter*(m, -en)*
Wachs Wuess*(m, ~)*
Wachs- wuessen*(adj)*
wachsen wuessen*(v)*
Wachstuch Toilecirée*(m, -ën)*
Wachstum Wuess*(m, ~)*
Wachstum Wuesstem*(m, ~)*
Wachtel Wuechtel*(f, -en)*
Wächter Wiechter*(m, --)*
Wachturm Wuechttuerm*(m, -tierm)*
Wackelkontakt Wackelkontakt*(m, -er)*
wackeln jatschelen*(v)*
wackeln wackelen*(v)*
wacklig wabbeleg*(adj)*
wacklig wackeleg*(adj)*
Wade Wued*(f, -en)*
Wadenkrampf Krämpchen*(m, Krämpercher)*
Waffe Waff*(f, -en)*
Waffel Eisekuch*(m, -en)*
Waffel Wäffelchen*(f, Wäffelcher)*
Waffeleisen Eisekuchseisen*(m, --)*
Waffenbesitz Waffebesëtz*(m, ~)*
Waffengewalt, mit - Waffegewalt, mat -*(exp)*
Waffenhandel Waffenhandel*(n, ~)*
Waffenhändler Waffenhändler*(m, --)*
Waffeninspektion Waffeninspektioun*(f, -en)*
Waffenruhe Wafferou*(f, -en)*
Waffenschein Waffeschäin*(m, -er)*
Waffenstillstand Waffestëllstand*(m, ~)*
Wägelchen Jabel*(m, -en)*
Wägelchen Weenchen*(m, Weenercher)*
wagen riskéieren*(v)*
Wagen Ween*(npl)*
wagen woen*(v)*
Wagen Won*(m, Ween)*
wagen, es - ënnerstoen, sich -*(utr)(v)*
Wagen, großer - (Sternbild) Bier, grousse -*(exp)*
Wagenheber Cric*(m, Cricken)*
Wagenheber Krick*(m, -en)*
Wagentür Autosdier*(f, -en)*
Waggon Waggon*(m, -en)*
Waggon Wagon*(m, -en)*
Wahl Choix*(m, ~)*
Wahl Electioun*(f, -en)*
Wahl Wal*(f, -en)*
Wahl Wiel*(f, -en)*
Wahlbeteiligung Walbedeelegung*(f, -en)*
Wahlbezirk Walbezierk*(m, -er)*
Wahlen Walen*(npl)*
wählen wielen*(v)*
Wähler Wieler*(m, --)*
Wahlergebnis Walresultat*(n, -er)*
wählerisch glott*(adj)*
wählerisch kriddeleg*(adj)*
Wählerstimme Wielerstëmm*(f, -en)*
Wahlgang, zweiter - Ballotage*(m, -n)*
Wahlhausen Wuelessen*(p)*
Wahlkabine Walkabinn*(f, -en)*
Wahlkabine Wielkabinn*(f, -en)*
Wahlkampf Walkampf*(m, -kämpf)*
Wahlkommission Walkommissioun*(f, -en)*
Wahlprogramm Walprogramm*(m, -er)*
Wahlversprechen Walverspriechen*(n, --)*
wahnsinnig geckeg*(adj)*
Wahnvorstellung Wahnvirstellung*(f, -en)*
Wahnvorstellungen haben fuebelen*(v)*
wahr richteg*(adj)*
wahr wouer*(adj)*
während därbaants*(cjn)*
währenddessen iwwerdeems*(adv)*
Wahrheit Wouerecht*(f, -en)*
Wahrheit Wourecht*(f, -en)*
Wahrnehmung Perceptioun*(f, -en)*
Wahrnehmung Perzeptioun*(f, -en)*
wahrscheinlich wahrscheinlech*(adv)*
wahrscheinlich warscheinlech*(adj)*
Wahrscheinlichkeit Wahrscheinlechkeet*(f, -en)*
Wahrscheinlichkeit Warscheinlechkeet*(f, -en)*

Wahrscheinlichkeitsrechnung Wahrscheinlechkeetsrechnung *(f,-en)*
Währungsassoziation Währungsassociatioun *(f,-en)*
Währungseinheit Währungseenheet *(f,-en)*
Währungspolitik Währungspolitik *(f,-en)*
Währungsreform Währungsreform *(f,-en)*
Währungsspekulation Währungsspekulatioun *(f,-en)*
Währungssystem Währungssystem *(m,-er)*
Währungsunion Währungsunioun *(f,-en)*
Wahrwort Wouerwuert *(n,-wierder)*
Wahrzeichen Emblem *(m,-en)*
Waisenkind Weesekand *(n,-kanner)*
Wal Wal *(m,-en)*
Wald Bësch *(m,-er)*
Waldbillig Waldbëlleg *(p)*
Waldbrand Bëschbrand *(m,-bränn)*
Waldbredimus Waldbriedemes *(p)*
Wäldchen Bëschelchen *(m,Bëschelcher)*
Waldhof Waldhaff *(p)*
Waldschaden Bëschschued *(m,-schied)*
Waldsterben Bëschstierwen *(n,~)*
Waldweg Bëschwee *(m,-ër)*
Waldzecke Bëschzéck *(f,-en)*
Walferdange Walfer *(p)*
Walfisch Walfësch *(m,--)*
Wallendorf-Pont Wuelenduerf-Bréck *(p)*
Wallfahrt Pilgerfahrt *(f,-en)*
Wallfahrt Wallfaart *(f,-en)*
Wallfahrt Wallfahrt *(f,-en)*
Wallfahrtsort Pilgerplaz *(f,-en)*
Wallung Wal *(f,-en)*
Walnuss Hackernoss *(f,-nëss)*
Walnussbaum Hackernossbam *(m,-beem)*
Walross Walross *(n,-en)*
Walsdorf Waalsdref *(p)*
walzen laminéieren *(v)*
walzen walzen *(v)*
wälzen wänzelen *(v)*
wälzen wenzelen *(v)*
wälzen, sich - wänzelen, sech - *(v)*
wälzen, sich - wenzelen, sech - *(v)*
Walzer Walz *(f,-en)*
Walzwerk Laminoir *(m,-en)*
Wampe Panz *(pej)(f,Pänz)*
Wand Wand *(f,Wänn)*
Wände (Holz, Metall) aufstellen panneautéieren *(v)*
wandeln wandelen *(v)*
wandern wanderen *(v)*
Wanderung Marsch *(m,-en)*
Wandleuchte Applique *(f,-n)*
Wandlung Wandlung *(f,-en)*
Wandmalerei Wandmolerei *(f,-en)*
Wandschirm Paravent *(m,-en)*
Wandschrank Placard *(m,-en)*
Wandschrank Wandschaf *(m,-schief)*
Wandtapete Tapisserei *(f,-en)*
Wandteppich Tapéit *(f,-en)*
Wandteppich Wandteppech *(m,-er)*
Wanduhr Wandauer *(f,-en)*
Wange Bak *(m,-en)*
wankelmütig wankelmiddeg *(adj)*
wann wéini *(adv)*
Wanze Wandlaus *(f,-lais)*
Wappen Wopen *(n,--)*
Ware Wuer *(f,-en)*
Warenautomat Automat *(m,-en)*
Warenlager Depot *(m,-en)*
Warenzeichen Mark *(f,-en)*
Warken Waarken *(p)*
warm waarm *(adj)*
Wärme Wäermt *(f,~)*
Wärmeflasche Bettfläsch *(f,-en)*
wärmen wiermen *(v)*
Warmes, etwas - Waarmes, eppes - *(exp)*
Wärmflasche Bull *(f,-en)*
warmherzig waarm *(adj)*
warmherzig waarmhäerzeg *(adj)*
Warnblinkanlage Warnblinkanlag *(f,-en)*
Warndreieck Warndräieck *(m,-en)*
warnen avertéieren *(v)*
warnen prävenéieren *(v)*
warnen warnen *(v)*
Warnschild Warnschëld *(n,-schëlter)*
Warnschrei Warnkreesch *(m,--)*
Warnstreik Warnstreik *(m,-en)*
Warnung Warnung *(f,-en)*
warten waarden *(v)*
warten, mit offenem Munde auf etw - gäipen *(v)*
Wärter Wiechter *(m,--)*
Wartesaal Salle d'attente *(f,Salle-d'attenten)*
Wartesaal Wartesall *(m,-säll)*
Warteschlange Schlaang *(f,-en)*
Wartezimmer Wartesall *(m,-säll)*
warum firwat *(adv)*
Warze Waarzel *(f,-en)*
was wat/watt *(pr)*
was soll's! a wat ass? *(exp)*
Waschanlage Wäschanlag *(f,-en)*
Waschbär Wäschbier *(m,-en)*
Waschbecken Lavabo *(m,-en)*
Waschbrunnen Wäschbur *(n,-en)*
Wäsche Wäsch *(f,~)*
Wäschebottich Wäschbidden *(f,-en)*
Wäscheklammer Wäschklam *(f,-en)*
Wäscheleine Wäschléngt *(f,-en)*
waschen wäschen *(v)*
waschen, sich - wäschen, sech - *(v)*
Wäscherei Wäscherei *(f,-en)*
Wäscheschleuder Schleider *(f,-en)*
Wäschespinne Spann *(f,-en)*
Waschgelegenheit Wäschgeleeënheet *(f,-en)*
Waschhaus Wäschbur *(n,-en)*
Waschkorb Wäschkuerf *(m,-kierf)*
Waschkübel Bauchbidden *(f,--)*
Waschküche Wäschkichen *(f,--)*
Waschlappen Läppchen *(m,Läppercher)*
Waschlappen Wäschhändsch *(f,-en)*
Waschmaschine Wäschmaschinn *(f,-en)*
Waschpulver Seefepolver *(n,~)*
Waschpulver Wäschpolver *(n,~)*
Waschraum Wäschgeleeënheet *(f,-en)*
Waschschüssel Cuvette *(f,-n)*
Waschschüssel Wäschschossel *(f,-en)*
Waschzuber Wäschbidden *(f,-en)*
Wasser Waasser *(n,~)*
Wasserball Water-polo *(m,~)*
Wasserbecken Baseng *(m,-en)*
Wasserbett Waasserbett *(n,-er)*
Wasserbillig Waasserbëlleg *(p)*
wasserdicht waasserdicht *(adj)*
Wasserfall Waasserfall *(m,-fäll)*
Wasserfarbe Waasserfaarf *(f,-en)*
Wasserflugzeug Waasserfliger *(m,-en)*
Wasserglas Waasserglas *(n,-glieser)*
Wasserhahn Krunn *(m,Krinn)*
Wasserkessel Waasserkessel *(m,-en)*
Wasserkopf Waasserkapp *(m,-käpp)*
Wasserkraftwerk Waasserkraaftwierk *(n,-er)*
Wasserkrug Waasserkrou *(m,-kréi)*
Wasserleitung Waasserleedung *(f,-en)*
Wasserleitung Waasserleitung *(f,-en)*
Wassermangel Waassermangel *(m,~)*
Wassermelone Waassermeloun *(f,-en)*
Wassermühle Waassermillen *(f,--)*
Wasserpflanze Waasserplanz *(f,-en)*
Wasserpistole Waasserpistoul *(f,-en)*
Wasserqualität Waasserqualitéit *(f,-en)*
Wasserquelle Waasserquell *(f,-en)*
Wasserrad Waasserrad *(n,-rieder)*
Wasserratte Waasserrat *(f,-en)*
Wasserrohr Waasserrouer *(n,-réier)*
Wasserschaden Waasserschued *(m,-schied)*
wasserscheu waasserschei *(adj)*
Wasserski Waasserski *(m,~)*
Wasserspiegel Waasserspigel *(m,-en)*

Wassersport	Waassersport*(m,~)*
Wasserstand	Waasserstand*(m,-stänn)*
Wasserstoff	Waasserstoff*(m,~)*
Wasserstrahl	Waasserstral*(m,-en)*
Wasserstraße	Waasserstrooss*(f,-en)*
Wasserstrudel	Tréndel*(m,-en)*
Wasserturm	Waassertuerm*(m,-tierm)*
Wasseruhr	Waasserauer*(f,-en)*
Wasserverbrauch	Waasserverbrauch*(m,~)*
Wasserversorgung	Waasserversuergung*(f,-en)*
Wasserwerk	Waasserwierk*(n,-er)*
Wasserzähler	Waasserauer*(f,-en)*
Wasserzeichen	Waasserzeechen*(n,--)*
Watrange	Walter*(p)*
watscheln	watschelen*(v)*
Watt (Elektrizität)	Watt*(m,--)*
Watte	Watt*(f,~)*
weben	wiewen*(v)*
Weber	Wiewer*(m,--)*
Weberei	Wiewerei*(n,-en)*
Weberknoten	Wieweschknuet*(m,-kniet)*
Webstuhl	Wiefstull*(m,-still)*
Wechsel	Change*(m,-n)*
Wechsel	Wiessel*(m,~)*
Wechsel (Bank)	Wiessel*(m,-en)*
Wechselbeziehung	Wiesselbezéiung*(f,-en)*
Wechseljahre	Wiesseljoren*(npl)*
wechseln	alternéieren*(v)*
wechseln	changéieren*(v)*
wechseln	schanjéieren*(v)*
wechseln	wiesselen*(v)*
wechseln, den Besitzer -	iwwergoen*(tr)(v)*
wechselseitig	wiesselsäiteg*(adj)*
Wechselwirkung	Wiesselwierkung*(f,-en)*
wecken	opruffen*(v)*
wecken	waakreg maachen*(exp)*
Wecker	Wecker*(m,-en)*
Wecker	Wecker*(p)*
Weckruf	Telefonswecker*(m,-en)*
wedeln	wéitschen*(v)*
weder ... noch	weder ... nach*(cn)*
weder dies noch das	net dët an net dat*(exp)*
weg	ewech*(adv)*
weg	ewech-/wech-*(adv)*
Weg	Trajet*(m,-en)*
Weg	Wee*(m,-ër)*
weg-	wech-/ewech-*(adv/v)*
weg sein	ab sinn*(exp)*
weg sein	ewech sinn*(adv)*
weg sein	fort sinn*(exp)*
wegblasen	ewechblosen*(v)*
wegblasen	wechblosen*(v)*
wegbleiben	wechbleiwen*(v)*
wegbringen	ewechbréngen*(v)*
wegbringen	wechbréngen*(v)*
wegdiskutieren	ewechdiskutéieren*(v)*
wegdrücken	ewechdrécken*(v)*
wegdrücken	wechdrécken*(v)*
wegen	wéinst*(pp)*
wegen	wéint*(pp)*
wegen (Ursache)	duerch*(pp)*
Wegewärter	Cantonnier*(m,-en)*
wegfahren	ewechfueren*(v)*
wegfahren	fortfueren*(v)*
wegfallen	ewechfalen*(v)*
wegfallen	wechfalen*(v)*
wegfliegen	ewechfléien*(v)*
wegfliegen	fortfléien*(v)*
wegfliegen	wechfléien*(v)*
wegfressen	ewechfriessen*(v)*
wegfressen	wechfriessen*(v)*
wegführen	ewechféieren*(v)*
weggeben	ewechginn*(v)*
weggeben	fortginn*(v)*
weggeben	wechginn*(v)*
weggehen	ewechgoen*(v)*
weggehen	wechgoen*(v)*
weggleiten	wechglëtschen*(v)*
wegjagen	wechjoen*(v)*
wegkommen	ewechkommen*(v)*
wegkriegen	ewechkréien*(v)*
weglassen	ewechloossen*(v)*
weglassen	wechloossen*(v)*
Weglassung	Omissioun*(f,-en)*
weglaufen	fortlafen*(v)*
weglaufen	ublocken*(v)*
weglegen	ewechleeën*(v)*
weglegen	wechleeën*(v)*
wegmachen	wechmaachen*(v)*
wegmachen (Fleck)	ofmaachen*(v)*
wegnehmen	ewechhuelen*(v)*
wegnehmen	wechhuelen*(v)*
wegrasieren	ewechraséieren*(v)*
wegrasieren	wechraséieren*(v)*
wegrationalisieren	wechrationaliséieren*(v)*
wegräumen	ewechraumen*(v)*
wegräumen	fortraumen*(v)*
wegräumen	wechraumen*(v)*
wegreißen	ewechrappen*(v)*
wegreißen	wechrappen*(v)*
wegrennen	fortrennen*(v)*
wegretuschieren	ewechretuschéieren*(v)*
wegretuschieren	wechretuschéieren*(v)*
wegrollen	ewechrullen*(v)*
wegrollen	fortrullen*(v)*
wegrollen	wechrullen*(v)*
wegrücken	ewechréckelen*(v)*
wegrücken	wechréckelen*(v)*
wegrutschen	ewechrutschen*(v)*
wegrutschen	fortglëtschen*(v)*
wegrutschen	wechrutschen*(v)*
wegschaffen, heimlich -	verschëmmelen*(v)*
wegschauen	wechkucken*(v)*
wegschaufeln	wechschëppen*(v)*
wegschicken	fortschécken*(v)*
wegschicken	wechschécken*(v)*
wegschießen	ewechschéissen*(v)*
wegschießen	wechschéissen*(v)*
wegschlagen	ewechfachen*(v)*
wegschlagen	ewechschloen*(v)*
wegschlagen	wechbaatschen*(v)*
wegschlagen	wechschloen*(v)*
wegschleichen	fortschläichen*(v)*
wegschleifen	fortschleefen*(v)*
wegschleudern	wechfueren*(v)*
wegschmeißen	wechpuchen*(v)*
wegschnappen	ewechschnappen*(v)*
wegschütten	ausschëdden*(v)*
wegsehen	ewechkucken*(v)*
wegspazieren	forttréppelen*(v)*
wegsprengen	ewechsprengen*(v)*
wegsprengen	wechsprengen*(v)*
wegspringen	ewechfueren*(v)*
wegspülen	ewechspullen*(v)*
wegspülen	wechspullen*(v)*
wegstecken	ewechstiechen*(v)*
wegstecken	wechstiechen*(v)*
wegstellen	ewechsetzen*(v)*
wegstoßen	ewechstoussen*(v)*
wegstoßen	wechstoussen*(v)*
Wegstrecke	Streck*(f,-en)*
wegtragen	ewechdroen*(v)*
wegtragen	wechdroen*(v)*
wegtun	wechstiechen*(v)*
wegwerfen	ewechgeheien*(v)*
wegwerfen	ewechwäerfen*(v)*
wegwerfen	wechgeheien*(v)*
wegwerfen	wechwäerfen*(v)*
wegwischen	ausmaachen*(v)*
wegwischen	auswëschen*(v)*
wegwischen	ewechwëschen*(v)*
wegwischen	wechwëschen*(v)*
wegzaubern	ewechzauberen*(v)*
wegzaubern	wechzauberen*(v)*
wegziehen	ewechzéien*(v)*
wegziehen	fortplënneren*(v)*
wegziehen	wechzéien*(v)*
Wehen	Wéien*(p)*
Wehr	Wier*(m,~)*

wehren, sich - wieren, sech -*(v)*
wehren, sich gegen etw - stäipen, sech géint eppes -*(exp)*
wehren, sich gegen etw - wieren, sech géint eppes -*(exp)*
wehtun wéi doen/dinn*(exp)*
wehtun wéidoen*(v)*
Wehwehchen Bobo*(m,-en)*
Weibchen Mudder*(f,-en)*
Weiber Fraleit*(npl)*
weiblich weiblech*(adj)*
Weiblichkeit Weiblechkeet*(f,~)*
weich mëll*(adj)*
weich gekochtes Ei lues gekachtent Ee*(exp)*
Weiche Wäich*(f,-en)*
Weiche Weich*(f,-en)*
weichen wäichen*(v)*
Weicherdange Wäicherdang*(p)*
weichherzig weech*(adj)*
weichlich laddreg*(adj)*
Weide Weed*(f,-en)*
Weide Weid*(f,-en)*
Weide (Baum) Weed*(f,-en)*
Weidenbaum Weid*(f,-en)*
Weidenkätzchen Missercher*(npl)*
Weidingen Wegdichen*(p)*
weigern, sich - weigeren, sech -*(v)*
Weihbischof Weihbëschof*(m,-bëscheef)*
weihen weihen*(v)*
Weiher Weier*(m,-en)*
Weihnachten Chrëschtdag*(m,-deeg)*
Weihnachtsbaum Chrëschtbam*(m,-beem)*
Weihnachtsbaum Chrëschtbeemchen*(m,-beemercher)*
Weihnachtsfeiertag, zweiter - Stiefesdag*(m,~)*
Weihnachtsferien Chrëschtvakanz*(f,-en)*
Weihnachtsgeschenk Chrëschtcadeau*(m,-en)*
Weihnachtsmarkt Chrëschdagsmaart*(m,-mäert)*
Weihnachtsmarkt Chrëschtmaart*(m,-mäert)*
Weihrauch Wäiraach*(m,~)*
Weihwasser Wäiwaasser*(n,~)*
Weihwasser Weihwaasser*(n,~)*
Weihwassergefäß Wäiwaasseschdëppchen*(n,-dëppercher)*
Weihwedel Wäiwaasseschbiischt*(f,-en)*
weil ewell*(cn)*
weil well*(cn)*
Weile Zäitchen*(f,Zäitercher)*
Weiler Weiler*(p)*
Weiler Weller*(p)*
Weilerbach Weilerbaach*(p)*
Weiler-la-Tour Weiler-la-Tour*(p)*
Weimershof Weimeschhaff*(p)*
Weimerskirch Weimeschkierch*(p)*
Wein Wäin*(m,-er)*
Wein, angenehmer - Wéngchen*(m,Wéngercher)*
Weinbau Wäibau*(m,~)*
Weinbeere Gron*(f,-en)*
Weinberg Wangert*(m,-en)*
Weinberg Wéngert*(m,-en)*
Weinbergschnecke Schleek*(m,-en)*
Weinempfang Éierewäin*(m,-er)*
Weinen Kräischen*(n,~)*
weinen kräischen*(v)*
weinen pinschen*(v)*
weinerlich kluckseg*(adj)*
Weinfest Wäifest*(n,-er)*
Weinglas Wäiglas*(n,-glieser)*
Weinkarte Wäikaart*(f,-en)*
Weinkeller Wäikeller*(m,-en)*
Weinkenner Wäikenner*(m,--)*
Weinleserin Liesesch*(f,-en)*
Weinprobe Proufdag*(m,-deeg)*
Weinprobe Wäiprouf*(f,-prouwen)*
Weintradition Wäintraditioun*(f,-en)*
Weisheit Wäisheet*(f,-en)*
Weisheit Weisheet*(f,-en)*
Weisheitszahn Wäisheetszant*(m,-zänn)*
weismachen wäismaachen*(v)*
weiß wäiss*(adj)*
weiß machen wäiss maachen*(exp)*
weiß werden wäiss ginn*(exp)*
Weißbrot Brout, wäisst -*(exp)*
Weißdorn Hodar*(m,~)*
Weiße Wäisst*(n,~)*
weißen wäissen*(v)*
Weißfisch Aalbes*(m,-sen)*
Weißfisch Blénkert*(m,-en)*
weißhaarig schluetwäiss*(adj)*
Weißkohl Kabes, wäisse -*(exp)*
weißlich wäisslech*(adj)*
Weiswampach Wäisswampech*(p)*
weit wäit*(adj)*
weit (Kleidung) weit*(adj)*
weit entfernt wäit ewech*(exp)*
weit und breit weit und breet*(exp)*
weitaus wäitaus*(adv)*
Weitblick Wäitbléck*(m,~)*
Weite Weit*(f,~)*
weitem, von - wäitem, vu -*(exp)*
Weitem, von - wäitem, vu -*(exp)*
weiter virun*(adv)*
weiter weider*(adv)*
weiter- weider-*(adv/v)*
weiter, und so - weider, an esou -*(exp)*
weiterarbeiten viruschaffen*(v)*
weiterarbeiten weiderschaffen*(v)*
weiterbauen weiderbauen*(v)*
weiterbilden weiderbilden*(v)*
Weiterbildung Weiderbildung*(f,~)*
weiterbrennen weiderbrennen*(v)*
weiterbringen virubréngen*(v)*
weiterbringen weiderbréngen*(v)*
weiterdampfen weiderdämpen*(v)*
weiterdrehen weiderdréien*(v)*
weiterdrehen weiderdréinen*(v)*
weiterdrucken weiderdrécken*(v)*
weiterempfehlen weideremfielen*(v)*
weiterempfehlen weiderempfielen*(v)*
weiterentwickeln weiderentwéckelen*(v)*
Weiterentwicklung Weiderentwécklung*(f,-en)*
weiterfahren virufueren*(v)*
weiterfahren weiderfueren*(v)*
weiterfeiern weiderfeieren*(v)*
weiterfliegen weiderfléien*(v)*
weiterführen viruféieren*(v)*
weiterführen weiderféieren*(v)*
weitergeben weiderginn*(v)*
weitergehen virugoen*(v)*
weitergehen weidergoen*(v)*
weiterhelfen virunhëllefen*(v)*
weiterhelfen weiderhëllefen*(v)*
weiterjammern weidersoueren*(v)*
weiterkommen weiderkommen*(v)*
weiterlaufen weiderlafen*(v)*
weiterleben viruliewen*(v)*
weiterleiten repercutéieren*(v)*
weiterleiten viruleeden*(v)*
weiterleiten weiderleeden*(v)*
weiterlesen weiderliesen*(v)*
weitermachen virufueren*(v)*
weitermachen virumaachen*(v)*
weitermachen weidermaachen*(v)*
weitermarschieren weidermarschéieren*(v)*
weiterreichen weiderreechen*(v)*
weiterreisen virureesen*(v)*
weiterreisen weiderreesen*(v)*
weitersagen virusoen*(v)*
weitersagen weidersoen*(v)*
weitersagen weiderzielen*(v)*
weiterschicken weiderschécken*(v)*
weiterschlafen weiderschlofen*(v)*
weiterschwimmen weiderschwammen*(v)*
weitersehen weidergesinn*(v)*
weiterspielen weiderspillen*(v)*
weitertorkeln weidertuerkelen*(v)*
weitertreiben weiderdreiwen*(v)*

Weiterverkauf Weiderverkaf*(m,~)*
weiterverkaufen viruverkafen*(v)*
weiterwachsen weiderwuessen*(v)*
weiterziehen weiderzéien*(v)*
weitsichtig wäitsiichteg*(adj)*
Weitsichtigkeit Wäitsiichtegkeet*(f,~)*
Weitsprung Wäitsprong*(m,~)*
Weitsprung Wäitspronk*(m,~)*
weitverbreitet wäitverbreet*(adj)*
Weitwinkelobjektiv Wäitwénkelobjektiv*(n,-er)*
Weizen Weess*(m,~)*
welk dier*(adj)*
welken dier ginn*(exp)*
welken verwielechen*(v)*
welken verwielen*(v)*
Welle Well*(f,-en)*
Welle, grüne - Well, gréng -*(exp)*
Wellenbrecher Wellebriecher*(m,--)*
Wellenlänge Wellelängt*(f,-en)*
Wellensittich Perruche*(f,-n)*
Wellenstein Wellesteen*(p)*
Welscheid Welschent*(p)*
Welsdorf Welsduerf*(p)*
Welt Äerd*(f,~)*
Welt Welt*(f,-en)*
Welt, auf die - kommen Welt, op d'- kommen*(v)*
Weltall Weltall*(m,~)*
Weltausstellung Weltausstellung*(f,-en)*
weltberühmt weltberühmt*(adj)*
Weltbevölkerung Weltpopulatioun*(f,~)*
Weltbild Weltbild*(n,-biller)*
Weltenbummler Globetrotter*(m,-en)*
Welthandel Welthandel*(m,~)*
Welthandelsorganisation Welthandelorganisatioun*(f,-en)*
Weltkrieg Weltkrich*(m,-er)*
Weltkrieg, Erster - Krich, véierzéngter -*(exp)*
Weltkrieg, Erster - Weltkrich, Éischte -*(exp)*
Weltkrieg, Zweiter - Krich, leschte -*(exp)*
Weltkrieg, Zweiter - Weltkrich, Zweete -*(exp)*
weltlich weltlech*(adj)*
Weltliteratur Weltliteratur*(f,~)*
Weltmacht Weltmuecht*(f,-en)*
Weltmarkt Weltmarché*(m,-en)*
Weltmeister Weltmeeschter*(m,-en)*
Weltmeisterschaft Weltmeeschterschaft*(f,-en)*
Weltrangliste Weltranglëscht*(f,-en)*
Weltraum Weltraum*(m,~)*
Weltraumstation Raumstatioun*(f,-en)*
Weltreise Weltrees*(f,-en)*
Weltrekord Weltrekord*(m,-er)*
Weltsicherheitsrat Weltsécherheetsrot*(m,~)*
Weltstadt Weltstad*(f,-stied)*
Weltuntergang Weltënnergang*(m,~)*
weltweit weltwäit*(adj)*
Weltwirtschaft Weltwiertschaft*(f,~)*
Weltwunder Weltwonner*(n,--)*
wem wiem/weem*(pr)*
Wemperhardt Wämperhaart*(p)*
wen ween/wien*(pr)*
wenden ëmdréinen*(tr)(v)*
wenden ëmkéieren*(tr)(v)*
wenden kéieren*(v)*
wenden wennen*(v)*
wenden, in Mehl - farinéieren*(v)*
wenden, sich an jn/etw - wennen, sech un een/eppes -*(exp)*
Wendepunkt Wendepunkt*(m,-en)*
wenig wéineg*(adj)*
wenig, äußerst - bluttwéineg*(adj)*
wenig, ein - Grëtz, eng -*(exp)*
wenig, ein - Grimmel, eng -*(exp)*
weniger manner*(adv)*
weniger minus*(adv)*
weniger wéineger*(adv)*
Wenigkeit Wéinegkeet*(f,-en)*
wenigsten allerwéinegstens*(adv)*
wenigsten, die - mannst, déi -*(exp)*
wenigstens wéinstens*(adv)*
wenn wann*(cn)*
wer ween/wien*(pr)*
Werbedrucksache Reklamm*(f,-en)*
Werbeslogan Werbeslogan*(m,-en)*
Werbespot Publizitéitsspot*(m,-ten)*
Werbung Publicitéit*(f,-en)*
Werbung Publizitéit*(f,-en)*
Werbung Reklamm*(f,-en)*
Werdegang Werdegang*(m,~)*
werden ginn*(v)*
werden (Modalverb) wäerten*(v)*
werfen ausgeheien*(v)*
werfen geheien*(v)*
werfen puchen*(v)*
werfen schéissen*(v)*
werfen schmäissen*(v)*
werfen wäerfen*(v)*
werfen werfen*(v)*
werfen (mit Kraft) jauwen*(v)*
werfen, Falten - ronschelen*(v)*
Werfer Wierfer*(m,--)*
Werk Wierk*(n,-er)*
werkeln knéchelen*(v)*
Werkstatt Atelier*(m,-en)*
Werktag Schaffdag*(m,-deeg)*
Werktag Wochendag*(n,-deeg)*
Werktag- wiertes*(adj)*
werktags wäertes*(adv)*
werktags wiertes*(adv)*
Werktags- wäertes*(adj)*
Werkzeug Aarbechtsgeschir*(n,~)*
Werkzeugkasten Zammerkëscht*(f,-en)*
Wert Wäert*(m,-er)*
wert sein wäert sinn*(exp)*
wert, der Mühe - derwäert*(adv)*
wertlos Wäert, ouni -*(exp)*
wertlos machen verhuddelen*(v)*
Wertpapier Wäertpabeier*(m,-en)*
Wertsache Wäertsaach*(f,-en)*
wertschätzen schätzen*(v)*
wertvoll wäertvoll*(adj)*
wertvoll sein wäert sinn*(exp)*
wesentlich wesentlech*(adj)*
weshalb firwat*(adv)*
Wespe Harespel*(f,-en)*
Wespennest Harespelsnascht*(n,-näschter)*
Weste Gilet*(m,-en)*
Weste Gilli*(m,-en)*
Westen Westen*(m,~)*
Western Western*(m,--)*
westlich westlech*(adj)*
Wettbewerb Competitioun*(f,-en)*
Wettbewerb Concours*(m,-en)*
wettbewerbsfähig kompetitiv*(adj)*
Wettbewerbsfähigkeit Competivitéit*(f,~)*
Wettbewerbsfähigkeit Kompetitivitéit*(f,-en)*
Wettbüro Wettbüro*(m,-en)*
Wette Wett*(f,-en)*
wetten wetten*(v)*
Wetter Wieder*(n,~)*
Wetterbedingung Wiederconditioun*(f,-en)*
Wetterbericht Meteo*(f,~)*
Wetterhahn Hinnchen*(m,Hinnercher)*
Wetterkarte Wiederkaart*(f,-en)*
Wetterlage Wiedersituatioun*(f,-en)*
wettern dudderen*(v)*
Wetterregel Wiederregel*(f,-en)*
Wetterstation Wiederstatioun*(f,-en)*
Wettervorhersage Wiederprevisioun*(f,-en)*
Wettkampf Competitioun*(f,-en)*
Wettlauf Course*(f,Courssen)*
Wettrüsten Wettrüsten*(n,~)*
Wettstreit Wettsträit*(m,~)*
wetzen schäerfen*(v)*
wetzen wetzen*(v)*
Wetzstein Schläifsteen*(m,-steng)*
Wetzstein Wetzsteen*(m,-steng)*
Weydig Weidig*(p)*
Weyer Weier*(p)*

Whisky Whiskey*(m,~)*
wichtig wichteg*(adj)*
Wichtigtuer Téinert*(m,-en)*
wichtigtun téinen*(v)*
Wickel Wéckel*(f,-en)*
wickeln wéckelen*(v)*
Wickrange Wickreng*(p)*
Widder Widder*(m,-en)*
widerfahren widderfueren*(utr)(v)*
widerhallen schalen*(v)*
widerlegen widderleeën*(utr)(v)*
widerlich eekeleg*(adj)*
widerlich ruckelzeg*(adj)*
Widerrede Widderried*(f,-en)*
Widerruf Revocatioun*(f,-en)*
widerrufen revokéieren*(v)*
widerrufen revoquéieren*(v)*
widerrufen widderruffen*(utr)(v)*
Widerschein Widderschäin*(m,~)*
widersetzen, sich - widdersetzen, sech -*(utr)(v)*
widerspiegeln erëmspigelen*(v)*
widerspiegeln rëmspigelen*(v)*
widersprechen aweren*(v)*
widersprechen widderrieden*(utr)(v)*
widersprechen widderspriechen*(utr)(v)*
Widerspruch Contradictioun*(f,-en)*
Widerspruch Widdersproch*(m,Widdersprëch)*
Widerstand Widderstand*(m,~)*
Widerstand Widderstand*(m,Widderstänn)*
Widerstand (Krieg) Resistenz*(f,~)*
Widerstand gegen jn leisten Bass, engem de - halen*(exp)*
Widerstand leisten Widderstand leeschten*(exp)*
widerstandsfähig zéi*(adj)*
Widerstandskämpfer Resistenzler*(m,--)*
Widerstandskämpfer Widderstandskämpfer*(m,--)*
widerstehen resistéieren*(v)*
widerstehen widderstoen*(utr)(v)*
widerstrebend trotzeg*(adj)*
Widerwille Widderwëll*(m,~)*
widerwillig widderwëlleg*(adj)*
widmen dedicasséieren*(v)*
widmen dedizéieren*(v)*
widmen widmen*(v)*
widmen (etw einer Sache) consacréieren*(v)*
Widmung Widmung*(f,-en)*
wie ewéi/wéi*(cn)*
wie wéi/ewéi*(adv)*
wie bitte wat gelift*(exp)*
wie bitte wéi*(adv)*
wie lange wéi laang*(exp)*
wie viel wéi vill*(adv)*
wie viel wivill/wéi vill*(adv)*
wieder erëm*(adv)*
wieder nees*(adv)*
wieder-/zurück rëm-/erëm-*(adv)*
Wiederaufbau Rekonstruktioun*(f,-en)*
wiederaufbauen erëm opbauen*(v)*
wiederaufbauen opbauen*(v)*
wiederaufbauen remontéieren*(v)*
Wiederaufführung Widderhuelung*(f,-en)*
wiederbekommen erëmkréien*(v)*
wiederbekommen rëmkréien*(v)*
wiederbeleben reaniméieren*(v)*
Wiederbelebung Reanimatioun*(f,-en)*
wiederbringen erëmbréngen*(v)*
wiedereingliedern reintegréieren*(v)*
Wiedereingliederung Reintegratioun*(f,-en)*
wiedererkennen erëmkennen*(v)*
wiederfinden erëmfannen*(v)*
wiedergeben erëmginn*(v)*
Wiedergeburt Reinkarnatioun*(f,--)*
wiedergewinnen erëmgewannen*(v)*
wiedergutmachen, etw - guttmaachen, eppes erëm -*(exp)*
Wiedergutmachung Reparatioun*(f,-en)*
wiederholen nomaachen*(v)*
wiederholen noman*(v)*
wiederholen repétéieren*(v)*
wiederholen widderhuelen*(utr)(v)*
wiederholen, eine Klasse - doubléieren*(v)*
Wiederholung Rappel*(m,-len)*
Wiederholung Rediffusioun*(f,-en)*
Wiederholung Repetitioun*(f,-en)*
Wiederholung Widderhuelung*(f,-en)*
wiederkäuen idderzen*(v)*
wiederkommen erëmkommen*(v)*
wiedersehen erëmgesinn*(v)*
Wiedersehen, auf - äddi*(exp)*
Wiedervereinigung Widdervereenegung*(f,-en)*
wiederverwerten recycléieren*(v)*
Wiederverwertung Recycling*(m,~)*
Wiederverwertung Widderverwäertung*(f,~)*
Wiege Wéi*(f,-en)*
Wiege, kleine - Wéichen*(f,Wéiercher)*
wiegen laaschten*(v)*
wiegen wéien*(v)*
Wiegenlied Schloflidd*(n,-er)*
wiehern kricksen*(v)*
Wiese Wiss*(f,Wisen)*
Wiese (beim Haus) Päsch*(m,-en)*
Wiesel Wisel*(m,-en)*
Wild Wëld*(n,~)*
wild wëll*(adj)*
wild (Kinder) sturazeg*(adj)*
Wildbach Wëldwaasser*(n,~)*
Wilden Wëll*(npl)*
Wilder Wëllen*(m,Wëller)*
Wilderer Braconnier*(m,-en)*
wildern braconnéieren*(v)*
Wildleder Daim*(m,~)*
Wildpastete Wëldpati*(m,-en)*
Wildschwein Wëllschwäin*(n,--)*
Wildspezialität Wëldspezialitéit*(f,-en)*
Wildwasser Wëldwaasser*(n,~)*
Wilhelmsplatz (in Luxemburg-Stadt) Knuedler*(p)*
Wille Wëllen*(m,--)*
willens (sein) wëlles*(adv)*
Willensfreiheit Wëllensfräiheet*(f,~)*
Willenskraft Wëllenskraaft*(f,~)*
willensschwach wëllensschwaach*(adj)*
willensstark wëllensstaark*(adj)*
willig gewëlleg*(adj)*
willig wëlleg*(adj)*
Wiltz Wolz*(p)*
Wilwerdange Wëlwerdang*(p)*
Wilwerdange Wilwerdang*(p)*
Wilwerwiltz Wëlwerwolz*(p)*
wimmeln wimmelen*(v)*
wimmern jéimeren*(v)*
wimmern mëffelen*(v)*
wimmern mëfferen*(v)*
wimmern soueren*(v)*
Wimper Aperhoer*(n,--)*
Wimper Aperhor*(n,--)*
Wimper Wëmper*(f,-en)*
Wimper Wëmper*(m,-en)*
Wimper Wimper*(f,-en)*
Wincrange Wëntger*(p)*
Wind Loft*(f,~)*
Wind Wand*(m,~)*
Wind (Darmwind) Wand*(m,Wënn)*
Windbö Wandstouss*(m,-stéiss)*
Winde Wann*(f,-en)*
Windel Kannerlomp*(f,-en)*
Windel Lomp*(f,-en)*
Windel Wéckel*(f,-en)*
Windel Wëndel*(f,-en)*
winden wannen*(v)*
winden (Treppe) wënnen*(v)*
Windenergie Wandenergie*(f,-n)*
windgeschützt (an -er Stelle) hannerwands*(adv)*
Windhof Wandhaff*(p)*
windig lëfteg*(adj)*
Windjacke Anorak*(m,-en)*
Windkraftwerk Wandkraaftwierk*(n,-er)*

Windmühle Wandmillen *(f,--)*
Windpocken Waasserpouken *(npl)*
Windrad Wandmillen *(f,--)*
Windschatten Wandschiet *(m,~)*
windschief wënsch *(adj)*
Windschutzscheibe Glace, viischt - *(exp)*
Windschutzscheibe Glace, viischt - *(exp)*
Windstoß Wandstouss *(m,-stéiss)*
Winkel Wénkel *(m,-en)*
Winkel, rechter - Wénkel, rechte - *(exp)*
Winkelmaß Zeechendräieck *(m,-er)*
Winkelmesser Wénkelmiesser *(m,--)*
winken wénken *(v)*
Winker Winker *(m,-en)*
winklig wénkeleg *(adj)*
Winseler Wanseler *(p)*
Winter Wanter *(m,-en)*
Wintergarten Wantergaart *(m,-gäert)*
Winterhandschuhe Wantermoulen *(npl)*
winterhart wanterhaart *(adj)*
Winterkleidung Wantergezei *(n,~)*
Winterkollektion Wanterkollektioun *(f~,-en)*
Wintermantel Wantermantel *(m,-mäntel)*
Wintermonate Wanterméint *(npl)*
wintern wanteren *(v)*
Winterpause Wanterpaus *(f,-en)*
Winterreifen Wanterpneu *(m,-en)*
Winterschlussverkauf Wantersolden *(npl)*
Wintersport Wantersport *(m,~)*
Winterurlaub Wantervakanz *(f,-en)*
Winterzeit Wanterzäit *(f,~)*
Wintrange Wëntreng *(p)*
Winzer Wënzer *(m,--)*
winzig butzeg *(adj)*
winzig klinzeg *(adj)*
winzig winzeg *(adj)*
Wippe Schaukel *(f,-en)*
wippen juppen *(v)*
wippen klunschen *(v)*
wir mir *(pr)*
Wirbel Trëndel *(m,-en)*
Wirbel Wirbel *(m,-en)*
wirbeln wierbelen *(v)*
Wirbelsäule Réckstrank *(m,-sträng)*
Wirbelsäule Wierbelsail *(f,-en)*
Wirbelsturm Wierbelstuerm *(m,-stierm)*
Wirbelwind Wirbelwand *(m,~)*
wirken wierken *(v)*
wirken (wirksam) déngen *(v)*
wirklich dach *(adv)*
wirklich wierklech *(adj)*
Wirklichkeit Wierklechkeet *(f,-en)*
wirksam effikass *(adj)*
wirksam wierksam *(adj)*
Wirksamkeit Effektivitéit *(f,~)*
Wirksamkeit Efficacitéit *(f,~)*
Wirksamkeit Effikassitéit *(f,~)*
Wirkung Wierkung *(f,-en)*
Wirkungsgrad Rendement *(m,-en)*
wirkungsvoll effektiv *(adj)*
wirr watzeg *(adj)*
wirr (Haar) walleg *(adj)*
wirr reden fuebelen *(v)*
Wirsing Zafuerer *(m,~)*
Wirt Wiert *(m,-en)*
Wirtin Wiertsfra *(f,-en)*
Wirtschaft Wiertschaft *(f,-en)*
wirtschaften wiertschaften *(v)*
wirtschaften wirtschaften *(v)*
Wirtschaftlichkeit Rentabilitéit *(f,~)*
Wirtschaftlichkeit Wiertschaftlechkeet *(f,~)*
Wirtschaftsbeziehungen Wiertschaftsrelatiounen *(npl)*
Wirtschaftsfakultät Economies-Facultéit *(f,-en)*
Wirtschaftsgipfeltreffen Wiertschaftsgipfel *(m,-en)*
Wirtschaftshilfe Wiertschaftshëllef *(f,~)*
Wirtschaftsjahr Wiertschaftsjoer *(n,-en)*
Wirtschaftskriminalität Wiertschaftskriminalitéit *(f,~)*
Wirtschaftskrise Wiertschaftskris *(f,-en)*
Wirtschaftskrise Wiertschaftskris *(f,-en)*
Wirtschaftslage Wiertschaftssituatioun *(f,-en)*
Wirtschaftslage Wiertschaftslag *(f,-en)*
Wirtschaftsteil Wiertschaftsrubrik *(f,-en)*
Wirtschaftsteil Wiertschaftssäit *(f,-en)*
Wirtschaftsunion Wiertschaftsunioun *(f,-en)*
Wirtschaftsvereinbarung Wiertschaftsofkommes *(n,-ofkommen)*
Wirtschaftswachstum Wiertschaftswuesstem *(m,~)*
Wirtshaus Wiertschaft *(f,-en)*
Wirtshaus Wiertshaus *(n,-haiser)*
Wisch (abfällig für Schriftstück) Wësch *(m,--)*
wischen, Staub - stëbsen *(v)*
Wischlappen Mopp *(m,-en)*
Wischtuch Torschong *(m,-en)*
wispern pësperen *(v)*
Wissen Wëssen *(n,~)*
wissen wëssen *(v)*
Wissenschaft Wëssenschaft *(f,-en)*
Wissenschaftler Wëssenschaftler *(m,--)*
wissenschaftlich wëssenschaftlech *(adj)*
wissenschaftliche Fakultät Wëssenschaftsfakultéit *(f,-en)*
wissenswert kenneswäert *(adj)*
wissentlich wëssentlech *(adv)*
wittern witteren *(v)*
Witwe Witfra *(f,-en)*
Witwer Witmann *(m,-männer)*
Witz Witz *(m,-en)*
Witz (Geist) Wëtz *(m,~)*
witzig witzeg *(adj)*
wo wou *(pp)*
woanders anzwousch anescht *(adv)*
woanders anzwousch *(adv)*
woanders éierens anescht *(adv)*
woanders enzwousch anescht *(exp)*
Woche Woch *(f,-en)*
Woche, letzte - Woch, d'lescht - *(exp)*
Woche, unter der - wiertes *(adv)*
Wochenarbeitszeit Wochenaarbechtszäit *(f,-en)*
Wochenblatt Wocheblat *(n,-blieder)*
Wochenende Weekend *(m,-er)*
Wochenlohn Wocheloun *(m,-léin)*
Wochenmarkt Wochemaart *(m,-mäert)*
Wochentag Wochendag *(n,-deeg)*
Wochenzeitung Wochenzeitung *(f,-en)*
wodurch wouduerch *(pp)*
wofür woufir *(pp)*
wofür wuerfir *(pp)*
woher wouhier *(pp)*
wohin wuer *(pp)*
Wohl Wuel *(n,~)*
wohl, sich - fühlen wuel, sech - fillen *(v)*
wohlan bong *(adv)*
wohlerzogen gutt gezillt *(exp)*
wohlerzogen manéierlech *(adj)*
wohlhabend dichteg *(adj)*
wohlhabend sein déck do sinn *(exp)*
Wohlsein Wuel *(n,~)*
Wohlstand Prosperitéit *(f,~)*
Wohlstand Wuelstand *(m,~)*
Wohlstandsgesellschaft Wuelstandsgesellschaft *(f,-en)*
Wohnbedingungen Logementsconditioun *(f,-en)*
wohnen logéieren *(v)*
wohnen residéieren *(v)*
wohnen wunnen *(v)*
wohnen, im Erdgeschoss - wunnen, ënnena - *(exp)*
Wohngemeinschaft Wunngemeinschaft *(f,-en)*
Wohnheim Foyer *(m,-en)*
Wohnküche Wunnkichen *(f,--)*
Wohnort Residenz *(f,-en)*
Wohnqualität Wunnqualitéit *(f,~)*
Wohnsiedlung Cité *(f,-en)*
Wohnsiedlung Lotissement *(f,-er)*
Wohnsitz Wunnsëtz *(m,-er)*

Wohnung Appartement *(n,-er)*
Wohnung Quartier *(m,-en)*
Wohnung Wunnecht *(f,-en)*
Wohnung Wunneng *(f,-en)*
Wohnungsbauminister Wunnengsbauminister *(m,-en)*
Wohnungsnot Wunnengskris *(f,-en)*
Wohnungsnot Wunnengsnout *(f,~)*
Wohnungssuche Wunnengssich *(f,~)*
Wohnverhältnis Wunnconditioun *(f,-en)*
Wohnviertel Quartier *(m,-en)*
Wohnviertel Wunnquartier *(m,-en)*
Wohnwagen Roulotte *(f,-n)*
Wohnzimmer Living *(m,-en)*
Wohnzimmer Sällchen *(m,Sällercher)*
Wohnzimmer Salon *(m,-en)*
Wohnzimmer Stuff *(f,-en)*
Wohnzimmerschrank Stuffeschaf *(m,-schief)*
wölben bombéieren *(v)*
wölben verwëllefen *(v)*
Wolf Wollef *(m,Wëllef)*
Wolke Wollek *(f,-en)*
wolkig wollekeg *(adj)*
Woll- wëllen *(adj)*
Wolle Woll *(f,~)*
wollen wëllen *(adj)*
wollen wëllen *(v)*
wollig wolleg *(adj)*
Wollpullover Pullover, wëllene - *(exp)*
Wolper Wolpert *(p)*
Wolwelange Wolwen *(p)*
womit woumat *(pp)*
Wormeldange Wuermeldeng *(p)*
Wormeldange Wuermer *(p)*
Wormeldange-Haut Uewerwuermeldeng *(p)*
Wort Term *(m,-en)*
Wort Wuert *(n,Wierder)*
Wörterbuch Dictionnaire *(m,-n)*
Wörterbuchkommission Wierderbuchcommissioun *(f,-en)*
Wörterbuchkommission Wierderbuchkommissioun *(f,-en)*
wortgewandt wuertgewalteg *(adj)*
wörtlich wuertwiertlech *(adj)*
Wortschatz Wuertschaz *(m,~)*
Wortschwall Abberzuel *(f,-en)*
Wortspiel Wuertspill *(n,-er)*
Wortspiel Wuertspillerei *(f,-en)*
Wortwechsel Wuertwiessel *(m,-en)*
wortwörtlich wuertgetrei *(adj)*
wortwörtlich wuertwiertlech *(adj)*
wovon wouvun *(pp)*
Wrack Wrack *(m,-en)*
Wucherer Bluttsëffer *(fig)(m,--)*
wuchern wucheren *(v)*
Wucht Wucht *(f,~)*
wühlen wullen *(v)*
Wühlmaus Wullmaus *(f,-mais)*
Wunde Wonn *(f,-en)*
Wunde, kleine - Bless *(f,-en)*
Wunder Wonner *(n,--)*
Wunder, blaues - Wonner, blot - *(exp)*
Wunder, kein - Wonner, kee - *(exp)*
wunderbar wonnerbar *(adj)*
Wunderkind Wonnerkand *(n,-kanner)*
wunderlich bosseg *(adj)*
wunderlich wonnerlech *(adj)*
wundern verwonneren *(v)*
wundern, sich - wonneren, sech - *(v)*
wunderschön wonnerschéin *(adj)*
Wundertüte Virwëtztut *(f,-en)*
Wunderwerk Wonnerwierk *(n,-er)*
Wunsch Wonsch *(m,Wënsch)*
Wunschdenken Wonschdenken *(n,-en)*
wünschen wënschen *(v)*
wünschen, Sie -? gefälleg, wat - *(exp)*
Wunschtraum Wonschdram *(m,-dreem)*
Wunschvorstellung Wonschvirstellung *(f,-en)*
Wunschzettel Wonschziedel *(m,-en)*
Würde Dignitéit *(f,-en)*
würdig wierdeg *(adj)*
würdigen wierdegen *(v)*
Wurf Schmass *(m,Schmëss)*
Wurf Worf *(m,Wërf)*
Wurf (Schweine) Zuucht *(f,-en)*
Würfel Wierfel *(m,-en)*
würfeln wierfelen *(v)*
Würfelspiel Wierfelspill *(n,-er)*
Würfelzucker Stéckerzocker *(m,~)*
würgen gierksen *(v)*
würgen wiergen *(v)*
Wurm Wuerm *(m,Wierm)*
Würmchen Wiermchen *(m,Wiermercher)*
wurmen wuermen *(v)*
wurmstichig batzeg *(adj)*
wurmstichig muedebëtzeg *(adj)*
Wurst Wurscht *(f,-en)*
Würstchen Wippchen *(m,Wippercher)*
Würstchen Wirschtchen *(m,Wirschtercher)*
wursteln wurschtelen *(v)*
wurstförmiges Objekt Stroll *(f,-en)*
wurstförmiges Objekt Strull *(f,-en)*
Wurstwaren Charcuterie *(n,~)*
Wurzel Wuerzel *(f,-en)*
Wurzelballen Mott *(f,-en)*
würzen kraiden *(v)*
würzen kredderen *(v)*
würzen wierzen *(v)*
würzig kraidereg *(adj)*
Wust Wouscht *(m,~)*
Wüste Wüst *(f,-en)*
Wut Rage *(f,~)*
Wut Roserei *(f,-en)*
wüten rosen *(v)*
wütend béis *(adj)*
wütend queesch *(adj)*
wütend rosen *(adj)*
wütend werden béis ginn *(exp)*

X

X-Beine X-Been *(npl)*
x-beliebig x-belibeg *(adj)*
x-mal x-mol *(adv)*

Y

Yacht Yacht *(f,-en)*
Yen Yen *(m,--)*
Yoga Yoga *(m,~)*

Z

Zacken Zack *(m,-en)*
zackig zackeg *(adj)*
zäh zéi *(adj)*
zäh (Fleisch) zéi *(adj)*
zähflüssig zéiflësseg *(adj)*
Zähigkeit Zéiegkeet *(f,-en)*
Zahl Zuel *(f,-en)*
Zahl (Rückseite der Münze) Mënz *(f,-en)*
Zahlbarstellung Domiciliatioun *(f,-en)*
zählen zielen *(v)*
zählen, auf jn/etw - zielen, op een/eppes - *(exp)*
zahlen, Beiträge - cotiséieren *(v)*
Zahlenkombination Zuelekombinatioun *(f,-en)*
zahlenmäßig zueleméisseg *(adj)*
Zahlenmaterial Zuelen *(npl)*
Zähler (Messgerät) Compteur *(m,-en)*
Zahlung Versement *(m,-en)*
Zahlungsbeleg Quittung *(f,-en)*
Zahlungsfähigkeit Liquiditéit *(f,-en)*
Zahlungsunfähigkeit Insolvabilitéit *(f,-en)*
Zahlungsverpflichtung Echéance *(n,-n)*
zahm zam *(adj)*
zähmen damen *(v)*
zähmen zämen *(v)*
zähmen zeemen *(v)*

Deutsch	Luxemburgisch
Zähmung	Zämung *(f,-en)*
Zahn	Zant *(m,Zänn)*
Zahnarzt	Zänndokter *(m,-en)*
Zahnbürste	Zännbiischt *(f,-en)*
Zahncreme	Zännpasta *(f,~)*
Zahncreme	Zännseef *(f,-en)*
Zahnfleisch	Zännfleesch *(n,~)*
Zahnfüllung	Plomb *(m,Plëmp)*
Zahnkrone	Zännkroun *(f,-en)*
Zahnputzglas	Zännglas *(n,-glieser)*
Zahnrad	Zännrad *(m,-rieder)*
Zahnradbahn	Zännradbunn *(f,-en)*
Zahnschmerzen	Zännwéi *(n,~)*
Zahnstocher	Zännstëppler *(m,--)*
Zahnstumpf	Spuerk *(m,Spierk)*
Zahnwurzel	Zännwuerzel *(f,-en)*
Zange	Zaang *(f,-en)*
zanken	kazen *(v)*
Zäpfchen	Stëppchen *(m,Stëppercher)*
Zäpfchen	Zap *(f,-en)*
Zäpfchen	Zäppchen *(m,Zäppercher)*
Zapfen	Zap *(f,-en)*
zapfen	zapen *(v)*
zapfen (Bier)	verzapen *(v)*
Zapfenstreich	Zapestreech *(m,~)*
Zapfsäule	Bensinspompel *(f,-en)*
Zapfsäule	Benzinspompel *(f,-en)*
Zappelei	Gefréckels *(n,~)*
zappelig	strueweleg *(adj)*
zappelig	zabbeleg *(adj)*
zappeln	fréckelen *(v)*
zappeln	juppelen *(v)*
zappeln	zabbelen *(v)*
zappeln, mit den Beinen -	jeekelen *(v)*
Zappelphilipp	Strueweler *(m,--)*
zappen	zappen *(v)*
zapplig	wibbeleg *(adj)*
zart	zaart *(adj)*
zärtlich	zäertlech *(adj)*
Zärtlichkeit	Zäertlechkeet *(f,-en)*
Zauber	Zauber *(m,~)*
Zauberei	Zauberei *(f,~)*
Zauberer	Zauberer *(m,--)*
Zauberkasten	Zauberkëscht *(f,-en)*
Zauberkraft	Zauberkraaft *(f,-kräften)*
Zauberkünstler	Zauberkënschtler *(m,--)*
zaubern	hexen *(v)*
zaubern	zauberen *(v)*
Zaubertrank	Zauberdronk *(m,~)*
Zaubertrick	Zaubertrick *(m,-en)*
zaudern	fackelen *(v)*
zaudern	fimmelen *(v)*
Zaum	Zam *(m,~)*
Zaumzeug	Zam *(m,~)*
Zaun	Drot *(m,Dréit)*
Zaun	Zonk *(m,-en)*
Zaunkönig	Maiskinnek *(m,-en)*
Zaunkönig	Zwirkinnek *(m,-en)*
Zebra	Zebra *(m,-en)*
Zebrastreifen	Stréch *(m,-er)*
Zebrastreifen	Strich *(m,-er)*
Zebrastreifen	Zebrasträif *(f,-en)*
Zechbruder	Séffer *(m,--)*
zechen	becheren *(v)*
zechen	zechen *(v)*
Zechprellerei	Zechprellerei *(f,-en)*
Zecke	Zeck *(f,-en)*
Zecke	Zéck *(f,-en)*
Zeder	Zeder *(m,-en)*
Zeh	Zéif *(f,Zéiwen)*
Zeh, großer -	déck Zéif *(exp)*
Zehennagel	Zéiwennol *(m,-neel)*
Zehenspitze	Zéiwespëtzt *(f,-en)*
zehn	zéng *(adj)*
Zehn	Zéngtchen *(f,Zéngtercher)*
Zehner	Zéngter *(m,--)*
Zehnkampf	Zéngkampf *(m,~)*
Zehnte	Zéngten *(m,~)*
Zehntel	Zéngtel *(m,--)*
zehntens	zéngtens *(adv)*
zehren	zieren *(v)*
Zeichen	Zeechen *(n,--)*
Zeichenblock	Zeecheblock *(m,-bléck)*
Zeichenpapier	Zeechepabeier *(m,~)*
Zeichensetzung	Interpunktioun *(f,-en)*
zeichnen	molen *(v)*
zeichnen	zeechnen *(v)*
Zeichner	Zeechner *(m,--)*
Zeichnerin	Zeechnerin *(f,-nen)*
Zeichnung	Zeechnung *(f,-en)*
zeigen	exterioriséieren *(v)*
zeigen	weisen *(v)*
Zeiger (Uhr)	Zär *(m,-en)*
Zeiger, großer -	Zär, groussen - *(exp)*
Zeiger, kleiner -	Zär, klengen - *(exp)*
Zeile	Rei *(f,-en)*
Zeile	Zeil *(f,-en)*
Zeile, eingerückte -	Alinea *(m,-en)*
Zeilenabstand	Zeilenofstand *(m,-stänn)*
Zeit	Zäit *(f,-en)*
Zeit (Dauer)	Strapp *(m,Sträpp)*
Zeit gewinnen	Zäit gewannen *(exp)*
Zeit, an der - sein	drop an drun sinn *(exp)*
Zeit, in alter -	viraals *(adv)*
Zeit, in letzter -	Lescht, an der - *(exp)*
Zeitalter	Zäitalter *(f,--)*
Zeitansage	Telefonsauer *(f,~)*
Zeitarbeit	Zäitaarbecht *(f,~)*
Zeitaufwand	Zäitopwand *(m,~)*
Zeitbombe	Zäitbomm *(f,-en)*
Zeitdokument	Zäitdokument *(n,-er)*
Zeitdruck	Zäitdrock *(m,~)*
Zeitdruck, unter - stehen	Zäitdrock, ënner - sinn *(exp)*
Zeiteinteilung	Zäitandeelung *(f,-en)*
zeitgemäß	zäitgeméiss *(adv)*
Zeitgeschichte	Zäitgeschicht *(f,~)*
Zeitgewinn	Zäitgewënn *(m,~)*
zeitgleich	zäitgläich *(adj)*
zeitig	zäitlech *(adj)*
Zeitkarte	Zäitkaart *(f,-en)*
Zeitlang, eine -	Zäitlaang, eng - *(exp)*
zeitlebens	zäitliewens *(adv)*
zeitlich	zäitlech *(adj)*
Zeitlosigkeit	Zäitlosegkeet *(f,~)*
Zeitlupe	Ralenti *(m,~)*
Zeitlupe	Zäitlupp *(f,-en)*
Zeitlupenaufnahme	Zäitluppenopnam *(f,-en)*
Zeitmangel	Zäitmangel *(m,~)*
Zeitplan	Zäitplang *(m,-pläng)*
Zeitpunkt	Zäitpunkt *(m,-en)*
Zeitraum	Period *(f,-en)*
Zeitschrift	Magazin *(n,-er)*
Zeitschrift	Revue *(f,-n)*
Zeitschrift	Zäitschrëft *(f,-en)*
Zeitspanne	Zäitspan *(f,-en)*
Zeitung	Journal *(m,-len)*
Zeitung	Zeitung *(f,-en)*
Zeitungsartikel	Zeitungsartikel *(m,-en)*
Zeitungsausschnitt	Zeitungsausschnëtt *(m,-er)*
Zeitungsausträger	Ausdréier *(m,~)*
Zeitungsinserat	Zeitungsannonce *(f,-n)*
Zeitungskiosk	Zeitungskiosk *(m,-en)*
Zeitungsladen	Zeitungsbuttek *(m,-er)*
Zeitungspapier	Zeitungspabeier *(m,~)*
Zeitverlust	Zäitverloscht *(m,~)*
Zeitverschiebung	Zäitverschibung *(f,-en)*
Zeitverschwendung	Zäitverschwendung *(f,~)*
Zeitvertrag	Zäitvertrag *(m,-verträg)*
Zeitvertreib	Zäitverdräif *(m,~)*
Zeitvertreib	Zäitverdreif *(m,~)*
zeitweilig	zäitweileg *(adj)*
zeitweise	zäitweis *(adv)*
Zeitzeichen	Zäitzeechen *(n,--)*
Zelle	Zell *(f,-en)*
Zellmembran	Zellmembran *(f,-en)*
Zellophan	Cellophan *(m,~)*
Zellteilung	Zelldeelung *(f,-en)*
Zellulitis	Zellulitis *(f,~)*

Zelt	Zelt*(n,-er)*
zelten	zelten*(v)*
Zeltlager	Zeltlager*(n,-en)*
Zeltplatz	Zeltplaz*(f,-en)*
Zeltstange	Zeltstaang*(f,-en)*
Zement	Zement*(m,~)*
zementieren	zementéieren*(v)*
Zementsack	Zementstut*(f,-en)*
zensieren	zenséieren*(v)*
zensieren	zensuréieren*(v)*
Zensur	Zensur*(f,~)*
Zentigramm	Zentigramm*(n,-en)*
Zentimeter	Zantimeter*(m,-en)*
Zentimeter	Zentimeter*(m,-en)*
zentimeterweise	zentimeterweis*(adv)*
Zentner	Zenner*(m,-en)*
zentnerweise	zennerweis*(adv)*
zentral	zentral*(adj)*
Zentraleinheit	Zentraleenheet*(f,-en)*
Zentralgewalt	Zentralgewalt*(f,-en)*
Zentralheizung	Zentralheizung*(f,-en)*
zentralisieren	zentraliséieren*(v)*
Zentralisierung	Zentralisatioun*(f,-en)*
Zentralismus	Zentralismus*(m,Zentralismen)*
zentrieren	zentréieren*(v)*
Zentrifugalkraft	Zentrifugalkraaft*(f,-kräften)*
zentrifugieren	zentrifugéieren*(v)*
Zentrum	Zenter*(m,-en)*
Zentrum	Zentrum*(m,Zentren)*
Zepter	Zepter*(m,-en)*
zerbeißen	zerbäissen*(v)*
zerbersten	zerbaschten*(v)*
zerbeulen	verbëlzen*(v)*
zerbeulen	zerbëlzen*(v)*
zerbeulen	zertéitschen*(v)*
zerbomben	vrecktbommen*(ugs)(v)*
zerbomben	zerbommen*(v)*
zerbrechen	zerbriechen*(v)*
zerbröckeln	zerbréckelen*(v)*
zerdrücken	zerdrécken*(v)*
Zeremonie	Zeremonie*(f,-n)*
Zeremoniell	Zeremoniell*(m,~)*
Zerfall	Zerfall*(m,-)*
zerfallen	zerfalen*(v)*
zerfetzen	zerfatzen*(v)*
zerfetzt	fatzeg*(adj)*
zerfetzt	verfatzt*(adj)*
zerfleischen	zerfleeschen*(v)*
zerfließen	verlafen*(v)*
zerfransen	zerfränjelen*(v)*
zerfressen	zerfriessen*(v)*
zerkleinern	zerklengeren*(v)*
zerknabbern	zerknabberen*(v)*
zerknautschen	zerdruddelen*(v)*
zerknautschen	zerknauteren*(v)*
zerknitteren	knautschen*(v)*
zerknittern	druddelen*(v)*
zerknittern	kniwwelen*(v)*
zerknittern	rompelen*(v)*
zerknittern	verdiebelen*(v)*
zerknittern	verdruddelen*(v)*
zerknittern	verkniwwelen*(v)*
zerknittern	verknujelen*(v)*
zerknittern	verronschelen*(v)*
zerknittern	zerkniwwelen*(v)*
zerknittern	zerknujelen*(v)*
zerknittert	knujeleg*(adj)*
zerknittert	rompeleg*(adj)*
zerknittert	verkniwwelt*(adj)*
zerknüllen	verdruddelen*(v)*
zerknüllen	zerdruddelen*(v)*
zerkratzen	zerkrazen*(v)*
zerkratzt	zerkraazt*(adj)*
zerkrümeln	vergrimmelen*(v)*
zerkrümeln	zergrimmelen*(v)*
zerlaufen	zerlafen*(v)*
zerlegen	zerleeën*(v)*
zerlegen (Fleisch)	metzelen*(v)*
zerlegen (Tier)	zerschneiden*(v)*
zerlegen, in Stücke -	zerklengeren*(v)*
zerlöchern	zerpicken*(v)*
zerlumpt	fatzeg*(adj)*
zerlumpt	zerlompt*(adj)*
zermahlen	zermuelen*(v)*
zermalmen	zermëlzen*(v)*
zermalmen	zermujelen*(v)*
zermanschen	trätschen*(v)*
zermatschen	tripsen*(v)*
zermürben	zermürben*(v)*
zerquetschen	trätschen*(v)*
zerquetschen	tripsen*(v)*
zerquetschen	zerquetschen*(v)*
zerquetschen	zertripsen*(v)*
zerreden	zerrieden*(v)*
zerreiben	zerreiwen*(v)*
zerreißen	duerchrappen*(tr)(v)*
zerreißen	verräissen*(v)*
zerreißen	verrappen*(v)*
zerreißen	zerräissen*(v)*
zerreißen	zerrappen*(v)*
zerren, sich eine Sehne -	verrappen, sech -*(v)*
zerrissen	zerrass*(adj)*
zersäbeln	zersäbelen*(v)*
zersägen	zerseeën*(v)*
zerschlagen	zerhaen*(v)*
zerschlagen	zerschloen*(v)*
zerschmelzen	verschmëlzen*(v)*
zerschneiden	verschneiden*(v)*
zerschneiden	zerschneiden*(v)*
zerschnippeln	verschnëppelen*(v)*
zerschnippeln	zerschnëppelen*(v)*
zerschrammen	verschréipen*(v)*
zerschunden	zerschannt*(adj)*
zersplittern	zerspläiteren*(v)*
zersplittern	zersplitteren*(v)*
zerspringen	zersprangen*(v)*
zerstampfen	zerstoussen*(v)*
zerstechen	zerpicken*(v)*
zerstechen	zerstiechen*(v)*
zerstören	demoléieren*(v)*
zerstören	verdillegen*(v)*
zerstören	vrecktmaachen*(ugs)(v)*
zerstören	zerstéieren*(v)*
zerstört	zerstéiert*(adj)*
Zerstörung	Demolitioun*(f,-en)*
Zerstörung	Zerstéierung*(f,-en)*
zerstoßen	tripsen*(v)*
zerstoßen	zerstoussen*(v)*
zerstreuen	verstreeën*(v)*
zerstreuen	zerstreeën*(v)*
zerstreut	zerstreet*(adj)*
Zerstreuung	Distraktioun*(f,-en)*
zerstückeln	zerschnëppelen*(v)*
zerstückeln	zerstéckelen*(v)*
zertifizieren	certifiéieren*(v)*
zertrennen	sektionéieren*(v)*
zertreten	dämmelen*(v)*
zertreten	verträppelen*(v)*
zertreten	zerdämmeren*(v)*
zertreten	zerträppelen*(v)*
zertreten	zertrieden*(v)*
zerwühlen	zerwullen*(v)*
zerzauseln	zauselen*(v)*
zerzauseln	zerzauselen*(v)*
zerzauselt	zerzauselt*(adj)*
zerzausen (Haare)	verknetzelen*(v)*
Zettel	Ziedel*(m,-en)*
Zeug	Geschir*(n,~)*
Zeug, sich ins - legen	derwidder goen*(exp)*
Zeuge	Zeien*(m,--)*
Zeugenaussage	Zeienausso*(f,-en)*
Zeugnis	Zensur*(f,-en)*
Zicke (fig)	Bëtschel*(scherzh)(n,-en)*
Zicklein (Tier)	Bëtschel*(n,-en)*
Ziege	Butsch*(f,-en)*
Ziege	Geess*(f,-en)*
Ziegel	Zill*(f,-en)*
Ziegelbrenner	Zillebäcker*(m,-en)*
Ziegelbrennerei	Zillebäckerei*(f,-en)*

Ziegeldach Zillendaach*(m,-diech)*
ziehen rappen*(v)*
ziehen zéien*(v)*
ziehen lassen (Salat) mautschen*(v)*
ziehen, den Kürzeren - bäilafen*(v)*
ziehen, durch eine Schlaufe - aschlëppen*(v)*
ziehen, sich - schleefen*(v)*
Ziehharmonika Accordeon*(m,-en)*
Ziehung Zéiung*(f,-en)*
Ziel Destinatioun*(f,-en)*
Ziel Zil*(n,-er)*
Ziel (Sport) Arrivée*(f,-ën)*
zielen biichten*(v)*
zielen diichten*(v)*
zielen zilen*(v)*
Zielgruppe Zilgrupp*(f,-en)*
Ziellinie Zillinn*(f,-en)*
Zielscheibe Scheif*(f,Scheiwen)*
Zielscheibe Zilscheif*(f,-scheiwen)*
ziemlich féng*(adv)*
ziemlich zimlech*(adv)*
zierlich ëmpeg*(adj)*
zierlich jinsseg*(adj)*
Ziffer Ziffer*(f,-en)*
Zifferblatt Zifferblat*(n,-blieder)*
Zigarette Zigarett*(f,-en)*
Zigarettenautomat Zigarettenautomat*(m,-en)*
Zigarettenpause Zigarettepaus*(f,-en)*
Zigarre Zigar*(f,-en)*
Zigeuner Zigeiner*(m,-en)*
Zigeunermusik Zigeinermusek*(f,~)*
Zimmer Kummer*(f,-en)*
Zimmer Zëmmer*(n,-en)*
Zimmer, kleines - Kabaischen*(f,Kabaisercher)*
Zimmerdecke Plaffang*(m,-en)*
Zimmerdecke Plaffong*(m,-en)*
Zimmerdecke Plafong*(m,-en)*
Zimmerer Zëmmermann*(m,-leit)*
Zimmermädchen Zëmmermeedchen*(n,-meedercher)*
Zimmermann Zammermann*(m,-leit)*
Zimmermann Zëmmermann*(m,-leit)*
zimmern zammeren*(v)*
Zimmernummer Zëmmernummer*(f,-en)*
Zimmerpflanze Zëmmerplanz*(f,-en)*
Zimmerpreis Zëmmerpräis*(m,-ser)*
Zimmerservice Zëmmerservice*(m,-r)*
zimperlich zëmperlech*(adj)*
Zimt Kanéil*(f,~)*
Zink Zénk*(m,~)*
Zinn Zënn*(m,~)*
Zinn- zënnen*(adj)*
Zinnsoldat Bläizaldot*(m,-en)*
Zins Zëns*(m,-en)*
Zinseszins Zënseszëns*(m,-en)*
Zinsfuß Zënsfouss*(m,~)*
Zinssatz Zënssaz*(m,-sätz)*
Zinssicherheit Zënssécherheet*(f,-en)*
Zinssubvention Zënssubventioun*(f,-en)*
Zipfel Këpp*(m,-en)*
Zipfel Wupp*(m,-en)*
Zipfel Wutz*(m,-en)*
Zirkel Zierkel*(m,-en)*
Zirkulation Zirkulatioun*(f,-en)*
zirkulieren circuléieren*(v)*
zirkulieren zirkuléieren*(v)*
Zirkus Zirkus*(m,-ssen)*
Zirkuszelt Zirkuszelt*(n,-er)*
zirpen schierpsen*(v)*
zischen zischen*(v)*
ziselieren ciseléieren*(v)*
ziselieren ziseléieren*(v)*
Zitadelle Citadelle*(f,-n)*
Zitat Citatioun*(f,-en)*
Zitat Zitat*(n,-er)*
zitieren uféieren*(v)*
zitieren zitéieren*(v)*
Zitrone Zitroun*(f,-en)*
Zitronenlimonade Zitronad*(f,-en)*
Zitronenpresse Zitrounepress*(f,-en)*
Zitronensaft Zitrounejus*(m,-en)*
Zitronenschale Zitrouneschuel*(f,-en)*
Zitronenwasser Zitronad*(f,-en)*
Zittern Dadder*(m,~)*
zittern Zidderen*(n,~)*
zittern (Angst, Aufregung) Dadder, den - hunn*(exp)*
zitternd zidde reg*(adj)*
Zittig Zëtteg*(p)*
zittrig ziddereg*(adj)*
zittrig (Angst, Schwäche) daddereg*(adj)*
Zitze Mam*(f,-en)*
Zivilbevölkerung Zivilbevëlkerung*(f,-en)*
Zivilcourage Zivilcourage*(m,~)*
Zivildienst Zivildéngscht*(m,~)*
Zivilgerichtsbarkeit Zivilgeriichtsbarkeet*(f,-en)*
Zivilisation Zivilisatioun*(f,-en)*
Zivilisationskrankheit Zivilisatiounskrankheet*(f,-en)*
zivilisieren ziviliséieren*(v)*
Zivilist Zivilist*(m,-en)*
Zivilprozess Zivilprozess*(m,-er)*
Zivilschutz Zivilschutz*(m,~)*
zögern fackelen*(v)*
Zögern Hesitatioun*(f,-en)*
zögern schwanken*(v)*
Zögern Zécken*(n,~)*
zögern zécken*(v)*
Zoll Douane*(f,~)*
Zoll Zoll*(m,--)*
Zollamt Douane*(f,-n)*
Zollbeamter Douanier*(m,-en)*
Zollunion Zollunioun*(f,~)*
Zollverein Zollveräin*(m,~)*
Zoo Zoo*(m,-en)*
Zoom Zoom*(m,-en)*
Zopf Trëtz*(f,-en)*
Zopf Zapp*(m,-en)*
zornig wëll*(adj)*
zu ze*(adv)*
zu ze*(pp)*
zu zou*(pp)*
zu zu*(pp)*
zu dritt zu dräi*(exp)*
zu dritt zu drëtt*(exp)*
zu Hause doheem*(adv)*
zu viel ze vill*(exp)*
zu wenig ze wéineg*(exp)*
zu Zeiten zur Zäit*(exp)*
zubauen zoubauen*(v)*
zubauen (Sicht, Gelände) verbauen*(v)*
Zubehör Accessoire*(m,-n)*
Zubehör Ëmgeréits*(n,~)*
zubeißen zoubäissen*(v)*
zubekommen zoukréien*(v)*
zubereiten noeneen, - maachen*(exp)*
zubereiten noneemaachen*(v)*
zubetonieren zoubetonéieren*(v)*
zubinden zoubannen*(v)*
zubinden zoustrécken*(v)*
züchten ziichten*(v)*
züchten zillen*(v)*
Züchter Ziichter*(m,--)*
Züchterei Ziichterei*(f,-en)*
Züchterei Zuucht*(f,~)*
Züchtung Züchtung*(f,-en)*
zucken ticken*(v)*
zucken zucken*(v)*
Zucker Zocker*(m,~)*
Zuckerbohne Zockerboun*(f,-en)*
Zuckerdose Zockerdëppchen*(n,-dëppercher)*
zuckerkrank zockerkrank*(adj)*
Zuckerkuchen Zockerkuch*(m,-en)*
zuckern zéckeren*(v)*
Zuckerstange Zockerstaang*(f,-en)*
zuckersüß zockerséiss*(adj)*
Zuckerwatte Zockerwatt*(f,-en)*
Zuckerzange Zockerzaang*(f,-en)*
Zuckung Zuckung*(f,-en)*

zudecken zoudecken *(v)*
zudrehen zoudréien *(v)*
zudrehen zoudréinen *(v)*
Zudringlichkeit Zoudrénglechkeet *(f,-en)*
zudrücken zoudrécken *(v)*
zudrücken zouquëtschen *(v)*
zuerkennen adjugéieren *(v)*
zuerkennen attribuéieren *(v)*
zuerkennen zouerkennen *(v)*
zuerkennen, gleiche Rechte - gläichberechtegen *(v)*
zuerst alleréischt, fir d'- *(exp)*
zufächern zoufächeren *(v)*
Zufall Zoufall *(m,-fäll)*
zufallen zoufalen *(v)*
zufällig zoufälleg *(adj)*
zufälligerweise zoufällegerweis *(adv)*
zufliegen (Tür) zoufléien *(v)*
zuflüstern virsoen *(v)*
zufolge no *(pp)*
zufrieden frou *(adj)*
zufrieden zefridden *(adj)*
Zufriedenheit Zefriddenheet *(f,~)*
zufrieren zoufréieren *(v)*
zufügen zoufügen *(v)*
zuführen zouféieren *(v)*
Zug Zuch *(m,Zich)*
Zug (Rauch) Strapp *(m,Sträpp)*
Zug, elektrischer - Zuch, elektreschen - *(exp)*
Zug, in einem - eenzock *(adv)*
Zug, in einem - Zock, an engem - *(exp)*
Zugang Zougank *(m,-gäng)*
zugänglich accessibel *(adj)*
zugänglich zougänglech *(adj)*
Zugänglichkeit Accessibilitéit *(f,-en)*
Zugangsbedingung Accèskonditioun *(f,-en)*
Zugbrücke Zuchbréck *(f,-en)*
zugeben agestoen *(v)*
zugeben bäiginn *(v)*
zugeben zouginn *(v)*
Zugehörigkeit Zougehéieregkeet *(f,-en)*
zugestehen zougestoen *(v)*
zugetan attachéiert *(adj)*
zugipsen zougipsen *(v)*
zugleich zugläich *(adv)*
zugleich (gleichzeitig) anengems *(adv)*
Zugnummer Zuchnummer *(f,-en)*
Zugpersonal Zuchpersonal *(n,~)*
zugreifen zougräifen *(v)*
Zugriffszeit Zougréffszäit *(f,-en)*
zugrunde zegrond *(adv)*
zugrunde richten verdillegen *(v)*
Zugunglück Zuchaccident *(n,-er)*
Zugverbindung Zuchverbindung *(f,-en)*
Zugverkehr Zuchverkéier *(m,~)*
Zuhälter Zouhälter *(m,-en)*
Zuhälterin Mackrell *(f,-en)*
Zuhause Doheem *(m,-er)*
Zuhause Heem *(n,~)*
zuhause heiheem *(adv)*
zuheilen zouheelen *(v)*
zuhören lauschteren *(v)*
zuhören nolauschteren *(v)*
Zuhörer Nolauschterer *(m,--)*
zujubeln acclaméieren *(v)*
zuklappen zouklappen *(v)*
zukleben verpechen *(v)*
zukleben zerpechen *(v)*
zukleben zoukliewen *(v)*
zukleben zoukollen *(v)*
zukleben zoupechen *(v)*
zuknallen zouklaken *(v)*
zuknallen zouknallen *(v)*
zuknallen zouknuppen *(v)*
zukneifen (Augen, Mund) zoupëtzen *(v)*
zuknöpfen zouknäppen *(v)*
zukommen zoukommen *(v)*
Zukunft Futur *(m,~)*
Zukunft Zukunft *(f,~)*
zukünftig zoukënfteg *(adj)*
zukünftig zukënfteg *(adj)*
zulabern volltroteren *(v)*
zulabern zouschnëssen *(v)*
zulächeln zoulaachen *(v)*
Zulage Zoulag *(f,-en)*
zulangen duerfueren *(v)*
zulangen, kräftig - derbäi maachen *(exp)*
zulassen agreéieren *(v)*
zulassen leiden *(v)*
zulassen zouloossen *(v)*
zulässig zouléisseg *(adj)*
Zulassung Immatrikulatioun *(n,-en)*
Zulauf Zoulaf *(m,~)*
zuletzt fir d'lescht *(exp)*
zuletzt Lescht, fir d'- *(exp)*
Zulieferer Sous-traitant *(m,-en)*
zum Beispiel zum Beispill *(exp)*
zum ersten Mal fir d'éischte Kéier *(exp)*
zum letzten Mal fir d'leschte Kéier *(exp)*
zum Schluss zum Schluss *(exp)*
zum Teil zum Deel *(exp)*
zumal zemol *(cn)*
zumauern zoumaueren *(v)*
zumeist meeschtendeels *(adv)*
zumuten zoumudden *(v)*
Zumutung Zoumuddung *(f,-en)*
zunächst fir d'éischt *(exp)*
zunageln zouneelen *(v)*
Zunahme Augmentatioun *(f,-en)*
Zunahme Zouhuelen *(n,~)*
zünden zünden *(v)*
Zündhölzchen Spoun *(m,Spéin)*
Zündkerze Zündkäerz *(f,-en)*
Zündschlüssel Zündschlëssel *(m,-en)*
Zündschnur Zündschnouer *(f,-schnéier)*
Zündung Zündung *(f,-en)*
zunehmen bäihuelen *(v)*
zunehmen zouhuelen *(v)*
Zunge Zong *(f,-en)*
Zungenbrecher Zongebriecher *(m,--)*
zuordnen zouuerdnen *(v)*
zupacken upaken *(v)*
zupacken zoupaken *(v)*
zupfen (an Kleidung, Ohr) zauselen *(v)*
zuprosten zouprosten *(v)*
zupudern zoupudderen *(v)*
zuquetschen zouquetschen *(v)*
zuraunen pësperen *(v)*
zurechnen zourechnen *(v)*
zurechnungsfähig zourechnungsfäeg *(adj)*
Zurechnungsfähigkeit Zourechnungsfäegkeet *(f,~)*
zurechtbiegen riichtbéien *(v)*
zurechtfinden, sich - erëmfannen, sech - *(v)*
zurechtkommen debrouilléieren, sech - *(v)*
zurechtkommen zewee kommen *(v)*
zurechtmachen, sich - noneemaachen, sech - *(v)*
zurechtschneiden schneiden, op d'Mooss - *(exp)*
zurechtweisen erëmhuelen *(v)*
zurechtweisen erwëschen *(v)*
zurechtweisen erwëtteren *(v)*
zurechtweisen erwiederen *(v)*
zurechtweisen Kapp, de - wäschen *(exp)*
zurechtweisen setzen, op d'Plaz - *(exp)*
Zureden Gefléifs *(n,~)*
zureden, jm - fléiwen, engem - *(exp)*
zurichten zouriichten *(v)*
zurichten, übel - noeneen, - maachen *(exp)*
Zurschaustellung Exhibitioun *(f,-en)*
zurück erëm *(adv)*
zurück hannendran *(adv)*
zurück hannescht *(adv)*
zurück retour *(adv)*
zurück zréck/zeréck *(adv)*
zurück- zeréck-/zréck- *(adv/v)*
zurück sein erëm sinn *(exp)*
zurückbehalten ofhalen *(v)*

zurückbehalten zeréckbehalen*(v)*
zurückbehalten zréckbehalen*(v)*
Zurückbehaltung Retentioun*(f,-en)*
zurückbekommen erëmkréien*(v)*
zurückbekommen recuperéieren*(v)*
zurückbiegen zeréckbéien*(v)*
zurückbiegen zréckbéien*(v)*
zurückbleiben hannebleiwen*(tr)(v)*
zurückbleiben zeréckbleiwen*(v)*
zurückbleiben zréckbleiwen*(v)*
zurückblicken zeréckblécken*(v)*
zurückblicken zeréckkucken*(v)*
zurückblicken zréckblécken*(v)*
zurückbringen hanneschtbréngen*(tr)(v)*
zurückbringen hanneschtdroen*(tr)(v)*
zurückbringen rëmbréngen*(v)*
zurückbringen zeréckbréngen*(v)*
zurückbringen zréckbréngen*(v)*
zurückbringen (mit Auto) hanneschtféieren*(tr)(v)*
zurückdatieren retrodatéieren*(v)*
zurückdatieren zeréckdatéieren*(v)*
zurückdatieren zréckdatéieren*(v)*
zurückdenken zeréckdenken*(v)*
zurückdrehen zeréckdréien*(v)*
zurückdrehen zeréckdréinen*(v)*
zurückdrehen zréckdréien*(v)*
zurückdrehen zréckdréinen*(v)*
zurückdrücken hannertzegdrécken*(tr)(v)*
zurückdrücken hannerzegdrécken*(tr)(v)*
zurückdrücken zeréckdrécken*(v)*
zurückdrücken zréckdrécken*(v)*
zurückerstatten zeréckbezuelen*(v)*
zurückerstatten zréckbezuelen*(v)*
zurückerstatten (Geld) rembourséieren*(v)*
zurückerwarten zeréckerwaarden*(v)*
zurückfahren hanneschtfueren*(tr)(v)*
zurückfahren zeréckfueren*(v)*
zurückfahren zréckfueren*(v)*
zurückfallen zeréckfalen*(v)*
zurückfallen zréckfalen*(v)*
zurückfinden (Weg) zeréckfannen*(v)*
zurückfliegen hanneschtfléien*(tr)(v)*
zurückfliegen zréckfléien*(v)*
zurückführen zeréckféieren*(v)*
zurückführen zréckféieren*(v)*
zurückgeben erëmginn*(v)*
zurückgeben hanneschtginn*(tr)(v)*
zurückgeben rëmginn*(v)*
zurückgestellt zréckgestallt*(adj)*
zurückgewinnen rëmgewannen*(v)*
Zurückgewinnung Recuperatioun*(f,-en)*
zurückgreifen zeréckgräifen*(v)*
zurückgreifen zréckgräifen*(v)*
zurückhalten zeréckhalen*(v)*
zurückhalten zréckhalen*(v)*
zurückhalten, sich - packen, sech -*(v)*
zurückholen zeréckhuelen*(v)*
zurückholen zréckhuelen*(v)*
zurückkaufen zeréckkafen*(v)*
zurückkaufen zréckkafen*(v)*
zurückklappen zeréckklappen*(v)*
zurückklappen zréckklappen*(v)*
zurückkommen rëmkommen*(v)*
zurückkommen zeréckkommen*(v)*
zurückkommen zréckkommen*(v)*
zurückkriegen zeréckkréien*(v)*
zurücklassen doloossen*(v)*
zurücklassen hannerloossen*(utr)(v)*
zurücklassen zeréckloossen*(v)*
zurücklassen zréckloossen*(v)*
zurücklaufen hanneschtlafen*(tr)(v)*
zurücklaufen zerécklafen*(v)*
zurücklegen spueren*(v)*
zurücklegen zeréckleeën*(v)*
zurücklegen zréckleeën*(v)*
zurückliegen zeréckleien*(v)*
zurückmailen zeréckmailen*(v)*
zurückmailen zréckmailen*(v)*
zurücknehmen erëmhuelen*(v)*
zurücknehmen rëmhuelen*(v)*
zurücknehmen zeréckhuelen*(v)*
zurücknehmen, Gesagtes - erëmhuelen, sech -*(v)*
zurückpfeifen zeréckpäifen*(v)*
zurückpfeifen zréckpäifen*(v)*
zurückrufen zeréckruffen*(v)*
zurückrufen zréckruffen*(v)*
zurückschalten retrogradéieren*(v)*
zurückschalten zréckschalten*(v)*
zurückschicken zeréckschécken*(v)*
zurückschicken zréckschécken*(v)*
zurückschießen zeréckschéissen*(v)*
zurückschießen zréckschéissen*(v)*
zurückschlagen zeréckschloen*(v)*
zurückschlagen zréckschloen*(v)*
zurückschrecken zeréckschrecken*(v)*
zurückschreiben zeréckschreiwen*(v)*
zurücksetzen zrécksetzen*(v)*
zurückspiegeln zeréckspigelen*(v)*
zurückspringen zerécksprangen*(v)*
zurückspringen zrécksprangen*(v)*
zurückstellen hanneschtstellen*(tr)(v)*
zurückstellen zréckstellen*(v)*
zurückstellen (Schule) ajournéieren*(v)*
zurückstoßen zeréckstoussen*(v)*
zurückstoßen zréckstoussen*(v)*
zurückstrahlen reflektéieren*(v)*
zurücktreiben zréckdreiwen*(v)*
zurücktreten zerécktrieden*(v)*
zurücktreten zrécktrieden*(v)*
zurückweisen zeréckweisen*(v)*
zurückweisen zréckweisen*(v)*
zurückweisen (Klage) deboutéieren*(v)*
zurückwerfen (zeitlich) hannendran, - geheien*(exp)*
zurückwinken erëmwénken*(v)*
zurückwinken rëmwénken*(v)*
zurückwinken zeréckwénken*(v)*
zurückwinken zréckwénken*(v)*
zurückzahlen zeréckbezuelen*(v)*
zurückzahlen zréckbezuelen*(v)*
Zurückzahlung Remboursement*(m,-en)*
zurückziehen revokéieren*(v)*
zurückziehen revoquéieren*(v)*
zurückziehen zeréckzéien*(v)*
zurückziehen zréckzéien*(v)*
zurufen zouruffen*(v)*
Zusage Zouso*(f,-en)*
zusagen zousoen*(v)*
zusammen zesummen*(adv)*
Zusammenarbeit Collaboratioun*(f,-en)*
Zusammenarbeit Cooperatioun*(f,-en)*
Zusammenarbeit Kollaboration*(f,-en)*
Zusammenarbeit Kooperatioun*(f,-en)*
Zusammenarbeit Zesummenaarbecht*(f,~)*
zusammenarbeiten cooperéieren*(v)*
zusammenarbeiten kollaboréieren*(v)*
zusammenbauen assembléieren*(v)*
zusammenbauen zesummebauen*(v)*
zusammenbinden zesummebannen*(v)*
zusammenbleiben zesummebleiwen*(v)*
zusammenbrauen concoctéieren*(v)*
zusammenbrauen zesummebrauen*(v)*
zusammenbrechen zesummebriechen*(v)*
zusammenbringen zesummebréngen*(v)*
Zusammenbruch Kollaps*(m,-en)*
zusammendrücken zesummendrécken*(v)*
zusammenfallen zesummebriechen*(v)*
zusammenfallen zesummefalen*(v)*
zusammenfallen (zeitlich) zesummefalen*(v)*
zusammenfalten zesummefalen*(v)*
zusammenfassen resüméieren*(v)*
zusammenfassen summéieren*(v)*
zusammenfassen zesummefaassen*(v)*
Zusammenfassung Resumé*(m,-en)*
Zusammenfassung Zesummefaassung*(f,-en)*
zusammenfegen zesummekieren*(v)*
zusammenfinden, sich - zesummefannen*(v)*

zusammenflicken zesummeflécken*(v)*
zusammenfließen zesummefléissen*(v)*
zusammenfließen zesummestréimen*(v)*
zusammenführen ralliéieren*(v)*
zusammenführen zesummeféieren*(v)*
zusammengehören zesummegehéieren*(v)*
Zusammengehörigkeit Affinitéit*(f,-en)*
zusammengeknülltes Material Knujel*(f,-en)*
Zusammenhalt Zesummenhalt*(m,~)*
zusammenhalten zesummenhalen*(v)*
Zusammenhang Zesummenhang*(m,-häng)*
zusammenhängen kludderen*(v)*
zusammenhängen zesummekludderen*(v)*
zusammenhängen zesummenhänken*(v)*
zusammenheften agraféieren*(v)*
zusammenklappen zesummeklappen*(v)*
zusammenklumpen zesummeklompen*(v)*
zusammenknicken zesummeknécken*(v)*
zusammenknüllen druddelen*(v)*
zusammenknüllen zesummendruddelen*(v)*
zusammenknüpfen knëppen*(v)*
zusammenkriegen zesummekréien*(v)*
zusammenkritzeln zesummekrozelen*(v)*
zusammenlaufen konvergéieren*(v)*
zusammenlaufen zesummelafen*(v)*
zusammenleben cohabitéieren*(v)*
zusammenleben kummeren*(v)*
zusammenleben zesummeliewen*(v)*
zusammenlegen zesummeleeën*(v)*
zusammenmanschen trutschen*(v)*
zusammennageln zesummenneelen*(v)*
zusammennähen zesummebitzen*(v)*
zusammenpacken paken*(v)*
zusammenpacken zesummepaken*(v)*
zusammenpassen passen, bei eppes -*(exp)*
zusammenpressen zesummepressen*(v)*
zusammenreimen zesummereimen*(v)*
zusammenreißen, sich - zesummenhuelen, sech -*(v)*
zusammenreißen, sich - zesummerappen, sech -*(v)*
zusammenrollen zesummerullen*(v)*
zusammenrücken zesummeréckelen*(v)*
zusammenrufen zesummeruffen*(v)*
zusammensacken zesummesacken*(v)*
zusammenscharren zesummeschären*(v)*
zusammenschlagen zesummeschloen*(v)*
Zusammenschluss Zesummeschloss*(n,-schlëss)*
zusammenschrauben zesummeschrauwen*(v)*
zusammenschrecken zesummefueren*(v)*
zusammenschreiben zesummeschreiwen*(v)*
zusammenschrumpfen zesummegoen*(v)*

zusammenschustern zwaffen*(v)*
zusammenschütten zesummeschëdden*(v)*
zusammensetzen zesummesetzen*(v)*
zusammensparen zesummespueren*(v)*
zusammenstecken (mit Nadel) zesummespéngelen*(v)*
zusammenstehen zesummestoen*(v)*
zusammenstellen compiléieren*(v)*
zusammenstellen composéieren*(v)*
zusammenstellen zesummestellen*(v)*
Zusammenstoß Collisioun*(f,-en)*
Zusammenstoß Karambolage*(f,-n)*
Zusammenstoß Kollisioun*(f,-en)*
zusammenstoßen kollidéieren*(v)*
zusammenstoßen widderknuppen*(tr)(v)*
zusammenstoßen widderstoussen*(tr)(v)*
zusammenstoßen zesummestoussen*(v)*
zusammensuchen glannen*(v)*
zusammensuchen zesummesichen*(v)*
zusammentreffen coincidéieren*(v)*
zusammentreiben zesummendreiwen*(v)*
zusammentrommeln zesummentrommelen*(v)*
zusammentun zesummendinn*(v)*
zusammentun zesummendoen*(v)*
zusammentun (paarweise) koppelen*(v)*
zusammenwachsen zesummewuessen*(v)*
zusammenwerfen zesummegeheien*(v)*
zusammenwirken zesummewierken*(v)*
zusammenwohnen zesummewunnen*(v)*
zusammenwürfeln zesummewierfelen*(v)*
zusammenzählen zesummenzielen*(v)*
zusammenzählen zesummerechnen*(v)*
zusammenziehen zesummenzéien*(v)*
zusammenzucken zesummenzucken*(v)*
Zusatzartikel Amendement*(n,-en/-er)*
zusätzlich weider*(adj)*
zusätzlich zousätzlech*(adj)*
zusätzliche Ausgaben Niewekäschten*(npl)*
Zusatzrente Zousazpensioun*(f,-en)*
zuscharren zouschären*(v)*
Zuschauen Nokucken*(n,~)*
Zuschauer Spectateur*(m,-en)*
zuscheißen vollschäissen*(v)*
zuschicken zouschécken*(v)*
zuschieben zouschiben*(v)*
Zuschlag Taxe*(f,-n)*
zuschlagen zouschloen*(v)*
zuschließen zouspären*(v)*
zuschmieren verschmieren*(v)*
zuschmieren zouschmieren*(v)*
zuschnappen zouschnapen*(v)*
Zuschuss Allocatioun*(f,-en)*
Zuschuss Subside*(m,-n)*

Zuschuss Subventioun*(f,-en)*
zuschustern zouschousteren*(v)*
zuschütten zouschëdden*(v)*
zusichern zousécheren*(v)*
zuspachteln zouspachtelen*(v)*
zuspielen zouspillen*(v)*
Zuspruch Zousproch*(m,~)*
Zustand Zoustand*(m,-stänn)*
zustande bringen schosselen*(v)*
zustandebringen zewee bréngen*(v)*
zustandekommen entstoen*(v)*
zustandekommen (allmählich) läpperen, sech -*(v)*
Zuständigkeit Zoustännegkeet*(f,-en)*
zustapeln zoutässelen*(v)*
zustehen zoustoen*(v)*
zustimmen zoustëmmen*(v)*
Zustimmung Zoustëmmung*(f,~)*
zustoßen zoustoussen*(v)*
Zuteilung Attributioun*(f,-en)*
zutippen zoutippen*(v)*
Zutrauen Zoutrauen*(n,~)*
zutrauen zoutrauen*(v)*
zutreffen zoutreffen*(v)*
Zutritt haben Zougank hunn*(exp)*
zuverlässig zouverlässeg*(adj)*
zuverlässig machen fiabiliséieren*(v)*
Zuverlässigkeit Zouverlässegkeet*(f,~)*
zuversichtlich zouversiichtlech*(adj)*
Zuwachs Zouwuess*(m,~)*
zuwachsen verwuessen*(v)*
Zuwachsrate Zouwuesstaux*(m,-en)*
zuwandern zouwanderen*(v)*
zuweisen zouweisen*(v)*
zuwenden zouwennen*(v)*
zuwiderhandeln contrevenéieren*(v)*
zuwinken zouwénken*(v)*
zuziehen bäizéien*(v)*
zuziehen zouzéien*(v)*
Zwang Zwang*(m,Zwäng)*
Zwangsarbeit Zwangsaarbecht*(f,-en)*
zwangsenteignen expropriéieren*(v)*
Zwangsenteignung Expropriatioun*(f,-en)*
Zwangsjacke Zwangsjackett*(f,-en)*
zwangsläufig zwangsleefeg*(adj)*
zwangsrekrutieren zwangsrekrutéieren*(v)*
Zwangsversteigerung Zwangsversteigerung*(f,-en)*
zwanzig zwanzeg*(adj)*
zwar zwar*(adv)*
Zweck Sënn*(m,~)*
Zweck Zweck*(m,-er)*
zweckbestimmt affektéiert*(adj)*

zwecklos zwecklos*(adj)*
zweckmäßig zweckméisseg*(adj)*
Zweckmäßigkeit Opportunitéit*(f,-en)*
zwei zwee*(adj)*
zwei zwee*(n/m)(adj)*
Zwei Zweetchen*(f,Zweetercher)*
Zwei Zweeter*(m,--)*
zwei zwéin*(m)(adj)*
zwei zwou*(f)(adj)*
zwei (von einer Sorte) Koppel, eng -*(exp)*
zweideutig zweedäiteg*(adj)*
zweidimensional zweedimensional*(adj)*
Zweidrittelmehrheit Zweedrëttelmajoritéit*(f,-en)*
zweieinhalb zweeanenhallwen*(adj)*
Zweier Zweeter*(m,--)*
zweierlei zweeërlee*(adj)*
Zweifamilienhaus Zweefamilljenhaus*(n,-haiser)*
Zweifel Zweiwel*(m,-en)*
zweifelhaft zweiwelhaft*(adj)*
zweifellos zweiwellos*(adj)*
zweifeln zweiwelen*(v)*
Zweifelsfall, im - Zweiwelsfall, am -*(exp)*
zweigen zweigen*(v)*
Zweigstelle Filial*(f,-en)*
zweimal zweemol*(adv)*
zweischneidig zweeschneideg*(adj)*
zweiseitig zweesäiteg*(adj)*
Zweisitzer Zweesëtzer*(m,--)*
zweisprachig zweesproocheg*(adj)*
zweistellig zweestelleg*(adj)*
zweistimmig zweestëmmeg*(adj)*
zweistöckig zweestäckeg*(adj)*
zweitbeste zweetbescht*(adj)*
Zweite Zweeten*(m,~)*
zweiteilen zweedeelen*(v)*
zweiteilig zweedeeleg*(adj)*
zweiten zweeten*(adj)*
zweitens zweetens*(adv)*
zweitrangig zweetrangeg*(adj)*
zweitürig zweediereg*(adj)*
zweiunddreißig zweeandrësseg*(adj)*
zweiundzwanzig zweeanzwanzeg*(adj)*
Zwerchfell Zwerchfell*(n,-er)*
Zwerg Zwerg*(m,-en)*
Zwetschge Quetsch*(f,-en)*
Zwetschgenbaum Quetschebam*(m,-beem)*
Zwetschgenmarmelade Quetschekraut*(n,~)*
Zwetschgenschnaps Quetsch*(m,-en)*
Zwetschgenschnaps Quetschendrëpp*(f,-en)*
Zwicker Zwicker*(n,--)*
Zwickmühle Féckmillchen*(f,~)*
Zwickmühle Zwéckmillchen*(f,-millercher)*
Zwiebel Ënn*(f,-en)*
Zwiebel Zwiwwel*(f,-en)*
Zwiebelsuppe Ënnenzopp*(f,-en)*
Zwillinge Zwillingen*(npl)*
Zwillingsbruder Zwillingsbrudder*(m,-bridder)*
Zwillingsschwester Zwillingsschwëster*(f,-en)*
Zwinge Zerjant*(m,-en)*
zwingen forcéieren*(v)*
zwingen zwangen*(v)*
zwingen zwéngen*(v)*
zwinkern fénkelen*(v)*
zwinkern, mit den Augen - blënzelen, mat den Ae -*(exp)*
Zwirn Zwir*(m,-en)*
zwischen tëschent*(pp)*
zwischen tëscht*(pp)*
Zwischenbemerkung Tëschebemierkung*(f,-en)*
zwischendurch tëschenduerch*(adv)*
Zwischenergebnis Tëscheresultat*(n,-er)*
Zwischenergebnis Zwëscheresultat*(n,-er)*
Zwischenfall Tëschefall*(m,-fäll)*
Zwischenfall Zwëschefall*(m,-fäll)*
Zwischenhandel Zwëschenhandel*(m,-en)*
Zwischenhändler Tëschenhändler*(m,--)*
zwischenlagern tëschelageren*(v)*
zwischenlagern zwëschelageren*(v)*
zwischenlanden tëschelanden*(v)*
zwischenlanden zwëschelanden*(v)*
Zwischenlandung Tëschelandung*(f,-en)*
Zwischenlandung Zwëschelandung*(f,-en)*
zwischenmenschlich tëschemënschlech*(adj)*
Zwischenprüfung Tëscheprüfung*(f,-en)*
Zwischenraum Tëscheraum*(m,-raim)*
Zwischenspiel Zwëschespill*(n,-er)*
Zwischenstopp Tëschestopp*(m,-en)*
Zwischenstück Zwëschestéck*(n,-er)*
Zwischenwand Tëschewand*(f,-wänn)*
Zwischenwand Wand*(f,Wänn)*
Zwischenzeit Baants*(f,~)*
Zwischenzeit Tëschenzäit*(f,~)*
Zwischenzeit, in der - Baants, an der -*(exp)*
Zwischenzeit, in der - däerbaants*(adv)*
zwischenzeitlich därbaants*(adv)*
zwitschern piipsen*(v)*
zwitschern zwitscheren*(v)*
Zwitter Zwitter*(m,--)*
zwölf zwielef*(adj)*
Zwölffingerdarm Zwieleffangerdaarm*(m,-däerm)*
Zwölftonmusik Zwieleftounmusek*(f,~)*
Zyankali Zyankali*(m,~)*
zyklisch zyklesch*(adj)*
Zyklus Zyklus*(m,-sen)*
Zylinder Zilinder*(m,-en)*
Zylinder Zylinder*(m,-en)*
Zylinderhut Dunn*(f,-en)*
zynisch zynesch*(adj)*
Zynismus Zynismus*(m,~)*
Zypresse Zypress*(f,-en)*
Zyste Zyst*(m,-en)*